कुछ प्रतिक्रियाएँ...

"मेधा म कुदेसिया ने प्रस्तुत पुस्तक में भारत के असाधारण व्यक्तित्व घनश्याम दास बिरला के दृष्टिकोण से देखे गये उन्नीसवीं सदी के उत्तरार्ध और बीसवीं सदी के पूर्वार्ध में भारत के विकास का एक अद्भुत चित्र खींचा है।"

–**सुमन्त्र घोषाल,** *लन्दन बिज़नेस स्कूल*

"यह पुस्तक न केवल एक ऐतिहासिक सन्दर्भ में घनश्याम दास बिरला के जीवन को प्रस्तुत करने का अवसर प्रदान करती है बल्कि यह एक मनुष्य के रूप में उनकी सफलताओं और असफलताओं का विस्तृत विश्लेषण भी करती है।"

–बिज़नेस स्टैंडर्ड

"मेधा म कुदेसिया की पुस्तक राजनीतिक व आर्थिक शक्तियों का एक ऐसा ढाँचा प्रस्तुत करती है जिन्होंने 20वीं सदी में हमारे देश को एक आकार प्रदान किया।"

–**गुरुचरण दास,** *स्तम्भकार और प्रबन्धन सलाहकार*

"यदि आधुनिक भारत के निर्माताओं की एक सूची तैयार की जाये तो निस्सन्देह बिरला का नाम शीर्ष पर रखा जायेगा। कुदेसिया द्वारा लिखित यह जीवनी गहन अध्ययन का परिणाम है और जिसे उन्होंने बड़े ही सटीक शब्दों में पिरोया है।"

–**खुशवन्त सिंह,** *विख्यात लेखक व पत्रकार*

"पुस्तक में जिस बारीक़ी से अध्ययन किया गया है, वह प्रभावित करता है और इसकी पृष्ठभूमि में दी गयी आधार सामग्री भविष्य के कई शोधार्थियों के लिए उपयोगी सिद्ध होगी।"

–इकोनॉमिक एंड पॉलिटिकल वीकली

"कुदेसिया ने गहनता से शोधकार्य किया है...उनकी लेखन–शैली स्पष्ट और पठनीय है। यदि बिरला आज जीवित होते तो इस पुस्तक को पढ़कर उन्हें कोई भी शिकायत नहीं होती।"

–इंडियन एक्सप्रेस

"यह पुस्तक अत्यन्त पठनीय होने के साथ–साथ हमें न केवल एक दूरदर्शी उद्योगपति बल्कि एक समाजसेवी और एक देशभक्त के सम्बन्ध में भी जानकारी प्रदान करती है।"

–द हिन्दू

"एक स्तर पर तो यह पुस्तक एक व्यक्ति की जीवन कथा है लेकिन दूसरे स्तर पर यह 20वीं सदी में देश में आये बदलावों की झाँकी प्रस्तुत करती है।"

–द टेलिग्राफ़

"मेधा म कुदेसिया द्वारा लिखित *युगपुरुष : घनश्याम दास बिरला* नामक यह पुस्तक बिरला की प्रथम प्रामाणिक जीवनी है। सुरुचिपूर्ण ढंग से लिखी गयी यह पुस्तक बिरला के सार्वजनिक व निजी जीवन में घटित घटनाओं को पुनः पाठकों के समक्ष जीवन्त कर देती है।"

–संडे नवहिन्द टाइम्स

"यह पुस्तक अत्यन्त शोधपरक होने के साथ–साथ एक पठनीय कृति भी है और उस समय के देशकाल पर प्रकाश डालती है। बीसवीं सदी के भारत के अध्येताओं के लिए यह एक अनिवार्य पुस्तक है, चाहे विषय आर्थिक हो या राजनीतिक या फिर सांस्कृतिक।"

–जूडिथ ब्राउन, *ऑक्सफोर्ड यूनिवर्सिटी*

"भारत के निजी क्षेत्र में एक प्रमुख उद्योगपति और व्यवसायी राजनेता के रूप में बिरला के महत्त्व और उपयोग में लाये गये ऐतिहासिक अभिलेखों ने इस पुस्तक को प्रत्येक उस व्यक्ति के लिए महत्त्वपूर्ण बना दिया है जो 20वीं सदी को जानने और समझने की इच्छा रखता है।"

–थॉमस ए. टिम्बर्ग, *वरिष्ठ अर्थशास्त्री*

"मेधा म कुदेसिया द्वारा लिखित *युगपुरुष : घनश्याम दास बिरला* नामक पुस्तक भारतीय अर्थव्यवस्था पर पड़े इस महान शख़्सियत के प्रभाव और उनके योगदान को समझने की दृष्टि से अत्यन्त उपयोगी है।"

–बिज़नेस लाइन

"घनश्याम दास बिरला पर रचित यह पुस्तक यद्यपि एक शोधपत्र के तौर पर लिखी गयी थी लेकिन इसने शैक्षणिक जगत को नया आयाम दिया और पाठकों को एक ऐसी शख़्सियत से रूबरू करवाया जिसका औद्योगिक और राजनीतिक दोनों क्षेत्रों में महत्त्वपूर्ण स्थान है।"

–बिज़नेस इंडिया

"मेधा म कुदेसिया द्वारा लिखित *युगपुरुष : घनश्याम दास बिरला* पुस्तक ने अपने आपको आज कॉरपोरेट जगत की महान हस्तियों की जीवनियों से एक अलग मुकाम पर खड़ा कर दिखाया है।"

–बिज़नेस वर्ल्ड

"यह प्रत्येक उस व्यक्ति के लिए एक अनिवार्य पुस्तक है जो 20वीं सदी के भारत को समझने की इच्छा रखता है... इस पुस्तक को पढ़कर अर्जित ज्ञान से हम सबको उस व्यक्ति और उस युग को समझने में मदद मिलेगी जो आधुनिक भारतीय राष्ट्र और अर्थव्यवस्था के निर्माण की दृष्टि से निर्णायक और महत्त्वपूर्ण थे।"

–इकोनॉमिक एंड पॉलिटिकल वीकली

"...बड़े पैमाने पर बारीक़ी से शोध किया गया दस्तावेज़।"

–द इकोनॉमिक टाइम्स

युगपुरुष

घनश्याम दास बिरला

मेधा म कुदेसिया

सम्पादक
संगम पाण्डेय

वाणी प्रकाशन

वाणी प्रकाशन

4695, 21-ए, दरियागंज, नयी दिल्ली 110 002

फ़ोन : +91 11 23273167 फ़ैक्स : +91 11 23275710

शाखाएँ

अशोक राजपथ, पटना 800 004, बिहार

कॉफ़ी हाउस कैम्पस, महात्मा गांधी मार्ग, इलाहाबाद 211 001, उत्तर प्रदेश

महात्मा गांधी अन्तरराष्ट्रीय हिन्दी विश्वविद्यालय, वर्धा 442 001, महाराष्ट्र

सुल्तानिया रोड, मोतिया पार्क, भोपाल 462 001, मध्य प्रदेश

www.vaniprakashan.com
marketing@vaniprakashan.in
sales@vaniprakashan.in

Yugpurush : Ghanshyamdas Birla
by Medha M. Kudaisya
Edited by Sangam Pandey

Published in arrangement with Oxford University Press India, New Delhi
Translated from the English language

ISBN : 978-93-5518-092-6
Biography

पेपरबैक प्रथम हिन्दी संस्करण 2021

मूल्य : ₹ 499

थॉमसन प्रेस (इंडिया) लि. में मुद्रित

वाणी प्रकाशन का लोगो मक़बूल फ़िदा हुसेन की कूची से

अनुक्रम

प्रस्तावना

आप सोच रहे होंगे कि इस समय श्री जी.डी. बिरला जी के दीर्घकालिक जीवन पर क्यों मनन किया जाये? इस सन्दर्भ में मैं कहना चाहूँगी कि पूज्य दादोजी, जैसा कि हम प्यार से बिरला परिवार में उन्हें बुलाते थे, एक महाकाव्य की भाँति थे। एक प्रिज़्म की भाँति उनके जीवन ने उच्च आदर्शों के सभी आयामों को प्रकाशित किया। एक सम्मानित और प्रख्यात उद्यमी, गाँधीजी के परम विश्वासपात्र, शिक्षाविद्, महान परोपकारी, आध्यात्मिक साधक, अनन्य भक्त, जिन्होंने अनेक मन्दिरों का निर्माण कराया, पर इस सबसे ऊपर वे एक महान मानवतावादी और सच्चे कर्मयोगी थे।

पूज्य दादोजी और महात्मा गाँधी का ऐसा सहजीवी सम्बन्ध था जो इन दशकों में जन–जन में लोक कथाओं की भाँति प्रचलित हुआ। सम्पूर्ण स्वतन्त्रता संग्राम में उन्होंने भ्रातृवत गाँधीजी के साथ मिलकर संघर्ष किया। यह पुस्तक हमें उन क्षणों में वापस ले जाती है जहाँ निराशा में आशा, अन्धकार में प्रकाश और कायरता में शौर्य निहित है। यह चुनौती भरा समय, हमारे स्वतन्त्रता संग्राम की पीड़ा, विश्वयुद्ध के परिणाम और इन सब के बीच राष्ट्र के रूप में उभरते भारत का साक्षी है। एक साथ मिलकर इन दोनों ने इस देश के इतिहास को ही बदल डाला।

यह पुस्तक उन सभी संघर्षों को बयान करती है जिनका हम सब ने सामना किया और जिसके परिणामस्वरूप लाखों करोड़ों भारतीयों के जीवन में बदलाव आया। इन दोनों दूरदर्शियों ने भारतीय समाज में जिन नवीन मूल्यों की स्थापना की उन्हें शब्दों में बयान नहीं किया जा सकता। एक राष्ट्र की स्वतन्त्रता, अप्रतिबन्धित व्यापार जिसकी परिणति अन्ततः मानवीय भावनाओं की विजय के रूप में हुई।

अन्त में, स्वतन्त्रता, जो अपने आप में ही एक पर्व होना चाहिए था, अपने साथ विभाजन की पीड़ा, हिंसा और असंख्य लोगों की असामयिक मृत्यु लेकर आयी जिसने इन दोनों महान आत्माओं को झकझोर दिया, जिन्होंने मानवता और सामाजिक स्थिरता के लिए प्राणपण से प्रयत्न किया था।

इनकी जीवन–यात्रा का स्मरण हम सभी, छोटे–बड़ों, को बताता है कि हमने किस तरह आज़ादी प्राप्त की और कैसे क्रमशः व्यापारिक और औद्योगिक समृद्धि की ओर क़दम बढ़ाये।

लेकिन उससे भी ज़्यादा महत्त्वपूर्ण है कि यह पुस्तक उन मूल्यों का भण्डार है जिनका जी.डी. बिरला जी और गाँधीजी ने अनुमोदन किया। ये सभी मूल्य कालजयी हैं और मानव मात्र के मन और मस्तिष्क को शान्ति प्रदान कर जीवन को एक उद्देश्य देते हैं। ये मूल्य हैं :

- स्वयं से ऊपर सेवा
- अवसरवादिता से ऊपर अखण्डता
- अपने से बड़ी किसी चीज़ का हिस्सा बनना
- दासता से ऊपर गरिमा
- समय की रेत पर महान पदचिह्न।

–राजश्री बिरला

भूमिका

सन् 1941–42 की 'इंडियन ईयरबुक एंड हूज हू' में घनश्याम दास (जी.डी.) बिरला का परिचय प्रकाशित हुआ था–'मिल–मालिक, व्यापारी और ज़मींदार'। ज़्यादातर भारतीयों या भारत से गहरे रूप में जुड़े लोगों के लिए एक 'पब्लिक फीगर' के रूप में घनश्याम दास बिरला किसी परिचय के मोहताज़ नहीं हैं। उन्हें भव्य मन्दिरों के निर्माता, लाखों का दान करने वाले समाजसेवी, और गाँधीजी को आवास मुहैया कराने वाले व्यक्ति, जिनके घर में महात्मा शहीद हुए, के रूप में शायद सबसे ज़्यादा जाना जाता है। जहाँ ज़्यादातर भारतीय अपने जीवन में कभी–न–कभी बिरला का नाम सुनते ही हैं और नाम अपने में ही व्यापक बना रहता है, वहीं इस नाम के पीछे के व्यक्तित्व जी.डी. बिरला कहीं–न–कहीं धुँधले हो रहे हैं। कुछ हद तक इसका कारण समय का प्रवाह है, लेकिन ऐसा इसलिए भी हुआ कि एक ऐतिहासिक विभूति के तौर पर जी.डी. बिरला बहुत ज़्यादा जटिल थे और उनके चन्द समकालीन ही वास्तव में उनकी शख़्सियत को समझ सके। यह पुस्तक उनके जीवन की कथा को कहने की और उनके जीवन को गढ़ने वाली ऐतिहासिक शक्तियों के सन्दर्भ में उन्हें जानने की एक कोशिश है, और बदले में जैसा उन्होंने उन्हें प्रभावित किया, उसे भी।

बिरला के ऐतिहासिक व्यक्तित्व की जटिलता अंशतः इस बात में उभरकर सामने आती है कि हालाँकि उन्होंने सार्वजनिक जीवन के विभिन्न क्षेत्रों में अद्‌भुत दक्षता से काम किया, फिर भी ख़ुद के व्यावसायिक हितों पर उनकी पकड़ कभी ढीली नहीं पड़ी। दूसरी अहम बात उनके विषय में यह थी कि वे मारवाड़ियों के अपने व्यापारिक समुदाय में एक पुरजोश सुधारक थे; अपने पूरे जीवनकाल में हिन्दू हितों के लिए उन्होंने मुक्तहस्त संरक्षण और दान दिया; आज़ादी के पूर्व वे भारतीय राष्ट्रीय काँग्रेस के अकेले सबसे महत्त्वपूर्ण मददगार रहे और ब्रिटिश हुकूमत के ख़िलाफ़ उसके कई लक्ष्यों और अभियानों को उन्होंने बड़ी उदारता से धन का सहयोग दिया। सन् 1927 से 1950 के मध्य दो दशकों से ज़्यादा समय तक वे भारत के बड़े व्यवसाय के सर्वाधिक प्रभावशाली प्रवक्ताओं में शुमार रहने के साथ–साथ उसके मुख्य रणनीतिकार भी रहे। उन्होंने विदेशी पूँजी के ख़िलाफ़ जम कर मोर्चा लिया और 1947 के पूर्व के बड़े भारतीय व्यवसायियों को अंग्रेज़ों के ख़िलाफ़ लामबन्द किया। दशकों तक वे औपनिवेशिक राज्य की राजकोषीय और औद्योगिक नीतियों के कट्टर आलोचक रहे : ठीक उसी समय उन्होंने अपने वक़्त के सर्वाधिक सफल भारतीय निजी उद्योगों में से एक

का संचालन किया, जिसने दोनों महायुद्धों के बीच के वर्षों में भारी मुनाफ़ा कमाया। उनकी जीतें अक्सर एक पक्षकार के रूप में उनकी विविध भूमिकाओं में हैं, जो बक़ौल उन्हीं के उनके 'पर्सनल टच' की तस्दीक करने वाली थीं। इंग्लैंड में भारत के लिए बड़ी रियायतों की वकालत करने में; कॉंग्रेस के सांगठनिक दायरों के भीतर दक्षिणपन्थी अधिकारों के लिए काम करने में; व्यापक राष्ट्रवादी राजनीति में संवैधानिक दृष्टिकोण को आगे बढ़ाने में; और कॉरपोरेट जगत में एकता और राजनीतिक प्रतिष्ठान के साथ नज़दीकी समझदारी के लिए चुपचाप काम करने में वे ऐसे पक्षकार की भूमिका निभाते रहे।

सवाल उठ सकता है बिरला के विषय में अब क्यों लिखा जाये जबकि हम इक्कीसवीं सदी में पहुँच चुके हैं? ऐसे व्यक्ति के विषय में जिसकी मृत्यु क़रीब तीन दशक पूर्व हो चुकी है और जिसके सार्वजनिक जीवन का शीर्ष समय किसी भी मायने में आधी सदी पहले रहा हो। इसका उत्तर दो भागों में मिलता है। बिरला कई लिहाज़ से अपने क्षेत्र के प्रथम थे और उनके जीवन एवं अनुभवों का अध्ययन सार्वजनिक जीवन के अहम पक्षों—जैसे कि व्यापार और राजनीति का सम्बन्ध, लोकहित के काम और धर्म—के बारे में अन्तर्दृष्टियाँ दे सकता है। जवाब का दूसरा हिस्सा इस तथ्य में है कि बिरला का एक ऐतिहासिक मूल्यांकन बीसवीं सदी के महत्त्वपूर्ण भारतीयों में जिस प्रकार होना चाहिए था, वह होना अभी शेष है।

हालाँकि बिरला ने अपने संस्मरण 1953 में प्रकाशित करवाये थे, पर उनमें मुख्यतः गाँधीजी के साथ उनकी घनिष्ठता की ही चर्चा थी, उनके निजी जीवन का पूरा विवरण नहीं था। अपने जीवनकाल में और ख़ासकर जब गाँधीजी जीवित थे वे ख़ुद को गाँधी का अनुयायी कहलाना ही अधिक पसन्द करते थे। इसीलिए उन्होंने अपने संस्मरणों का शीर्षक 'इन द शैडो ऑफ़ द महात्मा' (महात्मा की छाया में) रखा था। यह ग्रन्थ बिरला के मज़बूत सरपरस्त वल्लभभाई पटेल की मृत्यु के बाद छपा था। ये वर्ष नेहरू की समाजवादी आलंकारिकता के चरम के भी थे, जिसने निजी उद्योग को रक्षात्मक मुद्रा में ला दिया था। इसके अलावा उनके नयी दिल्ली के आवास को राष्ट्रीय गाँधी स्मारक में तब्दील करने को लेकर हुए विवाद ने नेहरू को बहुत रुष्ट कर दिया था। बिरला अपना आवास स्मारक के लिए देने के इच्छुक नहीं थे। इससे नेहरू के साथ उनके रिश्ते में काफ़ी कड़ुवाहट आ गयी थी। इन हालात ने बिरला को गाँधी के साथ अपने पत्र–व्यवहार में से कुछ चुनिंदा पत्रों को प्रकाशित करने के लिए बाध्य किया, जिससे राष्ट्रपिता के साथ उनकी निकटता प्रमाणित हुई, और वे कॉंग्रेस के हितरक्षक के तौर पर दिखे। यह प्रकाशन सही समय पर हुआ था और 350 पृष्ठों के पाठ के माध्यम से बिरला अपनी वह छवि बनाने में सफल हुए जो वे ख़ुद के लिए चाहते थे—एक ऐसा व्यक्ति जो हमेशा 'महात्मा की छत्रछाया में' रहा। फिर 1977 में बिरला ने गाँधीजी के साथ हुए पत्र–व्यवहार के चार खण्ड 'बापू : ए यूनिक एसोसिएशन' शीर्षक से छपवाये, जिसमें गाँधीजी के साथ उनके सम्बन्धों के और आगे के ब्योरे थे। इस बार भी प्रकाशन का समय अहम था। कुछ ही महीने पहले बिरला ने इन्दिरा गाँधी के 'आपात्काल' का पक्ष लिया था और जब पहली बार केन्द्र में ग़ैर–कॉंग्रेस सरकार बनी तो लगा कि बिरला के सितारे गर्दिश में आने वाले हैं और उन्हें अपना गाँधीवादी परिचय प्रस्तुत करने की आवश्यकता आ पड़ी है।

इन प्रकाशनों में बिरला द्वारा सावधानी से बनायी गयी इस छवि ने उनके व्यक्तित्व के सिर्फ़ एक पक्ष को उजागर किया और उनके जीवन के अनेक विरोधाभासों और अस्पष्टताओं पर पर्दा पड़ा रहा। उनके जीवनीकारों ने इसी छवि को उठाया और उसे और सुदृढ़ किया। सन् 1983 में उनकी मृत्यु के तुरन्त बाद बिरला परिवार के कुछ लोगों ने क्रिकेट लेखन के लिए विख्यात ब्रिटिश पत्रकार एलन रॉस को उनकी जीवनी लिखने के लिए प्रोत्साहित किया। परिणामस्वरूप 'द एमिसरी'[1] पुस्तक सामने आयी, जिसमें उनके जीवन का एक पठनीय सिलसिला तो था, लेकिन उसने उस खाँचे को नहीं तोड़ा जिसे बिरला ने ख़ुद अपने लिए गढ़ा था। इसमें वह ऐतिहासिक परिप्रेक्ष्य उजागर नहीं था जिसमें बिरला का निर्माण हुआ और न ही इसमें उनके व्यक्ति के बारे में कोई सवाल उठाये गये थे।

इस प्रकार बिरला का ऐतिहासिक मूल्यांकन होना अभी बाक़ी है, और यह अध्ययन उसी दिशा में एक क़दम है। विसंगति की बात यह है कि यह ऐसे आदमी की कहानी है जो ख़ुद अपनी जीवनी लिखे जाने के पक्ष में नहीं था। 1978 में 'टाइम्स' के संवाददाता इयान जैक से उन्होंने कहा था, ''निश्चय ही कोई भारतीय मेरी जीवनी नहीं लिख सकता, क्योंकि जीवनी–लेखन भारतीयों की दक्षता के बाहर की चीज़ है।'' उन्हें भय था कि उनकी जीवनी कहीं अभिनन्दन ग्रन्थ न बन जाये। क्योंकि समकालीन भारतीय लेखन में जीवनी–लेखन अभी प्रौढ़ विधा का रूप नहीं ले सका था।

बिरला जीवनी के लिए न केवल कठिन बल्कि दुरूह विषय हैं। अपने मूल रूप में वे अपेक्षाकृत सरल व्यक्ति थे और उनकी रूढ़िवादी हिन्दू पृष्ठभूमि ने उन्हें ख़ुद को पीछे रखने का जीवन–मूल्य दिया था। इसके अलावा मारवाड़ी व्यापारी दैनिक व्यावसायिक लेनदेन में एक निश्चित गोपनीयता बरतते हैं और लिखित काग़ज़ात की सँभाल के बजाय उन्हें नष्ट कर देने को प्रोत्साहित करते हैं।

ये बातें बिरला के प्रारम्भिक जीवन को लिपिबद्ध करने में कठिनाई पैदा करती हैं (यह बात उस समय की किसी भी जीवनी के लेखन पर लागू होती, बशर्ते वह रजवाड़े का व्यक्ति न रहा हो)। फिर भी उनकी किशोरावस्था से आगे उनकी जीवनी के सूत्र मिलने शुरू हो जाते हैं और 1920 के बाद अच्छे प्रमाण मिलते हैं, जिससे उनकी बहुआयामी गतिविधियों को जानना सम्भव हो जाता है। फिर भी उनके जीवन के कुछ पहलू जीवनीकारों की समझ में नहीं आते। मसलन, उनके हुए दो विवाहों और दोनों ही पत्नियों के देहावसान ने उनके व्यक्तित्व को किस प्रकार प्रभावित किया, यह बता पाना मुश्किल है। इसी तरह यह बता पाना कि बिरला ने आरम्भ में धन कैसे अर्जित किया। हालाँकि 1920 के बाद जब उनके अधिकांश नये उपक्रम सूचीबद्ध कम्पनियों की शक्ल लेने लगे तो उनके व्यापार विस्तार के पैमाने को समझना आसान हो जाता है। यह रहस्य हम शायद कभी न जान पायें कि बिरला ने किस तरह धन कमाया, मगर कम–से–कम यह समझने की स्थिति में तो ज़रूर हैं कि उन्होंने इसे कैसे ख़र्च किया।

इन सीमाओं के होते हुए भी यह मुमकिन है कि बिरला के जीवन को उसकी विविधता और सम्पन्नता में अच्छे से पुनर्निर्मित किया जा सके। उनकी कहानी अनूठी है– इतने क़िस्म की उपलब्धियों से भरी एक ज़िन्दगी कि जो सहज ही उन्हें 20वीं सदी के महान भारतीयों की श्रेणी में लाकर खड़ा कर देती है।

सामान्य तौर पर देखें तो यह एक व्यक्ति के जीवन की कहानी है। लेकिन साथ ही यह एक खिड़की भी है जहाँ से बीसवीं सदी के दौरान भारत के उस कायापलट को देखा जा सकता है जिसमें बिरला ने एक शालीन भूमिका अदा की। किन्हीं अर्थों में यह एक व्यक्ति के नज़रिये और इस नज़रिये को मुकाम तक पहुँचाने के लिए किये संघर्ष की गाथा भी है। बिरला ने व्यापार और महाजनी के छोटे से पारिवारिक कारोबार को देश के दूसरे सबसे बड़े औद्योगिक समूह में तब्दील होते, और संसाधनों, टर्नओवर और मुनाफ़ों के मामले में नम्बर वन होने के लिए टाटा समूह से होड़ लेते देखा। उन्होंने दो विश्व युद्ध और एक वैश्विक आर्थिक मन्दी देखी। उन्होंने ब्रिटिश हुकूमत के ख़िलाफ़ एक गहन राष्ट्रवादी संघर्ष देखा और आश्वस्त किया कि उसके नेतृत्व को हर ज़रूरी अवसर पर भारतीय पूँजीपति वर्ग के एक अहम हिस्से का पूरा समर्थन है। उन्होंने भारतीय अर्थव्यवस्था में विदेशी पूँजी का प्रभुत्व ख़त्म होते देखा, और उसी तरह भारत में औपनिवेशिक शासन का अन्त होते भी। आज़ादी मिलने के बाद एक स्वावलम्बी, मज़बूत और पूँजीवादी भारत का उनका स्वप्न, जहाँ निजी उद्यमिता देश को आधुनिक बनाने में बुनियादी भूमिका अदा करे, साकार हुआ। उसके बाद बिरला अपनी ऊर्जा अपने व्यवसाय को बढ़ाने, निजीकरण के बृहत्तर हितों की रक्षा करने और अपने ख़ास लोक–हितैषी कामों में एकाग्र कर सके।

बिरला का जीवन हमें समकालीन भारत को आकार देने वाली बहुतेरी प्रक्रियाओं को समझने में एक ख़ास सहूलियत मुहैया कराता है। उदाहरण के लिए बिरला ने 25 वर्षों से भी अधिक समय तक 'हिन्दू राष्ट्रवाद' और काँग्रेस–शैली की 'धर्मनिरपेक्ष' राजनीति का एक साथ समर्थन किया और इसमें उन्हें कोई अन्तर्विरोध नहीं दिखा। उनका व्यावसायिक जीवन शायद चित्रित करता है कि बहुसंख्यक हिन्दू राष्ट्रवाद (वर्तमान समय में 'हिन्दुत्व' शब्द के रूप में छोटा होता हुआ) और काँग्रेसी राष्ट्रवाद दो ध्रुवीय विरुद्ध न होकर एक ही राजनीतिक क्षेत्र में दो आदर्शवादी अवस्थितियाँ हैं, एक ऐसा पहलू जिसे वर्तमान में भारतीय राष्ट्रवाद ने दरकिनार कर दिया है। इसके अलावा बड़े व्यवसाय के प्रवक्ता और रणनीतिकार के रूप में बिरला के कार्य व्यवसायियों और राजनेताओं की रिश्ते को परखने की दृष्टि देते हैं, और हमारे आगे कॉरपोरेट–लॉबिंग की दुनिया का खुलासा करते हैं। यह जानने योग्य है कि व्यवसायी कैसे राजनीतिक अखाड़े में दखलन्दाज़ी करता है और किन तरीक़ों से बदलते राजनीतिक सन्दर्भ में उनकी तकदीरें ज़ोरदार ढंग से आकार लेती हैं। इसी तरह उनकी शख़्सियत का लोकहितैषी–पक्ष हमें लोकसेवा और धर्म के मध्य मौजूद रिश्ते के बारे में बताता है, और उस राजनीतिक लाभ के बारे में जो अक्सर दान और उपहार के द्वारा अर्जित किया जाता है।

जी.डी. बिरला के काग़ज़ात पर एक नोट

यह पुस्तक बृहद् ऐतिहासिक प्रमाणों पर आधारित बिरला का पहला आलोचनात्मक मूल्यांकन है। इस पुस्तक की लेखिका पहली शोधकर्ता हैं जिनकी बिरला के निजी काग़ज़ात में उपलब्ध इन दस्तावेज़ी प्रमाणों तक पूरी और निर्बाध पहुँच रही है। ये काग़ज़ात समकालीन भारतीय इतिहास के अध्ययन के लिए ऐतिहासिक साक्ष्यों से भरपूर हैं। 1947 से पूर्व के काग़ज़ात मुख्यतया 1920, 1930 और 1940 के दशकों से सम्बन्धित हैं; 1920 के दशक के आरम्भ

के प्रमाण धुँधले हैं और उससे भी पहले की अवधि के काग़ज़ात गिने–चुने ही हैं। 1947 के बाद के काग़ज़ात में 1940, 1950 और 1960 के दशकों की कई खण्डीय सामग्री है। इसे उनके परिजनों ने कलकत्ता और दिल्ली में सुरक्षित रखा हुआ है।

इन काग़ज़ों को किस प्रकार व्यवस्थित किया गया है और इस पुस्तक में उन्हें किस पद्धति से उद्धृत किया गया है उस पर भी दो शब्द कहने ज़रूरी हैं। काग़ज़ात को चार मुख्य श्रेणियों में बाँटा गया है : (क) अति महत्त्वपूर्ण पत्राचार (वेरी–वेरी इम्पोर्टेंट कोरेस्पोंडेंस); (ख) महत्त्वपूर्ण पत्राचार (आगे सीरीज़ I और सीरीज़ II में उपविभाजित; सीरीज़ I में मुख्यतया 1947 के बाद की सामग्री है और सीरीज़ II में 1947 के पूर्व का पत्राचार। इन्हें इस पुस्तक में क्रमशः सीरीज़ I और सीरीज़ II के रूप में इंगित किया गया है; (ग) विदेशी पत्राचार (फॉरेन कोरेस्पोंडेंस); और (घ) विविध प्रकार के पत्राचार (मिसलेनियस कोरेस्पोंडेंस)। सभी पत्राचारों को पत्र–व्यवहार करने वालों के नाम के मुताबिक़ फ़ाइलों में व्यवस्थित करके संख्यात्मक क्रम दिया गया है। इन चार सीरीज़ के अलावा काफ़ी तादाद में भिन्न विषयों पर फ़ाइलें हैं जिनकी अलग फ़ाइल संख्या है। ऐसी फ़ाइलों का एक महत्त्वपूर्ण संग्रह 'मिसलेनियस' नाम से है।

बिरला पेपर्स के अलावा अब तक उपयोग में न लाये गये बहुतेरे स्रोतों का भी इस्तेमाल किया गया है, जैसे कि फ़ेडरेशन ऑफ़ इंडियन चेम्बर्स ऑफ़ कॉमर्स एंड इंडस्ट्री और इंडियन चेम्बर ऑफ़ कॉमर्स के दस्तावेज़, 'कैपिटल' और 'कॉमर्स' जैसे व्यावसायिक पत्र, 'हिन्दुस्तान टाइम्स', 'द न्यू एम्पायर' और 'द ईस्टर्न इकोनॉमिस्ट' जैसे समकालीन अख़बार, 'श्री मारवाड़ी अग्रवाल', 'माहेश्वरी बन्धु', 'मारवाड़ी' जैसे नियतकालिक प्रकाशन, प्रमुख व्यवसायियों, राजनीतिज्ञों और अधिकारियों के निजी काग़ज़ात, बिरला परिवार के सदस्यों से हुए मौखिक साक्षात्कार, और दिल्ली, कलकत्ता तथा लन्दन के अभिलेखागारों के विस्तृत सरकारी रिकॉर्ड।

सन्दर्भ

1. *एलन रॉस, द एमिसरी : जी.डी. बिरला, गाँधी एंड इंडिपेंडेंस,* लन्दन, कॉलिंस हारविल, 1986।

साभार

इस काम का सूत्रपात पीएच.डी. के लिए शोध–प्रबन्ध के रूप में हुआ जिसे मैंने 1992 में कैम्ब्रिज विश्वविद्यालय में प्रस्तुत किया। उसके बाद से इसमें काफ़ी पुनरीक्षण हुए हैं, और इन कई वर्षों में मैं काफ़ी लोगों की ऋणी हो गयी हूँ।

सबसे पहले तो मैं कैम्ब्रिज के अपने शोध निरीक्षणकर्ता अंथोनी लो की आभारी हूँ जिन्होंने मुझे सर्वाधिक प्रोत्साहन दिया और शोध–प्रबन्ध पर काम के दौरान और उसके बाद के वर्षों में जब भी मैंने उनका समय और ध्यान चाहा वह सहर्ष उपलब्ध हुए। मैं यह कार्य उनके सहयोग के बिना पूरा नहीं कर सकती थी।

बहुत–से अन्य लोगों ने भी वर्षों तक मुझे सहायता और प्रोत्साहन दिया है। मैं क्रिस बेली को पूरी गर्मजोशी से धन्यवाद कहना चाहूँगी जिन्होंने सालों तक मुझे निरन्तर प्रोत्साहन और मुक्तहस्त सहायता दी। जूडिथ ब्राउन ने कई अध्याय पढ़े और मेरा उत्साहवर्धन किया, इसके लिए मैं तहेदिल से उनकी आभारी हूँ। पीटर रीव्स ने ज़्यादातर अध्यायों के लिखे को धैर्यपूर्वक पढ़ा और महत्त्वपूर्ण सुझाव दिये, जिसके लिए उन्हें मेरा शुक्रिया। यह काम पूरा करने के लिए वे मुझे प्रेरित करते रहे।

मैं जवाहरलाल नेहरू विश्वविद्यालय के अपने सभी अध्यापकों, ख़ासकर बिपिन चन्द्रा, के सहयोग के लिए उनकी आभारी हूँ। अन्य वे लोग जिन्होंने किये जा रहे काम पर अपनी राय देकर मदद की वे हैं स्वर्गीय रविन्दर कुमार, क्लॉड मार्कोविट्स, मुशीरुल हसन, आदित्य मुखर्जी और बासुदेव चटर्जी। उन सभी को पूरे हृदय से धन्यवाद।

यह काम सरला और बसन्त कुमार बिरला के सहयोग और रुचि के बिना शुरू नहीं हो सकता था। उन्होंने जी.डी. बिरला के काग़ज़ात तक मेरी निर्बाध आवाजाही की इजाज़त देकर मुझमें अपना भरोसा जताया। इसके अलावा सरला बिरला ने जिस तरह से मुझे प्रोत्साहन दिया वह बहुत ही प्रेरक था और उसके लिए मैं उनकी बेहद आभारी हूँ। मैं इस काम में गहरी रुचि दिखाने के लिए मंजुश्री बिरला का भी धन्यवाद करती हूँ। स्वर्गीय एल.एन. बिरला ने अपने पास सुरक्षित कुछ सामग्री उदारतापूर्वक मुझे दिखायी, जिसके लिए मैं उनकी आभारी हूँ। मुझे 'हिन्दुस्तान टाइम्स' की फ़ाइलें देखने की सुविधा दिलाकर शोभना भरतिया ने मेरी बहुत बड़ी मदद की जिसके लिए मैं उन्हें अपना धन्यवाद प्रेषित करती हूँ। मैं पूर्व सांसद और लम्बे समय तक फिक्की के सेक्रेटरी जनरल रहे जी.एल. बंसल का भी धन्यवाद करती हूँ जिन्होंने विषय की अहम जानकारियाँ मेरे साथ साझा कीं।

यह कार्य बहुत–से व्यक्तियों और संस्थानों से मिले उदार सहयोग के चलते पूरा हो पाया है। राष्ट्रमण्डल विश्वविद्यालय संघ द्वारा स्वीकृत कॉमनवेल्थ स्कॉलरशिप के कारण मुझे कैम्ब्रिज में अध्ययन करने का मौक़ा मिला। मैं पेम्ब्रोक कॉलेज के अपने अध्यापक जय विंटर को धन्यवाद देना चाहती हूँ जिन्होंने इस कॉलेज में अध्ययन के दौरान मेरा ख़याल रखा। जिन संस्थानों के कारण लम्बी यात्राएँ सम्भव हो सकीं वे हैं–स्मट्स मेमोरियल फंड, द एलन मैकआर्थर फंड, द चार्ल्स वैलेस इंडिया ट्रस्ट, द हैमंड ट्रस्ट, द ब्रिटिश काउंसिल और द मास्टर एंड फेलोज ऑफ़ पेम्ब्रोक कॉलेज।

कई संस्थानों के अभिलेखविदों और लाइब्रेरियनों ने इस शोध में अपना सहयोग दिया और मैं पूरे दिल से उनका शुक्रिया करती हूँ। दिल्ली में 'मंगलम' का स्टाफ़, ख़ासकर रतनलाल, वर्षों तक बहुत मददगार रहे। कलकत्ता में मैं माहेश्वरी पुस्तकालय के नोपानीजी और टण्डनजी को उनकी अचूक उदारता और सहयोग के लिए धन्यवाद से शुरुआत करती हूँ। मैं आभारी हूँ बड़ा बाज़ार कुमारसभा पुस्तकालय, सूरजमल जालान पुस्तकालय, मारवाड़ी रिलीफ़ सोसायटी, अखिल भारतीय मारवाड़ी सम्मेलन, विशुदानन्द सरस्वती विद्यालय और द नेशनल लाइब्रेरी के अधिकारियों की। दिल्ली में मैं धन्यवाद देना चाहूँगी मारवाड़ी लाइब्रेरी के स्टाफ़ को, फिक्की लाइब्रेरी और रिकॉर्ड्स रूम को, द नेहरू मेमोरियल म्यूज़ियम एंड लाइब्रेरी को और भारतीय राष्ट्रीय अभिलेखागार के स्टाफ़ को। पिलानी में बिरला इंस्टीट्यूट ऑफ़ टेक्नोलॉजी एंड साइंस के निदेशक और लाइब्रेरियन, बिरला एजुकेशन ट्रस्ट के सचिव और विशेष रूप से आर.एस. शाह के प्रति ख़ास आभार प्रकट करती हूँ जिन्होंने शोध के दौरान मेरी काफ़ी सहायता की। जिन संस्थानों से मैं इंग्लैंड में लाभान्वित हुई उनमें मैं धन्यवाद देना चाहूँगी इंडिया ऑफ़िस लाइब्रेरी एंड रिकॉर्ड्स को, कैम्ब्रिज के द सेंटर ऑफ़ साउथ एशियन स्टडीज़ को, सेंट्रल लाइब्रेरी को, द चर्चिल कॉलेज लाइब्रेरी और अभिलेखागार को और फ़ैकल्टी ऑफ़ ओरियंटल स्टडीज़ के अधिकारियों को।

मैं आभार प्रकट करती हूँ दिल्ली विश्वविद्यालय के जीसस एंड मेरी कॉलेज का–ख़ासकर वहाँ की पूर्व प्रिंसिपल सिस्टर मेल्बा रोड्रिक्स का। सिंगापुर में मैं धन्यवाद देना चाहूँगी नानयांग टेक्नोलॉजिकल यूनिवर्सिटी का, जहाँ मैंने अध्यापन किया और शोध की दोबारा जाँच में सहयोगियों और मित्रों का भरपूर समर्थन मिला। दो लोगों ने संस्थागत सहयोग उपलब्ध कराया, जिसके कारण बाद के चरणों का लेखन सम्भव हुआ। मैं इंस्टीट्यूट ऑफ़ साउथ–ईस्ट एशियन स्टडीज़ की पूर्व प्रमुख डायना वोंग और सिंगापुर की नेशनल यूनिवर्सिटी के सेंटर ऑफ़ एडवांस्ड स्टडीज़ के ब्रैंडा योह को धन्यवाद देती हूँ। मैं आभारी हूँ जॉर्ज लैंडो की जिन्होंने शुरू के कुछ अध्याय पढ़े और प्रोत्साहन भरी टिप्पणियों से मेरा हौसला बढ़ाया।

दोस्तों में ऐसे कई हैं जिनके साथ पुस्तक लेखन के दौरान मैंने बहुत ही आनन्ददायक समय गुज़ारा। इनमें सबसे पहले तो मैं आभारी हूँ तान ताई यांग और सिल्विया टान की, जिन्होंने लगातार मुझे प्रोत्साहन दिया। हमारे कैम्ब्रिज के दिनों से ही उनकी दोस्ती और गर्मजोशी में कभी कोई कमी नहीं आयी। कैम्ब्रिज में गुज़रे मेरे वक़्त के लिए मैं आभार व्यक्त करती हूँ कमल चौधरी और सुमिता चिकरमाने का। दिल्ली में सलिल मिश्रा, नीरजा, हुलास सिंह और विशालाक्षी मेनन को शुक्रिया, जिन्होंने मुझे निरन्तर सहयोग दिया,

हमेशा पूरी उदारता रखी और सच्चे दोस्त बने रहे। सिंगापुर में रेनु गुप्ता ने धैर्यपूर्वक पूरे लिखे गये को पढ़ा और उसे और अधिक पठनीय बनाने वाले सुझाव दिये। बहुत ही कम समय में पूरी किताब की प्रूफ़ रीडिंग के लिए आराधना तलवार को धन्यवाद। साथ ही स्टेफनी रप्प को उनकी दोस्ती, प्रोत्साहन और साथ बिताये बढ़िया समय के लिए धन्यवाद।

मैं ऑक्सफोर्ड यूनिवर्सिटी प्रेस के अपने सम्पादकों की आभारी हूँ जिन्होंने हमेशा पूरा समर्थन दिया और विलम्ब के बावजूद पूरी सहिष्णुता बनाये रखी।

परिवार जनों में ख़ासकर मेरी माँ सन्तोष मलिक ने हमेशा मेरी दिक़्क़तों को समझा और सहयोग दिया। साथ ही कमल, अनु, ऋतु और नितिन की ओर से इस काम को पूरा करने में मिली प्रेरणा को याद करना भी एक सुखद अहसास देता है। शुक्रिया यास्मीन का, जो लगातार यह पूछती रहीं कि काम कब पूरा होगा। धन्यवाद मेरे श्वसुर साहब को भी जिन्होंने इस काम में रुचि दिखायी। गीता हमेशा पूरी तरह सहयोग देती रहीं। मैं धन्यवाद देती हूँ तारामनी को जो हमेशा मदद के लिए तत्पर थीं। मेरे पति ज्ञानेश हमेशा ऊर्जा का एक अभिन्न स्रोत बने रहे और बग़ैर उनकी मदद के इस काम का पूरा होना सम्भव नहीं था। उन्होंने इस काम के हर लम्हे में हिस्सेदारी की और उनके प्रोत्साहन के बिना यह काम मुकाम तक न पहुँच पाता। वृन्दा ने इस किताब के लेखन के दौरान एक मनोरंजक व्याकुलता बनाये रखी। यह काम श्री विश्व मित्तरजी महाराज के आशीर्वाद और स्नेह के बिना पूर्ण नहीं हो सकता था। मेरे लिए यह मुश्किल है कि मैं अपने अंकल श्री प्रेमजी महाराज द्वारा कई वर्षों के दौरान किये सहयोग की फ़ेहरिस्त बनाकर उसके लिए शुक्रिया कहूँ। इतने वर्षों में उन्होंने मेरे लिए क्या कुछ नहीं किया। इसी कारण यह किताब मैं उन्हें समर्पित करती हूँ।

The Birlas : A Genealogy

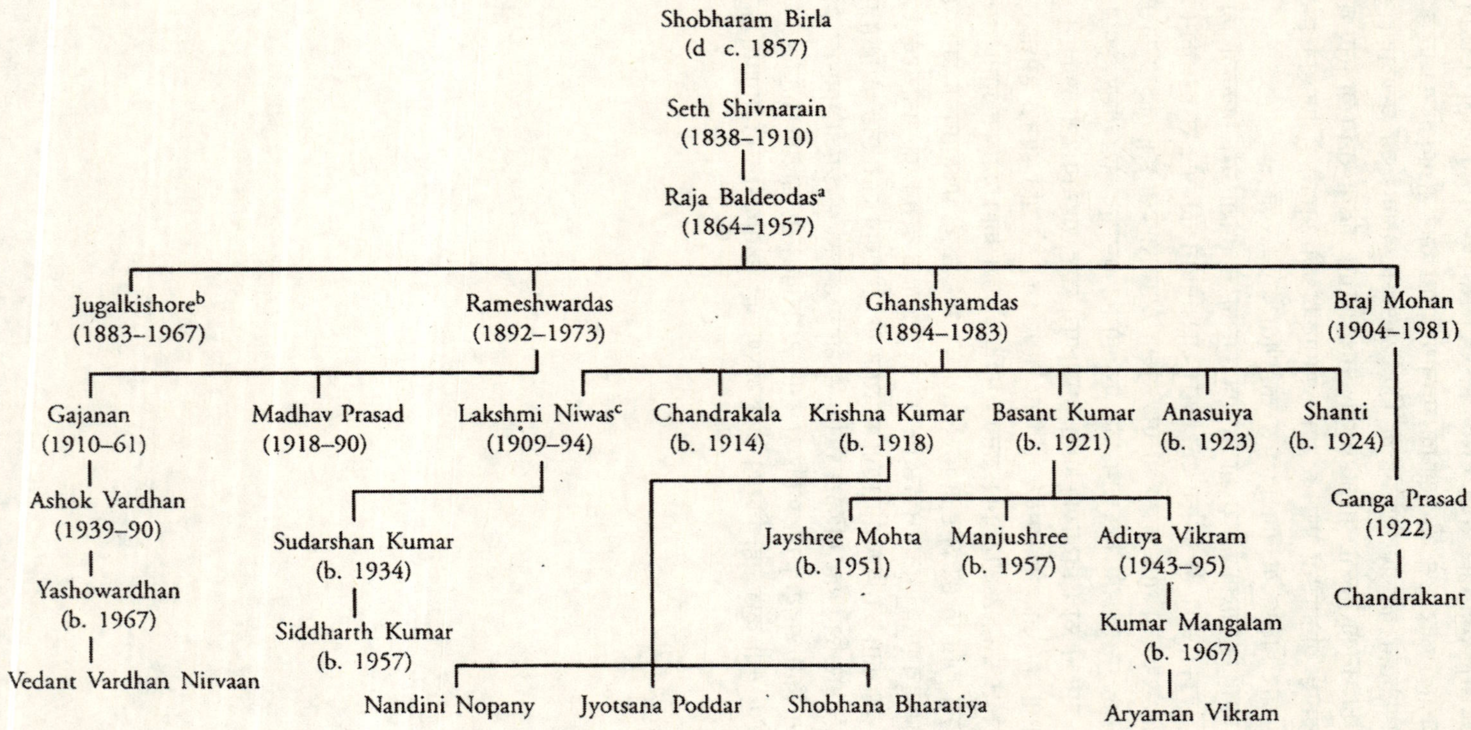

[a] Raja Baldeodas also had three daughters: Bhagwanidevi Mohta, Jaidevi Kothari and Kamaladevi Mantri.

[b] No children; adopted G.D. Birla's eldest son Lakshmi Niwas.

[c] G.D. Birla's son from his wife Durgadevi. The other children were from his second marriage with Mahadevi.

अध्याय 1

बिरला : पिलानी से बड़ा बाज़ार तक

1858–1910

घनश्याम दास बिरला का जन्म 14 अप्रैल 1894 को राजस्थान के पिलानी नामक एक शान्त गाँव की एक बड़ी 'हवेली' के एक छोटे–से बिना खिड़की वाले कमरे में हुआ था। पिलानी दिल्ली से लगभग 160 मील दक्षिण पश्चिम में है। वे अपने पिता बलदेव दास और माँ योगेश्वरी देवी की चौथी सन्तान (तीन का जन्म अभी और होना था) थे। माँ–बाप फूले नहीं समा रहे थे कि उनके यहाँ सन्तान का आगमन हिन्दू पंचांग के सबसे पवित्र दिनों में से एक भगवान राम के जन्मदिवस 'रामनवमी' के दिन हुआ है। नवजात को नाम दिया गया घनश्याम।[1] घनश्याम, जिसका शाब्दिक अर्थ भले ही काले बादलों से हो, पर असल में तो यह श्याम वर्णी भगवान कृष्ण का एक नाम है। राजपुताने के इस क्षेत्र में, जहाँ से बिरला निकले, ब्रजभाषा और संस्कृति का अच्छा असर था।[2] यह परिवार मारवाड़ी व्यवसायियों की 'माहेश्वरी' नामक उपजाति से ताल्लुक रखता था। इसके सदस्य पीढ़ियों से व्यवसाय और महाजनी के काम में लगे थे, जिसका हुनर उनकी जाति में एक दस्तूर की तरह चला आया था। घनश्याम दास के जन्म के समय बिरला एक समृद्ध संयुक्त परिवार था जिनका व्यवसाय बॉम्बे और कलकत्ता महानगरों तक फैला हुआ था।

इससे पहले कि हम घनश्याम दास के वंश और पारिवारिक स्थितियों पर चर्चा करें बेहतर होगा कि एक झलक उनके जन्म–समय के विश्व–पटल की ले ली जाये। ब्रिटेन में उस समय रानी विक्टोरिया के शासन के 57 साल और भारत की महारानी के रूप में 19 साल होने को आये थे। उदारवादी राजनेता विलियम ग्लेडस्टोन ने प्रधानमन्त्री के रूप में अपना अन्तिम कार्यकाल पूरा कर लिया था। रुडयार्ड किपलिंग अपनी कृति 'जंगल बुक' लिख रहे थे। भारत में अपने घर के क़रीब मोहनदास करमचन्द गाँधी को अभी कोई नहीं जानता था : वह लन्दन के 'इनर टेम्पल' से बैरिस्टरी की अर्हता पा चुके थे मगर वकील के रूप में राजकोट में असफल रहे थे और दक्षिण अफ्रीका में अभी पदार्पण ही किया था। जमशेदजी टाटा ने सफलतापूर्वक 'एम्प्रेस' और 'स्वदेशी' कॉटन मिलों की स्थापना कर ली थी और अब तत्परता से इस्पात और स्टील उत्पादन में जाने की सम्भावनाएँ तलाश रहे थे। राष्ट्रगीत 'वन्देमातरम्' के रचयिता बंकिमचन्द्र चट्टोपाध्याय का अभी–अभी निधन हुआ था।

इस तस्वीर को पूरा करने के लिए 14 अप्रैल 1894 को घनश्याम दास के जन्मदिन के रोज़ क्या घटित हुआ था उस पर एक नज़र डालते हैं। इस दिन सुबह वायसराय लॉर्ड एल्गिन, जो गर्मियाँ बिताने कुछ दिन पहले शिमला आये थे, ने कार्यकारी परिषद की बैठक की अध्यक्षता की। शिमला में 'स्वयंसेवकों' और 'सैनिकों' के बीच एक दोस्ताना क्रिकेट मैच हुआ जिसमें अनुमान के मुताबिक़ स्वयंसेवक बुरी तरह हार गये। द स्टेनले ओपेरा कम्पनी ने 'दी कोलीन बाउन' का मंचन किया और पूरा थियेटर स्टेज से लेकर प्रवेश–द्वार तक खचाखच भरा हुआ था। मौसम विभाग ने तापमान 70 डिग्री रेकॉर्ड किया था और ग्रीष्म राजधानी में हल्के–फुल्के रूप में चेचक की बीमारी फैलने की ख़बर थी। बॉम्बे में न्यायमूर्ति एम.जी. रानाडे ने ग्रेजुएट एसोसिएशन की सालाना बैठक को सम्बोधित करते हुए श्रोताओं से सामाजिक सुधारों में शिरकत करने की अपील की थी। अलीगढ़ में सर सैयद अहमद ख़ाँ लाहौर की गाड़ी में सवार थे जहाँ शहर के मुसलमानों ने उनके अलीगढ़ कॉलेज के लिए चन्दा करके 15,000 रुपये की धनराशि जमा कर रखी थी। लन्दन में बंगाल इन्फ़ैंट्री के पुराने योद्धा पैट्रिक स्कॉट की मृत्यु की घोषणा की गयी थी जिन्होंने सिख युद्ध में हिस्सा लिया था और (1857 में) हैवलॉक के साथ 'लखनऊ की राहत' में शरीक़ रहे थे। महारानी अपने परिजनों–परिचारकों, जिनमें उनका भारतीय मुंशी (सचिव) भी शामिल था, के साथ फ्लोरेंस में शान्त दिन गुज़ार रही थीं। अंग्रेज़ी डाक उस दिन आ चुकी थी और 'मालाबार' (जहाज़) बॉम्बे से चल चुका था। कलकत्ता और बॉम्बे स्टॉक एक्सचेंज बन्द थे और पूँजी बाज़ार की स्थिति सुदृढ़ बतायी गयी थी। लाहौर में हमेशा की तरह शाम को लॉरेंस गार्डन में पुलिस बैंड बजाया गया और कार्यक्रम का समापन 'गॉड सेव द क्वीन' से हुआ। हर तरह से यह दिन विक्टोरिया युग, जिसका वैचारिक प्रभाव औपनिवेशिक भारत में अभी अच्छा–ख़ासा था, का एक ख़ास दिन था। तो इस तरह के वातावरण में घनश्याम दास का आगमन हुआ था।

जब उनका जन्म हुआ था तो बिरला परिवार में कुछ भी असाधारण न था। वे लोग शेखावाटी क्षेत्र, जो बृहत्तर मारवाड़ी सांस्कृतिक क्षेत्र के हृदयस्थल में पड़ता है (नक़्शा देखें), के ठेठ मारवाड़ी थे। शेखावाटी में आज छह उपखण्ड–सीकर, फतेहपुर, नीम–का–थाना, झुंझनू, नवलगढ़ और खेतड़ी–शामिल हैं जो राजस्थान के झुंझनू और सीकर ज़िलों तक विस्तार लिए है।[3] औपनिवेशिक समय में शेखावाटी राजपुताना का हिस्सा हुआ करता था, जिसकी अपनी एक अलग पहचान थी जिस पर स्वतन्त्र रियासत का शासन था जो ब्रितानी हुकूमत के सर्वोच्च नियन्त्रण में थी।[4] अजमेर स्थित मुख्यालय से एक ब्रिटिश कूटनीतिक अधिकारी, जो गवर्नर जनरल के एजेंट के तौर पर जाना जाता था, पूरे राजपुताना क्षेत्र को ख़ास–ख़ास राजाओं के यहाँ नियुक्त 'रेज़ीडेंट्स' के एक नेटवर्क के ज़रिये नियन्त्रित करता था। शेखावाटी पर एक राजपूत मुखिया का शासन था, जिसकी निष्ठा 1880 में गद्दी सँभालने वाले जयपुर के महाराजा सवाई माधो सिंह द्वितीय के प्रति थी। इस प्रकार शक्तिशाली राजपूत मुखियाओं के प्रभुत्व वाले इस पूरे क्षेत्र में ब्रिटिश मौजूद थे। पूरे शेखावाटी क्षेत्र में बिरला परिवार के सम्पर्क और वैवाहिक और रिहाइश के रिश्ते थे जो कई पीढ़ियों से चले आ रहे थे।

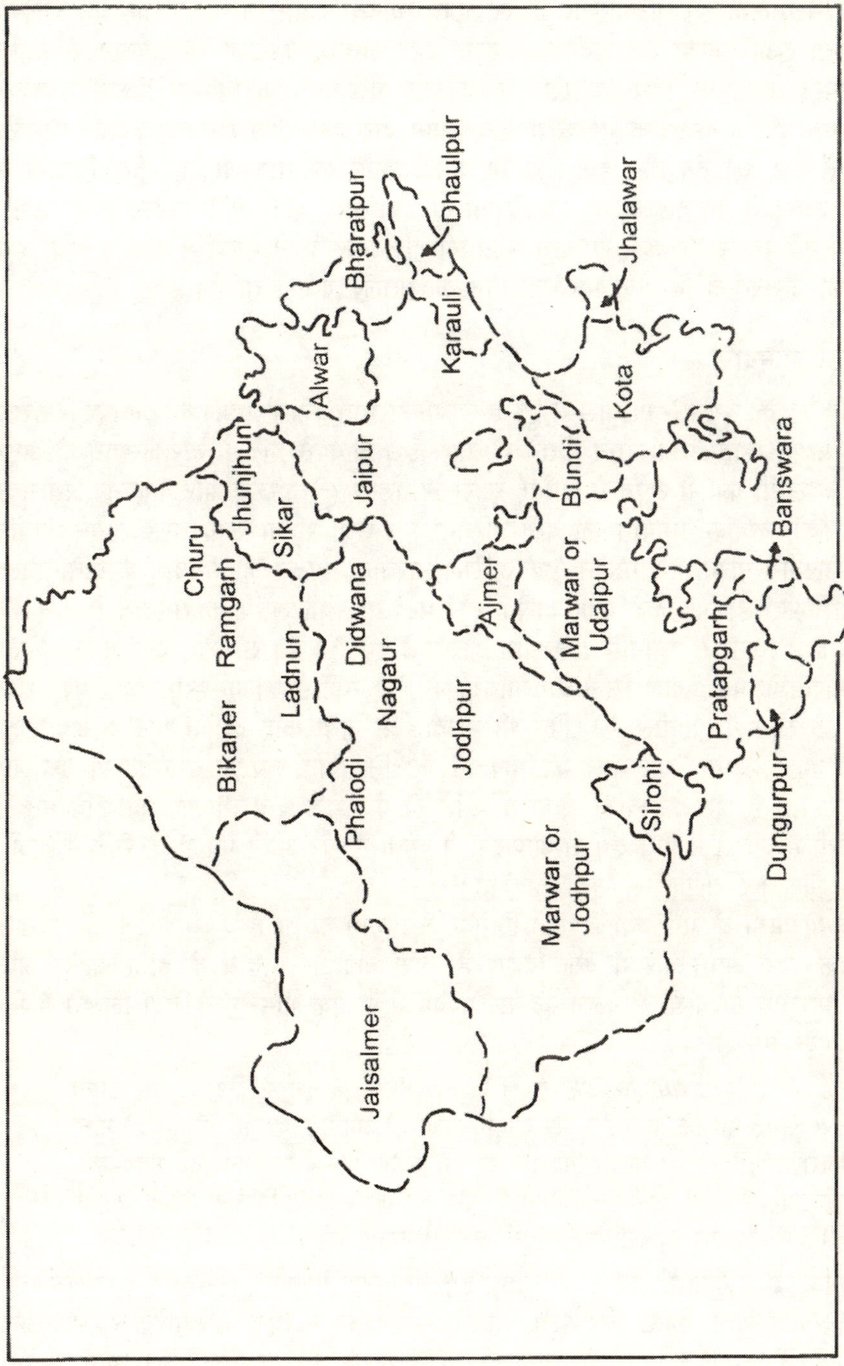
Dhaulpur
Bharatpur
Jhalawar
Karauli
Alwar
Kota
Banswara
Jhunjhun
Jaipur
Bundi
Churu
Sikar
Marwar or
Udaipur
Ramgarh
Didwana
Ajmer
Ladnun
Pratapgarh
Nagaur
Bikaner
Jodhpur
Sirohi
Phalodi
Dungurpur
Marwar or
Jodhpur
Jaisalmer

राजस्थान का नक़्शा

घनश्याम दास की वंशावली की जड़ें नौवीं सदी के नवलगढ़ में बधौली गाँव के व्यापारी बैध सिंह में मिलती हैं। मारवाड़ियों की लोकप्रिय मोदिया ज़बान में पहला नाम बैध पीढ़ियों से बदलता हुआ 'बेहड़ा', 'बेहादिया', 'बेडला' और अन्ततः 'बिरला' के उपनाम से जाना जाने लगा।[5] वक़्त के साथ बैध सिंह के परिजन शेखावाटी के विभिन्न हिस्सों में बसते गये। लगता है कि 1850 के दशक तक घनश्याम दास का परिवार नवलगढ़ और पिलानी में केन्द्रित रहा, जो तब तीन हज़ार से भी कम आबादी का गाँव था। हालाँकि पिलानी में अग्रवाल उपजाति का बाहुल्य था, पर बिरला खुद माहेश्वरी थे।[6] चूँकि बिरला के शुरुआती भाग्योदय को बृहत्तर मारवाड़ी समुदाय ने अपनी वृत्ति और अपने मूल्यों में आकार दिया, हमें जानने की ज़रूरत है कि एक मारवाड़ी होने का मतलब क्या होता है।

मारवाड़ी समुदाय

'मारवाड़ी' पद की व्युत्पत्ति मारवाड़ से हुई है जो परम्परागत रूप से पहले की जोधपुर रियासत के लिए प्रयुक्त होता था। समय बीतने के साथ इस शब्द ने धीरे-धीरे राजस्थान के अन्य इलाक़ों के लोगों को भी अपने में समेटा, ख़ासकर पड़ोस की जयपुर और बीकानेर रियासतों के लोगों को, क्योंकि समुदाय की बड़ी हस्तियाँ इन क्षेत्रों से भी उसी तरह सामने आयीं। अखिल भारतीय मारवाड़ी सम्मेलन (एक अखिल भारतीय संगठन जो समुदाय के प्रतिनिधित्व का दावा करता है) आजकल आधिकारिक तौर पर उन सभी लोगों के समुदाय में होने की बात करता है जिनकी जन्मभूमि राजस्थान और सटे हुए क्षेत्र हैं। सम्मेलन ज़ोर देकर कहता है कि 'मारवाड़ी' पद अकेले सिर्फ़ व्यवसायियों के लिए नहीं है, बल्कि इसमें दूसरे पेशों और जातियों के लोग भी शामिल हैं।[7] फिर भी मारवाड़ से जुड़ा कोई व्यक्ति भले ही अपने को मारवाड़ी कह ले, मगर बोलचाल की भाषा में यह निरपवाद रूप से व्यवसायियों के लिए सन्दर्भित होता है और 'मारवाड़ी' शब्द के आते ही एक ऐसे धनी व्यापारी की छवि मन में कौंध जाती है जो सुस्थापित ढंग से आप्रवास में रहता है, पर अपने पूर्वजों के रीति-रिवाज़ों, अभ्यासों और तौर-तरीक़ों से जुड़ा रहता है।[8]

एक मारवाड़ी के गुण क्या हैं? वह जिनके बीच काम करता है वे लोग उसे कैसे देखते हैं? उसके स्वयं अपने बारे में क्या विचार हैं? इस बारे में समुदाय के इतिहासकार और 'अखिल भारतीय मारवाड़ी सम्मेलन' के संस्थापकों में से एक भीमसेन केडिया लिखते हैं कि यह पद एक सार है :

> वह जो *सनातन धर्म* और *अहिंसा* का पालन जैनियों के ढंग से करे, वह जो अपनी परम्परागत पोशाक को पहने और जीवन-शैली को अपनाये, पुरानी संस्कृति को माने, जिसका भगवान पर पक्का विश्वास हो, जो ग़रीब और बेघर लोगों की मदद करे, वह जहाँ भी जाये *धर्मशालाएँ* बनवाये, और वह जो सभी जातियों में अपनी व्यापार की योग्यता और व्यावसायिक चातुर्य के लिए जाना जाये।[9]

अपने ख़ुद के गुणधर्मों के बारे में बताते हुए अधिकांश मारवाड़ी धर्मनिष्ठा, धर्मपरायणता, व्यावसायिक योग्यता, स्पष्ट कार्यशैली, साधन-सम्पन्नता, मज़बूत पारिवारिक सम्बन्ध और सादगीपूर्ण जीवन-शैली का ज़ोर देकर उल्लेख करते हैं। हालाँकि कुछ ख़ास स्थानों और समूहों में एक नकारात्मक नज़रिये ने समुदाय की इस समझ को हानि पहुँचायी है।

इन जमातों में उनके किरदार को अमूमन कंजूस, पश्चगामी रूढ़िवादी, गोत्रवादी और अन्धविश्वासी के तौर पर देखा जाता है।[10]

मारवाड़ी अनिवार्यतः अपने वतन से दूर जाने वालों का समुदाय रहा है। यह बात विशेष तौर पर शेखावाटी के मारवाड़ियों पर लागू होती है जिनकी मातृभूमि में कम अवसर होने से बाहर जाने की लम्बी परम्परा रही है। इसमें राजपुताना की पट्टी पर लगातार पड़ने वाला सूखा भी कारण रहा है जिसने परिवारों को बाहर जाने के लिए बाध्य किया। प्लेग और युद्ध भी कारण रहे हैं। फिर औपनिवेशिक शासन से इसमें और तेज़ी आयी। जैसे ही अंग्रेज़ों का आधिपत्य उत्तर भारत में स्थापित हुआ, तो मारवाड़ियों की युद्धरत राजपूत रियासतों को धन मुहैया कराने और राजपुताने से परे उत्तर–पश्चिम भारत और मध्य एशिया तक फैले कारवाँ–रास्तों पर किये जाने वाले व्यापार की पारम्परिक गतिविधियाँ सिमटने लगीं।[11] राजनीतिक शक्ति के केन्द्र कमज़ोर हुए तो राजदरबारों में खपत होने वाली सामग्रियों और सेवाओं में भी कमी आयी। इसके अलावा अंग्रेज़ों द्वारा स्थापित या संरक्षित नये व्यावसायिक केन्द्रों और व्यापार पड़ावों के बनने से लम्बे समय से उपयोग में आ रहे व्यापार–रास्तों में भारी फेरबदल हुए।[12] इन सब कारणों से राजपुताने के व्यवसाय और व्यावसायिक समुदायों पर व्यापक असर हुआ और इससे मारवाड़ियों के आप्रवास में और तेज़ी आयी। ठीक इसी समय मारवाड़ियों ने तुरन्त ऐसे लाभों को चिह्नित कर लिया जिन्हें उन व्यावसायिक अवसरों के ज़रिये हासिल किया जाना था जो 19वीं सदी के मध्य के आसपास भारत के अन्य हिस्सों, ख़ासकर बॉम्बे और कलकत्ता के दो महानगरों में, बन रहे थे।[13] साथ ही मातृभूमि राजपुताने के अस्थिर हालात के विपरीत ब्रितानी भारत में जान–माल की एक नयी हिफ़ाज़त देखने को मिली। इससे सुरक्षा का एक भाव उदित हुआ जिसे लेनदेन, साख और अनुबन्ध से सम्बन्धित अंग्रेज़ों की सुस्पष्ट व्यावसायिक और नागरिक वैधानिक संहिता के लागू होने से बल मिला। इन नयी परिस्थितियों ने मारवाड़ियों को क्षेत्र छोड़ने की ओर प्रवृत्त किया।[14] जैसे ही समुदाय के शुरू में गये लोग नये माहौल में जमने लगे और उन्हें अपनी इच्छित सम्पन्नता हासिल हुई, उनकी बिरादरी के लोग चुम्बक की तरह उस ओर खिंचने लगे।[15]

जो दो नये बड़े केन्द्र परदेसी मारवाड़ियों के लिए बने उनमें से एक बॉम्बे था। हालाँकि वे पहले भी मराठों के बैंकर और सैनिक ठेकेदार रहते आये थे मगर यह 1835 से 1850 के दरम्यान ही हुआ कि वे बड़ी तादाद में बॉम्बे आये।[16] सदी बदलने के साथ ही उनकी संख्या अच्छी–ख़ासी हो गयी; 1901 में 13,000 मारवाड़ी वहाँ थे, जो क्रॉफर्ड मार्केट और भूलेश्वर के इर्दगिर्द रहते थे।[17] जनगणना की रिपोर्ट के मुताबिक़ उनकी संख्या शहर के दस प्रतिशत व्यवसायियों से थोड़ी ही कम थी, और वे कपड़ा, तिलहन, गल्ले और अफ़ीम जैसी नक़दी चीज़ों की ख़रीद–बिक्री मुख्यतः कमीशन के आधार पर करते थे। उनमें से ज़्यादा उद्यमशील लोग 'बनिया' हो गये, जो बड़ी यूरोपीय फर्मों के मुख्य भारतीय दलाल थे। इनमें से कुछ फर्में मालों का अन्तिम आयात–निर्यात करती थीं, जबकि अन्य लोग, मुख्यतः अफ़ीम और मसालों, के स्थानीय सट्टा उपभोक्ता बाज़ार से जुड़ गये। इसके अलावा वे फलफूल रहे स्टॉक एक्सचेंज के संचालन से भी जुड़ गये।[18] दूसरा महत्त्वपूर्ण केन्द्र कलकत्ता था जहाँ का रुख़ मारवाड़ियों ने किया। वहाँ शुरुआती मारवाड़ी फर्में 1857 के पहले से ही थीं,

पर बड़ी तादाद में वे यहाँ 1870 के दशक के दौरान ही आये। 1880 का दशक आते–आते उन्होंने ब्रिटिश फर्मों के 'बनिया' पद से खत्रियों और बंगालियों को बेदखल करके उनकी जगह लेना शुरू कर दिया। हालाँकि आगे के दशकों में उन्होंने अपनी व्यावसायिक स्थिति इतनी सुदृढ़ कर ली कि वे अंग्रेज़ों के बाद दूसरे नम्बर पर थे, मगर शहर में उनकी संख्या कम ही बनी रही और 1921 तक आते–आते भी यह संख्या 15,000 से कम की थी।[19]

सिर्फ़ मारवाड़ी ही भारत का एकमात्र महत्त्वपूर्ण व्यावसायिक समुदाय हो ऐसी बात नहीं थी। दक्षिण भारतीय अर्थव्यवस्था में नट्टूकोटाई चेट्टियार मुख्य थे।[20] गुजराती बनिया पश्चिमी भारत की अर्थव्यवस्था को नियन्त्रित करते थे, जबकि सिन्धियों (विशेषकर 'भाईबन्द' उपसमुदाय के) का व्यावसायिक नेटवर्क अविभाजित भारत के उत्तर–पश्चिमी भागों तक फैला हुआ था।[21] अपने कुनबा आधारित व्यापार तन्त्र के चलते ये समुदाय साख और माल पर अच्छा नियन्त्रण रखते थे। हालाँकि ये अन्य समुदाय समुद्र तटीय क्षेत्रों से ताल्लुक के कारण भारतीय उपमहाद्वीप से परे के क्षेत्रों में फैलने के लिए बेहतर स्थिति में थे। लिहाज़ा चेट्टियार बर्मा, मलाया और दक्षिण–पूर्व एशिया की ओर गये, गुजराती पूर्वी अफ्रीका के ज़्यादातर हिस्सों में, और सिन्धी अफ़ग़ानिस्तान, मध्य–पूर्व क्षेत्र और यहाँ तक कि मध्य एशियाई व्यापार मार्गों तक पहुँच गये थे। मारवाड़ियों की इन समुदायों से कुछ बुनियादी समानताएँ थीं, पर उन्होंने अपनी सारी ऊर्जा उत्तर भारतीय क्षेत्रों में लगायी। इसी दौरान राजपुताना के मरुस्थलों से निकलकर उन्होंने अपना विस्तार पश्चिम में आसाम के चाय बागानों में, पूरब में बर्मा के धान उगाने वाले क्षेत्रों में, और दक्षिण में दक्कन की सरहद तक किया। लेकिन इन्होंने तटीय व्यापार में हिस्सेदारी नहीं की और न ही भारत के बाहर अन्य देशों में अपना व्यवसाय फैलाया। इसके बजाय उन्होंने उत्तर भारतीय अर्थव्यवस्था में अपनी जड़ें जमायीं। यहाँ इन्होंने बैंकर के रूप में कार्य किया जहाँ उनका मुख्य काम था उधार और उत्पादन की अन्तर्देशीय गतिविधियों का संचालन करना और यूरोपीयों के पैसे और प्रबन्धन वाले आयात–निर्यात व्यवसाय की ज़रूरतों को पूरा करना।

उनके जटिल वित्तीय तन्त्र, जिसने उन्हें कई परतों में गूँथ दिया था और ऋण का प्रवाह बनाया था, के बल पर सिर्फ़ देसी व्यवसायी ही अर्थव्यवस्था के सभी स्तरों पर माल उपलब्ध करा सके।[22] उपज और माल की बृहत् आवाजाही को पैसा मुहैया कराने का काम स्थानीय बैंकरों और उनके दलालों के हाथ में ही रहा; उन्होंने किसानों और कारीगरों को अग्रिम ऋण देकर उत्पादन प्रक्रिया में भी मदद की। एक बार जब उत्पादन गाँव से शहर में आ जाता तो यह आढ़तिये की ज़िम्मेदारी होती कि वह उसे बन्दरगाहों और घरेलू केन्द्रों पर ले जाये, जो कि सर्राफ़ों की देखरेख में चलने वाले हुंडी–तन्त्र की मार्फ़त होता था। इस प्रकार पारम्परिक व्यापारिक समूह घरेलू पूँजी बाज़ार को सँभालते थे। उन्होंने उधार और विनिमय का ऐसा जाल बुन रखा था जिससे पैसा पूरे देश में शीघ्रता से विचरण करता था। इतिहासकार रजत राय का मानना है कि "उनका मुश्किल काम था चलन्तू उधार के देसी क्रम को बनाना जिसके बिना बाज़ार की अर्थव्यवस्था चल नहीं सकती थी और जिसके बदले में उत्पादन–तैयार माल, सोने की ईंटों, करेंसी, राजस्व–के विपरीत–प्रवाह बनते थे; और नगरों और देश के मध्य इन दोतरफ़ा प्रवाहों को बेहद अनिश्चित मौसमों और उनकी अत्यधिक ख़र्चीली ऋण माँगों के साथ समायोजित करना।"[23]

इस प्रकार मारवाड़ियों ने ब्रिटिशों के अधीन नये अर्थव्यवस्था ढाँचे में सबकांट्रैक्टर के तौर पर काम किया और वाणिज्य और व्यापार का अभिन्न अंग बन गये। कलकत्ता के मारवाड़ियों ने कुछ विशेष व्यवसायों में हाथ डाला और जल्द ही वहाँ ख़ुद को पूरी तरह सुरक्षित कर लिया। वे मैनचेस्टर से आये बिना थान वाले कपड़े के मुख्य वितरक बन गये और यूरोपीय प्रबन्धन एजेंसियों द्वारा नियन्त्रित निर्यात अर्थव्यवस्था की उपयोगी वस्तुओं अनाज, तिलहन, कच्चा जूट और अन्य ग़ैरमुकम्मल सामान के प्रमुख आपूर्तिकर्ता।[24] चूँकि मारवाड़ियों ने 19वीं सदी के उत्तरार्ध तक आन्तरिक व्यापार का विस्तृत तन्त्र खड़ा कर लिया था लिहाज़ा ग़ैर थान वाले कपड़े के व्यवसाय में वे अंग्रेज़ों के स्वाभाविक सहयोगी बन गये। 1870 के दशक के उत्तरार्ध में जूट और ग़ैर थान वाले कपड़े के व्यवसाय पर कलकत्ता में उनकी अच्छी–ख़ासी पकड़ बन चुकी थी। राजस्थान से कलकत्ता आये ज़्यादातर नये लोगों ने अपना ख़ुद का धन्धा शुरू करने से पहले शहर की बड़ी मारवाड़ी फर्मों में दलाल के रूप में काम करना शुरू कर दिया था। कुछ दलाल आयात–फर्मों में बनिया या गारंटी–ब्रोकर्स हो गये जिनके ज़िम्मे नये ऑर्डर लाने, पैसा मुहैया कराने और बिलों की गारंटी लेने का काम था। लगभग डेढ़ फ़ीसदी कमीशन पर बनिया यह गारंटी लेता था कि बाज़ार का व्यापारी उस ऑर्डर का पूरा भुगतान करेगा जिसे दलाल ने ख़रीदा और धन दिया होता था। यूरोपीय आयातक–फर्में बाज़ार के बड़े व्यापारियों से बनियों के माध्यम से सम्पर्क करती थीं जो बन्दरगाहों से कमीशन पर माल ख़रीदते थे। बदले में बड़े शहरों में बड़े व्यापारी इन मालों को या तो सीधे क्षेत्रीय दुकानदारों (मुफोसिल) को या बिचौलिये होलसेल डीलर की मार्फ़त भिजवा देते थे।[25] इन कामों से मारवाड़ियों ने घरेलू अर्थव्यवस्था में क्रेडिट और बैंकिंग क्षेत्र में अपनी मज़बूत पकड़ बना ली। सदी के परिवर्तन के साथ ही मारवाड़ियों की स्थिति इतनी मज़बूत हो गयी कि उस समय कलकत्ता के आधे से अधिक जूट–बेलर (जूट के गट्ठर बनाने वाली इकाइयाँ) मारवाड़ी थे।[26] जूट के साथ ही मारवाड़ियों ने कलकत्ता के सट्टा बाज़ार में भी अपनी गम्भीर रुचि दिखायी। सन् 1860 में उन्होंने अफ़ीम का कारोबार शुरू किया, 1890 में मसाले और टाट का, और बाद में 1905–6 में जूट का कारोबार शुरू किया और जल्द ही इन सब पर मारवाड़ियों का क़ब्ज़ा हो गया।[27] इस प्रकार अखिल भारतीय व्यावसायिक तन्त्र वाले इस विशिष्ट समुदाय से बिरलाओं का उदय हुआ था।

इस समुदाय से बिरला लोगों की उत्पत्ति बड़े ही साधारण तरीक़े से हुई। घनश्याम दास के पुरखे गाँव के स्तर पर ही साहूकारी और फुटकर कारोबार के पारम्परिक काम करते थे। समय के साथ–साथ वे परिवार के भीतर ही व्यापार की कला में माहिर होते गये और पीढ़ी–दर–पीढ़ी उसे आगे बढ़ाते रहे। हालाँकि बिरलाओं ने ख़ुद को व्यावसायिक तौर पर मँजा हुआ साबित किया, पर उनके पास घनश्याम दास के जन्म के कुछ साल पहले तक इतनी पूँजी नहीं थी कि वे अपनी ख़ुद की गद्दी स्थापित कर पाते।[28] शोभाराम बिरला, जो घनश्याम दास के परदादा थे, बिरला ख़ानदान के पहले व्यक्ति हैं जिनके विषय में हमारे पास थोड़ी–बहुत जानकारी है। वह 'गनेरीवालाज' की बैंकिंग फर्म, जिसका मुख्यालय दक्कन के हैदराबाद में था, में 'मुनीम' या चीफ़–क्लर्क थे। शोभाराम इस फर्म की नवलगढ़ शाखा में दस रुपये मासिक वेतन पर काम करते थे और अपने समय की एक बड़ी मारवाड़ी फर्म के महज़ एक कर्मचारी भर थे। इनके बारे में सिर्फ़ इतनी जानकारी ही उपलब्ध है कि लम्बे

समय तक गनेरीवालाज के साथ जुड़े रहने के बाद 1857 की बग़ावत के आसपास इनकी मृत्यु हो गयी थी। उनकी मृत्यु के बाद उनके बेटे शिवनारायण, जिन्होंने पिलानी में फुटकर चीज़ों की एक छोटी दुकान खोली हुई थी और वहीं रहते थे, को गनेरीवालाज ने अपने मुख्यालय में मुनीम की नौकरी के लिए बुलाया।[29] शिवनारायण ने यह प्रस्ताव पारिवारिक दबावों के बावजूद ठुकरा दिया और इसके बजाय सुदूर बड़े शहर बॉम्बे जाकर भाग्य आजमाने का फ़ैसला किया। इसी निर्णय से पारिवारिक इतिहास की करवट बदलनी थी।

राजपुताने से बाहर जाकर अच्छे भविष्य की तलाश करना उस समय मारवाड़ियों में बहुत आम बात थी। जैसी कि हमने पहले भी चर्चा की है उस दौरान राजपुताने से बाहर निकलने की लहर आयी हुई थी और शिवनारायण का बॉम्बे जाना भी उसी लहर का हिस्सा था। 1857 की बग़ावत के अगले साल सुखदेव दास नाम के अपने एक रिश्तेदार के साथ शिवनारायण मात्र 20 साल की उम्र में पिलानी से निकले। राजपुताने से होने वाली यात्राएँ बहुत मुसीबत भरी थीं। डकैतों से मुठभेड़ के ख़तरे के लिहाज़ से यात्री हमेशा समूह (संघ) में चलते थे, और ऊँट, घोड़ा, नाव आदि कई माध्यमों से होकर गुज़रना होता था।[30] शिवनारायण को निकटतम रेलवे स्टेशन अहमदाबाद पहुँचने के लिए बीस दिन ऊँट की दुरूह सवारी करनी पड़ी। अहमदाबाद से उन्हें बॉम्बे जाने वाली गाड़ी मिलनी थी।

राजपुताने से निकलकर बिज़नेस खड़ा करने बॉम्बे आये युवा मारवाड़ियों को संक्रमण काल में ज़्यादा दिक़्क़त नहीं आती थी। वजह थी उनके अपने सजातीय बन्धुओं का बनाया मज़बूत बिरादरी तन्त्र।[31] किसी नये व्यक्ति के शहर में आते ही ये तन्त्र सक्रिय हो जाता था। नये आये व्यक्ति के रुकने और खाने की व्यवस्था 'बास्सा' में काफ़ी मामूली रक़म पर उपलब्ध थी और कई बार तो मुफ़्त में ही थी। इन बास्साओं या भोजनालयों को या तो सहकारी आधार पर या किसी बड़ी मारवाड़ी फर्म द्वारा धर्मार्थ चलाया जाता था।[32] बास्सा महज़ रुकने की एक सस्ती जगह भर नहीं था, नया आने वाला यहीं से महानगर में समुदाय के व्यावसायिक और सामाजिक तन्त्र से वाक़िफ़ होना शुरू करता था। नये आने वाले यहीं अपने सम्बन्ध बनाते और शहरी रंग–ढंग सीखते थे और इस दौरान जो आपसी जुड़ाव बनता था वह ताज़िन्दगी चलता था। और सबसे अधिक बास्सा इस बात का द्योतक था कि मारवाड़ी किस प्रकार एक नये बिरादर का ख़याल रखते हैं और इसमें कुछ भी ग़लत नहीं था कि बदले में वे नये आने वालों से अपेक्षा करें कि वह समुदाय के कुछ मूल्यों को जीवन में अपनाये। सबसे अहम बात ये कि बास्सा समुदाय के एकचित्त स्वभाव और इसे एकताबद्ध रखने वाली व्यापारिक नैतिकता की सख़्त संहिताओं का एक प्रतीक था। शिवनारायण और सुखदेव दास पिलानी–मण्डली नामक बास्सा में रहने लगे, जिसे उनके अपने ही गाँव से निकले मारवाड़ियों ने बनाया था। मण्डली को सहकारी आधार पर चलाया जाता था और रहने वालों को 3 या 4 रुपये की मामूली रक़म प्रतिमाह अदा करनी होती थी। शिवनारायण ने पाया कि यहाँ के हालात ठीक नहीं हैं : सारे कमरे ठसाठस भर जाते थे और कभी–कभी तो एक–एक कमरे में 10–10 लोग तक होते थे। घनश्याम दास ने बाद में अपने बाबा के जीवन पर लिखते हुए बास्सा के कठिन जीवन के बारे में लिखा है, 'मालूम पड़ता है कि इन हालात में जीते हुए शहर में ज़्यादा–से–ज़्यादा कमा लेना और लम्बे आराम के लिए गाँव आकर फिर वापस हो लेना ही उनके जीवन का उद्देश्य था।'[33]

ज़्यादातर नये लड़के जब बास्सा में आते थे तो किसी बड़े सेठ के यहाँ मुनीमी से शुरुआत करते थे।[34] इससे प्रशिक्षुओं को व्यवसाय का ककहरा (हुनर) सीखने का मौक़ा मिल जाता, जबकि मालिक जवाबदेही और उससे भी कहीं ज़्यादा प्रायः जीवन भर चलने वाली वफ़ादारी की जाँच कर लेते। कुछ वर्ष बाद सेठ अपने पर आश्रित इस व्यक्ति को स्वयं का कारोबार खोलने में मदद कर सकता था।[35] हालाँकि इस व्यवस्था में आगे दिक़्क़तें आती थीं जब वही व्यक्ति प्रतिद्वन्द्वी बनने लगता था।[36] सामान्य परिस्थितियों में अपना व्यवसाय खड़ा कर रहे व्यक्ति को बग़ैर किसी भेदभाव के जाति के स्थापित सदस्य रीति के तौर पर ब्याजमुक्त ऋण देते थे।[37] कुछ फर्मों ने तो बाक़ायदा ऐसे उद्देश्यों और दिवालिया होने की कगार पर जा पहुँचे लोगों की मदद के लिए विशेष कोष बना रखे थे।[38] नये लोगों की व्यापारिक शुरुआत को आसान बनाने वाली ये परम्पराएँ लम्बे समय तक चलती रहीं।

मारवाड़ी समुदाय के मज़बूत संगठित स्वभाव को समझना शायद ज़रूरी है। वित्तीय और कारोबारी लेन–देन ने देश के विभिन्न भागों में बसे मारवाड़ियों को एक सूत्र में बाँधा। ज़्यादातर लेन–देन, चाहे वह ऋण का हो या सामानों का, हुंडी की देसी पद्धति से ही किया जाता था। हुंडी एक साखपत्र होती थी जिसका प्रयोग पैसा भुगतान, माल की आवाजाही और रक़म को एक से दूसरी जगह ले जाने के लिए होता था। हुंडी पर कोई न्यायिक बाध्यता लागू नहीं थी, न ही यह किसी औपनिवेशिक क़ानून के अधीन थी और न ही अदालती कार्रवाई में इसकी कोई हैसियत थी। अगर कोई कारोबारी अपने वित्तीय क़रार को न माने या फिर बेईमानी शुरू कर दे तो ऐसी हालत में उसपर मुक़दमा क़ायम नहीं किया जा सकता था। ऐसी परिस्थितियों में सजातीय बन्धुओं के साथ विश्वास या साख पर आधारित संवाद काम आता था। इसका तात्पर्य वित्तीय तरलता और किसी हुंडी की बाज़ार के लेन–देन में स्वीकृति से कहीं ज़्यादा था; साख को शायद 'पूँजीगत हैसियत' और 'व्यावसायिक ईमान' के रूप में देखा जा सकता है। इतिहासकार क्रिस बेली अनुभव के आधार पर मानते हैं कि साख में एक नैतिक पहलू शामिल होता था। इसने एक निश्चित नैतिक महत्ता को प्रस्तुत किया जिसे उच्च श्रेणी के निजी आचरण से अर्जित किया जाता था। इसके कई मानक हुआ करते थे, जैसे, नियमित तौर पर लेखाबही तैयार रखना, मितव्ययी होना, अच्छा निजी व्यवहार करना और सत्यनिष्ठ होना आदि।[39] साख प्राप्त करने के तरीक़े होते थे : व्यक्ति का वित्त और बाज़ार दोनों के प्रति जवाबदेह होना; सामुदायिक और धार्मिक गतिविधियों को संरक्षण देना और बिरादरी द्वारा किये जाने वाले लोकहित के कार्यों में मदद करना।

शिवनारायण बिरला ने प्रायः माहेश्वरियों की तरह अपने कामकाज की शुरुआत मुनीमी से नहीं की थी। माहेश्वरियों में मुनीम बनने के बजाय स्वतन्त्र काम करने की इच्छा उन्हें अग्रवालों और ओसवालों जैसी दूसरी उपजातियों से अलग करती थी। वे अधिकतर सट्टा बाज़ार को तरज़ीह देते थे या फिर साधारण व्यापारी के रूप में काम करने को, भले ही यह व्यापार छोटे पैमाने का क्यों न हो। वे अंग्रेज़ी फर्मों में भी ज़्यादा काम करते नहीं देखे गये; बॉम्बे–कलकत्ता में उनके बसने के शुरुआती सालों में तो कम–से–कम ऐसा था ही।[40] शिवनारायण ने हरदयाल पाडिया के साथ पार्टनरशिप में काम शुरू किया। पाडिया पिलानी के ही रहनेवाले सजातीय थे और बॉम्बे के मारवाड़ी व्यावसायिक हलकों में ख़ासे जाने–पहचाने थे। पहले दो साल तक शिवनारायण ने हरदयाल पाडिया के साथ मिलकर

अफ़ीम की सट्टेबाज़ी का काम किया। यह वही कारोबार था जिसमें आगे चलकर उनके बेटे ने महारत हासिल की और जहाँ से परिवार की ज़्यादातर शुरुआती कमाई हुई। वह 'एवरेज़ का सट्टा'[41] कहे जाने वाले इस कम जोख़िम के धन्धे में काफ़ी सतर्कता के साथ काम करते थे। इस लेन–देन में सट्टेबाज़ी औसतों पर आधारित थी जिसका आकलन दो तरीक़ों से किया जाता था। पहला तरीक़ा कलकत्ता में निर्यात के लिए अफ़ीम के थैलों की नीलामी पर आधारित था; नीलामी का औसत भाव तब तय होता था और सट्टा इसी औसत पर आधारित होता था। दूसरा तरीक़ा था स्टीमरों पर निर्यात के लिए लादी गयी कुल अफ़ीम की औसत क़ीमत। इस औसत के आधार पर सट्टा लगता था। दो साल के भीतर ही शिवनारायण के पास यह आत्मविश्वास आ गया कि वह अपना ख़ुद का कारोबार कर सकते हैं। उसके पश्चात चेनीराम जसराज नाम के एक साथी मारवाड़ी के भवन से उन्होंने स्वतन्त्र रूप से अफ़ीम के सटोरिये का काम शुरू कर दिया।

अफ़ीम के सट्टे में जाना शिवनारायण का दूरदर्शी निर्णय साबित हुआ। अफ़ीम–युद्धों[42] के दौर की खस्ता हालत के बाद 1860 और 1870 के दशकों में अफ़ीम का कारोबार बहुत उफान पर था। बिक्री में आयी इस तेज़ी का एक कारण 1845 के बाद हांगकांग में अफ़ीम की बिक्री को वैधानिक दर्जा दिया जाना भी रहा था। हर साल भारत में उत्पादित औसतन 45,000 से 48,000 के बीच पेटियों की बिक्री अन्तरराष्ट्रीय बाज़ार में होती थी जिसमें से अधिकांश माल चीन को जाता था। निर्यात का शीर्ष समय 1879–80 था जब 48,722 बक्से बंगाल–अफ़ीम के और 46,114 बक्से मालवाई अफ़ीम के जहाज़ों पर लादे गये थे।[43] शिवनारायण ने अफ़ीम के सट्टे में जाकर जोख़िम उठाने की अद्भुत क़ाबिलियत दिखायी थी। जहाँ एक ओर अफ़ीम का बड़े पैमाने का व्यवसाय व्यापारियों और सटोरियों दोनों के लिए भारी मुनाफ़े का सौदा था वहीं यह ज़बरदस्त जोख़िम वाला धन्धा भी था। इसकी क़ीमतों में अचानक और अनपेक्षित उतार–चढ़ाव आते थे। इसकी क़ीमतें न सिर्फ़ आपूर्ति के सिद्धान्त और चीन में उगाई अफ़ीम से बढ़ती होड़ पर निर्भर थी बल्कि उससे भी ज़्यादा चीन के बाज़ार पर, जिसकी ख़बरें आसानी से मिल नहीं पाती थीं। अफ़ीम के काम में सट्टेबाज़ी का मतलब था धन्धे में शामिल मारवाड़ी साथियों के साथ गहरे मिलकर काम करना, क्योंकि सट्टे के कारोबार में सफलता उस सीजन में हुए उत्पादन की मात्रा और चीन के बाज़ार की सटीक सूचनाओं से जुड़ी थी। उत्पादन की मात्रा वाली सूचना उन मारवाड़ियों के पास होती थी जो अनुबन्धित अफ़ीम को विभिन्न सेंटरों से बाज़ार तक लेकर आते थे।[44] सबसे बड़ी बात थी चीन के बाज़ार के विषय में जानकारी। हर घण्टे मूल्य बदलते थे और कुछ घण्टे की बढ़त हज़ारों रुपये का फ़ायदा करा देती थी। दूसरी तरफ़ ग़लत सूचना ग़लत ख़रीददारी और बड़ा घाटा करा देती थी।[45] व्यापारी और सटोरिये बाज़ार की ख़बरों के लिए डाक सेवा की भूमिका निभाने वाले अफ़ीम–वाहकों पर निर्भर होते थे। पूर्वी समुद्र की सबसे बड़ी शिपिंग कम्पनी 'पी एंड ओ' के तेज़ रफ़्तार जहाज़, जिन्हें 'क्लिपर्स' कहते थे, के कप्तान सटोरियों तक महत्त्वपूर्ण सूचनाएँ इलेक्ट्रिक टेलीग्राफ़ के ज़रिये भेजते थे।

सट्टा बाज़ार हर महीने उस समय गर्म होता था जब तैयार अफ़ीम की पेटियों की बिक्री नीलामी द्वारा की जाती थी।[46] हालाँकि सट्टा कलकत्ता और बॉम्बे दोनों जगह लगता था,

लेकिन 1830 के बाद बॉम्बे में अफ़ीम–नीलामी बन्द हो जाने से कलकत्ता ज़्यादा महत्त्वपूर्ण केन्द्र बन गया था।[47] सट्टेबाज़ी 'एक जुनून थी, जहाँ घाटा उठाने वाले और मुनाफ़ा कमाने वाले एक ऐसे बाज़ार में अपने–अपने सींग तेज़ करते थे, जहाँ क़ीमतें बेहद तेज़ गति से ऊपर–नीचे हुआ करती थीं। वे बढ़ती थीं और फिर अगली बार और ज़्यादा ऊँची कुलाँच मारने के लिए गिर जाती थीं।' कभी–कभी यह बोली इतनी गर्माहट ले लेती थी कि सटोरिये क़ीमतों को ऊँचे स्तरों तक उठा देते थे। 1845 में कलकत्ता में एक ऐसी ही नीलामी में दो सटोरिये बोली को प्रति पेटी 1,30,995 रुपये तक ले गये थे, जबकि इसकी औसत क़ीमत 400 रुपये से 450 रुपये प्रति पेटी ही होती थी।[48] इन शुरुआती दिनों में शिवनारायण ने अपनी गतिविधियों को इधर–उधर न भटकाते हुए सिर्फ़ अफ़ीम के सट्टे पर ही केन्द्रित रखा और अच्छा मुनाफ़ा कमाया। उन्होंने अफ़ीम के सट्टे की बारीक़ियाँ सीख ली थीं, और जैसा कि ख़ुद उन्होंने माना है कि अफ़ीम–सट्टे के वर्षों लम्बे दौर में उनकी फर्म ने महज़ 8000 रुपये का घाटा उठाया था।[49] अगले दस सालों में शिवनारायण अफ़ीम के सट्टे की कला में माहिर हो चुके थे।

गद्दी की स्थापना

सन् 1875 में शिवनारायण के एकमात्र पुत्र बलदेव दास ने व्यापार में हाथ बँटाना शुरू कर दिया। तब उनकी उम्र 12 साल थी और चुरू के व्यापारी रामसुख दास सिन्धी की बेटी योगेश्वरी बाई से उनका विवाह भी हो चुका था।[50] सन् 1879 में दोनों पिता–पुत्र ने मुम्बादेवी के नज़दीक अपनी गद्दी की स्थापना 'शिवनारायण बलदेव दास' नाम से एक स्वतन्त्र फर्म के रूप में की। शाब्दिक अर्थ में 'गद्दी' बैठने के गुदगुदे आसन को कहते हैं, लेकिन खाँटी मारवाड़ी फर्म के लिए यह एक मंगलाभाषित है। ये सामान्यतः सफ़ेद बुर्राक चादर बिछे बड़े गद्दे होते थे, जहाँ सेठ के बैठने वाली जगह एक बड़ी मसनद रखी होती थी, जबकि बाक़ी जगहों पर उनके मुनीम या गुमाश्ते (उप–लिपिक) बैठते थे जो सारा काम–काज देखते थे।[51] हर गुमाश्ते के ज़िम्मे एक अलग बही होती थी। कैशियर ज़ाहिर ही इनमें सबसे महत्त्वपूर्ण होता था जो रोकड़–बही (कैश बुक) और रोकड़ा (कैश बॉक्स) सँभालता था। साथ ही गद्दी की एक खाता–बही, एक हुंडी मुक्ल और एक जमा–बही होती थी। हर रोज़ काम बन्द करने के बाद नगद और बकाया का ब्योरा लिखा जाता था। मारवाड़ियों को सट्टे में मिली बड़ी सफलता का श्रेय कुछ हद तक इस बात को भी जाता है कि उन्होंने नक़दी का अधिकतम प्रवाह बनाया।

लगभग 25 वर्ष के उद्योग के बाद शिवनारायण और बलदेव दास द्वारा की गयी गद्दी की स्थापना बिरलाओं के भाग्य में मील का पत्थर थी।[52] तथ्यों से पता चलता है कि 1870 के दशक के अन्त तक बिरला लोगों की स्थिति धनाढ्यों में शुमार होने लगी थी जिसका अन्दाज़ा उस दौरान पिलानी में उनके द्वारा किये कार्यों से लगाया जा सकता है। इन सालों में शिवनारायण ने अपने पैतृक गाँव के कई चक्कर लगाये जहाँ उनके अन्य परिवारजन रह रहे थे। इन दौरों में उन्होंने वे सारे काम किये जो एक सफल प्रवासी मारवाड़ी करता है, जैसे कि गाँव वालों के लिए एक कुआँ खुदवाना, शिव मन्दिर का निर्माण करवाना, और सबसे महत्त्वपूर्ण बात हवेली बनवाना। इस हवेली का बुनियादी ढाँचा हालाँकि 1864 में बन चुका था,

पर अगले दो दशकों में होते रहे विस्तारों ने इसे स्वाभाविक ही पिलानी का भव्यतम भवन बना दिया।[53] इसमें भीतर से जुड़े हुए आठ आँगन थे और इसकी वास्तु शैली उस समय की सामाजिक रूढ़िवादिता और शेखावाटी क्षेत्र की हवेलियों में पायी जाने वाली रंगों की तड़क–भड़क दोनों को दर्शाने वाली थी।[54] बाहरी अहातों में मुख्य मुनीम पन्नालाल और दूसरे गुमाश्ताओं के कमरे और विधिवत गद्दी थी जहाँ आगन्तुकों से मुलाक़ात की जाती थी। मध्य आँगन में 'तुलसी' के बिरवे की स्थापना की गयी थी। बिरला घराने के लोग औरतों के पर्दे का पालन पूरी शिद्दत से करते थे, लिहाज़ा उनका हवेली के अगले हिस्से में आना वर्जित था और उन्हें पिछले दरवाज़े से आना–जाना होता था। औरतों के कमरों की सुरक्षा हेतु दो चौकीदार प्रवेश–द्वार पर तैनात रहते थे। दीवारों पर बने चित्र परम्परागत शेखावाटी शैली को दर्शाते थे। 'इसकी गेरुए रंग की बाहरी दीवारों पर हाथी और घोड़े... अन्दरूनी और बाहरी बरामदों में कारोबारी गतिविधियों के साथ–साथ सैन्य कार्रवाइयों और स्थानीय जनजीवन और प्रकृति को दर्शाया गया था।'[55] हवेली का निर्माण और विभिन्न पूजा–पाठ के कार्यक्रम बिरला परिवार में 'लक्ष्मी' के आगमन की सूचना देने वाले थे। शिवनारायण के अन्य धार्मिक कृत्यों में ब्राह्मणों को भोजन कराना, पुष्कर की तीर्थयात्रा करना और कथाओं का आयोजन कराना शामिल था।[56]

बिरला लोगों द्वारा गाँव में बढ़–चढ़कर कराये गये समाजसेवा के काम आ रहे धन को भी दर्शा रहे थे। इस समाजसेवा का पहला सुनिश्चित प्रमाण 1899 का है जब राजपुताना क्षेत्र में भीषण सूखा पड़ा था। उस समय शिवनारायण और बलदेव दास दोनों पिलानी आये हुए थे और उन्होंने कई राहत केन्द्र खोले थे। गाँव के ग़रीबों के लिए एक मुफ़्त भोजनालय और सस्ते अनाज की दुकान खोली गयी थी।[57] अकाल की इस विषम स्थिति में बलदेव दास ने गाँव के मवेशियों को एक ही जगह पर इकट्ठा करके चारा देने की व्यवस्था बनायी; मवेशियों की सुरक्षा और चारे की व्यवस्था को एक पुण्य धार्मिक कार्य माना गया है। जब पुनः 1905 में अकाल पड़ा तो बलदेव दास ने 1899 में ली हुई एक शपथ को पूरा करते हुए कुएँ खुदवाने में 10,000 रुपये ख़र्च किये।[58] साथ ही नवलगढ़ के ठाकुरों और ग्रामीणों के सहयोग से 22,000 रुपये की लागत से एक धर्मशाला का निर्माण भी कराया।[59] यह देखते हुए कि सामाजिक और व्यावसायिक लक्ष्य साथ–साथ जुड़े होते हैं, पुण्य कार्यों से बढ़ती प्रतिष्ठा ने निश्चित ही बृहत्तर मारवाड़ी समुदाय में बिरला परिवार के रुतबे और कारोबारी हैसियत का इज़ाफ़ा किया होगा।

अभी पिता और पुत्र ने अपनी नयी हासिल की सम्पन्नता का आनन्द लेना शुरू ही किया था कि एक अप्रत्याशित घटना ने उनके भाग्य के लिए मुश्किल खड़ी कर दी। अगस्त 1896 में बॉम्बे प्लेग की चपेट में आ गया, जिसकी शुरुआत शहर के पूर्व में स्थित मांडवी से हुई थी। महामारी से निपटने के लिए सरकार की ओर से कई क़दम उठाये गये थे, जैसे, प्लेग से पीड़ित व्यक्ति के सम्पर्क में रह चुके लोगों को सामान्य जन से अलग करना, चपेट में आये मरीज़ को उपयुक्त अस्पताल में दाख़िल कराना और परिसर में दवा का छिड़काव कराना, आदि। मगर महामारी बढ़ती ही गयी और दिसम्बर माह तक मरने वालों की तादाद ख़तरे के स्तर पर पहुँच गयी। सरकारी क़दमों से सिर्फ़ घबराहट ही बढ़ी और लोग तेज़ी से पलायन करने लगे।[60] ज़्यादातर मारवाड़ियों ने या तो कलकत्ता का रुख़ किया या फिर

अस्थायी रूप से दुकानें बन्द कर दीं। 'शिवनारायण बलदेव दास', जिनकी कुल सम्पत्ति उस समय 1,50,000 रुपये से ज़्यादा बतायी गयी है, ने अपना मुख्य व्यवसाय कलकत्ता ले जाने का निर्णय लिया, जहाँ शुरू में पाँव जमाने में उन्हें अच्छी–ख़ासी कठिनाइयों का सामना करना पड़ा। हालाँकि मजबूरी में किया गया यह स्थान–परिवर्तन बाद में शुभ साबित हुआ। कलकत्ता सट्टा बाज़ार का ऐसा गढ़ था कि बॉम्बे के औसतों (जिन पर बिरला लोगों ने अपने दाँव लगाये) की गणना कलकत्ता की दरों से होती थी। जब प्लेग की महामारी ख़त्म हुई तो बॉम्बे की फर्म को शाखा कार्यालय के तौर पर खोला गया और तय हुआ कि शिवनारायण उसे सँभालेंगे, जबकि बलदेव दास कलकत्ता की गद्दी को देखेंगे।

बड़ा बाज़ार में मारवाड़ियों की दुनिया

1890 के दशक में 'शिवनारायण बलदेव दास' जब कलकत्ता पहुँची तब तक मारवाड़ी लोग शहर में अच्छी तरह जम चुके थे। बलदेव दास ने पाया कि कलकत्ता के कारोबारी वातावरण में मारवाड़ियों की स्थिति बॉम्बे की तुलना में अधिक मज़बूत है। ऐसा इस कारण भी था कि पश्चिमी भारत में उनका मुक़ाबला वहाँ पहले से ही जमे गुजराती व्यवसायियों से रहा था। इसके विपरीत कलकत्ता में 19वीं सदी के मध्य तक शहर की 'स्थानीय' अर्थव्यवस्था पर वर्चस्व रखने वाले बंगाली हिन्दू 1850 तक अपना लगभग सब कुछ खो चुके थे।[61] इसके बाद मारवाड़ियों के लिए भाग्य आजमाने को मैदान पूरी तरह ख़ाली पड़ा था।[62] साथ ही कलकत्ता अफ़ीम जैसे उत्पाद के लिए बड़ा बाज़ार था और उसके पड़ोसी इलाक़ों, आसाम और उत्तरी बंगाल, में आधिपत्य जमाने का काम समुदाय ने पहले ही शुरू कर दिया था। इन सारे कारणों पर नज़र डालने से साफ़ हो जाता है कि क्यों कलकत्ता दशकों तक मारवाड़ियों के वाणिज्य और उद्यमिता का मुख्य केन्द्र बना रहा।

कलकत्ता जाना बिरला लोगों के लिए एक नया मोड़ साबित हुआ। एक शुभ शुरुआत और प्रमुख फर्म बनने का इरादा लिए हुए बलदेव दास ने 1896 में बड़ा बाज़ार की हृदयस्थली मल्लिक स्ट्रीट में कालीगोदाम नम्बर 18 से अपनी गद्दी शुरू की।[63] इस स्थान को चुनने के पीछे एक रणनीति थी; इस बिल्डिंग में विशाल मारवाड़ी फर्म 'ताराचन्द घनश्याम दास' का कार्यालय था जिन्हें कलकत्ता में कारोबार करते आधी सदी से ज़्यादा गुज़र चुकी थी।[64] साथ ही अफ़ीम व्यवसाय के केन्द्र के नज़दीक स्थित इस बिल्डिंग में तमाम नयी फर्मों के कार्यालय भी थे। नयी मारवाड़ी फर्मों को यह विशाल फर्म पुनर्छूट, बीमा और दूसरी सुविधाएँ भी मुहैया करा देती थी। बलदेव दास को यहाँ गनेरीवालाज के साथ अपने सम्बन्धों के कारण एक कमरा मिल गया जिनके साथ उनके दादा काम कर चुके थे और जो 'ताराचन्द घनश्याम दास' से जुड़ी रही थी। बलदेव दास का यह ऑफ़िस तीन अन्य फर्मों 'देवीबक्श जीवनराम', 'रामनारायण भोजराज' और 'दौलतराम लक्ष्मीनारायण' के साथ साझे में था, जिसका मात्र 60 रुपये किराया चारों मिलकर चुकाती थीं। दफ़्तर के कमरे से ही लगा एक रेस्ट–रूम और एक सामुदायिक रसोई थी जिसे चलाने के लिए प्रत्येक को दस रुपये देना पड़ता था।[65] चारों फर्में अफ़ीम के सट्टे में थीं और बाद में इन्हें 'बड़े चौरास्तिया" (चार का गिरोह) कहा जाने लगा। बलदेव दास ने अपने रहने के लिए अपने ऑफ़िस के ऊपर एक कमरे का भी जुगाड़ कर लिया था।

कलकत्ता के इतिहास में बड़ा बाज़ार इस समय तक न सिर्फ़ मारवाड़ियों का गढ़ बन चुका था बल्कि घरेलू बैंकिंग और वाणिज्य का केन्द्र भी। वर्षों से यह मारवाड़ी इलाक़े के रूप में जानी जाती थी। मारवाड़ियों के आने के साथ ही एक समय ग़रीब इलाक़ा माना जाने वाले बड़ा बाज़ार में समृद्धि का आगमन हो गया।[66] मूल रूप से इस क्षेत्र के पड़ोस में सिर्फ़ क्रॉस स्ट्रीट हुआ करती थी, मगर मारवाड़ियों के भारी संख्या में आ जाने से यह इलाक़ा हैरिसन रोड, कलाकार स्ट्रीट, पगिया पट्टी और साथ की जगहों तक बढ़ गया।[67] 1870 के बाद से मारवाड़ियों ने बंगाली 'ज़मींदारों' से अचल सम्पत्ति की ख़रीददारी शुरू की और 1900 तक उनके पास बड़ा बाज़ार में बड़ी तादाद में अचल सम्पत्ति हो गयी।[68] कपड़े का आयात कलकत्ता में सबसे महत्त्वपूर्ण कारोबार था और ज़्यादातर मारवाड़ियों की इसमें अच्छी पैठ थी। बड़ा बाज़ार इस व्यवसाय का केन्द्र बन गया, और दशकों तक कपड़ा–कारोबार के बाद यह जगह टाट और अफ़ीम के कारोबार का केन्द्र बनी। 1870 के दशक के अन्त तक मारवाड़ियों ने जूट और बिना थान वाले सूती कपड़े के निर्णायक अन्तर्देशीय व्यापार पर नियन्त्रण कर लिया, और सदी के अन्त तक उन्होंने देसी बैंकिंग व्यवस्था पर भी अपना परोक्ष वर्चस्व बना लिया था। बड़ा बाज़ार इन विविध व्यवसायों का मुख्य केन्द्र हो चुका था।

बड़ा बाज़ार का जीवन बलदेव दास के लिए काफ़ी व्यस्तता भरा साबित हुआ। कारोबार की शुरुआत मुनीमों और गुमाश्ताओं के सुबह सात बजे आने के साथ ही हो जाती थी जो मध्यरात्रि तक चलती थी। दोपहर में क़रीब एक बजे 'दलाल' यूरोपीय फर्मों से लौटकर अपने ऑर्डर पेश करते और बाज़ार की हालत के बारे में अपनी फर्मों को जानकारी देते।[69] बिरला के लिए ऑर्डर उनके मुलाजिम गुलाब सरावगी लाते थे जिनके ज़िम्मे यूरोपीय फर्मों से सम्पर्क रखने का काम था। कलकत्ता आने के बाद बलदेव दास के बड़े बेटे जुगलकिशोर भी उनके साथ रहने लगे, जिनका जन्म सन् 1883 में हुआ था। व्यवसाय में हाथ बँटाने के पहले जुगलकिशोर को प्रारम्भिक गणित की शिक्षा दिलाई गयी थी। बिरला फर्म को अब 'बलदेव दास जुगलकिशोर' के नाम से जाना जाने लगा और इसने अपनी गतिविधियाँ अफ़ीम के सट्टे पर केन्द्रित कर लीं। यहाँ से फर्म जल्द ही, अभी तक सिर्फ़ अंग्रेज़ों के क़ब्ज़े में रहे आये, अफ़ीम के वास्तविक व्यापार में चली गयी; और थोड़े ही समय में अन्य मारवाड़ियों ने भी इस पहलक़दमी का अनुसरण किया।[70] इसके बाद के वर्षों में बिरला ने चाँदी, अनाज, अलसी और मैनचेस्टर के कपड़ा व्यापार में भी प्रवेश कर लिया। लेकिन अफ़ीम के वायदा–सौदे ही इन वर्षों में उनके भाग्य का मुख्य ठिकाना बने रहे।[71] फर्म ने व्यापार और स्टॉक एक्सचेंज दोनों में ही अच्छा मुनाफ़ा कमाया।

बॉम्बे और कलकत्ता दोनों शाखाओं में कारोबार ज़बरदस्त रूप से बढ़ा। इसके बावजूद इन्हीं व्यवसायों में लगे दूसरे मारवाड़ियों की तुलना में इनकी स्थिति सामान्य ही प्रतीत होती थी। अभी भी कलकत्ता के प्रमुख अफ़ीम सटोरियों में हरदत्त राय चमड़िया, सरूपचन्द, निर्मल लोहिया, रामप्रताप चमड़िया, रामदयाल नेवतिया, गजराज सिंघानिया, जोखीराम रुइया, नाथूराम पोद्दार और सूरजमल नागरमल की गिनती होती थी। इनमें से तमाम लोग विविध प्रकार के व्यवसायों में संलग्न थे। हरदत्त राय चमड़िया और हुकुमचन्द सट्टा बाज़ार के 'राजा' के रूप में विख्यात थे। चमड़िया, उदाहरण के लिए, नमक, सोना–चाँदी और अफ़ीम के सौदों में काम करते थे और उनके बड़े पैमाने के बैंकिंग और ज़मीन–जायदाद के धन्धे भी थे।

उन्होंने कलकत्ता के पहले वायदा बाज़ार को संगठित किया और 1911 में वे उस सिंडिकेट को बनाने वाले मुख्य व्यक्ति थे जिसने अफ़ीम के समूचे कारोबार पर एकाधिकार स्थापित कर मोटा मुनाफ़ा कमाया था। इसी तरह सरूपचन्द अफ़ीम, कॉटन, जूट और मसालों के कारोबार में थे। 1909 के बाद सरूपचन्द ने अकेले अफ़ीम के सट्टे से ही दो करोड़ रुपये का अनुमानित अप्रत्याशित लाभ कमाया था।[72] हालाँकि अभी तक 'बलदेव दास जुगलकिशोर' (शिवनारायण बलदेव दास) मारवाड़ी सेठों के बीच बहुत बड़ा नाम नहीं बन सके थे मगर कलकत्ता की उभरती हुई फर्मों में उनकी गिनती ज़रूर होने लगी थी।

पिलानी में बचपन

कलकत्ता की व्यावसायिक दुनिया के कोलाहल से दूर बिरला ख़ानदान की औरतों और बच्चों का जीवन पिलानी में धीमी और शान्त गति से व्यतीत हो रहा था। गाँव में बड़े हो रहे घनश्याम दास का बचपन दूसरे राजस्थानियों से कोई ख़ास अलग नहीं था। रोज़मर्रा की ज़िन्दगी कठोर मौसम, पानी के अभाव, अकाल और ताज़े खाद्य–पदार्थों की कमी के बार–बार पेश आने वाले सिलसिले से समझी जा सकती थी। इन प्रारम्भिक सालों में युवा घनश्याम दास का जीवन शान्तिपूर्ण था, जो कभी–कभी गाँव में किसी मृत्यु या विवाह या फिर किसी सगे–सम्बन्धी के सुदूर कलकत्ता प्रस्थान पर बाधित होता था। पुरुषों के अनुपस्थित होने के कारण घनश्याम दास का ज़्यादातर समय घर की औरतों, विशेषकर दादी, माँ और बड़ी बहन के सान्निध्य में बीतता था।

उन्हें गाँव के दूसरे बच्चों से अलग करनेवाला उनके बचपन का एकमात्र ख़ास पहलू शायद परिवार का ज़बरदस्त धार्मिक वातावरण था। बिरला वैष्णव मूल्यों का शिद्दत से पालन करते थे। परिवार के बुज़ुर्ग, ख़ासकर शिवनारायण और घनश्याम दास की माताजी, बच्चों को शुरू बचपन से ही सख़्त धार्मिक नियमों में रखने की आग्रही थीं। दिनचर्या सुबह पाँच बजे की प्रार्थना से शुरू होती थी।[73] शिवनारायण जब भी गाँव आते अपने पोते के साथ इस प्रार्थना में शरीक होते थे। हालाँकि निरक्षर शिवनारायण और नन्हे घनश्याम दास दोनों ही प्रार्थना की पुस्तकें पढ़ नहीं सकते थे, मगर वे इन्हें अपने सामने रखते और श्रुति–स्मृति से पाठ करते थे। जब घनश्याम दास नौ साल के हुए तब उन्हें अलग से प्रार्थना पोथी और धार्मिक किताबें दी गयीं। छोटे बच्चे के रूप में भी घनश्याम दास लोकप्रिय हिन्दू ग्रन्थों 'विष्णु सहस्रनाम', 'रामचरितमानस' और 'दुर्गा सप्तशती' का सस्वर पाठ कर लेते थे। शिवनारायण का भी ज़ोर था कि परिवार को सख़्ती से सभी हिन्दू धार्मिक प्रथाओं का पालन करना चाहिए। कभी बीमार पड़ने पर वे पुजारी को भजन–प्रार्थना के लिए बुलाते थे, भगवान को प्रसन्न करने के लिए ब्राह्मणों को भोजन कराते थे और उसके बाद ही बतायी गयी दवा वग़ैरह लेते थे।[74] महत्त्वपूर्ण अवसरों पर परिवार के सदस्यों द्वारा उपवास रखे जाते थे और नियमित भोजन करने वाले पण्डितों को अच्छी दक्षिणा दी जाती थी।[75]

इस धार्मिकता का गहरा प्रभाव घनश्याम दास पर पड़ा और वह उनके जीवन का एक प्रमुख तत्त्व बन गयी। उनके दैनिक जीवन, आस्थाओं और मूल्यों में इसका स्थायी प्रभाव देखा जा सकता था और उन मक़सदों में भी जिनके लिए उन्होंने बाद में काम किया और सहायता दी। ताउम्र उन्होंने पूरे मन से धार्मिक दिनचर्या का पालन किया और उस अनुशासन

को बरकरार रखा जिसका बीजारोपण उनके बचपन में किया गया था। इन शुरुआती वर्षों में बना एक महत्त्वपूर्ण विश्वास यह था कि मस्तिष्क और शरीर आन्तरिक रूप में एक–दूसरे से जुड़े हुए हैं, और यह कि व्यायाम और चुस्त–दुरुस्त रहकर मन और शरीर पर नियन्त्रण रखा जा सकता है। घनश्याम दास ने इस विश्वास को गहरे आत्मसात कर लिया था : वे सुबह होने के तीन घण्टे पहले उठ जाते, व्यायाम और धर्मग्रन्थों का पाठ करते और उसके बाद ही कोई अन्य गतिविधि शुरू होती। इन वर्षों में जो बहुतेरी धार्मिक पुस्तकें उन्होंने पढ़ीं उनकी गहरी छाप उन पर बनी रही। ख़ासकर उनकी प्रिय 'भगवद्गीता', और 'आश्रम भजनावली', जिन्हें वह सुमिरनी–माला के साथ हमेशा अपने सिरहाने रखते थे।[76] हालाँकि वे 'रामायण' जैसे अन्य ग्रन्थ भी मनोयोग से पढ़ते थे, लेकिन जब उनके सामने कोई व्यक्तिगत संकट या पारिवारिक समस्या आती तब वे 'गीता' की शरण में ही जाते थे।[77] परिवार में शुचिता और शाकाहार के सख़्त वातावरण में कोई ढील न होने पाये इसलिए खाना बनाने का पूरा काम ब्राह्मण करते थे। परिवार में इस धार्मिक वातावरण को दाना–पानी घनश्याम दास और उनके बड़े भाई जुगलकिशोर दोनों से ही मिला था।

भाई–बहनों में घनश्याम दास की जिनसे गहरी बनती थी वे थे उनकी बड़ी बहन भगवानी देवी और भाई रामेश्वर दास, जो उम्र में उनसे सिर्फ़ दो ही वर्ष बड़े थे। उनके सबसे बड़े भाई जुगलकिशोर, जिनका ज़िक्र पहले किया जा चुका है, व्यापार में बलदेव दास का हाथ बँटाने लगे थे। घनश्याम दास के खेल के प्रिय साथी रामेश्वर दास ही थे। वे घनश्याम दास को पीठ पर लादे पिलानी की गलियों और रास्तों में घूमा करते थे। इन वर्षों में हुई एक अहम बात उनकी बड़ी बहन का राजगढ़ के कृष्णगोपाल मोहता के साथ हुआ विवाह थी। परिवार के अलावा उनका समय तीन नौकरों हीरा, सीरा और रूपा के साथ बीतता था। हीरा एक जाट था जो ऊँटों की देखभाल करता था और साथ ही अच्छा निशानची भी था; गायों की देखभाल करने वाले सीरा को बच्चे ताऊ कहकर बुलाते थे और कहानियाँ और भजन सुनते थे जबकि रूपा पूरे 'घर की नियन्त्रक' थी।

बालक घनश्याम दास गाँव के लड़कों के साथ भी खेलते–कूदते थे। उन्हें गाँव के पुजारी चरणदास से विशेष लगाव था। गाँव के लोग उन्हें स्वामीजी कहकर बुलाते थे और शिवनारायण ने ख़ुद के बनवाये मन्दिर में उन्हें पूजा–पाठ के लिए रखा था। पुजारी होने के साथ–साथ उनका वैद्यकी जानने का भी दावा था और उनमें संगीत की प्रतिभा भी थी। घनश्याम दास ने उनसे कई भजन सीखे थे, जिससे उनके दादाजी ख़ुश होते थे और मेहमानों के सामने सुनाने के लिए कहते थे। इस संगीत शिक्षा और गायन ने उन्हें बाद में काफ़ी अच्छा गायक बना दिया था। हालाँकि जिस व्यक्ति ने उन्हें सबसे ज़्यादा प्रभावित किया वो गाँव का पहलवान क़मरदीन इलाही था। घनश्याम दास उनके शारीरिक सौष्ठव के प्रशंसक थे और ख़ुद भी पहलवान बनने की सोचने लगे थे। एक अन्य ग्रामवासी जिसका सान्निध्य उन्हें भाता था वह पहलवान और निशानची गिगलिया थे।

जहाँ पिलानी में मन बहलाव के कई साधन थे वहीं स्थानीय शैक्षणिक सुविधाएँ बहुत ही निम्न स्तर की थीं। बलदेव दास अपने वक़्त के अन्य मारवाड़ियों की तरह अपने बेटों को महज़ 'महाजनी शिक्षा' दिलाने से ज़्यादा कुछ नहीं सोचते थे। महाजनी पाठ्यक्रम में 'पट्टी–पहाड़ा', बहीखाता, नाप–तौल, और मोदिया और हिन्दी का अक्षर ज्ञान कराया जाता था

और साथ ही अंग्रेज़ी का सीमित ज्ञान, जिससे तार पढ़ा जा सके। बलदेव दास की स्वयं की मान्यता थी कि 'उतनी ही पढ़ाई कराओ जिससे कारोबार में मदद मिले, क्योंकि एक पढ़ा–लिखा आदमी कभी व्यापारी नहीं बन सकता।'[78] लेकिन इन बुनियादी बातों को सीखना भी पिलानी में आसान नहीं था। चार वर्ष की अवस्था में पिलानी के एकमात्र विद्यालय में घनश्याम दास का दाख़िला कराया गया जहाँ प्राथमिक स्तर तक की कक्षाएँ खुले में लगती थीं। विद्यालय मौसम के हिसाब से चलता था। जाड़ों में चौक–बाज़ार के सामने की जगह में, गर्मी के मौसम में दीवार की ओट में, और बारिश के मौसम में छुट्टी कर दी जाती थी।[79] कोई हैरानी नहीं थी कि ऐसे हालात में स्कूल जल्द ही बन्द हो गया। तब सन् 1900 में शिवनारायण अपने पोतों की शिक्षा के लिए एक प्राइमरी स्कूल खोलने को बाध्य हुए। यह उस घर में था जहाँ बिरला लोग 'हवेली' में जाने के पूर्व रहा करते थे। रामेश्वर दास और घनश्याम दास ने विद्यालय में दाख़िला लिया और परिवार में औपचारिक शिक्षा ग्रहण करने वाले पहले व्यक्ति बने। ख़ुद बलदेव दास को एक रिश्तेदार ने पढ़ाया था और घनश्याम दास के बड़े भाई जुगलकिशोर ने प्रारम्भिक गणित मुनीम पन्नालाल से सीखी थी। रामेश्वर दास और घनश्याम दास को पहली बार पाठशाला भेजने से पहले गणेश और सरस्वती की पूजा की गयी। उनकी शिक्षा कान सिंह की देखरेख में शुरू हुई, जो ख़ुद भी ख़ास पढ़े–लिखे साबित नहीं हुए। उनका गणित का ज्ञान सन्देह की नज़रों से देखा गया।[80] बाद में उनकी जगह भिवानी के रामविलास आये, जिन्होंने पाठशाला के पाठ्यक्रम में प्रारम्भिक अंग्रेज़ी शुरू की। घनश्याम दास ने इस पाठशाला में नौ वर्ष की उम्र तक पढ़ाई की तब तक उन्हें गणित के अंक ज्ञान के साथ शुरुआती अंग्रेज़ी आ गयी थी। उनके अंग्रेज़ी ज्ञान की परीक्षा उस समय हुई जब 1903 में वे अपने दादाजी के साथ पवित्र हिन्दू तीर्थस्थलों मथुरा, वृन्दावन और पुरी की यात्रा पर गये : यहाँ तार भेजने और रेलवे स्टेशनों पर टिकट ख़रीदते समय उन्होंने अपने अंग्रेज़ी ज्ञान का उपयोग किया। शिवनारायण इससे काफ़ी प्रभावित थे और उन्हें लगा कि घनश्याम दास को आगे की शिक्षा की ज़रूरत है जो सिर्फ़ कलकत्ता के स्कूलों में मिल सकती है।

कलकत्ता में घनश्याम दास को विशुदानन्द सरस्वती विद्यालय में दाख़िल कराया गया और वह बड़े भाई जुगलकिशोर की देख–रेख में रहने लगे। इस स्कूल की स्थापना कलकत्ता के मारवाड़ियों ने अपने बच्चों की शिक्षा के लिए की थी। दूसरे संस्थानों से यह विद्यालय इस मामले में थोड़ा अलग था कि यहाँ 'सनातन धर्म' के आदर्शों पर ज़ोर दिया जाता था और शिक्षा का माध्यम हिन्दी था। लेकिन घनश्याम दास शहरी जीवन के बदले माहौल से आसानी से तालमेल नहीं बैठा सके और पढ़ाई के नाम पर उनका एक अलग ही ढर्रा बन गया। वह सुबह बस्ता लेकर घर से निकल जाते और देर शाम तक कलकत्ता की सड़कों पर घूमते रहते। जुगलकिशोर को बच्चे के हठी रवैये का भान न था क्योंकि व्यवसाय में उलझे रहने के कारण भाई की गतिविधियों पर निगाह रखने का उनके पास समय ही नहीं था। स्कूल से जी चुराने के चलते घनश्याम दास को जल्द ही शहर के रास्तों का इतना अच्छा ज्ञान हो गया जितना रिक्शे वालों को हुआ करता है। बाद में इन दिनों को याद करते हुए उन्होंने कहा, "मैं पूरा दिन सड़कों पर घूमता था। इसलिए विशुदानन्द विद्यालय से मैंने कुछ नहीं सीखा, लेकिन कलकत्ता की सड़कों से मैंने पूरे वातावरण के बारे में बहुत कुछ जाना।"[81]

हालाँकि यह सिलसिला ज़्यादा दिनों तक नहीं चल सका, क्योंकि बलदेव दास ने पूरा मामला अपने हाथ में लेने का फ़ैसला किया और अब घनश्याम दास को अपने साथ बॉम्बे ले गये। यहाँ उनकी अंग्रेज़ी सुधारने के लिए एक अध्यापक रखा गया। पर एक बार फिर उनके पास घनश्याम दास की पढ़ाई पर ध्यान देने का पूरा समय नहीं था लिहाज़ा उन्हें फिर गाँव भेज दिया गया। इस तरह पिलानी में उनका थोड़ा समय गुज़रा, जहाँ पास के ही क़स्बे चुरू के रहनेवाले एक नये अध्यापक श्रीराम शर्मा उन्हें पढ़ाते थे। श्रीराम घनश्याम दास को अंग्रेज़ी, हिन्दी और संस्कृत पढ़ाने लगे। इस विद्यालय से उन्होंने लोअर प्राइमरी की परीक्षा उत्तीर्ण की। पिलानी, कलकत्ता, बॉम्बे और फिर पिलानी में स्कूली शिक्षा के उनके अनुभवों को देखते हुए इसमें आश्चर्य की कोई बात नहीं कि घनश्याम दास 'एक अध्यापक से पढ़ने से नफ़रत करते थे', और कि उनकी औपचारिक शिक्षा अपूर्ण ही बनी रही।

बाद में व्यवसाय से जुड़ने के बाद उन्हें अहसास हुआ कि उनकी शिक्षा कितनी अपूर्ण रह गयी थी और उन्होंने जो भी हाथ लगता उसे पढ़ जाना शुरू कर दिया। कारोबारी सूचना के आदान–प्रदान में, बाज़ार की रिपोर्टें पढ़ने और यूरोपीय फर्मों से सम्पर्क रखने में अंग्रेज़ी की निपुणता ख़ासतौर से ज़रूरी थी। इसके लिए उन्होंने शब्दकोश की सहायता से अख़बार पढ़ना शुरू कर दिया।[82] उन्होंने भारतीय क्लासिक ग्रन्थ 'अर्थशास्त्र' और रूसो, टॉलस्टॉय, प्लेटो, अरस्तू, स्वामी दयानन्द और यहाँ तक कि मार्क्स को भी पढ़ा। बाद के सालों में वह एक साल में औसतन दस से पन्द्रह किताबें पढ़ लेते थे।

विवाह और प्रशिक्षण

12 साल की उम्र में घनश्याम दास का बॉम्बे में कारोबार प्रशिक्षण शुरू हुआ। इस समय तक परिवार की फर्म 'शिवनारायण बलदेव दास' अफ़ीम के सट्टे से जुड़ी थी और कॉटन, गेहूँ, सफ़ेद सरसों, और चाँदी के व्यवसाय में तेज़ी से आगे बढ़ रही थी। चूँकि परिवार में सिर्फ़ घनश्याम दास को अंग्रेज़ी आती थी लिहाज़ा उन्हें फर्म में महत्त्वपूर्ण स्थान दिया गया : उन्हें मांटेग्यू और शार्प जैसे अंग्रेज़ दलालों के साथ सौदे तय करने की ज़िम्मेदारी दी गयी। बाद में अपने संस्मरणों में उन्होंने याद किया, "मैं निरक्षर लोगों से घिरा था और उनके बीच ख़ुद को विशारद की तरह पाता था।"[83]

अल्पायु में विवाह करने की मारवाड़ी परम्परा के मुताबिक़ शिवनारायण ने अब अपने 12 वर्षीय पोते के लिए दुल्हन की खोज शुरू कर दी।[84] वे ख़ुद अपने बेटे बलदेव दास का विवाह 12 वर्ष की उम्र में, सबसे बड़े पोते जुगलकिशोर का 11 वर्ष और रामेश्वर दास का 10 वर्ष की उम्र में सम्पन्न करवा चुके थे। बॉम्बे और कलकत्ता में रह रहे मारवाड़ियों के विवाह समारोह गाँव में ही होने जारी थे।[85] घनश्याम दास की होने वाली पत्नी दुर्गा देवी चिड़ावा के सेठ महादेव सोमानी की बेटी थीं, जो शेखावाटी में पिलानी के पास पड़ता है। सोमानी ख़ानदान चिड़ावा का प्रभावशाली परिवार था जहाँ उन्हें 'चौधरी' की उपाधि मिली हुई थी। महादेव सोमानी, जो कलकत्ता चले गये थे, ने जूट और टाट के व्यापार में वर्षों तक काम करके अच्छी प्रतिष्ठा अर्जित की थी और प्रथम विश्वयुद्ध के दौरान जब जूट के स्टॉक बढ़े तो अच्छी कमाई की थी।

अपने समुदाय की परम्परा का पालन करते हुए शिवनारायण ने एक भव्य आयोजन की योजना बनायी और पिलानी के जो भी व्यवसायी बॉम्बे में थे सबको गाँव में हुई इस शादी में शामिल होने का न्यौता दिया।[86] गाँव में यह समारोह कई दिनों तक चला जिसकी शुरुआत ब्राह्मणों को भोजन कराने से हुई। इसके बाद दूल्हा घोड़े पर सवार हो पारिवारिक पुरोहित का आशीर्वाद लेने उनके घर गया, जहाँ से क़रीब 1,000 बारातियों का कारवाँ चिड़ावा के लिए रवाना हुआ। वहाँ घनश्याम दास हाथी पर सवार हो दुल्हन के घर पहुँचे। यह अन्दाज़ा लगा पाना थोड़ा मुश्किल है कि 12 वर्ष के घनश्याम दास के लिए विवाह का क्या मतलब रहा होगा। हालाँकि उनका विवाह 1906 में हुआ, मगर नववधू का पिलानी की हवेली में आगमन दो वर्ष बाद हुआ। उन्हें हवेली की पहली मंज़िल पर रहने के लिए कमरा दिया गया जहाँ उनके दो विवाहित भाई जुगलकिशोर और रामेश्वर दास भी रहते थे। नवदम्पत्ति को बहुत ज़्यादा समय साथ गुज़ारने को नहीं मिला क्योंकि बॉम्बे में बढ़ रही व्यावसायिक ज़िम्मेदारियों के कारण घनश्याम दास को साल का अधिकांश समय वहीं बिताना था। हाँ शादी ने उनकी प्रतिष्ठा थोड़ी ज़रूर बढ़ा दी, और अब उन्हें घनश्याम 'भाईजी' कहकर बुलाया जाने लगा।

दुर्गा देवी के पिलानी आने के एक वर्ष बाद 11 जुलाई 1909 को उनके बड़े बेटे लक्ष्मीनिवास का जन्म हुआ। पड़पोते के आगमन पर बिरला परिवार में जमकर खुशियाँ मनायी गयीं और शिशु को देखने आने वाली हर महिला को एक दुपट्टा दिया गया। दुर्भाग्यवश शिशु के जन्म के तुरन्त बाद दुर्गा देवी को तपेदिक हो गया। घनश्याम दास, जो तब बॉम्बे में थे, ख़बर सुनकर तुरन्त भागे लेकिन बच्चे के जन्म के चार महीने बाद ही दुर्गा देवी चल बसीं। तब शिशु की देखभाल के लिए उसे ननिहाल चिड़ावा भेज दिया गया और घनश्याम दास बॉम्बे लौट आये। घनश्याम दास के ऊपर इस समय क्या गुज़री होगी इस बारे में बहुत कम साक्ष्य उपलब्ध होने से कुछ भी कह पाना मुश्किल है।

उनकी माँ और दादी को उन्हें दोबारा विवाह के लिए मनाने में तीन साल लगे। 1912 में उनका विवाह सरदार शहर के करवा के सेठ प्रेमसुख दास की 13 वर्षीय बेटी महादेवी के साथ हुआ। दुल्हन के दादा 'राय बहादुर सेठ सालिगराम' थे। पिता प्रेमसुख दास ख़ुद भी एक धनी व्यवसायी थे जिनकी 'राय सालिगराम चुनीलाल बहादुर' नाम की फर्म थी जो आसाम ऑयल कम्पनी की प्रमुख वितरक थी। गोहाटी और डिब्रूगढ़ में मुख्य कार्यालयों सहित आसाम में फर्म की कई शाखाएँ थीं। प्रेमसुख दास हिन्दी भाषा की उन्नति और प्रचार–प्रसार के कार्यों में काफ़ी सक्रिय थे, और इसी उद्देश्य के लिए बनी संस्था 'काशी नागरी प्रचारिणी सभा' के सक्रिय सदस्य थे।[87] उनके बड़े भाई को वायसराय की तरफ़ से 'एमबीई' (मेम्बर ऑफ़ ब्रिटिश एम्पायर) की उपाधि मिली थी। विवाह के तुरन्त बाद घनश्याम दास कलकत्ता चले गये, मगर महादेवी के साथ उनका पत्र–व्यवहार बना रहा और जब भी घर आते थे तब ढेर सारे उपहार उनके लिए लाते थे। दम्पति इस प्रकार से अलग लगभग तीन वर्षों तक रहे।

1910 में शिवनारायण का पिलानी में निधन हो गया। उन्होंने अपने जीवन के अन्तिम दस साल सेवानिवृत्त रहकर गुज़ारे थे। इन वर्षों में उन्होंने अपने को तीर्थयात्रा, दान–दक्षिणा और पूजा–पाठ में लगा रखा था। उन्होंने 'सदाव्रत' की भी शुरुआत की, जिसमें हवेली पर आने वाले हर भूखे को भोजन कराया जाता था।[88] दोपहर का समय वह अपने पोतों के अध्यापक और आर्यसमाज के प्रबल समर्थक श्रीराम शर्मा और गाँव के पढ़े–लिखे ब्राह्मणों

के साथ 'महाभारत', 'रामायण', 'रामचरितमानस' और 'श्रीमद्भगवतगीता' जैसी पुस्तकों पर चर्चा में लगाते।[89] उनके निधन के समय बिरला का व्यवसाय चार शहरों में था। हर जगह उनकी मौत पर कार्यक्रम आयोजित किये गये। चूँकि उनकी मृत्यु पूर्ण आयु प्राप्त करके हुई थी इसलिए पिलानी में कार्यक्रम में आये प्रत्येक परिवार को एक रुपया दिया गया और मिठाई बाँटी गयी। बॉम्बे में 2,500 से ज़्यादा लोगों को और कलकत्ता में 1,600 ब्राह्मणों को भोजन कराया गया। बनारस में भी ब्राह्मणों को भोजन कराया गया। इन कार्यक्रमों पर कुल 55,750 रुपये का ख़र्च आया जो उस समय के लिए अच्छी–ख़ासी रक़म थी, और बताती थी कि बिरला–परिवार की सम्पन्नता कितनी बढ़ रही है।[90]

शिवनारायण की मृत्यु के साथ ही एक पीढ़ीगत परिवर्तन शुरू हुआ। बलदेव दास ने भी सेवानिवृत्त जीवन जीने और अपने को भजन–पूजन और आध्यात्मिक कामों में लगाने का फ़ैसला किया। तय किया कि सारा कारोबार बेटों के सुपुर्द कर अपवाद मौक़ों पर ही हस्तक्षेप करेंगे।[91] इसके पीछे एक कहानी है कि 1910 में जब बलदेव दास अपने पिता के क्रियाकर्म के लिए बनारस गये थे तो उनकी मुलाक़ात एक ज्योतिषी से हुई। ज्योतिषी ने बताया कि वे सिर्फ़ 55 साल की आयु लेकर आये हैं। यह महसूस करते हुए कि उनके जीवन में अब सिर्फ़ दस साल ही बचे हैं बलदेव दास ने बाक़ी जीवन किसी पवित्र जगह पर मृत्यु की प्रतीक्षा करते हुए गुज़ारने की पुरातन परम्परा के अनुसार पत्नी के साथ पवित्र शहर बनारस में रहने और पूजा–प्रार्थना के लिए समर्पित होने का फ़ैसला किया। अपनी सेवानिवृत्ति के लिए उन्होंने आठ लाख रुपये का एक कोष बनाया, सरकारी प्रतिभूतियाँ ख़रीदीं और उनके ब्याज पर आगे का जीवन बिताना तय किया। उन्होंने लालघाट पर अपने रहने के लिए एक घर बनवाया, जो धीरे–धीरे उनकी लोकोपकारी गतिविधियों के चलते बिरला घाट बोला जाने लगा।[92] इस समय तक वे अपनी तीनों बेटियों के विवाह प्रभावशाली व्यवसायी परिवारों में कर चुके थे और तीन बड़े बेटों को व्यवसाय की ज़िम्मेदारी सँभालने के लिए तैयार कर चुके थे। ज्योतिषी की भविष्यवाणी ग़लत साबित हुई; बलदेव दास का देहावसान 1956 में 93 वर्ष की आयु में हुआ।

बलदेव दास की सेवानिवृत्ति के बाद नयी पीढ़ी का युग शुरू हुआ। तीनों युवा बेटों–रामेश्वर दास ने बॉम्बे में और जुगलकिशोर और घनश्याम दास ने कलकत्ता में पारिवारिक व्यवसाय की कमान सँभाल ली थी। उनकी भूमिका कैसी रही इसकी चर्चा आने वाले अध्याय में।

सन्दर्भ एवं टिप्पणियाँ

1. पहले दो अध्यायों में बिरला को उनके पिता और भाइयों, जो कि वर्णन में प्रमुखता से उपस्थित हैं, से अलगाने के लिए उनका उनके पहले नाम से उल्लेख किया गया है; अध्याय 3 से आगे उपनाम बिरला उन्हीं के बारे में है।
2. ब्रज की संस्कृति कैसे कृष्ण की दन्तकथा के आसपास विकसित हुई के बारे में, देखें, मोतीलाल गुप्ता, *ब्रज : द सेंट्रल ऑफ़ इंडियन कल्चर* (दिल्ली, 1982)।
3. शेखावाटी के इतिहास के लिए, देखें, उदयवीर शर्मा, *शेखावाटी का इतिहास* (लक्ष्मणगढ़, 1980)।
4. देखें, *द इम्पीरियल ग़ज़ेटियर ऑफ़ इंडिया*, वॉल्यूम XVIII (ऑक्सफोर्ड, 1908)। साथ ही देखें कैरिन स्कॉमर, जॉन एल. एर्डमैन व अन्य (सम्पादक), *द आइडिया ऑफ़ राजस्थान, एक्सप्लोरेशंस इन रीजनल आइडेंटिटी*, वॉल्यूम I और II (दिल्ली, 1994)।

5. डी.डी. शास्त्री (सम्पा.), *एक बिन्दु एक सिन्धु* (मथुरा, 1948), पृ. 114; साथ ही देखें, डी.के. टैक्नेट, *इंडस्ट्रियल एंटरप्रिन्योरशिप एमंग शेखावाटी मारवाड़ीज* (जयपुर, 1986), पृ. 112।
6. मारवाड़ियों की बहुतेरी उपजातियों में प्रमुख थीं अग्रवाल, माहेश्वरी और ओसवाल। प्रमुख माहेश्वरियों के विवरणों के लिए, देखें, एस.आर. भण्डारी, *माहेश्वरी जाति का इतिहास* (भानपुरा, 1940)। साथ ही देखें उनकी *अग्रवाल जाति का इतिहास* (भानपुरा, 1937) और ऋषि जैमिनी कौशिक बरुआ, *मैं अपनी मारवाड़ी जाति को प्यार करता हूँ*, विशेष रूप से वॉल्यूम I से III (कलकत्ता, 1970–72)।
7. *अखिल भारतीय मारवाड़ी सम्मेलन* के अध्यक्ष का इंटरव्यू, बड़ा बाज़ार, कलकत्ता, मई 1989।
8. कर्नल टॉड ने अपने क्लासिक इतिहास में ज़्यादा–से–ज़्यादा 128 व्यापारिक जातियों का उल्लेख किया है; हालाँकि उन्होंने नोट किया था कि सर्वाधिक महत्त्वपूर्ण व्यापारी महज़ पाँच जातियों से आये, *ऐनल्ज़ एंड एंटिक्विटीज़ ऑफ़ राजस्थान ऑर द सेंट्रल एंड राजपूत स्टेट ऑफ़ इंडिया*, वॉल्यूम I और II (कलकत्ता, 1894)। हाल के एक अध्ययन के मुताबिक़ सर्वाधिक संख्या में सफल मारवाड़ी फ़र्में अग्रवालों की हैं, फिर ओसवालों की, तीसरा नम्बर माहेश्वरियों का है, और फिर खण्डेलवालों का, डी.के. टैक्नेट, *मारवाड़ी समाज* (जयपुर, 1989), पृ. 34; द्विजेन्द्र त्रिपाठी और मकरन्द मेहता का तर्क है कि पश्चिमी भारत के आठ में से चार व्यापार समूहों के संस्थापक उन जातियों और समुदायों से आये जो पारम्परिक रूप से व्यापार से नहीं जुड़े थे, देखें उनके सम्पादित काम *बिज़नेस हाउसेस इन वेस्टर्न इंडिया : अ स्टडी इन एंटरप्रेन्योरियल रिस्पॉन्स*, 1850–1957 (लन्दन, 1989)।
9. भीमसेन केडिया, *भारत में मारवाड़ी समाज* (कलकत्ता, 1947), पृ. 1 से 12।
10. यहाँ ऐसे व्यक्तियों के रूप में जिन्होंने मानसून की अनिश्चितता में गुज़र कर रही कमज़ोर अर्थव्यवस्था में ग्रामीण बाज़ार और साख को नियन्त्रित किया उनकी अत्यन्त महत्त्वपूर्ण भूमिका अवश्य याद रखनी चाहिए। समझा जा सकता है कि यह नकारात्मक धारणा प्रायः मारवाड़ियों की ग्रामीण साहूकार के तौर पर भूमिका से पैदा हुई। हालाँकि केडिया का मानना है कि इस तरह के विरुद्ध–विचार मारवाड़ियों द्वारा अपदस्थ किये गये प्रतिद्वन्द्वी व्यवसाय समूहों ने फैलाये, केडिया, *भारत में मारवाड़ी समाज*, पृ. 1–12। बनियों के बारे में सामाजिक धारणाओं के दिलचस्प विश्लेषण के लिए, देखें, मिल्टन सिंगर (सम्पा.) *एंटरप्रेन्योरशिप एंड मॉडर्नाइजेशन ऑफ़ ऑकुपेशनल कल्चर्स इन साउथ एशिया* (ड्यूक, 1973), में रिचर्ड फॉक्स, 'परियाह कैपिटलिज़्म एंड ट्रेडिशनल मर्चेंट्स'। व्यापारिक समुदायों की नकारात्मक सामाजिक धारणाओं के एक हाल के अध्ययन के लिए, देखें, डेविड हार्डीमैन, *फ़ीडिंग द बनिया* (नयी दिल्ली, 1996)।
11. द्विजेन्द्र त्रिपाठी (सम्पा.) *बिज़नेस एंड पॉलिटिक्स इन इंडिया, अ हिस्टोरिकल पर्सपेक्टिव* (दिल्ली, 1991) में लक्ष्मी सुब्रमण्यण और रजत के. राय, 'मर्चेंट्स एंड पॉलिटिक्स : फ्रॉम द ग्रेट मुग़ल्स टु द ईस्ट इंडिया कम्पनी'।
12. सी.ए. बेली, *रूलर्स, टाउनमेन, बाज़ार* (कैम्ब्रिज, 1983) और उनकी *इंडियन सोसायटी एंड द मेकिंग ऑफ़ दि ब्रिटिश एम्पायर* (कैम्ब्रिज, 1988), विशेषतः अध्याय 1 और 2।
13. आसिया सिद्दिक़ी (सम्पा.), *ट्रेड एंड फाइनेंस इन कोलोनियल इंडिया*, 1750–1860 (दिल्ली, 1995) में थॉमस ए. टिम्बर्ग, 'हाइऐटस एंड इन्क्यूबेटर : इंडिजिनस ट्रेड एंड ट्रेडर्स, 1837–1857'।
14. फिलिप काडेन और डेनिस विडाल (सम्पा.), *वेब्स ऑफ़ ट्रेड : डायनेमिक्स ऑफ़ बिज़नेस कम्युनिटीज़ इन वेस्टर्न इंडिया* में के.एल. शर्मा, 'चेंजिंग आस्पेक्ट्स ऑफ़ मर्चेंट्स, मार्केट्स, मनीलेंडिंग एंड माइग्रेशन : रिफ्लेक्शंस बेस्ड ऑन फील्ड नोट्स फ्रॉम अ विलेज इन राजस्थान'।
15. थॉमस ए. टिम्बर्ग, *द मारवाड़ीज़ : फ्रॉम ट्रेडर्स टु इंडस्ट्रियलिस्ट* (नयी दिल्ली, 1978), पृ. 97–103; साथ ही देखें, द्विजेन्द्र त्रिपाठी (सम्पा.), *बिज़नेस कम्युनिटीज़ ऑफ़ इंडिया, अ हिस्टोरिकल पर्सपेक्टिव* (नयी दिल्ली, 1984), पृ. 185–207, में जी.डी. शर्मा, 'द मारवाड़ीज़ : इकोनॉमिक फाउंडेशंस ऑफ़ एन इंडियन कैपिटलिस्ट क्लास'।
16. टिम्बर्ग, *द मारवाड़ीज़ : फ्रॉम ट्रेडर्स टु इंडस्ट्रियलिस्ट*, पृ. 44।

17. इनमें से क़रीब 2000 उदयपुर से आये, 100 बीकानेर से, 1000 जयपुर से और 7500 जोधपुर से।
18. बॉम्बे स्टॉक एक्सचेंज की स्थापना 1875 में हुई और 1909 में इसे पुनर्गठित किया गया।
19. अपनी कम संख्या के बावजूद कलकत्ता के मारवाड़ी बॉम्बे के अपने सजातीय बन्धुओं की तुलना में बेहतर स्थिति में थे, देखें टिम्बर्ग, *द मारवाड़ीज़ : फ्रॉम ट्रेडर्स टु इंडस्ट्रियलिस्ट*, पृ. 57। बॉम्बे में मारवाड़ी प्रवासन 1800 के बाद शुरू हुआ और प्रवासियों ने सट्टा बाज़ारों में, विशेष रूप से कपास, अफ़ीम और कपड़े के कारोबार में, एक हैसियत हासिल की। हालाँकि गुजराती व्यवसाय समूहों से ज़ोरदार प्रतियोगिता ने उनकी स्थिति उतनी प्रभुत्वशाली नहीं होने दी जैसी कि कलकत्ता में उनके बन्धुओं की थी। बावजूद कि कलकत्ता में बड़े पैमाने पर प्रवास 1839 के बाद जाकर शुरू हुआ, मारवाड़ियों ने खत्रियों और बंगालियों से कोई चुनौती न मिलने के कारण एक अग्रणी हैसियत ज़्यादा आसानी से हासिल की। दोनों शहरों में उनकी हैसियतों का एक अन्य फ़र्क़ कलकत्ता के व्यावसायिक परिक्षेत्र में उनका प्रभुत्व और बॉम्बे प्रेसीडेंसी के परिक्षेत्र से उनकी तुलनात्मक ग़ैरमौजूदगी था।
20. डेविड वेस्ट रुडनेर, *कास्ट एंड कैपिटलिज़्म इन कोलोनियल इंडिया, द नट्टुकोट्टाई चेट्टियार्स* (बर्कले, 1994)।
21. क्लाउड मार्कोविट्स, *द ग्लोबल वर्ल्ड ऑफ़ इंडियन मर्चेंट्स, 1790–1947 : ट्रेडर्स ऑफ़ सिन्ध फ्रॉम बुखारा टु पनामा*, कैम्ब्रिज, सीयूपी, 2000।
22. इन दशकों में उत्तर भारतीय अर्थव्यवस्था में काम की कुछ प्रक्रियाओं के एक विवरण के लिए, देखें, आसिया सिद्दिक़ी (सम्पा.), *ट्रेड एंड फाइनेंस इन कोलोनियल इंडिया*, 1750–1860 (दिल्ली, 1995) में, सी.ए. बेली, 'द एज ऑफ़ हिएटस : द नॉर्थ इंडियन इकोनॉमी एंड सोसायटी, 1830–1850'।
23. *इंडियन इकोनॉमिक एंड सोशल हिस्ट्री रिव्यू, वॉल्यूम 25*, नं. 3 (1988), पृ. 278 में रजत कान्ता रे, 'द बाज़ार : चेंजिंग स्ट्रक्चरल करेक्टरस्टिक्स ऑफ़ द इंडिजीनस सेक्शन ऑफ़ द इंडियन इकोनॉमी बिफोर एंड आफ्टर द ग्रेट डिप्रेशन'।
24. इस दौर में बॉम्बे प्रेसीडेंसी में कॉटन व्यवसाय के एक महत्त्वपूर्ण अध्ययन के लिए, देखें आसिया सिद्दिक़ी (सम्पा.), *ट्रेड एंड फाइनेंस इन कोलोनियल इंडिया, 1750–1860* (दिल्ली, 1995) में मरिका विकज़ियानी, 'बॉम्बे मर्चेंट्स एंड स्ट्रक्चरल चेंजेस इन द एक्सपोर्ट कम्युनिटी, 1850–1880'।
25. एल.सी. जैन की इंडिजीनस बैंकिंग इन इंडिया (लन्दन, 1929) विस्तार से बताती है कि ये प्रणालियाँ काम कैसे करती थीं।
26. इस प्रकार वे पहले विश्वयुद्ध के नतीजे में आये निर्यातोन्मुख जूट प्रेसों को ख़रीदने के अवसर का लाभ उठाने के लिए बहुत अच्छी स्थिति में थे।
27. स्टॉक मार्केट में उनकी रुचि प्रथम विश्वयुद्ध के पहले और दौरान बढ़ना जारी रही। पहले विश्वयुद्ध में उछाल के दौरान सट्टा बाज़ारों में उन्होंने लगभग एकाधिकार की सी स्थिति बना ली थी, और इसने कॉटन–आयात, जूट और टाट जैसे क्षेत्रों में उनकी लाभमूलक स्थिति के साथ मिलकर बहुत मोटा मुनाफ़ा कमाने के हालात बनाये; यह मुनाफ़ा इसके तत्काल बाद उद्योग में दाख़िल होने में उनका मददगार बना। यह माना जाता है कि आज भारत का आधा निजी औद्योगिक निवेश मारवाड़ियों द्वारा नियन्त्रित है। 100 शीर्ष औद्योगिक कम्पनियों में से अकेले बिरला ग्रुप से सम्बद्ध 12 कम्पनियों सहित 28 मारवाड़ियों के स्वामित्व में हैं। 1986–87 में देश की सर्वाधिक टर्नओवर वाली 11 कम्पनियों में से पाँच मारवाड़ियों की थीं। 1964–65 में एकाधिकार कमीशन की रिपोर्ट के मुताबिक़ 75 शीर्ष व्यापार समूहों के पास 2605 करोड़ रुपये की परिसम्पत्तियाँ थीं। मारवाड़ी प्रभुत्व की ये प्रवृत्ति जारी है। 1975 में चार शीर्ष मारवाड़ी समूहों की परिसम्पत्तियाँ 1395 करोड़ रुपये की होने का अनुमान था और 1986–87 तक ये बढ़कर 7654 करोड़ रुपये की हो गयी थीं। इनमें से अकेले बिरलाओं की हैरतअंगेज़ रक़म 4772 करोड़ थी। इसी तरह प्रतिष्ठित फ़ेडरेशन ऑफ़ इंडियन चेम्बर्स ऑफ़ कॉमर्स एंड इंडस्ट्री (फिक्की) के 47 अध्यक्षों में से 20 मारवाड़ी रह चुके हैं।

28. गद्दी शब्द का अक्षरशः अनुवाद बैठने की जगह या सीट होता है, पर व्यवसाय के सन्दर्भ में इसका आशय कम्पनी या फर्म से है।
29. उन्होंने एक मारवाड़ी बन्धु के साथ साझे में काम किया, देखें डी.डी. शास्त्री, *एक बिन्दु एक सिन्धु*, पृ. 115। 1802 में स्थापित गनेरीवाला हैदराबाद के निज़ाम से क़रीबी तौर पर सम्बद्ध एक अग्रवाल बैंकिंग फर्म थी। एक वक़्त में पित्तियों के साथ मिलकर उन्होंने निज़ाम के लिए समूचे बेरार प्रान्त के राजस्व का ठेका लिया था, टिम्बर्ग, *द मारवाड़ीज़*, पृ. 224। गनेरीवाला ने शिवनारायण को जो प्रस्ताव दिया था उसमें ईस्ट इंडिया कम्पनी के अधिकारियों व अजमेर और मऊ की छावनियों में फ़ैक्टरी मालिकों के साथ मोलभाव करना भी शामिल था।
30. कलकत्ता गये शुरुआती प्रवासी मिर्जापुर (कलकत्ता के लिए यूपी का एक बड़ा व्यापारिक डिपो) से सामानों के हिफ़ाज़ती के रूप में अपनी यात्रा करते थे। वे मिर्जापुर की किसी बड़ी मारवाड़ी फर्म की रिवर बोट में चढ़ जाते। ये बोट कलकत्ता माल लेकर जातीं और इन पर चढ़ने की एवज़ में माल का सुरक्षित पहुँचना यात्रियों की ज़िम्मेदारी होती, जिसके बदले में उन्हें खाना दिया जाता और छोटा–सा भुगतान भी किया जाता था। कलकत्ता में इस तौर पर सबसे पहले आने वाले मारवाड़ी बनिया नाथूराम सर्राफ़ थे जिन्होंने मिर्जापुर के सेवाराम रामरिखदास की बोट पर एक हिफ़ाज़ती के रूप में यात्रा की। बालचन्द मोदी, *देश के इतिहास में मारवाड़ी जाति का स्थान* (कलकत्ता, 1939), पृ. 439–48 और टिम्बर्ग, *द मारवाड़ीज़*, पृ. 152। यात्राएँ पूरी होने में कई महीने लग जाते थे और कभी–कभी जानलेवा हादसे भी पेश आते, नन्दकिशोर जालान, *श्री ईश्वरदास जालान अभिनन्दन ग्रन्थ* (कलकत्ता, 1977), पृ. 49–50। इस कारण लोक में ऐसी जनश्रुतियाँ गढ़ी गयीं जिनमें ऐसी यात्राओं से बचने की हिदायत दी जाती थीं। जैसे कि एक कहावत यह थी : 'देस की आधी रोटी परदेस की पूरी रोटी से अच्छी।'
31. प्रायः शहर में आने वाला नया यात्री सम्पर्क सूत्र के नाम पर सिर्फ़ मारवाड़ी इलाक़े का नाम भर जानता था। जैसे कि कलकत्ता जाने वाले यात्री को वहाँ अपने गन्तव्य के रूप में काली गोदाम नामक मारवाड़ी बस्ती के अलावा किसी अन्य चीज़ की कोई जानकारी नहीं होती थी। एक बार मारवाड़ी इलाक़े में पहुँचने के बाद वो अपने गाँव और जाति के लोगों की खोज करता था, देखें, भवरमल सिंघी (सम्पा.), *पद्मभूषण श्री सीताराम सेकसरिया अभिनन्दन ग्रन्थ* (कलकत्ता, 1974), पृ. 258।
32. टिम्बर्ग, *द मारवाड़ीज़*, पृ. 4। दक्षिण पूर्वी एशिया में चेट्टियार प्रवासियों के सन्दर्भ में ऐसी ही संस्थाओं का वर्णन रुडनर ने किया है, देखें, *कास्ट एंड कैपिटलिज्म इन कोलोनियल इंडिया, द नट्टुकोट्टाई चेट्टियार्स*।
33. जी.डी. बिरला ने एक संक्षिप्त वृत्तान्त में पिलानी में अपने शुरुआती दिनों को याद किया है, *वे दिन* (एन.डी., एन.पी.), पृ. 6।
34. यहाँ एक आम मारवाड़ी प्रवासी की व्यावसायिक उन्नति के मार्ग को देखना दिलचस्प होगा। कलकत्ता आनेवाले अधिकतर मारवाड़ी किसी बड़ी मारवाड़ी फर्म में दलाल या क्लर्क के रूप में काम शुरू करते थे, और वक़्त के साथ अपना ख़ुद का व्यापार स्थापित कर लेते थे। हमारे सामने रामदत्त गोयनका का उदाहरण है जो 1830 की शुरुआत में आये और सेवाराम रामरिखदास जैसी बड़ी फर्म, जिसका मुख्यालय मिर्जापुर में था, में एक क्लर्क के रूप में काम करना शुरू किया। एक दशक के भीतर उन्होंने अपनी गद्दी जमा ली और 1860 के अन्त तक वे कई बड़ी कम्पनियों के बनिया थे। उनके द्वारा ये कम्पनी छोड़ देने के बाद उनके भाई उस कम्पनी के कमीशन एजेंट और दलाल बन गये। वे ख़ुद कैटलवेल बुल्डेन कम्पनी में एक स्वतन्त्र कपड़ा–दलाल हो गये और आगे चलकर 'रामदत्त रामरिखदास' नाम की एक अपनी ही फर्म 1848 में स्थापित कर ली। उनके परिवार के सम्बन्ध 'रैली' नामक ग्रीक फर्म से थे, क्योंकि उनके पूर्व मालिक सेवाराम रामरिखदास 'रैली' कम्पनी के पहले दलाल थे और रामदत्त के भतीजे थे; शिवबख्श भी उन्हीं के साथ नौकरी करते थे। जब शिवबख्श ने त्यागपत्र दिया तो उन्होंने अपने ही किसी रक्तसम्बन्धी को अपनी जगह लाने पर ज़ोर डाला और इस तरह रामचन्द्र गोयनका उनकी जगह लाये गये। कुछ सालों में रामरिखदास 'रैली' की प्रबन्धन

एजेंसी के बनिया बन गये जो जूट और कपड़े के थानों की आपूर्ति करते थे। उनकी अपनी कम्पनी भी स्वतन्त्र रूप से जूट का व्यापार करती थी। दलाल अक्सर बनिये की हैसियत पा लेते थे। उदाहरण के लिए सूरजमल झुनझुनवाला 1879 में ग्राहम एंड कम्पनी के बनिया बन गये और ओंकारमल जटिया एंड्रयू यूल के, देखें, टिम्बर्ग, *द मारवाड़ीज़*, पृ. 52 और 152–3। इसी तरह सूरजमल झुनझुनवाला और नाथूराम सर्राफ़ अपने गाँव के मारवाड़ियों को वहाँ आने के लिए प्रोत्साहित करते थे और दुकान खोलने में उनकी मदद करते थे, जिनमें से कई ने बाद में दलाल की हैसियत पा ली। उन्होंने नये आने वालों के लिए एक 'बास्सा' भी खोला।

35. बिरला समूह ने इस परम्परा को बनाये रखा। उन्होंने अपने कई वरिष्ठ कर्मचारियों और एसोसिएट्स को उनकी सेवाओं के लिए पुरस्कृत किया, और उनके स्वतन्त्र व्यापारिक प्रतिष्ठान स्थापित करने में उनकी मदद की। उनमें से कई अब अपने आप में सुस्थापित उद्योगपति हैं। प्रमुख उदाहरणों में ताराचन्द साबू और दुर्गाप्रसाद मंडेलिया हैं।
36. लोगों से बातचीत में टिम्बर्ग ने ये पाया कि कई फर्में ब्राह्मण मुनीमों को ज़्यादा ईमानदार मानते हुए प्राथमिकता देती थीं, जिनके बारे में इसकी भी सम्भावना कम थी कि वे कोई प्रतिद्वन्द्वी व्यवसाय शुरू करेंगे।
37. दस्तूर के मुताबिक़ एक रक़म निश्चित की गयी थी जो 21 रुपये से लेकर 201 रुपये तक हो सकती थी, देखें, टैक्नेट, *मारवाड़ी समाज*, पृ. 145–6।
38. उदाहरण के लिए सुखानन्द सरावगी नये व्यापारियों के प्रति अपनी उदारता के लिए प्रसिद्ध थे। उनकी फर्म 'जौहरमल रूँगटा' ने एक ऐसा कोष बनाया जिससे उन लोगों को क़र्ज़ दिया जा सके जिन्हें सहप्रतिभूति की आवश्यकता होती थी। इसी तरह 'महासिंह मेघराज' फर्म के खाड़ा सिंह कोठारी इस बात के लिए मशहूर थे कि उन्होंने अपने साथी मारवाड़ियों को हज़ारों रुपये का क़र्ज़ दिया था।
39. सी.ए. बेली, *रूलर्स, टाउंसमैन एंड बाज़ार्स*, पृ. 180। आर्थिक क्षमता और व्यापारिक साख की मारवाड़ियों में बहुत महत्ता थी। लोकोक्तियों में कहा जाता था 'गयी साख रही राख'। किसी एक व्यक्ति का दीवाला निकल जाने का मतलब था पूरे समाज का अपमान। इसलिए मारवाड़ी अपने साथी व्यापारियों को वित्तीय संकटों से उबार लिया करते थे। दीवालियापन की सज़ा सामाजिक बहिष्कार और अपमान होते थे। मसलन एक दीवालिया मारवाड़ी अपने सिर पर पगड़ी नहीं बाँध सकता था जो कि उसकी हैसियत का प्रतीक होती थी। ये भी देखें, टी.ए. टिम्बर्ग और सी.वी. अय्यर, *इकोनॉमिक डेवलपमेंट एंड कल्चरल चेंज* में 'इनफॉर्मल क्रेडिट्स मार्केट इन इंडिया', संख्या 33, 1984।
40. बालचन्द मोदी, *देश के इतिहास में मारवाड़ी जाति का स्थान*, पृ. 628–9। मारवाड़ियों में माहेश्वरी सबसे अन्त में कलकत्ता पहुँचे; वे राजपूतों, अग्रवालों और ओसवालों के बाद आये। कलकत्ता में अधिकतर माहेश्वरी फर्में 1880 के बाद ही स्थापित हुईं। 1890 में 66 बड़ी फर्मों में से 44 बीकानेर के इलाक़े से थीं और 9 शेखावाटी के ज़्यादातर चुरू और सरदारशहर इलाक़ों से। माहेश्वरियों की साख सर्राफ़े (बैंकिंग) में निपुणता के लिए थी। उन्होंने सट्टा बाज़ार में अपनी ख़ास महारत दिखायी, क्योंकि शेखावाटी और बीकानेर दोनों जगहों पर फलते–फूलते रहे बहुतेरे सट्टा बाज़ारों में काम करने की उनके यहाँ परम्परा थी। इसकी एक वजह ये भी हो सकती है कि शेखावाटी के मारवाड़ी शहरों में आने वाले आख़िरी व्यापारी थे और इसलिए उन्होंने ये रास्ता चुना, देखें टिम्बर्ग, द मारवाड़ीज़, पृ. 165–6।
41. देखें, ऋषि जैमिनी कौशिक बरुआ, *राजा बलदेव दास बिरला* (कलकत्ता, एन.डी.), पृ. 29।
42. यह वृत्तान्त पढ़ने के लिए कि बम्बई के एक व्यापारी ने कैसे अफ़ीम के व्यापार में मोटा मुनाफ़ा कमाया, देखें, *ट्रेड एंड फाइनेंस इन कोलोनियल इंडिया, 1750–1860*, आसिया सिद्दिक़ी (दिल्ली, 1995) (सम्पा.), में 'द बिज़नेस वर्ल्ड ऑफ़ जमशेदजी जेजीभाय'।
43. देखें, डेविड एडवर्ड ओवन, *ब्रिटिश ओपियम पॉलिसी इन चाइना एंड इंडिया* (येल, 1934), पृ. 281।

44. मारवाड़ी, जो देहातों से अफ़ीम लाकर बेचते थे, पर अक्सर ये आरोप लगता था कि वे उस मौसम में हुई फ़सल की पैदावार के बारे में जानबूझकर ग़लत सूचना देकर उसकी क़ीमतों में जोड़तोड़ करते थे। डब्ल्यू. ई. चियांग, *मन्दारिन्स एंड मर्चेंट्स, जॉर्डिन माथेसन एंड कम्पनी, चाइना एजेंसी ऑफ़ द अर्ली नाइन्टींथ सेंचुरी* (कर्जन प्रेस, 1979), पृ. 131।

45. डेविड एडवर्ड ओवन, *ब्रिटिश ओपियम पॉलिसी इन चाइना एंड इंडिया,* पृ. 197–8।

46. सरकार द्वारा इस बाबत वार्षिक अधिसूचना जारी की जाती थी कि कितनी गाँठें बेचने के लिए लायी जा सकती हैं। देखें, एलन एन. ला मोट्टे, *द ओपियम मोनोपोली* (न्यूयॉर्क, 1920), पृ. 45।

47. डब्ल्यू. ई. चियांग, *मन्दारिन्स एंड मर्चेंट्स, जॉर्डिन माथेसन एंड कम्पनी, चाइना एजेंसी ऑफ़ द अर्ली नाइन्टींथ सेंचुरी* (कर्जन प्रेस, 1979), पृ. 209।

48. बासिल लुब्बॉक, *द ओपियम क्लिपर्स* (ग्लासगो, 1933), पृ, 286। ये भी देखें, एलन एन. ला मोट्टे, *द ओपियम मोनोपोली* (न्यूयॉर्क, 1920)।

49. बरुआ, *राजा बलदेव दास बिरला,* पृ. 29; इन सालों में उन्होंने कितना मुनाफ़ा कमाया इसका ठीक–ठीक अनुमान लगाना सम्भव नहीं है।

50. बरुआ, *वही,* पृ. 25; उस समय तक उन्होंने एक छोटी फुटकर दुकान चलाई थी जो उन्होंने तब बन्द कर दी थी।

51. एक पारम्परिक गद्दी आज भी एक बहुरंगी जगह होती है। सेठ अपना व्यापार करते हुए पारम्परिक कपड़े पहनता है जिनमें पगड़ी, कगड़ी, अँगरखा, धोती और दुपट्टा होते हैं। तिजोरियाँ और लाल रंग की बहियाँ ही उसके व्यापार के मुख्य उपकरण होते हैं। वह प्रायः सुबह की पूजा करके आ जाता है और देर रात तक वहीं रहता है। व्यापार की बढ़ती के दिनों में वो और उसके मुनीम लगातार कई दिनों तक गद्दी छोड़कर नहीं जाते। मारवाड़ियों के लिए गद्दी क़रीब–क़रीब उनका घर बन जाती है। कहावत है कि मारवाड़ी जब दिन का व्यापार बन्द करते हैं तो नगदी गिनने में उनके हाथ दर्द करने लगते हैं। गिनने की बजाय वे अक्सर थैलियों को तौलकर घर ले जाते हैं, टैक्नेट, *मारवाड़ी समाज,* पृ. 52–3।

52. शिवनारायण और बलदेव दास को पहचान हासिल करने के लिए ख़ासा संघर्ष करना पड़ा था। एक स्वतन्त्र फर्म बनाने के बावजूद 1894 तक दलाल शिवनारायण के साथ व्यापार नहीं करते थे, जब तक कि बिरला बैंकिंग क्षेत्र में और ज़्यादा स्थापित नहीं हो गये। दोनों 1891 तक एक सँकरी–सी जगह में रहते रहे, जब बलदेव दास ने अपने पिता को क़रीब के फाँसवाड़ी इलाक़े में एक घर ख़रीदने के लिए मनाया, जो कि एक ऐसा इलाक़ा था जिसे समृद्ध गुजराती व्यापारी नीची निगाह से देखते थे। बरुआ, *राजा बलदेव दास बिरला,* पृ. 31।

53. रॉस और बरुआ दोनों ही हवेली का निर्माण 1864 में बताते हैं। लेकिन शिवनारायण 1858 में ही पिलानी से आये इसलिए यह मुश्किल लगता है कि छह सालों में उन्होंने आज भी इतनी भव्य दिखने वाली हवेली का निर्माण करने लायक धन जमा कर लिया होगा। उस गाँव में पता करने पर कोई विश्वसनीय सूत्र हाथ नहीं लगे। ख़ुद वास्तुकला की दृष्टि से किसी नतीजे पर पहुँचना मुश्किल है। हवेली को आज एक संग्रहालय में परिवर्तित कर दिया गया है। देखें, एलन रॉस, *द एमिसरी जी.डी. बिरला, गाँधी एंड इंडिपेंडेंस* (लन्दन, 1986) और बरुआ, *राजा बलदेव दास बिरला*।

54 इले कूपर, *राजस्थान : द गाइड टु पेंटेड टाउन्स ऑफ़ शेखावाटी एंड चुरू* (चुरू, 1988)।

55. एलन रॉस, *द एमिसरी,* पृ. 18।

56. शिवनारायण द्वारा किये गये धार्मिक कार्यों के विवरण के लिए देखें, बरुआ, *राजा बलदेव दास बिरला,* पृ. 24 और 44; साथ ही देखें, जी.डी. बिरला, *वे दिन,* पृ. 4।

57. कैंटीन को अकाल के बाद भी धार्मिक और ज़रूरतमन्द लोगों के भोजन के लिए जारी रखा गया। हरेक घर से हर रोज़ इसमें एक हाथ भरके आटा और हर महीने के अन्त में चन्दे का सहयोग दिया जाता था। नज़दीकी मण्डी को भी कुछ अनाज की मदद करनी होती थी; सामान बेचने के लिए अपने

ऊँट लेकर आये सभी व्यापारियों को हर ऊँट पर एक पैसा अदा करना होता था। हालाँकि कैंटीन की कुल ज़िम्मेदारी बिरला परिवार की ही थी, बरुआ, *राजा बलदेव दास बिरला,* पृ. 41–5।

58. जब अलसी की क़ीमत अधिमूल्यित हुई तो उन्होंने 10,000 रुपये का अप्रत्याशित लाभ कमाया, लेकिन उनकी दो शाखाओं के मध्य ग़लतफ़हमी से रक़म हासिल करने में विलम्ब हुआ। शिवनारायण ने मन्नत माँगी कि रक़म मिलने पर वे अपने गाँव में कुएँ खुदवाने के लिए धन दान में देंगे, बरुआ, *राजा बलदेव दास बिरला,* पृ. 43; वह शायद कुएँ खुदवाने के बारे में प्रचलित राजस्थानी जनविश्वास से प्रेरित थे, मसलन, वह कुआँ जिसे सही तरह से धन कमाने वाले इन्सान ने खुदवाया हो मीठे पानी वाला होगा और खुदवाने वाले के लिए शुभ होगा। एक अन्य प्रचलित राजस्थानी अन्धविश्वास एक अकेले व्यक्ति के धन से कुआँ खुदवाने को निषिद्ध करता है।
59. धर्मशाला बनवाना सभी धनी मारवाड़ी परिवारों का दायित्व माना गया था।
60. *द इम्पीरियल ग़ज़ेटियर ऑफ़ इंडिया,* वॉल्यूम VIII (ऑक्सफोर्ड, 1908)।
61. बंगाल में एक सुगठित व्यावसायिक अर्थव्यवस्था नहीं थी। ऐसा कहा गया है कि बंगालियों ने इस समय के आसपास व्यापार और वाणिज्य से किनारा कर लिया था और मारवाड़ी तेज़ी के साथ उनकी जगह आ गये थे। एन.के. सिन्हा ने इसके तीन कारण चिह्नित किये : बंगाली व्यापारियों की पहली पीढ़ी के उत्तराधिकारियों का झगड़ालू और अपव्ययी स्वभाव; उन्नीसवीं सदी के प्रारम्भ में अंग्रेज़ों द्वारा की गयी धोखाधड़ियों से बंगालियों का मन संयुक्त उपक्रमों से खट्टा हो जाना; ज़मींदारी की स्थायी बन्दोबस्त व्यवस्था में आसान और अच्छी आमदनी के स्रोतों का मिल जाना; और देहातों में विस्तार के लिए आवागमन के साधनों की कमी, देखिए, एन.के. सिन्हा, *द इकोनॉमिक हिस्ट्री ऑफ़ बंगाल, वॉल्यूम III* (कलकत्ता, 1970)।
62. *कलकत्ता : द लिविंग सिटी* (वॉल्यूम II, कलकत्ता, 1990; सम्पा.– एस. चौधरी), में 'द मारवाड़ीज़ ऑफ़ कलकत्ता' (एस. मित्रा और ए. प्रसाद)।
63. आने वाले सालों में ये पारिवारिक व्यापार का मुख्य केन्द्र बना। मई 1989 में वहाँ जाने पर मैंने गद्दी को वहाँ मौजूद पाया, लेकिन कोई व्यापारिक गतिविधि होती नहीं देखी। लोगों के मुताबिक़ इसकी वजह गद्दी की महत्ता को बनाये रखने का रिवाज़ था। बिरला परिवार के द्वारा हर साल यहाँ लक्ष्मी पूजन अब भी किया जाता है। ये अवसर मारवाड़ियों के वित्तीय वर्ष का प्रारम्भ भी माना जाता है।
64. ताराचन्द घनश्याम दास उन्नीसवीं सदी की शुरुआत से ही व्यापारी थे; वे कलकत्ता में 1830 से ही थे और कई तरह की व्यापारिक गतिविधियों में लगे हुए थे, जैसे कि स्टॉक, अफ़ीम और सरकारी काग़ज़ के बाज़ारों में सट्टा गतिविधियाँ, छोटे देसी बैंकरों द्वारा जारी की गयी हुंडियों पर बट्टा लगाना और सोने की ख़रीद–फरोख़्त। टिम्बर्ग, 'थ्री टाइप्स ऑफ़ मारवाड़ी फर्म', *इंडियन इकोनॉमिक एंड सोशल हिस्ट्री रिव्यू (आई.ई.एस.एच.आर.),* (जनवरी, 1973), पृ. 1–36; कृपया उनका ये लेख भी देखें, 'ए नॉर्थ इंडियन फर्म एज सीन : इट्स बिज़नेस रिकॉर्ड्स, 1860–1914 : ताराचन्द घनश्याम दास, अ ग्रेट मारवाड़ी फर्म', *आई.ई.एस.एच.आर.,* वॉल्यूम 8, नम्बर 3 (1971)।
65. बरुआ, *राजा बलदेव दास बिरला,* पृ. 57–8।
66. उन्नीसवीं सदी में एक प्रेक्षक वहाँ के परिदृश्य को देखकर चकित रह गया–'बड़ा बाज़ार के भीतरी इलाक़ों में एक भीड़ और कोलाहल देखा... यहाँ ऊपर और नीचे बेशक़ीमती चीज़ें देखी जा सकती थीं, जैसे, गोलकुण्डा और बुन्देलखण्ड के हीरे–जवाहरात, कश्मीर के शॉल, इंग्लैंड की चादरें, मुर्शिदाबाद और बनारस के रेशमी कपड़े, ढाका की मलमल, फारस के छींट, चारखानेदार, छापेदार और जरी के वस्त्र, मसालों के द्वीप श्रीलंका और अरब से आये मसाले, लोबान और धूप, पूर्वी घाट की समुद्री खाड़ी से मिले शंख और सीपियाँ, मुंगेर से लेकर यूरोप तक से बहुतायत में आये लोहे के बर्तन और छुरी–काँटे, तुर्की और अरब से आयी कॉफ़ी, दवाइयाँ, सूखे मेवे और बेकरी के सामान, तिब्बत से गाय की पूँछें, और श्रीलंका से हाथी–दाँत की चीज़ें....(चीज़ों की जितनी विविधता थी, ख़रीदने–बेचने वाले भी उतने ही क़िस्म के थे)। पारसी, अरब, यहूदी, मारवाड़ी, अर्मीनियाई, एंग्लो–इंडियन जहाज़ी, कश्मीरी, मालाबारी, गुजराती, गुरखा, अफ़गान, सिख, तुर्क, ईरानी, चीनी, बर्मी और बंगाली,

जिनका ज़िक्र नोर्मा इवेंसन ने अपनी किताब, *द इंडियन मेट्रोपोलिस : अ व्यू टुवर्ड्स द वेस्ट* (येल, 1989), पृ. 25–6 में किया है। साथ ही देखें, *'बड़ा बाज़ार', कलकत्ता द लिविंग सिटी,* वॉल्यूम II (कलकत्ता, 1980), सम्पा. सुकान्त चौधुरी।

67. राधाकृष्ण नेवतिया (सम्पा.), *बड़ा बाज़ार के कार्यकर्ता : संस्मरण एवं अभिनन्दन* (कलकत्ता, 1982)।
68. *टैक्नेट, मारवाड़ी समाज,* पृ. 53।
69. बड़ा बाज़ार में एक व्यापारी की रोज़ाना की ज़िन्दगी के रुचिकर चित्रण के लिए देखें, रामकृष्ण नेवतिया, *श्री रामदेव चोखणी* (कलकत्ता, एन.डी.), पृ. 29।
70. मारवाड़ियों को इसके लिए दण्ड भुगतना पड़ा और कई अंग्रेज़ी फर्मों ने उन्हें रोकने के लिए पूरा स्टॉक ही ख़रीद लिया, लेकिन बलदेव दास और बाक़ी मारवाड़ियों ने हार नहीं मानी, बरुआ, *राजा बलदेव दास बिरला,* पृ. 59।
71. देखें, टैक्नेट, *मारवाड़ी समाज,* पृ. 57; साथ ही देखें, टिम्बर्ग, *द मारवाड़ीज़,* पृ. 162–3।
72. 1905 तक मारवाड़ियों के पास सट्टा बाज़ार का एक चौथाई नियन्त्रण आ गया था, जिसमें बड़ा हिस्सा अफ़ीम और जूट का था। इस व्यापार के दूसरे बड़े लोग थे हनुमानबक्श कनोई, 'टी किंग'; रामनारायण रुइया, 'कॉटन किंग'; बलदेव दास दूधेवाला, 'शेयर्स किंग', टैक्नेट, *मारवाड़ी समाज,* पृ. 56–7।
73. 'अगर हमारे और राजस्थानी परिवारों में कोई अन्तर था तो वो हमारे परिवारों के धार्मिक रुझानों का था', जी.डी. बिरला, *वे दिन,* पृ. 7।
74. बरुआ, *राजा बलदेव दास बिरला,* पृ. 34–44।
75. एक ग़रीब ब्राह्मण की पुत्री के विवाह पर शिवनारायण ने शगुन के तौर पर 101 रुपये का दान दिया, *वही,* पृ. 44।
76. राजकुमार गुप्ता, *ट्वेंटी फाइव ईयर्स विद श्री जी.डी. बिरला : ग्लिंप्सेस ऑफ़ अ ग्लोरियस लाइफ* (नयी दिल्ली, 1982), पृ. 42।
77. अपने अन्तिम वर्षों में घनश्याम दास जी एक आदत के रूप में सोने से पहले स्वामी चिन्मयानन्द द्वारा अनूदित *गीता* के तीन–चार पृष्ठ ज़रूर पढ़ते थे। आर.के. गुप्ता, *ट्वेंटी फाइव ईयर्स विद श्री जी.डी. बिरला,* पृ. 53।
78. डी.डी. शास्त्री, *एक बिन्दु एक सिन्धु,* पृ. 116; दिलचस्प है कि 1930 में ब्रजमोहन बिरला ने अहमदाबाद के उद्योगपति अम्बालाल साराभाई को अपने पुत्र को ऑक्सफोर्ड न भेजकर व्यापार में लगा लेने की सलाह दी जबकि अभी वो किशोरावस्था में ही था। देखें, अपर्णा बसु, मृदुला साराभाई, *रिबेल विद अ कौज* (दिल्ली, 1996)।
79. मारवाड़ियों में शिक्षा का अभाव एक सर्वविदित बात थी। ब्राह्मणों के बच्चों को पिलानी के गाँव से पढ़ने के लिए बगड़ भेजना पड़ता था। जी.डी. बिरला अपनी पुस्तक *वे दिन* में उस स्कूल के हालात का वर्णन करते हैं, और उस स्कूल का भी जिसमें वे उसके बाद गये।
80. विवरणों के लिए देखें, जी.डी. बिरला, *वे दिन*। महाजनी शिक्षा क्या होती थी इसके विवरण जानने के लिए देखें भवरमल सिंघी (सम्पा.), *श्री सीताराम सेकसरिया अभिनन्दन ग्रन्थ,* पृ. 251–2।
81. जी.डी. बिरला, *वे दिन*।
82. मारवाड़ी धीरे–धीरे अंग्रेज़ी का महत्त्व समझ रहे थे और अपने बेटों को पढ़ाने के लिए विशेष शिक्षक नियुक्त करने लगे थे। उदाहरण के लिए ईश्वरदास जालान के एक अध्यापक थे जिन्हें 10 रुपये प्रतिमाह के अतिरिक्त दुकान से कुछ कपड़े दिये जाते थे, नन्दकिशोर जालान, *श्री ईश्वरदास जालान अभिनन्दन ग्रन्थ* (कलकत्ता, 1977), पृ. 64। जी.डी. बिरला ने भी आगे इस तथ्य का ज़िक्र किया है कि अंग्रेज़ी पढ़ाने के लिए विशेष अध्यापक नियुक्त किये गये ताकि वे अंग्रेज़ी पढ़ सकें और उसमें व्यापारिक सूचना भेज सकें। देखें जी.डी. बिरला, *कुछ देखा कुछ सुना* (नयी दिल्ली, 1962), पृ. 42–54। 1921 की जनगणना में रेखांकित किया गया है कि बंगाल के अभिजात वर्ग के समान ही कलकत्ता में अधिकतर मारवाड़ी पुरुष साक्षर थे, लेकिन उनके अंग्रेज़ी ज्ञान का स्तर अपेक्षाकृत काफ़ी कम था।

मारवाड़ी स्त्रियों में साक्षरता की दर क़रीब–क़रीब शून्य थी। अग्रवाल, ओसवाल और माहेश्वरियों में अंग्रेज़ी–ज्ञान का सबसे निचला स्तर माहेश्वरियों में था, जबकि विरोधाभास ये है कि वे उद्योग के मामले में सर्वाधिक सफल थे।

83. *वही*।

84. जुगलकिशोर की शादी एक भव्य आयोजन था, जिसमें 400 मेहमान, एक हाथी, 10 बग्घियाँ, 20 घोड़े और कई ऊँट थे। देखिए, शास्त्री, *एक बिन्दु एक सिन्धु*, पृ. 116। राजस्थान की शादियों में ऊँट–मालिक शादी की दावतों में अपने ऊँटों के साथ मुफ़्त में शरीक होते थे। बारातियों के लिए इसका अर्थ था एक बड़ा सुरक्षा प्रबन्ध और बारात की भव्यता, जबकि ऊँट–स्वामियों के लिए इसका अर्थ था ख़ूब सारे उपहार और उनके पशुओं के लिए भोजन। लड़की वालों का ये दायित्व था कि वे उन सबका स्वागत करें।

85. रामकृष्ण नेवतिया, *श्री रामदेव चोखणी*, पृ. 38।

86. बरुआ, *राजा बलदेव दास बिरला*, पृ. 46–7।

87. उन्होंने अपने गाँव सरदार शहर में एक पुस्तकालय और लड़कियों के लिए स्कूल खोला। एक गौशाला खुलवाने और चलाने में भी उन्होंने एक बड़ी भूमिका निभाई। प्रेमसुख दास भी इस कार्य में सफलता के लिए जाने गये कि उन्होंने बीकानेर के राजा को जोधपुर–बीकानेर रेलवे लाइन डलवाने के लिए तैयार कर लिया।

88. बी.के. बिरला, *अ रेयर लीगेसी, मेमॉयर्स ऑफ़ बी.के. बिरला* (बॉम्बे, 1994), पृ. 263–4।

89. जाजू, *जी.डी. बिरला, अ बायोग्राफ़ी*, पृ. 24।

90. बिरला हाउस, पिलानी में स्मारक, जिसका ज़िक्र बी.के. बिरला, *अ रेयर लीगेसी, मेमॉयर्स ऑफ़ बी.के. बिरला*, पृ. 264–5 में किया गया है। बाद में जब उनकी पत्नी का निधन हुआ तो अन्तिम विदा की रस्में नौ शहरों में अदा की गयीं जिस पर क़रीब दो लाख रुपये का ख़र्च आया।

91. उनका आख़िरी व्यापारिक काम 1911 में हुआ जब उन्होंने भारत सरकार को चीन की चाँदी बेची। यह 1911 ही था जब सरकार को बेची चीनी चाँदी से हुए अप्रत्याशित लाभ के ज़रिये बॉम्बे फर्म के भाग्य में बदलाव आया। बलदेव दास ने अधिकारियों से चाँदी ख़रीदने का सौदा किया और सभी लेन–देन चार्टर्ड बैंक के माध्यम से हुए। बिक्री के लिए एक पारसी दलाल मेहरबान जी को बिचौलिये के रूप में रखा गया। बलदेव दास ने भारत सरकार को बड़े काँटे की शर्तों पर चाँदी ख़रीदने का प्रस्ताव दिया। माँग इतनी ज़्यादा थी कि पहले ही सौदे में बलदेव दास ने आठ दिनों में 30 हज़ार और कुल मिलाकर क़रीब आठ लाख रुपये कमाये। दो लाख रुपये से अधिक तो उन्होंने बाज़ार के सौदों में कमा लिए, बरुआ, *राजा बलदेव दास बिरला*, पृ. 81–2।

92. बलदेव दास और योगेश्वरी देवी के दिन प्रार्थना और धार्मिक क्रियाकलापों को समर्पित थे। सुबह चार बजे उठने के बाद बलदेव दास एक नाव लेकर गंगा की बीच धारा में जाकर स्नान करते थे, जिसके बाद बिरला हाउस में प्रार्थनाओं और धार्मिक ग्रन्थों का वाचन शुरू हो जाता था। हर दोपहर बाद एक घण्टा सिर्फ़ शहर के हिन्दू धार्मिक प्रवचकों और *पण्डितों*, जिन्हें बिरला हाउस में निमन्त्रित किया जाता था, के साथ चर्चा के लिए नियत किया गया था। उन्होंने स्वयं चार धार्मिक पुस्तकें लिखी थीं। दिन में दोनों जनों को व्यस्त रखने वाली अन्य धार्मिक गतिविधियाँ थीं–पक्षियों को दाना डालना, गाय की सेवा करना और दान–पुण्य करना। उन्होंने नगर के *घाटों* की मरम्मत और पुनर्निर्माण पर ख़र्च का दायित्व भी अपने ऊपर लिया।

अध्याय 2

कलकत्ता के मारवाड़ियों में प्रतिष्ठा

1911—1919

सन् 1911 बिरला घराने की कहानी में नया मोड़ लेकर आया। इसी साल बलदेव दास ने व्यावसायिक सक्रियता से अपने को दूर कर लिया और गद्दी का पूरा दारोमदार नयी पीढ़ी पर आ गया। घनश्याम दास कलकत्ता चले आये और जुगलकिशोर का हाथ पारिवारिक व्यवसाय में बँटाने लगे। दोनों भाई बड़ा बाज़ार की मल्लिक स्ट्रीट के 18 नम्बर के अपने ऑफ़िस के ऊपर ही रहते थे। जैसा कि स्वाभाविक था, नयी पीढ़ी के व्यवसाय सँभालते ही कई परिवर्तन आने शुरू हो गये और एक साल के भीतर तीन महत्त्वपूर्ण चीज़ें सामने आयीं। पहली यह कि कलकत्ता के भारतीय व्यावसायिक घरानों में बिरला जापान की मित्सुई फर्म से कपड़ा आयात करने वाला पहला घराना बना। इसके पीछे जापानी व्यापार के बढ़ते जा रहे महत्त्व को पहचान लेने वाली दूरदर्शिता थी या स्वदेशी आन्दोलन का प्रभाव यह बता पाना थोड़ा मुश्किल है। शुरुआत में यह कारोबार बहुत ज़ोर नहीं पकड़ सका लेकिन दोनों भाई लगे रहे और इसका भरपूर लाभ आगामी समय में उन्हें मिला। हालाँकि इस काम में जो जोख़िम उस समय था उसकी अनदेखी नहीं की जा सकती।[1] दूसरे बिरला ने अफ़ीम के संघ में दाख़िला लिया जिसकी स्थापना कलकत्ता में हरदत्त राय चमड़िया ने की थी। यह एक दूरदर्शी क़दम था। स्थापना के समय ही इसमें शामिल होने का लाभ उन्हें खूब मिला क्योंकि जल्द ही संघ का अफ़ीम के पूरे व्यवसाय पर प्रभाव हो गया था। अन्ततः जैसी कि उम्मीद थी, दोनों भाइयों ने मिलकर पूरे व्यवसाय का पुनर्गठन किया। जहाँ एक ओर उनकी पारम्परिक गद्दी पर पुराने ढंग की दलाली और व्यापार जारी रहे वहीं घनश्याम दास ने ख़ुद की फर्म शुरू करने का मन बनाया। इस फर्म का नाम 'जी.एम. बिरला' (घनश्याम दास मुरलीधर) रखा गया। 16 वर्षीय घनश्याम दास के कैरियर को लांच करने वाली यह फर्म उनके साले मुरलीधर के साथ साझे में थी और उसे उनकी दिवंगत पत्नी दुर्गा देवी के पिता महादेव सोमानी का संरक्षण प्राप्त था।

इन तीन महत्त्वपूर्ण पहलक़दमियों के बावजूद घनश्याम दास को मालूम था कि कलकत्ता में ख़ुद को व्यावसायिक और सामाजिक तौर पर स्थापित करने के लिए परिवार को अभी लम्बा सफ़र तय करना है। कलकत्ता के प्रतिष्ठित मारवाड़ियों के बीच सम्पन्नता और

सार्वजनिक हैसियत के लिहाज़ से बिरला परिवार को अभी ख़ुद को और तराशना बाक़ी था। घनश्याम दास ने महसूस किया कि सार्वजनिक प्रतिष्ठा अपने समुदाय में दो सम्भावित रास्तों से बनायी जा सकती है। पहला रास्ता था समाजसेवा का और दूसरा उन संस्थानों के नेतृत्व का जिनसे समुदाय के, कुछ तो अपने ही क़िस्म के अनूठे, मामले निर्धारित होते थे। इनमें से किसी में बड़े पद से जहाँ रुतबा बढ़ता था वहीं सामाजिक हैसियत में इज़ाफ़ा भी होता था। आने वाले समय में घनश्याम दास और जुगलकिशोर दोनों ने ही नेतृत्व सँभालने के लिए दोनों रास्ते दृढ़तापूर्वक पकड़े। प्रथम विश्वयुद्ध के पूर्व कलकत्ता में समुदाय के प्रमुख संस्थान मारवाड़ी पंचायत, द मारवाड़ी एसोसिएशन और द मारवाड़ी चेम्बर ऑफ़ कॉमर्स थे। आइये देखते हैं कि बिरला लोगों ने किस प्रकार इन संस्थानों में अपना स्थान बनाया।

मारवाड़ी सामाजिक संगठन

कलकत्ता में मारवाड़ियों का सबसे पुराना संगठन मारवाड़ी पंचायत थी जिसकी स्थापना 1828 में की गयी थी। यह संगठन आन्तरिक विवादों का निपटारा करता था और सामान्य महत्त्व के मामले देखता था।[2] जब घनश्याम दास कलकत्ता में कारोबार से जुड़े तो इसके 'पंच' 'ताराचन्द घनश्याम दास' के जयनारायण पोद्दार, 'हरनन्द राय फूलचन्द भागा' के लक्ष्मीनारायण कनोडिया, 'हरमुख राय रामचन्द्र' के सूरजमल खेमका, 'सेखाराम रामरिखदास' के ननकू राय सुरेखा और 'सेवाराम कालूराम' के गणेशदास बग्दिया हुआ करते थे। सामूहिक रूप से वे उस समय की शक्तिशाली मारवाड़ी फ़र्मों का प्रतिनिधित्व करते थे। मारवाड़ी पंचायत के मज़बूत कवच की सुरक्षा में छोटी पंचायतें हुआ करती थीं जो जातियों के साथ–साथ व्यवसाय–विशेष का प्रतिनिधित्व करती थीं। ये पंचायतें आन्तरिक स्तर पर विवादों का निपटारा करती थीं, अपने सदस्यों को बताती थीं कि वे औपनिवेशिक अदालतों के महँगे मुक़दमों में न उलझें, और बाहरी लोगों को अपने समुदाय से दूर रखने का काम करती थीं जिससे वे समुदाय के आन्तरिक मामलों में कोई हस्तक्षेप न करें। कुछ ख़ास कारोबारों से जुड़ी पंचायतें किन्हीं अर्थों में शुरुआती आधुनिक यूरोपीय गिल्डों जैसी थीं। मसलन 'श्रॉफ की पंचायत' सट्टा बाज़ार से जुड़े सारे मसले देखती थी तो 'अफ़ीम चौरास्ता की पंचायत' का अधिकार क्षेत्र अफ़ीम कारोबार से जुड़े हर मारवाड़ी तक था।[3] इन पंचायतों की पहुँच और प्रभाव काफ़ी व्यापक थे और वे आन्तरिक तौर पर, ब्याज और कमीशन की दरें नियन्त्रित करती थीं; हुंडी कारोबार पर अपना मशविरा देती थीं; लेन–देन और दिवालियापन के मामले सुलझाती थीं; और पारिवारिक मामलों का निपटान करती थीं।[4]

जहाँ पंचायतें पारम्परिक संगठन का एक रूप थीं वहीं मारवाड़ियों ने नये दौर के अनुरूप भी कई संस्थाएँ बनायीं। इनमें से एक संस्था थी मारवाड़ी चेम्बर ऑफ़ कॉमर्स। सन् 1895 में इसकी स्थापना ग़ैर थान वाले कपड़े (पीस–गुड्स) के कारोबार में बड़ी यूरोपीय फ़र्मों के बरअक्स मारवाड़ियों के हितों की हिफ़ाज़त करने की दृष्टि से की गयी थी। हालाँकि समुदाय का सदस्य यूरोपीय वर्चस्व वाले बंगाल चेम्बर ऑफ़ कॉमर्स में था, मगर एक धारणा यह बन गयी थी कि उनकी बात ठीक तरह से नहीं सुनी जा रही है।[5] चूँकि मैनचेस्टर से आने वाले पीस–गुड्स के कारोबार में मारवाड़ी अच्छी संख्या में थे और बड़ा बाज़ार उसका केन्द्र हुआ करता था, उन्हें लगा कि उनके हितों की यूरोपीय सरकार और यूरोपीय फ़र्मों

से रक्षा के लिए एक अलग संगठन की ज़रूरत है।[6] शुरुआती वर्षों में चेम्बर अपने उद्देश्यों की पूर्ति में सफल रहा, मगर बाद के वर्षों में संगठन में दरार पैदा हो गयी जब कपड़े के क्रेताओं और विक्रेताओं के बीच मनमुटाव पैदा हो गया। जब चेम्बर पर विक्रेताओं का वर्चस्व बढ़ा तो क्रेताओं ने अपने स्वयं की मर्चेंट कमेटी बना ली।[7]

इसके बाद मारवाड़ियों का एक और मंच था मारवाड़ी एसोसिएशन, जिसका गठन 1898 में प्रधानतः समुदाय को राजनीतिक क्षेत्र में प्रतिनिधित्व दिलाने के लिए किया गया था।[8] इसकी पहली सालाना रिपोर्ट 'द पार्लियामेंट ऑफ़ द मारवाड़ी जाति' के नाम से प्रदर्शित हुई जिसमें घोषणा छपी थी कि इसका उद्देश्य समुदाय के 'राजनीतिक, बौद्धिक, व्यापारिक और सामाजिक जीवन' को समृद्ध करना, जाति के 'सम्मान और जन्मसिद्ध अधिकारों की सुरक्षा करना है।'[9] फ़िलहाल ये दावे बहुत हद तक हवाई सिद्ध हुए और संगठन प्रतिनिधि के तौर पर विकसित न हुआ और न ही व्यापक रूप ले पाया। इस पर कुछ फुटकर माल के धनी कारोबारियों का वर्चस्व हो गया जो इसकी सदस्यता पर कठोर नियन्त्रण रखते थे।[10] ये व्यापारी यूरोपीय फर्मों और सरकार के वफ़ादार बन गये जो अपने पक्ष में काम करा लेते थे। कइयों को तो उपाधियाँ भी मिल गयी थीं।[11] संगठन का नेतृत्व युवा मारवाड़ियों को कार्यकारी समिति से दूर ही रखता था जिसके कारण नयी पीढ़ी के बीच यह ख़ास लोकप्रिय न हो सकी, क्योंकि इस पीढ़ी का रुझान राष्ट्रवादी विचारों की ओर था। युवा सदस्य अपने को सुधारवादी कहते थे और चाहते थे कि संगठन सामाजिक सुधार के मुद्दों पर ज़्यादा ज़ोर दे।[12] 1903 में जब 'बलदेव दास जुगलकिशोर' नाम से बिरला फर्म बनी, मारवाड़ी एसोसिएशन के असन्तुष्ट सदस्यों ने 'वैश्य सभा' नाम से एक अलग संस्था का गठन कर लिया।[13] वैश्य सभा के सदस्यों का सुधारवादी तेवर, स्वदेशी आन्दोलन के दौरान देखने को मिलता था जो उस समय बंगाल में ज़ोर पकड़ रहा था।[14] इसने बुद्धिवर्धिनी सभा नामक एक सम्भाषण सोसायटी का गठन किया जिसने स्वदेशी के आदर्शों को आगे बढ़ाने में महत्त्वपूर्ण भूमिका निभाई और अपने सदस्यों को स्वदेशी सामान का ही प्रयोग करने के लिए प्रोत्साहित किया।[15] मारवाड़ी एसोसिएशन और वैश्य सभा की पहचान दोनों के बीच बढ़ते मतभेदों में देखी जा सकती थी जिनमें एक सुधारवादी तो दूसरा रूढ़िवादी वर्ग के रूप में समुदाय का प्रतिनिधित्व कर रहे थे।[16] कलकत्ता के मारवाड़ियों के ऊपर इन संस्थाओं का प्रभुत्व बढ़ रहा था। अपेक्षा के अनुरूप इनका नियन्त्रण बड़ी मारवाड़ी फर्मों के हाथ में था। इनमें से कई 1830 और 1840 में कलकत्ता आ गये थे और अग्रणी होने का लाभ ले रहे थे। जिन संस्थाओं की चर्चा हमने पहले की है वे पहली खेप के प्रवासी मारवाड़ियों द्वारा गठित की गयी थीं और स्वाभाविक तौर पर इन पर उन्हीं लोगों का अधिकार होना था।

तुलनात्मक रूप से देखा जाये तो जुगलकिशोर और घनश्याम दास ने जिस उम्र में गद्दी सँभाली थी उनकी उपस्थिति सार्वजनिक जीवन के साथ–साथ व्यावसायिक जगत में भी बहुत साधारण थी। हालाँकि उनकी व्यावसायिक उपलब्धियाँ असाधारण थीं, और उनकी पहचान भी तेज़ी से बन रही थी, लेकिन उन्होंने उन संस्थानों से अपने को अलग कर रखा था जो मारवाड़ियों की व्यावसायिक गतिविधियों को शहर में नियन्त्रित करते थे। उन्हें देर से आने वालों के रूप में देखा जा रहा था क्योंकि इस जगत में व्यावसायिक और

सामाजिक गतिविधियाँ परस्पर गुँथी हुई थीं और यह एक प्रकार की विचित्र स्थिति थी। साथ ही जुगलकिशोर और घनश्याम दास के साथ दूसरा नकारात्मक पक्ष था उनकी कम उम्र और अनुभव की कमी; जब बलदेव दास ने सेवानिवृत्ति ली तब जुगलकिशोर 27 वर्ष और घनश्याम दास महज़ 16 वर्ष के थे।

आने वाले दशकों में जुगलकिशोर और घनश्याम दास ने बड़ा बाज़ार में किस तरह अपना स्थान बनाया इसकी चर्चा इस अध्याय में की जायेगी। इस समय मारवाड़ी राजनीति जिस दौर से गुज़र रही थी उस संक्रमण काल का लाभ उन्हें भी मिला। समुदाय की युवा पीढ़ी स्थापित नेतृत्व की नीतियों और मूल्यों को चुनौती देने लगी थी। यह विभाजन कमोबेश पूरी भारतीय राजनीति में दो पीढ़ियों के बीच चल रही खाई को दर्शा रहा था। सुधारवादी–अतिवादी धड़ों की नोकझोंक को राष्ट्रवादी राजनीति में सुलझाया नहीं जा सका था। अतिवादी विचारधारा उभर रही थी मगर उनको अभी व्यापक आधार नहीं मिल सका था, दूसरी ओर पुराने तरीक़ों को भी पूरी तरह नहीं ख़ारिज किया जा सका था।[17] इस युग के धुँधलके को शायद मोहनदास करमचन्द गाँधी के जीवन दर्पण में झाँक कर समझा जा सकता है। यह दशक उनके पुराने और नये विचारों का अद्‌भुत मिश्रण पेश करता है। इस समय मारवाड़ियों में भी एक जोश था जिसमें बिरला बन्धु अपने को नयी पीढ़ी की आकांक्षाओं से जोड़ने के लिए प्रयासरत थे।

सार्वजनिक जीवन में प्रवेश

बिरला बन्धुओं के समुदाय के सार्वजनिक जीवन में प्रवेश से पता चलता है कि उनकी सहानुभूति किस तरफ़ थी। 1911 में जब घनश्याम दास कलकत्ता आये तो साथी मारवाड़ी व्यवसायियों, प्रभुदयाल हिम्मतसिंहका और देवीदत्त जालान के साथ मिलकर मारवाड़ी स्पोर्टिंग क्लब की शुरुआत की।[18] इस क्लब का उद्देश्य युवाओं में फ़िटनेस और खेल भावना को प्रोत्साहित करना और आत्मरक्षा के लिए प्रशिक्षित करना था। क्लब जल्दी ही बड़ा बाज़ार के युवाओं का मिलन–स्थल बन गया जहाँ सभी इकट्ठे होकर बॉडी–बिल्डिंग, कुश्ती, राइफ़ल शिक्षा, लाठी और लेज़ियम चलाना सीखते थे। बाद में एक खेल के मैदान की व्यवस्था की गयी जहाँ फुटबॉल और क्रिकेट होता था, ये दोनों खेल घनश्याम दास उन दिनों खेला करते थे। यह अन्दाज़ा लगाना थोड़ा मुश्किल है कि क्लब में आत्मरक्षा की शिक्षा को प्रोत्साहन, कलकत्ता में 1910 में हुए साम्प्रदायिक दंगों को ध्यान में रखते हुए दिया गया था जिसमें मारवाड़ियों को जान–माल की भीषण क्षति उठानी पड़ी थी।[19] हालाँकि क्लब का उद्देश्य शारीरिक फ़िटनेस बना रहा मगर इसके सदस्यों ने सिर्फ़ अपने को खेलों तक सीमित नहीं रखा, बल्कि हिन्दी के शिक्षण जैसे दूसरे काम भी शुरू कर दिये। यहाँ यह आश्चर्य की बात नहीं कि आत्मरक्षा और शारीरिक फ़िटनेस के शिक्षा की जो शुरुआत हुई वह घनश्याम दास का सार्वजनिक जीवन में प्रवेश का आरम्भ था। उनका रुझान शारीरिक फ़िटनेस को लेकर बचपन से था क्योंकि वह मानते थे कि स्वस्थ शरीर और मन से ही सब संचालित होता है और इसका पालन वे दैनन्दिन जीवन में कड़ाई से करते थे। साथ ही इस क्लब के निर्माण में व्यायाम को लेकर एक बात और आ सकती है कि वह इस अवधारणा को तोड़ना चाहते हों कि मारवाड़ी कमज़ोर, बेडौल और दुर्बल होते हैं। कुल मिलाकर दो पहलू

इस नयी शुरुआत को लेकर गौरतलब हैं : पहला कि यह क्षेत्र मारवाड़ियों के संस्थानों द्वारा कम महत्त्वपूर्ण माना जाता था और इसकी स्थापना बड़े शान्त ढंग से की गयी; दूसरे यह एक ऐसी पहल थी जिसमें समुदाय की नयी पीढ़ी का आकर्षित होना स्वाभाविक था।

बिरला घराने का रुझान इस तरह के शारीरिक फ़िटनेस देने वाले संस्थानों के प्रति आने वाले दिनों में और बढ़ा। बचपन से ही घनश्याम दास का लगाव कुश्ती के प्रति रहा और यह बात उस समय और पुख्ता हुई जब उन्होंने 1916 में बनी नयी संस्था बड़ा बाज़ार युवक संघ को जोशख़रोश के साथ अपना समर्थन दिया। मारवाड़ी स्पोर्टिंग क्लब से अलग यह युवक संघ एक परम्परागत अखाड़ा था जिसमें कुश्ती को जीवन के एक ज़रूरी पहलू के रूप में स्थान मिला था। इसे प्रोफ़ेशनल कुश्तीबाज़ों (पहलवानों) का सहयोग तो था ही साथ में यहाँ यह व्यवस्था भी बनायी गयी कि मारवाड़ी युवक उचित प्रशिक्षण कुश्ती और शारीरिक फ़िटनेस में ले सकें। घनश्याम दास खुद कुश्ती में हिस्सा लेते थे और संघ की गतिविधियों में रुचि लेते थे। अखाड़े का ज़्यादातर ख़र्च वही उठाते थे और 2,000 रुपये सालाना इस काम में देते थे, इस धनराशि को पहलवानों की खुराक–घी, गुड़ और चने–में ख़र्च किया जाता था जो पहलवानों के लिए ज़रूरी थी।[20] इन नियमित ख़र्चों के अलावा उन्होंने संघ के पूर्णकालिक सदस्यों को चार कमरे का घर उपहार में दे रखा था। आगे चलकर बिरला बन्धु माहेश्वरी व्यायामशाला के प्रमुख संरक्षक बन गये जिसे उन्होंने कलकत्ता में 1920 के शुरुआती दिनों में गठित किया था। यह व्यायामशाला गणेश चतुर्थी और नागपंचमी जैसे त्योहारों का स्थल बन गयी जिसमें बड़ा बाज़ार में रहने वाले समुदाय के लोग शिरकत करते थे।[21]

बिरला बन्धुओं का अखाड़ों को संरक्षण देना जारी रहा और 1920 तक आते–आते उन्होंने कलकत्ता के बाहर, देश भर में इस प्रकार के संस्थानों को अपना संरक्षण देना शुरू कर दिया। ख़ासकर जुगलकिशोर ने कई अखाड़ों की स्थापना में महत्त्वपूर्ण भूमिका निभाई थी। इनका सहयोग इतना उत्साहपूर्ण होता था कि संरक्षक होने के साथ–साथ वह दंगलों के आयोजक की भूमिका भी निभाने लगे थे। प्रायोजक के रूप में वह पहलवानों के खाने, रहने और यात्रा का ख़र्च उठाने के साथ–साथ टूर्नामेंट के कई ख़र्चों का वहन स्वयं करते थे। एक अवसर पर तो उन्होंने आयोजन को लोकप्रिय बनाने के लिए पूरी टिकटें स्वयं ख़रीद ली थीं, जिससे दर्शक मुफ़्त में आकर आनन्द उठा सकें।[22] संरक्षण का पूरा ख़र्च बिरला फर्म उठाता था जिसे दोनों भाई चलाते थे।

इस तरह की सबसे महत्त्वाकांक्षी योजना तब बनी जब 1928 में बिरलाओं ने दिल्ली में अपनी नयी खुली बिरला क्लॉथ मिल्स में एक अखाड़े की स्थापना की। इस अखाड़े के संचालन की ज़िम्मेदारी गुरु हनुमान को दी गयी जो आगे चलकर भारतीय कुश्ती जगत के अनमोल रत्न बने। अखाड़े को नाम दिया गया बिरला मिल व्यायामशाला। बिरला बन्धुओं और गुरु हनुमान के रिश्तों में काफ़ी प्रगाढ़ता रही, जहाँ संरक्षक के रूप में बिरला ने उन को ख्याति दिलाई वहीं गुरु हनुमान ने भी उनका नाम बढ़ाने में कोई कोर–कसर नहीं उठा रखी। जुगलकिशोर इसके विकास में व्यक्तिगत रुचि लेते थे और दिल्ली की मिल पूरा ख़र्च वहन करती थी।[23] जुगलकिशोर के बतौर संरक्षक होने की ख्याति इतनी फैली कि हिन्दू पहलवानों का समुदाय उन्हें बिरला महाराज कहने लगा।[24] इस व्यायामशाला का नाम दिनोंदिन बढ़ने लगा, सैकड़ों युवा पहलवान यहाँ से निकले और देश–विदेश में अपना नाम कमाया।[25]

आज भी यह अखाड़ा भारत के सम्पन्न संस्थानों में गिना जाता है। जुगलकिशोर और घनश्याम दास के लिए अखाड़ों के संरक्षण देने की बात सिर्फ़ आर्थिक मदद तक सीमित न थी बल्कि और भी बहुत कुछ देने में वे कोई कोताही नहीं करते थे। संरक्षण का मतलब उनके लिए नैतिक और नीतिगत समर्थन से होता था। यह एक प्रकार से पहलवान के आदर्शवादी जीवन का दस्तावेज़ था[26] जो संरक्षक और पहलवानों के क़रीबी रिश्तों को दर्शाता था।[27]

अब बिरला बन्धुओं के कलकत्ता में की गयी पहल की ओर लौटते हैं, जब 1911 में जुगलकिशोर और घनश्याम दास ने सार्वजनिक जीवन में प्रवेश किया था, तब वह शुरुआत मारवाड़ियों के सार्वजनिक जीवन के एक हाशिये पर ही थी, जिसने बाद में व्यायामशाला क्लबों का रूप धारण किया। यह छोटी–सी पहल मारवाड़ियों की युवा पीढ़ी में ख़ासी लोकप्रिय हुई। दोनों भाइयों ने अब इस क्षेत्र पर ध्यान देते हुए 1913 में मारवाड़ी सहायक समिति का गठन किया। यह समिति 'बलदेव दास जुगलकिशोर' की गद्दी पर नियमित आने वाले युवा व्यवसायियों की बैठकों का परिणाम थी। इन युवाओं ने बड़ा बाज़ार में मेडिकल सेवाएँ उपलब्ध कराने का फ़ैसला किया, जिसके परिणामस्वरूप मारवाड़ी सहायक समिति का गठन हुआ। जुगलकिशोर ने प्रारम्भिक वर्षों में इसकी आर्थिक गतिविधियों में सहयोग दिया था लिहाज़ा उन्हें इसका संस्थापक अध्यक्ष चुना गया। समिति ने बड़ा बाज़ार में अस्पताल का निर्माण किया जिससे मेडिकल केयर की ज़रूरत पूरी होने लगी। पहले ही साल में इस अस्पताल का लाभ 17,175 बाहरी मरीज़ों और 749 आन्तरिक मरीज़ों ने लिया।[28] जल्द ही समिति ने अपनी गतिविधियों का दायरा बढ़ाना शुरू किया और दरभंगा और बर्दवान के बाढ़ राहत कार्यों में 20,000 रुपये ख़र्च किये।[29] इसके स्वयंसेवक धार्मिक समारोहों में–शीतलजी मेला, गंगासागर मेला और कुम्भ मेला में मेडिकल कैम्प लगाते थे। मारवाड़ी सहायक समिति ने समुदाय के भीतर सामाजिक सुधारों जैसे बाल विवाह, पर्दा प्रथा और मृत्यु के समय होने वाले समारोहों में ख़र्च कटौती जैसी बातों को अपने एजेंडे में शामिल किया। इस तरह की पहल के चलते समिति जल्द ही बड़ा बाज़ार की युवा गतिविधियों का केन्द्र बन गयी। शुरुआती वर्षों में इसके सक्रिय सदस्यों में बिरला बन्धुओं के अलावा ज्वालाप्रसाद कनोडिया, प्रभुदयाल हिम्मतसिंहका, हनुमान प्रसाद पोद्दार और राधाकृष्ण नेवतिया शामिल थे।

समिति ने एक और महत्त्वपूर्ण पहल करते हुए हिन्दू क्लब की स्थापना (कालीगोदाम व्यायामशाला) की जो उन मारवाड़ी युवकों की बैठक का स्थल बना जिन्हें शारीरिक संस्कृति से लगाव था। क्लब ने अपना विस्तार करते हुए साहित्य सम्बन्धिनी सभा का गठन किया जिसका उद्देश्य सस्ते मूल्य पर गुणवत्ता वाली हिन्दी पुस्तकों का प्रकाशन करना था। इसने धार्मिकता को सामाजिक सुधारों और राष्ट्रवाद की जानकारी फैलाने का माध्यम बनाया। मसलन इसने उस समय की लोकप्रिय बाबूराव विष्णु पराड़कर की 'टीकावली गीता' का प्रकाशन किया। इसके मुखपृष्ठ पर 'भारत माता' की एक तस्वीर छपी थी जिसमें उन्हें एक हाथ में गीता और दूसरी में खड्ग लिए दिखाया गया था। जुगलकिशोर की अध्यक्षता वाली समिति की ओर से 1914 में छपी यह किताब इतनी लोकप्रिय हुई कि दो संस्करण तुरन्त ही बिक गये। सरकार ने इस भय से कि कहीं पुस्तक का सम्बन्ध क्रान्तिकारियों से न हो इस पर पाबन्दी लगा दी और क्लब के भवन की तलाशी पुलिस द्वारा ली गयी।

इन दो पहल से जिसका लक्ष्य युवा पीढ़ी था, जुगलकिशोर और घनश्याम दास को मारवाड़ी सार्वजनिक क्षेत्र की मुख्यधारा से जुड़ने में काफ़ी मदद मिली। 1914 में गठित माहेश्वरी सभा का गठन इस बात का पर्याप्त संकेत है कि इसमें इन्होंने महत्त्वपूर्ण भूमिका अदा की।[30] रामकृष्ण मोहता के साथ मिलकर जो एक प्रतिष्ठित मारवाड़ी व्यवसायी थे बिरला बन्धु मुख्य संरक्षक बने। सभा ने कोष एकत्र करने की एक समिति बनायी जिसके पीछे जुगलकिशोर का दिमाग़ था।[31] शुरुआती दिनों में यह महसूस किया गया कि सभा का स्वयं का एक भवन होना चाहिए। इस उद्देश्य के लिए रामकृष्ण मोहता के सहयोग से शोभाराम बैसाख स्ट्रीट पर एक बड़ी ज़मीन ली गयी और बिरला बन्धुओं ने इसके लिए 2,80,000 रुपये की सहायता राशि दी। इस सहयोग को ध्यान में रखते हुए जुगलकिशोर को संगठन का स्थायी ट्रस्टी बनाया गया।[32] बाद में भवन निर्माण के दौरान आर्थिक दिक़्क़तें आने लगीं तो बिरला बन्धुओं ने 7,70,001 रुपये की और सहायता की। इस प्रकार वह सभा के लिए सर्वाधिक चन्दा देने वाले हो गये और वे कलकत्ता में किसी भी ऐसे पहले मारवाड़ी संगठन के सबसे बड़े दानी बन गये जिसका अपना भवन था।[33] इस तरह के उदार योगदान के फलस्वरूप मारवाड़ी समुदाय के बीच उन्हें 'दानवीर जुगलकिशोर बिरला' कहा जाने लगा।

ख़ुद का भवन हो जाने के कारण सभा ने अपनी गतिविधियाँ तेज़ कर दीं। एक और गतिविधि जिस पर जुगलकिशोर और घनश्याम दास ने अपनी रुचि दिखायी वह थी हिन्दी का प्रसार करना। सभा ने हिन्दी किताबों की एक लाइब्रेरी बनाने का प्रस्ताव रखा क्योंकि मारवाड़ियों को हिन्दी पुस्तक कलकत्ता के बंगाली माहौल में मिलने में दिक़्क़तें आती थीं, इसलिए बिरला बन्धुओं ने इस प्रोजेक्ट में सहयोग करने में रुचि दिखायी। इस उद्देश्य के लिए जो उप–समिति बनायी गयी थी उसका सदस्य जुगलकिशोर को बनाया गया था। सभा की गतिविधियों को लेकर प्रकाशित होने वाली एक रिपोर्ट में कहा गया था कि 'यह पूरी तरह सत्य है कि बिना जुगलकिशोर बिरला के सहयोग के माहेश्वरी सभा की संस्थाएँ ऊँचे मुकाम हासिल नहीं कर सकती थीं जहाँ वे आज हैं।[34] साथ ही सभा के शैक्षणिक कार्यों में भी बिरला बन्धु खुले हाथों से सहयोग करते थे। 1916 में कलकत्ता में बने माहेश्वरी विद्यालय में बिरला बन्धुओं ने काफ़ी आर्थिक सहयोग दिया और उनकी सेवाओं के मद्देनज़र जुगलकिशोर को विद्यालय का अध्यक्ष बनाया गया। इस पद पर वह 1916–17 तक रहे, उसके बाद घनश्याम दास ने यह ज़िम्मेदारी 1921 तक सँभाली।[35] 1918 में ही बिरला ने विद्यालय को 51,000 का अनुदान दिया था।[36] हिन्दी पत्रकारिता और साहित्य के मूर्धन्य विद्वानों को विद्यालय से जोड़ने के लिए उन्हें आमन्त्रित किया जाता था। उन दिनों बाबू मूलचन्द अग्रवाल विद्यालय के प्रिंसिपल हुआ करते थे जो प्रसिद्ध अख़बार 'आज' के सम्पादक–प्रकाशक थे और साहित्य जगत में उनका एक स्थान था। मारवाड़ी समुदाय में विद्यालय की गतिविधियों का केन्द्रीय स्थान हो गया और अपने समारोहों में वह महत्त्वपूर्ण राजनेताओं को आमन्त्रित करने लगा। जुगलकिशोर की अध्यक्षता में जो पहला सालाना जलसा हुआ था उसमें पण्डित मदनमोहन मालवीय आमन्त्रित थे। उसके पश्चात जब घनश्याम दास अध्यक्ष बने तो सम्मानित अतिथि स्वयं मोहनदास करमचन्द गाँधी थे।

एक क्रान्तिकारी पड़ाव

जुगलकिशोर और घनश्याम दास की तमाम पहल और उनका समुदाय के बीच होते उत्थान के बीच एक ऐसा प्रकरण घटित हुआ जिसने घनश्याम दास को निजी तौर पर प्रभावित किया। 1914 में उन्हें क्रान्तिकारी आतंकवादी मामले में अभियोगी बनाया गया, जो रोड्डा षड्यन्त्र मामले के रूप में जानी जाती है। 1905 में बंगाल के विभाजन और साथ में चले स्वदेशी आन्दोलन ने बंगाल के युवाओं को काफ़ी प्रभावित किया और उसके बाद क्रान्तिकारी आतंकी आन्दोलन अपने चरम पर पहुँच गया।[37] मारवाड़ियों की युवा पीढ़ी भला इस क्रान्तिकारी दौर से कैसे अछूती रह सकती थी, जो उस समय पूरे कलकत्ता में चल रहा था। कई मारवाड़ी युवाओं का बंगाली क्रान्तिकारियों से सम्बन्ध था और ये यदा–कदा उनकी आर्थिक मदद किया करते थे। इन्हीं में से एक थे हनुमान प्रसाद पोद्दार, जो अनुशीलन समिति के सक्रिय सदस्य थे और आर्थिक सहयोग के साथ ही, इसकी बैठकों में नियमित शिरकत करते थे।[38] दूसरे युवा मारवाड़ी ओंकारमल सर्राफ़ थे, जो कहा जाता है कि उस समय के मशहूर बंगाली क्रान्तिकारी आशुतोष लाहिड़ी के अभिन्न सहयोगी थे।[39] घनश्याम दास के ख़ास क़रीबी प्रभुदयाल हिम्मतसिंहका के भी सम्बन्ध क्रान्तिकारी लोगों के साथ हो गये थे।[40] कुल मिलाकर बड़ा बाज़ार के तमाम मारवाड़ी युवक उस समय तक क्रान्तिकारी दर्शन की चपेट में आ चुके थे और इनमें से एक लाला हनुमन्त सहाय पर तो बाक़ायदा क्रान्तिकारी षड्यन्त्र का एक मामला भी चल रहा था।[41] यह भी अफ़वाह थी कि बंगाल के प्रसिद्ध क्रान्तिकारी अरविन्दो घोष को बड़ा बाज़ार से नियमित तौर पर आर्थिक सहयोग प्राप्त होता है। क्रान्तिकारियों के साथ सम्बन्ध उस समय के राजनीतिक वातावरण की एक ज़रूरत रही होगी जिसमें मारवाड़ी युवा रहते थे। उस समय क्रान्तिकारियों के साथ सम्बन्ध रखना युवकों में एक फ़ैशन की बात भी हो गयी थी। हालाँकि यह सम्बन्ध वहीं तक चलते थे जहाँ तक उनकी ज़ीवन–शैली पर कोई आँच न आती हो, लेकिन इसमें इस बात पर कोई आश्चर्य नहीं होता कि मारवाड़ी सहायक समिति और हिन्दू क्लब के तमाम युवा सदस्य क्रान्तिकारी सब्ज़बाग़ के दायरे में आ चुके थे। बिपिन गांगुली और दूसरे उग्रपन्थी लोगों का मारवाड़ी सहायक समिति पर वरदहस्त था और यह भी अफ़वाह थी कि वे लोग इसकी सभाओं में भाषण भी देते हैं। जैसा कि हम पहले देख चुके हैं कि हिन्दू क्लब द्वारा प्रकाशित 'टीकावली गीता' पर अधिकारियों की गाज गिर चुकी थी और इसे अवैध संस्था घोषित कर दिया गया था।[42]

इस तरह की परिस्थितियों में सात मारवाड़ी युवाओं, जिनमें घनश्याम दास भी शामिल थे, का अगस्त 1914 में रोड्डा षड्यन्त्र मामले में नाम आना मारवाड़ी समुदाय के लिए मील का पत्थर साबित हुआ। यह मामला रोड्डा एंड कम्पनी के हथियारों की सामग्री से था; यह कम्पनी कलकत्ता की नामी हथियार विक्रेता कम्पनी थी।[43] यह चोरी कथित तौर पर बिपिन गांगुली द्वारा की गयी थी, जिन्होंने बक्सों को छिपाने के लिए अपने मारवाड़ी मित्रों का सहयोग लिया था। ख़बरों के मुताबिक़ गांगुली ने यह हथियार पहले मारवाड़ी के यहाँ छिपाये थे। उसके बाद जब मारवाड़ी के घर असन्तोष व्याप्त हुआ तब उन्होंने 22 पिस्तौलें वहाँ से हटा लीं। बाद में मारवाड़ी ने उन्हें 28 पिस्तौलें और हथियारों का कुछ हिस्सा दिया था।[44]

जब यह ख़बर बड़ा बाज़ार पहुँची कि पुलिस को मारवाड़ियों पर सन्देह है तब व्यवसायियों में घबराहट फैल गयी। कहा जाता है कि बक्से एक स्थान से दूसरे स्थान तक जाते रहे, और एक समय वह बिरला के ज़कारिया स्ट्रीट आवास पर भी रखे गये थे।[45] पुलिस की जाँच से जल्द पता चल गया कि मारवाड़ियों का इस मामले में हाथ है। बड़ा बाज़ार के तमाम घरों की जाँच और बिरला के ज़कारिया स्थित आवास और उनकी गद्दी और कालीगोदाम के हैरिसन रोड स्थित मालगोदाम की छानबीन की गयी।[46] गहन जाँच के बाद बड़ा बाज़ार के बीचोंबीच स्थित बडतल्ला स्ट्रीट के गोदाम से 31 पिस्तौलें बरामद की गयीं। हनुमान प्रसाद पोद्दार, प्रभुदयाल हिम्मतसिंहका, फूलचन्द चौधरी, ज्वालाप्रसाद कनोडिया, कन्हैयालाल चितलांगिया, ओंकारमल सर्राफ़ और घनश्याम दास बिरला के ख़िलाफ़ वारंट जारी कर दिये गये। चूँकि इनमें से सभी मारवाड़ी सहायक समिति और हिन्दू क्लब के गण्यमान्य सदस्य थे लिहाज़ा उन्हें इसकी गतिविधियों से अलग रहने की सलाह दी गयी।

घनश्याम दास के ख़िलाफ़ वारंट वाली बात चौंकाने वाली थी, मगर इस मामले में उनका नाम आने की बात कोई ख़ास मायने नहीं रखती थी। वह मारवाड़ी सहायक समिति में काफ़ी सक्रिय थे और रोड्डा षड्यन्त्र मामले के समय उसके अध्यक्ष थे। वह हिन्दू क्लब की गतिविधियों से भी सक्रियतापूर्वक जुड़े हुए थे और उनके मित्र भी इन दोनों संगठनों के मुख्य स्तम्भों में से हुआ करते थे। साथ ही वह हिम्मतसिंहका, सर्राफ़ और पोद्दार जैसे लोगों के उग्र विचारों का भी समर्थन करते थे। जो भी हो पुलिस के पास इस बात के प्रमाण थे कि हथियारों का कुछ हिस्सा घनश्याम दास की सहमति से उनके स्थानों पर रखा गया था। क़रीबी हलकों में यह धारणा थी कि वह क्रान्तिकारियों की आर्थिक मदद करते हैं लेकिन इसकी पुष्टि करना थोड़ा मुश्किल था।[47]

पुलिस ने जब सन्दिग्ध लोगों को पकड़ना शुरू किया तो घनश्याम दास जेल की कोठरी में जाने से बाल–बाल बचे। इस लेखक के साथ एक साक्षात्कार के दौरान प्रभुदयाल हिम्मतसिंहका ने याद किया कि :

> 1914 में मुझे रोड्डा हथियार मामले में गिरफ़्तार कर लिया गया था और 1916 में मुझे बंगाल से बाहर कर दिया गया था। चार सालों तक मैं दुमका, बिहार में अपने घर में नज़रबन्द रहा। जिस समय मेरी गिरफ़्तारी हुई उसी समय बिरला की गिरफ़्तारी का भी वारंट निकला था, मगर मैंने उन्हें ख़बर दे दी और वह दक्षिण की ओर निकल लिए।

इस प्रकार पहले ही सूचना मिल जाने के कारण बिरला गिरफ़्तारी से बच गये। उनके परिवार के बड़ों ने उनके गिरफ़्तारी से बचने की ख़बर सुनी और उनके लिए किताब और कागज़ शेखावाटी के मुकन्दगढ़ भिजवाने की व्यवस्था की।[48] घनश्याम दास पहले तो भागकर ऊटी (ओटकमंड) दक्षिण भारत गये, फिर नाथद्वारा और अन्ततः राजपुताना स्थित पुष्कर पहुँचे। पुष्कर पिलानी से ज़्यादा दूर न था मगर घनश्याम दास को गिरफ़्तारी से भय के कारण अपने गाँव जाने की हिम्मत नहीं हुई। वे लगभग तीन महीनों तक भूमिगत रहे और कई सप्ताह पश्चिमी राजस्थान के हिस्सों में 'साधु' के वेश में घूमते रहे।[49] एलन रॉस का मानना है कि जो संयम और अनुशासन एक युवा के रूप में उनके भीतर भरा गया था वह बुरे दौर में उनके काम आया। इस प्रकरण की ओर पलटकर देखने के बाद घनश्याम दास ने

बाद में कहा था, 'कुल मिलाकर यह कहा जा सकता है कि मुझे उग्रवाद कभी अच्छा नहीं लगा और गाँधीजी के सम्पर्क में आने के बाद जो रहे–सहे तत्त्व थे वह भी सिरे से धुल गये।'[50] यायावरी के इन ही दिनों के बीच उनकी बड़ी बेटी चन्द्रकला का जन्म हुआ लेकिन घनश्याम दास कई महीनों बाद ही उसकी शक्ल देख पाये।

इस बीच कलकत्ता में उनके परिवारजनों ने उच्च अधिकारियों और सत्ता में बड़े लोगों से मिलने का क्रम शुरू किया जिससे वारंट को रद्द कराया जा सके। इस समय सर कैलाश चन्द्र बोस, जिनके उच्च ब्रिटिश प्रशासनिक अधिकारियों के साथ अच्छे सम्पर्क थे, काफ़ी काम आये। परिवार के बड़े लोगों ने बोस से प्रार्थना की कि वह घनश्याम दास के लिए गारंटी बनें। बाद में चार्ल्स टेगार्ट, जो कलकत्ता पुलिस में वरिष्ठ अधिकारी थे, से भी मदद की गुहार लगायी गयी।[51] बोस का लाल बाज़ार पुलिस को यह आश्वासन दे देने के बाद कि घनश्याम दास का उग्रवादियों से कोई लेना–देना नहीं है, वारंट वापस ले लिया गया।[52] उसके बाद घनश्याम दास कलकत्ता लौटे और मारवाड़ी सहायक समिति की अध्यक्षता से त्यागपत्र दे दिया।

मुख्यधारा में वापसी

रोड्डा षड्यन्त्र केस ने बड़ा बाज़ार के मारवाड़ियों को हिलाकर रख दिया था। बाद में न्यायाधीश रोलेट की अध्यक्षता में 1918 की राजद्रोह समिति ने यह नतीजा निकाला कि 'यह घटना बंगाल में क्रान्तिकारी अपराध के मद्देनज़र काफ़ी महत्त्व की है।' और कहा कि 'बंगाल में 1914 के अगस्त माह के बाद से जो क्रान्तिकारी घटनाएँ घटीं उनमें कुछ ही ऐसी थीं जिनमें रोड्डा एंड कम्पनी से चुराई गयी माउजर पिस्तौलों का उपयोग नहीं किया गया था।'[53] बाद में अंग्रेज़ों ने दावा किया कि जो पिस्तौलें रोड्डा षड्यन्त्र मामले में नहीं बरामद की जा सकी थीं उनका उपयोग बाद में क्रान्तिकारियों ने 54 गम्भीर क्रान्तिकारी अपराधों में किया, जिनमें डकैती या हत्या के मामले भी थे। इस पूरे मामले को केस से जुड़े अधिकारियों ने इतना महत्त्वपूर्ण बना डाला था कि कलकत्ता का पूरा मारवाड़ी नेतृत्व यह महसूस करने लगा था कि वह शक के घेरे में है। वह प्रथम विश्वयुद्ध का समय था जब मारवाड़ियों ने कारोबार में ज़बरदस्त लाभ कमाना शुरू किया था। मारवाड़ी नेतृत्व यह मानने लगा था कि युवा और अक्खड़ स्वभाव के सदस्य ऐसे लाभ के समय अधिकारियों का कोपभाजन बन रहे हैं जब इससे पूरे समुदाय का नुक़सान हो रहा है। मारवाड़ी पंचायत के बुज़ुर्गों और मारवाड़ी एसोसिएशन के रूढ़िवादी नेतृत्व ने मामले को अपने हाथों में लेने का फ़ैसला किया और पुनः नियन्त्रण बनाने की कोशिश में लग गये। इस नेतृत्व ने सर कैलाश चन्द्र बोस के नेतृत्व में लॉबिंग शुरू की, और सरकारी वकील सारकनाथ साधु और कलकत्ता के नामी वकील पूरनचन्द लाहिड़ी को राजी किया कि वे अभियुक्तों की पैरवी करें। यह इन्हीं के प्रयासों का नतीजा था कि घनश्याम दास समेत पाँच के वारंट वापस लिए गये और दो अन्य, प्रभुदयाल हिम्मतसिंहका और सर्राफ़ को मामूली सज़ा देते हुए बंगाल के बाहर भेजा गया और बाक़ी एक मारवाड़ी को ही अन्त में सज़ा हुई।[54]

इस पूरे मामले में शामिल लोगों को छुड़ाने के बाद बुज़ुर्ग नेतृत्व ने यह तय किया कि वे संकट की इस घड़ी को युवाओं पर नकेल कसने के मौक़े में बदलेंगे। बसन्तलाल मोरारका,

जो अतिवादी विचारधारा से जुड़े थे और बाद में पश्चिम बंगाल के प्रसिद्ध राजनेता बने, उन क्षणों को याद करते हुए कहते हैं कि ''इस मामले ने समाज को इस क़दर प्रभावित किया कि उसके युवक भय से काँपने लगे थे...अब उनकी स्थिति नहीं थी कि वे विरोध में खड़े हों।'' मोरारका के मुताबिक़ इस घटना ने युवाओं पर नकेल लगा दी थी।[55] नेतृत्व पर पुनः रूढ़िवादी सदस्यों के काबिज़ होने को सबसे अच्छी तरह मारवाड़ी सहायक समिति के हश्र में देखा जा सकता है, जिससे घनश्याम दास बहुत गहरे जुड़े थे। गिरफ़्तार हुए छह लोग समिति के संस्थापक सदस्य थे। समिति द्वारा जो दाग समुदाय पर लगा था उसे दूर करने के लिए उसके चरित्र को बदलने और सम्मानित स्थान दिलाने का फ़ैसला लिया गया। इसके लिए कैलाश चन्द्र बोस को मनाया गया कि वह समिति की बागडोर सँभालें, जिससे सरकार व जनता दोनों यह समझें कि वह राजनीतिक संगठन नहीं है। बोस, जो मारवाड़ी नहीं थे, को अध्यक्ष बनने के लिए राजी किया गया।[56] बतौर अध्यक्ष बोस ने सबसे पहला काम यह शुरू किया कि वे समिति की जनरल बॉडी के लोगों को यह समझाने में लग गये कि समिति का नाम ख़तरनाक है क्योंकि बंगाल के दो क्रान्तिकारी संगठनों, युगान्तर समिति और अनुशीलन समिति, के नाम के आगे भी समिति शब्द जुड़ा हुआ है। उनका तर्क था कि जब तक नाम नहीं बदला जाता तब तक सरकार मारवाड़ियों को शक की नज़र से देखती रहेगी।[57] युवा सदस्यों के विरोध के बावजूद, समिति का नाम बदलकर मारवाड़ी रिलीफ़ सोसायटी रखा गया और इस नाम–परिवर्तन से यह बात साफ़ हो गयी कि समुदाय पर रूढ़िवादी सदस्यों का वर्चस्व हो चुका है। सोसायटी ने घोषणा की कि उसका सम्बन्ध अब सिर्फ़ सामाजिक सरोकारों से रहेगा और उसके सहायक निकायों हिन्दू क्लब और साहित्य सम्बन्धिनी सभा को भंग कर दिया गया।[58]

रोड्डा मामले के बाद मारवाड़ी एसोसिएशन की प्रतिष्ठा साफ़ तौर पर बढ़ी और उसने अपनी ताक़त के प्रदर्शन का फ़ैसला किया। एक मामला खाद्य में मिलावट को लेकर उछला। एसोसिएशन के पास शिकायतें आ रही थीं कि कुछ मारवाड़ी व्यवसायी घी में गाय की चर्बी मिला रहे हैं। उसने ऐसे गोदामों पर छापेमारी की जहाँ ऐसे घी के स्टॉक थे। 70 टन से अधिक सैम्पल की बरामदगी हुई और उसे जाँच के लिए भेजा गया। पंचायत बुलाई गयी और प्रत्येक दोषी पर 75,000 रुपये का जुर्माना लगा और उन्हें जाति–बहिष्कृत किया गया। बाद में एक प्रतिनिधि मण्डल लेफ्टिनेंट गवर्नर, लॉर्ड रोनाल्डशे से मिला और परिणामस्वरूप 1917 में खाद्यान्न में मिलावट करने वालों को सज़ा देने के लिए एक क़ानून बनाया गया।[59]

तीन महीने के निर्वासन के बाद घनश्याम दास कलकत्ता लौट आये, लेकिन काफ़ी सोचने–विचारने के बाद उनके विचार–परिवर्तन के लिए नयी व्यवस्था में उन्हें हाशिये पर न डालकर मारवाड़ी रिलीफ़ सोसायटी का उपाध्यक्ष बनाया गया। बलदेव दास और जुगलकिशोर के आश्वासन पर समाज के बुज़ुर्गों ने यह आशा रखी कि अध्यक्ष कैलाश चन्द्र बोस के नीचे उपाध्यक्ष के रूप में काम करते हुए घनश्याम दास को मारवाड़ी समाज की मुख्यधारा में वापस लाया जा सकेगा।[60] घनश्याम दास में उन लोगों के प्रति शायद कृतज्ञता का एहसास था जिन्होंने उनका बचाव किया था और अब उन्हें बड़ा बाज़ार में स्थापित करने की कोशिश कर रहे थे। अपनी तरफ़ से उन्होंने अपनी राजनीति को मारवाड़ी रिलीफ़ सोसायटी के बदले एजेंडे के अनुरूप ढालने की कोशिश की। उसके बाद उनकी संगठनात्मक गतिविधियाँ

ग़ैर–विवादास्पद रहीं और उनका सारा ध्यान राजपुताना की शैक्षणिक सहायता पर केन्द्रित रहा।[61] इस प्रकार उनके परिवार के बुजुर्ग उनका ध्यान उस चुम्बकीय उग्रवादी राजनीति से हटाने में कामयाब रहे जिसके खुमार में कलकत्ता के युवक पूरी तरह डूबे हुए थे। इस प्रकरण का फ़िलहाल घनश्याम दास के ऊपर गहरा प्रभाव पड़ा। उनकी रुचि राजनीति को लेकर जग गयी थी, मगर उन्हें इस बात का भी अन्दाज़ा हो गया था कि उग्रवादी राष्ट्रवादी राजनीति से सीधे जुड़ने के क्या परिणाम हो सकते हैं। उन्हें महसूस हुआ कि बतौर व्यवसायी उन्हें पैतृक व्यवसाय के हितों की रक्षा करनी है और इसी एहसास के चलते उन्होंने अपनी भागीदारी की सीमा नियत कर ली।

घनश्याम दास ने ख़ुद ही स्वीकार किया कि क्रान्तिकारी उग्रवाद के जो बचे–खुचे जीवाणु उनके भीतर थे वे 1916 में कलकत्ता में गाँधीजी के सम्पर्क में आने के बाद धुल गये थे। मारवाड़ी समुदाय के मेहमान के रूप में गाँधीजी बड़ा बाज़ार स्थित विशुदानन्द सरस्वती विद्यालय में ठहरे थे। समुदाय के लोगों के औपचारिक भाषण के द्वारा उनकी प्रशस्ति की गयी और उन्होंने तमाम प्रतिष्ठित मारवाड़ी परिवारों से परिचय बना लिया। गाँधीजी के आगमन के अवसर पर बड़ा बाज़ार में एक जुलूस निकाला गया। जैसे ही जुलूस भीड़ भरे इस व्यावसायिक केन्द्र से गुज़रा उनकी बग्घी रोक दी गयी। इस अवसर पर दो युवा सामने आये और बड़ी ही नाटकीयता से घोड़ों को हटाया और बग्घी को स्वयं खींचने की ज़िद करने लगे। ये लोग कोई और नहीं बल्कि प्रख्यात काँग्रेस नेता जमनालाल बजाज और बग्घी के साथ चल रहे घनश्याम दास बिरला थे जो 'कर्मवीर गाँधी की जय'[62] के नारे लगा रहे थे। जमनालाल बजाज और घनश्याम दास का इस प्रकार बग्घी को रोक देना इस बात का संकेत था कि आने वाले समय में गाँधीजी का सहयोग और वरदहस्त मारवाड़ी समुदाय को मिलने वाला है। आने वाले समय में मारवाड़ियों ने गाँधीजी के उन तमाम आन्दोलनों को अच्छी आर्थिक मदद दी जिन्हें गाँधीजी ने लम्बे समय तक ब्रिटिश राज के ख़िलाफ़ चलाया था।[63]

गाँधीजी के साथ हुई उनकी पहली मुलाक़ात घनश्याम दास के दिमाग़ में हमेशा के लिए अंकित हो गयी। उन्होंने गाँधीजी की कलकत्ता में हुई सभी पाँच जनसभाओं में हिस्सा लिया। गाँधीजी का व्यवहार, उनका खान–पान, साधारण जीवन–शैली, सरलता और कम बोलना, जैसी आदतों ने उन्हें ज़बरदस्त रूप से प्रभावित किया, हालाँकि वे गाँधीजी की सभी बातें पचा पाने में थोड़ा असहज महसूस कर रहे थे। गाँधी का गोखले को अपना राजनीतिक गुरु कहना उन कुछ युवाओं को रास नहीं आ रहा था जो महाराष्ट्र के इस नेता की धीरज भरी शैली से असहमत थे; 'क्योंकि वे सहज विवेक से बोलते थे, न कि उत्तेजना में–जो युवाओं की शिक्षा और जज़्बात को देखते हुए उन्हें कम ही प्रभावित कर पाता।' घनश्याम दास ने बाद में कहीं कहा भी कि युवाओं को अतिवादी नेता लोकमान्य तिलक ज़्यादा पसन्द थे। इसीलिए 'हम युवाओं को गाँधीजी का बार–बार गोखले को अपना राजनीतिक मार्गदर्शक कहने की बात समझ में नहीं आ रही थी।'[64] जिज्ञासावश, घनश्याम दास ने गाँधीजी से पूछा था कि अगर कोई साधारण व्यक्ति, सामाजिक मुद्दों से जुड़े सवाल पूछता है तो क्या वे उसका जवाब देंगे। गाँधीजी का जवाब सकारात्मक था और जल्द ही घनश्याम दास ने उन्हें पहला पत्र यह जानने के लिए भेजा कि क्या

सचमुच गाँधीजी अपनी ज़ुबान के पक्के हैं। उन्हें उस समय आश्चर्यमिश्रित ख़ुशी हुई जब इस पत्र का जवाब उन्हें तुरन्त मिला।[65]

आइए देखते हैं कि घनश्याम दास के जो अतिवादी साथी थे उनका रोड्डा मामले में क्या हुआ। बसन्तलाल मोरारका के मुताबिक़ उन्होंने ख़ुद को ऐसे हालात में पाया जहाँ 'राजनीतिक क्षेत्र में सरकार के भय ने उन्हें लाचार बना दिया था, धार्मिक क्षेत्र में ब्राह्मणों ने उन्हें किनारे कर दिया था और सामाजिक क्षेत्र में वे पंचायत का आतंक झेलने के लिए बाध्य थे।'[66] हालाँकि घनश्याम दास ने सार्वजनिक तौर पर क्रान्तिकारी उग्रवाद से अपने को अलग कर लिया था, लेकिन समुदाय के भीतर उनके निजी रिश्ते अतिवादियों के साथ क़ायम थे। इस बात की झलक हनुमान प्रसाद पोद्दार और प्रभुदयाल हिम्मतसिंहका के साथ उनके आजीवन सम्बन्ध के रूप में देखी जा सकती है। भले ही घनश्याम दास राजनीतिक क्षेत्र से बाहर कर दिये गये थे, पर उनके उग्र परिवर्तनकामी उत्साह ने समुदाय के भीतर ही सामाजिक सुधारों का ज़ोरदार समर्थन किया। समुदाय के बड़ों की नाराज़गी का ख़तरा मोल लेते हुए वे अपने समर्थन को सामाजिक परिवर्तन के एजेंडे तक आगे ले गये। एक ऐसा ही अवसर 1916 में तब आया जब कालीप्रसाद खेतान इंग्लैंड की यात्रा कर लौटे थे और उन्होंने उनका सार्वजनिक सत्कार किया था, जबकि पंचायत ने खेतान को विदेश यात्रा के कारण पंचायत से बाहर कर दिया था। घनश्याम दास के इस क़दम से नाराज़ होकर समाज ने उनके छोटे भाई ब्रजमोहन के होने वाले विवाह समारोह का बहिष्कार करने की धमकी दे डाली थी। इस मौक़े पर बलदेव दास ने बीच–बचाव किया, पंचायत से सम्पर्क किया और मामला समझौते पर ख़त्म हुआ जिसको बेटे ने भी माना और रूढ़िवादी भी सन्तुष्ट हो गये। नतीजतन कालीप्रसाद खेतान को भी समुदाय में इस शर्त पर शामिल किया गया कि वह शुद्धता के लिए धार्मिक कर्मकाण्डों को स्वीकार करेंगे और तीर्थयात्रा पर जायेंगे।[67] इन सब घटनाओं से पता चलता है कि घनश्याम दास ने अपने अतिवादी मित्रों का साथ नहीं छोड़ा था।

इस बीच उग्रसुधारवादी लोगों ने ज्ञानवर्धिनी मित्र मण्डली के माध्यम से फिर से अपने को एकजुट कर लिया था, जो एक सामाजिक क्लब जैसा था और जिसका यह आश्वासन था कि उसका राजनीति या धार्मिक मामलों से कोई लेना–देना नहीं है।[68] फिर भी मण्डली ने एक अहम रिश्ता जमनालाल बजाज से बना रखा था, जो मारवाड़ी और राष्ट्रवादी दोनों ही दायरों में बख़ूबी जाने जाते थे, और उनके माध्यम से गाँधीजी से भी। बजाज एकमात्र मारवाड़ी नेता थे जिनको रोड्डा मामले से जुड़े अतिवादियों की दारुण स्थिति से सहानुभूति रही थी और इससे वे अतिवादियों के बीच भी लोकप्रिय थे। उनके निरन्तर सहयोग से मण्डली को मारवाड़ी ट्रेडर्स एसोसिएशन के गठन का मौक़ा मिला और बाद में इसका विलय इस नये संगठन में हो गया। बजाज का वरदहस्त प्राप्त होने के कारण मारवाड़ी ट्रेडर्स एसोसिएशन रूढ़िवादियों से निपटने का एक माध्यम बन चुकी थी। उसने रूढ़िवादी द्वारा प्रकाशित अख़बार 'श्री सनातन धर्म' के विरोध में 'सत्य सनातन धर्म' नामक अपना अख़बार भी निकालना शुरू कर दिया।[69]

बड़ा बाज़ार के रूढ़िवादी नेतृत्व ने मारवाड़ी समाज के युवकों को क्रान्तिकारी राजनीति से दूर रखने के लिए कड़ी सीमाएँ तय कर दी थीं। लेकिन वह लोग असन्तुष्टों को पूरी तरह

अपने पक्ष में करने में कामयाब नहीं हो सके। इस मामले में घनश्याम दास को अपवाद माना जा सकता है जिन्हें मुख्यधारा में लाने में कोई कठिनाई नहीं हुई, हो सकता है कि ऐसा बलदेव दास और जुगलकिशोर की प्रतिष्ठा और प्रभाव के कारण सम्भव हुआ हो। कुल मिलाकर अतिवादियों का बड़ा धड़ा नेतृत्व विहीन ही रहा। इसका पूरा लाभ जमनालाल बजाज ने उठाया और कलकत्ता के मारवाड़ी ट्रेडर्स एसोसिएशन को अपने अखिल भारतीय मारवाड़ी अग्रवाल महासभा में मिलाने की कोशिश की, जिसका गठन उन्होंने अखिल भारतीय स्तर पर मारवाड़ियों के लिए किया था। बजाज चाहते थे कि इसका शुभारम्भ महासभा, कलकत्ता में हो जो उस समय मारवाड़ियों का गढ़ माना जाता था। लेकिन मारवाड़ी पंचायत की ओर से उठे तगड़े विरोध के कारण वे सफल नहीं हो सके और इसका शुभारम्भ वर्धा से हुआ।[70]

इस प्रकार बजाज कार्यकर्त्ताओं की ठोस फ़ौज एकत्र करने में ज़रूर कामयाब रहे, ऐसे कार्यकर्त्ता जो मारवाड़ी राजनीति के साथ–साथ राष्ट्रवादी विचारधारा से जुड़ें। इसका बढ़ता प्रभाव उस समय देखा गया जब ऐतिहासिक रोलेट सत्याग्रह का दौर चला और जिसकी परिणति भारतीय राजनीति में गाँधीवादी युग के राष्ट्रवाद के रूप में हुई। अग्रवाल समाज के नेतृत्व में मारवाड़ियों ने इस विरोध में बढ़–चढ़कर हिस्सा लिया। गाँधीजी के आह्वान पर 6 अप्रैल 1919 को एक दिन की हड़ताल घोषित की गयी और इस दिन बड़ा बाज़ार की अधिकांश दुकानें बन्द रहीं।[71] रोलेट एक्ट के विरोध में नाखोदा मस्जिद पर 6, 11, और 12 अप्रैल को जो प्रदर्शन हुए उसमें मारवाड़ी बड़ी संख्या में शामिल हुए।[72] जब 10 अप्रैल को गाँधीजी के पंजाब में गिरफ़्तार किये जाने की सूचना मिली तो पूरी दुकानें बन्द रहीं।[73] प्रदर्शनकारियों ने इस दिन शहर के उत्तरी इलाक़े में ट्राम सेवाएँ बाधित कीं। कहा जाता है कि इस विरोध प्रदर्शन में मारवाड़ी और भाटिया जाति के छोटे बच्चे, और थोड़े से मुसलमान शामिल थे जिन्हें कुछ बड़ी उम्र के लोगों ने पीछे रहकर उकसाया था।[74] विरोध प्रदर्शन के दौरान बेदॉन स्क्वायर में हुई जनसभा को दो प्रतिष्ठित व्यवसायियों, अम्बिका प्रसाद वाजपेयी और देबीप्रसाद खेतान ने सम्बोधित किया, ये दोनों घनश्याम दास के काफ़ी क़रीबी माने जाते थे।[75] बैठक में आये लोगों से अपील की गयी कि वे शोक मनायें और अपनी दुकानें चार दिन तक बन्द रखें।[76] अगले दिन शहर में काफ़ी तोड़फोड़ की वारदातें हुईं। बाद में एक बैठक के दौरान मारवाड़ी व्यवसायी पद्मराज जैन ने सुझाव दिया कि मृतकों की याद में पूरी तरह हड़ताल का आयोजन किया जाये।[77]

अतिवादी मारवाड़ियों ने रोलेट सत्याग्रह में पूरे उत्साह से भागीदारी निभाई और कलकत्ता में उसे सफल बनाने में महत्त्वपूर्ण भूमिका अदा की, वहीं मारवाड़ी एसोसिएशन और मारवाड़ी चेम्बर ऑफ़ कॉमर्स ने एक प्रस्ताव पारित किया जिसमें कहा गया कि वे सरकार के साथ हैं और किसी भी हिंसात्मक गतिविधि की भर्त्सना करते हैं। उन्होंने यह भी कहा कि मारवाड़ी समुदाय के लोगों का इन उपद्रवों से कोई लेना–देना नहीं है और जो थोड़े–बहुत लोग यह काम कर रहे हैं वह छोटे तबके के लोग हैं।[78] दो दिन के बाद मारवाड़ी एसोसिएशन के कुछ रूढ़िवादी सदस्यों के एक प्रतिनिधिमण्डल ने गवर्नर से मुलाक़ात की और उन्हें आश्वस्त किया कि वे उनके साथ हैं। गवर्नर का मानना था कि जो उप्रदव हो रहे हैं उसके लिए समुदाय के लोग ज़िम्मेदार हैं।[79] लेकिन प्रतिनिधिमण्डल के लोगों का आग्रह था कि इस उपद्रव से उनका कोई लेना–देना नहीं है और उनकी

पहली प्राथमिकता यह है कि शहर में शान्ति बरकरार रहे।[80] रोलेट के विरोध को लेकर दो समूहों के मतभेद सामने आ गये और अलगाव की नौबत को टाला न जा सका।[81] घनश्याम दास ने मारवाड़ी राजनीति में चल रहे विवादों से अपने को अलग रखा और पूरी तरह व्यवसाय में अपना ध्यान लगा दिया।

उभरते लोकोपकारी

जैसा कि पहले कहा जा चुका है, बिरला बन्धुओं का सामाजिक काम समानान्तर चलता था। 1910 के दशक में कलकत्ता के मारवाड़ी समुदाय में इनकी गिनती प्रसिद्ध समाजसेवी के रूप में होने लगी थी। यहाँ ध्यान देने वाली बात है कि किस स्तर तक जाकर इन्होंने समाजसेवी काम किये और उनका क़द इस काम को लेकर कितना बढ़ा।[82] बिरला के लोकोपकारी कामों की जड़ें धार्मिकता से जुड़ी हुई थीं। गोरक्षा के लिए दान देने की बात हमेशा केन्द्र में रहती थी। मारवाड़ियों का रुझान हमेशा गोरक्षा की तरफ़ रहा था और वे गोरक्षा आन्दोलनों में दिल खोलकर वित्तीय सहायता देते थे, ऐसे आन्दोलन 1880 के दशक में उत्तर भारत में काफ़ी चले थे।[83] शुरुआती दिनों में बिरला परिवार ने कलकत्ता में गोशालाओं की स्थापना के लिए एक लाख रुपये दान किये थे।[84] इसके अलावा बिरला बन्धुओं ने 1880 में बनी पिंजरापोल सोसायटी में काफ़ी रुचि दिखायी, इसके तहत बेसहारा पक्षियों की देखरेख की व्यवस्था की जाती थी और मारवाड़ी लोग इसे एक धार्मिक काम मानते थे।[85]

1904 में बिरला ने मारवाड़ी समुदाय के मुख्य शैक्षणिक संस्थान विशुदानन्द सरस्वती विद्यालय को अच्छी रक़म दान की थी और बाद में भी बराबर उनका सहयोग विद्यालय को प्राप्त होता रहा। 1911 में राष्ट्रवादी हिन्दू नेता पण्डित मदनमोहन मालवीय विद्यालय में आये और विद्यालय के भवन के लिए तीन लाख रुपये का दान माँगा। मालवीयजी की अपील का इतना ज़ोरदार असर हुआ कि उसी समय छह प्रतिष्ठित मारवाड़ियों ने संकल्प लिया कि वह तब तक पगड़ी नहीं बाँधेंगे जब तक यह धनराशि इकट्ठी नहीं हो जाती। हालाँकि इन छह लोगों में बिरला बन्धु शामिल नहीं थे मगर उन्होंने अच्छी दानराशि विद्यालय को दी थी।[86] शैक्षणिक कार्यों में बिरला का सहयोग बराबर बना रहा। 1912 में मुम्बई में मारवाड़ी विद्यालय की स्थापना के लिए चन्दा एकत्र करने में बिरला बन्धुओं ने जमनालाल बजाज का सहयोग किया था। 1918 में बिरला परिवार ने पिलानी में पहला हाईस्कूल विद्यालय खोला, इस अवसर पर जयपुर के महाराज सवाई माधोसिंह ने बलदेव दास को 'सेठ' की उपाधि से विभूषित किया।

जैसा कि हम पहले बता चुके हैं कि बिरला बन्धुओं का सहयोग माहेश्वरी संगठनों जैसे माहेश्वरी विद्यालय और माहेश्वरी पंचायत को बराबर मिलता रहता था। आगे भी हिन्दी और संस्कृत के उत्थान के लिए काम कर रहे विद्वानों और संस्थानों को बिरला बन्धुओं ने उदारतापूर्वक दान देना जारी रखा। 1910 में बलदेव दास पहली बार बनारस गये तो प्राच्य विद्या को बढ़ावा देने के लिए संस्कृत वाचनालय की स्थापना की और लम्बे समय तक उनका जुड़ाव शहर से बना रहा। कलकत्ता में माहेश्वरी पुस्तकालय के प्रमुख संरक्षक जुगलकिशोर थे जहाँ हिन्दी की पुस्तकें भारी मात्रा में उपलब्ध थीं। यह हिन्दी पुस्तकों की दूसरी सबसे बड़ी लाइब्रेरी थी। वह माहेश्वरियों द्वारा हिन्दी उत्थान के लिए बनाये गये तमाम

संस्थानों के संरक्षक भी थे।[87] हिन्दी विद्वानों के निवास के लिए 1916 में बॉम्बे में और 1920 में कलकत्ता में ब्राह्मण बाड़ियों की स्थापना की गयी। कलकत्ता में इसके शुभारम्भ समारोह के अवसर पर बोलते हुए बंगाल के लेफ़्टिनेंट गवर्नर लॉर्ड रोनाल्डशे ने बलदेव दास के समाजसेवी कार्यों की सराहना की और मानवता के हित के लिए निष्पक्ष रूप से दान देने के लिए उनकी पीठ थपथपायी।[88] 1918 में लेडी चेम्सफ़ोर्ड द्वारा चलाई जा रही बाल कल्याण योजना और कुष्ठों की सेवा के लिए उदारतापूर्वक दान देने के एवज़ में सरकार ने बलदेव दास को 'राय बहादुर' की उपाधि प्रदान की।[89] 1919 में कलकत्ता के एल्महर्स्ट स्ट्रीट में बन रहे मारवाड़ी अस्पताल को 51,001 रुपये का चन्दा दिया था।[90] यूरोप की वित्तीय साप्ताहिक पत्रिका 'कैपिटल' जो मारवाड़ियों की आलोचना के लिए विख्यात थी, उसने बलदेव दास के विषय में कुछ इस प्रकार टिप्पणी की थी :

> एक अच्छा और सफल मारवाड़ी जो यह महसूस करता है कि धन का एक दायित्व यह है कि जिस जगह से इसे अर्जित किया गया उस जगह की तरक़्क़ी में इसे ख़र्च किया जाये। यह जानना सुखद है कि ऐसे लोगों की तादाद बढ़ रही है और यह यक़ीन करने में कुछ भी असाधारण नहीं है कि वक़्त आने पर मारवाड़ी कलकत्ता के लिए वैसा ही कुछ करेंगे जैसा पारसियों ने बॉम्बे के लिए किया।

अब साफ़ तौर पर बिरला बन्धुओं की चर्चा कलकत्ता के समाजसेवियों में होने लगी थी और शहर के प्रतिष्ठित मारवाड़ियों में उनकी गिनती शुरू हो गयी थी।[91] उनके दानकार्यों का विस्तार युद्ध के समय और हो गया था और युद्ध के अन्त होने तक उन्होंने 25 लाख रुपये नक़द दान किये थे।[92]

युद्ध के वर्षों की सम्पन्नता

इस स्तर पर दानकार्य करना इसलिए भी सम्भव हुआ कि बिरला बन्धुओं ने युद्धकाल में अच्छा व्यवसाय किया था। जैसा कि हम पहले बता चुके हैं कि 1914 में जब प्रथम विश्वयुद्ध शुरू हुआ तब बिरला तीन फर्मों के मालिक थे। इसमें दो फर्में 'बलदेव दास जुगलकिशोर' की शाखाएँ थीं जिसका मूल नाम 'शिवनारायण बलदेव दास' था जिसकी स्थापना 1879 में पहले बॉम्बे में फिर 1896 में कलकत्ता में की गयी थी। तीसरे फर्म 'जी.एम. बिरला' की स्थापना घनश्याम दास ने अपने साले के साथ साझेदारी में की थी। बॉम्बे फर्म का प्रबन्धन रामेश्वर दास के हाथ में था जिसमें यदा–कदा बलदेव दास का सहयोग मिलता था जबकि कलकत्ता के व्यवसाय की कमान जुगलकिशोर और घनश्याम दास के हाथों में थी। नयी फर्म का पूरा कामकाज घनश्याम दास देखते थे। 'बलदेव दास जुगलकिशोर' फर्म चाँदी, अफ़ीम, अनाज, ऊन, अलसी और मैनचेस्टर के कपड़ों का काम करती थी जबकि 'घनश्याम दास मुरलीधर' जूट के कारोबार से जुड़ी थीं। इस दौर में मारवाड़ी फर्में जूट के व्यवसाय और निर्यात से अच्छा लाभ कमा रही थीं। पूरा जूट सेक्टर ही अर्थव्यवस्था की रीढ़ बना हुआ था। 1911 में जब नये बिरला फर्म की स्थापना हुई तो भारत से कच्चे जूट का निर्यात 1540 लाख रुपये का था और जूट उत्पादों का निर्यात 1700 लाख रुपयों तक पहुँच चुका था।[93] जैसा कि पहले कहा जा चुका है 1870 के दशक से ही मारवाड़ी समुदाय कच्चे जूट के व्यवसाय में हर स्तर तक प्रवेश कर चुका था। आढ़तिये की भूमिका निभाते हुए ये

लोग दूरदराज गाँवों से जूट मुख्य बाज़ार में लाते थे और उसे यहाँ तैयार किया जाता था। जूट मिलों में माल पहुँचने के बाद बड़े पैमाने पर 'फटाका' कार्य शुरू होता था। घनश्याम दास को बाज़ार और क़ीमत के सम्बन्ध में जानकारी पहले से ही होती थी लिहाज़ा इसका ज़बरदस्त लाभ उनकी नयी फर्म को मिला।

नयी फर्म के कारण घनश्याम दास के ऊपर तमाम प्रकार से ज़िम्मेदारियों का बोझ बढ़ गया। एक जूट ब्रोकर के रूप में उन्हें तमाम यूरोपीय प्रबन्धन एजेंसियों जैसे 'बर्ड एंड हिगलर्स', 'एंड्र्यू यूल', 'जार्डिन स्किनर एंड मैक्लायड', 'बेग एंड डनलप' से सम्पर्क करना ज़रूरी था। इस काम में उनकी पहली धर्मपत्नी स्व. दुर्गा देवी के पिता महादेव सोमानी ने काफ़ी मदद की। सोमानी का इन यूरोपीय एजेंसियों से अच्छा सम्पर्क था और ये कम्पनियाँ उन्हें अपना विश्वस्त आदमी मानती थीं। उनका नाम उन दलालों की सूची में था जिससे व्यवसाय करने की संस्तुति दी जाती थी। इन सम्बन्धों का लाभ 'जी.एम. बिरला' को कुछ आरम्भिक ठेके हासिल करने में मिला। इन यूरोपीय एजेंसियों से सम्पर्क बनाने में घनश्याम दास का अंग्रेज़ी भाषा ज्ञान भी काफ़ी सहायक बना। जल्दी ही नयी फर्म के पास ऑर्डर आने लगे और कारोबार अच्छी तरह चल पड़ा।

मज़ेदार बात यह है कि इन यूरोपीय फर्मों ख़ासकर स्कॉटिश, जो जूट उद्योग पर छाये थे का काफ़ी गहरा असर घनश्याम दास के व्यक्तित्व पर पड़ा। घनश्याम दास इनके कार्यालय नियमित तौर पर जाते थे जहाँ कुशल व्यवसायियों के कार्यों को नज़दीक से देखने का मौक़ा मिलता था। अपनी आत्मकथा में उन्होंने यह बात कुछ इस तरह से कही है :

> उनके साथ हुए अपने सम्पर्कों के दौरान मैंने उनके कारोबार के तरीक़ों, उनकी संगठनात्मक क्षमता और दूसरे गुणों को क़रीब से देखा जो काफ़ी उच्च स्तरीय थे। लेकिन उनका नस्ल के ख़िलाफ़ दुराग्रह भी साफ़ झलकता था। मुझे उनके ऑफ़िस में जाने के लिए लिफ्ट के उपयोग से मनाही थी, यहाँ तक कि कार्यालय में पड़ी बेंचों पर भी मैं नहीं बैठ सकता था।

एक और घटना जिसे घनश्याम दास बराबर याद करते थे वह थी एक ब्रिटिश व्यवसायी से मिलने की बात, जिससे वह पहले से निर्धारित मीटिंग के लिए मिलने पहुँचे थे। बैठक चल ही रही थी कि इतने में वहाँ एक ब्रितानी दलाल पहुँचा और घनश्याम दास को वहाँ से चले जाने का निर्देश हुआ। उस दिन घनश्याम दास ने शपथ ली कि वे दोबारा इस फर्म में नहीं आयेंगे। बाद में उन्होंने इसकी चर्चा करते हुए कहा कि 'इस प्रकार की बेइज़्ज़ती ने मुझे ज्ञान दिया और मेरी रुचि 1912 से राजनीति की ओर बढ़ी जो आज तक मुझमें क़ायम है।'[94] इस तरह के नस्लभेद और दुराग्रह ने उनके भीतर राजनीतिक समझ पैदा की। इसके बाद वे हमेशा जूट व्यवसाय में यूरोपीय लोगों के वर्चस्व के घोर विरोधी हो गये।

1914 में जब पहला विश्वयुद्ध छिड़ा तब काफ़ी उतार–चढ़ाव आये और युद्धकालिक अर्थव्यवस्था के दौरान व्यवसायियों को काफ़ी महत्त्वपूर्ण अवसर मिले। बिरला बन्धुओं ने भी इस अवसर का लाभ लिया। चाँदी की सट्टेबाज़ी में इन्होंने ख़ूब लाभ कमाया। अन्तरराष्ट्रीय स्तर पर चाँदी के भाव तेज़ी से बढ़े और भारत सरकार की चाँदी के आयात सम्बन्धी नीति का सकारात्मक असर चाँदी की सट्टेबाज़ी पर पड़ा। सरकार को भी चाँदी की ज़रूरत थी क्योंकि उसे सिक्कों की ढलाई करनी थी जिसका चलन युद्धकाल में

1.8 बिलियन से बढ़कर 2.9 बिलियन हो गया था। चाँदी की माँग का अन्दाज़ा इसी से लगाया जा सकता है कि सिर्फ़ एक साल में ही विश्व भर की खपत से दुगुनी खपत भारत में हुई थी।[95] एक बड़े सट्टेबाज़ का भरपूर लाभ 'बलदेव दास जुगलकिशोर' को मिला। फर्म का टर्नओवर इतना अधिक बढ़ गया था कि दोनों भाई कारोबार सँभालने में अपने को अक्षम पा रहे थे और ऐसे वक़्त में बलदेव दास को बुलाया गया जो बनारस में सेवानिवृत्त जीवन जी रहे थे।[96] रामकृष्ण डालमिया जैसे अन्य व्यवसायियों ने भी चाँदी के उछाल के दौर में काफ़ी धन कमाया।[97]

इस बीच प्रथम विश्वयुद्ध के छिड़ने से जूट उद्योग ने भी चमत्कारी ढंग से करवट बदली। युद्धकाल की आपूर्ति सेवा में जूट की उपयोगिता आशातीत ढंग से बढ़ गयी। इसका मुख्य कारण युद्ध के दौरान बालू के बोरे का भारी उपयोग का होना था क्योंकि लड़ाई हमेशा गड्ढे खोदकर होती थी और इस वक़्त जूट के बोरे काम में लाये जाते थे। साथ ही युद्धकाल में सामग्री की आपूर्ति के लिए भारी मात्रा में जूट के बोरों की ज़रूरत थी।[98] जूट कलकत्ता के अन्दरूनी क्षेत्रों में पैदा होता था और युद्धकाल में महानगर उत्पादन का केन्द्र बन चुका था। यहाँ के बन्दरगाह से ही जूट उत्पादनों को पूरे ब्रिटिश साम्राज्य में भेजा जाता था। वे मारवाड़ी जो पहले से ही जूट व्यवसाय में थे उन्होंने इस उछाल में जमकर कमाई की और बिरला भी इसमें पीछे नहीं रहे। बिरला की फर्मों ने जूट के व्यवसाय और निर्यात में जमकर कमाई की, जूट मिलों के आँकड़े बताते हैं कि इनका पैसा बनाने वालों में अच्छा स्थान था।[99] युद्ध की समाप्ति के समय तक बिरला कच्चे जूट और जूट फ्रैब्रिक्स के कारोबार में दूसरे स्थान पर आ गये।[100] पहला स्थान यूरोप की फर्म रैली ब्रदर्स का था। जूट शेयरों में भी इनका दखल था और जूट मिलों में स्टॉकों के माध्यम से बिरला की पूँजी लगी थी। मारवाड़ी एसोसिएशन के मुताबिक़ 1922 आते–आते जूट मिलों के 60 प्रतिशत शेयरों पर भारतीयों का नियन्त्रण था। जूट शेयरों के मूल्य बढ़े और शुद्ध लाभ के अनुपात में पेड–अप कैपिटल 1914 के 10 से बढ़कर 1915 में 58 और फिर 1917 में 149 तक पहुँच गया था। युद्धकाल में इस उद्योग का शुद्ध लाभ लगाई गयी पूँजी का 50 प्रतिशत हो गया था। बिरला बन्धु उन मारवाड़ियों में सबसे आगे थे जिन्होंने युद्धकाल में जमकर लाभ कमाया था।[101] इनके मुनाफ़े का तीसरा स्रोत जूट स्टॉकों की सट्टेबाज़ी करने में था। कलकत्ता और बॉम्बे दोनों स्थानों पर बिरला फर्मों ने स्टॉक मार्केट में अच्छा लाभ कमाया था और कच्चे जूट और बोरों के कारोबार में जमकर कमाई की थी। युद्धकाल में पूरे जूट सेक्टर में आयी उछाल का अन्दाज़ा इसी बात से लगाया जा सकता है कि उस दौरान भारतीय जूट इंडस्ट्री ने 1378 मिलियन बोरे, 713 मिलियन यार्ड कपड़े, एक मिलियन पाउंड सुतली और भारी मात्रा में अन्य जूट सामग्रियों का निर्यात किया था।[102]

जूट की बढ़ती माँग को देखते हुए घनश्याम दास ने कुछ ठोस योजना तैयार की। पारिवारिक पृष्ठभूमि के कारण इस व्यवसाय के विषय में सोचना स्वाभाविक था। बिरला परिवार के लोग 1850 से ही जूट व्यवसाय से जुड़े हुए थे और शिवनारायण ने बॉम्बे में जूट की सट्टेबाज़ी शुरू की थी। इसके अलावा परिवार के लोग स्टॉक एक्सचेंज और कच्चे जूट और बोरे का कारोबार लम्बे समय से करते आ रहे थे। 1918 तक इनकी गिनती जलयान से हेसियन कारोबार करने वाले 15 व्यवसायियों में होती थी। प्रथम विश्वयुद्ध की समाप्ति तक

मारवाड़ियों ने हर स्तर पर जूट कारोबार में अपना वर्चस्व स्थापित कर लिया था।[103] उनके लम्बे समय के अनुभव और समुदाय के लोगों से सम्बन्ध के कारण जूट क्षेत्र में व्यवसाय की तह तक उनकी पहुँच हो चुकी थी। इन सारे कारकों पर गम्भीर रूप से विचार करने के बाद घनश्याम दास को लगा कि पारिवारिक अनुभवों और सम्बन्धों का लाभ उन्हें मिलेगा और आड़े वक़्त पर लोग उनके काम आयेंगे।

इसके बावजूद घनश्याम दास को अपनी योजनाओं पर अकेले काम करना था। बलदेव दास सेवानिवृत्त हो चुके थे, जुगलकिशोर पारिवारिक व्यवसाय के इंचार्ज की तरह थे जिन्हें इंडस्ट्री में जाने की कोई रुचि नहीं थी। पुराने पद्धति के कारोबार और सट्टेबाज़ी पर उन्हें भरोसा था जिसमें परिवार के लोगों ने अच्छा किया था। इतना ही नहीं वह थोड़े रूढ़िवादी भी थे और कुछ हद तक अन्धविश्वासी भी। उनका मानना था कि लकड़ी और लोहे जैसे तत्त्व मानव शरीर के लिए घातक होते हैं और इनका कारोबार करना ख़तरे से खाली नहीं होगा। हालाँकि उनका इरादा छोटे भाई घनश्याम दास के उत्साह को कम करने का कतई न था मगर उन्होंने स्पष्ट कर दिया वह इन भारी–भरकम योजनाओं से अपने को दूर ही रखेंगे।[104]

उद्योग जगत में प्रवेश जोख़िम भरा काम था। जूट उस समय कलकत्ता की जान था और इस पर पूरी तरह यूरोपीय लोगों का नियन्त्रण था, जूट के उत्पादन का मतलब था इस वर्चस्व को समाप्त करना। हालाँकि मारवाड़ी लोग जूट कारोबार से जुड़े थे मगर जूट के उत्पादन में उनकी कोई भूमिका न थी। पूरे उद्योग पर यूरोपीय नियन्त्रण का अन्दाज़ा इसी बात से लगाया जा सकता है कि 1911 में सिर्फ़ एक जूट कम्पनी (सूरा जूट जो सबसे छोटी मिल थी) के निदेशक मण्डल में सिर्फ़ एक भारतीय रखा गया था। इस प्रकार यूरोपीय प्रबन्धन एजेंसियों का कड़ा नियन्त्रण पूरे उद्योग पर था। 1911 में सिर्फ़ सात प्रबन्धन एजेंसियों का नियन्त्रण 55 प्रतिशत तक जूट कम्पनियों पर था और 1914 में कुल बुनाई क्षमता का आधे से अधिक पर सिर्फ़ पाँच कम्पनियों का प्रभुत्व था।[105] इन प्रबन्धन एजेंसियों के प्रभुत्व से पता चल जाता है कि उद्योग के हर क्षेत्र को इन्होंने अपनी मुट्ठी में कर रखा था। 'इंडियन जूट मिल्स एसोसिएशन' (इज्मा) पर भी यूरोपीय संगठनों का दबदबा था। इसकी सदस्यता 37,600 लूमों वाली 44 जूट मिलों को मिली थी और इसमें 800 लूम और जोड़ दिया जाता तो पूरा उद्योग इसके दायरे में आ जाता था। इज्मा के दबाव से उत्पादन की सीमा, लाभ नियन्त्रण, मूल्य नियन्त्रण, और रेल भाड़े व माल ढुलाई की दरें तय की जाती थीं।[106]

घनश्याम दास के लिए महत्त्वपूर्ण चुनौती लागत को लेकर भी थी। प्रथम विश्वयुद्ध के पूर्व नये जूट मिल की स्थापना की लागत 20 लाख रुपये से अधिक बैठती थी।[107] युद्ध शुरू होने के बाद मुद्रास्फीति के कारण यह लागत बढ़नी स्वाभाविक थी और 1916 तक यह साफ़ हो गया कि नयी मिल लगाने में प्रति लूम लागत 10,000 रुपये तक आयेगी। इस प्रकार एक औसत आकार की मिल जिसमें 500 लूम की व्यवस्था हो की लागत 50 लाख रुपये बैठती थी।[108] घनश्याम दास की योजना 450 लूमों से कार्य प्रारम्भ करने की थी।[109] इस उद्यम में अच्छी पूँजी की ज़रूरत थी। चूँकि ज़्यादातर व्यावसायिक बैंक अंग्रेज़ों के नियन्त्रण वाले थे लिहाज़ा ऋण प्राप्त करना आसान काम नहीं था। घनश्याम दास ने बैंक ऑफ़ बंगाल से सम्पर्क किया, यह बैंक स्थानीय व्यवसायियों को लेकर पूर्वाग्रह रखता था और सिर्फ़ प्रभावशाली यूरोपीय फर्मों को ही ऋण देता था। इसके निदेशक, मशहूर प्रबन्धन

एजेंसियों से आते थे जो अधिकांशतः जूट उद्योग को नियन्त्रित करने वाली होती थीं। इसलिए आशा के अनुरूप पहले तो बैंक ने घनश्याम दास को ऋण देने से इन्कार कर दिया, मगर एक अंग्रेज़ ब्रोकर के हस्तक्षेप के कारण, वह ऊँची ब्याज दर पर ऋण देने के लिए राजी हुआ।[110] जो ऋण प्राप्त हुआ उससे आंशिक ज़रूरत ही पूरी होती दिखी, शेष धनराशि का इन्तज़ाम उस धनराशि से हुआ जो युद्धकाल में मुनाफ़े के रूप में बिरला ने कमाई थी। बिरला ने नयी कम्पनी के लिए स्टॉक मार्केट में शेयर भी जारी किये। 1920 में जनता के लिए 2,75,000 शेयर जारी किये गये जिसमें 2,50,000 सामान्य शेयर 10 रुपये के थे और 12,500 प्राथमिक शेयर 100 रुपये वाले थे। प्रारम्भ में सामान्य शेयरों के लिए पाँच रुपये और प्राथमिक शेयरों के प्रति शेयर पेड–अप क़ीमत 50 रुपये रखी गयी और ब्याज दर साढ़े सात प्रतिशत की थी।[111] पिलानी से आये युवा मारवाड़ी दुर्गाप्रसाद मंडेलिया, जिनको घनश्याम दास ने नयी मिल में बतौर क्लर्क रखा था, आगे चलकर उनके व्यावसायिक सहयोगी और उद्योगपति बने; वे उन दिनों की याद करते हुए कहते हैं कि अगर एक उपक्रम असफल होता था तो आदमी टूट जाता था और वह दौर कमज़ोर हृदय के लोगों के लिए नहीं था। उनके मुताबिक़ उभरते हुए उद्योगपति को अपनी पूरी पूँजी पहले एक उपक्रम में लगानी चाहिए और बाद में उसकी कमाई से दूसरा उपक्रम शुरू करना चाहिए।

हालाँकि मिल के लिए शुरुआती फंड की व्यवस्था कर ली गयी थी मगर बढ़ रही लागत चिन्ता का विषय थी। 1919 में मिल की शुरुआत करने के बाद घनश्याम दास को महसूस हुआ कि इसे सुचारु रूप से चलाने की लागत तेज़ी से बढ़ चुकी है। एक समय ऐसा भी आया जब घनश्याम दास काफ़ी घबरा गये और इससे बचने की सोचने लगे और एंड्रयू यूल को उसे ख़रीदने का प्रस्ताव भी दे डाला। बिरला के निकट सहयोगी रहे राधाकृष्ण कानोरिया उन क्षणों को याद करते हुए कहते हैं कि 'जब घनश्याम दास एंड्रयू यूल के कार्यालय इस बिक्री को अन्तिम रूप देने पहुँचे तभी एक स्कॉटिश मैनेजर ने जूट मिल चलाने को लेकर उनकी आलोचना शुरू कर दी। घनश्याम दास ने उसी क्षण मिल बेचने का इरादा त्याग दिया और जूट उद्योग से यूरोपीय वर्चस्व समाप्त करने का संकल्प लिया।'[112] बिक्री का इरादा त्यागने के बाद उन्होंने 392 लूमों की क्षमता वाले कारख़ाने का इरादा बनाया। इससे कुल लागत कम होती थी और प्रतिलूम 16,064 रुपये का ख़र्चा आता था।

बिरला के संकल्प भरे प्रयासों का फल 1919 में सामने आया जब बिरला जूट मैन्युफैक्चरिंग कम्पनी का पंजीकरण हुआ और साथ ही दो अन्य मारवाड़ी फर्मों हल्वासिया जूट मिल्स और दी हुकुमचन्द जूट मिल्स लि. का भी पंजीकरण हुआ। इस प्रकार जूट सेक्टर में यूरोपीय वर्चस्व ख़त्म होने लगा।[113] लेकिन बिरला जूट कम्पनी को स्थापित प्रबन्धन एजेंसियों का कड़ा विरोध झेलना पड़ा जो नहीं चाहती थीं कि मारवाड़ी इस उद्योग में आयें, वे भारतीय मिलों से प्रतियोगिता करने की बात से भयभीत हो गये थे।[114] एंड्रयू यूल एंड कम्पनी ने तमाम तरह की अड़चनें पैदा कीं, जिस ज़मीन को घनश्याम दास अपनी फ़ैक्टरी के लिए ख़रीदना चाहते थे उसे इस कम्पनी ने पहले ही ख़रीद लिया। इसके कारण बाध्य होकर बिरला जूट को श्यामनगर के बजबज क्षेत्र में जाना पड़ा।[115] इस क्षेत्र से यातायात की समस्या रोज़मर्रा के कारोबार में आने लगी थी। कच्चे माल की ढुलाई को लेकर यूरोपीय प्रबन्धन एजेंसियों का लम्बी समयावधि के लिए रेलवे और जहाज़रानी से करार था।

ग़ैर–यूरोपीय व्यवसायियों को शिकायत थी कि उनसे ढुलाई की बढ़ी दर वसूली जाती है जिससे लागत बढ़ती है और मार्जिन कम हो जाती है। आगे चलकर कुछ सालों तक घनश्याम दास को 'इंडियन जूट मिल्स एसोसिएशन' (इज्मा) की सदस्यता भी नहीं दी गयी और बाध्य होकर मिल के नाम पर कारोबार करने के लिए उन्हें अंग्रेज़ दलालों की नियुक्ति करनी पड़ी।[116] इन सारी दिक़्क़तों के बावजूद बिरला जूट का उत्पादन 1920 से शुरू हो गया।

इस दौर में शुरू हुई दूसरी मारवाड़ी फर्मों की तरह बिरला ने भी अपने निदेशक मण्डल में देसी और विदेशी दोनों तरह के लोग रखे। बोर्ड के सदस्यों में : जी.डी. बिरला, सी. चौधरी, एच. गैविन विल्सन, जी.एल. एलेन और सेठ बद्रीदास गोयनका शामिल थे। प्रबन्धन के स्तर पर यूरोपीय मिल मैनेजरों को नियुक्त करने की आवश्यकता बहुत शिद्दत से महसूस की गयी।[117] दो स्कॉटिश मैनेजर मिल के संचालन और काम करने वालों के प्रशिक्षण के लिए रखे गये, और भारतीय मैनेजरों को इन स्कॉटिश मैनेजरों से व्यवसाय की पेचीदगियाँ सीखने के लिए कहा गया। डी.पी. मंडेलिया ने बाद में बताया कि 'जब हमें लगा कि हम बुनियादी बातें सीख चुके हैं तब हमने श्री बिरला को सूचित किया जिन्होंने तुरन्त ही स्कॉटिश लोगों को सेवामुक्त कर दिया।'[118]

बिरला जूट की शुरुआत अच्छे ढंग से हुई और यह नया प्रोजेक्ट ख़ूब सफल रहा। इस बात का अन्दाज़ा इसी से लगाया जा सकता है कि जब जनवरी 1920 में इसके शेयरों का कारोबार शुरू हुआ तब बाज़ार में इसकी क़ीमत सवा पाँच रुपये थी जबकि लगाया गया प्रति शेयर मूल्य 5 रुपये का था। जूट उद्योग में उछाल युद्ध के समाप्ति के बाद भी बनी रही, तमाम प्रतिकूलताओं के बावजूद खाद्यान्न और कृषि उत्पाद युद्ध से तबाह हो चुके यूरोप जाते रहे और बाद में विश्व व्यापार में माँग तेज़ी से बढ़ी। पूरे 1920 के दशक में भारतीय जूट का निर्यात बढ़ता रहा।[119] जूट से मिलने वाला मुनाफ़ा इतना बढ़ा कि विश्व भर के किसी उद्योग से शायद ही 1915 और 1929 के बीच इतना लाभ मिला हो।[120]

नयी मिल की स्थापना का वर्ष घनश्याम दास के लिए काफ़ी चुनौतियों भरा रहा और उन्होंने जमकर मेहनत की। मिल की हर बातों पर उनकी पैनी नज़र होती थी। छोटी–से–छोटी बात पर वह ध्यान देते थे।[121] मशीनों की जाँच–पड़ताल वे निजी तौर पर करते थे और जानने की कोशिश करते थे कि मशीन कैसे काम करती है। मैनेजर लोग नियमित तौर पर रिपोर्ट, तुलनात्मक मासिक आँकड़े, उत्पादन का ग्राफ़, क्षमता और हानि–लाभ की जानकारी उन्हें देते थे जिसका निरीक्षण वह स्वयं करते थे।[122] एकाउंट विभाग उन्हें सीधे जानकारी देता था। सालाना बजट को प्रतिदिन, साप्ताहिक और मासिक आधार पर बाँटा गया था। वित्तीय परिणामों की जानकारी वे बारीक़ी से लेते थे। इस प्रकार रोज़मर्रा का हानि–लाभ उन्हें पता चल जाता था। किसी भी कमी को तुरन्त सामने रखा जाता। जिससे सुधारात्मक क़दम उठाया जा सके। इससे रोज़मर्रा के हानि–लाभ और मासिक हानि–लाभ का पता उसी दिन चल जाता था। हिसाब–किताब की यह पद्धति मारवाड़ियों में 'परता' व्यवस्था के नाम से जानी जाती है, वित्तीय नियन्त्रण में परम्परागत ढंग से वे इसका उपयोग करते आ रहे हैं।

बिरला जूट की स्थापना के बाद घनश्याम दास आत्मविश्वासपूर्वक कपास की ओर झुके। 1920 में उन्होंने कन्हैयालाल बागला से दिल्ली की कॉटन मिल्स पाँच लाख रुपये में ख़रीदी।

इसका मालिक पहले एक अंग्रेज़ था और इसका नाम गिल्हारी मिल था जो बाद में हनुमान महादेव कॉटन मिल के रूप में परिवर्तित हुआ। जब इसका अधिग्रहण घनश्याम दास ने किया तब इसका नाम बिरला कॉटन स्पिनिंग एंड वीविंग मिल लिमिटेड रखा गया।[123] अप्रैल 1920 में अधिग्रहण के लिए घनश्याम दास ने नयी कम्पनी बनायी। 10 मार्च 1920 को जारी घोषणा–पत्र में कहा गया कि इसकी क्षमता 13,000 तकुओं की होगी। मशीनों के आयात के लिए इंग्लैंड में ऑर्डर दिया गया और बुनाई विभाग की शुरुआत की गयी। मिल की आधिकारिक पूँजी 15,00,000 रुपये की थी जिसके लिए 10 रुपये प्रति शेयर के भाव से 1,50,000 शेयर शामिल थे। 1920 में 10 लाख रुपये के मूल्य वाले एक लाख शेयर सार्वजनिक किये गये और जारी हुए पूरे शेयर पूरी तरह बिक गये। कम्पनी के निदेशक : जी.डी. बिरला, नरसिंह दास कोठारी (मे. बागला कोठारी) और बाबू घनश्याम दास लॉएल्का (मे. जी.डी. लॉएल्का एंड कम्पनी) बने।[124]

1919 के अन्त में परिवार की पुरानी कम्पनी 'बलदेव दास जुगलकिशोर' की शाखाओं को मिलाते हुए 50 लाख की पूँजी से नयी प्रबन्धन एजेंसी 'बिरला ब्रदर्स' की स्थापना हुई।[125] सभी भाइयों को निदेशक बनाया गया, मगर शुरुआत से ही प्रबन्धन की मुख्य ज़िम्मेदारी घनश्याम दास को दी गयी। 'घनश्याम दास मुरलीधर' फर्म को समाप्त कर दिया गया। कलकत्ता का व्यवसाय देख रहे जुगलकिशोर ने सेवानिवृत्ति ले ली और बॉम्बे शाखा की बागडोर रामेश्वर दास ने सँभाल ली।[126] परम्परागत मारवाड़ी फर्म 'बलदेव दास जुगलकिशोर' से आधुनिक 7, रॉयल एक्सचेंज, कलकत्ता की 'बिरला ब्रदर्स' इस बात का संकेत है कि अब परिवार एक व्यापारी से बढ़कर उद्योगपति बन चुका था।

साधारण ढंग से शुरुआत करने वाले बिरला परिवार ने व्यावसायिक गतिविधियों में ज़बरदस्त सफलता हासिल की और मारवाड़ियों के बीच अपनी महत्त्वपूर्ण स्थिति बनायी। 1919 तक आते–आते घनश्याम दास ने दृढ़तापूर्वक कमान सँभालते हुए परम्परागत व्यवसाय को एक आधुनिक उद्योग साम्राज्य के रूप में अपने बल पर बदल दिया। आने वाले वर्षों में बिरला परिवार का दायरा बढ़ाने में भी उनकी महत्त्वपूर्ण भूमिका रही।

सन्दर्भ एवं टिप्पणियाँ

1. बिरला समूह ने अन्य फर्मों के प्रबन्धकों, जैसे कि मित्सुई के आर.एन.डी. सेंडा, के साथ नज़दीकी व्यापारिक सम्बन्ध विकसित कर लिए थे, टिम्बर्ग, *द मारवाड़ीज़*, पृ. 62–3। बिरला समूह के नक़्शे क़दम पर चलकर जापान के साथ कपड़े का व्यापार करने वाले अन्य मारवाड़ियों में केशवराम पोद्दार, रुइया और यहाँ तक कि बछराज एंड कम्पनी (जमनालाल बजाज की फर्म) भी थे। 1913 में बछराज जमनालाल ने 40,000 कपड़े की गाँठें जापान को बेचीं और अनुमानतः 55,000 रुपये का मुनाफ़ा कमाया, टैक्नेट, *मारवाड़ी समाज*, पृ. 69।
2. कई झगड़ों में से एक, जिसमें पंचायत को मध्यस्थता के लिए बुलाया गया, वो 'सनातनी' और 'सुधारवादी' समूहों के बीच था, टैक्नेट, *मारवाड़ी समाज*, पृ. 54; साथ ही देखें, बालचन्द मोदी, *देश के इतिहास में मारवाड़ी जाति का स्थान*।
3. आर. नेवतिया (सम्पा.), *श्री रामदेव चोखणी*, पृ. 46। बाद वाली पंचायत के पंच थे बिजराज चौधरी, हरदत्त राय चमड़िया, विश्वेश्वरलाल चितलांगिया, चुनीलाल बिनानी और शिवनन्दराय तिवारी; नन्दकिशोर जालान, *श्री ईश्वरदास जालान अभिनन्दन ग्रन्थ*, पृ. 119। श्रॉफों की पंचायत, जो 1920 तक बन्द हो गयी थी, के बारे में ज़्यादा जानकारी उपलब्ध नहीं है।

4. यहाँ तक कि छोटे व्यापारिक केन्द्रों में भी ऐसी पंचायतें कई रूपों में विद्यमान थीं : उदाहरण के लिए यह एक जानी–बूझी बात थी कि मारवाड़ी पंचायतें बाज़ार के कार्यव्यापार पर अपना असर रखती थीं, जैसे कि आगरा की सर्राफ़ा पंचायत, इन्दौर की ग्यारह पंच और बनारस की नौपति महाजन। रजत रे इस बात का उल्लेख करते हैं कि मुल्तानी श्रॉफ एसोसिएशन हुंडी की दर को नियमित करती थी, देखें, रजत के. रे, *आई.ई.एस.एच.आर.*, वॉल्यूम 25, नम्बर 3 (1988), पृष्ठ 309, में 'द बाज़ार : चेंजिंग स्ट्रक्चरल करेक्टरस्टिक्स ऑफ़ द इंडिजिनस सेक्शन ऑफ़ द इंडियन इकोनॉमी बिफोर एंड आफ्टर द ग्रेट डिप्रेशन'।
5. मारवाड़ी आयातक बिना थान वाले कपड़े के वायदा व्यापार के तहत एक बड़ी धनराशि अग्रिम रूप में देते थे, जिससे ब्रिटिश उत्पादक अपना कच्चा माल भारत और अन्य जगहों से ख़रीदते थे। जब ऐसा माल वायदा अनुबन्ध के अन्तर्गत पहुँचता था तो ब्रिटिश निर्यातकों और स्थानीय आयातकों के बीच अक्सर झगड़े खड़े हो जाते थे। इन हालात में मारवाड़ी व्यापारी मजबूरन मध्यस्थता के लिए बंगाल चेम्बर जाते थे, जहाँ अक्सर उन्हें असन्तुष्टि ही मिलती थी। नतीजतन मारवाड़ियों ने निर्णय लिया कि वे अपना एक स्वतन्त्र चेम्बर ऑफ़ कॉमर्स स्थापित करें, रजत रे, *अर्बन रूट्स ऑफ़ इंडियन नेशनलिज़्म*, (नयी दिल्ली, 1979), पृ. 42–4। एक अलग संस्था की ज़रूरत विशेष रूप से तब महसूस की गयी जब मैनचेस्टर के कपड़ा व्यापार में रैली ब्रदर्स और ग्राहम एंड कम्पनी जैसी प्रभुत्वशाली फर्मों ने देसी व्यापारियों के लिए अनुबन्ध के नियम और भी सख़्त कर दिये। मारवाड़ियों ने उनके विरुद्ध एकजुट होने का फ़ैसला किया। शुरुआत में उन्होंने 'क्लॉथ समिति ऑफ़ द मारवाड़ी एसोसिएशन' बनायी और सन् 1900 में इसका नाम बदलकर मारवाड़ी चेम्बर ऑफ़ कॉमर्स कर दिया। इस समय तक कलकत्ता में बिना थान वाले कपड़े के आयात के व्यापार का बड़ा हिस्सा बड़ा बाज़ार के व्यापारियों के हाथ में आ गया था। चूँकि बड़ा बाज़ार के व्यापारी मुख्यतः सूती कपड़े के आयात में रुचि रखते थे इसलिए मारवाड़ी चेम्बर ऑफ़ कॉमर्स की मुख्य रुचि भी उसी में हो गयी। देखें, जालान, *श्री ईश्वरदास जालान अभिनन्दन ग्रन्थ*, पृ. 119–20।
6. मारवाड़ी फर्में अदालतों में जाने से बचती थीं और अपने विवाद या तो पंचायतों में या बातचीत के ज़रिये या किसी प्रमुख मारवाड़ी की मध्यस्थता में सुलझा लेती थीं। यह आज़ादी–पूर्व के पूरे दौर में समुदाय के अन्तर्मुखी स्वभाव का लक्षण था; महज़ तीन बड़ी फर्मों ने ही अपने मामलों को अदालत तक पहुँचने दिया : ये हरददत्त राय चमड़िया, राजा शिवबक्श बागला और अजमेर के लोढ़ा समूह से सम्बन्धित विवाद थे। मारवाड़ी चेम्बर की पहले साल की रिपोर्ट के मुताबिक़ उसे 1198 विवादों की सूचना प्राप्त हुई जिनमें से 1080 का सदस्यों के लिए सन्तोषजनक निवारण कर दिया गया। चेम्बर काफ़ी तत्पर था कि मारवाड़ियों में दिवालियापन के उदाहरण कम हों।
7. बालचन्द मोदी, *देश के इतिहास में मारवाड़ी जाति का स्थान*, पृ. 612–14। साथ ही देखें, रामेश्वर प्रसाद पटोदिया, *श्री आनन्दीलाल पोद्दार स्मृति पुष्प* (कलकत्ता, एन.डी.), पृ. 96।
8. एसोसिएशन ने यह घोषणा की कि वह राजनीति में अपनी रुचि बनाये रखेगी, क्योंकि राजनीति व्यापार से गहरे रूप से जुड़ी है, टैक्नेट, *मारवाड़ी समाज*, पृ. 188। विवरणों के लिए देखें, बालचन्द मोदी, *देश के इतिहास में मारवाड़ी जाति का स्थान*, पृ. 608।
9. मारवाड़ी एसोसिएशन की 1899–1903 की रिपोर्ट ने यह कहकर इसे स्पष्ट किया : 'मारवाड़ियों ने समुदाय के हितों से जुड़े मामलों में अब परस्पर संवाद और मिलजुलकर फ़ैसले लेने की आवश्यकता और उपयोगिता को समझ लिया है। हर दिशा में ताज़ा गतिविधि के चिह्न दिखने लगे हैं और कई तो पहले ही व्यावहारिक रूप ले चुके हैं। नये संघ और सभाएँ पहले ही अस्तित्व में आ चुके हैं, और मारवाड़ी एसोसिएशन की बिना थान के वस्त्रों के कारोबार की शाखा ख़ुद में ही एक अलग और महत्त्वपूर्ण इकाई के रूप में विकसित हो गयी है, जिसका नाम है–मारवाड़ी चेम्बर ऑफ़ कॉमर्स। निस्सन्देह एक समृद्ध भविष्य की सम्भावनाएँ सामने हैं और इस बात को याद करना बड़े ही आनन्द की बात है कि इस तरह के एकजुट प्रयासों की आवश्यकता के प्रति मारवाड़ी लोगों की पहली

जागृति मारवाड़ी एसोसिएशन से हुई थी। यह देखकर इस एसोसिएशन से अधिक ख़ुशी किसी और को नहीं होगी कि जो भारी काम इसने अपने ऊपर लिया था उसको पूरा करने की ज़िम्मेदारी अब अकेले इसके कन्धों पर नहीं रह गयी है बल्कि कई अन्य संगठन भी सहर्ष उन्हें बाँटने के लिए आगे आये हैं।'

10. जालान, *श्री ईश्वरदास जालान अभिनन्दन ग्रन्थ*, पृ. 102–3।
11. अपनी स्थापना के शुरुआती वर्षों में ही इसकी आलोचना यह कहकर की जाने लगी कि ये निजी स्वार्थ के लिए और काउंसिल और म्युनिसिपैलिटी से कई तरह के पदक और अनुग्रह पाने के लिए है, बालचन्द मोदी, *देश के इतिहास में मारवाड़ी जाति का स्थान*, पृ. 610–11; इसके चार सर्वाधिक शक्तिशाली सदस्य थे– दौलतराम चोखणी, जौहरमल खेमका, रामजीदास बाजोरिया और चिमनलाल गनेरीवाला (टिम्बर मर्चेंट, जो चावल के व्यापार और ऋण देने के धन्धे में थे जिसकी शाखाएँ बर्मा में थीं)। ये लोग चौकड़ी ('गैंग ऑफ़ फोर') के रूप में जाने जाते थे और बड़े कट्टर सनातनी थे। युद्ध पूर्व वर्षों में एसोसिएशन पर उनका वर्चस्व रहा और बाद में उन्होंने एक चपकन पार्टी गठित कर ली, जिसका ये नाम इसलिए पड़ा कि वे सरकारी अधिकारियों से मिलने चपकन, चद्दर और पगड़ी युक्त औपचारिक वेश में जाते थे, जालान, *श्री ईश्वरदास जालान अभिनन्दन ग्रन्थ*, पृ. 102–3। अन्य प्रमुख रूढ़िवादी सदस्य थे जौहरमल खेमका, रामजीदास बाजोरिया, केशवराम पोद्दार, रामकुमार झुनझुनवाला, चिमनलाल गनेरीवाला और दौलतराम चोखणी। साथ ही देखें, *भागीरथ कनोडिया स्मृति ग्रन्थ* (कलकत्ता, एन.डी.)।
12. कुछ प्रमुख युवा सदस्य थे– बसन्तलाल मोरारका, पद्मराज जैन, भागीरथ कनोडिया, प्रभुदयाल हिम्मतसिंहका, सीताराम सेकसरिया, मोतीलाल लाठ, गंगा प्रसाद भोतिका और रामकुमार भुवालिका।
13. सभा ने कई समस्याओं को अपने हाथ में लिया, जैसे सुरक्षा के प्रबन्ध, बड़ा बाज़ार में नागरिक सुविधाओं में सुधार, व्यापारियों के सामने रेलवे की ओर से आने वाली मुश्किलें। इनका मानना था कि मारवाड़ी जाति अपनी रूढ़िवादिता के कारण व्यंग्य का शिकार बन रही है और वे इस छवि को सुधारना चाहते थे। प्रायः एसोसिएशन के सदस्य और पंच अंग्रेज़ी फर्मों के दलाल होते थे, जबकि नया समूह सम्भवतः स्वतन्त्र व्यापारियों का रहा होगा। वैश्य सभा का संगठन करने वालों में थे रामकुमार गोयनका, सदाराम केडिया, फूलचन्द चौधरी, रामगोपाल खेमका, बैजनाथ केडिया, देवीवक्स सर्राफ़, इत्यादि।
14. स्वदेशी आन्दोलन के विवरणों के लिए देखें, सुमित सरकार, *स्वदेशी मूवमेंट इन बंगाल*, 1903–8, (नयी दिल्ली, 1973)।
15. बालचन्द मोदी, *देश के इतिहास में मारवाड़ी जाति का स्थान*, पृ. 623–4। इसके लिए ज़्यादातर ज़िम्मेदारी सोसायटी के अध्यक्ष की थी जो बंगाली हितवादिया के मशहूर मराठी सम्पादक पण्डित सखाराम गणेश देउस्कर थे, जो तिलक के अनुयायी थे। स्वदेशी के उपयोग का प्रसार करने के लिए उन्होंने जो चर्चा शुरू की वो ज़ाहिरा तौर पर इतनी लोकप्रिय थी कि सरस्वती महाविद्यालय, जहाँ ये सभा हो रही थी, के अध्यक्ष को अचानक यूरोपीय फर्मों के अधिक प्रभावशाली दलाल व्यापारियों के कहने पर उसे भंग करना पड़ा। विवरणों के लिए देखें, *वही*, पृ. 616–26।
16. ये मतभेद बढ़ते ही गये। यहाँ तक कि 1908 में मारवाड़ी एसोसिएशन के नेतृत्व को सभा के द्वारा प्रस्तुत सुधारवादी चुनौती पर चर्चा करने के लिए एक विशेष सत्र बुलाना पड़ा, बरुआ, *राजा बलदेव दास बिरला*, पृ. 63–4। 1911 में आर्यसमाज से प्रभावित युवतर सदस्यों ने पुनः नेतृत्व को तब चुनौती दी जब मशहूर फर्म 'ताराचन्द घनश्याम दास' के मुख्य क्लर्क जयनारायण पोद्दार को एसोसिएशन के एक पदाधिकारी के रूप में प्रस्तावित किया गया। सनातनधर्मियों ने इस क़दम का विरोध एक प्रस्ताव लाकर किया। प्रस्ताव के मुताबिक़ सभी सदस्यों को *गीता* की शपथ लेकर सनातनी होने का वचन देना था। यद्यपि इस प्रस्ताव का विरोध ओंकारमल सर्राफ़ जैसे नरमपन्थियों ने किया, लेकिन जयनारायण पोद्दार को उस पद के लिए इसलिए नामित नहीं होने दिया गया कि वह न सिर्फ़ एक आर्यसमाजी थे बल्कि इससे भी अधिक सिर्फ़ एक मामूली मुनीम थे। वचन लेने के प्रस्ताव से अन्ततः एक विभाजन

हो गया और इस कारण सुधारवादियों को एसोसिएशन और उसके नियन्त्रण वाले संगठनों, जैसे कि विशुदानन्द विद्यालय, से बाहर कर दिया गया। देखें, *भागीरथ कनोडिया स्मृति ग्रन्थ*, पृ. 22। 1920 के दशक के प्रारम्भिक वर्षों में ये संघर्ष चलता ही रहा और न सिर्फ़ जमनालाल बजाज बल्कि गाँधी जैसे बड़े नेता के दखल के बावजूद ये मतभेद ख़त्म नहीं हुए। एसोसिएशन के अन्दर इन झगड़ों को विस्तार से बालचन्द मोदी की पुस्तक में दर्ज किया गया है, देखें, *देश के इतिहास में मारवाड़ी जाति का स्थान*, पृ. 579–601।

17. अस्पष्टता के इस दौर का वर्णन डी.ए. लो ने अपनी पुस्तक *साउंडिंग्स इन मॉडर्न साउथ एशियन हिस्ट्री* (लन्दन, 1968) की भूमिका में किया है।
18. द क्लब के विवरणों के लिए देखें, आर. नेवतिया, *बड़ा बाज़ार के कार्यकर्ता : संस्मरण एवं अभिनन्दन* (कलकत्ता, 1982); पृ. 38।
19. देखें, सुरंजन दास, *कम्युनल राइट्स इन बंगाल, 1905–1947* (दिल्ली, 1991) और जे.एच. ब्रूमफील्ड, *एलीट कॉन्फ्लिक्ट इन अ प्लूरल सोसायटी : ट्वेंटीथ सेंचुरी बंगाल* (बर्कले, 1968)। बृहत्तर सन्दर्भ के लिए देखें, *केनेथ मैकफैर्सन, द मुस्लिम माइक्रोकॉस्म, कलकत्ता, 1918 टु 1935* (विसबेडन, 1974)।
20. रामनिवास जाजू, *जी.डी. बिरला, अ बायोग्राफ़ी*, पृ. 67।
21. *माहेश्वरी सभा हीरक जयन्ती, 1911–47* (कलकत्ता, एन.डी.), पृ. 10–1।
22. डी.डी.शास्त्री (सम्पा.), *एक बिन्दु एक सिन्धु*, पृ. 160।
23. अखाड़ा सैकड़ों पहलवानों को एक मासिक वृत्ति देकर सहारा देता है। ये एक बड़ी वित्तीय ज़िम्मेदारी है—1970 में पहलवानों के लिए रबड़ की विदेशी चटाई की लागत 2,00,000 रुपये थी, जोसेफ़ एस. आल्टर, *द रेसलर्स बॉडी आइडेंटिटी एंड आइडियोलॉजी इन नॉर्थ इंडिया* (कैलिफोर्निया, 1992), पृ. 88–9।
24. डी.डी.शास्त्री (सम्पा.), *एक बिन्दु एक सिन्धु*, पृ. 83।
25. इनमें उल्लेख किया जा सकता है सतपाल, अशोक कुमार, सुरेश कुमार और वेदप्रकाश।
26. जोसेफ़ एस. आल्टर, *द रेसलर्स बॉडी आइडेंटिटी एंड आइडियोलॉजी इन नॉर्थ इंडिया* (कैलिफोर्निया, 1992), पृ. 70–1।
27. पहलवान और संरक्षक के सम्बन्ध पर हुई चर्चा के लिए देखें, जोसेफ़ एस. आल्टर, *द रेसलर्स बॉडी आइडेंटिटी एंड आइडियोलॉजी इन नॉर्थ इंडिया* (कैलिफोर्निया, 1992), पृ. 70–89।
28. *मारवाड़ी रिलीफ़ सोसायटी कार्यकाल स्वर्ण जयन्ती* (कलकत्ता, 1963), पृ. 6–7।
29. संस्थापक सदस्यों में थे जे.के. बिरला, ओंकारमल सर्राफ़ और हरकचन्द मोहता। शुरू के वर्षों में संस्था की कुल आय मात्र 28 रुपये प्रतिमाह थी। सहमति थी कि ख़र्चे में हुई किसी भी बढ़ोतरी को तीन संस्थापक सदस्य वहन करेंगे।
30. ये 12 'अग्रणी' माहेश्वरियों—शिवकृष्ण भवार, रामरतनदास करनानी, हरदेवदास डागा, रामप्रताप राठी, गोविन्दलाल डागा, रामचन्द्र लखोटिया, भीष्मचन्द मुधरा, सीताराम सोधानी, कन्हैयालाल लोखणी, माँगीलाल बिहानी, बिट्ठलदास कोठारी और गणपतलाल मोहता— द्वारा स्थापित किया गया था।
31. *माहेश्वरी सभा हीरक जयन्ती*, 1914–1974, पृ. 6।
32. *वही*, पृ. 7 और पृ. 46 व 48।
33. *वही*, पृ. 48। सभा के लिए रामकृष्ण मोहता के योगदान के लिए देखें, विशम्भरप्रसाद शर्मा विशारद, *स्वर्गीय रामकृष्ण जी मोहता जीवनचरित और संस्मरण* (कलकत्ता, 1941), पृ. 43।
34. विशम्भरप्रसाद शर्मा विशारद, *स्वर्गीय रामकृष्ण जी मोहता जीवनचरित और संस्मरण* (कलकत्ता, 1941), पृ. 47।
35. *माहेश्वरी सभा हीरक जयन्ती, 1914–1974* (कलकत्ता, एन.डी.), पृ.10 में ये ज्ञापित किया गया, 'सभा के मूलाधार रामकृष्ण मोहता के प्रस्ताव के द्वारा विद्यालय की स्थापना की गयी और दानवीर जुगलकिशोर बिरला उसकी स्थापना में सबसे महत्त्वपूर्ण थे।'

36. अन्य दानकर्ताओं में थे–रामकृष्ण मोहता, बांगड़, और कोठारी।
37. क्रान्तिकारी आतंकवाद का अधिकृत अध्ययन पीटर हीह्स ने किया है, *द बम इन बंगाल, द राइज ऑफ़ रिवोल्यूशनरी टेररिज़्म इन इंडिया,* (दिल्ली, 1993)। साथ ही देखें, सुमित सरकार, *स्वदेशी मूवमेंट इन बंगाल, 1903–8*। और देखें, रजत के.रे, *सोशल कॉन्फ्लिक्ट एंड पॉलिटिकल अनरेस्ट इन बंगाल, 1875–1922* (दिल्ली, 1984)।
38. आगामी वर्षों में मारवाड़ियों में सबसे प्रभावी थे पोद्दार। छोटी उम्र में ही तिलक के प्रभाव में आकर वे मारवाड़ी सहायक समिति के संस्थापक सदस्यों में एक थे, लेकिन समिति और इसकी साहित्य सम्बन्धिनी सभा से इनको तब अलग होना पड़ा जब इसके द्वारा प्रकाशित *टीकावली गीता* पर प्रतिबन्ध लगा दिया गया। 1916 में रोड्डा केस में इनको फँसाया गया और 21 महीने के लिए नज़रबन्द करने के बाद बंगाल से निष्कासित कर दिया गया। फिर इन्हें जमनालाल बजाज ने बॉम्बे आमन्त्रित किया जहाँ वे गाँधी के प्रभाव में आये। पोद्दार ने राजनीति छोड़ने का फ़ैसला किया और खुद को सामाजिक और सांगठनिक कार्यों के द्वारा हिन्दू हितों के लिए समर्पित कर दिया। जमनालाल बजाज के साथ मिलकर 1921 में उन्होंने बॉम्बे में अखिल भारतीय मारवाड़ी अग्रवाल सभा की स्थापना की। गोरक्षा महाभियान समिति को शुरू करने में उन्होंने मुख्य भूमिका निभाई। 1920 के दशक के अन्तिम वर्षों में उन्होंने गोरखपुर में एक आश्रम बनाया और गीताप्रेस शुरू की जो हर महीने कल्याण पत्रिका निकालती थी। 'हिन्दी, हिन्दू, हिदुस्तान' की भावना को पैदा करने और फैलाने में गीताप्रेस द्वारा प्रकाशित साहित्य ने अहम भूमिका निभाई। देखें, नेवतिया, *बड़ा बाज़ार के कार्यकर्ता*, पृ. 4–5।
39. इन लोगों के कामों को देखकर यह अन्दाज़ा लगाया जा सकता है कि वे क्रान्तिकारियों के साथ किस सीमा तक संलिप्त थे। सर्राफ़, जो बड़ा बाज़ार के एक सफल व्यापारी थे, मारवाड़ी सहायक समिति के संस्थापक सदस्यों में से एक थे। 1916 के रोड्डा षड्यन्त्र मामले में वे भी फँसाये गये थे। मारवाड़ी सनातन धर्म (अग्रवाल) सभा ने विधवा पुनर्विवाह का समर्थन करने के कारण उन्हें जाति से बाहर कर दिया था। 1926 में वे हिन्दू रिलीफ़ क्लब के संस्थापक सदस्य बने और अपने गृहनगर मांडवा में उन्होंने सनातन धर्म पुस्तकालय शुरू किया। बाद में उन्होंने कलकत्ता इंडस्ट्रियल बैंक स्थापित किया और मारवाड़ी ट्रेडर एसोसिएशन की स्थापना में मदद की।
40. आगे चलकर हिम्मतसिंहका घनश्याम दास के जीवनपर्यन्त सहयोगी सिद्ध हुए। उन्होंने कलकत्ता हाई कोर्ट में वकीलों की एक फर्म स्थापित की। मारवाड़ी सहायक समिति के संस्थापक सदस्य होने के कारण रोड्डा केस में उन्हें 4 साल के लिए नज़रबन्द कर दिया गया। 1912 में उन्होंने मारवाड़ी समाज छात्रावास की स्थापना की और उसके अगले साल ज्ञानवर्धिनी सभा की स्थापना में सहयोग किया। वे पिंजरापोल सोसायटी के एक कर्ता–धर्ता थे और गोरक्षा आन्दोलनों में सक्रिय थे। 1920 में 12 अन्य लोगों के साथ उन्हें भी विधवा पुनर्विवाह को बढ़ावा देने के लिए जाति से बाहर कर दिया गया था। 1927 में वे बंगाल काउंसिल के लिए चुने गये। 1937 और 1948 के बीच वे तीन बार काउंसिल के लिए चुने गये। उन्होंने 1942 के भारत छोड़ो आन्दोलन में भी हिस्सा लिया। *श्री पी.डी. हिम्मतसिंहका के साथ हुआ साक्षात्कार*, मई 1989, कलकत्ता।
41. क्रान्तिकारियों की वित्तीय सहायता करने और उनकी योजनाओं में भागीदारी करने के लिए सहाय को दिल्ली बम केस 1914 में अभियुक्त बनाया गया, टैक्नेट, *मारवाड़ी समाज*, पृ. 189–90।
42. 1916 में तिलक को समिति के सामने भाषण देने के लिए बुलाया गया, एलन रॉस, *द एमिसरी*, पृ. 26
43. हथियार और गोला–बारूद की 202 पेटियाँ रोड्डा एंड कम्पनी के एक बाबू द्वारा कस्टम से छुड़ाई गयीं, लेकिन कम्पनी के गोदाम में केवल 192 ही पहुँचाई गयीं। ग़ायब दस पेटियों में माउजर की 50 पिस्तौलें और 46,000 राउंड गोला–बारूद थे। 44 पिस्तौलें बंगाल के 9 क्रान्तिकारी समूहों में जल्दी से बाँट दी गयीं और अधिकारियों को यह सन्देह था कि ये बाद में राजनीतिक डकैती या हत्याओं के 54 मामलों में इस्तेमाल की गयीं।
44. लियोनार्ड ए. गोर्डन, *बंगाल : द नेशनलिस्ट मूवमेंट, 1876–1940* (न्यूयॉर्क, 1974), पृ. 148 में होम डिपार्टमेंट (1917, पृ. 299–301) से उद्धृत कन्फेशन ऑफ़ फणीन्द्र चक्रवर्ती। रोड्डा षड्यन्त्र केस के

लिए ये भी देखें, डेविड एम. लॉशे, *बंगाल टेररिस्ट एंड द मार्क्सिस्ट लेफ्ट, आस्पेक्ट्स ऑफ़ रीजनल नेशनलिज़्म इन इंडिया, 1905–1942* (कलकत्ता, 1975)।

45. एलन रॉस के अनुसार ये पेटियाँ घबराहट में हुगली में फेंक दी गयीं, एलन रॉस, *द एमिसरी*, पृ. 27। यह बात इसलिए सन्देहास्पद लगती है कि आने वाले सालों में क्रान्तिकारियों द्वारा पिस्तौलों का उपयोग बड़े पैमाने पर किया गया था।
46. बरुआ, *राजा बलदेव दास बिरला*, पृ. 88।
47. इस बात की पुष्टि डी.पी. मंडेलिया ने की है जो 50 साल से अधिक बिरला समूह के क़रीबी सहयोगी रहे, देखें, डी.पी. मंडेलिया, *जी.डी. बिरला : अ सुपर्ब मास्टर स्कल्प्टर* (दिल्ली, 1983), पृ. 10।
48. बरुआ, *राजा बलदेव दास बिरला*, पृ. 88।
49. एलन रॉस, *द एमिसरी*, पृ. 28।
50. जी.डी. बिरला, *इन द शैडो ऑफ़ दि महात्मा*, पृ. XV।
51. यहाँ से टेगार्ट के साथ एक लम्बे साहचर्य की शुरुआत हुई जो बाद में कलकत्ता पुलिस के कमिश्नर बने। आने वाले सालों में टेगार्ट की ख्याति बंगाल में आतंकवाद के ख़िलाफ़ सफल अभियानों के लिए हुई। उनको नाइट की उपाधि दी गयी और अवकाश प्राप्ति के बाद उन्होंने भारत की स्टेट काउंसिल के ऑफ़िस में सचिव के रूप में काम किया। भारत में उनके कार्यकाल के विस्तृत विवरण उनके निजी काग़ज़ों में सेंटर ऑफ़ साउथ एशियन स्टडीज़, कैंब्रिज में मिलते हैं। संयोगवश 1930 में बिरला समूह ने उन्हें लन्दन में अपनी व्यापारिक गतिविधियों का प्रमुख बनाया, मंडेलिया, जी.डी. बिरला : *अ सुपर्ब मास्टर स्कल्प्टर*, पृ. 58।
52. डी.पी. शर्मा, *देशभक्त उद्योग प्रवर्तक घनश्याम दास बिरला*, पृ. 58।
53. *सेडिशन कमिटी 1918 रिपोर्ट* (कलकत्ता, 1918), ये भी देखें, *जे.सी. केर्र, पॉलिटिकल ट्रबल इन इंडिया, 1907–17* (कलकत्ता, 1917)।
54. विवरण के लिए देखें, *भागीरथ कनोडिया स्मृति ग्रन्थ*, पृ. 24।
55. *बसन्तलाल मोरारका स्मृति ग्रन्थ* (कलकत्ता, 1957), पृ. 63। 'इस केस का असर और समाज में आया बदलाव केवल युवा तत्त्वों को अनुकूल बना लेने में ही नहीं था, बल्कि उससे भी कहीं ज़्यादा बड़ों द्वारा समिति और समाज पर पुनः नियन्त्रण कर लेना था।' *भागीरथ कनोडिया स्मृति ग्रन्थ*, पृ. 24। 1916 में युवा पुरुषों को सार्वजनिक रूप से प्रोत्साहित करने वाले केवल एक मारवाड़ी थे, जमनालाल बजाज। उन्होंने उनकी बहादुरी की प्रशंसा की, यहाँ तक कि एक सभा में उनके विद्रोह का जश्न मनाते हुए मिठाइयाँ भी बाँटीं, रामनारायण चौधरी, *बापू एज आई सॉ हिम* (अहमदाबाद, 1958), पृ. 62।
56. जुगलकिशोर बिरला इसकी स्थापना से लेकर 1916 तक इसके अध्यक्ष रहे। मारवाड़ी रिलीफ़ सोसायटी रजत जयन्ती, 1913–1941 (कलकत्ता, 1941), कार्यालय के पदाधिकारियों की सूची (प्रकाशक अनुपलब्ध)
57. *भागीरथ कनोडिया स्मृति ग्रन्थ*, पृ. 24।
58. *मारवाड़ी रिलीफ़ सोसायटी रजत जयन्ती*, पृ. 13।
59. 1917 में किये गये सुधार कार्यों में एक था सार्वजनिक दावतों में उपभोग और ख़र्चे में कमी लाना, नेवतिया, *श्री रामदेव चोखणी*, पृ. 78–80। एसोसिएशन और भी शक्तिशाली हो गयी जब मांटेग्यू चेम्सफोर्ड योजना के तहत उसे सेंट्रल लेजिस्लेटिव असेम्बली और बंगाल लेजिस्लेटिव काउंसिल में एक–एक सीट दे दी गयी।
60. जी.डी. बिरला, *इन द शैडो ऑफ़ दि महात्मा*, पृ. XIV।
61. एक स्कूल मानसेर में खोला गया और उसके बाद कई सारे हिसार ज़िले में लक्ष्मणगढ़ और बेहल में, और राजस्थान के दूसरे गाँवों में, *मारवाड़ी रिलीफ़ सोसायटी रजत जयन्ती*, पृ. 11–12। साथ ही देखें, डी.पी. शर्मा, *देशभक्त उद्योग प्रवर्तक घनश्याम दास बिरला*, पृ. 15।
62. जी.डी. बिरला, *गाँधीजी का प्रथम दर्शन*, जीवनसाहित्य (सस्ता साहित्य मण्डल प्रकाशन, सितम्बर, 1983)।

63. राष्ट्रवादी राजनीति में व्यापारी वर्ग की महत्त्वपूर्ण भूमिका के लिए देखें, डी.ए. लो, 'द फॉरगॉटन बनिया : मर्चेंट कम्युनिटीज़ एंड द इंडियन नेशनल काँग्रेस' (सम्पा.), *इंडियन नेशनल काँग्रेस : सेंटेनरी हाइंडसाइट्स* (दिल्ली, 1998)।

64. जी.डी. बिरला, *गाँधीजी का प्रथम दर्शन*।

65. *वही*। दुर्भाग्यवश बिरला को लिखा गाँधीजी का पहला पत्र उपलब्ध नहीं है।

66. *बसन्तलाल मोरारका स्मृति ग्रन्थ*, पृ. 64।

67. विवरण के लिए देखें, बरुआ, *राजा बलदेव दास बिरला*, पृ. 91।

68. *भागीरथ कनोडिया स्मृति ग्रन्थ*, पृ. 25।

69. *बसन्तलाल मोरारका स्मृति ग्रन्थ*, पृ. 82–3।

70. इस सत्र में मारवाड़ियों में शिक्षा के स्तर को सुधारने के लिए प्रस्ताव पारित किये गये; सामाजिक सुधारों में शादी की न्यूनतम आयु नियत करने, विवाह और मृत्यु के अवसरों पर ख़र्च को कम करने; बिना मुक़दमेबाज़ी में गये मतभेदों का निवारण करने; हिन्दी भाषा को बढ़ावा देने, हिन्दी में एक समाचार–पत्र शुरू करने; और गोरक्षा के लिए प्रस्ताव पास किये गये। सरकार की साम्राज्यवादी प्राथमिकता की नीति की आलोचना की गयी, मारवाड़ियों को स्वदेशी अपनाने और उद्योगों को बढ़ावा देने के लिए संयुक्त पूँजी कम्पनियों की स्थापना करने के लिए कहा गया। विवरण के लिए देखें, बजरंगलाल कन्हैयालाल झुनझुनवाला, *मारवाड़ी सुधार* (कलकत्ता, संवत् 1976)। ये देखना रोचक है कि रूढ़िवादी और सुधारवादी दोनों ही समुदाय को उद्योगों में प्रवेश करने के लिए प्रेरित कर रहे थे। 1913 से ही मारवाड़ी एसोसिएशन अपने सदस्यों को 'रॉकफेलर, कार्नेगी और टाटा' के उदाहरणों का अनुसरण करने के लिए कह रही थी। कई अहम मुद्दों पर आम सहमति नज़र आ रही थी, जैसे आधुनिक व्यापारिक सूचनाओं और व्यापार के तरीक़ों को हासिल करना; सारे झगड़ों को आन्तरिक रूप से ही हल करने की आवश्यकता; गोरक्षा; हिन्दी को बढ़ावा; 'जाति–शक्ति' का विकास, और सबसे बढ़कर उद्योगों में प्रवेश करने की ज़रूरत। मतभेद प्रायः सामाजिक मुद्दों के इर्द–गिर्द थे, जैसे विधवा पुनर्विवाह, और उससे भी अधिक इस बात पर कि राष्ट्रवादियों को समर्थन किस रूप में दिया जाये, *मारवाड़ी जाति के कर्तव्य, कलकत्ता मारवाड़ी एसोसिएशन एनुअल फंक्शन : बाबू रंगलाल पोद्दार* (संवत्, 1979)। बॉम्बे में महासभा के दूसरे सत्र में गाँधी को आमन्त्रित किया गया था। दक्षिण भारत में हिन्दी–प्रचार के लिए उनकी अपील पर उपस्थित सदस्यों ने 50,000 रुपये इकट्ठे किये। समुदाय की सहायता के लिए छह लाख रुपये का अग्रवाल सहायक कोष भी स्थापित किया गया, देखें, *बसन्तलाल मोरारका स्मृति ग्रन्थ*, पृ. 65।

71. पद्मराज जैन और अम्बिकाप्रसाद वाजपेयी को यह ज़िम्मेदारी दी गयी कि वे सारी दुकानों को बन्द करवाकर हड़ताल को सफल बनायें।

72. 6 अप्रैल की मीटिंग की रिपोर्ट में ये टिप्पणी थी कि 'अधिकतर श्रोता दूर इलाक़ों के हिन्दू, मारवाड़ी और मुसलमान थे।' बेदॉन चौराहे पर 11 तारीख़ को हुई मीटिंग में शामिल हुए 'छह हज़ार लोगों में अधिकतर मारवाड़ी, भाटिया और दूर देहात के लोग थे।'

73. पर्चे बाँटे गये जिनमें लोगों को गाँधी की रिहाई और रोलेट एक्ट को वापस लेने के लिए दबाव बनाये रखने की अपील की गयी।

74. कलकत्ता शहर में रोलेट सत्याग्रह पर रिपोर्ट; आर.क्लार्क, पुलिस कमिश्नर की ओर से बंगाल की सरकार के मुख्य सचिव को, *एस्सेस ऑन गाँधियन पॉलिटिक्स, द रोलेट सत्याग्रह ऑफ़ 1919* (सम्पा, आर. कुमार, ऑक्सफोर्ड, 1971)।

75. दोनों मारवाड़ी अग्रवाल महासभा के सदस्य थे और मारवाड़ी एसोसिएशन के भीतर दोनों सुधारवादियों के नेता थे।

76. आर.कुमार (सम्पा), *एस्सेस ऑन गाँधियन पॉलिटिक्स, द रोलेट सत्याग्रह ऑफ़* 1919।

77. *वही*, पृ. 342।

78. *वही*।

79. साक्षात्कार के दौरान गवर्नर ने ज़ाहिरा तौर पर शहर में उन्हें उनके आप्रवासी दर्जे व अनिश्चित स्थिति का स्मरण कराया, आर. नेवतिया, *श्री रामदेव चोखणी*, पृ. 117।
80. *वही*, पृ. 117। साथ ही देखें, *बसन्तलाल मोरारका स्मृति ग्रन्थ*, पृ. 35।
81. तब तक मित्र–मण्डली के युवा, जो बड़ी मारवाड़ी फर्मों में मुलाजिम थे, अपनी नौकरी छोड़कर स्वतन्त्र व्यापारी बन गये थे। इसका परिणाम ये हुआ कि वे अधिक आत्मविश्वास से भर गये और सनातनियों का विरोध और भी ज़ोर से करने लगे। *भागीरथ कनोडिया स्मृति ग्रन्थ*, पृ. 27।
82. 'गिविंग इन एशिया : अ सिम्पोज़ियम' की भूमिका में मेरी एलिज़ाबेथ बैरी बताती हैं कि हालाँकि जनहितार्थ दान के पीछे कई तरह के सरोकार थे लेकिन मुख्य भावना सम्मान या साख पाने की थी, *जर्नल ऑफ़ एशियन स्टडीज़*, वॉल्यूम–46, नम्बर–2, में मई 1987, पृ. 305–8।
83. इन आन्दोलनों के विवरणों के लिए देखें, ज्ञानेन्द्र पाण्डेय, *द कंस्ट्रक्शन ऑफ़ कम्युनलिज़्म इन नॉर्थ इंडिया* (नयी दिल्ली, 1990)। शायद इन आन्दोलनों की ताक़त के पीछे आंशिक कारण वह मज़बूत समर्थन था जो उन्हें हिन्दू व्यापारी समूहों से मिल रहा था।
84. डी.डी. शास्त्री (सम्पा.) *एक बिन्दु एक सिन्धु*, पृ.116।
85. इसके संस्थापक सदस्यों में थे रामचन्द्र गोयनका, सूरजमल झुनझुनवाला, जुगलकिशोर रुइया, बद्रीदास–मुकीम और शिवबक्श बागला (टिम्बर के बड़े व्यापारी जिनका चावल का व्यापार और महाजनी का काम भी था और उनकी शाखाएँ बर्मा तक थीं)।
86. *भागीरथ कनोडिया स्मृति ग्रन्थ*, पृ. 23।
87. *माहेश्वरी सभा हीरक जयन्ती*, 1914–1974, पृ. 6 और 9।
88. *कैपिटल*, 7 फ़रवरी 1920।
89. *वही*।
90. बरुआ, *राजा बलदेव दास बिरला*, पृ. 167।
91. डगलस ई. हेन्स के मुताबिक़ सूरत के व्यापारियों ने लोकोपकार के आधुनिक रूपों को अपनाना शुरू किया जिनमें विक्टोरियाई मूल्यों का सामंजस्य था, जिससे राजनीतिक आकाओं के साथ उनके सुरक्षित और स्थायी सम्बन्ध स्थापित हो पाये। इसके विपरीत बिरलाओं के लोकोपकारी कार्य अधिक जटिल स्वभाव के थे : उनके शुरुआती परोपकारी कार्य देखकर ऐसा नहीं लगता कि वे विक्टोरियाई मूल्यों का सामंजस्य राजनीतिक आकाओं को खुश करने के लिए कर रहे थे। वे अभी तक लोकहित के पारम्परिक और धार्मिक विचारों से ही प्रेरित थे। हालाँकि 1920 में महत्त्वपूर्ण परिवर्तन आये जो उपहार देने की राजनीति पर गाँधी की राजनीति के असर के हेन्स द्वारा किये विश्लेषण के क़रीब है। देखें, डगलस ई. हेन्स, 'फ्रॉम ट्रिब्यूट टु फिलेन्थ्रोपी, द पॉलिटिक्स ऑफ़ गिफ्ट गिविंग इन अ मॉडर्न इंडियन सिटी', *जर्नल ऑफ़ एशियन स्टडीज़*, वॉल्यूम–46, नम्बर–2, मई 1987, पृ. 339–60। यह भी देखें, *रेटॉरिक एंड रिचुअल इन कोलोनियल इंडिया, द शेपिंग ऑफ़ अ पब्लिक कल्चर इन सूरत सिटी, 1850–1928* (बर्कले, 1991)।
92. *कैपिटल*, 17 मई 1920।
93. गौतम के. सरकार, *जूट इन इंडिया, एन इकोनॉमिक एनेलिसिस* (कलकत्ता, 1989), पृ. 7।
94. जी.डी. बिरला, भूमिका, *इन द शैडो ऑफ़ द महात्मा, अ पर्सनल मेमॉयर* (बॉम्बे, 1959); ये भी देखें, *कॉमर्स, 25 जून 1983*।
95. डी. रोदरमंड, *एन इकोनॉमिक हिस्ट्री ऑफ़ इंडिया* (लन्दन, 1988), पृ. 72–3।
96. बरुआ, *राजा बलदेव दास बिरला*, पृ. 83।
97. जब समुदाय ने डालमिया को दिवालिया घोषित कर दिया तो वह अपनी हताशा में चाँदी के सट्टा व्यापार में लग गये। उन्होंने ये दावा किया कि एक मित्र से उन्होंने 50 रुपये उधार लिए और एक कारोबारी सूचना के आधार पर चाँदी के सट्टे में कुछ सौदे किये। उन्होंने अप्रत्याशित लाभ कमाया जिसका उन्होंने पुनः निवेश कर दिया। यह एक सप्ताह तक चलता रहा जिसके अन्त में उन्होंने पाया कि

वे डेढ़ लाख रुपये के आसामी हो गये हैं। उन दिनों मारवाड़ियों में ऐसे क़िस्से असामान्य नहीं थे। सेठ रामकृष्ण डालमिया, *सम नोट्स एंड रेमिनिसिस* (बॉम्बे, 1948)। डालमिया पर ये भी देखें, *अ शॉर्ट स्केच ऑफ़ बिगनिंग ऑफ़ माई लाइफ एंड अ गाइड टु ब्लिस* (नयी दिल्ली, 1962)।

98. रेमंड के रैनफोर्ड, *द नॉन ऑफ़िशियल ब्रिटिश इन इंडिया टिल 1920* (नयी दिल्ली, 1987), पृ. 358।
99. अन्य थे सरूपचन्द, हुकुमचन्द, केशवराम पोद्दार, बांगड़ ब्रदर्स और बलदेव दास दूधवावल्ला, ए.के. बागची, *प्राइवेट इनवेस्टमेंट इन इंडिया,1900–39* (कैम्ब्रिज, 1972)।
100. 1918–19 तक कलकत्ता बेल्ड जूट एसोसिएशन में निर्यात करने वाली मारवाड़ी फर्मों की सदस्यता 63 फ़ीसदी हो गयी थी, जिसके रोस्टर में ऐसे नाम थे–बिरला, सरूपचन्द हुकुमचन्द, सूरजमल नागरमल, ओंकारमल जटिया और रणदत्त रामरिखदास, ओंकार गोस्वामी, 'दैन केम द मारवाड़ीज़ : सम आस्पेक्ट्स ऑफ़ द चेंजेस इन द पैटर्न ऑफ़ इंडस्ट्रियल कंट्रोल इन ईस्टर्न इंडिया, आई.ई.एस.एच.आर, वॉल्यूम 22, नम्बर–3 (1985), पृ. 225–48।
101. उदाहरण के लिए जब जूट के शेयर की क़ीमतें बढ़ीं तो जूट के साधारण शेयर दलाल बांगड़ करोड़पति बन गये। ये माना जाता था कि केशवराम पोद्दार ने टाट और जूट के व्यापार और सट्टेबाज़ी में आने के बाद दो से चार करोड़ रुपये कमाये, रजत रे, सोशल *कॉन्फ्लिक्ट एंड पोलिटिकल अनरेस्ट इन बंगाल, 1875–1927*, पृ. 228, एन.।
102. गौतम के. सरकार, *जूट इन इंडिया, एन इकोनॉमिक एनेलिसिस* (कलकत्ता, 1989)। *द कैपिटल* ने 12 मई 1916 को ये लिखा : 'उद्योग में तैयार माल का अंश बढ़ रहा है और पिछले 18 महीनों से पहले उसने कभी भी ऐसी असाधारण उछाल नहीं मारी है।' उद्योग की बढ़ती समृद्धि पर उसने टिप्पणी की : 'कारोबारी अनुबन्ध इतने लाभकारी रहे हैं कि एक डंडी फर्म द्वारा की गणना के मुताबिक़ पिछले 12 महीनों में राष्ट्रीय कोष में उसका योगदान 10 लाख स्टर्लिंग तक रहा।'
103. जैसी कि 25 मई 1922 को *द कैपिटल* ने टिप्पणी की : 'युद्ध के दौरान कलकत्ता की जूट मिलों की विलक्षण समृद्धि को देखकर भारतीय व्यापारिक समुदायों, विशेषकर मारवाड़ियों, के मुँह में पानी आ गया...। भारतीयों को क्यों नहीं जूट उत्पादन और कपास उत्पादन के व्यापार में अपना वर्चस्व बनाये रखना चाहिए? मारवाड़ी इस स्थिति को पूरी तरह अपने हक में निचोड़ लेने के लिए कटिबद्ध थे।'
104. जाजू, *जी.डी. बिरला, अ बायोग्राफ़ी*, पृ. 69।
105. बड़ी एजेंसियों में थीं : एंड्रयू यूल एंड कम्पनी, बर्ड एंड कम्पनी, एफ.डब्ल्यू. हेलगर्स एंड कम्पनी, थॉमस डफ एंड कम्पनी, जार्डिन स्किनर एंड कम्पनी, एंडरसन, राइट एंड कम्पनी, कैटलवेल बुलेन एंड कम्पनी।
106. 1909 से बंगाल लेजिस्लेटिव काउंसिल में इसकी एक सीट थी और इसका एक प्रतिनिधि कलकत्ता पोर्ट ट्रस्ट में भी था।
107. बागची, *प्राइवेट इन्वेस्टमेंट इन इंडिया*, पृ. 264।
108. *कैपिटल*, 11 अगस्त 1916। उदाहरण के लिए 1916 में स्थापित एलबियॉन जूट मिल में प्रति लूम क़ीमत थी 9266 रुपये।
109. *कैपिटल*, 7 अक्टूबर 1920।
110. डी.पी.शर्मा, *देशभक्त उद्योग प्रवर्तक घनश्याम दास बिरला*, पृ. 22।
111. दूसरी नयी मारवाड़ी जूट कम्पनी सरूपचन्द हुकुमचन्द की लगाई गयी पूँजी 80 लाख रुपये थी, और प्रति शेयर चुकता क़ीमत 10 रुपये थी जबकि उसका बाज़ार–भाव 11 रुपये था।
112. दिलीप ठाकौर, 'अ लीजेंड इन हिज लाइफ़टाइम', *बिज़नेस वर्ल्ड*, 30 मार्च–12 अप्रैल 1981।
113. 1919 में पंजीकृत हो जाने के बावजूद उन्होंने 1922 तक काम शुरू नहीं किया। हल्वासिया मिल की स्थापना होती हुई नज़र नहीं आती क्योंकि *कैपिटल* में इसके पंजीकरण के बारे में कोई उल्लेख नहीं मिलता।

114. ओंकार गोस्वामी, 'कोलाबोरेशन एंड कॉन्फ्लिक्ट : यूरोपियन एंड इंडियन कैपिटलिस्ट एंड द जूट इकोनॉमी ऑफ़ बंगाल 1919–39', *आई.ई.एस.एच.आर.*, वॉल्यूम–19, नम्बर–2, पृ. 143।

115. जे.सरकार के अनुसार, 'द बिगनिंग्स इन कलकत्ता', *इकोनॉमिक टाइम्स* (26 जून 1983)। ये विवाद लम्बी वैधानिक लड़ाई में तब्दील हो गया जिसका अन्त प्रिवी काउंसिल में हुआ, जहाँ घनश्याम दास दोषमुक्त साबित हुए।

116. डी.पी.शर्मा, *देशभक्त उद्योग प्रवर्तक घनश्याम दास बिरला*, पृ. 26।

117. जैसा कि *कैपिटल* ने टिप्पणी की : 'बॉम्बे के पारसियों और भाटियाओं की तरह ही कलकत्ता के मारवाड़ियों ने पहली ही बार में ग्रेट ब्रिटेन के मिल प्रबन्धकों को अपने यहाँ रखने की आवश्यकता को पहचान लिया,' *कैपिटल*, 25 मई 1922।

118. डी.पी. मंडेलिया, 'द सुपर्ब मास्टर स्कल्पटर', *द ग्लोरियस नाइंटी ईयर्स : जी.डी. बिरला*, 1894–1983, पृ. 97।

119. देखें, गौतम के. सरकार, *जूट इन इंडिया एंड इकोनॉमिक एनेलिसिस* (कलकत्ता, 1989)।

120. डी.एच. बुकानन, *द डेवलपमेंट ऑफ़ कैपिटलिस्टिक एंटरप्राइज इन इंडिया* (न्यूयॉर्क, 1934), पृ. 253।

121. बी.के. बिरला, *अ रेयर लीगेसी*, पृ. 214–5।

122. आर.के. गुप्ता, *ट्वेंटी फाइव ईयर्स विद श्री जी.डी. बिरला*, पृ. 48।

123. *वही*, पृ. 25।

124. *कैपिटल*, 14 अक्टूबर 1920।

125. *बिरला बन्धुओं की देशसेवा*, पृ. 43।

126. बालचन्द मोदी, *देश के इतिहास में मारवाड़ी जाति का स्थान*, पृ. 560। सबसे छोटे भाई ब्रजमोहन बाद तक भी व्यापार में शामिल नहीं हुए।

अध्याय 3

दायरे का विस्तार : सार्वजनिक भूमिका की तलाश

1920–1926

1920 का दशक घनश्याम दास (आगे इन्हें बिरला ही लिखेंगे) के लिए शायद उनके जीवन के सबसे सुखद क्षण थे। लगभग दो पीढ़ियों तक कलकत्ता में अकेले रह रहे पुरुषों के बीच अब परिवार की महिलाएँ भी रहने आ गयी थीं। पहल जुगलकिशोर और घनश्याम दास ने अपनी पत्नियों और बच्चों को लाकर की थी। शुरुआती दिनों में परिवार ज़कारिया स्ट्रीट के एक भाड़े के मकान में रहा। बाद में भाइयों ने शहर के बाहरी इलाक़े, 6–रेनी पार्क में एक मकान ख़रीद लिया। हालाँकि बढ़ रहे परिवार के लिए यह जगह भी पर्याप्त न थी। 1919 में बिरला ने पहली बार रियल स्टेट में बड़ी ख़रीद की। उन्होंने टैगोर के पैतृक निवास गार्डेन हाउस, जो 19 बीघे के क्षेत्र में फैला था, की ख़रीदी 4 लाख रुपयों में की। बिरला ने यहाँ एक ऐसा भवन बनाने की योजना तैयार की जिससे पूरा बिरला ख़ानदान एक छत के नीचे रह सके। पूरे निर्माण कार्य की ज़िम्मेदारी उस समय की मशहूर आर्किटेक्ट फर्म एन. गुइन को सौंपी गयी। फर्म ने विक्टोरिया शैली का नक़्शा तैयार किया। इस भवन को नाम दिया गया बिरला पार्क, और पूरा परिवार 1923 में इसमें रहने के लिए आ गया। हालाँकि रामेश्वर दास बॉम्बे में रहते थे, ब्रजमोहन की शादी नहीं हुई थी और बलदेव दास सेवानिवृत्ति का जीवन बनारस में बिता रहे थे, पर इस नये घर में हर भाई के परिवार के लिए अलग विंग बनायी गयी थी। इस मकान में आधुनिक सुख–सुविधा के सारे सामान उपलब्ध थे। टेलीफ़ोन सुविधा के साथ ही दो घोड़ों की बग्घी भी रखी गयी। बिरला की पत्नी महादेवी के लिए यह सब एक सुखद स्वप्न की तरह था क्योंकि अब तक वे शेखावाटी क्षेत्र की विषम परिस्थितियों में रहती आयी थीं। इनके परिवार में अब छह बच्चे थे, पाँच उनके अपने, और लक्ष्मीनिवास जो पहली पत्नी से थे। लक्ष्मीनिवास को जुगलकिशोर ने दत्तक बना लिया था क्योंकि उनके ख़ुद की सन्तान न थी। महादेवी और घनश्याम दास की सबसे बड़ी सन्तान चन्द्रकला थीं जिनका जन्म 1914 में उस समय हुआ जब बिरला रोड्डा मामले में छिपते हुए घूम रहे थे। उसके बाद दूसरे नम्बर पर कृष्ण कुमार (जन्म अक्टूबर 1917), बसन्त कुमार (जन्म 1921) और दो बेटियाँ अनुसूइया (जन्म 1923) और शान्ति (जन्म 1924) थीं। बच्चे बिरला पार्क में आनन्दित थे और उन्हें उस क्षण का

ख़ासकर इन्तज़ार रहता था जब वे कोचवान अब्दुल के साथ बग्घी में बैठकर इडेन गार्डन जाते थे जहाँ शाम को बैंड बजाया जाता था।

पीछे मुड़कर देखने पर पता चलता है कि जहाँ ये साल बिरला के लिए काफ़ी सुख के थे वहीं उनकी व्यस्तता भी काफ़ी बढ़ गयी थी। इस दौर में उनके नये व्यवसाय विभिन्न क्षेत्रों में बढ़ने लगे थे। बिरला जूट में तुरन्त ही उत्पादन शुरू हुआ था और उसमें स्थिरता आनी शेष थी। साथ ही दिल्ली की बिरला कॉटन, स्पिनिंग एंड वीविंग मिल पर भी ध्यान देना ज़रूरी था जिसका तुरन्त अधिग्रहण किया गया था। आगे भी नये प्रस्तावों पर विचार किया जाना ज़रूरी था जिनमें दम नज़र आता हो। इनमें ग्वालियर के महाराजा का उनके प्रिंसली स्टेट में उद्योग लगाने का निमन्त्रण विशेष महत्त्व का था, जहाँ बाद में जियाजी राव कॉटन मिल्स स्थापित की गयी। परिवार के भीतर बिरला की ज़िम्मेदारियाँ बढ़ गयी थीं, क्योंकि 1920 में पिता की तरह जुगलकिशोर ने भी आध्यात्मिक झुकाव में समय से पूर्व सेवानिवृत्ति ले ली थी।[1] 1920 के दशक तक पूरे व्यवसाय की देखरेख बिरला के कन्धों पर आ गयी। व्यावसायिक व्यस्तताओं के साथ–साथ सार्वजनिक कार्यों में भी इनकी ज़िम्मेदारी बढ़ने लगी थी। इस समय तक वह मारवाड़ी एसोसिएशन, मारवाड़ी रिलीफ़ सोसायटी और माहेश्वरी सभा के प्रमुख सदस्य के रूप में जाने जाने लगे थे।

बंगाल काउंसिल में प्रवेश

मारवाड़ी एसोसिएशन में बिरला की सक्रियता को देखते हुए बंगाल के गवर्नर लॉर्ड रोनाल्डशे ने इन्हें जनवरी 1921 में बंगाल विधान परिषद् में नामित करने का फ़ैसला किया। भारत के सेक्रेटरी ऑफ़ स्टेट एडविन मांटेग्यू को इस बाबत समझाते हुए रोनाल्डशे ने लिखा कि :

> मारवाड़ी गाँधी के कट्टर समर्थक हैं और लिहाज़ा उनकी असहयोग की नीति के भी। ये बड़े रूढ़िवादी और भावुक लोग हैं और गाँधी जैसे आदमी द्वारा ये वादा करके आसानी से साथ ले लिए गये हैं कि उनकी इस धरती पर पश्चिमी सभ्यता का ख़ात्मा हो जायेगा और हिन्दू प्रभुत्व वाले स्वर्णयुग की वापसी होगी। जैसा कि आप जानते हैं कि वे काफ़ी धनी हैं और असहयोगियों की अहम वित्तीय मदद कर सकते हैं। उनके यहाँ कुछ वरिष्ठ लोग हैं जो समुदाय के युवाओं की इस मौजूदा प्रवृत्ति को नापसन्द करते हैं और उन्हें राजनीतिक अतिवाद में नहीं जाने देना चाहते। घनश्याम दास बिरला इस समूह के एक सक्षम प्रतिनिधि हैं।[2]

इस प्रकार मारवाड़ी समुदाय के व्यावसायिक हितों के प्रतिनिधि के रूप में बिरला का पदार्पण 27 वर्ष की अवस्था में विधान परिषद् में हुआ। इस नामांकन में सर बद्रीदास गोयनका जैसे कई मारवाड़ी दिग्गजों की अनदेखी गवर्नर ने की। अधिकारियों का मानना था कि बिरला मारवाड़ियों की नयी पीढ़ी के बीच काफ़ी लोकप्रिय हैं और उन पर भरोसा किया जा सकता है। इसके अलावा युद्ध–कोष में परिवार द्वारा किया गया तगड़ा दान और रोलेट विरोध के दौरान राजनीति से अपने को बिल्कुल अलग रखने की बात भी उन्हें चुनने के पक्ष में गयी होगी।

फिर भी बिरला ने बंगाल विधान परिषद् के सदस्य के रूप में कोई ख़ास सक्रियता नहीं दिखायी। उन्होंने अपने कार्यकाल में सिर्फ़ छह बार मत डाला। शुरुआती सत्र में बजट के लिए उन्होंने समर्थन में अपना मत दिया। सत्र की शुरुआत के दो महीने बाद उन्होंने सिर्फ़

एक बार ही विधान परिषद् में हस्तक्षेप किया। उन्होंने सफ़ाई की चिन्ताजनक स्थिति और बड़ा बाज़ार में बढ़ती मृत्युदर को लेकर सवाल उठाया। उन्होंने जानना चाहा कि सरकार स्थितियों में सुधार करने के लिए क्या क़दम उठा रही है। उन्होंने इस क्षेत्र में प्रस्तावित पार्क के मुद्दे को लेकर भी सवाल उठाया।[3] साफ़–सफ़ाई के मामले पर मारवाड़ी एसोसिएशन लम्बे समय से कलकत्ता कॉरपोरेशन और कलकत्ता सुधार ट्रस्ट में अपना अभियान चलाए हुए थी।[4] अप्रैल 1921 में परिषद् के दूसरे सत्र में सरकार द्वारा पुलिस को अतिरिक्त राशि देने और 24 परगना ज़िले में पुलिस की संख्या बढ़ाने को लेकर जो प्रस्ताव रखा गया उसका बिरला ने समर्थन किया। जुलाई के अगले सत्र में परिषद् की कार्रवाई को सिर्फ़ बंगाली भाषा में ही प्रकाशित किये जाने के प्रस्ताव पर भी उन्होंने प्रस्ताव का विरोध करते हुए सरकार का पक्ष लिया। अगस्त–सितम्बर की बैठक में परिषद् में महिलाओं के मताधिकार के सम्बन्ध में एक बिल रखा गया; बिरला ने महिलाओं को मताधिकार दिये जाने के विरोध में मत दिया। शीतकालीन सत्र में उन्होंने सिर्फ़ दो अवसरों पर मत दिया। पहला खुलना ज़िले में किसानों के असन्तोष के कारण सर्वे और बन्दोबस्त कार्य के स्थगन के प्रस्ताव पर और दूसरा अनुदानों की एक माँग पर। इन दोनों ही अवसरों पर बिरला ने सरकार के पक्ष में मत दिया। इस अवधि में बंगाल किराया संशोधन बिल (1921 जुलाई) और बजट पर बहस (1922 फ़रवरी) जैसी कई चर्चाएँ हुईं मगर बिरला इसमें शामिल नहीं हुए।[5]

बिरला इन वर्षों में अपनी व्यावसायिक प्रतिबद्धताओं के दबाव के कारण परिषद् की बैठकों में हिस्सा नहीं ले पा रहे थे। इसके अलावा अभी उन्हें विधायी राजनीति की दुनिया के अपने अलिखित कायदों के मुताबिक़ यहाँ अपने पैर जमाने थे। हालाँकि उनके मत सरकारी पक्ष में ही ज़्यादा गिरे थे मगर उन्होंने इस बात का बराबर ध्यान रखा कि खुलकर किसी के साथ नहीं जाना है और विवाद वाली चर्चाओं से अपने को अलग रखना है। बहस में हिस्सा न लेने का एक कारण यह भी हो सकता है कि बिरला सार्वजनिक सम्भाषण की कला के माहिर नहीं थे। इसके अलावा बंगाल विधान परिषद् में तर्क–वितर्क के एक से एक धुरन्धरों के बीच बिरला बोलने में अवश्य ही भयभीत महसूस करते रहे होंगे।

बिरला को परिषद् की कई समितियों, मसलन पब्लिक एकाउंट्स कमेटी और हावड़ा ब्रिज की फाइनेंस कमेटी, में नामित किया गया था।[6] अपने ओहदे का उपयोग उन्होंने मारवाड़ी समुदाय के हितों को ध्यान में रखकर किया। जैसे हावड़ा ब्रिज की फाइनेंस कमेटी (1923) में उन्होंने पुल के निर्माण का विरोध, बहुमत रिपोर्ट की इसके पक्ष में संस्तुति होने के बावजूद किया।[7] उनका विरोध इसलिए था कि पुल के निर्माण का प्रतिकूल असर मारवाड़ी हितों पर पड़ेगा। डर था कि बड़ा बाज़ार के निकट प्रस्तावित इस पुल के कारण मारवाड़ियों के ऊपर टैक्स का भार आयेगा, उनसे इसकी लागत में योगदान के लिए कहा जायेगा। इसके अलावा इस इलाक़े की ज़मीन–जायदाद की क़ीमतों पर भी प्रतिकूल प्रभाव पड़ने की आशंका थी।[8] अपने क्षेत्र के मारवाड़ियों के हितों को ध्यान में रखते हुए बिरला ने इस पुल का विरोध यह कहते हुए किया कि इसकी लागत बहुत अधिक है।[9] उस समय के प्रतिष्ठित अख़बार 'बंगाली' ने भी उनकी बात का समर्थन किया।[10] कमेटियों और विधान परिषद् में बिरला की गतिविधियों में उनका अपना नज़रिया बिल्कुल मारवाड़ी जैसा ही दिखता है। वह अपने को बड़ा बाज़ार का प्रतिनिधि मानते थे इसलिए उनकी अधिकांश गतिविधियाँ उसी के इर्द–गिर्द सीमित थीं।

प्रेस के शहंशाह

भले ही बंगाल काउंसिल में बिरला की भूमिका मारवाड़ी व्यवसायियों के प्रतिनिधि की रही हो पर इस दौरान उन्होंने अपना सामाजिक दायरा बढ़ाने की पूरी कोशिश की। इस बात की पुख़्तगी उनके द्वारा कलकत्ता के दो मशहूर अंग्रेज़ी अख़बारों के अधिग्रहण से होती है। 1920 में बिरला ब्रदर्स ने कलकत्ता के एकमात्र सान्ध्य अख़बार 'एम्पायर' को ख़रीदा।[11] यह यूरोपीय स्वामित्व वाले 'कॉमर्स' प्रकाशन का अख़बार था और इसमें ज़्यादातर व्यावसायिक ख़बरें छपती थीं। नये मालिक के रूप में बिरला ने घोषणा की कि इसकी सम्पादकीय नीतियाँ यथावत रहेंगी। सिर्फ़ एक परिवर्तन उन्होंने अख़बार के 'मास्टहेड' में किया। अख़बार का नाम 'एम्पायर' से बदलकर 'न्यू एम्पायर' कर दिया गया।[12] नाम का यह परिवर्तन किसी मध्यान्तर के बजाय निरन्तरता का द्योतक था और महत्त्वपूर्ण रूप से 'एम्पायर' (साम्राज्य) शब्द को बनाये रखा गया जो भारतीय स्वामित्व वाले प्रेस की बढ़ रही उग्रता को देखते हुए एक ख़ास बात थी।[13] ख़ुद को सबसे पहले और मुख्य रूप से व्यवसायी मानते हुए नये मालिकों ने घोषणा की कि अख़बार में दो स्तरीय नीतियाँ होंगी : (क) 'व्यापार, वाणिज्य, वित्त और उद्योग सम्बन्धी मामलों की चर्चा', और (ख) व्यावसायिक हितों की हिफ़ाज़त और संवर्धन।[14] 'न्यू एम्पायर' ने वित्तीय और औद्योगिक विषयों की प्रमुखता के साथ–साथ विधान परिषद् की कार्यवाहियों और खेल की ख़बरों को भी प्रधानता देना शुरू किया जो एक सान्ध्य दैनिक की ज़रूरत थी। इस प्रकार 'न्यू एम्पायर' और इसके नये मालिकों ने अपनी सम्पादकीय खाके में बड़ी सफ़ाई से ख़ुद को ख़तरनाक राजनीतिक मुद्दों से अलग कर लिया। कलकत्ता के अंग्रेज़ी प्रेस ने स्वामित्व परिवर्तन को एक अच्छे शगुन की तरह देखा। 'कैपिटल' ने लिखा कि 'न्यू एम्पायर' का बिरला द्वारा अधिग्रहण 'इस बात की गारंटी है कि क़ानून और व्यवस्था की दृष्टि से अख़बार अहम साबित होगा।'[15]

1922 में बिरला समूह ने एक अन्य अंग्रेज़ी दैनिक 'बंगाली' का अधिग्रहण किया, जिसे नरम दल दौर के प्रख्यात राजनेता सर सुरेन्द्रनाथ बनर्जी ने शुरू किया था। बिरला ने यह अधिग्रहण कासिम बाज़ार के महाराजा के साथ मिलकर और सर सुरेन्द्रनाथ की सहमति से किया। 'बंगाली' हमेशा से एक 'स्वतन्त्र उदार मुखपत्र' रहा था। नये प्रबन्धन ने इसकी सम्पादकीय नीति में कोई परिवर्तन न करने का इरादा दिखाया और घोषणा की कि अख़बार नरम दल का प्रवक्ता बना रहेगा।[16] यहाँ यह सवाल दिलचस्प होगा कि आख़िर बिरला को अख़बार प्रकाशन की पूरी तरह अजनबी दुनिया में प्रवेश करने की ज़रूरत क्यों पड़ी। इस बात को लेकर तमाम व्याख्याएँ हो सकती हैं। उद्योग जगत में उनका प्रवेश नस्लीय भेदभाव से लम्बे संघर्ष के बाद हुआ था। प्रतिष्ठित कॉमर्स समूह के एक व्यावसायिक अख़बार का अधिग्रहण यूरोपीय व्यावसायिक वर्चस्व के ख़िलाफ़ उनकी लड़ाई का अगला पड़ाव था। कलकत्ता के अधिकांश व्यावसायिक अख़बार यूरोपीय मालिकाने वाले थे जिनका मारवाड़ी व्यवसायियों के प्रति अक्सर दुराग्रह रहा करता था। कलकत्ता के एकमात्र सान्ध्य दैनिक के अधिग्रहण ने इस यूरोपीय एकाधिकार को चुनौती दे डाली और इससे यह भी साबित हो गया कि बिरला घरेलू व्यवसायियों के उभरते हुए प्रतिनिधि हैं। उद्योग क्षेत्र में देर से प्रवेश लेने के कारण बिरला यह जानते थे कि कलकत्ता के व्यापार जगत में अग्रणी स्थान के

लिए व्यावसायिक चातुर्य ज़रूरी है। इसके अलावा अख़बारों में उनकी रुचि से सार्वजनिक जीवन को लेकर उनकी महत्त्वाकांक्षाएँ भी ज़ाहिर होती थीं। दो अंग्रेज़ी अख़बारों की ख़रीद करके बिरला ने बड़ा बाज़ार की मारवाड़ी हदों से बाहर निकलने की हिम्मत दिखायी थी।

असहयोग आन्दोलन पर चर्चा

वह घटना जिसने मारवाड़ियों के सार्वजनिक मामलों को राजनीति की बृहत्तर दुनिया से बड़े रूप में सम्बद्ध किया, 1920 में गाँधीजी द्वारा असहयोग आन्दोलन शुरू किया जाना थी। मारवाड़ी राजनीति का दायरा, बिरला जिसका एक हिस्सा रह चुके थे, हमेशा के लिए पूरी तरह बदल गया। यह देखना दिलचस्प है कि मारवाड़ी एसोसिएशन (जिसने एक साल पूर्व ही रोलेट सत्याग्रह का विरोध किया था) की एक प्रमुख शख़्सियत के तौर पर असहयोग की नीति को लेकर बिरला की मुद्रा क्या थी। उनकी प्रतिक्रियाएँ मुख्यतः दो स्तरों पर मानी जा सकती हैं : पहला, 'न्यू एम्पायर' और 'बंगाली' अख़बारों की सम्पादकीय नीतियों में, और दूसरा, बंगाल विधान परिषद् और बड़ा बाज़ार समुदाय में रखी उनकी निजी राय में।

कलकत्ता के एकमात्र सान्ध्य दैनिक के रूप में 'न्यू एम्पायर' रोज़ाना राजनीतिक गतिविधियों की रिपोर्टिंग करता था और अपनी टिप्पणी देता था। 1920 में भारतीय राष्ट्रीय काँग्रेस के कलकत्ता और नागपुर सत्रों के बीच के बेहद अहम महीनों में अख़बार राष्ट्रवादी खेमों में चल रही बहसों पर निरन्तर टिप्पणियाँ करता रहा। इसके सम्पादकीय असहयोग आन्दोलन की अनुपयुक्तता को बिना नागा ज़ोर–शोर से दिखा रहे थे, ख़ासकर ऐसे समय में जब 'संवैधानिक परिवर्तनों का दौर' देश को 'ठोस तरह से उत्तरदायी स्वशासन के रास्ते पर' ले जा रहा हो। इसके सम्पादकीय स्तम्भ गाँधी की योजनाओं को अविवेकपूर्ण और अव्यवहार्य बताकर ख़ारिज करने की हद तक गये और उनमें भविष्यवाणी की गयी कि असहयोग आन्दोलन कलह और शत्रुता पैदा करेगा और यह असफल होने के लिए अभिशप्त है।[17] *न्यू एम्पायर* अपनी आलोचना में पूरी तरह स्पष्ट था :

> यह उन सभी लोगों का सम्मान करता है, जो दिलोजान से रचनात्मक कामों के ज़रिये देश को आगे ले जाने की सोचते हैं, जो बिना किसी जल्दबाज़ी के, बिना आराम के स्वास्थ्य, सम्पन्नता और शिक्षा लाना चाहते हैं... और सबसे बड़ी बात कि जो भारतीयों को अपने ही देश की सेना और सरकार में भेदभाव और निम्न हैसियत से पैदा होनेवाली हताशापूर्ण पीड़ा से उन्हें राहत का एक अहसास दिलाना चाहते हैं।[18]

इसके कॉलमों में परिषदों में सुधार की वकालत की गयी, 'जिससे बड़े रचनात्मक क़ानूनों का मार्ग प्रशस्त हो जिनके अधीन आधिकारिक और ग़ैर–आधिकारिक लोग मिल–जुलकर सबके भले के लिए काम करें।' अख़बार ने ज़ोर दिया कि यह 'और भी कारगर होगा यदि सामान्य श्रमिक को सौहार्द और साथीपन की भावना में सुशिक्षित किया जा सके।'[19]

इस महत्त्वपूर्ण दौर में 'न्यू एम्पायर' ने काँग्रेस की तमाम गतिविधियों पर पैनी नज़र रखी।[20] कलकत्ता अधिवेशन के विषय में अख़बार की राय थी कि यह गाँधी की निजी जीत थी और इस बात का सबूत कि 'उनके आत्मनिषेधवादी चरित्र ने ख़ुद को भारतवासियों की चेतना में गहराई तक दर्ज करा लिया है।' लेकिन उनकी मुहिम पर गहरा अविश्वास जताने के बावजूद इसने क़बूल किया कि 'गाँधी के प्रति हमारे आदर में कोई कमी नहीं है' और

माना कि 'वर्तमान समय में कोई ऐसा व्यक्ति नहीं है जो जनमानस के बीच इस हद तक प्रभाव रखता हो।' उसने गाँधी की लोकप्रियता का कारण 'उनकी पारदर्शी ईमानदारी, उनकी उद्देश्य की समझ, उनकी निःस्वार्थता और उनके साधारणता के जज़्बे को बताया।....और देश के लिए कठिनाई सहने की उनकी तैयारी और उनकी निर्भीकता को।'[21] कुछ इसी तरह की पंक्तियाँ असहयोग आन्दोलन और दुहरी शासन व्यवस्था के अधीन सुझाये गये संवैधानिक सुधारों की बाबत 'बंगाली' में भी लिखी गयी थीं। उसने वकालत की कि 'सुधारों को मौक़ा दिया जाये और ख़तरनाक गाँधीवादी पाखण्ड के ख़िलाफ़ लड़ाई लड़ी जाये।'[22] अख़बार का नज़रिया इतना दो टूक था कि यूरोपीय स्वामित्व के प्रति वफ़ादार अख़बार 'कैपिटल' ने 'गाँधीवाद, असहयोग और नागरिक अवज्ञा के ख़िलाफ़... शानदार लड़ाई' और 'नरम दल का ज़ोरदार प्रवक्ता'[23] बने रहने के लिए इसकी सराहना की।

जहाँ बिरला के स्वामित्व वाले अख़बारों ने गाँधी की नीतियों की आलोचना करने में कोई कोर–कसर नहीं छोड़ी वहीं भारतीय राजनीति के इस आँधी भरे दौर में बिरला पूरी तरह शान्त बने रहे। दिसम्बर 1920 में गाँधीजी के असहयोग आन्दोलन के प्रस्ताव को नागपुर काँग्रेस में मिली जीत और लाला लाजपत राय जैसे पुराने दिग्गज नेताओं द्वारा दिये गये समर्थन से वे काफ़ी दुखी हुए। वे लाला लाजपत राय से 1911 में उनके कलकत्ता आगमन पर मिले थे।[24] तब मात्र 17 वर्ष के रहे बिरला पंजाब के इस नेता के व्यक्तित्व और विचारों से काफ़ी प्रभावित हुए थे। 'एक प्रसिद्ध नेता से कभी न मिले' होने से भावाभिभूत बिरला 'उनकी उपस्थिति से काफ़ी विस्मयाकुल हो गये थे।' उस मुलाक़ात में बिरला ने बहुत से सवाल लाजपत राय से किये थे जिनका उत्तर उन्होंने बड़े धैर्यपूर्वक दिया था। गहरे प्रभाव में उन्हें लाजपत राय 'माउंट एवरेस्ट सदृश लगे थे जिसके शिखर को कभी छुआ नहीं जा सकता था।' पर अब कलकत्ता काँग्रेस में लाजपत राय के उतार से वे काफ़ी निराश हुए। उन्होंने ग़ौर से उनकी वेशभूषा में आये परिवर्तन को देखा जो उनके ख़ुद में आये बदलाव के साथ था।[25] बिरला ने देखा कि जिस 'पंजाबी पगड़ी से लाजपत राय को देश का बच्चा–बच्चा पहचानता था' की जगह अब मशहूर गाँधी टोपी आ चुकी है। यह सब कुछ उनके लिए काफ़ी निराशाजनक था।[26]

हालाँकि बिरला सुधारों में विश्वास करते थे पर वे असहयोग आन्दोलन की भर्त्सना में बॉम्बे के कुछ प्रभावशाली व्यापारिक नेताओं–सर दिनशा वाचा, सर एन.सी.चन्दावरकर, पुरुषोत्तमदास ठाकुरदास और सर सी.एल.सीतलवाड़ के साथ शामिल नहीं हुए जो उसे 'देशहित में ख़तरनाक और लोगों को पंगु बना देने वाले' मान रहे थे।[27] न ही उन्होंने बड़ा बाज़ार के अपने ज़्यादा उग्र साथियों का समर्थन किया जो अब कलकत्ता में महात्मा के सर्वाधिक उत्साही समर्थक थे। उन्होंने अपने विचार अपने तक रखे और कोई सार्वजनिक बयान नहीं दिया। बंगाल विधान परिषद् में, जैसा कि हमने पूर्व में ज़िक्र किया, वे सुधारों के पक्ष में रहे। अक्टूबर 1921 में 27 ग़ैर–आधिकारिक सदस्यों के साथ उन्होंने भारत के सेक्रेटरी ऑफ़ स्टेट को भेजे एक सन्देश पर हस्ताक्षर किये जिसमें बंगाल के लिए अतिरिक्त राशि की माँग की गयी थी ताकि ज़रूरत से ज़्यादा टैक्स लगाने से बचा जा सके। विधायकों ने चेतावनी दी कि 'अगर उनकी माँगें नहीं मानी गयीं तो वे काम रोक देंगे, सुधारों में रोड़े अटकाएँगे, असहयोग आन्दोलन को मज़बूती देंगे, प्रशासनिक क्षमता को प्रभावित करेंगे और विभागों का कामकाज चलने नहीं देंगे।'[28]

जनवरी 1922 में बिरला ने बंगाल विधान परिषद् से इस्तीफ़ा दे दिया। इसके पीछे कई कारण थे। उनके व्यावसायिक कार्य इतने बढ़ने लगे थे कि उन्हें विधायी कार्यों के लिए समय नहीं मिल पाता था। बिरला जूट में तुरन्त ही उत्पादन कार्य शुरू हुआ था और दिल्ली तथा उसके बाद ग्वालियर में कॉटन मिल लगाने की योजना अपने अन्तिम चरण में थी। इसके अलावा उन्हें लगता था कि कोई अन्य जो ज़्यादा सक्रिय भूमिका निभाना चाहता हो वो बेहतर तरह से विधान परिषद् में मारवाड़ियों के हितों की रक्षा कर पायेगा। बिरला के इस्तीफ़े के बाद उनके भरोसेमन्द सहयोगी और बिरला ब्रदर्स की 'चमकदार रोशनी' रहे देबीप्रसाद खेतान को मारवाड़ी एसोसिएशन ने परिषद् के लिए नामित किया।[29] हालाँकि खेतान ने रोलेट सत्याग्रह में सक्रिय भागीदारी की थी पर 1922 तक वे पक्के संविधानवादी हो गये थे और पूरे दिल से सुधारों के समर्थन की बिरला की नीति के साथ थे।[30]

अगर इस अवधि में बिरला के राजनीतिक विचारों पर नज़र डालें तो पायेंगे कि उनका विश्वास संवैधानिक पद्धतियों पर अधिक रहा। उनका मानना था कि स्व-शासन को बढ़ावा देने के लिए पुनर्गठित परिषदों में प्रवेश करना चाहिए : यह एक ऐसा विषय था जिस पर मारवाड़ी एसोसिएशन और उनमें पूर्ण सहमति थी। पर उन्होंने स्पष्ट किया कि मारवाड़ी एसोसिएशन के कई अन्य नेताओं की तरह वह सरकारभक्त नहीं हैं। इसके बाद भी उनके पहले के उग्रपन्थी साथियों ने, जो अब कलकत्ता में असहयोग आन्दोलन के कट्टर समर्थक बन चुके थे, उन्हें अलग-थलग रखा।

यहाँ एक निगाह डालना बेहतर होगा कि कलकत्ता की मारवाड़ी राजनीति में ज़मीनी तौर पर क्या चल रहा था। मारवाड़ियों ने कलकत्ता में चले रोलेट सत्याग्रह की सफलता में किस तरह से अपना सहयोग दिया था इसकी चर्चा पहले की जा चुकी है।[31] इसके बाद 1920 में जमनालाल बजाज ने बड़ा बाज़ार कॉंग्रेस कमेटी बनायी और रामकृष्ण मोहता, सीताराम सेकसरिया और बसन्तलाल मोरारका इसके प्रमुख सदस्य बने। ये लोग रोड्डा केस के समय से ही बिरला के नज़दीकी साथी रहे थे। नागपुर कॉंग्रेस में गाँधीवादी नीतियों को मिली सफलता के कारण बड़ा बाज़ार में गाँधीजी को लेकर काफ़ी उत्साह आ गया था।[32] बैठकों और हड़ताल में शिरकत के अलावा अधिकांश मारवाड़ी व्यापारियों ने 1921 में विदेशी कपड़ों के बहिष्कार की मुहिम के दौरान सभी अगले आदेशों को त्यागने की प्रतिज्ञा ली।[33] इस तरह के गर्म माहौल में बिरला के लिए मारवाड़ी नेतृत्व में दखल बनाये रखना और अपने को अलग-अलग रखना दोनों ही बहुत मुश्किल हो गया था। ऐसे समय में बिरला परिवार दो अहम मुद्राओं में दिखायी दिया। पहली, बिरला ने विदेशी कपड़ों की एक होली जलाने में हिस्सा लिया।[34] और दूसरी कहीं ज़्यादा महत्त्वपूर्ण मुद्रा गाँधी द्वारा शुरू किये गये तिलक स्वराज कोष के पैसा जुटाने के दौरान दिखाई दी। देश भर के मारवाड़ियों ने उदारतापूर्वक इस कोष में अपना योगदान दिया। बड़ा बाज़ार में हुई एक सभा, जिसमें गाँधी स्वयं उपस्थित थे और उन्होंने लोगों से कोष में दान देने की अपील की थी, में मारवाड़ियों ने बड़ी-बड़ी रक़में दान कीं। रामकृष्ण मोहता ने सभा-स्थल पर ही 25 हज़ार रुपये देने की घोषणा की। कई और मारवाड़ियों ने भी इसका अनुसरण किया और कुछ प्रमुख मारवाड़ी परिवारों ने दो से तीन लाख रुपये तक कोष में दान किये। उदाहरण के लिए आनन्दीलाल पोद्दार ने दो लाख रुपये और जयनारायण दानी और हीरालाल करीवाला ने एक-एक लाख

रुपये से ज़्यादा के दान दिये।[35] और ख़ुद जमनालाल बजाज ने भी एक लाख रुपये दिये। यह कहना थोड़ा मुश्किल है कि बिरला किस वजह से कोष में दान देने के लिए प्रेरित हुए, पर किसी सीमा तक समुदाय के मूड में आये परिवर्तन के दबाव की एक भूमिका इसमें ज़रूर थी।[36] बिरला समूह की बॉम्बे शाखा का कारोबार देख रहे रामेश्वर दास ने महात्मा को मणि भवन में आमन्त्रित किया और उन्हें एक लाख रुपये का चेक प्रदान किया। उनसे पहले न मिले होने के कारण गाँधी निजी तौर पर दानकर्ता को नहीं जानते थे, 'हालाँकि उन्होंने मालवीय जी और जमनालाल जी बजाज से मेरे बारे में सुन रखा था।'[37]

इस प्रकार असहयोग आन्दोलन के हलचल भरे दौर में बिरला ने सूझबूझ के साथ कलकत्ता के मारवाड़ियों की अग्रिम क़तार में ख़ुद की स्थिति को बरकरार रखने की कोशिश की। मारवाड़ी एसोसिएशन के भीतर उन्होंने अपनी जगह बनाये रखी इसका कारण एसोसिएशन और उनकी यह मिलती–जुलती राय थी कि संवैधानिक पद्धतियों से ही आगे बढ़ना चाहिए। साथ ही वे गाँधी के जोशीले मारवाड़ी समर्थकों के उग्रपन्थी तत्त्वों से भी दरकिनार नहीं हुए थे। युद्धपूर्व वर्षों के अपने अतिवाद से जुदा बिरला राजनीतिक रूप से परिपक्व हो चुके थे और अब सोच–समझकर ही क़दम उठाते थे।

जाति बहिष्करण

1921 में बड़ा बाज़ार की राजनीति में बिरला का प्रभाव अपने शिखर पर था। इस वर्ष वे समुदाय के प्रतिनिधि के रूप में बंगाल विधान परिषद् में चुने गये और उनके भरोसेमन्द देबीप्रसाद खेतान को मारवाड़ी एसोसिएशन का अध्यक्ष चुना गया। 1922 की शुरुआत में बिरला ने सुनिश्चित किया कि उनके इस्तीफ़े के बाद एसोसिएशन की ओर से खेतान परिषद् के लिए नामित हों। हालाँकि इसके पश्चात बिरला की स्थिति बहुत अधिक डाँवाडोल होने लगी क्योंकि वह गुटबन्दियों की चपेट में आ गयी एसोसिएशन के कई विवादों में घिर गये। इन विवादों में पहला एसोसिएशन द्वारा भारतीय राजकोषीय आयोग को दिये गये ज्ञापन (1921–22) को लेकर था। बिरला आयोग के एक सदस्य नामित किये गये थे जिसने विभिन्न व्यापारिक संघों से साक्ष्य मँगाये थे। मारवाड़ी एसोसिएशन का अध्यक्ष होने के नाते खेतान ने एक ज्ञापन दिया जिसमें सरकार की राजकोषीय और आर्थिक नीतियों की तीखी आलोचना की गयी थी। आयोग को इस ज्ञापन और इसके बाद पेश किये गये साक्ष्यों में खेतान ने भारतीय उद्योग के लिए सुरक्षा की माँग की थी और उस भेदभाव का खुलासा किया था जिसका सामना देसी व्यवसायियों को यूरोपीय वर्चस्व वाले बैंकों से ऋण हासिल करने और कई अन्य मामलों में झेलना पड़ता था।[38] उनके ज्ञापन में एसोसिएशन में वर्चस्व रखने वाले पुराने ढर्रे के व्यापारियों और बिचौलियों की बजाय नये भारतीय उद्योगपतियों के हितों को लेकर चिन्ता दर्शायी गयी थी। इसके अलावा बतौर आयोग के सदस्य बिरला ने ख़ुद भी यह तथ्य नहीं छिपाया था कि वे 'संरक्षणवादी' थे, और उन्होंने बेबाक़ी के साथ आयोग की रिपोर्ट को लेकर असहमति के एक नोट पर हस्ताक्षर किये। ये सख़्त राष्ट्रवादी रवैये मारवाड़ी एसोसिएशन में जमे बैठे कुछ सरकारपरस्त व्यापारियों को नागवार गुज़रे। उनमें से कई का मानना था कि उनका भाग्य यूरोपीय व्यवसायों और सरकार की साख पर निर्भर है। बहस की जा सकती है कि यह मतान्तर उद्योग क्षेत्र में नये उद्यम लगा रही बड़ी

फर्मों और अभी भी बड़े पैमाने पर प्रायः ट्रेडिंग और सट्टे में लगे मारवाड़ियों के मध्य मौजूद बड़ी दरार को दिखाता है।

1922 में खेतान को एसोसिएशन के अध्यक्ष पद से हटना पड़ा क्योंकि रूढ़िवादियों ने उन्हें कभी पसन्द नहीं किया था। वे 1919 के रोलेट सत्याग्रह के एक प्रमुख संगठनकर्ता रहे थे और तब सरकारपरस्त मारवाड़ियों ने उन्हें और उनके साथियों को 'निम्न जाति के लोग'[39] कहकर उनकी मुखालफ़त की थी। फिर भी गाँधी के असहयोग आन्दोलन के कारण जब मारवाड़ियों में ज़बरदस्त जोश का संचार हुआ तो खेतान और उनके साथियों की पकड़ पुनः एसोसिएशन पर मज़बूत हो गयी। राजकोषीय आयोग के विवाद के कारण सम्बन्धों में फिर से खटास आयी। हालाँकि बिरला और खेतान दोनों संवैधानिक तरीक़ों के पक्के पक्षधर थे पर उन्होंने रूढ़िवादियों के सरकारपरस्त विचार मारवाड़ी एसोसिएशन में नहीं रखे। संघर्ष ख़ासकर तब ज़्यादा कटु हो गया जब केन्द्रीय विधान परिषद् (सेंट्रल लेजिस्लेटिव असेम्बली) के लिए एसोसिएशन के प्रतिनिधि का चुनाव किया जाना था। खेतान के खेमे के प्रगतिशील चाहते थे कि बिरला सर्वसम्मति से उम्मीदवार बनें। हालाँकि रूढ़िवादियों ने इसका विरोध करते हुए विश्वेश्वरलाल हल्वासिया[40] का नाम प्रस्तावित किया। सर्वसम्मत नामांकन में नाकाम रहने पर बिरला–खेतान गुट ने रंगलाल जाजोडिया का नाम आगे बढ़ाया। मतदान के लिए एक विशेष सत्र बुलाया गया जिसके लिए बिरला और रामदेव चोखणी उपाध्यक्ष चुने गये। बिरला–खेतान गुट बहुत कम मतों के अन्तर से पराजित हुआ और बिरला को सार्वजनिक रूप से हार स्वीकार करनी पड़ी।[41] इससे एसोसिएशन में रूढ़िवादियों का पलड़ा भारी हो गया और 1923 में सर ओंकारमल्ल जटिया के अध्यक्ष पद पर चुने जाने के साथ उन्होंने पुनः अपना नियन्त्रण स्थापित कर लिया। हालाँकि बिरला–खेतान गुट फिर भी पदों पर बना रहा; बिरला चार उपाध्यक्षों में से एक चुने गये और 'अपरिहार्य' खेतान को मानद कोषाध्यक्ष बनाया गया।[42]

कलकत्ता की मारवाड़ी राजनीति में खदबदा रहा असन्तोष अन्ततः एक निर्णायक मोड़ तक जा पहुँचा। हालाँकि आख़िरी मनमुटाव राजनीति पर नहीं बल्कि एक सामाजिक मुद्दे पर था। मुद्दा था बिरला के बड़े भाई रामेश्वर दास (जो कि एक विधुर थे) का कोलवार माहेश्वरी लड़की से विवाह। माहेश्वरी लोग 'कोलवार' उन सजातियों को कहते थे जो पश्चिमी उत्तर प्रदेश क्षेत्र में बस गये थे। पारम्परिक रूप से यह विशेषण महज़ एक क्षेत्रीय उप–समूह के लिए प्रयुक्त होता था जिसका जातिगत हीनता से कोई लेना–देना नहीं था। लेकिन 1920 के दशक तक इस विशेषण का अर्थ बदल चुका था। ग़ैर–कोलवार माहेश्वरी, जो ख़ुद को डीडू (वे अपना वंश डीडवाना से शुरू हुआ मानते थे) कहते थे, रिवाज़ों में कोलवारों को अपने से हीन, और कई बार तो माहेश्वरी समुदाय, से बाहर का मानने लगे थे। रूढ़िवादी मारवाड़ी तो कोलवारों से सम्पर्क रखने वालों के बहिष्कार की हद तक जा सकते थे। कोलवारों की हैसियत का मामला कलकत्ता के मारवाड़ियों में कुछ समय से ज़ोर पकड़े था। मामले को देखने के लिए माहेश्वरी महासभा ने नवम्बर 1921 में एक कमेटी बनायी। इसके पाँच सदस्यों में से चार सदस्य सहमत थे कि कोलवार भी बाक़ी माहेश्वरियों की तरह डीडू माहेश्वरी ही हैं। सिर्फ़ एक सदस्य कन्हैयालाल राठी इस राय से असहमत थे। उन्होंने साफ़ तौर पर कहा कि कोलवार रिवाज़ों के मुताबिक़ निचले हैं और उनके साथ अन्तर्भोज या

अन्तर्विवाह की इजाज़त नहीं होनी चाहिए।[43] विवाद में आगे बढ़ते हुए बिरला ने कुछ समय पहले विधुर हुए रामेश्वर दास का विवाह एक कोलवार कन्या के साथ पक्का कर दिया। समुदाय के भीतर विरोध के भय से कमेटी की रिपोर्ट आने से पहले ही शीघ्रता में विवाह की रस्मों को अंजाम दे दिया गया। रिश्ता एक प्रगतिशील जज़्बे में और परिवार के बड़ों के पूरे समर्थन से किया गया था।[44]

जैसे ही इस विवाह की ख़बर बड़ा बाज़ार पहुँची बिरला को माहेश्वरी पंचायत से बेदखल कर दिया गया। कोलवार मुद्दे ने रूढ़िवादियों और सुधारवादियों दोनों को ही एकजुट होने और समुदाय के संगठनों पर अपनी–अपनी पकड़ को एकमुश्त करने का मौक़ा मिल गया। इसने स्थापित माहेश्वरी बैंकरों को भी यह मौक़ा दे दिया था कि वे जातिगत संगठनों के भीतर बिरलाओं को उनकी प्रभावशाली जगहों से अपदस्थ कर सकें। रूढ़िवादियों ने जहाँ रामप्रताप डागा, सेठ गोविन्ददास कोठारी, माँगीराम बाँगड़ और सुखलाल कर्णानी जैसे ताक़तवर व्यवसायियों के नेतृत्व में बिरला को जाति–बहिष्कृत कर दिया, वहीं बिरला के साथियों ने बदले में माहेश्वरी महासभा और दो स्थानीय पत्रों 'माहेश्वरी' और 'मारवाड़ी' पर क़ब्ज़ा कर लिया।[45] इस तरह हुए ध्रुवीकरण में बिरला गुट, जिसमें रामकृष्ण मोहता, रामगोपाल मूँदड़ा, कस्तूरचन्द कोठारी और ब्रज वल्लभदास मूँदड़ा शामिल थे, माहेश्वरी सभा और डीडू माहेश्वरी संघ पर क़ब्ज़ा बनाने में कामयाब हुआ जबकि असन्तुष्ट गुट ने विरोधस्वरूप डीडू माहेश्वरी महापंचायत का गठन कर लिया।[46] डीडू माहेश्वरी महापंचायत के रूढ़िवादियों ने बिरला ख़ानदान के मुखिया होने के नाते बलदेव दास से कहा कि वे महापंचायत के सामने पेश हों और अपना पक्ष रखें। अनौपचारिक रूप से बलदेव दास को आश्वस्त किया गया कि अगर वे महापंचायत को लिखित माफ़ीनामा दे देते हैं तो जाति में उनका पुनःप्रवेश हो जायेगा। समझौते का यह रुख़ समुदाय के एक बुजुर्ग के रूप में बलदेव दास की इज़्ज़त करते हुए लिया गया था।[47] पूरे घटनाक्रम से भौचक्के बलदेव दास ने रूढ़िवादियों की बात मानने और माफ़ी माँगने का मन बना लिया था, लेकिन बिरला ने पूरी निडरता से उन्हें ऐसा न करने के लिए राजी कर लिया। अखिल भारतीय माहेश्वरी सभा में उन्होंने दृढ़ता से घोषणा की कि समुदाय के बीच इस तरह का विभेद झूठा है और इससे पिंड छुड़ा लेना ज़रूरी है।[48] इस बीच महापंचायत ने बहिष्कार को लागू करने के लिए मुहिम चला दी और देश के अलग–अलग भागों में इस ख़बर को फैलाने के लिए स्वयंसेवक भेजे गये।[49] निस्सन्देह बहिष्कार ने समुदाय के भीतर बिरला के पक्ष पर असर डाला। हालाँकि उनका दो माहेश्वरी संगठनों पर नियन्त्रण था लेकिन वे समुदाय के बुजुर्गों और ताक़तवर मारवाड़ी परिवारों के ख़िलाफ़ खड़े थे।

मालवीय का शिष्यत्व

बहिष्कार बिरला परिवार के लिए तनाव और बेचैनी का समय साबित हुआ। संकट की इस घड़ी में मदद और सलाह के लिए बिरला दो प्रमुख राजनेताओं–मदन मोहन मालवीय और गाँधी के पास गये। गाँधी के लिए वे अभी सिर्फ़ एक मामूली परिचित भर थे, मगर मालवीय से इधर के वर्षों में परिवार के घनिष्ठ सम्पर्क बन चुके थे। मालवीय का स्थान समुदाय में एक विद्वान गुरु के रूप में था और बिरला उनसे सलाह और आश्वस्ति चाहते थे।

उन्हें मालूम था कि कलकत्ता के मारवाड़ियों के बीच मालवीय की अच्छी साख है और इस विवाद में उनकी मध्यस्थता कारगर रहेगी। कलकत्ता के मारवाड़ी समुदाय के साथ मालवीय के रिश्ते कई दशक पूर्व तब से बने थे जब उन्होंने हिन्दी और संस्कृत भाषा को बढ़ावा देने और गोरक्षा के काम में मारवाड़ियों से समर्थन माँगा था। गोरक्षा मारवाड़ियों के लिए धार्मिक दृष्टि से विशेष महत्त्व रखती थी। वे मालवीय के नेतृत्व वाले गोरक्षा आन्दोलन और सदी परिवर्तन के सालों में हिन्दू पुनरुत्थान को बढ़ावा देने वाले कई मिलते–जुलते लक्ष्यों के सर्वाधिक उत्साही समर्थक रहे थे। मालवीय की इलाहाबाद की राजनीति और स्थानीय व्यावसायिक हितों के बीच सम्पर्कों पर क्रिस बेली ने रोशनी डाली है।[50] 1910 के दशक में मालवीय ने अपनी बनारस हिन्दू यूनिवर्सिटी (बीएचयू) के लिए एक महत्त्वाकांक्षी योजना तैयार की। यह विश्वविद्यालय आने वाले सालों में हिन्दू राष्ट्रवादियों के लिए शक्ति का एक प्रतीक बना। मालवीय की हिन्दू विश्वविद्यालय की विशाल परियोजना का उद्देश्य हिन्दू राष्ट्रवाद के पुनरुत्थान के लिए एक अखिल भारतीय आन्दोलन खड़ा करना था। उन्हें छोटे व्यावसायिक समूहों का अब तक उपलब्ध रहा समर्थन स्पष्टतः ही इस योजना के लिए अपर्याप्त था, और इसके संरक्षण और आवश्यक धन–संग्रह हेतु एक राष्ट्रव्यापी अभियान चलाने की ज़रूरत थी। इतनी बड़ी परियोजना को साकार करने के लिए मालवीय को दो ही मददगार समूह नज़र आये–हिन्दू रजवाड़े और व्यापारिक समुदाय, जिनमें मारवाड़ी मुख्य थे।

इस प्रकार मालवीय ने सम्भावित दानदाता ताक़तवर मारवाड़ी परिवारों से रिश्ते प्रगाढ़ किये। 1911 में एक कलकत्ता यात्रा के दौरान बड़ा बाज़ार के मारवाड़ियों ने उनका सम्मान किया। जनवरी 1912 में वे दोबारा बीएचयू के लिए दान की अपील करने शहर में आये और ख़बरों के मुताबिक़ हज़ारों करेंसी नोट लोगों ने खड़े–खड़े उन्हें दिये।[51] मारवाड़ियों के बीच वे 'एक धर्मनिष्ठ व्यक्ति, संस्कृत ग्रन्थों के ज्ञाता, अंग्रेज़ी साहित्य और इतिहास के विद्वान...मौजूदा वित्तीय और आर्थिक विषयों के शोधकर्ता' के रूप में प्रतिष्ठित थे। समुदाय में उन्हें एक महान समाजसुधारक और आधुनिकीकरण लाने वाले व्यक्ति के रूप में देखा जाता था। केन्द्रीय विधान परिषद् (सीएलए) के एक सदस्य के रूप में भी उन्होंने व्यावसायिक और औद्योगिक सवालों को लेकर जो रुचि दिखायी थी उसके कारण वह व्यापारिक समूहों में भी काफ़ी लोकप्रिय हो गये थे। 1916–18 के इंडस्ट्रियल कमीशन के समक्ष उनके द्वारा इन समूहों के हितों को लेकर की गयी ज़ोरदार वकालत ने घरेलू व्यापार और उद्योगों के नायक के रूप में उनकी प्रतिष्ठा में इज़ाफ़ा किया।[52]

मारवाड़ी समुदाय में मालवीय की गुरु के रूप में साख को देखते हुए यह स्वाभाविक ही था कि परिवार के बहिष्कार से पैदा हुए संकट को लेकर बिरला उनकी सलाह की दरकार रखते। उन्होंने मालवीय से निजी तौर पर कलकत्ता आने का निवेदन करते हुए दो टेलीग्राम भेजे। लेकिन मालवीय अस्वस्थ थे और लम्बी यात्रा नहीं कर सकते थे इसलिए जुगलकिशोर को उनसे मशविरे के लिए बनारस भेजा गया। मालवीय ने सलाह दी कि मारवाड़ी पंचायत को लेकर समझौतापूर्ण रुख़ रखा जाये। वो चाहते थे कि पंचायत को यह बताया जाये कि परिवार ने रिश्ता इस जानकारी के मुताबिक़ तय किया था कि पाँच में से चार कमेटी सदस्यों ने कोलवारों को डीडू माहेश्वरियों के समतुल्य मानने का फ़ैसला सुनाया है और उनके साथ रिश्ते करने की मंजूरी दी है। मालवीय की सलाह थी कि इसके

बावजूद अगर पंचायत दूसरी कमेटी बनाती है तो बिरलाओं को उसके निर्णय को क़बूल कर लेना चाहिए। वो चाहते थे कि समझौते की एक भंगिमा के रूप में बिरला निजी तौर पर पंचायत को सूचित करें कि 'आपकी तरफ़ से बिरादरी के ख़िलाफ़ जाने की कोई मंशा नहीं थी।' उनकी सलाह थी कि परिवार को विनम्रता के साथ मामले को सुलझा लेना चाहिए।[53]

बिरला परिवार सामाजिक बहिष्कार से पूरी तरह हिल गया था। समाज–निकाला इस क़दर सख़्त था कि बिरादरी में रोज़–ब–रोज़ के ताल्लुकात में गहरा तनाव आ गया था। बिरला परिवार परम्परावादियों के निशाने पर था जो उनकी खिल्ली उड़ाते थे और यहाँ तक कि प्रचार सामग्री में परिवार के लोगों के कार्टून भी छपवाये गये।[54] हँसी–मज़ाक़, मिलना–जुलना, साथ–साथ खाना–पीना, सामाजिक उत्सवों में शामिल होना जैसी हर सामाजिकता पर असर पड़ा था। रूढ़िवादियों का विरोध कितना अधिक था इसकी मिसाल बिरला के छोटे भाई ब्रजमोहन की पत्नी रुक्मणी देवी के मामले में देखी जा सकती है। उनका टापरिया परिवार रूढ़िवादियों के पक्ष में होने से वे 12 वर्षों तक मायके नहीं जा सकी थीं।[55] जाति–बहिष्कार ने बिरलाओं की व्यावसायिक गतिविधियों पर कितना असर डाला इस बात के कोई स्पष्ट प्रमाण नहीं हैं। शायद व्यापार भी इसकी चपेट में आया था क्योंकि बड़ा बाज़ार में उनका सामाजिक स्तर कम हुआ होगा, और जैसा कि पहले ज़िक्र किया गया है कि मारवाड़ियों में सारा व्यापार मुख्यतया साख पर निर्भर करता था। हालाँकि यह सम्भावना थी कि वे जोख़िम उठा सकते, क्योंकि इस समय तक उनके मुख्य हित उद्योग–क्षेत्र पर ही आ टिके थे।

सख़्त विरोध के कारण बलदेव दास और जुगलकिशोर का धैर्य जवाब देने लगा। वे इस राय के पक्ष में आ गये थे कि पंचायत से माफ़ी माँग ली जाये। लेकिन रामेश्वर दास और बिरला इस मुकाम पर झुकने के लिए तैयार नहीं थे। उन्होंने मालवीय से कहा कि वे बलदेव दास और जुगलकिशोर को अपने निर्णय पर क़ायम रहने के लिए समझायें। मालवीय ने बलदेव दास को समझाया कि वे ज़रूरत से ज़्यादा चिन्तित या व्यथित न हों।[56] उन्होंने उन्हें आश्वस्त करते हुए कहा कि जो भी हो रिश्ता वैश्य जाति में ही हुआ है न कि किसी नीची जाति में। इसके अलावा कोलवारों के साथ पिछले रिश्तों को पंचायत ने मंजूरी दी थी।

मालवीय की सलाह मानते हुए परिवार एकमत हो गया। कुछ ही वर्षों में परम्परावादियों का विरोध भी शान्त हो गया। हालाँकि बिरला और उनके समर्थकों का नियन्त्रण माहेश्वरी महासभा पर बरकरार रहा और समुदाय के भीतर नरमपन्थी और युवा तबके का समर्थन उन्हें मिलता रहा पर परम्परावादियों की मोर्चाबन्दी ने भविष्य में समुदाय में बिरला की किसी नेतृत्वकारी भूमिका पर रोक ज़रूर लगा दी। मारवाड़ी राजनीति के भीतर यह प्रकरण आगे का रास्ता बन्द होने की तरह था, पर एक बार को विवाद शान्त हो जाने पर कलकत्ता के मारवाड़ियों से अपने मज़बूत सम्पर्क उन्होंने पुनः बहाल कर लिए। कोलवार प्रकरण बिरला के लिए आत्मावलोकन का एक समय साबित हुआ, जो लगातार महसूस कर रहे थे कि मारवाड़ियों का सामाजिक दायरा उनकी महत्वाकांक्षाओं के लिए काफ़ी प्रतिबन्धयुक्त और उनके नज़रिये के लिए काफ़ी सँकरा है। इससे उन्होंने निष्कर्ष निकाला कि उन्हें अपने क्षितिज का विस्तार करना होगा और ज़्यादा बृहत् दायरे में सम्पर्क बनाने होंगे।

दूसरी ओर कोलवार प्रसंग के कारण वह मालवीय के काफ़ी नज़दीक आ गये और दोनों ने पाया कि उनकी काफ़ी रुचियाँ समान हैं। मालवीय ने उन्हें हिन्दू राष्ट्रवाद के उत्थान को लक्ष्य करके चल रही उनकी कई परियोजनाओं में शामिल किया। इनमें से मुख्य बनारस की हिन्दू यूनिवर्सिटी के लिए मालवीय ने बिरला का सहयोग माँगा। हिन्दू राष्ट्रवाद के विचार के केन्द्र में एक पुनरुत्थानशील और प्रगतिशील हिन्दुत्व का ठोस विश्वास था। इसके निर्माण में हिन्दू धर्म के प्राचीन गौरव को पुनः वेदों और शास्त्रों के माध्यम से सामने लाने की बात पर ज़ोर था। साथ ही इस हिन्दूवादी उत्थान में आधुनिक शिक्षा को भी बराबर का स्थान दिया गया था। यह उल्लेखनीय रूप से 19वीं सदी में उभरे हिन्दू सुधारवादी आन्दोलन से इस मायने में बिल्कुल अलग था कि इसमें कोई पुनरुद्धारवादी दर्शन काम नहीं कर रहा था। जहाँ एक ओर यह अपने विचार में पूरी तरह आधुनिकता लिए हुए था वहीं इसने कोई ख़ास सिद्धान्त प्रतिपादित करने की कोशिश नहीं की जैसी कि आर्यसमाज ने पंजाब में काफ़ी सफलतापूर्वक की थी। इसके बजाय इसने मुख्यधारा के सनातनधर्मी हिन्दुओं में काम किया। इसकी वैचारिकता में हिन्दू 'समुदाय' और 'समाज' के उत्थान के लिए संस्कृत शिक्षा पर ज़ोर था जो पूरी तरह बीसवीं सदी को ध्यान में रखकर दी जाये। इसमें ऐसी शिक्षा पर ज़ोर था जिसमें आध्यात्मिक प्रगति (धर्म) भौतिक समृद्धि (अर्थ) के साथ–साथ चले, जिसके लिए वैज्ञानिक ज्ञान और औद्योगिक प्रगति आवश्यक थी। मालवीय ने 1905 में बीएचयू की विवरणिका के आवरण पर इस पूरे विचार को एक पंक्ति में समाहित करते हुए लिखा था कि 'यह धर्म ही है जो लौकिक समृद्धि और शाश्वत आनन्द को सुनिश्चित करता है।'[57]

राजनीतिक क्षेत्र में इस बहस का मतलब हिन्दू समुदाय में एकता बनाना था, और समुदाय के हितों का प्रतिनिधित्व करने के लिए एक मज़बूत राजनीतिक पार्टी का गठन करना था, और एक ऐसी राजनीतिक व्यवस्था की संकल्पना करना था जिसमें विभिन्न धार्मिक समुदायों के हितों पर राजनीति के माध्यम से चर्चा हो। यह अखिल भारतीय एकरूप हिन्दुत्व का निर्माण ही था जो पूरी ताक़त से बिरला को मालवीय के क़रीब लाया।[58] सिर्फ़ बिरला ही नहीं बल्कि उनके पिता बलदेव दास और भाई जुगलकिशोर भी मालवीय के प्रति आकृष्ट हुए और मालवीय का भी ख़ास स्नेह उन पर बना रहा। मालवीय के बेटे पद्मकान्त ने लिखा कि 'आदरणीय मालवीय जी जुगलकिशोर जी को जीवन भर अपने बेटे की तरह ही मानते रहे।'[59] वे आगे लिखते हैं कि ये उनके पिता का ही प्रभाव था कि आर्यसमाज के कट्टर समर्थक जुगलकिशोर जी सनातन धर्म की ओर उन्मुख हुए। वो लिखते हैं कि 'मालवीय जी ने हिन्दू धर्म, हिन्दू समाज और हिन्दू समुदाय के उत्थान और सुधार के लिए जो भी काम किया उनकी ऐसी हर गतिविधि को बिरला परिवार ने पूरा समर्थन दिया, भले ही वह समर्थन गोपनीय रहा हो या सार्वजनिक।'[60]

बिरला ने बीएचयू के निर्माण में मालवीय का सहयोग कई तरह से किया। क़न्हैयालाल मिश्र के मुताबिक़ 'मालवीय जी जब भी किसी आर्थिक परेशानी में आये बिरला ने हमेशा खुले दिल से उनकी मदद की। सच्चाई यह है कि अगर बिरला मालवीय जी के सहयोगी न रहे होते तो इस प्रोजेक्ट का सफल हो पाना मुश्किल हो जाता।'[61] जुगलकिशोर और बिरला ने हिन्दुत्व का प्रचार करने वाले शिक्षकों की ट्रेनिंग के लिए मालवीय को 75,000 रुपये दिये थे।

जुगलकिशोर ने बीएचयू में 'गीता' के प्रचार के लिए एक कोष स्थापित किया था। सेंट्रल हिन्दू कॉलेज में भारतीय धर्म और दर्शन के लिए एक अलग विभाग की स्थापना बिरला के सहयोग से ही हुई। विश्वविद्यालय में संस्कृत महाविद्यालय की स्थापना में भी इनका सहयोग रहा। 400 छात्रों के रहने के लिए बिरला छात्रावास का निर्माण इनके द्वारा किया गया। 1926 में उन्होंने राजपुताना हॉस्टल और छात्राओं के आवास के लिए भवन का निर्माण करवाया। भारतीय शास्त्रीय संगीत को बढ़ावा देने के लिए उन्होंने संगीत विभाग की स्थापना में सहयोग दिया। शुरुआती सालों में ज़रूरतमन्द छात्रों के लिए 15 रुपये मासिक की 100 छात्रवृत्तियों की शुरुआत जुगलकिशोर ने की थी। इसके अलावा विश्वविद्यालय की तमाम गतिविधियों में बिरला बन्धुओं का सहयोग रहा। उन्होंने यूनिवर्सिटी प्रेस की स्थापना और आयुर्वेदिक दवाओं पर शोध के लिए बन रही प्रयोगशाला में अपना सहयोग दिया। साथ ही व्यायामशाला और टीचर्स ट्रेनिंग कॉलेज के निर्माण में भी उनका सहयोग रहा। उनके द्वारा यूनिवर्सिटी के लिए किये गये इन धर्मार्थ कार्यों के सम्मान में 1925 में बिरला को विश्वविद्यालय कोर्ट का सदस्य बनाया गया और बाद में बलदेव दास को डी.लिट्. की मानद उपाधि दी गयी।

मालवीय से प्रेरणा लेते हुए विश्वविद्यालय के अलावा भी बिरला परिवार ने तमाम गतिविधियों में अपना सहयोग दिया। उन्होंने हिन्दी का प्रचार करने वाली काशी नागरी प्रचारिणी सभा को धन दिया। पद्मकान्त के मुताबिक़ मालवीय की प्रेरणा से प्रमुख तीर्थस्थलों पर जुगलकिशोर ने लाखों रुपये पुराने मन्दिरों और धर्मशालाओं के जीर्णोद्धार पर ख़र्च किये और नयों का निर्माण करवाया। इनमें सबसे महत्त्वपूर्ण जीर्णोद्धार कार्य मथुरा की श्रीकृष्ण जन्मभूमि का था। 'जब मालवीय ने यह काम अपने हाथ में लिया तो जुगलकिशोर उनका दाहिना हाथ साबित हुए।'[62] बनारस में बिरला ने बिरला आयुर्वेदिक अस्पताल, प्रसूति गृह और दन्त चिकित्सालय का निर्माण करवाया। जुगलकिशोर ने साधुओं और संन्यासियों के लिए एक संस्थान स्थापित किया और अपना अन्तिम समय बनारस में गुज़ारने की इच्छा रखने वाली वृद्ध मारवाड़ी महिलाओं के लिए वहाँ एक वृद्धाश्रम बनवाया। शहर के शवदाह स्थलों और मन्दिरों के जीर्णोद्धार पर भी काफ़ी पैसे बिरला परिवार ने ख़र्च किये। दुर्गाजी मन्दिर, पाण्डे घाट का बालाजी मन्दिर और लालघाट स्थित गौरीशंकर महादेव मन्दिर का जीर्णोद्धार उन्होंने करवाया था,[63] और मणिकर्णिका घाट, तुलसीघाट, लालघाट और बूँदीघाट के शवदाह स्थलों का जीर्णोद्धार भी। अन्त्येष्टि के लिए आने वालों के रहने के लिए उन्होंने बनारस में धर्मशालाएँ बनवायीं।

मालवीय और बिरला परिवार के बीच भावनात्मक रिश्ते का सबसे अच्छा परिचय शायद उस घटना से मिलता है जब मालवीय जी मृत्यु–शैया पर थे। उनके बेटे पद्मकान्त ने याद किया है कि दो दिन से ज़्यादा समय तक मालवीय जीवन और मृत्यु के मध्य संघर्ष करते रहे थे। वहाँ मौजूद हर किसी ने देखा कि वे किसी गहरी चिन्ता से जूझ रहे थे। तीसरे दिन अचानक जुगलकिशोर जी आये। जैसे ही पिताजी ने उन्हें देखा उनकी चेतना लौट आयी। जुगलकिशोर जी तुरन्त उनके दिल की बात भाँप गये, और बोले, "महाराज, मैं शपथ लेता हूँ कि विश्वनाथ मन्दिर आपकी इच्छा के अनुरूप बनेगा। आप शान्तिपूर्ण अपनी यात्रा पर जायें।" वे आगे लिखते हैं कि उसके बाद जल्द ही मालवीय जी ने सन्तोष की एक बड़ी अनुभूति के साथ प्राण त्याग दिये।[64] बिरला ने तब बनारस में एक भव्य मन्दिर का निर्माण

कराया जो भारतीय मन्दिर वास्तुकला का एक बेहतरीन नमूना माना जाता है, और जिसकी ऊँचाई दिल्ली के कुतुबमीनार से 19 फ़ीट ज़्यादा है।

इस प्रकार 1920 के दशक से बिरला मालवीय के प्रमुख दानकर्ता रहे। बीएचयू द्वारा 1936 में प्रकाशित एक स्मारिका में उन्हें विश्वविद्यालय के लिए सबसे बड़े दानकर्ता के रूप में दर्ज किया गया। हिसाब में माना गया कि 1935 तक ही वे यूनिवर्सिटी को 8,36,700 रुपये दान दे चुके थे। यह रक़म उदयपुर, बीकानेर, अलवर और मैसूर के महाराजाओं द्वारा दी गयी कुल राशि के जोड़ से भी अधिक थी।[65] राजा बलदेव दास के जीवनीकार के अनुसार बिरला परिवार द्वारा बीएचयू को दिया गया कुल दान 30 लाख रुपये से भी अधिक था।[66]

बनारस के अलावा दूसरे क्षेत्रों में भी मालवीय–बिरला सम्पर्क कई नये प्रोजेक्टों के ज़रिये मज़बूत हुआ। बिरला मालवीय के काफ़ी फ़ायदेमन्द रहे प्रोजेक्ट 'हिन्दुस्तान टाइम्स' से भी गहराई से जुड़े। इस अख़बार की शुरुआत सितम्बर 1924 में अकालियों द्वारा कथित रूप से सैन फ्रांसिस्को में रह रहे गदर पार्टी के कार्यकर्ताओं के पैसे से की गयी थी।[67] के.एम. पणिक्कर इसके सम्पादक बनाये गये। शुरुआती दौर से ही अख़बार की माली हालत ठीक नहीं थी और 1925 के शुरू में इसे महज़ जिलाये रखने के लिए बुरी तरह नगदी की ज़रूरत आन पड़ी। मालवीय एक प्रतिष्ठित अखिल भारतीय अख़बार का स्वामित्व हासिल करने के इच्छुक थे। ख़ासकर इसलिए कि राजधानी दिल्ली में कोई अंग्रेज़ी दैनिक उस समय नहीं था। मार्च 1925 में मालवीय ने 'हिन्दुस्तान टाइम्स' के अधिग्रहण का मन बनाया और बिरला से ऋण के लिए निवेदन किया। कम्पनी शुरू होने के बाद धन की वापसी की बात तय हुई थी। हालाँकि बिरला मालवीय द्वारा अख़बार के अधिग्रहण के निर्णय से आश्वस्त नहीं थे लेकिन उन्हें लगा कि मालवीय की बात टालनी नहीं चाहिए। उन्होंने मालवीय जी को लिखा कि 'आपके शब्द मेरे लिए क़ानून हैं, लेकिन मैं दिल्ली से अख़बार निकालने को लेकर बहुत सहमत नहीं हूँ। आपका आदेश है इसलिए मैं पैसे दूँगा...। कभी–कभी आप जैसे लोगों की सेवा करने में आनन्द की अनुभूति होती है।'[68] बिरला के निरन्तर सहयोग देने के बावजूद अख़बार की आर्थिक स्थिति में कोई सुधार नहीं आया। अगस्त 1925 में मालवीय ने फिर बिरला का दरवाज़ा खटखटाया और 15,000 रुपये का सहयोग माँगा। मालवीय ने लिखा कि 'आपका अनुग्रह सदैव मेरे ऊपर रहा है, हमारे रिश्ते कुछ ऐसे हैं कि मुझे सहायता माँगते हुए काफ़ी ग्लानि और पीड़ा हो रही है लेकिन मुझे हिन्दुस्तान टाइम्स का दायित्व निभाना है जिसे हाथ में लेकर मैंने काफ़ी ग़लती की है।'[69] मालवीय यह सहयोग ऋण के रूप में चाहते थे मगर उन्होंने आगे जोड़ दिया था कि 'अगर दुर्भाग्यवश यह अदायगी सम्भव न हो सके तो इसे भी आप वैसे ही योगदान के रूप में लें जो आपने सार्वजनिक हितों के दूसरे मामलों में किये हैं।'[70] बिरला ने मालवीय को इस रक़म के साथ 5,000 रुपये और दिये तथा मालवीय ने उन्हें आशीर्वाद देते हुए लिखा, 'ईश्वर आपको और परिवारजनों को सद्बुद्धि और भक्ति प्रदान करे।'[71]

इन तमाम नगद सहायताओं के बावजूद 'हिन्दुस्तान टाइम्स' आर्थिक दृष्टि से कई महीनों तक आत्मनिर्भर न हो सका। जनवरी 1926 में मालवीय को फिर अचानक ऋण की ज़रूरत पड़ी, क्योंकि जिन लोगों ने आर्थिक मदद का वादा किया था उन्होंने उसे निभाया नहीं।[72] बिरला के लिए मालवीय का यह उद्यम उनके वित्तीय समझ की कमी का एक और उदाहरण था।

उन्होंने मालवीय को इस भ्रामक आशावाद के विषय में चेताया और उन्हें अख़बार बन्द करने की सलाह दी जो लगातार परेशानी बना हुआ था। बिरला को पता था कि अख़बार निरन्तर घाटा देता रहेगा और वे चाहते थे कि मालवीय उसे बन्द कर दें और अकारण चिन्ताओं से मुक्त हो जायें।[73] लेकिन मालवीय अपनी कोशिशों में लगे रहे। सितम्बर 1926 में उन्होंने इसका पंजीयन संयुक्त स्टॉक कम्पनी के रूप में करा कर बोर्ड ऑफ़ डायरेक्टर्स का गठन कर डाला। उन्होंने बिरला को इसके निदेशक मण्डल में शामिल होने की बाबत लिखा कि 'यह पत्रकारिता का एक महत्त्वपूर्ण उपक्रम है। हम इसका लाहौर और लखनऊ संस्करण निकालने जा रहे हैं और मुझे लगता है कि आने वाले समय में यह अपने पाँव पर खड़ा हो जायेगा।'[74] निदेशक मण्डल में लाजपत राय, एन.सी. केलकर, एम.आर. जयकर, के. रामयंगर, लाला बैजनाथ सायन, लाला श्रीराम और स्वयं मालवीय शामिल थे। बिरला इस बोर्ड में शामिल होने के अनिच्छुक दिखे और जैसी कि उन्हें उम्मीद थी 1927 तक 'हिन्दुस्तान टाइम्स' की सारी वित्तीय ज़िम्मेदारी उनके कन्धों पर आ गयी।

लाजपत राय के मददगार

हालाँकि 1920 के दशक में बिरला ने मालवीय की काफ़ी आर्थिक मदद की लेकिन उनकी राजनीतिक सहानुभूति लाला लाजपत राय के प्रति थी। हालाँकि वे दोनों नौ साल पहले मिल चुके थे, लेकिन 1923 तक उनका परिचय सामान्य स्तर का था। लाजपत राय उस समय जेल से निकले थे और उनकी सबसे बड़ी चिन्ता उत्तर भारत के हिन्दुओं को एकजुट और संगठित करना थी। इसके लिए उन्होंने बिरला बन्धुओं से सम्पर्क स्थापित किया।[75] उन्होंने सुन रखा था कि बिरला हिन्दुओं से सम्बन्धित मामलों में सहयोग देते हैं और समाजसेवी कार्यों में उनका काफ़ी योगदान रहा है। 1923 में जेल से निकलने के तीन महीने के भीतर ही लाजपत राय ने बिरला को पत्र लिखा कि वे उनसे मिलकर 'हिन्दू एकता की समस्या' और 'उत्पीड़ित वर्ग को कैसे बचाया जाये' जैसे विषयों पर बात करना चाहते हैं। विलम्ब होने पर ये समस्याएँ काफ़ी आत्मघाती साबित होंगी। स्थिति की गम्भीरता को देखते हुए लाजपत राय ने यह भी लिखा कि 'यह अवसर तुरन्त निर्णय लेने और कारगर क़दम उठाये जाने का है। हमें हिन्दू समुदाय को उसके बढ़ते शत्रुओं से बचाना है।' उनका लक्ष्य दो सूत्रीय था। पहला, 'पंजाब के हिन्दुओं को मज़बूत बनाना' जो बाद में अखिल भारतीय स्तर पर हिन्दू राष्ट्रवाद के 'अग्रदूत' बनें, और दूसरा, 'सभी वंचित वर्गों को साथ लेना।'[76] लाजपत राय मानते थे कि वंचित वर्गों को बृहत हिन्दू समुदाय में स्थान मिलना चाहिए। उनका प्रस्ताव था कि सेंट्रल प्रॉविंस, मद्रास, बिहार और उड़ीसा में वंचितों की संख्या अधिक है लिहाज़ा उनके उद्धार के लिए इन स्थानों पर काम शुरू होना चाहिए और इस मक़सद के लिए स्वयंसेवकों को प्रशिक्षित किया जाना चाहिए।[77] लाजपत राय ने स्पष्ट रूप से लिखा था कि अगर उनके पास 'पर्याप्त राशि हो तो वे यह काम सम्पन्न कर सकते हैं।' इन सारी बातों पर विस्तार से चर्चा के लिए उन्होंने 'मुख्यतः बिरला बन्धुओं से कलकत्ता में भेंट करने की इच्छा जताई थी।'[78]

जैसी कि पहले चर्चा की जा चुकी है कि बिरला असहयोग आन्दोलन के दिनों से ही पंजाब के इस नेता से काफ़ी प्रभावित रहे थे। बाद में बिरला ने कहा भी था कि लाजपत राय

अलग मिट्टी के बने हैं और उनका दर्शन गाँधीजी से अलग है। लाजपत राय की 'प्रगति की सुस्त रफ़्तार को लेकर अधीरता' और 'जीवन को पूरी तरह ताक़त और गति' से जीने की बात ने युवा बिरला को काफ़ी आकृष्ट किया था। बिरला को लगा कि गाँधी के सत्याग्रह का दर्शन लाजपत राय की राजनीति के मुक़ाबले 'काफ़ी विनीत, ठण्डा और उबाऊ' है। वे लाजपत राय को 'गाँधी से बड़ा नेता मानने लगे थे।'[79] लाजपत राय द्वारा की गयी पहल के बाद 1923 में बिरला की उनसे काफ़ी प्रगाढ़ता हो गयी। कलकत्ता में मुलाक़ात के तीन महीने बाद लाजपत राय ने यूरोप की यात्रा करने की योजना बनायी। इंग्लैंड में लेबर पार्टी की सरकार बन चुकी थी और वह काँग्रेस के अनौपचारिक दूत बनकर वहाँ जाना चाहते थे, और साथ ही लन्दन में अपना इलाज भी कराना चाहते थे। इस यात्रा का पूरा इन्तज़ाम, जैसे कि स्टीमर के टिकट और एक सहयात्री का प्रबन्ध, बिरला ने किया।[80]

बिरला को लगा कि लाजपत राय के अछूतोद्धार के प्रयासों में उनका सहयोग करना चाहिए। आगे चलकर जब बिरला को हरिजन सेवक संघ का अध्यक्ष बनाया गया तब उन्होंने स्वीकार किया कि 'लाजपत राय पहले व्यक्ति थे जिन्होंने मुझे छुआछूत के उन्मूलन कार्यों में लगने की प्रेरणा दी थी।' इसके अलावा लाजपत राय के अन्य कार्यक्रमों, जैसे कि ब्वॉय स्काउट योजना, से भी बिरला बन्धु प्रभावित हुए, और लाजपत राय की राजनीतिक रचनाओं का प्रकाशन करवाने में भी उन्होंने अपनी रुचि दिखायी। जल्द ही लाजपत राय बिरला से अपनी संस्था 'सर्वेंट्स ऑफ़ द पीपुल्स सोसायटी' के लिए 3,000 रुपये का मासिक भत्ता पाने लगे थे।[81] 1925 में लाजपत राय के निजी इस्तेमाल के मद्देनज़र बिरला ने उन्हें एक कार और ड्राइवर की सुविधा लाहौर में प्रदान की।[82]

बिरला ने कई तरह से लाजपत राय का सहयोग किया था। अकालियों के बीच काम करने के लिए जुगलकिशोर ने 5,000 रुपये देने का वादा किया।[83] राय कमज़ोर वर्ग के लिए चलाई जा रही योजनाओं की चर्चा नियमित तौर पर बिरला से करते थे।[84] लाजपत राय ने बिरला को 'तिलक स्कूल ऑफ़ पॉलिटिक्स' की गतिविधियों में शामिल करने की कोशिश की और इसकी पहली वर्षगाँठ के समारोह की अध्यक्षता के लिए आमन्त्रित किया।[85] प्रथम विश्वयुद्ध के दौरान लाजपत राय की दो पुस्तकों पर प्रतिबन्ध लगा दिया गया था और जब 1926 में यह प्रतिबन्ध हटा तो वह 'यंग इंडिया' और 'इंग्लैंड्स डेब्ट टु इंडिया' को संवर्धित करके पुनःप्रकाशित करवाना चाहते थे। इसके लिए उन्होंने बिरला से 'सरकार की मौद्रिक नीति और इसका प्रभाव' विषय पर एक अध्याय लिखने के लिए कहा। साथ ही वे चाहते थे कि बिरला 'कॉटन उद्योग' पर लिखे अध्याय को संवर्धित करें। लाजपत राय उस समय कैथरिन मेयो की पुस्तक 'मदर इंडिया' के जवाब में एक पुस्तक लिखने में जुटे थे। उनकी मंशा थी कि 'ये तीनों पुस्तकें सभी ब्रिटिश सांसदों, अमेरिकी काँग्रेस के प्रत्येक सदस्य और जर्मनी और फ्रांस के तमाम सांसदों के हाथों में दिखें।'[86] लेकिन इसमें रुकावट 'धन' की थी।[87] हमेशा मदद के लिए तैयार बिरला ने इसकी लागत उठाने की हामी भर दी।[88] 'हिन्दुस्तान टाइम्स' ने अपने सम्पादकीय में विस्तार से पुस्तकों की चर्चा की। सम्पादकीय में कहा गया कि 'हमें नहीं लगता कि प्रथम पंक्ति के नेताओं में स्वतन्त्रता के लिए संघर्ष के विषय में लाला लाजपत राय से बेहतर लिखने वाला कोई व्यक्ति है।' अख़बार ने अपने सम्पादकीयों में घोषणा की कि 'यंग इंडिया' के लेखन ने अपने समय की सभी रचनाओं को

पीछे छोड़ दिया है, चाहे वह सर सुरेन्द्रनाथ बनर्जी की जीवनी हो या फिर सुश्री एनी बेसेंट की 'इंडिया फ़ाइट फॉर फ़्रीडम', किसी भी रचना में 1907 और 1908 के वर्षों की घटनाओं की उतनी यथार्थ और गहराई भरी तस्वीर नहीं नज़र आती जो झलक लाला लाजपत राय की पुस्तक में देखने को मिलती है।[89] बिरला ने कुछ पैसे कैथरिन मेयो के जवाब में लिखी पुस्तक के प्रकाशन के लिए भी दिये थे।[90]

1920 के मध्य तक बिरला बन्धु लाजपत राय को लाभ पहुँचाने वाले प्रमुख व्यक्ति बन चुके थे। उन्होंने अपने सालाना बजट में बाक़ायदा लाजपत राय को धन देने की व्यवस्था कर दी थी और उनकी राजनीतिक गतिविधियों के लिए मोटी रक़म अलग से रखी जाती थी। अन्तरराष्ट्रीय मज़दूर कॉन्फ्रेंस में हिस्सेदारी के लिए 1926 में जब लाजपत राय यूरोप यात्रा पर गये तो बिरला ब्रदर्स के मुम्बई कार्यालय ने इस यात्रा के लिए 2,000 से 3,000 रुपये तक दिये थे।[91] वास्तव में बिरला की फर्म में लाला लाजपत राय को दिये जाने वाले धन का पूरा लेखा–जोखा रखा जाता था। उदाहरण के तौर पर 1927 में बिरला ने ख़ुद लाजपत राय से पूछा था कि 'आप बतायें कि इन मदों के लिए मैं कितना पैसा अलग कर दूँ या फिर कोई अन्य मद हो तो उसके लिए अगले बजट में प्रावधान कर लूँ।'[92] बिरला ने लाजपत राय द्वारा लाहौर में बनवायी गयी एक व्यायामशाला को भी वित्तीय सहायता दी थी।[93] बिरला बन्धु जिस तरह से रुचि लेकर लाजपत राय के प्रोजेक्टों में सहयोग करते थे उसकी भूरि–भूरि प्रशंसा लाजपत राय करने से नहीं चूकते थे। उनकी मदद पर कृतज्ञता ज्ञापन के लिए वह चाहते थे कि 'यंग इंडिया' के सचित्र संस्करण में जुगलकिशोर और स्वयं बिरला की तस्वीरें छापी जायें। बिरला को लगा कि सिर्फ़ जुगलकिशोर की फ़ोटो छपनी चाहिए क्योंकि 'अछूतोद्धार को लेकर जो भी कार्य हुआ है' वह उन्हीं के द्वारा हुआ है। इसके अलावा एक कारण बिरला का यह सोचना भी था कि लाजपत राय जैसे व्यक्ति राजनीति को एक अच्छी दिशा दे रहे हैं ऐसे में स्वयं को इतनी प्रमुखता देना ठीक नहीं।[94]

एक और महत्त्वपूर्ण क्षेत्र था आर्यसमाज के संस्थान। इसमें भी बिरला ने लाजपत राय को काफ़ी सहयोग दिया था। फ़रवरी 1927 में दिल्ली में खुले दयानन्द एंग्लो वैदिक (डीएवी) हाई स्कूल के स्थापना दिवस समारोह का उद्घाटन बिरला के हाथों सम्पन्न हुआ। इस अवसर पर उन्होंने शिक्षा के क्षेत्र में आर्यसमाज द्वारा किये गये कार्यों की सराहना की और डीएवी संस्थानों को भारत के 'पुराने ऋषियों के दूत' की संज्ञा दी। उन्होंने कहा कि 'इनकी नींव आत्म–त्याग पर रखी गयी है।' साथ ही महात्मा हंसराज और स्वर्गीय स्वामी श्रद्धानन्द सरस्वती के कार्यों के प्रति उज्ज्वल शब्दों में श्रद्धा व्यक्त करते हुए उन्होंने उन्हें समाज के स्तम्भ बताया।[95]

राष्ट्रवाद की हिन्दू धारा में

कुल मिलाकर मालवीय और लाजपत राय का सहयोग करते हुए बिरला सक्रिय राजनीति की ओर उन्मुख हो चले थे। 1925 तक उन्हें लगा कि वह राजनीति की मुख्यधारा से फिर जुड़ने लगे हैं। हालाँकि पूर्व में वे बंगाल विधान परिषद् से अलग हो गये थे लेकिन 1926 में इंडिपेंडेंट काँग्रेस पार्टी के गठन में उनकी मुख्य भूमिका रही और बाद में इसी पार्टी से सेंट्रल लेजिस्लेटिव असेम्बली (सीएलए) का चुनाव लड़ने के लिए भी वह तैयार हो गये।

राजनीति में बिरला की शिरकत किस तरह की थी? इस प्रश्न का उत्तर जानने के लिए हमें 1920 के दशक की राष्ट्रवादी राजनीति के बृहत्तर परिप्रेक्ष्य को समझना होगा।

1922 में गाँधी द्वारा असहयोग आन्दोलन को वापस लेने के बाद राष्ट्रीय आन्दोलन के भविष्य को लेकर विभिन्न राजनीतिक समूहों के बीच तीखे मतभेद उभर आये थे। व्यापक तौर पर राजनीतिक मतों का विभाजन दो खेमों में हो गया था। पहला खेमा परिवर्तनवादियों का था जिसके संचालक मोतीलाल नेहरू और सी.आर. दास थे। दूसरा खेमा ग़ैर–परिवर्तनवादियों का था जिसकी बागडोर राजेन्द्र प्रसाद, वल्लभभाई पटेल, राजगोपालाचारी और जमनालाल बजाज ने सँभाल रखी थी। परिवर्तनवादी काउंसिल में प्रवेश और काँग्रेस के कार्यक्रम की दिशा में बदलाव चाहते थे। मालवीय और लाजपत राय की सहानुभूति परिवर्तनवादियों के प्रति थी। जो लोग काउंसिल में प्रवेश के पक्ष में थे उन्हें एकत्र करते हुए मोतीलाल नेहरू और सी.आर. दास ने 1923 में स्वराज्य पार्टी का गठन किया। स्वराजी अपने को 'काँग्रेस के अन्दर ही एक दल मानते थे और इस तरह काँग्रेस का अभिन्न अंग कहते थे।'[96] 1923 में हुए सीएलए और राज्य विधान परिषदों के चुनाव में स्वराज्य पार्टी को भारी सफलता मिली।[97] हालाँकि मालवीय ने 1923 का विधान परिषद् चुनाव स्वतन्त्र उम्मीदवार के रूप में लड़ा था मगर असेम्बली में आधिकारिक गुट के विरोध में राष्ट्रवादी पार्टी बनाने के लिए उन्होंने स्वराजियों के साथ एक संयुक्त मोर्चा बनाने में सहयोग किया। लाजपत राय, जो हाल ही में जेल से रिहा हुए थे, ने भी पंजाब में स्वराज्य पार्टी के उम्मीदवारों का समर्थन किया और उनके लिए सक्रिय रूप से प्रचार किया।[98] मालवीय और लाजपत राय दोनों ही स्वराज्य पार्टी में शामिल हो गये और लाजपत राय 1925 में सीएलए के लिए चुन लिए गये थे।

बावजूद इसके कि मालवीय और लाजपत राय दोनों ने ही काउंसिल–प्रवेश के कार्यक्रम को पूरा समर्थन दिया और गाँधी के असहयोग आन्दोलन में उनका भरोसा कम ही रहा, उन्हें महसूस हुआ कि वे अभी इस स्थिति में नहीं हैं कि स्वराजियों का पूरे दिल से समर्थन कर सकें। एक कारण मालवीय और मोतीलाल नेहरू के बीच का पुराना तनाव था। दोनों में, ख़ासकर साम्प्रदायिकता के मुद्दे पर, तीखे और जगज़ाहिर मतभेद रहे आये थे।[99] मालवीय और लाजपत राय दोनों मानते थे कि स्वराजी मुस्लिम तुष्टिकरण के लिए हिन्दुओं के राजनीतिक हितों की तेज़ी से अनदेखी करते जा रहे हैं। हिन्दू राजनीतिक हितों को एकजुट और संगठित करने को लेकर दोनों का समान दृष्टिकोण था। यह दृष्टिकोण हालाँकि मोतीलाल नेहरू और उनके सेकुलर साथियों के लिए गुनाह जैसा था।[100] इसके अलावा मालवीय और लाजपत राय 'उत्तरदायी सहयोग' (responsive cooperation) के रूप में जाने गये आन्दोलन से भी सहानुभूति रखते थे : जब उन्होंने सेंट्रल प्रॉविंस में ताम्बे और जयकर का समर्थन किया तो मोतीलाल नेहरू के साथ सम्बन्धों में स्पष्ट दरार आ गयी और इन असहमतियों ने पूरी स्वराज्य पार्टी को झकझोर दिया।[101] अगस्त 1926 में लाजपत राय ने स्वराज्य पार्टी से इस्तीफ़ा दे दिया और 7 अगस्त 1926 को मालवीय के साथ मिलकर इंडिपेंडेंट काँग्रेस पार्टी (आईसीपी) का गठन किया। एम.आर. जयकर, बी.एस. मुंजे, एन.सी. केलकर समेत कई अन्य लोग इसमें शामिल हुए। क्रिस बेली ने आईसीपी को 'हिन्दू यूनिवर्सिटी आन्दोलन या उससे भी पहले 1880 के दशक के मध्य हिन्दू समाज के अगुआ रहे सम्पर्कों का एक ढीला–ढाला जमावड़ा' बताया है।[102]

मालवीय और लाजपत राय के साथ आने और मिलकर नयी पार्टी बनाने से बिरला काफ़ी ख़ुश हुए। 1925 से ही वे लाजपत राय को मनाने में लगे थे कि 'वह पण्डितजी के साथ मिलकर नयी पार्टी बनायें।'[103] बिरला को कभी–कभी आश्चर्य होता था कि क्यों 'गाँधीजी, आप, मालवीय जी, मोतीलाल, जयकर जैसे तमाम दिग्गज नेताओं के होने के बावजूद भारत जैसा भाग्यशाली देश एकजुट नहीं हो सकता और सब साथ मिलकर क्यों नहीं एक सर्वस्वीकृत, तर्कपूर्ण और यथार्थवादी कार्यक्रम बना डालते।' नयी पार्टी के गठन का समाचार सुनकर वे काफ़ी उत्साहित थे। उन्होंने लिखा कि 'मेरी बहुत इच्छा है कि आकर आप लोगों से मिलूँ', लेकिन अस्वस्थ होने के कारण वह ऐसा नहीं कर सके। उन्होंने विश्वास जताया कि आईसीपी वह काम करने में कामयाब होगी जो अन्य लोग नहीं कर सके।

लाजपत राय के मददगार और वित्त–सहयोगी बिरला जल्द ही हिन्दू राष्ट्रवाद के लक्ष्य के एक राजनीतिक सहयोगी बन गये। लाजपत राय कोई भी महत्त्वपूर्ण निर्णय लेने से पूर्व बिरला की सलाह ज़रूर लेते थे। मसलन आईसीपी का अध्यक्ष बनने के पूर्व उन्होंने बिरला को तार किया कि 'दोस्त लोग मुझ पर इंडिपेंडेंट काँग्रेस पार्टी का अध्यक्ष बनने का दबाव डाल रहे हैं। आपकी राय क्या है? क्या आप मुझे सहयोग देंगे?'[104] मालवीय और लाजपत राय को साथ लाने में बिरला की महत्त्वपूर्ण भूमिका थी और दोनों के बीच मतभेद दूर करने में भी उन्होंने उनकी मदद की। हालाँकि दोनों ही हिन्दू राष्ट्रवाद के उत्थान के समर्पित पुरोधा थे मगर उनके विचारों और व्यक्तित्व में काफ़ी अन्तर था। उदाहरण के तौर पर लाजपत राय मानते थे कि मालवीय बीएचयू के कामों में इस तरह जुट गये हैं कि व्यावहारिक राजनीति के सवालों से दूर चले गये हैं। बिरला अक्सर दोनों नेताओं के बीच मध्यस्थता करते रहते थे और आईसीपी के गठन में उनकी भूमिका काफ़ी महत्त्वपूर्ण रही थी। जल्द ही आईसीपी के आन्तरिक समूह के वह महत्त्वपूर्ण सदस्य बन गये और 1926 के चुनाव अभियान की रूपरेखा तैयार करने में उनकी अहम भूमिका रही। वह पार्टी के चुनाव–घोषणापत्र की रूपरेखा तैयार करने वाले समूह के सदस्य भी बने जिसकी प्रस्तुत योजनाओं को सीएलए और राज्य काउंसिलों में लागू किया जाना था।[105] आईसीपी के घोषणापत्र में कहा गया था कि वह उत्तरदायी सरकार के लिए वैधानिक ढंग से काम करेगी और काउंसिल में प्रवेश का समर्थन करेगी।[106]

1926 में पूरे भारत में सम्पन्न हुए चुनावों में मुख्य मुक़ाबला स्वराजियों और आईसीपी के बीच था। बिरला अपनी पार्टी की चुनावी रणनीति तैयार करने में पूरे समर्पण के साथ लगे थे। लाजपत राय ने बिरला से पूछा कि क्या वे बंगाल के मशहूर सुधारवादी नेता बी. सी.पाल की सेवाएँ पंजाब के चुनाव अभियान में ले पायेंगे 'बशर्ते उसका ख़र्चा बहुत अधिक न हो।'[107] मोतीलाल लाजपत राय के ख़िलाफ़ कोई मज़बूत उम्मीदवार तलाश रहे थे और लाजपत राय इस बात से थोड़ा परेशान थे। लेकिन बिरला ने उन्हें आश्वस्त किया कि अगर ऐसी कोई स्थिति बनती है तो 'मैं पण्डितजी से नेहरू के ख़िलाफ़ कोई असरदार उम्मीदवार खड़ा करने के लिए कहूँगा।'[108] जब पंजाब में स्वराजियों ने लाजपत राय के दोनों चुनाव क्षेत्रों से रायजादा हंसराज और दीवान चमनलाल को उम्मीदवार बनाया तो आईसीपी के सदस्यों ने मालवीय पर संयुक्त प्रान्त में मोतीलाल के ख़िलाफ़ चुनाव लड़ने का दबाव डाला, जिसे लाजपत राय ने वीटो लगाकर अस्वीकार कर दिया।[109]

लाजपत राय आईसीपी के टिकट पर बिरला को सीएलए के लिए उम्मीदवार बनाना चाह रहे थे। लाजपत राय 1925 से ही बिरला के लिए चुनाव क्षेत्र की तलाश कर रहे थे। पहले उन्होंने बिरला का नाम पंजाब की मतदाता सूची में शामिल करवाया। बिरला एक ऐसी सीट चाहते थे जिसपर जीत सुनिश्चित हो। वह किसी भी चुनाव में प्रतिद्वन्द्विता में नहीं पड़ना चाहते थे।[110] पंजाब में लाला लाजपत राय को चुनावी स्थितियाँ आसान नहीं दिख रही थीं और वहाँ उन्हें बिरला के जीतने की ज़्यादा उम्मीद नहीं दिख रही थी। लेकिन दिल्ली या किसी दूसरे क्षेत्र के लिए उन्होंने बिरला को आश्वस्त किया।[111] फ़िलहाल सीएलए के लिए बिरला की उम्मीदवारी को 1926 के चुनाव की घोषणा होने तक ठण्डे बस्ते में डाल दिया गया।

बाद में आईसीपी ने बिरला को संयुक्त प्रान्त (यूपी) की 'बनारस–गोरखपुर की ग्रामीण ग़ैर–मुस्लिम' सीट से अपना उम्मीदवार बनाया। बिरला का यूपी की राजनीति से कोई सम्बन्ध नहीं था और जिस क्षेत्र के प्रतिनिधि वह बनने जा रहे थे उसके किसी स्थानीय नेता तक को वह नहीं जानते थे। बनारस–गोरखपुर क्षेत्र से चुनाव लड़ने का सिर्फ़ एक कारण था : मालवीय का इस चुनाव क्षेत्र में तगड़ा प्रभाव। इस सीट का चुनाव मालवीय जी ने ख़ुद उनके लिए किया था। इस तथ्य से भी इनकार नहीं किया जा सकता कि बिरला के पिता ने इस शहर में अपना घर बनाया था और परिवार ने शहर में काफ़ी रक़म दान की थी। यहाँ उनका मुक़ाबला पण्डित जवाहरलाल नेहरू के मित्र और काँग्रेस के दिग्गज नेता भगवानदास के बेटे श्री प्रकासा से था। बिरला इस मुक़ाबले में नहीं पड़ना चाहते थे और लिहाज़ा उन्होंने श्री प्रकासा से समझौते की कोशिश की। सुझाव यह हुआ कि अगर बिरला फ़ैज़ाबाद से चुनाव लड़ते हैं और बनारस–गोरखपुर की सीट श्री प्रकासा के लिए छोड़ देते हैं तब दोनों ही सीधे मुक़ाबले से बच जायेंगे।[112] इस सुझाव का कोई नतीजा नहीं निकला क्योंकि मालवीय और मोतीलाल नेहरू अन्ततः आपस में सहमत नहीं हो पाये और बिरला ने ख़ुद को एक कठिन मुक़ाबले में फँसा हुआ पाया।

बिरला का चुनाव अभियान ज़ोर–शोर से शुरू हुआ। लाजपत राय, मालवीय और स्वामी श्रद्धानन्द उनके चुनाव प्रचार के लिए आये। श्रद्धानन्द उनके लिए कई क्षेत्रों में गये। उन्होंने बिरला के विषय में कहा कि 'वो उन चन्द व्यक्तियों में से हैं जो ख़ासकर हिन्दू हितों के लिए और प्रायः सभी देशवासियों के लिए काम करने में आगे रहते हैं।'[113] मालवीय ने भी काफ़ी क्षेत्रों का दौरा किया और बिरला को प्रत्येक ज़िले में निजी तौर पर पहुँचने की सलाह दी।[114] लाजपत राय ने पहले एक सन्देश भेजा जिसका उपयोग प्रचार में किया जाना था। सन्देश में बनारस–गोरखपुर सीट से चुनाव लड़ने के लिए उन्होंने बिरला को बधाई दी और कहा कि 'बहुत कम लोग ऐसे हैं' जिन्हें 'हिन्दू समुदाय का इतना भरोसा प्राप्त है।' उन्होंने 'हिन्दुओं के लिए की गयी उनकी सेवाओं' और 'हर अच्छे काम के लिए खुली रही उनकी तिज़ोरी' और 'ख़ासकर हिन्दुओं सहित भारतीयों के उत्थान को लक्षित तमाम ज़रूरी आन्दोलनों' में मदद के लिए बिरला की प्रशंसा की। उन्होंने बिरला द्वारा कई भारतीय नेताओं को आर्थिक सहयोग देने और टैरिफ कमेटी में किये गये कार्यों के लिए उनकी सराहना की। उन्हें यह विश्वास था कि 'आपका व्यापार और वित्त के क्षेत्र में व्यावहारिक ज्ञान असेम्बली में वित्तीय मसलों और औद्योगिक विकास पर होने वाली चर्चाओं

के दौरान काम आयेगा।'[115] बाद में वह ख़ुद बिरला के चुनाव क्षेत्र में आये और बनारस और गोरखपुर में तीन दिनों तक चुनाव प्रचार किया।

अपने चुनावी भाषणों में बिरला ने हर जगह ज़ोर देकर यह बात कही कि वे हिन्दुओं के संगठन के लिए हमेशा अपना सहयोग देते रहेंगे जो उनके विचार में देश के सामने सबसे महत्त्वपूर्ण कार्य था और जो वंचित वर्गों के उत्थान के बिना अधूरा रहेगा।[116] तमाम सहयोग और कठिनाई भरे प्रचार के बावजूद यह चुनावी समर बिरला की कल्पना से अधिक भारी सिद्ध हुआ। बाद में उन्होंने लाजपत राय से कहा भी कि 'अगर मुझे पता होता कि यह चुनावी समर इस रूप में होने वाला है तो मैं कदापि इसमें हिस्सेदारी के लिए नहीं उतरता।'[117]

26 नवम्बर 1926 को मतदान हुआ। कुल 12,608 मतदाताओं में 74.72 प्रतिशत मत पड़े। बिरला को 7236 वोट मिले (76.81 प्रतिशत) जबकि श्री प्रकासा को 2185 वोट मिले (23.19 प्रतिशत)।[118] अन्य जगहों पर भी स्वराज्य पार्टी को भारी असफलता का सामना करना पड़ा। मद्रास को छोड़कर हर जगह उसकी हालत खस्ता थी। बिहार और उड़ीसा में अपनी नाक बचा पाने में वह किसी तरह सफल रही। बंगाल और मध्य प्रान्तों में हालाँकि वह सबसे बड़ी पार्टी बनकर उभरी थी मगर संवैधानिक गतिरोध दूर करने में वह सक्षम नहीं थी। आईसीपी को मिली चुनावी सफलता ने स्वराजियों को हिलाकर रख दिया था। चुनाव प्रचार के दौरान साम्प्रदायिक उन्माद फैलाया गया जिससे माहौल प्रदूषित हुआ और यह बात मोतीलाल नेहरू समेत दूसरे काँग्रेसी नेताओं को काफ़ी तल्ख़ गुज़री।[119]

इस सफलता में एक रणनीतिकार और आर्थिक सहयोगी दोनों ही रूपों में बिरला का महत्त्वपूर्ण योगदान रहा था।[120] चुनाव में इतनी व्यापक सफलता मिलने के पश्चात मालवीय और लाजपत राय गुवाहाटी में होने वाले काँग्रेस के सत्र में अपनी शक्ति का प्रदर्शन करने के लिहाज़ से अच्छी स्थिति में आ गये थे। मालवीय ने इस सत्र में बिरला से सक्रिय भूमिका निभाने का निवेदन कुछ इस प्रकार किया :

> आप पूरी तरह से पार्टी के हो चुके हैं और जो काम हम अपने देश के लिए करना चाहते हैं उसमें आपकी भूमिका यह बनती है कि आप काँग्रेस में जाकर बोलें। काँग्रेस अभी भी एक ताक़त है और मेरी मंशा है कि वह एक बड़ी शक्ति बने जो कि वह अच्छी नीतियों को अपनाकर बनी थी। हमें उसकी अनदेखी नहीं करनी चाहिए और अपनी पूरी ताक़त के साथ उसमें अपना प्रतिनिधित्व करना चाहिए। इसलिए आप उसमें उपस्थित होने का मन बनायें और दूसरे सक्षम मित्रों से भी शामिल होन के लिए कहें।[121]

मालवीय ने बिरला को काँग्रेस के सत्र में आईसीपी प्रतिनिधिमण्डल की तरफ़ से अधिकाधिक 'विद्वान, प्रतिष्ठित और धनी' लोगों को ले जाने की ज़िम्मेदारी दी।[122] लेकिन अस्वस्थ होने के कारण वह नहीं जा सके। वो ये महसूस करते थे कि बंगाल और आसाम का प्रतिनिधित्व मज़बूत होने के कारण काँग्रेस में वर्तमान विभाजन पर कोई एक राय बनाना मुश्किल होगा।[123]

मालवीय और लाजपत राय की जोड़ी का प्रभाव अब राष्ट्रीय राजनीति में अपने चरम पर था। यह प्रभाव चुनावों में मिली सफलता का फल था जिसमें बिरला ने महत्त्वपूर्ण भूमिका निभाई थी। चुनाव में अपनी ताक़त सिद्ध करने के बाद मालवीय और लाजपत राय

ने माँग की कि काउंसिल में प्रवेश करने की उनकी योजना को काँग्रेस आधिकारिक तौर पर स्वीकार करे। वास्तव में संगठन के भीतर कुछ लोग इस बात को काँग्रेस पर वर्चस्व स्थापित करने की उनकी कोशिश मान रहे थे। मोतीलाल नेहरू ने जवाहरलाल से शिकायत भी की कि 'मालवीय–लाला का गुट बिरला के पैसे के दम पर काँग्रेस पर क़ाबिज़ होने की कोशिश में जी–जान से जुटा है। वे शायद इसमें कामयाब भी हो जायें क्योंकि उनका मुक़ाबला करने की हमारी ओर से कोई कोशिश नहीं की जा रही।'[124] कई लोग आईसीपी की नीति को 'अप्रत्यक्ष रूप से हिन्दू महासभा की नीतियों को काँग्रेस के नाम पर चलाने की कोशिश मान रहे थे।'[125]

सीएलए का सदस्य चुने जाने और आईसीपी की संगठनात्मक ज़िम्मेदारियों के कारण बिरला काँग्रेस की व्यापक गुटीय राजनीति में फँसने के लिए मजबूर थे। उनके मार्गदर्शकों की ओर से दबाव आ रहा था कि वे सक्रिय राजनीति में महत्त्वपूर्ण भूमिका निभायें। मालवीय चाहते थे कि विधायक के रूप में वह अपनी गुणवत्ता बढ़ायें और आगे अपनी क्षमता के मुताबिक़ महत्त्वपूर्ण भूमिका अदा करें। लाजपत राय की उम्मीदें और बढ़–चढ़कर थीं। उनका मानना था कि हिन्दुओं में बहुत कम ऐसे लोग हैं जिन्हें नेतृत्व की ज़िम्मेदारी दी जा सके। लाजपत राय का कहना था कि 'आज हमें ऐसे विश्वसनीय हिन्दू नेता की ज़रूरत है जो अपने सहयोगियों में स्नेह और विश्वास का संचार करे और उत्तर भारत के हिन्दुओं का नेतृत्व कर सके।'[126] उन्हें विश्वास था कि बिरला अखिल भारतीय स्तर पर इस नेतृत्व की क्षमता रखते हैं और वे उन्हें इसी रूप में गढ़ने के इच्छुक थे। वे मानते थे कि बिरला के भीतर 'महान नेता और उदार व्यक्तित्व' के सारे गुण छिपे हुए हैं। वो ये स्वीकार करते थे कि बिरला के लिए उनके व्यापारिक हित अहम थे क्योंकि वे 'युद्ध–सामान की आपूर्ति' करते थे, लेकिन लाजपत राय ये तर्क देते थे कि 'राजनीति में प्रवेश कर लेने के बाद आप राजनीतिक मुद्दों को नज़रअन्दाज़ नहीं कर सकते।' भविष्य के एक बड़े नेता के रूप में बिरला को देखने वाले लाजपत राय ने लिखा कि 'मैं आपको और जयकर को हिन्दू राजनीति के भविष्य के नेता के रूप में देखता हूँ।'[127]

बिरला अब अपने सार्वजनिक जीवन के दोराहे पर खड़े थे। क्या वे अखिल भारतीय स्तर पर हिन्दू राष्ट्रवाद के राजमार्ग को चुनेंगे जिसके लिए उनके गुरु उनसे अनुरोध कर रहे थे या वो अपने ही भीतर की प्रेरणा पर चलेंगे?

सन्दर्भ एवं टिप्पणियाँ

1. बालचन्द मोदी, *देश के इतिहास में मारवाड़ी जाति का स्थान*, पृ. 557–60।
2. रोनाल्डशे से मोंटेग्यू, 6 जनवरी 1921, जेटलैंड पेपर्स, इंडिया ऑफ़िस लाइब्रेरी एंड रिकॉर्ड्स/एम.एस.एस. ई.यू.आर. डी. 609/4।
3. आधिकारिक उत्तर में कहा गया कि कलकत्ता कॉरपोरेशन और कलकत्ता इम्प्रूवमेंट ट्रस्ट इसके लिए ज़िम्मेदार प्राधिकरण थे। कलकत्ता इम्प्रूवमेंट ट्रस्ट द्वारा गठित कमेटी की रिपोर्ट में बड़तल्ला स्ट्रीट और जयमोहन मल्लिक स्ट्रीट के चौराहे पर एक पार्क बनाने की संस्तुति की गयी थी। बिरला को सूचना दी गयी कि कलकत्ता इम्प्रूवमेंट ट्रस्ट अभी उस रिपोर्ट पर विचार ही कर रहा है।
4. देखें, 'मारवाड़ी एसोसिएशन की बैठकों के ब्योरे, 1922–23' आर.के. नेवतिया (सम्पा.), *श्री रामदेव चोखणी*।

5. *बंगाल विधान परिषद् की कार्रवाइयाँ*, 1921, वॉल्यूम I।
6. *कैपिटल*, 21 अप्रैल 1921।
7. ऐसे पुल के प्रस्ताव के लिए 19 में से 11 सदस्यों ने सहमति दी, जबकि शेष ने विरोध किया। अपने 2 अगस्त 1923 के अंक में *कैपिटल* ने ये टिप्पणी की 'वे इससे भी अधिक भव्य और मज़बूत ढाँचे पर एतराज़ नहीं करेंगे बशर्ते जिन लोगों को इससे फ़ायदा होने वाला है उनसे इसकी लागत में योगदान करने के लिए न कहा जाये।'
8. 'बड़ा बाज़ार को किसी भी ऐसे प्रस्ताव पर व्यावहारिक एतराज़ हो सकता है जिससे आसपास की ज़मीनों और मकानों की क़ीमतें गिर जाने का ख़तरा हो', *कैपिटल*, 14 अप्रैल 1927, की टिप्पणी।
9. *कैपिटल*, जो प्रायः मारवाड़ियों के प्रति कठोर रुख़ रखता था, ने टिप्पणी की : 'मारवाड़ी किसी भी ऐसे पुल के प्रति सकारात्मक नहीं हैं जो उनकी सम्पत्तियों का अतिक्रमण करे, और वे इसके लिए विदेशी सत्ता के साथ हुए पुराने विस्मृत और समाप्त हो गये समझौतों का हवाला देने में भी संकोच नहीं करेंगे, भले ही उससे अतिक्रमण रोका न जा सके पर कुछ देर टल जाये। बल्ली की किंवदन्ती उतनी ही ज्ञानवर्धक और मनोरंजक है जितनी कि 'हंटिंग ऑफ़ द शॉर्क', *कैपिटल*, 14 अप्रैल 1927।
10. द *बंगाली* ने विरोध स्वरूप एक धार्मिक तर्क जोड़ दिया। उसने पूछा, क्या गवर्नर इसके लिए आश्वस्त हैं कि 'ऐसे किसी पुल के ख़िलाफ़ कोई अहिंसक सत्याग्रह नहीं किया जायेगा जिस पर ग़ैरहिन्दू जूते पहनकर आ–जा सकें, जबकि साधु और आस्थावान स्त्री–पुरुष उसके नीचे गंगा में स्नान कर रहे होंगे।' *कैपिटल*, 14 अप्रैल 1927।
11. पत्र के अधिग्रहण के उद्देश्य से एक संयुक्त स्वामित्व कम्पनी पाँच लाख रुपये की पूँजी से स्थापित की गयी, *कैपिटल*, 31 जुलाई 1920।
12. द *कॉमर्स* ने सान्ध्य अख़बार को संसाधनों और वित्तीय व्यवहार्यता के चलते बेच दिया। अदालत द्वारा नियुक्त लिक्विडेटर ने अख़बार की नीलामी 15 जुलाई 1920 को की जिसमें बिरला ने उसे ख़रीद लिया।
13. इन विषयों के लिए देखें, मिल्टन इजराइल, *कम्युनिकेशन एंड पावर : प्रोपेगंडा एंड द प्रेस इन द इंडियन नेशनलिस्ट स्ट्रगल*, 1920–1947 (कैम्ब्रिज, 1994)।
14. *एम्पायर*, 19 जुलाई 1920।
15. *कॉमर्स*, 22 जुलाई 1920।
16. दुर्भाग्यवश मुझे दिल्ली और लन्दन के अभिलेखागारों में द *बंगाली* के पुराने अंक नहीं मिल सके।
17. द *न्यू एम्पायर* ने ये टिप्पणी की, 'बहुत लोग सेवाओं में आने के लिए आतुर होंगे और पद ऐसे लोगों द्वारा भरे जायेंगे जो कम अनुभवी, कम आज़ाद, कम देशभक्त और कम क़ाबिल होंगे। इससे दफ़्तरशाही का काम आसान और कम कष्टसाध्य हो जायेगा' और सरकार अपना काम बिना उन कर्मचारियों के चलाती रहेगी जो अपने कष्टों की परवाह किये बग़ैर सही और स्पष्ट सोच के साथ जनता के प्रति संवेदनापूर्ण तरह से काम करते। इस तरह उनका तर्क यह था कि आन्दोलन अपने वास्तविक लक्ष्य को पाने में असफल हो जायेगा, *न्यू एम्पायर*, 6 सितम्बर 1920।
18. वही।
19. *न्यू एम्पायर*, 10 सितम्बर 1920।
20. *न्यू एम्पायर*, 4 सितम्बर 1920।
21. *न्यू एम्पायर*, 6 सितम्बर 1920।
22. नये मालिकों द्वारा चलाई गयी नीतियों की प्रशंसा में द *कैपिटल* ने ये आशावादी टिप्पणी की : 'जो प्रतिष्ठा सर सुरेन्द्रनाथ बनर्जी ने होमरूल के लिए अपने लम्बे और अथक संघर्ष के द्वारा पत्र को दिलाई वह चमक वर्तमान निदेशक फिर से प्रदान कर सकते हैं बशर्ते वे बंगाल काउंसिल में दिये उनके भाषण की रोशनी में चलें।' *कैपिटल*, 26 जनवरी 1922।
23. *कैपिटल*, 3 फ़रवरी 1922।

24. जैसा कि बिरला ने बाद में अपनी पहली मुलाक़ात को याद करते हुए कहा : 'मेरा एक पुराना दोस्त जो आर्यसमाजी था लेकिन राजनीति में उसकी कोई रुचि नहीं थी, मुझे जस्टिस चौधरी के घर उनसे मुलाक़ात के लिए ले गया,' बिरला के नोट, 'लाला लाजपत राय', बिरला पेपर्स, सीरीज़ मिसलेनियस, फ़ाइल नम्बर 123।

25. मोतीलाल नेहरू और जवाहरलाल नेहरू के पहनावे में आये ऐसे ही परिवर्तन के दिलचस्प वर्णन के लिए देखें, एम्मा तारलो, *क्लोथिंग मैटर्स : ड्रेस एंड आइडेंटिटी इन इंडिया* (शिकागो, 1996)।

26. बिरला के नोट, 'लाला लाजपत राय', बिरला पेपर्स, सीरीज़ मिसलेनियस, फ़ाइल नम्बर 123।

27. बॉम्बे के व्यापारियों ने ये घोषणा की : 'असहयोग आन्दोलन देश के हितों के लिए ख़तरनाक है; जनजीवन को बाधित करने वाला और राजनीतिक तनाव के साथ–साथ सामाजिक और घरेलू अराजकता पैदा करने वाला है। साथ ही देश के जातीय, धार्मिक बन्धुत्व और एकता को तोड़ने वाली शक्तियों को बढ़ावा देने वाला है। चूँकि यह आन्दोलन हिंसक होकर देश की स्थिर प्रगति को चोट पहुँचायेगा, लिहाज़ा ये सभा निर्णय लेती है कि जनता को इस आन्दोलन के ख़िलाफ़ शिक्षित करने के लिए आगामी क़दम उठाये जाये और उन्हें विशेष रूप से असहयोग आन्दोलन के इस ख़तरनाक पक्ष के प्रति जागरूक किया जाये।' इस बयान ने सरकार से इस आन्दोलन के ख़िलाफ़ सख़्त क़दम उठाने की माँग की। साथ ही देखें, द्विजेन्द्र त्रिपाठी, द काँग्रेस एंड द इंडस्ट्रियल क्वेश्चन 1919–35, बी.एन. पाण्डे (सम्पा.), *ए सेंटेनरी हिस्ट्री ऑफ़ द इंडियन नेशनल काँग्रेस* (1885–1985), वॉल्यूम II (न्यू डेल्ही, 1983), पृ. 493–524।

28. विधायकों ने माँग की : 'चूँकि बंगाल काउंसिल अवकाश पर है, हम कलकत्ता में उपस्थित सदस्य अपना असन्तोष व्यक्त करते हैं कि बंगाल को भारत सरकार द्वारा जो राहत प्रदान की गयी है वो इस वित्तीय संकट के दौर में नाकाफ़ी है, और आपसे प्रार्थना करते हैं कि या तो आय और सुपर टैक्स का एक तिहाई भाग या जूट एक्सपोर्ट ड्यूटी का तीन चौथाई भाग बंगाल को आबंटित किया जाये। हम इसे न्यूनतम राशि मानते हैं जो कि वैसे भी साधारण ख़र्चों के लिए अपरिहार्य है। ऐसा टैक्स काउंसिल द्वारा निश्चय ही अमान्य कर दिया जायेगा और एक गतिरोध पैदा हो जायेगा जिससे सुधार कार्य बाधित होंगे और असहयोग आन्दोलन मज़बूत होगा जिससे प्रशासनिक क्षमता को बुरी तरह क्षति पहुँचेगी और इससे स्थानान्तरित विभागों की उपयोगिता समाप्त हो जायेगी। हम आपको आश्वासन देते हैं कि स्वच्छता, शिक्षा और राष्ट्र निर्माण की अन्य गतिविधियों में सुधार के लिए हम अपने पर टैक्स लगाने के लिए तैयार हैं, लेकिन सामान्य ख़र्चों के लिए नहीं,' *कैपिटल*, 6 अक्टूबर 1921।

29. देबीप्रसाद खेतान बिरला के पुराने साथी थे। 1888 में जन्मे खेतान पहले मारवाड़ी अटार्नी थे जिन्होंने कलकत्ता हाई कोर्ट में 1911 में वकालत शुरू की। उन्हें बिरला ब्रदर्स लिमिटेड में काम करने के लिए बुलाया गया और 1911 में उन्हें फर्म का जनरल मैनेजर बनाया गया। वे 1922–26 के बीच बंगाल विधान सभा में भी रहे थे; बोर्ड ऑफ़ इंडस्ट्रीज (1928) में वे एक सदस्य के रूप में नामित किये गये थे; कर्मचारियों के प्रतिनिधि के रूप में 1928 में उन्होंने इंटरनेशनल लेबर कॉन्फ्रेंस में हिस्सा लिया था; इंडियन चेम्बर ऑफ़ कॉमर्स (1930) के वे अध्यक्ष रहे थे; 1939 में वे कलकत्ता कॉरपोरेशन के लिए चुने गये थे; 1933 में जूट एसोसिएशन के सदस्य; फिक्की (1936) के अध्यक्ष; इंटरनेशनल चेम्बर ऑफ़ कॉमर्स, (1934–6) के सदस्य थे; कलकत्ता पोर्ट ट्रस्ट के 1937 में कमिश्नर, चीनी की मिलें स्थापित करने के लिए 1937 में गठित यूपी एंड बिहार कमीशन (जो बाद में खेतान कमीशन के रूप में जानी गयी), का भार उन्हें सौंपा गया; इंडो–जापान व्यापार समझौता व इंडो–लंकाशायर एग्रीमेंट में उन्होंने भारतीय उद्योग का प्रतिनिधित्व किया। उनके पेशेवर जीवन के ब्योरों के लिए देखें, डी.पी. शर्मा, *देशभक्त उद्योग प्रवर्तक घनश्याम दास बिरला*, पृ. 212–4, व *इंडियन ईयर बुक और हू इज़ हू* 1941–42 (बॉम्बे, 1942)।

30. अपने पहले भाषण में खेतान ने बड़े ज़ोरदार तरह से सरकार का पक्ष लिया। उन्होंने उन प्रस्तावों का विरोध किया जिनमें सी.आर. दास और असहयोग आन्दोलन के दूसरे क़ैदियों की रिहाई के लिए सरकार पर दबाव बनाने की गरज़ से उसके वित्तीय क़दमों का विरोध किया गया था।

परिषद् में बंगाल मनोरंजन कर विधेयक पर हुई बहस में विपक्ष ने ऐसे किसी भी क़दम का विरोध किया जो सरकार की दमनकारी नीति के विरोध का भी एक तरीक़ा था। विपक्ष का ऐसा करना खेतान के आर्थिक राष्ट्रवाद से बिल्कुल उलट था जो उन्होंने इंडियन फिस्कल कमीशन में प्रदर्शित किया था। ये भी देखें, *कैपिटल*, 26 जनवरी 1922।

31. ये बड़ा बाज़ार का ही दल था जिसने कलकत्ता काँग्रेस में गाँधी के पक्ष में मतदान को प्रभावित किया था। बाद में बसन्तलाल मोरारका ने लिखा : 'बड़ा बाज़ार का दल महात्मा जी का समर्थक था। बंगाल कैम्प दो समूहों में बँटा हुआ था। एक दिन सत्र के दौरान दोनों समूहों के बीच बहस छिड़ गयी और वे बड़ी कटुता के साथ एक–दूसरे से असहमत हुए। ये सुनकर महात्मा जी बंगाल कैम्प में आये और समर्थकों से गुज़ारिश की कि वे देशबन्धु दास को अपना नेता स्वीकार करें। उन्होंने अपने समर्थकों से कहा कि वे दास को अपने विचारों से अवगत करायें लेकिन उनसे कोई लड़ाई न करें,' *बसन्तलाल मोरारका स्मृति ग्रन्थ*, पृ. 35, द *बंगाली* के अनुसार कलकत्ता काँग्रेस में बंगाल के निर्णायक मत मारवाड़ियों और हिन्दू समुदायों के थे जो यहाँ व्यापार करने की गरज़ से आये थे, जूडिथ ब्राउन, *गाँधीज़ राइज टु पावर, इंडियन पॉलिटिक्स*, 1915–1922 (कैम्ब्रिज, 1972), पृ. 267–8।
32. बड़ा बाज़ार के वातावरण का जायज़ा उस हड़ताल को याद करके लिया जा सकता है जो 1921 में वेल्स के राजकुमार के आने पर हुई थी और 'उस समय तक किसी भी अन्य हड़ताल के मुक़ाबले अधिक सफल रही थी। कलकत्ता में सारा व्यापार पूरी तरह ठप हो गया था, यहाँ तक कि पान की स्थानीय दुकानें भी बन्द रही थीं, हावड़ा में यात्री फँस गये थे और पूरा शहर अन्धकार में डूब गया था...बिजली आपूर्ति रात को भी बन्द रही थी। 1921 के उस विनाशक दिन पूरा शहर पूरे अन्धकार में डूबा रहा', *बसन्तलाल मोरारका स्मृति ग्रन्थ*, पृ. 36।
33. द *कैपिटल* ने आरोप लगाया कि उन्होंने ऐसा इसलिए किया कि मन्दी के माहौल में उनके पास अतिरिक्त स्टॉक था और उन्होंने विपत्ति को अवसर में बदल दिया, क्योंकि पुराने स्टॉक को निकालने के लिए ज़्यादा समय मिलना उनके अपने ही फ़ायदे में था, *कैपिटल*, 10 अगस्त 1922।
34. डी.पी. शर्मा यह दावा करते हैं कि बिरला ने विदेशी कपड़ों की होली जलाने में हिस्सा लिया था, हालाँकि इसकी पुष्टि के लिए कोई अन्य प्रमाण नहीं मिलता।
35. जैसा कि सीताराम सेकसरिया याद करते हैं 'जब गाँधीजी ने काँग्रेस की ओर से तिलक–स्वराज कोष में योगदान के लिए अपील की तो न केवल मारवाड़ी समाज के समृद्ध सदस्यों, बल्कि मध्यम और साधारण लोगों ने भी धन दान में दिया। कलकत्ता के आनन्दीलाल पोद्दार, जयनारायण जी दानी, हीरालाल करीवाला और बिरला भाइयों ने लाखों रुपये दान किये। किसी ने भी एक लाख रुपये से कम नहीं दिया', भवरमल सिंघी (सम्पा.), *पद्मभूषण श्री सीताराम सेकसरिया अभिनन्दन ग्रन्थ*, पृ. 281।
36. दान में जमनालाल बजाज की भूमिका निर्णायक रही होगी। बजाज काँग्रेस पार्टी के खजांची होने के साथ–साथ पार्टी के लिए धन–संग्रह की ज़िम्मेदारी भी निभाते थे, इसलिए उन्होंने ज़रूर बिरलाओं को दान देने के लिए प्रेरित किया होगा। तिलक–स्वराज कोष में बजाज की भागीदारी के लिए देखें, बी.आर.नन्दा, *इन गाँधीज़ फुटस्टेप्स : द लाइफ़ एंड टाइम्स ऑफ़ जमनालाल बजाज* (नयी दिल्ली, 1990), पृ. 62–5।
37. *करंट*, बॉम्बे, मई 1964 में आर.डी. बिरला का साक्षात्कार।
38. डी.पी. खेतान का साक्ष्य, *इंडियन फिस्कल कमीशन 1921–22* और *मिनट ऑफ़ डिस्सेंट, 1922*, सीएमडी 1764, वॉल्यूम II (कलकत्ता, 1923), विशेष रूप से देखें, मिनट्स ऑफ़ द एविडेंस रिकॉर्डेड।
39. आर. कुमार (सम्पा.), *एस्सेस ऑन गाँधियन पॉलिटिक्स, द रौलेट सत्याग्रह ऑफ़ 1919* (ऑक्सफोर्ड, 1971), पृ. 342।
40. चोखणी के अनुसार बिरला ने स्वयं अपना नाम प्रस्तावित किया। हालाँकि इसकी पुष्टि के लिए कोई साक्ष्य उपलब्ध नहीं है, इसलिए ये किसी पूर्वाग्रह से ग्रस्त विचार भी हो सकता है, आर. नेवतिया, *श्री रामदेव चोखणी*, पृ. 135–6।

41. *वही*, पृ. 35।
42. अन्य पदाधिकारी थे : अध्यक्ष–ओंकारमल जटिया, उपाध्यक्ष–बद्रीदास गोयनका, रामदेव चोखणी और रामचन्द्र पोद्दार। 'मारवाड़ी एसोसिएशन की कमेटी में युवाओं का अच्छा समावेश रहा है। सर ओंकारमल जटिया नये अध्यक्ष हैं, रामदेव चोखणी उपाध्यक्ष, हरिराम गोयनका के पुत्र कमेटी के सदस्य हैं और अनिवार्य तौर पर श्री डी.पी. खेतान मानद सचिव हैं। प्रतिभा और दृढ़ निश्चय से भरी यह टीम सरकार को विवश कर देगी कि वह जागे और उनकी सुने। बड़ा बाज़ार के उधारखोरों को कब तक 'पूर्वी सागर की रानी' का अपमान करने की इजाज़त दी जायेगी', *कैपिटल*, 29 मार्च 1923।
43. माहेश्वरी महासभा की स्थापना 1914 में कर दी गयी थी और जुगलकिशोर बिरला व मोहता इसके प्रमुख संरक्षक थे।
44. बलदेव दास के जीवनीकार के अनुसार रामेश्वर दास के साथ किया गया गठजोड़ सुधारवादी पक्ष में होने का एक प्रयास था, बरुआ, *राजा बलदेव दास बिरला*, पृ. 92।
45. पूरा समुदाय इस द्वन्द्व से ग्रसित हो गया। न केवल बड़ा बाज़ार में बल्कि पूरे उत्तर भारत में 'कोई भी इससे अछूता न रहा। समुदाय के सदस्य किसी–न–किसी गुट में शामिल होने को मजबूर थे।'
46. डीडू माहेश्वरी महापंचायत के एक प्रकाशन *माहेश्वरी बन्धु* ने बिरला विरोधी नेताओं की एक सूची दी है। इसके 21 फ़रवरी 1926 के 48वें अंक में कोलवारों के बारे में सुधारवादियों के दावे के ख़िलाफ़ धार्मिक विद्वानों द्वारा दिये गये प्रमाण प्रकाशित किये गये हैं। इसमें सुधारवादियों, विशेष रूप से बिरला लोगों, की खिल्ली उड़ाने वाले कार्टून भी छापे गये हैं। इनमें से कुछ कार्टून टिम्बर्ग ने अपनी पुस्तक *द मारवाड़ीज़* में भी शामिल किये हैं।
47. *माहेश्वरी बन्धु* के मुताबिक़ रामेश्वर दास ने इस निमन्त्रण का जवाब इन शब्दों में दिया, 'हमने कोलवारियों के साथ जानबूझकर ये गठबन्धन किया है। *समाज* को जो ठीक लगे वह कर सकता है, मुझे *समाज* से कोई सरोकार नहीं,' रामप्रताप डागा, 'वर्तमान आन्दोलन पर स्पष्ट विचार', *माहेश्वरी बन्धु*, 21 फ़रवरी 1926।
48. डी.पी. शर्मा, *देशभक्त उद्योग प्रवर्तक घनश्याम दास बिरला*, पृ. 98।
49. डीडू माहेश्वरी महापंचायत ने उन 'अंग्रेज़ी पण्डितों' की भर्त्सना की जिन्होंने माहेश्वरी महासभा पर क़ब्ज़ा कर लिया था। उन्होंने अपने उद्देश्य की घोषणा 'जाति, धर्म का शुद्धिकरण और समुदाय के सम्मान और गौरव की रक्षा' के तौर पर की। हो सकता है महापंचायत के प्रचार ने बहिष्कार की लोकप्रियता का बखान बढ़ा–चढ़ाकर किया हो। महापंचायत के दृष्टिकोण के लिए देखें, 'भारतवर्षीय श्री डीडू माहेश्वरी पंचायत', *माहेश्वरी बन्धु*, 21 फ़रवरी 1926।
50. सी.ए. बेली, *लोकल रूट्स ऑफ़ इंडियन पॉलिटिक्स*, 1880–1920 (ऑक्सफोर्ड, 1975)।
51. एम. विश्वेश्वरैया, 'पण्डित मदनमोहन मालवीय : सम पर्सनल रेमिनिसीस', *मालवीय कमेमोरेशन* (स्मारिका), *वॉल्यूम–बीएचयू–1932* (इलाहाबाद, 1932), पृ. 989–90।
52. कमीशन के मिनट्स में मालवीय ने यह तर्क रखा था कि 'अतीत में हतोत्साहित किये जाने के कारण भारतीय उद्योगों को क्षति पहुँची और...ये अति आवश्यक है कि उद्योगों को आधुनिक तरीक़े से बढ़ाया जाये ताकि देश आर्थिक उन्नति कर सके', वही, मालवीय के मिनट्स की ये कहकर प्रशंसा की गयी कि 'यह देश की औद्योगिक आवश्यकताओं की बाबत सही भारतीय नज़रिया है', यह भी देखें, मदनमोहन मालवीय 'नोट ऑन द रिपोर्ट ऑफ़ द इंडियन इंडस्ट्रियल कमीशन', *स्पीचिस एंड राइटिंग्स ऑफ़ पण्डित मदनमोहन मालवीय* (एन.पी., एन.डी.), पृ. 269–493।
53. मालवीय की ओर से बिरला को, 12 संवत् 1981, बिरला पेपर्स, सीरीज़ वेरी–वेरी इम्पोर्टेंट कोरेस्पोंडेंस, फ़ाइल नम्बर 12।
54. कार्टून सबसे पहले *माहेश्वरी बन्धु* के 21 फ़रवरी 1926 के अंक में प्रकाशित हुए थे।
55. आर.एन. जाजू, *जी.डी. बिरला : अ बायोग्राफ़ी*, पृ. 82।
56. 'वह एक वैश्य की पुत्री है, शूद्र की नहीं...जाति में बहुत से लोग आपके साथ हैं और वे जो आपके विरोध में हैं उसका कारण आपसे जलन होगी...आप और काकाजी (बलदेव दास) इस बारे में निश्चिन्त रहें',

मालवीय की ओर से जुगलकिशोर बिरला को, 3 जुलाई 1924, बिरला पेपर्स, सीरीज़ वेरी–वेरी इम्पोर्टेंट कोरेस्पोंडेंस, फ़ाइल नम्बर 12।

57. इस विमर्श पर मालवीय का मशहूर बयान 'वैज्ञानिक, तकनीकी, कलात्मक, शैक्षिक और धार्मिक ज्ञानवर्धन व शास्त्रीय संस्कृति के लिए एक हिन्दू यूनिवर्सिटी की रूपरेखा' में संकलित है जो 1905 में इलाहाबाद से जारी हुआ था और एस.एल. दर व एस. सोमास्कंदन की *हिस्ट्री ऑफ़ द बनारस हिन्दू यूनिवर्सिटी* (बनारस, 1966) में पुनः उद्धृत किया गया।

58. एकरूपीय इकाई के तौर पर हिन्दुत्व की हाल ही में की गयी मिलती–जुलती व्याख्याओं के लिए देखें, वसुधा डालमिया व हेनरिक वॉन स्टीटेनक्रॉन (सम्पा.), *रिप्रेजेंटिंग हिन्दुइज्म, द कंस्ट्रक्शन ऑफ़ रिलीजियस ट्रेडिशंस एंड नेशनल आइडेंटिटि* (नयी दिल्ली, 1995), डेविड लड्डेन (सम्पा.), *मेकिंग इंडिया हिन्दू* (दिल्ली, 1996), क्रिस्टोफ जेफ्रेल्लो, *द हिन्दू नेशनलिस्ट मूवमेंट एंड इंडियन पॉलिटिक्स* (1925 से 1990 के दशक तक), (दिल्ली, 1996)।

59. पण्डित पद्मकान्त मालवीय, 'महामना मालवीय और जुगलकिशोर बिरला', डी.डी. शास्त्री, *एक बिन्दु एक सिन्धु*, पृ. 68।

60. *वही*, पृ. 70।

61. कन्हैयालाल मिश्र, 'वाराणसी को बिरला जी की देन', डी.डी. शास्त्री, *एक बिन्दु एक सिन्धु*, पृ. 169।

62. पद्मकान्त मालवीय, 'महामना मालवीय और जुगलकिशोर बिरला', डी.डी. शास्त्री, *एक बिन्दु एक सिन्धु*, पृ. 70।

63. बनारस के पूरे भू–दृश्य में इन स्थानों के महत्त्व के लिए देखें, डायना एल. ऐक, *बनारस, द सिटी ऑफ़ लाइट* (प्रिंस्टन, 1984)।

64. *वही*, पृ. 70।

65. सुन्दरम और दर (सम्पा.), *बनारस हिन्दू यूनिवर्सिटी 1905–35*, पृ. 360।

66. बरुआ, *राजा बलदेव दास बिरला*, पृ. 113–5।

67. दुर्गादास, जो लम्बे समय तक सम्पादक रहे थे, ने अपने संस्मरण में याद किया है, *इंडिया फ्रॉम कर्जन टु नेहरू एंड आफ्टर* (लन्दन, 1969), पृ. 109।

68. बिरला की ओर से मालवीय को, 21 मार्च 1925, बिरला पेपर्स, सीरीज़ वेरी–वेरी इम्पोर्टेंट कोरेस्पोंडेंस, फ़ाइल नम्बर 12।

69. मालवीय की ओर से बिरला को, 2 अगस्त 1925, बिरला पेपर्स, सीरीज़ वेरी–वेरी इम्पोर्टेंट कोरेस्पोंडेंस, फ़ाइल नम्बर 12।

70. वही।

71. मालवीय की ओर से बिरला को, 8 अगस्त 1925, बिरला पेपर्स, सीरीज़ वेरी–वेरी इम्पोर्टेंट कोरेस्पोंडेंस, फ़ाइल नम्बर 12।

72. 'प्रेस के माध्यम से देश की सेवा में आपने पहले ही इतना अधिक ख़र्च किया है कि मैं उम्मीद करता हूँ कि इस उद्देश्य के लिए आप पाँच हज़ार रुपये और देने में कोई संकोच नहीं करेंगे', मालवीय की ओर से बिरला को, 8 जनवरी 1926, बिरला पेपर्स, सीरीज़ वेरी–वेरी इम्पोर्टेंट कोरेस्पोंडेंस, फ़ाइल नम्बर 12।

73. बिरला की ओर से मालवीय को, 12 जनवरी 1926, बिरला पेपर्स, सीरीज़ वेरी–वेरी इम्पोर्टेंट कोरेस्पोंडेंस, फ़ाइल नम्बर 12।

74. मालवीय की ओर से बिरला को, 24 सितम्बर 1926, बिरला पेपर्स, सीरीज़ वेरी–वेरी इंपोर्टेंट कोरेस्पोंडेंस, फ़ाइल नम्बर 12।

75. इस दौर में लाजपत राय की राजनीति का अध्ययन करने के लिए देखें, जे.एस.ढाँकी, *लाला लाजपत राय एंड इंडियन नेशनलिज़्म* (जालन्धर, 1990), 'मार्च 1922 में गाँधीजी द्वारा असहयोग आन्दोलन को स्थगित कर दिये जाने से लाजपत राय बहुत निराश हुए थे। उन्होंने महात्मा गाँधी की बड़ी रणनीतिक चूकों,

विशेषकर उनका मुसलमानों पर इतना भरोसा करना और बारदोली में लिए फ़ैसले, की भर्त्सना की, जबकि उस समय उनके समर्थकों की उम्मीदें पराकाष्ठा पर थीं', उद्धृत, जूडिथ ब्राउन, *गाँधीज़ राइज टु पावर*, पृ. 342–3। उन्होंने काँग्रेस के एक राष्ट्र के सिद्धान्त की भी आलोचना इस आधार पर करनी शुरू कर दी कि हिन्दू अपने आप में एक राष्ट्र हैं और मुसलमानों और दूसरे समुदायों से अलग हैं। वह इस हद तक गये कि अगर हिन्दू समुदाय आत्महत्या नहीं करना चाहता तो उसे एक समुदाय के रूप में पूरा दम लगाकर एकजुट रहना चाहिए, उद्धृत, सत्य एम. राय, *लेजिस्लेटिव पॉलिटिक्स एंड फ्रीडम स्ट्रगल इन पंजाब, 1897–1947* (नयी दिल्ली, 1984), पृ. 123 और 177।

76. यद्यपि लाजपत राय एक अखिल भारतीय स्तर के राजनेता थे लेकिन उनका राजनीतिक आधार पंजाब में ही था। पंजाब हिन्दू सभा के पुनरुत्थान में वे एक केन्द्रीय व्यक्तित्व थे जिसने 'अनेक हिन्दू पुनरुत्थान समूहों को शुरू किया; शुद्धि सभा, आर्यसमाज और ऑर्थोडॉक्स सनातन धर्म सभा', मुशीरुल हसन, 'कम्युनलिज़्म इन द प्रोविंसेज : अ केस स्टडी ऑफ़ बंगाल एंड द पंजाब', मुशीरुल हसन (सम्पा.), *कम्युनल एंड पैन इस्लामिक ट्रेंड्स इन कोलोनियल इंडिया* (नयी दिल्ली, 1985), पृ. 273।
77. शुरुआत में स्वयंसेवकों के प्रशिक्षण का प्रस्ताव रखा गया था जिसमें हरेक को तीन से छह महीने के लिए 25 से 50 रुपये तक दिये जाने थे और उसके बाद उन्हें कामों के लिए भेजा जाता। स्वयंसेवकों की भर्ती कमज़ोर वर्गों से ही होनी थी। लाजपत राय इन्हीं उद्देश्यों के लिए काम करने वाले अन्य लोगों की आलोचना यह कहकर करते थे कि 'ये लोग कई योजनाएँ हाथ में ले लेते हैं, बड़ी–बड़ी योजनाएँ बना लेते हैं और कोई भी फ़ैसला लेने में बहुत समय लगा देते हैं।' इस श्रेणी में उन्होंने मालवीय को भी रखा जिनकी आलोचना उन्होंने 'टाल–मटोल करने वाले' और अन्य अहम मुद्दों को दरकिनार कर 'सारा पैसा और समय' बनारस हिन्दू यूनिवर्सिटी के लिए लगाने वाले व्यक्ति के रूप में की।
78. लाजपत राय की ओर से बिरला को, 30 दिसम्बर 1923, बिरला पेपर्स, सीरीज़ इम्पोर्टेंट फ़ाइल्स II, फ़ाइल नम्बर एल–7।
79. 1920 के दशक की शुरुआत में गाँधी से लाला लाजपत राय के राजनीतिक मतभेदों के बिरला द्वारा किये विश्लेषण में कई दृष्टियों से उनके ख़ुद के राजनीतिक विचारों की गूँज सुनाई देती है। गाँधी के असहयोग आन्दोलन के कार्यक्रमों को लेकर होने वाली बहसों में दिसम्बर 1920 की नागपुर काँग्रेस तक लाजपत राय ने सी.आर.दास का समर्थन किया था। बाद में ये कहा गया कि 'लाजपत राय को पंजाब के प्रतिनिधियों ने मजबूर किया कि या तो वे अपना पक्ष बदलें और गाँधी का समर्थन करें अथवा सूबे की राजनीति में ख़ुद के नेतृत्व को संकट में डाल लें', देखें, जूडिथ ब्राउन, *गाँधीज़ राइज टु पावर*, पृ. 295।
80. चूँकि स्टीमर के टिकट बॉम्बे में ख़रीदे जाने थे, लाजपत राय ने बिरला ब्रदर्स, बॉम्बे को तार देकर 'आने–जाने के किराये का भुगतान करने के लिए कहा।' लाजपत राय के लिए बिरला लोगों के साथ जुड़ाव का मक़सद अपने राजनीतिक प्रभावक्षेत्र में आने वाले व्यापारियों, महाजनों और पंजाब के शहरी पढ़े–लिखे लोगों तक विस्तार करना था। जो मध्यवर्ग पंजाब में आर्यसमाज की रीढ़ था उनमें अधिकतर खत्री, अरोड़ा और बनिया जैसी व्यापारिक जातियों के लोग थे। आर्यसमाज की प्रमुख संस्था डीएवी कॉलेज की प्रबन्ध कमेटी के सदस्यों की सूची से इस तथ्य की पुष्टि होती है। 25 में से 18 सदस्यों के नाम के आगे लाला शब्द ये दिखाता है कि वे खत्री थे, एस. भाटिया, *सोशल चेंज एंड पॉलिटिक्स इन पंजाब, 1898–1910* (नयी दिल्ली, 1987), साथ ही देखें, केनेथ जोन्स, *आर्यधर्म : हिन्दू कांशसनेस इन नाइन्टीन्थ सेंचुरी पंजाब* (कैलिफ़ोर्निया, 1976) और नीना पुरी, *पॉलिटिकल एलीट एंड सोसायटी इन द पंजाब* (दिल्ली, 1985)।
81. लाजपत राय की ओर से बिरला को, 14 मार्च 1924, बिरला पेपर्स, सीरीज़ II, फ़ाइल नम्बर एल–7।
82. लाजपत राय की ओर से बिरला को, 5 सितम्बर 1926, बिरला पेपर्स, सीरीज़ II, फ़ाइल नम्बर एल–7।

83. अकाली आन्दोलन में लाजपत राय की भूमिका कैसी थी इसका अनुमान लगाना मुश्किल है। अकालियों के साथ सहानुभूति व्यक्त करने के लिए 1921 में लाजपत राय ननकाना साहब गुरुद्वारा गये थे। नाभा राज्य में जैतो घटना पर 1924 में उन्होंने पुनः अकालियों को समर्थन दिया था, मोहिंदर सिंह, 'द कॉंग्रेस एंड नेशनलिस्ट सिख पॉलिटिक्स', बी.एन. पाण्डे (सम्पा.), *अ सेंटेनरी हिस्ट्री ऑफ़ द इंडियन नेशनल कॉंग्रेस,* पृ. 353–407।

84. लाजपत राय की ओर से बिरला को, 14 मार्च 1924, बिरला पेपर्स, सीरीज़ II, फ़ाइल नम्बर एल–7।

85. लाजपत राय की ओर से बिरला को, 14 मार्च 1924, बिरला पेपर्स, सीरीज़ II, फ़ाइल नम्बर एल–7। 1920 में अमेरिका से लौटने पर जो स्कूल लाजपत राय ने स्थापित किया था वह न्यूयॉर्क रैंड स्कूल ऑफ़ सोशियोलॉजी के नमूने पर था, जिससे लाजपत राय बहुत प्रभावित हो गये थे।

86. लाजपत राय की ओर से बिरला को, 29 नवम्बर 1927, बिरला पेपर्स, सीरीज़ II, फ़ाइल नम्बर एल–7।

87. लाजपत राय की ओर से बिरला को, 6 अक्टूबर 1927, बिरला पेपर्स, सीरीज़ II, फ़ाइल नम्बर एल–7।

88. लाजपत राय की ओर से बिरला को, 13 अक्टूबर 1927, 15 अक्टूबर 1927, 22 नवम्बर 1927 और 6 अक्टूबर 1927, बिरला पेपर्स, सीरीज़ II, फ़ाइल नम्बर एल–7।

89. *हिन्दुस्तान टाइम्स*, सम्पादकीय, 4 जनवरी 1928।

90. किताब के छपने में आर्थिक मदद करने के साथ–साथ बिरला ने छपने की प्रक्रिया में भी गहरी रुचि दिखायी। *अनहैप्पी इंडिया* का आवरण उन्हें 'बहुत घिनौना' लगा। चार्ली एंड्रूज भी इस बात से सहमत थे कि आवरण को बदले जाने की ज़रूरत है। मूल आवरण पर अमेरिका में नीग्रो लोगों पर भीड़ की हिंसा का चित्र था। बिरला ने लाजपत राय को लिखा : 'अमेरिका में तथाकथित गोरे लोगों की भीड़ द्वारा नीग्रो लोगों पर की गयी हिंसा के घिनौने अपराध की आपने बिल्कुल सही निन्दा की। लेकिन मेरे विचार में इस तरह के चित्र को इतनी प्रमुखता देने से कोई लाभ नहीं होगा।' बिरला का यह मानना था कि 'एक कमज़ोर देश होने के कारण हम बदला लेने की स्थिति में नहीं हैं; हमें सुलह–समझौते से ही काम लेना चाहिए', बिरला की ओर से लाजपत राय को, 5 मई 1928, बिरला पेपर्स, सीरीज़ II, फ़ाइल नम्बर एल–7, उनके हस्तक्षेप से अपेक्षित असर हुआ और आवरण को हटा लिया गया।

91. लाजपत राय की ओर से बिरला को, 14 अप्रैल 1926, बिरला पेपर्स, सीरीज़ II, फ़ाइल नम्बर एल–7।

92. बिरला की ओर से लाजपत राय को, 10 अक्टूबर 1927, बिरला पेपर्स, सीरीज़ II, फ़ाइल नम्बर एल–7।

93. लाजपत राय को एक रक़म दान में चाहिए थी ताकि 1926 के चुनाव में किये गये वायदे को पूरा करके वे लाहौर के हिन्दू समुदाय के साथ अपने रिश्ते को पुनः स्थापित कर सकें। हिन्दुओं में शारीरिक प्रशिक्षण के कार्यक्रम के लिए उन्होंने 10 हज़ार रुपये इकट्ठा करने का वायदा किया था, लाजपत राय की ओर से बिरला को, 28 जुलाई 1928, बिरला पेपर्स, सीरीज़ II, फ़ाइल नम्बर एल–7, बाद में उन्होंने महसूस किया कि 'चुनाव के दिनों में दिये गये एक वचन को पूरा न कर पाने के आरोप से मैं बहुत व्यथित हूँ', बिरला की ओर से लाजपत राय को, 21 जुलाई 1928, बिरला पेपर्स, सीरीज़ II, फ़ाइल नम्बर एल–7, एकबारगी बिरला को लगा कि 'भुगतान करने से पहले शायद दोनों के बीच इस पर चर्चा होगी', लेकिन बाद में उन्होंने ये लिखकर पैसे दे दिये कि 'किसी भी स्थिति में मैं आपके आदेश का पालन करूँगा ही', बिरला की ओर से लाजपत राय को, 16 जुलाई 1928, बिरला पेपर्स, सीरीज़ II, फ़ाइल नम्बर एल–7।

94. बिरला की ओर से लाजपत राय को, एन.डी., 1928 में सीएलए पर बहस के दौरान उन्होंने सार्वजनिक रूप से बिरला की दरियादिली की तारीफ़ इन शब्दों में की : 'मैं एक हिन्दू को जानता हूँ जो पिछले पाँच या छह साल से 15 हज़ार से 25 हज़ार तक की रक़म हर महीने कमज़ोर वर्गों की शिक्षा के

लिए ख़र्च कर रहा है और वह व्यक्ति हैं मेरे मित्र जी.डी. बिरला के बड़े भाई श्री जुगलकिशोर', *सेंट्रल लेजिस्लेटिव असेम्बली डिबेट*, वॉल्यूम I, नम्बर 15, पृ. 693, 23 फ़रवरी 1928, उद्धृत, *श्रद्धांजलि स्वर्गीय जुगलकिशोर बिरला* (एन.डी. एन.पी.)।

95. *हिन्दुस्तान टाइम्स*, 1 मार्च 1927।
96. बी.आर. नन्दा, *द नेहरूज़* (लन्दन, 1962), पृ. 207।
97. सीएलए की 145 सदस्यों की सभा में 104 निर्वाचित सीटों में से 45 पर स्वराजी चुने गये थे। प्रान्तों में उनकी सफलता भिन्न–भिन्न थी। यू.पी. में उन्होंने हर उस सीट को जीता जहाँ उन्होंने एक 'लिबरल' उम्मीदवार का विरोध किया बॉम्बे में 43 ग़ैर–मुस्लिम सीटों में उन्होंने 23 पर विजय प्राप्त की, केन्द्रीय प्रान्तों में सामान्य और विशेष 114 निर्वाचन क्षेत्रों में से 45 उन्होंने जीत लीं। मद्रास में उन्होंने कुछ ही सीटें जीतीं और पंजाब, बिहार और उड़ीसा में उनका प्रदर्शन बहुत बुरा रहा, एस.आर. बख्शी, *स्वराज पार्टी एंड द इंडियन नेशनल काँग्रेस* (नयी दिल्ली, 1985), पृ. 72।
98. सत्य एम. राय, *लेजिस्लेटिव पॉलिटिक्स एंड फ्रीडम स्ट्रगल इन पंजाब*, पृ. 130।
99. सामान्य पृष्ठभूमि के लिए देखें, रिचर्ड गॉर्डन, 'द हिन्दू महासभा एंड द इंडियन नेशनल काँग्रेस, 1915 से 1926 तक', *मॉडर्न एशियन स्टडीज*, वॉल्यूम–9, नम्बर 2 (1975), पृ. 145 से 203।
100. देखें, बी.आर. नन्दा, *द नेहरूज़*।
101. बी.आर. नन्दा, 'द स्वराजिस्ट इंटरल्यूड', बी.एन. पाण्डे (सम्पा.), *ए सेंटेनरी हिस्ट्री ऑफ़ इंडियन नेशनल काँग्रेस*, वॉल्यूम II, पृ. 112–161।
102. सी.ए. बेली, *लोकल रूट्स ऑफ़ इंडियन पॉलिटिक्स*, पृ. 215।
103. बिरला की ओर से लाजपत राय को, 27 अक्टूबर 1925, बिरला पेपर्स, सीरीज़ II, फ़ाइल नम्बर एल–7।
104. लाजपत राय की ओर से बिरला को, 14 सितम्बर 1926, बिरला पेपर्स, सीरीज़ II, फ़ाइल नम्बर एल–7।
105. मालवीय ने बिरला को तार किया कि : '18 और 19 को हमारी पार्टी के चुनिन्दा सदस्यों के साथ असेम्बली और प्रान्तीय परिषदों के लिए नीतियाँ और कार्यक्रमों की रूपरेखा पर चर्चा की जायेगी। उम्मीद है आप भी इसमें हिस्सा लेंगे,' मालवीय की ओर से बिरला को, 11 दिसम्बर 1926, बिरला पेपर्स, सीरीज़ वेरी–वेरी इम्पोर्टेंट कोरेस्पोंडेंस, फ़ाइल नम्बर 12।
106. एस.एल. गुप्ता, *पण्डित मदनमोहन मालवीय : अ सोशियो–पोलिटिकल स्टडी* (इलाहाबाद, 1978), पृ. 218।
107. लाजपत राय की ओर से बिरला को, 5 सितम्बर 1926, बिरला पेपर्स, सीरीज़ II, फ़ाइल नम्बर एल–7।
108. बिरला की ओर से लाजपत राय को, 8 अक्टूबर 1926, बिरला पेपर्स, सीरीज़ II, फ़ाइल नम्बर एल–7।
109. उन्होंने मालवीय को लिखा : 'मैंने अख़बार में इस आशय का एक बयान पढ़ा है कि यूपी में इंडिपेंडेंट काँग्रेस पार्टी के सदस्य आप पर ये दबाव डाल रहे हैं कि आने वाला लेजिस्लेटिव असेम्बली चुनाव आप उसी सीट से लड़ें जिस पर पण्डित मोतीलाल के चुनाव लड़ने की उम्मीद है। जहाँ तक मेरा सवाल है मैं अपने हितों की रक्षा खुद कर सकता हूँ। मैं प्रतिशोध के सिद्धान्त में विश्वास नहीं रखता,' लाजपत राय की ओर से मालवीय को, 14 अक्टूबर 1926, उद्धृत, जे.एस. ढाँकी, *लाला लाजपत राय एंड इंडियन नेशनलिज़्म*, पृ. 312।
110. जैसा कि अगस्त 1926 में उन्होंने लाजपत राय को लिखा : 'जब तक कि मुझे सूबे में एक सीट की गारंटी नहीं दी जाती मैं चुनाव नहीं लड़ूँगा' और उनसे कहा कि 'आप तकलीफ़ न करें अगर आपको लगता है कि आप इस मामले में ज़्यादा कुछ नहीं कर सकते', बिरला की ओर से लाजपत राय को, 27 अगस्त 1926, बिरला पेपर्स, सीरीज़ II, फ़ाइल नम्बर एल–7।
111. लाजपत राय की ओर से बिरला को, 24 अक्टूबर 1925, बिरला पेपर्स, सीरीज़ II, फ़ाइल नम्बर एल–7।

112. श्री प्रकासा की ओर से बिरला को 21 अगस्त 1926, जी.ड़ी. बिरला, *बापू : अ यूनीक एसोसिएशन* (बॉम्बे, 1977), वॉल्यूम I, पृ. 4।

113. जे.टी.एफ. जॉर्डन्स के अनुसार शुरू में श्रद्धानन्द बिरला के लिए प्रचार करने के इच्छुक नहीं थे, क्योंकि वे कुछ सालों से राजनीति से बाहर रहे थे और क्योंकि स्वयं उनका पुत्र इन्द्र काँग्रेस का समर्थन कर रहा था। लेकिन बिरला द्वारा स्वामी श्रद्धानन्द से व्यक्तिगत अपील किये जाने पर वे एक व्यक्ति के तौर पर उनके लिए प्रचार करने को तैयार हो गये, न कि उनकी पार्टी के लिए। जॉर्डन्स ये भी इंगित करते हैं कि एक आईसीपी के उम्मीदवार का समर्थन करने के लिए श्रद्धानन्द के पास दो कारण थे 'उनकी इस भंगिमा का एक आशय सार्वजनिक रूप से महासभा के राजनीति में प्रवेश पर अपनी असहमति जताना था, और अपने इस विश्वास पर बल देना था कि मुसलमानों के साथ समझौते की काँग्रेस की नीति हिन्दू–हितों के लिए विनाशकारी सिद्ध होगी,' जे.टी.एफ. जॉर्डन्स, *स्वामी श्रद्धानन्द हिज लाइफ़ एंड कॉजेज़* (दिल्ली, 1981), पृ. 165–6।

114. मालवीय की ओर से बिरला को, 17 सितम्बर 1926, बिरला पेपर्स, सीरीज़ वेरी वेरी इम्पोर्टेंट कोरेस्पोंडेंस, फ़ाइल नम्बर 12।

115. लाजपत राय की ओर से बिरला को, 16 सितम्बर 1926, बिरला पेपर्स, सीरीज़ II, फ़ाइल नम्बर एल–7।

116. जॉर्डन्स, *स्वामी श्रद्धानन्द*, पृ. 165। *हिन्दू संगठन* पर बिरला के विचारों के लिए देखें, एल.एन. बिरला (सम्पा), जी.डी. बिरला, 'Quo vadis' *बिरला पार्क एनुअल 1928*, (कलकत्ता, 1928)।

117. बिरला की ओर से लाजपत राय को, 8 अक्टूबर 1926, बिरला पेपर्स, सीरीज़ II, फ़ाइल नम्बर एल–7। इस बारे में लिखते हुए बिरला ने बाद में याद किया : 'जब मुझे प्रत्याशी बनाया गया तब मुझे ये नहीं मालूम था कि मैं एक लड़ाई में कूद पड़ा हूँ। इसका अहसास मुझे बाद में हुआ। बाद में मैंने अपनी उम्मीदवारी वापस लेने की भी सोची, लेकिन मैं इस तरह फँस गया था कि वो करना बहुत मुश्किल था,' देखें, बिरला पेपर्स, सीरीज़ मिसलेनियस, फ़ाइल नम्बर 123।

118. पी.डी. रीव्स, बी.डी. ग्राहम, जे.एम. गुडमैन (सम्पा.), *अ हैंडबुक ऑफ़ इलेक्शंस इन उत्तर प्रदेश, 1920–51* (नयी दिल्ली, 1975), पृ. 34।

119. पत्रकार दुर्गादास अपने संस्मरण में याद करते हैं : 'चुनाव के बाद जब मैं मोतीलाल से मिला तो उन्होंने ये स्वीकार किया कि उनके द्वारा नामित उम्मीदवार उलझ कर रह गये थे क्योंकि विरोधी दलों ने गोहत्या का प्रश्न खड़ा कर दिया था और स्वयं उनको गोमांस–भक्षक कहकर उनकी भर्त्सना की जा रही थी', *वही*, पृ. 123, साथ ही देखें, मोतीलाल की ओर से जवाहरलाल नेहरू को, 2 दिसम्बर 1926, *अ बंच ऑफ़ ओल्ड लेटर्स : रिटन मोस्टली टु जवाहरलाल नेहरू एंड सम रिटन बाई हिम* (बॉम्बे, 1958), पृ. 51–2, मोतीलाल ने जवाहरलाल से शिकायत की : 'मेरी सार्वजनिक तौर पर हिन्दू–विरोधी और मुस्लिमपरस्त कहकर भर्त्सना की गयी और निजी तौर पर हर मतदाता से ये कहा गया कि मैं गोमांस–भक्षक हूँ और मुसलमानों के साथ मिलकर हर समय और हर सार्वजनिक जगह पर गोहत्या को क़ानूनी रूप देने का प्रयास कर रहा हूँ।'

120. यद्यपि उनके योगदान का सही–सही आकलन करना मुश्किल है लेकिन इतने साक्ष्य तो हैं कि कहा जा सके कि उनका योगदान पर्याप्त था। उदाहरण के लिए सितम्बर 1926 में उन्होंने मालवीय को उनकी एक तुरन्त आवश्यकता के लिए 10 हज़ार रुपये दिये, और दिसम्बर में जब मालवीय को दोबारा 5 हज़ार रुपये बैंक में ओवरड्राफ्ट की रक़म के भुगतान और 7 हज़ार रुपये किसी ख़ास उधार को चुकाने के लिए चाहिए थे (जिसे अगले दो–तीन महीने तक दैनिक *अभ्युदय* को दिया जाना था) तो बिरला ने ये रक़म मुहैया कराई। दिसम्बर 1926 में मालवीय को आईसीपी के लिए 12 हज़ार रुपये की एक और रक़म की आवश्यकता थी। उन्होंने लिखा : 'आपने पार्टी को इतने खुले हाथ से दान किया है और ख़ुद अपने चुनाव पर भी इतना ख़र्च किया है कि मुझे ये ठीक नहीं लगता कि मैं आपसे अभी और योगदान के लिए कहूँ।' लेकिन फिर भी ये प्रार्थना उनसे की गयी। मालवीय की ओर से बिरला को, 17 दिसम्बर 1926, बिरला पेपर्स, सीरीज़ वेरी–वेरी इम्पोर्टेंट कोरेस्पोंडेंस, फ़ाइल नम्बर 12।

121. मालवीय की ओर से बिरला को, 17 दिसम्बर 1926, बिरला पेपर्स, सीरीज़ वेरी–वेरी इम्पोर्टेंट कोरेस्पोंडेंस, फ़ाइल नम्बर 12।

122. मालवीय की ओर से बिरला को, 17 दिसम्बर 1926, बिरला पेपर्स, सीरीज़ वेरी–वेरी इम्पोर्टेंट कोरेस्पोंडेंस, फ़ाइल नम्बर 12।

123. बिरला की ओर से मालवीय को, 19 दिसम्बर 1926, बिरला पेपर्स, सीरीज़ वेरी–वेरी इम्पोर्टेंट कोरेस्पोंडेंस, फ़ाइल नम्बर 12।

124. जवाहरलाल नेहरू, *अ बंच ऑफ़ ओल्ड लेटर्स*, पृ. 52।

125. दुर्गादास, *इंडिया फ्रॉम कर्जन टु नेहरू एंड आफ्टर*, पृ. 123।

126. लाजपत राय की ओर से बिरला को, एन.डी., बिरला पेपर्स, सीरीज़ II, फ़ाइल नम्बर एल–7।

127. लाजपत राय की ओर से बिरला को, 26 अगस्त 1927, बिरला पेपर्स, सीरीज़ II, फ़ाइल नम्बर एल–7।

अध्याय 4

महात्मा की छत्रछाया में

1920 के दशक में बिरला हालाँकि राजनीतिक रूप से अधिकतर मालवीय और लाजपत राय के प्रभाव में रहे लेकिन साथ–साथ गाँधी से भी उनके सम्बन्ध विकसित हो रहे थे। ये जिस सन्दर्भ में हो रहा था उसमें दो बातें ग़ौर करने लायक हैं। एक ओर राजनीतिक अस्थिरता थी तो दूसरी ओर 1930 के दशक में पेश आने वाली घटनाओं की सुगबुगाहटें थीं। असहयोग आन्दोलन के दौरान ही पता चल चुका था कि गाँधी ही काँग्रेस के सर्वोच्च नेता हैं और यह बात भी साफ़ हो चुकी थी कि उग्रपन्थी राजनीति का दौर ठण्डा पड़ चुका है। लाजपत राय, मालवीय, मोतीलाल नेहरू जैसे तमाम राष्ट्रवादी नेता स्वराज्य के मामले को लेकर दृढ़प्रतिज्ञ थे और वैधानिक ढाँचे के भीतर रहकर काम करने की युक्तियाँ ढूँढ़ रहे थे। साथ ही 1920 के दशक के मध्य तक साम्प्रदायिक मसले को लेकर तेज़ी से ध्रुवीकरण शुरू हो चुका था। ख़िलाफ़त आन्दोलन के दिनों में हिन्दू–मुस्लिम एकता का जो आधार तैयार हुआ था वह ढाँचा चरमरा चुका था। हिन्दू–मुस्लिम समुदाय से जुड़े नेता अपने–अपने क्षेत्रों में अलगाववादी रुख़ लेने लगे थे। इस अनिश्चितता भरे राजनीतिक माहौल में बिरला अपने को फँसा हुआ पा रहे थे और इस दौरान शुरू हुई तमाम महत्त्वपूर्ण गतिविधियों से जुड़े रहे थे। लेकिन इसी समय गाँधी से उनके सम्बन्ध काफ़ी गहरे हो आये थे जिसके दूरगामी परिणाम हुए, लिहाज़ा दोनों के रिश्तों पर चर्चा अवश्यम्भावी हो जाती है।

जैसा कि हमने दूसरे अध्याय में ज़िक्र किया कि बिरला की गाँधी से पहली मुलाक़ात 1916 में कलकत्ता में हुई थी जब वे मारवाड़ी समुदाय के मेहमान बनकर वहाँ गये थे। उस समय बिरला अपने समुदाय और पृष्ठभूमि वाले लोगों की तरह गाँधी की धार्मिक चरित्रनिष्ठा से अभिभूत हुए थे।[1] हालाँकि गाँधी को नज़दीक से जानने का अवसर उन्हें 1920 के दशक में ही मिल पाया। 1924 में बिरला और गाँधी के बीच पत्राचार का सिलसिला शुरू हुआ। इसका कोई स्पष्ट साक्ष्य उपलब्ध नहीं है कि यह कैसे शुरू हुआ लेकिन हम इतना जानते हैं कि ये 1921 के दौरान उस समय हुआ जब बिरला ने तिलक–स्वराज फंड में एक लाख रुपये दिये थे। बाद में 1924 में बजाज के आग्रह पर बिरला ने गाँधी को अपनी सेवाएँ देने का प्रस्ताव किया। बजाज को एक पत्र में उन्होंने लिखा कि :

> मैं व्यवसाय में बुरी तरह उलझा हूँ। मेरे पूज्य पिताजी और बड़े भाईसाहब नहीं चाहते कि मैं व्यवसाय करना छोड़ दूँ। मुझे उनके सन्तोष के लिए सब करना पड़ता है।

यह भी मेरा कर्तव्य है...फिर भी अगर कोई वित्तीय सहायता या व्यक्तिगत सेवा की ज़रूरत महात्मा जी को हो तो मैं खुशी से करूँगा। मेरी स्थिति विचित्र है, मैं करना कुछ चाहता हूँ करता कुछ और हूँ।[2]

यह समय था जब कलकत्ता के मारवाड़ी समुदाय के बहिष्कार का संकट बिरला परिवार झेल रहा था जैसा कि हमने अध्याय 3 में देखा। शायद इस कारण भी बिरला को गाँधी से सम्पर्क बनाना पड़ा हो। रूढ़िवादियों के साथ संघर्ष में बिरला ने अपने ज़्यादा से ज़्यादा हमदर्दों को तलाशने की कोशिश की। बिरला को यह बात अच्छी तरह मालूम थी कि कलकत्ता के युवा मारवाड़ियों में गाँधी बहुत लोकप्रिय हैं। ऐसे समय में गाँधी का नैतिक समर्थन उनके परिवार के लिए ख़ासा मददगार साबित हो सकता था। जब बहिष्कार की समस्या बहुत बढ़ गयी तब वे नैतिक समर्थन और दिशा–निर्देश लेने गाँधी के पास गये। 7 फ़रवरी 1924 को गाँधी ने जो पत्र बिरला को लिखा था उसे देखकर उनकी मदद को लेकर दुविधा ही झलकती है : 'जब दोनों ही गुट ग़लत हैं तो दोषारोपण किस पर हो यह कहना मुश्किल है। लिहाज़ा मैंने साधारण–सी योजना मामले को लेकर तैयार की है कि जो तुम्हारे प्रति बुरा बर्ताव करता है उसके प्रति भी तुम अच्छे रहो।' गाँधी ने परिवार को सहनशीलता बरतने की सलाह दी कि यदि उनके पिता और भाई समुदाय से माफ़ी माँगने के लिए तैयार हैं तो भी वे दृढ़ रहें और किन्हीं दबावों के आगे न झुकें। उन्होंने बिरला को आश्वस्त करते हुए लिखा कि :

मुझे पूरा विश्वास है कि अगर आपकी ओर से सहनशक्ति दिखायी जाती है तो अन्ततः वह फलदायी होगी। हम सबके भीतर अन्धकार और प्रकाश साथ–साथ काम करता है। लिहाज़ा इस प्रकार की मानसिक पीड़ा स्वाभाविक है। लेकिन इससे घबराने की ज़रूरत नहीं है। अन्धकार का लगातार प्रतिरोध करने से वह अन्त में समाप्त हो जाता है लेकिन हमारे दिल में हमेशा यह बात रहनी चाहिए कि हमारा कर्तव्य प्रकाशमान ताक़तों को हमेशा मज़बूत करते रहना है।[3]

इस तरह की दार्शनिक बातों से बिरला को कोई ख़ास व्यावहारिक मदद भले ही न मिली हो मगर थोड़ी शान्ति ज़रूर मिली और उन्होंने गाँधी को लिखा : 'आपके पत्र मुझे सदैव मानसिक शान्ति प्रदान करते हैं।' इस प्रकार दोनों के बीच पत्र–व्यवहार का सिलसिला शुरू हुआ। पहले पत्र के बाद मात्र दो महीने के भीतर बिरला की ओर से गाँधी को लिखे पत्र के जवाब में गाँधी ने लिखा कि 'भाई घनश्याम दास आपके पत्र निरन्तर मिल रहे हैं।' लेकिन समयाभाव के कारण उन सबका जवाब देना उनके लिए मुश्किल रहा।[4] 1924 में ही गाँधी ने बिरला को 11 पत्र लिखे थे। ये पत्र कई विषयों को लेकर लिखे गये थे। पत्रों को देखकर लगता है कि कई मुद्दों पर दोनों सहमत नहीं रहते थे।

मसलन एक बार बिरला ने गाँधी को लिखे एक लम्बे पत्र में तर्क दिया था कि अगर बहुत लोग आपके अहिंसा के सिद्धान्त को मानने लगे तो वे अपनी आत्मरक्षा करने में अक्षम हो जायेंगे। अपने तर्क को पुष्ट करने के लिए उन्होंने लिखा कि 'जैसा कि हम जानते हैं कि जिन लोगों को 200 साल पहले ज़बरदस्ती मुसलमान बनाया गया था और ऐसा करने वाले लोगों के प्रति उनके मन में नफ़रत भी थी आज वही लोग अरब और ईरान निवासियों की तरह अच्छे मुसलमान हैं। इससे सिद्ध होता है कि बलपूर्वक धर्मपरिवर्तन सम्भव है।'

बिरला स्वीकार करते थे कि उन्हें अहिंसा में अपने विश्वास पर अक्सर शक होता है। उन्होंने यह भी माना कि गाँधी की शिक्षा की जटिलता को समझ पाना मुश्किल है और इसे लेकर वे हमेशा शंकाग्रस्त रहे। बिरला का कहना था कि 'कुछ भी हो, मुझे लगता है कि अहिंसा का मार्ग अच्छा है। लेकिन अगर कोई समाज की भलाई के लिए किसी की हत्या करता है तो क्या यह हिंसा होगी? हमें नाटकीय दृष्टान्तों के माध्यम से बताया जाता है कि बिना उत्साह के किया गया कार्य भी अकर्म की श्रेणी में आता है।'[5]

व्यावहारिक राजनीति के मामले में भी दोनों में गहरे मतभेद थे। उदाहरण के लिए बिरला ने गाँधी के समक्ष स्वराज्य पार्टी को सत्ता हासिल करने के आरोप से मुक्त करने का प्रश्न उठाया। स्वराज्य पार्टी का गठन सी.आर.दास और मोतीलाल नेहरू ने गाँधी की विधायिका के बायकाट की योजना के विरोध में काउंसिल में प्रवेश की वकालत करने के लिए किया था। उन्होंने गाँधी से कहा कि सरोजिनी नायडू काँग्रेस के अध्यक्ष पद के लिए उपयुक्त उम्मीदवार नहीं हैं। गाँधी ने उन्हें आश्वस्त करते हुए कहा कि अगर वे स्वराज्य पार्टी पर लगे आरोप के विषय में प्रमाण देते हैं तो वे उस शिकायत पर न्यायपूर्वक विचार करेंगे। सरोजिनी नायडू के मसले पर गाँधी का इरादा दृढ़ था और उन्होंने कहा कि नायडू एक योग्य नेता हैं। इन चर्चाओं के अलावा अहिंसा, शुद्धि और स्वराज्य पार्टी को लेकर अक्सर दोनों के बीच असहमति रहती थी। जब दोनों के बीच प्रगाढ़ता हुई तो गाँधी ने उन्हें खान–पान के मामले में भी अपने ख़ास अन्दाज़ के मुताबिक़ सलाह दी। गाँधी ने बिरला से कहा कि 'अगर आपको अच्छा लगे तो 15 दिन सिर्फ़ दूध का आहार लें। फल लें मगर रोटी नहीं। और छाछ की आदत तो डाल ही लें।'[6]

तमाम मतभेदों के बावजूद जल्दी ही दोनों में स्नेहपूर्ण और घनिष्ठ सम्बन्ध बन गये। महात्मा को लेकर बिरला के दिमाग़ में जो विस्मय और आकर्षण था उससे वे मानने लगे थे कि 'उनकी बातों में सच्चाई ज़रूर होगी लेकिन मैं उसे पकड़ नहीं पा रहा हूँ।'[7] पत्राचार की शुरुआत के छह महीने के भीतर ही बिरला अपने पत्रों के अन्त में 'आपका स्नेही' लिखने लगे थे। गाँधी भी उनको उसी तरह जवाब देते थे। उन्होंने लिखा कि 'ईश्वर ने मुझे कई परामर्शदाता दिये और मैं मानता हूँ कि उनमें से एक आप भी हैं। इनमें कुछ मेरे अपने बच्चे हैं, कुछ बहनें और कुछ आप और बजाज जी जैसे बुजुर्ग लोग हैं।'[8] कम समय में इतने मधुर सम्बन्ध बनने की बात थोड़ा हैरान करती है।

1925 में पूरे वर्ष औसतन हर 15 दिन पर गाँधी बिरला को एक पत्र लिखते थे। 1925 में गाँधी ने अलीगढ़ मुस्लिम विश्वविद्यालय के लिए 50,000 रुपये दानराशि बिरला से भेजने का निवेदन किया।[9] इस बात से बिरला दुविधा में पड़ गये। अगर वे पैसे मुस्लिमों के लिए देते तो उन्हें दो ओर से विरोध का सामना करना पड़ता : पहला मालवीय की ओर से जो उस समय बीएचयू के लिए धन संग्रह करने में लगे थे और दूसरा विरोध घर के बड़े–बुज़ुर्गों की ओर से जो इतनी धनराशि किसी मुस्लिम संस्थान को देने के लिए तैयार न होते। मालवीय को समझाना उतना मुश्किल नहीं था। उन्होंने उनसे यह क़बूल किया कि वे केवल गाँधी की माँग पूरी करने के लिए ही ऐसा कर रहे हैं क्योंकि जब 'दुनिया का महानतम व्यक्ति दरवाज़े पर भिक्षा माँगने के लिए आया हो' तो उनको मना करना बहुत मुश्किल है। परिवार के विरोध का सामना करना बिरला को अधिक मुश्किल लगा, इसलिए उन्होंने गाँधी से वचन

लिया कि वे दान देने वाले व्यक्ति का नाम सार्वजनिक नहीं करेंगे जिससे परिजनों को इस बारे में पता न चले।[10] हिन्दू–मुस्लिम मुद्दों पर परस्पर दोनों असहमत रहते थे और उनकी बाद के दिनों की चर्चाओं में यह मसला बार–बार उठ ही जाता था। बिरला इस मसले पर मालवीय और आर्यसमाज के नेता स्वामी श्रद्धानन्द के विचारों के ज़्यादा क़रीब थे और चाहते थे कि गाँधी साम्प्रदायिक समस्याओं पर इनके साथ मिलकर समाधान निकालें।[11]

1926 में भी गाँधी बिरला को हर 15 दिन पर एक पत्र लिखते थे जिसमें विभिन्न विषयों की चर्चा होती थी। जून 1926 में जब सेंट्रल लेजिस्लेटिव असेम्बली का चुनाव लड़ने की बाबत बिरला ने गाँधी की सलाह माँगी तो उन्होंने स्पष्ट लिखा : 'मैं काउंसिल में प्रवेश के सवाल पर क्या कहूँ? इस मसले पर पूज्य मालवीय जी से मेरा मूल मतभेद है। एक बात मैं ज़रूर कहूँगा कि अगर आपको लगता है कि काउंसिल में प्रवेश से कुछ जनहित होता है तो आप ज़रूर जायें।'[12] हालाँकि इस मसले पर गाँधी ने बिरला पर कोई राय नहीं थोपी लेकिन यह आश्वासन ज़रूर दिया कि वे उनके मार्ग में अवरोध नहीं बनेंगे। उन्होंने लिखा है :

> अगर आपको लगता है कि काउंसिल में प्रवेश को लेकर आप मेरे साथ किसी संकल्प से बँधे हैं तो उससे उबरिये। इस तरह का कोई प्रतिबन्ध नहीं लगाया गया। आप निस्संकोच काउंसिल में जायें और प्रवेश का निर्णय शुद्ध व्यावहारिक अर्थात नैतिक दृष्टि से करें।[13]

उसी समय गाँधी ने विनम्रता से बिरला को यह सलाह देकर अपना प्रभाव डाला कि वे इस मामले को चुनाव तक टाल दें और यहाँ तक सलाह दी कि वे बीमारी का बहाना बनाकर इस पचड़े से बाहर आ जायें जो शायद 'दुख के भेस में सुख' साबित हो। गाँधी के लिए बिरला की चुनावी सफलता मात्र एक राजनीतिक जंग भर थी। हालाँकि उन्होंने कोई टिप्पणी करने से इनकार कर दिया मगर उन्होंने बिरला को सलाह दी कि वे असेम्बली की कार्यवाही के प्रति चौकन्ने रहें और किसी दबाव के आगे न झुकें।[14] गाँधी की सलाह पर अमल करते हुए 1926 में बिरला ने भारत सरकार से प्रस्तावित 'नाइटहुड' की उपाधि लेने से इनकार कर दिया। गाँधी इससे बहुत ख़ुश थे। उन्होंने बिरला को लिखा कि 'आपने उपाधि लेने से इनकार कर दिया, मैं इससे बहुत ख़ुश हूँ। उपाधि की अस्वीकृति का मतलब यह नहीं होता कि हम सरकार के शत्रु हैं या यह उपाधि कोई ख़राब चीज़ है। हालाँकि मुझे लगता है कि वर्तमान हालात में यह ख़राब है।'[15] 1920 के दशक में शायद ही कभी ऐसा अवसर रहा हो जब राजनीतिक मामलों में उन्होंने गाँधी की कोई सलाह मानी हो, मगर बाद में सार्वजनिक मसलों को लेकर वे गाँधी के काफ़ी नज़दीक आ गये थे। जहाँ तक आध्यात्मिक और निजी मसलों की बात है तो उनके रिश्ते गुरु–शिष्य की तरह ही थे। राजनीति में उनके मतभेद अनवरत बने रहे। इतने वर्षों में उनके राजनीतिक विचार सामने आ चुके थे। गाँधी ने बिरला को अपना रास्ता ख़ुद तय करने की छूट दी और उनसे किसी प्रकार की निष्ठा की माँग नहीं की। हालाँकि सलाह के लिए बिरला सदैव गाँधी के पास जाते थे लेकिन उनका निर्णय स्वयं का होता था।[16] बिरला में उनके प्रति श्रद्धा और विश्वास निरन्तर बढ़ते जा रहे थे। महात्मा के साथ अपने शुरुआती सम्बन्धों के विषय में बिरला ने लिखा है कि :

> जहाँ तक जीवन–शैली का सम्बन्ध है तो हम दोनों के बीच काफ़ी अन्तर था। गाँधी एक सन्त व्यक्ति थे जिन्होंने जीवन का सारा ऐशोआराम ठुकरा दिया था।

अर्थशास्त्र पर भी उनके विचार अलग थे। वे लघु उद्योगों के हिमायती थे–चर्खा, घानी और बहुत कुछ। दूसरी ओर मैं आरामदायक जीवनयापन कर रहा था और भारी उद्योगों की मार्फत देश के औद्योगीकरण का पक्षधर था। फिर हमारा इतना घनिष्ठ सम्बन्ध कैसे बना? मैं उनका स्नेह और विश्वास पाने में कैसे सफल रहा? इसका श्रेय मैं उनकी महानता और उदारता को दूँगा। गाँधीजी के भीतर जो आकर्षण, स्नेह और मित्रों के प्रति समर्पण का भाव था वैसे व्यक्ति मैंने बहुत कम देखे। दुनिया में सन्तों की भरमार कोई आश्चर्य की बात नहीं, और न ही नेताओं की कमी है–लेकिन सच्चे इन्सानों का अभाव इस धरती पर ज़रूर रहता है। गाँधीजी जैसा व्यक्ति सदी में कहीं एक बार जन्म लेता है। वे दुर्लभ प्रजाति के मनुष्य थे। लेकिन लोगों को उनके विषय में एक व्यक्ति के तौर पर कम ही पता है। हालाँकि कई समस्याओं पर उनकी राय से मैं सहमत नहीं हो पाता था, नतीजतन कई मसलों पर उनसे असहमति रखने के बावजूद मैंने कभी उनकी आज्ञा का उल्लंघन नहीं किया। वे भी एक पिता की तरह मुझे प्यार देते थे और मेरे विचारों की स्वतन्त्रता को स्वीकार करते थे।

एक त्रासदी

बिरला का राजनीतिक कैरियर अब थोड़ी गति पकड़ने लगा था और भारतीय राजनीति के कई बड़े नेताओं से उनकी अच्छी प्रगाढ़ता हो चली थी कि अचानक उनके निजी जीवन में एक बहुत बड़ी चुनौती खड़ी हो गयी। 1924 में सबसे छोटी बेटी शान्तिदेवी के जन्म के समय पत्नी महादेवी को तपेदिक हो गया। उन्हें किसी ठण्डे वातावरण में ले जाने की सलाह दी गयी जिसके चलते बिरला ने सोलन में दो मकान किराये पर लिए, जहाँ पत्नी और बच्चों को ले जाया गया। जितना सम्भव था उतना समय वे अपने परिवार को देते थे। मालवीय ने बच्चों की देखरेख के लिए एक 'अभिभावक शिक्षक' की व्यवस्था की जिससे महादेवी को कुछ आराम मिल सके। उनकी हालत निरन्तर बिगड़ती गयी और लगातार मेडिकल चेकअप के मद्देनज़र उन्हें दिल्ली लाया गया। ऐसी विषम परिस्थिति में बिरला को गाँधी के भावनात्मक सहारे की आवश्यकता महसूस हुई। गाँधी बिरला को अन्तरंग विषयों पर भी राय देने से नहीं हिचकते थे। गाँधी ने खानपान को लेकर कुछ सुझाव दिये और बिरला को अध्यात्म की ओर रुझान बढ़ाने की सलाह दी जिससे आने वाली चुनौतियों का मुक़ाबला सम्भव हो सके। उन्होंने उनसे कहा कि लगातार ईश्वर का नाम जपने से 'मनोविकारों से मुक्त होने की ताक़त' मिलती है। समस्याओं में उनका दिमाग़ अधिक न उलझे इसके लिए गाँधी ने निजी तौर पर एक चर्खा बिरला को चलाने के लिए दिया था।[17]

गाँधी बीमार महादेवी को देखने के लिए हमेशा समय निकालते थे। एक यात्रा के दौरान वे दिल्ली रुककर वहाँ से 15 मील दूर ओखला बिरला के साथ गये थे जहाँ महादेवी को रखा गया था। गाँधी की इस यात्रा से बिरला और महादेवी दोनों ही काफ़ी अभिभूत हुए थे और गाँधी के आध्यात्मिक आभामण्डल का काफ़ी असर दोनों पर हुआ। कहा जाता है कि महादेवी ने अभिभूत होते हुए गाँधी से कहा कि 'आपके आने से मुझे काफ़ी सन्तुष्टि मिली है। आपके दर्शन की अभिलाषा थी। अब जबकि मेरी अन्तिम इच्छा पूरी हो चुकी है मैं शान्ति से मरूँगी।'[18] गाँधी ने उनके लिए प्रार्थना की और आशीर्वाद दिया।

यह साफ़ था कि उनका अन्तिम समय निकट है और गाँधी चाहते थे कि बिरला उनके सामने शपथ लें कि वे फिर विवाह बन्धन में नहीं बँधेंगे।[19] बिरला ने उनकी सलाह का कितना पालन किया यह साफ़ तौर पर नहीं कहा जा सकता। बिरला को लग गया था कि महादेवी की हालत में कोई सुधार नहीं हो रहा है और ऐसे समय में उन्होंने सबको याद किया। भावनात्मक शक्ति पाने के लिए वे मालवीय के पास गये। उन्हें आशा थी कि मालवीय के दर्शन और 'आशीर्वाद से उनकी स्थिति में शायद सुधार हो जाये।' मालवीय के सान्निध्य में उन्हें 'अपार मानसिक शान्ति' मिलती थी।[20] दुर्भाग्यवश महादेवी इसके बाद लम्बे समय तक न जी सकीं और फ़रवरी 1926 में उनका देहावसान हो गया।

सिर्फ़ 33 वर्ष की अवस्था में बिरला को दूसरी बार विधुर होना पड़ा। जब भी वे तीव्र दुख के क्षणों में होते थे उसका बहादुरीपूर्वक मुक़ाबला करते थे। उनके नज़दीकी लोगों ने इसके लिए उनकी प्रशंसा की और ये माना कि उन्होंने इस विपत्ति का सामना पूरी दृढ़ता से किया। इस बार वे पूरी तरह बदल गये थे और उन्होंने किसी भी तरह के भावनात्मक बन्धन में बँधने से इनकार कर दिया था। वर्षों बाद उन्होंने अपने दोस्त से कहा था कि 'जब से महादेवी जी का निधन हुआ मेरे दिमाग़ में किसी अन्य औरत का विचार नहीं आया। उनके निधन के बाद मेरी इच्छाएँ समाप्त हो गयीं।'[21] पत्नी के निधन के बाद उनकी कम उम्र और छह बच्चों के लालन–पालन की ज़िम्मेदारी को देखते हुए उनकी माँ ने पुनः उन पर विवाह का बहुत ज़्यादा दबाव बनाना शुरू कर दिया। परिवार का दबाव इतना अधिक था कि उनकी माँ ने मालवीय से मध्यस्थता कराते हुए उन्हें विवाह के लिए राजी करने की कोशिश की। मालवीय की राय थी कि वे अपनी माँ की आज्ञा मानें लेकिन बिरला अटल रहे।

बिरला को पता था कि बच्चों की ज़िम्मेदारी वे अकेले दम पर नहीं निभा सकते लिहाज़ा उन्होंने उनके देखभाल की व्यवस्था की। बच्चे अभी काफ़ी छोटे थे। सिर्फ़ लक्ष्मीनिवास ही ऐसे थे जो अपनी देखभाल करने में सक्षम थे। उन्हें पहले ही जुगलकिशोर ने गोद ले लिया था क्योंकि उनकी अपनी कोई सन्तान न थी। कृष्ण कुमार की उम्र आठ साल और बसन्त कुमार की उम्र महज़ पाँच साल थी। उनकी बेटी चन्द्रकला की उम्र 10 साल और अनुसूइया की उम्र सिर्फ़ तीन साल थी, और सबसे छोटी बेटी शान्तिदेवी सिर्फ़ दो साल की थी।[22] लड़कियों को रामेश्वर दास के पास बॉम्बे भेज दिया गया। कृष्ण कुमार और बसन्त कुमार को कलकत्ता में ब्रजमोहन के संरक्षण में रखा गया। महादेवी के कलकत्ता आने के बाद बिरला का जो ख़ुशहाल जीवन चल रहा था वह महादेवी की मृत्यु के बाद चौपट–सा हो गया। वे अपने बच्चों से अलग हो गये थे। उन्हें लगा कि अपने आपको व्यवसाय और सार्वजनिक गतिविधियों में लगाकर वे अपने दुखों और तन्हाई का खात्मा कर सकते हैं जिनसे वे घिरे हुए थे।[23]

पश्चिम की ओर

परिवार को पूरी तरह व्यवस्थित करने के बाद मई 1927 में बिरला ने जेनेवा में होने वाले दसवें अन्तरराष्ट्रीय श्रम सम्मेलन के लिए भारत सरकार के निमन्त्रण को स्वीकार करने का फ़ैसला किया जिसके लिए वे फिक्की द्वारा नामित किये गये थे। उनके वियोग का अभी एक वर्ष बीतने को हुआ था और गाँधी को बिरला की इस यात्रा में कोई लाभ नहीं दिख रहा था।

गाँधी ने उन्हें सलाह दी कि वे भारत में रहें और 'आत्मिक धैर्य बनाये रखें।' उन्होंने लिखा कि अगर उनकी यात्रा का उद्देश्य यूरोप का अनुभव लेना है तो वे स्वतन्त्र रूप से जायें। साथ में यह चेतावनी भी दी कि 'मेरी अन्तरात्मा कहती है कि यह यात्रा का उचित समय नहीं है।' लेकिन उन्होंने अपनी सलाह में यह भी जोड़ दिया कि 'आप वही करें जो आपका अन्तर्मन कहे!'[24] जब उन्हें पता चला कि बिरला ने यूरोप यात्रा का निर्णय ले लिया है तब गाँधी ने यात्रा के दौरान किये जाने वाले आचार–व्यवहार, खान–पान और सामान्य बातों की एक सूची उन्हें भेज दी।

बिरला को लगा कि जेनेवा कॉन्फ्रेंस के लिए उनका नामांकन भारतीय व्यवसाय के लिए एक बड़ा क़दम है। अब तक सरकार इस तरह के नामांकन सिर्फ़ यूरोपियन चेम्बर्स ऑफ़ कॉमर्स के लोगों का करती आ रही थी। इस तरह भारतीय लोगों को अलग–थलग किये जाने को लेकर भारतीय व्यावसायिक संस्थाओं ने कई बार अपना विरोध प्रदर्शन किया था और इसी का नतीजा था कि एक भारतीय को भारतीय मालिकों का प्रतिनिधित्व करने के लिए चुना गया था।[25] बिरला के नामांकन से यूरोपीय वर्चस्व का अन्त हुआ। बिरला के अलावा इस प्रतिनिधिमण्डल में वीवी गिरि (श्रमिकों के प्रतिनिधि), जे. सेठी (श्रमिक प्रतिनिधि के सलाहकार) और प्रतिनिधिमण्डल प्रमुख सर अतुल चटर्जी शामिल थे।[26]

विदेश जाने और समुद्र पार करने के बिरला के निर्णय का पता चलते ही कलकत्ता के मारवाड़ियों का एक वर्ग परिवार के ख़िलाफ़ पुरानी रूढ़िवादी भावनाएँ भड़काने में जुट गया। कुछ मारवाड़ियों ने बनारस में रह रहे राजा बलदेव दास को सूचित किया कि वे बिरला को जाति–च्युत होने का ख़तरा उठाने से रोकें। लेकिन बिरला का अलगाव पहले से ही रूढ़िवादी जातिगत गुटों से हो चुका था लिहाज़ा उन्होंने उनके विरोध पर तनिक भी ध्यान नहीं दिया।[27] अपने समुदाय के रूढ़िवादी तबके का ख़याल न करते हुए बिरला ने गाँधी के दिये 11 सूत्रीय फ़ॉर्मूले पर अमल करने का मन बनाया जो महात्मा ने उन्हें 'विदेश में स्वस्थ रहने के नियम' के रूप में दिये थे। गाँधी के बताये नियमों में उन्हें सलाह दी गयी थी कि अनजान भोजन न करें, दिन भर में तीन बार से अधिक न खायें और शाम आठ बजे के बाद न खायें, रोज़ छह मील टहलें, चॉकलेट खाने से परहेज करें और विदेशों में होने वाले 'मानसिक व्यभिचार' से बचें और हिन्दुओं के पवित्र ग्रन्थ 'गीता' और 'रामायण' का पाठ करें।[28] साथ में गाँधी का सुझाव यह भी था कि बिरला सेक्रेटरी ऑफ़ स्टेट फॉर इंडिया से मिलें और सम्भव हो तो ब्रिटेन के प्रधानमन्त्री से भेंट करें। लेकिन ब्रिटिश सम्राट से मिलने के लिए समय माँगने की सलाह उन्होंने नहीं दी जब तक कि सेक्रेटरी ऑफ़ स्टेट या प्रधानमन्त्री स्वयं इसका सुझाव न दें।[29] गाँधी महसूस करते थे कि बिरला के लिए यह अहम होगा कि वे इंग्लैंड के निम्न वर्ग की जीवन स्थितियों के विषय में भी जानने की कोशिश करें। उनका सुझाव था कि ये जानकारियाँ वहाँ की जेलों और ग़रीबों की बस्ती में घूमकर जुटाई जा सकती हैं। पहली बार इंग्लैंड जा रहे बिरला को सलाह देते हुए उन्होंने कहा कि अगर उन्हें एक 'तुलनात्मक अध्ययन करना है तो वे ग़रीबों की बस्ती के पास टिकें और शनिवार की रातों को सम्पन्न इलाक़ों में जायें।'

मई 1927 में बिरला एस.एस. रावलपिंडी जहाज़ पर बैठे। उनके साथ थे लाजपत राय जो अपना इलाज कराने जा रहे थे।[30] स्टीमर बॉम्बे से एडेन और फिर मार्सेय पहुँचा।

वहाँ से बिरला और लाजपत राय जेनेवा जाने के लिए ट्रेन पर सवार हुए। समुद्री यात्रा के दौरान बिरला को यूरोपीय समाज को निकट से देखने का अवसर मिला। अभी तक यूरोपीय लोगों से उनका सिर्फ़ कारोबारी सम्बन्ध रहा था, लेकिन उनके समाज को देखकर उन्हें झटका लगा। छोटे–छोटे बाल रखे यूरोपीय औरतों को सार्वजनिक स्थलों पर सिगरेट–शराब पीते और देर रात से सुबह तक नाचते देख वह काफ़ी क्षुब्ध हुए। बिरला के लिए यह एक ऐसा भोगी और स्वकेन्द्रित समाज था जो पतन की गर्त में जाता दिख रहा था। बिरला के लिए यह आश्चर्य की बात थी कि कैसे इतने पतन के बावजूद अंग्रेज़ इतने विशाल साम्राज्य पर शासन करते हैं और क्यों भारत, जिसका एक स्वर्णिम अतीत और प्राचीन संस्कृति रही है, ब्रिटेन का गुलाम बना हुआ है। बिरला की यात्रा का अधिकांश समय इस तरह के सवालों का जवाब ढूँढ़ने में गुज़रा। उन्हें लगा कि अंग्रेज़ों के सर्वोत्कृष्ट होने का कारण उनकी देशभक्ति है। दूसरी ओर इसके विपरीत भारतीय सहिष्णुता की आड़ में अपनी भीरुता छिपाते हैं और 'राष्ट्रवाद, स्वशासन, सार्वजनिक कर्तव्यों और सार्वजनिक कल्याण से अनजान हैं।' उन्हें अफ़सोस था कि 'अभी तक हमारे देशवासियों में आज़ादी और देश की स्वतन्त्रता को लेकर तीव्र उत्कण्ठा का अभाव है।'[31] इस यात्रा के दौरान उन्हें अपनी व्यस्त दिनचर्या से थोड़ी राहत मिली और देश की राजनीतिक परिस्थितियों के विषय में सोचने का मौक़ा मिला। भारत में ब्रिटिश राज्य की प्रकृति क्या है, गाँधी, लाजपत राय और मालवीय जैसे राजनेताओं ने क्या त्याग किये हैं, और भारतीय जनता की आशाएँ क्या हैं इस पर गम्भीरतापूर्वक विचार किया। लाजपत राय से उनकी लम्बी चर्चाएँ होती थीं और उनकी सादगी और विनम्रता के वे कायल हो चुके थे।[32] लगभग साढ़े तीन माह तक दोनों लोग साथ रहे और इस दौरान देश की समस्याओं पर व्यापक चर्चा हुई और इनके बीच घनिष्ठता काफ़ी बढ़ गयी थी।

मार्सेय में यात्रा का पहला पड़ाव रहा लेकिन बिरला इस जगह से कोई ख़ास प्रभावित नहीं हुए। हाँ पेरिस के नात्रे देम केथेड्रेल से वे काफ़ी अभिभूत हुए और उन्हें लगा कि हिन्दू समुदाय के लिए लन्दन में भी ऐसा ही भव्य मन्दिर होना चाहिए।[33] मार्सेय से जेनेवा तक की ट्रेन यात्रा ने उन्हें घर की याद दिला दी। हरे–भरे खेत, फलों से लदे बगीचे और नदियों में भरपूर पानी ने उनके मन में बरबस ग़रीब भारतीय किसानों, ख़ासकर उनकी जन्मभूमि राजस्थान के किसानों, की याद दिला दी। जेनेवा से उन्होंने लन्दन की लम्बी हवाई यात्रा की, यह उनकी पहली हवाई यात्रा थी। हवाई जहाज़ में वह बराबर भगवान का नाम जपते रहे। जहाज़ में कई लोग बीमार हुए मगर बिरला को मामूली चक्कर ही आये। लन्दन उन्हें बहुत कुछ चिड़िया के घोंसले की तरह लगा, जो आगे चलकर उनका पसन्दीदा ग्रीष्म अवकाश बिताने का शहर बना। लन्दन की भीड़ भरी सड़कें, जीवन की तेज़ रफ़्तार, धुआँ और कोहरा उन्हें ज़रा भी रास नहीं आया।[34] उन्हें ब्रिटेन की सरकारी व्यवस्था और भारत की व्यवस्था में साफ़ तौर पर अन्तर दिखायी दिया। इस बात के लिए उन्होंने भारत में विदेशी शासन और ब्रिटिश राज की भारतीय जनता के प्रति ग़ैर–जवाबदेही को ज़िम्मेदार माना।

जेनेवा में लेबर कॉन्फ्रेंस की शुरुआत 25 मई 1927 को हुई जिसमें 42 देशों के प्रतिनिधि शामिल हुए। लन्दन में भारत के उच्चायुक्त सर अतुल चटर्जी इसके चेयरमैन चुने गये। एजेंडे में बीमारी बीमा, ट्रेड यूनियनों के लिए संगठन बनाने की स्वतन्त्रता और ग़ैर–संगठित

क्षेत्रों के लिए न्यूनतम मज़दूरी निश्चित करने के लिए एक व्यवस्था बनाने जैसे मुख्य मुद्दे उठाये गये। अपने वक्तव्य में बिरला ने भारतीय उद्योग की समस्याओं और कई ज़रूरी मुद्दों की चर्चा की। उदाहरण के लिए कॉन्फ्रेंस ने राष्ट्रीय संवाददाताओं के कार्यालय बनाने की संस्तुति दी और यह प्रस्ताव भी रखा गया कि अन्तरराष्ट्रीय श्रम संगठन (आईएलओ) के राष्ट्रीय संवाददाता का कार्यालय भारत के दिल्ली शहर में बने। बिरला ने इसका विरोध करते हुए सुझाव दिया कि अगर संवाददाता को श्रमिकों के सम्पर्क में रहना है तो उसका क्षेत्र बॉम्बे या कलकत्ता जैसे औद्योगिक केन्द्र में होना चाहिए। उनका मानना था कि आईएलओ के प्रतिनिधि की गतिविधियाँ सिर्फ़ सरकार तक सीमित नहीं होनी चाहिए बल्कि उसके सम्बन्ध श्रमिक़ों और पूँजी से भी रहने चाहिए।[35] उन्होंने माँग की कि आईएलओ का प्रतिनिधि कोई भारतीय हो। उन्होंने यह प्रस्ताव भी रखा कि भारत में आईएलओ द्वारा जो साहित्य भेजा जाये वह क्षेत्रीय भाषाओं ख़ासकर हिन्दी में हो।[36] यह उनकी तगड़ी राष्ट्रवादी पहल थी। बिरला का तर्क था कि अब तक जिन यूरोपीय प्रतिनिधियों का नामांकन इस कॉन्फ्रेंस के लिए होता रहा है उन्होंने सिर्फ़ अपने संकीर्ण हितों की बात की न कि पूरे भारतीय व्यावसायिक समुदाय की। उन्होंने घोषणा की कि 'हम लोग इस बात के लिए चेतस हैं कि हम अपना प्रतिनिधित्व हमारी ही राष्ट्रीयता के लोगों के माध्यम से करें और मुझे उम्मीद है कि इस दिशा में आगे कुछ और अधिक किया जायेगा।'[37]

यहाँ ध्यान देने वाली बात यह है कि कॉन्फ्रेंस में श्रम और पूँजी के अलग–अलग हितों को लेकर आये गिरि और बिरला ने साथ–साथ काम किया। दोनों ने ही आईएलओ में उद्योग और श्रम दोनों क्षेत्रों में भारतीय प्रतिनिधि नियुक्त किये जाने की ज़रूरत पर ज़ोर दिया। बिरला और गिरि दोनों ने ही इस बात को रेखांकित किया कि भारत और पश्चिमी देशों की आर्थिक स्थितियाँ भिन्न हैं और इसके मद्देनज़र कॉन्फ्रेंस को विकासशील देशों की विशेष परिस्थितियों को ध्यान में रखकर चर्चा करनी चाहिए।[38]

कॉन्फ्रेंस के समापन के बाद बिरला जेनेवा से लन्दन गये जहाँ लाजपत राय पहले ही मौजूद थे। वहाँ पर उन्होंने तमाम 'व्यवसायियों, सामाजिक कार्यकर्ताओं और प्रभावशाली राजनेताओं' से भेंट की। यहाँ पर तमाम व्यवसाय सम्बन्धी कार्य भी थे। दुर्भाग्यवश इन बैठकों का कोई विस्तृत ब्योरा उपलब्ध नहीं है। उन्होंने लन्दन में सेक्रेटरी ऑफ़ स्टेट फॉर इंडिया लॉर्ड बिरकनहेड और बंगाल के पूर्व गवर्नर लॉर्ड लिटन से मुलाक़ात की। उन्हें सम्राट से मिलने का भी सुअवसर मिला। इन मुलाक़ातों में जब भी मौक़ा मिला उन्होंने भारत की राजनीतिक स्थिति की चर्चा की। अपनी इस यात्रा के दौरान बिरला को विश्वास हो गया कि भारत के लिए लॉबिंग करने की आवश्यकता सिर्फ़ राजनीतिक क्षेत्र में ही नहीं बल्कि अहम व्यावसायिक क्षेत्रों में भी है।

लन्दन में हफ़्तों साथ बिताते हुए लाजपत राय ने बिरला को नज़दीक से देखा और ऐसा महसूस किया जैसे 'एक पिता अपने बेटे को महानतर, उच्चतर और ख़ुद से बेहतर रूप में देखना चाहता है।' उन्हें विश्वास हो चला था कि अगर बिरला अपनी आदतों में थोड़ा परिवर्तन करें तो उनमें 'एक महान नेता और सचमुच एक उदार व्यक्तित्व' के सभी गुण विद्यमान हैं। उन्होंने बिरला से कहा कि 'आपके हावभाव में रूखापन झलकता है और जो लोग आपको ठीक से नहीं जानते उन्हें लग सकता है कि आप अहंकारी व्यक्ति हैं।'

वे चाहते थे कि बिरला गाँधी की आदतें ग्रहण करें जो अपने मित्रों और सहकर्मियों के प्रति अपने व्यवहार में ख़ास सजग रहते हैं। हालाँकि बिरला बड़े उदार थे मगर लोगों पर यह प्रभाव पड़ता था कि वे अपनी ही चलाते हैं।[39] लाजपत राय ने उन्हें विनम्रतापूर्वक समझाया कि जिस चीज़ की ज़रूरत होती है वो यह कि एक सफल व्यापारी बनने के लिए जो तौर तरीक़े आप अपनाते हैं सार्वजनिक जीवन में 'उससे भिन्न तरह का मानसिक रुख़ और व्यवहार अपनायें।'[40]

काफ़ी समय साथ बिताने के बाद लाजपत राय को लग गया था कि बिरला को हिन्दू समुदाय के राजनीतिक नेतृत्व के लिए गढ़ा जा सकता है। लाजपत राय का मानना था कि हिन्दू समाज में 'ऐसे लोग कम हैं जिन्हें नेतृत्व की बागडोर सौंपी जा सके।' उनका कहना था कि ज़रूरत 'एक ऐसे विश्वसनीय हिन्दू नेता की थी जो उत्तर भारत के हिन्दुओं में अपने सहयोगियों और साथियों का स्नेह और विश्वास जीत सके' और बिरला इसके लिए पूरी तरह उपयुक्त थे।[41] बिरला को राजनीतिक भूमिका के लिए तैयार करने की इच्छा लाजपत राय में इतनी ज़बरदस्त थी कि वे चाहते थे कि बिरला को यूरोप के बजाय इस समय भारत में होना चाहिए जहाँ सीएलए का सत्र चल रहा है। हालाँकि बिरला के व्यावसायिक हित अधिक ज़रूरी थे क्योंकि वे 'युद्ध–सामग्री की आपूर्ति' में लगे थे। उसके बावजूद लाजपत राय का तर्क था कि 'राजनीति में प्रवेश करने के बाद आप राजनीतिक मुद्दों की अनदेखी नहीं कर सकते।' सीएलए का सत्र भारत के लिए महत्त्वपूर्ण था और ख़ासकर भारतीय उद्योग और व्यवसाय के लिए, और चूँकि बिरला का प्रभाव भारतीय व्यवसायियों के ऊपर था लिहाज़ा ऐसे समय में उनकी उपस्थिति अहम थी।

लाजपत राय चाहते थे कि बिरला राजनीति में अपनी सक्रियता बढ़ायें। वे मानते थे कि बिरला को 'अखिल भारतीय स्तर का व्यक्ति बनना नितान्त आवश्यक है।' उनको भविष्य में एक राजनेता के रूप में उनकी भूमिका का महत्त्व समझाने के लिए लाजपत राय ने लिखा कि 'भविष्य में हिन्दुओं का नेतृत्व सँभालने के लिए मेरी निगाह जयकर और आप पर लगी है और मैं चाहता हूँ कि आप हर प्रान्त की सार्वजनिक सभाओं में भाषण दें।'[42] अपनी तरफ़ से बिरला ने उन्हें आश्वस्त किया कि आईसीपी की स्थिति काफ़ी अच्छी है और श्रेष्ठ लोगों के इससे जुड़े होने का लाभ इसे प्राप्त हो रहा है। लाजपत राय की सलाह मानते हुए सीएलए–सत्र में हिस्सेदारी के लिए बिरला भारत वापस आ गये।

पाँच माह यूरोप में रुकने का बिरला पर गहरा असर पड़ा। लेकिन उनकी जीवन–शैली या मूल्यों पर कोई ख़ास प्रभाव नहीं हुआ था।[43] उन्होंने कड़ाई से शाकाहार का पालन किया और शराब से पूरी तरह दूर रहे। वास्तव में गाँधी द्वारा दिये गये 11 सूत्रीय नियमों का पालन उन्होंने पूरी सख़्ती से किया। इसके बाद इंग्लैंड जाने का उनका नियमित क्रम बन गया क्योंकि उन्हें पता चल चुका था कि ब्रिटिश राजनेताओं से सम्पर्क रखने का महत्त्व क्या है। जैसा कि हम आगे देखेंगे कि ब्रिटिश नीति निर्धारकों के साथ सम्बन्ध बनाये रखने की बात उनकी सार्वजनिक गतिविधियों का एक हिस्सा बन चुकी थी। इसके अलावा अब वे एक खाँटी यात्री बन गये और हवाई यात्रा में उन्हें आनन्द आने लगा। उनके सादगी भरे जीवन में सिर्फ़ यही एक बात थी जिसे उन्होंने विलासिता के रूप में स्वीकार किया था।[44]

पार्टी के आन्तरिक संघर्ष

यूरोप यात्रा से लौटे बिरला को यह देखकर निराशा हुई कि उनकी पार्टी आईसीपी में एक बिखराव आ गया था। 1926 में पार्टी का चुनावी सफलता के बाद बना जोश अब ठण्डा पड़ चुका था। पार्टी ने उत्तरदायी सहयोगियों और हिन्दू महासभा जैसे समूहों के साथ मिलकर नेशनलिस्ट पार्टी नामक ढीलाढाला संसदीय ब्लॉक बना लिया था। इस ब्लॉक में लगभग 20 विधायक थे। लाजपत राय इसके अध्यक्ष और मालवीय उपाध्यक्ष थे। लेकिन नेशनलिस्ट पार्टी में एकता और अनुशासन का अभाव था। इसके सदस्यों को साथ मिलकर काम करना भारी लग रहा था क्योंकि सब अपने को नेता मानकर चल रहे थे। सिर्फ़ एक बात उन्हें जोड़े हुई थी और वह थी 'उत्तरदायी सहयोग' और साझा हिन्दू मंच की आवश्यकता में उनका विश्वास। बिरला को लगा कि सभी एक–दूसरे के प्रति ईर्ष्या भाव से ग्रसित हैं। रणनीति, भविष्य की योजनाओं और पार्टी के आन्तरिक अनुशासन को लेकर लाजपत राय और मालवीय में घोर मतभेद उभरकर आने लगे। और दोनों के बीच परस्पर विरोधों से मतभेद की खाई और बढ़ गयी थी। मालवीय को आईसीपी के दायरे में बँधकर काम करने में दिक़्क़तें आ रही थीं और वे अधिक स्वतन्त्रता चाहते थे। बिरला के यूरोप से लौटने के बाद मामले ने उस समय और तूल पकड़ा जब मालवीय ने रिज़र्व बैंक बिल को लेकर वायसराय से एक साक्षात्कार कर डाला, जिसके लिए अपने दल की कार्यकारिणी से सहमति लेना तो दूर उसकी सूचना भी उन्होंने अपने सहयोगियों को नहीं दी। जब पार्टी के सदस्यों ने यह मामला उठाया तो मालवीय ने बिरला को इसमें मध्यस्थता करने के लिए कहा। उन्होंने बिरला से कहा कि पहले कभी भी उनपर पार्टी का नियन्त्रण नहीं रहा और अब भी वे इस बात को पसन्द नहीं करेंगे। उन्होंने बिरला को समझाते हुए कहा कि उनके पास पार्टी की बैठकों में हिस्सेदारी करने का समय नहीं है और न ही वे उसके निर्णयों से बँधना चाहते हैं। उन्होंने यह भी कहा कि अगर आईसीपी उनका उपयोग करना चाहे तो वह उनसे सम्पर्क करके उनकी राय में बदलाव लाने की कोशिश कर सकती है। मालवीय ने स्वीकार किया कि उनका रुख़ अव्यावहारिक हो सकता है लेकिन अगर उनकी बात नहीं मानी जाती तो वे पार्टी से इस्तीफ़ा देने के लिए तैयार हैं।[45]

बिरला यह भली–भाँति जानते थे कि मालवीय पार्टी के लिए क्या मायने रखते हैं और किस तरह धार्मिक आन्दोलनों की शुरुआत करते हुए उन्होंने पार्टी को तैयार किया है, उसे आगे बढ़ाया है। उन्हें यह भी पता था कि उत्तर भारत में किस तरह से मालवीय राजनीतिक समर्थन बटोरने में सक्षम हैं। काफ़ी सोच–विचार के बाद बिरला को लगा कि मालवीय से पार्टी का भविष्य जुड़ा हुआ है और उनकी माँगें पूरी होनी चाहिए। उन्होंने मालवीय की ओर से मध्यस्थता की और लाजपत राय समेत दूसरे सदस्यों से मालवीय की माँग मान लेने का आग्रह किया। बिरला का तर्क था कि 'अगर हम इतने बड़े व्यक्ति का उपयोग करना चाहते हैं तो हमें उनकी सुविधा के हिसाब से भी काम करना चाहिए।' मालवीय के रवैये से लाजपत राय काफ़ी आहत थे। लाजपत राय का कहना था कि मालवीय के ग़ैर–राजनीतिक रुख़ से पार्टी के भीतर समस्याएँ आ रही हैं और सामूहिक तौर पर काम करने में दिक़्क़त हो रही है।[46] इस विषम परिस्थिति को देखते हुए लाजपत राय पार्टी का नेतृत्व मालवीय

को सौंपने के लिए तैयार थे। उन्होंने प्रस्ताव रखा कि 'पार्टी मालवीय जी को अपना नेता चुने, तब शायद पार्टी को उनके हिसाब से चलाया जाना सम्भव हो सके।' पार्टी के भीतरी मतभेद सिर्फ़ मालवीय और लाजपत राय तक सीमित न रहकर औरों के बीच भी बढ़ रहे थे जिसका दुष्प्रभाव पार्टी पर पड़ रहा था। लाजपत राय ने बिरला से शिकायत की कि किस प्रकार पार्टी के अन्दरूनी मतभेद बढ़ते जा रहे हैं और पार्टी अनुशासन तोड़ा जा रहा है और स्थितियाँ इतनी बिगड़ चुकी हैं कि वे और मालवीय इस्तीफ़ा देने की सोच रहे हैं। बिरला ने लाजपत राय से समझौतापूर्ण दृष्टिकोण अपनाने की प्रार्थना की और उनके तथा मालवीय के बीच एक बैठक का आयोजन किया जिससे मतभेदों को दूर किया जा सके। उन्होंने लाजपत राय के सामने तस्वीर का सकारात्मक रुख़ प्रस्तुत किया और उनसे कहा कि 'आप पार्टी के विषय में चिन्तित न हों, हमारी पार्टी के पास सबसे बड़ा लाभ ये है कि इसमें सर्वाधिक विवेकवान लोग शामिल हैं और इसीलिए मुझे कोई ख़ास मुश्किल दिखायी नहीं देती।'[47]

1927 के ब्रिटिश साइमन कमीशन की घोषणा से सारा मामला गरमा उठा। पूरे भारतवर्ष में इस बात को लेकर बवंडर खड़ा हो गया कि जिस आयोग को भारत के भविष्य का संविधान तैयार करने की ज़िम्मेदारी सौंपी गयी है उसमें एक भी भारतीय सदस्य नहीं है। इस बात को लेकर सभी राजनीतिक दलों में उबाल आ गया और भारतीय राजनीति गरमा उठी। आईसीपी में अब आन्तरिक संकट उत्पन्न हो गया। अब ज़रूरत इस बात की थी कि मतभेदों को तुरन्त भुलाकर इस नयी चुनौती का सामना करने के लिए एकजुटता दिखायी जाये। एक बार फिर इस मामले को लेकर कि पार्टी की क्या रणनीति हो लाजपत राय और मालवीय में मतभेद हो गया। मालवीय का मानना था कि कमीशन का पूरी तरह बहिष्कार किया जाये, कर अदायगी बन्द करने के लिए मुहिम चलाई जाये, ब्रितानी सामानों का बहिष्कार हो और विधायक इस्तीफ़ा दें। इसके साथ–साथ शिक्षा सुधार और शारीरिक प्रशिक्षण का सकारात्मक कार्यक्रम चलाया जाये।[48] लाजपत राय को लगा कि मालवीय का कार्यक्रम उग्र और अव्यावहारिक है। उन्होंने बिरला से कहा, 'मुझे अफ़सोस है कि मैं पण्डित मालवीय की योजना से असहमत हूँ। वर्तमान हालात में कर न चुकाने की बात करना कोरी लफ़्फ़ाजी है, और मैं विधान सभा को त्यागने के पक्ष में भी नहीं हूँ। हमें व्यावहारिक बनना चाहिए और कोरी बातों में नहीं फँसना चाहिए। हमें ऐसा कोई काम करने से बचना चाहिए जो हमारी सीमा से परे है।'[49] लेकिन मालवीय की योजना से बिरला अधिक प्रभावित हुए। उन्होंने सम्पूर्ण बहिष्कार की बात का पक्ष लिया और विधान सभा के बहिष्कार को भी आवश्यक बताया। उन्होंने गाँधी से कहा कि 'जहाँ–जहाँ ये कमीशन जाये वहाँ हड़ताल होनी चाहिए और हड़ताल के साथ–साथ जनसभाओं का भी आयोजन किया जाना चाहिए।'[50]

लेकिन बिरला को सबसे ज़्यादा चिन्ता पार्टी की एकता को लेकर थी। वे चाहते थे कि पार्टी के सहयोगी पुराने मतभेदों को भुला दें और बहिष्कार को पूर्ण सफल बनाने के लिए एकजुट होकर काम करें। उन्होंने मालवीय और लाजपत राय से निवेदन किया कि कमीशन की वजह से जो अवसर सामने आया है उसका फ़ायदा उठाते हुए दूसरे राजनेताओं को साथ लेते हुए एक व्यापक राष्ट्रवादी मोर्चा गठित किया जाये। बिरला का कहना था कि समय की माँग है कि प्रभावशाली ढंग से कमीशन का बहिष्कार हो।[51] बिरला मानते थे कि यह एक

ऐसा समय है जब गाँधी, मालवीय और लाजपत राय को एक साथ होना चाहिए और मिलकर एक साझा कार्यक्रम तैयार करना चाहिए। लगभग निराशा भरे स्वर में उन्होंने लाजपत राय से कहा कि 'मुझे लगता है कि आपको गम्भीरतापूर्वक सोचना चाहिए और जनता के सामने एक सकारात्मक कार्यक्रम रखना चाहिए। गाँधीजी के पास अपना कार्यक्रम है; वे खादी के उपयोग, छुआछूत उन्मूलन और हिन्दू–मुस्लिम एकता की बात कर रहे हैं। आपका कार्यक्रम युवाओं को शारीरिक रूप से तैयार करना है। मालवीय जी उन्हें राजनीतिक, आर्थिक और सामाजिक रूप से शिक्षित करना चाहते हैं। अब ऐसे समय में आप तीनों एकजुट क्यों नहीं होते? मुझे लगता है कि अगर आप ऐसा करेंगे तो आप देश को एक स्पष्ट नेतृत्व दे सकते हैं।'[52] उन्होंने बाद में लिखा कि 'यह बड़ी दुखद स्थिति होगी यदि भारत के बड़े नेताओं के आपसी मतभेदों के चलते देश किसी साझा कार्यक्रम पर न चल सके।'[53]

घोर निराशा के क्षणों में बिरला को लगा कि आईसीपी के भीतर तीव्र मतभेद पनप चुके हैं जिन्हें दूर करने का कोई उपाय नहीं है। उन्होंने मालवीय से स्पष्ट शब्दों में कहा कि 'यह कितने शर्म की बात है कि बमुश्किल 20 सदस्यों वाली पार्टी में चार तरह के अलग–अलग विचार हों...ऐसी परिस्थितियों में क्या राष्ट्रवादी पार्टी को बने रहना चाहिए?'[54] शीर्ष नेतृत्व के एक साथ काम न कर पाने के मुद्दे को लेकर बिरला अपना धैर्य खोते जा रहे थे। लाजपत राय को लिखे एक पत्र में उनकी निराशा साफ़ झलकती है, 'मैं अपना धैर्य सचमुच खो चुका हूँ लेकिन जब तक आप जैसे बड़े लोग आगे नहीं आते तब तक देश का कुछ नहीं हो सकता।'[55] वे मानते थे कि देश की जड़ता का एक बड़ा कारण उसका राजनीतिक नेतृत्व है जो 'दिग्भ्रमित और तनाव' में है और कोई निश्चित दिशा देने में अक्षम है। अपनी ही पार्टी में इस तरह के मतभेदों को देखते हुए बिरला गाँधी की ओर मुड़े और उन्हें लिखा कि :

> मैं बता नहीं सकता कि मेरी कितनी इच्छा है कि असहयोग की भावना फिर से जाग्रत हो, लेकिन मुझे इस बात को लेकर थोड़ा भय है कि यह क्षणिक चिंगारी जो उठी है कहीं कुशल नेतृत्व के अभाव में दम न तोड़ दे। मुझे आज ऐसा कोई व्यक्ति नज़र नहीं आता जिसे पूरे जनमानस का विश्वास प्राप्त हो। क्या आपको नहीं लगता कि अब तक जिन क्षणों के इन्तज़ार में आप थे वह आ गया है?[56]

बिरला के तमाम प्रयासों के चलते आईसीपी एक साझा कार्यक्रम बनाने में सफल हो गयी। हालाँकि पार्टी ने संसद के बहिष्कार की योजना त्याग दी थी मगर कमीशन की गतिविधियों का विरोध हर तरह से करने की बात तय की थी।

देशभर में हो रही हड़तालों, काले झण्डों के प्रदर्शन और फ़रवरी 1928 में कमीशन के विरोध में चल रही जनसभाओं को लेकर बिरला काफ़ी उत्साहित थे। मद्रास में हड़तालियों पर पुलिस फायरिंग के दौरान दो लोगों की मौत से थोड़ा व्यवधान आ गया था, जिस पर बिरला ने लिखा कि 'यह खेद की बात है कि मद्रास में ऐसी घटना हुई। लेकिन ऐसी चीज़ें होनी स्वाभाविक हैं। इससे बहिष्कार का नेतृत्व कर रहे लोगों को हताश नहीं होना चाहिए और हड़ताल की बात से पीछे नहीं जाना चाहिए। इस तरह के प्रभावकारी प्रदर्शन करने के सिवाय हमारे पास विरोध व्यक्त करने का भला और क्या तरीक़ा हो सकता है!' उनका मानना था कि 'सरकार के विरोध में किये गये हमारे किसी भी प्रदर्शन से हमें कोई नुक़सान नहीं हो सकता क्योंकि वह हमेशा न्याय पर आधारित होगा।'

साइमन कमीशन के विरोध के समय उन्होंने मालवीय का खुलकर समर्थन किया और आईसीपी को फंड दिया और पार्टी के लिए आवश्यकता अनुसार अतिरिक्त संसाधनों की व्यवस्था की। कुछ पैसा जो उन्होंने अलग रख दिया था, जैसे स्वयंसेवकों की आवाजाही के लिए, उसे साइमन कमीशन के विरोध में राजनीतिक प्रचार के लिए लगा दिया गया।[57] मालवीय के कहने पर उन्होंने काफ़ी धन प्रचार के लिए दिया। उदाहरण के लिए 1928 की शुरुआत में बिरला ने मालवीय को नियमित सहायता राशि के अलावा 15 हज़ार रुपये अलग से भेजे थे। बिरला के आर्थिक सहयोग के स्तर का पता इस तथ्य से भी चलता है कि पार्टी के लिए उनके द्वारा बनाये गये कोष से मालवीय और लाजपत राय द्वारा छह मास तक धन निकालने के बावजूद आईसीपी के पास जुलाई 1928 में आगामी महीनों में ख़र्च करने के लिए 50,000 रुपये बचे थे।[58]

नये राजनीतिक सम्बन्धों का निर्माण

परेशानी से भरपूर इन महीनों में जहाँ बिरला आईसीपी को एकजुट रखने के काम में जुटे थे वहीं 1928 की नेहरू रिपोर्ट को लेकर चल रहे विचार–विमर्श में भी महत्त्वपूर्ण भूमिका निभा रहे थे। इसका उद्देश्य भारत की सभी राजनीतिक पार्टियों की एक राय से भारतीय संविधान के निर्माण की रूपरेखा तैयार करना था। नेहरू रिपोर्ट को दिया गया समर्थन उनके राजनीतिक जीवन के लिए एक अहम मोड़ साबित हुआ, जो कई कारणों से महत्त्वपूर्ण था। नेहरू रिपोर्ट की तैयारी में बिरला के अनुभवों ने उन्हें अपनी राजनीतिक आस्था में एक संविधानवादी बना दिया जिस स्थिति से वे फिर कभी नहीं हटे। नेहरू रिपोर्ट से जुड़ने से एक व्यापक राष्ट्रवादी एकता के प्रति उनका विश्वास बढ़ा और व्यक्तिगत स्तर पर उनके भीतर जो हिन्दूवादी कट्टरता के प्रति सहानुभूति थी उसे कम करने की दिशा में सोचने लगे। इससे पहले के उनके राजनीतिक कैरियर पर पहले संकीर्ण जातिगत मारवाड़ी राजनीति का प्रभाव था बाद में वे मालवीय और लाजपत राय के हिन्दूवादी राष्ट्रवाद के साथ हो चले थे। लेकिन नेहरू रिपोर्ट पर अपना मज़बूत रुख़ रखते हुए बिरला ने यह दिखा दिया कि वे अपने राजनीतिक गुरुओं के संकीर्ण हिन्दुत्व के दायरे में बँधने वाले नहीं हैं और संवैधानिक प्रगति के लिए वे धर्मनिरपेक्ष नेताओं के साथ मिलकर स्वतन्त्रतापूर्वक काम करने की योग्यता रखते हैं।

नेहरू रिपोर्ट के निर्माण की शुरुआत से ही बिरला उससे जुड़ गये थे। जब मद्रास काँग्रेस ने भारतीय संविधान की रूपरेखा तैयार करने के लिए 1927 में सभी दलों का सम्मेलन बुलाने की बात कही तो इस राष्ट्रवादी एकता की सम्भावना से बिरला को काफ़ी ख़ुशी हुई। उन्होंने मालवीय और आईसीपी के दूसरे सहयोगियों को इस साझा कार्यक्रम में अन्य नेताओं के साथ उत्साहपूर्वक जुड़ने के लिए तैयार किया।[59] सर्वदलीय सम्मेलन 1928 के फ़रवरी और मई महीने में हुआ और इसकी कार्यवाही में बिरला ने सक्रिय रुचि दिखायी। मोतीलाल नेहरू, जिन्हें संविधान की रूपरेखा तैयार करने की ज़िम्मेदारी सौंपी गयी थी, के साथ उन्होंने क़रीबी सम्पर्क बनाये रखा। मोतीलाल नेहरू से उनका पहला परिचय 1926 में चुनाव प्रचार के दौरान हुआ था जब वे स्वराजी उम्मीदवार श्री प्रकासा के ख़िलाफ़ चुनाव में खड़े हुए थे जो मोतीलाल के बहुत प्रिय थे। हालाँकि दोनों विरोधी खेमों से थे मगर दिल्ली

और शिमला में हुए सीएलए के सत्रों में बिरला मोतीलाल को प्रभावित करने में ख़ासे कामयाब हुए थे और दोनों के बीच घनिष्ठता बढ़ने लगी थी। उनकी व्यावहारिकता और साफ़गोई से मोतीलाल उन्हें काफ़ी पसन्द करते थे जबकि बिरला को मालवीय के खेमे का माना जाता था जो यूपी की राजनीति में मोतीलाल के पारम्परिक प्रतिद्वन्द्वी थे।

बिरला की इस छवि के कारण ही मोतीलाल ने रिपोर्ट तैयार करने में उनकी सक्रिय मदद माँगी। मई 1928 में होने वाली कमेटी की बैठक के लिए मोतीलाल ने उन्हें निजी तौर पर आमन्त्रण भेजा। उन्होंने बिरला को लिखा कि 'मुझे विश्वास है कि आपकी उपस्थिति मददगार साबित होगी।'[60] हालाँकि बिरला इस बैठक में शामिल नहीं हो सके मगर मालवीय और लाजपत राय को नेहरू कमेटी में पूर्ण सहयोग के लिए तैयार करने में भी उनकी एक भूमिका रही। साम्प्रदायिक मुद्दे पर हिन्दू महासभा ने अतिवादी रवैया अपनाया जो साझा संविधान बनाने में रोड़े अटका रहा था उससे बिरला काफ़ी गुस्से में आ गये। उन्होंने मोतीलाल को लिखे अपने पत्र में कहा कि 'हिन्दू महासभा और प्रतिक्रियावादी मुसलमान जिस तरह का रुख़ वर्तमान समय में अपना रहे हैं उससे देश का काफ़ी नुक़सान हो रहा है।'[61] उनकी हिन्दुओं के प्रति सहानुभूति जगज़ाहिर थी, पर इसके बावजूद वे अतिवादी साम्प्रदायिक रवैयों के प्रति शंकालु थे। ख़ासकर जब उससे राष्ट्र की एकता और संवैधानिक प्रगति में बाधा पहुँच रही थी। उन्होंने मोतीलाल को लिखा कि :

> मुझे अफ़सोस है कि प्रतिक्रियावादी हिन्दू और प्रतिक्रियावादी मुसलमान अड़चनें पैदा करने में कोई कसर नहीं छोड़ रहे हैं। लेकिन मुझे लगता है कि हमें अपनी योजनाओं के साथ निर्भीकतापूर्वक आगे बढ़ना चाहिए। हमारी सफलता निश्चित है और मुझे उम्मीद है कि दोनों समुदायों को एक दिन यह अहसास होगा कि देशहित परस्पर सहयोग में है न कि लड़ाई–झगड़े में।[62]

इन उत्साहवर्धक शब्दों से मोतीलाल को काफ़ी राहत मिली। लेकिन अल्पसंख्यकों के सवाल पर मतभेद इतने तीव्र थे कि लोगों ने कमेटी का कामकाज ठप्प करने की धमकी दे डाली। हिन्दू महासभा का उग्रवादी रुख़ और मुसलमानों के कुछ साम्प्रदायिक नेता एकमत बनाने में समस्या पैदा कर रहे हैं। मोतीलाल को यह दुख था कि कुछ साम्प्रदायिक नेता अपने मतभेदों को भुलाकर एक संयुक्त मोर्चा बनाने की तैयारी कर रहे थे। उन्होंने बिरला को भरोसे में लेते हुए लिखा कि 'सच्चाई यह है कि स्वराज की बात सबकी ज़ुबान पर है लेकिन बहुत कम ही लोग ऐसे हैं जो वास्तव में इसकी चाहत रखते हैं।'[63] कमेटी की उबाऊ कार्यवाही में मोतीलाल की हमेशा इच्छा रहती थी कि बिरला इसमें उपस्थित रहें। उन्हें भली–भाँति यह पता था कि बिरला अपनी विशेष स्थिति के कारण हिन्दू खेमे के विचारों को बदलने में कामयाब हो सकते हैं, विशेषकर मालवीय पर अपने प्रभाव के कारण वे यह सुनिश्चित कर सकते हैं कि प्रतिक्रियावादी ताक़तों के आगे 'निन्दनीय समर्पण' से बचा जा सकता है।[64] मोतीलाल ने बिरला से लखनऊ में होने वाले अन्तिम सत्र में शामिल होने के लिए कहा। इस सम्मेलन में नेहरू रिपोर्ट को औपचारिक तौर पर सभी दलों की स्वीकृति मिलनी थी। उन्होंने बिरला को लिखा कि 'ऐसे क्षण में मुझे आप जैसे मित्र की बहुत ज़रूरत महसूस होगी, मुझे विश्वास है कि आप समय पर उपस्थित रहेंगे।'[65]

नेहरू रिपोर्ट को औपचारिक स्वीकृति मिलने से बिरला अपने आईसीपी के सहयोगियों, विशेषकर मालवीय, से काफ़ी ख़ुश थे।[66] उन्होंने रिपोर्ट को लोकप्रिय बनाने के लिए किये जाने वाले प्रचार कार्य में मोतीलाल को पूरा सहयोग देने का निर्णय लिया। इसके लिए केन्द्रीय पब्लिसिटी ब्यूरो स्थापित करने के साथ ही प्रान्तीय स्तर पर भी व्यवस्था की गयी। बिरला ने इसके लिए मुख्य रूप से आर्थिक सहयोग दिया ताकि नेहरू रिपोर्ट राजनीति के अँधेरे में गुम न हो जाये। नेहरू कमेटी को उम्मीद थी कि प्रचार कार्य के लिए 25,000 रुपये एकत्र हो जायेंगे लेकिन वास्तव में सिर्फ़ 2,000 रुपये की रक़म ही इकट्ठी हो सकी जिसमें आधी राशि बिरला ने और आधी उनके मित्र और मुम्बई के व्यवसायी पुरुषोत्तमदास ठाकुरदास ने दी थी।[67] प्रान्तीय प्रचार समितियों को काफ़ी धन की ज़रूरत थी जिससे कमेटी के सदस्य यात्राएँ कर सकें और सामग्री की छपाई और वितरण हो सके। मोतीलाल ने इस ख़र्चे का अनुमान 30,000 से 40,000 रुपये लगाया और बिरला से सहायता माँगी।[68] बिरला ने अविलम्ब 15,000 रुपये भेज दिये। प्रान्तीय समितियों को आबंटित की जाने वाली धनराशि उन्होंने पूरी तरह मोतीलाल के अधिकार में दे दी और यह साफ़ कर दिया कि वे प्रचार कार्य में लगे किसी अन्य नेता के साथ लेनदेन नहीं करेंगे, यह लेन–देन सिर्फ़ मोतीलाल के साथ ही होगा।[69] रिपोर्ट के प्रचार–प्रसार के लिए उन्होंने पर्याप्त आर्थिक मदद की और प्रचार कार्य की समाप्ति तक उनकी सहायता जारी रही।[70]

नेहरू रिपोर्ट की तैयारी के दौरान यह साफ़ हो गया कि बिरला एक नये राजनीतिक माहौल में काम कर रहे हैं। 1927–28 में संवैधानिक विकास को लेकर जो सम्भावनाएँ बनती दिखीं उसे लेकर बिरला काफ़ी उत्साहित थे। इससे उनके भीतर उस आन्तरिक द्वन्द्व को हल करने की क्षमता मिली जो अब तक उनके राजनीतिक जीवन को संचालित करती रही हिन्दूवादी आईसीपी और संविधानवाद की प्रभावशीलता में उनके बढ़ते विश्वास के दरम्यान था। साम्प्रदायिक मसलों को लेकर उन्होंने लचीलापन दिखाया और हिन्दू राष्ट्रवादी नेताओं की उग्रता को लेकर उनका धैर्य टूटने लगा था और उन्होंने उसे प्रतिक्रियावादी कहना शुरू कर दिया था। इससे भी अधिक महत्त्वपूर्ण बात यह थी कि वे साम्प्रदायिक राजनीति से ऊपर उठने की और मोतीलाल नेहरू जैसे अखिल भारतीय राजनेताओं के साथ काम करने की योग्यता प्रदर्शित कर सके, क्योंकि वे इस चीज़ के प्रति आश्वस्त हो सके थे कि राष्ट्रहित के लिए यही सर्वश्रेष्ठ मार्ग है। और इससे भी अधिक ये कि अब उनके भीतर हिन्दू राष्ट्रवादी राजनीति, शुद्धतावादी आर्यसमाज, और हिन्दू महासभा जैसी संस्थाओं और उनके राजनीतिक संस्करण आईसीपी की संकीर्ण राजनीति के प्रति घोर वितृष्णा पैदा हो गयी थी।

राजनीति से मोहभंग

नवम्बर 1928 में लाजपत राय की आकस्मिक मौत से बिरला का आईसीपी से मोहभंग और तेज़ी से होने लगा। जैसा कि सब जानते हैं कि लाजपत राय की मौत साइमन कमीशन के विरोध में हो रहे प्रदर्शन के दौरान पुलिस लाठीचार्ज के कारण हुई थी।[71] बिरला को जब उनकी मृत्यु का समाचार मिला तो वे सन्न रह गये। उन्होंने एक प्रेस विज्ञप्ति के माध्यम से अपने आरम्भिक मार्गदर्शक को कुछ इस प्रकार भावभीनी श्रद्धांजलि दी :

> देश ने एक ऐसा व्यक्ति खो दिया है जिनकी देशभक्ति जगज़ाहिर थी और देशहित के लिए उन्होंने तमाम त्याग किये थे। मुझे इस बात का गर्व है कि हाल के सालों में असेम्बली में और बाहर मुझे उनके समर्थक के रूप में जाना गया। लेकिन हमारे सम्बन्ध सिर्फ़ राजनीति तक ही सीमित नहीं थे। मुझे आज इस बात का शोक है कि मैंने एक राजनीतिक गुरु से अधिक एक स्नेही अग्रज को खो दिया है। यह मेरी कितनी ज़्यादा व्यक्तिगत हानि है इसका अनुमान लगाना बहुत मुश्किल है।[72]

हालाँकि बिरला और लाजपत राय के बीच मतभेद काफ़ी बढ़ गये थे मगर अन्तिम समय में दोनों के बीच निजी स्तर पर सम्बन्धों में प्रगाढ़ता आयी थी। लाजपत राय बहुत जल्दी हताश होने लगे थे और ऐसे अवसर पर वे सिर्फ़ बिरला की सहायता लेते थे जिन्हें वे अपना 'फादर कन्फेसर' (अभिन्न राजदार) कहने लगे थे।[73] जुलाई 1928 में लाजपत राय ने बिरला को लिखा कि 'मुझे लगता है कि मैं निराशावाद के अंगारे एक ऐसे यात्री के कान में डालने का पाप कर रहा हूँ जो आशाओं, उमंगों और महत्त्वाकांक्षाओं से भरा हुआ है। उसके बावजूद मैं यह समझ नहीं पाता कि मैंने आपको ही इस धरा पर अपना विश्वासपात्र क्यों चुना है। मैं मानसिक और शारीरिक दोनों मोर्चों पर जीवन से तंग आ चुका हूँ। जीवन के प्रति कोई उत्साह नहीं बचा है, कोई राह और चाह नहीं बची है।'[74] लाजपत राय सार्वजनिक जीवन की गतिविधियों से बचने लगे थे और अपनी ज़रूरतों और ख़र्चों में कटौती करना चाहते थे। उन्हें आत्मग्लानि होने लगी थी कि बिरला जैसे मित्रों के दम पर उन्होंने अपना जीवनस्तर बढ़ा लिया है। उन्होंने लिखा था कि 'मैं अपनी आवश्यकताएँ और जीवनयापन स्तर में कटौती करना चाहता हूँ। इस क्रम में सर्वप्रथम मैं मोटरकार से मुक्ति चाहता हूँ। जिस कार पर मैं चढ़ता हूँ वह आपकी है और मैं इसे आपको लौटाना चाहता हूँ।'[75]

लाजपत राय की मृत्यु के बाद बिरला उनकी स्मृति के लिए धन जुटाने में लग गये। जनवरी 1929 में मालवीय और प्रमुख काँग्रेसी नेता एम.ए.अंसारी के साथ मिलकर उन्होंने लाजपत राय मेमोरियल फंड की स्थापना की।[76] उनकी अपील का गाँधीजी ने समर्थन किया और बिरला ख़ुद इस फंड के कोषाध्यक्ष बने। एक वर्ष के भीतर ही फंड में 2,00,000 रुपये से अधिक की धनराशि इकट्ठी कर ली गयी।[77] उनकी कोशिश थी कि जिन संस्थानों को लाजपत राय ने शुरू किया था उन्हें निरन्तर आर्थिक मदद मिलती रहे। इस कार्य को वे दिवंगत नेता के प्रति सच्ची श्रद्धांजलि मानते थे। लाजपत राय की मृत्यु से बिरला के राजनीतिक कैरियर में महत्त्वपूर्ण परिवर्तन देखने को मिला। मालवीय से बढ़ते मतभेदों के कारण उन्होंने जल्दी ही आईसीपी से अपने को अलग कर लिया। धार्मिक स्वतन्त्रता और साम्प्रदायिक समस्या को लेकर दोनों के बीच मतभेद लम्बे समय से बने हुए थे। 1927 में धार्मिक स्वतन्त्रता और गो–हत्या के प्रश्न को लेकर बिरला और मालवीय के मतभेद और तीव्र हो गये। मालवीय के विचार बिरला को तर्कहीन लगे और वे चाहते थे कि मालवीय आईसीपी को हिन्दू महासभा के 'कट्टरपन्थियों' से दूर कर लें। बिरला का मानना था कि हिन्दुओं को मुसलमानों की धार्मिक स्वतन्त्रता की क़द्र करनी चाहिए और मस्जिद के सामने संगीत बजाने या गो–हत्या जैसे मामलों पर लचीलापन दिखाते हुए मुसलमानों का विश्वास जीतना चाहिए। लाजपत राय की मृत्यु से पहले उन्होंने उनसे स्पष्ट रूप से कहा था कि 'मुझे लगता है कि आप जैसे बड़े नेताओं को हिन्दुओं को समझाना चाहिए कि वे विवेकपूर्ण ढंग से सोचें।

अगर हम मुसलमानों की उचित माँगों का विरोध अनुचित ढंग से करेंगे तो हम अपने लक्ष्य में सफल नहीं हो पायेंगे।'[78] बिरला अपने नोट्स में मालवीय के साथ अक्टूबर 1927 में हुई चर्चा का ज़िक्र करते हुए इस बात की पुष्टि करते हैं कि धार्मिक स्वतन्त्रता के मुद्दे पर उन दोनों के बीच गहरा मतभेद था।

ये मतभेद 1920 के दशक के अन्तिम वर्षों में तेज़ी से सामने आये। बिरला चाहते थे कि हिन्दू नेता व्यावहारिक दृष्टिकोण अपनायें और मुसलमानों के साथ सामंजस्य बिठाने का प्रयास करें जिससे संवैधानिक प्रगति सम्भव हो सके।[79] जहाँ तक मालवीय का सम्बन्ध है तो इन मतभेदों से कहीं ज़्यादा जिस चीज़ ने बिरला का सर्वाधिक मोहभंग किया वो आईसीपी की कार्यप्रणाली को लेकर उनके वास्तविक अनुभव थे। उन्हें समझ आ गया था कि चुनावों में मिली असाधारण सफलता और मालवीय व लाजपत राय जैसे बड़े क़द के नेताओं के होने के बावजूद आईसीपी दरअसल एक पूँछ से ज़्यादा कुछ नहीं हो सकती। आईसीपी जिन अन्तःकलहों से ग्रसित थी और इसके नेताओं के बीच जैसी निजी ईर्ष्याएँ थीं उनके कारण बिरला का न सिर्फ़ पार्टी की कार्यप्रणाली से बल्कि एक राजनेता के तौर पर ख़ुद अपने कैरियर से भी मोहभंग हो चला था। उनका काफ़ी समय नेताओं के आपसी मतभेद सुलझाने और उन्हें एक साथ काम करने के लिए मनाने में बीतता था। इस भूमिका से वह कतई ख़ुश नहीं थे। उन्हें लगा कि आईसीपी एक बिना इंजन का जहाज़ है जो नये–नये संकटों में झटके खाता रहता है। उनका यह विश्वास भी बढ़ता गया था कि बृहत्तर राष्ट्रवादी मोर्चे का हिस्सा होने के लिहाज़ से मालवीय और लाजपत राय दोनों की राजनीति काफ़ी सम्प्रदायवादी है। नेहरू रिपोर्ट तैयार करने के दौरान के अपने अनुभवों से वे इस राय पर पहुँचे थे कि कट्टरपन्थी साम्प्रदायिक राजनीति संवैधानिक प्रगति के लिए बुनियादी रूप से नुक़सानदेह है। लाजपत राय को उनकी मृत्यु के कुछ दिन पूर्व लिखे पत्र में बिरला ने स्वीकार किया था कि कैसे बड़े नेताओं से वे काफ़ी निराश हुए हैं। उन्होंने लिखा, 'वर्तमान राजनीति में रुचि लेने में मुझे ज़रा भी उत्साह महसूस नहीं होता।'[80]

मालवीय और हिन्दू राष्ट्रवाद की राजनीति से उनकी दूरी लाजपत राय के जीवित रहते ही शुरू हो गयी थी। लाजपत राय की मृत्यु के बाद मालवीय के साथ उनके मतभेद और बढ़ गये और 1928 के बाद दोनों के बीच किसी नियमित पत्राचार के कोई प्रमाण नहीं मिलते। हालाँकि मालवीय के साथ पूरी तरह रिश्ता टूटना 1932 के गोलमेज सम्मेलन में हुआ जब अल्पसंख्यकों के सवाल पर मालवीय की राय गाँधी की राय से बुनियादी तौर पर अलग थी। साम्प्रदायिक मसलों, मसलन निचली जातियों के मन्दिर–प्रवेश और कम्यूनल अवार्ड पर मालवीय की अतिवादी राय ने पुनः मामले को और बिगाड़ दिया। 1934 में मालवीय को लिखे एक पत्र में दोनों के बीच पनप आयी दूरी के लिए बिरला ने मालवीय को ज़िम्मेदार ठहराया :

> मैं पूरी सच्चाई से यह महसूस करता हूँ कि लन्दन में आपका रवैया बिल्कुल ग़लत था, और इससे न सिर्फ़ हिन्दू–मुस्लिम मुद्दे को बल्कि भारत के राजनीतिक लक्ष्य को भी बहुत बड़ा नुक़सान पहुँचा है। अगर आपने यह अड़ियल रवैया न अपनाया होता जैसा आपने लन्दन में अपनाया तो हम मुसलमानों से उससे कहीं बेहतर पैमानों पर समझौता कर सकते थे जितना कि आप इलाहाबाद में उन्हें देने के लिए तैयार थे।

इसके अलावा महात्माजी को उस बड़े अपमान से बचाया जा सकता था जो गाँधी कमेटी की असफलता के बाद उन्हें झेलना पड़ा। यह बहुत दुर्भाग्यपूर्ण बात है कि वैसे संकटपूर्ण मौक़े पर भी आपने कहीं हठपूर्ण रवैया अपनाया। बल्कि अभी भी मुझे लगता है कि आप एकता की बात के मसले पर चौंका देने वाला झटका देने वाले हैं।...और मैं बेबाक़ी से क़बूल करता हूँ कि पत्र में एक क़िस्म के धर्मसंकट से गुज़र रहा हूँ। आप मेरे विचारों से भली–भाँति परिचित हैं। मैंने उन्हें आपसे छिपाया नहीं है। बल्कि वास्तव में, मैं बातों को कहने में भाषा की एक ऐसी हद तक गया हूँ जो आपके प्रति मेरे सम्मान को देखते हुए नहीं होनी चाहिए थी...असेम्बली में कम्युनल अवार्ड अब कार्यसूची का नियमित विषय होने जा रहा है। वहाँ हमें ऐसे लोगों की ज़रूरत होगी जो वित्तीय, राजकोषीय और राजनीतिक मसलों में सही रवैया रख सकें। और हिन्दू महासभा की जो भीड़ आप अपनी पार्टी में शामिल करने जा रहे हैं, मेरा दावा है कि कोई मदद करने नहीं आ रही...फिर भी आप जानते हैं कि आपके प्रति मेरे मन में कितना सम्मान और श्रद्धा है। हमारे रिश्ते अब वो नहीं रहे जो एक राजनेता और प्रशंसक के बीच होते हैं। मैं अपने को आपके प्रिय बच्चों में से एक मानता हूँ...आज मैं एक ऐसे दोराहे पर खड़ा हूँ जहाँ एक ओर आपके प्रति मेरे कर्तव्य हैं और दूसरी ओर मेरी अन्तरात्मा है...मैं ऐसे किसी व्यक्ति को नहीं जानता जो आपकी कही बात का बुरा मान सके। साथ ही आप मेरे और आपके रिश्तों को जानते हैं। मैं उनमें से एक हूँ जो जीवन के हर पड़ाव पर आपका आशीर्वाद पाने की आकांक्षा रखते हैं।[81]

ये भाव उद्घाटित करते हैं कि दोनों जन एक–दूसरे से कितनी दूर जा चुके थे। 1932 के बाद बिरला ने मालवीय से सभी राजनीतिक सम्पर्क विच्छेद कर लिए, और फिर इसके बाद शायद ही कभी दोनों ने राजनीतिक मुद्दों पर चर्चा की। इसके बावजूद बिरला परिवार और मालवीय के बीच एक नज़दीकी निजी सम्बन्ध बरकरार रहा। बिरला के बड़े भाई जुगलकिशोर ने 1920 के दशक की शुरुआत से चला आ रहा मालवीय को 3,000 रुपये का मासिक भत्ता देने का सिलसिला जारी रखा। जुगलकिशोर और बलदेव दास ने मालवीय की बीएचयू और हिन्दू महासभा से जुड़ी धार्मिक, शैक्षणिक और सामाजिक गतिविधियों का सहयोग करना जारी रखा। वास्तव में बीएचयू को बिरला परिवार की मदद का बड़ा हिस्सा 1930 के दशक के शुरुआती सालों में दिया गया, और यूनिवर्सिटी के वित्तीय मामलों में बिरला निरन्तर ख़ुद निजी रुचि लेते रहे।

सन्दर्भ एवं टिप्पणियाँ

1. जैसा कि डी.ए.लो ने टिप्पणी की : 'गाँधी स्वयं एक बनिया थे; भारतीय राष्ट्रवाद का प्रमुख व्यक्ति उनमें से ही एक था। इसके अलावा वे एक गहरे धार्मिक व्यक्ति भी थे। व्यापारिक समुदायों की संस्कृति और मूल्यों में धार्मिक प्रतिबद्धताओं की महत्ता को देखते हुए उनकी गाँधी के प्रति निष्ठा केवल राजनीतिक नहीं थी बल्कि धार्मिक भी थी। शक्तिशाली, समृद्ध और ख़ूब फैल गये मारवाड़ी समुदाय, जो अब कलकत्ता में ख़ासा प्रभाव रखते थे, के लिए ये बात विशेष रूप से महत्त्वपूर्ण सिद्ध हुई। उनके दो प्रमुख नेताओं, बिरला और बजाज, ने जल्दी ही गाँधी के साथ व्यक्तिगत सम्बन्ध बना लिए जो अर्धपारिवारिक और धार्मिक प्रकृति के थे', देखें, डी.ए. लो की पुस्तक *एक्लिप्स ऑफ़ एम्पायर* (कैम्ब्रिज, 1991) में 'द फॉरगॉटन बनिया : मर्चेंट कम्युनिटीज़ एंड द इंडियन नेशनल कॉंग्रेस', पृ. 101–19।
2. बी.आर. नन्दा, *इन गाँधीज़ फुटस्टेप्स*, पृ. 326–7।

3. गाँधी की ओर से बिरला को, 13 मई 1924, बिरला, *बापू,* वॉल्यूम I, पृ. 5–6।
4. गाँधी की ओर से बिरला को, 21 अप्रैल 1924, *वही,* पृ. 4–5, दुर्भाग्यवश बिरला के गाँधी को लिखे प्रारम्भिक पत्र संरक्षित न रह सके और उपलब्ध नहीं हैं।
5. ये भी देखें, गाँधी की ओर से बिरला को, 23 मई 1924, *वही,* पृ. 6–7।
6. गाँधी की ओर से बिरला को, एन.डी., *वही,* पृ. 15।
7. बिरला, *इन द शैडो ऑफ़ द महात्मा,* पृ. XV–XVI और 2।
8. गाँधी की ओर से बिरला को, 20 जुलाई 1924, *वही,* पृ. 10–11।
9. गाँधी ने ये स्वीकार किया कि दोनों समुदायों के बीच के तनाव से उन्हें चिन्ता होती थी : 'हिन्दू–मुस्लिम समस्या की गहराई में मैं गया हूँ और अपने ही निष्कर्षों पर मेरा भरोसा बढ़ता गया है, जबकि वो रास्ता मुश्किलों से भरा हुआ है', गाँधी की ओर से बिरला को, 22 जनवरी 1925, बिरला, *बापू,* वॉल्यूम I, पृ. 19–20।
10. गाँधी की ओर से बिरला को, 8 मार्च 1925, *वही,* पृ. 23।
11. गाँधी की ओर से बिरला को, 28 जुलाई 1925, *वही,* साथ ही देखें, गाँधी की ओर से बिरला को, 7 अगस्त 1925, बिरला, *बापू,* वॉल्यूम I, पृ. 32–3।
12. गाँधी की ओर से बिरला को, 8 जून 1926, बिरला, *बापू,* वॉल्यूम I, पृ. 47–8।
13. गाँधी की ओर से बिरला को, 8 जून, 1926, *वही*।
14. गाँधी की ओर से बिरला को, एन.डी., *वही,* पृ. 60।
15. गाँधी की ओर से बिरला को, 4 अप्रैल 1926, बिरला, *बापू,* वॉल्यूम I, पृ. 43–4।
16. *वही,* पृ. XV।
17. गाँधी की ओर से बिरला को, फ़रवरी 1925, 1 फ़रवरी 1925, 30 अप्रैल 1925, देखें, बिरला, *बापू,* वॉल्यूम I, पृ. 21–2, साथ ही देखें, पृ. 20–28।
18. बसन्त कुमार बिरला, *अ रेयर लीगेसी : मेमॉयर्स ऑफ़ बी.के. बिरला* (बॉम्बे, 1994), पृ. 8–9।
19. गाँधी की ओर से बिरला को, 30 अप्रैल 1925, *वही,* पृ. 28, जाजू, *जी.डी. बिरला : अ बायोग्राफ़ी,* पृ. 89।
20. बिरला की ओर से मालवीय को, 12 अक्टूबर 1925 और 4 सितम्बर 1925, बिरला पेपर्स, सीरीज़ वेरी–वेरी इम्पोर्टेंट कोरेस्पोंडेंस, फ़ाइल नम्बर 12।
21. एलन रॉस, *द एमिसरी,* पृ. 45।
22. जाजू, *जी.डी. बिरला अ : बायोग्राफ़ी,* पृ. 87–90।
23. *वही,* पृ. 90–1।
24. गाँधी की ओर से बिरला को, अक्टूबर, एन.डी., *वही,* पृ. 56।
25. फिक्की, *सिलवर जुबली सोवेनियर, 1927–51* (नयी दिल्ली, 1952), साथ ही देखें, एस.एन. ध्यानी, *इंटरनेशनल लेबर ऑर्गेनाइजेशन एंड इंडिया, इन परस्यूट ऑफ़ सोशल जस्टिस* (नयी दिल्ली, 1977)।
26. वी.वी. गिरि, *माइ लाइफ एंड टाइम्स,* वॉल्यूम I (मद्रास, 1976), अन्य सदस्य थे सर लुईस जे. केरशॉ और सरकारी सलाहकार जे.सी. वॉटसन और एस. लाल। बाद में चटर्जी को कॉन्फ्रेंस का अध्यक्ष चुने जाने पर आर.पी. परांजपे को उनके स्थान पर नामित किया गया। *कॉमर्स* ने 2 जुलाई 1927 को लिखा : 'सम्मेलन का दसवाँ सत्र दो अर्थों में विशिष्ट था। पहला, इसके इतिहास में ऐसा पहली बार हुआ कि एक भारतीय, सर अतुल चटर्जी, ने इसकी अध्यक्षता की...दूसरे, ऐसा पहली बार हुआ कि भारतीय नियोक्ताओं का प्रतिनिधित्व एक भारतीय श्री जी.डी. बिरला ने किया; और जैसा कि होना चाहिए था पूरे प्रतिनिधिमण्डल में अधिकतर भारतीय थे।' प्रायः यूरोप की समर्थक *कैपिटल* का ऐसा मानना था कि 'जेनेवा में अपने आकर्षक व्यक्तित्व और स्वभाव से बिरला कई मित्र बना लेंगे, लेकिन श्रमिक समस्या पर उनके पुराने विचारों को कॉन्फ्रेंस के गम्भीर सदस्यों के बीच अधिक समर्थन नहीं मिलेगा।' *कैपिटल,* 21 अप्रैल 1927, कई भारतीय व्यापारिक संस्थाओं ने बिरला का उनके नामांकन के लिए अभिनन्दन किया; उनमें थे इंडियन चेम्बर ऑफ़ कॉमर्स, द इंडियन माइनिंग फ़ेडरेशन,

द इंडियन प्रोड्यूस एसोसिएशन ऑफ़ कलकत्ता, द कॉटन ब्रोकर्स एसोसिएशन, द ग्रेन एंड सीड ब्रोकर्स एसोसिएशन, और मारवाड़ी एसोसिएशन ऑफ़ बॉम्बे, *हिन्दुस्तान टाइम्स*, 16 अप्रैल 1927। इन आयोजनों में बिरला ने भारतीय व्यापारिक समाज का आह्वान किया कि वो एक साथ आकर 'एक संयुक्त मोर्चा बनाये जो एक संयुक्त कार्रवाई के लिए आवश्यक है।' उन्होंने घोषणा की कि 'हमें एकता और भाईचारे के मूल्यों को सीखना पड़ेगा' जिसकी कमी 'हमारे देश की समस्याओं का असली कारण है।' वे आने वाली कॉन्फ्रेंस में हिस्सा लेने के लिए उत्साहित थे। उन्होंने घोषणा की कि विदेशी शासन के तहत भारतीय पूँजी और भारतीय श्रमिक के स्वार्थ एक जैसे हैं।

27. 1924 में समाज से बेदखल कर दिये जाने के बाद हाल ही में वे समाज में दोबारा स्वीकृत कर लिए गये थे। रूढ़िवादी मारवाड़ियों में ये विश्वास था कि समन्दर पार जाना निश्चय ही अपनी जाति को खो देना था। विदेश यात्रा और समन्दर पार करने वालों के जाति–बहिष्कार के मुद्दे पर कलकत्ता के अग्रवालों में प्रथम विश्वयुद्ध से पहले भी दो फाड़ हो गये थे। टिम्बर्ग के मुताबिक़, 'माहेश्वरियों ने इस मुद्दे पर प्रत्यक्षतः कोई स्पष्ट नीति नहीं बनायी थी, फिर भी यह सुधारवादियों और रूढ़िवादियों के मध्य विभाजन के कई बिन्दुओं में से एक था', टिम्बर्ग, *द मारवाड़ीज़*, पृ. 73–4। दूसरे अध्याय में हमने देखा है कि कैसे बलदेव दास ने कालीप्रसाद खेतान के मामले में हस्तक्षेप किया था। 1927 में बलदेव दास ने अपनी असमर्थता व्यक्त की थी कि वे अपने बेटे के निर्णय को प्रभावित कर पायेंगे और उन्होंने रूढ़िवादियों को कहा था कि वे अपने पुत्र के स्वतन्त्र निर्णय में कोई हस्तक्षेप नहीं कर सकते, बरुआ, *राजा बलदेव दास बिरला*, पृ. 97।
28. गाँधी की ओर से बिरला को, 16 मार्च 1927, बिरला, *बापू*, वॉल्यूम I, पृ. 65–7।
29. गाँधी की ओर से बिरला को, 26 मई 1927 को बिरला की पुस्तक *इन द शैडो ऑफ़ द महात्मा* में उद्धृत, पृ. 33–4।
30. कॉन्फ्रेंस के लिए नामांकित जो सदस्य अन्य लोगों के साथ स्टीमर में यात्रा कर रहे थे वे थे गिरि और सेठी, दो सदस्य कृषि आयोग के थे–सर गंगाराम और बी.एस. कामत, और जयपुर के पूर्व रेजीडेंट, कर्नल बेन और महाराज डूँगरपुर, देखें, *हिन्दुस्तान टाइम्स*, 7, 8 और 10 मई 1927।
31. इन दिनों के बारे में बिरला अनियमित रूप से एक डायरी लिखते रहे थे, देखें, उनकी पुस्तक *बिखरे विचारों की भरोती* में अध्याय 'देश–विदेश में' (नयी दिल्ली, 1978), पृ. 239–54। ऐसी मनःस्थिति में उनका एक ब्रिटिश सांसद से तर्क–वितर्क हुआ, जिसके मुद्दे थे–रुपया–स्टर्लिंग अनुपात पर भारतीय व्यापार जगत का विरोध और हिन्दू–मुस्लिम समस्या पर ब्रिटेन की भूमिका। बिरला उस सांसद से पूरी तरह असहमत थे और उनकी बहस काफ़ी तीखी हो गयी थी, देखें, *बिखरे विचारों की भरोती*, 'देश–विदेश में', 'स्टीमर में', पृ. 239–42।
32. अपनी डायरी में उन्होंने लाला लाजपत राय के साथ हुई एक चर्चा के बारे में लिखा : "हमने देश के हालात पर चर्चा शुरू की और इस नतीजे पर पहुँचे कि हम आत्मत्याग में पीछे हैं। लालाजी ने बड़े स्नेह भरे अन्दाज़ में अपना हाथ उठा कर कहा कि 'हमारे देश में दो ही सच्चे महान पुरुष हैं, गाँधीजी और मालवीय जी'...लालाजी की विनम्रता और सादगी ने मेरा दिल जीत लिया, मैंने कहा, 'लालाजी, और उनके बाद अगले व्यक्ति आप हैं'" देखें, बिरला, *बिखरे विचारों की भरोती*, 'देश–विदेश में', 'मार्सेय से जेनेवा', पृ. 247–50।
33. गिरजाघर से आने के बाद बिरला ने लिखा : 'मुझे इसमें और अपने मन्दिरों के बीच कोई अन्तर नज़र नहीं आता। मेरे लिए मेरी की गोद में यीशु यशोदा की गोद में कृष्ण के समान हैं...मैं अपनी भक्ति में यीशु को कृष्ण के अवतार के रूप में देखकर शान्ति पाता हूँ...मैं हैरान हुआ कि हमारा कोई मन्दिर नॉत्रेदेम की तरह 50 फ़ीट ऊँचा क्यों नहीं हो सकता...और मुझे ये अहसास हुआ कि एक अच्छा मन्दिर 10 लाख रुपये से कम में नहीं बनाया जा सकेगा और ये सोचकर मैं एक उसाँस भरकर रह गया। लेकिन फिर मैंने अपने आपसे कहा–क्या मन्दिर में ईश्वर होता है? ईश्वर तो तुम्हारे अन्दर है,' *वही*, पृ. 247। ये जानना रोचक होगा कि कुछ ही महीनों में बिरला अपने स्वप्न को पूरा करने में सफल हो गये।

1928 में उन्होंने लन्दन में एक हिन्दू मन्दिर और ब्रिटेन आने वाले आस्थावान और सामान्य हिन्दू व्यापारी–यात्रियों के लिए रहने की एक जगह बनाने के लिए एक बड़ी रक़म का योगदान किया। *हिन्दुस्तान टाइम्स* की एक रिपोर्ट के मुताबिक़ जी.डी. बिरला और रामगोपाल मोहता ने 'बड़ी रक़म दान की।' प्रबन्धन समिति में बिरला की नुमाइन्दगी करने वाले थे एच.एस. पोलाक, एन.एस. सेन व एम. बाठिया। अख़बार ने रिपोर्ट दी : 'एक पारम्परिक भारतीय तरीक़े से एक घर को सजाया जा रहा है और उम्मीद है अप्रैल तक वह तैयार हो जायेगा। अभी तक मन्दिर बनाने के लिए कोई सुनिश्चित तैयारियाँ शुरू नहीं हुई हैं, और लन्दन सिटी काउंसिल से ली जाने वाली आवश्यक स्वीकृति भी अभी तक नहीं माँगी गयी है,' *हिन्दुस्तान टाइम्स,* 2 फ़रवरी 1928।

34. बिरला ने पाया : 'हमारी जाति विश्व में कितनी पीछे है यहाँ आकर पता चलता है। आसमान में उड़ते हवाई जहाज़, सड़कों पर दौड़ती कारें और ट्राम, ज़मीन के नीचे चलने वाली रेलें, शहर में एक जगह से दूसरी जगह जाने के लिए दो से तीन वैकल्पिक रास्ते, शहर के बीचोबीच बड़े बगीचे, विशाल इमारतें, साफ़–सुथरी गलियाँ; धन–दौलत, विद्वत्ता, चरित्र की मज़बूती : ये सब लन्दन में देखा जा सकता है। लेकिन फिर भी लन्दन ने मुझे आकर्षित नहीं किया', देखें, उनकी पुस्तक *बिखरे विचारों की भरोती,* 'देश–विदेश में', 'भीषण कई लन्दन', पृ. 250–2।
35. कॉन्फ्रेंस में बिरला ने ये तर्क रखा : 'हालाँकि एक संवाददाता की नियुक्ति सही दिशा में उठाया गया क़दम है, लेकिन मुझे नहीं लगता कि दिल्ली उसकी स्थायी नियुक्ति के लिए उपयुक्त जगह है। यक़ीनन दिल्ली भारत की राजधानी होने से राष्ट्रीय संवाददाता भारत सरकार के साथ खुद को सम्पर्क में रख सकेगा, लेकिन दिल्ली देश का औद्योगिक केन्द्र नहीं है। देश के सबसे बड़े औद्योगिक केन्द्र कलकत्ता और बॉम्बे हैं, और लिहाज़ा यदि राष्ट्रीय संवाददाता को भारतीय श्रमिकों के साथ सम्पर्क में रखना है तो केवल यही उपयुक्त होगा कि उसका ऑफ़िस या तो बॉम्बे या कलकत्ता में हो', 2 जून 1927 को विस्तृत सत्र की छठवीं बैठक में जी.डी. बिरला का भाषण, देखें, *इंटरनेशनल लेबर कॉन्फ्रेंस, दसवाँ सत्र, जेनेवा,* वॉल्यूम I, 1927, देखें, कार्यवाही का रिकॉर्ड।
36. ये प्रस्ताव कि सारा साहित्य हिन्दी में जारी किया जाये, प्रधान सचिव ने स्वीकार कर लिया।
37. विस्तृत सभा के बाद कॉन्फ्रेंस का सारा कार्यव्यापार तीन समितियों को सौंप दिया गया, और हरेक के लिए एक भारतीय प्रतिनिधि चुना गया। बिरला को सिकनेस इंश्योरेंस समिति में रखा गया जबकि गिरि को न्यूनतम वेतन समिति के लिए नामांकित किया गया। 'सिकनेस इंश्योरेंस' और 'फ्रीडम ऑफ़ इंश्योरेंस एंड मिनिमम वेजेस' धारा 408 के अन्तर्गत गठित समितियाँ थीं। भारतीय प्रतिनिधियों के साथ कोई सलाहकार नहीं होने की वजह से और कई बैठकें एक साथ एक ही समय में होने के कारण भारतीय प्रतिनिधि इनमें से बहुत–सी समितियों की बैठकों में शिरकत नहीं कर सके। भारतीय प्रतिनिधियों के सलाहकारों की नियुक्ति न होने का मुद्दा बाद में बिरला ने सीएलए में उठाया : 'यहाँ से जो प्रतिनिधि भेजा जाता है उसकी सहायता के लिए कोई उपयुक्त सलाहकार न होने की वजह से उसे काफ़ी असुविधा का सामना करना पड़ता है। मुझे ये अनुभव हुआ क्योंकि मुझे भी कोई सलाहकार नहीं दिया गया था जब मैं नियोक्ताओं के प्रतिनिधिमण्डल के साथ जेनेवा गया था जिसका नतीजा ये हुआ कि वहाँ हुईं कम–से–कम नौ बैठकों में से मैं केवल एक समिति की बैठक में ही शामिल हो सका। आपको सुबह सात बजे से शाम सात बजे तक काम करना पड़ता है और किसी एक व्यक्ति के लिए यह बहुत मुश्किल है कि समिति की सभी बैठकों में शामिल हो सके, और उन सभी में क्या कार्रवाइयाँ हुईं इसकी ख़बर रख सके...श्रमिकों के प्रतिनिधिमण्डल को एक सलाहकार दिया गया और सरकार ने उनका एक पूरा प्रतिनिधमण्डल भेजा, लेकिन नियोक्ताओं के प्रतिनिधिमण्डल को एक भी सलाहकार नहीं दिया गया...इसलिए मैं आशा करता हूँ कि इस बार अन्तरराष्ट्रीय श्रम सम्मेलन में सरकार ऐसा प्रतिनिधिमण्डल नामित करेगी जो इस बात को ध्यान में रखे और सुनिश्चित करे कि भारत का प्रतिनिधित्व करने वालों के लिए तयशुदा कोटा पूरा भरा जाये', 13 मार्च 1928, *लेजिस्लेटिव असेम्बली डिबेट्स,* वॉल्यूम 4 (शिमला, 1928)। बिरला के सुझाव को माना गया और

अगले साल नियोक्ताओं के प्रतिनिधिमण्डल के लिए सलाहकारों को नामांकित किया गया। 1928 के सत्र में नरोत्तम मोरारजी को नामांकित किया गया जिनके दो सलाहकार थे : आर.के. षण्मुगम चेट्टी और डी.पी. खेतान, *कॉमर्स,* 14 अप्रैल 1928।

38. बिरला ने तर्क दिया कि क़ानून का प्रारूप तैयार करते समय भारत की परिस्थितियों को ध्यान में रखा जाये, गिरि ने भी इसी बात पर ज़ोर दिया। कॉन्फ्रेंस में गिरि ने घोषणा की : 'कई लोगों को इस बात में अकृतज्ञता महसूस हो सकती है लेकिन मैं कॉन्फ्रेंस का ध्यान इस तथ्य की ओर खींचना चाहता हूँ कि भारत जैसे देशों में जहाँ सरकार विदेशी है और शासकों और शासित के हितों में फ़र्क़ है और जहाँ श्रमिक सुसंगठित नहीं हैं... (वहाँ) अन्तरराष्ट्रीय श्रम कॉन्फ्रेंस ने अपना समय, ऊर्जा और ध्यान अभी तक हालात की पड़ताल और उसे सुधारने में नहीं लगाया है...', *अन्तरराष्ट्रीय श्रम सम्मेलन, दसवाँ सत्र, जेनेवा,* 1927, देखें, कार्यवाही का अभिलेख, पृ. 96–7।
39. लाजपत राय की ओर से बिरला को, एन.डी., बिरला पेपर्स, सीरीज़ II, फ़ाइल नम्बर एल–7।
40. लाजपत राय की ओर से बिरला को, एन.डी., बिरला पेपर्स, सीरीज़ II, फ़ाइल नम्बर एल–7।
41. लाजपत राय की ओर से बिरला को, एन.डी., बिरला पेपर्स, सीरीज़ II, फ़ाइल नम्बर एल–7।
42. लाजपत राय की ओर से बिरला को, 26 अगस्त 1927, बिरला पेपर्स, सीरीज़ II, फ़ाइल नम्बर एल–7।
43. ये मोतीलाल नेहरू से बिल्कुल अलग था जो पश्चिम से अपने पहले सम्पर्क में ही उससे बहुत गहरे प्रभावित हो गये थे, जैसा कि बी.आर.नन्दा लिखते हैं : 'यूरोप के इस दौरे ने मोतीलाल के पश्चिमीकरण को और तेज़ कर दिया। आमूलचूल परिवर्तन उनमें आये। खाने की मेज़ पर रखे छुरी–काँटों से लेकर अपने बच्चों के लिए नियुक्त यूरोपीय गवर्नेस तक। नेहरू उपनाम रखा जाना भी इसी प्रभाव के अन्तर्गत था,' बी.आर. नन्दा, *द नेहरूज़,* पृ. 40।
44. बिरला ने दुनिया घूमने के अपने शौक़ को पूरा करने में कंजूसी नहीं बरती। वो हमेशा सफ़र में रहते थे और अपने 25 साल पुराने कन्वर्टेबल डकोटा डीसी–3 में घूमते रहते थे जिसके अन्दर 13 सीट थीं और एक ऑफ़िस भी था, जिसे लेकर वे अक्सर विदेश चले जाते थे, दिलीप ठाकौर, *बिज़नेस इंडिया* (30 मार्च–12 अप्रैल 1981) में प्रकाशित, 'अ लीजेंड इन हिज लाइफटाइम'। यूरोप की अपनी पहली यात्रा के डेढ़ दशक में ही बिरला ने स्वयं अपनी एयरवेज़ शुरू कर दी।
45. बिरला के 'नोट्स ऑन तिलक विद मालवीय जी', 17 अक्टूबर 1927, बिरला पेपर्स, सीरीज़ वेरी–वेरी इम्पोर्टेंट कोरेस्पोंडेंस, फ़ाइल नम्बर 10।
46. 'ये पत्र मैं आपको विश्वास में लेकर लिख रहा हूँ लेकिन ऐसा लगता है कि किसी भी समूह के लोगों के लिए पण्डित जी के साथ काम करना अत्यन्त कठिन होगा। मेरी इच्छा है कि पण्डित जी अपने आपको पूरी तरह विश्वविद्यालय, जो कि एक बुरी अवस्था में है, के काम में लगा लें। सामाजिक मुद्दों पर भी वे ऐसा पक्ष ले लेते हैं जो हमारी स्थिति को बहुत हास्यास्पद बना देता है। मुझे लगता है कि हमें इस हास्यास्पद स्थिति से निकलने के लिए कोई बड़ा क़दम उठाना पड़ेगा...मेरे मन में पण्डित मालवीय जी के लिए अधिकतम सम्भाव्य सम्मान है। मैं उनसे लड़ने की बजाय सार्वजनिक जीवन से अवकाश लेना पसन्द करूँगा। मैं असेम्बली में अपनी सीट से त्यागपत्र देने के लिए भी तैयार हूँ, लेकिन मैं वर्तमान परिस्थितियों में काम नहीं कर सकता। इन चिन्ताओं के कारण मेरे स्वास्थ्य पर बुरा असर पड़ रहा है। मैं आपके साथ निजी तौर पर खुलकर बात करना चाहता हूँ, अगर आप एक दिन के लिए दिल्ली आ सकें। मैं आपसे प्रार्थना करता हूँ आप यहाँ आयें, जिसके लिए मैं आपका आभारी रहूँगा। सच्चाई तो ये है कि मैं बहुत परेशान हूँ और मुझे एक ऐसा इन्सान चाहिए जिसके सामने मैं बिना लागलपेट के अपना दिल खोलकर रख सकूँ', लाजपत राय की ओर से बिरला को, 27 अक्टूबर 1927, बिरला पेपर्स, सीरीज़ II, फ़ाइल नम्बर एल–7।
47. बिरला की ओर से लाजपत राय को, 30 सितम्बर 1927, बिरला पेपर्स, सीरीज़ II, फ़ाइल नम्बर एल–7।

48. एस.एल. गुप्ता, *पण्डित मदनमोहन मालवीय : अ सोशियो–पोलिटिकल स्टडी*, पृ. 220–2।
49. लाजपत राय की ओर से बिरला को, 2 दिसम्बर 1927, बिरला पेपर्स, सीरीज़ II, फ़ाइल नम्बर एल–7।
50. बिरला की ओर से लाजपत राय को, एन.डी., बिरला पेपर्स, सीरीज़ II, फ़ाइल नम्बर एल–7, और बिरला की ओर से गाँधी को, 8 दिसम्बर 1927, बिरला, *बापू* वॉल्यूम I, पृ. 75।
51. बिरला की ओर से मालवीय को, 5 जनवरी 1928, बिरला पेपर्स, सीरीज़ वेरी–वेरी इम्पोर्टेंट कोरेस्पोंडेंस, फ़ाइल नम्बर 6।
52. बिरला की ओर से लाजपत राय को, 2 मई 1928, बिरला पेपर्स, सीरीज़ II, फ़ाइल नम्बर एल–7।
53. बिरला की ओर से लाजपत राय को, 2 दिसम्बर 1927, बिरला पेपर्स, सीरीज़ II, फ़ाइल नम्बर एल–7।
54. बिरला की ओर से मालवीय को, 26 जनवरी 1928, बिरला पेपर्स, सीरीज़ वेरी–वेरी इम्पोर्टेंट कोरेस्पोंडेंस, फ़ाइल नम्बर 6।
55. बिरला की ओर से लाजपत राय को, 2 दिसम्बर 1927, बिरला पेपर्स, सीरीज़ II, फ़ाइल नम्बर एल–7।
56. बिरला की ओर से गाँधी को, 8 दिसम्बर 1927, बिरला, *बापू* वॉल्यूम I, पृ. 75।
57. बिरला की ओर से मालवीय को, 25 जुलाई 1928, बिरला पेपर्स, सीरीज़ वेरी–वेरी इम्पोर्टेंट कोरेस्पोंडेंस, फ़ाइल नम्बर 6।
58. बिरला की ओर से मालवीय को, 26 जनवरी 1928, बिरला पेपर्स, सीरीज़ वेरी–वेरी इम्पोर्टेंट कोरेस्पोंडेंस, फ़ाइल नम्बर 6।
59. बिरला की ओर से मालवीय को, 5 जनवरी 1928, बिरला पेपर्स, सीरीज़ वेरी–वेरी इम्पोर्टेंट कोरेस्पोंडेंस, फ़ाइल नम्बर 6।
60. मोतीलाल नेहरू की ओर से बिरला को, 8 मई 1928, *नेहरू फेमिली एंड घनश्याम दास बिरला* (नयी दिल्ली, 1986), पृ. 3–4 में उद्धृत।
61. बिरला की ओर से मोतीलाल नेहरू को, 18 मई 1928, *वही*, पृ. 7।
62. बिरला की ओर से मोतीलाल नेहरू को, 24 मई 1928, *वही*, पृ. 7–8।
63. मोतीलाल नेहरू की ओर से बिरला को, 1 जून 1928, *वही*, पृ. 8।
64. मोतीलाल नेहरू की ओर से बिरला को, 28 जून 1928, *वही*, पृ. 9–10। ये सर्वविदित है कि ये मालवीय के प्रयासों का फल था कि शुरुआत में हिन्दू महासभा ने नेहरू की रिपोर्ट को स्वीकार कर लिया, एस.एल. गुप्ता, *पण्डित मदनमोहन मालवीय : अ सोशियो–पोलिटिकल स्टडी*, पृ. 224।
65. मोतीलाल नेहरू की ओर से बिरला को, 19 अगस्त 1928, *नेहरू फैमिली एंड घनश्याम दास बिरला*, पृ. 11–12 में उद्धृत। बिरला पुनः कॉन्फ्रेंस में शामिल न हो सके।
66. मालवीय की ओर से बिरला को, 19 अगस्त 1928, बिरला पेपर्स, सीरीज़ वेरी–वेरी इम्पोर्टेंट कोरेस्पोंडेंस, फ़ाइल नम्बर 6।
67. मोतीलाल नेहरू की ओर से बिरला को, 29 सितम्बर 1928, *नेहरू फैमिली एंड घनश्याम दास बिरला*, पृ. 13–14 में उद्धृत।
68. मोतीलाल नेहरू की ओर से बिरला को, 6 अक्टूबर 1928, *वही*, पृ. 15।
69. बिरला की ओर से मोतीलाल नेहरू को, 6 अक्टूबर 1928, *वही*, पृ. 15–16।
70. लाजपत राय की ओर से बिरला को, 8 नवम्बर 1928, बिरला पेपर्स, सीरीज़ II, फ़ाइल नम्बर एल–7।
71. ढाँकी, *लाला लाजपत राय एंड इंडियन नेशनलिज़्म*, पृ. 331–41।
72. *हिन्दुस्तान टाइम्स* ने लिखा : 'उन्होंने एक नायक का जीवन जिया और एक शहीद की मृत्यु पायी! एक बुद्धिमान और दूरदर्शी राजनेता, एक अदम्य साहस के व्यक्ति, एक निडर और समर्पित देशभक्त, ग़रीबों और वंचितों के सच्चे दोस्त लाला लाजपत राय की क़लम लोहे की थी और उनकी ज़बान आग उगलती थी।'

73. लाजपत राय की ओर से बिरला को, 31 जुलाई 1928, बिरला पेपर्स, सीरीज़ II, फ़ाइल नम्बर एल–7।

74. लाजपत राय की ओर से जी.डी. बिरला को, 12 जुलाई 1928, साथ ही देखें, ढाँकी, *लाला लाजपत राय एंड इंडियन नेशनलिज़्म*, पृ. 341।

75. लाला लाजपत राय की ओर से बिरला को, 24 जुलाई 1928, बिरला पेपर्स, सीरीज़ II, फ़ाइल नम्बर एल–7।

76. 5 लाख रुपये के लिए एक अपील जारी की गयी। लाजपत राय के द्वारा शुरू की गयीं विभिन्न संस्थाओं में इस रक़म को बाँटा जाना था। 4 लाख 25 हज़ार रुपये 'सर्वेंट्स ऑफ़ द पीपुल्स सोसायटी' को, 25 हज़ार रुपये लाजपत राय हॉल को पूरा करने के लिए जो आधा ही बन पाया था, और 50 हज़ार रुपये उस काम के लिए दिये जाने थे जो काम सोसायटी ने वंचित वर्गों को ऊपर उठाने के लिए किये थे, *हिन्दुस्तान टाइम्स*, 14 जनवरी 1929 और 21 मार्च 1929।

77. कोष बनाने में हिन्दुस्तान टाइम्स ने एक बड़ी भूमिका निभाई। उदाहरण के लिए नवम्बर 1929 में उसने लिखा : 'भारतीय कैलेंडर में 17 नवम्बर एक पवित्र दिवस है। 17 तारीख़ को भारत लाला लाजपत राय की बरसी मनायेगा। हालाँकि कोई भी भारतीय अपनी आत्मा में एक अपराधबोध के बिना उस दिन की कल्पना नहीं कर सकेगा। उस महान आत्मा की सेवाओं के लिए राष्ट्र ने पाँच लाख रुपये एकत्रित करने का संकल्प लिया है...अभी तक केवल दो लाख रुपये ही इकट्ठे हुए हैं। ये हर भारतीय का कर्तव्य है कि यदि उसके मन में स्वर्गीय लाजपत राय और उनकी सेवाओं के प्रति कृतज्ञता का भाव है और यदि उसके मन में उस राष्ट्रीय वचन को पूरा करने का संकल्प है तो उसे 17 तारीख़ से पहले ही हर सम्भव तरह से इस पाँच लाख रुपये के लक्ष्य को पूरा करने का प्रयास करना चाहिए,' *हिन्दुस्तान टाइम्स*, 13 नवम्बर 1929।

78. बिरला की ओर से लाजपत राय को, 10 अक्टूबर 1927, बिरला पेपर्स, सीरीज़ II, फ़ाइल नम्बर एल–7।

79. लाजपत राय को बिरला ने लिखा : 'मेरी व्यक्तिगत राय ये है कि दूसरे धर्मान्ध हिन्दू मानें या नहीं कि हमें एक ओर गोहत्या के मामले में और दूसरी ओर संगीत बजाने या सूअर–हत्या पर धार्मिक स्वतन्त्रता को मान्यता देनी चाहिए। यदि हम गोरक्षा करना चाहते हैं तो हमें दूसरे धर्मावलम्बियों की सदाशयता पर निर्भर रहना होगा।' उन्होंने बाद में लिखा : 'मुझे ये निश्चित रूप से महसूस होता है कि हमारे लिए ये बिल्कुल उचित नहीं है कि संगीत बजाने की आज़ादी माँगते हुए हम उन्हें उनके धार्मिक क्रियाकलापों की इजाज़त न दें', बिरला की ओर से लाजपत राय को, 30 सितम्बर 1927, बिरला पेपर्स, सीरीज़ II, फ़ाइल नम्बर एल–7। गाँधी को उन्होंने लिखा : 'मैं व्यक्तिगत रूप से ये सोचता हूँ कि हिन्दू–मुस्लिम एकता धार्मिक स्वतन्त्रता और सहिष्णुता पर आधारित होनी चाहिए। इसका अर्थ ये है कि मुसलमानों को ये पूरी आज़ादी हो कि वे घर की चारदीवारी के अन्दर कहीं भी कुर्बानी कर सकें, बेशक शालीनता के साथ। और हिन्दुओं को इस बात की पूरी आज़ादी होनी चाहिए कि वे मस्जिदों के सामने कभी भी संगीत बजा सकें,' बिरला की ओर से गाँधी को, 8 दिसम्बर 1927, बिरला, *बापू*, वॉल्यूम I, पृ. 74–5।

80. बिरला की ओर से लाजपत राय को, 13 नवम्बर 1928, बिरला पेपर्स, सीरीज़ II, फ़ाइल नम्बर एल–7।

81. बिरला की ओर से मालवीय को, 15 अगस्त 1934, बिरला पेपर्स, सीरीज़ वेरी–वेरी इम्पोर्टेंट कोरेस्पोंडेंस, फ़ाइल नम्बर 6।

अध्याय 5

बड़े भारतीय व्यवसाय के प्रवक्ता

सेंट्रल लेजिस्लेटिव असेम्बली (सीएलए) में अपने अल्प कार्यकाल और इंडिपेंडेंट काँग्रेस पार्टी (आईसीपी) में सक्रिय भूमिका निभाने के बाद बिरला को भारतीय राजनीति के शिखर से उस पर एक विहंगम दृष्टि डालने का अवसर मिल गया था। गाँधी से अपने निकट सम्बन्ध के कारण वे काँग्रेस के शीर्षस्थ नेताओं से परिचित हुए और सीएलए में उन्हें उस समय के सबसे महान राजनीतिक नेताओं के साथ कन्धे से कन्धा मिलाकर काम करने का मौक़ा मिला। इतने अनुभव लेने के बावजूद उन्होंने पाया कि उनका मिज़ाज और व्यावसायिक ज़िम्मेदारियाँ उनके नेता बनने के लिए अनुपयुक्त हैं। वे बड़े नेताओं की श्रेणी में जाने के इच्छुक नहीं थे और न ही भविष्य में एक बड़े नेता के रूप में अपने को देखने की कोई ग़लतफ़हमी उनके भीतर थी। हाँ, ये उनके जीवन में अपनी दृष्टि को साफ़ करने के लिए एक महत्त्वपूर्ण पाठ ज़रूर था। हालाँकि राजनीति के उनके इन अनुभवों ने बिरला को कभी अराजनीतिक नहीं बनने दिया, न ही उनके भीतर राजनीति के द्वारा बदलाव की क्षमता पर उनके भरोसे को कम किया। सार्वजनिक मामलों में उनकी रुचि बरकरार रही लेकिन अब उन्होंने ख़ुद को राजनीति के केन्द्रीय मंच से दूर ले जाकर अपने लिए भारतीय व्यापार जगत के प्रवक्ता के रूप में एक नयी भूमिका का चुनाव किया।

1926 से 1936 के दौरान बड़े भारतीय व्यवसाय के प्रवक्ता के रूप में उन्होंने नयी पारी प्रभावशाली ढंग से खेली। वे आर्थिक मामलों में काँग्रेस की गाँधीवादी विचारधारा को सलाह देने की स्थिति में आ गये और 1930 के दशक के अन्त में महात्मा और ब्रिटिश सरकार के बीच में एक मध्यस्थ की भूमिका निभाने लगे।

व्यापार जगत की एकता के नायक

1920 के दशक के मध्य तक बिरला राजनीतिक और व्यावसायिक हलकों में भारत के बड़े व्यवसायों की एकता के नायक बनकर उभरे। 1925 में उन्होंने अपना अच्छा समय और ऊर्जा व्यावसायिक निकायों के निर्माण में लगाया। परिणामस्वरूप पहली बार अखिल भारतीय स्तर पर पूरे भारतीय व्यवसाय को एक साथ आने का अवसर मिला। उनके कठिन प्रयासों के बाद 1927 में फ़ेडरेशन ऑफ़ इंडियन चेम्बर ऑफ़ कॉमर्स एंड इंडस्ट्री (फिक्की) की स्थापना हुई जिसके चलते भारतीय व्यवसाय को यूरोपीय प्रभुत्व से संघर्ष करने का प्लेटफ़ॉर्म मिला।

पहले ब्रोकर और बाद में कलकत्ता में जूट मिल मालिक बनने के बाद उन्हें जो अनुभव हुए थे उसके कारण उनके भीतर भारतीय व्यवसाय की रक्षा और एकता की बात एक मिशनरी उत्साह की तरह घर कर गयी थी। जूट व्यवसाय में पूरी तरह हावी यूरोपीयों द्वारा किये जाने वाले नस्लभेद को लेकर उनका काफ़ी विरोध था। 1919 में जब उन्होंने ख़ुद की जूट मिल की शुरुआत की तब भी उन्हें काफ़ी दिक़्क़तें झेलनी पड़ी थीं। प्रभावशाली यूरोपीय मैनेजिंग एजेंसी एंड्रयू यूल ने उनके सामने तमाम बाधाएँ खड़ी कर दी थीं। जब उन्होंने प्रेसीडेंसी बैंक से ऋण लेने की कोशिश की तो यूरोपीय फर्मों के प्रभाव के कारण मामला खटाई में पड़ गया। उसके बाद उन्हें यूरोपीय नियन्त्रण वाली 'इंडियन जूट मैन्युफैक्चरर्स एसोसिएशन' (इज्मा) से भी काफ़ी लोहा लेना पड़ा, क्योंकि जूट उद्योग से जुड़े हर पहलू पर इसका नियन्त्रण था। इस एसोसिएशन का ज़बरदस्त प्रभाव रेलवे, नगरपालिकाओं और स्थानीय प्रशासन जैसी सरकारी एजेंसियों पर भी था। हालाँकि बिरला के ऊपर इन बाधाओं का अधिक असर नहीं पड़ा और वे पहली भारतीय जूट मिल की स्थापना करने में कामयाब हुए। लेकिन इस पूरे घटनाक्रम का असर उनके दिमाग़ पर काफ़ी दिनों तक रहा। बाद में उन्होंने लिखा कि 'इन अपमानों से मैंने काफ़ी कुछ सीखा और इसके कारण 1912 से ही मेरे भीतर राजनीतिक रुचि पैदा हुई जो आज तक बरकरार है।'[1] इन अनुभवों के बाद वे मानने लगे थे कि अर्थशास्त्र को राजनीति से अलग करके नहीं देखा जा सकता और इसी कारण वे राष्ट्रवादी नेताओं के मार्गदर्शन और संगत में बराबर बने रहे।

जब 1920 के दशक में बिरला ने अपना व्यावसायिक साम्राज्य फैलाना शुरू किया तो उन्हें महसूस हुआ कि यूरोपीय चेम्बर और व्यावसायिक निकाय कितने प्रभावशाली हैं। उन्हें पता था कि यह प्रभाव काफ़ी हद तक उनके मज़बूत संगठन के कारण हैं। वे अपने साथी व्यवसायियों से कहा करते थे कि 'इस देश में यूरोपीय व्यवसायी संख्या में हमसे कम हैं लेकिन उनके तालमेल उनकी एकता ने उन्हें प्रभावशाली बना दिया है और भारतीय व्यवसायियों को भी इस तरह की कोशिश करनी होगी।'[2] उन्हें यह बात अच्छी तरह मालूम थी कि भारतीय व्यवसायी अपने हितों को तभी मज़बूत कर सकते हैं जब उनका अपना संगठन होगा, जो एकजुट होकर यूरोपीय मैनेजिंग एजेंसियों का विरोध कर सकेगा। 1926 में इंडियन इंडस्ट्रियल एंड कॉमर्शियल कॉंग्रेस को सम्बोधित करते हुए उन्होंने कहा था कि 'मेरे एक मित्र जो बंगाल चेम्बर ऑफ़ कॉमर्स के अध्यक्ष थे की टिप्पणी थी कि भारत सरकार देश नहीं चलाती बल्कि बंगाल चेम्बर ऑफ़ कॉमर्स देश पर शासन करता है। मुझे दुर्भाग्यवश यह स्वीकार करना पड़ रहा है कि इस टिप्पणी में कोई बहुत ग़लत नहीं कहा गया था।'[3] उन्होंने अपने सभी साथी व्यवसायियों को हमेशा यह समझाने की कोशिश की कि भारतीय व्यवसाय में एकजुटता होनी चाहिए।

बिरला इतने दूरदर्शी थे कि उन्होंने बख़ूबी यह अन्दाज़ा लगा लिया था कि भारतीय व्यवसाय की प्रथम विश्वयुद्ध के बाद क्या आवश्यकताएँ होंगी। युद्ध के कारण भारतीय अर्थव्यवस्था पर यूरोपीय व्यवसायियों की पकड़ ढीली पड़ने लगी थी। भारतीय उद्यमी अब इंजीनियरिंग और सेना सम्बन्धी सामग्री के क्षेत्र में प्रवेश करने लगे थे जिन पर अब तक यूरोपीयों का वर्चस्व था। कॉटन टैक्सटाइल उद्योग में आशातीत वृद्धि हुई थी जिससे पता चलता था कि भारतीय उद्यमी सिर्फ़ पुराने कारोबार तक सीमित नहीं हैं और उनमें यूरोपीय

उद्यमियों से प्रतियोगिता करने की क्षमता आ चुकी है। राजनीतिक मोर्चे पर भी गवर्नमेंट ऑफ़ इंडिया एक्ट 1919 के लागू होने के कारण यूरोपीय उद्यमियों से प्रतियोगिता के नये क्षेत्र खुल गये थे क्योंकि विधान परिषदों में व्यावसायिक और औद्योगिक हितों को लेकर इस एक्ट में विशेष प्रतिनिधित्व दिया गया था। इसके अलावा युद्ध के बाद भारतीय और यूरोपीय व्यवसाय को लेकर आर्थिक और वित्तीय नीतियों में ज़बरदस्त ध्रुवीकरण देखने को मिल रहा था। इस ध्रुवीकरण के फलस्वरूप भारतीय उद्योग की सुरक्षा, रुपये और स्टर्लिंग का अनुपात जैसे तमाम सवाल उठने लगे थे।

एक महत्त्वपूर्ण सार्वजनिक मंच जहाँ यह ध्रुवीकरण साफ़ दिखा वह था भारतीय वित्त आयोग जिसका गठन भारतीय उद्यमियों द्वारा संरक्षण की पुरानी माँग को देखते हुए किया गया था। साथ ही इसमें ब्रिटिश उद्योग को राजकीय प्राथमिकता दिये जाने जैसे सवालों पर भी विचार होना था। भारतीय व्यवसाय के प्रतिनिधि के रूप में बिरला को इस आयोग का सदस्य बनाया गया। तमाम मूलभूत मामलों को लेकर आयोग में मतभेद थे और इसके भारतीय सदस्यों, जैसे इब्राहिम रहीमतुल्ला, टी.वी. शेषगिरि अय्यर, जमनादास द्वारकादास और नरोत्तम मोरारजी ने लिखित रूप से अपनी आपत्ति दर्ज करते हुए सम्पूर्ण संरक्षण की माँग की थी।[4] लेकिन इनकी सदस्य संख्या कम होने के कारण आयोग की पूरी रिपोर्ट यूरोपीय सदस्यों की संस्तुति के आधार पर स्वीकार की गयी।[5] इस बात से एक बार फिर यह बात साबित हो गयी कि भारतीय उद्यमियों को अपनी लड़ाई एकजुट होकर लड़नी होगी। बिरला ने इस घटना को लेकर लिखा :

> छह लोगों के बहुमत के मुक़ाबले अध्यक्ष समेत हम पाँच लोगों ने असहमति का एक नोट लिखा। इसे लिखने का कारण था कि उनकी मुख्य संस्तुति इस शर्त के साथ थी कि संरक्षण 'रिपोर्ट में दर्ज विभेद के मुताबिक़' लागू होना चाहिए...भारतीयों ने अपने उद्योगों को संरक्षण दिये जाने की शीघ्र आवश्यकता को बहुत पहले समझ लिया था, और राजकोषीय नीति पर कोई लोकप्रिय नियन्त्रण न होने से उन्हें स्वदेशी के पक्ष में प्रचार और विदेशी सामानों के बहिष्कार तक ही सीमित होना पड़ा।[6]

बिरला को यह भी पता था कि सरकार के रुपये–स्टर्लिंग अनुपात पर अड़ियल रुख़ के कारण ब्रिटिश और भारतीय व्यवसाय के मध्य खाई चौड़ी होती जा रही है।[7] भारतीय व्यवसायी निर्यात को बढ़ावा देने के लिए क़रीब–क़रीब एकमत से विनिमय दर में सुधार चाहते थे। बिरला को लगता था कि इस बात के लिए भारतीय व्यवसायियों को एकजुट होकर लड़ना होगा। अपने एक वक्तव्य में उन्होंने कहा :

> आप देख रहे हैं कि भारत में लगातार चार अच्छी फ़सलों की पैदावार के बावजूद उसकी क्रय शक्ति कमज़ोर होती जा रही है और कितनी नीचे चली गयी हैं, और दुर्भाग्य यह है कि हमारे घावों पर नमक छिड़कने के लिए सरकार रुपये की दर 12½ करना चाहती है...दोस्तो, मैं निराशावादी नहीं हूँ। मेरी मंशा आपको डराने की नहीं है, लेकिन मैं आपके समक्ष सही तथ्य रख रहा हूँ। विनिमय में हुई हेराफेरी के कारण हम युद्ध के दौरान बढ़ी क़ीमतों का लाभ विश्वबाज़ार में नहीं ले सके। मन्दी की मार सारे देशों के मुक़ाबले सबसे अधिक हमें झेलनी पड़ी...अब हमारे लिए यही बेहतर होगा कि हम समय निकालकर इन बातों पर विचार करें और उस संकट से लड़ने के उपाय ढूँढ़ें जिसकी तलवार हम सभी के सिर पर लटक रही है।[8]

सारी स्थितियों को देखने के बाद उनके दिमाग़ में समाधान का सिर्फ़ एक मार्ग नज़र आया और वह था सभी भारतीय व्यवसायियों को एकजुट कर एक अखिल भारतीय संगठन का निर्माण करना जिससे उनकी आवाज़ कारगर ढंग से सुनी जा सके।[9] अब वे अपने सहयोगी व्यवसायियों को इस बात के लिए मनाने में जुटे कि सब अपने संसाधनों द्वारा एक संयुक्त मोर्चे का गठन करें। उन्होंने कहा, 'हमें एकता और एकजुटता के महत्त्व को समझना चाहिए जिसकी कमी आज हमारी तकलीफ़ का सबसे बड़ा कारण है।'[10] उन्होंने कहा कि 'हमारी वैचारिक, शाब्दिक और कर्मों की एकता ही देश के सामने और सरकार के सामने भी यह साबित करेगी कि भारतीय व्यावसायिक समुदाय को आसानी से नज़रअन्दाज़ नहीं किया जा सकता।'[11] उनका मानना था कि भारतीय व्यवसायियों की एकता का सवाल बहुत अहम है।[12]

1920 के दशक में भारतीय व्यवसाय पर भय का साया और बढ़ा और कमज़ोरियाँ नज़र आयीं। इसकी शुरुआत उस समय हुई जब यूरोपियन चेम्बर्स ऑफ़ कॉमर्स ने अपनी शक्ति का प्रदर्शन करते हुए 1920 में एसोसिएटेड चेम्बर्स ऑफ़ कॉमर्स ऑफ़ इंडिया एंड सीलोन (एसोचेम) का गठन किया।[13] इतिहासकार रजतकान्त रे के मुताबिक़ जब 1923 में एसोचेम ने स्टील उद्योग के संरक्षण के विरोध को लेकर प्रस्ताव पारित किया तब भारतीय बड़े उद्यमी यह सोचने पर मजबूर हुए कि उन्हें भी जल्द–से–जल्द एक अखिल भारतीय स्तर की संस्था बनानी चाहिए।[14] बिरला ने एसोचेम की गतिविधियों को देखते हुए अपने साथी व्यवसायियों को इस बात के लिए राजी करने की कोशिश की कि उनकी भी एसोचेम की तरह कोई संस्था होनी ज़रूरी है।[15] उदाहरण के लिए 1923 में पुरुषोत्तमदास ठाकुरदास को लिखे अपने पत्र में उन्होंने कहा कि :

> मैं पिछले कुछ सालों से एसोसिएटेड चेम्बर्स की गतिविधियों पर नज़र रखे हुए हूँ और मुझे लगता है कि अगर हमने जल्दी ही कोई ऐसा संस्थान भारतीयों के लिए नहीं बनाया तो उनका मज़बूत संगठन भारतीय हितों के लिए घातक सिद्ध होगा... और अगर आप पहल करें तो मैं विश्वास दिलाता हूँ कि कलकत्ता से भरपूर सहयोग आपको मिलेगा और वह दिन कितना महत्त्वपूर्ण होगा जब देश भर के व्यवसायी एक मंच पर खड़े होंगे और विचारपूर्वक और एकमत होकर अपनी राय सरकार के सामने रखेंगे जिसका असर सभी यूरोपीय संस्थाओं के मिले हुए असर से अधिक होगा।[16]

हालाँकि ठाकुरदास और अन्य लोगों ने उनके इस प्रस्ताव में ख़ास रुचि नहीं दिखायी। हाल ही सम्पन्न हुए असहयोग आन्दोलन के बाद कई का मानना था कि भारतीय व्यवसाय को राजनीति से अलग रहना चाहिए और विधान सभा के रूप में जो मंच उन्हें प्राप्त है उसका उपयोग करना चाहिए।[17] लोगों की उत्साहहीनता के बावजूद बिरला ने बड़े व्यवसायियों को एकजुट करने और अखिल भारतीय संगठन के निर्माण की कोशिशें जारी रखीं।

नये मंच की शुरुआत के पीछे एक और कारण था। बिरला को मारवाड़ी एसोसिएशन से काफ़ी दिक़्क़तें आने लगी थीं। जैसा कि हमने पहले देखा भी कि 1923 में मारवाड़ी एसोसिएशन की आन्तरिक राजनीति से बिरला को अलग–थलग कर दिया गया था और उन्हें सार्वजनिक तौर पर अपनी पराजय स्वीकार करनी पड़ी थी। इसके अलावा उन्हें लगता था कि मारवाड़ी एसोसिएशन का दायरा काफ़ी संकुचित है और वह परम्पराओं में इतनी

उलझी है कि उसका तालमेल आधुनिक चेम्बर ऑफ़ कॉमर्स से नहीं बैठ सकता। साथ ही एसोसिएशन के मामलों में उस समय जटिलताएँ और बढ़ गयीं जब बिना थान वाले कपड़ा (पीस–गुड्स)–बाज़ार के व्यवसायियों और उद्यमियों के बीच दरारें बढ़ गयीं। इन सब कारणों पर विचार करने के पश्चात बिरला को लगा कि एक वैकल्पिक संगठन तैयार करना होगा। उनके अथक प्रयासों से 1925 में कलकत्ता में इंडियन चेम्बर ऑफ़ कॉमर्स (आईसीसी) का गठन किया गया। आईसीसी के निर्माण में बिरला और उनके ख़ास क़रीबी डी.पी. खेतान की महत्त्वपूर्ण भूमिका रही।

आईसीसी का कहना था कि वह सभी के हितों और सभी समुदायों का प्रतिनिधित्व करेगी।[18] बिरला को अपनी उपलब्धियों पर असीम गर्व था। जल्दी ही चेम्बर बंगाल के पुराने व्यावसायिक संगठनों, जैसे कि बंगालियों के वर्चस्व वाले कलकत्ता के बंगाल नेशनल चेम्बर ऑफ़ कॉमर्स पर हावी हो गया। आईसीसी के साथ भारतीय जहाज़रानी के मालिक, आयातक और दूसरे व्यावसायिक हितों से जुड़े लोग थे। साथ ही इसके निदेशक मण्डल में प्रभावशाली और उभरती हुई फर्मों के लोग शामिल थे।[19] जूट, पीस–गुड्स, लोहा, स्टील, कोयला और खनिज जैसे उद्योगों के विवादों के निपटारे के लिए एक न्यायाधिकरण भी बनाया गया। बिरला ने भारत सरकार के वित्त सदस्य सर बेसिल ब्लेकेट से गर्वपूर्वक कहा कि 'हमारे साथ उद्योगपति हैं, निर्यातक और कोयला खानों के मालिक हैं। इसी तरह हमारे साथ हिन्दू, मुसलमान और पारसी भी हैं। इस प्रकार हमारा दावा है कि जहाँ तक भारतीय हितों का सवाल है तो हमारा संगठन उसमें श्रेष्ठ स्थान रखता है।'[20] आईसीसी का प्रभाव गठन के सिर्फ़ दो वर्ष के भीतर ही इतना बढ़ गया कि बिरला ने गर्वपूर्वक यह दावा किया कि :

> चेम्बर दिनोंदिन ताक़तवर होता जा रहा है...हम हर जगह कलकत्ता में भारतीय व्यवसाय चला रहे हैं और तमाम नये संगठन अपने को इंडियन चेम्बर ऑफ़ कॉमर्स से जोड़ने में लगे हैं। हमारी योजना कलकत्ता में भारतीय व्यवसाय और वाणिज्य के लिए एक एक्सचेंज बनाने की है। हम चाहते हैं कि हमारा ख़ुद का भवन हो जिसमें सभी व्यवसाय के लोग एक साथ बैठें...यूरोपीय लोग इस बात से काफ़ी ईर्ष्या महसूस कर रहे हैं। छिपे तौर पर वे मारवाड़ियों के साथ व्यवसाय में भी सहयोग नहीं कर रहे हैं। और हमें इस बात को लेकर कोई चिन्ता भी नहीं है।[21]

आईसीसी की सदस्यता में तेज़ी से वृद्धि हुई और एक दशक के भीतर ही 18 महत्त्वपूर्ण व्यावसायिक संगठन इससे जुड़ गये।[22] हालाँकि आईसीसी वास्तव में अपने को भारतीय व्यवसायियों का सच्चा प्रतिनिधि नहीं कह सकती थी मगर उसने पूर्वी भारत में अपना काफ़ी प्रभाव बढ़ा लिया था जहाँ यूरोपीय चेम्बरों का वर्चस्व सर्वाधिक था। बिरला ये समझ रहे थे कि उनके संगठन का प्रभाव एक क्षेत्र तक ही सीमित है, और वे सही मायने में एक अखिल भारतीय संगठन स्थापित करने के प्रयास में लगे थे।

हालाँकि इसी दौरान दूसरे बड़े व्यवसायी भी बड़े भारतीय व्यवसाय को एक मंच प्रदान करने के लिए प्रयासरत थे मगर इस दिशा में 1920 के दशक के मध्य तक कुछ ख़ास उभरकर सामने नहीं आ सका।[23] 1927 में विभिन्न व्यावसायिक संगठनों की एक कॉन्फ्रेंस का आयोजन हुआ जिसके फलस्वरूप इंडियन इंडस्ट्रियल एंड कॉमर्शियल काँग्रेस (आईआईसीसी) का निर्माण हुआ। इसके अध्यक्ष पंजाब के प्रसिद्ध उद्योगपति लाला हरकृष्ण लाल थे जिन्होंने

इंडियन एसोसिएटेड चेम्बर ऑफ़ कॉमर्स की स्थापना के लिए एक प्रस्ताव पेश किया।[24] उसके बाद आईआईसीसी के विशेष सत्र में फ़ेडरेशन ऑफ़ इंडियन चेम्बर्स ऑफ़ कॉमर्स एंड इंडस्ट्री की स्थापना को लेकर एक प्रस्ताव पारित किया गया।[25] इस नयी संस्था के औपचारिक संविधान का प्रस्ताव बॉम्बे के व्यवसायी सर पुरुषोत्तमदास ठाकुरदास ने पेश किया जिसका अनुमोदन बी.के. सरकार ने किया।[26] फ़ेडरेशन ने घोषित किया कि हमारा उद्देश्य 'भारतीय व्यापार को घरेलू और विदेशी व्यवसाय, ट्रांसपोर्ट, उद्योग और उत्पादन, वित्त और सभी अन्य आर्थिक विषयों में प्रोत्साहन देना है।' यह फ़ेडरेशन दूसरे भारतीय व्यावसायिक संगठनों से एक मामले में थोड़ा अलग था। इसका केन्द्र राजधानी दिल्ली को बनाया गया था 'जिससे प्रशासनिक हलकों में अपनी बात पहुँचाई जा सके और भारतीय वाणिज्य और उद्योग को यूरोपीय हितों की तुलना में कोई नुक़सान न हो।'[27]

पहले ही वर्ष फ़ेडरेशन में 24 व्यावसायिक संगठन और चेम्बर्स ऑफ़ कॉमर्स शामिल हो गये।[28] पाँच साल के भीतर लगभग 45 व्यावसायिक संगठन फिक्की से जुड़ गये। इसमें पूरे भारतीय नियन्त्रण वाली बीमा कम्पनियों, शिपिंग, चाय, जूट, चाँदी और बैंकिंग क्षेत्र का समावेश था।[29] पुराने व्यावसायिक संगठनों से अलग फिक्की ने अपने को किन्हीं क्षेत्रीय सीमाओं में नहीं बाँधा बल्कि इसमें देशभर के और बर्मा तक के व्यावसायिक संगठन शामिल थे। व्यापारिक संगठनों के इस मज़बूत नेटवर्क के सूत्रधार के तौर पर बिरला फिक्की के अग्रणी नेता के रूप में स्थापित हो गये।

विधायिका के क्षेत्र में

जब 1927 में बिरला ने सीएलए में प्रवेश किया तो अपने को एक नये और अपरिचित वातावरण में पाया। यहाँ वे देश के कुछ महत्त्वपूर्ण व्यक्तियों के साथ खड़े थे।[30] सत्तापक्ष के प्रमुख सदस्यों में थे– बेसिल ब्लॅकेट (वित्त सदस्य, जिनका स्थान 1929 में जॉर्ज शूस्टर ने लिया), एलेक्ज़ेंडर मड्डीमैन (गृह सदस्य) और बी.एन. मित्रा (उद्योग और श्रम के सदस्य)। सभा के अध्यक्ष विट्ठलभाई पटेल थे। सीएलए में अकेली सबसे बड़ी विपक्षी पार्टी मोतीलाल नेहरू के नेतृत्व वाली स्वराज्य पार्टी थी। कुल निर्वाचित 104 सदस्यों में उसके लगभग 40 सदस्य थे। उसके बाद 20 लोगों का मज़बूत समूह राष्ट्रवादियों का था जिसकी कमान मालवीय और लाजपत राय के हाथों में थी। अन्य राजनीतिक समूह जिन्ना की इंडिपेंडेंट पार्टी और जुल्फ़िकार अली ख़ान की सेंट्रल मुस्लिम पार्टी के इर्द–गिर्द काम करते थे। वाणिज्य के प्रतिनिधियों की अच्छी उपस्थिति थी और इनमें सर पुरुषोत्तमदास ठाकुरदास (इंडियन मर्चेंट्स चेम्बर, बॉम्बे)[31], सर विक्टर ससून (बॉम्बे मिल ओनर्स एसोसिएशन : जिनका स्थान 1928 में होमी मोदी ने लिया)[32], विद्यासागर पांड्या (मद्रास चेम्बर), कावसजी जहाँगीर (बॉम्बे मिल ओनर्स एसोसिएशन) और सर वाल्टर स्टुअर्ट जेम्स (एसोचेम)[33] शामिल थे। साथ ही तमाम ऐसे सदस्य थे जिनको वाणिज्य में अच्छी रुचि थी हालाँकि ये लोग पार्टी के टिकट से चुनकर आये थे। इनमें फ़ज़ल इब्राहिम रहीमतुल्ला[34], आर.के. षण्मुगम चेट्टी[35], एस.एन. हाजी[36] और खुद बिरला शामिल थे।

सीएलए की शुरुआत में बिरला को लगा कि उनके सामने तमाम नये मुद्दे आ रहे हैं। वे सदन की कार्यवाही की गति के साथ उसमें शामिल रहते थे मगर आर्थिक मुद्दों पर चर्चा

में ज़्यादा जोश के साथ हिस्सा लेते थे। राजनीतिक मुद्दों पर शायद ही उन्होंने कोई सवाल उठाया हो, बस लाजपत राय और मालवीय के आदेशानुसार वोट डाल दिया करते थे। आर्थिक मामलों में धीरे–धीरे वे एक विशेषज्ञ की भूमिका निभाने लगे। उन्होंने इस काम के लिए ठाकुरदास से मज़बूत रिश्ते बनाये और आर्थिक बहस में दोनों की अग्रणी भूमिका रहने लगी। साथ ही बजट और महत्त्वपूर्ण विधेयकों पर बहसों में दोनों सक्रिय भूमिका निभाने लगे। सीएलए में बिताये तीन वर्षों की अवधि में उन्होंने बड़े उद्योगपतियों और राष्ट्रीय नेताओं के साथ अपने क़रीबी सम्बन्ध बना लिए थे।

सरकार की वित्तीय नीतियों के महत्त्वपूर्ण आलोचक के रूप में बिरला की गणना होने लगी। मसलन 1927 के बजट सत्र के दौरान बिरला ने कहा कि सरकार का फ़ायदे का बजट दिखावा है और यह काम एक्सचेंज दरों में हेरफेर और कर–वृद्धि के कारण सम्भव हुआ है। अनुपात के सवाल पर बिरला व उनके सहयोगियों और सरकारी पक्ष के बीच बजट–चर्चा एक युद्धभूमि बन गयी थी। मसलन, बिरला ने स्पष्ट किया कि किस प्रकार 1929 के बजट को सन्तुलित करने के लिए आँकड़ों से खेल किया गया।[37] सरकारी वित्त नीतियों की खुलेआम आलोचना करते हुए उन्हें कई मुद्दे उठाने का अवसर मिला। बिरला अक्सर भारतीय उद्योगों के संरक्षण का सवाल उठाते थे। उन्होंने घोषणा की कि 'मैं एक चीज़ साफ़ तौर पर कहना चाहता हूँ कि उद्योगों का संरक्षण कोई धार्मिक सिद्धान्त नहीं है, यह दाल–रोटी का दर्शन है। अगर हम अपने उपभोक्ताओं पर कर लगाते हैं, अगर हम भारतीय करदाता पर कर का भार डालते हैं तब हम इस बात को न्यायसंगत तभी ठहरा सकते हैं जब उससे सचमुच भारतीय उद्योग को लाभ पहुँचता हो और उन उद्योगों के हितों के लिए नहीं जिसमें भारतीयों को कोई रुचि नहीं है।'[38]

बिरला को बजट का विशेषज्ञ माना जाने लगा और राजनीतिक हलकों में भी लोग वित्तीय मसलों पर उनके गहन विश्लेषण के कायल हो गये। 1929 में उन्हें भारत में रॉयल कमीशन ऑन लेबर में नियोक्ताओं (मालिकों) का प्रतिनिधि नियुक्त किया गया। बिरला की नियुक्ति के सम्बन्ध में 'कैपिटल' में टिप्पणी छपी कि 'अब एक बार फिर वे विधायिका से दूर हो जायेंगे और उनकी अनुपस्थिति उनके ग़ैर–सरकारी मित्रों को काफ़ी खलेगी। सदन का ऐसा सदस्य जा रहा है जो अपने तीक्ष्ण और विशेषज्ञता भरे तर्कों से सत्ता पक्ष पर सरकार की मौद्रिक और वित्तीय नीतियों का ज़बरदस्त विरोध करके मुश्किलें खड़ी कर दिया करता था।'[39] इसी तरह 'हिन्दुस्तान टाइम्स' ने उन्हें और ठाकुरदास को 'विरोधी बेंचों के वित्तीय मामलों के सर्वश्रेष्ठ विचारक' और 'बजट के अजेय आलोचक' की संज्ञा दी थी।[40] दोनों व्यक्तियों ने साल–दर–साल बजट की आलोचना में ऐसी महारत और हुनरमन्दी दिखायी कि वे सरकारी प्रस्तावों की धज्जियाँ उड़ा देते थे।

उस दौर में नीतियाँ बनाने में सीएलए की महत्त्वपूर्ण भूमिका होती थी। बतौर विधायक बिरला ने 1927 के इस्पात संरक्षण बिल, 1927 के करेंसी बिल, भारतीय जहाज़रानी से जुड़े महत्त्वपूर्ण तट आरक्षण बिल 1928 और मार्च 1930 में कॉटन टैक्सटाइल (संरक्षण) बिल, जिस पर इस उद्योग का भविष्य टिका हुआ था, जैसे महत्त्वपूर्ण मुद्दों पर बहस में भाग लिया और इनका प्रारूप तैयार कराने में अहम भूमिका अदा की। सीएलए एक ऐसे मंच का रूप ले चुका था जहाँ बिरला और व्यवसाय से जुड़े दूसरे प्रतिनिधि सुरक्षा के मसलों,

मौद्रिक नीति के सवालों और 'उद्योग के भारतीयकरण' को लेकर दावे और बहसें किया करते थे। भारत सरकार की औद्योगिक और वित्तीय नीतियों को नया आकार देने का जो अभियान इन लोगों ने छेड़ रखा था उसका विरोध करने के लिए एसोचेम ने सीएलए की इस कथित प्रवृत्ति के ख़िलाफ़ कि वह विभेदात्मक विधेयक पास करती है ब्रिटिश संसद में लॉबिंग शुरू कर दी।

विधायिका सम्बन्धी कार्यों के चलते बिरला का अधिकांश समय शिमला और दिल्ली में बीतने लगा था, और कलकत्ता आना कम हो गया था। शुरुआती दिनों में दिल्ली में वह ठाकुरदास के साथ रुका करते थे मगर 1928 में उन्होंने राजधानी के अल्बुकर्क रोड पर एक विशाल नये घर का निर्माण कराया। दिल्ली में बने 'बिरला हाउस' के आसपास ही वायसराय परिषद् और वरिष्ठ अधिकारियों के आवास थे। बाद में जुगलकिशोर भी दिल्ली चले आये और दोनों भाई इसी मकान में रहने लगे।

आईसीपी के भीतर अपनी मज़बूत साख और गाँधी के साथ अपनी अति निकटता के चलते बिरला ने भारतीय राजनेताओं को इस बात के लिए तैयार करना शुरू किया कि वे आर्थिक मामलों में भी रुचि दिखाएँ। इस काम में कई नेताओं से निकट सम्बन्ध रखने वाले ठाकुरदास का भी सहयोग उन्हें मिला। विशेषकर स्वराज्य पार्टी के मोतीलाल नेहरू सहयोग पाने में वे सफल रहे।[41] सीएलए के भीतर दोनों ने मिलकर राष्ट्रीय स्तर के नेताओं से क़रीबी सम्बन्ध बना लिए थे। तमाम आर्थिक मसलों पर अब उन्हें व्यापक स्तर पर राजनीतिक सहयोग मिलने लगा था।

जब हम तमाम महत्त्वपूर्ण बिलों पर नज़र दौड़ाते हैं तो पता चलता है कि इन दोनों का राजनेताओं के साथ किस स्तर का तालमेल स्थापित हो चुका था। इस तरह का पहला विधेयक इस्पात उद्योग के संरक्षण से सम्बन्धित था। भारत में इस्पात उद्योग की चर्चा चलने पर बॉम्बे के विख्यात व्यवसायी टाटा का नाम सामने आता था और इस घराने को प्रथम विश्वयुद्ध के समय से ही पर्याप्त संरक्षण प्राप्त रहा था।[42] 1927 में भारत सरकार ने इस संरक्षण अवधि को सात वर्ष और आगे बढ़ाने के लिए एक प्रस्ताव रखा। इस बिल में साम्राज्यवादी वरीयता के सिद्धान्त को रखा गया था जिसके अनुसार ब्रितानी स्टील के आयात पर दूसरे देशों की तुलना में कम ड्यूटी लगाने की बात थी। बिरला और उनके व्यावसायिक सहयोगियों ने इस बिल का सदन में जमकर विरोध किया और साम्राज्यवादी वरीयता उनके विरोध का मुख्य मुद्दा बन गयी। बिरला ने यह तर्क देते हुए कि साम्राज्यवादी वरीयता का विरोध हर क़ीमत पर किया जाना चाहिए इस अभियान को व्यक्तिगत रूप से चलाया। उन्होंने घोषणा की कि आयात कर माल की गुणवत्ता के आधार पर लगना चाहिए न कि इस बात पर कि माल किस देश से आ रहा है।[43]

बिरला और ठाकुरदास ने अपने समर्थन के लिए कई राष्ट्रवादी नेताओं को भी अपने पक्ष में कर लिया। हालाँकि दोनों इस विधेयक की दिशा को बदलवाने में असफल रहे मगर सीएलए के भीतर सारे राजनीतिक नेतृत्व को सक्रिय करने में वे सफल रहे। लाजपत राय पहले व्यक्ति थे जिन्होंने इस क़दम का विरोध यह कहते हुए किया कि इस तरह की साम्राज्यवादी वरीयता दूसरे उद्योगों पर भी लागू की जाने लगेगी।[44] मोतीलाल नेहरू ने भी इस बिल का विरोध किया। उनका विरोध इतना मुखर हो गया था कि अख़बारों में टाटा से

उनके घनिष्ठ सम्बन्धों की बात उछलने लगी और यह चर्चा भी उठी कि हाल ही सम्पन्न हुए चुनावों में टाटा ने कितना धन स्वराजियों को दिया था।[45] बिल को लेकर हुई ज़ोरदार बहस से यह साफ़ हो गया कि बिरला और ठाकुरदास ने इसके लिए कितना व्यापक राजनीतिक समर्थन पाने में सफलता पायी थी जबकि पूरा मामला सिर्फ़ एक उद्योगपति से सम्बन्धित था। निजी तौर पर बिरला को स्टील उद्योग में कोई रुचि नहीं थी और न ही उनके क़रीबी व्यावसायिक रिश्ते टाटा के साथ थे। सच्चाई यह थी कि बड़े व्यवसायों की राजनीतिक रणनीति को लेकर उनके सर दोराबजी टाटा के साथ मतभेद थे[46] और टाटा ने फिक्की में शामिल होने से मना कर दिया था।[47] इन सारे मतभेदों को भुलाते हुए बिरला ने पूरे मन से मामले को उठाया और बड़े व्यवसाय की एकता की एक मिसाल पेश की।

बिरला ने बड़े उद्यमियों और राष्ट्रवादी नेतृत्व के बीच जो रिश्ते बनाने की मेहनत की थी उसमें 1927 के करेंसी बिल के दौरान और दृढ़ता देखने को मिली। इस बिल का प्रस्ताव 1923 में निर्धारित हो चुके रुपये–स्टर्लिंग के अनुपात, एक शिलिंग छह पेंस, को वैधानिक मान्यता देने के लिए किया गया था।[48] मुद्रा के सवाल को लेकर सरकार और भारतीय उद्योग के बीच लम्बे समय से संघर्ष चला आ रहा था।[49] भारतीय लगातार कम अनुपात के पक्ष में दलील देते आ रहे थे। इस अनुपात के सवाल पर ही तमाम व्यावसायिक नेताओं ने सरकार के ख़िलाफ़ प्रचार करने के कई तरीके ढूँढ़ लिए थे।[50] बड़े व्यवसायी राष्ट्रवादी नेताओं को यह बात समझाने में सफल रहे थे कि करेंसी का मामला महज़ पूँजीपतियों द्वारा किया जा रहा विरोध भर नहीं है बल्कि इसका दुष्प्रभाव सामान्य जन पर भी पड़ता है। कम करेंसी अनुपात के विषय में बिरला ने गाँधी को लिखा कि 'इससे कृषि को लाभ होगा और गाँव के दस्तकारों–जैसे चमार, कुम्हार, बुनकर, चरवाहों और अन्य उत्पादकों को लाभ होगा, जबकि इसका दुष्परिणाम बैंकरों, सिक्योरिटी होल्डरों, ब्याज पर पैसा देने वालों को झेलना पड़ेगा।'[51] इस विधेयक को लेकर उन्होंने सांसदों और काँग्रेस कार्यकारिणी में ज़बरदस्त लॉबिंग भी की।[52]

यह लॉबिंग इतनी प्रभावशाली रही कि काँग्रेस कार्यकारिणी की विशेष बैठक में पार्टी की स्थिति तय करने के लिए ठाकुरदास को बुलाया गया और वे इस विधेयक पर संसद सदस्यों के लिए कार्यकारिणी समिति की ओर से विह्प जारी कराने में कामयाब रहे।[53] करेंसी बिल के सदन के पटल पर रखे जाने तक बिरला और ठाकुरदास ने उसका विरोध करने के लिए ठोस तैयारी कर ली थी। अपने भावपूर्ण वक्तव्य में बिरला ने कहा कि अनुपात का मामला न सिर्फ़ भारतीय व्यावसायिक समुदाय पर अपना असर छोड़ेगा बल्कि कृषि क्षेत्र भी इससे प्रभावित होगा।[54] मालवीय, श्रीनिवास आयंगर, जिन्ना और जमनादास मेहता जैसे अलग–अलग विचारधारा के राजनेताओं ने इस बिल का विरोध किया। सीएलए के सभी ग़ैर–सरकारी सदस्यों ने एक साथ इसके विरोध में मत डाला और सरकार बहुत मामूली अन्तर से बिल को पास कराने में कामयाब हो सकी।[55]

इसी तरह का एक और मामला 1928 के अन्तर्देशीय तटीय आरक्षण विधेयक (इनलैंड कोस्टल रिज़र्वेशन बिल) को लेकर था जिसके पूरी तरह व्यावसायिक होने के बावजूद पूरा राजनीतिक नेतृत्व सदन में एकजुट हो गया। इस बिल की समग्र रूपरेखा बॉम्बे के जहाज़रानी से जुड़े व्यवसायी एस.एन. हाजी ने तैयार की थी। संसद में इनके आने का सिर्फ़ एक ही

उद्देश्य था : भारतीय कोस्टल शिपिंग को रियायत दिलवाना।[56] कोस्टल शिपिंग रिज़र्वेशन से सिर्फ़ एक भारतीय कम्पनी, सिन्धिया स्टीम नेविगेशन कम्पनी का भाग्य जुड़ा हुआ था, और इससे नरोत्तम मोरारजी और वालचन्द हीराचन्द जैसे व्यवसायियों के हित जुड़े थे। यह जानते हुए भी कि इस बिल से सिर्फ़ एक कम्पनी को लाभ पहुँचने वाला है बिरला ने सीएलए के भीतर सभी राष्ट्रवादी नेताओं का समर्थन पाने में सफलता पा ली। इस बिल से प्रभावशाली ब्रिटिश शिपिंग व्यवसायी लॉर्ड इंचकेप के मालिकाने वाले शिपिंग समूह को सीधे–सीधे चोट पहुँचती थी, लिहाज़ा इसका विरोध न सिर्फ़ यूरोपीय चेम्बर्स ने किया बल्कि आधिकारिक सदस्यों की ओर से भी ज़बरदस्त विरोध देखने को मिला। यूरोपीय चेम्बर्स का कहना था कि यह बिल नस्लवादी भेदभाव वाला है और उसने सीधे ब्रिटिश संसद से हस्तक्षेप करने की गुहार लगाई।[57]

बिरला ने यूरोपीय दृष्टिकोण का पुरज़ोर खण्डन किया। उन्होंने इस तर्क को बिल्कुल बेबुनियाद बताया जिसमें भारतीयों के हाथ में जहाज़रानी जाने से मालवाहक भाड़े में बढ़ोतरी की बात कही गयी थी। बिरला ने घोषणा की कि जहाज़रानी का व्यावसायिक कारोबार भारतीयों के हाथ में दिये जाने की बात बिल्कुल वाज़िब है और अब समय आ गया है कि इस माँग को लेकर जनमत तैयार किया जाये।[58] बड़े उद्योगों की राजनीतिक विजय उस समय भी देखने को मिली जब गाँधी ने सिन्धिया का मसला अपने अख़बार 'यंग इंडिया' में उठाया और 'इंडियन शिपिंग' शीर्षक से एक लेख प्रकाशित किया।[59] भारतीय जहाज़रानी की माँग का समर्थन इंडियन नेशनल काँग्रेस ने भी अपने प्रस्तावों में किया। सदन के भीतर भी तमाम राजनेता बिल के समर्थन के लिए आगे आये। पर्यवेक्षकों ने भी माना कि 'कोस्टल शिपिंग बिल को लेकर हुई जीत अच्छी तैयारी और दिशा निर्देशन के साथ ही लगातार प्रचार का नतीजा थी।'[60] कोस्टल रिज़र्वेशन बिल को लेकर जो पूरा अभियान चलाया गया उसके पीछे सारी ऊर्जा और कार्यकुशलता बिरला की ही थी जो उन्होंने कारगर लॉबिंग करके साबित की थी।[61]

बड़े उद्योगों और राष्ट्रीय नेतृत्व के बीच सम्बन्ध अन्योन्याश्रित ही हो सकता था। इसकी जानकारी हमें इस बात से हो जाती है कि किस प्रकार राजनीतिक नेतृत्व ने सदन के बाहर–भीतर बड़े उद्योगों की माँगों का समर्थन किया था। उसी प्रकार बड़े उद्योग से जुड़े लोगों ने राजनीतिक मसलों पर पूरी तरह काँग्रेस का साथ दिया। इस प्रकार के दोतरफ़ा सम्बन्धों के तमाम उदाहरण दिये जा सकते हैं। इसमें सबसे महत्त्वपूर्ण मामला 1928 के जनसुरक्षा विधेयक को लेकर था। इस विधेयक को लाकर सरकार चाहती थी कि उसे ऐसी ताक़त मिल जाये जिससे वह भारत में काम कर रहे अवांछनीय और क्रान्तिकारी विदेशी कार्यकर्ताओं, ख़ासकर ग्रेट ब्रिटेन कम्युनिस्ट पार्टी के फिलिप स्प्रैट और बेन ब्रेडले को देशनिकाला दे सके जो भारत में ट्रेड यूनियन को संगठित करने में जुटे थे। सरकार ने कम्युनिज़्म का 'लाल ख़ौफ़' फैलाने की कोशिश की और यह दुष्प्रचार शुरू किया कि रूसी एजेंट भारतीय ट्रेड यूनियनों में घुस आये हैं। जन सुरक्षा विधेयक का विरोध सभी राष्ट्रवादी नेताओं ने जमकर किया और इसे नागरिक स्वतन्त्रता पर आक्रमण करार दिया।[62] बिरला समेत कई लोगों ने बिल का विरोध करने में काँग्रेस नेतृत्व का समर्थन किया। बिरला ने घोषणा की कि वे कम्युनिज़्म का किसी तरह समर्थन नहीं करते लेकिन यह बिल तो नागरिक

स्वतन्त्रता का पूरी तरह हनन करता है। उन्होंने कहा कि 'मैं और दूसरे भारतीय पूँजीपति ऐसे किसी भी सिद्धान्त का विरोध करते हैं जिसके दम पर सरकार बिना किसी सुनवाई के व्यक्ति को देशनिकाला दे या नज़रबन्द करे या जेल में डाले।'[63] उन्होंने चेतावनी दी कि सरकार दमनकारी क़ानूनों को बलपूर्वक लागू कर कम्युनिज़्म पर रोक नहीं लगा सकती। इस आरोप के ख़िलाफ़ कि भारतीय पूँजीपति प्रायः सरकार के समर्थन में हैं उन्होंने फिक्की से जुड़े 29 चेम्बरों के टेलीग्राम सार्वजनिक किये जिनमें खुले दिल से बिरला द्वारा किये जा रहे बिल के विरोध का समर्थन था। इस तरह की एकजुटता के चलते ही काँग्रेस इस बिल को पास न होने देने में सफल रही।

इसी तरह का एक और मामला 1929 के श्रम विवाद विधेयक (ट्रेड डिस्प्यूट्स बिल) को लेकर था जिसमें बड़े उद्यमियों ने राष्ट्रीय नेतृत्व का अनुकरण किया था। इस बिल का मक़सद हड़तालों पर रोक लगाना और ट्रेड यूनियन आन्दोलन पर न्यायालय की एक व्यवस्था लादना था। काँग्रेस ने बिल का विरोध किया। फिर उसे चुनाव समिति के पास भेज दिया गया जिसके बिरला सदस्य थे। उन्होंने बिल के प्रस्ताव का ज़बरदस्त विरोध किया और जब उसे सदन में पेश किया गया तो बिरला के साथ मालवीय, मोतीलाल नेहरू और जयकर ने भी उसका विरोध किया। इन दोनों दृष्टान्तों से पता चल जाता है कि सदन में बड़े व्यवसायियों और राजनीतिक नेतृत्व के बीच कितना सामंजस्य बन चुका था।

सिर्फ़ एक बार ऐसा अवसर देखने को मिला जब 1930 के कॉटन प्रोटेक्शन बिल (कपास संरक्षण विधेयक) के समय सरकार इस गठबन्धन में दरार डालने में सफल हो गयी। बिल में इंग्लैंड को छोड़कर सभी देशों के बिना थान वाले कपड़े के आयात पर 20 प्रतिशत कर लगाने की बात कही गयी थी, जबकि इंग्लैंड के माल पर यह ड्यूटी मात्र 15 प्रतिशत लगायी गयी थी। बिल को लेकर व्यावसायिक नेताओं की मिलीजुली राय थी। मन्दी की मार झेल चुके बॉम्बे के उद्योगपति बिल द्वारा दिये गये कैसे भी संरक्षण के लिए तैयार थे, जबकि बिरला के नेतृत्व में बाक़ी बड़े व्यवसायियों का मानना था कि इन आंशिक रियायतों को स्वीकार करने का अर्थ साम्राज्यवादी वरीयता के सिद्धान्त पर समझौता करना होगा। बिरला ने स्पष्ट किया कि बड़े उद्यमियों को किसी भी हालत में राष्ट्रीय नेतृत्व की राय से अलग नहीं होना चाहिए जो लंकाशायर के माल को दी जाने वाली रियायत के विरोध में थे। उनका कहना था कि बॉम्बे के व्यवसायियों को दूरदर्शिता का परिचय देना चाहिए और किसी भी तरह राष्ट्रीय नेतृत्व से अलग नहीं होना चाहिए। बिल ऐसे समय में लाया गया था जब गाँधी ने भी सविनय अवज्ञा आन्दोलन की शुरुआत की थी। काँग्रेस के सभी नेता गाँधी के आह्वान पर सदन से इस्तीफ़ा दे चुके थे। जब बिल को पेश किया गया तो उसका विरोध करने के लिए कुछ ही राष्ट्रवादी नेता बचे थे। जिन नेताओं ने इसका ज़ोरदार विरोध किया उनमें मालवीय, कुंजरू, जयकर और विट्ठलभाई पटेल थे।[64] बिल पर बहस के दौरान बिरला ने बॉम्बे टैक्सटाइल उद्योग का पक्ष पुरज़ोर ढंग से रखा।[65] असेम्बली में अपने समूचे कार्यकाल के दौरान अपने सबसे मुखर भाषण में उन्होंने कहा :

> मैं इतना कहना चाहूँगा कि मिल–मालिकों में अगर थोड़ा–सा आत्मसम्मान बचा है तो वे तालाबन्दी की घोषणा करें और सरकार से कहें कि उन्हें नष्ट नहीं होना है। वे सरकार से कह सकते हैं कि वह उन्हें ख़त्म कर दे, मगर उन्हें इस अपमानजनक

> प्रस्ताव को मानने से इनकार कर देना चाहिए। मुझे डर है कि शायद उनके पास इतना साहस नहीं है, मगर निश्चित तौर पर यह सदन का कर्तव्य है कि वह कहे कि हम इस अपमानजनक प्रस्ताव के पक्ष में नहीं हैं और हम इसे अस्वीकार करते हैं।

मालवीय ने इसमें एक संशोधन किया जिसमें कहा गया था कि कर की दर 3½ आना प्रति पाउण्ड लगायी जाये चाहे माल का आयात किसी भी देश से किया जाये। बिरला ने इसका समर्थन किया।[66] इस पूरी बहस के पीछे बिरला का सिर्फ़ एक ही मक़सद था और वह था बॉम्बे के मिल–मालिकों को राजनीतिक नेतृत्व के क़रीब रखना। उनका तर्क था कि :

> मेरे मिल–मालिक मित्र ख़ुद को जिस नुक़सानदेह स्थिति में डाल रहे हैं मैंने उस बारे में उनसे बात की है। मैं उनसे कहूँगा कि इस प्रस्ताव को स्वीकार करके वे अपने प्रति बहुत बड़ा अन्याय कर रहे हैं। सबसे पहले तो वे लोगों की सहानुभूति खो रहे हैं...ये किसी भी सरकार के लिए असम्भव है जब तक कि हमें लंकाशायर से मुक़ाबले के लिए दायित्वपूर्ण सरकार न मिल जाये। और महोदय, वर्तमान में वे लोग जो कर रहे हैं वह ख़ुद के लिए मौत को बुलावा देना है। जैसा कि मैंने कहा कि वे अपना आपा खो चुके हैं, और यह इस सदन का कर्तव्य बनता है कि भले ही बॉम्बे के मिल–मालिक कितने ही उतावले क्यों न हों...अपने उतावलेपन में वे कुछ ऐसा न कर बैठें जो उनके ख़ुद के और देश के हितों के ख़िलाफ़ हो।[67]

बिरला के इन तमाम प्रयासों के बावजूद ठाकुरदास के नेतृत्व में बॉम्बे के व्यवसायियों ने बिरला गुट का साथ नहीं दिया और मालवीय का प्रस्ताव 60 मतों की तुलना में 40 मत पाकर पराजित हो गया। मालवीय के नेतृत्व वाले आईसीपी सदस्यों ने कॉटन प्रोटेक्शन बिल की पराजय को लेकर सदन से इस्तीफ़ा दे दिया।[68] बॉम्बे के उद्यमियों के रवैये से बिरला काफ़ी आहत हुए। उन्होंने इस बात के लिए काफ़ी मेहनत की थी कि व्यावसायिक नेतृत्व इस बात का अहसास कर ले कि राजनीतिक नेतृत्व के साथ सहयोग करके चलने में ही उनके हित आगे बढ़ेंगे, और इस अवसर पर उन्होंने बिरला को निराश किया।[69]

असेम्बली में अपने कार्यकाल के दौरान बिरला को अच्छी तरह पता चल गया था कि बड़े व्यवसायियों के लिए राष्ट्रवादी नेतृत्व के साथ मिलकर काम करने का कितना महत्त्व है। 1929 के शुरुआती दौर में उन्होंने मोतीलाल नेहरू और मालवीय के साथ मिलकर यह सम्भावना भी तलाशी थी कि फिक्की और कॉंग्रेस मिलकर एक ऐसा गठबन्धन बनायें जो आगामी असेम्बली चुनाव लड़े। उन्होंने ठाकुरदास से कहा कि 'समय बहुत ख़राब है और जब तक हम परिस्थिति को नहीं समझते और असेम्बली में हमारे बीच के श्रेष्ठ आदमी चुनाव लड़कर असेम्बली में नहीं आते तो समझ लें कि असेम्बली में हमारा समय सिर्फ़ बर्बाद ही होगा।'[70] बिरला, मोतीलाल नेहरू और मालवीय चाहते थे कि चुनाव के लिए एक साझा कोष शुरू किया जाये। इसके लिए बिरला ने सुझाव दिया कि एक ऐसी कमेटी बनायी जाये जिसमें मोतीलाल नेहरू, मालवीय, ठाकुरदास और वे स्वयं हों, और यह कमेटी देश भर के उम्मीदवारों को राशि आबंटित करे। उन्हें विश्वास था कि दस हज़ार रुपये के 40 दाता वे और ठाकुरदास जुटा लेंगे जिससे शुरुआती चार लाख रुपये का ख़र्चा किया जा सकेगा।[71] चुनाव फंड की पहली किस्त मोतीलाल नेहरू और मालवीय के सुपुर्द कर दी गयी।[72]

बिरला और ठाकुरदास ने बड़े उद्यमियों और राष्ट्रवादी नेतृत्व में एक परिपक्व रिश्ता बनाया था, जिसकी एक और मिसाल 1929 में कुछ उद्योगपतियों को कम्युनिज़्म के ख़तरे से लड़ने के लिए एक अलग 'कैपिटलिस्ट पार्टी' बनाने से रोकना था। 1929 में बॉम्बे के प्रमुख उद्योगपतियों इब्राहिम रहीमतुल्ला, कावसजी जहाँगीर और दोराबजी टाटा ने पूँजीपतियों की एक पार्टी बनाने का प्रयास किया जिसमें भारतीय और यूरोपीय दोनों जगह के लोग हों। वे ट्रेड यूनियन आन्दोलन में वामपन्थियों के बढ़ते असर से चौकन्ने हो गये थे जैसा कि हाल में बॉम्बे टैक्सटाइल मिलों और जमशेदपुर के टाटा स्टील कारख़ाने में हुई लम्बी हड़तालों में देखा गया था। इन व्यवसायियों ने महसूस किया कि मिल मालिकों को एक होना चाहिए और ट्रेड यूनियनों में वामपन्थियों की बढ़ती घुसपैठ का मुक़ाबला करने में सरकार का सहयोग करना चाहिए। इस प्रयास ने बिरला और ठाकुरदास को सचेत किया और उन्होंने दोराबजी टाटा को चेतावनी दी कि एक पूरी तरह पूँजीपतियों की पार्टी सदन के भीतर सभी राष्ट्रवादी गुटों की सहानुभूति खो देगी। बिरला को लगा कि यह ग़लत सलाह पर आधारित क़दम है जिससे सिर्फ़ नुक़सान होगा। बिरला को निजी तौर पर 'बॉम्बे के मिल मालिकों की बेवकूफ़ी भरी मानसिकता समझ नहीं आ रही थी जो अपने फ़ायदे में सही सोच वाले व्यक्तियों की सहानुभूति खोते जा रहे हैं।'[73] ठाकुरदास को लिखे पत्र में उन्होंने इस बहुनस्लीय कैपिटलिस्ट पार्टी को लेकर अपनी आपत्तियाँ दर्ज करते हुए लिखा कि :

> जहाँ तक इस नयी संस्था का सवाल है तो कल्पना में भी यह कम्युनिज़्म का बाल भी बाँका नहीं कर सकती। इस नयी एसोसिएशन के सदस्यों का अगर हम विश्लेषण करें तो पाते हैं कि इनमें से कोई सदस्य ऐसा नहीं है जिसकी आम जनता या मध्य वर्ग के बीच कोई पैठ हो... ज़्यादातर पूँजीपति इस तथ्य को भूल जाते हैं कि साम्यवाद को जन्म देने के लिए वे स्वयं भी किसी हद तक ज़िम्मेदार हैं। मुझे इसमें ज़रा भी सन्देह नहीं है कि एक पूरी तरह पूँजीपतियों का संगठन कभी भी साम्यवाद के विरुद्ध कोई प्रभावकारी लड़ाई लड़ सकता है। हम पूँजीपति अगर इस ख़राब विचार को भारत से खदेड़ना चाहते हैं तो हमें इसके मूलभूत कारणों को दूर करना होगा और ऐसे लोगों का साथ देना होगा जो संवैधानिक ढंग से राष्ट्रीय सरकार बनाने के लिए प्रयासरत हैं। पूँजीपतियों की मुक्ति प्रतिक्रियावादी तत्त्वों से हाथ मिलाकर नहीं होने वाली...राजनेता यह महसूस कर रहे हैं कि हमारे पूँजीपति विदेशी पूँजीपतियों के साथ मिलकर शोषण कर रहे हैं और इस नये संगठन से उनकी इस शंका को और बल मिलेगा।[74]

बिरला को पूरी तरह यह विश्वास था कि बॉम्बे के पूँजीपतियों ने जो योजना तैयार की है उसका हश्र 'दुखद होना है'। ठाकुरदास इस विचार से पूरी तरह सहमत थे। दोनों व्यक्तियों ने तय किया कि अलग से पूँजीपतियों की एक पार्टी बनने से रोकना होगा। साथ ही उन्होंने यह भी फ़ैसला किया कि व्यवसायियों और राष्ट्रवादी नेताओं के बीच रिश्तों को मज़बूत बनाने के लिए जो मेहनत अब तक की गयी है वह रणनीति में आये किसी भी परिवर्तन के कारण कमज़ोर न हो जाये।

पीछे जाकर देखा जाये तो बिरला और ठाकुरदास ने सदन के भीतर राष्ट्रवादी नेतृत्व को आर्थिक पहलुओं के विषय में समझाने में महत्त्वपूर्ण सफलता प्राप्त की थी और इसी कारण उन्हें

काँग्रेस का मज़बूत समर्थन हासिल हो सका था। इसकी एक झलक गाँधी द्वारा जनवरी 1930 में ब्रिटिश राज के सामने रखी गयी 11 सूत्रीय माँगों में भी देखी जा सकती है जो उन्होंने सविनय अवज्ञा आन्दोलन शुरू करने के पूर्व रखी थीं। बिरला और उनके व्यावसायिक मित्रों की लम्बी समय से चली आ रही माँगों को गाँधी ने भी स्वीकार किया था जिसमें रुपये–स्टर्लिंग अनुपात में कमी, विदेशी वस्त्रों पर संरक्षात्मक कर और कोस्टल रिज़र्वेशन बिल जैसी बातें शामिल थीं। साथ ही गाँधी की इन 11 सूत्रीय माँगों में और भी तमाम व्यवसायगत बातें शामिल थीं। इसमें सैन्य ख़र्च में 50 प्रतिशत कटौती, नमक कर के उन्मूलन और बड़े अधिकारियों की तनख़्वाहें आधी करने जैसे मुद्दे शामिल थे।[75] महात्मा गाँधी का कहना था कि ये 11 सूत्र उनके लिए 'स्वराज्य का सार' हैं और इनका महत्त्व बताते हुए उन्होंने 'स्वतन्त्रता जैसे अस्पष्ट शब्द को अंशतः एक मूर्त रूप दे दिया था।'[76] गाँधी के 11 सूत्रों में तीन भारतीय व्यवसाय से सम्बन्धित थे और यह बिरला और ठाकुरदास की सफलता का प्रमाण था।

सविनय अवज्ञा के दिन

इसके तुरन्त बाद ही गाँधी ने सविनय अवज्ञा आन्दोलन की शुरुआत की। बिरला ने भारतीय व्यवसाय को लेकर जो रणनीति व्यावसायिक हितों के लिए बनायी थी उसमें फेरबदल की ज़रूरत दिखी। संवैधानिक तरीक़ों और बातचीत के ज़रिये समस्या का हल निकालने के कट्टर समर्थक बिरला गाँधी की पद्धति से असहमत थे जो महात्मा ने ब्रिटिश राज के साथ असहयोग करने के लिए चलाई थी। आन्दोलन शुरू होने के पूर्व बिरला ने गाँधी को इस बात के लिए मनाने की कोशिश भी की कि वे सरकार के साथ समझौतावादी रवैया अपनाने के तरीके ढूँढ़ें। बिरला ने गाँधी को पहले गोलमेज सम्मेलन में हिस्सा लेने के लिए राजी करने की कोशिश की जिसमें ब्रिटिश हुकूमत भारतीय समस्याओं के विषय में बातचीत करने वाली थी। बिरला ने वायसराय लॉर्ड इरविन से मुलाक़ात भी की जिससे काँग्रेस के साथ तालमेल करने की सम्भावना बनायी जा सके।

बिरला ने इस बैठक की चर्चा गाँधी से की और उन्हें अपनी योजना वापस लेने के लिए कहा। उन्होंने दावा किया कि ब्रिटिश नीति निर्धारक और नये सेक्रेटरी ऑफ़ स्टेट वेजवुड बेन और वायसराय दोनों ही राजनीतिक गतिरोध को समाप्त करने के प्रति गम्भीर हैं। बिरला ने गाँधी से कहा कि जो हमें मिल रहा है उसे स्वीकार करें और इस यथार्थ को समझें कि 'हमें अभी पूर्ण स्वराज नहीं मिलने वाला। लेकिन अभी हमें जो दिया जा रहा है उसका पूरा लाभ लें और बाक़ी का 5–10 वर्षों में प्राप्त करने की कोशिश करें।'[77] अपने पत्रों से गाँधी को मनाने में असफल बिरला गाँधी से मिलने वर्धा गये। अपने सारे प्रयासों के बावजूद वे गाँधी की सोच को अपने हिसाब से बदलने में नाकाम रहे। गाँधी ने साफ़ तौर पर कह दिया कि 'उनका ब्रिटिश लोगों पर ज़रा भी भरोसा नहीं है और उन्होंने कहा कि विधायिका में करने के लिए सदस्यों के पास कुछ नहीं है।'[78]

बिरला की वर्धा यात्रा के एक माह बाद काँग्रेस ने पूर्ण स्वराज का प्रस्ताव पास किया। विधायकों से इस्तीफ़ा देने की बात कही गयी और काँग्रेसियों को सविनय अवज्ञा आन्दोलन के लिए तैयार रहने के लिए कहा गया। जवाब में स्वराजियों ने विधान सभाओं से इस्तीफ़ा दे दिया। बिरला को यह बात कुछ अटपटी लगी क्योंकि उनका मानना था कि 'असेम्बली के

ज़रिये संसदीय व्यवस्था के तहत काम करने का अनुभव भारतीयों को मिल रहा है।' गाँधी के आह्वान पर उन्होंने इस्तीफ़ा नहीं दिया क्योंकि वे अपनी पार्टी आईसीपी के अनुशासन से बँधे थे। मार्च 1930 में गाँधी ने जब अपने कुछ सहयोगियों के साथ साबरमती से डाँडी की यात्रा शुरू की तब आईसीपी के विधायकों ने सदन से इस्तीफ़ा दे दिया। हालाँकि उनके इस्तीफ़े का मुद्दा कॉटन प्रोटेक्शन बिल था।[79]

इस दौरान फिक्की के अध्यक्ष के तौर पर बिरला ने सक्रियतापूर्वक काँग्रेस का समर्थन किया। उन्होंने सरकार की आर्थिक नीतियों का ज़बरदस्त विरोध किया और अन्धाधुन्ध सरकारी ख़र्चों की आलोचना की और यह माँग की कि भारी पैमाने पर सरकारी कर्मचारियों की छँटनी कर दी जाये, सेना के बजट में कटौती की जाये, कृषि को बढ़ावा देने की नीतियाँ बनायी जायें और भेदभावपूर्ण स्वतन्त्र व्यापार की जगह उद्योगों को 'बिना शर्त संरक्षण दिया जाये।'[80] फिक्की के अध्यक्षीय भाषण में उन्होंने अपने विचारों को गाँधीवादी मूल्यों से जोड़ा और इस सालाना भाषण, जिसमें वायसराय और वित्तीय सदस्य भी उपस्थित थे, में यह कहा :

> हमारे देश की वर्तमान परिस्थितियों और विद्यमान राजनीतिक स्थिति में यह सम्भव नहीं है कि हम किसी भी तरह सरकार को अपने विचारों में ढाल सकें। लेकिन मैं मानता हूँ कि वर्तमान परेशानियों का एकमात्र हल यही है कि हम देश की आज़ादी के लिए लड़ रहे लोगों का साथ दें। मैं दूसरे मंचों पर भी यही बात कई बार कह चुका हूँ और यहाँ भी दोहराना चाहूँगा कि स्वराज का सवाल सिर्फ़ भावनाओं का सवाल न होकर रोटी का सवाल है। देश की सम्पन्नता पूरी तरह हमारी राजनीतिक स्वतन्त्रता पर आधारित है और मैं समझता हूँ कि यह सिर्फ़ देशहित में ही नहीं बल्कि पूँजीपतियों, मालिकों और उद्योगपतियों के हित में है कि हम देश के लिए लड़ने की कोशिश करें और उन लोगों के हाथों को मज़बूत करें जो स्वराज के लिए लड़ रहे हैं।[81]

गाँधी का आन्दोलन आशातीत ढंग से सफल रहा। वे स्वदेशी और नमक जैसे प्रतीकों के माध्यम से शक्तिशाली अभियान चलाने और साम्राज्यवादी सत्ता को चुनौती देने में कामयाब रहे। विदेशी कपड़ों के कारोबार करने वाली दुकानों का बहिष्कार और जगह–जगह नमक बनाने का काम इस अभियान के दौरान देखने को मिला। धीरे–धीरे यह पूरा आन्दोलन भारत के शहरी इलाक़ों और ग्रामीण क्षेत्रों में समर्थन पाने लगा। गाँधी समेत तमाम बड़े काँग्रेसी नेताओं को जेल में डाल दिया गया क्योंकि अंग्रेज़ों को लग गया था कि इतने बड़े और तयशुदा अभियान को रोक पाना सरकार के वश की बात नहीं है। बिरला को जब इस जन उत्साह की सूचना मिली तो वे जनता की भावना को देखते हुए काफ़ी उद्वेलित हो उठे। बिरला के इस उत्साह के विपरीत उनके परिवार के बड़े–बुज़ुर्गों ने रूढ़िवादी रवैया अपना रखा था। उनके पिता बलदेव दास नहीं चाहते थे कि उनके परिवार के लोग ब्रिटिश विरोधी गतिविधियों में शामिल हों। आन्दोलन के दौरान तमाम ब्रिटिश अधिकारियों के साथ अपने सामाजिक रिश्ते तोड़ने से उन्होंने इनकार कर दिया। उदाहरण के तौर पर नवम्बर 1930 में बिहार के गवर्नर सर हग स्टीफेंसन ने राँची के बिरला वुमेन हॉस्पिटल का उद्घाटन किया। इस अस्पताल को राजा बलदेव दास ने धन दिया था।[82] परिवार के विरोध के बावजूद आन्दोलन के प्रति अपनी शुरुआती शंकाओं से उबरकर बिरला गाँधी के प्रति निष्ठावान बन गये।

उन्होंने गाँधी को लिखा कि 'आपका विश्वास आपको बहुत सन्तोष देता है, लेकिन मेरे जैसा व्यवसायी पैसों को बहुत ध्यान से गिनता है और असफलता का भय उसे विचलित कर देता है। लेकिन आपकी कड़ी मेहनत निश्चित ही रंग लायेगी। इसका पूरा विश्वास मुझे है।'[83] उन्होंने मुख्य व्यापारिक केन्द्रों की यात्रा की और अख़बारों को दिये गये साक्षात्कार में यह बताने की कोशिश की कि सविनय अवज्ञा आन्दोलन, जो काँग्रेस के द्वारा चलाया जा रहा है, आर्थिक बर्बादी का कारण नहीं है बल्कि सरकार की वित्तीय नीतियाँ इस तबाही के लिए पूरी तरह ज़िम्मेदार हैं।[84]

बिरला ने काँग्रेस के महत्त्वपूर्ण कार्यक्रम विदेशी वस्त्रों के बहिष्कार में विशेष सहयोग दिया। इस मामले में बिरला ने कलकत्ता के सभी ब्रिटिश–कपड़ा आयातक व्यवसायियों को बुलाया, जिनमें अधिकांश मारवाड़ी थे, और उन्हें घरेलू मिल उद्योग का लाभ समझाते हुए 'विदेशी कपड़े को पूरी तरह छोड़कर केवल स्वदेशी कपड़े के व्यवसाय को समर्पित हो जाने के लिए कहा।' उन्होंने कलकत्ता के विदेशी कपड़ा विक्रेताओं का बॉम्बे और अहमदाबाद की कॉटन मिलों से सम्पर्क कराने का प्रयास किया।[85] उन्होंने अहमदाबाद के उद्योगपति अम्बालाल साराभाई को पत्र लिखा और कहा कि अगर कलकत्ता के मारवाड़ी विदेशी कपड़ों का कारोबार रोक देते हैं तो यह स्वदेशी के लक्ष्य को बढ़ाने में एक चमत्कार जैसा हो जायेगा। उन्होंने साराभाई से निवेदन किया कि वे बॉम्बे और अहमदाबाद की मिलों में कुछ इस प्रकार का सहयोग करें ताकि कलकत्ता के मारवाड़ियों को नियमित तौर पर स्वदेशी वस्त्र उपलब्ध हो सके।[86] वे गाँधी के खादी प्रचार से सार्वजनिक तौर पर जुड़ गये। अपनी गिरफ़्तारी के ठीक पहले 4 मई 1930 को गाँधी ने बिरला और साराभाई से लम्बी बातचीत की थी कि खादी के प्रसार के लिए मिल मालिकों की क्या भूमिका हो सकती है।[87] इस बातचीत के बाद बिरला ने राजस्थान में अपने गाँव के निकट खादी स्टोर खोलने का संकल्प लिया।[88] हालाँकि मिल द्वारा तैयार किये गये मोटे खादी वस्त्रों को लेकर गाँधी से उनके मतभेद थे। उन्होंने गाँधी को इस बात के लिए राजी करने की कोशिश की कि भारतीय टैक्सटाइल मिलें खादी को लोकप्रिय बनाने में महत्त्वपूर्ण भूमिका निभा सकती हैं क्योंकि यहाँ तैयार किया गया कपड़ा टिकाऊ और सस्ता होगा।[89] बिरला का कहना था कि सामान्य जन मिल निर्मित कपड़े का लाभ बड़े पैमाने पर ले सकते हैं और इसमें विदेशी कपड़े को पूरी तरह किनारे पर लगाने की सामर्थ्य है।[90] बिरला के विचारों के विपरीत गाँधी का मानना था कि मिल–मालिक लाभ लिए बिना नहीं मानेंगे और विदेशी कपड़ों के बहिष्कार की बात हस्तनिर्मित खादी से ही सफल हो सकती है।[91] मिल–निर्मित कपड़ों के विषय में मतभेद के बावजूद बिरला ने कई जगहों पर खादी स्टोर खोले।[92]

जैसे–जैसे सविनय अवज्ञा आन्दोलन ने गति पकड़नी शुरू की बिरला ने बड़े व्यवसाय से जुड़े चेम्बर्स ऑफ़ कॉमर्स और संगठनों से काँग्रेस के पक्ष में सहयोग कराने के अपने प्रयास तेज़ कर दिये। उनके निर्देशन में कलकत्ता के इंडियन चेम्बर ऑफ़ कॉमर्स ने सविनय अवज्ञा का ज़ोरदार उत्साह से समर्थन किया।[93] हालाँकि भारतीय पूँजीपतियों ने जो सहयोग काँग्रेस के अभियान में दिया उसे 1920 के उत्तरार्ध में बढ़ रहे व्यवसायगत अतिवाद के व्यापक परिप्रेक्ष्य में देखा जाना चाहिए।[94] इस तथ्य के पीछे कई कारण थे।

जैसे, सरकार का रुपये–स्टर्लिंग अनुपात को लेकर अड़ियल रुख़ अपनाना, जिसके विरोध में बॉम्बे के आन्दोलनकारी पूरे देश में एक धार्मिक माँग की शक्ति के साथ फैल गये।[95] साथ ही करों को लेकर व्यापक भेदभाव किये जा रहे थे। दूसरी ओर सरकार भारतीय उद्योगों के संरक्षण को लेकर भी गम्भीर नहीं थी। इन सबके अलावा विश्व बाज़ार में आयी मन्दी भी एक बड़ा कारण थी जिसे देखते हुए बड़े व्यवसायियों ने गाँधी के आन्दोलन को समर्थन देने का फ़ैसला किया था।[96] कुछ व्यावसायिक संगठन तो काँग्रेस के आन्दोलन से इस तरह जुड़ गये कि उन्होंने नमक जैसे भावनात्मक मसले पर भी अपना समर्थन दिया। सबसे पहले इंडियन चेम्बर ऑफ़ कॉमर्स ने यह मुद्दा उठाया और कहा कि नमक उद्योग की स्थिति को देखते हुए सरकार को इसे संरक्षण देना चाहिए।[97] उसके बाद फिक्की ने अपनी सालाना बैठक में नमक उद्योग के मसले को सरकार के टैरिफ बोर्ड में भेजने की बात कही और बाद में संगठन ने सामान्य नमक पर एक शोधपत्र भी जारी किया। इस शोधपत्र पर अपनी अनुशंसा जवाहरलाल नेहरू ने दी और देश भर की काँग्रेस कमेटियों को इसके प्रचार का निर्देश दिया।[98]

व्यावसायिक संगठनों में शायद सबसे महत्त्वपूर्ण सहयोग फिक्की का था जिसके अधिकारियों ने मई 1930 में राजनीतिक स्थिति पर एक प्रस्ताव लाने का निर्णय लिया। इसे अम्बालाल साराभाई ने तैयार किया था और बिरला ने इसे आगे बढ़ाया। प्रस्ताव में कहा गया था कि बिना गाँधी के किसी राजनीतिक समस्या का हल नहीं निकलने वाला।[99] उसके बाद फिक्की ने सत्याग्रहियों पर बर्बर लाठीचार्ज समेत तमाम दूसरे ज्वलन्त मुद्दे उठाये। संगठन ने अपने साथ जुड़ी दूसरी संस्थाओं को निर्देश दिया कि 'उनके सभी सदस्य स्वदेशी कपड़ों का प्रयोग करें और विदेशी कपड़ों का पूरी तरह बहिष्कार करें।' बिरला समेत फ़ेडरेशन के उच्च पदाधिकारियों ने स्वदेशी के प्रचार के लिए कुछ उपाय सुझाये जिनका पालन करना सभी सदस्यों से अपेक्षित था।[100] साथ ही स्वदेशी प्रचार एसोसिएशन नाम की संस्था बनायी गयी जिसका उद्देश्य विदेशी वस्त्रों का बहिष्कार और स्वदेशी का प्रचार करना था।[101] ये सब तथ्य इस बात के प्रमाण हैं कि सविनय अवज्ञा आन्दोलन को व्यावसायिक तबकों का कितना सहयोग शुरुआती दिनों में प्राप्त हुआ था। गाँधी के अभियान को व्यावसायिक नेताओं की कितनी सहानुभूति प्राप्त थी इसका अन्दाज़ा पुरुषोत्तमदास ठाकुरदास द्वारा लॉर्ड इरविन को मई 1930 में लिखे एक पत्र में देखा जा सकता है :

> देश भर में फैले मेरे तमाम मित्रों, जिनके विचारों की मैं कद्र करता हूँ, ने मुझे बार–बार यह ध्यान दिलाया है कि व्यवसायी समुदाय और सरकार के बीच दूरियाँ बढ़ रही हैं। बहिष्कार आन्दोलन, दुकानों की पिकेटिंग के दौरान जिस तरह से पुलिस ने भीड़ पर बर्बरतापूर्वक लाठीचार्ज किया है उससे स्थिति की बीभत्सता का पता चलता है। मुझे लगता है कि ऐसी स्थिति में यह कहना न तो आवश्यक है और न ही बुद्धिमत्तापूर्ण कि यह सारा काम गाँधीजी और उनके मित्रों द्वारा किया जा रहा है। यह सच है कि उन्होंने सविनय अवज्ञा आन्दोलन की शुरुआत की, लेकिन सरकार को इस बात की अनदेखी नहीं करनी चाहिए कि इसके पीछे किसानों और जनता की दयनीय आर्थिक दशा भी एक कारण है, और गाँधीजी ने इन मनोदशा के बीच यह शुरुआत करके इस तथ्य की पुष्टि कर दी है।

आन्दोलन की ताक़त की ओर इशारा करते हुए उन्होंने इरविन को बताया कि 'हर भारतीय इस समय गाँधी के इस नेकनीयत आन्दोलन की गिरफ़्त में है' लिहाज़ा उन्हें (इरविन) समझौते के लिए आगे आना चाहिए। वे चाहते थे कि 'इरविन अगले संविधान के बारे में एक बयान दें कि भारतीय सैन्य रक्षा और विदेशियों के साथ राजनीतिक सम्बन्धों को छोड़कर, जिनके लिए अलग से विचार किये जाने की ज़रूरत है, अपने घर में अपने मालिक होंगे। साथ ही देश में चल रहा आर्थिक शोषण बन्द हो और वित्त, करेंसी, वित्तीय नीति और रेलवे जैसे विभागों की देखरेख भारतीय मन्त्रियों के हाथ में सौंपी जाये जो विधायिका के प्रति ज़िम्मेदार होते हैं।'[102]

हालाँकि सुमित सरकार और क्लॉड मार्कोविट्स जैसे इतिहासकारों ने गाँधी के आन्दोलन और उसे मिले व्यावसायिक सहयोग का अध्ययन करने के पश्चात लिखा है कि सविनय अवज्ञा आन्दोलन को लेकर जो उत्साह व्यावसायिक समुदाय में शुरुआती दिनों में देखने को मिला था वह कठिन आर्थिक हालात के कारण 1930 के उत्तरार्ध में ठण्डा पड़ने लगा था। सितम्बर 1930 में बिरला की इच्छा थी कि लन्दन में होने वाले आगामी गोलमेज सम्मेलन में गाँधी की ग़ैर–मौजूदगी में शिरकत न करने की जो बन्दिश स्वयं पर लगा रखी है उसे हटा दें। अब वे चाह रहे थे कि बातचीत के दरवाज़े खुले रखे जायें। उन्होंने फिक्की के तत्कालीन अध्यक्ष लाला श्रीराम को लिखा कि ये निषेध अन्यायपूर्ण और ग़लत है और इसे हटा दिया जाना चाहिए। विडम्बना की बात यह है कि मई 1930 में इस आत्मनिषेध का प्रस्ताव स्वयं उन्होंने ही आगे बढ़ाया था। उन्होंने स्पष्ट किया कि इस प्रकार का क़दम उन्होंने किसी व्यक्तिगत राजनीतिक वादे के तहत उठाया था, मगर अब उन्हें लगने लगा है कि आगामी गोलमेज सम्मेलन से कुछ अच्छी बात निकलकर सामने आयेगी।[103] फिक्की के कुछ अन्य महत्त्वपूर्ण सदस्य भी बिरला के पक्ष से सहमत थे और फिक्की ने अपने से जुड़े दूसरे संगठनों को सूचित किया कि पूर्व में गोलमेज सम्मेलन के बहिष्कार का जो प्रस्ताव पारित किया गया था उसे महज़ एक सिफ़ारिश माना जाये न कि अनिवार्यता।[104]

बिरला इस अवधि में दो महत्त्वपूर्ण कार्य करने में जुटे थे : फिक्की की ओर से काँग्रेस को व्यावसायिक सहयोग दिलाना और गाँधी को अंग्रेज़ों से समझौतावादी रुख़ अपनाने के लिए राजी करना। हालाँकि उन्होंने बड़े व्यवसायियों को पूरी तरह काँग्रेस के पक्ष में लाने की कोशिश की लेकिन बिरला को निजी तौर पर अहसास था कि काँग्रेस के प्रति सहयोग करने की उनकी या बड़े व्यवसायियों की सीमाएँ क्या हैं। रोड्डा षड्यन्त्र मामले में उन्हें पहले ही इस बात का अनुभव हो चुका था कि सरकार से सीधे भिड़ने का मतलब व्यवसाय को संकट में डालना है और भारतीय बड़े व्यवसाय को विदेशी पूँजी के ख़िलाफ़ खड़ा करने की जो उनकी कोशिश है वह भी खटाई में पड़ सकती है। फ़िलहाल इस समय गाँधी की स्थिति को मज़बूती देने की बात उनके दिमाग़ में थी और जनवरी 1931 में ठाकुरदास को लिखे पत्र से इसका पता चल जाता है :

> वर्तमान प्रदर्शनों और गोलमेज सम्मेलन के परिणामों के बाद मैं इस बात से सहमत हूँ कि देश को वर्तमान राजनीतिक संकट से निकालने के लिए हमें भरपूर प्रयास करना चाहिए। लेकिन अभी तक मुझे कोई रास्ता नहीं दिख रहा। इस बात में कोई सन्देह नहीं है कि आज जो हमें मिल रहा है उसका पूरा श्रेय गाँधीजी को जाता है...इस बात से निष्कर्ष निकलता है कि हम जो प्राप्त करना चाहते हैं उसके लिए

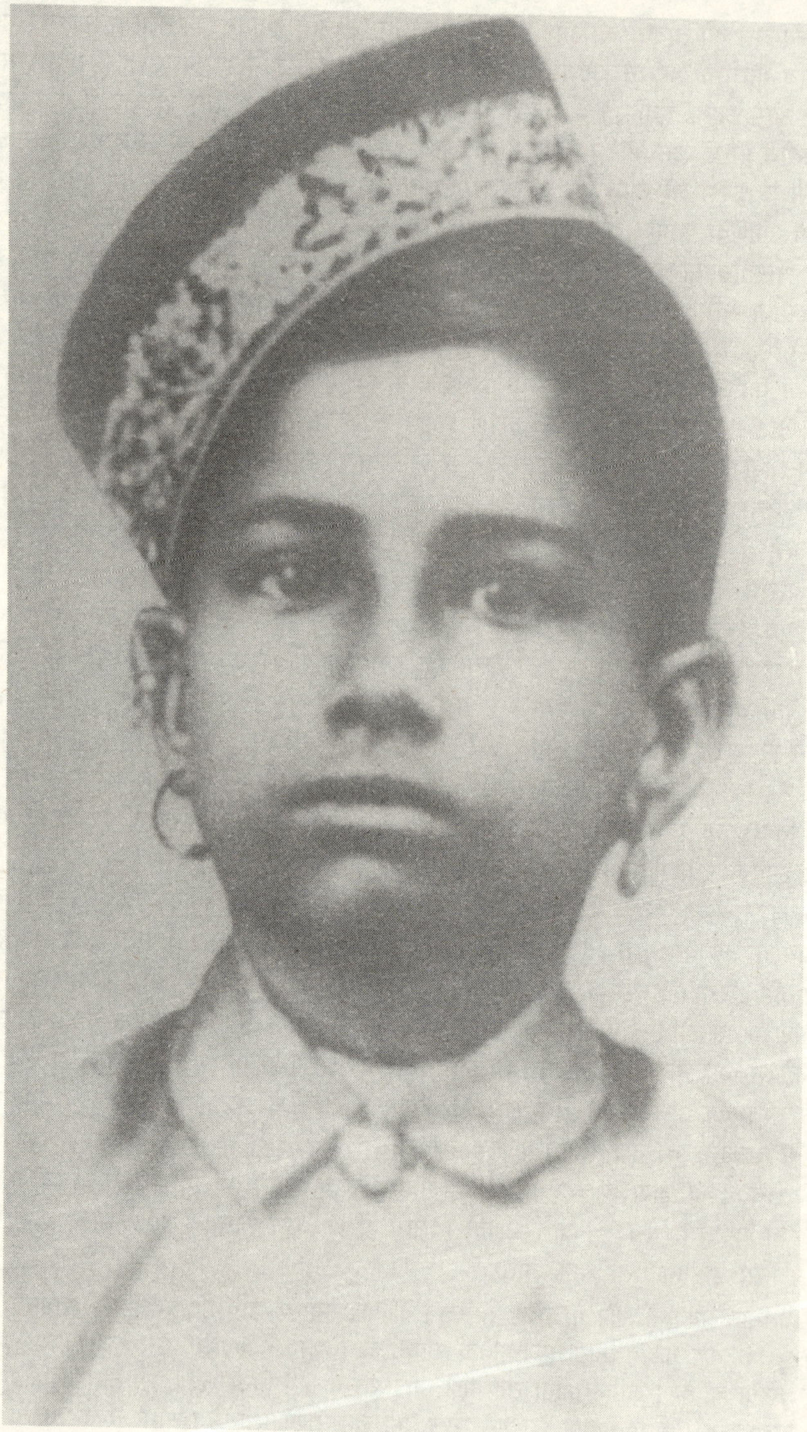

युवा बिरला

पारम्परिक मारवाड़ी वेशभूषा में युवा बिरला

महादेवी

बिरला बन्धु : जुगलकिशोर, रामेश्वर दास, घनश्याम दास (चश्मे में) और ब्रजमोहन

> इस आन्दोलन में कोई कमी नहीं रहनी चाहिए। इसलिए हमें दो बातों पर ध्यान देना चाहिए–पहली बात यह कि हमें उपयुक्त समय पर समझौतावादी रुख़ अपनाना चाहिए और दूसरी बात यह कि हमें कोई ऐसा काम नहीं करना चाहिए जिससे उन लोगों के हाथ कमज़ोर हों जिनके प्रयासों के चलते हम यहाँ तक पहुँचे हैं।[105]

बिरला सरकार की ओर से समझौतावादी संकेत आने की राह देख रहे थे जिससे काँग्रेस नेतृत्व को शान्ति के लिए बिना कोई शर्मिन्दगी उठाये सकारात्मक रुख़ रखने के लिए राजी किया जा सके। ठाकुरदास भी कुछ इसी तरह की बात सोच रहे थे जब जून 1930 में उन्होंने इरविन को पत्र लिखा था :

> मुझे विश्वास है कि आप समझ चुके होंगे कि गाँधीजी अपना आन्दोलन तब तक स्थगित नहीं करने वाले जब तक कि भविष्य के संविधान को लेकर कोई समझौता नहीं हो जाता। अगर इस प्रकार का कोई समझौता होता है तो मुझे लगता है कि गाँधीजी को आन्दोलन रोकने के शुरुआती क़दम उठाने के लिए मनाया जा सकता है...हम गाँधीजी के ऊपर अपना वैचारिक दबाव बना सकते हैं और इसमें असफलता की सम्भावना नहीं दिखती। यह बात अब महामहिम आप पर है कि आप हमारे हाथ मज़बूत करें जिससे हम अपनी योजना का दबाव गाँधीजी पर बना सकें।[106]

बिरला के अनुसार यह अवसर जनवरी 1931 में आया। गाँधी को बिना शर्त जेल से रिहा कर दिया गया और काँग्रेस पर लगा प्रतिबन्ध हटा लिया गया। बिरला महीनों से गाँधी से नहीं मिले थे लिहाज़ा मुलाक़ात के लिए सीधे इलाहाबाद रवाना हुए। इस दौरान क्या बातचीत हुई इसके दस्तावेज़ उपलब्ध नहीं हैं लेकिन लगता है कि बिरला ने समझौतावादी रवैया अपनाने का दबाव डाला होगा। इलाहाबाद में उच्चस्तरीय काँग्रेस सत्र चालू था और बिरला यहाँ चल रही सारी गतिविधियों की जानकारी दिल्ली में बैठे ठाकुरदास को दे रहे थे। ठाकुरदास को विश्वास था कि बिरला व्यवसायी समुदाय का पक्ष काँग्रेसी नेताओं को अच्छी तरह समझा सकते हैं और गाँधी को 'यह बताने में सफल हो सकते हैं कि देश में वर्तमान स्थिति अगर इसी तरह लम्बे समय तक बनी रही तो उसके गम्भीर परिणाम सामने आ सकते हैं।'[107]

गाँधी के साथ हुई अपनी प्रारम्भिक बातचीत के विषय में बिरला ने ठाकुरदास को लिखा कि शान्ति की अच्छी सम्भावना है मगर कुछ मुद्दे ऐसे हैं कि जिन्हें शायद गाँधी उठाएँगे, उनसे दिक़्क़त हो सकती है।[108] वायसराय इरविन बिरला के प्रयासों की महत्ता समझ रहे थे। उन्होंने सेक्रेटरी ऑफ़ स्टेट बेन को लिखा कि बिरला और ठाकुरदास दोनों ही 'गाँधी को वास्तविकता समझाने में काफ़ी मेहनत कर रहे हैं।'[109] एक तरफ़ इलाहाबाद में रहकर बिरला इस बात की कोशिश कर रहे थे कि गाँधी शान्ति के लिए प्रयास करें वहीं दिल्ली में बैठे ठाकुरदास नमक, शराबबन्दी और विदेशी कपड़ों की दुकानों को लेकर इरविन के साथ कोई हल ढूँढ़ने में लगे थे। इरविन इस बात से काफ़ी उत्साहित थे कि बिरला और ठाकुरदास गाँधी को मनाने में पूरी ईमानदारी से जुटे हैं। इरविन ने सेक्रेटरी ऑफ़ स्टेट को लिखे अपने पत्र में कहा कि 'मुझे पता है कि बिरला और गाँधी के दृष्टिकोण में ज़मीन–आसमान का अन्तर है लेकिन बिरला और पुरुषोत्तमदास शान्ति प्रक्रिया लाने में पूरी मेहनत के साथ लगे हुए हैं।'[110]

जैसे–जैसे चीज़ें आगे बढ़ीं गाँधी ने मार्च 1931 में वायसराय के साथ एक समझौते पर हस्ताक्षर किये और सविनय अवज्ञा का पहला चरण स्थगित कर दिया गया। ठाकुरदास ने इसे राजनीतिक विवेक की वापसी बताया।[111] फिक्की ने गाँधी–इरविन समझौते को 'हमारे इतिहास की एक विलक्षण घटना करार दिया और संविधान निर्माण की दिशा में पहला क़दम बताते कहा कि यह ऐसा समझौता है जिसके लिए देश के व्यावसायिक समुदाय का हर सदस्य आभारी रहेगा।' ऐसी ही भावनाएँ देश भर के इंडियन चेम्बर्स ऑफ़ कॉमर्स की ओर से भी व्यक्त की गयीं।[112]

गाँधी के साथ लन्दन में

गाँधी–इरविन समझौते के प्रावधानों में एक काँग्रेस का यह निर्णय था कि वह दूसरे गोलमेज सम्मेलन में हिस्सेदारी करेगी। इस क़दम की सराहना बिरला समेत व्यवसाय जगत के बहुतेरे लोगों ने की। भारतीय व्यवसाय जगत का प्रतिनिधित्व कर रहे प्रमुख संगठन के तौर पर फिक्की ने काँग्रेस के निर्णय का अनुमोदन किया और सम्मेलन में शिरकत के लिए तीन प्रतिनिधियों : बिरला, ठाकुरदास और 1931 में अपने अध्यक्ष रहे जमाल मोहम्मद का चुनाव किया। बिरला और ठाकुरदास दोनों का नाम भारत के बड़े व्यवसाय के सबसे बड़े प्रवक्ता के रूप में 1920 के दशक के मध्य में उभरा था और उन्हें व्यवसाय जगत के हितों का प्रतिनिधित्व करने के लिए सर्वाधिक उपयुक्त माना जाता था। हालाँकि फिक्की ने अपने प्रतिनिधियों को कोई विशेष निर्देश नहीं दिया था लेकिन बिरला और ठाकुरदास ने अपने साथियों को सूचित किया कि वे आगामी सम्मेलन में गाँधी का अनुसरण करेंगे। फिक्की के भीतर इस विचार के लिए कुछ समर्थन था कि उसके प्रतिनिधियों को यह करना चाहिए।[113]

लेकिन अगस्त 1931 में सरकार द्वारा कॉन्फ्रेंस के लिए आमन्त्रित किये जाने वाले नामों की औपचारिक घोषणा से बिरला को करारा झटका लगा। सरकार ने बिरला और मोहम्मद का नाम जाने वालों की सूची से बाहर कर दिया था जबकि ठाकुरदास का नाम शामिल था। इसके बजाय उन्होंने बॉम्बे के दो सरकार समर्थक लोगों, मानेकजी दादाभाई और पद्मजी गिनवाला, को भारतीय व्यवसाय के प्रतिनिधि के रूप में चुना। इसने फिक्की की हैसियत को गम्भीर चुनौती दी और उसने सरकार से इस मुद्दे पर लम्बा पत्राचार किया, जिसमें कॉन्फ्रेंस के बहिष्कार की धमकी भी दी गयी। नये–नये नियुक्त होकर आये वायसराय लॉर्ड विलिंग्डन को एक अभिवेदन में फिक्की के नेतृत्व ने चेतावनी दी कि 'अगर गोलमेज सम्मेलन में फ़ेडरेशन के प्रतिनिधियों की अनुपस्थिति में कोई समझौता होता है तो भारतीय व्यापारिक समुदाय उससे बँधा नहीं होगा।'[114] फिक्की कार्यकारिणी ने माना कि बिरला का नाम हटाया जाना उनकी हैसियत को कमतर करके देखने की सरकार की एक सोची–समझी कोशिश है। सरकार के इस विद्वेषपूर्ण रवैये को लेकर ख़ुद बिरला का मानना था कि चूँकि उनके सम्बन्ध गाँधी के साथ काफ़ी क़रीबी हैं लिहाज़ा ब्रिटिश राज उन्हें शंका की नज़र से देख रहा है।[115] फिक्की के प्रतिनिधित्व का मामला गाँधी ने अपने हाथ में लिया। उन्होंने निजी तौर पर सरकार के साथ हुए समस्त पत्राचार को देखा और वायसराय से इस मुद्दे पर बात की। गाँधी ने माँग की कि सरकार को लॉर्ड इरविन द्वारा किये गये उस वादे की इज़्ज़त

करनी चाहिए कि फिक्की को गोलमेज कॉन्फ्रेंस में पर्याप्त प्रतिनिधित्व दिया जायेगा। इससे भी महत्त्वपूर्ण बात यह कि उन्होंने यह घोषणा की कि :

> मेरी उपयोगिता प्रायः बहुत कम हो जायेगी यदि इन तीन सज्जनों द्वारा रखी जाने वाली बातें...गोलमेज सम्मेलन में न रखी गयीं। फ़ेडरेशन काफ़ी हद तक काँग्रेस के साथ मिलकर काम कर रहा है...अगर कोई बातचीत...भारतीय वाणिज्य को लेकर होती है तो मैं इन सज्जनों की सहायता और सहयोग के बिना पूरी तरह असहाय हो जाऊँगा और जिस उद्देश्य के लिए मुझे लन्दन भेजा जा रहा है के पराजित हो जाने का ख़तरा हो जायेगा।[116]

लेकिन विलिंग्डन पर फिक्की के मामले को लेकर ख़ास असर होता नहीं दिखा। जब गाँधी को उनसे अपने पक्ष में कोई प्रतिक्रिया नहीं मिली तो वे और आगे जाने, यहाँ तक कि मुद्दे को ब्रिटिश प्रधानमन्त्री के सामने उठाने, को तैयार थे।[117] फिक्की और गाँधी के लगातार प्रयासों ने सरकार पर राजी होने का दबाव डाला और आख़िरकार बिरला और मोहम्मद दोनों को सितम्बर 1931 में गोलमेज सम्मेलन में प्रतिनिधि के तौर पर आमन्त्रित कर लिया गया। ठाकुरदास को संघीय ढाँचा (फ़ेडरल स्ट्रक्चर) कमेटी और बिरला को अल्पसंख्यक (माइनॉरिटी) कमेटी के लिए नियुक्त किया गया जबकि मोहम्मद को सिर्फ़ पूर्ण सत्र में हिस्सेदारी की अनुमति दी गयी। बिरला को ठाकुरदास की अनुपस्थिति में संघीय ढाँचा कमेटी के सत्रों में भी शामिल होने की अनुमति थी, लेकिन उसमें एक शर्त थी कि वे सिर्फ़ बैठक को देख सकते थे पर उसकी कार्यवाही में भाग नहीं ले सकते थे। बिरला ने उन्हें बेमन से दी गयी इस अनिच्छुक रियायत को ठुकरा दिया।

लन्दन की समुद्र यात्रा में बिरला गाँधी के साथ थे। 29 अगस्त 1931 में वह बॉम्बे से एस.एस. राजपुताना जहाज़ पर सवार हुए। साथ में मालवीय समेत अन्य प्रतिनिधि भी थे।[118] जहाज़ पर और बाद में लन्दन में बिरला को लगातार उनके यूरोपीय प्रवास के दौरान गाँधी के साथ रहने का सौभाग्य प्राप्त हुआ।[119] गाँधी लन्दन के पूर्वी छोर पर स्थित किंग्सले हॉल में रुके, और बिरला के आग्रह के बावजूद हैंपस्टेड स्थित आर्य भवन में रुकने से मना कर दिया जहाँ बिरला ख़ुद रुके हुए थे। वे बिरला से नज़दीकी सम्पर्क बनाये हुए थे और दैनिक आधार पर अपनी व्यस्तताओं की जानकारी उन्हें दिया करते थे।[120] हालाँकि दोनों अलग–अलग स्थानों पर रुके थे मगर गाँधी की ज़रूरतों का ख़याल रखने की कुल ज़िम्मेदारी बिरला पर थी। गाँधी और साथ में गये दूसरे सदस्यों की देखरेख और आवागमन की ज़िम्मेदारी बिरला ने अपने ऊपर ले ली थी।

रुपये और सोने का मानक

लन्दन पहुँचने के बाद कुछ ही दिनों में भारतीय प्रतिनिधियों को एक सर्वाधिक अप्रत्याशित स्थिति का सामना करना पड़ा। 21 सितम्बर 1931 को नितान्त आकस्मिक ढंग से स्टर्लिंग सोने के मानक से दूर चला गया। इसका व्यापक प्रभाव भारतीय रुपये पर पड़ना था जो 1927 के करेंसी एक्ट के ज़रिये स्टर्लिंग से जुड़ा हुआ था। जब तक स्टर्लिंग सोने में परिवर्तनीय था तब तक रुपये की स्थिति भी सुरक्षित थी और वह भी सोने में परिवर्तनीय था, लेकिन स्टर्लिंग का सोने से सम्पर्क न रहने पर भारत सरकार को भारतीय रुपये के आधार

और दर का पुनर्मूल्यांकन करना था।[121] सोने के मानक से स्टर्लिंग के अलग हो जाने से भारत सरकार के सामने भारतीय मुद्रा को लेकर मुख्यतः तीन नीतिगत विकल्प रह गये थे–(क) रुपये का स्टर्लिंग से चालू अनुपात या उससे कम अनुपात पर सम्पर्क बनाये रखा जाये (ख) सम्बन्ध विच्छेद किया जाये और रुपये को स्वयं का स्तर तलाशने की इजाज़त दी जाये, या (ग) रुपये का सोने से एक सुविधाजनक बराबरी का सम्पर्क बनाया जाये।[122] इंडिया ऑफ़िस पहले विकल्प के पक्ष में था जबकि भारतीय व्यवसायी दूसरे विकल्प के पक्ष में ज़्यादा दिखे। सरकार ने रुपये का स्टर्लिंग मूल्य बनाये रखने के पक्ष में इस आधार पर तर्क दिया कि अगर ऐसा नहीं हुआ तो रुपये को भारी मात्रा में विदेशी मुद्रा में बदलने की ज़रूरत होगी जिससे इसकी विनिमय दर घटेगी। इसके विपरीत भारतीय वाणिज्य समाज की राय लम्बे समय से रुपये को आज़ाद किये जाने के पक्ष में थी और 20वीं सदी की शुरुआत से प्रारम्भ हुई इस माँग की असल मंशा करेंसी अनुपात को कम करने की ज़रूरत पर केन्द्रित हो गयी थी। भारतीय विशेषज्ञों का तर्क था कि रुपये को स्टर्लिंग से अलग करने से रुपया अपना स्वतन्त्र स्तर स्वयं हासिल कर लेगा।[123] भारतीय वाणिज्य समुदाय 1931 में स्वर्ण से स्टर्लिंग के अलग होने को स्थायी आधार पर रुपये के स्वतन्त्र होने के अवसर के रूप में देख रहा था।

हालाँकि मुद्रा का सवाल ऐसा विषय था जिसे गोलमेज सम्मेलन में भाग लेने गये कुछ ही भारतीय प्रतिनिधि समझते थे। गाँधी के सामने यह एक मुश्किल स्थिति थी क्योंकि वे बड़े महत्त्व के एक ऐसे मुद्दे के बरअक्स खड़े थे जिस पर उन्हें तुरन्त प्रतिक्रिया देनी थी और जिस पर उनकी बहुत कम महारत थी। ऐसे में बिरला की मौक़े पर उपलब्धता महत्त्वपूर्ण साबित हुई। लन्दन में उस समय एकमात्र भारतीय व्यावसायिक प्रतिनिधि (ठाकुरदास अभी भारत में ही थे) के तौर पर वे वहाँ भारतीय व्यावसायिक हितों के अकेले प्रवक्ता बन गये। फिक्की और दूसरी व्यावसायिक संस्थाओं ने गाँधी को तार भेजा कि वे रुपये के भविष्य का मामला उठायें और क्या करना है इस पर बिरला से मशविरा कर लें।[124] बिरला ने पहले पूरे भारतीय प्रतिनिधिमण्डल को संक्षेप में पूरा मामला बताया। उन्होंने गाँधी को वित्तीय स्थिति का तकनीकी पक्ष समझाया, जो अपने कम वित्तीय ज्ञान से भलीभाँति परिचित थे।[125] 1932 के मध्य में उन्होंने बिरला से स्वीकार किया था कि 'मैंने अर्थव्यवस्था पर पुस्तकें पढ़ ली हैं। मैं अब पहले से अच्छी समझ रखने लगा हूँ। पर कुल विषय की तस्वीर अभी भी मेरे सामने नहीं आयी है।'[126] गाँधी और दूसरे प्रतिनिधि इस विषय में बिरला से जानकारी लेते थे। बल्कि उन्होंने बिरला से वादा किया कि वो वित्तीय मामलों में उनसे सलाह किये बग़ैर कोई वक्तव्य नहीं देंगे।[127] ये सबसे बड़ा सौभाग्य था कि बिरला लन्दन में थे। भारतीय प्रतिनिधियों ने इंडिया ऑफ़िस के साथ हुई कई बैठकों में रुपया–स्टर्लिंग मुद्दे पर उन्हें तत्काल भारतीय जनमत का प्रवक्ता मान लिया था।

ख़ुद को दी गयी नाज़ुक भूमिका का ख़याल करते हुए बिरला ने बड़े पैमाने पर प्रेस को दिये साक्षात्कारों में रुपये को स्टर्लिंग से 1 शिलिंग 6 पेंस की दर पर जोड़े रखने के लिए सरकार की आलोचना की। 'रायटर्स' ने उनका साक्षात्कार लिया और 'मैनचेस्टर गार्जियन' ने उन्हें अच्छा कवरेज दिया। उन्होंने दावा किया कि लन्दन में सेक्रेटरी ऑफ़ स्टेट और भारत सरकार के वित्त सदस्य दो अलग–अलग सुरों में बात कर रहे हैं, और इससे ये पता

चलता है कि ब्रिटिश राज में इस निर्णय के औचित्य पर मतभेद है। उन्होंने आरोप लगाया कि भारत सरकार अपने बजट को सन्तुलित करने के लिए अन्धाधुन्ध कर्ज ले रही है और रुपये–स्टर्लिंग के अनुपात को सन्तुलित रखने के लिए टैक्स लगा रही है।[128] बिरला के प्रभावशाली अभियान के चलते इंडिया ऑफ़िस को तमाम बैठकों का आयोजन करने के लिए बाध्य होना पड़ा जहाँ भारतीय प्रतिनिधि अपनी बात रख सकें।

एक बैठक सेक्रेटरी ऑफ़ स्टेट के साथ रखी गयी जिसमें इंडिया काउंसिल के सदस्य हेनरी स्ट्राकोश ने सरकारी पक्ष प्रस्तुत किया।[129] गाँधी और दूसरे भारतीय प्रतिनिधियों को इसमें आमन्त्रित किया गया था लेकिन बिरला को नहीं।[130] गाँधी ने कोई प्रतिक्रिया नहीं व्यक्त की।[131] उसके पश्चात 8 अक्टूबर 1931 को फिर से बहस शुरू हुई। इस बार बिरला और ठाकुरदास दोनों आमन्त्रित थे।[132] बिरला ने अच्छे ढंग से भारतीय पक्ष प्रस्तुत किया जबकि स्ट्राकोश ने सरकारी पक्ष रखा। स्ट्राकोश का कहना था कि अगर रुपये को स्वतन्त्र किया गया तब परिवर्तन दर गिरकर चाँदी की क़ीमत तक पहुँचने का अन्देशा रहेगा। इसके कारण बजटीय प्रावधानों में लगातार बाधाएँ आयेंगी, मुद्रास्फीति की दर बढ़ेगी और चीज़ों की क़ीमतें निश्चय ही बढ़ जायेंगी। इसलिए उनका सुझाव था कि सबसे अच्छा उपाय यही होगा कि रुपये का स्टर्लिंग से सम्बन्ध बने रहने दिया जाये।[133] बिरला का कहना था कि रुपये को सोने के आधार पर नहीं छोड़ा जा सकता क्योंकि स्वर्ण भण्डार सीमित है। उसी तरह उसे स्टर्लिंग से भी नहीं जोड़े रखा जा सकता क्योंकि स्टर्लिंग का भी पर्याप्त अभाव है। अगर रुपये का स्टर्लिंग के साथ सम्बन्ध बने रहने दिया गया तो सरकार को अपना उत्तरदायित्व पूरा करने के लिए या तो चाँदी बेचनी होगी या स्टर्लिंग उधार लेने के लिए बाध्य होना पड़ेगा।[134] साथ ही उनका तर्क था कि एक ऋणग्रस्त देश होने के कारण भारत को उत्पादन बढ़ाना होगा और निर्यात–आधिक्य में जाना होगा जिसके लिए करेंसी का अवमूल्यन और आन्तरिक क़ीमतों का स्तर बढ़ाना अवश्यम्भावी होगा।

यह मामला काफ़ी जटिल सिद्ध हुआ और तमाम अनौपचारिक बहसों का दौर चला जिसमें बिरला और ठाकुरदास ने महत्त्वपूर्ण भूमिका अदा की। उनका तर्क था कि कृषि क्षेत्र और उद्योग क्षेत्र दोनों को अपना निर्यात बढ़ाना होगा ताकि देश अपना ऋण चुका सके। इसके लिए देश के पास स्वतन्त्र वित्तीय नीति होनी आवश्यक है।[135] बिरला और ठाकुरदास ने जितनी बातें कहीं उनका ज़बरदस्त समर्थन गाँधी ने किया।

ठोस रूप में देखा जाये तो इन बैठकों का कोई ख़ास परिणाम नहीं निकला क्योंकि रुपये–स्टर्लिंग के सवाल पर सरकार की ओर से कोई नीतिगत बदलाव नहीं किया गया। बिरला और ठाकुरदास को पता था कि उनकी वास्तविक उपलब्धि क्या रही है। लन्दन से लौटकर फिक्की की आमसभा की बैठक में उन्होंने घोषणा की कि 'इस बहस का कुल लाभ यह रहा है कि गाँधीजी और हमारे दूसरे नेताओं ने जो बैठकें कीं उनमें यही सहमति बनी कि रुपये का सवाल पूरी तरह भारतीय व्यावसायिक समुदाय पर छोड़ दिया जाये जो भारतीय जनता के हित में बेहतर की माँग करते हैं। और गाँधी ने सेक्रेटरी ऑफ़ स्टेट के साथ हुई तीसरी बैठक में कहा कि इस मामले में निर्णय हमारे ख़िलाफ़ जायेगा।'[136] मुद्रा संकट के समय बिरला ने अपने वित्तीय ज्ञान का लोहा गाँधी से मनवा लिया कि जब वे वित्तीय नीति पर बोले तो वही कहा जो देश के हित में था।

करेंसी का संकट अनियोजित रूप से एजेंडे में आ गया था। बिरला और ठाकुरदास लन्दन में मुख्यतः नयी व्यवस्थाओं के तहत संघीय वित्त पर भारतीय नियन्त्रण का अपना मसला उठाने गये थे जिन पर गोलमेज सम्मेलन में काम किया जा रहा था। ज़्यादा सही रूप में, व्यापार प्रतिनिधियों की चिन्ताएँ व्यावसायिक विभेद (जो कि भारतीय स्वामित्व वाली कम्पनियों के पक्ष में हो) और वित्तीय सुरक्षा उपायों (जिसका अर्थ नये संविधान के तहत वित्त का लोकतान्त्रिक नियन्त्रण में स्थानान्तरण था) को लेकर थीं। व्यावसायिक विभेद का सवाल संघीय ढाँचा समिति (फ़ेडरल स्ट्रक्चर कमेटी) और कई अनौपचारिक बैठकों में उठाया गया। स्वदेशी उद्योगों के पक्ष में विभेद लम्बे समय से भारतीय व्यावसायिक संगठनों की एक प्रमुख माँग रहा था। जैसा कि हम देख चुके हैं कि असेम्बली में उनके कार्यकाल के दौरान बिरला और ठाकुरदास दोनों की एक मुख्य चिन्ता भारतीय उद्योग के लिए संरक्षण हासिल करना रही थी।[137] फिक्की का शिद्दत से मानना था कि 'देश की भावी विधायिका के पास देशहित में आवश्यक होने पर ऐसी अनियन्त्रित ताक़त होनी चाहिए कि वह ग़ैर–भारतीयों के साथ विभेद कर सके।'[138]

स्थितियाँ उस समय कुछ जटिल हो गयीं जब गाँधी ने अपनी मैनचेस्टर यात्रा के दौरान एसोचेम के प्रभावशाली प्रवक्ता सर एडवर्ड बैंथल से यह वादा किया कि नस्लवादी आधार पर कोई व्यावसायिक भेदभाव नहीं होने दिया जायेगा। गाँधी के लिए यह बात उनके उस दर्शन का हिस्सा थी जिसमें वे ब्रिटिश को भारत का अच्छा मित्र बताते थे और उसके ख़िलाफ़ किसी भी भेदभाव के विरोधी थे। लेकिन फिक्की के प्रतिनिधियों के लिए यह बात उतनी सामान्य नहीं थी। गाँधी का अनौपचारिक वादा उन्हें ज़रा भी नहीं भाया। लेकिन उन्हें लगा कि अगर वे यूरोपीय व्यापार के पक्ष में गाँधी के वादे के विरुद्ध व्यावसायिक भेदभाव की माँग उठाते हैं तो 'यह बात गाँधी और काँग्रेस दोनों के ख़िलाफ़ जायेगी क्योंकि दोनों ही नस्लीय भेदभाव के विरोधी हैं।' इससे भी अहम बात ये है कि उनके एजेंडे के 'तीन में से दो' (रुपया–स्टर्लिंग सवाल और वित्तीय सुरक्षा उपाय) मुद्दों पर गाँधी द्वारा दिये गये बिना शर्त समर्थन के बदले बिरला और ठाकुरदास को गाँधी का समर्थन करने के लिए विवश होना पड़ा।

ब्रिटिश और भारतीय व्यवसायियों के प्रतिनिधियों के बीच कई बैठकों का आयोजन किया गया। पहली बैठक में गाँधी, बिरला, बैंथल और हरबर्टकार (कलकत्ता के यूरोपीय व्यवसायी और यूरोपीय एसोसिएशन के अध्यक्ष) उपस्थित हुए। इस बैठक में बिरला ने गाँधी के विचारों से सहमति दिखाते हुए नस्लीय भेदभाव के ख़ात्मे की बात कही, लेकिन उन्होंने यह माँग रखी कि 'कुछ जगहों पर सुरक्षा दिये जाने का प्रावधान बनाया जाये, ख़ासकर ऐसे गम्भीर मामलों में जहाँ राष्ट्रीय हितों की बात जुड़ी हो और जिसमें ब्रिटिश से भी जुड़े मामले की सम्भावनाएँ अधिक हो सकती हैं।' ठाकुरदास ने भी इसी तरह की बात संघीय ढाँचा समिति की बैठक में उठाई।[139] बैठक में भारतीय और यूरोपीय व्यावसायिक प्रतिनिधि किसी ठोस नतीजों पर नहीं पहुँच सके।[140] अन्ततः समिति की रिपोर्ट में एक धारा प्रशासनिक और विधायी क्षेत्र में भेदभाव के निषेध को लेकर जोड़ी गयी। फिक्की के प्रतिनिधियों ने इस धारा को शामिल

करने का ज़बरदस्त विरोध किया। ठाकुरदास ने विरोध करते हुए कहा कि यदि नये क़ानून में इस तरह के प्रावधान डाले गये तो उससे व्यावहारिक संविधान निर्माण में बाधा आयेगी।

बिरला और ठाकुरदास के एजेंडे की एक और बड़ी माँग यह थी कि नये संविधान में संघीय वित्त का नियन्त्रण सम्पूर्ण रूप से हस्तान्तरित किया जाये। ठाकुरदास ने संघीय ढाँचा समिति में घोषणा की कि 'हमें एक ऐसा मन्त्री चाहिए जो पूरी तरह विधायिका के प्रति उत्तरदायी हो और इस कॉन्फ्रेंस ने भारत से बाहर जो सुरक्षा उपायों पर नियन्त्रण की व्यवस्था बनायी है वह हमें कभी मान्य नहीं होगी।'[141] करेंसी के प्रबन्धन को लेकर बिरला और ठाकुरदास ने एक रिज़र्व बैंक की स्थापना का प्रस्ताव दिया जिसका निर्माण भारत की विधायिका करे और वह व्हाइटहॉल (ब्रिटिश सरकार) और बैंक ऑफ़ इंग्लैंड दोनों से स्वतन्त्र हो। वित्तीय सुरक्षा को लेकर संघीय ढाँचा समिति ने जो प्रस्ताव तैयार किये थे उनसे बिरला और ठाकुरदास सन्तुष्ट नहीं थे। ख़ासकर उन प्रस्तावों से जिनमें करेंसी मामलों, रिज़र्व बैंक, रेलवे, ऋण सेवा पर बजटीय नियन्त्रण, सिंकिंग फंड (चुकाने का कोष) शुल्क, सैन्य व्यवस्था, वेतन और पेंशन आदि पर पूरा नियन्त्रण वायसराय को दिया गया था। इनका तर्क था कि वायसराय को इतनी व्यापक शक्ति दिये जाने से उसका बजट पर 88.5 प्रतिशत का नियन्त्रण हो जाता था। बिरला ने वित्त पर नियन्त्रण जारी रहने की कड़ी आलोचना की और घोषणा की कि अंग्रेज़ों ने वित्त पर अपने नियन्त्रण को बहुत कम मात्रा में छोड़ा है। उनका तर्क था कि हालाँकि रिज़र्व बैंक बनाने का प्रस्ताव तो किया गया है लेकिन इंडियन करेंसी एक्ट के संशोधन और रुपये की स्थिरता की शक्ति अभी भी आरक्षित रखी गयी है।[142] वित्त के ऊपर भारतीय नियन्त्रण का मज़बूत पक्ष रखते हुए बिरला ने कहा कि 'महोदय, मैं यह कहना चाहूँगा कि जब तक हमारा 80 प्रतिशत राजस्व रेहन पर रखा हुआ है तब तक इन सुरक्षा कवचों की अनदेखी करने का प्रश्न ही नहीं उठता। लिहाज़ा अगर यही स्थिति बनी रहती है तो वित्तीय नियन्त्रण की बात कभी भी प्रभावी नहीं हो सकती चाहे वह आज हो या बीस साल बाद या फिर सौ साल बाद।' उनके लिए जो नयी वित्तीय व्यवस्था प्रस्तावित की गयी थी वह 'बहुत कुछ उसी तरह थी जैसे किसी को बग़ैर चाबी दिये ख़ज़ाने की मिल्कियत सौंप दी जाये।'[143]

गाँधी ने मज़बूती से फिक्की के विचारों का समर्थन किया और कहा कि :

> फ़ेडरेशन ऑफ़ कॉमर्स एंड इंडस्ट्री के तीन विशेषज्ञों में से हरेक ने अपने–अपने ढंग से...आपको अपने विशेषज्ञतापूर्ण अनुभवों से यह बताने की कोशिश की कि किसी भी ज़िम्मेदार मन्त्री के लिए प्रशासन की समस्याओं को सुलझाना कितना असम्भव होगा जबकि भारतीय संसाधनों का अस्सी प्रतिशत अप्राप्य ढंग से बन्धक रखा है। मुझसे बेहतर उन लोगों ने अपने ज्ञान की क्षमता भर आपको यह दिखाने का प्रयास किया कि भारत के लिए ये सुरक्षा उपाय क्या मायने रखते हैं। इनका मतलब है कि भारत पूरी तरह शिकंजे में है।[144]

बिरला और ठाकुरदास ने लन्दन के बैंकरों और वित्तपोषकों (फाइनेंसर) के साथ हुई अपनी बैठकों में बार–बार यह बात दोहराई कि 'गवर्नर जनरल की आरक्षित प्रसंगों में स्थिति एक ऋणपत्र धारक से अधिक की नहीं होनी चाहिए और उसे उसी समय हस्तक्षेप करना चाहिए जब मामला न चुकाये जाने का हो।'

जब बिरला और ठाकुरदास आर्थिक और वित्तीय मामलों को लेकर व्यस्त थे तभी गोलमेज सम्मेलन में साम्प्रदायिकता का मामला उछलने लगा था। विभिन्न समुदायों और राजनीतिक दलों के प्रतिनिधि अपना–अपना राग अलाप रहे थे। जब गाँधी ने यह दावा पेश किया कि इंडियन नेशनल काँग्रेस भारत के सभी समुदायों का प्रतिनिधित्व करती है तो अल्पसंख्यकों, भारतीय राज्यों के राजाओं और दलित वर्गों के प्रतिनिधियों ने उनका विरोध करना शुरू कर दिया। इससे पूरी चर्चा खटाई में पड़ गयी और जल्दी ही स्पष्ट हो गया कि कॉन्फ्रेंस के भीतर सभी औपचारिक विचार–विमर्शों ने अपना मतलब खो दिया है और वास्तविक बातचीत अनौपचारिकता में चल रही है। भारतीय प्रतिनिधियों ने जो आपसी फूट दिखायी और काँग्रेस का स्तर गिराने की कोशिश की उसे लेकर गाँधी काफ़ी निराश हुए। बिरला ने लगातार गाँधी से हिम्मत न हारने का आग्रह किया और कोई हल ढूँढ़ने की कोशिश करते रहने के लिए कहा।[145] नवम्बर 1931 के मध्य तक बिरला गाँधी को इस बात के लिए राजी करने में लगे रहे कि अभी भी कोई हल निकल सकता है और यह कि अंग्रेज़ समस्या के समाधान के लिए गम्भीर प्रयास कर रहे हैं।[146] इस आशावाद के बावजूद यह तो स्पष्ट हो चुका था कि कॉन्फ्रेंस में विचार–विमर्श को लेकर कोई प्रगति नहीं हुई है। कॉन्फ्रेंस के दौरान एक मुसीबत तब खड़ी हुई जब सेक्रेटरी ऑफ़ स्टेट फॉर इंडिया सर सैम्युअल होरे ने सुझाव रखा कि पहले क़दम के तौर पर राज्यस्तरीय स्वायत्तता दी जाये और बाद में केन्द्र पर नियन्त्रण हस्तान्तरित किया जाये। मुस्लिम और दूसरे अल्पसंख्यक नेताओं ने इस विचार का समर्थन किया जबकि काँग्रेस ने इसे तुरन्त नामंजूर कर दिया। इस नामंजूरी के आशय का एक पत्र उन्होंने ब्रिटिश प्रधानमन्त्री को लिखा जिस पर गाँधी, सप्रू, मुंजे, मालवीय, वी.एस.एस. शास्त्री, फ़िरोज़ सेठना और व्यावसायिक प्रतिनिधियों में कावसजी जहाँगीर, ठाकुरदास और बिरला ने हस्ताक्षर किये। पत्र में कहा गया था कि साम्प्रदायिक गतिरोध के चलते 'उत्तरदायी सरकार के लिए बनी पूर्ण और विस्तृत योजना पर कोई अवरोध नहीं आना चाहिए क्योंकि आज की बढ़ी हुई समस्या का पर्याप्त समाधान सिर्फ़ इसी से सम्भव हो सकता है।'[147] कॉन्फ्रेंस की असफलता से बिरला व्यक्तिगत रूप से काफ़ी दुखी थे। उन्होंने झल्लाते हुए लिखा कि :

> हमने यह सिद्ध कर दिया कि हम कितने नाकारा लोग हैं। हमारे भीतर ज़रा भी एकता नहीं है। हर व्यक्ति अपनी प्रतिष्ठा बढ़ाने में लगा हुआ है...गाँधीजी कप्तान हैं और हमें उनकी मदद करनी चाहिए लेकिन इस बात से सब बेख़बर हैं...वल्लभभाई, जवाहरलाल आदि ने वायसराय हाउस का रुख़ तक नहीं किया और सारी ज़िम्मेदारी गाँधीजी पर छोड़ दी गयी है। यहाँ स्थिति यह है कि गाँधीजी प्रधानमन्त्री से मिलते हैं, फिर मुसलमानों के नेता आग़ा ख़ान से मिलते हैं, फिर अछूतों के नेता अम्बेडकर से मिलते हैं, फिर उज्जल सिंह से मिलते हैं और उदारवादी नेता सप्रू से मिलते हैं। अपनी बैठक में सभी अपना–अपना विचार रखते हैं। हमारी इस तरह की फूट पहले कभी देखने को नहीं मिली।[148]

बिरला को इस बात का अहसास था कि कॉन्फ्रेंस की असफलता की जड़ें प्रतिनिधियों के आपसी मतभेद में हैं, लेकिन उन्होंने अंग्रेज़ों को आगाह किया कि वे इसका बेज़ा फ़ायदा उठाने की कोशिश का ख़तरा मोल न लें और गाँधी को ख़ाली हाथ न जाने दें। उन्होंने कहा कि :

कॉन्फ्रेंस समाप्त हो चुकी है और महात्मा गाँधी को वापस भेजा जायेगा, लेकिन क्या मैं जान सकता हूँ कि आगे क्या? क्या आपके पास कोई योजना है?... हमें विवेक और विनयशीलता की सीख दी गयी थी। कहा जाता था कि काँग्रेस की नीतियाँ नकारात्मक, विध्वंसकारी और अर्थहीन हैं। आपने क्या सिद्ध किया? हम पिछले नौ हफ्तों से चर्चाएँ कर रहे हैं, तर्क रख रहे हैं और आपको मनाने की कोशिश में लगे हैं। क्या परिणाम निकले? हम कहीं नहीं खड़े हैं। क्या आपके कार्यों से यह सिद्ध नहीं हो गया कि मनाने और तर्क करने की नीति असफल हो चुकी है? आप काँग्रेस को फिर से सविनय अवज्ञा आन्दोलन शुरू करने की चुनौती दे रहे हैं...मैं आपको चेतावनी देता हूँ कि अगर आपने दोस्तानापूर्ण समझौते के अवसर का लाभ नहीं उठाया तो आप अपने जीवन की सबसे बड़ी भूल करेंगे...मुझे अपने देश की युवा शक्ति के विषय में पता है। यह भी हो सकता है कि कुछ सालों के बाद आपके सामने गाँधीजी जैसे व्यक्तित्व वाला व्यक्ति बातचीत के लिए न हो, जो आप लोगों से अधिक परम्परावादी (कंज़र्वेटिव) हैं और इसे सिद्ध भी कर चुके हैं, हो सकता कि आपके सामने बातचीत के लिए राजा लोग न हों, हो सकता है कि आपको मेरे जैसे पूँजीवादी व्यक्ति से बातचीत न करनी पड़े– लेकिन इस बात की काफ़ी सम्भावना है कि आपका सामना नये व्यक्तियों, नयी परिस्थितियों, नये विचारों और नयी महत्त्वाकांक्षाओं से हो। इस बात को लेकर सावधान रहें।[149]

जब 1931 के अन्त में कॉन्फ्रेंस अपनी समाप्ति की ओर बढ़ी बिरला और ठाकुरदास ने इसके नतीजों का लेखा–जोखा करना शुरू किया। उन्हें पता चला कि कॉन्फ्रेंस में हिस्सेदारी करने के लिए जो एजेंडा लेकर वे आये थे और जो रियायतें वे चाहते थे उनमें ख़ास प्रगति नहीं हुई है। रुपये–स्टर्लिंग अनुपात का मसला वैसे का वैसा ही रह गया था, कॉन्फ्रेंस द्वारा मंजूर किये गये वाणिज्यिक सुरक्षा उपायों ने नयी सरकार को ब्रिटिश व्यवसाय के ख़िलाफ़ कोई विभेदकारी क़ानून पारित करने से रोक दिया था, और तमाम वित्तीय सुरक्षा उपायों ने यह तय कर दिया था कि नये संविधान में बजट प्रायः वायसराय के नियन्त्रण में ही बना रहा है। इन सब कारणों से उनमें काफ़ी निराशा थी। उन्हें लगा कि कॉन्फ्रेंस में महत्त्वपूर्ण आर्थिक सवाल या तो 'अनछुए या अनिर्णित रह गये हैं और सारा ध्यान जानबूझकर मुख्य मुद्दों से हटाकर गौण मामलों में उलझा दिया गया है।'

इस तरह के तमाम विचारों के साथ बिरला भारत लौट आये। यहाँ आने पर बिरला और ठाकुरदास की फिक्की से जुड़ी कुछ संस्थाओं ने कॉन्फ्रेंस से ख़ाली हाथ लौटने को लेकर ज़बरदस्त आलोचना की। उनकी सर्वाधिक आलोचना व्यवसायगत विभेद को लेकर उनके द्वारा अपनाये गये रुख़ को लेकर हुई। उन पर आरोप लगाया गया कि गाँधी से निकटता के चलते उन्होंने फिक्की की पुरानी नीति को किनारे कर दिया[150]–और अपने 'दिमाग़ की डोर काँग्रेस के हवाले कर दी।'[151] बिरला और ठाकुरदास ने इन आलोचनाओं का जवाब देते हुए कहा कि फिक्की के प्रतिनिधि होने के नाते उनका यह दायित्व बनता था कि वे व्यापक राष्ट्रवादी सोच का प्रदर्शन करें। उन्होंने फिक्की के सदस्यों से पूछा कि 'जो लोग नस्लीय विभेद को लेकर इस क़दर गम्भीर हैं क्या उन्हें इसका अहसास है कि वे बिना काँग्रेस के सहयोग के कैसे सफल हो सकेंगे?'[152]

रणनीति में बदलाव

कॉन्फ्रेंस में व्यावसायिक दृष्टिकोण से मिली असफलता और लन्दन से लौटने पर मिली आलोचना से बिरला को महत्त्वपूर्ण सबक मिला : कॉंग्रेसी नेतृत्व से इतने खुले तौर पर नज़दीकी रखना बुद्धिमानी नहीं। रणनीति में इस बदलाव की झलक फिक्की द्वारा पास किये गये उस प्रस्ताव में मिलती है जिसमें उन ग़ैर–कॉंग्रेसी नेताओं के साथ काम करने की सम्भावना तलाशने की चर्चा की गयी जो नयी संवैधानिक व्यवस्था के लिए काम करने में सहयोग करने के इच्छुक हैं :

> निकट भविष्य में इस बात की कोई सम्भावना नहीं दिखती जहाँ अतिवादी भारत और प्रतिक्रियावादी संसद के बीच कोई समझौता हो सके, लेकिन हमें लगता है कि नज़दीकी भविष्य में कंज़र्वेटिव पार्टी के लिए यह सम्भव होगा कि वो इस बात की कोशिश करे और कम–से–कम प्रगतिशील भारतीय जनमत के साथ सामंजस्य बिठाये। और सामंजस्य के लिए यह पार्टी शायद कॉंग्रेस न हो मगर भारतीय राजनीति की एक ताक़त हो। हमारा मत है कि इस तरह का समझौता गाँधीजी को मान्य नहीं होगा, लेकिन उसका सक्रिय विरोध भी उनकी ओर से नहीं होगा। इस प्रकार की राजनीतिक पार्टी का फ़िलहाल कोई अस्तित्व नहीं है। हमें लगता है कि फिक्की भले ही राजनीतिक दल नहीं है लेकिन अपने प्रगतिशील विचारों से देश के लिए एक बड़ा काम कर सकती है और वह काम ये है कि गाँधीजी को विस्तार से समझाया जाये और गाँधीजी और सरकार के बीच की दूरी को कम करने का काम किया जाये।[153]

इसी बीच 1932 की शुरुआत में गाँधीजी ने सविनय अवज्ञा आन्दोलन को नया रूप दे डाला। प्रतिक्रियास्वरूप अंग्रेज़ों ने कॉंग्रेस संगठन पर प्रतिबन्ध लगा दिया और राष्ट्रीय, प्रान्तीय और स्थानीय नेताओं पर तगड़े क़ानून लगाते हुए जेल में डाल दिया। राजनीतिक गतिरोध का दौर शुरू हो गया। फिक्की नेतृत्व के लिए यह परिवर्तन चौंकाने वाला था। कॉंग्रेस के साथ बिना सम्बन्ध विच्छेद किये उन्होंने महसूस किया कि सरकार के साथ बातचीत जारी रखी जाये। अब उनकी रणनीति ये थी कि कॉंग्रेस नेतृत्व से दूरी बना ली जाये। लन्दन में कॉन्फ्रेंस की समाप्ति पर ही बिरला ने इस दिशा में क़दम उठाने की पहल शुरू कर दी थी। जनवरी 1932 में जब गाँधी जेल में थे तो बिरला ने सेक्रेटरी ऑफ़ स्टेट सर सैम्युअल होरे से मुलाक़ात की और उनसे एक विशेष कमेटी बनाने का आग्रह किया जिसमें सिर्फ़ भारत और लंकाशायर के व्यावसायिक प्रतिनिधि शामिल हों जो व्यावसायिक सुरक्षा उपायों पर बातचीत करें। बिरला का तर्क था कि वित्तीय मामलों को लेकर ऐसे नेताओं से बातचीत करना जिन्हें इस विषय में कोई जानकारी नहीं है सिर्फ़ समय की बर्बादी करना है। उनका मानना था कि अब वह समय आ गया है जब ब्रिटिश और भारतीय व्यावसायिक हितों के सम्बन्ध में आमने–सामने बैठकर बातचीत हो जिससे राजनीतिज्ञों को दूर रखा जाये।[154] इसी से मिलते–जुलते विचार बिरला ने नये वित्त सदस्य सर जॉर्ज शूस्टर से अपनी भेंट के दौरान रखे, और उन्हें यह समझाने की कोशिश की कि 'दोनों तरफ़ के अनुभवी व्यवसायी मेज़ के आमने–सामने बैठें और समाधान निकालें।'[155]

जहाँ एक ओर बिरला और ठाकुरदास बातचीत जारी रखने के पक्ष में थे वहीं सरकार के साथ बातचीत में हिस्सेदारी को लेकर फिक्की में मतभेद थे। उसकी सदस्य संस्थाएँ हिस्सेदारी के पक्ष में नहीं थीं लेकिन कार्यकारी समिति, जो बिरला और ठाकुरदास के नियन्त्रण में थी, इस मामले में अपनी ताक़त दिखाने पर अड़ गयी और घोषणा की कि अगर बातचीत जारी रखने के प्रस्ताव को पास नहीं किया जाता तो पूरी कार्यकारिणी इस्तीफ़ा दे देगी।[156] अन्त में फिक्की की आमसभा को कार्यकारिणी का निर्णय स्वीकार करना पड़ा और इस बात को बिरला की निजी जीत के तौर पर देखा गया। बिरला ने इस आदेश की सूचना होरे को दी और नये सिरे से बातचीत का प्रस्ताव उनके सामने रखा। उन्होंने लिखा कि 'जब भी आपको लगे कि आप भारत की शान्ति और प्रगति के लिए कुछ करना चाहते हैं हम हमेशा मदद के लिए तैयार हैं।' उन्होंने होरे को यह भी लिखा कि आने वाले समय में ओटावा में जो इम्पीरियल इकोनॉमिक कॉन्फ्रेंस होने जा रही है उसमें ठाकुरदास बहुत ख़ुशी के साथ शिरकत करने के लिए तैयार हैं, जो सरकार के साथ शान्ति स्थापित करने का एक और संकेत है।[157] उन्होंने होरे को आश्वस्त किया कि सरकार और भारतीय व्यवसायियों के बीच हुई पुरानी बातचीत को किनारे किया जा सकता है। जहाँ तक हमारा प्रश्न है तो 'आपको हमसे बातचीत करने पर पता चलेगा कि जब भी हम व्यावसायिक हितों के लिए काम करेंगे भावना और राजनीति को बीच में नहीं आने दिया जायेगा।'[158]

फ़िलहाल शुरुआती उत्साह के अलावा बिरला को ज़्यादा उम्मीद नहीं दिखाई दी। अपनी तीव्र बौद्धिक क्षमता के कारण उन्हें इस बात का अहसास हो गया कि 'निजी पत्र व्यवहार' के कारण होरे की खिंचाई उनके अधिकारियों ने ज़रूर की होगी। उनका यह अनुमान सच था। होरे चाहते थे ओटावा में भारतीय प्रतिनिधि के रूप में बिरला और ठाकुरदास शामिल हों, लेकिन विलिंग्डन ने ऐसा नहीं होने दिया। विलिंग्डन को बिरला पर विश्वास नहीं था और किंचित अवमाननापूर्ण ढंग से उन्होंने उन्हें 'मूलतः स्वार्थ प्रेरित असहयोगी व्यक्ति'[159] करार दिया था। उनकी यह दुश्मनी नयी नहीं थी। उन्होंने गोलमेज सम्मेलन से भी बिरला का नाम कटवाने की कोशिश की थी। उन्होंने सही ही अनुमान किया था कि बिरला गाँधी के खेमे के व्यक्ति हैं और निश्चय कर लिया था कि वे उन्हें ओटावा की इम्पीरियल कॉन्फ्रेंस में नहीं जाने देंगे। बाद में बिरला ने स्वीकार किया कि विलिंग्डन उन्हें अछूत मानते थे।[160] इसका परिणाम यह हुआ कि सरकार ने ओटावा कॉन्फ्रेंस को लेकर फिक्की प्रतिनिधिमण्डल के साथ कोई चर्चा नहीं की और सिर्फ़ यह पूछकर खानापूरी कर दी कि क्या वह अपना पर्यवेक्षक भेजना चाहेगी। इस बात को फिक्की कार्यकारिणी ने अपना अपमान माना और प्रस्ताव को अविलम्ब ठुकराते हुए सेक्रेटरी ऑफ़ स्टेट के सामने अपनी शिकायत रखी। उसने घोषणा की कि 'जब तक भारत को वित्तीय नीति में प्रभावशाली नियन्त्रण प्राप्त नहीं होता तब तक घरेलू उद्योग के विकास में उसकी स्वतन्त्रता पर किसी भी तरह का बन्धन लागू नहीं माना जायेगा।'[161] ओटावा समझौता जिसका मक़सद साम्राज्यवादी व्यावसायिक गुट तैयार करने का था फिक्की ने उसका ज़ोरदार विरोध किया।[162] फिक्की ने घोषणा की कि ओटावा जाने वाला प्रतिनिधिमण्डल भारत का व्यावसायिक प्रतिनिधित्व नहीं करता। फिक्की की कार्यकारिणी ने ठाकुरदास, बिरला और एम.ए. मास्टर को इस बात के लिए नियुक्त किया कि वे भारत

सरकार के इस मनमानीपूर्ण और अन्यायी रुख़ को देखते हुए इस मुद्दे पर उसके ख़िलाफ़ अभियान चलाएँ।[163] दूसरी प्रतिष्ठित व्यावसायिक संस्थाओं और राष्ट्रीय नेतृत्व ने भी ओटावा समझौते की आलोचना में फिक्की का साथ दिया।[164] समझौते के ख़िलाफ़ जन अभियान छेड़ने में बिरला ने अग्रणी भूमिका निभाई। 'लीडर' में लिखे अपने लेख में उन्होंने कहा कि ओटावा समझौता भारतीय हितों के लिए घातक है क्योंकि इसमें भारतीय सामानों को लेकर कम और ब्रिटिश सामानों को बढ़ा-चढ़ाकर वरीयता दी गयी है।[165]

फिक्की द्वारा ओटावा समझौते का कड़ा विरोध और सरकार द्वारा फिक्की की अनदेखी किये जाने के बावजूद ठाकुरदास निजी तौर पर तीसरे गोलमेज में हिस्सा लेने गये जिस पर फिक्की और दूसरे व्यावसायिक संगठनों ने उनका बहिष्कार करने का निर्णय लिया। इंडियन मर्चेंट्स चेम्बर ने ठाकुरदास द्वारा गोलमेज सम्मेलन में हिस्सेदारी के कारण उन पर प्रतिबन्ध लगा दिया और उन्हें कार्यकारिणी से इस्तीफ़ा देना पड़ा। बिरला ने इस मुद्दे पर एक असहज चुप्पी बनाये रखी। क्लॉड मार्कोविट्स के मुताबिक़ इन दोनों के बीच इस समय रहे सम्बन्ध 'श्रम के विभाजन की तरह' थे और इस बात की ओर संकेत करते हैं कि बड़े व्यवसायियों के बीच दृष्टिकोण में लचीलापन था जो इस तथ्य से अवगत थे कि नये संविधान की अन्तिम रूपरेखा अभी तक अज्ञात है।[166] संघीय वित्त का मुद्दा तीसरे गोलमेज सम्मेलन के लिए भारतीय व्यवसाय के दृष्टिकोण से काफ़ी महत्त्वपूर्ण था लेकिन एक बार फिर इस दृष्टिकोण से इसमें कोई ख़ास प्रगति देखने को नहीं मिली।[167] मार्च 1933 में 'भारतीय संवैधानिक सुधार के प्रस्ताव' नाम से एक श्वेत-पत्र का प्रकाशन हुआ।[168] बिरला के लिए यह श्वेत-पत्र पिछली योजना का सुधरा हुआ रूप था।

लंकाशायर के साथ संघर्ष

एक ओर भारतीय व्यवसायी श्वेत-पत्र पर प्रतिक्रिया देने में जुटे थे तो दूसरी ओर लंकाशायर के पक्षधर सुधार प्रस्तावों को लेकर काफ़ी आशंकित थे। इसका मुख्य कारण यह भी था कि येन के अवमूल्यन के बाद जापानी सामानों की जो बाढ़ भारतीय बाज़ार में आयी थी उससे व्यवसाय की हालत दयनीय होती जा रही थी। मैनचेस्टर चेम्बर ऑफ़ कॉमर्स (एमसीसी) की इच्छा थी कि सुधार प्रस्तावों में वैधानिक प्राथमिकताएँ डाली जायें, लेकिन होरे ने साफ़ तौर पर कह दिया कि वे वित्तीय स्वायत्तता को लेकर कोई छेड़छाड़ नहीं कर सकते और चुंगी को घटाया नहीं जा सकता। एकमात्र उपाय यही बचता था कि भारत के साथ व्यापारिक सन्धि को लेकर सीधी बातचीत की जाये। इसका परिणाम यह हुआ कि मैनचेस्टर को भारतीय व्यवसायियों से सीधी बातचीत करनी पड़ी, परिणामस्वरूप अक्टूबर 1933 में बॉम्बे मिल ओनर्स एसोसिएशन के होमी मोदी और लंकाशायर टैक्सटाइल प्रतिनिधिमण्डल के अध्यक्ष क्लेयर-लीस के बीच एक समझौते पर हस्ताक्षर किये गये। मोदी-लीस समझौते के तहत बॉम्बे मिल-मालिकों ने प्राथमिकताओं को उचित और वांछित मानते हुए लंकाशायर से भी यह शर्त रखी कि वह भारतीय कॉटन के आयात को बढ़ायें और बदले में ब्रिटिश टैक्सटाइल को चुंगी दरों पर छूट दी जायेगी।[169]

इस समझौते का विरोध भारत के सभी चेम्बर्स ऑफ़ कॉमर्स ने किया। साथ ही बॉम्बे के इंडियन मर्चेंट्स चेम्बर के इस विरोध में शामिल होने से मोदी को कार्यकारिणी से इस्तीफ़ा देना पड़ा।

फिक्की ने इस समझौते का विरोध इतने ज़ोरदार ढंग से किया कि मोदी को पीछे हटना पड़ा और क्लेयर–लीस से कहने को बाध्य होना पड़ा कि इसमें भारतीय व्यवसायी समाज की व्यापक सहमति लेनी ज़रूरी थी। बॉम्बे में काँग्रेस की बुलेटिनों में मोदी को 'मिल–मालिकों का पिट्ठू' और 'लंकाशायर का पिछलग्गू जो ब्रिटेन के लिए भारत से अधिक सोचता है' बताया गया।[170] लगभग सभी व्यावसायिक समुदायों के एक तरफ़ से ओटावा समझौते के विरोध और मोदी–लीस समझौते, जिसमें बिरला ने महत्त्वपूर्ण भूमिका निभाई थी, के विरोध को देखते हुए इंडिया हाउस को मानना पड़ा कि अगर भारतीय बाज़ार में लंकाशायर को जगह पानी है तो वह फिक्की की अनदेखी नहीं कर सकता। यहाँ तक कि यह बात ब्रिटिश व्यवसायी भी मान गये और 1934 के उत्तरार्ध में लंकाशायर के पक्षधर–कार्यकर्ताओं ने बातचीत की सम्भावनाएँ तलाशने के लिए बिरला से सम्पर्क किया। बिरला को लगा कि बातचीत करने का यह उपयुक्त समय है। लंकाशायर की हालत खस्ता थी और सुधारों से उसे ख़ास छूट मिलती नहीं दिख रही थी। इसके पहले मोदी–लीस समझौते से उसे कड़वे अनुभव हुए थे और उनकी समझ में यह बात आ चुकी थी कि भारत में बिरला और ठाकुरदास जैसे व्यक्तियों के सहयोग के बिना कुछ ख़ास हासिल नहीं हो सकता। लंकाशायर के प्रति बिरला के उत्साह के पीछे वजह थी कि वे व्हाइटहॉल के भीतर के शक्ति समीकरणों से बख़ूबी वाक़िफ़ थे। उन्हें पता था कि इंडिया ऑफ़िस के ऊपर किस प्रकार का शक्तिशाली दबाव लंकाशायर रखता था और उन्हें लंकाशायर से सीधी बातचीत की ताक़त का पता था। भारतीय बाज़ार में लंकाशायर को स्थान देने को लेकर उनका दृष्टिकोण यथार्थवादी था। लेकिन उनके सामने यह चुनौती भी थी कि यह स्थान उसे भारतीय व्यवसाय के हितों को ऊपर रखते हुए मिले न कि उसकी अपनी शर्तों पर। बिरला का तर्क था कि अगर लंकाशायर को यह बताया जाता है कि उसे भारतीय बाज़ार में हिस्सेदारी मिलेगी तो उस पर इस बात का दबाव डाला जा सकता है कि वह इंडिया ऑफ़िस को गाँधी से बातचीत के लिए राजी करे। इससे इंडिया ऑफ़िस का जो रुख़ गाँधी के प्रति है उसमें परिवर्तन होगा और सुधारवादी योजनाएँ शुरू करने की अनुमति मिल जायेगी। साथ ही बिरला यह भी मानते थे कि भारतीय व्यवसाय को इससे कोई नुक़सान नहीं होने वाला क्योंकि भारतीय मिलों के समक्ष अब लंकाशायर से प्रतियोगिता का कोई भय नहीं बचा था और वे बराबरी की प्रतियोगिता करने में सक्षम थीं।[171]

बिरला ने लंकाशायर के पक्षधरों, जैसे सर रेगीनाल्ड क्लार्क और लंकाशायर के सांसद विलियम मैकॉलिन किर्कपैट्रिक से नज़दीकी सम्बन्ध बनाये रखे थे।[172] दोनों के सम्बन्ध बिरला के साथ कलकत्ता के दिनों से थे। क्लार्क और किर्कपैट्रिक ने बिरला से सम्पर्क करने के बाद होरे और आर.ए. बटलर से बात की। उसके बाद लंकाशायर के सांसदों से बातचीत के लिए अंडर सेक्रेटरी ऑफ़ स्टेट फॉर इंडिया को भेजा गया।[173] क्लार्क और किर्कपैट्रिक को पता था कि भारतीय व्यावसायिक समुदाय में बिरला का कितना शक्तिशाली प्रभाव है, ख़ासकर कलकत्ता में। क्लार्क ने इस अवसर का सदुपयोग करते हुए बिरला को लिखा कि 'अब इस बात की ज़रूरत है कि आप जैसा व्यक्ति लंकाशायर के उद्योगपतियों को यह बताये कि भारत का व्यावसायिक समुदाय किस प्रकार का समझौता चाहता है और सहयोग के लिए कैसा तन्त्र बनाने का इच्छुक है।'[174]

बिरला ने तथ्यों का हवाला देते हुए सीधे लिखा कि लंकाशायर ने मोदी जैसे व्यक्ति के साथ कारोबार करके बड़ी ग़लती की और भारतीय व्यावसायिक समुदाय के वास्तविक प्रतिनिधियों को दरकिनार कर दिया।[175] उन्होंने आगे कहा कि लंकाशायर अगर फिर फिक्की को किनारे रखकर किसी समझौते का दबाव सरकार पर डालता है तो वह फिर भूल करेगा। अगर सरकार के साथ लंकाशायर किसी प्रकार का समझौता करने में कामयाब भी हो जाता है तो उसे प्रभावी नहीं माना जायेगा और इससे 'स्वदेशी की भावना में और ज़बरदस्त कड़ुवाहट आयेगी।' इसके अलावा भारतीय मिलें लंकाशायर के सामने कड़ी प्रतियोगिता पेश करके चीज़ों को और मुश्किल बना देंगी। बिरला ने क्लार्क पर दबाव डाला कि वे उन्हीं लोगों के साथ बातचीत करें जिनका नयी व्यवस्था में दख़ल है :

> उनके अपने हित में उन्हें ऐसे लोगों के साथ समझौता करना और आश्वासन लेना चाहिए जिनकी भविष्य में कोई गिनती हो... मैं समझता हूँ कि लंकाशायर के लिए यह काफ़ी विवेक की बात होगी कि वे राजनीति की ज़मीन पर भारतीय राजनेता को अपने साथ लें और मैं उनकी मदद के लिए तैयार हूँ। वहीं दूसरी ओर अगर लंकाशायर सरकार पर बहुत विश्वास रखता है तो उन्हें समझौता तो मिल सकता है मगर बाज़ार नहीं।

बिरला ने लंकाशायर को काँग्रेस के दक्षिणपन्थी नेताओं का समर्थन पाने की सलाह दी। उन्होंने क्लार्क से कहा कि वे बॉम्बे के भूलाभाई देसाई से सम्पर्क करें। उन्होंने वादा किया कि 'अगर भारतीय व्यवसाय और लंकाशायर परस्पर मामला हल कर लेते हैं तो मैं दावे के साथ कह सकता हूँ कि काँग्रेस फिर से विदेशी मालों का बहिष्कार नहीं करेगी।'[176] बिरला ने इस बात की पूरी कोशिश की कि लंकाशायर फिक्की के प्रभाव को जाने और भविष्य में भारतीय व्यवसाय के 'वास्तविक प्रतिनिधियों' के साथ ही कोई वार्ता करे। लेकिन लंकाशायर के कुछ ही लोगों ने उनकी सलाह पर ध्यान दिया। 1935 में बिरला की सलाह की अनदेखी करते हुए लंकाशायर ने बिना भारतीय व्यवसायियों से सम्पर्क किये भारत सरकार के साथ समझौता करने की कोशिश की। लेकिन जब सरकार का प्रस्ताव इस समझौते को लेकर सीएलए में पराजित हुआ तो बिरला की स्थिति और मज़बूत हो गयी। सदन में काँग्रेस के नेता भूलाभाई देसाई ने घोषणा की कि यह वोटिंग उन लोगों के प्रति विरोध दर्शाती है जो भारतीय उपभोक्ता और व्यावसायिक समुदाय दोनों के हितों की अनदेखी करने की कोशिश कर रहे थे।[177]

बिरला का जो संघर्ष फिक्की को भारतीय व्यावसायिक हितों का एकमात्र प्रतिनिधि संगठन बनाने के लिए चल रहा था अन्ततः अप्रैल 1935 में उसमें सफलता मिली। बिरला, ठाकुरदास, कस्तूरभाई लालभाई और वालचन्द हीराचन्द को सरकार ने आमन्त्रित किया कि ये लोग भारत–ब्रिटेन व्यावसायिक समझौते को लेकर ग़ैर–सरकारी सलाहकार के रूप में बातचीत करें।[178] बिरला और फिक्की की प्रतिष्ठा को मानने में भारत सरकार और इंडिया ऑफ़िस को बाध्य होना पड़ा। इस धारणा को बदलने में लंकाशायर की महत्त्वपूर्ण भूमिका रही। ओटावा समझौते के हुए व्यापक विरोध और मोदी–लीस समझौते को बेअसर कराने में जो सफलता मिली उससे बिरला और उनके सहयोगियों ने लंकाशायर और सरकार दोनों को इशारा कर दिया कि वे पहचानें कि बातचीत के लिए सही आदमी वही लोग हैं।

भारत–ब्रिटेन व्यापारिक समझौते को लेकर बातचीत 1936 में शुरू हुई। इस समय तक राजनीतिक परिस्थितियाँ पूरी तरह बिरला के अनुकूल हो चुकी थीं। विलिंग्डन, जो उन्हें 'अछूत' मानते थे, भारत से जा चुके थे। प्रान्तीय स्वायत्तता का मुद्दा राजनीतिक एजेंडे के शीर्ष पर था और प्रान्तों में काँग्रेस सरकार के सत्ता सँभालने की सम्भावना को लेकर बिरला काफ़ी उत्साहित थे। उनका लक्ष्य काँग्रेस के दक्षिणपन्थी धड़े को गवर्नमेंट ऑफ़ इंडिया एक्ट 1935 के अन्तर्गत कार्यभार सँभालने के लिए मनाने का था और साथ में यह भी देखने का था कि संघीय वित्त पर कितना भारतीय नियन्त्रण रहता है जिसकी चर्चा फ़ेडरेशन शुरुआती दिनों से करता आया था। इन सारी बातों की चर्चा आने वाले अध्यायों में होगी।

सन्दर्भ एवं टिप्पणियाँ

1. बिरला, *इन द शैडो ऑफ़ द महात्मा*, भूमिका, पृ. XV।
2. इंडियन इंडस्ट्रियल एंड कॉमर्शियल काँग्रेस, 31 दिसम्बर 1926 के चौथे सत्र में बिरला का भाषण, उद्धृत *इंडियन एनुअल रजिस्टर* (आईएआर), 1926, जुलाई–दिसम्बर, पृ. 423–5।
3. *वही*।
4. दूसरी ओर यूरोपीय पूँजी के प्रतिनिधि, जैसे बंगाल चेम्बर ऑफ़ कॉमर्स के *हॉलबर्टन* और *मांटेग्यू* ई.वेब संरक्षण की नीति को भेदभाव के साथ लागू करने के पक्ष में थे, देखिए, *इंडियन फिस्कल कमीशन, 1921–22 और मिनट्स ऑफ़ डिस्सेंट, 1922 की रिपोर्ट*, सीएमडी 1764, साथ ही देखें, एसोचेम (Assocham) की 8 जनवरी 1923 को हुई चौथी वार्षिक बैठक में बंगाल चेम्बर ऑफ़ कॉमर्स में सर कैम्पबेल रोड्स का भाषण, *इंडियन एनुअल रजिस्टर*, 1923, वॉल्यूम I, पृ. 713–28।
5. संरक्षण की नीति के प्रबल समर्थक बिरला का अनुभव 1921–22 के फिस्कल कमीशन में कटु रहा था। उन्होंने महसूस किया था कि भारतीयों के विचारों को तवज्जो नहीं दी गयी थी जबकि भारतीय प्रतिनिधियों ने 'क़रीब–क़रीब एकमत होकर' साम्राज्य को प्राथमिकता के सिद्धान्त का विरोध किया था, *इंडियन फिस्कल कमीशन 1921–22 की रिपोर्ट*, अध्याय XIII, पृ. 139।
6. जी.डी. बिरला की पुस्तक *पाथ टु प्रॉस्पैरिटी* (इलाहाबाद, 1950) में उद्धृत 14 जनवरी 1930 को फिक्की में दिया गया अध्यक्षीय भाषण, पृ. 141–2। बिरला ने देखा कि यूरोपीय व्यापारियों की अपने प्रशासकों के साथ राजनीतिक निकटता के उनको कितने लाभ मिलते हैं और उन्होंने यूरोपीय पूँजी और प्रशासन के बीच निकट सम्बन्धों को समझ लिया था। इंडियन सिविल सर्विस (आईसीएस) के ब्रिटिश अधिकारियों का उदाहरण देते हुए उन्होंने लिखा कि 'वे उन व्यापारियों के अडिग विचारों से प्रभावित हो जाते थे जिन्हें वे सामाजिक रूप से अपनी मुलाक़ातों में उन्मुक्त रूप से व्यक्त करते थे। ये भी कहा जा सकता है कि अपेक्षाकृत कमज़ोर आधार से आगे बढ़े व्यापारी इसके लिए उत्सुक थे कि उनके पुत्र भारतीय सिविल सर्विस या भारतीय सेना में प्रवेश करें क्योंकि उन्हें लगता था कि इस तरह वो उस सामाजिक पायदान की ऊपरी सीढ़ियों पर चढ़ जायेंगे जहाँ वे पहुँचना चाहते थे, जबकि अधिकारी ये चाहते थे कि उनके व्यापारिक मित्र उनके बेटों को अपने व्यापार में शामिल कर लें ताकि वे अधिक समृद्ध रोज़गार में दाख़िल हो सकें, बजाय एक औसत दर्जे के अधिकारी बनकर रह जाने के', जी.डी. बिरला, 'इंडिया'ज वार प्रोस्पेरिटी', वही, पृ. 183, उद्धृत, रजतकान्त रे, *इंडस्ट्रियलाइजेशन इन इंडिया, 1914 से 1947, ग्रोथ एंड कॉन्फ्लिक्ट इन द प्राइवेट कॉरपोरेट सेक्टर* (दिल्ली, 1979), पृ. 298।
7. प्रथम विश्वयुद्ध के वर्षों में चाँदी की बढ़ती हुई क़ीमत ने पुराने अनुपात को गड़बड़ा दिया और युद्ध के समाप्त होने तक चाँदी के एक रुपये के सिक्के का मूल्य 2 शिलिंग हो गया। कीन्स की संस्तुति पर बेबिंग्टन–स्मिथ कमेटी ने रुपये का मूल्य 1919 में 2 शिलिंग और 0 पेंस पर स्थिर करने के लिए कहा, जबकि उस समय असली दर 1 शिलिंग और 8 पेंस थी। पूरी दुनिया में चाँदी और दूसरी

वस्तुओं की क़ीमतों में आयी गिरावट ने रुपये की ऊँची विनिमय दर पर दबाव बनाया। 1921–22 में विनिमय दर में तेज़ी से गिरावट आयी और उसे स्थिर रखने के लिए मुद्रा अवस्फीति की नीति को अपनाना पड़ा। 1923 तक मुद्रा के संकुचन के कारण विनिमय दर 1 शिलिंग 4 पेंस तक पहुँच गयी। 1925 में पुरुषोत्तमदास ठाकुरदास के विरोध के बावजूद हिल्टन यंग कमीशन ने रुपये की दर को 1 शिलिंग 6 पेंस पर स्थिर कर देने की अनुशंसा की। भारतीय व्यापार जगत रुपये को युद्धपूर्व के 1 शिलिंग 4 पेंस के स्तर पर स्थिर करना चाहता था। वे रुपये का अवमूल्यन करने के पक्ष में थे। नयी दर भारत को निर्यात करने वाले ब्रिटिश व्यापारियों के हक में थी जबकि भारत से बाहर निर्यात करने वाले निर्यातकों के लिए नुक़सानदेह थी। इस प्रश्न के विस्तृत अध्ययन के लिए देखें, डी. रदरमंड, *एन इकोनॉमिक हिस्ट्री ऑफ़ इंडिया*, विशेषतः अध्याय 7। कीन्स के तर्क के लिए देखें, आनन्द चन्दावरकर, *कीन्स एंड इंडिया। अ स्टडी इन इकॉनॉमिक्स एंड बायोग्राफ़ी* (लन्दन, 1989), अध्याय 4, साथ ही देखें, डी.के. मल्होत्रा, *हिस्ट्री एंड प्रॉब्लम्स ऑफ़ इंडियन करेंसी*, 1935–1939 (लाहौर, 1939)।

8. *आई.ए.आर.*, जुलाई–दिसम्बर 1926 में उद्धृत इंडियन इंडस्ट्रियल एंड कॉमर्शियल काँग्रेस के चौथे सत्र में बिरला का भाषण, पृ. 423–5।
9. हालाँकि भारतीय व्यापारियों ने चेम्बर ऑफ़ कॉमर्स व व्यापार संगठन बना लिए थे लेकिन वे अपने में बहुत सीमित रहे। शुरुआती चेम्बर कोकोनाडा चेम्बर था जिसका गठन 1868 में हुआ था। कोकोनाडा चेम्बर ने अपनी सदस्यता उन्हीं व्यापारियों या फ़र्मों तक सीमित कर दी थी जो कोकोनाडा में या कृष्णा, गोदावरी, विशाखापटनम और गंजम के ज़िलों में व्यापार करते थे। 1887 में स्थापित द बंगाल नेशनल चेम्बर ऑफ़ कॉमर्स ने अपने लक्ष्य केवल बंगाल और आसाम में व्यापार, कृषि और औद्योगिक इकाइयों को बढ़ावा देने और वहाँ के व्यापारिक हितों की रक्षा करने तक सीमित कर दिये थे, 1896 में स्थापित मारवाड़ी एसोसिएशन ने अपने आपको केवल मारवाड़ी समुदाय के हितों तक सीमित रखा था, 1907 में स्थापित द इंडियन मर्चेंट चेम्बर ने बग़ैर किसी घोषणा के प्रायः अपने आपको बॉम्बे क्षेत्र के हितों तक सीमित रखा था। दूसरे चेम्बर, जैसे कि महाराष्ट्र चेम्बर ऑफ़ कॉमर्स, ने साफ़ तौर पर अपने आपको ख़ास क्षेत्रों या व्यापारों तक सीमित रखा था।
10. *हिन्दुस्तान टाइम्स*, 7 मई 1927।
11. *आई.ए.आर.*, जुलाई–दिसम्बर 1926 में उद्धृत इंडियन इंडस्ट्रियल एंड कॉमर्शियल काँग्रेस के चौथे सत्र में बिरला का भाषण, पृ. 423–5।
12. उन्होंने स्थानीय व्यापारियों के सतत सफल प्रयासों का उदाहरण दिया जिसकी वजह से कपास कपड़ा उद्योग से उत्पाद शुल्क हटा लिया गया था।
13. युद्ध के बाद के सालों की बदली हुई परिस्थितियों में यूरोप के चेम्बर्स ऑफ़ कॉमर्स ने इस बात की आवश्यकता को महसूस किया कि वे अपने आपको एक अखिल भारतीय संगठन के रूप में खड़ा करें। 1920 में एसोचेम के रूप में कोचीन, कराची, कोकोनाडा, अपर इंडिया, पंजाब, टूटीकोरिन, चटगाँव, कलकत्ता, बॉम्बे और मद्रास चेम्बरों के एकीकरण के पीछे कारण थे–क़ानून के दायरे का विस्तार, अब तक यूरोप के वर्चस्व में चल रहे उद्योगों में भारतीय व्यापार का आगे बढ़ना, और भारतीय व यूरोपीय हितों के बीच 'गहरी व्यापारिक प्रतिद्वन्द्विता की भावना'। बंगाल चेम्बर ऑफ़ कॉमर्स का एक अध्ययन यह बताता है कि 'यद्यपि तीन प्रेसीडेंसी–राजधानियों के चेम्बरों के बीच वर्षों से अनौपचारिक विचार–विमर्श की परम्परा थी लेकिन ये सब पहले विश्वयुद्ध के बाद से भारतीय हितों का पूरी तरह प्रतिनिधित्व नहीं कर पा रहे थे। आर्थिक नीति का एक अखिल भारतीय स्वरूप में एकीकृत होना, ज़रूरी क़ानूनों का विस्तार, भारतीय व्यापार का तीव्र विकास, व्यापार प्रतिद्वन्द्विता की भावना का तीखा होना और राजनीतिक उद्देश्यों के लिए भारतीय उद्योगों की वित्तीय सहायता व घरेलू फ़र्मों का राष्ट्रीय और सांमुदायिक संगठनों के पीछे खड़ा होना–ये वे कारण थे जो पुराने चेम्बरों के बीच एक नियमित और औपचारिक विचार–विमर्श की ज़रूरत की ओर इंगित करते हैं', जी.डब्ल्यू. टायसन, *द बंगाल चेम्बर ऑफ़ कॉमर्स एंड इंडस्ट्री 1853–1953। अ सेंटेनरी सर्वे* (कलकत्ता, 1953), पृ. 122–3।

यूरोपीय बॉम्बे चेम्बर ऑफ़ कॉमर्स के इतिहास के लिए देखें, रूसी जे. दारूवाला, *द बॉम्बे चेम्बर स्टोरी* (बॉम्बे, 1986)।

14. रे के अनुसार 'एसोचेम के प्रस्ताव का भारतीय व्यापार संगठन के राजनीतिक पक्ष पर तुरन्त प्रभाव पड़ा। प्रस्ताव ने भारतीय व्यापारियों को अपना ही एक अखिल भारतीय संगठन खड़ा करने के लिए उत्साहित किया', रजत रे, *इंडस्ट्रियलाइजेशन इन इंडिया,* पृ. 304। प्रस्ताव की कहानी और बॉम्बे चेम्बर ऑफ़ कॉमर्स द्वारा उस पर जताए विरोध के लिए देखें, आर.जे.एफ. सुलीवन, *वन हंड्रेड ईयर्स ऑफ़ बॉम्बे, हिस्ट्री ऑफ़ द बॉम्बे चेम्बर ऑफ़ कॉमर्स, 1836–1936* (बॉम्बे), पृ. 161।
15. ठाकुरदास (1879–1961) युद्ध के वर्षों के दौरान बॉम्बे के सबसे महत्त्वपूर्ण व्यापारी थे। वे इंडियन मर्चेंट चेम्बर के संस्थापक सदस्य थे; साथ ही सदस्य, इंडियन रेट्रंचमेंट कमेटी, सदस्य, रॉयल कमीशन ऑन इंडियन करेंसी एंड फाइनांस (1926); प्रतिनिधि, गोलमेज सम्मेलन, 1930–3; फिक्की के सर्वाधिक महत्त्वपूर्ण सदस्य; टाटा समूह के साथ क़रीबी साहचर्य और व्यापारिक फ़ायदे के अन्य क्षेत्रों में भी सक्रिय थे।
16. बिरला की ओर से ठाकुरदास को, 7 दिसम्बर 1923, पुरुषोत्तमदास ठाकुरदास पेपर्स (आगे पीटी पेपर्स), फ़ाइल संख्या 42, भाग IV।
17. ठाकुरदास की ओर से बिरला को, 11 दिसम्बर 1923 और ठाकुरदास की ओर से बिरला को, 7 जनवरी 1927, पीटी पेपर्स, फ़ाइल संख्या 42, भाग IV।
18. इंडियन चेम्बर ऑफ़ कॉमर्स कलकत्ता, *हीरक जयन्ती 1925–1985, कमेमोरेटिव वॉल्यूम*।
19. उदाहरण के लिए थीं सिन्धिया स्टीम नेविगेशन कम्पनी, सूरजमल नागरमल, ए.सी. बनर्जी एंड कम्पनी और आनन्दजी हरिदास एंड कम्पनी।
20. *वही*। चेम्बर में दो प्रकार की सदस्यता थी–स्थानीय और मुफ़स्सिल। व्यापारी, बैंकर्स, जहाज़ मालिक, व्यापारिक, यातायात या बीमा कम्पनियों के प्रतिनिधि, दलाल और व्यापार में लगे वे लोग जो भारतीय थे, उसके सदस्य बन सकते थे।
21. पुरुषोत्तमदास ठाकुरदास की ओर से बिरला को, 2 मई 1928, पीटी पेपर्स, फ़ाइल 42, भाग–III।
22. इनमें सबसे प्रमुख थीं इंडियन शुगर मिल्स एसोसिएशन, इंडियन केमिकल मैन्युफैक्चरर्स एसोसिएशन, इंडियन पेपर मिल्स एसोसिएशन, इंडियन इंश्योरेंस कम्पनीज़ एसोसिएशन, इंडियन जूट बेलर्स एसोसिएशन, ईस्ट इंडिया जूट एसोसिएशन, इंडियन कोलियरी ओनर्स एसोसिएशंस, इंडियन टी मर्चेंट्स एसोसिएशन, शेयरहोल्डर्स एसोसिएशन और इंडियन कोल मर्चेंट्स एसोसिएशन।
23. मुम्बई के एक अग्रणी मिल–मालिक सर फ़ज़ल भाई करीम भाई इब्राहिम के द्वारा 1913 में एक प्रयास किया गया था। इब्राहिम ने योजना बनायी थी एक इंडियन कॉमर्शियल कॉंग्रेस बनाने की, लेकिन उनका प्रस्ताव युद्ध शुरू हो जाने के कारण टलता गया और इंडियन कॉमर्शियल कॉंग्रेस की पहली बैठक 1915 में ही हो सकी। कॉंग्रेस ने एन एसोसिएटेड इंडियन चेम्बर ऑफ़ कॉमर्स को स्थापित करने का निर्णय लिया, और एक अस्थायी समिति का चुनाव किया, ताकि वो एसोसिएशन के रजिस्ट्रेशन और सदस्यों को जोड़ने के काम को पूरा करे। लेकिन इन प्रयासों का कोई नतीजा नहीं निकला। इंडियन इंडस्ट्रियल कॉंग्रेस, जो आर.सी. दत्त की अध्यक्षता में शुरू की गयी थी और इंडियन कॉमर्शियल कॉंग्रेस को 1920 में एकीकृत करके इंडियन इंडस्ट्रियल एंड कॉमर्शियल कॉंग्रेस (आईआईसीसी) बना दी गयी, फ़ेडरेशन ऑफ़ इंडियन चेम्बर्स ऑफ़ कॉमर्स एंड इंडस्ट्री, *सिल्वर जुबली सोवेनियर 1927–1952* (नयी दिल्ली, 1952), पृ. 1–15।
24. आईआईसीसी का अगला सत्र सर दिनशॉ पेटिट की अध्यक्षता में 31 दिसम्बर से 1–2 जनवरी 1927 तक कलकत्ता में आयोजित किया गया। बिरला स्वागत समिति के अध्यक्ष थे। उन्होंने भारतीय व्यापारियों से इस सत्र में एक यादगार अपील की, *आईएआर,* जुलाई–दिसम्बर 1926, पृ. 423–5, इंडस्ट्रियल एंड कॉमर्शियल कॉंग्रेस के चौथे सत्र में 31 दिसम्बर 1926 को दिये गये भाषण से उद्धृत। विशेष सत्र में इसके संविधान का एक प्रारूप प्रस्तुत किये जाने के लिए हरकृष्ण लाल की अध्यक्षता

और जे.के. मेहता के सचिवत्व में एक समिति का गठन किया गया, जिसमें आईआईसीसी से सम्बद्ध हर एसोसिएशन और चेम्बर का एक प्रतिनिधि रखा गया।

25. मालवीय ने स्वयं इस प्रस्ताव का समर्थन किया : 'इस संघ को एक सक्रिय संस्था बनाकर आप व्यापारिक, औद्योगिक, कृषि, और यहाँ तक कि राजनीतिक क्षेत्र में भी आने वाले घटनाक्रम को इतने बड़े रूप में और इस सीमा तक प्रभावित कर सकते हैं कि जिसकी यहाँ उपस्थित कोई भी व्यक्ति कल्पना नहीं कर सकता।' दो साल बाद इसके नाम के साथ इंडस्ट्री शब्द जोड़ दिया गया और उसे एफआईसीसीआई (फिक्की) बना दिया गया।
26. दिनशॉ पेटिट, ठाकुरदास, बिरला, जमाल मोहम्मद, लाला हरकृष्ण लाल, अदमजी हाजी दाऊद, जमशेद एन.आर. मेहता, विक्रमजीत सिंह, श्रीराम, डब्ल्यू.सी. बैनर्जी, बी.एफ. मेडोन और कस्तूरभाई लालभाई की सदस्यता के साथ एक अस्थायी कमेटी का गठन आरम्भिक तैयारियों के लिए किया गया। डी.पी. खेतान और ए.सी. बनर्जी को संयुक्त कोषाध्यक्ष चुना गया।
27. पुरुषोत्तमदास ठाकुरदास, 'माई एसोसिएशन विद द फ़ेडरेशन', *वही*, पृ. 184।
28. *वही*।
29. दूसरे गोलमेज सम्मेलन में बिरला का भाषण, *गोलमेज सम्मेलन–1932 में शामिल हुए फिक्की के प्रतिनिधियों की रिपोर्ट* (बॉम्बे 1932) में उद्धृत।
30. सीएलए में बिरला के एक समकालीन थे एच.पी. मोदी। अपने संस्मरणों में उन्होंने सभा में जो वातावारण था उसका ज़िक्र किया है : 'पहले साल में राष्ट्रीय आन्दोलन के मोतीलाल नेहरू, पण्डित एम.एम. मालवीय, श्री एम.ए. जिन्ना, श्री वी. पटेल जैसे पदासीन और कठोरता से हुक्म चलाने वाले इतने बड़े लोगों की उपस्थिति में मैं अपने आपको दबा हुआ महसूस कर रहा था और एक नया मन्त्री होने के बावजूद मुझे उनका ध्यान अपनी ओर खींचने में सब्र करना पड़ता था। और रूपों में भी असेम्बली बड़ी प्रभावशाली थी। सरकारी सदस्य, अधिकारी और विभिन्न दलों के नेता प्रातः की औपचारिक वेशभूषा में सदन में आते थे जो आजकल के फ़ैशन वाले बुश कोट और फ्लॉपिंग जैकेट से कितना अलग था', देखिए मोदी की 'एज आई लुक बैक', एच.पी. मोदी, रिफ्लेक्शंस, वाइज एंड अदरवाइज (बॉम्बे 1961), पृ. 104।
31. लॉर्ड रीडिंग ने 1923 में राज्य परिषद् में ठाकुरदास को नामित किया और 1924 में उनको सीएलए के लिए नामित किया।
32. ससून बॉम्बे के एक अग्रणी मिल–मालिक थे। वे ई.डी. ससून यूनाइटेड मिल्स, द एलेग्जेंड्रा, एडवर्ड ससून और मायर ससून मिल्स और अन्य डाई कारख़ानों के मुखिया थे। 1921 में वे लॉर्ड रीडिंग के द्वारा एक पारी के लिए नामित किये गये थे। उनके व्यावसायिक विकास को जानने के लिए देखें, स्टेनली जैक्सन, *द ससून्स, पोर्ट्रेट ऑफ अ डाइनेस्टी* (लन्दन, 1989)। उनके बाद उनकी जगह मोदी आये जो बॉम्बे के एक प्रमुख उद्योगपति थे और सी.एन. पाडिया की टैक्सटाइल फर्म में एक भागीदार थे। वे 1913 से बॉम्बे म्युनिसिपल कॉरपोरेशन के सदस्य थे, 1927 में वे बॉम्बे मिल्स ओनर्स एसोसिएशन के अध्यक्ष चुने गये, 1928 में इंडियन मर्चेंट्स चेम्बर के अध्यक्ष और 1930 में वे पहले गोलमेज सम्मेलन में एक प्रतिनिधि थे।
33. 1930 में जब बिरला और ठाकुरदास ने त्यागपत्र दिया तो जहाँगीर को चुना गया जो बॉम्बे में एक बड़े फाइनेंसर थे और दो कपड़ा मिलों का नियन्त्रण उनके पास था। इसके पहले 1920 में वे बॉम्बे लेजिस्लेटिव काउंसिल के लिए नामित किये गये थे और 1919–20 में वे बॉम्बे म्युनिसिपल कॉरपोरेशन के अध्यक्ष थे। बाद में वे गोलमेज सम्मेलन में एक प्रतिनिधि भी बने।
34. बॉम्बे के एक व्यापारी रहीमतुल्ला 1919–30 के दौरान बॉम्बे म्युनिसिपल कॉरपोरेशन के सदस्य रहे थे, और कई सरकारी समितियों में नामित किये गये थे। वे बॉम्बे सेंट्रल डिवीजन के मुस्लिम ग्रामीण निर्वाचन क्षेत्र से चुने गये थे।

35. चेट्टी, जो एक व्यापारी और वकील थे, काँग्रेस के टिकट पर सलेम, कोयम्बटूर–उत्तरी आरकोट के ग़ैर–मुस्लिम ग्रामीण क्षेत्र से निर्वाचित हुए थे। वो विधान सभा में काँग्रेस के मुख्य सचेतक 1926 से 1929 तक रहे थे। वो फिक्की के भी एक प्रमुख सदस्य थे।

36. हाजी सिन्धिया स्टीम शिप कम्पनी के रंगून कार्यालय के प्रबन्धक थे और वालचन्द हीराचन्द के क़रीबी माने जाते थे, जिनके कहने पर वे सीएलए के लिए चुनाव में खड़े हुए। हाजी बॉम्बे सेंट्रल डिवीजन ग़ैर–मुस्लिम निर्वाचन क्षेत्र का प्रतिनिधित्व करते थे। 1926 में उन्होंने इंडियन इंडस्ट्रियल एंड कॉमर्शियल एसोसिएशन के प्रतिनिधि के रूप में अन्तरराष्ट्रीय श्रम सम्मेलन के सामुद्रिक सत्र में भाग लिया था।

37. बिरला ने ये घोषणा की कि वे 'वित्त–सदस्य' को केवल एक चेतावनी दे रहे हैं कि लोकमत अतिरिक्त कर लगाने के लिए सहमत नहीं होगा, और उपाय केवल एक ही है कि आवर्ती (recurring) और ग़ैर–आवर्ती ख़र्चों को कम किया जाये। उन्होंने विरोध किया स्टर्लिंग में ऋण लेने का, ऊँची बैंक दर का, और अनुपात को बनाये रखने के लिए सरकार द्वारा करेंसी के संकुचन का, और उन्होंने उद्योग के संरक्षण की वकालत की, देखिए, बिरला का भाषण, *पाथ टु प्रॉस्पैरिटी*, पृ. 326–7, 4 मार्च 1929 को सीएलए में दिये भाषण से उद्धृत।

38. डब्ल्यू.एस. लैम्ब ने बिरला पर यह आरोप लगाकर हमला किया कि वह केरोसीन पर उत्पाद शुल्क बढ़ाये जाने का समर्थन इसलिए कर रहे हैं कि तेल के आयात में उनके निहित स्वार्थ हैं। बिरला ने अपने पक्ष का समर्थन करते हुए कहा : 'यह ठीक है कि केरोसीन के आयात में मेरा एक छोटा–सा निहित स्वार्थ है, लेकिन महोदय, इस सदन में मेरा केवल एक ही स्वार्थ है,... महोदय, ये मात्र एक संयोग है कि वर्तमान वित्त विधेयक में जिन पाँच चीज़ों पर कर लगाने का प्रस्ताव है मेरे उन सब में निहित विशेष स्वार्थ हैं। महोदय, मैं चीनी का एक छोटा आयातक हूँ, इसलिए मैं आयात शुल्क के पक्ष में नहीं हूँ, लेकिन राष्ट्रीय हित में मैंने उसका समर्थन किया है। फिर महोदय मेरे पास चाँदी के बड़े स्टॉक हैं और इसलिए चाँदी–कर से मुझे काफ़ी लाभ हुआ है, लेकिन फिर भी मैंने चाँदी–कर का विरोध किया है। पुनः महोदय, आयकर सीधा मेरी आय पर असर डालता है, लेकिन फिर भी मैंने उसके ख़िलाफ़ एक भी शब्द नहीं कहा है। और महोदय, साम्राज्यवादी प्राथमिकता के प्रस्ताव का सीधा लाभ मेरी मिलों को होता है क्योंकि वे बॉम्बे–मिल्स के मुक़ाबले ज़्यादा दूरस्थ इलाक़ों में हैं, लेकिन फिर भी राष्ट्रीय हित में मैंने उसका विरोध किया है, इसलिए महोदय, अगर मैंने वर्तमान प्रस्ताव का समर्थन किया है तो इसलिए कि मुझे लगा कि ये राष्ट्रीय हित में है कि उत्पाद शुल्क और आयात शुल्क बराबर कर दिये जायें,' *लेजिस्लेटिव असेम्बली* में हुई बहस, 20 मार्च 1930, वॉल्यूम I, नम्बर 38 (दिल्ली, 1930), पृ. 2074–5। ठाकुरदास भी बिरला के पक्ष में उतर आये और सदन को सूचित किया कि बिरला द्वारा तेल आयात करने के बाद कुछ विघ्नसन्तोषियों ने अमेरिका की प्रमुख तेल कम्पनियों को तार भेजकर ये आरोप लगाया कि बिरला 'गाँधी ऑयल' के ब्रांड नाम से तेल बेच रहे हैं और देश में राजनीतिक संघर्ष को बढ़ावा दे रहे हैं, *लेजिस्लेटिव असेम्बली डिबेट्स*, 21 मार्च 1930, वॉल्यूम I, नम्बर 39 (दिल्ली, 1930), पृ. : 2126–37।

39. *कैपिटल*, 2 अप्रैल 1929।

40. *हिन्दुस्तान टाइम्स*, 6 मार्च 1929।

41. स्वराजियों और बॉम्बे के उद्योगपतियों के बीच सम्बन्ध सर्वविदित हैं। 1920 के शुरुआती सालों से ही मोतीलाल नेहरू के दल को सर जे.बी. पेटिट जैसे व्यापारियों का सहयोग हासिल था और 1925 के बाद से बॉम्बे और अहमदाबाद के मिल मालिकों ने स्वराजियों को संरक्षण दिया था। मोतीलाल व्यक्तिगत रूप से टाटा घराने के क़रीब थे और जब वे बॉम्बे जाते थे तो उन्हीं के पास नियमित रूप से ठहरते थे। ठाकुरदास भी मोतीलाल के क़रीबी थे। उनके क़रीबी सम्बन्धों के बारे में इस तथ्य से पता चलता है कि 1925 में उन्होंने स्वराजियों के प्रचार के लिए एक अख़बार को ख़रीदने के प्रस्ताव पर विचार किया था। सिन्ध के पृथक्कीकरण के वित्तीय पक्ष का अध्ययन करने के लिए जो उपसमिति

बनायी गयी उसमें सर्वदलीय समिति के प्रमुख नेहरू ने ठाकुरदास को नामित किया। मोतीलाल के भी अन्य उद्योगपतियों से क़रीबी सम्बन्ध थे, जैसे कस्तूरभाई लालभाई, जो स्वराजियों की निजी सभाओं में सम्मिलित होते थे और मोतीलाल उन्हें अपने दल के अन्य सदस्यों के मुक़ाबले एक बेहतर स्वराजी मानते थे। कस्तूरभाई के बारे में जानकारी के लिए देखें, द्विजेन्द्र त्रिपाठी, *द डायनेमिक्स ऑफ़ अ ट्रेडीशन : कस्तूरभाई लालभाई एंड हिज एंटरप्रेन्योरशिप* (दिल्ली, 1981)।

42. इस्पात उद्योग की सामान्य पृष्ठभूमि के लिए देखें, डी.एम. वागले, 'इम्पीरियल प्रेफरेंस एंड द इंडियन स्टील इंडस्ट्री 1924–39', *इकोनॉमिक हिस्ट्री रिव्यू,* वॉल्यूम XXXIV, नम्बर I, 1981, पृ. 120–31।
43. उन्होंने तर्क दिया कि एक भारतीय उत्पादक को एक ब्रिटिश उत्पादक के संरक्षण के लिए अधिक शुल्क देना पड़ेगा। योजना में जो असमान उत्पाद शुल्क प्रस्तावित है वह यूके उत्पादकों को अपनी गुणवत्ता कम करने के लिए उकसायेगा और इस बात का ख़तरा है कि यूके के उत्पादों की क़ीमतें गिर जायेंगी जिस स्थिति में यूके–उत्पादों पर शुल्क बढ़ाना पड़ेगा और मानक व ग़ैर–मानक इस्पात के बीच का अन्तर, जिसे ये विधेयक मान कर चल रहा है, ढाँचागत हिस्सों के अलावा और कहीं नहीं है, *पाथ टु प्रॉस्पैरिटी,* पृ. 146–53 में उद्धृत सीएलए में 14 फ़रवरी 1927 में दिया गया बिरला का भाषण।
44. *हिन्दुस्तान टाइम्स,* 20 फ़रवरी 1927।
45. मोतीलाल के भाषण के लिए देखें, मनोरंजन झा, *रोल ऑफ़ सेंट्रल लेजिस्लेचर इन द फ्रीडम स्ट्रगल,* नयी दिल्ली, 1972, पृ. 117–8।
46. उनके मतभेद 1921 से चले आ रहे थे जब सर दोराबजी, जो बॉम्बे के पूँजीपतियों में अग्रणी थे, ने गाँधी के असहयोग आन्दोलन की सार्वजनिक रूप से निन्दा की थी, जबकि बिरला ने बीच का रास्ता अपनाने की वकालत की थी। बाद में 1929 में दोराबजी ने रहीमतुल्ला के 'कैपिटलिस्ट पार्टी' बनाने की पहल का समर्थन किया जिससे सीएलए के भारतीय और यूरोपीय दोनों तरह के सदस्य लाल झण्डों का मुक़ाबला कर सकें और हड़ताल की सम्भावनाओं को ख़त्म कर सकें। ये बिरला के विचारों से बिल्कुल उलट था, जैसा कि हम आगे देखेंगे।
47. टाटा फिक्की में 1937 में जाकर सम्मिलित हुए और दूसरे विश्वयुद्ध के शुरू होते ही उससे बाहर भी हो गये। जे.आर.डी. टाटा उनके व्यवसाय और राजनीति के अध्ययन के लिए देखें, आर.एम. लाला, *बियोंड द लास्ट ब्लू माउंटेन : अ लाइफ ऑफ़ जे.आर.डी. टाटा* (बॉम्बे, 1992)।
48. इस विधेयक को 1906 के भारतीय सिक्का क़ानून और 1923 के भारतीय क़ाग़ज़ करेंसी क़ानून में संशोधन करने और रुपये की क़ीमत को 1 शिलिंग 6 पेंस पर स्थिर कर देने के लिए लाया गया था।
49. अनुपात विवाद की पृष्ठभूमि के लिए देखें, आदित्य मुखर्जी, 'द रुपी क्वेश्चन, 1926–8, रुपी–स्टर्लिंग रेशियो एंड द गोल्ड स्टैंडर्ड', *स्टडीज़ इन हिस्ट्री,* वॉल्यूम 5, नम्बर I, न्यू सीरीज़ (1989)।
50. उदाहरण के लिए वे एक 'करेंसी–लीग' में सम्मिलित हो गये थे जो बॉम्बे स्थित अख़बार *फ्री प्रेस ऑफ़ इंडिया* को वित्तीय सहायता देता था जिसने अक्टूबर 1926 और फ़रवरी 1927 के बीच करेंसी–प्रचार (currency propaganda) के 86,755 शब्दों का प्रसारण किया, ए.डी.डी. गोर्डन, *बिज़नेस एंड पॉलिटिक्स। राइजिंग नेशनलिज़्म एंड अ मॉडर्नाइजिंग इकोनॉमी इन बॉम्बे 1918–1933* (नयी दिल्ली, 1978), पृ. 184।
51. बिरला की ओर से गाँधी को, अपडेटेड नोट 1926, पीटी पेपर्स, फ़ाइल III, गोर्डन, *बिज़नेसमैन एंड पॉलिटिक्स,* पृ. 186 में उद्धृत।
52. बी.एफ. मेडोन, जो इंडियन मर्चेंट्स चेम्बर के प्रमुख सदस्य और करेंसी–प्रचारक थे, को फिक्की में नियुक्त करके दिल्ली आकर विधायकों से बात करने के लिए कहा गया। कई विधायक अनुपात–प्रश्न की पेचीदगियों से अनभिज्ञ थे और बताते हैं कि मेडोन को सिर्फ़ एक काँग्रेसी राजनेता पर ही चार घण्टे लगाने पड़े। ठाकुरदास, मेडोन और जमनादास मेहता के साथ मिलकर बिरला ने एक विशेष ज्ञापन का प्रारूप तैयार किया ताकि विधायक मुद्दों को लेकर स्पष्ट हो सकें। फ्रैंक मोरास, सर पुरुषोत्तदास ठाकुरदास, (बॉम्बे 1957), पृ. 102–3।

53. *हिन्दुस्तान टाइम्स*, 8–9 फ़रवरी 1927; अख़बार ने टिप्पणी की : 'ये सच है कि काँग्रेस वर्किंग कमेटी आर्थिक विशेषज्ञों की कमेटी नहीं है लेकिन उसमें योग्य राजनेता हैं। वो लोग जो ये कहते हैं कि करेंसी जैसे एक आर्थिक प्रश्न को दल का मुद्दा नहीं बनाया जाना चाहिए उनके इस तर्क में दम है। अगर असेम्बली एक ऐसी सभा होती जिसमें सरकारी सदस्यों के द्वारा एक गुट के रूप में वोट न देकर व्यक्तिगत समझ के अनुसार मतदान किया जाता तब विरोधी दलों के लिए ऐसा दृष्टिकोण अपनाना उचित होता। लेकिन जब सरकारी पक्ष एकजुट होकर उस अनुपात के लिए वोट करने को कटिबद्ध है जो देश के आर्थिक हितों के ख़िलाफ़ है तब ग़ैर–आधिकारिक पक्ष को मजबूर होकर इकट्ठा होना होगा ताकि देश को तबाही से बचा सकें।'

54. 'मैं इस सदन के सदस्यों से यह कहना चाहता हूँ कि उनका कर्तव्य बिल्कुल स्पष्ट है। यह पूरी तरह सम्भव है कि सरकार नामित सदस्यों, छिपे हुए दलालों, नामी ठेकेदारों और बिगड़े हुए प्रोफ़ेसरों के समर्थन से इस प्रस्ताव को पास करा ले, लेकिन मैं ये कहूँगा कि अगर हम हार भी गये तो हमारी हार गौरवशाली होगी, और अगर सरकार जीतती है तो उसकी जीत सत्य की पराजय होगी। मैं सदन से फिर अपील करूँगा कि वो एक शिलिंग 6 पेंस के अनुपात का एक आवाज़ से दृढ़ इच्छा के साथ विरोध करे।' यूरोपीय समूह से अपील करते हुए उन्होंने कहा : 'इस सदन में अपने यूरोपीय मित्रों से मैं यह कहना चाहता हूँ कि बेशक उनमें से सभी इस देश में जन्मे और पले–बढ़े नहीं हैं लेकिन उन्होंने भारत का नमक खाया है और मैं आशा करता हूँ कि वे अपने नमक के क़र्ज़ को नहीं भूलेंगे,' बिरला की पुस्तक *पाथ टु प्रॉस्पैरिटी*, पृ. 231 में उद्धृत सीएलए में बिरला का भाषण।

55. मतदान के नतीजों से बिरला बहुत परेशान हो गये जिसकी ज़िम्मेदारी उन्होंने 'मत छीनकर' बिल पास कराने की सरकारी तरकीबों पर डाली। चौथी महाराष्ट्र कॉमर्शियल काँग्रेस के भाषण में उन्होंने कहा : 'असेम्बली में लोकप्रिय दलों के हाथों जो हश्र इस प्रस्ताव का हुआ और मत छीनकर जिस तरह विरोधी दल की हार हुई मैं उसकी ज़िम्मेदारी विरोधी दलों पर नहीं डालूँगा। अन्ततः यह एक दुखान्त प्रकरण ही था,' *हिन्दुस्तान टाइम्स*, 6 दिसम्बर 1929।

56. इस बिल का ड्राफ्ट सबसे पहले वालचन्द हीराचन्द के उकसाने पर तैयार किया गया जिसे उन्होंने एक वकील और मद्रास उच्च न्यायालय के एक अवकाश प्राप्त न्यायाधीश से तैयार कराया और फिर के.सी. नियोगी द्वारा उसे सीएलए के सामने लाने का प्रयास किया। लेकिन इसको विचारार्थ रखे जाने के लिए ज़रूरी मत नहीं थे इसलिए इसे नहीं रखा जा सका। इसके अतिरिक्त इस बारे में सन्देह थे कि ऐसा क़ानून क्या असेम्बली में लाया जा सकता है। वालचन्द ने क़ानूनी विशेषज्ञों की राय ली और उसके बाद ही एस.एन. हाजी ने विधेयक को प्रस्तुत किया, जी.डी. खानोलकर, *वालचन्द हीराचन्द* (बॉम्बे, 1969), पृ. 204–6।

57. उन्होंने विधेयक पर आपत्ति इस आधार पर की कि ये आर्थिक रूप से अनुपयुक्त था। विदेशी स्रोतों का स्थान लेने के लिए भारतीय पूँजी पर्याप्त मात्रा में उपलब्ध नहीं होती और आरक्षण से ढुलाई की दरें बढ़ जातीं जिसका उपभोक्ताओं पर बुरा असर पड़ता। यूरोपीय चेम्बर्स की भावनाओं को व्यक्त करते हुए *कैपिटल* ने पाया : 'जब तक शुरुआती और बग़ैर मुनाफ़े वाला दौर ख़त्म नहीं होता, याकि उपक्रम ही पूरी तरह असफल नहीं हो जाता तब तक कुछ नहीं कहा जाता। लेकिन जब ख़तरे उठा लिए गये हों और व्यापारिक रास्ता बनाने के लिए बड़ी रक़में ख़र्च कर दी गयी हों, यानी कि जब उद्यम मुनाफ़ा कमाने लगे तब ये आवाज़ उठाई जाती है कि पहल करने वाले उद्यमी को हटकर उनको जगह देनी चाहिए जो एक ओर खड़े रहे जबकि उनकी राह को रौशन किया जा रहा था ...भारतीय राजनेताओं, उद्योगपतियों और कर्मचारियों ने कितने ही क्षेत्रों में ब्रिटिश प्रयासों को चोट पहुँचाने का काम किया है, जबकि वो ज़्यादा उपयोगी तरीक़े से उन प्रयासों में अपना योगदान कर सकते थे! और ये भारत के लिए कितना बड़ा लाभ लेकर आते यदि वे उन प्रयासों पर चोट करने की बजाय उनमें अपना योगदान करते। चाहे वह बैंकिंग का क्षेत्र था या बीमा का, जूट उत्पादन, नदियों पर स्टीम शिप या किसी अन्य क्षेत्र में किया गया प्रयास या उद्यम, सार्वजनिक या

निजी–भारतीय प्रयास वहाँ स्थापित लोगों को हटाने पर ही केन्द्रित रहा बजाय कि नयी राहें खोजने के,' *कैपिटल*, 24 मई 1928।

58. बिरला ने एसोचेम (Assocham) पर गन्दे हथकण्डे अपनाने का आरोप लगाया और उनके रवैये की निन्दा ये कहकर की कि 'ये भारत में ब्रिटिश व्यापारियों के हताशाजन्य प्रयास थे कि वे देश के महत्त्वपूर्ण हितों की क़ीमत पर अपनी अस्वाभाविक स्थिति बनाये रखें।' फिक्की ने यूरोपीय चेम्बरों को बतौर अध्यक्ष बिरला का जवाब प्रकाशित किया जिसमें भारतीय शिपिंग का पक्ष दिखाया गया और एसोचेम के आरोपों को निरस्त किया गया। *फ़ेडरेशन (फिक्की) की तरफ़ से दिया गया बयान 27 जुलाई 1929 को जारी किये गये परिपत्र के जवाब में था जिसे एसोसिएटेड चेम्बर ऑफ़ कॉमर्स ऑफ़ इंडिया एंड सीलोन ने इंग्लैंड में इस धारणा को प्रभावित करने के लिए जारी किया कि भारत अपनी आर्थिक नीति अपनी ज़रूरतों के अनुसार बना सके।* (आगे से 'फिक्की का जवाब एसोचेम को'), (कलकत्ता, 1929)।
59. गाँधी ने लिखा कि वो उन सभी प्रयासों का समर्थन करते हैं जो विदेशी आक्रमण से उनकी रक्षा करें। विशेषकर तब जबकि सामनेवाला पूरी तरह अन्यायी हो, *यंग इंडिया*, 2 अगस्त 1928, खानोलकर, *वालचन्द हीराचन्द*, पृ. 222–3, एफ.एन. 13 में उद्धृत।
60. *कैपिटल*, 22 अगस्त 1929।
61. कोस्टल शिपिंग पर बड़े व्यापारियों की आरक्षण की माँग पूरी नहीं हुई, बावजूद 1920 के अन्त से 1930 के दशक में किये गये सतत प्रयासों के।
62. विरोधी पक्ष का नेतृत्व करते हुए मोतीलाल नेहरू ने विधेयक की निन्दा यह कहकर की कि ये भारतीय राष्ट्रवाद और भारतीय राष्ट्रीय काँग्रेस पर एक सीधा प्रहार था जो भारत की गुलामी के लिए लाया गया अव्वल दर्जे का विधेयक था, बिपिन चन्द्रा, *इंडियाज़ स्ट्रगल फॉर इंडिपेंडेंस* (नयी दिल्ली, 1988), पृ. 244।
63. सेंट्रल लेजिस्लेटिव असेम्बली में 5 दिसम्बर 1929 को दिया गया बिरला का भाषण, *लेजिस्लेटिव असेम्बली डिबेट्स* 4, वॉल्यूम I (दिल्ली, 1929), पृ. 485–90।
64. द *कैपिटल* ने लिखा : 'पण्डित मालवीय और अध्यक्ष पटेल ने ख़ूब प्रलाप मचाया कि एक मैकियावलियन प्रशासन के द्वारा भारत को विवश किया गया कि वो लंकाशायर की मिलों की ख़ातिर भारी आर्थिक त्याग करे', *कैपिटल*, 3 अप्रैल 1930।
65. अपने भाषण में उन्होंने कहा : 'मेरे विचार में बॉम्बे एक भयावह स्थिति में है और इस सदन का यह कर्तव्य है कि वह उसके मामले पर सहानुभूति के साथ विचार करे और ऐसे समय जब उसे सहानुभूति की सर्वाधिक आवश्यकता है उसकी आलोचना न करे। मैं यह भी कहना चाहता हूँ कि बॉम्बे के विरुद्ध जो भी आलोचना हो लेकिन केवल वही एक जगह है जहाँ हमें भारतीय प्रबन्धन और भारतीय उद्यम की कोई झलक मिलती है। आप बॉम्बे की हत्या करके पूरे भारतीय व्यापार की हत्या कर देंगे...ये सच है कि बॉम्बे अधीर हो चला है जैसा कि मेरे एक दोस्त ने टिप्पणी की। इसलिए यह और भी ज़रूरी है कि हम ये हरगिज़ न होने दें कि वो ज़हर का प्याला पीकर आत्महत्या कर ले जबकि उसे दूध के प्याले की ज़रूरत है जिससे वह एक विवेकपूर्ण निर्णय लेने के लिए सही खुराक ले सके,' बिरला की पुस्तक *पाथ टु प्रॉस्पैरिटी*, पृ. 173–6 में उद्धृत 25 मार्च 1930 को सीएलए में दिया गया बिरला का भाषण। साथ ही देखें, *लेजिस्लेटिव असेम्बली डिबेट्स*, वॉल्यूम I, नम्बर 42 (दिल्ली, 1930), पृ. 2417–27।
66. बिरला ने घोषणा की कि वह बॉम्बे उद्योग के संरक्षण के प्रस्ताव के साथ पूरी सहानुभूति रखते हैं लेकिन यह प्रस्ताव पर्याप्त संरक्षण दे नहीं रहा है। उन्होंने दावा किया कि इस विधेयक के अनुसार आयातित अंग्रेज़ी वस्तुओं की क़ीमतें ग़ैर–अंग्रेज़ी वस्तुओं की क़ीमतों के आधार पर निर्धारित होंगी जिनको पाँच प्रतिशत अतिरिक्त शुल्क के कारण अधिक क़ीमत पर बेचना पड़ेगा। इस तरह उनका तर्क ये था कि यदि पाँच प्रतिशत अतिरिक्त शुल्क के साथ यू.के. से वस्तुओं का आयात होता है तो

इसका अर्थ यह हुआ कि भारतीय ग्राहक को हर साल दो करोड़ रुपये लंकाशायर के फ़ायदे के लिए देने पड़ेंगे। द *कैपिटल* ने टिप्पणी की : 'लेजिस्लेटिव असेम्बली में विरोधियों के कुछ भाषणों में, जिनमें बिरला और मालवीय के भाषण भी शामिल थे, कॉटन टैरिफ बिल के ख़िलाफ़ एक पूर्वाग्रह पैदा करने की कोशिश की गयी और इस बात पर ज़ोर दिया गया कि इस बिल को सम्मति दे देने से "भारत की क़ीमत पर लंकाशायर को हर साल सवा दो करोड़ रुपये का उपहार दे दिया जायेगा।" बेशक ये एक बहुत ग़लत आकलन है...असेम्बली में सिवाय आधिकारिक बेंचों के ग्राहकों का पक्ष रखने वाले बहुत कम लोग हैं जिनके बारे में भी नज़रिया ये है कि उनका समर्थन रिश्वत देकर पाया जा सकता है। जिन नेताओं को ग्राहकों के हित की रक्षा करनी चाहिए वे अपने राजनीतिक स्वार्थों के आगे अन्धे हो रहे हैं और वे ऐसा कोई अवसर नहीं छोड़ना चाहते जिससे अपने ही देश के लोगों का बड़ा नुक़सान करके भी लंकाशायर को नुक़सान पहुँचता हो।' *कैपिटल*, 3 अप्रैल 1930।

67. बिरला की पुस्तक *पाथ टु प्रॉस्पैरिटी*, पृ. 174–93 में उद्धृत सीएलए में बिरला का भाषण, साथ ही देखें, *लेजिस्लेटिव असेम्बली डिबेट्स*, वॉल्यूम I, नम्बर 42 (दिल्ली, 1930), पृ. 2417–27।
68. एम. झा, *रोल ऑफ़ सेंट्रल लेजिस्लेचर इन द फ्रीडम स्ट्रगल*, पृ. 166–7।
69. 'महाराष्ट्र कॉमर्शियल काँग्रेस को दिये अपने भाषण में उन्होंने बॉम्बे मिल ओनर्स एसोसिएशन को चेतावनी दी कि वे साम्राज्यवादी प्राथमिकता को समर्थन देने की सोचें भी नहीं, क्योंकि इस तरह वे "इससे वे पूरे देश की सहानुभूति खो देंगे"। उन्होंने चेतावनी दी कि बॉम्बे व्यापार जगत अलग–थलग पड़ जायेगा और ये कि वे भविष्यवाणी कर सकते हैं कि न केवल असेम्बली में लोकप्रिय गुट बल्कि पूरा भारतीय व्यापारिक समुदाय प्रान्त, जाति और धर्म से ऊपर उठकर पिछले दरवाज़े से लायी जाने वाली साम्राज्यवादी प्राथमिकता का विरोध करेगा,' दिसम्बर 1929 में महाराष्ट्र कॉमर्शियल काँग्रेस के चौथे सत्र में बतौर अध्यक्ष बिरला का भाषण, *हिन्दुस्तान टाइम्स*, 6 दिसम्बर 1929।
70. बिरला की ओर से ठाकुरदास को, 26 अप्रैल 1929, पीटी पेपर्स, फ़ाइल 42।
71. वही।
72. मार्च 1930 में पार्टी की योजनाओं में परिवर्तन होने के साथ मोतीलाल ने चुनाव के लिए इकट्ठा धन में से बची हुई रक़म बिरला को वापस करने का प्रस्ताव दिया। बिरला ने उनसे उस रक़म का इस्तेमाल 'किसी भी ऐसे अच्छे उद्देश्य के लिए करने को कहा जो मेरे धर्म या उद्देश्य के विरुद्ध न हो', मोतीलाल नेहरू की ओर से बिरला को, 28 फ़रवरी 1930 और बिरला की ओर से मोतीलाल नेहरू को, 3 मार्च 1930, *नेहरू फैमिली एंड घनश्याम दास बिरला*, पृ. 16 और 18।
73. बिरला की ओर से ठाकुरदास को, 19 जून 1929, पीटी पेपर्स, फ़ाइल 42।
74. बिरला की ओर से ठाकुरदास को, 30 जुलाई 1929, पीटी पेपर्स, फ़ाइल 42।
75. 'यंग इंडिया', 30 जनवरी 1930, *द कलेक्टेड वर्क्स ऑफ़ महात्मा गाँधी*, वॉल्यूम XLII, अक्टूबर 1929–फ़रवरी 1930 (अहमदाबाद, 1970), पृ. 432–5। पूरे परिदृश्य के लिए देखें, जूडिथ ब्राउन, *गाँधी एंड सिविल डिसओबिडिएंस : द महात्मा इन इंडियन पॉलिटिक्स 1928–1934* (कैम्ब्रिज, 1974)।
76. 'यंग इंडिया', 20 मार्च 1930, *कलेक्टेड वर्क्स ऑफ़ महात्मा गाँधी*, वॉल्यूम XLIII, मार्च–जून 1930 (अहमदाबाद, 1971), पृ. 40–5, साथ ही देखें, डी.जी. तेंदुलकर, महात्मा, वॉल्यूम II (नयी दिल्ली, 1969), पृ. 15।
77. जनवरी 1930 के अन्त में गाँधी को लिखे ठाकुरदास के पत्र में जब वे भी महात्मा को सत्याग्रह के लिए हतोत्साहित करने की कोशिश करते हैं तो उसमें बिरला के ही विचार ध्वनित होते हैं : 'मैं नहीं मानता कि भारत को अभी या आने वाले कुछ दशकों में क्रान्ति से कोई लाभ होगा, जितना कि क्रमिक विकास की प्रक्रिया से...यदि लन्दन में कॉन्फ्रेंस के बाद संविधान में पर्याप्त बदलाव नहीं लाये जाते कि हम अपने ही घर के मालिक बन सकें तो मैं आपकी अधीरता समझ सकता हूँ, लेकिन सविनय अवज्ञा का आन्दोलन मेरी निगाह में एक जल्दबाज़ी होगी', 9 फ़रवरी 1929 के गाँधी के ठाकुरदास को दिये जवाब के लिए देखें, *कलेक्टेड वर्क्स ऑफ़ महात्मा गाँधी*, वॉल्यूम XLII, अक्टूबर 1929–फ़रवरी 1930, पृ. 465।

78. बिरला, *इन द शैडो ऑफ़ द महात्मा*, पृ. 44।

79. परिवार के अग्रजों के विरोध के बावजूद बिरला ने मूलभूत परिवर्तन का समर्थन किया, उनके पिता आन्दोलन के विरोध के लिए जाने जाते थे, गोपनीय नोट, ए.एच. गजनवी, एम.एल.ए. 15 सितम्बर 1930, गृह मतदान (Home Poll)। एफ.एन. 190/1930, उद्धृत, सुमित सरकार की पुस्तक, 'द लॉजिक ऑफ़ गाँधियन नेशनलिज़्म : सिविल डिसओबिडिएंस एंड द गाँधी–इरविन पैक्ट (1930–31)', *इंडियन हिस्टोरिकल रिव्यू*, वॉल्यूम III, नम्बर 1, जुलाई 1976, पृ. 121।

80. उन्होंने कहा : 'भारतीयों ने अपने उद्योगों को संरक्षण दिये जाने की तुरन्त आवश्यकता को बहुत पहले पहचान लिया था और वित्तीय नीति पर किसी जनतान्त्रिक नियन्त्रण के अभाव में उनको स्वदेशी के हक में प्रचार करने तथा विदेशी वस्तुओं का बहिष्कार करके ही रह जाना पड़ा। पूँजीपति द्वारा संरक्षण की वकालत करने पर उसकी नीयत पर शक करना और उसे ग्राहकों के प्रबल शत्रु के रूप में दिखाया जाना आसान हो जाता है लेकिन भारतीय राष्ट्रीय काँग्रेस के बारे में क्या कहा जाये जो कि निश्चय ही एक पूँजीवादी संगठन नहीं है!....विदेशी वस्तुओं के बहिष्कार के लिए होने वाला लोकप्रिय प्रचार सिवाय स्वदेशी उद्योगों को संरक्षण देने के और क्या है!' बिरला की पुस्तक *पाथ टु प्रॉस्पैरिटी*, पृ. 141–2 में उद्धृत, 14 फ़रवरी 1930 को फिक्की की तीसरी वार्षिक बैठक में दिया गया बिरला का अध्यक्षीय भाषण।

81. उन्होंने आगे कहा : 'मुझे इस बात की इतनी चिन्ता नहीं है कि सरकार क्या करने जा रही है जितनी कि इस बात की कि हम क्या करने जा रहे हैं। मेरे विचार में देश के प्रति हमारा कर्तव्य साफ़ है, और हम व्यापारियों को देश को एक स्पष्ट नेतृत्व देना चाहिए कि देश के आर्थिक हित में किन चीज़ों की ज़रूरत है', 16 फ़रवरी 1930 को *फिक्की के सत्र में दिया गया बिरला का भाषण, फिक्की की वार्षिक बैठक में हुई कार्रवाइयाँ, फ़रवरी 1930–35*, वॉल्यूम III (दिल्ली, 1935), पृ. 263–5। राष्ट्रवादी प्रेस ने बिरला के भाषण की ज़ोरदार प्रशंसा की। द *हिन्दू* ने लिखा : 'ये एक विचारोत्तेजक वक्तव्य है। उनके भाषण का सार ये चिन्ता पैदा करने वाला है कि भारत वित्तीय संकट में डूबता हुआ दिवालियेपन की ओर जा रहा है।' द *इंडियन डेली मेल* ने टिप्पणी की : 'वायसराय और उनकी कार्यकारी परिषद के सदस्य शायद ही कभी राजस्व नीति के बारे में इतनी सीधी और तीखी आलोचना सुनने के लिए बाध्य हुए होंगे', देखिए, *हिन्दुस्तान टाइम्स*, 19 फ़रवरी 1930।

82. देखिए, गाँधी को लिखा गया उनका पत्र, 28 अप्रैल 1930, बिरला की पुस्तक, *बापू*, वॉल्यूम I, पृ. 140–2।

83. समारोह में गवर्नर ने परिवार की दानशीलता की प्रशंसा की, देखिए, *हिन्दुस्तान टाइम्स*, 1 नवम्बर 1930।

84. उन्होंने इस बात पर बल दिया कि 'ये कहना सच्चाई से बिल्कुल परे है कि वर्तमान आर्थिक मन्दी का कारण राजनीतिक असन्तोष है....और ये कहना तो बिल्कुल बेतुका है कि विदेशी कपड़े के बहिष्कार के आन्दोलन से भारतीय मिलों पर बुरा असर पड़ रहा है। सच्चाई तो ये है कि यदि बहिष्कार का आन्दोलन न होता तो बॉम्बे की अधिकतर मिलें बहुत पहले बन्द हो गयी होतीं', *हिन्दुस्तान टाइम्स*, 17 अगस्त 1930।

85. 1930 के दौरान कपड़ा आयात में भारी गिरावट आयी थी : 1929–30 में भारत में कपड़े का शुद्ध आयात 18970 लाख गज़ था। 1930 में ये 8730 लाख गज़ तक और 1931–32 में 7600 लाख गज़ तक गिर गया। इस तीव्र गिरावट पर टाटा समूह के सर सोराबजी सकलतवाला ने ये टिप्पणी की : 'ये कहना काफ़ी सही है कि बहिष्कार आन्दोलन की वजह से ही जुलाई और दिसम्बर (1930) के बीच आयात में अस्सी प्रतिशत कमी आयी, दूसरे शब्दों में यह कह सकते हैं कि ग़ैर थान कपड़े के आयात में 4600 लाख गज़ की कमी और क़रीब–क़रीब 60 लाख पाउंड धागे के आयात में आयी कमी का कारण बहिष्कार आन्दोलन ही था। वित्तीय वर्ष के अन्त से पहले आयात में कुछ सुधार आ सकता है लेकिन कुल गिरावट का 8000 से 10000 लाख गज़ ग़ैर थान वाले कपड़े के आयात में

होने की उम्मीद इस साल के दौरान जो कि 31 मार्च 1931 को समाप्त होगा, की जा सकती है।' एस.डी. मेहता, उद्धृत, अरुण जोशी, *लाला श्रीराम* (नयी दिल्ली, 1975), पृ. 225।

86. बिरला की ओर से ए. साराभाई को, 30 अप्रैल 1930, पीटी पेपर्स, फ़ाइल 100।
87. *कलेक्टेड वर्क्स ऑफ़ महात्मा गाँधी*, वॉल्यूम XLIII, पृ. 384–6 में 'जे.बी. कृपलानी के साथ साक्षात्कार', 4 मई 1930।
88. बिरला की ओर से गाँधी को, 11 अक्टूबर 1927, उद्धृत, बिरला की पुस्तक *टुवर्ड्स स्वदेशी* (बॉम्बे, 1980), पृ. 3। बिरला ने 1927 में खादी पहननी शुरू की।
89. बिरला की ओर से गाँधी को, 11 अप्रैल 1928, बिरला, *टुवर्ड्स स्वदेशी*, पृ. 4–7।
90. साथ ही देखें, बिरला की ओर से गाँधी को, 28 अप्रैल 1930, *वही*, पृ. 11–12।
91. रामेश्वर दास बिरला ने भी गाँधी को एक योजना भेजी कि भारतीय मिलों के सहयोग से खादी को कैसे लोकप्रिय बनाया जाये। गाँधी की ओर से आर.डी. बिरला को, 28 अप्रैल 1930, *वही*, पृ. 10।
92. बिरला की ओर से गाँधी को, 8 अप्रैल 1930, *वही*, पृ. 11–12।
93. इसके अध्यक्ष गंगजी ने फ़रवरी 1930 में सरकार को ये चेतावनी दी कि यदि 'तनावपूर्ण राजनीतिक स्थिति के साथ आर्थिक क्षेत्र में असन्तोष और विकराल होती ग़रीबी और बेरोज़गारी की समस्या का हल नहीं किया गया तो मुझे डर है कि परिणाम बहुत भयंकर हो सकते हैं और मैं सरकार को इस पर गहराई से विचार करने के लिए चेताना चाहता हूँ', *हिन्दुस्तान टाइम्स*, 9 फ़रवरी 1930। मार्च 1930 में बिरला के एक पुराने साथी और चेम्बर के अग्रणी सदस्य डी.पी. खेतान ने घोषणा की : 'आख़िरकार हमारे दिमाग़ में ये अहसास जाग रहा है कि जब तक भारत में स्वशासन नहीं होगा तब तक अपने आर्थिक हालात सुधारना उसके लिए मुश्किल होगा', 5 मार्च 1930 को इंडियन चेम्बर ऑफ़ कॉमर्स, कलकत्ता की विशेष बैठक में डी.पी. खेतान का भाषण, 1930 की वार्षिक रिपोर्ट, पृ. 189, उद्धृत एस. सरकार, 'द लॉजिक ऑफ़ गाँधियन नेशनलिज़्म : सिविल डिसओबिडिएंस एंड द गाँधी इरविन पैक्ट (1930–31)' उद्धृत *इंडियन हिस्टोरिकल रिव्यू*, वॉल्यूम III, नम्बर I, जुलाई 1976, पृ. 122।
94. फिक्की के सत्र में मोदी ने बिरला के कई विचारों का समर्थन करते हुए कहा : 'जैसा कि आप जानते हैं हमारे अध्यक्ष श्री बिरला का आर्थिक मामलों में एक राष्ट्रवादी दृष्टिकोण है जैसा कि होना चाहिए लेकिन हमें इस बात की गहरी शिकायत है कि आर्थिक मामलों में सरकार का दृष्टिकोण बिल्कुल राष्ट्रवादी नहीं है, जिस कारण देश के औद्योगिक और व्यापारिक समुदाय वर्तमान सरकार के सबसे प्रबल आलोचकों में हैं', एच.पी. मोदी का अध्यक्ष को धन्यवाद प्रस्ताव में दिया गया भाषण, 14 से 16 फ़रवरी 1930 को दिल्ली में हुई फिक्की की तीसरी वार्षिक बैठक के मिनट्स, *सालाना बैठकों की कार्यवाहियाँ, 1930–35*।
95. सर माल्कम हेली, सर जॉर्ज शूस्टर की पुस्तक *प्राइवेट वर्क एंड पब्लिक कॉजेज* (काउब्रिज, 1979) में उद्धृत, पृ. 109।
96. महाराष्ट्र चेम्बर ऑफ़ कॉमर्स के उपाध्यक्ष एम.एल. दहानुकर ने जब अपने भाषण में यह बताया कि क्यों सविनय अवज्ञा आन्दोलन को व्यापारिक संगठनों से इतनी उत्साही प्रतिक्रिया हासिल हुई तो सम्भवतः वह एक सामान्य व्यावसायिक विचार ही व्यक्त कर रहे थे। दहानुकर ने बताया : 'व्यापारी शान्ति को नियम की तरह पसन्द करता है, लेकिन जब उन्हें ऐसे तूफ़ानी दिनों से रूबरू होने की सम्भावना होती है तो यह उनके हाथ में होती है जिनके पास रुकने और सोचने की शक्ति है।' आगे उन्होंने घोषणा की : 'यदि व्यापारी समुदाय ने वर्तमान राजनीतिक आन्दोलन के साथ अपनी सहानुभूति व्यक्त की है और कई स्थानों पर उन्होंने उसे वाकई समर्थन दिया है तो यह इस वक़्त उनकी इस समझ (जो समझ 1919–21 में एक पूर्ववर्ती मौक़े पर मौजूद नहीं थी) के कारण है कि आवश्यक संघर्ष के बाद काँग्रेस द्वारा अपना लक्ष्य हासिल करने के परिणामस्वरूप देश जब समग्र तौर पर लाभ की स्थिति में आयेगा तो देश के अन्य वर्गों की तरह निस्सन्देह उन्हें भी फ़ायदा होगा।' *हिन्दुस्तान टाइम्स*, 13 अगस्त 1930।

97. चेम्बर ने सरकार के उस निर्णय की आलोचना की जिसने नमक उद्योग को संरक्षण अनुदान दिये जाने की जाँच के लिए टैरिफ बोर्ड के विचारार्थ भेजने की कराधान जाँच समिति की रिपोर्ट की अनुशंसा को निरस्त कर दिया था। समिति ने अपनी अनुशंसा में इंगित किया था कि 'कैसे सरकार द्वारा प्रस्तुत सभी दावे खोखले और पूर्वाग्रह से भरे थे।' *कैपिटल*, 14 मार्च 1929।

98. पीसीसी को सर्कुलर, 22 फ़रवरी 1930, एस. गोपाल (सम्पा), *सेलेक्टेड वर्क्स ऑफ़ जवाहरलाल नेहरू*, वॉल्यूम IV (नयी दिल्ली, 1973), पृ. 271–3, 'लॉजिक ऑफ़ गाँधियन नेशनलिज़्म : सिविल डिसओबिडिएंस एंड द गाँधी–इरविन पैक्ट (1930–31)' में सरकार द्वारा उद्धृत, *इंडियन हिस्टोरिकल रिव्यू*, वॉल्यूम III, नम्बर 1, जुलाई 1976, पृ. 122।

99. फिक्की के प्रस्ताव में कहा गया : 'फ़ेडरेशन की समिति की राय में (गोलमेज सम्मेलन की तरह का) कोई भी सम्मेलन जो संवैधानिक प्रगति की चर्चा करने के लिए बुलाया जाये जिसमें वर्तमान राजनीतिक मुश्किलों का हल खोजा जाना हो वह देश को तभी स्वीकार्य होगा जब महात्मा गाँधी उसमें एक स्वतन्त्र व्यक्ति के रूप में शिरकत करें या जिसमें कम–से–कम उनकी सहमति हो। इस कारण समिति फ़ेडरेशन की सभी इकाइयों से यह अनुशंसा करना आवश्यक समझती है कि वे भारतीय व्यापारिक हितों का प्रतिनिधित्व करने के लिए गोलमेज सम्मेलन में किसी को नामित न करें जब तक कि महात्मा गाँधी उस सम्मेलन में एक पक्ष के रूप में शामिल न हों। समिति सदस्य–इकाइयों को सूचित करना चाहती है कि यदि उनके व्यक्तिगत सदस्यों को ऐसे सम्मेलन में शिरकत करने के लिए निमन्त्रण दिया जाये तो वह उन्हें इसमें शामिल न होने की सलाह दें।' फिक्की, *वार्षिक बैठक 1930–35 की कार्यवाही*, ठाकुरदास ने बाद में इरविन को बताया कि वो व्यक्तिगत रूप से सम्मेलन में शामिल होने के लिए व्यग्र थे लेकिन उनके चेम्बर के दबाव के चलते उन्हें उसका बहिष्कार करने के लिए बाध्य होना पड़ा। इरविन की ओर से वैजवुड बेन, 10 अक्टूबर 1930, हेलीफैक्स पेपर्स, एमएसएस., ईयूआर.। सी.152 (माइक्रोफ़िल्म), रोल 16।

100. दिल्ली में 14 से 16 फ़रवरी 1930 को हुई फिक्की की वार्षिक बैठक के मिनट्स, *वार्षिक बैठक 1930 की कार्यवाही*।

101. एसोसिएशन ने उन कपड़ा मिलों की एक सूची बनायी जो भारतीय नियन्त्रण में थीं और विदेशी धागे का इस्तेमाल नहीं करती थीं, उनमें जिस तरह की वस्तुएँ निर्मित होती थीं और पूरे भारत में उनके दलाल विक्रेताओं के नामों को भी दर्ज किया गया। फिर इन सूचियों को राष्ट्रीय प्रेस द्वारा फिक्की की ओर से ख़ूब विज्ञापित किया गया ताकि स्वदेशी का लक्ष्य आगे बढ़े। कई कपड़ा मिल मालिकों ने इस आशय के घोषणापत्र पर हस्ताक्षर किये कि वे विदेशी धागे का इस्तेमाल नहीं करेंगे। अहमदाबाद के मिल मालिकों ने तो इस हद तक जाकर अपनी सहमति दिखायी कि वे मशीनें भी ब्रिटेन से तब तक आयात नहीं करेंगे जब तक कि ऐसा करना अपरिहार्य न हो जाये। अरुण जोशी, *लाला श्रीराम*, पृ. 224–5।

102. ठाकुरदास की ओर से इरविन को, 12 मई 1930, हेलीफैक्स पेपर्स, एमएसएस., ईयूआर. सी. 152 (माइक्रोफ़िल्म), रोल 15।

103. जैसा कि उन्होंने स्पष्ट किया, 'यह सच है कि हममें से कुछ लोग जो यह मानते हैं कि गोलमेज सम्मेलन में शामिल होने से देश को कुछ लाभ होगा उनसे अधिक नहीं तो उनके बराबर ही देशभक्त और ईमानदार लोग भी इस देश में हैं', बिरला की ओर से लाला श्रीराम को, उद्धृत वेंकटसुबैया, *एंटरप्राइज एंड इकोनॉमिक चेंज। 50 ईयर्स ऑफ़ फिक्की*, पृ. 14–5।

104. बिरला को षण्मुगम चेट्टी की ओर से ज़बरदस्त समर्थन मिला, जिन्होंने ये कहा कि भारतीय व्यापार का प्रतिनिधित्व गोलमेज सम्मेलन में होना अति आवश्यक है। उन्होंने श्रीराम को लिखा कि 'एक व्यापारी के रूप में हमें स्थिति का व्यावहारिक जायज़ा लेना चाहिए। उस तरह से मैं ये महसूस करता हूँ कि गोलमेज सम्मेलन भारत को उसकी माँगों के अनुरूप कुछ दे या नहीं लेकिन हमारी ग़ैर–मौजूदगी में सम्मेलन के पास भारतीय व्यापारिक हितों पर चोट करने की पर्याप्त क्षमता है।' *वही*।

105. बिरला की ओर से ठाकुरदास को, 16 जनवरी 1931, पीटी पेपर्स, फ़ाइल 42।

106. ठाकुरदास की ओर से इरविन को, 10 जून 1930 हेलीफैक्स पेपर्स, (माइक्रोफ़िल्म), रोल 15। जहाँ ठाकुरदास तुरन्त किसी समझौते के लिए अधीर थे बिरला अपना समय लेना चाह रहे थे। उन्होंने ठाकुरदास को लिखा कि गाँधी को इल्ज़ाम नहीं दिया जा सकता : 'मैं नहीं सोचता कि गाँधी पर पूरी तरह से इल्ज़ाम लगाया जा सकता है। पहली निगाह में गाँधी तर्कहीन लग सकते हैं लेकिन शब्दों के जाल से हटकर देखा जाये तो वास्तव में उनकी माँग स्वतन्त्र उपनिवेश का दर्जा पाने की है। सरकार उन्हें आश्वासन देकर आसानी से हरा सकती थी।' बिरला की ओर से ठाकुरदास को, पीटी पेपर्स, फ़ाइल 104/1930, उद्धृत सुमित सरकार, 'द लॉजिक ऑफ़ गाँधियन नेशनलिज़्म : सिविल डिसओबिडिएंस एंड द गाँधी–इरविन पैक्ट (1930–1)', *इंडियन हिस्टोरिकल रिव्यू*, वॉल्यूम–3, नम्बर 1, पृ. 137 एन।

107. जैसा कि वायसराय की काउंसिल के व्यापार सदस्य जोसफ भोरे ने वायसराय के निजी सचिव जॉर्ज कनिंघम को विश्वास में लेकर सूचित किया, 31 जनवरी 1931, हेलीफैक्स पेपर्स, एमएसएस., ईयूआर. सी. 152 (माइक्रोफ़िल्म), रोल 16।

108. गाँधी ठाकुरदास से यह जानना चाहते थे कि बॉम्बे का व्यापारिक समुदाय शान्ति के लिए क्या न्यूनतम प्रस्ताव चाहता है।

109. इरविन की सोच पर ठाकुरदास का कुछ प्रभाव था, इसका प्रमाण उन दो विशेष सलाहों में मिलता है जो उन्होंने दी थीं। उन्होंने सलाह दी थी कि नमक क़ानून को बिना हटाये उन लोगों को इस क़ानून का उल्लंघन करने की आज्ञा दे दी जाये जो समन्दर के किनारे रहते थे और नमक का उत्पादन अपने इस्तेमाल के लिए करते थे ना कि बाज़ार में बेचने के लिए। उसका तर्क ये था कि व्यावहारिक दृष्टि से यह छूट कोई बड़ा अर्थ नहीं रखती थी लेकिन गाँधी के लिए इसका एक बड़ा भावनात्मक मूल्य होगा। ठाकुरदास ने शराब की दुकानों के आगे धरने के मामले में भी ऐसा ही रुख़ लिया और यह सलाह दी कि सरकार उन स्वयंसेवकों के लिए कोई बाधा खड़ी न करे जो लोगों को शराब न पीने या न बेचने का उपदेश देना चाहते थे। इन दोनों ही मसलों को गाँधी–इरविन समझौते में इसी तरह ठाकुरदास की सलाहों के अनुसार सुलझाया गया था।

110. 'व्यापारिक समुदाय में शान्ति के लिए बढ़ती हुई इच्छा में मुझे कुछ आशा का आधार नज़र आता है' इरविन की ओर से वैजवुड बेन को, 2 फ़रवरी 1931, हेलीफैक्स पेपर्स, एमएसएस., ईयूआर. सी. 152 (माइक्रोफ़िल्म), रोल 16।

111. मार्कोविट्स, *इंडियन बिज़नेस एंड नेशनलिस्ट पॉलिटिक्स 1931–1939, द इंडिजिनस कैपिटलिस्ट क्लास एंड द राइज ऑफ़ द काँग्रेस पार्टी*, (कैम्ब्रिज, 1985), पृ. 78।

112. अगले महीने फिक्की ने गाँधी को अपने वार्षिक सत्र का शुभारम्भ करने के लिए बुलाया। गाँधी की सलाह पर मई 1931 में फिक्की ने स्वदेशी निर्माताओं की एक डायरेक्टरी बनानी शुरू की, फिक्की, *वर्ष 1931 के लिए कार्यकारी समिति की कार्यवाही की रिपोर्ट*, द इंडियन मर्चेंट्स चेम्बर और बॉम्बे स्वदेशी लीग भी इस काम में शामिल हुईं।

113. उदाहरण के लिए अहमदाबाद स्थित मिल–मालिक अम्बालाल साराभाई का यह विश्वास था कि 'गोलमेज सम्मेलन में किसी भी हित समूह की संख्या कितनी भी हो, लेकिन वही हित समूह अपना वज़न रख पायेगा जो काँग्रेस का होगा क्योंकि उसके प्रतिनिधि गाँधीजी होंगे।' साराभाई की ओर से लाला श्रीराम को, 15 जून 1931, उद्धृत, वेंकटसुबैया, *एंटरप्राइज एंड इकोनॉमिक चेंज*, पृ. 16।

114. फिक्की में 7–9 अप्रैल 1931 को हुई चौथी वार्षिक बैठक के मिनट्स, *वर्ष 1931 की वार्षिक बैठक की कार्यवाही*। फिक्की के समर्थन में *हिन्दुस्तान टाइम्स* ने लिखा : 'फ़ेडरेशन के पास यह सिद्ध करने के लिए दस्तावेज़ी प्रमाण हैं कि लॉर्ड इरविन पुनर्बहाल हुए गोलमेज सम्मेलन के लिए तीन चुने हुए प्रतिनिधि नामित करने को तैयार थे...लॉर्ड विलिंग्डन की सरकार लेकिन बिना कोई कारण बताये लॉर्ड इरविन के वचन से पीछे हट गयी और उसने केवल सर पुरुषोत्तमदास ठाकुरदास को ही नामित किया और जले पर नमक छिड़कते हुए यूरोपीय व्यापारिक समुदाय के प्रतिनिधिमण्डल के सदस्यों की संख्या

3 से बढ़ाकर 5 कर दी और दो प्रतिक्रियावादी भारतीय व्यापारियों सर मानेकजी दादाभाई और सर पद्मजी गिनवाला, जो किसी और का नहीं बल्कि सिर्फ़ अपना प्रतिनिधित्व करते थे, को बाक़ी जनता की आँखों में धूल झोंकने के लिए कि वे भारतीय व्यापारिक समुदाय के प्रवक्ता थे, नामित कर दिया। सरकार के इस निर्णय के पीछे कारण कोई भी रहा हो लेकिन सत्य यह है कि गोलमेज सम्मेलन में भारतीय व्यापारिक समुदाय का प्रतिनिधित्व नहीं हुआ', *हिन्दुस्तान टाइम्स*, 3 सितम्बर 1931।

115. 1931 की शरद ऋृदु आते–आते सहयोग की वह भावना, जो गाँधी–इरविन समझौते में दिखायी देती थी, की जगह काँग्रेस और अंग्रेज़ी राज के बीच बढ़ती हुई खाई बन गयी। इस प्रकरण के लिए देखें, डी.ए. लो, *ब्रिटेन एंड इंडियन नेशनलिज़्म : द इम्प्रिंट ऑफ़ एम्बीग्यूटी 1929–1942* (कैम्ब्रिज, 1997), अध्याय 4।
116. गाँधी की ओर से वायसराय को, 29 अगस्त 1931, *कलेक्टेड वर्क्स ऑफ़ महात्मा गाँधी*, वॉल्यूम XLVII (अहमदाबाद, 1971), पृ. 382–3।
117. 17 सितम्बर 1931 की बिरला की डायरी में एक प्रविष्टि, डायरी के पन्ने, बिरला, *बिखरे विचारों की भरोती*, पृ. 304।
118. बिरला के लिए यह सफ़र बड़ा ही घटनापूर्ण रहा। 1927 में अपनी पहली यात्रा के मुक़ाबले इस बार गाँधी की उपस्थिति से यात्रा का पूरा चरित्र ही बदल गया। पहली यात्रा में जिस औपचारिक वेशभूषा और रूखे व्यवहार का अनुभव उन्होंने किया था उसके मुक़ाबले 1931 की यात्रा में अधिक अनौपचारिकता थी और अधिकतर प्रतिनिधि भारतीय शैली के कपड़े, धोती–कुर्ता, पहने थे, बिरला को इसका अफ़सोस हुआ कि उन्होंने पाश्चात्य शैली के कपड़े पहने। यात्रा के दौरान बिरला ने नियमित रूप से डायरी लिखी। उन्होंने पाया कि गाँधी और मालवीय बड़े असामान्य साथी थे। मालवीय अपने साथ गंगा का पवित्र जल लेकर चल रहे थे और अपने खाने के लिए उनके बर्तन भी अलग थे। गाँधी यात्रा के अधिकांश समय प्रशंसकों और जिज्ञासुओं की भीड़ से घिरे रहे। अपने सहयात्रियों के लिए वह अक्सर ख़ासे मुश्किल सिद्ध हुए। और बिरला व दूसरे लोगों के मनाने पर भी हिलने के लिए तैयार न हुए। देखें, बिरला की, 'डायरी के पन्ने', *बिखरे विचारों की भरोती*, पृ. 283–95।
119. उनके बीच सम्मेलन के बारे में विशेष तौर पर और राजनीतिक स्थिति पर सामान्य रूप से अक्सर चर्चा होती थी। गाँधी शुरू से ही सम्मेलन के नतीजों को लेकर बहुत आशावान नहीं थे, लेकिन बिरला ने उन्हें आश्वस्त करने की कोशिश की कि उन्हें निमन्त्रित करने के पीछे ब्रिटिश सरकार की नीयत अच्छी थी और वो सम्मेलन से उतना ज़रूर हासिल कर सकते थे। ऐसी ही एक चर्चा के बाद उन्होंने अपनी डायरी में दर्ज किया कि बिरला ने गाँधी से ये कहा : 'सरकार ने आपको क्यों बुलाया? सरकार भली–भाँति जानती है कि आपकी माँगें क्या हैं। कराची प्रस्ताव भी उनके सामने है फिर भी वे आपको बुला रहे हैं। इसका अर्थ यह है कि आपकी माँगें मान ली जायेंगी।' *वही*, पृ. 289–90।
120. बिरला के द्वारा आर्यभवन का निर्माण उनकी 1927 की लन्दन यात्रा के बाद हिन्दू व्यापारी यात्रियों के लाभ के लिए किया गया। गाँधी ने किंग्सले हॉल में ही ठहरने की ज़िद की यह कह कर कि वे ग़रीबों के बीच ठहरना ज़्यादा पसन्द करेंगे। बिरला ने गाँधी को मनाने की बहुत कोशिश की कि वे आर्य भवन चलें। अपनी डायरी में उन्होंने लिखा : 'आज रात्रिभोज के बाद हम किंग्सले हॉल गये...मैंने उनसे (गाँधीजी से) पूछा कि क्या वे वहाँ से अपना ठिकाना बदलना चाहेंगे...कल देवदास ने मुझे फ़ोन पर बताया कि गाँधी अपना ठिकाना बदलने के लिए कुछ हद तक सहमत हो गये हैं और ये सम्भव है कि वे आर्य भवन चलने को तैयार हो जायें...उनके सामने सारे तर्क रखे गये...लेकिन महात्मा जी पर उनका कोई असर नहीं हुआ।' *वही*, पृ. 297–8।
121. यह व्हाइटहॉल का इतना आकस्मिक फ़ैसला था कि वायसराय की काउंसिल के वित्त–सदस्य सर जॉर्ज शूस्टर भी उस वक़्त आश्चर्य में पड़ गये जब 21 सितम्बर 1931 की सुबह उन्होंने इंडिया ऑफ़िस से आया तार प्राप्त किया। शूस्टर अपने संस्मरणों में याद करते हैं कि अगले कुछ दिन 'न भूलने वाला अनुभव साबित हुए। वायसराय की काउंसिल में हमारी चर्चा में मैंने ख़ुद करेंसी विभाग के प्रमुख की

ठोस राय से काफ़ी प्रभावित होकर यह आग्रह करने के लिए बाध्य महसूस किया कि स्टर्लिंग की स्थिति में आये बदलाव ने पूरी तरह नये हालात रच दिये हैं जिसने हमें सर्वाधिक हानिकारक साबित हुई 1/6 डिग्री अनुपात की प्रतिबद्धता से निकल भागने का एक वैधानिक अवसर दिया है...हमारे सोच–विचार का नतीजा यह हुआ कि वायसराय और काउंसिल के सभी सदस्यों ने मेरे नज़रिये का समर्थन किया और वायसराय ने सेक्रेटरी ऑफ़ स्टेट को सूचना दी कि यदि मेरी सलाह न मानी गयी तो वे सभी इस्तीफ़ा दे देंगे।' शूस्टर ने बेशक अन्ततः इस्तीफ़ा नहीं दिया और इंडिया ऑफ़िस के निर्णय के साथ रहने को राजी हुए। सर जॉर्ज शूस्टर, *प्राइवेट वर्क एंड पब्लिक कॉजेज*, पृ. 112–15। दो परस्पर विरोधी आधिकारिक बयान तैयार किये गये–एक वित्त सदस्य और दूसरा सेक्रेटरी ऑफ़ स्टेट द्वारा। वित्त सदस्य ने घोषणा की कि करेंसी दफ़्तरों को बन्द कर दिया गया था और रुपये के बरअक्स स्टर्लिंग या सोना बेचने के सरकार के वैधानिक करार को अस्थायी तौर पर स्थगित कर दिया गया था, इस तरह से रुपये को स्वतन्त्र रूप से चलते रहने दिया जायेगा और उसे अब आगे सोने या स्टर्लिंग से सम्बद्ध नहीं रखा जायेगा। इंडिया ऑफ़िस इसका खण्डन कर रहा था। फ़ेडरल स्ट्रक्चर कमेटी में सैम्युअल होरे ने घोषणा की कि यह तय हो चुका था कि 'वर्तमान स्तर को स्टर्लिंग के आधार पर क़ायम रखा जाये।' एक–दूसरे को काटते बयानों के पीछे भारत सरकार और व्हाइटहॉल के दरम्यान राय में फ़र्क़ होना था। भारत सरकार कुछ समय से व्हाइटहॉल पर असर डालने की कोशिश करती रही थी कि उसकी करेंसी–नीति भारत में राजनीतिक नज़रिये से बहुत नुक़सानदेह थी। जब करेंसी–संकट का प्रकोप हुआ तो उन्हें अब रुपये को स्टर्लिंग से असम्बद्ध करने का लोभ हो गया था। लन्दन ने इस मुद्दे पर तीखी असहमति जताई, और भारत सरकार को अन्ततः अपना निर्णय वापस लेने को मजबूर होना पड़ा। सामान्य पृष्ठभूमि के लिए देखें डी.ई. मॉगरिज, *ब्रिटिश मॉनेटरी पॉलिसी 1924–31* (कैम्ब्रिज, 1972)।

122. तीसरे विकल्प को भारत सरकार या भारतीयों की राय किसी ने भी गम्भीरता से नहीं लिया क्योंकि पर्याप्त रिज़र्व सोना नहीं था और सोने की क़ीमतों में आने वाले बड़े उतार–चढ़ाव रुपये के बाहरी मूल्य को रसातल में ले जा सकते थे।
123. बहस में शामिल मुद्दों के लिए देखें, राधाकमल मुखर्जी और एच.एल. डे (सम्पा.) *इकोनॉमिक प्रॉब्लम्स ऑफ़ मॉडर्न इंडिया* (लन्दन, 1941) में बी.आर. शेनॉय, 'द रुपी–स्टर्लिंग रेशियो एंड द एक्सपोर्ट्स ऑफ़ गोल्ड', पृ. 267–8। साथ ही देखें, डी.के. मल्होत्रा, *हिस्ट्री एंड प्रॉब्लम्स ऑफ़ इंडियन करेंसी 1835–1939* (लाहौर, 1939)।
124. फिक्की ने गाँधी से 'रुपये को स्टर्लिंग से नत्थी करने की कोशिशों के ख़िलाफ़ विरोध' करने के लिए कहा कि 'यह प्रतिभूतिहीन, अन्यायपूर्ण, भारत के आर्थिक हितों के लिए सर्वाधिक घातक है।' *हिन्दुस्तान टाइम्स*, 27 सितम्बर 1931। साथ ही देखें, फिक्की, *रिपोर्ट्स ऑफ़ प्रोसीडिंग ऑफ़ एक्जीक्यूटिव कमिटी फॉर 1931*। गाँधी ने इन टेलीग्रामों को सेक्रेटरी ऑफ़ स्टेट और हेनरी स्ट्राकोश को भेज दिया। देखें *कलेक्टेड वर्क्स ऑफ़ महात्मा गाँधी* XLVIII, सितम्बर 1931–जनवरी 1932 (अहमदाबाद, 1971) में गाँधी टु सर सैम्युअल होरे, 28 सितम्बर 1931 और गाँधी टु सर हेनरी स्ट्राकोश 28 सितम्बर 1931, पृ. 81–2। उन्होंने प्रतियाँ सप्रू को भी भेजीं और उन्हें सुझाव दिया कि वे इस प्रश्न पर 'श्री बिरला या प्रोफ़ेसर शाह या दोनों से चर्चा कर लें और एक राय बना लें तथा सम्भव हो तो एस के एस को लिखे मेरे पत्र का समर्थन करें।' *वही*, सप्रू को गाँधी, 28 सितम्बर 1931, पृ. 82।
125. बिरला समय–समय पर गाँधी को करेंसी और दूसरे आर्थिक मसलों पर साहित्य भेजते रहे थे। इन सालों में करेंसी के सवाल पर उन्होंने कई किताबों के साथ स्वयं अपना लेखन भी गाँधी को भेजा था। गाँधी इनमें से कई सवालों की पेचीदगियाँ समझने में असमर्थ थे। उन्होंने बिरला को फ़रवरी 1932 में लिखा : 'जैसे–जैसे मैं करेंसी के विज्ञान से स्वयं को परिचित करा रहा हूँ उतना ही मैं इस मत पर आ रहा हूँ कि इन किताबों में लोगों की ग़रीबी की समस्या को हल करने के जो तरीक़े बताये गये हैं वे ठीक नहीं हैं। एक ही रास्ता है कि कोई तरीक़ा ऐसा ईजाद किया जाये जिससे ख़र्च और

आमदनी का तालमेल बना रहे, और वह सिर्फ़ कुटीर उद्योगों को फिर से खड़ा करके ही सम्भव है।' गाँधी की ओर से बिरला को, 5 जुलाई 1932, *बापू*, वॉल्यूम I, पृ. 197–8।

126. गाँधी की ओर से बिरला को, 28 जून 1932, *कलेक्टेड वर्क्स ऑफ़ महात्मा गाँधी*, वॉल्यूम I, (जून–अगस्त 1932), (अहमदाबाद, 1972), पृ. 108।

127. 23 सितम्बर को गाँधी ने हाउस ऑफ़ कॉमन्स को सम्बोधित किया। वित्तीय मसलों पर गाँधी के वक्तव्य को बिरला ने पसन्द नहीं किया। उसके अगले दिन की बिरला की डायरी में ऐसा लिखा है : 'रात को हमने फिर इस मुद्दे पर बात की। मैंने उनसे पूछा कि उन्होंने बिना किसी सलाह–मशविरे के ऐसा वक्तव्य क्यों दिया। हमारे बीच गम्भीर बहस छिड़ गयी। महात्मा जी ने दावा किया कि उनके शब्दों का वह अर्थ नहीं है जो मैंने लगा लिया था। उन्होंने कहा–जो भी अच्छी चीज़ें सीखी जा सकती हैं वो मैंने क़ानून से ही सीखी हैं। मैंने ऐसी कोई बात नहीं कही जिस पर मुझे घेरा जा सके। अन्त में हम इस बात पर सहमत हो गये कि इन मसलों पर वो भविष्य में मेरी सलाह के बिना कुछ नहीं कहेंगे।' बिरला की डायरी में 24 सितम्बर 1931 की प्रविष्टि, बिरला, डायरी के पन्ने, *बिखरे विचारों की भरोती*, पृ. 505।

128. *रिपोर्ट ऑफ़ द रिप्रेजेंटेटिव्स ऑफ़ द फ़ेडरेशन ऑन द राउंड टेबल कॉन्फ्रेंस, 1932* (नयी दिल्ली, 1932), पृ. 3। रॉयटर को दिये एक साक्षात्कार में उन्होंने ये दावा किया कि सरकार ने अपनी करेंसी नीति में हुई ग़लती को सुधारने का मौक़ा खो दिया है और इस तरह 'जले पर नमक' छिड़का है। उन्होंने इस बात पर बल दिया कि 'विनिमय नीति के तहत "भारत नुक़सान उठाता रहेगा" और ये नुक़सान सिर्फ़ इसलिए होगा कि सरकार विदेशी और ग़ैरज़िम्मेदार है।' *हिन्दुस्तान टाइम्स*, 24 सितम्बर 1931। *मैनचेस्टर गार्डियन* को लिखे अपने पत्र में उन्होंने ब्रिटिश जनता से अपील की कि वह उस अन्याय की स्थिति पर ग़ौर करे और ख़ासकर जब गोलमेज सम्मेलन चल रहा है तो भारत को ब्रिटिश राष्ट्रमण्डल में एक बराबर का भागीदार बनाये। सम्पादक को लिखा पत्र, द *मैनचेस्टर गार्डियन*, 29 सितम्बर 1931, उद्धृत फिक्की, *रिपोर्ट ऑफ़ द रिप्रेजेंटेटिव्स ऑफ़ द फ़ेडरेशन ऑन द राउंड टेबल कॉन्फ्रेंस*, 1932, परिशिष्ट ए, पृ. ए–1 से ए–4 तक।

129. स्ट्राकोश दक्षिण अफ्रीका के औद्योगिक विकास से जुड़े हुए थे, विशेषकर सोने की खदानों के उद्योग से। वे 'साउथ अफ्रीकन करेंसी' और 'बैंकिंग एक्ट ऑफ़ 1920' के लेखक, 1930 से 1937 तक काउंसिल ऑफ़ इंडिया के सदस्य, 1932 में ओटावा में इम्पीरियल इकोनॉमिक कॉन्फ्रेंस के प्रतिनिधि, रॉयल कमीशन ऑन इंडियन करेंसी व वित्त 1925–6 के सदस्य और 1933 के मोनेटरी एंड इकोनॉमिक कॉन्फ्रेंस के प्रतिनिधि थे।

130. बिरला की उपेक्षा की ख़बर देते हुए *हिन्दुस्तान टाइम्स* ने लिखा : 'सर सैम्युअल होरे लन्दन में श्री बिरला की उपस्थिति से अनजान नहीं रहे होंगे। इसके अलावा बिरला उन चुनिंदा भारतीय हस्तियों में से एक माने जाते हैं जिनके वित्तीय मामलों में विचार भारत में वज़न रखते हैं। सेक्रेटरी ऑफ़ स्टेट ने उनकी उपेक्षा जानबूझकर की। सेक्रेटरी ऑफ़ स्टेट को ये डर था कि श्री बिरला उनसे टेढ़े सवाल पूछेंगे जिससे वित्तीय विशेषज्ञों के काम में कुछ मुश्किल आ सकती थी।' *हिन्दुस्तान टाइम्स*, 28 सितम्बर 1931।

131. फिक्की, *रिपोर्ट ऑफ़ द रिप्रेजेंटेटिव्स ऑफ़ द फ़ेडरेशन ऑन द राउंड टेबल कॉन्फ्रेंस*, 1932, पृ. 4।

132. अन्य जिन लोगों को आमन्त्रित किया गया था उनमें थे गाँधी, जिन्ना, सर मानेक जी, सर फ़िरोज़ सेठना, के.टी. शाह (बॉम्बे के अर्थशास्त्री), जोशी (बॉम्बे के अर्थशास्त्री) और रंगास्वामी आयंगर (मद्रास स्थित *द हिन्दू* के सम्पादक)।

133. अधिकतर चर्चा बिरला के हाल ही में प्रकाशित पर्चे 'द प्रेजेंट डिप्रेशन एंड मोनेटरी रिफॉर्म'। स्ट्राकोश ने कहा कि वो पर्चे के पहले भाग पर सहमत हैं जहाँ बिरला ने क़ीमत के स्थिर स्तर की वकालत की है। बिरला ने कहा कि वे उनके निजी विचार थे और 'अब प्रतिनिधि क़ीमत के स्तर को स्थिर करने के लिए न कहकर उसे विनिमय दर पर छोड़ देने की वकालत कर रहे थे।'

134. फिक्की, *रिपोर्ट ऑफ़ द रिप्रेजेंटेटिव्स ऑफ़ द फ़ेडरेशन ऑन द राउंड टेबल कॉन्फ्रेंस*, 1932, पृ. 5। साथ ही देखें 'डायरी के पन्ने', *बिखरे विचारों की भरोती*, पृ. 315।

135. फिक्की, *रिपोर्ट ऑफ़ द रिप्रेजेंटेटिव्स ऑफ़ द फ़ेडरेशन ऑन द राउंड टेबल कॉन्फ्रेंस*, 1932, पृ. 5–8।

136. *वही*, पृ. 8।

137. भारतीय उद्योग के संरक्षण के लिए बिरला ने इंडियन फिस्कल कमीशन में अपनी सदस्यता की शुरुआत से ही हमेशा लड़ाई की थी जब 1922 में अन्य लोगों के साथ उन्होंने एक असहमति–पत्र पर हस्ताक्षर किये थे। 'विभेदकारी संरक्षण' पद के प्रयोग की पृष्ठभूमि के लिए देखें, डी. रदरमंड, *इंडिया इन द ग्रेट डिप्रेशन 1929–36* (नयी दिल्ली, 1992), विशेषकर पृ. 168–70।

138. फिक्की, *रिपोर्ट ऑफ़ द रिप्रेजेंटेटिव्स ऑफ़ द फ़ेडरेशन ऑन द राउंड टेबल कॉन्फ्रेंस*, 1932, पृ. 9।

139. उन्होंने कहा, 'हम सब इस पर एकमत हैं कि हम किसी भी व्यक्ति या कम्पनी, चाहे वह यूरोपीय हो या ग़ैर–भारतीय, के ख़िलाफ़ कोई भेदभाव बरतना नहीं चाहते, लेकिन इसका यह अर्थ नहीं है कि हम विभेद की ताक़त को राष्ट्रीय और ग़ैर–राष्ट्रीय दोनों के ख़िलाफ़ किन्हीं अन्य ज़्यादा तर्कपूर्ण और न्यायसंगत आधारों पर हमेशा के लिए दरकिनार करने के लिए राजी हो गये हैं।' फिक्की, *रिपोर्ट ऑफ़ द रिप्रेजेंटेटिव्स ऑफ़ द फ़ेडरेशन ऑन द राउंड टेबल कॉन्फ्रेंस*, 1932, पृ. 11। इसके बाद दोनों ओर के व्यापारियों ने एक–दूसरे पर उनकी मंशा को लेकर आरोप लगाये। बेंथल ने दावा किया कि ब्रिटिश व्यापारियों के साथ निजी बातचीत में बिरला ब्रिटिश व्यापारिक हितों के ख़िलाफ़ भेदभाव न होने की गारंटी देने को तैयार थे, और ये कि बिरला ने घोषणा की थी कि 'उनकी ज़िन्दगी के पिछले दस सालों में वे एक विरोध का रवैया अपनाये रहे थे जो अक्सर ही होने के बावजूद कटुतापूर्ण नहीं था, क्योंकि उनके दिमाग़ में जो मुद्दे थे उनपर दबाव बनाने का वही एक तरीक़ा था, लेकिन अब से उन्होंने सारे विरोध को त्यागकर मिल–जुलकर काम करने की इच्छा व्यक्त की थी।' बेंथल पेपर्स, बॉक्स XI, फ़ाइल I, कैम्ब्रिज सेंटर ऑफ़ साउथ एशियन स्टडीज़। अपनी ओर से फिक्की के प्रतिनिधियों ने ये आरोप लगाया कि बेंथल ने अनौपचारिक बातचीत का ग़लत ब्योरा दिया और घटनाओं का 'विकृत रूप' प्रस्तुत किया, देखें, फिक्की, *रिपोर्ट ऑफ़ द रिप्रेजेंटेटिव्स ऑफ़ द फ़ेडरेशन ऑन द राउंड टेबल कॉन्फ्रेंस*, 1932।

140. चर्चा कई अन्य मुद्दों पर चली गयी, जैसे कि व्यापारिक इकाइयों को अनुदान। जहाँ यूरोपीय व्यापारियों ने महसूस किया कि वे इकाइयाँ जिन्हें नस्लीय नहीं बल्कि आर्थिक आधार पर अनुदान दिया गया स्वीकार्य की जा सकती हैं, लेकिन ऐसे मामले कम होंगे, वहीं अनुदान इकाइयों के बजाय किसी व्यापार को दिया जाये, यह भारतीय प्रतिनिधियों को स्वीकार्य नहीं हो सकता था।

141. फिक्की, *रिपोर्ट ऑफ़ द रिप्रेजेंटेटिव्स ऑफ़ द फ़ेडरेशन ऑन द राउंड टेबल कॉन्फ्रेंस*, 1932, पृ. 159।

142. '90 करोड़ के बजट में से 72 करोड़ या उससे भी ज़्यादा क्राउन के लिए आरक्षित होना है। वित्त विभाग के कुल कार्य में से करेंसी और विनिमय का नियन्त्रण गवर्नर जनरल के नियन्त्रण में होना है...क्या मैं पूछ सकता हूँ श्रीमान कि उसके बाद क्या शेष बचता है?', बिरला ने पूर्ण सत्र में इस सवाल का जवाब माँगा, देखें, *वही*।

143. 'मैं ऐसा नहीं सोचता कि कोई भी स्वाभिमानी वित्त सदस्य इतने सारे कड़े सुरक्षा उपायों के साथ काम कर सकता है और इस प्रावधान के साथ अपना कार्यभार सँभाल सकता है कि 72 करोड़ बिना किसी औचित्य के गवर्नर को सौंप दिये जायेंगे।'

144. फिक्की, *रिपोर्ट ऑफ़ द रिप्रेजेंटेटिव्स ऑफ़ द फ़ेडरेशन ऑन द राउंड टेबल कॉन्फ्रेंस*, 1932, पृ. 19।

145. 5 नवम्बर 1931 की उनकी डायरी में एक प्रविष्टि यह है : 'बाल्डविन ने महात्मा जी को साफ़–साफ़ कह दिया है कि आपको वह नहीं मिलेगा जो आप चाहते हैं। मैंने महात्मा जी को कहा कि यदि हमें 8 आना भी मिले तो वह आपके कारण होगा इसलिए आप इसे यूँ ही मत छोड़िएगा।' महात्मा जी ने जवाब दिया : 'मैं जानता हूँ कि मैं भागूँगा नहीं।' 'उनकी रणनीति ये है कि यदि बहुत कम मिलेगा तो उसे स्वीकार नहीं किया जायेगा।' बिरला, 'डायरी के पन्ने', उद्धृत, *बिखरे विचारों की भरोती*, पृ. 327–9।

146. बिरला गाँधी से विभिन्न भंगिमाओं की आशावादी व्याख्या करते रहे। उदाहरण के लिए देखें, उनकी 'डायरी के पन्ने', उद्धृत, *बिखरे विचारों की भरोती*, पृ. 337।

147. प्रधानमन्त्री को पत्र, 6 नवम्बर 1931, *कलेक्टेड वर्क्स ऑफ़ महात्मा गाँधी*, वॉल्यूम XLVIII, पृ. 271–2।

148. बिरला, 'डायरी के पन्ने', उद्धृत, *बिखरे विचारों की भरोती*, पृ. 332–3।

149. 30 नवम्बर 1931 के पूर्ण सत्र में जी.डी. बिरला का भाषण, उद्धृत, फिक्की, *रिपोर्ट ऑफ़ द रिप्रेजेंटेटिव्स ऑफ़ द फ़ेडरेशन ऑन द राउंड टेबल कॉन्फ्रेंस*, 1932, परिशिष्ट आर.सी.(2)। बिरला के अपने पक्ष की स्पष्ट प्रस्तुति से श्रोता बहुत प्रभावित हुए। उनको सुनने के बाद कैम्पबेल रोड्स ने उन्हें बधाई दी और कहा : 'मि. बिरला, यदि कभी आप बेरोज़गार हो जायें तो सिफ़ारिश के लिए हेनरी स्ट्राकोश के पास चले जाना। आपको एक अच्छी सिफ़ारिश मिलेगी।' 4 दिसम्बर 1931 की डायरी में प्रविष्टि, बिरला, 'डायरी के पन्ने', उद्धृत, *बिखरे विचारों की भरोती*, पृ. 344।

150. लौटकर आये प्रतिनिधियों ने व्यापारिक भेदभाव के मुद्दे पर अपने पक्ष की वकालत करते हुए कहा, 'हमारा रवैया जितना तर्कपूर्ण था उतना ही दृढ़ भी था। हमने नस्लीय भेदभाव के मुद्दे पर दबाव नहीं डाला, लेकिन हमने ये पूरी तरह साफ़ कर दिया कि हम ऐसी किसी भी चीज़ के लिए तैयार नहीं होंगे जो भारत को अपने आर्थिक हितों के अनुरूप आर्थिक नीतियाँ बनाने के अधिकार को सीमित या बाधित करे, चाहे उससे प्रभावित होने वाले स्वदेशी हों या विदेशी।' फिक्की, *रिपोर्ट ऑफ़ द रिप्रेजेंटेटिव्स ऑफ़ द फ़ेडरेशन ऑन द राउंड टेबल कॉन्फ्रेंस*, 1932, पृ. 10।

151. फ़ेडरेशन को पत्र, 9 अगस्त 1932, उद्धृत, वेंकटसुबैया, *एंटरप्राइज एंड इकोनॉमिक चेंज*, पृ. 17।

152. फिक्की, *रिपोर्ट ऑफ़ द रिप्रेजेंटेटिव्स ऑफ़ द फ़ेडरेशन ऑन द राउंड टेबल कॉन्फ्रेंस*, 1932, पृ. 12।

153. फिक्की, *रिपोर्ट ऑफ़ द रिप्रेजेंटेटिव्स ऑफ़ द फ़ेडरेशन ऑन द राउंड टेबल कॉन्फ्रेंस*, 1932।

154. सैम्युअल होरे की ओर से बिरला को, 27 जनवरी 1932, उद्धृत, बिरला, *बापू*, वॉल्यूम I, पृ. 171–2, साथ ही देखें, फिक्की, *रिपोर्ट ऑफ़ द रिप्रेजेंटेटिव्स ऑफ़ द फ़ेडरेशन ऑन द राउंड टेबल कॉन्फ्रेंस*, 1932, पृ.19। ये भी देखें, बिरला की ओर से होरे को, 14 मार्च 1932, उद्धृत, बिरला, *बापू*, वॉल्यूम I, पृ. 178–80। बिरला ने उसी बिन्दु पर ज़ोर दिया जो ठाकुरदास ने आरटीसी की कार्यवाही में व्यक्त किया था कि भारतीय व्यापार जगत के विचार में महत्त्व इस बात का था कि वित्तीय सुरक्षा 5 प्रतिशत को मिले या 95 प्रतिशत को। होरे से बातचीत के बाद बिरला ने ठाकुरदास को इस आशय का तार भेजा कि 'अधिकारियों ने विचार करने का वादा किया था' पर जब तक कि 'ब्रिटिश अधिकारियों के साथ रेहन को कम करने, पिछले ऋण का समायोजन करने और लोकप्रिय संयोजन' का आश्वासन नहीं मिलता चर्चा निरर्थक ही होगी।

155. बिरला की ओर से सैम्युअल होरे को, 14 मार्च 1932, बिरला, *बापू*, पृ. 178–80।

156. बिरला की ओर से सैम्युअल होरे को, 14 मार्च 1932, बिरला, *बापू*, पृ. 178–82।

157. फिक्की के अधिकारी ने कॉन्फ्रेंस में रुचि दिखायी जब मार्च 1932 में उसने वाणिज्य सदस्य जॉर्ज रेनी से कॉन्फ्रेंस की कार्यसूची और भारतीय प्रतिनिधिमण्डल के नामित सदस्यों के बारे में पूछा। फिक्की, *1932 की कार्यकारी कमेटी की कार्यवाही की रिपोर्ट*, वॉल्यूम I, (नयी दिल्ली, 1933)।

158. बिरला की ओर से सैम्युअल होरे को, 28 मार्च 1932, बिरला, *बापू*, वॉल्यूम I, पृ. 182–3।

159. देखिए, मार्कोविट्स, इंडियन बिज़नेस एंड नेशनलिस्ट पॉलिटिक्स, पृ. 85 और विलिंग्डन की ओर से होरे को, 21 मार्च 1932, बी. चटर्जी, 'बिज़नेस एंड पॉलिटिक्स इन द 1930, लंकाशायर एंड द मेकिंग ऑफ़ द इंडो–ब्रिटिश ट्रेड एग्रीमेंट, 1939', *मॉडर्न एशियन स्टडीज़* (एमएएस), वॉल्यूम 15, नम्बर 3, 1981, पृ. 547।

160. बिरला की ओर से महादेव देसाई को, 21 दिसम्बर 1934, बिरला, *बापू*, वॉल्यूम I, पृ. 459–60।

161. फिक्की, *रिपोर्ट ऑफ़ प्रोसीडिंग्स ऑफ़ एक्जीक्यूटिव कमेटी फॉर 1931*।

162. समझौते के अनुसार भारत सरकार 160 ब्रिटिश निर्मित वस्तुओं को वरीयता देने को तैयार थी। इन वस्तुओं में मोटरगाड़ियाँ, केमिकल, दवाएँ, भवन एवं इंजीनियरिंग सामग्री, हार्डवेयर, टायर, खाद्य वस्तुएँ

और कपड़े शामिल थे। इस वरीयता के बदले में ब्रिटिश बाज़ार में भारतीय कच्चे माल, जिसमें चाय, कपास, जूट और तम्बाकू शामिल थे, को प्राथमिकता की गारंटी माँगी गयी। ओटावा सम्मेलन पर देखें, ईयान एम. ड्रमंड, *ब्रिटिश इकोनॉमिक पॉलिसी एंड द एम्पायर 1919–1939* (लन्दन, 1972) विशेषकर भाग 1, अध्याय 3 और 4, साथ ही देखें, मैक्स बिलॉफ द्वारा इसकी समीक्षा, द पॉलिटिकल ब्लाइंड स्पॉट ऑफ़ इकोनॉमिस्ट्स, उद्धृत, *गवर्नमेंट एंड अपोजीशन*, वॉल्यूम 10, नम्बर I, विंटर 1975, पृ. 107–12, साथ ही देखें, डब्ल्यू.के.हैनकॉक, *सर्वे ऑफ़ ब्रिटिश कॉमनवेल्थ अफेयर्स, प्रॉब्लम्स ऑफ़ इकोनॉमिक पॉलिसी 1918–1939*, वॉल्यूम II, खण्ड I, विशेषकर अध्याय 3, खण्ड III।

163. फिक्की की ओर से एक वक्तव्य में उन्होंने घोषणा की कि 'उन्हें ये साफ़ तौर पर महसूस हो रहा है कि ब्रिटिश सरकार की प्राथमिकता–आधारित दरों के पीछे साम्राज्य के आरक्षित बाज़ारों में अपने उद्योगों को संरक्षित करने की मंशा थी क्योंकि उनके उद्योग जापान, संयुक्त राज्य अमेरिका और सुदूर पूर्व के साथ प्रतियोगिता का सामना नहीं कर पा रहे थे...भारत सरकार की अपनी कोई औद्योगिक नीति नहीं थी जो देसी उद्योगों को बढ़ाये और कृषि–उपज के इस्तेमाल को प्रोत्साहन दे...संक्षेप में फ़ेडरेशन की कमेटी को ये कहने में कोई संकोच नहीं है कि अगर प्रतिनिधियों की रिपोर्ट की रोशनी में समझौते को पढ़ा और समझा जाये तो बिना शक वह राष्ट्र के व्यापारिक और औद्योगिक हितों में रुकावट पैदा करने वाला और नुक़सानदेह था।' फिक्की, *रिपोर्ट ऑफ़ प्रोसीडिंग्स ऑफ़ एक्ज़ीक्यूटिव कमेटी फॉर 1932*।
164. केवल बॉम्बे स्थित कुछ उद्योगपतियों ने समझौते का समर्थन किया, मोदी जैसे अधिक वफ़ादार व्यापारियों को सरकार ने प्रभावपूर्ण तरीक़े से ख़ामोश कर दिया।
165. मार्कोविट्स, *इंडियन बिज़नेस एंड नेशनलिस्ट पॉलिटिक्स*, पृ. 87। बाद में 1936 में फिक्की ने 'ओटावा की प्राथमिकता योजना' का आकलन करती एक रिपोर्ट निकाली और ये सिफ़ारिश की कि 'यूके और भारत के बीच वर्तमान व्यापार समझौते को रद्द कर दिया जाये क्योंकि इससे भारतीय कृषि उत्पादन में कोई उल्लेखनीय लाभ नहीं हुआ है, बल्कि इससे दूसरे विदेशी ग्राहकों में, भले ही अचेतन रूप में, एक व्यर्थ प्रतिरोध की भावना पैदा हुई है।' रिपोर्ट ने ये सार निकाला : '(क)– यूनाइटेड किंगडम के साथ भारत के कृषि उत्पाद के निर्यात में कोई उल्लेखनीय प्रगति नहीं दिखती जिसका कारण ये है कि समान प्राथमिकता प्राप्त अन्य ब्रिटिश उपनिवेशों ने भारतीय माल के मुक़ाबले यूनाइटेड किंगडम के बाज़ारों में ज़्यादा बेहतर और मज़बूत तरह से लाभ प्राप्त किया। (ख)– साम्राज्य के भीतर आर्थिक समूह बनाने के लिए यूनाइटेड किंगडम द्वारा शुरू किये गये सघन आर्थिक राष्ट्रवाद ने व्यापार के वैश्विकतावाद को प्रोत्साहित करने के बजाय सीमित कर दिया है और साम्राज्य से बाहर के उत्पादक देशों को मजबूर किया है कि वे व्यापार की सुस्ती से निबटने के लिए आयात लाइसेंस, मात्रात्मक सीमाबद्धता और विनिमय नियन्त्रण का सहारा लें, जिन तरीक़ों ने भारत के मामले में उसके निर्यात–व्यापार को इन ग़ैर–साम्राज्य देशों में प्रभावित किया है।' फिक्की, प्राथमिकता की ओटावा योजना पर एक नोट (कानपुर, 1936), पृ. 73। फिक्की के पक्ष के बरअक्स और समझौते के विस्तृत अध्ययन के लिए देखें, बी.एन. अदरकर, 'द ओटावा पैक्ट', उद्धृत राधाकमल मुखर्जी (सम्पा), *इकोनॉमिक प्रॉब्लम्स ऑफ़ मॉडर्न इंडिया*, वॉल्यूम II (लन्दन, 1939), पृ. 378–95।
166. मार्कोविट्स, *इंडियन बिज़नेस एंड नेशनलिस्ट पॉलिटिक्स*, पृ. 90।
167. जिस नयी व्यवस्था को अन्तिम रूप दिया जा रहा था उसमें ये प्रस्तावित था कि ये एक आरक्षित विषय रहेगा। अधिकतर शक्तियाँ वायसराय के पास रहेंगी जिसके साथ एक आईसीएस अधिकारी आरक्षित वित्त का कार्यभार सँभालेगा, वायसराय बजट को वीटो कर सकेगा, सारे स्टर्लिंग और विदेशी ऋण का प्रबन्धन उसी के द्वारा किया जायेगा, और रुपया अनुपात व करेंसी का मुद्दा राजशाही द्वारा नियुक्त रिज़र्व बैंक के अन्तर्गत होगा।
168. इसने एक अखिल भारतीय संघ का प्रस्ताव किया जिसमें वायसराय के पास सेना, विदेशी मामले व वित्तीय मामलों में वीटो करने की शक्ति होगी, आवश्यक विवरणों के लिए देखें, कार्लब्रिज, *होल्डिंग इंडिया टु द एम्पायर* (लन्दन, 1986)।

169. मोदी लंकाशायर का समर्थन भारतीय हितों के लिए पाने की कोशिश कर रहे थे, ताकि व्हाइटहॉल पर ये दबाव बनाया जा सके कि वह इस भारतीय माँग को सहमति दें जिससे भारतीय बाज़ार को जापानी वस्तुओं के प्रवेश से संरक्षण मिल सके। समझौते के तहत भारतीय पक्ष इन पर सहमत हुआ : (क)– लंकाशायर को भारतीय आयात शुल्क दो साल के लिए 25 से घटाकर 20 प्रतिशत करना, यानी 5 प्रतिशत की छूट का प्रस्ताव, (ख)– यूके से आने वाले ग़ैर थान वाले कपड़े पर लगने वाले शुल्क के लिए कोई नये प्रस्ताव न लाये जायें, जब भारत की राजस्व–स्थिति में भारत सरकार के लिए यह सम्भव हो कि वह अक्टूबर 1931 में सभी आयातों पर लगाये गये अधिभार को हटा सके, (ग)– जहाँ तक यूके से सूती कपड़े के आयात का सम्बन्ध है उसका शुल्क प्रति पाउंड सवा आना और विशेष शुल्क के साथ पाँच प्रतिशत हो सकता है; और (घ)– यूके के मामले में कृत्रिम रेशम के ग़ैर थान वाले कपड़े पर 30 प्रतिशत मूल्यानुसार शुल्क हो सकता है या पूरी तरह कृत्रिम रेशमी कपड़े पर सवा आना प्रति वर्ग गज़, और 30 प्रतिशत या 2 आना प्रति वर्ग गज़ कपास और कृत्रिम अवयवों से बने मिश्रित कपड़े पर। ग़ैर थान वाले कपड़े और धागों के मामले में साम्राज्य और अन्य समुद्रपारीय बाज़ारों में जो लाभ ब्रिटेन के लिए निर्धारित होगा वह भारत को भी दिया जायेगा, और भारत समुद्रपारीय बाज़ारों में जो कोटा यूके के लिए आबंटित होगा उसमें शामिल हो सकेगा। एमसीसी भारतीय निर्माताओं और ब्रिटिश व्यापारियों के बीच इन बाज़ारों में समझौते कराने के लिए तैयार हो गया। डी.आर. मानकेकर, *होमी मोदी : अ मैनी स्प्लैंडर्ड लाइफ* (बॉम्बे, 1968), पृ. 67 और 71–2।

170. ब्रिटेन में भी ये समझौता गहरे संकट में पड़ गया। भारत के प्रश्न पर पार्टी नेतृत्व से अलग मत रखते हुए चर्चिल ने होरे पर यह आरोप लगाया कि उन्होंने मैनचेस्टर चेम्बर ऑफ़ कॉमर्स पर ज्वाइंट सेलेक्ट कमेटी के सामने रखे गये साक्ष्य के साथ छेड़छाड़ करने का दबाव बनाया। और आरोप लगाया कि ये संसद के विशेषाधिकार हनन का मामला बनता है। देखिए, कार्लब्रिज, *होल्डिंग इंडिया टु द एम्पायर*, अध्याय 5। मोदी ने बाद में याद करते हुए बताया : 'कभी भी किसी क़दम को इतना ग़लत नहीं समझा गया था और न उसकी इतनी कड़वी आलोचना की गयी थी। हफ़्तों तक अख़बारों में एक उग्र अभियान चलाया गया और सब तरह के लोगों और संस्थाओं ने इस समझौते की निन्दा की। ये याद करना रुचिकर होगा कि जिन इकाइयों ने निन्दा प्रस्ताव पारित किये थे उनमें से एक ऐसी संस्था थी जिसे हिन्दू विधवाओं के हितों को आगे बढ़ाने के लिए प्रोत्साहित किया गया था।' एच.पी. मोदी, 'एज आई लुक बैक', 15 जुलाई 1956 को आल इंडिया रेडियो के बॉम्बे स्टेशन से प्रसारित वार्ता, उद्धृत, मोदी *रिफ्लैक्शंस–वाइज एंड अदरवाइज*, पृ. 105–6।

171. शुरू में उनको लगा कि लंकाशायर के विरुद्ध 25 प्रतिशत शुल्क हटा लेने के बाद भारतीय मिलों के सामने कुछ मुश्किलें आ सकती हैं, लेकिन वे अपनी क्षमता बढ़ाकर आसानी से नये हालात से ख़ुद का तालमेल बैठा लेंगी और प्रतियोगिता के योग्य हो जायेंगे। इसके अतिरिक्त भारतीय व्यापार जगत यह जानता था कि 'वे उत्पाद जिनमें ब्रिटेन प्राथमिकता चाहेगा अब मोटे तौर पर भारतीय उत्पादों के साथ प्रतियोगिता में नहीं थे', बी. चटर्जी, 'बिज़नेस एंड पॉलिटिक्स इन द 1930, लंकाशायर एंड द मेकिंग ऑफ़ द इंडो–ब्रिटिश ट्रेड एग्रीमेंट, 1939', *मॉडर्न एशियन स्टडीज़*, वॉल्यूम 15, नम्बर 3, 1981, पृ. 561। जैसा कि उन्होंने महादेव देसाई को बताया : 'मैं व्यक्तिगत रूप से यह महसूस करता हूँ कि कोई भी ऐसा व्यापार समझौता जिसमें भारतीय हितों की बलि न चढ़ाई जा रही हो फिर भी लंकाशायर के हित सध रहे हों ऐसा सम्भव तो है लेकिन ये आदान–प्रदान केवल लंकाशायर का राजनीतिक समर्थन ही हो सकता है। मोदी–लीज सन्धि का उनके लिए कोई मूल्य नहीं है। उसके स्थान पर गाँधी–लीज सन्धि अधिक मूल्यवान हो सकती है। क्या गाँधीजी को इस बारे में विचार नहीं करना चाहिए कि उनकी व्यग्रता को हम पारस्परिक लाभ के लिए इस्तेमाल कर सकें?' देखें, बिरला की ओर से महादेव देसाई को, 10 नवम्बर 1934, बिरला, *बापू*, वॉल्यूम I, पृ. 428–30।

172. सर रेगीनाल्ड क्लार्क कलकत्ता से अवकाश प्राप्त भारतीय पुलिस के अधिकारी थे और कई महत्त्वपूर्ण पदों पर रहे थे, जैसे 1920 के दशक में कलकत्ता पुलिस के डिप्टी कमिश्नर, किर्क पैट्रिक भी

कलकत्ता के पूर्व *बॉक्सवाला* थे और प्रबन्धन एजेंसी बर्ड एंड कम्पनी में भागीदार थे। वो कई जूट मिलों और खदान कम्पनियों के 1923 तक निदेशक रहे थे। 1931 में वे प्रेस्टन से कंज़र्वेटिव पार्टी के सांसद चुने गये थे, और 1937 तक उस पर रहे थे।

173. सर रेगीनाल्ड क्लार्क बिरला को, 8 दिसम्बर 1935, बिरला पेपर्स, फ़ाइल संख्या 5।
174. रेगीनाल्ड क्लार्क बिरला को, 28 दिसम्बर 1934, बिरला पेपर्स, फ़ाइल संख्या 5।
175. 'श्री मोदी का भारतीय कपड़ा उद्योग में कुछ भी दाँव पर नहीं था, लिहाज़ा उनके किये समझौते में उन्हें कुछ भी गँवाना नहीं था। लोग उनके बारे में ओछी टिप्पणियाँ करते और कोई भी उन्हें गम्भीरता से नहीं लेता', रेगीनाल्ड क्लार्क से बिरला, 14 जनवरी 1935, बिरला पेपर्स, फ़ाइल संख्या 5।
176. उन्होंने क्लार्क को लिखा : 'मैं जब भी कोई काम करता हूँ तो उसके दीर्घकालिक महत्त्व को देख लेता हूँ...यदि लिहाज़ा मैं लंकाशायर के साथ एक समझौता करवाने में मदद करूँ तो यह मेरा कर्तव्य हो जाता है कि मैं देखूँ कि लंकाशायर की भारतीय बाज़ार में वास्तव में पैठ बनी रहे। तब मुझे देखना चाहिए कि बहिष्कार एक असम्भव चीज़ हो जाता है। लेकिन मुझे नहीं पता कि क्या किसी को इसकी ज़रूरत है...मात्र भविष्य ही दिखायेगा कि असल दोस्त कौन है।'
177. वायसराय ने बिरला को बताया कि होरे द्वारा किया गया समझौता हाउस ऑफ़ कॉमन्स में लंकाशायर के 60 मत जीतने के लिए था और इसके बदले में वास्तव में इसे कुछ खोना नहीं था। बिरला का ज़ोर देकर कहना था कि समझौता जिस 'ग़लत तरीक़े' से सम्पन्न हुआ सर्वाधिक महत्त्व की बात वही थी। उन्होंने इस बात की ओर ध्यान दिलाया कि ब्रिटेन में तो रन्सीमैन ने लंकाशायर से उनके हितों के लिए हर क़दम पर विचार–विमर्श किया, लेकिन भारत में भोरे ने फिक्की के प्रतिनिधियों से मिलने से भी इनकार कर दिया, बावजूद इस तथ्य के कि मोदी–लीस समझौते को अस्वीकृत कर दिया गया था। 'इंटरव्यू विद द वायसराय', 1 फ़रवरी 1935, बिरला, *बापू*, वॉल्यूम II, पृ. 15–18।
178. बिरला की ओर से क्लार्क को, एक अप्रैल 1935, बिरला पेपर्स, फ़ाइल संख्या 5। बिरला ने क्लार्क को आश्वस्त किया कि 'यदि निमन्त्रित किया जाये तो फिक्की के प्रतिनिधि सहर्ष ही आयेंगे और मुद्दों पर दोस्ताना तरीक़े से चर्चा करने के लिए तैयार होंगे, लेकिन जैसा कि मैंने कहा...लेकिन अभी किसी को औपचारिक रूप से बुलाना जल्दबाज़ी होगी, इसलिए अच्छा यही होगा कि बिना किसी प्रतिबद्धता के और बिना किसी की नुमाइन्दगी के एक अनौपचारिक तरीक़े से बात कर ली जाये।'

अध्याय 6

राष्ट्रवादी राजनीति की मुख्यधारा में

अप्रैल 1934 में बिरला 40 वर्ष के हो गये यानी उम्र का मध्य पड़ाव। थोड़ा ठहरकर ज़रा उस समय उनकी परिस्थितियों का जायज़ा लिया जाये। उनकी उम्र के किसी व्यक्ति के लिहाज़ से उनका सार्वजनिक व्यक्तित्व प्रभावशाली था। गाँधी के साथ रहने के कारण तमाम राष्ट्रीय स्तर के नेताओं से उनका नज़दीकी परिचय हो चुका था। गाँधी से निकटता के कारण वल्लभभाई पटेल, सी.राजगोपालाचारी और राजेन्द्र प्रसाद जैसे तमाम महत्त्वपूर्ण नेताओं के साथ उनका घनिष्ठ सम्पर्क हो गया था और उन्हें गाँधी खेमे का अन्दरूनी व्यक्ति व्यापक रूप से स्वीकार किया जाने लगा था। 1932 में उन्हें ऑल इंडिया हरिजन सेवक संघ का संस्थापक अध्यक्ष बनने का मौक़ा मिला और इस प्रकार वे गाँधी के प्रिय रचनात्मक कार्यक्रम से पूरी तरह जुड़ गये। कुछ लोग उन्हें मीडिया सम्राट मानते थे। उनके मालिकाने वाला 'हिन्दुस्तान टाइम्स' उस समय राजधानी से निकलने वाला एकमात्र बड़ा अंग्रेज़ी अख़बार था जिसकी प्रसार संख्या दिनोंदिन बढ़ रही थी। देश भर में उनका परिवार लोकोपकारी सेवाओं के लिए प्रसिद्धि पा चुका था। राजस्थान में उन्हें शिक्षण के क्षेत्र में अभूतपूर्व काम करने के लिए काफ़ी शोहरत मिली थी। 1920 के दशक में बिरला एजुकेशन ट्रस्ट के अन्तर्गत उन्होंने कई प्राथमिक पाठशालाएँ खुलवायीं। व्यावसायिक जगत में उन्हें फिक्की का आधार–स्तम्भ माना जाता था और बड़े व्यावसायिक संस्थानों के प्रवक्ता के रूप में उनकी ओर देखा जाता था। वे और उनके भाई अखिल भारतीय स्तर पर विभिन्न क्षेत्रों में व्यवसाय फैला रहे थे और 1930 के आरम्भ तक चीनी, क़ाग़ज और बीमा जैसे चुनौतीपूर्ण क्षेत्रों में प्रवेश कर चुके थे। भारत और ब्रिटेन के राजनीतिक हलकों में उन्हें एक ऐसे व्यक्ति के रूप में देखा जाता था जिसका प्रभाव गाँधी पर भी था। इतनी सारी विशेषताओं को लेकर बिरला ने सार्वजनिक जीवन में प्रवेश किया था।

बिरला ने यह साख कैसे तैयार की? हमने देखा कि एक राजनीतिक के रूप में उन्होंने जो छोटी पारी खेली उससे उनका मोहभंग हो चुका था। फ़िलहाल उन्होंने भारतीय बड़े उद्योग के प्रवक्ता, काँग्रेस हाईकमान के वित्तीय मामलों के सलाहकार और महात्मा और अंग्रेज़ों के बीच एक मध्यस्थ की भूमिका के लिए अपने को मज़बूती से तैयार कर लिया था। 1930 की शुरुआत में अपनी इन नयी भूमिकाओं में वे कितने खरे उतरे और किस तरह से उन्होंने राजनीतिक क्षेत्र के बाहर अपनी रुचि बढ़ाई इसकी चर्चा हम करेंगे।

नयी भूमिका में सबसे महत्त्वपूर्ण बात थी कि 1930 के दशक में उन्होंने काँग्रेस की मुख्यधारा की राजनीति से जुड़ने में अपनी रुचि दिखायी।

यह ध्यान देने वाली बात है कि बिरला औपचारिक तौर पर न तो काँग्रेसी बन गये थे और न ही वे अब अपने को राजनेता के रूप में देखते थे। उन्हें अपने आपको 'गाँधी का आदमी' कहलाने में आनन्द मिलता था और वे गाँधीवाद के दक्षिणपन्थ और काँग्रेस की कुल राजनीति के बीच सावधानी से फ़र्क़ करते थे। जैसा कि हमने देखा कि काँग्रेस के दक्षिणपन्थी नेता आर्थिक और वित्तीय मामलों में उनकी राय एक विशेषज्ञ के तौर पर लेते थे। धीरे–धीरे राष्ट्रवादी संघर्ष में वे लोग इन्हें अपना सहयोगी मानने लगे थे और कई लोगों से इनकी घनिष्ठ मित्रता हो चुकी थी। बहुतों के साथ वे व्यक्तिगत बातें भी कर लिया करते थे।

इनमें सबसे क़रीबी व्यक्ति थे जमनालाल बजाज, जो एक मारवाड़ी व्यवसायी होने के साथ–साथ दो दशकों तक काँग्रेस के कोषाध्यक्ष रहे थे और अपने आप में एक राजनीतिक हस्ती हुआ करते थे।[1] बजाज के साथ बिरला के सम्बन्ध 1912 से ही पारिवारिक और बिरादरी के आधार पर बन चुके थे।[2] जैसा कि हम देख चुके हैं कि गाँधी से बिरला को मिलवाने में बजाज ने कितनी महत्त्वपूर्ण भूमिका निभाई थी। गाँधीवादी व्यवस्था और उसके रचनात्मक कार्यक्रमों में दोनों व्यक्तियों की समान रुचि थी। दोनों ही गो–रक्षा, हिन्दी भाषा के उत्थान, हरिजन कल्याण और अछूतों के मन्दिर प्रवेश जैसे मामलों में विशेष रुचि रखते थे। गाँधी दोनों ही व्यक्तियों को अपना अन्तरंग सैनिक मानते थे। 1920 के बाद बजाज ने बिरला परिवार द्वारा संचालित समाजसेवी कार्यों में गहरी रुचि दिखायी थी और 1929 में राजस्थान में शिक्षा के विकास के लिए जो बिरला एजुकेशन ट्रस्ट बनाया गया था उसमें भी उनका काफ़ी सहयोग रहा था। बदले में बिरला नियमित तौर पर बजाज को व्यावसायिक मसलों पर राय दिया करते थे।[3] उनकी घनिष्ठता का अन्दाज़ा इस बात से भी लग जाता है कि जब बजाज अधिकांशतः जेल में होते थे तब बजाज–परिवार व्यावसायिक मामलों पर चर्चा करने के लिए बिरला का आश्रय लेता था।[4]

दूसरे क़रीबी सहयोगी सी. राजगोपालाचारी या 'राजाजी' थे। राजाजी के साथ उनका सम्पर्क गाँधी के साथ जुड़ाव के कारण हुआ था और 1930 में इन सम्बन्धों में और प्रगाढ़ता आयी जब बिरला से राजाजी ने अपने सबसे बड़े दामाद वरदराजन की नौकरी की चर्चा की।[5] यह सम्बन्ध 1930 के दशक में और मज़बूत हुए जब 1935 में राजाजी के दूसरे दामाद और गाँधी के बेटे देवदास गाँधी को 'हिन्दुस्तान टाइम्स' का सम्पादक बनाया गया। इस पद पर देवदास 1957 तक बने रहे। राजाजी को बिरला ने अपने कृष्णार्पण ट्रस्ट का ट्रस्टी भी बनाया जो विभिन्न क्षेत्रों में दान देने का काम करता था।[6]

दूसरे महत्त्वपूर्ण राष्ट्रीय स्तर के नेता बिहार के डॉ. राजेन्द्र प्रसाद थे जिन्हें बिहार से काँग्रेस का बड़ा नेता माना जाता था। अपने एक लेख में उन्होंने लिखा था कि 'जब राजेन्द्र प्रसाद को पहली बार देखा तो वे इतने सामान्य लगे जैसे किसी पिछड़े ज़िले की अदालत का चतुर्थ श्रेणी का मुख्तार हो।' लेकिन राजेन्द्र बाबू जैसी शख़्सियत हर समाज या युग में कम ही जन्म लेती है। उनके सभी गुण उनके व्यक्तित्व में इतनी गहराई से छिपे थे और उनकी साधारणता इतनी स्वाभाविक थी कि उन्हें देखकर कोई भी पूरी तरह धोखा खा जाये। उनके सद्‌गुण इतनी गहराई तक पैबस्त थे कि अगर कोई राजेन्द्र बाबू को जानने की

कोशिश करे तो उसे काफ़ी गहरे उतरना पड़ेगा तभी कुछ हासिल हो पायेगा।[7] बिरला उनके 'विवेक, विद्वत्ता और बुद्धिमत्ता' को बहुत इज़्ज़त देते थे।[8] इन सम्बन्धों में 1930 के दशक में और प्रगाढ़ता आयी जिसकी एक झलक 1936 की एक घटना में देखी जा सकती है जब राजेन्द्र प्रसाद के बड़े भाई महेन्द्र प्रसाद की अचानक हुई मौत से पूरा परिवार आर्थिक संकट में आ गया था।[9] पूरा परिवार ऋण की चपेट में था और ऋणमुक्त होने के लिए परिवार को कुछ सम्पत्तियों को बेचना पड़ा। ऐसे समय राजेन्द्र प्रसाद को बिरला और बजाज की ज़रूरत महसूस हुई। बिरला ने 45,000 रुपये के ऋण की व्यवस्था की। राजेन्द्र प्रसाद को बिरला से यह निजी ऋण लेने में संकोच हो रहा था। उन्हें यह चिन्ता भी थी कि उनके राजनीतिक सहयोगी उनकी आलोचना करेंगे। तब जाकर यह तय हुआ कि बिरला द्वारा दी जा रही रक़म राजेन्द्र प्रसाद को बजाज, जो काँग्रेस कार्यकारिणी में उनके सहयोगी थे, के माध्यम से ऋण के रूप में दी जाये।[10] बाद में 1942 में बिरला ने प्रसाद परिवार की मदद छपरा इलेक्ट्रिक कम्पनी में निवेश को लेकर आयी आर्थिक दिक़्क़तों के समय भी की थी।[11] 1930 के बाद से राजेन्द्र प्रसाद बिरला हाउस के नियमित मेहमान बन गये थे और पिलानी में स्थित बिरला के शैक्षणिक संस्थानों में विशेष रुचि दिखाने लगे थे।[12]

1930 के दशक में बिरला के रिश्ते कई बड़े काँग्रेसी नेताओं के साथ बने। इनमें से एक थे के.एम. मुंशी जो बॉम्बे के प्रसिद्ध राजनेता और वकील थे। हालाँकि बिरला का मुंशी से परिचय 1920 में ही हुआ था मगर भारतीय विद्या भवन के निर्माण के दौरान दोनों के सम्बन्ध जाने थे और इसका काम विख्यात इतिहासकार आर.सी. मजूमदार के निर्देशन में होना था। जब मुंशी ने बिरला से 1943 में इस काम के लिए सहयोग माँगा तो उन्होंने इस परियोजना के लिए 1,50,000 रुपये देने की घोषणा की।[13] इन खण्डों के प्रकाशन के लिए एक समिति बनायी गयी जिसके चेयरमैन मुंशी और उप–चेयरमैन बिरला को बनाया गया।[14] अन्य क्षेत्रों में भी मुंशी और बिरला के सम्बन्ध काफ़ी घनिष्ठता भरे रहे। मसलन मुंशी यदा–कदा बिरला को क़ानूनी सलाह दिया करते थे, ख़ासकर उनकी शिक्षण संस्थाओं के सन्दर्भ में।[15]

जितने भी काँग्रेसी नेता उनके सम्पर्क में आये थे उनमें वल्लभभाई पटेल ऐसे व्यक्ति थे जिनके लिए बिरला के हृदय में ख़ास स्थान था। बिरला का कहना था कि उनका सरदार के साथ परिचय 1920 के दशक में हुआ था।[16] हालाँकि हमारे पास उनके पुराने रिश्ते का ब्योरा नहीं है मगर 1930 तक बिरला पटेल के घनिष्ठ हो चुके थे। बिरला का पटेल के परिवार के साथ ऐसा घरेलू सम्बन्ध बन चुका था जिस पर वे हमेशा भरोसा कर सकते थे।[17] जैसा कि बाद में बिरला ने लिखा :

> मुझे कभी–कभी एक टेलीग्राम (तार सन्देश) मिलता था जिस पर दो शब्द 'तुरन्त आओ' लिखा होता था और जब मैं पहुँचता था तब वे बताते थे कि मुझे क्या करना है। दान–संग्रह का मसला ज़रूरी तौर पर सामने आता था। एक बार मैंने पटेल को गाँधीजी की कही बात बतायी जो उन्होंने मुझसे कही थी कि "मुझे सरदार का व्यवसायियों से पैसे इकट्ठा करना अच्छा नहीं लगता।" तो उनका उत्तर उनके स्वभाव के अनुसार ही था–"यह उनकी चिन्ता का विषय नहीं है। गाँधीजी एक महात्मा हैं, मगर मैं नहीं। मुझे अपना काम करना है।"[18]

उनका ये आपसी सहयोग 1930 के दशक में लगातार बढ़ता रहा। अपनी यात्रा के दौरान कई राष्ट्रीय नेताओं का आना–जाना बिरला के घर लगा रहता था। गाँधी ने तो नयी दिल्ली के बिरला हाउस में नियमित ही रुकना शुरू कर दिया था, जिसका परिणाम यह हुआ कि सभी काँग्रेसी वहाँ आने–जाने लगे और सबसे बिरला की जान–पहचान बढ़ने लगी।[19] आने वाले समय में बिरला हाउस न सिर्फ़ नयी दिल्ली, बॉम्बे और कलकत्ता में बने बल्कि बिहार (अब झारखण्ड) के राँची, उ.प्र. (अब उत्तराखण्ड) के पहाड़ी स्थल मसूरी और ब्रिटिश राज की ग्रीष्मकालीन राजधानी शिमला में भी इनका निर्माण हुआ।[20] अपने राजनीतिक जीवन के कई महत्त्वपूर्ण मौक़ों पर गाँधी दिल्ली के बिरला हाउस में ठहरे थे। मसलन अक्टूबर 1939 में जब वे लॉर्ड लिनलिथगो से युद्ध की भावी रणनीति पर विचार–विमर्श करने वाले थे उसके कुछ ही समय पूर्व वे बिरला हाउस में ठहरे थे। क्रिप्स मिशन के महत्त्वपूर्ण मुद्दे पर बातचीत के दौरान भी वे यहीं रुके थे। अगस्त 1942 में जब गाँधी ने 'भारत छोड़ो' का नारा दिया था तब उनकी गिरफ़्तारी बॉम्बे के बिरला हाउस से हुई थी।[21] 1946 में हुई शिमला कॉन्फ्रेंस के दौरान काँग्रेस कार्यकारिणी के अधिकांश सदस्य बिरला हाउस में ठहरे थे। आने वाले समय में दिल्ली स्थित बिरला हाउस का भारतीय राजनीति में वही स्थान हो गया था जो एक समय आनन्द भवन (नेहरू का इलाहाबाद स्थित पैतृक निवास) का हुआ करता था। इन सब तथ्यों को देखते हुए वायसराय के प्रभावशाली निजी सचिव गिल्बर्ट लैथवेट को कहना पड़ा था कि 'भारत की वास्तविक राजधानी सिर्फ़ नयी दिल्ली नहीं बल्कि बिरला हाउस है जहाँ महात्मा गाँधी और दूसरे काँग्रेसी नेता ठहरते हैं और जहाँ काँग्रेस कार्यकारिणी समिति की बैठकें होती हैं और महत्त्वपूर्ण राजनीतिक निर्णय लिए जाते हैं।'[22]

काँग्रेस के वामपन्थी धड़े की चुनौती

गाँधी और दूसरे काँग्रेसी नेताओं के क़रीब होने से कोई आश्चर्य नहीं कि बिरला को पार्टी में ऊपरी स्तर पर चल रही आन्तरिक गतिविधियों की जानकारी हो जाया करती थी। 1930 के दशक के शुरुआती दौर में काँग्रेस के भीतर वामपन्थी धड़े का बढ़ता प्रभाव बिरला के लिए एक बड़ी चिन्ता थी। जैसा कि सर्वविदित है कि काँग्रेस पार्टी गुटीय और सैद्धान्तिक दोनों प्रकार के मतभेदों से ग्रस्त थी। इन सबसे अधिक उनके लिए ज़्यादा चिन्ता की बात पार्टी में बढ़ता वामपन्थी प्रभुत्व था। नेहरू का झुकाव तेज़ी से वामपन्थ की ओर हो रहा था और तमाम युवा काँग्रेसी उनके विचारों की तरफ़ झुक रहे थे। काँग्रेस के भीतर अन्य नेता इस समाजवादी रुझान को पहचान पाते उससे पहले ही बिरला इस चुनौती का सामना करने की रणनीति बनाने में जुट गये थे। जैसा कि हम देख चुके हैं कि उन्होंने भले ही सविनय अवज्ञा आन्दोलन का समर्थन किया था मगर उनका विश्वास संवैधानिक तरीक़ों में था। कुछ समय तक उनका ये यक़ीन था कि अगर ब्रिटिश राज की बातचीत गाँधी के साथ असफल रहती है तो उससे काँग्रेस के भीतर के अतिवादियों के हाथ मज़बूत होंगे और उससे भारतीय समस्याओं को लेकर हो रही समझौते की बातचीत खटाई में पड़ जायेगी।

बिरला चाहते थे कि अंग्रेज़ों को इस बात का अहसास हो कि भारत में बढ़ते वामपन्थी रुझान को देखते हुए गाँधी ही उग्रवादी राजनीति के ख़िलाफ़ एक ढाल का काम कर सकते हैं।

उन्हें भय था कि अगर सरकार गाँधी के साथ किसी समझौते पर पहुँचने में असफल होती है तो उससे काँग्रेस के भीतर अतिवादी तत्त्व मज़बूत होंगे। जैसे ही दूसरे सविनय अवज्ञा आन्दोलन को सरकार ने नागरिक–मार्शल लॉ के दमनकारी क़ानून से कुचलकर दबाया बिरला का यक़ीन और मज़बूत हुआ। उन्होंने सैम्युअल होरे को बताया कि 'काश मैं सरकार की बुद्धि को बदल पाता और उसे यह समझा पाता कि गाँधीजी और उनकी विचारधारा के व्यक्ति न सिर्फ़ भारत के एकमात्र शुभचिन्तक हैं बल्कि ग्रेट ब्रिटेन के भी मित्र हैं और गाँधीजी क़ानून और व्यवस्था के पीछे सबसे बड़ी ताक़त हैं।' उन्होंने आगे कहा कि 'सिर्फ़ गाँधी ही हैं जो भारत में वामपन्थ को आगे बढ़ने से रोक सकते हैं।' और यह निवेदन किया कि अंग्रेज़ों को गाँधीजी के साथ बातचीत नये सिरे से शुरू करनी चाहिए।[23] बिरला मानते थे कि अंग्रेज़ों का कट्टर रवैया अन्ततः गाँधी के नेतृत्व को कमज़ोर करेगा और अतिवादी मज़बूत होंगे।[24]

उनका मानना था कि अगर काँग्रेस के भीतर बढ़ती हुई वामपन्थी चुनौती को ख़त्म करना है तो इसके लिए सबसे अच्छी रणनीति होगी कि संविधानवाद को बढ़ावा दिया जाये। इसके लिए सरकार द्वारा जारी किये गये मार्च 1933 के श्वेत–पत्र को आधार बनाया जा सकता था, जिसके अन्तर्गत सुधार प्रस्तावों के तहत ब्रिटिश और भारतीय रजवाड़ों की संघीय शासन की व्यवस्था और ब्रिटिश भारत में प्रान्तों को स्वायत्तता देने की बात शामिल थी। श्वेत–पत्र को स्वीकार करने के बाद काँग्रेस पूरी तरह संवैधानिक मार्ग पर आने की स्थिति में हो जाती थी। हालाँकि प्रस्ताव से बिरला पूरी तरह सहमत नहीं थे मगर वे चाहते थे कि काँग्रेस जल्द–से–जल्द उचित सुधारों को अपनाने का कार्य शुरू कर दे। 'हिन्दुस्तान टाइम्स' ने लिखा था कि 'संवैधानिक पद्धति को स्वीकार करने से काँग्रेस के वामपन्थी धड़े पर प्रतिकूल प्रभाव पड़ेगा।'[25]

बिरला की बेचैनी वामपन्थियों के बढ़ते मुखर प्रचार के कारण और उनके कारण जिन्हें वे काँग्रेस का अगिनखोर कहते थे और नेहरू के बड़े क़द के ज़रिये नेतृत्व पर उनके द्वारा वर्चस्व क़ायम करने के बढ़ते ख़तरे के कारण बढ़ती जा रही थी। उन्होंने ग़ौर किया था कि किस तरह 1930 के दशक की शुरुआत में काँग्रेस के भीतर वामपन्थी खेमे ने ज़ोर–शोर से अपनी गतिविधियाँ बढ़ाई थीं। बात उस समय और आगे बढ़ गयी जब अक्टूबर 1933 में नेहरू ने अपने लेखों का संकलन 'वाइदर इंडिया' (भारत कहाँ) के भड़काऊ शीर्षक से छपवा दिया जिसमें उन्होंने पूँजीपतियों और उनके निहित स्वार्थों पर खुलकर हमला बोल दिया था।[26] उन्होंने राजनीतिक लक्ष्य के रूप में 'स्वतन्त्रता और समाजवाद' की बात करते हुए सभी तरह की वर्गीय सुविधाओं और निहित स्वार्थों के ख़ात्मे की बात की थी।[27] उसके बाद कुछ ही महीनों में बिरला को एक और ख़तरा दिखायी पड़ा जब मई 1934 में वामपन्थी तत्त्वों ने काँग्रेस सोशलिस्ट पार्टी (सीएसपी) नामक अपना एक अलग दल बना लिया।[28] हालाँकि नेहरू इस नयी पार्टी से औपचारिक तौर पर नहीं जुड़े थे मगर लोगों का मानना था कि इसके पीछे नेहरू की प्रेरणा काम कर रही थी। बिरला का मानना था कि सीएसपी कट्टर कम्युनिस्टों का संगठन है। बिरला के मन में वामपन्थियों के बढ़ते प्रभाव को लेकर तमाम आशंकाएँ उठने लगीं और 'निहित स्वार्थों' के विरुद्ध अभियान के प्रचार ने उन्हें चौकन्ना कर दिया। ऐसा प्रतीत होता था कि सीएसपी एक सोची–समझी रणनीति के

तहत व्यवसायियों के ख़िलाफ़ नफ़रत का प्रचार कर रही है और यह दर्शाने की कोशिश कर रही है कि व्यवसायी सिर्फ़ 'ख़ून चूसने वालों की जमात है जो निहित स्वार्थों के चलते अंग्रेज़ों के साथ मिलकर जनता का शोषण कर रहे हैं।'[29] काँग्रेस का भविष्य वामपन्थ की ओर जाता देख बिरला को घोर चिन्ता हुई।

बिरला ने काँग्रेस के भीतर अपने सभी दोस्तों से वामपन्थ की इस चुनौती का मुक़ाबला करने के लिए बातचीत शुरू की और कोई ठोस रणनीति बनाने का सुझाव दिया। सच्चाई यह थी कि काँग्रेस के भीतर ही लोग वामपन्थियों को शक की नज़र से देख रहे थे और यह जानकर बिरला को थोड़ी शान्ति मिली। जून 1934 में उन्हें थोड़ा और सन्तोष तब मिला जब काँग्रेस कार्यकारिणी कमेटी की बैठक में वर्ग संघर्ष की बात को ख़ारिज कर दिया गया और इसे गाँधीवादी अहिंसा के बिल्कुल विपरीत घोषित किया गया। इसने बिरला को वामपन्थी चुनौती का मुक़ाबला करने की एक अन्तर्दृष्टि दी और बाद में हमेशा उनके साथ रही एक रणनीति के अनिवार्य तत्त्वों को समझने में मदद की।[30]

उनकी रणनीति का पहला बिन्दु यह था कि सार्वजनिक जीवन से जुड़े लोग काँग्रेस पर दबाव डालें कि वह संवैधानिक विचारों की ओर अधिक झुके। अगर संवैधानिक पद्धति को स्वीकार किया जाता है तो काँग्रेस के वामपन्थी हाशिए पर चले जायेंगे और दक्षिणपन्थी धड़ा मज़बूत होगा। दूसरी महत्त्वपूर्ण रणनीति यह थी कि वामपन्थ पर सीधे आक्रमण न किया जाये, इसके बजाय दक्षिणपन्थ के हाथों को मज़बूत किया जाये। अपने पुराने मित्र पुरुषोत्तमदास ठाकुरदास से उन्होंने कहा था कि 'वल्लभभाई, राजाजी और राजेन्द्र बाबू सभी कम्युनिज़्म और समाजवाद से लड़ रहे हैं। लिहाज़ा हमारे लिए यह ज़रूरी हो जाता है कि हम एक स्वस्थ पूँजीवाद के समर्थक होने के कारण गाँधीजी के लिए काम करें।'[31] उनकी योजना का महत्त्वपूर्ण हिस्सा काँग्रेसी दक्षिणपन्थ के लिए समर्थन जुटाना था और वे चाहते थे कि उनके व्यावसायिक सहयोगी पार्टी के साथ जुटें और वामपन्थी दृष्टिकोण की इस धारणा को ग़लत साबित करें कि ब्रिटिश साम्राज्यवाद के विरुद्ध किये संघर्ष में व्यावसायिक समुदाय विश्वसनीय भागीदारी नहीं कर सकता। उन्हें चिन्ता थी कि कहीं वामपन्थी वाग्जाल के कारण काँग्रेस का समर्थन कर रहे व्यावसायिक नेता पीछे न हट जायें और उन लोगों के हाथ कमज़ोर हों जो पार्टी के भीतर वामपन्थ के ख़िलाफ़ कमान सँभाले हुए हैं। इस अवधि में बिरला ने लगातार इस बात का प्रयास किया कि बड़े उद्यमी काँग्रेस का समर्थन करने से किनारा न कर लें।

यह काम आसान बिल्कुल नहीं था। नेहरू का पूँजीवाद पर आक्रमण सिर्फ़ 'वाइदर इंडिया' तक सीमित नहीं था वह सार्वजनिक वक्तव्यों में भी हमला बोलने लगे थे। व्यावसायिक एकता बनाये रखने का काम उस समय और कठिन होता दिखा जब काँग्रेस ने गवर्नमेंट ऑफ़ इंडिया एक्ट 1935 के प्रस्तावों को अस्वीकृत करने का मन बनाया। यह एक्ट 1933 के श्वेत–पत्र पर आधारित था। एक्ट के मुताबिक़ सत्ता दो चरणों में दी जानी थी। पहले क्रम में सत्ता हस्तान्तरण प्रान्तों को होना था और दूसरे स्तर पर केन्द्र को संघीय रूप रजवाड़ों के समर्थन दिये जाने के आधार पर दिया जाना था। फ़िलहाल शुरुआती दौर में काँग्रेस की प्रतिक्रिया आलोचनात्मक थी, जिसका अर्थ यह था कि प्रान्तों में सत्ता सँभालने का अवसर दिये जाने पर वह उसे अस्वीकार कर सकती थी। इसके चलते बॉम्बे के तमाम व्यवसायी

चिन्तातुर हो उठे और ख़ुद की 'रिफार्म पार्टी' बनाने का मन बना लिया। बॉम्बे के होमी मोदी ने वहाँ के व्यवसायियों का आह्वान किया कि वे अलग पार्टी बनायें और काँग्रेस के साथ अपना सम्बन्ध विच्छेद कर लें, क्योंकि वह उग्र समाजवादी तत्त्वों के हाथ का खिलौना बन चुकी है।[32] हालाँकि बिरला इस संकेत को लेकर स्वयं बहुत चिन्तित थे मगर इस उभरते संकट का हल ढूँढ़ने का उनका ये तरीक़ा नहीं था। बिरला ने जो रणनीति तैयार की थी उससे मोदी की बात बिल्कुल उल्टी बैठती थी। काँग्रेस को कमतर आँकने को लेकर मोदी की आलोचना शुरू हो गयी और बिरला के मालिकाने वाले 'हिन्दुस्तान टाइम्स' के सम्पादकीय में उन्हें 'चूहे' की पदवी दी गयी और उनकी पार्टी को 'प्रतिक्रियावादी पार्टी' की संज्ञा दी गयी।[33] अन्ततः मोदी की अलग पार्टी नहीं बन सकी।[34]

बिरला को यह भी पता था कि काँग्रेस के वामपन्थियों को किनारे लगाने के लिए सिर्फ़ व्यवसायियों का सहयोग ही पर्याप्त नहीं है, बल्कि उन्हें कुछ प्रभावशाली ब्रिटिश नेताओं की मदद की भी ज़रूरत पड़ेगी। इस बात को ध्यान में रखकर उन्होंने उन ब्रिटिश राजनेताओं पर दबाव डालने का मन बनाया जिन्हें वे जानते थे कि वे दक्षिणपन्थी गुट का सहयोग सुधारों को मनवाने के लिए कर सकते हैं। उन्होंने बंगाल के गवर्नर सर जॉन एंडरसन को लिखा जिनके साथ उनके बंगाल में चल रहे व्यवसाय के कारण अच्छे सम्पर्क थे। बिरला ने ज़ोर दिया कि काँग्रेस के दक्षिणपन्थी गुट के साथ तालमेल बिठाने की ख़ास ज़रूरत है। उन्हें भय था कि अगर काँग्रेस के दक्षिणपन्थी गुट और सरकार के बीच उचित सामंजस्य नहीं बन सका तो 'दक्षिणपन्थी रास्ते से हट जायेंगे और वामपन्थी मैदान मार ले जायेंगे।' उन्होंने गवर्नर को यह समझाने की कोशिश की कि वे गाँधी के हाथ मज़बूत करें जिससे उनका प्रभाव कम न होने पाये। उनका प्रभाव कम होने पर 'अतिवादियों को मज़बूत' होने का मौक़ा मिल जायेगा।[35]

अपने विचारों को लेकर समर्थन जुटाने के मक़सद से बिरला 1935 में इंग्लैंड की सद्‌भावना यात्रा पर निकले। उन्होंने परिचय के लिए कई नेताओं के नाम गाँधी और सर जॉन एंडरसन से पत्र लिखवा लिए थे। उन्होंने इंग्लैंड में लगभग साढ़े तीन माह व्यतीत किये और हरसम्भव प्रभावशाली नेताओं से मिलने की कोशिश की। इनमें भारत के नये सेक्रेटरी ऑफ़ स्टेट लॉर्ड जेटलैंड,[36] पूर्व प्रधानमन्त्री राम्से मैग्डोनेल्ड, पूर्व वायसराय एर्ल ऑफ़ हेलीफैक्स, पूर्व वायसराय लॉर्ड सेलिसबरी,[37] सर हेनरी पेजक्रॉफ़्ट और लॉर्ड डर्बी[38] (इनमें अन्तिम तीनों कट्टर रूढ़िवादी राजनेता थे) और प्रधानमन्त्री स्टेनले बाल्डविन प्रमुख थे। इसमें सबसे महत्त्वपूर्ण मुलाक़ात वायसराय के लिए नामांकित लिनलिथगो[39] के साथ रही और लगता है कि उनके साथ बिरला की तुरन्त घनिष्ठता भी हो गयी। साथ ही उन्होंने कैंटरबरी के आर्कबिशप, इंडिया ऑफ़िस के अधिकारियों–सर फिंडलेटर स्टीवर्ट[40] और आर.ए. बटलर[41], कुछ श्रमिक नेताओं[42], विंस्टन चर्चिल[43], शहर के लोगों और प्रेस के प्रतिनिधियों[44] से मुलाक़ात की। अपनी सभी बैठकों में बिरला ने एक ही विषय को अपना केन्द्रबिन्दु बनाया कि अगर भारत सरकार संवैधानिक मुद्दे का हल नहीं निकालती तो ऐसा कर वह अप्रत्यक्ष रूप से काँग्रेस के भीतर वामपन्थी गुटों के हाथ मज़बूत करेगी।[45] उनका आग्रह था कि ब्रिटिश लोगों को गाँधी के साथ निजी तौर पर सम्पर्क करना चाहिए और गाँधीवादी काँग्रेस के साथ मिलकर ब्रिटिश राज को लेकर जो भय और अविश्वास का वातावरण पार्टी में बना हुआ है उसे दूर करना चाहिए।[46]

इन महीनों में बिरला ने ब्रिटेन के राजनेताओं से काँग्रेस के दक्षिणपन्थी गुट के लक्ष्यों की वकालत की। उनका सन्देश लगातार यही रहा कि काँग्रेस के भीतर तगड़ा वैचारिक संघर्ष चल रहा है, वामपन्थी गुट ताक़तवर होता जा रहा है, दक्षिणपन्थी गुट पर यह कहकर हमला किया जा रहा है कि उसने 'कुछ भी हासिल नहीं किया', भारत सरकार जिस तरह नरमपन्थी काँग्रेस की अनदेखी कर रही है उससे अप्रत्यक्ष रूप से वामपन्थी धड़ा मज़बूत हो रहा है, संघर्ष निर्णायक दौर में पहुँच चुका है, अगर काँग्रेस ने सुधारों को अस्वीकार किया है तो उसके पीछे सरकार के प्रति उसका अविश्वास रहा है—और ये सारी बातें उस नये संविधान की सफलता के रास्ते में रोड़े अटकाएँगी जिसे अंग्रेज़ लागू करने की कोशिश में लगे हैं।[47] उन्होंने जेटलैंड, हेलीफैक्स, होरे और लोथियान जैसे प्रभावशाली राजनेताओं को वचन दिया कि वे अपने निजी प्रभाव से गाँधी को मनाएँगे कि काँग्रेस सुधारों के द्वार तब तक बन्द न करे जब तक लॉर्ड लिनलिथगो वायसराय का पदभार ग्रहण नहीं कर लेते। हालाँकि उनकी इस सद्भावना यात्रा का कोई ठोस परिणाम नहीं निकला लेकिन जब बिरला भारत लौटे तो उनका यह विश्वास दृढ़ हो चुका था कि अंग्रेज़ नये सुधारों को लागू करने के लिए गम्भीर हैं। उनका मानना था कि अगर काँग्रेस नये संविधान को अस्वीकार करती है तो यह उसकी भारी भूल होगी।

सितम्बर 1935 में भारत लौटने पर बिरला अपनी यात्रा की पहली रपट गाँधी को देने के लिए सीधे वर्धा पहुँचे। यहाँ उन्होंने गाँधी और उस वक़्त उनके आश्रम में मौजूद पटेल और राजगोपालाचारी जैसे अन्य नेताओं को अपनी यात्रा के नतीजों से अवगत कराया। बिरला ने उन्हें अपनी वार्ताओं के विस्तृत ब्योरे बताये। उन्होंने गाँधी से विनती की कि नये वायसराय के कार्यभार सँभालने तक काँग्रेस नये संविधान को लेकर कोई निर्णय लेने से परहेज बरते। हालाँकि गाँधी बिरला के उत्साहपूर्ण विचार को स्वीकार करने में मुश्किल महसूस कर रहे थे और इस बात को लेकर आशंकित थे कि बिरला जिस सकारात्मकता से बात कर रहे हैं क्या वह सकारात्मकता सरकारी दायरों में भी है—पर इस आशंका के बावजूद गाँधी ने वादा किया कि लखनऊ में होने जा रहे काँग्रेस के आगामी सत्र में सुधारों को लेकर कोई नयी प्रतिबद्धता नहीं की जायेगी।[48] काँग्रेस की राजनीति को क़रीब से जानने वाले बिरला यह देख सकते थे कि उन ताक़तों में जो सत्ता स्वीकार करने की पक्षधर हैं और वामपन्थी जो सत्ता स्वीकारने के विरोधी हैं, के बीच संघर्ष बहुत जल्द होने वाला है। और जैसा उनका अनुमान था वैसा ही हुआ। लखनऊ के काँग्रेस अधिवेशन में, जहाँ नेहरू को पार्टी अध्यक्ष चुना गया, में यह संघर्ष देखने को मिला।

लखनऊ सत्र में नेहरू के समाजवाद की पराकाष्ठा देखने को मिली और यहाँ कई अतिवादी प्रस्ताव पेश किये गये। लेकिन एक बिल्कुल सही अर्थ में यह बिरला की जीत थी।[49] वामपन्थियों का सत्ता स्वीकार करने के विरोध का प्रस्ताव पराजित हुआ, और ट्रेड यूनियनों और किसान सभाओं को सीधे काँग्रेस से जोड़े जाने का नेहरू का प्रयास भी असफल रहा।[50] सबसे ख़ास बात यह रही कि काँग्रेस ने आगामी चुनाव लड़ने का निर्णय लिया। साथ ही कार्यकारिणी समिति के चौदह में से दस सदस्यों ने सार्वजनिक रूप से नेहरूवादी समाजवाद को ख़ारिज कर दिया था।[51] सारी बातें उसी अनुरूप हुई थीं जैसी बिरला ने गाँधी, पटेल और राजगोपालाचारी से चर्चा के बाद उम्मीद की थी। बिरला काफ़ी प्रफुल्लित थे जैसा कि उन्होंने ठाकुरदास को गर्व से बताया :

महात्मा जी अपने वादे पर क़ायम रहे और बिना एक शब्द बोले उन्होंने देखा कि कोई नयी प्रतिबद्धताएँ नहीं की गयी हैं। जवाहरलाल जी का भाषण एक तरह से रद्दी की टोकरी में फेंक दिया गया क्योंकि जितने भी प्रस्ताव पारित किये गये वे उनके भाषण की भावना के विरोध में थे...यह ज़रूर कहना होगा कि जवाहरलाल को अपनी स्थिति का पूरी तरह आभास था और उन्होंने अपनी ताक़त का दुरुपयोग नहीं किया। कार्यकारिणी समिति जो उन्होंने बनायी है उसमें 'महात्मा जी के गुट' का लबालब बहुमत है।[52]

अन्ततः बिरला को इस बात का सन्तोष हुआ कि चीज़ें सही दिशा में जा रही हैं। उन्हें आशा थी कि नये वायसराय लॉर्ड लिनलिथगो अगर स्थिति को ठीक तरह से सँभालते हैं तो बहुत सम्भावना है कि काँग्रेसियों के हाथ में सत्ता आ जाये।[53] लखनऊ सत्र के बाद बिरला को भरोसा हो गया था कि अन्ततः दबदबा वल्लभभाई के गुट का रहने वाला है और 'थोड़ा–सा मित्रवत ढंग से प्रयोग कर उन्हें (नेहरू) भी वास्तविक मित्र बनाया जा सकता है।'[54]

हालाँकि बिरला ने नेहरू के चरित्र को लेकर जो विश्लेषण किया था उससे पूँजीपतियों का महत्त्वपूर्ण तबका सहमत न था : ख़ासकर बॉम्बे का। बिरला, जो काँग्रेस के नीतिगत निर्णयों को लेकर पार्टी के भीतर तक दखल रखते थे, के उलट ये व्यवसायी नेहरू की समाजवादी घोषणाओं को लेकर चिन्ता में घिर जाते थे।[55] बावजूद इसके कि लखनऊ काँग्रेस सत्र में नेहरू के अधिकांश प्रस्ताव ख़ारिज कर दिये गये थे उसके एक महीने बाद बॉम्बे के 21 महत्त्वपूर्ण व्यवसायियों ने उनके विचारों को ख़ारिज करते हुए एक घोषणापत्र पर हस्ताक्षर किये। उन्होंने घोषणा की कि 'हमें यह कहने में कोई संकोच नहीं है कि हम इस क़िस्म के विचारों का प्रचार किये जाने का साफ़–साफ़ विरोध करते हैं, क्योंकि देश में व्यापक आर्थिक दुर्दशा की वर्तमान स्थिति में, वे बिना स्वागत के भी आने को तैयार मालूम दे रहे थे।' आगे उन्होंने कहा–'हमें मालूम है कि देश में इस तरह के सिद्धान्तों से जनता को इस रूप में बरगलाये जाने का ख़तरा है कि उनकी बेहतरी के लिए जो भी कुछ चाहिए वह वर्तमान सामाजिक और आर्थिक ढाँचे को पूरी तरह नष्ट करके ही पाया जा सकता है।'[56]

बॉम्बे घोषणापत्र ने बिरला को खिन्न किया। निजी तौर पर वे ख़ुद भी बॉम्बे के व्यवसायियों की भावना में शरीक थे, पर बड़े व्यवसाय के एक अहम हिस्से द्वारा काँग्रेस अध्यक्ष पर सार्वजनिक आक्रमण किया जाना उन्हें उचित नहीं लगता था। यह उनके द्वारा काफ़ी मेहनत से तैयार की गयी बारीक़ रणनीति से पूरी तरह परे जाना था। ख़ासकर हस्ताक्षरकर्ताओं की भीड़ में उन्हें अपने प्रिय मित्र पुरुषोत्तमदास ठाकुरदास का नाम देखकर पीड़ाजनक हैरानी हुई। बिरला ने उन्हें फटकार लगाते हुए लिखा कि :

सही है कि सिद्धान्ततः हम सब समाजवाद या कम्युनिज़्म का विरोध करते हैं, लेकिन मेरी राय में घोषणापत्र में जो भाषा प्रयोग हुई है वह जवाहरलाल के साथ पूरी तरह न्याय नहीं करती...आप एक ऐसे सचेत व्यक्ति हैं जो कभी बिना सोचे–समझे कोई क़दम नहीं उठाते, इसलिए मुझे आपका नाम ऐसे दस्तावेज़ में देखकर काफ़ी आश्चर्य हुआ जिसमें लिखी बातों की अवश्य ही ग़लत व्याख्या की जायेगी...घोषणापत्र ने पूँजीवाद के विरोध में काम कर रही ताक़तों को बल दे दिया है।[57]

उन्होंने एक अन्य अनुभवी व्यावसायिक नेता वालचन्द हीराचन्द को फटकार लगाते हुए लिखा कि 'आपने अपनी बिरादरी के लोगों की यह कोई सेवा नहीं की।' उन्होंने हीराचन्द से कहा, 'मुझे आश्चर्य होता है कि हम व्यापारी लोग कितने अदूरदर्शी हैं। एक सम्पत्तिशाली व्यक्ति के लिए यह बहुत बचकाना लगता है कि वो कहे कि वो देश के व्यापक हित में सम्पत्ति की ज़ब्ती का विरोध कर रहा है।'[58] बिरला द्वारा ठाकुरदास और वालचन्द को लगाई गयी फटकार से बॉम्बे के कुछ व्यवसायियों के रवैये में परिवर्तन आया। नतीजतन जब कुछ ही हफ्तों बाद नेहरू बॉम्बे आये तो व्यवसाय जगत ने उनका गर्मजोशी से स्वागत किया और कई चेम्बर्स ऑफ़ कॉमर्स ने पैसों और पतों के उपहार दिये।[59] बिरला ने अपने प्रभाव का इस्तेमाल यह नज़र रखने के लिए भी किया कि बॉम्बे के पूँजीपतियों की ग़लती किसी अन्य जगह के व्यापार संगठन न दोहराएँ। अपनी ओर से वे नेहरू की समाजवादी घोषणाओं के दोहरे चरित्र पर अपने विचार अपने साथियों में रखते रहे। जैसा कि उन्होंने कहा :

> समाजवाद महज़ जवाहरलाल की अधैर्यता का दूसरा नाम है। हालाँकि उन्होंने यह इलहाम कर लिया है कि वे कॉंग्रेस में बहुत अल्प बहुमत में हैं। पर इस सबके बावजूद वहाँ कोई टूटन नहीं रही है और न ही मुझे लगता है कि कोई टूटन आयेगी भी। दोनों ही पक्ष यह जानने के लिए पर्याप्त समझदार हैं कि टूट से किसी को कोई लाभ नहीं होने वाला। लिहाज़ा कुल परिणाम यह रहा कि जवाहरलाल इन दिनों शान्त पड़ चुके हैं और समाजवाद और उससे जुड़े मसलों पर ज़्यादा कुछ नहीं बोल रहे।[60]

बावजूद कि बिरला यह बात जानते थे कि नेहरू का समाजवाद क़ाबू में आ चुका है, वामपन्थी खेमे पर निर्णायक सफलता कॉंग्रेस के सरकार बनाने का निर्णय लेने पर ही पायी जा सकती थी। उन्होंने इस दिशा में अपने अथक प्रयास जारी रखे। लन्दन प्रवास के दौरान उन्होंने जिन ब्रिटिश नेताओं से मुलाक़ात की थी, जैसे हेलीफैक्स और लोथियान, उन्हें बार–बार पत्र लिखकर बिरला ने यह बताने की कोशिश की कि सुधारों को सर्वाधिक उदारवादी ढंग से ही सामने आना चाहिए।[61] जब कॉंग्रेस ने इसे एक पूर्व शर्त बना दिया कि गर्वनर की 'विशेष शक्तियाँ' सरकार की मंजूरी के बग़ैर इस्तेमाल में न लायी जायें, तो इससे पैदा हुए गतिरोध को ख़त्म करने के लिए बिरला वायसराय से मिलने गये। उन्होंने लिनलिथगो को बताया कि गाँधी सिर्फ़ एक 'सज्जनों का समझौता' चाहते हैं और उन्होंने आग्रह किया कि मामले को सुलझाने के लिए वे सीधे गाँधी से बात करें बजाय इसके कि इसे प्रान्तीय नेताओं पर छोड़ दें। उन्होंने लिनलिथगो से कहा कि सत्ता स्वीकार करने को लेकर कॉंग्रेस में कोई मतभेद नहीं है और नेहरू भी अन्ततः वही करेंगे जैसी गाँधी की राय होगी। उन्होंने कॉंग्रेसी नेताओं को लगातार यह समझाने की कोशिश की कि उन्हें संयम बरतने की ज़रूरत है।[62] इन महीनों के दौरान बिरला गाँधी से मिलने अक्सर गुजरात गये और सत्ता–स्वीकार की प्रक्रिया सम्बन्धी विषयों को लेकर लम्बी चर्चा की।

जब कॉंग्रेस पूरे मामले को लेकर बहस कर रही थी और बातचीत का लम्बा दौर चालू था तभी 1937 की शुरुआत में बिरला भारत–ब्रिटिश व्यापार समझौतों के ग़ैर–सरकारी सलाहकार की अपनी हैसियत से पानी के जहाज़ पर इंग्लैंड रवाना हो गये।

उन्हें यात्रा के दौरान इस बात का अफ़सोस रहा कि काँग्रेस और सरकार के बीच जो गतिरोध आया वह '75 प्रतिशत ग़लतफ़हमी और 25 प्रतिशत परस्पर भय' के कारण था लेकिन उन्हें उम्मीद थी कि कोई हल ज़रूर निकाल लिया जायेगा।

प्रान्तीय स्वायत्तता के प्रहरी

जुलाई 1937 में अन्ततः यह गतिरोध समाप्त हुआ और काँग्रेस ने प्रान्तों में सरकार बनाने की बात मान ली। गाँधी को यह बात मालूम थी कि बिरला ने इसके लिए कितनी मेहनत की है, लिहाज़ा निर्णय पारित होते ही तुरन्त उन्होंने उन्हें फ़ोन पर इसकी सूचना दी। बिरला इस ख़बर से फूले नहीं समाये और उन्होंने बहुत ख़ुशी और उल्लास महसूस किया।[63] उन्होंने इसे दक्षिणपन्थी गुट की जीत माना और 'हाईकमान' में अपने मित्रों को तार भेजकर उनकी जीत के लिए बधाई दी।[64] बिरला का सारा उत्साह इस बात को लेकर था कि काँग्रेस ने सत्ता स्वीकार कर ली और यही उनके राजनीतिक दृष्टिकोण का कुल निचोड़ था। उनका विश्वास था कि प्रान्तीय स्वायत्तता को सफलतापूर्वक चलाने से केन्द्र की ताक़त हस्तान्तरित होने का मार्ग साफ़ होगा।[65] इससे 'काँग्रेस स्थायी तौर पर संविधानवाद की नीति अपनायेगी' जिससे 'हमारा लक्ष्य प्राप्त करने के तरीक़े में गति आयेगी।'[66]

हालाँकि जुलाई और सितम्बर 1937 के मध्य में बिरला लन्दन में थे मगर उन्हें नये मन्त्रालयों के कामकाज की सूचना निरन्तर गाँधी के सचिव महादेव देसाई, राजगोपालाचारी, जो अब मद्रास प्रीमियर के पद पर आसीन थे और कुछ अन्य काँग्रेसी नेताओं से मिल रही थी।[67] ये लोग उन्हें गाँधी की महत्त्वपूर्ण घोषणाओं, मन्त्रियों के भाषणों और मन्त्रियों द्वारा किये जा रहे कार्यों के विषय में नियमित सूचना भेज रहे थे। बिरला इन जानकारियों को संवैधानिक व्यवस्थाओं की सफलता के सबूत के तौर पर ब्रिटेन के हेलीफैक्स, लोथियान, जैटलैंड, बटलर, चर्चिल आदि उन नेताओं को देते थे जिन्हें वे प्रभावशाली मानते थे। उनका ज़ोर मन्त्रियों के कामकाज की सकारात्मक भावना पर होता।[68] अपनी बात को सिद्ध करने के लिए उन्होंने गाँधी के द्वारा ख़ुद को लिखे निजी पत्रों का भी उल्लेख किया।[69] उन्होंने हेलीफैक्स को बताया कि राजगोपालाचारी ट्रोजन की तरह काम कर रहे हैं और दूसरे मन्त्री भी रचनात्मक कार्यों में जुड़े हुए हैं।[70] उन्होंने ज़ोर देकर बताने की कोशिश की कि एक अच्छी शुरुआत हो चुकी है और कि 'गवर्नर और मन्त्री दोनों बहुत अच्छा काम कर रहे हैं।'[71] उन्होंने ब्रिटिश नेताओं को यह भरोसा दिलाने का प्रयास किया कि काँग्रेस ने अन्ततः संघर्ष का रास्ता छोड़ दिया है और संवैधानिक कार्यों को सफल बनाने की दिशा में प्रयासरत है।[72] लेकिन दूसरी ओर उन्होंने यह भी कहा कि अब अंग्रेज़ों को 'सहयोग करना चाहिए और अवरोध पैदा नहीं करना चाहिए' और ज़रूरी है कि गवर्नर और कर्मी 'मैदान में उतरें।'[73] तभी संविधानवाद की विजय होगी, अन्यथा काँग्रेस दोबारा सीधी कार्रवाई करने का रास्ता अपनाने को बाध्य हो जायेगी।[74] अपने तीन महीने के लन्दन प्रवास के दौरान बिरला अथक यह सन्देश ब्रिटिश राजनेताओं से दोहराते रहे।[75] जिन बहुतेरे राजनेताओं–सर जॉर्ज शूस्टर, लॉर्ड जेटलैंड, आर.ए. बटलर, लॉर्ड डर्बी, ओलिवर स्टेनले और अन्यों–से वे मिले उनका निरन्तर एक ही टेक था कि प्रान्तीय स्वायत्तताओं का प्रयोग काँग्रेस और ब्रिटिश राज द्वारा जितना मुमकिन हो उतना कामयाब बनाया जाना चाहिए।

अब तक बिरला ब्रिटेन के सियासी गलियारों की अहम शख़्सियतों से आसानी से मिलने–जुलने लगे थे। बहुत से ब्रिटिश राजनीतिक उन्हें गाँधी के निजी दूत के रूप में देखते थे। ख़ासकर वे उन्हें एक मध्यस्थ के रूप में देखते थे जिन पर नये संविधान की सफलता के लिए संजीदगी से काम करने का भरोसा किया जा सकता है। बिरला को लेकर ब्रिटिश राजनीतिक हलकों में यह धारणा उस समय बनी थी जब बिरला ने गाँधी–इरविन पैक्ट 1930–31 में अपना प्रभाव गाँधीजी के ऊपर इस्तेमाल किया था। उसके बाद दूसरी बार उनके सिर पर सफलता का सेहरा उस समय भी बँधा जब वे जुलाई–अगस्त 1935 में अंग्रेज़ों को यह विश्वास दिलाने में सफल रहे थे कि काँग्रेस नये संविधान को उस समय तक ख़ारिज नहीं करेगी जब तक लिनलिथगो भारत नहीं आ जाते। इन सब कारणों से उनकी प्रतिष्ठा लन्दन में काफ़ी बढ़ गयी थी और बहुत से ब्रिटिश नेता उन्हें गाँधीवादी प्रतिष्ठान का एक भीतरी व्यक्ति मानते हुए उनकी हर बात को गम्भीरतापूर्वक सुनने के लिए तैयार रहते थे।[76]

अक्टूबर 1937 में जब वे भारत लौटे तो भारत के राजनीतिक माहौल में आये परिवर्तन को देखकर उन्हें काफ़ी सन्तोष मिला और यह देखकर कि प्रान्तों में काँग्रेसी मन्त्रालयों की समग्र नीति को प्रान्तों में पार्टी हाईकमान चला रहा है, जिसमें राजेन्द्र प्रसाद, राजगोपालाचारी, सरदार पटेल और अन्य वे नेता हैं जिन पर बिरला भरोसा करते थे। मन्त्रालयों की सफलता को लेकर उनके आशावाद की झलक 'क्वेकर' साप्ताहिक में लिखे उनके 'फ्रेंड' शीर्षक लेख में देखी जा सकती है :

> मैं अपने निजी ज्ञान से यह बात कह सकता हूँ कि भारत में अंग्रेज़ी शासन के इतिहास में ऐसा सौहार्दपूर्ण वातावरण कभी देखने को नहीं मिला जहाँ ग्रेट ब्रिटेन और भारत के बीच इस तरह की परस्पर सूझबूझ दिखाई दी हो। राष्ट्रवादी भारत की 'घृणित शत्रु' मानी जाने वाली नौकरशाही आज इसके विश्वासपात्र नौकर की तरह काम कर रही है। लोकप्रिय मन्त्री आज दिग्भ्रमित हमलों से उनकी सुरक्षा और सहयोग कर रहे हैं। उसी तरह से नौकरशाही भी अपने पूर्व शत्रु को सर्वाधिक विश्वासपूर्ण सहयोग दे रही है। निजी सम्पर्क की जो व्यवस्था लॉर्ड इरविन (अब लॉर्ड हेलीफैक्स) जैसे सर्वाधिक कुलीन वायसराय द्वारा स्थापित की गयी, और जिसे लॉर्ड विलिंग्डन ने तोड़कर भारत में इंग्लैंड और अंग्रेज़ों के ख़िलाफ़ कड़ुवाहट बढ़ाई, उसे लॉर्ड लिनलिथगो द्वारा फिर स्थापित कर दिया गया है।[77]

काँग्रेस की सरकार बनने के कुछ शुरुआती दिनों में बिरला तमाम मुद्दों पर नेताओं के साथ चर्चा करते रहे। उनकी सबसे बड़ी चिन्ता यह थी कि सभी मन्त्रालयों का कामकाज सुचारु रूप से चले। एक तरीक़ा था कि जिसे वे 'निजी छुअन' कहते थे उसे केन्द्र में गाँधी और वायसराय के बीच और प्रान्तों में गवर्नरों और प्रान्तीय प्रमुखों के बीच स्थापित किया जाये। इससे तनावपूर्ण मसले सुलझाने में मदद मिल सकती थी और कई कठिन समस्याओं का हल निकाला जा सकता था।[78]

कार्यालयों में आरूढ़ काँग्रेसियों के ऊपर उनका निरन्तर ज़ोर इस बात को लेकर रहता था कि सुधारों पर सहकार के एक जज़्बे में काम करने की ज़रूरत होती है। सबसे अहम यह था कि नये मन्त्रालय सफलतापूर्वक काम कर रही सरकारों की एक अच्छी छवि बनायें।[79]

यह बात स्वस्थ मिसाल क़ायम करने के लिए भी महत्त्वपूर्ण थी और आवेश की मानसिकता से दूर रहने के लिए भी। वे कुछ काँग्रेसियों की इस अतिरंजना से पूरी तरह असहमत थे कि मन्त्रालयों के पास वास्तविक सत्ता नहीं है। बिरला का कहना था कि 'यह कहने से हमारी प्रतिष्ठा नहीं बढ़ती कि हम महज़ गवर्नर के हाथ की कठपुतलियाँ हैं और चूँकि हमारे पास ताक़त नहीं है हम ज़्यादा कुछ नहीं कर सकते।' उनके विचार में 'पुतुलवाद के चलन' को स्थापित करने से ज़्यादा घातक कुछ नहीं हो सकता।[80] वे चाहते थे कि मन्त्रालय ख़ुद को रचनात्मक कामों में समर्पित करें और वास्तविक मुद्दों पर ध्यान दें जो उनके हिसाब से आर्थिक विषय थे। उनका आग्रह था कि वे जनता की आर्थिक समस्याओं की ओर ध्यान दें क्योंकि अन्ततोगत्वा उनका मूल्यांकन इसी बात से होगा कि उन्होंने जनता को राहत देने के लिए क्या काम किया। उन्होंने स्पष्ट घोषणा की :

> यह बहुत हद तक सम्भव है कि जोश का पहला दौर जब समाप्त होगा और उत्तेजना में कमी आयेगी तो प्रतिक्रियाओं का एक चरण आयेगा। जनता ख़ुद से सवाल करेगी : 'क्या हमें पहले की तुलना में अच्छा पोषण मिला? क्या हमारा जीवनस्तर सुधरा?' एक आदमी को 3,000 कैलोरी की सन्तुलित ख़ुराक चाहिए..., 40 गज़ कपड़ा चाहिए और रहने के लिए एक साफ़–सुथरी कुटिया चाहिए... जनता पूछेगी : 'क्या हमें यह सब मिल रहा है?' और उत्तर निस्सन्देह 'नहीं' में होगा। क्योंकि इतने बड़े पैमाने के निर्माण कार्य के लिए अनुभव, दक्षता, मुकम्मल योजना और प्रशासनिक क्षमता की ज़रूरत है जो अभी तक बहुत कम काँग्रेसियों में है।[81]

बिरला को रास्ता उत्पादन को प्रोत्साहित करके आय स्तर बढ़ाने की आर्थिक योजना में दिखायी दिया। कृषि क्षेत्र में सुधार के मुद्दों, ख़ासकर ज़मींदारी उन्मूलन में उनकी रुचि नहीं थी। विशेष रूप से बिहार और यूपी में ज़मींदारी उन्मूलन के उछलते नारों को देख बिरला का धैर्य चुकने लगता था। हालाँकि वे यह क़बूल करने को तैयार थे कि ज़मींदारी प्रथा में तमाम सुधारों की ज़रूरत है क्योंकि इसमें काफ़ी बर्बरता छिपी है, पर उसके उन्मूलन की माँग उन्हें वक़्त से पहले की माँग मालूम देती थी।[82] उनकी राय में ज़मींदारी ग्रामीण भारत की दुर्दशा का सिर्फ़ एक लक्षण था, न कि उसका कारण। उन्होंने लक्ष्य किया कि 'ऐसे कई प्रान्त हैं जहाँ ज़मींदारी नहीं है लेकिन फिर भी जनता उतनी ही ग़रीब है जितनी कि ज़मींदारी प्रथा वाले प्रान्तों में।'[83] उनके विचार में 'ज़मीदारी उन्मूलन को आर्थिक सुधारों का नारा बनाने की इजाज़त नहीं दी जा सकती।'[84] वे चाहते थे कि आर्थिक सुधार उत्पादन बढ़ाने पर केन्द्रित हों और बेरोज़गारी की समस्या से निबटें।

बिरला के मुताबिक़ काँग्रेसी मन्त्रालयों की दूसरी चुनौती क़ानून और व्यवस्था को बनाये रखने की थी। काँग्रेसी सरकार के शुरुआती दिनों में जो धरने–प्रदर्शन हुए और लोकप्रिय नेताओं के और उत्सवों के जुलूस निकाले गये थे उन्हें बिरला अनुशासनहीनता के चिह्न समझते थे। वे चाहते थे कि काँग्रेसी मन्त्री क़ानून और व्यवस्था के तन्त्र पर पक्का नियन्त्रण रखें। उनका यक़ीन था कि एक सत्ताधारी पार्टी के तौर पर काँग्रेस को राजनीति की अपनी पुरानी आन्दोलनकारी शैली से दूर जाने की ज़रूरत है। जब उन्हें काँग्रेस शासित तमाम प्रान्तों से प्रदर्शनों को लेकर सूचना मिली तो उन्हें महसूस हुआ कि 'लगता है कि काँग्रेस शासन में हर कोई अपने ही रास्ते पर चलना चाहता है....मुझे कोई आश्चर्य नहीं होगा अगर

किसी रोज़ यह सुनाई पड़े कि मोर्चा झण्डों और नारों के बीच मन्त्री के घर की ओर जा रहा है।' वे मानते थे कि लोगों में अनुशासनहीनता के ऐसे संकेतों को पूरी शिद्दत से हतोत्साहित करना चाहिए, क्योंकि यह सीखना ज़रूरी है कि 'स्वराज में भी उन्हें क़ानून को माननेवाला, विवेकशील और अनुशासित होना होगा।'[85] पूरे काँग्रेस शासन के दौरान बिरला का ज़ोर पार्टी तन्त्र के भीतर अनुशासन बनाये रखने की ज़रूरत पर बना रहा। उनका मानना था कि काँग्रेसी मन्त्रालयों का प्रदर्शन क़ाबिले–मिसाल होना चाहिए, और वे फ़िक्रमन्द रहते थे कि मन्त्री क़ानून और व्यवस्था को लेकर अच्छी तरह सचेत रहें और पार्टी के सहयोगियों में ऐसा अनुशासन पैदा करें कि कोई ऐसी स्थिति पैदा न हो जिसमें गवर्नर अपनी विशेष शक्तियों के इस्तेमाल के ज़रिये दख़लन्दाज़ी कर सके।

इस दौरान काँग्रेस के शुरुआती शासन में श्रमिक वर्ग के विवादों पर काँग्रेसी रुख़ पर भी बिरला ने काफ़ी सोच–विचार किया। काँग्रेसी मन्त्रिमण्डल के दौरान ट्रेड यूनियनों की वेतनवृद्धि और कार्य की दशा में सुधार को लेकर उम्मीदें काफ़ी बढ़ गयी थीं, जिससे कई प्रान्तों में श्रमिक असन्तोष की गूँज सुनाई दी।[86] इसको लेकर काँग्रेस ने श्रमिकों की शिकायतों को जाँचने के लिए जाँच कमेटियों का गठन कर दिया था। इनमें से संयुक्त प्रान्त और बिहार की दो महत्त्वपूर्ण कमेटियों का प्रभारी राजेन्द्र प्रसाद को बनाया गया था। बिरला ने इनकी कार्यवाहियों में गहरी रुचि ली। ख़ासकर कानपुर की एक लम्बी औद्योगिक हड़ताल के चलते हुई यूपी श्रमिक जाँच को लेकर।[87] हड़तालों को लेकर ट्रेड यूनियनों का जो रुख़ था उससे बिरला काफ़ी क्षुब्ध हुए। उनका मानना था कि ट्रेड यूनियनों को ऐसा नहीं करना चाहिए तो दूसरी ओर इस बात पर भी ज़ोर था कि मालिक काँग्रेस की मध्यस्थता कबूल करें। इसी मुताबिक़ उन्होंने कानपुर के मालिकों को मज़दूरों के प्रति रियायत बरतने और मध्यस्थ के तौर पर काँग्रेस के निर्णयों को मानने के लिए राजी किया। लेकिन साथ ही उन्होंने यूपी की श्रमिक जाँच कमेटी की रिपोर्ट की आलोचना की क्योंकि इसमें मालिकों के सम्बन्ध में दिये गये कई मूल तथ्य ग़लत थे।[88] ऊपर से पन्त के मन्त्रिमण्डल ने जिस तरह कानपुर के पूरे मामले को लापरवाही से अंजाम दिया था उससे उनकी मुसीबतें और बढ़ गयी थीं। उनका यह भी मानना था कि जाँच कमेटी के चेयरमैन के रूप में राजेन्द्र प्रसाद ने 'हमारे लोगों' (जैसे काँग्रेस समर्थक मिल मालिक और फिक्की के महत्त्वपूर्ण सदस्य पद्मपत सिंघानिया) और 'अन्य मालिकों' (जैसे सरकार के क़रीबी सर जे.पी. श्रीवास्तव) में कोई अन्तर न करके भारी भूल की है।[89]

काँग्रेस के सरकार में रहने के दौरान श्रम और पूँजी के सम्बन्धों में बिरला की स्थिति को लेकर जो सबसे महत्त्वपूर्ण बात देखने को मिलती है वह यह कि वे हड़ताल की परिस्थितियों में अपने को पूरी तरह अलग कर लेते थे। यह बात ज़्यादा अहम इसलिए भी है कि इस समय तक बिरला भारत के सबसे बड़े नियोक्ताओं में से एक थे। इसके अलावा श्रमिक समस्याओं में उनकी रुचि कम–से–कम एक दशक पूर्व 1927 में हुई अन्तरराष्ट्रीय श्रमिक कॉन्फ्रेंस में उनकी शिरकत के वक़्त से देखी जा सकती है, जिसके नतीजे में बाद में 1929 में वे रॉयल कमीशन ऑन लेबर के सदस्य बने थे। इस तरह की महत्त्वपूर्ण प्रतिष्ठा पाने के बावजूद उनका ध्यान बराबर इस बात पर रहता था कि कहीं उन्हें मालिकों के प्रतिनिधि के रूप में न देखा जाने लगे या फिर श्रमिकों के असन्तोष को लेकर काँग्रेस नेतृत्व को

पूँजीवादी नज़रिये से प्रभावित करने वाला न माना जाये। इसके लिए वे काफ़ी सचेत रूप से सतर्क रहते थे और कभी भी वामपन्थी हमले का जवाब आक्रामकता से नहीं दिया।

इस पूरी अवधि में बिरला ने काँग्रेस नेतृत्व के ग़ैर–आधिकारिक वित्तीय सलाहकार की भूमिका निभाने का काम किया। काँग्रेसी नेतृत्व तमाम आर्थिक मामलों में सलाह लेने के लिए बिरला को निजी तौर पर याद करता था। उदाहरण के तौर पर जून 1938 में जब काँग्रेस कार्यकारिणी कमेटी को रुपये–स्टर्लिंग अनुपात के मामले में अपनी स्थिति स्पष्ट करनी थी तो पूरा दारोमदार बिरला के ऊपर आ गया था। पटेल ने उन्हें लिखा था कि 'यह एक तकनीकी सवाल है जिसमें उच्चस्तरीय वित्तीय ज्ञान की ज़रूरत पड़ेगी और इस तरह के मामलों में हमने हमेशा आपकी सलाह ली है।'[90] अभी हाल ही में बिरला ने इस मुद्दे पर एक प्रस्ताव तैयार किया जिसे इंडियन चेम्बर ऑफ़ कॉमर्स ने भारत सरकार को सम्बोधित किया था और इस प्रकार उन्होंने तत्काल प्रतिक्रिया दी थी। उन्होंने लिखे को पटेल के पास विस्तृत सुझावों के साथ भेज दिया जो इस विषय पर काँग्रेस के आधिकारिक जवाब का आधार बना।[91] जहाँ एक ओर बिरला सलाह के लिए हमेशा तैयार रहते थे, वहीं फिक्की भी आर्थिक वैचारिकता का केन्द्र बनकर उभरी थी जिससे काँग्रेस नेतृत्व नियमित आधार पर सलाह लिया करता था। पत्रकार दुर्गादास के अनुसार इस समय तक व्यापक रूप से फिक्की को काँग्रेस की आर्थिक शाखा माना जाने लगा था।[92] फिक्की ने ख़ुद से अपेक्षित इस बढ़ी हुई भूमिका का लाभ लेने के लिए अपनी गतिविधियाँ व्यापक रूप से बढ़ा दी थीं। उसने अपने सचिवालय का विस्तार किया[93], कर्मचारियों की संख्या में कई गुना की वृद्धि की और नयी दिल्ली स्थित अपने मुख्यालय को पुनर्नियोजित किया।[94] 1936 में बिरला ने शोध और विश्लेषण को प्रोत्साहित करने के लिए सेठ पद्मपत सिंघानिया और लाला श्रीराम जैसे अन्य व्यवसायियों के साथ मिलकर 'लाला दीवानचन्द राजनीतिक सूचना ब्यूरो' की स्थापना की ताकि विधायकों को आर्थिक नीति बनाने की सलाहियत हासिल हो।[95]

जैसे–जैसे समय बीता काँग्रेस मन्त्रिमण्डलों और ब्रिटिश राज के बीच सम्बन्धों में अक्सर तल्खियाँ पेश आने लगीं। कई अवसरों पर बिरला की विवाद–निपटारण योग्यता के लिए बड़े काँग्रेसी नेताओं ने उन्हें याद किया। इसका सबसे अच्छा उदाहरण फ़रवरी 1938 की एक घटना के दौरान मिलता है जब भारत के उत्तरी राज्य यूपी और बिहार में काँग्रेस द्वारा बनाये गये दो मन्त्रिमण्डलों ने इस्तीफ़े की धमकी दे डाली। बिरला की योग्यता मध्यस्थता करने की इसलिए भी मानी जाती थी क्योंकि उनके ब्रिटिश राज के अधिकारियों ख़ासकर वायसराय के साथ अच्छे रिश्ते थे। काँग्रेस मन्त्रिमण्डलों और राज्यों के गवर्नरों के बीच उत्पन्न हुए मतभेदों ने सारे भारत में प्रान्तीय स्वायत्तता के संकट का ख़तरा पैदा कर दिया। बातचीत के दौरान जब गतिरोध की स्थिति उत्पन्न हुई तो काँग्रेसी नेता और यूपी के तत्कालीन मुख्यमन्त्री जी.बी. पन्त ने बिरला को याद किया। पन्त के निवेदन पर बिरला ने वायसराय लिनलिथगो से मुलाक़ात की, जिन्होंने उनकी कही पूरी बात को 'विस्तार से क़लमबद्ध' किया।[96] बिरला के तमाम प्रयासों के बावजूद मुख्यमन्त्री और गवर्नर के बीच चली बातचीत पूरी तरह लड़खड़ा गयी और काँग्रेसी मन्त्रियों ने यूपी और बिहार में इस्तीफ़ा दे दिया। एक बार फिर इस संकट से निपटने की ज़िम्मेदारी बिरला के कन्धों पर डाली गयी और उन्होंने कई सम्भव उपाय किये।[97]

लेकिन गतिरोध ज्यों–का–त्यों बना रहा और फिर से बिरला से गुहार की गयी–इस बार गाँधीजी का तार पिलानी पहुँचा था कि वे तुरन्त दिल्ली लौटें। बिरला तुरन्त दिल्ली आ गये और लखनऊ में पन्त और दिल्ली में लिनलिथगो से सम्पर्क किया। लम्बी बातचीत का दौर चला और मन्त्रिमण्डलीय संकट दूर हो गया। काँग्रेस की सरकारों ने 1938 की फ़रवरी के अन्त में फिर से अपना कामकाज शुरू कर दिया।[98] संकट को निपटाने में बिरला की अहम भूमिका रही थी। इसने निजी छुअन के असर के बारे में उनकी राय को साबित कर दिया था। उन्होंने बाद में कहा, 'मुझे अपनी स्थिति की इस कमज़ोरी का अहसास था कि एक ग़ैर–काँग्रेसी के रूप में मैं आधिकारिक व्यक्ति नहीं हूँ, लिहाज़ा मुझे कुछ अच्छे काम करने का माध्यम बनना चाहिए।'[99]

1938 में बिरला की प्रान्तीय स्वायत्तता के सफलतापूर्वक काम करने की फ़िक्र अतिवादी वामपन्थियों, ख़ासकर काँग्रेसी नेता सुभाष चन्द्र बोस, की दक्षिणपन्थी गाँधीवाद को बढ़ती चुनौती के चलते धूमिल हो गयी। बिरला का बोस के साथ कोई निजी सम्बन्ध नहीं था, लेकिन कलकत्ता में रहते हुए उन्होंने उनकी राजनीतिक शैली को नज़दीक से देखा था। स्वाभाविक ही वे काँग्रेस के दक्षिणपन्थी धड़े के प्रति बोस के रवैये के आलोचक थे और यह चीज़ 1937 में उनके काँग्रेस अध्यक्ष चुने जाने के बाद और बढ़ गयी थी।[100] हरिपुरा काँग्रेस अधिवेशन में अपने अध्यक्षीय भाषण के दौरान बोस ने आन्दोलनकारी रास्ता अपनाने की बात कही और वे चाहते थे कि काँग्रेस ब्रिटिश राज के प्रति सख़्त रुख़ अपनाये। यह बात उस वैचारिक–पन्थ के ख़िलाफ़ जाती थी जिसे बिरला ने स्थापित किया था और जिसके लिए पिछले कुछ सालों में कड़ी कोशिशें की थीं। इसके अलावा बोस का यह भाषण ऐसे समय पर सामने आया जब बिरला यूपी का मन्त्रिमण्डलीय संकट सुलझाने के प्रयासों में जुटे हुए थे और काँग्रेस तथा अंग्रेज़ी–राज दोनों से मेल–मिलाप का रास्ता अपनाने की विनती कर रहे थे। बिरला को बोस का वक्तव्य सख़्त नागवार गुज़रा और इसे उन्होंने गाँधी और काँग्रेस के दक्षिणपन्थी गुट के सामने नयी धमकी के तौर पर देखा। हरिपुरा अधिवेशन में जो सैद्धान्तिक बहसें हुईं और काँग्रेस के भीतर के जो गुटीय मतभेद खुलकर सतह पर आये उससे उन्हें काफ़ी क्षोभ हुआ।

बिरला के सामने यह स्पष्ट हो चुका था कि भले ही नेहरू ठण्डे पड़ गये हों लेकिन वामपन्थी ख़तरा विद्यमान है।[101] बिरला को लगा कि दक्षिणपन्थी काँग्रेसी नेताओं को संघर्ष करना चाहिए और संगठन पर अपनी स्थिति को ठोस बनाना चाहिए। कई महीनों से वे इस बात पर बारीक़ी से नज़र रखे हुए थे कि किस तरह काँग्रेस आलाकमान और ख़ासकर पटेल लगातार चलाये गये दुर्भावनापूर्ण अभियान का शिकार हो गये हैं।[102] पटेल ने कुछ निश्चित मौक़ों पर ऐसी राय रखी जिसका काँग्रेस के भीतर कई ने विरोध किया और बक़ौल बिरला नाजायज़ तरह से उनकी नीति मान लिया। बिरला ने काँग्रेस आलाकमान के अपने मित्रों, ख़ासकर पटेल, से कहा कि उन्हें अपनी सार्वजनिक छवि को और बेहतर बनाने के लिए एकजुट कोशिशों की ज़रूरत है। चेतावनी भरे लहज़े में उन्होंने पटेल से कहा :

> यह भावना मज़बूती से घर करती जा रही है कि आप कार्यकारिणी समिति को अपने प्रभाव से चला रहे हैं। ख़बर है कि सुभाष बाबू भी इस बात को महसूस करते हैं कि कार्यकारिणी समिति आपके आदेशों के अनुसार निर्णय लेती है।

> ईर्ष्या के बढ़ने का फल यह हुआ है कि हमारे श्रेष्ठ मन्त्री आज सर्वाधिक आलोचना के पात्र बने हुए हैं। जनता आपको और राजाजी को 'तानाशाह' बताने लगी है। मुझे इस बात की तनिक भी परवाह नहीं रहती अगर यह बात चन्द दुराग्रहों तक ही सीमित होती, पर दुर्भाग्य से यह धारणा अब मित्रों के बीच भी फैलने लगी है।[103]

जिस चीज़ की ज़रूरत थी वह था थोड़ा–सा ज़्यादा प्रचार, जिसे स्थानीय काँग्रेसियों से सम्पर्क स्थापित करने के लिए ज़्यादा दौरों के ज़रिये मुमकिन किया जा सकता था–न सिर्फ़ गुजरात में बल्कि पूरे भारत में। उन्होंने पटेल को चेतावनी दी कि वे अपनी सार्वजनिक छवि जैसी महत्त्वपूर्ण बात की अनदेखी न करें।[104]

1938–39 के पूरे वर्षों में बिरला वामपन्थियों की गतिविधियों पर बारीक़ नज़र रखे रहे।[105] जब काँग्रेस कार्यकारिणी समिति में संघर्ष बढ़ा और दक्षिणपन्थी नेतृत्व ने बोस की खुली बग़ावत का सामना किया तो वे इस बात के लिए तैयार हो गये कि अब वह समय आ गया है जब दक्षिणपन्थ को अपने प्रभुत्व का इसरार करना चाहिए। त्रिपुरी काँग्रेस अधिवेशन के बाद से ही बोस की ललकार और उनके द्वारा फारवर्ड ब्लॉक का गठन कर लेने से एक अलग ही स्थिति पैदा हो गयी। बिरला ने तब पटेल पर यह प्रभाव डालने की कोशिश की कि अब उनके सामने अनुशासनात्मक कार्रवाई करने के अलावा कोई रास्ता नहीं बचा है। वे इस बात को लेकर स्पष्ट थे कि बोस की बग़ावत को बिना सज़ा के नहीं छूटना चाहिए और उन पर सख़्त कार्रवाई की जानी चाहिए। उन्होंने पटेल को सुझाव दिया कि सबसे बेहतर तरीक़ा होगा कि एआईसीसी (ऑल इंडिया काँग्रेस कमेटी) द्वारा अनुशासनात्मक कार्रवाई करने की बजाय काँग्रेस का विशेष सत्र बुलाया। उन्होंने पटेल को सतर्क किया कि 'अगर आप बिना देश के सामने गये अनुशासनात्मक कार्रवाई करते हैं तो इससे बोस शहीद मान लिए जायेंगे और शायद ये आख़िरकार आपके हाथ कमज़ोर करे।'[106] अगस्त 1939 में बोस को बंगाल काँग्रेस के अध्यक्ष पद से हटा दिया गया और उन्हें किसी भी चुनी हुई काँग्रेस कमेटी में तीन साल तक सदस्यता पाने से वंचित कर दिया गया। इससे बिरला को काफ़ी राहत मिली।

कुल मिलाकर देखें तो इन वर्षों में बिरला ने बहुत महत्त्वपूर्ण भूमिकाएँ निभाईं। उनकी कोशिशें एक ऐसा राजनीतिक माहौल बनाने की थीं जो प्रान्तीय स्वायत्तता की शुरुआत को सफल बनाने में सहायक हो। उन्हें आशा थी कि प्रान्तीय स्वायत्तता जल्द ही ब्रिटिश द्वारा डोमिनियन स्टेट्स (स्वतन्त्र उपनिवेश) के दर्जे में परिणत कर दी जायेगी। बिरला को इन प्रयासों में काफ़ी हद तक सफलता मिली भी क्योंकि ब्रिटिश सत्ता प्रतिष्ठान में उनके कइयों से मज़बूत रिश्ते स्थापित हो चुके थे और 1930 के दशक के मध्य तक उन्हें व्यापक रूप से गाँधी के निजी दूत के तौर पर जाना जाने लगा था। उनकी राय में नये संविधान पर कार्य शुरू करने से ब्रिटिश और काँग्रेसी नेतृत्व में आत्मविश्वास जागेगा कि वे केन्द्र की ज़िम्मेदारियों के विकास की दिशा में बातचीत कर सके। हालाँकि उनकी ये उम्मीदें 1939 के अन्त तक मिथ्या साबित होने लगीं। कैसे? इसकी चर्चा हम आगे करेंगे।

सन्दर्भ एवं टिप्पणियाँ

1. जमनालाल बजाज की जीवनी के अध्ययन के लिए देखें, बी.आर. नन्दा, *इन गाँधीज फुटस्टेप्स : द लाइफ एंड टाइम्स ऑफ़ जमनालाल बजाज* (दिल्ली, 1990)। साथ ही देखें, कमलनयन बजाज, काकाजी, बापू, विनोबा (दिल्ली, एन.डी.), केदारनाथ (सम्पा.), *श्रेयसाधक जमनालाल बजाज* (दिल्ली, 1968), टीवी पर्वते, जमनालाल बजाज (अहमदाबाद, 1962) और काका कालेलकर (सम्पा.), *टु अ गाँधियन कैपिटलिस्ट* (बॉम्बे, 1951)।
2. उनकी पहली मुलाक़ात पर, देखें, बिरला के संस्मरण, श्री जमनालाल जी (एन.डी., एन.पी.), साथ ही देखें, हरिभाऊ उपाध्याय, *श्रेयार्थी जमनालाल जी* (नयी दिल्ली, 1951) पृ. 30–1।
3. बजाज ट्रस्ट के पहले चेयरमैन थे। ट्रस्ट में उनकी भागीदारी के लिए देखें, सुखदेव पाण्डेय, *मेरे पिलानी के संस्मरण* (पिलानी, संवत् 2029), पृ. 157–9। साथ ही देखें, *द बिरला एजुकेशन ट्रस्ट गोल्डन जुबली वॉल्यूम* (पिलानी, 1951), पृ. 191। *द बिरला एजुकेशन ट्रस्ट एंड इट्स इंस्टीट्यूशंस* (पिलानी, 1944)। *द चेंजिंग फेज ऑफ़ पिलानी*। *डायमंड जुबली ऑफ़ द बिरला एजुकेशन ट्रस्ट, 1900–1961* (पिलानी, 1961), और वी.पी. वर्मा (सम्पा.), *डायमंड जुबली सोवेनियर 1901–1961, बिरला एजुकेशन ट्रस्ट* (पिलानी, 1961)।
4. उदाहरण के लिए जब 1931 में बजाज को सविनय अवज्ञा आन्दोलन में भाग लेने के लिए धूलिया जेल में बन्द कर दिया गया था तब बजाज द्वारा नियन्त्रित हिन्दुस्तान शुगर मिल संकट में पड़ गयी क्योंकि संयुक्त प्रान्त सरकार ने गन्धक, जो कच्ची चीनी के उत्पादन में आवश्यक होती है (और जो विस्फोटकों के उत्पादन के लिए भी इस्तेमाल की जाती है), का लाइसेंस देने से इनकार कर दिया। इस मौक़े पर बजाज ने बिरला से सहायता माँगी। रामकृष्ण बजाज (सम्पा.), *पत्र–व्यवहार*, वॉल्यूम VII, *कोरेस्पोंडेंस विद सोशल रिफॉर्मर्स एंड बिज़नेसमैन*, पृ. 61–3। कम्पनी के विकास के ब्योरों के लिए देखें, *हिन्दुस्तान शुगर मिल्स गोल्डन जुबली 1932–1982*, पर्चा (बॉम्बे, 1982)।
5. बजाज की ओर से राजगोपालाचारी को, 9 मार्च 1930, रामकृष्ण बजाज (सम्पा.), *पत्र–व्यवहार*, वॉल्यूम VII, पृ. 125–6 ।
6. राजगोपालाचारी की ओर से बिरला को, 16 अक्टूबर 1942, बिरला पेपर्स, सीरीज़ II, फ़ाइल नम्बर आर–5।
7. जी.डी. बिरला, 'राजेन्द्र बाबू', बिरला पेपर्स, सीरीज़ मिसलेनियस, फ़ाइल नम्बर 121।
8. प्रसाद और दुर्गाप्रसाद खेतान, जो तब से बिरला के दाहिने हाथ की तरह थे जब वे दोनों कलकत्ता के प्रेसीडेंसी कॉलेज में 1900 की शुरुआत से साथ पढ़ते थे। उनके बीच जो दोस्ती थी उससे उनकी एसोसिएशन मज़बूत हुई। कालीकिंकर दत्ता, *राजेन्द्र प्रसाद* (नयी दिल्ली, 1970)।
9. जबसे राजेन्द्र प्रसाद ने अपनी वकालत छोड़कर राष्ट्रीय आन्दोलन में शिरकत शुरू की तब से महेन्द्र प्रसाद उनके परिवार को सँभालने लगे थे। छपरा ज़िले के जरदेई गाँव में एक ज़मींदारी के अलावा महेन्द्र प्रसाद बैंक ऑफ़ बिहार की छपरा शाखा के प्रबन्धक थे। उन्होंने एक चावल मिल भी शुरू की थी और छपरा इलेक्ट्रिक सप्लाई कम्पनी में धन निवेश किया था। ये उद्यम सफल नहीं हुए थे और महेन्द्र प्रसाद की अचानक हुई मृत्यु के बाद प्रसाद पर ही परिवार की आर्थिक स्थिति को सँभालने की ज़िम्मेदारी आ गयी। ये दायित्व इतना भारी था कि प्रसाद ने गाँधी से स्वयं को 1936 की काँग्रेस के अध्यक्ष पद से मुक्त कर देने के लिए कहा। देखें, के.एल. पंजाबी, *राजेन्द्र प्रसाद* (लन्दन, 1960), पृ. 86।
10. बजाज की ओर से बिरला को, 5 जुलाई 1936, और बिरला की ओर से बजाज को, 9 जुलाई 1936, रामकृष्ण बजाज (सम्पा.), *पत्र–व्यवहार*, वॉल्यूम VII, पृ. 98–100। साथ ही देखें, बी.आर. नन्दा, *इन गाँधीज फुटस्टेप्स*, पृ. 252–3।
11. प्रसाद की ओर से बिरला को, 25 जुलाई 1942, बिरला पेपर्स, सीरीज़ 2, फ़ाइल नम्बर सी–3।

12. वो अक्सर पिलानी स्वास्थ्य कारणों से जाते थे क्योंकि दमे की शिकायत होने के कारण शुष्क मौसम उनके लिए ठीक रहता था। बिरला एजुकेशन ट्रस्ट के साथ प्रसाद के निकट साहचर्य और उस काम में उनकी गहरी रुचि के विस्तृत ब्योरों के लिए देखें, सुखदेव पाण्डेय, *मेरे पिलानी के संस्मरण,* पृ. 138–43।
13. मुंशी ने बाद में नोट किया : 'अपने अध्ययन में मैं लम्बे समय से तथाकथित भारतीय इतिहास वृत्तान्तों की कमियों को महसूस कर रहा था इसलिए कई साल से मैं भारत के एक विस्तृत इतिहास की योजना पर काम कर रहा था–सिर्फ़ इसलिए नहीं कि उसका इतिहास उसी के एक पुत्र के द्वारा वर्णित किया जाये बल्कि इसलिए भी कि वह भारत की आत्मा की झाँकी एक भारतीय की दृष्टि से दिखा सके। द भारतीय विद्या भवन,...ने इस योजना को अपने हाथों ले लिया, हालाँकि 1944 में ही ये शुरू हुआ जब मेरे उदार मित्र श्री जी.डी. बिरला...ने अपना सहयोग दिया।' उद्धृत, आर. सी. मजूमदार, 'रेमिनिसेस', *मॉडर्न इंडिया हेरिटेज एंड एचीवमेंट, श्री घनश्याम दास बिरला एटियथ बर्थडे कोमेमोरेशन* (श्री बिरला के अस्सीवें जन्मदिन पर प्रकाशित स्मारिका), *वॉल्यूम* (पिलानी, 1977), पृ. 113–5।
14. अन्य सदस्य थे सर एस. राधाकृष्णन, सर टेकचन्द, सर टी.आर. वेकटरमन्ना शास्त्री, एन.सी. मेहता, आचार्य जिनविजय जी मुनि, और पारसनाथ सिन्हा, कृष्णार्पण ट्रस्ट के न्यासियों के मुंशी, 13 अप्रैल 1944, बिरला पेपर्स, सीरीज़ 2, फ़ाइल नम्बर एम–34।
15. उदाहरण के लिए जून 1944 में मुंशी ने बिरला को मुंजे से नासिक मिलिट्री स्कूल के अधिग्रहण के क़ानूनी पक्षों पर सलाह दी और स्कूल के संविधान को संशोधित करने में मदद की। मुंशी की ओर से बिरला को, 15 जून 1944 और 21 दिसम्बर 1945, बिरला पेपर्स, सीरीज़ II, फ़ाइल नम्बर एम–34।
16. जी.डी. बिरला, 'इंट्रोडक्शन', *इन द शैडो ऑफ़ महात्मा,* पृ. XIX।
17. मनीबेन वल्लभभाई पटेल, 'श्री घनश्याम दास बिरला', *वर्ड्स टु रिमेम्बर,* एन.पी.। बिरला एजुकेशन ट्रस्ट, पिलानी के साथ पटेल के साहचर्य के लिए देखें, सुखदेव पाण्डेय, *मेरे पिलानी के संस्मरण,* पृ. 171–4।
18. बिरला, उद्धृत, डी.वी. तहमनकर, *सरदार पटेल* (लन्दन, 1970), पृ. 17–18।
19. मीराबेन, जो गाँधीजी के *परिचारक दल* में थी, याद करते हुए कहती हैं कि बिरला हाउस को हम अपना 'दिल्ली का घर' मानते थे। मीराबेन, *द स्पिरिट्स पिलग्रिमेज* (लन्दन, 1960), पृ. 235 । पिलानी में बिरला के कई अतिथि गृह थे जो अलग–अलग तरह के थे–कुछ पश्चिमी और कुछ पारम्परिक ज़रूरतों को पूरा करने वाले।
20. सभी गृहों को 'बिरला हाउस' का नाम दिया गया था, सिवाय शिमला स्थित घर के जिसे 'स्नो व्यू' कहते थे।
21. डी.पी. शर्मा, *देशभक्त उद्योग प्रवर्तक घनश्याम दास बिरला,* पृ. 84–5।
22. उद्धृत, डी.पी. शर्मा, *देशभक्त उद्योग प्रवर्तक घनश्याम दास बिरला,* पृ. 82–3।
23. बिरला की ओर से सैम्युअल होरे को, 14 मार्च 1932, बिरला, *इन द शैडो ऑफ़ द महात्मा,* पृ. 54–7।
24. बिरला ने रेगीनाल्ड क्लार्क से कहा : 'युवाओं और रूढ़िवादियों पर उनका प्रभाव कम हुआ है जिसके परिणामस्वरूप भविष्य के राजनीतिक संघर्षों के तरीक़ों पर गहरा असर होगा, क्योंकि भविष्य में युवाओं का ही महत्त्व होगा...लेकिन अब युवा एक प्रतिक्रिया कर रहे हैं। वे पश्चिमी विचारों की तरफ़ झुक रहे हैं, जैसे साम्यवाद, बोल्शेविकवाद, और जो भी उसके अर्थ हों...इसलिए हममें से कई लोगों का ख़्वाब अब सुदूर पृष्ठभूमि में जा रहा है, लेकिन क्या इसका कोई हल है?' बिरला की ओर से रेगीनाल्ड क्लार्क को, एन.डी., बिरला पेपर्स, विदेश से पत्र व्यवहार, फ़ाइल नम्बर सी–3।
25. *हिन्दुस्तान टाइम्स,* 10 मार्च 1933।
26. नेहरू के उग्र भाषणों पर टिप्पणी करते हुए *हिन्दुस्तान टाइम्स* ने अपने सम्पादकीय में यह टिप्पणी की : 'हम सब इस बात पर सहमत हैं कि सरकार की आदर्श व्यवस्था को जनता की आवश्यकताओं

को पहचानकर उन्हें पूरा करना चाहिए। लेकिन भारत में पहली समस्या तो यह है कि कैसे विदेशी शासन के आघातों को न्यूनतम किया जाये और तब वह पद, जिसका बहुत दुरुपयोग होता है यानी 'जीवन की सुख–सुविधाएँ' का सबसे अच्छे अर्थ में समाजीकरण सम्भव हो पायेगा। इस दृष्टि से महात्मा गाँधी का 'निहित स्वार्थों' की देशभक्ति में कम–से–कम इस सीमा तक ज़्यादा गहरा विश्वास है कि वे धीरे–धीरे इस बात का अहसास करेंगे कि गुलामी के दुष्प्रभाव स्वराज मिलने पर होने वाले विशेषाधिकारों के नुक़सान के मुक़ाबले ज़्यादा घातक हैं। जवाहरलाल नेहरू शासन हासिल करने से पहले स्वशासन के 'स्व' को परिभाषित करने के लिए अधिक व्यग्र हैं।' *हिन्दुस्तान टाइम्स*, 17 सितम्बर 1933।

27. माइकल ब्रेकर, *नेहरू, अ पॉलिटिकल बायोग्राफ़ी* (दिल्ली, 1998), पृ. 194।
28. *हिन्दुस्तान टाइम्स* ने कहा कि 'नयी पार्टी कॉंग्रेस के वैचारिक मत के साथ सुसमंजित नहीं है और ये भी जोड़ा कि जहाँ तक कॉंग्रेस के समाजवादियों का सवाल है हम तो इसके लिए चेतावनी ही देना चाहेंगे। वे अपने विश्वासों पर ईमानदारी से टिकें लेकिन उनको इस धारणा में नहीं रहना चाहिए कि जो लोग उनसे सहमत नहीं हैं वे अपने विश्वासों में कम ईमानदार हैं। बनारस में महात्मा जी ने उनसे दो टूक बात की जिसमें ये बताया जा रहा है कि उन्होंने उनसे साफ़ कह दिया कि या तो वे कॉंग्रेस के निर्णय को स्वीकार करें या कॉंग्रेस कार्यकारिणी का भार सँभाल लें। ऐसा उन्होंने इसलिए कहा कि कार्यकारिणी समिति की कार्यवाही के दौरान कुछ समाजवादी नेताओं की लगातार टोकाटाकी से वे नाराज़ हो गये थे कि क्या उनके ही दिल में कॉंग्रेस के वर्तमान नेताओं के मुक़ाबले जनता के कल्याण की अधिक चिन्ता है।' *हिन्दुस्तान टाइम्स*, 29 जुलाई 1934।
29. बिरला की ओर से रेगीनार्ड क्लार्क, एन.डी., बिरला पेपर्स, फ़ॉरेन कोरेस्पोंडेंस, फ़ाइल नम्बर सी–3।
30. इस हिस्से में, प्रत्यक्षतया, सामग्री अधिकतर उस विश्लेषण से ली गयी है जिसे बिपिन चन्द्रा ने अपनी पुस्तक 'जवाहरलाल नेहरू एंड द इंडियन कैपिटलिस्ट क्लास 1936' में प्रस्तुत किया है। बिपिन चन्द्रा ने 1936 में बिरला की भूमिका का सही विश्लेषण किया है, हमारा साक्ष्य किन्तु ये संकेत करता है कि वामपन्थ के प्रति बिरला की रणनीति का सार पहले ही 1931 में तैयार कर लिया गया था। देखिए, बिपिन चन्द्रा, 'जवाहरलाल नेहरू एंड द इंडियन कैपिटलिस्ट क्लास 1936', उद्धृत, *इम्पीरियलिज्म एंड नेशनलिज़्म इन इंडिया* (दिल्ली, 1979), पृ. 171–203।
31. बिरला की ओर से ठाकुरदास को, 3 अगस्त 1934, पी.टी.पेपर्स, फ़ाइल 42, पार्ट–IV।
32. मोदी ने बॉम्बे सम्पर्क करके कहा कि 'वे पहल करें और उस आन्दोलन की अगुवाई करें जो उन्हें एक रचनात्मक नेतृत्व का अवसर एक बार फिर देगा।' मोदी का भाषण, उद्धृत, उनकी पुस्तक *रिफ्लेक्शंस वाइज एंड अदरवाइज*, पृ. 11–4।
33. डी.आर. मानकेकर, *होमी मोदी*, पृ. 117।
34. तीन महीने के अन्दर ही मोदी ने अपनी योजना त्याग दी। *हिन्दुस्तान टाइम्स* ने टिप्पणी की कि : 'बॉम्बे के उदारपन्थियों ने नयी पार्टी के गठन को उत्साह के साथ नहीं देखा। उसका अस्तित्व केवल कॉंग्रेस का विरोध होगा, और उदारपन्थी दल एक ऐसे गठजोड़ के साथ अपनी पहचान नहीं जोड़ना चाहता जिसके हर सदस्य को कॉंग्रेस से कोई–न–कोई शिकायत हो। उदारपन्थियों द्वारा निरुत्साहित किये जाने के बाद सर मोदी ने रणनीतिक रूप से अपने क़दम वापस ले लिए हैं और अब वे यूरोपीय लोगों को साथ लेकर एक कॉंग्रेस विरोधी समूह बनाना चाह रहे हैं जिसका उद्देश्य कॉंग्रेस को नये सुधारों के अन्तर्गत मिलने वाले सम्मान से वंचित किया होगा।' *हिन्दुस्तान टाइम्स*, 2 नवम्बर 1935। मोदी के विचारों में 'रिफॉर्म्स पार्टी' के प्रति आये बदलाव के लिए देखें, मानकेकर, *होमी मोदी*, पृ. 117।
35. बिरला, बंगाल के गवर्नर से साक्षात्कार, 1 मई 1935, बिरला, *बापू*, वॉल्यूम II, पृ. 44–7। उन्होंने इस बात पर ज़ोर दिया कि 'दक्षिणपन्थी कॉंग्रेसी इस तरह दो ताक़तों के विरुद्ध लड़ रहे हैं : सरकार और समाजवादी'। समाजवादी ये कहकर नेताओं की साख पर हमला कर रहे हैं कि उन्होंने 'कुछ भी हासिल नहीं किया है। सरकार अप्रत्यक्ष रूप से दक्षिणपन्थी घटक को नज़रअन्दाज़ करके

समाजवादियों की ही मदद कर रही है, दोनों के बीच में दक्षिणपन्थी ही कुचले जा रहे हैं।' बिरला की ओर से जे. एंडरसन को, 5 जुलाई 1935, *वही,* पृ. 190।

36. जेटलैंड तब से ही बिरला के पुराने परिचित रहे थे जब वे बंगाल के गवर्नर थे। उनसे मिलने के बाद बिरला ने उन्हें लिखा : 'लन्दन में मैं उनसे मिलने गया और मैंने पाया कि वे एक अच्छे श्रोता हैं। बमुश्किल एकाध बार ही उन्होंने मुझे टोका ये पूछने के लिए कि क्या गाँधी एक व्यावहारिक व्यक्ति हैं! मैंने कहा कि गाँधी के बारे में इसका प्रमाणपत्र तो होरे, हेलीफैक्स, फिंडलेटर स्टीवर्ट और स्मड्स ही दे पायेंगे...मैंने कहा–आपको उनकी व्यावहारिकता पर सन्देह नहीं करना चाहिए, वे मात्रा के नहीं बल्कि गुण के पीछे हैं, वो चीज़ों को उनके भावार्थ में चाहते हैं।'...वे चाहते थे कि भारत में उनके दोस्त इसका अहसास करें कि यहाँ बिल पास कराने के लिए उन्हें कितनी कठिनाइयों से जूझना पड़ता है। मैंने कहा–मैं उन्हें ये अहसास दिला सकता हूँ बशर्ते सही वातावरण बन पाये, क्योंकि 'मुझसे दूर रहो' की नीति ने वातावरण को ख़राब कर दिया है...वे अपनी तरफ़ से सहायता करने की पूरी कोशिश करेंगे और उनसे दोबारा बात करेंगे।' बिरला, *इन द शैडो ऑफ़ द महात्मा,* पृ. 172–3।
37. सेलिसबरी से मिलने के बाद बिरला ने अपने नोट में लिखा : 'एक बूढ़ा–बहरा सा आदमी, न कोई मज़बूत व्यक्तित्व न वाक्चातुर्य, लेकिन उनमें अपनी ज़िम्मेदारी का अहसास है। वो एक अच्छे इन्सान हैं, पर मुझे नहीं लगता कि वे किसी काम आ सकते हैं।' बिरला, *वही,* पृ. 188–9।
38. इंग्लैंड में जितने लोगों से वे मिले बिरला ने उनमें डर्बी को सबसे आकर्षक व्यक्तित्व का स्वामी पाया। उन्होंने गाँधीजी को सूचित किया कि 'वो किसी तरह की औपचारिकताओं में विश्वास नहीं रखते। जब मैंने उनसे मिलना चाहा तो वे स्वयं मेरे होटल में आ गये, बजाय इसके कि मुझे अपने घर बुलाते। मैं जिससे भी मिलना चाहता था वो उसका इन्तज़ाम कर देते थे। उन्होंने मुझे कहा कि जब भी मुझे किसी तरह की मदद की ज़रूरत हो मैं उन्हें कभी भी फ़ोन कर सकता हूँ और वे या तो ख़ुद मेरे पास आ जायेंगे या मुझे बुला लेंगे। उन्होंने मुझसे बहुत ही पितातुल्य स्नेह से बात की। मुझे वे एक इन्सान के रूप में बहुत अच्छे लगे।' बिरला की ओर से गाँधी को, 29 जून 1935, बिरला, *वही,* पृ. 173–81।
39. लिनलिथगो के बारे में उन्होंने दर्ज किया : 'लम्बा क़द, सुगठित बदन, बहुत बुद्धिमान नहीं लेकिन योग्य और सजग, कल्पना के नहीं वस्तुस्थिति के आग्रही, और साथ ही स्पष्टवादी, बेलाग और अच्छी नीयत वाले।' बिरला, *वही,* पृ. 186–7।
40. उनसे मिलने के बाद बिरला ने गाँधी को सूचित किया कि 'उन सबमें सबसे मददगार हैं सर फिंडलेटर स्टीवर्ट, और मेरे विचार में उनका बहुत महत्त्व है। वे आपके प्रति मित्रता का भाव रखते हैं और आपकी तारीफ़ करते हुए थकते नहीं। और जब मैंने उन्हें आपका पत्र दिया उसे उन्होंने बड़े स्नेह और भावुकता के साथ पढ़ा। उन्होंने सहायता का वादा किया है और वे हर तरह की सहायता कर भी रहे हैं।' बिरला की ओर से गाँधी को, 29 जून 1935, बिरला, *वही,* पृ. 173–81।
41. बटलर से बिरला बहुत प्रभावित हुए 'जिन्हें उन्होंने एक बड़े दृष्टिकोण वाला बेहद योग्य और बुद्धिमान व्यक्ति पाया जिनमें नस्लीय पूर्वग्रह या श्रेष्ठता–ग्रन्थि का ज़रा भी आभास नहीं मिलता।' बिरला, *इन द शैडो ऑफ़ द महात्मा,* पृ. 169–70, साथ ही देखें, बिरला की ओर से गाँधी को, 29 जून 1935, *वही,* पृ. 173–81।
42. वे मेजर एटली, रीस डेविस, मॉर्गन जोन्स और लेबर पार्टी के अन्य नेताओं से एक साथ मिले और 'क़रीब–क़रीब सभी को बुद्धिहीन और तेज़हीन पाया....सब इस पर सहमत थे कि वातावरण को सुधारे जाने की ज़रूरत है, लेकिन वे इसके लिए कुछ भी करने में असमर्थ थे। उनके पास न शक्ति थी न प्रभाव और शायद उन्होंने जोड़ा होता : न ही बुद्धि! वे एक हीन भावना से ग्रस्त हैं।' बिरला, *वही,* पृ. 184–6।
43. बिरला चर्चिल से उनके शहर के बाहर वाले घर में मिले और भारत के बारे में एक लम्बी चर्चा की। उन्होंने आगे लिखा कि 'ये मुलाक़ात बिल्कुल भी उबाऊ नहीं थी बल्कि कभी–कभी तो उन्होंने बड़ा

जोश दिखाया, लेकिन भारत के बारे में उन्हें बहुत ग़लत तरह से बताया गया है। उनकी धारणाएँ बहुत ही अजीबोग़रीब हैं। वो सोचते हैं कि भारत के गाँव भारत के शहरों से पूरी तरह कटे हुए हैं। मैंने उनकी इस धारणा को दुरुस्त किया–कोई भी शहरी बाशिन्दा भारत में पूरी तरह से शहरी नहीं होता, हर कोई गाँव से अपना सम्पर्क बनाये रखता है...वो सोचते थे कि मोटरगाड़ियाँ गाँवों तक नहीं पहुँची हैं, मैंने उन्हें फिर से ठीक किया...वो सोचते थे कि पढ़े–लिखे युवा, स्नातक और राजनेता सब शहर में ही थे, मैंने उन्हें पुनः ठीक किया।' बिरला, *वही*, पृ. 189–92।

44. उनमें से थे *मैनचेस्टर गार्डियन* के बोन और क्रोजियर, *द टाइम्स* के सम्पादक ज्योफ्री डॉसन, *द न्यू स्टेट्समैन* के सर वाल्टर लेटन और किंग्सले मार्टिन।

45. उन्होंने समझौते की बाबत तीन तरह के क़दम उठाने के लिए ब्रिटेन के राजनेताओं पर दबाव डाला– अभी तक जेल में बन्द अहिंसक राजनीतिक क़ैदियों की रिहाई, सविनय अवज्ञा आन्दोलन के दौरान ज़ब्त की गयी ज़मीनों की वापसी, और आतंकवादी आन्दोलन की समस्या को सुलझाने के लिए समझौतापूर्ण तरीक़े।

46. जैसी कि बिरला ने एंडरसन को ख़बर दी : 'इस तरह मैंने उन्हें ये समझाने की कोशिश की कि विधेयक से ज़्यादा महत्त्वपूर्ण है वातावरण...इस वातावरण में परस्पर सहयोग असम्भव हो गया है, और उसके साथ ही अच्छे रचनात्मक कार्य भी। वर्तमान वातावरण के चलते काँग्रेसी ग़ैर–ज़िम्मेदार हो रहे हैं और इस बात का ख़तरा है कि वाम घटक दक्षिण घटक का परिदृश्य से पूरी तरह सफ़ाया कर दे जिसने पहले ही काफ़ी ज़मीन तैयार कर ली है, और इसलिए वाम घटक के साथ अपनी प्रतिस्पर्धा में दक्षिण घटक तोड़फोड़ के तरीक़े अपना सकता है।' बिरला की ओर से जॉन एंडरसन को, 5 जुलाई 1935, बिरला, *बापू*, वॉल्यूम II, पृ. 83–7, साथ ही बिरला की ओर से गाँधी को, 29 जुलाई 1935, *वही*, पृ. 66–75 और बिरला की ओर से डॉसन को, 11 जुलाई 1935, *वही*, पृ. 100–1।

47. उदाहरण के लिए हेलीफैक्स को लिखे एक नोट में उन्होंने वाम और दक्षिण घटक के बीच शक्ति सन्तुलन की व्याख्या और विश्लेषण प्रस्तुत किया। उन्होंने बताया : 'अभी हाल में जब काँग्रेस कार्यसमिति ने जबलपुर में बैठक की तो इस वर्ग (काँग्रेस सोशलिस्ट पार्टी) ने उस समय सांसदों के ख़िलाफ़ खुला विद्रोह कर दिया जब असेम्बली के काम की समीक्षा चल रही थी। ज़्यादा उग्र प्रस्ताव पेश किये गये और एक नाममात्र की जीत हासिल कर ली गयी, स्थिति को दक्षिणपन्थ के, विशेषकर, राजगोपालाचारी की बुद्धिमत्ता और व्यवहारकुशलता से ही बचाया जा सका। इस तरह दक्षिणपन्थी काँग्रेसी दो तरह की ताक़तों से लड़ रहे हैं : सरकार और समाजवादी। समाजवादी राजनेताओं पर "कुछ भी हासिल न कर पाने" का आरोप लगाकर सीधा हमला कर रहे हैं। सरकार परोक्ष रूप से दक्षिणपन्थियों को नज़रअन्दाज़ करके समाजवादियों की सहायता ही कर रही है, दोनों के बीच दक्षिणपन्थी घटक ही पिस रहा है जिसका नतीजा यह हो सकता है कि दक्षिणपन्थी घटक के नेता अवकाश ग्रहण कर लें और मैदान समाजवादियों के लिए खुला छोड़ दें या कुछ अतिवादी सुधार कार्यक्रमों को लोकमत के अनुसार अपना लें। काँग्रेस के दक्षिणपन्थी घटक पर वर्तमान वातावरण का ये प्रभाव है।' बिरला, 'सम नोट्स अबाउट द पोलिटिकल सिचुएशन इन इंडिया', हेलीफैक्स को दिया गया नोट, उद्धृत, बिरला, *इन द शैडो ऑफ़ द महात्मा*, पृ. 192–5।

48. वायसराय से साक्षात्कार, 5 अगस्त 1936, बिरला, *बापू*, वॉल्यूम II, पृ. 261–5, साथ ही देखें, बिरला की ओर से लिनलिथगो को, 23 सितम्बर 1935, *वही*, पृ. 146, और लोथियान की ओर से बिरला को, 11 अक्टूबर 1935, *वही*, पृ. 152।

49. सत्र से पहले *हिन्दुस्तान टाइम्स* के सम्पादकीय ने घोषणा की : 'समाजवादी विचारधारा इन्सानी रिश्तों और वर्गयुद्ध की ज़िद की अपनी भौतिकवादी अवधारणा के साथ पूरब की परम्पराओं और स्वभाव से अनजान है, लिहाज़ा समाज के पुनर्निर्माण के अपने पूर्णतया कृत्रिम और ज़्यादातर बौद्धिक विचार के ज़रिये किसानों में जोश भरना एक दूर की कौड़ी है। ख़ासकर आज के समय में जब संसद में काँग्रेस के कार्यक्रम एक मनोवैज्ञानिक क्षण में देश को हार और नाकामी की निराशा से बचाने के लिए ज़्यादा

आसान हैं, तब 'क्रान्तिकारी' जज़्बे की कोई भी बात और भी बेमानी है और सिर्फ़ उन्हीं लोगों द्वारा की जा सकती है जो सियासी हालात की असलियतों से पूरी तरह अनभिज्ञ हैं, जैसा कि आज है।' *हिन्दुस्तान टाइम्स,* 24 मार्च 1936।

50. देखें, डी.ए. लो की पुस्तक *रियरगार्ड एक्शन : ब्रिटेन एंड इंडिया : सेलेक्टेड एस्सेस,* नयी दिल्ली, 1996 में 'काँग्रेस एंड "मास कॉन्टैक्ट्स" 1936–37, आइडियोलॉजी, इंटेरेस्ट्स एंड कॉन्फ्लिक्ट ओवर बेसिस ऑफ़ पार्टी रिप्रेजेंटेशन'।
51. बिपिन चन्द्रा ने पाया कि 'लखनऊ काँग्रेस नेहरू की क्रान्तिकारिता का उच्चतम बिन्दु और समाहार दोनों थी', देखें उनकी 'जवाहरलाल नेहरू एंड द इंडियन कैपिटलिस्ट क्लास इन 1936', पृ. 196।
52. उन्होंने नेहरू के बारे में बताया कि वे 'एक ऐसे खाँटी डेमोक्रेट अंग्रेज़ की तरह हैं जो खेल के ज़ज्बे के साथ हार को कुबूल करता है। वे अपनी विचारधारा के बारे में ज़ोरदार तरह से बताने के लिए तैयार लगते हैं पर वे जानते हैं कि इसे कार्यरूप देना असम्भव है इसलिए इस पर ज़्यादा दबाव बनाना ठीक नहीं।' बिरला की ओर से ठाकुरदास को, 20 अप्रैल 1936, पी.टी.पेपर्स, फ़ाइल 144–1936–43।
53. *वही*।
54. बिरला की ओर से कार्ल हीथ को, 25 फ़रवरी 1936, बिरला पेपर्स, फ़ाइल नम्बर 29।
55. व्यापारियों की बेचैनी के शुरुआती चिह्न इंडियन मर्चैंट्स चेम्बर की पहली तिमाही बैठक में तब सामने आये जब उपाध्यक्ष ए.डी. श्रॉफ ने नेहरू की घोषणाओं की आलोचना की और व्यावसायिक और औद्योगिक समुदाय से ज़ोर देकर कहा कि 'वे काँग्रेस को ये स्पष्ट कर दें कि उन्हें इस क़िस्म के बोल मंजूर नहीं।' श्रॉफ के भाषण की रिपोर्टिंग करते हुए *हिन्दुस्तान टाइम्स* ने लिखा–'उनकी (श्रॉफ की) राय में काँग्रेस अध्यक्ष जैसी हैसियत के व्यक्ति की तरफ़ से की गयी इस क़िस्म की घोषणा निश्चय ही देश के सर्वाधिक ज़रूरी हितों को नुक़सान पहुँचाने वाली थीकृयदि इसका नतीजा औद्योगिक उद्यम की जाँच और भारत से पूँजी के पलायन को प्रोत्साहन देने में निकला होता।' *हिन्दुस्तान टाइम्स,* 29 अप्रैल 1936। चेम्बर ने घोषणा की कि उन्हें नेहरू के साथ एक 'उन्मुक्त बातचीत' की दरकार है ताकि उन्हें बताया जा सके कि व्यापारी देश में अपने विनियोग के मद्देनज़र उनके दर्शन और सिद्धान्तों के बारे में क्या सोचते हैं। *हिन्दुस्तान टाइम्स,* 30 अप्रैल 1936।
56. हस्ताक्षरकर्ताओं में शामिल थे पुरुषोत्तमदास ठाकुरदास, ए.डी. श्रॉफ, चुन्नीलाल मेहता, ए.आर. दलाल, वी.एन. चन्दावरकर, होमी मोदी, कावसजी जहाँगीर, चिमनलाल सीतलवाड़ और अन्य। *हिन्दुस्तान टाइम्स* ने नेहरू से कहा कि वे घोषणापत्र को भविष्य में दो लिहाज़ से उनके समक्ष पेश आने वाली 'जटिलताओं की सम्भावित चेतावनी समझें जो कि समाजवादी प्रचार में सतत रूप से मौजूद रही हैं।' इनमें से पहली है कि 'भारत पहले से ही विभिन्न वर्गों और पन्थों में बँटी हुई धरती है, जो पूरी तरह आत्मचेतस हैं कि राष्ट्रवादियों को इन पंचमेल तत्त्वों का एक राष्ट्र बनाने में ख़ासी मुश्किल होगी।' उसने आगे कहा : 'क्या पण्डित जवाहरलाल नेहरू को वर्ग संघर्ष के सिद्धान्त, जो कि कार्ल मार्क्स द्वारा व्याख्यायित समाजवाद का प्रमुख लक्षण है, को बढ़ावा देकर इन परस्पर विरोधी सम्प्रदायों की इस धरती का एक और विभाजन पेश करना चाहिए? दूसरे, देश के सामने आज सबसे बड़ा लक्ष्य आज़ादी को प्राप्त करना है...ऐसे समय में क्या यह उचित है कि विरोधी खेमे के छोटे व्यापारियों, छोटे ज़मींदारों और बुर्जुआओं जैसे बृहत् वर्गों के लोगों में अभियान चलाया जाये जिनकी सहानुभूतियाँ यक़ीनन अलग होंगी, यदि काँग्रेस विशुद्ध राष्ट्रीय संस्था होने के बजाय समाजवादी प्रचार का अंग हो जाती है? यदि पण्डित जवाहरलाल नेहरू इन दो विचारों को उचित महत्त्व देते हैं तो उनके लिए एक ही रास्ता खुला रह जायेगा। और हमें भरोसा है कि उनके पास ऐसा करने का साहस है।' *हिन्दुस्तान टाइम्स,* 22 मई 1936।
57. बिरला की ओर से ठाकुरदास को, 1 जून 1936, पीटी पेपर्स, फ़ाइल 177/1936–43 और बिरला पेपर्स सीरीज़ II, फ़ाइल नम्बर टी–5।

58. बिरला की ओर से वालचन्द हीराचन्द को, 26 मई 1936, पीटी पेपर्स, फ़ाइल 177/1936–43, बिपिन चन्द्रा द्वारा उद्धृत, 'जवाहरलाल नेहरू एंड द इंडियन कैपिटलिस्ट क्लास, 1936', पृ. 192–3। 'समाजवाद की असफलता' शीर्षक एक सम्पादकीय में *हिन्दुस्तान टाइम्स* ने तर्क दिया कि नेहरू का यह मानना कि पूँजीवाद अपनी ही ग़ैर–बराबरियों में ढह जायेगा 'उनके यक़ीन की एक अनिवार्य कमज़ोरी थी' और ज़ोर दिया कि 'समाजवाद आधुनिक जीवन के यथार्थ में फिट होने के लिए एक काफ़ी कृत्रिम अवधारणा है...ख़ासकर भारत में जहाँ हर तरह के क्रियाकलाप किसी–न–किसी धार्मिक पृष्ठभूमि से बँधे होते हों वहाँ समाजवाद की हर जगह लागू होने वाली धर्म–विरोधी अवधारणाओं का थोड़ा–बहुत असर होना भी सम्भव नहीं।' *हिन्दुस्तान टाइम्स*, 17 मई 1936।
59. व्यावसायिक संगठनों द्वारा बॉम्बे में नेहरू की अगवानी के विवरणों के लिए देखें, बिपिन चन्द्रा, 'जवाहरलाल नेहरू एंड द इंडियन कैपिटलिस्ट क्लास, 1936', पृ. 195।
60. बिरला की ओर से रेगीनाल्ड क्लार्क को, 27 जुलाई 1936, बिरला पेपर्स, सीरीज़ फ़ॉरेन कोरेस्पोंडेंस, फ़ाइल नम्बर सी–3।
61. उदाहरण के लिए, देखें बिरला की ओर से लोथियान को, 7 अगस्त 1936, बिरला, *बापू*, वॉल्यूम II, पृ. 269–72। साथ ही देखें, बिरला की ओर से हेलीफैक्स को, 12 मार्च 1937, *वही*, पृ. 330–2, बिरला की ओर से लोथियान को, 31 मार्च 1937, *वही*, पृ. 336–8।
62. उन्होंने राजगोपालाचारी को लिखा, 'भगवान के लिए कोई अतिवादी क़दम न उठायें। आपने एक संयमित रवैया अपनाकर खुद को सही जगह रखा है, और यदि आप इस स्थिति को बनाये रखते हैं तो मुझे कोई सन्देह नहीं है कि समय के साथ आपके विरोधी अवश्य ही आपकी स्थिति के औचित्य से सहमत होंगे। इसलिए मैं आशा करता हूँ कि आप संयमित बने रहने की राय पर क़ायम रहेंगे।' बिरला की ओर से राजगोपालाचारी को, 20 अप्रैल 1937, बिरला पेपर्स, सीरीज़ वेरी–वेरी इम्पोर्टेंट कोरेस्पोंडेंस, फ़ाइल 8। बिरला ने महादेव देसाई से भी कहा : 'दिल्ली में सत्ताधारी सबसे ज़्यादा नाखुश हैं...यदि मौजूदा स्थिति ऐसी ही बनी रहती है तो मेरे ख़याल से रास्ता ज़रूर निकलेगा और वो भी पूरे सम्मान के साथ। मुझे उम्मीद है कि वर्किंग कमेटी बापू के संयमों से बने माहौल को व्यर्थ नहीं करेगी। उन्होंने पूरे भारत को सही रास्ते पर रखा है और अपने विरोधियों को ग़लत साबित किया है। *टाइम्स* को उनका आख़िरी तार बहुत अच्छा था। उन्होंने स्पष्ट किया कि वो झूठी प्रतिष्ठा पर नहीं खड़े हैं।' बिरला की ओर से महादेव देसाई को, 16 अप्रैल 1937, बिरला, *बापू*, वॉल्यूम II, पृ. 342–3।
63. बिरला की ओर से हेलीफैक्स को, 15 अगस्त 1937, बिरला पेपर्स, फ़ाइल नम्बर 33 'मुझे इसमें कोई सन्देह नहीं है कि बापू ने सही निर्णय लिया है और बापू ही ऐसा निर्णय ले सकते थे' उन्होंने महादेव देसाई को लिखा। बिरला की ओर से महादेव देसाई को, एन.डी., बिरला, *इन द शैडो ऑफ़ द महात्मा*, पृ. 218।
64. बिरला को वर्किंग कमेटी की बैठक के ब्योरे भेजते हुए महादेव देसाई ने बिरला के दृष्टिकोण की पुष्टि की। उन्होंने लिखा–यह निर्णय 'बापू की एक और व्यक्तिगत विजय थी' और जोड़ा 'जवाहर और उनके मित्रों ने बेशक पूरा ज़ोर लगाया लेकिन बापू के बिना ये काम मुश्किल होता।' महादेव देसाई की ओर से बिरला को, 9 जुलाई 1937, बिरला, *बापू*, वॉल्यूम III, पृ. 6–8। साथ ही देखें, महादेव की ओर से बिरला को, 16 जुलाई 1937, *वही*, पृ. 9–10। उन्होंने राजाजी को लिखा, 'आपकी परीक्षा अब शुरू होती है। आपको यह प्रदर्शित करना होगा कि आप काँग्रेस प्रशासन के अन्तर्गत क्या कर सकते हैं।' बिरला की ओर से राजगोपालाचारी को, 7 जुलाई 1937, उद्धृत, बिरला पेपर्स, सीरीज़ वेरी–वेरी इम्पोर्टेंट कोरेस्पोंडेंस, फ़ाइल नम्बर 8।
65. 'दो या तीन साल तक ये देखकर कि संविधान कितनी सफलतापूर्वक चलता है हमें अपने सार्वजनिक नेताओं के एक प्रतिनिधिमण्डल को इंग्लैंड भेजना चाहिए जो वहाँ के कैबिनेट मन्त्रियों से अनौपचारिक बातचीत में उन्हें ये बताये कि हमने संविधानिक रास्ते पर प्रगति करने के कितने प्रयास किये लेकिन

अन्त में हम एक ऐसे मोड़ पर जा पहुँचे जिसके आगे बग़ैर नये क़ानून के बढ़ा नहीं जा सकता था। उन्हें वहाँ सरकार को इस चीज़ के लिए राजी करना चाहिए कि वे उन्हें उनकी पसन्द के हिसाब से कुछ दे। उन्हें उनको स्पष्ट रूप से बताना चाहिए कि भारत अपनी वर्तमान स्थिति से सन्तुष्ट हो ऐसा ज़रूरी नहीं है, और यह कि यदि कोई स्थायी समझौता नहीं होता तो एक सीधी कार्रवाई की सम्भावना रहेगी।' बिरला की ओर से महादेव देसाई को, 30 जुलाई 1937, बिरला, *बापू,* वॉल्यूम III, पृ. 34–7।

66. बिरला की ओर से हेलीफैक्स को, 15 अगस्त 1937, बिरला पेपर्स, फ़ाइल नम्बर 33।
67. उन्होंने राजगोपालाचारी को लिखा था : 'कृपया मुझे पूरी तरह सूचित करते रहें जिससे मुझे अपने काम में मदद मिलती रहे। अभी आप प्रशासनिक कामों में अत्यन्त व्यस्त होंगे लेकिन कृपया ये न भूलें कि अब से दो साल में आपको दोबारा बातचीत की शर्तें तय करनी होंगी जिसके लिए हमें अभी से ज़मीन तैयार करनी चाहिए।' बिरला की ओर से राजगोपालाचारी को, 27 जुलाई 1937, बिरला पेपर्स, सीरीज़ वेरी–वेरी इम्पोर्टेंट कोरेस्पोंडेंस, फ़ाइल नम्बर 8।
68. उदाहरण के लिए देखिए, बिरला की ओर से महादेव देसाई को, 27 जुलाई 1937, उद्धृत, *बापू,* वॉल्यूम III, पृ. 29–32।
69. बिरला की ओर से महादेव देसाई को, 27 और 30 जुलाई 1937, *वही,* पृ. 29–31 और पृ. 34–7।
70. बिरला की ओर से हेलीफैक्स को, 15 अगस्त 1937, साथ ही बिरला की ओर से हेलीफैक्स को, 11 अगस्त 1937, बिरला पेपर्स, फ़ाइल नम्बर 33।
71. बिरला की ओर से हेलीफैक्स को, 15 अगस्त 1937, बिरला पेपर्स, फ़ाइल नम्बर 33।
72. उदाहरण के लिए जेटलैंड को दिये 'हरिजन' में छपे गाँधी के एक लेख में बिरला ने दो वाक्यों को विशेष तौर पर रेखांकित किया : 'एक जिसमें बापू ने ग्रेट ब्रिटेन के इस प्रयास को पहचाना कि तलवार के शासन की जगह बहुमत का शासन लाया जाये' और दूसरा, जिसमें उन्होंने ये कहा था कि 'सत्ता का एक ओर यह प्रयास था कि हिंसात्मक क्रान्ति को टाला जाये और दूसरी ओर सविनय अवज्ञा को।' देखिए महादेव देसाई को बिरला की रिपोर्ट, बिरला की ओर से महादेव देसाई को, 27 जुलाई 1937, बिरला, *बापू,* वॉल्यूम III, पृ. 29–32।
73. बिरला की ओर से महादेव देसाई को, 8 जुलाई 1937, बिरला, *बापू,* वॉल्यूम III, पृ. 3–6।
74. बिरला की ओर से महादेव देसाई को, 8 जुलाई 1937, बिरला, *बापू,* वॉल्यूम III, पृ. 3–6, उन्होंने हेलीफैक्स को ये आश्वासन दिया कि यदि गवर्नर और सेवाएँ सहयोग करें तो इसमें 'कोई सन्देह नहीं कि गाँधी अपनी ओर से हरसम्भव प्रयास करेंगे कि ऐसी कोई वजह पैदा न हो जिससे टूटन हो', बिरला की ओर से हेलीफैक्स को, 15 अगस्त 1937, बिरला पेपर्स, फ़ाइल नम्बर 33।
75. उदाहरण के लिए देखिए महादेव देसाई को भेजी गयी फिंडलेटर स्टीवर्ड और हेलीफैक्स के साथ उनकी मुलाक़ात की रिपोर्ट, 8 जुलाई 1937, बिरला, *बापू,* वॉल्यूम III, पृ. 3–6। कंज़र्वेटिव पार्टी के नेता विंस्टन चर्चिल ने उन्हें चार्टवेल में बुलाया जिसमें उन्होंने ये आश्वासन दिया कि काँग्रेस स्वतन्त्रता के लिए लड़ रही है लेकिन वो अंग्रेज़ों के ख़िलाफ़ नहीं है, बिरला की ओर से महादेव देसाई को, 22 जुलाई 1937, *वही,* पृ. 21–2। वे बॉम्बे के नामित गवर्नर रोजर लुमले से भी मिले जिनसे उन्होंने प्रान्तों में काँग्रेसियों और गवर्नरों के बीच सामाजिक सम्पर्क के तरीक़े और माध्यम क्या हों इस विषय पर चर्चा की, बिरला की ओर से देसाई को, 20 जुलाई 1937, *वही,* पृ. 19–20।
76. उदाहरण के लिए जेटलैंड ने उन्हें 'दूसरे नेताओं के मुक़ाबले शान्ति के प्रति कहीं अधिक चिन्तित और सरकारी पक्ष के प्रति अधिक संवेदनशील पाया', राज्य सचिव की ओर से वायसराय को, 28 जून 1937, एल/पीओ/6/96 (1) उद्धृत, पी.एन. चोपड़ा (सम्पा.), *टुवर्ड्स फ्रीडम* 1937–47, वॉल्यूम I, *एक्सपेरिमेंट विद प्रोविंशियल ऑटोनॉमी, 1 जनवरी–31 दिसम्बर 1937* (टुवर्ड्स फ्रीडम के लिए आगे पढ़ें टुफ्री), (नयी दिल्ली, 1985), दस्तावेज़ संख्या 338, पृ. 694–5।

77. जी.डी. बिरला, 'काँग्रेस एंड प्रोग्रेस इन इंडिया', 22 अप्रैल 1938, उद्धृत, *फ्रेंड,* द क्वेकर वीकली जर्नल, वॉल्यूम–96, नम्बर I (लन्दन, 1938)।

78. बिरला की ओर से राजगोपालाचारी को, 7 जुलाई 1937, बिरला पेपर्स, सीरीज़ वेरी–वेरी इम्पोर्टेंट कोरेस्पोंडेंस, फ़ाइल नम्बर 8।

79. उन्होंने पटेल से पूछा, 'क्या आप ये नहीं सोचते कि एक नयी संगठित सरकार जिसके पास कोई पूर्व अनुभव नहीं है उसके सारे कार्यों का मूल्यांकन सामान्य जनता में पड़े प्रभावों द्वारा होना चाहिए।' बिरला की ओर से पटेल को, 13 जुलाई 1938, बिरला पेपर्स, सीरीज़ वेरी–वेरी इम्पोर्टेंट कोरेस्पोंडेंस, फ़ाइल नम्बर 4।

80. बिरला की ओर से महादेव देसाई को, 26 जनवरी 1938, बिरला, *बापू,* वॉल्यूम III, पृ. 146–7।

81. बिरला, 'काँग्रेस एंड प्रोग्रेस इन इंडिया', *फ्रेंड*। उसी तरह उन्होंने महादेव देसाई को बताया, 'क़ैदियों की रिहाई को लेकर ये सारा उत्साह कुछ समय बाद मन्द पड़ना शुरू हो जायेगा। लोग रोटी की माँग करेंगे, लेकिन ज़मींदारियों को ज़ब्त कर लेने से तो रोटी नहीं आयेगी। हमारे मन्त्रियों को अभी ही ये तय करना पड़ेगा कि वो लोगों की ज़िन्दगी के हालात सुधारने के लिए क्या करने जा रहे हैं। यदि वे ऐसा सोचते हैं कि सम्पत्तियाँ ज़ब्त कर लेने से लोगों की स्थिति में सुधार आयेगा तो वे अपने आपको धोखा दे रहे हैं।' बिरला की ओर से महादेव देसाई को, 4 दिसम्बर 1937, बिरला, *बापू,* वॉल्यूम III, पृ. 104–7।

82. बिरला, 'काँग्रेस एंड प्रोग्रेस इन इंडिया', *फ्रेंड*।

83. *वही*।

84. 'जब तक कि काँग्रेस किसानों को ये साफ़–साफ़ नहीं कहती कि उनकी स्थिति उनके अपने परिश्रम से सुधरेगी न कि किसी डंडे के ज़ोर से तब तक मुझे नहीं लगता कि ये असन्तोष कम होगा।' उन्होंने महादेव देसाई को कहा, बिरला की ओर से महादेव देसाई को, 4 दिसम्बर 1937, बिरला, *बापू,* वॉल्यूम III, पृ. 104–7।

85. बिरला की ओर से महादेव देसाई को, 16 अगस्त 1937, बिरला, *बापू,* वॉल्यूम III, पृ. 54–7। ऐसी 'अनुशासनहीनता' का उदाहरण था बिहार में सितम्बर 1937 में किसानों का असेम्बली की ओर निकाला गया जुलूस। इसे बिरला ने बहुत नापसन्द किया था। उतना ही असन्तोषजनक था बिहार प्रमुख का रवैया। बिरला ने महादेव को बताया कि 'उन्होंने उनसे अच्छी–अच्छी बातें कीं पर यह ज़िक्र नहीं किया कि उनका असेम्बली की सीटों पर क़ाबिज़ होना और उन्हें ख़ाली करने से इनकार करना ग़लत था।'

86. इस समयावधि में औद्योगिक मुक़दमों में हुई बढ़ोतरी के ब्योरों के लिए देखें मार्कोविट्स, *इंडियन बिज़नेस एंड नेशनलिस्ट पॉलिटिक्स,* पृ. 155–7।

87. कानपुर की हड़ताल काँग्रेसी सरकार के अस्तित्व में आने से पहले ही शुरू हो गयी थी, जब पन्त सरकार सत्ता में आयी तो उन्होंने मिल–मालिकों से श्रमिकों की मज़दूर सभा को मान्यता देने के लिए कहा जिसके लिए वे तैयार हो गये। कानपुर लेबर इन्क्वायरी कमेटी ने अपनी रिपोर्ट अप्रैल 1938 में प्रस्तुत की जिसमें उन्होंने मज़दूरी दर में 21 प्रतिशत बढ़ोतरी की संस्तुति की, नियोक्ता संघ ने इस माँग को अस्वीकार कर दिया और इस बीच मिल–मालिकों ने मज़दूर सभा को दी गयी मान्यता वापस ले ली। इस कारण दोबारा दो महीने की हड़ताल हुई।

88. बिरला ने पटेल से कहा कि नियोक्ता मज़दूरी दरें बढ़ाने की आवश्यकता पर नहीं बल्कि उस रिपोर्ट पर एतराज़ कर रहे थे जो पूरी तरह 'ग़लतियों से भरी हुई' थी। मूल तथ्यात्मक ग़लती वस्तुओं की क़ीमतों के बारे में थी जिसके कारण ग़लत नतीजे निकल रहे थे। इसके अतिरिक्त उन्होंने ज़ोर देकर कहा कि उत्तर प्रदेश सरकार ने बग़ैर मिल–मालिकों से सलाह–मशविरा किये हड़ताल पर प्रस्ताव पास किया जिस कारण नियोक्ताओं के लिए काँग्रेस की मध्यस्थता को स्वीकार करना मुश्किल हो गया, क्योंकि काँग्रेस सरकार के प्रति उनका विश्वास ख़त्म हो गया था।

बिरला की ओर से पटेल को, 9 मई 1938 तथा 20 जून 1938, बिरला पेपर्स, सीरीज़ वेरी–वेरी इम्पोर्टेंट कोरेस्पोंडेंस, फ़ाइल नम्बर 4।

89. बिरला की ओर से पटेल को, 25 मई 1938 और पटेल की ओर से बिरला को, 11 जून 1938, बिरला पेपर्स, सीरीज़ वेरी–वेरी इम्पोर्टेंट कोरेस्पोंडेंस, फ़ाइल नम्बर 4।
90. पटेल की ओर से बिरला को, 29 जून 1938, बिरला पेपर्स, सीरीज़ वेरी–वेरी इम्पोर्टेंट कोरेस्पोंडेंस, फ़ाइल नम्बर 4, साथ ही देखें, बिरला की ओर से महादेव देसाई को, 24 जुलाई 1938, बिरला, *बापू*, वॉल्यूम III, पृ. 176 ।
91. बिरला ने "हाईकमान" को सलाह दी कि 'इस पड़ाव पर "बहुत उग्र" न हों, लेकिन यदि वार्ता में आगे कमज़ोरी दिखायी पड़ती है तो काँग्रेस और जनता को अधिक ज़ोर लगाना पड़ेगा।' बिरला की ओर से पटेल को, 2 जुलाई 1938, बिरला पेपर्स, सीरीज़ वेरी–वेरी इम्पोर्टेंट कोरेस्पोंडेंस, फ़ाइल नम्बर 4। उन्होंने उन्हें सलाह दी कि कोई भी क़दम जल्दबाज़ी में न उठायें, बल्कि 'हालात का जायज़ा लेने के बाद ही काँग्रेस को किसी निश्चित नीति पर चलना चाहिए।' उनका सोचना था कि 'देश के हित के लिहाज़ से कमतर अनुपात का प्रस्ताव पास करना' समयोचित होगा, लेकिन उन्होंने महादेव देसाई से कहा कि 'इस पड़ाव पर कोई उग्र विरोध शुरू न करें', क्योंकि वर्तमान राजनीतिक परिस्थिति में अधिक कुछ भी नहीं किया जा सकता था। उन्होंने कहा 'इसके अलावा जब तक फ़ेडरेशन अस्तित्व में नहीं आती, मुझे नहीं लगता कि काँग्रेस सिवाय विरोध प्रदर्शन के कोई ठोस क़दम उठा सकती है।' बिरला की ओर से महादेव देसाई को, 24 जुलाई 1938, बिरला, *बापू*, वॉल्यूम III, पृ. 176। बिरला की विशेषज्ञ सलाह को ध्यान में रखकर कार्यसमिति ने कमतर अनुपात के पक्ष में एक प्रस्ताव 1938 के अन्त में पास किया।
92. दुर्गादास ने पाया कि 'वास्तव में केन्द्रीय बजट पर फ़ेडरेशन की टिप्पणियों का काँग्रेस और दूसरे विधायकों को इन्तज़ार था ताकि उस पर होने वाली चर्चा में क्या रुख़ अपनाया जाये इसका फ़ैसला किया जा सके।' दुर्गादास, *कर्जन टु नेहरू*, पृ. 316–7।
93. बदली हुई राजनीतिक परिस्थितियों में फिक्की की कमेटी ने यह महसूस किया कि 'फ़ेडरेशन के लिए यह ज़रूरी है कि वह असेम्बली के सामने आने वाले अहम मुद्दों पर अपना सुविचारित पक्ष रखे जिनका असर देश के वाणिज्य और व्यापार पर पड़ेगा। इस परिवर्तन के परिणामस्वरूप...फ़ेडरेशन के कार्यालय का काम इस वर्ष के दौरान वाकई बहुत बढ़ गया है।' फिक्की, *वार्षिक बैठक की कार्यवाही का ब्योरा 1938–9* (नयी दिल्ली, 1939)।
94. यह तय किया गया कि 'फ़ेडरेशन के कार्यालय को अतिरिक्त कर्मचारी दिये जाने चाहिए ताकि वे उन अनेक समस्याओं को ठीक से समझ सकें जिन पर फ़ेडरेशन को समय–समय पर विचार करने की आवश्यकता पड़ेगी।'
95. लाला दीवानचन्द ट्रस्ट की ओर से फ़ेडरेशन को, 16 मई 1936 और फ़ेडरेशन की ओर से लाला दीवानचन्द ट्रस्ट को, 3 अगस्त 1936, उद्धृत फिक्की, *वर्ष 1936–37 के दौरान फ़ेडरेशन द्वारा विचारित अहम सवालों से सम्बद्ध पत्राचार एवं प्रासंगिक दस्तावेज़* (नयी दिल्ली, 1937)।
96. बिरला की ओर से गाँधी को, 20 फ़रवरी 1938, बिरला, *बापू*, वॉल्यूम III, पृ. 149–52।
97. लैथवेट ने बिरला को यह आश्वासन दिया कि वायसराय दो या तीन दिन में क़ैदियों के मामलों की व्यक्तिगत समीक्षा के सिद्धान्त पर अपना वक्तव्य देंगे; वो कहेंगे कि 'काँग्रेस सरकार को अस्थिर करने की उनकी कोई इच्छा नहीं है'; वो ये स्वीकार करेंगे कि 'क़ानून और व्यवस्था मन्त्री के अधिकार–क्षेत्र में है और उनकी उसमें दख़लन्दाज़ी करने की तनिक भी मंशा नहीं है' और वे 'एक तरह की अपील जारी करेंगे' और तब मन्त्रियों और गवर्नरों की बैठक के लिए अन्तिम क़दम उठाया जा सकेगा और रिहाई शुरू की जा सकेगी। बिरला की ओर से महादेव देसाई को, 20 फ़रवरी 1938, बिरला, *बापू*, वॉल्यूम III, पृ. 149–52।
98. बिरला की ओर से गाँधी को, 25 फ़रवरी 1938, *वही*, पृ. 152।

99. बिरला की ओर से जेटलैंड को, 2 जून 1938, बिरला पेपर्स, फ़ाइल नम्बर 33।

100. बोस के साथ बिरला के मतभेदों को राष्ट्रीय योजना समिति के प्रति उनके रवैये में देखा जा सकता है। उद्योगों के प्रान्तीय मन्त्रियों का एक सम्मेलन 1938 के अन्त में बोस की अध्यक्षता में हुआ था। सम्मेलन का उद्देश्य आने वाले दस से पन्द्रह साल के लिए एक समग्र योजना तैयार करना था। व्यापार जगत के अन्य नेताओं, जैसे लाला श्रीराम और लाला शंकरलाल, के साथ बिरला को सम्मेलन में विशिष्ट अतिथि के रूप में आमन्त्रित किया गया था। इसी सम्मेलन में से राष्ट्रीय योजना समिति का जन्म हुआ जिसके चेयरमैन नेहरू बने। समिति में कई अन्य व्यापार जगत के नेताओं को नामित किया गया था, जैसे ठाकुरदास, ए.डी. श्रॉफ, अम्बालाल साराभाई और बाद में वालचन्द हीराचन्द। बिरला को भी समिति में व्यापार की उपसमिति के अध्यक्ष के रूप में सम्मिलित होने के लिए आमन्त्रित किया गया था। लेकिन उन्होंने स्वयं को इससे अलग कर लिया और राजेन्द्र प्रसाद को अपनी सफ़ाई दी : 'शुरू से ही मैंने स्वयं को इस योजना समिति से अलग रखा है, और मुझे यह अहसास रहा है कि वर्तमान में किया जा रहा बहुत सारा काम समय की बर्बादी है। यदि मुझे कोई रचनात्मक काम दिया जाये तो मैं काँग्रेस के लिए हमेशा हाज़िर हूँ, लेकिन मुझे ऐसा लगता है कि यह समिति प्रायः अकादमिक तरह की है और इसलिए मैं इस गोलमेज में अपने को उपयुक्त नहीं पाता हूँ।' बिरला की ओर से राजेन्द्र प्रसाद को, 29 जून 1939 और 30 जून 1939, वाल्मीकि चौधरी (सम्पा.), *डॉ. राजेन्द्र प्रसाद : पत्राचार और चुनिंदा दस्तावेज़*, वॉल्यूम III, जनवरी से जुलाई 1939 (नयी दिल्ली, 1984), पृ. 242–3 और पृ. 139 । राष्ट्रीय योजना समिति द्वारा किये गये काम के ब्योरों के लिए देखें, आर. चट्टोपाध्याय, 'एटीट्यूड ऑफ़ इंडियन बिज़नेस टुवर्ड्स इकोनॉमिक प्लानिंग, 1930–56', इंडियन इंस्टीट्यूट ऑफ़ मैनेजमेंट, अहमदाबाद, सेमिनार सीरीज़, बिज़नेस हिस्ट्री (4), बिज़नेस एंड पॉलिटिक्स इन इंडिया : अ हिस्टोरिकल पर्सपेक्टिव (अहमदाबाद, 1989), (मिमियोग्राफ़)।

101. बिरला की ओर से आर्थर मूर को, 6 मार्च 1938, बिरला पेपर्स, फ़ाइल नम्बर 32।

102. बॉम्बे के एक प्रमुख काँग्रेस नेता के.एफ. नरीमन ने पटेल पर यह आरोप लगाया कि उन्होंने हाईकमान में अपनी आधिकारिक स्थिति का दुरुपयोग करके जुलाई 1937 में बॉम्बे के प्रीमियर के चुनाव में अपनी पसन्द के एक व्यक्ति बी.जी. खेर को थोप दिया था। नरीमन ने पटेल की भूमिका पर एक जाँच बैठाने पर ज़ोर दिया। यद्यपि जाँच ने पटेल को आरोपमुक्त कर दिया लेकिन काँग्रेसी हलकों में उनकी छवि को नुक़सान ज़रूर हुआ।

103. बिरला की ओर से पटेल को, 13 जुलाई 1938, बिरला पेपर्स, सीरीज़ वेरी–वेरी इम्पोर्टेंट कोरेस्पोंडेंस, फ़ाइल नम्बर 4।

104. बिरला की ओर से पटेल को, 30 जुलाई 1938, सीरीज़ वेरी–वेरी इम्पोर्टेंट कोरेस्पोंडेंस, फ़ाइल नम्बर 4, अपने ऊपर लगाये गये आरोपों से पटेल पूरी तरह अप्रभावित रहे : 'बंगाली प्रेस ने हमेशा ही मेरी आलोचना की है और मैं इस तरह के दुष्प्रचार को कोई महत्त्व नहीं देता। सी.पी. संकट के फ़ैसले पर कार्यसमिति एकमत थी....लोग क्या सोचते हैं इस बारे में हम कुछ नहीं कर सकते, न हम अपने फ़ैसले या अपनी कार्रवाई को इस डर से छोड़ सकते हैं कि उसे तानाशाही, फ़ासीवादी, हिटलरी और इस तरह के नाम दिये जायेंगे....ये अधिकतर दुष्प्रचार महाराष्ट्र समूह द्वारा फैलाया जा रहा है जो इस प्रेस को नियन्त्रित करता है, जिन्होंने निर्लज्ज विरोध की यह कला अपने विरोधियों के ख़िलाफ़ साध ली है।' पटेल की ओर से बिरला को, 1 अगस्त 1938, *वही*।

105. उदाहरण के लिए गाँधी के सचिव प्यारेलाल ने उन्हें गाँधी के साथ फ़रवरी 1939 में हुई बोस की मुलाक़ात के बारे में बताया : 'सुभाष यहाँ थे, बापू के बिल्कुल निकट तीन घण्टे तक बैठे रहे। प्रेस में छपी रपट अधिकतर सही है, जैसा कि मैंने आपको पहले लिखा था–गाँधी की स्पष्ट सलाह का उन पर कोई असर दिखायी नहीं दिया। वह अपने व्यक्तिगत दुस्साहस के लिए तत्पर हैं। मुझे नहीं पता कि जिन लोगों के कन्धों पर चढ़कर वह अध्यक्ष के पद तक पहुँचे हैं वे उन्हें कहाँ ले जायेंगे। ये ख़तरनाक समूह है। लेकिन बापू ये आशा करते हैं कि यदि वह अहिंसा की पूरी तकनीक को सही

तरीक़े से लागू कर पाये तो वह काँग्रेस और सारे देश के पास रहेगी।' प्यारेलाल की ओर से बिरला को, 22 फ़रवरी 1939, बिरला, *बापू*, वॉल्यूम III, पृ. 252–3।

106. पटेल बिरला की इस सलाह से असहमत थे कि पूरी काँग्रेस के पास जाया जाये और उन्होंने जवाब दिया : 'मुझे नहीं लगता कि समग्र काँग्रेस के पास जाने का कोई कारण है। इस तरह के मामलों में सही तरीक़ा यह है कि कार्यकारिणी समिति ही स्थिति से रूबरू हो और बंगाल कुछ भी करे या महसूस करे, हम इस विद्रोह को नज़रअन्दाज़ नहीं कर सकते। ये निश्चय ही काँग्रेस का अन्त होगा।' बिरला की ओर से पटेल को, 15 जुलाई 1939 और पटेल की ओर से बिरला को, 18 जुलाई 1939, बिरला पेपर्स, सीरीज़।

अध्याय 7

परिवार के लिए महत्त्वपूर्ण दशक

बिरला अपनी नयी सार्वजनिक भूमिका सिर्फ़ इसलिए निभा सके कि उनके बृहत् परिवार ने मज़बूती से उनका साथ दिया। ख़ासकर उनके भाइयों रामेश्वर दास और ब्रजमोहन ने। सार्वजनिक जीवन में बिरला के सबसे सक्रिय वर्ष उनके परिवार के लिए भी सबसे अहम साल थे। बच्चे प्रारम्भिक किशोरावस्था की उस नाज़ुक उम्र में थे जब उन पर ध्यान दिये जाने की ज़रूरत थी। हालाँकि 1930 और 1943 के बीच बिरला के सभी बच्चों का विवाह सम्पन्न हो चुका था और लड़के पारिवारिक व्यवसाय की विभिन्न शाखाओं का कामकाज देखने लगे थे। 1926 में महादेवी की मृत्यु के बाद बच्चों को बॉम्बे और कलकत्ता में रह रहे परिजनों के पास भेज दिया गया। बिरला बच्चों के विकास पर नज़र रखने की जीतोड़ कोशिश करते। हालाँकि उनके सार्वजनिक जीवन की व्यस्तता काफ़ी बढ़ जाने और व्यावसायिक ज़िम्मेदारियाँ कई गुना हो जाने से उन्हें हमेशा देश की विभिन्न जगहों और यू.के. की यात्रा करनी पड़ती थी। इन सारी परिस्थितियों के मद्देनज़र बिरला में यह अहसास बढ़ता जा रहा था कि वे अपने युवा बच्चों की वैसी देखभाल नहीं कर सके जिसकी उन्हें दरकार थी, और इसके लिए उन्हें अपने भाइयों और उनकी पत्नियों की मदद पर निर्भर रहना पड़ा।

बच्चों की ज़िम्मेदारियाँ रामेश्वर दास और ब्रजमोहन ने बाँट ली थीं। रामेश्वर दास बॉम्बे के माउंट प्लेजेंट रोड स्थित बिरला हाउस में रहते थे जबकि ब्रजमोहन अपने परिवार के साथ कलकत्ता में पैतृक निवास बिरला पार्क में रहते थे। जैसा कि हम बता चुके हैं कि बिरला 1929 में जुगलकिशोर के साथ दिल्ली रहने चले आये थे। पूरा परिवार 1920 के दशक के अन्त तक पाँच जगहों पर रहने लगा था : बनारस, दिल्ली, बॉम्बे, कलकत्ता और पिलानी जहाँ सबका आना–जाना लगा रहता था। लेकिन भौगोलिक दूरियाँ परिवार के जुड़ाव एवं एकता के आड़े कभी नहीं आयीं। समय बीतने के साथ ही परिवार को लेकर हर भाई की ज़िम्मेदारी निर्धारित हो चुकी थी। बलदेव दास की सेवानिवृत्ति के बाद परिवार के मुखिया का स्थान जुगलकिशोर ने ले लिया था और उनकी बात पूरे परिवार को माननी पड़ती थी। जुगलकिशोर परिवार के महत्त्वपूर्ण और धार्मिक मामलों पर पैनी नज़र रखते थे मगर रोज़मर्रा की ज़िम्मेदारियों से वे असंलग्न ही रहते। बिरला बच्चों के मामले में तभी रुचि ले सके जब कोई महत्त्वपूर्ण निर्णय करना हुआ। रामेश्वर दास और ब्रजमोहन रोज़–ब–रोज़ की सामाजिकता, शिक्षा और प्रशिक्षण के काम देखते थे। परिवार की इस व्यवहार–निपुणता के कारण ही बिरला सारे मामले इन लोगों पर छोड़ सके।

सामाजिक समूह के रूप में परिवार

पूरा परिवार एक सामाजिक समूह के रूप में काम कर रहा था और बढ़ते हुए बच्चों पर सबकी नज़र थी। सभी निवास–स्थानों में क़रीबी सम्पर्क बना हुआ था। परिवार के सभी महत्त्वपूर्ण फ़ैसले बड़े-बुज़ुर्ग लिया करते थे और नयी पीढ़ी, जिसमें बिरला के छह बच्चे, रामेश्वर दास के छह बच्चे और दो बच्चे ब्रजमोहन के शामिल थे–आराम से कलकत्ता और बॉम्बे आते–जाते रहते थे। सभी चचेरे भाई–बहनों के बीच गहरी अन्तरंगता थी। कुछ आकस्मिक परिस्थितियों के चलते बिरला बन्धुओं के सभी बच्चे 1920 के दशक के उत्तरार्ध में एक साथ रहने आ गये। जब 1923 में रामेश्वर दास की पहली पत्नी का निधन हुआ तो उन्होंने अपने बेटों को ब्रजमोहन और उनकी पत्नी की देखभाल में कलकत्ता भेज दिया जबकि बेटियाँ उनके साथ ही बनी रहीं। हालाँकि बाद में उन्होंने दूसरी शादी की, मगर तब भी व्यवस्था यही बनी रही। फिर जब 1926 में महादेवी का निधन हुआ तो बिरला ने भी अपने बच्चों की देखभाल के लिए वही व्यवस्था की। बेटों को ब्रजमोहन और बेटियों को रामेश्वर दास की देखरेख में भेज दिया गया। इस प्रकार तीनों बिरला बन्धुओं के सभी छह बेटे एक साथ कलकत्ता में रहने लगे। इनकी शिक्षा और देखभाल की ज़िम्मेदारी ब्रजमोहन और उनकी पत्नी के सिपुर्द हो गयी। बिरला और अपनी कुल सात बेटियों की देखभाल रामेश्वर दास और उनकी दूसरी पत्नी बॉम्बे में करने लगे। पूरा परिवार छुट्टियों में एक बार कलकत्ता या बॉम्बे में या पहाड़ों में स्थित किसी पारिवारिक निवास में एकत्र होता।

चाचा लोगों के साथ बच्चों के सम्बन्ध काफ़ी घनिष्ठ थे मगर पिता यानी बिरला के साथ उनके सम्बन्धों में एक औपचारिकता और कुछ दूरी जैसी थी। समय के लम्बे अन्तरालों के बाद होने वाली मुलाक़ातों के कारण वे पिता से डरे रहते थे। बॉम्बे या कलकत्ता में व्यावसायिक दौरों पर रहने के दौरान बिरला की उनसे ज़्यादातर मुलाक़ातें बड़ी संक्षिप्त हुआ करती थीं, और उनके पास मुश्किल से ही बच्चों के साथ गुज़ारने का समय होता था। कुल मिलाकर पारिवारिक वातावरण बड़ों के आदर और भय का मिला–जुला रूप लिए हुए था। बच्चे ख़ुद को अलग–थलग महसूस करते थे और उनके साथ कुछ पल गुज़ारने की तमन्ना लिए रहते थे। यहाँ तक कि जब वे घर पर होते थे तब भी उनके बीच की औपचारिकता खुलकर अपने भाव प्रकट करने को मुश्किल बना देती। उनका डर इस क़दर था कि उनकी कभी उनसे यह पूछने की हिम्मत नहीं हुई कि वे लम्बे–लम्बे समय तक कहाँ ग़ायब रहते हैं।[1] यह तो बहुत सालों बाद, जब उनके पिता अपनी उम्र के आठवें दशक में थे, हुआ कि बच्चे उनसे यह कहने की हिम्मत जुटा पाये कि उनकी कमी खलती थी। उनकी बेटी शान्ति ने उनसे कहा कि 'मैं सोचती हूँ काश आज की तरह आप हमें हमेशा प्यार कर सके होते! जब हम दिल्ली जाते थे या आप बॉम्बे आते थे तो हमें सिर्फ़ आपके आने और जाने का पता भर चलता था, आपके पास हमारे लिए समय शायद ही कभी रहा हो।'[2]

हालाँकि बिरला को लगता था कि इन हालात में उनके देखरेख की इससे अच्छी व्यवस्था नहीं हो सकती थी। बिना मातृतुल्य व्यक्ति के दिल्ली में अपने और जुगलकिशोर के पास उन्हें रखने की बात उनके गले नहीं उतरी।[3] ख़ुद छोटे बच्चों की देखभाल करने में वह अपने को असमर्थ पाते थे। साथ ही दिल्ली का घर कार्यालय जैसा हो चुका था

जबकि बॉम्बे और कलकत्ता में पारिवारिक माहौल बना हुआ था जहाँ वे बृहत्तर परिवार और सामुदायिक परिवेश के बीच रह पाये।

हालाँकि 1930 के दशक के शुरू में बच्चों को दिल्ली में ख़ुद के साथ रखने का एक प्रयोग उन्होंने किया था। कृष्ण कुमार और बसन्त कुमार के साथ ही गंगा प्रसाद (ब्रजमोहन के बेटे) और माधव प्रसाद (रामेश्वर दास के बड़े बेटे) को दिल्ली रहने के लिए बुला लिया गया। लक्ष्मीनिवास, जो बीस वर्ष के हो चुके थे, पहले से ही दिल्ली में थे और पारिवारिक व्यवसाय से जुड़ गये थे। दोनों छोटे बेटों कृष्ण कुमार और बसन्त कुमार को प्रतिष्ठित मॉडर्न स्कूल में भर्ती कराया गया। लेकिन यह व्यवस्था कारगर सिद्ध नहीं हुई। दोनों लड़कों को ज़बरदस्ती स्कूल के हॉस्टल में डाला गया, कृष्ण कुमार को निमोनिया हो गया और यहाँ बच्चों को कलकत्ता के पारिवारिक माहौल की गर्मजोशी की कमी खलती थी। बिरला की व्यस्त दिनचर्या के कारण स्थिति और बिगड़ गयी। अन्ततः सबकी राहत के लिए लड़कों को वापस कलकत्ता भेज दिया गया।[4] इस प्रकार हालात ने ऐसा खेल किया कि बढ़ती के नाज़ुक वर्षों में बच्चे पिता के साथ अपने रिश्ते का तसल्लीबख़्श अहसास नहीं कर पाये। उन्हें अपने बेटों को जानने का अवसर तब मिला जब बाद में वे पारिवारिक व्यवसाय से जुड़े। तब उन्हें व्यवसाय के लिए तैयार करते हुए वे उनकी योग्यता, ताक़त और कमज़ोरियों पर बराबर नज़र रखते थे। बेटियों से उनका रिश्ता हमेशा औपचारिक रहा। इसकी वजह थी लड़कियों को लेकर चली आयीं धारणाएँ। उनके जैसे रूढ़िवादी परिवार में बेटियों की स्थिति बेटों से हमेशा अलग ही बनी रही। हालाँकि सभी बच्चों को परिवार के बड़े–बुज़ुर्गों का स्नेह और पारिवारिक सम्पन्नता का सुख समान रूप से प्राप्त था, लेकिन लड़कियों को लेकर यह धारणा सामान्य थी कि उनके लिए परिवारजनों की ज़िम्मेदारी प्राइमरी शिक्षा दिलाने और एक अच्छा वर खोजने से अधिक कुछ नहीं है। दूसरे मारवाड़ी परिवारों की तरह यहाँ भी व्यवसाय में लड़कियों की कोई भूमिका नहीं होती थी और न ही उनका अचल सम्पत्ति में कोई हिस्सा होता था।[5] परिवार की ज़िम्मेदारी उनका स्नेह भरे वातावरण में लालन–पालन करने, 'थोड़ी–सी शिक्षा दिलाने' और एक 'अच्छा पति' ढूँढ़कर देने के बाद ख़त्म हो जाती थी।

इन शुरुआती वर्षों में परिवार के बड़े–बुज़ुर्ग बेटियों को सेवाभाव, संयम और त्याग के संस्कार देने की कोशिश करते थे। एक पुत्री की स्थिति का सबसे अच्छा उदाहरण शायद बिरला का अपनी सबसे छोटी बेटी शान्ति के साथ हमें हासिल हुआ यह संवाद है। बिरला ने कहा, 'गीता का पहला अध्याय कहता है कि आप अपना कर्तव्य किसी भी हाल में पूरा करें। कताई, पढ़ाई और घरेलू दायित्व : ये सभी तुम्हारे काम और कर्तव्य हैं...सबसे बड़ा कर्तव्य है कि तुम अपने घरवालों की सेवा करो और एक ख़ुशहाल घर बनाओ।'[6] लिहाज़ा बेटियों के दिमाग़ में यह बात उतार दी गयी थी कि तुम्हारा मुख्य कर्तव्य पति के घर की देखभाल करना है। उनसे 'पति' का सहयोगी बनने और उसकी सच्चरित्रता की रक्षक बनने की उम्मीद की जाती थी।[7] जिन लड़कियों ने जल्दी शादी करने का विरोध किया या उच्च शिक्षा की इच्छा प्रकट की उन्हें समझा–बुझा दिया गया। जब शान्ति ने अपनी शादी से पहले हाईस्कूल की परीक्षा ख़त्म कर लेने की बात कही तो बिरला का जवाब था कि सिर्फ़ डिग्रियों के बल पर वह बहुत आगे नहीं जा सकतीं, कि 'वास्तविक परीक्षा रोज़मर्रा की ज़िन्दगी लेती है और वहीं सफलता या असफलता का मूल्यांकन होता है।'

लेकिन बेटों के लिए अलग नियम थे। उनसे अपेक्षा की जाती थी कि वे ख़ुद को पारिवारिक व्यवसाय सँभालने के लिए तैयार करें और एक अच्छे नेतृत्व का गुण प्रदर्शित करें। उनसे स्कूली शिक्षा पूरी करने की उम्मीद की जाती थी, हालाँकि उच्च शिक्षा का प्रोत्साहन उनके लिए भी नहीं था। व्यवसाय में प्रशिक्षण की बात को कॉलेज की औपचारिक डिग्री से ज़्यादा मूल्यवान माना जाता था। बिरला के बेटों और भतीजों में सिर्फ़ ब्रजमोहन के बेटे गंगा प्रसाद ही स्नातक हो पाये थे। हालाँकि बिरला के दोनों छोटे बेटों कृष्ण कुमार और बसन्त कुमार ने भी कुछ समय के लिए कॉलेज में दाख़िला लिया था, मगर जल्द ही वे पढ़ाई छोड़ व्यवसाय से आ जुड़े।

परिवार की परम्परा की परिभाषा

बच्चों में परम्परा की भावना को मन में बैठाने पर काफ़ी ज़ोर रहता था। यह मारवाड़ी व्यावसायिक परिवार में एक आम बात थी। संयुक्त परिवार का ढाँचा और उसकी ऊँच–नीच सबसे ऊपर थी। बच्चों को सीख दी जाती थी कि वे संयुक्त परिवार की संरचना का सम्मान करें और बड़ों के बीच किसी प्रकार के भेदभाव की बिल्कुल मनाही थी। जुगलकिशोर को बच्चे 'बड़े बाबोजी' कहते थे हालाँकि उनके ख़ुद कोई सन्तान न थी। रामेश्वर दास को बाबोजी या पिता, बिरला को काकोजी यानी बड़े चाचा और ब्रजमोहन को चाचोजी कहकर बुलाया जाता था। इसी तरह नयी पीढ़ी उनकी पत्नियों को भी बुलाती थी। जुगलकिशोर और रामेश्वर दास की पत्नियों को बच्चे 'बड़ी माँ' कहकर बुलाते थे और ब्रजमोहन की पत्नी को 'काकीजी' का सम्बोधन मिला हुआ था।

बच्चों के लिए कड़े हिन्दू रीति–रिवाज़ों का दैनिक जीवन में पालन का निर्देश था। जुगलकिशोर इस बात का पूरा ध्यान रखते थे कि पूरा परिवार हिन्दू धर्म के सनातन धर्म की परम्पराओं का कड़ाई से पालन करे। किसी भी महत्त्वपूर्ण आयोजन के आरम्भ के पूर्व ज्योतिषियों की राय ली जाती थी। पूरे परिवार की जन्मपत्री रखने की ज़िम्मेदारी जुगलकिशोर के पास थी और वे 'आशंकित बाधाओं और बुरे प्रभावों को ख़त्म करवाने' के लिए नियमित पूजा और धार्मिक अनुष्ठान कराया करते थे।[8] छोटी उम्र से ही बच्चों को धार्मिक ग्रन्थों के विषय में जानकारी दी जाती थी और 'रामायण की चौपाइयाँ तथा गीता के श्लोक याद करवाये जाते थे।'[9] जुगलकिशोर ने बच्चों को हिदायत दे रखी थी कि वे 'भजन, कीर्तन और हवन किया करें' और नियमित तौर पर प्रार्थना किया करें।[10]

पारिवारिक परम्परा का एक अन्य अनिवार्य तत्त्व था कि निजी बातों को हाशिए पर रखना। बिरला परिवार के बच्चों को समझाया जाता कि एक सामाजिक इकाई के रूप में व्यक्ति के बजाय परिवार कहीं महत्त्वपूर्ण है। व्यक्तिवादी व्यवहार को हतोत्साहित किया जाता था और उनसे अपेक्षा की जाती थी कि वे बड़ों के द्वारा लिए निर्णयों का सम्मान करें। सामाजिक जीवन को लेकर एक कड़ी 'संयम संहिता' का घर में पालन किया जाता था। इसका अर्थ था–सादा जीवन जीते हुए निजी ख़र्चों को क़ाबू में रखना। बिरला ने बसन्त कुमार से कहा था कि 'धन का इस्तेमाल सिर्फ़ मौज–मस्ती के लिए नहीं होना चाहिए।' उन्होंने 'सांसारिक भोग–विलास' पर ख़र्च किये गये धन की तुलना रामायण में रावण के राक्षसी कृत्य से की।[11] बच्चों से मितव्ययी जीवन–शैली अपनाने के लिए कहा

जाता था और उन्हें हिदायत थी कि 'अपने ऊपर कम–से–कम ख़र्च करो।' बिरला मानते थे कि ज़रूरत से ज़्यादा ख़र्च करना 'पाप करने जैसा' है जो 'हमारे व्यवसाय को नष्ट कर देगा।'[12] यह संहिता उपभोग को क़ाबू करने की पक्षधर थी। इसमें 'सांसारिक सुखों पर पैसे बर्बाद करने' पर ताना दिया जाता था। बच्चों को सिनेमा आदि मनोरंजन से दूर रहने की सलाह दी जाती थी। जब बिरला को पता चला कि उनकी बड़ी बेटी चन्द्रकला को सिनेमा का शौक़ लग गया है तो वे तुरन्त सतर्क हो गये। उन्होंने ताना देते हुए कहा कि सिनेमा पूरी तरह एक मनोरंजन है, इसमें कोई शिक्षा नहीं मिलती। 'लड़कियों को पवित्र विचारों और पापहीन आचरण पर अधिक ध्यान देना चाहिए।'[13] उन्होंने बेटी को हिदायत दी–सभी मनोरंजन बन्द होने चाहिए। छुट्टियों में, जो कई बार पहाड़ों पर मनाई जातीं, बच्चों को 'अंग्रेज़ी तौर–तरीक़ों वाले स्त्री–पुरुषों' से मेल–जोल के लिए हतोत्साहित किया जाता।[14]

सनातनी परम्पराओं में पूरा परिवार विशुद्ध शाकाहारी था, और यहाँ तक कि प्याज और लहसुन का इस्तेमाल भी नाजायज़ था।[15] बिरला ने बसन्त कुमार को आगाह किया कि 'जो लोग सिर्फ़ स्वाद के लिए भोजन करते हैं उनकी वक़्त से पहले ही मौत हो जाती है। आपको भोजन औषधि–सेवन की तरह करना चाहिए।' केक और पेस्ट्री को यूरोपीय माना जाता था और बच्चों को इनके उपयोग के लिए इसलिए भी मनाही थी कि वे ख़र्चीले हो जायेंगे।[16] पान, सुपारी और तम्बाकू का उपयोग वर्जित था और अगर किसी ने इनके इस्तेमाल की हिम्मत की तो उसे फटकार पड़ती थी। शराब का सेवन पाप के सदृश माना जाता था।

अगर कोई सादगीपूर्ण जीवन–शैली के विरुद्ध जाता था तो उसको झिड़की और सज़ा मिलती थी। रामेश्वर दास के बेटे गजानन का मामला बेजा आचरण से निबटने के एक जीते–जागते उदाहरण के तौर पर देखा जा सकता है। जब गजानन ने ऊँची जीवन–शैली, स्वादिष्ट भोजन,... नाच–गाने और धूम्रपान का 'शौक़' दिखाया तो उन पर काफ़ी कड़ाई बरती गयी।[17] नौजवान को समझाने की ज़िम्मेदारी बिरला को दी गयी। बिरला ने अपने 25 वर्षीय भतीजे को सलाह दी कि वह बुरी आदतें छोड़ दे और परिवार की परम्पराओं का पालन करे। जब सारी चेतावनी और सलाह का कोई नतीजा नहीं निकला तो कुछ बन्दोबस्त किये गये। परिवार के बड़ों ने उसका बहिष्कार कर दिया। गजानन सुधरने के लिए तैयार न थे और उन्हें परम्परागत रास्ते पर चलने में दिक़्क़त आ रही थी। 1929 में उनका विवाह उनकी इच्छा के विरुद्ध कर दिया गया था। हालाँकि उनके दो बच्चे थे मगर विवाह कामयाब नहीं रहा था। वे अपना रास्ता नहीं छोड़ पा रहे थे। उसके बाद उनके परिवारजनों को पता चला कि उनके सम्बन्ध कहीं और हो चुके हैं और वे पत्नी से अलग होना चाहते हैं। परिवार के बुज़ुर्गों के लिए अब उन्हें और सहन करना मुमकिन न रहा। बिरला और रामेश्वर दास ने 1935 में क़ानूनी प्रक्रियाओं के ज़रिये गजानन को परिवार से बेदखल कर दिया। शर्तों के अनुसार उन्हें उत्तराधिकार से वंचित कर दिया गया और 1,000 रुपये का भत्ता हर माह दिया जाने लगा। उनकी पत्नी और दो बच्चों की ज़िम्मेदारी परिवार के कन्धों पर ले ली गयी और उन्हें बिरला पार्क के घर से निकाल दिया गया। परिवार के बुज़ुर्ग बहू को सारी सुविधाएँ और सम्मान सदैव देते रहे।

यह बात सभी बच्चों के लिए एक मिसाल बन गयी। उनकी समझ में यह बात भलीभाँति आ गयी कि पारिवारिक परम्परा से अलग होने की बात कतई सहन नहीं की जायेगी और परिवार के बड़ों के महत्त्वपूर्ण फ़ैसलों को उन्हें अपनी मौन स्वीकृति देनी है, जिनमें विवाह सम्बन्धी फ़ैसला भी शामिल है। परिवार की परम्पराओं के निर्वहन के लिए वैवाहिक सम्बन्धों को ख़ास महत्ता हासिल थी। समुदाय के भीतर हैसियत के मुताबिक़ उपयुक्तता सबसे ऊपर मानी जाती थी। विवाह को व्यापार–तन्त्र के फैलाव और बृहत्तर माहेश्वरी समुदाय में सम्मान और प्रतिष्ठा बढ़ाने की दृष्टि से देखा जाता था। बहुएँ उसी परिवार से लायी जाती थीं जिनका समाज में स्तर ऊँचा होता था। यह उम्मीद की जाती थी कि रिश्ता नये सम्पर्क लायेगा और व्यावसायिक मामलों में मूल्यवान सलाह भी। कुटुम्ब या ससुराल पक्ष सामुदायिक सम्पर्कों को बढ़ाने के लिहाज़ से अमूल्य था। इसी बात को ध्यान में रखते हुए बिरला के बड़े बेटे लक्ष्मीनिवास का विवाह 1927 में श्यामसुन्दरलाल लोइवाल की बेटी से हुआ जो राजपुताने में प्रिंस्ली स्टेट किशनगढ़ के दीवान के महत्त्वपूर्ण पद पर थे।[18] परिवार का सम्पर्क इतना बढ़ा–चढ़ा था कि किशनगढ़ के महाराजा स्वयं विवाह में शामिल हुए। बुज़ुर्गों ने इसे दुर्भाग्यशाली कोलवार विवाद से पहुँचे धक्के के बाद 'माहेश्वरी समुदाय में बिरला परिवार की हस्ती की बुलन्दी' के रूप में महसूस किया। दूसरे लड़कों के विवाह भी प्रतिष्ठित परिवारों में हुए : कृष्ण कुमार प्रतिष्ठित टापरिया परिवार में ब्याहे गये।[19] शायद सबसे प्रतिष्ठित रिश्ता बसन्त कुमार का सरला के साथ 1942 में हुआ। सरला अखिल भारतीय माहेश्वरी महासभा की अध्यक्ष रहीं और मध्य प्रान्त के एक प्रमुख नेता बृजलाल बियानी की बेटी थीं। बियानी को राजनीतिक हलकों में बेरार केसरी के तौर पर जाना जाता था।

पुत्रियों की शादियों में इतनी जटिलताएँ नहीं थीं। जहाँ रस्मों का स्तर मायने रखता था वहीं परिवार की प्रमुखता इतना बड़ा विषय नहीं थी। चूँकि ब्रजमोहन कलकत्ता में रहते थे जहाँ समुदाय का तन्त्र अस्तित्व में था, लिहाज़ा विवाह के रिश्ते खोजने की ज़िम्मेवारी अक्सर उनकी ही होती थी। चन्द्रकला का विवाह अगस्त 1931 में डागा परिवार के बंशीधर के साथ हुआ जिनका व्यवसाय जलपाईगुड़ी में था। परिवार का चाय, कपड़ा और बीमा क्षेत्र में व्यवसाय तेज़ी से बढ़ रहा था। चन्द्रकला उस समय सिर्फ़ 14 वर्ष की थीं। कलकत्ता के बिरला पार्क में हुए विवाह समारोह के बाद बिरला ने उन्हें उनके वैवाहिक जीवन को लेकर निम्नलिखित सलाह दी :

> तुम्हें इस बात को ध्यान रखना चाहिए कि अब तुम्हें नये घर में रिश्ते मज़बूत करने हैं। तुम्हें अपने कर्तव्य का बेहिचक निर्वाह करना है। अपना धीरज मत खोना। मैंने तुम्हें थोड़ी शिक्षा दिलाई और तुम्हारे लिए एक अच्छा पति ढूँढ़ दिया... अब मैं तुम्हारे लिए और क्या कर सकता हूँ? ईश्वर तुम्हें नैतिक शक्ति दे...अपने कर्तव्य की अनदेखी कभी मत करना। सेवा, संयम और त्याग...अपने पति से प्यार करना जो मुझे लगता है तुम करती हो....खुश रहो और अपनी रोज़मर्रा की पूजा–प्रार्थना में कभी लापरवाही न करना![20]

1941 में परिवार ने छोटी बेटियों अनुसूइया और शान्ति के लिए भी उपयुक्त रिश्ते ढूँढ़ लिए। अनुसूइया का विवाह कलकत्ता के एक माहेश्वरी परिवार के वंशज नरेन्द्र सिंह टापरिया के साथ हुआ। शान्ति का विवाह कृष्णगोपाल माहेश्वरी के साथ सम्पन्न हुआ।[21]

अगले साल जब बसन्त कुमार और सरला का विवाह सम्पन्न हुआ तो बिरला को इस बात से काफ़ी राहत पहुँची कि उनके सभी बच्चे व्यवस्थित हो चुके हैं। बहुओं के बीच उनका अच्छा मान था। सरला के प्रति उनका विशेष लगाव था क्योंकि यह शादी कराने में गाँधी ने विशेष भूमिका निभाई थी जो बियानी परिवार को अच्छी तरह जानते थे। हालाँकि उन्होंने सरला को चेतावनी दी थी कि 'बिरला परिवार पारम्परिक तौर तरीक़ों वाला है और यहाँ तुम्हें बहुत आज़ादी नहीं मिलने वाली।' लेकिन इस रिश्ते से वह काफ़ी ख़ुश हुए थे और सगाई उनके वर्धा आश्रम में ही सम्पन्न हुई थी।[22] इसके कारण बिरला की सबसे छोटी बहू उनके ख़ास स्नेह की पात्र बनीं। बाद के वर्षों में वह उन्हें घर की मालकिन के रूप में मानने लगे थे।

व्यावसायिक तैयारी

पारिवारिक परम्परा का एक अनिवार्य तत्त्व यह था कि बेटों की पारिवारिक व्यवसाय में शुरुआत कराकर उन्हें प्रशिक्षित किया जाता था और भविष्य का नेतृत्व सँभालने के लिए तैयार किया जाता था। स्कूल से निकालने के बाद उन्हें व्यवसाय में लगा दिया जाता था। बिरला और ब्रजमोहन ने उनके प्रशिक्षण में काफ़ी रुचि ली।

नया प्रशिक्षु सामान्य रूप से क़रीब साल भर की शुरुआती ट्रेनिंग से गुज़रता। इस दौरान उसे किसी विश्वसनीय और वरिष्ठ मैनेजर के अधीन रखा जाता जो उनकी प्रगति की नियमित जानकारी ब्रजमोहन और बिरला को देते थे। ब्रजमोहन के साथ काम करने में लड़कों को आसानी होती थी क्योंकि बचपन से ही वे उनके साथ रहते आये थे। वहीं जब बिरला के साथ उन्हें काम करने की नौबत आती थी तो सब भयभीत महसूस करते थे। लक्ष्मीनिवास ने जूट व्यवसाय में अपने प्रशिक्षण की शुरुआत ब्रजमोहन के साथ की। 1930 के उत्तरार्ध में कृष्ण कुमार को शुगर मिल के कारोबार में लगाया गया। बसन्त कुमार ने शुरुआत स्टॉक से की और फिर केशोराम कॉटन मिल में चले गये। बिरला के भतीजों गंगा प्रसाद और माधव प्रसाद ने क्रमशः जहाज़रानी और जूट उद्योग से अपनी शुरुआत की।[23] प्रशिक्षण वर्षों में सीनियर मैनेजरों की अहम भूमिका रही। मसलन बसन्त कुमार को विश्वसनीय रिश्तेदार और कर्मचारी सीताराम खेमका की देखरेख में काम पर लगाया गया। प्रशिक्षण के दौरान वित्तीय और एकाउंटिंग मामलों की जानकारी प्राप्त करने पर विशेष ज़ोर दिया जाता था। 'खातों पर नज़र, कैशबुक को चाक–चौबन्द रखना, लेजर, वाउचर, बिलों और बड़े खातों, बैंकों के रिकॉर्डों, बैंक सामंजस्य खातों' की देखरेख आदि प्रारम्भिक तैयारी के विषय हुआ करते थे जिसमें 'दैनिक रिपोर्ट, परता, मासिक और सालाना आय और व्यय खाते, और बिक्री की कार्रवाइयाँ' जैसी तैयारियाँ शामिल रहती थीं। यह प्रशिक्षण तब तक चलता था जब तक वे 'पूरी कैशबुक, वसूली और भुगतान का सन्तुलन और पाई–पाई का हिसाब' अकेले दम पर करने में सक्षम नहीं हो जाते थे। इसमें कभी–कभी एक साल तक का समय लग जाता था। उसके बाद उन्हें दूसरे विभागों जैसे सेल्स और मैन्युफैक्चरिंग के साथ नत्थी कर दिया जाता था।

इन हुनरों को सीखने से शायद कहीं ज़्यादा अहम था–परिवार की व्यापार–संहिता को युवा प्रशिक्षुओं के मस्तिष्क में बैठाना। इसे आत्मसात करना ज़्यादा कठिन नहीं था क्योंकि यह

महज़ संयम की संहिता का विस्तार भर थी जिसकी शिक्षा उन्हें घर पर दी गयी होती थी। उन्हें बताया गया कि सामुदायिक और उद्योग जगत में परिवार की गरिमा और स्तर सर्वाधिक महत्त्वपूर्ण हैं। उन्हें बार–बार यह बात याद दिलाई गयी कि कहीं भी परिवार का नाम कलंकित नहीं होना चाहिए। बिरला ने व्यवसाय जगत में अपना पहला क़दम रख रही नयी पीढ़ी से कहा–'यह बात कोई मायने नहीं रखती कि हम धीमी गति से विस्तार करें, पर हमें ज़बरदस्त रूप से सचेत रहना होगा।' परिवार की प्रतिष्ठा सबसे महत्त्वपूर्ण थी क्योंकि 'समुदाय का पूरा विश्वास हमारे साथ जुड़ा है। अगर एक भी कम्पनी असफल होती है तो लांछन... पूरे बिरला परिवार पर लगेगा।'[24]

कुछ निश्चित मूलभूत नियम थे जिनका हमेशा पालन किया जाना था। सबसे पहली ज़रूरत थी कि वित्त पर कड़ा नियन्त्रण रखा जाये, जिसके लिए पूरे बिरला उद्यम में काम कर रही परता–व्यवस्था के ज़रिये वित्तीय प्रगति की दैनिक जाँच की जाये। इससे लागत, उत्पादन और लाभ का लेखा–जोखा दैनिक आधार पर स्थिर होता था। उनका प्रशिक्षण वित्तीय प्रदर्शन और नियन्त्रण की एक लगभग अतिवादी फ़िक्र पर ज़ोर दिये रहता जो बिरला के व्यापार–दर्शन को दिखाता था। 'मुख्य कोशिश' 'वित्तीय और व्यावसायिक मामलों' में जाने की होती थी। हर परता विवरण दैनिक आधार पर देखा जाता अथवा कभी–कभी हर महीने के दस से बारह दिन पिछले महीने के खातों की जाँच में ख़र्च किये जाते। ख़ुद बिरला का यह ज़ोर था कि उनकी देखरेख में आने वाली हर मिल का दैनिक परता विवरण हर रोज़ उनको भेजा जाये, चाहे वे कहीं भी हों।

अगली पीढ़ी को बताये जाने वाले अन्य उसूल बृहत्तर परिवार से सम्बन्धित थे। वरिष्ठ कर्मचारियों से पूर्ण निष्ठा की अपेक्षा की जाती थी। उन्हें बढ़े हुए संयुक्त परिवार के रूप में देखा जाता था। वरिष्ठ कर्मचारी लाजिमी तौर पर मारवाड़ी होते थे और उनमें भी माहेश्वरी उपजाति को प्राथमिकता हासिल थी। उनमें से कइयों के पिलानी के सम्पर्क थे और वे व्यवसाय में लम्बा वक़्त बिता चुके थे। निजी मामलों में उनकी मदद अक्सर ऋण देकर की जाती थी। इस मामले में एक बड़ा उदाहरण दुर्गाप्रसाद मंडेलिया का है जिन्हें नयी पीढ़ी चाचोजी कहती थी। उन्होंने बिरला के साथ अपने कैरियर की शुरुआत 14 वर्ष की उम्र में की थी और उन्होंने मुख्य व्यावसायिक सहयोगी की भूमिका तक तरक्की की। नयी पीढ़ी को भी उसी तरह अपनी टीम तैयार करने और वरिष्ठ कर्मचारियों के लड़कों की भर्ती के लिए प्रोत्साहित किया जाता था। इससे स्थिरता और निष्ठा सुनिश्चित होती थी जिसके लिए कभी–कभी एजेंसी और वितरण के अधिकार देकर पुरस्कृत भी किया जाता था। इस प्रकार समुदाय के भीतर उप–समूह बनाये गये जिन्होंने व्यापार–तन्त्र को मज़बूत किया, प्रबन्धकीय प्रतिभा उपलब्ध कराई और भरोसे में इज़ाफ़ा किया।

जैसे ही प्रशिक्षण पूरा हुआ और वास्तविक ज़िम्मेदारियाँ शुरू हुईं तो युवा पीढ़ी को उन्हीं इकाइयों का इंचार्ज बना दिया गया जहाँ उन्होंने प्रशिक्षण लिया था। 1940 तक बिरला के तीन बेटों और भतीजों ने अपना प्रारम्भिक प्रशिक्षण पूरा कर लिया था और प्रत्येक को विभिन्न फ़ैक्टरियों की स्वतन्त्र ज़िम्मेदारी सौंप दी गयी थी। लक्ष्मीनिवास न्यू एशियाटिक इन्श्योरेन्स कम्पनी का कारोबार देखने लगे थे और रंगून में स्टार्च बनाने की एक इकाई स्थापित की। माधव प्रसाद को बिरला जूट मिल की ज़िम्मेदारी दी गयी थी।

बसन्त कुमार को केशोराम कॉटन का चेयरमैन बना दिया गया। कृष्ण कुमार के अधीन तमाम शुगर मिलें थीं। गंगा प्रसाद ने भी अब ज़िम्मेदारी लेनी शुरू कर दी थी। सिर्फ़ गजानन ही ऐसे थे जो इन व्यावसायिक कामों से बाहर छूटे हुए थे।[25]

जहाँ नयी पीढ़ी ने विभिन्न इकाइयों की ज़िम्मेदारियाँ सँभाल ली थीं, बिरला और ब्रजमोहन उनकी प्रगति पर बराबर नज़र रखे हुए थे। किसी बड़े निवेश का निर्णय लेने के पूर्व इनसे सलाह करना आवश्यक था। बसन्त कुमार ने पारिवारिक व्यवसाय में अपने पुराने दिनों को याद किया, 'जब भी मुझे नयी पूँजी उगाहने की ज़रूरत हुई अनुमति के लिए काकोजी के पास जाना पड़ा। उनकी सलाह और हरी झंडी के बिना मैं बाज़ार से 50 लाख रुपये की रक़म भी नहीं उठा सकता था।'[26] विविध क्षेत्रों में विस्तार के लिए बड़ों से मशविरा करना और इजाज़त लेना ज़रूरी था। व्यवसाय के कुछ क्षेत्र बिल्कुल वर्जित थे जैसे कि होटल व्यवसाय क्योंकि इसमें 'शराब और नाच' शामिल थे, जिनका परिवार की सादगीपूर्ण परम्परा से कोई तालमेल नहीं था।

जैसे–जैसे उन्होंने अपने क्षितिज का विस्तार किया वैसे–वैसे नयी पीढ़ी बाख़बर हुई कि पारिवारिक परम्पराओं से दूर नहीं जाना है। मसलन 1938 में बसन्त कुमार ने कुमार केमिकल एंड फार्मास्युटिकल वर्क्स लिमिटेड नाम की एक नयी दवा कम्पनी शुरू की। उन्होंने ढाई लाख रुपये का अच्छा–ख़ासा निवेश किया और हंगरी के एक विशेषज्ञ को नया उपक्रम स्थापित करने के लिए अनुबन्धित किया। जब पूरी योजना काफ़ी आगे बढ़ चुकी थी जुगलकिशोर यह जानकर दहशत में आ गये कि हारमोन आधारित दवाओं के उत्पादन में पशु–ग्रन्थियों का उपयोग किया जायेगा।[27] चाचा–भतीजा दो महीने तक इस मुद्दे पर बहस करते रहे। फिर भी जुगलकिशोर टस–से–मस नहीं हुए और बसन्त कुमार को पूरा प्रोजेक्ट अन्ततः रद्द करना पड़ा।[28]

1940 के दशक के शुरुआती दौर में बिरला बन्धु अगली पीढ़ी को व्यापार–दायित्व सँभालते देख काफ़ी सन्तुष्ट थे। सिवाय गजानन के सभी पुत्रों ने कामयाबी के साथ अपना प्रशिक्षण पूरा किया और व्यापार–साम्राज्य में ख़ुद के लिए निश्चित की गयी भूमिका में आसानी से रमते चले गये। यह व्यवसाय का सबसे उपयुक्त समय था क्योंकि 1939 में छिड़े दूसरे विश्वयुद्ध ने तरक़्क़ी के अभूतपूर्व मौक़े तैयार कर दिये थे।

सन्दर्भ एवं टिप्पणियाँ

1. बसन्त कुमार बिरला, *अ रेयर लीगेसी*, पृ. 20।
2. आर.एन. जाजू, *जी.डी. बिरला : अ बायोग्राफ़ी*, पृ. 172।
3. जुगलकिशोर की पत्नी 1927 में गुज़र गयी थीं।
4. *वही*, पृ. 18–19।
5. पारिवारिक व्यापार कैसे संचालित किये जाते हैं इसके एक महत्त्वपूर्ण अध्ययन के लिए देखें, सुदीप्त दत्ता, *फैमिली बिज़नेस इन इंडिया* (नयी दिल्ली, 1997)।
6. *वही*, पृ. 151।
7. बिरला की ओर से चन्द्रकला को, उद्धृत, *जी.डी. बिरला : अ बायोग्राफ़ी*, पृ. 99–100।
8. बसन्त कुमार बिरला, *अ रेयर लीगेसी*, पृ. 283।

9. बिरला की ओर से शान्ति को, उद्धृत, आर.एन. जाजू, *जी.डी. बिरला : अ बायोग्राफ़ी*, पृ. 131।
10. बसन्त कुमार बिरला, *अ रेयर लीगेसी*, पृ. 281।
11. बसन्त कुमार बिरला, *अ रेयर लीगेसी*, पृ. 350–1।
12. बसन्त कुमार बिरला, *अ रेयर लीगेसी*, पृ. 350–1।
13. आर.एन. जाजू, *जी.डी. बिरला : अ बायोग्राफ़ी*, पृ. 110।
14. बसन्त कुमार बिरला, *अ रेयर लीगेसी*, पृ. 23।
15. बसन्त कुमार बिरला, *अ रेयर लीगेसी*, पृ. 280।
16. बसन्त कुमार बिरला, *अ रेयर लीगेसी*, पृ. 350–1।
17. बसन्त कुमार बिरला, *अ रेयर लीगेसी*, पृ. 310–13।
18. लोलीवाल मारवाड़ी समुदाय में एक अहम शख़्सियत रहे थे। 1890 में माहेश्वरी महासभा की स्थापना में उनकी केन्द्रीय भूमिका थी। उन्होंने माहेश्वरी महासभा के पहले सत्र का उद्‌घाटन किया था जिसमें पूरे देश से माहेश्वरी लोग आये थे।
19. 1929 में गजानन ने जबलपुर के जमनादास मलपानी की बेटी से शादी की थी। उन दिनों मलपानी 'मारवाड़ी समुदाय में सबसे उत्तम माने जाते थे' और माधव प्रसाद की पत्नी मोहता परिवार से थीं जो सिरसा का एक प्रमुख माहेश्वरी घराना था।
20. आर.एन. जाजू, *जी.डी. बिरला : अ बायोग्राफ़ी*, पृ. 99–100।
21. आर.एन. जाजू, *जी.डी. बिरला : अ बायोग्राफ़ी*, पृ. 131।
22. बसन्त कुमार बिरला, अ रेयर लीगेसी, पृ. 36।
23. बसन्त कुमार बिरला, *अ रेयर लीगेसी*, पृ. 25–6।
24. बसन्त कुमार बिरला, *अ रेयर लीगेसी*, पृ. 80।
25. बसन्त कुमार बिरला, *अ रेयर लीगेसी*, पृ. 310–13।
26. बसन्त कुमार बिरला, *अ रेयर लीगेसी*, पृ. 80।
27. बसन्त कुमार बिरला, *अ रेयर लीगेसी*, पृ. 31–2।
28. इस तरह आगे बढ़ने से पहले ही बसन्त कुमार का पहला स्वतन्त्र उद्यम जुगलकिशोर ने रोक दिया। बड़ा वित्तीय नुक़सान पहुँचाने वाले इस नितान्त तर्कहीन फ़ैसले से हंगरी का सलाहकार हतबुद्धि रह गया।

अध्याय 8

युद्ध के वर्ष

यूरोपीय युद्ध के बादल जैसे–जैसे राजनीतिक पटल पर उमड़ रहे थे वैसे–वैसे काँग्रेस मन्त्रिमण्डल के भविष्य को लेकर बिरला की चिन्ताएँ बढ़ने लगी थीं। हालाँकि ब्रिटेन के मुश्किल वक़्त में उन्हें उससे सहानुभूति थी। युद्ध शुरू होने पर उन्होंने चर्चिल को सरकार में शामिल होने के लिए बधाई का तार भेजा। इससे पूर्व इंग्लैंड के अपने पिछले दौरे के दौरान वे युद्ध के ख़तरों के विषय में चर्चिल से चर्चा कर चुके थे। उन्होंने उन्हें आश्वस्त किया कि 'हम जितने भी गाँधीवादी विचारधारा से जुड़े लोग हैं पूरे हृदय से ग्रेट ब्रिटेन के साथ सहानुभूति रखते हैं।' उन्होंने आगे कहा कि 'अगर हमारी प्रार्थनाएँ युद्ध के अन्तिम नतीजे पर असर डाल सकती हैं तो विजयश्री निस्सन्देह आपकी ही होगी।'[1] उनका यक़ीन था कि भारत को मित्र देशों का समर्थन करना चाहिए। लेकिन वे यह भी महसूस करते थे कि भारत पर युद्ध थोपा नहीं जाना चाहिए। भारत को स्वैच्छिक सहयोग करना चाहिए, बदले में यह वादा लेना चाहिए कि युद्ध के बाद उसे वेस्टमिंस्टर शैली का पूर्ण डोमिनियन दर्जा दे दिया जायेगा। बीच के वक़्फे के लिए उन्होंने वायसराय की कार्यकारी परिषद् के विस्तार और फ़ेडरेशन की स्थापना का उल्लेख किया।

राजनीतिक हताशा और गतिरोध

भारतीयों से कोई मशविरा किये बग़ैर वायसराय ने यह घोषणा कर दी कि भारत भी युद्ध में शामिल है। परिणामस्वरूप अक्टूबर 1939 में काँग्रेस मन्त्रिमण्डलों ने इस्तीफ़ा दे दिया। ब्रिटेन द्वारा भारत को युद्ध में धकेलने से गतिरोध बढ़ गया। लोगों और सामग्री की भारी माँगें ऐसे लक्ष्य के लिए भारत पर थोप दी गयीं जिनका यहाँ से कुछ ख़ास लेना–देना नहीं था। इस निरंकुश निर्णय से भारतीय राजनीति उग्र हो गयी और काँग्रेसी नेतृत्व ने यह निर्णय लिया कि भारत बिना अपने राजनीतिक नेतृत्व की मंजूरी और बिना स्वतन्त्रता के स्पष्ट वायदे के युद्ध में हिस्सा नहीं ले सकता। इस प्रकार भारतीय शासन में ब्रिटिश के साथ सहकार के प्रयोग का अन्त हुआ, जिसके बारे में बिरला का मानना रहा था कि अन्ततोगत्वा इससे एक दिन सम्पूर्ण सत्ता भारत के हाथों में आ जायेगी। बुरी तरह हताश बिरला के गले यह बात नहीं उतर रही थी कि काँग्रेस मन्त्रिमण्डलों की उल्लेखनीय सफलता के बावजूद राजनीतिक घटनाक्रम इस क़दर उलट सकते हैं। उनके लिए यह बात एक त्रासदी से कम नहीं थी

कि एक अनूठा प्रयोग 'जिसमें दोनों पक्ष परस्पर समझदारी और दोस्ती की अच्छी मुराद' के साथ दिख रहे थे यूँ सहसा ख़ारिज कर दिया गया। बिरला ने राजनीतिक गलियारों में ऊँची जगहों पर बैठे अपने सभी ब्रिटिश मित्रों से सम्पर्क किया कि वे गाँधीवादी विचारधारा से अलग न हों जो उनकी मदद के लिए उत्सुक है। उन्होंने ज़ोर दिया कि युद्धकाल में गाँधी ही ऐसे एकमात्र व्यक्ति हैं जो शान्ति क़ायम रख सकते हैं। उन्होंने लैथवेट से कहा कि 'भारत पूरी तरह शान्तिपूर्ण किसी संयोग के कारण नहीं बल्कि डिजाइन के कारण है।' उन्होंने कहा, 'गाँधीजी शान्तिपूर्ण भारत को दोस्ताना भारत में बदलना चाहते हैं जो इंग्लैंड का पूर्ण शुभचिन्तक हो।'[2] गाँधीवादी नेतृत्व को ब्रिटिश राज के क़रीब लाने में एक भूमिका निभाने की आशा से उन्होंने वायसराय को कई प्रस्ताव भेजे। वह उनसे भेंट करके गाँधीवादी धारणा उनके सामने रखना चाहते थे। उन्होंने लैथवेट से कहा था कि 'अगर आपने ज़रा–सी भी रुचि दिखायी होती तो मैं दौड़कर दिल्ली पहुँच जाता।'

बिरला के प्रस्तावों के बावजूद सरकार की तरफ़ से कोई जवाब नहीं मिला और इसमें बिरला कुछ ख़ास नहीं कर सकते थे। अंग्रेज़ सरकार किसी भी हालत में काँग्रेस की केन्द्र सरकार में भूमिका निभाने की माँग मानने को तैयार न थी। उसे डर था कि इससे कहीं युद्ध के दौरान साम्राज्यवादी ज़रूरतों को पूरा करने की भारत की क्षमता ख़तरे में न पड़ जाये। मार्च 1940 तक यह बात साफ़ हो गयी कि सरकार और काँग्रेस के बीच चल रही बातचीत में गतिरोध आ चुका है और पार्टी जल्द ही गाँधी के नेतृत्व में सविनय अवज्ञा आन्दोलन शुरू करने के मूड में आ चुकी है। इस निर्णय से नाख़ुश बिरला ने गाँधी को लिखा कि 'हम ग़लत रास्ते पर जा रहे हैं' और उनसे निर्णय पर पुनर्विचार करने के लिए कहा।[3] उन्होंने गाँधी से दरख़्वास्त की कि 'सम्मानजनक समझौते के रास्ते' अभी बचे हैं और उन्हें अवश्य ही तलाशा जाना चाहिए। बिरला के लिए यह ख़ासतौर पर परीक्षा का दौर था, क्योंकि गाँधी के प्रति अपनी निष्ठा और ख़ुद के संवैधानिक मार्ग पर विश्वास के दरम्यान बिरला विदीर्ण महसूस कर रहे थे :

> जब मैं दिल की सुनता हूँ तो मुझे महसूस होता है कि जीत अन्ततः बापू की होगी ...ईश्वर उन्हें ज़रूर रास्ता दिखायेगा। लेकिन यह आस्था के साथ संवाद है। जब मैं दिमाग़ पर ज़ोर डालता हूँ और थोड़ा 'तर्कपूर्ण तरह से सोचता' हूँ तो इसके सिवा कुछ नहीं सूझता कि हमने अपने पत्ते ठीक से नहीं खेले।[4]

मार्च और अक्टूबर 1940 के बीच वे काँग्रेस के तौर तरीक़ों पर अपनी शंकाओं और विचारों को लेकर गाँधी को लम्बे ख़त लिखते रहे। उनका मानना था कि काँग्रेस को 1935 के एक्ट का बहिष्कार नहीं करना चाहिए और अंग्रेज़ों के साथ समझौतावादी रवैया अपनाना चाहिए।[5] उन्होंने गाँधी से विनती की कि वे हल निकालने की दिशा में एक बार आशावादी रुख़ अपनाएँ और पूरे देश को 'जंगल में भटकने के लिए' न छोड़ दें।[6] उन्होंने उन पर दबाव डाला कि वे बड़े मुद्दों पर विचार करें और अपने स्वास्थ्य व आयु को देखते हुए डोमिनियन स्तर हासिल करने का रास्ता बनायें। उन्होंने महात्मा जी से कहा कि 'वे थोड़ा और व्यावहारिकता अपनायें और वास्तविकता का सामना करने की कोशिश करें और बजाय खाँटीपन में पड़ने के व्यावहारिक व्यक्ति की तरह तालमेल का रास्ता चुनें।' उन्होंने दबाव दिया कि तर्कपूर्ण तो यही है कि 'हम अपनी ताक़त और परिस्थितियों को देखते हुए

अपनी माँगों में सामंजस्य बिठाएँ।'[7] हालाँकि बिरला की बात का कोई असर दिखायी नहीं पड़ा लेकिन 1940 की पूरी गर्मी के दौरान वे अपने विचारों को गाँधी के समक्ष विचारार्थ प्रस्तुत करते रहे।

इस बीच राजनीतिक स्थिति तेज़ी से बदल रही थी। हालाँकि वायसराय ने अपनी कार्यकारिणी काउंसिल में काँग्रेस की भी बात सुने जाने का वादा किया था मगर गाँधी ने इस प्रस्ताव को ठुकरा दिया जो अब अक्टूबर 1940 में व्यक्तिगत सविनय अवज्ञा आन्दोलन शुरू करने का निर्णय ले चुके थे। यह पुनः ऐसा निर्णय था जिसका बिरला ने ज़ोरदार विरोध किया। इसके शुरू होने के दो महीने बाद बिरला ने गाँधीजी को इसकी व्यर्थता के बारे में एक बार फिर समझाने की कोशिश की। महात्मा के आश्रम में हुई एक बैठक के दौरान उन्होंने अभियान की प्रगति को लेकर हिचक जताई और बेबाक़ी से कहा कि वे वायसराय के काउंसिल विस्तार के प्रस्ताव को स्वीकार कर लें। साथ ही उन्होंने गाँधीजी को साफ़ तौर पर यह बता दिया कि उनका व्यक्तिगत सत्याग्रह अपनी आभा खोता जा रहा है। उन्हें यह बात भली–भाँति पता थी कि काँग्रेस के तमाम बड़े नेता, जैसे मद्रास के राजगोपालाचारी, एस. सत्यमूर्ति और बॉम्बे के भूलाभाई देसाई अपना धैर्य खोते जा रहे हैं और कि उनके और गाँधी के बीच गहरी खाई बन गयी है।[8] बिरला ने गाँधी के साथ कोई बढ़त नहीं बनायी और उन्हें महात्मा के प्रति अपनी वफ़ादारी में सान्त्वना पाने के लिए मजबूर होना पड़ा। उन्होंने कहा 'जब तक नेतृत्व की बागडोर बापू के हाथ में है तब तक जो होगा अच्छा ही होगा।'[9]

विडम्बना की बात यह थी जब बिरला गाँधी से सत्याग्रह छोड़ने और सरकार के साथ बातचीत के रास्ते तलाशने की वकालत में जुटे थे उसी दौरान वायसराय और उनके सलाहकार एक मध्यस्थ के रूप में बिरला की सलाहियत पर सन्देह करने लगे थे। लिनलिथगो को यह विश्वास हो चला था कि एक ओर तो बिरला गोपनीय ढंग से गाँधी के सविनय अवज्ञा आन्दोलन को वित्तीय सहायता दे रहे हैं दूसरी ओर सरकार और गाँधी के बीच समझौता कराने का स्वाँग रच रहे हैं। लिनलिथगो के लिए यह स्थिति असहनीय थी और उन्होंने फ़ैसला किया कि अब जब तक गाँधी अपने अभियान की ज़िद पर अड़े रहते हैं तब तक वे बिरला से मुलाक़ात नहीं करेंगे। वायसराय की निष्ठा अब उनके प्रति ख़त्म हो चुकी है यह बात बिरला को सबसे पहले एस.सी. मित्रा से पता चली। हैरानी से भरे बिरला ने तुरन्त वायसराय से भेंट करने का मन बनाया, लेकिन उन्हें लैथवेट के निजी सचिव से मिलाया गया, जिसने इस ख़बर की पुष्टि की। बिरला काफ़ी ग़ुस्से में थे। वे अपने को पूरी तरह असहाय पा रहे थे क्योंकि उन्होंने पिछले कुछ सालों में वायसराय के साथ क़रीबी सम्बन्ध बनाने के लिए काफ़ी प्रयास किये थे और एक मध्यस्थ का दर्जा हासिल करने के लिए कड़ी मेहनत की थी। उन्होंने महादेव देसाई को लिखा कि :

> वायसराय को अब तक यह जान लेना चाहिए था कि भारतीयों में किसी ने भी उनकी मदद के लिए उतनी कठिन मेहनत नहीं की होगी या उतनी निष्ठा के साथ उनके साथ खड़ा नहीं रहा होगा जितना कि मैं....अगर वायसराय यह मानते हैं कि एक ओर मैं उनसे दोस्त की तरह मिलता हूँ और दूसरी ओर उनके ख़िलाफ़ गोपनीय ढंग से काम करता हूँ, तो आगे उनका समय ख़राब करने की मेरी इच्छा नहीं है।[10]

उन्हें इस बात पर क्रोध आया कि 'वायसराय ने मेरे ईमान पर शक करके मुझे नीचा दिखाया है' और इसके पीछे की वजह 'इन लोगों के मोटे दिमाग़' को माना।[11] हालाँकि वे चाहते थे कि बातचीत से मामला साफ़ कर दिया जाये, पर इसका अब कोई तरीक़ा नहीं था, क्योंकि वायसराय को अब उनसे कुछ लेना–देना नहीं था। हताशा और अपमान की अनुभूति से गुज़र रहे बिरला को लगा कि काँग्रेस और ब्रिटिश राज के बीच दरार बहुत चौड़ी हो गयी है और लिनलिथगो के साथ स्वयं का वाक़या इस दरार के खाई बन जाने की एक त्रासद घोषणा था। इस प्रकरण ने गाँधी के नेतृत्व और ब्रिटिश के बीच बिरला की मध्यस्थ की भूमिका पर विराम लगा दिया। उन्होंने कई सालों तक काँग्रेस नेतृत्व के एक धड़े और ब्रिटिश को एक समझौते पर लाने के लिए निजी प्रयासों का तन्त्र बनाने में कठिन मेहनत की थी। उनके तईं, इस भूमिका का उन्होंने आनन्द लिया था।

निष्ठा की परीक्षाएँ

आने वाले महीनों में विकसित होती राजनीतिक स्थितियों के लिहाज़ से बिरला के रुख़ में एक स्पष्ट परिवर्तन आया। पूरे 1940 के दौरान वे इस बात को लेकर अतिउत्सुक रहे थे कि काँग्रेस को युद्ध की समाप्ति पर डोमिनियन दर्जे के वादे के एवज़ में युद्ध–कार्यों में सहयोग करना चाहिए और तब तक के अन्तरिम दौर में केन्द्र सरकार में उसकी दखल होनी चाहिए। 1940 के उत्तरार्ध में उन्होंने गाँधी के व्यक्तिगत सत्याग्रह के निर्णय का विरोध किया और बाद में जब यह पूरे उरूज पर था तो उसकी आलोचना भी की। हालाँकि धीरे–धीरे उनके विचारों में महत्त्वपूर्ण परिवर्तन आया। बिरला को अब ब्रिटिश के साथ समझौता करने में कोई दूरदर्शिता नहीं दिखायी देती थी। उनके इस हृदय परिवर्तन के पीछे कई बातें काम कर रही थीं। 1940 के अन्त में लिनलिथगो के साथ सम्बन्ध विच्छेद होने के बाद उन्हें आभास हुआ कि अधिकारियों का रुख़ अब कठोर हो चुका है। साथ ही जब गाँधी के सत्याग्रह को लेकर सरकार पूरी तरह उदासीन बनी रही तो उन्हें आशंका हुई कि क्या सचमुच सरकार युद्ध के विषय में भारतीय सहयोग लेने के प्रति गम्भीर है। इसके अलावा युद्ध के दौरान ब्रिटेन की बदलती स्थितियों के कारण बिरला के विचारों में परिवर्तन हुआ था। हिटलर के रूस पर धावा बोलने और 1941 में जापानी सेना को दक्षिण–पूर्व एशिया में मिली सफलता को देख बिरला मानने लगे थे कि युद्ध अब भारत की ओर बढ़ रहा है। मित्र देशों की खस्ता हालत और भारत को युद्ध में भागीदार बनाने से पैदा हुए आर्थिक विस्थापन ने बिरला को चिन्ता में डाल रखा था। ऐसे में वे भारत में युद्ध सम्बन्धी गतिविधियों की राह में वास्तविक अवरोध डालने या ब्रिटिश राज को कोई गम्भीर चुनौती देने के बजाय व्यक्तिगत नागरिक अवज्ञा के ज़रिये गाँधी के सांकेतिक विरोध को सही मान रहे थे। हालाँकि उन्हें लगा कि गाँधी और काँग्रेस द्वारा दिखाये संयम पर अंग्रेज़ों ने भी उसी तरह से प्रतिक्रिया नहीं दी।

जिस चीज़ ने मामले को और बिगाड़ दिया और उन्हें एक बार और अलग–थलग कर दिया वह यह अहसास था कि अंग्रेज़ी राज ने इधर के सालों में आर्थिक मामलों में क्या–क्या किया है। बहुत से व्यवसायियों की तरह उनका भी अनुमान था कि युद्ध के दौरान उद्योग–धन्धों का विस्तार होगा और इसके मुतल्लिक़ योजनाओं में सरकार भारतीय

उद्यमियों को अपने साथ लेगी। लेकिन ऐसा नहीं हुआ। इन सारे अनुभवों के कारण बिरला की सोच में ज़बरदस्त परिवर्तन आया। उन्होंने इस बात की चर्चा गाँधी से स्वीकार की कि :

> जब मैं अपने विश्वास और तर्कों के आधार पर सोचता हूँ तो मुझे लगता है कि आपने जो रास्ता चुना वो संघर्ष के शुरुआती स्तरों के दौरान लिया जा सकने वाला एकमात्र और सर्वोत्तम रास्ता था। मैं आपके रास्ते के मूल्यों को लेकर हिचक में था...लेकिन अब मैं आश्वस्त हूँ कि हमारे द्वारा अमल में लाये गये रास्ते के अलावा कोई विकल्प था ही नहीं। ऐसा इसलिए है क्योंकि अंग्रेज़ों ने हमें कुछ भी पर्याप्त देने के लिए कोई चिन्ता नहीं की है।... अब हमने काफ़ी दिखा दिया है कि भले ही हमारे सैनिक युद्ध में लड़ रहे हैं, लेकिन एक राष्ट्र के रूप में भारत ने हिंसा की इस व्यापक कार्रवाई में भाग लेने के ख़िलाफ़ बग़ावत कर दी है। यह द्वन्द्व सार्वभौमिक विध्वंस को लायेगा, अन्त में इसका कोई भी विजेता नहीं होगा, और यहाँ तक कि जो जीतेगा भी वो आत्मध्वंस को आमन्त्रित करेगा। ऐसी स्थिति में अगर हम इस द्वन्द्व से बाहर बने रहे हैं तो हम एक तरह से मानवता की सेवा कर रहे हैं।[12]

अब आगे बातचीत की और सम्भावना नहीं बची थी। बिरला ने पाया कि 'अभी–अभी अदृश्य हाथों ने तकदीरें लिखी हैं और कैसा भी हिसाब–किताब महज़ समय की बर्बादी है।'[13] अब वे खुद को युद्ध सम्बन्धी गाँधी के विचार से सहमत महसूस करने लगे थे। हालाँकि वे हमेशा से अंग्रेज़ी राज के साथ सहयोग करने के पक्षधर रहे थे पर 1935 में गवर्नमेंट ऑफ़ इंडिया एक्ट के सामने आने के बाद उन्होंने इसके ध्येयों को हासिल करने के लिए ख़ासतौर पर कड़ी मेहनत की थी। अब वे गाँधी का अनुसरण करने को तैयार थे और महात्मा के जैसे भी चाहे रास्ते से ब्रिटिश राज से मुठभेड़ को तैयार थे।

1942 की शुरुआत में जब ब्रिटेन के हाउस ऑफ़ कॉमन्स के नेता सर स्टेफोर्ड क्रिप्स भारत के लिए युद्ध के बाद ब्रिटेन के अधीन डोमिनियन दर्जे की स्वतन्त्रता का प्रस्ताव लेकर यहाँ आये तो बिरला उन लोगों में नहीं थे जिनसे वे अपने मिशन के समर्थन की अपेक्षा रखते।[14] हालाँकि वे मार्च–अप्रैल 1942 को हुई बातचीतों में सीधे शामिल नहीं थे लेकिन दिल्ली स्थित उनका निवास काँग्रेसी नेतृत्व का ग़ैर–आधिकारिक मुख्यालय बन चुका था।[15] काँग्रेस की ओर से बातचीत कर रहे तीन नेताओं : नेहरू, पटेल और आज़ाद में से दो बिरला हाउस में ही रुके थे।[16] गाँधी, जो सिर्फ़ बातचीत के कुछ शुरुआती हफ़्तों में उपस्थित थे, भी बिरला के एक मेहमान थे। इस प्रकार बिरला लम्बी चर्चाओं में विपुल रूप से शामिल थे। हालाँकि बातचीत ज़्यादा दूर तक नहीं जा सकी और गाँधी ने उन्हें 'डूबने जा रहे बैंक का पोस्ट डेटेड चेक' कहते हुए ख़ारिज कर दिया। बिरला उनकी बात से पूरी तरह सहमत थे और उन्होंने महादेव देसाई से कहा कि क्रिप्स द्वारा प्रस्तावित रियायतें ज़रा देर से आयीं।[17] उनके 'हिन्दुस्तान टाइम्स' में भी इसी विचार को व्यक्त किया गया और टिप्पणी की गयी कि क्रिप्स 30 महीने की काफ़ी ज़्यादा देरी से आये,[18] और फिक्की ने भी बिरला की बात का अनुमोदन किया।[19]

गाँधी ने अंग्रेज़ों के ख़िलाफ़ नये सिरे से अभियान चलाने की तैयारी शुरू कर दी और बिरला बहुत क़रीब से उनके विचारों को मूर्त रूप लेते और काँग्रेस की गतिविधियों को देख रहे थे। महादेव देसाई से चलते आ रहे उनके सूक्ष्म विवरणों वाले पत्राचार के कारण गाँधी

की तमाम गतिविधियों की सूचना उन्हें मिलती रहती थी। अप्रैल 1942 में उन्होंने चार रोज़ गाँधीजी के साथ वर्धा आश्रम में व्यतीत किये। जून 1942 में गाँधी ने बिरला को किसी के हाथों एक पत्र भिजवाया जिसमें उन्होंने अपनी आन्तरिक हलचल के बारे में बताया और आने वाले अभियानों को लेकर अपनी योजनाओं का खुलासा किया :

> इस समय मैं अपनी अन्तरात्मा की आवाज़ से प्रेरणा ले रहा हूँ जो हर घण्टे सघन होती जा रही है। शासन अनिष्ट करने पर आमादा है। जो भी बातें मेरे विरोध को लेकर कही जाती हैं उनसे मुझे क्रोध आता है और हताशा बढ़ती है हालाँकि दोनों ही बातें नहीं होनी चाहिए। ये सब क्षणिक आवेग हैं जो जल्द शान्त हो जाते हैं और मेरा सुकून फिर से लौट आता है।
>
> मैंने मानसिक रूप से अपने को तैयार कर लिया है। आगामी संघर्ष को लेकर मेरी योजनाएँ क़रीब–क़रीब पूरी होने को हैं। मैं सिर्फ़ कार्यकारिणी कमेटी की बैठक का इन्तज़ार कर रहा हूँ। मैंने अपनी तैयारी कर ली है।[20]

महादेव देसाई, बिरला को यह बता चुके थे कि गाँधी अन्तिम संघर्ष की तैयारी में लगे हैं और 'इस बार आर–पार की लड़ाई का संकल्प' कर लिया है। गाँधी ने दृढ़ संकल्प कर रखा था कि 'इस बार वे अपना सब कुछ दाँव पर लगा देंगे–अपनी जान भी।' 'उनके साथ कोई बहस नहीं हुई है', देसाई ने उन्हें बताया।[21] तमाम अन्दरूनी लोगों की तरह बिरला को भी पता था कि एक तूफ़ान की तैयारियाँ चल रही हैं और आने वाला संघर्ष काँग्रेस के पिछले अभियानों से बिल्कुल अलग होगा। इस बात से चिन्तित कि क्या होगा उन्होंने एक सम्भावित हिंसक आन्दोलन पर आधिकारिक प्रतिक्रिया को जानने की कोशिश की। 2 जुलाई 1942 को उन्होंने भारतीय सेना के उप प्रमुख जी.एन. मोल्सवर्थ से भेंट की, जिनसे इससे पहले वे कभी नहीं मिले थे। उन्होंने मोल्सवर्थ को अपने दिल्ली आवास पर चाय के लिए आमन्त्रित किया। उसके बाद क्या हुआ इसकी जानकारी मोल्सवर्थ के शब्दों में ये है :

> मिस्टर (श्री) बिरला एक काफ़ी सम्पन्न भारतीय उद्योगपति थे, जिन्हें गाँधी के क़रीबी सलाहकार के रूप में जाना जाता था और जो काँग्रेस पार्टी को धन के ज़रिये बहुतेरी 'संघर्ष की ताक़त' मुहैया कराते थे। मुझे उनसे मिलने के पूर्व वायसराय की अनुमति लेनी पड़ी और मुझे आँख पर पर्दा डाले रखने (जोड़ना चाहिए 'और उँगलियाँ क्रॉस रखने') की सलाह दी गयी। मैं किंग्सवे में उनके विशाल और भव्य बँगले पर पहुँचा। इसमें एक विशाल केन्द्रीय कक्ष था जहाँ से बलूत की लकड़ी का चौड़ा जीना ऊपर को जा रहा था और जिसे कई एंटीक चीज़ों के साथ अंग्रेज़ी शैली में सजाया हुआ था। चाय चाँदी के टी–सेट में पेश की गयी जिसके साथ चीन की और अन्य क्रॉकरी थी जिन्हें देखकर बहुत से शाही घरों में भी हीन भावना पैदा हो जाये।
>
> श्री बिरला... घर में काते गये कपड़े की सफ़ेद काँग्रेसी 'वर्दी' में काफ़ी विनम्रता के साथ थे और अच्छी अंग्रेज़ी बोल रहे थे। वे बहुत दिलचस्प और काफ़ी जानकार व्यक्ति थे। जब चाय का दौर समाप्त हुआ तो मुझे राजनीतिक सिद्धान्तों और प्रेरणाओं और वक़्त के बढ़ते ख़तरों पर एक लम्बा व्याख्यान सुनना पड़ा। मुझे यह स्पष्ट था (हालाँकि ऐसा कभी कहा नहीं गया) कि लक्ष्य मेरे ज़रिये वायसराय को चेतावनी–सन्देश पहुँचाना है। आख़िरकार उन्होंने मुझसे वही सवाल पूछा जो लुई फिशर मुझसे पूछ चुके थे।

अगर भविष्य में राजनीतिक उथल–पुथल होती है तो काँग्रेसी नेताओं का क्या होगा? मैंने वही उत्तर दिया जो पहले दिया था। उन्होंने मुझ पर फिर दबाव डाला, पर मैंने इससे ज़्यादा कुछ नहीं कहा कि यह सवाल काल्पनिक है। यह तो साफ़ था कि वे एक तूफ़ान के पक रहे होने का संकेत दे रहे थे, जिसका हमें सन्देह था और जिसकी पुष्टि उनके साथ मेरी बातचीत में हुई। सवाल सिर्फ़ एक था : यह तूफ़ान कब आयेगा? हमारी बातचीत बहुत दोस्ताना हुई और हम दोनों और सद्भावना के साथ अलग हुए।[22]

इस बैठक के 15 दिनों के भीतर 14 जुलाई 1942 को ही काँग्रेस कार्यकारिणी की बॉम्बे में हुई बैठक में अंग्रेज़ों से भारत छोड़ने की माँग का प्रस्ताव पास कर दिया गया। चार दिन बाद अपने अहम् को किनारे करके बिरला ने वायसराय से एक मुलाक़ात का निवेदन किया। उनसे उनका आख़िरी पत्राचार हुए डेढ़ साल से ज़्यादा का समय बीत चुका था। उन्होंने लैथवेट को लिखा : 'आपने मेरे मुँह पर दरवाज़ा बन्द कर दिया।' बिरला ने काँग्रेस नेतृत्व और ब्रिटिश के बीच सम्पर्क में कमी को लेकर खेद व्यक्त किया और कहा कि सम्पर्क बना रहना चाहिए। उन्हें डर इस बात का था कि 'इस लड़ाई के पीछे एक मैत्री है जिसे मरने देना नहीं चाहिए।'[23] लिनलिथगो से उनकी भेंट के निवेदन को अस्वीकार कर दिया गया।[24] मगर इससे बिरला विचलित नहीं हुए और प्रयास जारी रखा। वायसराय से सम्पर्क के लिए उन्होंने ठाकुरदास और जे.आर.डी. टाटा जैसे साथी व्यवसायियों को साथ लिया। सबने मिलकर राजनीतिक परिस्थितियों के विषय में एक पत्र लिखा :

हम सभी लोग व्यवसायी हैं और लिहाज़ा यह कहने की ज़रूरत नहीं रह जाती कि हमारा हित शान्ति, सद्भाव, भाईचारे और देशभर में क़ानून व्यवस्था बने रहने में ही निहित है। हम राष्ट्रवादी भी हैं लेकिन हम यहाँ यह कहेंगे कि हमारा राष्ट्रवाद किसी संकीर्ण तरह का नहीं है...काँग्रेस के प्रस्ताव के विश्लेषण में हमें राजनीतिक स्वतन्त्रता की माँग से ज़्यादा कुछ नहीं दिखा है, जिसके लिए लोग आक्रमण के ख़िलाफ़ लड़ेंगे और लड़ते वक़्त मरेंगे...हमारा कहना यह है कि यह समय कठोर कार्रवाई करने का नहीं है बल्कि एक उचित और सहानुभूतिपूर्ण समझदारी का है और इस विषम परिस्थिति को युक्तिपूर्ण ढंग से सुलझाने का है। हमें लगता है कि युद्ध के बीच भारत को राजनीतिक स्वतन्त्रता दी जा सकती है। शान्ति के समय में राजनीतिक आज़ादी के सवाल को थोड़ी देर के लिए रोका जा सकता है लेकिन हम मानते हैं कि संयुक्त राष्ट्र के लिए हर तरफ़ चल रहा युद्ध के संकट का समय एक देश द्वारा अपनी आज़ादी के संकटों को पहचानने और उसे बनाये रखने की योग्यता के लिहाज़ से उसे आज़ाद किये जाने का एक मनोवैज्ञानिक क्षण है।[25]

8 अगस्त 1942 को आल इंडिया काँग्रेस कमेटी की बैठक बॉम्बे में हुई जिसमें भारत छोड़ो आन्दोलन का प्रस्ताव औपचारिक रूप से मंजूर कर लिया गया, और गाँधी ने अपना मशहूर नारा 'करो या मरो' दिया। बिरला तब तक इस ऐतिहासिक मौक़े पर महात्मा के साथ रहने के लिए बॉम्बे आ चुके थे। यह पहला अवसर था जब वे गाँधी के साथ किसी राजनीतिक प्रदर्शन के समय खुलकर खड़े हुए थे। अगली सुबह भोर में पुलिस गाँधी को गिरफ़्तार करने बिरला हाउस पहुँची। जब पुलिस वाले उन्हें ले जाने का इन्तज़ार कर रहे थे तब बिरला ने ज़ोर दिया कि प्रार्थना की जायेगी और रामेश्वर दास की पत्नी शारदा देवी

ने गाँधी के माथे पर तिलक लगाया। बिरला ने भी गाँधी से इस बात का वादा लिया कि जेल में वे किसी जल्दबाज़ी में पड़कर ऐसे उपवास की घोषणा नहीं करेंगे जिससे उनका जीवन संकट में पड़े।

भारत छोड़ो आन्दोलन कितना लोकप्रिय हुआ और उसको कितने व्यापक तरीक़े से कुचलने की कोशिश हुई यह सर्वविदित है।[26] 91,000 से अधिक लोगों को गिरफ़्तार किया गया था और सरकारी संस्थानों पर आक्रमण के दौरान सैकड़ों पुलिस थाने नष्ट कर दिये गये थे। सैन्य या ग़ैर–सैनिक अधिकारियों ने 534 अवसरों पर गोलियाँ चलवाईं और स्थिति को नियन्त्रित करने के लिए 57½ बटालियनें भेजीं, तब जाकर आन्दोलन से उपजी चुनौती को क़ाबू में किया जा सका।[27] बिरला ने काँग्रेस के साथ बड़े उद्योगपतियों को जोड़ने का प्रयास शुरू किया। उन्हें उपयुक्त आधार भी मिल गया था। युद्ध के वर्षों के दौरान हुए अनुभवों से बड़े उद्यमियों का तेवर तीखा हो चुका था और वे खुले तौर पर युद्ध से सम्बन्धित सरकार की आर्थिक नीतियों की आलोचना करने लगे थे। सिंगापुर, मलाया और बर्मा में तेज़ी से ख़राब होती अंग्रेज़ों की स्थिति ने पुनः असन्तोष को बढ़ाने का काम किया। जुलाई 1942 में वायसराय की कार्यकारिणी काउंसिल की युद्ध परिवहन समिति का सदस्य जब सर एडवर्ड बैंथल को नियुक्त किया गया तो स्थिति और बिगड़ गयी।[28] बैंथल कलकत्ता की बर्ड एंड कम्पनी के व्यवसायी थे और भारतीय पूँजीपति उन्हें यूरोपीय वाणिज्य की आक्रामकता के प्रतीक के रूप में देखते थे। उन्हें इतने अहम पद पर बिठाये जाने ने भारतीय उद्योग की पिछले दो दशकों की उम्मीदों को बहुत बुनियादी रूप से प्रभावित किया। भारतीय उद्योग की एक मूलभूत माँग रही थी कि ब्रिटिश उद्योग को विशेषाधिकार नहीं मिलने चाहिए। इसी बात की लड़ाई बिरला और ठाकुरदास ने 1920 के उत्तरार्ध में लड़ी थी जब वे सेंट्रल लेजिस्लेटिव असेम्बली में थे। एक उच्च नीति–निर्धारक संस्था में बैंथल को नियुक्त कर सरकार ने इस बात की पुष्टि कर दी थी कि यूरोपीय व्यवसाय के विशेषाधिकार बने रहेंगे। साथ ही जहाज़रानी के जिस विभाग को लेकर भारतीय और ब्रिटिश वाणिज्य के बीच लम्बे समय से विवाद रहा था अब वह बैंथल के अधीन था।[29] भारतीय उद्योगपतियों ने इस नियुक्ति पर अपनी कड़ी प्रतिक्रिया जताई। फिक्की ने गम्भीर आपत्तियाँ व्यक्त करते हुए वायसराय से अपनी ज़ोरदार नाराज़गी जताई।[30] जुलाई 1942 में बैंथल की नियुक्ति को लेकर बड़े उद्योगपतियों में जो घोर आक्रोश उपजा था उससे भारत छोड़ो आन्दोलन में उनका सहयोग पाने में काफ़ी मदद मिली।

बाद के महीने में बिरला ने फिक्की के अध्यक्ष जी.एल. मेहता और दूसरे व्यावसायिक नेताओं के साथ मिलकर काम किया और फिक्की द्वारा लाये जाने वाले प्रस्तावों का मसौदा तैयार करवाने में महत्त्वपूर्ण भूमिका निभाई।[31] उन्होंने एकजुट होकर यह स्पष्ट कर दिया था कि फिक्की खुले तौर पर गाँधी और उनके आन्दोलन का समर्थन करती है। गाँधी और दूसरे काँग्रेसी नेताओं की गिरफ़्तारी के तुरन्त बाद फिक्की ने वायसराय को एक तार भेजा जिसमें सरकार द्वारा दमन और गिरफ़्तारियों को लेकर खेद व्यक्त किया गया था।[32] इसने माँग की कि 'सरकार को भारत की केन्द्र में राष्ट्रीय सरकार बनाने की वैधानिक माँग को मानकर स्थिति को आगे और बिगड़ने से तुरन्त रोकना चाहिए, ताकि एक स्वतन्त्र देश और

संयुक्त राष्ट्र के सम्मानित सदस्य के रूप में भारत युद्ध में अपनी भूमिका उचित ढंग से निभा सके।'[33] जी.एल. मेहता ने अख़बारों को दिये गये अपने साक्षात्कार में यह घोषणा की कि व्यापारिक समुदाय के हित पूरी तरह से राष्ट्रीय आन्दोलन से जुड़े हुए हैं। उन्होंने ज़ोर देते हुए कहा कि 'युद्ध की शुरुआत में जनता की जो भी सैद्धान्तिक सहानुभूति थी वो धीरे–धीरे उदासीनता में बदल गयी और आख़िरकार दुर्दान्त शत्रुता का रूप ले चुकी है जिसके लिए पूरी तरह से सरकार की कल्पनाहीन नीतियाँ ज़िम्मेदार हैं।'[34] बिरला ने अपनी ओर से फिक्की की बैठक तुरन्त बुलाने का अनुरोध किया मगर संचार व्यवस्था में आयी गड़बड़ियों के कारण यह बैठक न हो सकी। हालाँकि 26 अगस्त 1942 को व्यावसायिक नेताओं की एक कॉन्फ्रेंस ने पूरे साहस के साथ सरकारी दमन की भर्त्सना की :

> व्यावसायिक समुदाय इस बात को मज़बूती से मानता है कि एक चुनी हुई राष्ट्रीय सरकार की स्थापना के बाद ही पूरी और अनारक्षित ताक़त के साथ देश के संसाधनों का उपयोग युद्ध जीतने के लिए हो सकता है और समुदाय को इस बात का भरोसा है कि अंग्रेज़ सरकार अब भी इस वैधानिक माँग को स्वीकार करने में तत्परता दिखाते हुए स्थिति को और बिगड़ने से रोकेगी।[35]

भारतीय व्यावसायिक और औद्योगिक संस्थाओं का एक सम्मेलन कलकत्ता में हुआ जिसकी अध्यक्षता कलकत्ता के प्रसिद्ध व्यवसायी बद्रीदास गोयनका ने की। यहाँ भी उसी तरह का प्रस्ताव स्वीकृत हुआ।[36] आगामी महीनों में सरकार का विरोध करने में फिक्की की महत्त्वपूर्ण भूमिका रही। उसने सरकार से इस मामले का हल अविलम्ब निकालने की माँग की और घोषणा की कि 'यह तभी सम्भव हो सकेगा जब ब्रिटेन वास्तविक सत्ता भारत को सौंपेगा... एक राष्ट्रीय सरकार न सिर्फ़ युद्ध में मदद के लिए ज़रूरी है बल्कि भारत के आर्थिक और वित्तीय हितों की सुरक्षा के लिए भी।'[37] इसने चर्चिल के उस आरोप पर भी कड़ी प्रतिक्रिया जताई जिसमें उन्होंने आरोप लगाया था कि काँग्रेस के विद्रोही आन्दोलन के पीछे भारतीय व्यवसायियों का हाथ है। एक प्रेस कॉन्फ्रेंस में मेहता ने घोषणा की कि :

> भारतीय व्यावसायिक संगठनों को इस तथ्य को स्वीकार करने में ज़रा भी अफ़सोस नहीं है कि वे राष्ट्रीय आन्दोलन के महत्त्वपूर्ण अंग हैं और वे पूरी तरह आज़ादी और सत्ता के हस्तान्तरण को लेकर उठाई जा रही काँग्रेस की माँग की अनिवार्यता से सहमत हैं...उनका मानना है कि स्वशासन की प्राप्ति के बिना जनता का आर्थिक विकास असम्भव है, लिहाज़ा जनता और सरकार के बीच तत्काल एक सन्तोषजनक हल का ज़ोर देकर समर्थन करते हैं।
>
> भारतीय व्यवसायी किसी भी राजनीतिक जुड़ाव से ऊपर केन्द्र में प्रतिनिधि राष्ट्रीय सरकार की स्थापना की माँग करते हैं। यह न सिर्फ़ युद्ध में बेहद महत्त्वपूर्ण आर्थिक मोर्चे को संगठित करने के लिहाज़ से बेहद महत्त्वपूर्ण है बल्कि भारत की स्थिति को सुनिश्चित करने और युद्ध–पश्चात अवधि में उसके आर्थिक हितों की सुरक्षा के लिहाज़ से भी।[38]

इसने अपने सत्र में सार्वजनिक रूप से अपनी राष्ट्रवादी प्रतिबद्धता का दावा किया जब जी.एल. मेहता ने घोषणा की :

> लम्बे और पीड़ा भरे अनुभवों से गुज़रने के बाद भारतीय व्यावसायिक समुदाय को यह अनुभूति हुई है कि बिना पूर्ण स्वशासन हासिल किये लोगों का आर्थिक विकास सम्भव नहीं है। और उन्हें राष्ट्रभक्त भारतीय होने के नाते उनके बुनियादी दायित्व कि वे अपने देश की जनता के राजनीतिक और आर्थिक उद्धार की उनकी वैधानिक कोशिशों में उनका सहयोग करें से अलग नहीं किया जा सकता।[39]

फिक्की की वचनबद्धता और बिरला के नये उग्र रुख़ की परीक्षा की घड़ी उस समय आयी जब गाँधी सरकार के दमन के विरोध में फ़रवरी 1943 में 21 दिन के उपवास पर बैठे। हालाँकि बिरला गाँधी के अनशन के कारणों को समझते थे, लेकिन गाँधी की ख़राब होती सेहत और ढलती उम्र उन्हें चिन्ता में डाल देती थी। उनका अनशन जल्द ही बिरला के लिए भावनात्मक मुद्दा बन गया। उन्होंने जनता का समर्थन जुटाने का प्रयास शुरू किया जिससे सरकार जल्दी से गाँधी को रिहा करे। बिरला इस बात को अच्छी तरह जानते थे कि वे अपने दम पर इस मामले में कुछ ख़ास नहीं कर सकते इसलिए परिस्थितियों को देखते हुए सर्वश्रेष्ठ रणनीति यही हो सकती थी कि उदारपन्थियों को इसमें शामिल किया जाये क्योंकि विश्वसनीय राजनेताओं में इस समय मात्र यही लोग जेल से बाहर थे। के.एम. मुंशी के साथ उन्होंने 'सरकार को स्थानान्तरित करने के मक़सद से दबाव बनाने के लिए अधिकतम प्रतिनिधित्व वाली एक कॉन्फ्रेंस बुलाने का निर्णय लिया।' उन्होंने सी. राजगोपालाचारी और उदारवादी नेता सर तेज़ बहादुर सप्रू को कॉन्फ्रेंस को समर्थन देने के लिए एक साथ तार भेजा।[40]

उनकी इस पहल के कारण फिक्की भवन दिल्ली में 19–20 फ़रवरी 1943 को सप्रू की अध्यक्षता में नेताओं की कॉन्फ्रेंस का आयोजन किया गया। बिरला की कोशिश थी कि कॉन्फ्रेंस के मुख्य प्रस्ताव को प्रभावशाली व्यवसायी अपना समर्थन दें, और इनमें शामिल थे– जी.एल. मेहता, पुरुषोत्तमदास ठाकुरदास, कस्तूरभाई लालभाई, जे.आर.डी. टाटा और सर आर्देशिर दलाल। साथ ही प्रमुख राजनेता एम.आर. जयकर, एस.पी. मुखर्जी, सी. राजगोपालाचारी, के.एम. मुंशी, भूलाभाई देसाई और एच.एन. कुंजरू। कॉन्फ्रेंस में गाँधी की तुरन्त और बिना शर्त रिहाई की माँग रखी गयी।[41] दूसरा सत्र 9–10 मार्च 1943 को बॉम्बे में हुआ। बिरला ने निजी तौर पर लिनलिथगो से गाँधी की रिहाई की अपील की जो वायसराय के भारत में समाप्त हो रहे कार्यकाल के मद्देनज़र उनकी ओर से समझौते का अन्तिम संकेत था।[42] वे लिनलिथगो से व्यक्तिगत रूप से मिलना चाहते थे और गाँधी की रिहाई का मामला उनके सामने रखना चाहते थे। पर एक बार फिर मुलाक़ात का उनका अनुरोध ठुकरा दिया गया।[43] इसके बावजूद सरकार टस–से–मस नहीं हुई।

फिर भी बिरला और उनके व्यवसायी मित्रों ने सरकार पर दबाव डालने में कोई कमी नहीं उठा रखी। अबकी बार सबने रणनीति बदलते हुए सीधे भारत सरकार की उच्चतम काउंसिलों में भारतीय समर्थन जुटाने का प्रयास शुरू किया। इसमें वायसराय की कार्यकारिणी काउंसिल में भारतीय सदस्यों पर दबाव डालने की बात भी शामिल थी। बिरला के निजी सम्बन्ध कलकत्ता के व्यवसायी नलिनी रंजन सरकार के साथ बहुत अच्छे थे जो इस समय काउंसिल में शिक्षा, स्वास्थ्य और कृषि के सदस्य थे। उन्होंने सरकार को राजी किया (जिन्हें वे उनके पहले नाम से बुलाते थे) कि वह मामले को काउंसिल में उठायें।

इसी प्रकार होमी मोदी, जो आपूर्ति सदस्य थे और टाटा के साथ गहरे सम्बद्ध थे, को भी बिरला और ठाकुरदास ने समझौता कराने की दिशा में राजी किया।[44] यह रणनीति इतनी असरकारक सिद्ध हुई कि वायसराय की कार्यकारिणी समिति में मतभेद के स्वर गूँजने लगे। मोदी और सरकार ने काउंसिल पर दबाव डाला कि वह गाँधी की रिहाई का आदेश दे। दूसरे भारतीय सदस्यों, जैसे जोगेन्द्र सिंह, एम.एस. अने, सुल्तान अहमद और फ़िरोज़ ख़ान नून ने भी उनका ज़बरदस्त समर्थन किया। जैसे ही गाँधी की स्थिति बिगड़ी, सरकार और मोदी के ऊपर उनके सहयोगी व्यवसायियों ने इस्तीफ़ा देने का दबाव डालना शुरू कर दिया।[45] गाँधी के अनशन के सातवें दिन सरकार, मोदी और अने, जो आप्रवासी भारतीयों के सदस्य थे, ने इस्तीफ़ा दे दिया। उनके इस्तीफ़ों ने एक नाज़ुक मोड़ पर भारत सरकार की छवि को करारा झटका दिया क्योंकि उसके सबसे प्रमुख भारतीय मन्त्रियों ने उसका साथ छोड़ दिया था।[46] लिनलिथगो आपे से बाहर हो गये थे। उन्हें इन इस्तीफ़ों के पीछे बिरला और ठाकुरदास का हाथ नज़र आ रहा था।[47] जैसा कि सर्वज्ञात है गाँधीजी ने बाद में अपना अनशन तोड़ दिया था।[48] यह एक बड़ा अवसर था जब राष्ट्रवादी आन्दोलन के निमित्त समस्त बड़े व्यवसायियों ने अपनी एकता दिखायी थी। सरकार और मोदी के लिए ये क्षण मूल्यवान सिद्ध हुए। बिरला उनकी दृढ़ता से अभिभूत थे।

बिरला और बड़े व्यवसायियों द्वारा भारत छोड़ो आन्दोलन को ऐसे सीधे समर्थन ने उन्हें सत्ता की निगाह में ख़ासा सन्दिग्ध बना दिया। नवम्बर 1942 में लिनलिथगो ने बड़े व्यवसायियों द्वारा आन्दोलन को समर्थन दिये जाने के मामले की जाँच करने का आदेश केन्द्रीय जाँच ब्यूरो को दिया। उनकी विशेष शंका बिरला के प्रति थी कि वही काँग्रेस को वित्तीय मदद पहुँचा रहे हैं।[49] लिनलिथगो को आशा थी कि केन्द्रीय जाँच ब्यूरो द्वारा इकट्ठा किये गये प्रमाणों के आधार पर 'हम बिरला बन्धुओं और दूसरे प्रमुख वित्त–प्रदाताओं के विरुद्ध धावा बोलेंगे।'[50] प्रान्तीय गवर्नरों को भी निर्देश भेजे गये कि वे प्रान्तीय जाँच ब्यूरो से काँग्रेस के कोष के स्रोतों की जानकारी निकालने को कहें और अपनी जाँच के निष्कर्षों को केन्द्रीय जाँच ब्यूरो के निदेशक को भेजे। हालाँकि जाँचों में एक मिली–जुली तस्वीर ही सामने आयी। जहाँ कुछ प्रान्तों ने इस बात की पुष्टि की कि व्यावसायिक और वाणिज्यिक तबका काँग्रेस का मुख्य सहयोगी रहा है वहीं अन्य अपराध जाँच विभागों (सीआईडी) ने अपनी रिपोर्टों में कहा था कि काँग्रेसियों को जनता से मिली तदर्थ धनराशि की भी बराबर महत्त्वपूर्ण भूमिका रही है। इन जाँचों से लिनलिथगो सन्तुष्ट नहीं थे और वे मामले को और आगे ले जाना चाहते थे।[51] हालाँकि उन्हें काँग्रेस के फंड के विषय में कुछ प्रमाण मिल गये थे, ख़ासकर जमनालाल बजाज की पारिवारिक कम्पनी मे. बछराज एंड कं. द्वारा निभाई गयी प्रमुख भूमिका को लेकर, लेकिन उसके बावजूद वे मामले की तह तक नहीं पहुँच सके थे।[52]

स्पष्ट कारणों से भारत छोड़ो आन्दोलन को बड़े व्यवसायियों द्वारा दिये गये धन के सबूत निकाल पाना दिक़्क़ततलब था। उसी तरह भूमिगत हो गये काँग्रेसी कार्यकर्ताओं का पता लगाना भी। व्यवसायियों को आसन्न ख़तरे के विषय में पता था और उन्होंने गोपनीय तरीक़े अपना लिए थे। मसलन बिरला अपना फंड सुरेश देसाई के माध्यम से भेजते थे जो उस समय इंडियन चेम्बर ऑफ़ कॉमर्स के सचिव थे और बाद में सांसद बने। ब्रजमोहन ने हरसम्भव धनराशि देने की हामी इस शर्त पर भरी थी कि उनका नाम गोपनीय रखा जाये।

उसके बाद देसाई अपने हाथों से पैसा जयप्रकाश नारायण को देते थे जो उस समय भूमिगत आन्दोलन के प्रमुख नेता थे।[53] अन्य जिन्होंने अच्छी धनराशि दी वे थे–वालचन्द हीराचन्द[54] और जी.एल. मेहता। छोटे व्यावसायिक घरानों में रामेश्वर लाल नोपानी (कलकत्ता के मारवाड़ी व्यवसायी), बी.के. रोहतगी (इंडिया फैंस के मालिक) और एम.जी. भगत (जय इंजीनियरिंग के मालिक) ने संयुक्त रूप से दस से बारह हज़ार रुपये प्रतिमाह जयप्रकाश नारायण और राममनोहर लोहिया द्वारा चलाये जा रहे भूमिगत आन्दोलन को दिये। काँग्रेस के भूमिगत आन्दोलन को सहयोग देने की यह मंशा, भले ही इसका नेतृत्व जयप्रकाश नारायण जैसे समाजवादी कर रहे थे, उस मज़बूत प्रतिबद्धता का एक अनुक्रम थी जिसे बड़े व्यवसायी अब राष्ट्रवादी ध्येय के लिए प्रदर्शित कर रहे थे।

युद्ध उपक्रम

बिरला और बड़े व्यवसायियों की सरकार से हताशा की एक समानान्तर, हालाँकि ज़्यादा धीमी, प्रक्रिया युद्ध उपक्रम के उनके अनुभव में स्पष्ट थी। उद्योगपतियों ने द्वितीय विश्वयुद्ध को एक ऐसे वक़्त के तौर पर देखा जब 'भारत की औद्योगिक अपेक्षाएँ ब्रिटेन की आर्थिक ज़रूरतों के इत्तेफ़ाक में थीं।' और इसे विस्तार के एक बड़े अवसर के रूप में देखा जा रहा था। उनकी अपेक्षा थी कि वे सरकार की युद्धकालीन अर्थव्यवस्था की योजना में आर्थिक भागीदार की भूमिका निभाएँगे।[55] उन्हें न सिर्फ़ व्यावसायिक लाभों में वृद्धि दिखाई दे रही थी बल्कि बुनियादी उद्योगों का तेज़ विकास भी दिख रहा था। इस क़िस्म की धारणा 1940 में फिक्की के सत्र में दिखाई दी थी जिसमें युद्ध उपक्रम में सहयोग की घोषणा की गयी थी।[56] व्यावसायिक नेतृत्व के लिए युद्ध उपक्रम में भागीदारी का मतलब था :

> न सिर्फ़ संयुक्त राष्ट्र के युद्ध उपक्रम को भारतीय क्षेत्र में आने देना बल्कि भारतीय संसाधनों के पूरे इस्तेमाल से अधिकतम प्राप्ति के लिहाज़ से भारतीय उद्योग को पुनर्संगठित करना...जो बातें युद्ध के लिए उचित हैं वही बातें शान्ति के लिए भी उचित हैं, और भारत को एक ताक़तवर आत्मनिर्भर औद्योगिक इकाई के तौर पर अपने पैरों पर खड़ा करने की एक कोशिश से कम किसी भी चीज़ पर सन्तोष नहीं किया जा सकता।[57]

युद्ध के कारण आर्थिक गतिविधियों में तेज़ी आयी और आयात प्रतिस्थापन के अवसर उत्पन्न हुए।[58] भारत के एक आपूर्ति आधार–क्षेत्र के रूप में सामने आने से औद्योगिक गतिविधियों में 'मज़बूती और सीधी उत्प्रेरणा' आयी। अर्थव्यवस्था के जिन क्षेत्रों को सर्वाधिक लाभ मिला वे लोहा और स्टील थे, जिस पर टाटा आयरन एंड स्टील कम्पनी का एकाधिकार था जो साम्राज्य में इस्पात की सबसे बड़ी उत्पादक कम्पनी थी।[59] जूट, जिसमें थोड़े समय के लिए उछाल आया,[60] कॉटन, जिसके तहत खाकी वर्दी और कैनवास की आपूर्ति होती थी,[61] चीनी, जिसमें जावा और फिलिपींस के ढहने से नाटकीय वृद्धि हुई और अब जिसमें देश ब्रिटिश साम्राज्य का मुख्य आपूर्तिकर्ता बना,[62] कोयला, जो युद्धकालीन आवाजाही के लिए अपरिहार्य था,[63] काग़ज़, जिसे आयात प्रतिस्थापन का लाभ हुआ, सीमेंट, जिसने काफ़ी मुनाफ़ा कमाया क्योंकि सरकार ने हवाई अड्डों और अन्य इमारतों का निर्माण शुरू करवा दिया था, और अन्ततः चमड़ा, जिससे जूते, साज और जीन बनते थे।

कुल मिलाकर युद्ध के समय अर्थव्यवस्था का जो विस्तार हुआ उससे भारतीय उद्योग को काफ़ी लाभ मिला।[64] बिरला बन्धुओं को स्वयं कई क्षेत्रों में लाभ हुआ। उनके मालिकाने में पाँच बड़ी चीनी मिलें थीं : भारत शुगर मिल्स लि. (1931 में स्थापित) सारन (बिहार), अपर गंगेज शुगर मिल लि. (1932 में स्थापित) बिजनौर (यूपी), न्यू इंडिया शुगर मिल्स लि. (1933 में स्थापित) दरभंगा (बिहार), अवध शुगर मिल्स लि. (1932 में स्थापित), सीतापुर (यूपी) और न्यू स्वदेशी शुगर मिल्स लि. (1931 में स्थापित) चंपारण (बिहार)। उन्होंने पेपर मिलों से भी काफ़ी लाभ कमाया : सिरपुर पेपर मिल्स लि. (1938 में स्थापित) हैदराबाद और ओरियंट पेपर मिल्स लि. (1936 में स्थापित) बृजनगर, उड़ीसा। युद्धकालिक लाभ के उदाहरण के तौर पर ओरियंट पेपर मिल्स ने अपनी क्षमता तीन गुनी बढ़ाने में कामयाबी पायी थी।[65]

ऐसे ऊँचे मुनाफ़े को देखते हुए अंग्रेज़ों को उम्मीद थी कि बड़े उद्योगपति पूरे दिल से युद्ध उपक्रम में सहयोग करेंगे। लेकिन यह उम्मीद यथार्थ में सच साबित नहीं हुई। इसके विपरीत बड़े उद्योगपतियों और सरकार के बीच कई कारणों से सम्बन्ध बिगड़ गये। बड़े उद्यमियों को पहला झटका जनवरी 1940 में उस समय लगा जब भारत सरकार ने अतिरिक्त मुनाफ़ा कर (एक्सेस प्रॉफिट टैक्स, ईपीटी) लगाने की घोषणा की। इसके तहत 36,000 रुपये से अधिक की आय के 50 प्रतिशत को छोड़ना होगा। व्यावसायिक जगत ने नपी–तुली प्रतिक्रिया दी। बिरला ने इसकी सख़्त आलोचना करते हुए इसे आर्थिक विस्तार को हतोत्साहित करने वाला क़दम और भारतीय उद्योग के लिए करारा झटका बताया। उन्होंने सरकार पर ढोंगी होने का आरोप लगाया, जो एक ओर तो 'उपभोक्ता का मसीहा बनने की भूमिका' में दिखने की कोशिश कर रही है और दूसरी ओर असल में उद्योग जगत को मुनाफ़ाखोर बताते हुए उसकी छवि धूमिल कर रही है। उन्होंने कर को आय पर नहीं बल्कि उपभोग पर कर बताया। उन्होंने आरोप लगाया कि सरकार का उद्देश्य 'उपभोक्ता पर भारी कर लगाना था, इससे उपजे असन्तोष से भाग खड़े होना और उद्योग को मुनाफ़ाखोर की भूमिका में ला खड़ा करना।'[66] नये कर का विरोध करने के लिए फिक्की ने कलकत्ता, बॉम्बे, मद्रास और दूसरे कई शहरों में सार्वजनिक बैठकों का आयोजन किया। 9 फ़रवरी 1940 को इंडियन मर्चेंट्स चेम्बर के तत्त्वावधान में एक सार्वजनिक बैठक का आयोजन किया गया, जिसमें उद्योग और वाणिज्य के 51 चेम्बरों ने इस नये कर का विरोध किया।[67] कर का विरोध करते हुए उन्होंने इसे पूँजी पर लगाया गया कर बताया, न कि आय पर। साथ ही इसे नयी पूँजी की आवक पर पहरेदारी करने की संज्ञा दी, जिसकी युद्धकालीन उद्योग के वित्तीय पोषण के लिए ज़बरदस्त आवश्यकता थी।[68] फिक्की ने इस विरोध में अगुआई की और वायसराय के पास एक प्रतिनिधिमण्डल ले जाने की बात उठाई गयी, लेकिन उसकी यह प्रार्थना नामंजूर कर दी गयी। सेंट्रल लेजिस्लेटिव असेम्बली ने इस कर की जाँच को लेकर जो सेलेक्ट कमेटी नियुक्त की थी उसके समक्ष भी अपना पक्ष रखने की अनुमति नहीं दी गयी। फिक्की के ज़बरदस्त विरोध का कोई असर सरकार पर नहीं हुआ।[69] न सिर्फ़ ईपीटी को लागू किया गया बल्कि आने वाले दिनों में उसमें दण्डात्मक प्रावधान और बढ़ा दिये गये। इस प्रकार ईपीटी के कारण हुए इस संघर्ष से पता चल गया था कि सरकार और व्यवसाय जगत के रिश्ते युद्ध के सालों में कैसे रहने वाले हैं।[70]

अन्य बहुत से कारणों ने भी एक बार फिर व्यापार को अलग–थलग कर दिया। युद्ध–अर्थव्यवस्था को लेकर एक नौकरशाह रवैये और अक्षमता और लालफ़ीताशाही ने व्यवसायियों को काफ़ी चिन्ता में डाल दिया था।[71] ख़ासकर वे व्यवसायी ख़ासे नाराज़ थे जो युद्ध उपक्रम में सहयोग देना चाहते थे और जिन्होंने यह उम्मीद लगा रखी थी कि योजना बनाने के दौरान सरकारी कमेटियों में उनका सहयोग लिया जायेगा।[72] उनका मानना था कि उत्पादन में तीव्र वृद्धि के लिए तकनीकी विशेषज्ञता की ज़रूरत है जिसकी नौकरशाहों से मुश्किल ही उम्मीद की जा सकती है।[73] युद्धकालीन आर्थिक योजना से उन्हें बाहर रखने से वे अलग–थलग पड़ गये थे। किसी हद तक उनकी शिकायतों को दूर करने की कोशिश 1940 के उत्तरार्ध में की गयी जब लिनलिथगो ने होमी मोदी को अपनी कार्यकारिणी काउंसिल में आपूर्ति सदस्य के पद पर नियुक्त किया। उसके पश्चात जून 1941 में बंगाल के व्यवसायी और राजनेता नलिनी रंजन सरकार को शिक्षा, स्वास्थ्य और भूमि का सदस्य बनाया गया। लेकिन अभी भी कुल मिलाकर यही धारणा काम कर रही थी कि वे युद्ध कालिक अर्थव्यवस्था को संगठित करने में उद्योगपतियों और सरकार के बीच सहभागिता की एक वास्तविक इच्छा नहीं दिखा रहें।

यह धारणा उस समय और सच साबित हुई जब सरकार को युद्धकालीन उत्पादन को बढ़ाने के रास्तों एवं तरीक़ों पर सलाह देने के लिए 1940 के उत्तरार्ध में रोजर कमीशन का भारत आगमन हुआ। भारतीय व्यवसायियों को इस विचार–विनिमय में आमन्त्रित नहीं किया गया और रोजर ने सरकारी संस्थाओं में व्यवसायियों को शामिल करने की जो संस्तुति की थी उस पर भी कोई ध्यान नहीं दिया गया।[74] अक्टूबर 1941 में ईस्टर्न ग्रुप सप्लाई कॉन्फ्रेंस के अवसर पर भी इसी तरह के अनुभवों की पुनरावृत्ति हुई।[75] हालाँकि फिक्की के कुछ प्रतिनिधि और यूरोपीय चेम्बर्स ऑफ़ कॉमर्स के लोगों को आमन्त्रित किया गया था,[76] लेकिन भारतीय व्यवसायियों ने कॉन्फ्रेंस में पाया कि निर्णय लेने में उन्हें बाहर रखा जा रहा है।[77] बड़े उद्योगपतियों ने अपने को किनारे रखे जाने से सम्बन्धित पूरा ब्योरा अप्रैल 1942 में राष्ट्रपति रूजवेल्ट के भारत आये निजी दूत लुईस जॉनसन को दिया।[78] जॉनसन के दौरे में अमेरिकन टेक्निकल मिशन के अध्यक्ष के रूप में हेनरी ग्रेडी आये थे। बिरला ने अपनी तरफ़ से पहल करते हुए जॉनसन से भेंट की और उनके सामने भारत के बड़े उद्यमियों का पक्ष रखा। उन्होंने जॉनसन के साथ कस्तूरभाई लालभाई, वालचन्द हीराचन्द और जे.आर.डी. टाटा जैसे व्यावसायिक नेताओं को लेकर बैठकों का आयोजन किया। फिक्की के अध्यक्ष जी.एल. मेहता ने जॉनसन के लिए एक स्वागत समारोह का आयोजन किया, जिसमें कहा गया कि भारतीय उद्योगपति उत्पादन को 250 प्रतिशत तक बढ़ा सकते हैं बशर्ते उन्हें यह आश्वासन दिया जाये कि जो युद्ध लड़ा जा रहा है वह वास्तव में 'जनता का युद्ध' है।[79]

1942 तक बिरला का पूरी तरह मोहभंग हो चुका था।[80] युद्ध के दौरान जिस तरह का आर्थिक विकास हो रहा था उसे लेकर बुनियादी मतभेद सामने आ रहे थे। उन्हें आशा थी कि अंग्रेज़ भारत के बुनियादी उद्योगों का विकास करने में मदद करेंगे जबकि सरकार सिर्फ़ युद्ध के सामान के उत्पादन में अपनी रुचि दिखा रही थी। इस मतभेद का शायद सबसे अच्छा उदाहरण बिरला और वालचन्द हीराचन्द द्वारा सरकार के पास आटोमोबाइल संयन्त्र

लगाने के लिए भेजे गये एक योजना के प्रारूप के प्रस्ताव को लेकर देखा जा सकता है। उनका प्रस्ताव सिर्फ़ इस आधार पर ख़ारिज कर दिया गया कि आटोमोबाइल युद्ध उपक्रम की श्रेणी के अन्तर्गत नहीं आता था।[81] इस बात से उन्हें घोर निराशा हुई, यह सरकार की ओर से भारतीय उद्योग की ताक़त को कम करने का सोचा–समझा प्रयास था।[82] हालाँकि उनके प्रस्तावों को निरस्त कर दिया गया था लेकिन लन्दन आपूर्ति मन्त्रालय ने मे. जनरल मोटर्स को भारत में कार फ़ैक्टरी बिठाने और आयातित पुर्जों से उत्पादन कार्य शुरू करने की अनुमति दे दी थी। इससे भारतीय उद्यमियों में असन्तोष और बढ़ गया और उन्होंने सरकार की ज़ोरदार ढंग से आलोचना की।[83] फिक्की ने घोषणा की कि आटोमोबाइल उद्योग को 'स्थगन सिर्फ़ विदेशियों के दबाव के चलते झेलना पड़ा है'[84] और यहाँ तक कि जनवरी 1942 में उन्होंने भारतीय उद्योग द्वारा झेले जा रहे भेदभाव के ख़िलाफ़ एक लेख लिखने के लिए नेहरू को राजी किया।[85] इसी तरह से जहाज़ निर्माण उद्योग को भी हतोत्साहित किया जा रहा था और इसके कारण भी असन्तोष काफ़ी बढ़ गया था।[86]

इसके साथ ही सरकार की भूमि–उजाड़ नीति को लेकर भी विरोध सामने आ रहे थे। 1941 के उत्तरार्ध में जापान के बढ़त ले लेने से मित्र राष्ट्र भारत पर ज़मीनी आक्रमण होने को लेकर आशंकित थे और भारत सरकार ने तब इस नीति को शुरू करने का निर्णय लिया। इस नीति के तहत सभी संसाधनों को नष्ट किया जाना था जिससे शत्रु को कोई लाभ न मिले। फिक्की के एक आयोजन में बिरला ने सरकारी प्रस्ताव का विरोध किया।[87] दूसरे व्यावसायिक नेताओं ने भी इस प्रस्ताव की आलोचना की। फिक्की ने घोषणा की कि अगर इस नीति को आंशिक तौर पर भी लागू किया जाता है तो भी भारतीय आर्थिक क्षमता इससे बुरी तरह प्रभावित होगी। जी.एल. मेहता ने ज़ोर देकर कहा कि फिक्की सेना की ऐसी किसी नीति को नहीं मानेगी जो भारत के हाथ में न हो। व्यावसायिक नेताओं ने काँग्रेस नेतृत्व से इस मामले में हस्तक्षेप करने को कहा और गाँधी से आग्रह किया कि वे इस नीति के विरोध में हरिजन में आलेख लिखें।[88] सौभाग्यवश भूमि–उजाड़ नीति को लागू नहीं किया जा सका और इकाइयाँ और उपकरण नष्ट किये जाने से बच गये। लेकिन भारतीय व्यवसायियों को यह सबक मिला कि उनकी बरसों की मेहनत को आसानी से नष्ट किया जा सकता है अगर उससे सैन्य लक्ष्य सधते हों। इसके तुरन्त बाद बर्मा के शरणार्थियों को लेकर विरोध शुरू हो गया। सर्वज्ञात तथ्य है कि बर्मा के व्यावसायिक जीवन पर भारतीय व्यवसायियों, विशेषकर मारवाड़ी और चेट्टीयारों, का वर्चस्व था। बर्मा पर जापान के क़ब्ज़े के बाद जब उन्हें बर्मा से निकलने के लिए बाध्य किया जाने लगा तो सरकारी उदासीनता को लेकर काफ़ी असन्तोष पैदा हुआ। फिक्की ने आरोप लगाया कि खाली करने की सरकारी नीति नस्लवाद से प्रेरित है और ब्रिटिश शरणार्थियों को विशेष सुविधा प्रदान की जा रही है। अपना सर्वस्व गँवाने के बाद हज़ारों की तादाद में भारतीय व्यवसायी जब आसाम और बंगाल आये तो फिक्की ने भारतीय शरणार्थी राहत कमेटी का गठन किया जिसका चेयरमैन बिरला को बनाया गया।[89] बिरला ने पूरी सक्रियता के साथ कमेटी को जोशपूर्वक निर्देश दिये।[90] बंगाल और आसाम प्रदेश काँग्रेस कमेटियों द्वारा इस दिशा में जो प्रयास किये जा रहे थे उसमें भी उन्होंने सहयोग दिया।[91]

सार्वजनिक बहस की शुरुआत

बर्मा के शरणार्थियों की दुर्दशा और युद्ध उपक्रम के चलते बहुतायत में देखे जा रहे विस्थापन के चलते बिरला सरकार की और मुखर आलोचना करने लगे। उनका मानना था कि सरकार बिना भारतीय मत को जाने मनमाने ढंग से युद्धकालीन अर्थव्यवस्था को चला रही है और उन्होंने इसे चुनौती देने की आवश्यकता पर ज़ोर दिया। उन्हें भय था कि बिना भारतीयों की राय के अर्थव्यवस्था में ढाँचागत परिवर्तन किये जा रहे हैं। उनका मानना था कि युद्ध के वर्षों में चलाई जा रही आर्थिक नीतियों को लेकर जनता के बीच बहस होनी चाहिए। इस बहस की शुरुआत करने के लिए उन्होंने पूरी तरह आर्थिक विषयों को समर्पित एक पत्रिका निकालनी शुरू की। इस नये साप्ताहिक का नाम (लन्दन की 'इकोनॉमिस्ट' की तर्ज़ पर) 'ईस्टर्न इकोनॉमिस्ट' था और इसका पहला अंक 21 मई 1943 को निकला। इंग्लैंड में प्रशिक्षित अर्थशास्त्री और भारतीय अर्थव्यवस्था पर तमाम प्रभावशाली काम कर चुके पी.एस.लोकनाथन को इसका सम्पादक बनाया गया। भारत की आर्थिक पत्रकारिता के इतिहास में 'ईस्टर्न इकोनॉमिस्ट' एक महत्त्वपूर्ण शुरुआती प्रयास था। हालाँकि 'कॉमर्स' और 'कैपिटल' नामक व्यावसायिक पत्रिका को निकलते आधी सदी का समय हो चुका था, लेकिन उनमें पूरी तरह व्यावसायिक और बाज़ार की ख़बरें हुआ करती थीं। ईस्टर्न इकोनॉमिस्ट ने बिल्कुल नयी तर्ज़ पर आर्थिक नीतियों से जुड़े मुद्दों पर अपना ध्यान केन्द्रित किया। इसमें व्यावसायिक ख़बरों के लिए कोई जगह नहीं थी। इसमें महत्त्वपूर्ण आर्थिक सवालों को लेकर विचार प्रस्तुत किये जाते थे। मसलन दूसरे अंक में मुख्य आलेख सरकार के नये वित्तीय अध्यादेशों को लेकर था। इसी अंक में पंजाब में मूल्य नियन्त्रण को लेकर विशेष आलेख था और एक विस्तृत चर्चा उद्योग जगत में स्थानीय योजना की भूमिका को लेकर की गयी थी। उसके सम्पादकीय कॉलम को सटीक नाम 'दिल्ली डायरी' दिया गया था। कई पन्नों में क्षेत्रीय आर्थिक ख़बरें होती थीं और एक स्तम्भ तात्कालिक विषयों पर लिखी पुस्तकों की समीक्षा का भी था। साथ ही कुछ विशेष पृष्ठ व्यापार, कृषि और उद्योग को दिये गये होते थे।[92] बिरला स्वयं हर अंक की योजना को लेकर विशेष रुचि दिखाते थे।[93] वे चाहते थे कि ईस्टर्न इकोनॉमिस्ट समय के महत्त्वपूर्ण आर्थिक सवालों को लेकर भारतीय जनमत का एक मंच बने। उनकी उम्मीद काफ़ी हद तक सही उतरी, ईस्टर्न इकोनॉमिस्ट में अर्थव्यवस्था और 1940 के बाद की योजनाओं से सम्बन्धित उच्च स्तरीय लेख लगातार छपते आ रहे थे।

जनता के बीच बहस छेड़ने के तमाम प्रशंसनीय प्रयासों के बावजूद आर्थिक नीतियों का निर्माण और उन्हें लागू किये जाने का सिलसिला बिना भारतीय जनमत को जाने चल रहा था। 1943 तक सभी व्यवसायी एक सुर से इस बात को मानने लगे थे कि सरकार की आर्थिक नीतियाँ विशाल स्तर पर विस्थापन और कष्ट का कारण बन रही हैं। इस बात का पता सिर्फ़ इस उदाहरण से चल जाता है कि मुद्रास्फीति की दर तेज़ी से बढ़ रही थी और ज़रूरी सामानों की भारी कमी हो चुकी थी।[94] इस आर्थिक संकट से निपटने का एक ही उपाय सरकार को सूझता था—एक नियन्त्रण के बाद दूसरा नियन्त्रण लागू करना।[95] बिरला मानते थे कि असाधारण स्थिति में एक हद तक का नियन्त्रण तो ज़रूरी है, मगर अन्य व्यवसायियों की तरह उन्हें भी सरकारी नियन्त्रणों से विरक्ति होती थी क्योंकि वे उनकी उत्पादन, वितरण और चीज़ों के मूल्य निर्धारण की उनकी स्वतन्त्रता को सीमित करते थे।

ज़रूरी वस्तुओं, जैसे गेहूँ और चीनी, के वितरण पर सरकारी नियन्त्रण की असफलता के बाद वे मानने लगे थे कि सरकार के पास अपनी नीतियों को लागू करने के लिए न तो तन्त्र है और न ही अपनी नीतियों को लागू करवाने के लिए आवश्यक अनुभव। इसके अलावा सरकार से ज़रूरी सामानों के वितरण की अपेक्षा उस समय और भी नहीं की जा सकती जब सामग्री का अभाव हो। इसके कारण उन्हें एन.आर. सरकार जैसे महत्त्वपूर्ण अधिकारियों को यह सलाह देनी पड़ी कि सरकारी शिरकत मात्र 'काला बाज़ार के निर्माण, भ्रष्टाचार और तमाम तरह की नतीजतन बुराइयों को रचने' की ओर ले जाती है। उनका मानना था कि जिस चीज़ की ज़रूरत है वह है उद्योग द्वारा आत्मनियमन, न कि राज्य द्वारा अवपीड़न।[96] उनका मानना था कि उद्योग के हर तरह के उद्योग को अपने विस्तार और वितरण को संगठित करना चाहिए और मूल्य को नियन्त्रित। इससे 'सही चीज़ें करने की प्रेरणा' मिलेगी, न कि अनुत्पादक केन्द्रीकरण जो ब्रिटिश नौकरशाही की विशेषता बन चुकी है।[97] उन्होंने कपास प्रतिनिधियों को भी एकजुट करने की पहल की ताकि उद्योग को स्वतः नियामक बनाने के लिए एक योजना बने।[98]

मार्च 1943 में उन्होंने यह योजना सरकार के समक्ष प्रस्तुत की। पहले तो इसे ठण्डे बस्ते में डालने का प्रयास हुआ लेकिन बाद में सरकार को अपना इरादा इसलिए बदलना पड़ा क्योंकि बंगाल के अकाल की विभीषिका के समय उसकी नियन्त्रण की नीति बुरी तरह असफल सिद्ध हुई थी। टेक्सटाइल उद्योग के आत्मनियमन की एक योजना तैयार करने के लिए इस बार उद्योग और नागरिक आपूर्ति सचिव अकबर हैदरी ने इस उद्योग के प्रतिनिधियों की एक बैठक संयोजित की।[99] यह क़दम काफ़ी सफल सिद्ध हुआ और सिर्फ़ एक साल के भीतर ही चार बार में 40 प्रतिशत तक मूल्य की कटौती देखने को मिली।[100] हालाँकि अगर कोई बड़े उद्योगों और सरकार के बीच के रिश्तों को समग्र रूप में देखे तो टेक्सटाइल उद्योग को मिला सहयोग अनूठा था। सरकार की युद्धकालीन आर्थिक नीतियों की आलोचना में बड़े व्यवसायी निरन्तर तीखे बने रहे। जैसे-जैसे सरकार हर मोर्चे पर विफल रही थी और क़ीमतें अभूतपूर्व स्तर पर जा पहुँची थीं हर तरफ़ मानवीय दुर्गति को देख बिरला की क्लान्ति बढ़ती जा रही थी। भूखे-नंगे लोग अब कलकत्ता की सड़कों पर भी दिखने लगे थे।[101] बंगाल के अकाल को वे मानव-निर्मित संकट मानते थे और उनके अनुसार अगर सरकार ने अलग तरह की आर्थिक नीतियाँ लागू की होतीं तो इसे रोका जा सकता था। पूर्वी भारत में आयी इस भीषण मानवीय त्रासदी का ज़िम्मेदार वे सरकार को मानते थे। उनका कहना था कि 'युद्ध के लिए जिन आर्थिक पद्धतियों' का सहारा लिया गया और जिस पैमाने पर सरकार ने युद्ध पर ख़र्च किया उसके कारण पूरी अर्थव्यवस्था चरमरा गयी। उनका मानना था कि अगर सरकार ने उत्पादन बढ़ाने के सिद्धान्त को युद्ध उपक्रम का मुख्य वित्तीय आधार बनाया गया होता तो अकाल को आसानी से टाला जा सकता था।[102] साथ ही उन्होंने अंग्रेज़ों पर यह आरोप भी लगाया कि वे देश के अपर्याप्त उपभोक्ता सामानों को युद्ध उपक्रम में खपा दे रहे हैं। उन्होंने घोषणा की कि 'हम बार-बार यह दोहराते आये हैं कि भारतीय जनता की न्यूनतम ज़रूरतें पूरी किये जाने के बाद ही संसाधनों का इस्तेमाल युद्ध के उद्देश्यों के लिए किया जाये।' उनका कहना था कि नागरिक अभावों को दूर करने के लिए उत्पादन बढ़ाने की जो चेतावनी बड़े व्यवसायियों ने दी थी उसे मानने में सरकार नाकाम रही है।

उन्होंने लिखा कि 'सारा रोना बेकार गया और आज यह मानवीय त्रासदी पूरे देश के चेहरे पर फैल चुकी है जिसने यह दिन देखने के लिए कुछ भी ऐसा नहीं किया था सिर्फ़ और सिवाय इसके कि शायद उसने अक्षम सरकारों को सहन किया।'[103]

जब बिरला के नीतिगत सुझावों का कोई असर सरकार पर नहीं पड़ा तो उन्होंने अपना ध्यान अकाल से उपजी मानवीय दुर्दशा की तात्कालिक चुनौती को कम करने पर केन्द्रित किया। 1942 के उत्तरार्ध में अभावग्रस्त उड़ीसा में सस्ते अनाज और कपड़ों की दुकानों की स्थापना कर उन्होंने सरकार को बतला दिया कि क़ीमतों को कम करना और जमाखोरी रोकना किस प्रकार से सम्भव है।[104] कलकत्ता में राहत कार्यों में ग़ैर–सरकारी दानदाताओं में बिरला परिवार का नाम सबसे ऊपर था।[105] 1943 के अन्त तक बिरला बन्धुओं की ओर से कलकत्ता में छह सस्ती कैंटीनों की व्यवस्था की गयी जिसका लाभ 12,000 व्यक्ति प्रतिदिन लेते थे।[106] साथ में तीन सस्ते अनाज के केन्द्र खोले गये जिनका लाभ 500 से अधिक लोगों को मिल रहा था। बिरला बन्धुओं ने सस्ते कपड़े के वितरण की भी योजनाएँ बनायी और बेबस लोगों को 30,000 रुपये मूल्य के कपड़े बाँटे गये।[107] इसके अलावा सस्ते चावल की दुकानें 'उन मध्यमवर्गीय परिवारों की मदद के लिए खोली गयीं जो बाज़ार भाव से ख़रीददारी नहीं कर सकते थे या नियन्त्रित आपूर्ति का लाभ नहीं ले पाते थे।' इन स्टोरों ने 20,000 व्यक्तियों को लाभ पहुँचाया।[108] साथ ही 280 बच्चों को बिरला एजुकेशन ट्रस्ट की ओर से निःशुल्क शिक्षा के लिए पिलानी भेजने की व्यवस्था भी की गयी। ख़ुद दान देने के साथ ही बिरला बन्धुओं ने दूसरी राहत कार्य में लगी एजेंसियों को भी सहयोग दिया।[109] पूरे दान कार्यों का स्तर इतना व्यापक था कि लिनलिथगो को यह भय हो गया कि कहीं सरकारी राहत कार्य इनकी तुलना में छोटे न हो जायें और यह संकेत जाये कि सरकार अपने प्रयासों में विफल रही है।[110]

युद्धकालीन वर्षों के अनुभवों ने बिरला को इतना दो टूक बना दिया था कि वे भारतीय अर्थव्यवस्था के नियमन की सरकार की क़ाबिलियत को चुनौती दे सकें। बिरला की अगुवाई में युद्धकालीन वर्षों में फिक्की आर्थिक मामलों में राष्ट्र की प्रहरी बनकर उभरी।[111] उसने ब्रिटिश शासन की युद्धकालीन आर्थिक नीतियों की निरन्तर और निडर आलोचना की।[112] फिक्की के आधिकारिक इतिहासकार ने लिखा है कि युद्ध के वर्षों में बिरला सरकार के कट्टर आलोचक के रूप में जाने जाने लगे थे।[113] यह आत्मविश्वास उस समय ख़ुद–ब–ख़ुद दिखता है जब बिरला और फिक्की युद्ध के बाद की अर्थव्यवस्था के पुनर्निर्माण पर विचार कर रहे थे।[114] बिरला ने अब बहुत ही प्रासंगिक सवाल उठाया था :

> भारत के लिए कौन योजना बनाने जा रहा है?... यह वादा किया गया है कि युद्ध की समाप्ति के बाद भारत को ख़ुद की सरकार मिल जायेगी। क्या इस सरकार के लिए यह सही होगा कि वह किसी ऐसी बात के लिए कोई वचन दे जिसे अन्य सरकार द्वारा कार्यान्वित किया जाना है?[115]

1943 तक बिरला काफ़ी ऊँचे आत्मविश्वास में थे कि अंग्रेज़ी राज के गिनने के दिन रह गये हैं।

मुड़कर देखने पर 1930 के दशक के उत्तरार्ध के साल बिरला के सार्वजनिक जीवन के लिए जोख़िम के साबित हुए। 1942 तक वे और अन्य महत्त्वपूर्ण व्यावसायिक नेता यह मानने लगे थे कि उन्हें शीघ्र ही युद्ध के बाद की भारतीय अर्थव्यवस्था में एक महत्त्वपूर्ण भूमिका निभाने के लिए बुलाया जायेगा। इस भूमिका की तैयारी के लिए सबने एक–दूसरे से सलाह की और 11 दिसम्बर 1942 को बिरला, ठाकुरदास, जे.आर.डी. टाटा, कस्तूरभाई लालभाई, ए.डी. श्रॉफ और लाला श्रीराम ने अपनी पहली बैठक टाटा के बॉम्बे ऑफ़िस में की जिसे बाद में व्यापक स्तर पर 'द बॉम्बे प्लान' के रूप में जाना गया।[116] हालाँकि यह योजना कई चरणों से होकर गुज़री और इसकी घोषणा जनवरी 1944 में जाकर हुई। यहाँ तक कि पहली ही बैठक में व्यावसायिक नेताओं ने मूल प्रस्तावना में ही, जिस पर सारी योजना आधारित थी, परिकल्पना कर दी कि युद्ध के बाद आर्थिक मामलों में भारत पूरी तरह स्वतन्त्र रहेगा। हालाँकि उनके द्वारा परिकल्पित स्वतन्त्र भारत के आर्थिक भविष्य के रास्ते में एक प्रमुख अवरोध खड़ा था–बदतर होते साम्प्रदायिक हालात। और यही वो सिरा था जहाँ बिरला ने अब अपना ध्यान लगाया।

सन्दर्भ एवं टिप्पणियाँ

1. उन्होंने लिखना जारी रखते हुए कहा : 'भारत में ऐसे वामपन्थी हैं जिनका विश्वास इस नारे में है कि अन्त में इंग्लैंड की ही जीत होगी, पर मेरी आशा ये है कि अन्त में गाँधीजी की आवाज़ ही सुनी जायेगी। और आपकी तरफ़ से मुझे उम्मीद है कि आपकी प्रतिक्रिया से उन लोगों के हाथ मज़बूत होंगे जिन्हें दक्षिणपन्थी कहा जाता है। यह कोई मोलभाव की बात नहीं है, मैं केवल अपनी एक समस्या बता रहा हूँ। जब मैं ये कहता हूँ कि केन्द्र में उत्तरदायित्व का प्रश्न जब अभी तक नहीं सुलझा है और रक्षा की ज़िम्मेदारी हमारे क्षेत्र से बिल्कुल बाहर है तो ऐसे में हम इस दृष्टिकोण का समर्थन बहुत मुश्किल से कर पा रहे हैं कि इंग्लैंड प्रजातान्त्रिक सिद्धान्तों के लिए युद्ध कर रहा है।' बिरला की ओर से चर्चिल को, 7 सितम्बर 1939, बिरला पेपर्स, फ़ाइल नम्बर 22।
2. बिरला की ओर से लैथवेट को, 8 फ़रवरी 1940, बिरला पेपर्स, फ़ाइल नम्बर 22।
3. बिरला की ओर से महादेव देसाई को, 14 मार्च 1940, बिरला, *बापू* वॉल्यूम IV, पृ. 32–3।
4. बिरला की ओर से महादेव देसाई को, 15 मार्च 1940, बिरला, *बापू* वॉल्यूम IV, पृ. 33–4।
5. बिरला के अनुसार इसमें एक अतिरिक्त लाभ साम्प्रदायिक प्रश्न को सुलझा पाने की क्षमता हासिल करने का भी था जैसा कि उन्होंने गाँधी से कहा था, 'हमें वर्तमान संविधान में महज़ उन अन्तरालों को भरना होगा ताकि ये एक सम्पूर्ण उत्तरदायी सरकार का संविधान बन सके।'
6. बिरला, 'नोट्स फॉर डिस्कशन विद गाँधीजी' (गाँधीजी से चर्चा के लिए नोट्स), एन.डी., बिरला पेपर्स, सीरीज़ मिसलेनियस (विविध), फ़ाइल नम्बर 130। 'मैं फिर से दोहराता हूँ....क्यों न ग्रेट ब्रिटेन को अन्तिम हद तक के लिए तैयार किया जाये और सरकार चलाने का हक हासिल कर लिया जाये, और तब आगे की यात्रा सहकार के साथ करते हुए पूरी स्वतन्त्रता हासिल कर ली जाये?' साथ ही देखें, बिरला के 'क्वेश्चन्स फॉर डिस्कशन विद बापू' (बापू के साथ चर्चा के लिए प्रश्न), 22 मार्च 1940, बिरला पेपर्स, सीरीज़ मिसलेनियस, फ़ाइल नम्बर 130।
7. *वही*।
8. बिरला की ओर से महादेव देसाई को, 24 जनवरी 1941, बिरला, *बापू* वॉल्यूम IV, पृ. 199–201।
9. बिरला, 'क्वेश्चन्स फॉर डिस्कशन विद बापू' (बापू के साथ चर्चा के लिए प्रश्न), 22 मार्च 1940, बिरला पेपर्स, सीरीज़ मिसलेनियस, फ़ाइल नम्बर 130।
10. बिरला की ओर से महादेव देसाई को, 29 दिसम्बर 1940, बिरला, *इन द शैडो ऑफ़ द महात्मा*, पृ. 306–8।

11. विस्तृत ब्योरों के लिए देखें, बिरला का लेख 'ऑफ़ पर्सनल एक्स्प्लेनेशन' (एक व्यक्तिगत स्पष्टीकरण), उद्धृत, *इन द शैडो ऑफ़ द महात्मा*, पृ. 305–8।
12. बिरला की ओर से गाँधी को, 4 नवम्बर 1941, बिरला, *बापू*, वॉल्यूम IV, पृ. 263–6।
13. बिरला की ओर से महादेव देसाई को, 3 नवम्बर 1941, बिरला, *बापू*, वॉल्यूम VI, पृ. 262।
14. मिशन ने युद्ध के पश्चात एक स्वतन्त्र भारत का विचार रखा जो इंग्लैंड के सम्राट के प्रति निष्ठावान रहते हुए ब्रिटेन से जुड़ा रहेगा। इस प्रावधान के साथ कि कोई भी प्रान्त उससे अलग होने के लिए स्वतन्त्र होगा। इस बीच राजनेताओं को युद्ध की तैयारियों में हिस्सेदारी के लिए विस्तृत कार्यकारिणी में शामिल होने के लिए आमन्त्रित किया जायेगा।
15. क्रिप्स ने काँग्रेस के नेताओं के साथ बिरला भवन में बैठकें कीं जिनमें जी.बी. पन्त और बी.जी. खेर भी शामिल थे। भूपेन क़ानूनगो, 'द क्विट इंडिया मूवमेंट, 1942', उद्धृत, बी.एन. पाण्डेय (सम्पा.), *अ सेंटेनरी हिस्ट्री ऑफ़ द इंडियन नेशनल काँग्रेस*, वॉल्यूम III।
16. देखिए, क्रिप्स को लिखा आज़ाद का पत्र, दिनांक 10 अप्रैल और 11 अप्रैल, दोनों पत्र बिरला भवन नयी दिल्ली से भेजे गये, एम. सुब्रह्मण्यम, *ह्वाई क्रिप्स फेल्ड*, द हिन्दुस्तान टाइम्स प्रेस (नयी दिल्ली, 1943), पृ. 72–5 और 77–9।
17. बिरला की ओर से महादेव देसाई को, 23 मई 1942, बिरला, *बापू*, वॉल्यूम VI, पृ. 302।
18. एम. सुब्रह्मण्यम, *ह्वाई क्रिप्स फेल्ड?*, पृ. 7।
19. क्रिप्स का भारतीय व्यापार के प्रतिनिधियों से मिलने से इनकार करना और उनके इस वक्तव्य कि ब्रिटिश वाणिज्य 'निश्चित मौक़ों पर एक ख़ास स्थिति में' रहेगा, पर व्यापार जगत के नेताओं ने ख़ासतौर पर एतराज़ किया। फिक्की के अध्यक्ष जी.एल. मेहता ने क्रिप्स के प्रस्ताव की निन्दा की। 'यह तथ्य...कि भारतीय व्यापारिक हित संवैधानिक बातचीत में किसी विशेष समूह के रूप में पहचान की माँग नहीं कर रहे हैं इसका अर्थ यह नहीं है कि वे वर्तमान ढाँचे से और विशेषकर आर्थिक क्षेत्र में केन्द्रीय सरकार के कामकाज से सन्तुष्ट हैं, या वे केन्द्र में एक स्वायत्त सरकार की स्थापना के लिए किसी तरह कम इच्छुक हैं। राजनीतिक स्वायत्तता का वास्तव में कोई मूल्य और महत्त्व नहीं होगा जब तक कि वह आर्थिक स्वतन्त्रता और देश के सम्पूर्ण आर्थिक विकास की गारंटी न दे। और ये तब तक सम्भव नहीं होगा जब तक कि केन्द्रीय सरकार लोगों के प्रति जवाबदेह न हो और जिसके प्रतिनिधियों के पास देश की वित्तीय, करेंसी, ऋण और यातायात की नीति का नियन्त्रण न हो।' उन्होंने आगे कहा कि : 'भारतीय संवैधानिक हितों की देश में एक दावेदारी है और वे किसी भी संवैधानिक प्रक्रिया के साथ अविच्छिन्न रूप से जुड़े हैं। मैं बहुत गहराई से ये महसूस करता हूँ कि ऐसा संविधान जो भारतीय हितों की रक्षा के लिए पूरी वित्तीय स्वायत्तता की गारंटी न देता हो और लोगों के इस अधिकार को मान्यता न देता हो कि वे भारत की आर्थिक नीति का निर्माण भारतीय हितों के अनुसार कर सकें वह संविधान कभी भी भारतीय व्यापारिक समुदाय को स्वीकार्य नहीं होगा,' जी.एल. मेहता का प्रेस को दिया साक्षात्कार, 1 अप्रैल 1942, उद्धृत, फिक्की, वॉल्यूम II, *वर्ष 1942–3 के दौरान फ़ेडरेशन द्वारा अहम सवालों पर पत्राचार और प्रासंगिक दस्तावेज़* (नयी दिल्ली, 1943)।
20. गाँधी की ओर से बिरला को, 24 जून 1942, बिरला, *बापू*, वॉल्यूम VI, पृ. 306।
21. महादेव देसाई की ओर से बिरला को, 16 जुलाई 1942, बिरला, *बापू*, वॉल्यूम VI, पृ. 318–20।
22. मोलेसवर्थ से वही सवाल मीराबेन ने भी किया जब वे उनसे नयी दिल्ली में बिरला भवन में महीने के अन्त में मिले, जी.एन. मोलेसवर्थ, *कर्फ़्यू ऑन ओलिम्पस* (लन्दन, 1965), पृ. 228–32।
23. बिरला वायसराय को क़रीब डेढ़ साल के अन्तराल के बाद लिख रहे थे। उन्होंने लैथवेट से कहा, 'आप मेरे लिए दरवाज़े बन्द कर दीजिए, लेकिन मेरी आपसे ईमानदार प्रार्थना है कि आप किसी और को चुन लें जिस पर विश्वास किया जा सके', बिरला की ओर से लैथवेट को, 18 जुलाई 1942, बिरला पेपर्स, फ़ाइल नम्बर 23।
24. लिनलिथगो की ओर से आमरी को, 22 जुलाई 1942, एन. मानसर्ग (सम्पा.), *कांस्टीट्यूशनल रिलेशंस बिटवीन ग्रेट ब्रिटेन एंड इंडिया : द ट्रांसफर ऑफ़ पावर, 1942–47* (आगे इसे 'टीओपी' पढ़ें), वॉल्यूम II,

दस्तावेज़ नम्बर 307। बिरला लैथवेट से 22 जुलाई को मिले थे, यद्यपि हमारे पास इस मुलाक़ात का कोई रेकॉर्ड उपलब्ध नहीं है।

25. बिरला, जे.आर.डी. टाटा, ठाकुरदास व अन्य की ओर से वायसराय के सचिव को लिखा गया पत्र, 4 अगस्त 1942, बिरला पेपर्स, सीरीज़ II, फ़ाइल नम्बर जी–II।
26. बिरला की ओर से महादेव देसाई को, 20 फ़रवरी 1938, बिरला, *बापू*, वॉल्यूम III, पृ. 149–52। भारत छोड़ो आन्दोलन के लिए देखें, फ्रांसिस हचिन्स, *स्पॉन्टेनियस रिवोल्यूशन : द क्विट इंडिया मूवमेंट* (दिल्ली, 1971), ए.सी. भुवें, *द क्विट इंडिया मूवमेंट : द सेकेंड वर्ल्डवार एंड इंडियन नेशनलिज़्म* (नयी दिल्ली, 1975) और पी.एन. चोपड़ा (सम्पा.), *हिस्टोरिक जजमेंट ऑन क्विट इंडिया मूवमेंट : जस्टिस विकंडन की रिपोर्ट* (दिल्ली, 1989)।
27. जी. कुदेसिया, 'फोर शैडोइंग "क्विट इंडिया" : द काँग्रेस इन उत्तर प्रदेश 1939–1941', उद्धृत, नीरा चंडोक (सम्पा.), *मैपिंग हिस्ट्रीज, एस्सेज प्रजेंटेड टु रवीन्द्र कुमार* (तूलिका, 2000), पृ. 225–54।
28. सरकार ने वाणिज्य विभाग को दो उपविभागों में बाँटने का फ़ैसला किया। पहला, युद्ध–यातायात, और दूसरा, युद्ध की डाक एवं हवाई आवश्यकतापूर्ति। युद्ध–यातायात में सड़क और जल यातायात, अहम बन्दरगाह, पेट्रोल की राशनिंग और शिपिंग शामिल थे।
29. सिन्धिया शिपिंग के लक्ष्य को पूरा करने के लिए बिरला और ठाकुरदास के प्रयासों के ब्योरों की चर्चा पहले की जा चुकी है।
30. फिक्की की ओर से वायसराय को 17 जुलाई 1942 को भेजा गया सन्देश–'ग़ैर अधिकारी ब्रिटिश समुदाय के प्रतिनिधि की काउंसिल के सदस्य के रूप में नियुक्ति गम्भीर एतराज़ खड़े करती है, क्योंकि ये भारत में ब्रिटिश समुदाय को एक ऐसे अल्पसंख्यक समूह के रूप में मान्यता देना होगा जो देश की केन्द्रीय कार्यकारिणी में एक अलग सीट का हकदार हो जायेगा। विस्तार की वर्तमान योजना पिछले वर्ष की पुरानी योजना में कोई प्रगति नहीं करती बल्कि उसके उलट इस अर्थ में अत्यन्त निराशाजनक है कि...यथार्थ रूप में ब्रिटेन से भारत को सत्ता हस्तान्तरण की कोई असली पहल नहीं करती है, बल्कि यह केन्द्र में एक स्वायत्त और प्रतिनिधि सरकार की माँग को ठुकराती है जो वास्तव में राष्ट्रीय लोकमत है और भारत को संयुक्त राष्ट्र के देशों के बीच एक बराबर और सम्मानजनक दर्जा दिलाना चाहता है।' प्रेस विज्ञप्ति, 9 जुलाई 1942। एक्जीक्यूटिव काउंसिल के विस्तार पर वक्तव्य, वॉल्यूम II, *वर्ष 1942–3 के दौरान फ़ेडरेशन द्वारा अहम सवालों पर पत्राचार और प्रासंगिक दस्तावेज़* (नयी दिल्ली, 1943)।
31. बिरला और अन्य नेताओं के लिए ये आसान नहीं था कि फिक्की से इतना खुलकर राष्ट्रवादी विचार व्यक्त करवा सकें। फ़ेडरेशन के भीतर कई लोग ऐसे थे जो एक अधिक सुस्त रुख़ अपनाना चाहते थे और ऐसा महसूस करते थे कि फिक्की को काँग्रेस के लक्ष्यों के साथ खुलकर नहीं जुड़ना चाहिए। हालाँकि व्यापारियों के वे नेता जो अधिक राष्ट्रवादी थे फ़ेडरेशन को एक खुला रुख़ अपनाने के लिए राजी करना चाहते थे। 1942 की ऐसी समस्याओं पर बाद में नज़र डालते हुए जी.एल. मेहता ने लिखा : 'सच ये है कि बहुतेरे भारतीय व्यापारियों की हमदर्दी उनके अपने हितों के विपरीत थी। वे काँग्रेस का समर्थन तो करना चाहते थे लेकिन ख़तरा नहीं उठाना चाहते थे....ये भी कोई आसान काम नहीं था कि राष्ट्रीय आन्दोलन के साथ समर्थन तो दूर खुले रूप में हमदर्दी भी व्यक्त की जाये, क्योंकि समर्थन फ़ेडरेशन की स्थिति को ख़राब किये बग़ैर मुमकिन नहीं था। समर्थन एक ओर तो राष्ट्रीय आकांक्षाओं के अनुरूप था लेकिन उसके भीतर कई तरह की राजनीतिक विचारधाराओं का समावेश था....उस पूरे मुश्किल साल के दौरान मेरी कोशिश यह थी कि फ़ेडरेशन में बग़ैर मुसलमान व्यापारियों को छोड़े भिन्न–भिन्न तत्त्वों को किसी हद तक सहमति के क़रीब लाया जा सके। एक साझा ज़मीन तलाशना मुश्किल ज़रूर था लेकिन असम्भव नहीं।' जी.एल. मेहता, 'एन अनफोरगेटेबल ईयर', उद्धृत, फिक्की, *रजत जयन्ती स्मारिका, 1927–51*।
32. गिरफ़्तारियों के विरोध में कई मिलें सांकेतिक हड़ताल पर चली गयीं, जैसे दिल्ली में बिरला मिल,

लाला श्रीराम की दिल्ली क्लॉथ मिल, और जमशेदपुर में टाटा की फ़ैक्टरी। हालाँकि केवल एक मिल जहाँ हड़ताल लम्बे समय तक खिंची और मालिकों की सहमति के साथ चलती रही वह अहमदाबाद की कस्तूरभाई लालभाई मिल थी। अहमदाबाद के मज़दूर नेताओं ने लालभाई व खण्डूभाई देसाई के साथ यह तय किया कि मिलें बन्द कर दी जायेंगी और मज़दूरों को घर भेज दिया जाये ताकि सरकारी तन्त्र के साथ मुठभेड़ को टाला जा सके। इस तरह एक लाख मज़दूर हड़ताल पर रहे और मिलें तीन महीने के लिए बन्द कर दी गयीं, देखिए, डी. त्रिपाठी, *डायनेमिक्स ऑफ़ अ ट्रेडीशन, कस्तूरभाई लालभाई एंड हिज एंटरप्रेन्योरशिप*, पृ. 118।

33. फिक्की अध्यक्ष जी.एल. मेहता की ओर से वायसराय के निजी सचिव को भेजा गया तार, एन.डी., फिक्की, *वर्ष 1942–3 के दौरान फ़ेडरेशन द्वारा अहम सवालों पर पत्राचार और प्रासंगिक दस्तावेज़* (नयी दिल्ली, 1943)।
34. जी.एल. मेहता, प्रेस साक्षात्कार, एन.डी., बिरला पेपर्स, सीरीज़ II, फ़ाइल नम्बर जी–11।
35. वे चेम्बर्स जिन्होंने सम्मेलन में अपने प्रतिनिधि भेजे वे थे : बंगाल नेशनल चेम्बर ऑफ़ कॉमर्स, मुस्लिम चेम्बर ऑफ़ कॉमर्स, इंडियन चेम्बर ऑफ़ कॉमर्स, मारवाड़ी चेम्बर ऑफ़ कॉमर्स, मारवाड़ी एसोसिएशन, बंगाल मिल ओनर्स एसोसिएशन, इंडियन केमिकल मैन्युफैक्चरर्स एसोसिएशन, इंडियन माइनिंग फ़ेडरेशन, इंडियन शुगर मिल्स एसोसिएशन, बंगाल बैंक्स एसोसिएशन, इंडियन इंश्योरेंस कम्पनीज़ एसोसिएशन और द इंडियन पेपर मिल्स एसोसिएशन–कुल 29 बिज़नेस चेम्बर्स ने बैठक में शिरकत की और प्रस्ताव पर हस्ताक्षर किये, *स्टेट्समैन*, 27 अगस्त 1942, अख़बारी कतरन, बिरला पेपर्स, सीरीज़ II, फ़ाइल नम्बर जी–11।
36. 'हम सब व्यापारी हैं और ज़ाहिर है कि शान्ति, सद्भाव और सामंजस्य तथा पूरे देश में सुव्यवस्था हमारे हित में है। हम यह भी मानते हैं कि एक ऐसी राष्ट्रीय सरकार की आवश्यकता है जिसे सत्ता और ताक़त लोगों से मिले और जो भारत की रक्षा के लिए एक मज़बूत आधार बनाये....हम ये निवेदन करते हैं कि वर्तमान स्थिति को सुधारने का तरीक़ा एक ही है कि देश के वातावरण को बदला जाये। लोगों को ये महसूस कराया जाये कि ये उनकी अपनी सरकार है और ये उनका अपना देश है जिसके लिए उनको लड़ना है त्याग करना है और अपनी आन के लिए जान पर खेल जाना है, क्योंकि उनके अपने सम्मान, स्वतन्त्रता और जीवन दाँव पर लगे हैं, ये तभी सम्भव होगा कि वास्तविक सत्ता का हस्तान्तरण ब्रिटिश से भारतीय हाथों में किये जाने की राष्ट्रीय माँग को स्वीकार किया जाये...हमारी प्राथमिक चिन्ता देश के आर्थिक हितों को आगे बढ़ाने की है ना कि राजनीति करने की, लेकिन हम राष्ट्रवादी हैं जो भारत की आर्थिक और राजनीतिक आज़ादी में विश्वास रखते हैं, और स्वाभाविक तौर पर हाल ही में हुई घटनाओं से प्रभावित और द्रवित हैं....हम व्यापारिक और औद्योगिक हितों का प्रतिनिधित्व करते हैं लेकिन अन्ततः हमारे हित देश के करोड़ों लोगों के कल्याण और प्रगति पर टिके हैं। अशान्ति, उपद्रव और विस्थापन से हम सब कुछ खो देंगे और इसका हमें कोई फ़ायदा नहीं होगा, इसलिए हम पूरे ज़ोर से और पूरी गम्भीरता के साथ आवाज़ उठाते हैं कि सरकार को प्रमुख राजनीतिक दलों से तुरन्त बातचीत करनी चाहिए ताकि वर्तमान गतिरोध को तोड़ा जा सके और संयुक्त राष्ट्र संघ के एक आत्मसम्मानी व आत्मनिर्भर सदस्य के रूप में स्वतन्त्र भारत की आकांक्षाओं को पूरा करना सम्भव हो।' 27 अगस्त 1942 को कलकत्ता में हुए भारतीय औद्योगिक एवं व्यापारिक इकाइयों के संयुक्त सम्मेलन में अंगीकार किया गया प्रस्ताव, बिरला पेपर्स, सीरीज़ II, फ़ाइल नम्बर जी–11।
37. फिक्की की प्रेस विज्ञप्ति, 13 सितम्बर 1942, फिक्की, *वर्ष 1942–3 के दौरान फ़ेडरेशन द्वारा अहम सवालों पर पत्राचार और प्रासंगिक दस्तावेज़* (नयी दिल्ली, 1943)।
38. फिक्की के अध्यक्ष के रूप में जी.एल. मेहता द्वारा सम्बोधित प्रेस कॉन्फ्रेंस की रिपोर्ट, उद्धृत, फिक्की, *वर्ष 1942–3 के दौरान फ़ेडरेशन द्वारा अहम सवालों पर पत्राचार और प्रासंगिक दस्तावेज़* (नयी दिल्ली, 1943)। बाद में फिक्की ने चर्चिल के उस प्रसिद्ध वक्तव्य पर तीखी प्रतिक्रिया दी जिसमें कहा गया कि वे इसलिए प्रधानमन्त्री नहीं बने थे कि सम्राट के साम्राज्य को विघटित होता हुआ देखें,

फिक्की के अनुसार ये वक्तव्य उनकी उन नीतियों को बनाये रखने का संकेतक था जिससे वे देश पर अपना वर्चस्व और शोषण जारी रख सकें, फिक्की का वक्तव्य, 19 नवम्बर 1942, वही।

39. 27 मार्च 1943 को फिक्की में जी.एल. मेहता का भाषण, *16वीं वार्षिक बैठक की कार्यवाही, दिल्ली, 27–28 मार्च 1943* (दिल्ली, 1943)।

40. विवरणों के लिए देखें, बिरला, *इन द शैडो ऑफ़ द महात्मा*, पृ. 263–4।

41. प्रस्ताव में लिखा था : 'यह सम्मेलन भारत के विभिन्न धर्मों, समुदायों और हितों का प्रतिनिधित्व करता है, और इस देश के लोगों की वैश्विक इच्छा को अभिव्यक्ति देता है कि भारत के भविष्य और अन्तरराष्ट्रीय सद्भाव के हित में महात्मा गाँधी को बिना शर्त तुरन्त रिहा किया जाये। यह सम्मेलन उस स्थिति के प्रति चिन्तित है जो सरकार द्वारा वक़्त रहते विपत्ति को रोकने के लिए कोई क़दम न उठाने से पैदा हो सकती है। लिहाज़ा सम्मेलन सरकार से यह निवेदन करता है कि महात्मा गाँधी को बिना कोई देर किये तुरन्त रिहा किया जाये।' सप्रू की ओर से लैथवेट को, 20 फ़रवरी 1943, टीओपी, वॉल्यूम III, दस्तावेज़ नम्बर 512।

42. बिरला की ओर से लैथवेट को, 22 फ़रवरी 1943, बिरला पेपर्स, फ़ाइल नम्बर 23।

43. लिनलिथगो की ओर से आमरी को, 22 फ़रवरी 1943, टीओपी, वॉल्यूम III, दस्तावेज़ नम्बर 515।

44. एन.आर. सरकार और मोदी दोनों ही फ़ेडरेशन के साथ क़रीबी रूप से जुड़े थे; सरकार इसके साथ 1929 से जुड़े थे जब उन्होंने सेंट्रल बैंकिंग इन्क्वायरी कमेटी में फिक्की का प्रतिनिधित्व किया था। 1930–2 में वो फिक्की की कार्यकारिणी समिति में थे, 1932 में उसके उपाध्यक्ष रहे और 1933 में अध्यक्ष चुने गये। फ़ेडरेशन में उनकी सक्रियता इतनी गहरी थी कि बाद में फ़ेडरेशन में अपनी अध्यक्षता के दिनों को याद करते हुए उन्होंने कहा कि 'फ़ेडरेशन की अध्यक्षता एक ऐसा सम्मान है जिसे मैं भारत सरकार में एक सदस्य होने के मुक़ाबले अधिक मूल्यवान समझता हूँ।' सरकार जब वायसराय की एक्जीक्यूटिव काउंसिल में थे तब भी अक्सर फिक्की की बैठकों में शिरकत किया करते थे, जैसा कि बाद में उन्होंने क़बूल किया कि 'पुराने सम्बन्ध मुश्किल से ही छूटते हैं', देखिए, एन.आर. सरकार, 'माई डेज़ इन द फ़ेडरेशन', उद्धृत, फिक्की, *रजत जयन्ती स्मारिका 1927–1950*, पृ. 193–8। मोदी यद्यपि फ़ेडरेशन के किसी पद पर नहीं थे लेकिन उससे उनका जुड़ाव 1920 के दशक से ही रहा था। मोदी बॉम्बे मिल ओनर्स एसोसिएशन में भी काफ़ी सक्रिय थे और 1928 में इसके अध्यक्ष रहे थे।

45. फिक्की ने काफ़ी पहले सितम्बर 1942 में ही भारतीय सदस्यों से सरकार की नीतियों को अस्वीकार करने के लिए कहा था। भारत छोड़ो आन्दोलन की प्रतिक्रिया में सरकार ने जो दमन करना शुरू किया था उसके बाद फिक्की ने काउंसिल के भारतीय सदस्यों से 'सरकार की नीतियों के विरोध में जनता के रोष को स्वर देने के लिए कहा और अपनी इस माँग का दबाव बनाये रखने की अपील की कि केन्द्र में एक वास्तविक प्रतिनिधिक राष्ट्रीय सरकार स्थापित की जाये और भारतीय हाथों में....वास्तविक सत्ता तुरन्त हस्तान्तरित हो, वरना देश की हिफ़ाज़त के लिए या वर्तमान संकट से निपटने के लिए सारी शक्तियों को सही तरीक़े से एकजुट नहीं किया जा सकेगा।' प्रेस विज्ञप्ति, 13 सितम्बर 1942, फिक्की, *वर्ष 1942–3 के दौरान फ़ेडरेशन द्वारा अहम सवालों पर पत्राचार और प्रासंगिक दस्तावेज़* (नयी दिल्ली, 1943)। हालाँकि फिक्की प्रत्यक्षतः काउंसिल में जो व्यापारी–सदस्य थे उनसे मुखातिब नहीं थी लेकिन उसकी अपील उन्हीं से थी। उस समय इन सदस्यों ने फिक्की को कोई प्रतिक्रिया नहीं दी लेकिन आने वाले महीनों में वे काफ़ी दबाव में दिखाई दिये। फ़ेडरेशन द्वारा इतना स्पष्ट और खुला राष्ट्रवादी रुख़ इस आन्दोलन में अपनाये जाने के बाद व्यापारियों के लिए उससे अलग रह पाना बहुत मुश्किल हो गया, विशेषकर 1920 के दशक से फिक्की की गहरी संलिप्तता को देखते हुए।

46. अपने संयुक्त त्यागपत्र में उन्होंने ये स्पष्ट कर दिया कि 'गाँधी को बिना शर्त रिहा न करने के बहुमत के फ़ैसले का समर्थन शायद हमारे लिए सम्भव नहीं होगा, जबकि उपवास के कारण उनका जीवन ख़तरे में है, और चूँकि अब ये मुद्दा एक अहम नीति का प्रश्न बन गया है हमारे पास सिवाय इसके कोई विकल्प नहीं है कि हम अपना त्यागपत्र दे दें।' मानकेकर, *होमी मोदी*, पृ. 187–8।

47. लिनलिथगो की ओर से आमरी को, 11 फ़रवरी 1943, टीओपी, वॉल्यूम III, दस्तावेज़ नम्बर 453।

48. मार्च 1943 के प्रारम्भ में जब वे दो व्यापारी फिक्की की बैठक में आये तो यह फिक्की के लिए बड़े गर्व का मौक़ा था। अध्यक्ष ने ये घोषणा की कि गाँधी के उपवास पर व्यापारी समुदाय ने जितनी तीखी और ज़ोरदार तरीक़े से अपनी ज़ोरदार भावनाएँ व्यक्त कीं वे किसी भी अन्य राष्ट्रवादी से कम नहीं थीं। ये बात इन दो व्यापारियों द्वारा 'उन पदों से त्यागपत्र दिये जाने से स्पष्ट होती है जिन्हें उन्होंने बदनाम और ग़लतफ़हमी के शिकार होने का ख़तरा उठाकर भी स्वीकार किया था।' फिक्की अध्यक्ष ने आगे कहा, 'हमने कभी भी इतना कड़वा सबक नहीं लिया था जितना इन घटनाओं ने हमें दियाः सबक ये कि हमारी मुक्ति अन्ततः हमारे ही हाथों में है', देखिए जी.एल. मेहता का भाषण, फिक्की, *वार्षिक सत्र की कार्यवाही, दिल्ली, 27–28 मार्च 1943*।

49. लिनलिथगो ने महसूस किया कि व्यापार जगत इस बात से भयभीत है कि ब्रिटिश के पास उनकी रक्षा करने की योग्यता नहीं रह गयी है, जापानी हमले को देखते हुए व्यापार जगत अपने प्लांट और मशीनरी तबाह हो जाने की आशंका से जापानियों के साथ समझौता करने के लिए मजबूर है। लिनलिथगो इस हद तक सन्देह जताने लगे कि 'भारतीय निवेशकों का एक समूह जापान के उदाहरण पर चलते हुए और शायद जापानी सहायता से काँग्रेस के संगठन का इस्तेमाल करना चाह रहा है। वह राजनीतिक वातावरण जिसमें यह समूह पहुँच गया है वहाँ वह उसी तरह का वित्तीय वर्चस्व पाना चाहता है जैसा कि जापान में मशहूर "बिग फोर" ने हासिल किया था.... प्रायः ये माना जाता है कि हिन्दू स्वाभाविक तौर पर जापान की बौद्ध संस्कृति के प्रति सहानुभूति रखते हैं और अगर जापानी भारत आ जाते हैं तो मुसलमानों के विरुद्ध उनके द्वारा दी गयी मदद का वे स्वागत करेंगे। ऐसी भावनाओं का कयास सही हो सकता है लेकिन ये सम्भव है कि बिरला भाइयों ने अपने बुरे इरादों के मद्देनज़र इस तरह की भावनाओं को फैलाया हो,' लिनलिथगो की ओर से सभी प्रान्तीय गवर्नरों को, 2 नवम्बर 1942, टीओपी, वॉल्यूम III, दस्तावेज़ संख्या 132।

50. लिनलिथगो की ओर से सभी प्रान्तीय गवर्नरों को, 2 नवम्बर 1942, टीओपी, वॉल्यूम III, दस्तावेज़ संख्या 132।

51. उन्होंने सभी गवर्नरों से कहा कि 'वे व्यापारिक समूहों की पहचान, उद्देश्य, नीति, अनुबन्ध, प्रभाव और तरीक़ों का पता लगायें', लिनलिथगो की ओर से सभी प्रान्तीय गवर्नरों को, 16 मार्च 1943, टीओपी, वॉल्यूम III, दस्तावेज़ संख्या 595।

52. खुफ़िया विभाग ने गाँधी सेवा संघ की सम्पत्तियों के बारे में सूचना इकट्ठी की और उसके धन के निवेश में बजाज परिवार की भूमिका की जाँच की।

53. पी. चेंटसाल राव, *बी.एम. बिरला : हिज डीड्स एंड ड्रीम्स* (एल.के. झा द्वारा लिखी भूमिका, नयी दिल्ली, 1983), पृ. 15–6।

54. खानोलकर, *वालचन्द हीराचन्द*, पृ. 593, साथ ही देखें, पृ. 427।

55. वेंकटसुबैया, *एंटरप्राइज एंड इकोनॉमिक चेंज*, पृ. 43–4।

56. उन्होंने सरकार का आह्वान किया कि, 'वह उन उद्योगों का संरक्षण करे जो अपने आप में अत्यधिक महत्त्वपूर्ण हैं या युद्ध के दौरान दूसरे उद्योगों के लिए सहयोगी होते हैं', 'छोटे उद्योगों को संरक्षण देने के लिए तुरन्त तदर्थ जाँचें बैठाए', 'भारत के निर्यात को संरक्षित करे और दुश्मन के हाथों में चले गये निर्यात–क्षेत्र की एवज़ में नये स्थान ढूँढ़े', 'युद्ध द्वारा पैदा हुई अतिरिक्त माँग में भारतीय उद्योग के लिए एक समुचित हिस्सा हासिल करे', और 'युद्ध के समय चीज़ों की ख़रीदारी की एक ऐसी नीति पर चले जिसमें लोगों को सूचित किया जाये कि युद्ध काल की सामग्री की ख़रीदारी भारतीय उद्योगों के हितों को ध्यान में रखकर की जा रही है', सी.एस. रत्नासंबापथि मुदलियार का फिक्की की 1940 में हुई वार्षिक बैठक में भाषण।

57. *इंडियन एक्सप्रेस* (मद्रास), 5 जून 1942, उद्धृत, बिरला पेपर्स, सीरीज़ II, फ़ाइल नम्बर जी–11, व्यापार जगत के नेता युद्ध और शान्ति के उद्योगों के बीच बहुत मामूली अन्तर ही देखते थे।

58. भारत के मुख्य क्रय नियन्त्रक (अस्त्र) द्वारा किया गया कुल क्रय 1940 में 13 करोड़, 1941 में 38 करोड़ और 1942 में 52 करोड़ रुपये था। आपूर्ति विभाग द्वारा युद्ध के पहले 16 महीनों में 85 करोड़

रुपये के आदेश पूरे किये गये, 1941 में 118 करोड़, 1942 में 223 करोड़ और 1943 के पहले पाँच महीनों में 142 करोड़, एल.सी. जैन, *इंडियन इकोनॉमी ड्यूरिंग द वार* (लाहौर, 1944), पृ. 30।

59. तैयार स्टील का उत्पादन 1941–2 में 1939 के मुक़ाबले कम–से–कम 50 प्रतिशत अधिक था। 1943 तक यह युद्धपूर्व उत्पादन से दुगुना हो गया था। उद्योग द्वारा कमाये गये लाभ का एक अनुमान कम्पनी के लाभ को देखकर लगाया जा सकता है। 1939 में हुए 4.3 करोड़ के मुक़ाबले में 1941 में कम्पनी का लाभ 5.7 करोड़ रुपये हो गया था जो कि 33 प्रतिशत की वृद्धि थी, एल.सी. जैन, *वही,* पृ. 33–4।

60. जूट मिलों में औसत लाभांश 1938 में 6 फ़ीसदी से बढ़कर 1939 में 10 फ़ीसदी और 1940 में 19 फ़ीसदी हो गया, लेकिन जूट में आया उछाल बाज़ार के नुक़सान, यातायात की मुश्किलों और कोयले की तंगी के कारण अल्पकालिक ही रहा। जूट में बिरला के हित उनकी बिरला जूट मैन्युफैक्चरिंग कम्पनी लिमिटेड में बना रहा जो 1919 में स्थापित की गयी थी।

61. कॉटन मिल का लाभ 1941 में 1938 के मुक़ाबले साढ़े पाँच गुना ज़्यादा था और 1937 के मुकाबले दुगुना था, एल.सी. जैन, *वही,* पृ. 35–6। बिरला एक कॉटन मिल के स्वामी थे–द केशोराम कॉटन मिल लिमिटेड (स्थापित 1919)।

62. लाभ का अनुमान शेयर्स के पूँजी सूचकांक से पता चलता है जो अगस्त 1939 में 100 से बढ़कर मई 1944 में 366 हो गया, एल.सी. जैन, *इंडियन इकोनॉमी ड्यूरिंग द वार,* पृ. 38–42, साथ ही देखें, *बिरला बन्धुओं की देशसेवा,* एन.पी.।

63. कोयला उद्योग ने 1940 में 29 मिलियन टन का रिकॉर्ड उत्पादन किया जो स्तर 1941–2 में भी बना रहा। बिरला कोयला उत्पादन में द्वितीय विश्वयुद्ध शुरू होने के बाद ही आये, देखें, चौंटसाल राव, *बी.एन. बिरला, हिज डीड्स एंड ड्रीम्स,* पृ. 24।

64. युद्धकाल में औद्योगिक सम्पन्नता उसके सूचकांक में देखी जा सकती है जिससे ये तथ्य सामने आता है कि 1943 में कंट्रोल ऑफ़ कैपिटल ईश्यू स्कीम के शुरुआती 6 महीनों के भीतर ही उद्योग शुरू करने या उनका विस्तार करने के लिए क़रीब 500 आवेदन आये, जिनमें कुल 15 करोड़ रुपये की पूँजी के आवेदनों को स्वीकृति दी गयी, एल.सी. जैन, *इंडियन इकोनॉमी ड्यूरिंग द वार,* पृ. 29–31।

65. चौंटसाल राव, *बी.एन. बिरला, हिज डीड्स एंड ड्रीम्स,* पृ. 24–5, साथ ही देखें, *बिरला बन्धुओं की देशसेवा*।

66. बिरला, 'बजट एंड इट्स इफेक्ट्स ऑन प्राइसेस', ईस्टर्न इकोनॉमिस्ट, 31 मार्च 1944। वित्त सदस्य को किस कार्यक्रम पर चलना चाहिए इस पर बिरला के विचार के लिए देखें, 'वार फाइनांस अंडर नेशनल गवर्नमेंट', *ईस्टर्न इकोनॉमिस्ट,* 14 अप्रैल 1944।

67. फिक्की, *वर्ष 1940–1 के दौरान फ़ेडरेशन द्वारा अहम सवालों पर पत्राचार और प्रासंगिक दस्तावेज़* (नयी दिल्ली, 1941)।

68. उनका तर्क था कि आयकर और अतिरिक्त लाभकर (ईपीटी) का ऊँचा स्तर उद्योगों के पास इतनी बचत नहीं होने देगा कि वे आड़े वक़्त के लिए एक राशि संचित कर सकें। यह राशि जिसकी ज़रूरत विशेषकर युद्ध के दौरान बरबाद हो गयी सम्पत्तियों की क्षतिपूर्ति के लिए युद्ध के फ़ौरन बाद पड़ेगी।

69. प्रमुख व्यापारी नेता प्रवर समिति के सदस्यों को अपने पक्ष में करने दिल्ली गये। ये सदस्य थे एम.ए. जिन्ना, जिनके साथ फिक्की ने दो मुलाक़ातें की थीं, एम.एस. एनी, जो कॉंग्रेस नेशनलिस्ट पार्टी के नेता थे, ए.सी. दत्ता, जो विधान सभा के उपाध्यक्ष थे, सर अब्दुल हलीम ग़ज़नवी, सर अब्दुल्ला हारूम, सरदार सन्त सिंह और मोदी, फिक्की, *वर्ष 1940–1 के दौरान फ़ेडरेशन द्वारा अहम सवालों पर पत्राचार और प्रासंगिक दस्तावेज़* (नयी दिल्ली, 1941)। इन विरोध प्रदर्शनों में यूरोपीय चेम्बर और फिक्की दोनों ने मिलकर हिस्सा लिया। ये एक ऐसा 'अवसर बन गया जब फ़ेडरेशन अपने वर्गीय हितों को ग़ैरराष्ट्रीय हितों के साथ मिलाने को तत्पर हो गयी जिन्हें वह प्रायः राष्ट्रविरोधी हितों के समान मानती थी', वेंकटसुबैया, *एंटरप्राइज एंड इकोनॉमिक चेंज,* पृ. 44।

70. सरकार के लिए अतिरिक्त लाभ कर आय का एक ऐसा स्रोत थी जिसे वह छोड़ नहीं सकती थी। इससे 40 करोड़ रुपये (जिसमें 33.8 करोड़ कॉरपोरेशन से और 6.2 दूसरी आयों से) आने की उम्मीद थी, जो राज्य के 1941 के बजट घाटे का आधे से अधिक पूरा कर देता। 1941 में अतिरिक्त लाभ कर को 66.66 फ़ीसदी तक बढ़ा दिया गया, और मई 1943 से इसकी वसूली को और भी अधिक कठोर कर दिया गया। मई 1943 से अतिरिक्त लाभ कर के सभी देनदारों के लिए अपने अतिरिक्त लाभ का 13.5 प्रतिशत सरकार के पास जमा करना अनिवार्य कर दिया गया। अप्रैल 1944 में इसे और भी अधिक बढ़ा दिया गया।

71. यहाँ तक कि ब्रिटिश वाणिज्य के वफ़ादार मुखपत्र *कैपिटल* ने भी शिकायत करते हुए कहा कि 'हर तरफ़ फैली आरामतलबी की प्रवृत्ति को लालफ़ीताशाही कहा जाता है।' अहम फ़ैसले लेने वाले नियन्त्रक 'महिमामण्डित कर्मचारी' थे जो सही सूचनाएँ देने में असमर्थ थे, 'वे फर्में जिन्होंने अपनी पूँजी गँवा दी थी उन्हें कोटे दिये जाते हैं', इंडियन स्टोर्स डिपार्टमेंट 'औपचारिकताओं में जकड़ा हुआ था' और सप्लाई बोर्ड अक्षम था और भुगतान करने में बहुत लम्बा समय लेता था। उसने आगे लिखा कि 'सरकार बहुत गहरे रूप में एक संवैधानिक अक्षमता से ग्रस्त है जिस कारण वह किसी पर भरोसा नहीं कर सकती। सरकार को हर कोई, चाहे वह सप्लायर हो, उद्योगपति हो, यहाँ तक कि खुद सरकार का अपना कोई अधिकारी हो, सभी एक सम्भावित अपराधी नज़र आते हैं।' 'व्यापारियों की निन्दा चापलूस कहकर की जाती है और स्वयं अपने अधिकारियों को वे मूर्ख समझते हैं। नतीजतन हर काम इतना उलझा हुआ है कि कुछ भी करना मुश्किल है।' *कैपिटल*, 17 अक्टूबर 1940।

72. भारत सरकार से एक आवेदन में बंगाल नेशनल चेम्बर ऑफ़ कॉमर्स ने आपूर्ति विभाग में भारतीय उद्योग के प्रतिनिधित्व की माँग की; उनका कहना था कि वह पूरी तरह से यूरोपीय हाथों में था और लिहाज़ा भारतीय लोकमत और व्यापारिक समुदाय से कटा हुआ था। '*कैपिटल* को दिखायी दिया कि भारतीय व्यापारी इस माँग के ज़रिये भारत के युद्ध उपक्रमों में एक भूमिका निभाने के इच्छुक हैं, जो काँग्रेस के साथ उनके जुड़ाव को देखते हुए अब तक शक के दायरे में था।' *कैपिटल*, 24 अक्टूबर 1940, साथ ही देखें, *कैपिटल*, 6 मार्च 1941।

73. *ईस्टर्न इकोनॉमिस्ट* ने लिखा, 'प्रशासनिक अधिकारी आर्थिक प्रशासन के क्षेत्र में बच्चे ही हैं। आधुनिक आर्थिक शासन इतना जटिल है कि बिना तकनीकी ज्ञान के ये सन्देहास्पद है कि एक प्रशासनिक अधिकारी केवल सामान्य ज्ञान और समझ से उसको कुशलतापूर्वक चला पाये', ईस्टर्न इकोनॉमिस्ट, 3 दिसम्बर 1943।

74. जे. वॉइट, *इंडिया इन द सेकेंड वर्ल्ड वार* (नयी दिल्ली, 1987), पृ. 72–3।

75. वायसराय ने सम्मेलन इसलिए बुलाया था कि 'हथियारों के उत्पादन, आपूर्ति और भण्डारण के लिए दक्षिणी और पूर्वी अफ्रीका, एशिया और दक्षिणी प्रशान्त क्षेत्र के देशों के बीच एक तालमेल बनाया जा सके।'

76. इस क़दम का स्वागत करते हुए *कैपिटल* ने लिखा कि 'एक लम्बे और ज़िद्दी विरोध के बाद नौकरशाही की दीवारें ढह गयी हैं...प्रशासनिक सेवा के निहित स्वार्थों ने अपने ख़ास तरीक़ों से युद्ध की समस्याओं से बचने की कोशिश की है और एक ऐसा सिद्धान्त जिसे एक सीधे–सादे ढंग से ही लागू किया जा सकता था उसे करने में हफ़्तों लगा दिये गये।' *कैपिटल*, 17 अक्टूबर 1940।

77. न केवल यह कि उन्हें 'समिति या उपसमिति में कोई महत्त्वपूर्ण काम नहीं दिया गया', बल्कि 'विभिन्न उपसमितियों की रिपोर्टों और निष्कर्षों पर विचार करने के लिए बुलाये गये सम्मेलन के पूर्ण सत्र के शुरू होने के पहले ही सलाहकारों की उपस्थिति को एक धन्यवाद प्रस्ताव देकर निपटा दिया गया जिसके ज़रिये ये सन्देश दिया गया कि उनकी उपस्थिति की अब कोई ज़रूरत नहीं है।' देखिए, इंडियन मर्चेंट्स चेम्बर की ओर से वाणिज्य विभाग के सचिव को लिखा गया 28 नवम्बर 1940 का पत्र, उद्धृत, वेंकटसुबैया, *इंडस्ट्री एंड एंटरप्राइज*, पृ. 46। इसलिए ये कोई आश्चर्य की बात नहीं है कि सम्मेलन के काम से व्यापारी असहमत थे। द ईस्टर्न सप्लाई कॉन्फ्रेंस ने ये निष्कर्ष निकाला कि

नये भारी उद्योगों को प्रोत्साहित नहीं किया जाना चाहिए, क्योंकि युद्ध उपक्रमों में सबसे कम सम्भव समय में अधिकतम उत्पादन पर केन्द्रित होने की आवश्यकता है। इसके बरअक्स फिक्की ने ये घोषणा की कि 'आपात्काल में जिन उद्योगों में विस्तार की क्षमता हो' उन 'मूल उद्योगों' को सरकार द्वारा विकसित किया जाना चाहिए।

78. जॉनसन के मिशन के सम्पूर्ण सन्दर्भ के लिए देखें, बी.के. श्रीवास्तव और वेंकटरमानी, *द क्विट इंडिया मूवमेंट : द अमेरिकन रिस्पॉन्स* (नयी दिल्ली, 1979)।
79. खानोलकर, *वालचन्द हीराचन्द*, पृ. 472–8।
80. बिरला ने अपनी यह निराशा फिक्की की सामान्य सभा को चेतावनी देते हुए खुलकर व्यक्त की। उन्होंने कहा, 'दुर्भाग्य से अतीत में भारत में इतने मिशन और मिशनरी रहे हैं कि किसी भी नये मिशन या नये कमीशन को देखते ही उनके हमले के प्रति आशंकित हो जाते हैं। हमें हर चीज़ को तनिक सन्देह से ही देखना पड़ेगा।' फिक्की, *7–8 मार्च 1942 को पन्द्रहवें वार्षिक सत्र की कार्यवाही* (नयी दिल्ली, 1942)।
81. बिरला अपनी योजनाओं के प्रति कटिबद्ध रहे लेकिन साल 1942 के आख़िर तक वे इन्तज़ार करने के लिए विवश रहे और आख़िर में वे ब्रिटिश भारत में नहीं बल्कि बड़ौदा की देसी रियासत में अपनी फ़ैक्टरी लगा पाये, जिसके लिए बड़ौदा के दीवान टी.टी. कृष्णामाचारी ने अनुदान और ग्राहकी का वादा किया था। ये उपक्रम 1944 में ही शुरू किया जा सका। चेंटसाल राव, *बी.एम. बिरला, हिज डीड्स एंड ड्रीम्स*, पृ. 25–6। वालचन्द हीराचन्द की योजनाएँ पीछे 1939 की ओर लौटीं जब बॉम्बे की काँग्रेस सरकार ने उनको ये आश्वासन दिया कि वह पूँजी के एक अंश पर ब्याज के भुगतान की गारंटी करेगी, बशर्ते केन्द्रीय सरकार एक संरक्षण शुल्क का वादा करे। जब युद्ध छिड़ा तो वालचन्द ने सरकार के सम्मुख ये प्रस्ताव रखा कि अपने प्लांट को लगाने के लिए मिली सहायता के बदले में वे रक्षा सेनाओं के लिए हर साल 5000 मोटरकारों का उत्पादन करने के लिए वचनबद्ध होंगे। देखिए, जे. वॉइट, *इंडिया इन द सेकेंड वर्ल्ड वार*, पृ. 74–5। पूरे प्रकरण के लिए देखें, खानोलकर, वालचन्द हीराचन्द, पृ. 431–56। बिरला और वालचन्द हीराचन्द दोनों को ही आटोमोबाइल उपक्रमों के लिए पूँजी आमन्त्रित करने के लिए केन्द्र सरकार की आज्ञा का इन्तज़ार 1944 तक करना पड़ा। एल.सी. जैन, *इंडियन इकोनॉमी ड्यूरिंग द वार*, पृ. 52।
82. फिक्की अध्यक्ष जी.एल. मेहता ने कहा कि 'आप वर्तमान समय (युद्ध) और युद्धपश्चात की अवधि के बीच औद्योगिक विकास में कोई अनिवार्य भेद नहीं कर सकते, क्योंकि आख़िरकार आपको उन उद्योगों की सुरक्षा के लिए भी उपाय करने होंगे जो मन्दी से और युद्धपश्चात काल में प्रतिद्वन्द्विता के बीच से उबरकर आये हैं', उद्धृत, वेंकटसुबैया, *एंटरप्राइज एंड इकोनॉमिक चेंज*, पृ. 45।
83. जी.एल. मेहता का भाषण, फिक्की, *7–8 मार्च 1942 को हुए 15वें वार्षिक सत्र की कार्यवाही*।
84. *इंडियन एक्सप्रेस* (मद्रास), 5 जून 1942, अख़बारी कतरनें, बिरला पेपर्स, सीरीज़ II, फ़ाइल नम्बर जी–11।
85. जनवरी 1942 में एक लेख 'एपैथी टु इंडियन मोटर इंडस्ट्री' में नेहरू ने केन्द्र सरकार की आलोचना की, खानोलकर, *वालचन्द हीराचन्द*, पृ. 465।
86. ऐसे ही वालचन्द की परियोजना को भी सरकार की ओर से कोई समर्थन नहीं मिला और अन्त में मई 1941 में उनका कारख़ाना विशाखापटनम में स्थापित हुआ। फिक्की ने यह घोषणा करके अपना पक्ष स्पष्ट किया कि 'भारत उदाहरण के लिए केवल जहाज़ों की मरम्मत ही नहीं बल्कि उनका निर्माण करना चाहता है और एक दीर्घकालिक नीति की आवश्यकता है...आर्थिक आत्मनिर्भरता की आवश्यकताओं को देखते हुए', फिक्की की प्रेस विज्ञप्ति, बिरला पेपर्स, सीरीज़ II, फ़ाइल नम्बर जी–11, साथ ही देखें, खानोलकर, *वालचन्द हीराचन्द*, पृ. 393–7।
87. उन्होंने घोषणा की कि 'हम इस बारे में आश्वस्त नहीं हो सकते कि भारत के प्रति दुश्मन की स्थिति क्या होगी, लेकिन घबराहट के समय में हम उन सभी अच्छे कामों को नष्ट कर देते हैं जिन्हें हमने

आधी सदी में अंजाम दिया था और यदि कुछ महीनों या हफ़्तों के बाद हम ख़ुद को इतना सक्षम पाते हैं कि दुश्मन को समन्दर में जाकर धकेल आयें, तो हमें इलहाम होगा कि महज़ घबराहट की एक मनःस्थिति में हमने वो सारा अच्छा काम नष्ट कर डाला जिसे बनाने में एक पूरी पीढ़ी का समय लगा था।' फिक्की में बिरला का भाषण, देखें फिक्की, *15वें वार्षिक सत्र की कार्यवाहियाँ 7–8 मार्च 1942*।

88. *वही*, पृ. 108।
89. समिति ने सिंगापुर, मलाया और अन्य सुदूर पूर्व देशों से आनेवाले शरणार्थियों के काम को भी हाथ में लिया। उसने स्थानीय चेम्बर्स ऑफ़ कॉमर्स, जैसे कि बर्मा इंडियन चेम्बर ऑफ़ कॉमर्स, नट्टुकोट्टाई चेट्टियार एसोसिएशन और बर्मा इंडियन एसोसिएशन, के साथ मिलकर काम किया।
90. जो काम उन्होंने हाथ में लिए वे थे–भारतीय व्यापारियों को हुए सामानों के नुक़सान का दावा, सिविल विभाग को हुई ऐसी आपूर्तियों का दावा जिनका भुगतान अभी तक व्यापारियों को नहीं मिला था या जापानी प्रभुत्व के समय तक जिनका महज़ आधा–अधूरा ही भुगतान हुआ था; सैन्य विभाग में लम्बित, विशेषकर मोटरवाहनों, व्यापार स्टॉक आदि के वे दावे जो सरकार के 'रक्षा नियमों' की शर्त के अन्तर्गत आते थे, और अचल सम्पत्ति के मालिकों के मुआवज़े और बचेखुचे व्यापार स्टॉक या जो नकार नीति के तहत ध्वस्त कर दिये गये थे के दावे। समिति ने भारत सरकार के साथ शरणार्थियों के पुनर्वास, ख़ासकर उन्हें रोज़गार और राहत मुहैया कराने, का काम भी हाथ में लिया था, फ़ेडरेशन की ओर से एम.एस.एनी को पत्र, 1 जून 1942, फिक्की में, *वर्ष 1942–3 के दौरान फ़ेडरेशन जिनसे रूबरू हुआ उन अहम सवालों से सम्बन्धित पत्राचार एवं प्रासंगिक दस्तावेज़*।
91. जे.बी. कृपलानी की ओर से डी.जी. मुलहेरकर को, सचिव, फिक्की, 27 जुलाई 1942, और महासचिव, अखिल भारतीय काँग्रेस कमेटी, की ओर से सभी प्रान्तीय काँग्रेस कमेटियों को, 27 जुलाई 1942, फिक्की में, *वर्ष 1942–3 के दौरान फ़ेडरेशन जिनसे रूबरू हुआ उन अहम सवालों से सम्बन्धित पत्राचार एवं प्रासंगिक दस्तावेज़*।
92. देखें, द *ईस्टर्न इकोनॉमिस्ट*, 28 मई 1943।
93. उनका पी.एस. लोकनाथन के साथ विस्तृत पत्राचार बिरला पेपर्स, सीरीज़ II, फ़ाइल नम्बर एल–3 में उपलब्ध है।
94. बिरला ने मार्च 1943 में आर्थिक स्थिति पर अपने विचार इन्फ्लेशन ऑर स्कार्सिटी? (मुद्रास्फीति या अभाव) शीर्षक पर्चे में बेलाग तरह से सामने रखे। उनके मुताबिक़ समस्या की असल जड़ क़ीमतों का बढ़ जाना नहीं बल्कि ज़रूरी उपभोक्ता वस्तुओं का कम हो जाना थी, जिसे युद्ध में बड़ी मात्रा में हुई सामग्री की खपत ने और ख़राब कर दिया जो अन्यथा नागरिक आबादी को मुहैया होनी चाहिए थी। उन्होंने ज़ोर दिया कि अपस्फीति की नीतियाँ स्थिति में कोई मदद नहीं करेंगी बल्कि इसका हल है कि उत्पादन बढ़ाया जाये। बिरला ने युद्ध के लिए हुई सरकारी ख़रीदों और क़ीमत वृद्धि के दरम्यान एक सीधा सम्बन्ध स्थापित करते हुए दिखाया कि मुद्रा अपस्फीति या मूल्य नियन्त्रण या ज़बरिया बचत से बढ़ती क़ीमतों की समस्या रत्ती भर भी सुलझने वाली नहीं। बिरला ने क़ीमत वृद्धि से निबटने के लिए मुद्रा अपस्फीति की नीति के बजाय उत्पादन बढ़ाने के पक्ष में एक उत्कट दलील दी। जी.डी. बिरला, *इन्फ्लेशन ऑर स्कार्सिटी?* (एन.पी., 1943)। बिरला का पर्चा एक ऐसे समय में प्रकाशित हुआ जब मुद्रास्फीति और उसके कारणों पर बहुत बड़ी बहस चल रही थी। सी.एन. वकील ने हाल ही में द *फालिंग रूपी* प्रकाशित करवाई थी, जिसमें मुद्रास्फीति की स्थिति की गम्भीरता को दिखाया गया था, और एक महीने बाद 20 अर्थशास्त्रियों ने मुद्रा विस्तार और क़ीमत वृद्धि में एक कामचलाऊ सम्बन्ध की पुष्टि करते हुए एक घोषणापत्र जारी किया और राय व्यक्त की कि भारत एक 'घाटा–प्रेरित समतल मुद्रास्फीति' से गुज़र रहा है। बिरला ने उनकी यह कहकर आलोचना की कि वे 'अकादमिक पुस्तकों से प्रेरित थे न कि उन लोगों के निष्कर्षों से जो वास्तविक उत्पादन के अनुभव के आधार पर यह जानते थे कि क्या उपलब्ध किया जा सकता है और इस लापरवाही का क्या नतीजा हो सकता है।'

देखिए, जी.डी. बिरला, 'वार फाइनेंस अंडर नेशनल गवर्नमेंट', उद्धृत, अक्टूबर 1943, वी.के.आर.वी. राव द्वारा प्रकाशित *वार एंड द इंडियन इकोनॉमी*। राव का तर्क था कि युद्धकाल में बढ़ी हुई क़ीमतों का एक अंश वस्तुओं की कमी से पैदा हुआ था और करेंसी की तादाद न बढ़ाने के बावजूद उसे होना ही था। लेकिन उन्होंने आगे कहा कि 'वस्तुओं की कमी से हुई क़ीमत–वृद्धि केवल बढ़ी हुई व्ययशक्ति से ही मुमकिन थी जो विसंग्रह (dis-hoarding), अधिव्यय (dis-saving) और घाटे के बजट से हुई होगी।' राव ने बिरला के इस तर्क को स्वीकार कर लिया था कि क़ीमत–वृद्धि के पीछे कारण वस्तुओं का अभाव था, पर उनके मुताबिक़ यह मुख्यतः धन की अधिकता के कारण हुआ था। बिरला का दृष्टिकोण वित्त सदस्य सर जेरेमी रेजमैन के क़रीब था जिसका समर्थन इंडियन चेम्बर ऑफ़ कॉमर्स (आईसीसी) ने किया था जिसके अध्यक्ष एम.एल. शाह ने मुम्बई के अर्थशास्त्रियों की आलोचना यह कह कर की थी कि 'मुद्रास्फीति को रोकने के जो अकादमिक प्रस्ताव उन्होंने दिये थे वे दूसरे देशों से उधार लिए गये थे और वो हमारी परिस्थितियों के साथ तालमेल नहीं रखते थे और इस कारण वे हमारी राष्ट्रीय अर्थव्यवस्था के लिए बुरी प्रतिक्रियाएँ पैदा करेंगे।' आईसीसी ने क़ीमत–वृद्धि का कारण उपभोक्ता वस्तुओं की कमी और ख़राब वितरण बताया। शाह के भाषण पर टिप्पणी करते हुए *कैपिटल* ने लिखा कि 'इतनी अप्रत्याशित जगह से मुद्रास्फीति के पाप से मिली इतनी पूर्ण मुक्ति पर ख़ुद सर जेरेमी रेजमैन से अधिक आश्चर्य किसी को नहीं होगा, क्योंकि उनके बजट भाषण में ख़ुद उन्हें मुद्रास्फीति के हालात से न सही पर विशुद्ध क्रेडिट मुद्रास्फीति से बचे रहे होने से महज़ आंशिक सुधार की ही उम्मीद थी।' फिक्की ने हालाँकि इस बहस में एक अलग ही रुख़ लिया, 1943 के इसके सत्र में इसने मुद्रास्फीति की हद को पहचाना और बाद में इसके परिहार के उपाय सुझाये। बहस के लिए देखें, बिरला, 'बजट एंड इट्स इफेक्ट्स ऑन प्राइसेस', उद्धृत *ईस्टर्न इकोनॉमिस्ट*, 31 मार्च 1944। वी.के.आर.वी. राव, *वार एंड द इंडियन इकोनॉमी* (दिल्ली, 1943)। साथ ही देखें, जी.पी. गुप्ता, *द रिज़र्व बैंक ऑफ़ इंडिया एंड मोनेटरी मैनेजमेंट* (बॉम्बे, 1962), पृ. 288–9, *कैपिटल*, 21 अक्टूबर 1943। बिरला की ओर से महादेव देसाई को, 20 फ़रवरी 1938, बिरला, *बापू*, वॉल्यूम III, पृ. 149–52। *कैपिटल*, 22 अप्रैल 1943। बिरला इस विचार पर लगातार क़ायम रहे। देखें, ओवरसीज लीग के साथ संयुक्त बैठक में बिरला का भाषण, 3 अगस्त 1949, *द एशियाटिक रिव्यू*, वॉल्यूम XLV, नम्बर 164 (लन्दन, अक्टूबर 1949)।

95. शुरू में व्यापार नियन्त्रण जिन वस्तुओं पर लागू किये गये उनमें वे विशेष वस्तुएँ शामिल थीं जो दुश्मन देशों को होने वाले आयात और निर्यात के लिए प्रतिबन्धित थीं और जिनके प्रवाह को तटस्थ और मित्र देशों तक सीमित रखा जाना था तथा विदेशी मुद्रा पर नियन्त्रण करना था ताकि डॉलर के कोष को बचाकर रखा जा सके। लेकिन बड़े व्यापार की दृष्टि से अधिक महत्त्वपूर्ण वस्तुओं पर नियन्त्रण करना था। नियन्त्रण में गेहूँ, अनाज, टेक्सटाइल, चीनी और अन्य वस्तुएँ शामिल थीं। इन नियमों के द्वारा सरकार ने उत्पादन और क़ीमतों पर अंकुश लगाये–उत्पादन स्तर, वस्तुओं की तकनीकी विशेषताएँ, क़ीमत स्तर और वस्तुओं का आवागमन और वितरण नियमित किये गये।
96. बिरला की ओर से सरकार को, 31 जनवरी 1943, बिरला पेपर्स, सीरीज़ II, फ़ाइल नम्बर एस–4।
97. जी.डी. बिरला, 'वार फाइनेंस अंडर नेशनल गवर्नमेंट'। *द ईस्टर्न इकोनॉमिस्ट* ने घोषणा की कि ज़रूरत इस बात की थी कि 'ऐसे सरकारी नियन्त्रणों की तकनीक विकसित की जाये जो व्यक्तिगत उद्यम और पहल के क्षेत्र को बढ़ावा देते हुए असामाजिक प्रवृत्तियों पर अंकुश लगा सके।' देखिए, *ईस्टर्न इकोनॉमिस्ट*, 3 दिसम्बर 1943।
98. बिरला की पहल पर प्रमुख व्यापारी, जैसे पुरुषोत्तमदास ठाकुरदास, लाला श्रीराम, हरिदास माधवदास, पद्मपत सिंघानिया और कस्तूरभाई लालभाई मार्च 1943 में बिरला हाउस में मिले और उद्योग द्वारा स्वनियन्त्रण की एक योजना सामने रखी। उन्होंने प्रस्ताव दिया कि उद्योग के द्वारा ही ऐसे क़दम उठाये जायें कि कपड़ा, धागा, और कपास की क़ीमतों को नीचे लाया जा सके। मिलें इसके लिए सहमत होंगी कि वे उत्पादन के दो महीने के भीतर ही अपना माल बेच दें और थोक व्यापारी माल को पाने के

30 दिनों के भीतर उसे बेच दें। सरकार अपनी ओर से कपड़े के भण्डारण के विरुद्ध क़ानून बनाये और उद्योग पर ये रोक लगाये कि एक निर्धारित उच्चतम स्तर के आगे वह कपड़े का उत्पादन न करे। उनका विचार था कि इन तरीक़ों से क़ीमतें अपने आप नीचे आ जायेंगी। मिल–मालिकों ने ऐसी क़ानूनी शक्तियों की माँग की जिनसे वे उद्योग के सामान्य उत्पादन पर नियन्त्रण रख सकें जिसके बदले में वे वाज़िब दामों पर कपड़ा उपलब्ध कराना सुनिश्चित करेंगे। नयी दिल्ली के बिरला हाउस में हुई बैठक की रिपोर्ट, उद्धृत, बिरला पेपर्स, सीरीज़ II, फ़ाइल नम्बर के–4।

99. नयी योजना 'अधिकांशतः वही' थी जो उद्योगपतियों ने मार्च में प्रस्तुत की थी। *कैपिटल*, 17 जून 1943। मिल–मालिकों को आश्वस्त किया गया था कि कंट्रोल एडवाइजरी बोर्ड कमेटी में उन्हें अपना पक्ष रखने का भरपूर मौक़ा दिया जायेगा और उद्योग से यह वायदा किया गया कि उन्हें उत्पादन बढ़ाने और काम के घण्टों के सवालों को सुलझाने के मामले में काफ़ी स्वायत्तता दी जायेगी। बड़े सवाल–जैसे उत्पादन के वैविध्य की सीमाएँ और गुणवत्ता, लाभ का अनुपात, और क़ीमतें–कंट्रोल एडवाइजरी बोर्ड द्वारा तय किये जायेंगे। *कैपिटल*, 17 जून 1943 । कपास उद्योग में सरकार की शिरकत का स्वागत सरकारी अधिकारियों और उद्योगपतियों दोनों ने किया। एम.एस. हैदरी ने उद्योगपतियों की शिरकत को 'सन्देह और अल्पसूचना पर आपसी समझदारी और सामान्य समझ की फतह बताया' और प्रमुख मिल–मालिक जैसे सर वी.एन. चन्दावरकर ने समझौते का स्वागत किया। *ईस्टर्न इकोनॉमिस्ट* ने कहा कि 'नियन्त्रण का यह सहकारी तरीक़ा उद्योग के तकनीकी मसलों में अज्ञानी नौकरशाहों के हस्तक्षेप से बचकर निकलता है और साथ ही व्यापार की प्रतिभाओं का समाज के लाभ में उपयोग करता है।' *ईस्टर्न इकोनॉमिस्ट*, 23 जून 1944।

100. *ईस्टर्न इकोनॉमिस्ट*, 23 जून 1944।

101. बंगाल अकाल के विस्तृत विवरण के लिए देखें, पॉल ग्रीनो, *प्रोस्पेरिटी एंड मिजरी इन मॉडर्न बंगाल* (न्यूयॉर्क, 1982)।

102. जी.डी. बिरला, 'वार फाइनेंस अंडर नेशनल गवर्नमेंट', *ईस्टर्न इकोनॉमिस्ट*, 14 अप्रैल 1944।

103. बिरला पेपर्स में शामिल लेख का टाइप स्क्रिप्ट *ईस्टर्न इकोनॉमिस्ट* (5 नवम्बर 1943) में भी प्रकाशित हुआ। उन्होंने अकाल से लड़ने के लिए उत्पादन में तुरन्त और क्रान्तिकारी वृद्धि करने के लिए आवाज़ उठाई। भारतीय श्रमिकों की अन्दरूनी हालत की जानकारी के आधार पर उन्होंने सलाह दी कि 'कुपोषण और बीमारी से ग्रस्त श्रमिकों की शारीरिक व मानसिक समस्याओं पर भी उतना ही ध्यान दिये जाने की ज़रूरत है जितना कि मशीनों के रखरखाव पर।'

104. आमरी ने लिनलिथगो से मालूम किया कि क़ीमतों को नीचा रखने में बिरला के प्रयासों से मिली सफलता से क्या सरकार कुछ सीख सकती है, आमरी की ओर से लिनलिथगो को, 16 दिसम्बर 1942, टीओपी, वॉल्यूम III, दस्तावेज़ संख्या 280।

105. राहत कार्य के लिए बड़ी संख्या में संस्थाएँ दान करने के लिए सामने आयीं। बिरला समूह के द्वारा किये गये राहत प्रयास किसी भी एक व्यक्ति या परिवार द्वारा किया गया सबसे बड़ा राहत प्रयास था। मारवाड़ियों की पहल पर जो प्रमुख राहत संस्थाएँ बनायी गयीं वे थीं बंगाल रिलीफ़ कमेटी (अध्यक्ष, बद्रीदास गोयनका) जिसके साथ हिन्दूसभा के नेता श्यामाप्रसाद मुखर्जी जुड़े हुए थे, द मारवाड़ी रिलीफ़ सोसायटी (अध्यक्ष, मँगतूराम जयपुरिया), आर्यसमाज रिलीफ़ सोसायटी (अध्यक्ष, सेठ दीपचन्द जी पोद्दार), स्टॉक एक्सचेंज रिलीफ़ कमेटी (अध्यक्ष, गोविन्दलाल बाँगड़), हावड़ा रिलीफ़ सोसायटी (अध्यक्ष, चिरंजीलाल बाजोरिया), और बिरला ब्रदर्स और मैसर्स सूरजमल नागरमल के निजी राहतकार्य। इन संस्थाओं के द्वारा किये गये दानकार्यों के विवरणों के लिए देखें, *रिलीफ़ ऑर्गेनाइजेशंस फाइट बंगाल फेमिन*, प्रकाशन, रिलीफ़ कोऑर्डिनेशन कमेटी (कलकत्ता, 1943)। साथ ही देखें, *भागीरथ कनोडिया स्मृति ग्रन्थ*, पृ. 42–50।

106. ये रासबिहारी एवेन्यू, कालीघाट पार्क, ओल्ड बालीगंज रोड, रिची रोड, अशोका रोड और ढोलापारा अकरा रोड पर स्थित थे, *रिलीफ़ ऑर्गेनाइजेशंस फाइट बंगाल फेमिन*।

107. *वही*।

108. *ईस्टर्न इकोनॉमिस्ट*, 23 जुलाई 1943।

109. *हिन्दुस्तान टाइम्स* ने जनता से अपील की जिसके नतीजे में मिले दान की भेजी गयी पहली किस्त में 11696 मन चावल और 25 हज़ार रुपये बंगाल रिलीफ़ कमेटी को प्राप्त हुए। *भागीरथ कनोडिया स्मृति ग्रन्थ*, पृ. 45।

110. उन्होंने सर जॉन हरबर्ट को लिखा कि 'मैं ये ख़बरें सुनकर भी परेशान हूँ (जो मेरी समझ में ग़लत हो सकती हैं) कि बिरला और मारवाड़ियों को प्रत्यक्षतः आपकी सरकार ने सस्ती दरों पर चावल बेचने के लिए कलकत्ता में साम्प्रदायिक रसोइयाँ खोलने की बड़ी ज़िम्मेदारी सौंप दी है। मुझे इस विषय पर आपकी ओर से कोई रिपोर्ट नहीं मिली है और न इस बाबत आपकी सरकार पर लगे इस आरोप पर कोई टिप्पणी कि सरकार ने कर्तव्यों से पल्ला झाड़ लिया है।' लिनलिथगो की ओर से जे. हरबर्ट को, 8 अगस्त 1943, टीओपी, वॉल्यूम IV, दस्तावेज़ संख्या 75।

111. वेंकटसुबैया लिखते हैं कि फिक्की ने 'जानबूझकर सरकार की नयी नीति या बदलाव पर नज़र रखी जो युद्धपश्चात भारत के औद्योगीकरण के हितों के विरुद्ध होगी।' वेंकटसुबैया, *एंटरप्राइज एंड इकोनॉमिक चेंज*, पृ. 45।

112. उदाहरण के लिए जिस तरह के विविध मसलों को उन्होंने 1943 के सत्र में उठाया उससे इस भूमिका के बारे में कुछ पता चलता है। अन्य विषयों के साथ–साथ उन्होंने भारत के स्टर्लिंग ऋण, अन्तरराष्ट्रीय सम्मेलनों में प्रतिनिधित्व का प्रश्न, भारतीय चाँदी की इंग्लैंड में बिक्री, रक्षा व्यय के निर्धारण, भारतीय स्टर्लिंग–शेष की रक्षा और उपयोग तथा युद्धपश्चात पुनर्निर्माण जैसे विषय उठाये।

113. वेंकटसुबैया, *एंटरप्राइज एंड इकोनॉमिक चेंज*।

114. युद्ध के दौरान के स्टर्लिंग ऋण पर हुई उनकी चर्चाओं से यह स्पष्ट है। इस प्रश्न को फिक्की ने बड़े जोश से उठाया और इस बात पर ज़ोर दिया कि सरकार को भारत के ऋण के भुगतान और वित्तीय निपटान पर कोई महत्त्वपूर्ण फ़ैसले तब तक नहीं लेने चाहिए जब तक कि काँग्रेस के नेता जेल से बाहर नहीं आ जाते, राजनीतिक हालात स्थिर नहीं हो जाते और केन्द्रीय विधायिका 'प्रभावकारी रूप में काम' नहीं करने लगती। उसने सरकार से समुचित सुरक्षा उपाय करने के लिए कहा ताकि भारत की स्टर्लिंग सम्पत्तियों का मूल्य और उन्मुक्त परिवर्तनशीलता बनायी रखी जा सके तथा या तो पूर्णतः या अंशतः स्टर्लिंग के एक हिस्से का सोने या डॉलर में नियन्त्रण सुनिश्चित हो सके। फिक्की ने सरकार द्वारा युद्धपश्चात पुनर्निर्माण के लिए रिकंस्ट्रक्शन फंड बनाने की भी ज़ोरदार आलोचना की। उसका दावा था कि इस राशि से केवल 'ब्रिटिश निर्यात को ही अनुदान मिलेगा और युद्ध के पश्चात ब्रिटिश उद्योग के ही पुनर्स्थापन में मदद मिलेगी।' उन्होंने सरकार को साफ़–साफ़ कह दिया कि उसे भारत के स्टर्लिंग संसाधनों के बारे में 'ऐसी कोई प्रतिबद्धता नहीं करनी चाहिए जिससे हमारे स्टर्लिंग जमा केवल यूके से ख़रीदारी के लिए नियत कर दिये जायें।' फिक्की प्रेस विज्ञप्ति, 3 मार्च 1943, उद्धृत, *वर्ष 1942–3 के दौरान फ़ेडरेशन द्वारा अहम सवालों पर पत्राचार और प्रासंगिक दस्तावेज़*, साथ ही देखें, *कैपिटल*, 28 जनवरी 1943।

115. बिरला की ओर से डी.जी. मुल्हेरकर को, 11 दिसम्बर 1943, उद्धृत, वेंकटसुबैया, *एंटरप्राइज एंड इकोनॉमिक चेंज*, पृ. 49।

116. इस बैठक में उन्होंने योजना पर एक सामान्य दृष्टिकोण का फ़ैसला किया जो मोटे तौर पर अखिल भारतीय हो, जिसमें शेष शक्तियाँ राज्यों को दी जायेंगी और आर्थिक मामलों में पूरी स्वतन्त्रता होगी।

अध्याय 9

भारत विभाजन की राजनीतिक अर्थव्यवस्था

आज़ादी से पहले की जानी–मानी हस्तियों में बिरला अपनी एक ख़ास योग्यता के कारण थोड़ा अलग दिखते हैं। यह असाधारण योग्यता थी कि अपने मुकम्मल नज़रिये से दूर गये बग़ैर वह रोज़मर्रा की राजनीति पर एक व्यावहारिक रवैया रखते थे। इस चीज़ को सबसे अच्छी तरह साम्प्रदायिकता की समस्या के उनके विश्लेषण और उसके निराकरण के उनके नुस्खे में देखा जा सकता था। बिरला साम्प्रदायिक नहीं थे। न ही वह अल्पसंख्यक समुदायों, उनकी पहचान और उनकी राजनीतिक आकांक्षाओं को लेकर असहिष्णु थे। इसके विपरीत उनके भाषा, संस्कृति और धर्म के वैधानिक अधिकार को लेकर उनमें एक सहानुभूति थी। वह पूरी तरह से एक उदारवादी थे जो विवादों को बातचीत और संवाद से सुलझाने में विश्वास रखते थे न कि उन्हें सड़क पर उतार लाने में। फिर भी 1930 के दशक के उत्तरार्ध के बाद बिरला की सार्वजनिक स्थिति को लेकर किये गये एक अध्ययन में यह बात सामने आयी है वह देश का धार्मिक आधार पर बँटवारा अपरिहार्य हो जाने से काफ़ी सन्तुष्ट थे। वह बँटवारे के सरंजाम को निरे नकारात्मक ढंग से न देखकर शान्तिपूर्ण सह–अस्तित्व के रूप में देखते थे। उनके चरित्र की यथार्थवादिता और राजनीतिक दूरन्देशी उन्हें इस नतीजे तक ले गयी थी। वह विभाजन के विचार के एक शुरुआती पक्षधर थे। हालाँकि जल्द ही उन्हें यह जानकर तसल्ली हुई कि एक बड़ी तादाद में महत्त्वपूर्ण लोग, ख़ासकर व्यापार जगत के, उन्हीं के जैसे विचार रखते हैं। उनकी यथार्थबुद्धि और राज्य द्वारा लागू एकरूप आर्थिक नीतियों से प्रेरित तीव्र औद्योगीकरण की दीर्घकालिक रणनीति ने उन्हें निर्विकल्प कर दिया था, और यही रास्ता छोड़ा था कि वे बँटवारे को देश की साम्प्रदायिक मुसीबतों के अन्तिम हल के रूप में देखें।

बँटवारे पर बिरला के विचार कई वर्षों में तैयार हुए थे। यह बता देना ज़रूरी है कि बिरला द्वारा चाहा गया बँटवारा अन्ततः अगस्त 1947 में हुए बँटवारे से पूरी तरह जुदा था। बँटवारे के दौरान हुई हिंसा ने उन्हें दहला दिया था, और उन्होंने कभी आबादी की अदला–बदली की वैसी परिकल्पना नहीं की थी जैसी हुई। उनकी अपनी योजना का मूल आधार यह था कि भारत और पाकिस्तान आर्थिक और रक्षा मामलों में परस्पर सहयोग करें। लेकिन दुर्भाग्यवश ऐसा नहीं हो सका।

बँटवारे के प्रारम्भिक विचार

बिरला अपने को युगद्रष्टा न मानकर व्यावहारिक आदमी मानने में गर्व महसूस करते थे। यक़ीनन, 1930 के दशक में उन्होंने ख़ुद को राजनीति का व्यावहारिक नज़रिया रखने वाला एक गर्म–मिज़ाज व्यापारी कहा था।[1] ध्यान देने वाली बात यह है कि साम्प्रदायिक समस्या पर उनके प्रारम्भिक विचारों में बँटवारा और दो अलग राज्यों के निर्माण की बात के जीवाणु मौजूद थे। उनकी सोच में इस विचार का पहला प्रतिपादन बहुत पीछे जाने पर अक्टूबर 1927 तक पहुँचता है। तब वह वास्तविक बँटवारे से दो दशक पहले और मोहम्मद अली जिन्ना या मुस्लिम लीग द्वारा 1940 के लाहौर प्रस्ताव की मार्फत पाकिस्तान का विचार प्रस्तुत किये जाने से काफ़ी पहले स्वतन्त्र कॉंग्रेस पार्टी के साथ जुड़े हुए थे। अपने राजनीतिक गुरु मदनमोहन मालवीय से एक चर्चा के दौरान उन्होंने पहली बार इस विचार को निम्नलिखित शब्दों में व्यक्त किया था :

> विधायिका में साम्प्रदायिक प्रतिनिधित्व को ख़त्म कर देना चाहिए, हर समुदाय के लिए सीटें आरक्षित कर देनी चाहिए, और यदि सम्भव हो तो प्रान्तों का पुनर्गठन किया जाना चाहिए। मुझे नहीं पता कि पंजाब और बंगाल का बँटवारा लोग पसन्द करेंगे या नहीं, पर मैं निजी तौर पर इसका स्वागत करूँगा। पश्चिम पंजाब, सिन्ध और सीमान्त प्रदेश को मिलाकर एक प्रान्त बनाया जा सकता है और इस प्रकार मुसलमानों को पूर्वी बंगाल और पश्चिमी बंगाल में तयशुदा बहुमत देकर सीटों को जनसंख्या के आधार पर आरक्षित कर दिया जाये। हर 20,000 या उससे अधिक आबादी वाले शहरी क्षेत्रों में मिले–जुले स्वयंसेवकों और स्काउटों के निकाय बनाये जायें, और यह व्यवस्था की जाये कि हिन्दू इलाक़ों में हिन्दू स्वयंसेवक किसी मुसलमान के साथ ज़्यादती न होने दें, और ऐसी ही ज़िम्मेदारी मुस्लिम इलाक़ों में हिन्दुओं के प्रति मुस्लिम स्वयंसेवकों की हो। इसी तरह हर शहरीकृत क्षेत्र में मध्यस्थता करने वाली परिषदें बनायी जायें। साथ ही साम्प्रदायिक विवादों को सुलझाने के लिए राज्य और ज़िला स्तर पर भी मध्यस्थता परिषदों का गठन किया जाये।[2]

बिरला वस्तुतः जो चाहते थे वह था राजनीतिक सीमाओं का नया निर्धारण, ताकि मुस्लिम बहुल राज्यों का अलग समूह बनाया जा सके।[3] साम्प्रदायिक सवाल पर उनकी सोच का यही केन्द्रीय सूत्र था। कोई भी देख सकता है कि भले ही इस समय तक बिरला देश को दो हिस्सों में बाँटे जाने के पक्ष में नहीं थे पर उन्हें यह पक्का विश्वास था कि साम्प्रदायिक हितों के सिद्धान्त पर आधारित रूपों के लिए देश के राजनीतिक नक़्शे को पुनर्निर्धारित किये जाने की ज़रूरत है। इतिहासकार आयशा जलाल के मुताबिक़ जिन्ना की पाकिस्तान की माँग (1940 के दशक तक भी) कई अर्थों में प्रायः ऐसे ही विचारों के आसपास थी।[4] वक़्त गुज़रने के साथ इन धुँधले विचारों ने बिरला के दिमाग़ में एक ज़्यादा ठोस रूप लिया[5] और वह उन्हें ज़्यादा स्पष्टता और आत्मविश्वास से कहने लगे। मसलन गाँधी को लिखे (महादेव देसाई को सम्बोधित) एक पत्र में वह लिखते हैं :

> मुझे ताज्जुब है कि हिन्दुओं और मुसलमानों के दो अलग–अलग संघ क्यों सम्भव नहीं हैं। मुस्लिम संघ उन सभी प्रान्तों या प्रान्तों के हिस्सों को लेकर बनाया जा सकता है जहाँ दो तिहाई से अधिक मुस्लिम आबादी है और कश्मीर जैसे भारतीय

राज्य जहाँ मुसलमान अधिक हैं। दूसरा संघ हिन्दुओं का और ऐसे राज्यों का हो सकता है जहाँ हिन्दू अधिक हैं। ऐसा करके हम कम–से–कम एक गृहयुद्ध से बच जायेंगे, क्योंकि मुझे भय है कि अगर किसी चीज़ ने हमारी प्रगति को रोका हुआ है तो वह हिन्दू–मुस्लिम प्रश्न ही है : अंग्रेज़ नहीं बल्कि हमारे अपने अन्दरूनी झगड़े।[6]

ये विचार 1930 के दशक में और मज़बूत हुए। जैसा कि हमने देखा कि 1930 के दशक में बिरला की मुख्य चिन्ता यह थी कि संवैधानिक प्रगति में कोई बाधा न आये और गवर्नमेंट ऑफ़ इंडिया एक्ट 1935 के नये सुधार सफलतापूर्वक लागू हों। हालाँकि 1930 के दशक के उत्तरार्ध की घटनाओं ने बिरला को निराश किया। उन्होंने देखा कि 1935 का एक्ट लागू होने के बाद संयुक्त मन्त्रिमण्डल बनाने के सवाल पर काँग्रेस और लीग के बीच साम्प्रदायिक असहमतियों की दरार और चौड़ी होती जा रही है। एक बार को संयुक्त मन्त्रिमण्डल पर बातचीत नाकाम होते ही लीग ने पलटवार कर काँग्रेस के कथित कुशासन के ख़िलाफ़ अपना प्रचार अभियान और तेज़ कर दिया। 1930 के दशक के उत्तरार्ध तक साम्प्रदायिक गतिरोध ने प्रान्तीय स्वायत्तता की सफलता के लिए ख़तरा पैदा कर दिया था। इससे बिरला उसके समाधान को लेकर अपना धैर्य खोने लगे।[7] साम्प्रदायिक वजह से फ़ेडरेशन के नष्ट होने की सम्भावना ने उनमें ख़ौफ़ पैदा कर दिया। इसी ने उस परिप्रेक्ष्य को जन्म दिया जिसमें साम्प्रदायिक मुद्दे पर उनके ज़्यादा परिपक्व विचार बने। सी. राजगोपालाचारी को एक पत्र में उन्होंने लिखा :

आपको याद होगा कि मैंने भारत को दो इकाइयों–हिन्दू भारत और मुस्लिम भारत, में बाँटने को लेकर आपसे गम्भीर चर्चा की थी। मुझे अब लगता है कि मुस्लिम लीग भी यही चीज़ चाहती है। अन्तर सिर्फ़ इतना है कि उनके पास मुस्लिम भारत में शामिल पंजाब और बंगाल होगा जिसमें हिन्दू ज़िले मिलाये नहीं जायेंगे। इसी तरह वे कश्मीर और हैदराबाद दोनों को मुस्लिम भारत में शामिल करना चाहते हैं जो वास्तव में ग़लत है और उनके दावे को नहीं माना जा सकता। दूसरी तरफ़ मैं सोचता हूँ भारत को दो इकाइयों में बराबरी के आधार पर विभाजित करना सम्भव है। उन सभी भारतीय राज्यों, जिनमें हिन्दू आबादी अधिक है, को हिन्दू भारत में शामिल किया जाना चाहिए और कश्मीर जैसे राज्य, जहाँ मुस्लिम आबादी अधिक है, को मुस्लिम भारत में जाना होगा। प्रान्तों का पुनर्गठन हिन्दू ज़िलों को हिन्दू भारत और मुस्लिम ज़िलों को मुस्लिम भारत में जाने की इजाज़त के दृष्टिकोण से किया जाना चाहिए।

मैंने इस विचार को लेकर बापू से भी दिल्ली में बातचीत की और वह ज़रा भी नहीं चौंके। लेकिन उनका कहना था कि सिख इस पर कभी सहमत नहीं होंगे। हमने इसके आगे इस विषय पर चर्चा नहीं की क्योंकि बापू ने कहा कि उस समय यह सवाल उठा हुआ नहीं है। लेकिन मुझे खुशी है कि यह बात उठी है और मेरे ख़याल से अगर हमें एक शान्तिपूर्ण भारत चाहिए तो हमें बँटवारे को बढ़ावा देना चाहिए और उसके बाद न कोई सीटों का आरक्षण होगा, न अल्पसंख्यक समस्या होगी और न कोई साम्प्रदायिक समस्या।

मेरा सुझाव है कि हम मुसलमानों को इस बँटवारे के पक्ष में प्रचार करने की इजाज़त दें और न उनकी माँग का समर्थन करें और न ही विरोध। और जब वे पूरी तरह वचनबद्ध होने को तैयार हों सिर्फ़ तभी उनके सिद्धान्त को स्वीकार किया जा सकता है।[8]

विभाजन के विचार की वकालत के पीछे साम्प्रदायिक स्थिति का एक जटिल विश्लेषण था। साम्प्रदायिक झगड़े को वह संवैधानिक प्रगति की राह का रोड़ा मानते थे और इस तथ्य से उन्हें सख़्त एतराज़ था कि यह राजनीतिक प्रगति के लिए एक दुर्जेय बाधा बनती जा रही है।

बिरला ने साम्प्रदायिक स्थिति का विश्लेषण 1920 और 1930 के दशकों में हुए बृहत्तर राजनीतिक बदलावों के परिप्रेक्ष्य में किया। उन्होंने समस्या को उसकी पृष्ठभूमि और विभिन्न समुदायों के नेताओं द्वारा किये समझौतों के इतिहास में रखकर देखा। वह इन समझौतों के खोखलेपन से भलीभाँति परिचित थे क्योंकि इनमें गोया 'सबसे ऊँची बोली लगाकर' अल्पसंख्यक समुदाय के साथ समझौता किया गया था। वह बातचीतों और समझौतों की व्यर्थता से बख़ूबी वाक़िफ़ थे, जैसा कि बड़ी तादाद में ऐसी पहलक़दमियों की एक के बाद एक नाकामियों ने दिखाया था—मसलन 1916 का लखनऊ समझौता, 1928 की नेहरू रिपोर्ट, 1930–31 के गोलमेज सम्मेलनों में हुई सत्यानाशी तू–तू मैं–मैं और 1932 का साम्प्रदायिक पंचाट। वह लन्दन में हुए दूसरे गोलमेज सम्मेलन को नाकाम बना देने वाली भीषण साम्प्रदायिक असहमतियों के चश्मदीद रह चुके थे।[9] इन अनुभवों ने बिरला को जता दिया था कि 'जैसे ही कोई निश्चित हल निकलता दिखता था तुरन्त दूसरे के लिए उपद्रव शुरू हो जाता था। जैसे ही एक पक्ष तय किये गये समझौते को स्वीकार करता था दूसरा उसके विरोध में खड़ा हो जाता था और भर्त्सना में लगा तबका समुदाय के नेता की इज़्ज़त पा जाता।'[10] बिरला पूरी तरह समझ चुके थे कि ऐसी बातचीतों और समझौतों का कोई अन्त नहीं है। वह इसका ज़िम्मेदार मुस्लिम लीग की 'असम्भव माँगों' को मानते थे। वह लीग की सांस्कृतिक और धार्मिक आधार पर सुरक्षा की माँग से हमदर्दी रखते थे। लेकिन लीग की माँग होती थी कि उसे केन्द्रीय और प्रान्तीय विधायिकाओं में समान दर्जा और वीटो की शक्ति दी जाये। यह बात उन्हें सर्वाधिक बेतुकी लगती थी। लगभग एक ऐसी स्थिति 'जहाँ 25 फ़ीसदी आबादी राजनीतिक परिवर्तन के घटनाक्रम को तय करे।'[11]

1937 के बाद गठबन्धन सरकारें बनाने का मुद्दा उनकी ख़ास चिन्ता का विषय था। उन्होंने अलगाववादी माँगों का नज़दीक से विश्लेषण किया और पाया कि इन माँगों की जड़ें संयुक्त प्रान्त (यूपी) और बॉम्बे में थीं, न कि मुस्लिम बहुल प्रान्तों में। उन्होंने बाद में स्वीकार किया कि काँग्रेस ने प्रान्तीय सरकारों में मुस्लिम लीग के लोगों को शामिल न करके भयंकर भूल की थी। इससे मुस्लिम लीग के जिन्ना जैसे नेताओं को यह विश्वास हो गया कि बराबर की सत्ता मंजूर करने को लेकर काँग्रेस पर भरोसा नहीं किया जा सकता और मुसलमानों को अल्पसंख्यक के रूप में एकजुट होना होगा। बिरला ने महसूस किया कि काँग्रेस द्वारा 'महत्त्वपूर्ण मुस्लिम नेताओं की अनदेखी' से 'उनका अहं आहत हुआ' है।[12] प्रारम्भ में लीग की अलगाववादी राजनीति उन्हें 'महज़ एक झाँसा' लगती थी, पर जल्द ही उन्हें अहसास हुआ कि काफ़ी महत्त्वपूर्ण मुद्दे दाँव पर लगे हैं। उनका अपना मानना यह था कि गठबन्धन सरकारें तनाव कम करने और मुसलमानों में आत्मविश्वास का संचार करने के बजाय केवल साम्प्रदायिक कटुता पैदा करती हैं। उनका मानना था कि 'काँग्रेस प्रान्तों में' गठबन्धन सरकारों का समर्थन नहीं किया जा सकता 'क्योंकि असम और उत्तर–पश्चिम सीमान्त प्रदेश (एन.डब्ल्यू.एफ.पी.) को छोड़कर इन सभी प्रान्तों में मुस्लिम अल्पसंख्यक कुल

आबादी के 15 फ़ीसदी से कम थे।' उनकी राय में वे 'सरकारों के साम्प्रदायिक रंग बनाये रखने का पक्का ज़रिया थे।'[13]

उनका यह भी मानना था कि पंजाब और बंगाल जैसे मुस्लिम बहुल प्रान्तों में गठबन्धन सरकारें कोई अन्तिम हल नहीं निकाल सकतीं क्योंकि वे 'हमेशा अपनी ताक़त समुदाय के आधार पर और उल्टी दिशा में दिखाएँगे और इससे स्वाभाविक ही कैबिनेट और मन्त्रियों पर साम्प्रदायिक रंग चढ़ेगा।'[14] दूसरे प्रान्तों में जहाँ मुसलमान बहुमत में नहीं हैं (बंगाल, आसाम, एन.डब्लू.एफ.पी. और सिन्ध के अलावा) 'वहाँ अगर उन्हें सत्ता दे दी गयी, इसका मतलब होगा कि 10 प्रतिशत आबादी.... को किसी भी सीमा तक नुक़सान करने की ताक़त देना।'[15] 1939 के उत्तरार्ध तक साम्प्रदायिक फूट को लेकर उनकी खिन्नता इस क़दर बढ़ चुकी थी कि उन्हें शक होने लगा था कि क्या 'मुसलमान भी आज़ादी चाहते हैं।'[16] उन्हें सन्देह हुआ कि जिन्ना के नेतृत्व में मुस्लिम लीग का 'खेल' 'लोकतन्त्र को नष्ट करने' के लिए था और यह प्रान्तीय स्वायत्तता और फ़ेडरेशन दोनों को जोख़िम में डाल देगा।[17] बिरला को यह यक़ीन था कि लीग की कट्टरता को बढ़ावा देने में अंग्रेज़ों का गुप्त समर्थन रहा है।[18] जब तक सरकार संवैधानिक प्रगति में बाधा डालने के लिए मुस्लिम लीग को बढ़ावा देती रहेगी तब तक कोई दोस्ती नहीं हो सकती थी। इसलिए वह मानने लगे थे कि दोनों समुदायों के बीच कोई अन्तिम समझौता सम्भव ही नहीं है।[19]

उसी अनुरूप बिरला चाहते थे कि काँग्रेस नेतृत्व इस समस्या का सामना एक नये रवैये और शीघ्रता के अहसास के साथ करे। इसकी ख़ास वजह यह थी कि उन्होंने उन संकेतों को देख लिया था जो बताते थे कि काँग्रेस अपनी पकड़ खो रही है और मुस्लिम लीग न सिर्फ़ ब्रिटिश भारत बल्कि प्रिंसली राज्यों में भी ध्रुवीकरण बढ़ाती जा रही है। पहले ही बहुत से मुस्लिम प्रान्त, जो अभी तक लीग से अलग बने रहे थे, अब काँग्रेस के इरादों को लेकर सशंकित थे।[20] बिरला को डर था कि ये राज्य काँग्रेस की अदूरदर्शी नीतियों के कारण लीग के खेमे में जाने लगे हैं। एक 'राज्य मुस्लिम लीग' पहले ही गठित हो चुकी थी और उन्हें भय था कि हैदराबाद जैसे प्रमुख मुस्लिम राज्य इसमें शामिल हो सकते हैं।[21] उनका मानना था कि यह काँग्रेस नेतृत्व के लिए सही समय है कि वह आने वाले ख़तरों को भाँप ले और साम्प्रदायिक गतिरोध का शीघ्रता से निदान करे।

समझौते का समय

प्रान्तीय स्वायत्तता के अनुभव और उससे उपजी साम्प्रदायिक कटुता ने बिरला को आश्वस्त कर दिया कि अब वक़्त आ गया है कि काँग्रेस और लीग अपने मतभेदों को सुलझा लें। उनका फिर से मानना था कि अगर साम्प्रदायिक समस्या को बातचीत से सुलझाया नहीं जा सका तो दोनों के लिए दो अलग–अलग रास्ते चुनना अनिवार्य हो जायेगा। 1939 के बाद उन्होंने काँग्रेस पर यह दबाव बनाने की कोशिश की कि वह मुस्लिम लीग से बातचीत शुरू करे ताकि दोनों के बीच कोई समझौता हो सके। इस उद्देश्य के लिए उन्होंने कुछ प्रस्ताव तैयार करने की भी पहल की जिसमें एक अहम भूमिका सरकार को सौंपी गयी। अकेले सरकार ही थी जो डोमिनियन स्टेट्स (स्वतन्त्र उपनिवेश) लागू करने की बात कहकर और मुस्लिम लीग की राय की परवाह न कर अल्पसंख्यक समुदाय को बातचीत की मेज़ पर ला सकती थी।

उनका मानना था कि जहाँ भाषा और संस्कृति से जुड़ी जायज़ अल्पसंख्यक माँगों को मान लेना चाहिए और कुछ अन्य रियायतें लीग को दे दी जानी चाहिए, वहीं वीटो की शक्ति दिये जाने की उनकी माँग को किसी भी हालत में स्वीकार नहीं करना चाहिए।[22] उनकी योजना में बातचीत 'किसी अमुक–तमुक से न होकर बाक़ायदा चुने हुए और मान्यता प्राप्त मुस्लिम प्रतिनिधियों के साथ होनी चाहिए।'[23] इस प्रकार यह बातचीत अल्पसंख्यक समुदाय के असल नुमाइन्दों के साथ ही होगी। इसे सुनिश्चित करने का एक तरीक़ा यह हो सकता था कि पहले प्रमुखों की एक कॉन्फ्रेंस बुलायी जाये। इस आशय की सलाह बिरला ने गाँधी को मार्च 1940 में दी थी।[24] इसका एक लाभ यह रहेगा कि काँग्रेस के ऊपर यह दबाव नहीं होगा कि वह लीग को ही अल्पसंख्यक समुदाय की एकमात्र प्रतिनिधि माने। एक और विकल्प उनके मुताबिक़ यह था कि प्रान्तीय असेम्बलियों के चुने लोगों की एक प्रतिनिधि सभा बनायी जाये।[25] एक तीसरा रास्ता यह हो सकता था कि एक तटस्थ प्राधिकरण से मध्यस्थता करायी जाये।[26] बिरला ने इन प्रस्तावों की चर्चा गाँधी और दूसरे महत्त्वपूर्ण काँग्रेसी नेताओं से की और मार्च 1940 में इस बात पर ज़ोर डाला कि 1935 के गवर्नमेंट ऑफ़ इंडिया एक्ट के ढाँचे में काम करना महत्त्वपूर्ण होगा, ख़ासकर तब जब मुसलमान एक्ट की शर्त के मुताबिक़ 'एक तिहाई प्रतिनिधित्व से सन्तुष्ट' हैं। बिरला के मुताबिक़ एक्ट की परिधि से बाहर जाने पर मुसलमानों को और ज़्यादा माँगने का प्रोत्साहन मिलेगा, जो कि विनाशकारी सिद्ध होगा।[27] उन्होंने 1935 के एक्ट को त्यागने और संविधान सभा बनाने की माँग को उठाने के विरोध में गाँधी से चर्चा की, जैसा कि नेहरू और काँग्रेसियों का एक वर्ग चाह रहा था।[28] उन्होंने गाँधी को यह विश्वास दिलाने की कोशिश की कि अंग्रेज़ युद्ध के बाद भारत को स्वायत्त शासन सौंपने के वादे को लेकर गम्भीर हैं।

बिरला के रवैये में एक ज़रूरी व्यावहारिकता यह थी कि उन्होंने अंग्रेज़ों द्वारा प्रस्तावित हर चीज़ का लाभ उठाया।[29] उनका मानना था कि काँग्रेस और लीग के बीच समझौते को लेकर नये सिरे से प्रयास होना चाहिए। बिरला की बातचीत की व्यग्रता के पीछे संवैधानिक प्रगति की धीमी रफ़्तार के कारण उपजा अधैर्य था। उन्होंने गाँधी से कहा कि केन्द्र में उत्तरदायी सरकार बनाने का मतलब यह नहीं है कि हम मुकम्मल आज़ादी या 'रुपये में सोलह आना' पाने की ज़िद पर अड़ जायें बल्कि 'अपनी ताक़त के मुताबिक़ माँगों का तालमेल बनाते हुए' डोमिनियन स्टेट्स पाने की कोशिश करें।[30] 1940 के उत्तरार्ध में बिरला ने बॉम्बे के अपने सहयोगी पुरुषोत्तमदास ठाकुरदास को इस बात के लिए मनाया कि वह जिन्ना से भेंट कर उनकी पाकिस्तान की माँग पर चर्चा करें और पता लगायें कि आख़िर वह ठीक–ठीक चाहते क्या हैं।[31] जनवरी 1941 में उन्होंने काँग्रेस अध्यक्ष मौलाना आज़ाद और बंगाल प्रमुख सर नज़ीमुद्दीन, जिन्हें बिरला ने 'एक बहुत वाज़िब इन्सान' कहा है, के बीच वार्तालाप कराने की कोशिश की।[32] इस बीच वह बातचीत के दूसरे रास्तों की तलाश में भी जुटे थे। 1940 की शुरुआत में उनके द्वारा सुझाया गया प्रमुखों की कॉन्फ्रेंस का विचार गाँधी ने ख़ारिज कर दिया। प्रतिनिधियों के एक सम्मेलन का उनका प्रस्ताव भी काँग्रेसियों को नहीं जमा। 1940–41 के दौरान उन्होंने इस बात के लिए जमकर लॉबिंग की कि वे वायसराय द्वारा उनकी एग्जीक्यूटिव काउंसिल में काँग्रेस की भागीदारी के प्रस्ताव को स्वीकार करें।[33] उन्हें आशा थी कि केन्द्र में काँग्रेस और लीग का साथ काम करने का अनुभव 'हिन्दू और मुसलमानों के बीच एक पुल बनायेगा।'

हालाँकि ये सभी प्रस्ताव समर्थन के अभाव में हाशिए पर चले गये। इसी बीच सी. राजगोपालाचारी ने साम्प्रदायिक गतिरोध को दूर करने के लिए अपनी एक योजना रखी। बिरला को यह योजना, जो 'राजाजी फ़ॉर्मूला' के नाम से चर्चित हुई, काफ़ी पसन्द आयी।[34] राजाजी फ़ॉर्मूले में प्रस्ताव किया गया था कि काँग्रेस और लीग आपस में एक समझदारी पर पहुँचें। इसके लिए काँग्रेस लीग के लाहौर प्रस्ताव को स्वीकार करे और उसमें रेखांकित आत्मनिर्णय तथा आवश्यक होने पर मुस्लिम बहुल प्रान्तों के अलगाव के सिद्धान्त को स्वीकार करे। अगर दोनों पक्ष यह प्रस्ताव स्वीकार कर लेते तो काँग्रेस को केन्द्र में लोकप्रिय सरकार बनाने का अवसर मिल जाता था। बिरला और राजगोपालाचारी 1930 के दशक के उत्तरार्ध से ही साम्प्रदायिक समस्या को लेकर ऐसे ही मिलते–जुलते विचार रखते आये थे।[35] 1940 के दशक के प्रारम्भ में भी दोनों में नियमित रूप से चर्चाएँ होती थीं और साम्प्रदायिक सवाल पर बिरला अक्सर ख़ुद को राजगोपालाचारी के विचारों से सहमत पाते थे।[36] बिरला ने इस फ़ॉर्मूले को लेकर अपना दबाव बनाने की कोशिश की क्योंकि इससे साम्प्रदायिक गतिरोध के बावजूद केन्द्र में तुरन्त सत्ता हस्तान्तरण की उनकी लम्बे समय से चली आ रही मंशा के पूरा होने का मार्ग प्रशस्त होता था। फ़रवरी 1942 में उन्होंने गाँधी से विनती की कि वह राजाजी फ़ॉर्मूले की ख़ूबियों पर गम्भीरतापूर्वक तरजीह दें और राजाजी को 'जिन्ना से बातचीत करने' के लिए प्रोत्साहित करें।[37] अपनी ओर से उन्होंने लगातार राजगोपालाचारी से नज़दीकी सम्पर्क बनाये रखे और उनके प्रस्तावों को लेकर महत्त्वपूर्ण नेताओं की जो प्रतिक्रिया होती थी उससे उन्हें निरन्तर अवगत कराते रहते थे।[38] अन्ततः नवम्बर 1942 में राजगोपालाचारी और जिन्ना योजना पर वार्तालाप के लिए तैयार हुए। बिरला ने इस बातचीत में अच्छी रुचि दिखायी। उनकी राय में राजगोपालाचारी सही लीक पर थे। इसके बावजूद उन्हें इस बातचीत की सफलता की कोई उम्मीद नहीं रह गयी थी क्योंकि उन्हें अहसास हो गया था कि 'आख़िरकार राजाजी नतीजा नहीं दे पायेंगे।' उन्हें मालूम था कि काँग्रेस के उच्च नेतृत्व में राजगोपालाचारी बुरी तरह अल्पमत में हैं और उनके 'फ़ॉर्मूले' को काँग्रेस का यथोचित समर्थन नहीं मिलने वाला है। हालाँकि उन्हें राजगोपालाचारी के विचारों से पूरी सहानुभूति थी और यहाँ तक कि वह इंग्लैंड जाकर ब्रिटिश राजनेताओं के बीच लॉबिंग करने के लिए एक पूरे मिशन का ख़र्चा उठाने के लिए भी तैयार थे, लेकिन उन्हें पता था कि काँग्रेस आलाकमान[39] इसके ख़िलाफ़ है, लिहाज़ा अपने समर्थन को लेकर वह सचेत हो उठे थे।[40]

अब बिरला ने मुस्लिम लीग के साथ नये सिरे से बातचीत करने के दूसरे रास्ते तलाशने शुरू किये। जून 1942 में वह पार्टी के प्रमुख नेता लियाकत अली ख़ान से अपनी पहल पर मिले। इस लम्बी बातचीत के बाद बिरला इस नतीजे पर पहुँचे कि लीग के साथ बातचीत करके समझौते पर पहुँचना आख़िरकार मुमकिन है। इस दिशा में बातचीत भी ज़रूरी नहीं थी कि जिन्ना के साथ हो, बल्कि दूसरे महत्त्वपूर्ण मुस्लिम नेताओं जैसे लियाकत अली से भी यह काम बन सकता था। हालाँकि उन्हें महसूस हुआ कि यह तभी सम्भव है जब काँग्रेस अलगाव के सिद्धान्त को स्वीकार कर ले। उनके विचार से सारी बातचीत एक सवाल पर आकर ख़त्म होती थी : 'क्या हम बँटवारे के सिद्धान्त को मानने के लिए तैयार हैं?' अगर काँग्रेस नेतृत्व इसे स्वीकारने की मंशा दिखाता है तो चर्चा के तमाम रास्ते खुल सकते थे।[41]

जब गाँधी को इन चर्चाओं के बारे में बताया गया तो उन्हें फ़िक्र हुई कि कहीं बिरला ऐसी वचनबद्धता न दिखा आये हों जिससे ख़तरा पैदा हो जाये।[42] बहरहाल बिरला ने लियाकत अली के बाद ख़ुद कायदे आजम जिन्ना से मुलाक़ात करने का मन बनाया। बॉम्बे के उद्योगपति और बिरला के पुराने साथी फ़ज़ल रहीमतुल्ला, जो उन्हें 1920 के दशक के उत्तरार्ध में सेंट्रल लेजिस्लेटिव असेम्बली के दिनों से जानते आये थे, ने इस मुलाक़ात की व्यवस्था की। मुलाक़ात सितम्बर 1942 में हुई। दोनों के बीच 'अच्छी बातचीत' हुई और बिरला इस पक्की धारणा के साथ लौटे कि जिन्ना यह स्पष्ट नहीं कर सके कि कैसा पाकिस्तान वह चाहते हैं। वह आश्वस्त थे कि जब तक जिन्ना अपने पाकिस्तान को परिभाषित नहीं कर लेते तब तक उनसे बातचीत करना उचित नहीं होगा, उल्टे और मुसीबत खड़ी हो सकती है। इस मुकाम पर पहुँचने के बाद उन्होंने निर्णय लिया कि वह बातचीत के लिए दबाव नहीं डालेंगे।[43] इस सम्बन्ध में सामने आयीं अन्य पहलक़दमियों, जैसे कि 1942 के उत्तरार्ध में पंजाब के यूनियन प्रमुख सिकन्दर हयात ख़ान द्वारा, पर उन्होंने बहुत सतर्कतापूर्वक प्रतिक्रिया जतायी। उन्होंने यह मन भी बना लिया कि अब वह सार्वजनिक तौर पर अपने विचार देने से बचेंगे।

1944 में गाँधी–जिन्ना की समझौते को लेकर हुई बातचीत मील का पत्थर साबित हुई। बिरला इन बातचीतों पर पूरी नज़र रखे हुए थे। उन्हें मिले ब्योरों से उन्होंने निष्कर्ष निकाला कि गाँधी अब राजाजी फ़ॉर्मूले की मूल बातें मंजूर करने को तैयार हैं और कि 'जिन्ना ने एक केन्द्रीय तन्त्र के निर्माण के गाँधी के प्रस्ताव पर आपत्ति नहीं की' लेकिन वह चाहते हैं कि केन्द्रीय सत्ता 'दो राज्यों के बीच बातचीत पर आधारित हो।' कुल मिलाकर जो बात उनकी समझ में आयी वह यह थी कि 'गाँधीजी मुस्लिम बहुल ज़िलों पर आधारित अलगाव के लिए तैयार थे पर वह चाहेंगे कि यह काम एक जनमत संग्रह के बाद हो और उन्होंने एक ऐसी सन्धि की माँग की जो एक केन्द्रीय तन्त्र विकसित करे...जिन्ना की सर्वाधिक आपत्ति जनमत संग्रह और सीमाओं को लेकर थी।'[44] बिरला के विचारों की गूँज उनके साप्ताहिक अख़बार 'ईस्टर्न इकोनॉमिस्ट' में भी थी जब इसने लिखा कि बातचीत ने यह दिखाया कि गाँधी एक महान नेता और नीतिज्ञ हैं जिन्होंने बिना दो राष्ट्रों का सिद्धान्त स्वीकार किये अन्तिम हद तक जिन्ना से तालमेल बनाने की चेष्टा की। अख़बार ने 'अपना चूल्हा अलग करने जा रहे परिवारजनों को रास्ता दिखाने' के लिए गाँधी की कोशिशों की तारीफ़ की और जिन्ना को बातचीत के नाकाम हो जाने का गुनहगार ठहराया।[45]

बँटवारे को लेकर आयी तेज़ी

लीगी नेताओं से हुई इन बातचीतों के अनुभवों से बिरला अन्ततः यह स्वीकार करने लगे कि लीग के साथ अब समझौते की कोई सम्भावना नहीं है। 1945–46 के साम्प्रदायिक हालातों को देखते हुए उनकी धारणा में एक अहम परिवर्तन आया। तब तक मामला यह नहीं रह गया था कि मुस्लिम लीग को पाकिस्तान दिया जाये या नहीं। अब सवाल यह था कि वे कौन–सी शर्तें हों जिनके आधार पर पाकिस्तान पर विचार किया जाये। देश के बँटवारे को लेकर पेश की गयी कई योजनाओं ने उनका ध्यान खींचा था। पूर्वी भारत के परिप्रेक्ष्य में मुस्लिम लीग की माँग को वह सर्वथा अस्वीकार्य मानते थे। उदाहरण के लिए असम में मुसलमान कुल आबादी का सिर्फ़ 30 प्रतिशत थे और बंगाल के हिन्दू बहुल पश्चिमी ज़िलों

को लेकर उन्हें कौतूहल होता था कि क्या हिन्दुओं को 'लीग की माँग के मुताबिक़ पाकिस्तान में रहने से बलपूर्वक रोका जायेगा।'[46] पंजाब, जहाँ के दक्षिणी और पूर्वी हिस्सों में बड़े पैमाने पर हिन्दू रहते थे, को लेकर भी उन्हें इसी तरह की चिन्ता होती थी। अब उनकी फ़िक्र यह पक्का करने की थी कि लीग को 'उनकी जायज़ माँग के अलावा और माँग करने का प्रोत्साहन नहीं मिलना चाहिए।'[47] साथ ही बँटवारे के अटलनीय होने की बात अब उनके दिमाग़ में पक्की हो गयी थी।

जुलाई 1945 में ब्रिटेन में लेबर पार्टी की जीत हुई। इससे बिरला में उम्मीद पैदा हुई कि अब आख़िरकार सत्ता के हस्तान्तरण की प्रक्रिया में तेज़ी आयेगी। लेकिन इसके फलस्वरूप पेश आने वाली संवैधानिक बातचीतों को लेकर उनमें आशंका भी थी। जिस बात ने उन्हें ख़ासतौर पर आशंकित किया था वह थी वायसराय द्वारा शिमला में बुलाई एक कॉन्फ्रेंस की थकाऊ चर्चाएँ। इस कॉन्फ्रेंस में एक कार्यकारी परिषद् के निर्माण के लिए हिन्दू और मुसलमान नेताओं का समानुपातिक आधार पर चुनाव किया जाना था। शिमला कॉन्फ्रेंस ने उनके भय को और पुख़्ता कर दिया कि अभी वास्तविक कठिनाइयाँ तो पार करनी हैं और यह कि दो समुदायों के बीच कभी भी हालात बिगड़ सकते हैं। जैसे ही बातचीत पूरी तरह टूटी बिरला ने इसके लिए जिन्ना के हठ को दोषी ठहराया जिन्होंने अकेले ही वायसराय की कार्यकारी परिषद् के सभी मुस्लिम सदस्यों के नामांकन का हक ले रखा था।[48] बिरला कुपित थे कि 'एक आदमी ने पूरी मेज़ पलट दी क्योंकि उसे वीटो की ताक़त दे दी गयी थी।' कॉन्फ्रेंस की नाकामी ने एक बार और उनके आगे इस बात की पुष्टि की कि साम्प्रदायिक समस्या में बातचीत के ज़रिये किसी समझौते पर पहुँचना अब नामुमकिन है। वक़्त आ गया है कि अगले चुनावों में काँग्रेस अपनी ताक़त का प्रदर्शन करे और मुस्लिम लीग को जो देय है उससे अधिक उसे न लेने दे। उनकी राय में यह अहम था कि काँग्रेस केन्द्र में बनने वाली नयी अन्तरिम सरकार में शामिल हो और उन्होंने पटेल से निवेदन किया कि 'हम भले ही पूरी तरह सन्तुष्ट न हों पर हमें तन्त्र की बागडोर अपने हाथ में लेनी चाहिए... मुझे कोई सन्देह नहीं कि आप वर्तमान स्थिति के ख़तरों को समझते हैं। वास्तव में बिना सरकारी तन्त्र के हम असहाय महसूस कर रहे हैं।'[49]

साम्प्रदायिक गतिरोध के स्थायी निराकरण के लिए देश के बँटवारे की वकालत करने वालों में बिरला अब अकेले नहीं थे। दूसरे व्यावसायिक नेताओं ने भी जी–जान से इस बात का समर्थन किया। उदाहरण के लिए प्रमुख मारवाड़ी व्यवसायी रामकृष्ण डालमिया ने विभाजन की योजना का सार्वजनिक अनुमोदन करके ऐसा करने की शुरुआत की।[50] दूसरे महत्त्वपूर्ण व्यावसायिक नेता जिनके ऐसे ही विचार थे वे थे होमी मोदी। उनकी चर्चा हम इसी अध्याय में आगे करेंगे। ऐसे पर्याप्त सबूत हैं जिनसे पता चलता है कि 1940 के दशक के मध्य तक बड़े व्यापार जगत ने बँटवारे के विचार से अपनी सहमति जता दी थी।

यहाँ यह समझना ज़रूरी है कि बँटवारा आर्थिक दृष्टि से बिरला को क्योंकर फ़ायदेमन्द लग रहा था। इसके तीन प्रमुख कारण थे। पहला, बँटवारे को उनका समर्थन उनकी हद दर्जे की व्यावहारिकता से उपजा था। व्यावहारिक रूप से सुचारु जनजीवन के लिए यह ज़रूरी था कि साम्प्रदायिक तनाव का कोई कारगर हल निकाला जाये, जिसने देश की आर्थिक बुनावट प्रभावित करना शुरू कर दिया था। 1930 और 1940 के दशकों में जो दंगों

और साम्प्रदायिकता अस्थिरता की स्थिति देखने को मिली उससे पूरी आर्थिक गतिविधि चौपट होने का संकट उत्पन्न हो गया था। बिरला ने राजगोपालाचारी को लिखे एक पत्र में इस चिन्ता को व्यक्त किया :

> इसकी कोई ज़रूरत नहीं है कि मैं इस ओर आपका ध्यान खींचूँ कि अशान्त हालात के आर्थिक परिणाम क्या होंगे। अगर मैं ऐसा करता हूँ तो यह सिर्फ़ उस ख़तरे पर ज़ोर देना होगा और मुझे आशा है कि हमारी सरकार इस संकट को रोकने के लिए सही समय पर क़दम उठायेगी जो हमारे सिर पर मँडरा रहा है...बंगाल, बिहार, यूपी जैसे प्रान्तों में उत्पादन पर गम्भीर असर पड़ा है। आज आप अपना एक घर तक नहीं बना सकते...मज़दूरों की कमी, कोयले का अभाव, ईंटों की अनुपलब्धता, मुस्लिम मिस्त्री हिन्दू इलाक़ों में नहीं आ रहे और हिन्दू मज़दूर मुस्लिम इलाक़ों में नहीं जा रहा।[51]

उन्हें भय था कि बढ़ता साम्प्रदायिक तनाव आर्थिक गतिविधियों को चौपट न कर दे। इसके अलावा साम्प्रदायिक लूटपाट से सम्पत्ति के ऊपर आक्रमण का ख़तरा रहता था जिसके आसान शिकार आम तौर पर व्यवसायी और विशेष रूप से उद्योगपति होते थे। बिरला को इस बात का अच्छा–ख़ासा अनुभव था कि दोनों सम्प्रदायों के नेताओं की बातचीत और समझौतों का मुश्किल से ही कभी कोई असर पड़ता है और इससे सिर्फ़ क्षणिक शान्ति ही सम्भव होती है। तो अच्छी आर्थिक स्थितियाँ तैयार करने का लम्बी अवधि का एक ही उपाय बचता था और वह था बँटवारे का रास्ता।

दूसरी महत्त्वपूर्ण बात जो बिरला ने देखी वह थी युद्धपश्चात की परिस्थिति का बड़ा आर्थिक अवसर। जैसा कि हम देख चुके हैं कि बिरला युद्ध के बाद के पुनर्निर्माण को भारतीय उद्योग के लिए बड़े पैमाने पर विकास के एक अवसर के रूप में देखते थे। पूरे 1940 के दशक में आर्थिक विकास की रफ़्तार बढ़ाने की आवश्यकता का उन्होंने ज़ोरदार सिंहनाद किया। जैसा कि हम देखते आये हैं कि अपने हर सार्वजनिक वक्तव्य में वह यही कहते आये थे कि आर्थिक स्थिति पर अविलम्ब ध्यान दिये जाने की ज़रूरत है और कि राजनीतिक मुद्दों को आर्थिक बेहतरी के किसी कार्यक्रम में सहायक होना चाहिए। उन्होंने चेतावनी दी कि 'पूरे सवाल का सार है समय, और दुर्भाग्यवश हम इसे गँवाते जा रहे हैं।'[52] इस वक़्त केन्द्र पर भारतीय नियन्त्रण को सुनिश्चित करने के लिए जिस चीज़ की ज़रूरत थी वह थी तीव्र संवैधानिक प्रगति। इस चीज़ ने उन्हें संवैधानिक बढ़त को लेकर अधीर कर दिया। साम्प्रदायिक गतिरोध इस मामले में रोड़ा बनकर खड़ा था। बिरला ने 1938 में ही चेतावनी दी थी कि 'अगर हमारी प्रगति में कोई चीज़ बाधक है तो वह हिन्दू–मुस्लिम का सवाल है न कि अंग्रेज़। हमारे आन्तरिक झगड़े।'[53]

मज़बूत केन्द्र का मामला

सारी चीज़ों के ऊपर, बिरला और बड़े व्यापार जगत द्वारा बँटवारे का समर्थन उनकी दीर्घकालिक राजनीतिक रणनीति का हिस्सा था। मुस्लिम लीग की योजना की तर्ज़ पर बड़े व्यापार जगत की मंशा देश के ऐसे बँटवारे के पक्ष में थी जिसमें एक ढीला–ढाला संघ और एक कमज़ोर केन्द्र हो जिसका हक सिर्फ़ सुरक्षा के मामलों तक ही हो।[54]

बिरला की अपनी विशेष प्रतिभा इस बात को सुनिश्चित करने में थी कि उनके व्यावसायिक साथी यह जान लें कि संयुक्त भारत की सभी योजनाएँ अटल रूप से एक कमज़ोर केन्द्र और शक्तिशाली प्रान्तों में निहित हैं। वह सफलतापूर्वक व्यावसायिक नेताओं को यह समझाने में कामयाब रहे थे कि अगर बँटवारा रोकना है तो मुस्लिम लीग को कुछ और नहीं बल्कि एक कमज़ोर केन्द्र को स्वीकार करना होगा और वास्तविक सत्ता प्रान्तों के पास होगी। जैसा कि उनके 'ईस्टर्न इकोनॉमिस्ट' ने लिखा था कि :

> आर्थिक दृष्टि से देश को एक मज़बूत केन्द्रीय सरकार की ज़रूरत है। राजनीतिक रूप से जहाँ काँग्रेस और हिन्दुओं की राय एक शक्तिशाली केन्द्र का समर्थन कर सकती है वहीं मुस्लिम मत को सिर्फ़ एक ऐसे संघ से सन्तुष्ट किया जा सकता है जो केन्द्र की शक्तियों और उद्देश्यों को बहुत ही अदना और सीमित उद्देश्यों तक सीमित कर देगा और बाक़ी बची सत्ता सहित सभी ज़रूरी ताक़तें प्रान्तों को दे देगा। लिहाज़ा जो राजनीतिक रूप से व्यवहार्य है वह आर्थिक दृष्टि से सन्तोषजनक या पर्याप्त नहीं भी हो सकता है।[55]

संयुक्त भारत को लेकर बनी सभी योजनाओं में यह बात आवश्यक रूप से अन्तर्निहित थी कि राजनीतिक सत्ता मज़बूत प्रान्तीय सरकारों के पास होगी ताकि मुस्लिम बहुल प्रान्तों को वह स्वायत्तता मिले जिसकी माँग लीग कर रही थी।[56] बड़े व्यवसाय जगत के लिए आर्थिक योजना की ज़रूरत थी जिससे तेज़ औद्योगीकरण हो और इसके लिए एक मज़बूत केन्द्र सरकार की आवश्यकता थी जो देश में आर्थिक समरूपता को लागू कर सके। इसमें एक ऐसे भविष्य की परिकल्पना थी जिसमें केन्द्र की सरकार बुनियादी आर्थिक ढाँचे के योजनाबद्ध विकास का काम अपने हाथ में लेगी।[57] व्यवसायियों को राजकीय योजना में लाने की महत्ता उसकी कई नीतिगत घोषणाओं में स्पष्ट थी। व्यावसायिक नेताओं ने तुरन्त ही यह समझ लिया कि आज़ाद भारत के आर्थिक क्षेत्र में राज्य एक अहम भूमिका निभाने वाला है, लिहाज़ा उन्होंने औद्योगिक क्षेत्र में ख़ासतौर पर राज्य की एक बड़ी भूमिका की वकालत की। इसकी वजह थी कि बिरला और उनके साथी जानते थे कि देश के बुनियादी औद्योगिक ढाँचे के विकास के लिए बड़े पैमाने के राजकीय उद्यमों की आवश्यकता पड़ेगी। उन्होंने यह भी महसूस किया कि निजी उद्यम इस मूलभूत ढाँचे के विकास में निवेश नहीं कर पायेंगे क्योंकि यहाँ लाभ सिर्फ़ लम्बी अवधि में ही मिलना सम्भव हो सकेगा। बुनियादी उद्योगों के विकास के बड़े प्रोजेक्टों के लिए आवश्यक पूँजी, तकनीकी और प्रबन्धन जैसे संसाधन सिर्फ़ राज्य ही उपलब्ध करा सकता था।[58]

इस मुद्दे पर बिरला और दूसरे व्यावसायिक नेताओं जैसे पुरुषोत्तमदास ठाकुरदास, जे. आर.डी. टाटा और वालचन्द हीराचन्द में ग़ज़ब का तालमेल था। यहाँ पर कहना ग़लत नहीं होगा कि इन वर्षों में बड़े व्यवसाय जगत की योजनाएँ महज़ राज्य उद्यम के लिए की गयी एक मंगलकामना थीं। यह भी एक तथ्य है कि आर्थिक योजना की आवश्यकता को लेकर फिक्की और काँग्रेस के बीच लम्बे समय से प्रगाढ़ रिश्ते थे, जैसा कि काँग्रेस की राष्ट्रीय योजना समिति के कामों में देखा गया था।[59] स्वतन्त्र भारत में योजना और राज्य उद्यमों की भूमिका पर सबसे स्पष्ट वक्तव्य ख़ुद बॉम्बे प्लान में बिरला और उनके सहयोगियों द्वारा दिया गया था।[60] जनवरी 1944 में घोषित इस प्लान की सर्वाधिक मौलिक धारणा यह

थी कि युद्ध की समाप्ति के पश्चात एक राष्ट्रीय सरकार का गठन किया जायेगा।[61] यह सरकार संघीय आधार पर बनेगी और आर्थिक मामलों में पूरे देश पर इसका नियन्त्रण रहेगा। प्लान का उद्देश्य पन्द्रह वर्षों की अवधि में देश की प्रति व्यक्ति आय को दुगुना करना था। इसने न सिर्फ़ उत्पादन बढ़ाने की महत्त्वाकांक्षी योजना प्रस्तावित की बल्कि सामान्य जन के जीवनस्तर को ऊपर उठाने की बात भी कही गयी थी।[62] इस प्लान में बड़े व्यवसायियों ने आज़ाद भारत के लिए आर्थिक स्थिति का विस्तृत खाका खींचा था। इसने पन्द्रह वर्षों के दौरान उद्योग, कृषि, संचार, स्वास्थ्य, शिक्षा और दूसरी सामाजिक गतिविधियों में 10,000 करोड़ रुपये के विशाल निवेश की परिकल्पना की थी।[63] इसमें औद्योगीकरण को चरणबद्ध ढंग से आगे बढ़ाने की बात कही गयी थी। पहले चरण में आधारभूत उद्योगों, जैसे कि ऊर्जा, खनन और धातुओं, इंजीनियरिंग, रसायन, हथियार, ट्रांसपोर्ट और सीमेंट को प्रमुखता दी जानी थी क्योंकि देश का आर्थिक ढाँचा उन्हीं के आधार पर खड़ा होना था।[64]

कुल मिलाकर बॉम्बे प्लान की सर्वाधिक महत्त्वपूर्ण बात थी कि इसमें राज्य को केन्द्रीय भूमिका में रखा गया था। इसने आर्थिक गतिविधियों में राज्य के तीन क़िस्म के दखल मंजूर किये थे : सरकारी नियन्त्रण, सरकारी स्वामित्व और सरकारी प्रबन्धन। राज्य को नियन्त्रण का इस्तेमाल उद्योगों के वितरण में, क्षेत्रीय असमानताओं को कम करने में, जनोपयोगी सेवा संस्थाओं और बुनियादी उद्योगों के विकास में और ग़ैर–लाभकारी उद्यमों को चलाने में करना था।[65] 1944 में फिक्की के सालाना अधिवेशन में बिरला ने बॉम्बे प्लान को गर्वपूर्वक 'भारत के आर्थिक विकास की ग़ैर–सरकारी योजना'[66] कहा। और जब चीज़ों ने आकार लेना शुरू किया तो यह प्लान भारत की पहली पंचवर्षीय योजना का आधार बन गया। बॉम्बे प्लान ने देश के बँटवारे की बात भी नहीं कही थी। ऐसे राजनीतिक विवाद में खुलेआम शामिल होना उनके और व्यापार जगत के किरदार के ख़िलाफ़ होता। पर आज़ाद भारत के लिए आर्थिक सन्दर्भों में जैसा उन्होंने चाहा था वे सारी ज़रूरी बातें प्लान में रख दी गयी थीं। और इसका स्पष्ट तात्पर्य था कि बड़े व्यवसायियों के लिए एक विभाजित भारत ही बेहतर था, न कि एक कमज़ोर केन्द्र वाला संयुक्त भारत जिसे विभाजक तत्त्वों ने क्षीण बना दिया हो।[67]

आर्थिक सुसंगत बँटवारा

बँटवारे पर इस क़िस्म के रवैये को देखते हुए बिरला और अन्य व्यावसायिक नेताओं ने इस बात का गम्भीर विश्लेषण शुरू किया कि बँटवारे की विभिन्न योजनाओं के आर्थिक परिणाम क्या रहेंगे।[68] हालाँकि उन्होंने पाकिस्तान के कारण पड़ने वाले आर्थिक प्रभावों को लेकर ढेर सारे विचार रखे थे, लेकिन पाकिस्तान योजना का जॉन मथाई और होमी मोदी द्वारा किया गया पहला आर्थिक व्यवहार्यता अध्ययन 1945 में लोगों के बीच आया। दोनों लोग बॉम्बे प्लान के हस्ताक्षरकर्ता रहे थे और टाटा समूह से क़रीब से जुड़े हुए थे।[69] अपने अध्ययन में मोदी और मथाई ने पाकिस्तान की माँग के आर्थिक परिणामों का विस्तार से विश्लेषण किया था। उनका मानना था कि पाकिस्तान के दो आर्थिक क्षेत्र होंगे जैसा कि मुस्लिम लीग की माँग थी। उन्होंने दो सम्भावित परिदृश्यों की कल्पना की। पहले परिदृश्य में बँटवारा उस समय की प्रान्तीय सीमाओं के मुताबिक़ होना था। इस प्रकार मुस्लिम बहुमत वाले

प्रान्तों से नया राज्य बनेगा। दूसरे परिदृश्य में पंजाब और बंगाल के मुस्लिम बहुल ज़िलों के मुताबिक़ सीमाएँ फिर से खींची जानी थीं। मोदी और मथाई इस नतीजे पर पहुँचे कि अगर बँटवारा प्रान्तों के हिसाब से हुआ तो पाकिस्तान एक महत्त्वपूर्ण आर्थिक इकाई बन सकता है। लेकिन अगर सरहदें मुस्लिम बहुमत वाले ज़िलों के अनुसार खींची गयीं तो पाकिस्तान की स्थिति बहुत अच्छी नहीं रहने वाली। उन्होंने निष्कर्ष निकाला कि दोनों ही परिदृश्यों में स्वतन्त्र राज्यों के रूप में भारत और पाकिस्तान को अर्थव्यवस्था और सुरक्षा मामले में परस्पर सहयोग की ज़रूरत होगी। उनका ज़ोर इस बात पर था कि दोनों अर्थव्यवस्थाओं के भविष्य के विकास के लिए एक बड़ा मुक्त व्यापार क्षेत्र बनाना ज़रूरी है। इन्होंने 'अनुकूलतम आर्थिक इकाई' की अवधारणा सामने रखी जिसके तहत दोनों देशों के बीच चुंगी के न्यूनतम अवरोध हों और बड़े पैमाने पर व्यापार और आदान–प्रदान हो। उन्होंने सुरक्षा के मामले में भी एक सामान्य नीति की परिकल्पना की।

मोदी और मथाई इस प्रकार दो महत्त्वपूर्ण निष्कर्षों पर पहुँचे। अगर उद्देश्य यह है कि मौजूदा जीवन स्तर और बजटीय आवश्यकताएँ युद्धपूर्व के आधार पर (सुरक्षा प्रावधानों को छोड़कर) बरकरार रहें, तो आर्थिक आधार पर बँटवारा व्यवहार्य है। लेकिन अगर लक्ष्य यह है कि सामान्य जीवनस्तर बढ़े तो दोनों देशों के बीच रक्षा के क्षेत्र में और आर्थिक क्षेत्र में प्रभावी सहकार की आवश्यकता पड़ेगी। उन्होंने कहा कि अगर वैसा सहकार क़ायम न हुआ तो दोनों नये स्वतन्त्र राष्ट्रों के लिए बँटवारा आर्थिक आपदा का साधन बन जायेगा।[70] मज़े की बात यह थी कि मोदी और मथाई के लिए बँटवारे की योजनाओं में राजनीतिक अलगाव की बात उतनी मायने नहीं रखती थी जितना कि आर्थिक नतीजे। वे इस बात पर सहमत थे कि राजनीतिक बँटवारे की सम्भावना को देखते हुए दोनों देशों के बीच आर्थिक सहकार ज़रूरी है। उनका मानना था कि जब तक राजनीतिक बँटवारा कच्चे मालों और तैयार उत्पादों पर कोई निषेध नहीं लगाता तब तक उससे कोई दिक़्क़त नहीं। उनके अध्ययन में भविष्य के बँटवारे को लेकर कलकत्ता की महत्त्वपूर्ण आर्थिक स्थिति पर ज़ोर दिया गया था।[71] इससे निष्कर्ष निकलता था कि बिना कलकत्ता के पाकिस्तान का पूर्वी क्षेत्र एक ग्रामीण झुग्गी बस्ती से अधिक कुछ नहीं होगा। यह देखते हुए कि 1945 में किये गये इस अध्ययन के वक़्त राजनीतिक परिस्थिति बहुत ज़्यादा अनिश्चित थी, मोदी और मथाई विभिन्न परिदृश्यों के कयास लगाने से अधिक कुछ नहीं कर सकते थे। हालाँकि वह बड़े व्यवसायियों के दिमाग़ में यह बात बिठाने में ज़रूर कामयाब रहे कि कलकत्ता की स्थिति बहुत अहम है और इसे भारत में रखना काफ़ी महत्त्वपूर्ण है।

अन्तरिम मन्त्रालय के अनुभव और उसके बाद

व्यावसायिक नेतृत्व जब मोदी और मथाई के व्यवहार्यता–अध्ययन के निहितार्थों का अनुमान लगा रहा था तब बिरला राजनीतिक नेताओं को वास्तविक मुद्दे समझाने की कोशिशें जारी रखे हुए थे, जो उनके मुताबिक़ आर्थिक मुद्दे थे। इन वर्षों के दौरान उन्होंने अपनी उम्मीदें सरदार वल्लभभाई पटेल पर टिकाई हुई थीं जिनकी राजनीति को वह बाक़ी काँग्रेस से हटकर मानते थे। उनकी घनिष्ठता विशेष रूप से उस समय बढ़ी थी जब बिरला ने 1946 के चुनावों के मद्देनज़र काँग्रेस के लिए चन्दा जुटाने में महत्त्वपूर्ण भूमिका अदा की थी।

यह पटेल ही थे जिनसे साम्प्रदायिकता के मुद्दे पर काँग्रेस की नीतियों को लागू करने में बिरला दिशानिर्देश लिया करते थे। यह सर्वविदित है कि पटेल ने न सिर्फ़ 1946 के चुनाव प्रचार अभियान में महत्त्वपूर्ण भूमिका निभाई थी बल्कि काँग्रेस को अन्तरिम सरकार बनाने और बाद में इसकी गतिविधियों के निदर्शन में भी उनकी अग्रणी भूमिका रही थी। बिरला भी लीग की स्थिति को दरकिनार करते हुए काँग्रेस आलाकमान से लगातार सरकार की बागडोर सँभालने का आग्रह करते आये थे। जब काँग्रेस ने अन्तरिम सरकार के गठन का महत्त्वपूर्ण फ़ैसला लिया तो बिरला ने इसे एक शानदार घटना माना था। उन्होंने कहा कि 'इस सबका श्रेय सरदारजी को जाता है। यह आँख खोल देने वाली बात है कि कैसे वह 70 वर्ष की अवस्था में नयी रोशनी दिखा रहे हैं। बल्कि दस साल पहले भी उन्हें ऐसी विशिष्टता हासिल नहीं हुई थी। यह हमारा दुर्भाग्य था। अगर वह अपना दस साल और देते हैं और नियन्त्रण बनाये रखते हैं तो मुझे लगता है कि हम अब भी सब कुछ शान्तिपूर्वक सुलझा लेंगे।'[72] बिरला ने बिना समय गँवाये कुछ प्रस्ताव तैयार किये कि नयी सरकार को आर्थिक क्षेत्र में क्या करना चाहिए।[73] ठीक इसी समय वह काँग्रेस नेतृत्व पर लगातार यह दबाव भी बनाये हुए थे कि वह साम्प्रदायिक स्थिति को यथार्थवादी नज़र से देखे जो 1946 के उत्तरार्ध से लेकर अब हाथ से निकलती जा रही है। उनका तर्क था कि साम्प्रदायिक ध्रुवीकरण इस हद तक बढ़ चुका है कि '80 प्रतिशत मुसलमान लीग के पीछे हैं' जबकि काँग्रेस के साथ '90 फ़ीसदी हिन्दू और अधिक से अधिक 10 प्रतिशत मुसलमान' हैं। उन्होंने गाँधी और दूसरे काँग्रेसियों पर ज़ोरदार दबाव डाला कि बँटवारे के सिद्धान्त पर विचार की तुरन्त आवश्यकता है। हालाँकि उन्हें इस बात की चिन्ता थी कि बंगाल और पंजाब के हिन्दू बहुल इलाक़ों की सुरक्षा मुस्लिम लीग की मनमानी माँगों से करनी पड़ेगी। बिरला का मानना था कि 'अन्ततः जिन्ना की बँटवारे की माँग सही है। बेशक, उनका पाकिस्तान मेरे पाकिस्तान से पूरी तरह अलग होगा। हम क्यों नहीं मुसलमानों से अलग होने की माँग कर सकते? लेकिन हम क्यों नहीं पंजाब और बंगाल के हिन्दू इलाक़ों को अलग करने की माँग कर सकते और तब हम नया हिन्दुस्तान बनायें। लेकिन बेशक इसकी कोई सम्भावना नहीं दिखती क्योंकि न तो काँग्रेस और न ही एच.एम.जी. (महारानी की सरकार) को यह बात पसन्द है।'[74]

एक कैबिनेट मिशन का आगमन हुआ जिसे उस राज्य की प्रकृति का जायज़ा लेना था जो ब्रिटिश राज और इस दरम्यान बनने वाली अंशकालिक सरकार की जगह लेगा। इससे बिरला में अलग से कोई उत्साह पैदा नहीं हुआ जो मुस्लिम लीग के साथ समझौते की सभी कोशिशों को खिन्नता की नज़र से देखते थे। उनके विचार से मिशन का काम 'काफ़ी नाज़ुक है जिसे अतीत ने और नाज़ुक बना दिया है जो हमेशा भय और अविश्वास ही पैदा करता है।'[75] उन्होंने ख़्वाहिश जताई कि जो बड़े पक्ष मिशन के साथ बातचीत में संलग्न हैं वे मुस्लिम लीग के नेताओं को पहले ही स्पष्ट कर दें कि 'दुराग्रहों से नाकामी ही मिलेगी।' उन्होंने मिशन से कहा कि वह अतीत में हुए कई समझौतों की नाकामी को याद रखे और हमेशा के लिए एक अन्तिम हल निकाले।[76] उन्होंने मिशन के सदस्यों को आगाह किया कि जिन्ना की अन्तरिम सरकार में समान हिस्सेदारी की बात काँग्रेस और हिन्दू दोनों स्वीकार नहीं करने वाले। उनका तर्क था कि प्रान्तीय विधायिका में पहले से ही मुस्लिम लीग के पास कुल सीटों की एक चौथाई सीटें हैं जिसे सन्तोषजनक से बेहतर स्थिति कहा जायेगा।[77]

कैबिनेट मिशन का प्रस्ताव था कि अन्तरिम सरकार का गठन हो जिसमें मुस्लिम लीग और काँग्रेस दोनों शिरकत करें। यह संयुक्त भारत को सत्ता हस्तान्तरण की ब्रिटिश की अन्तिम कोशिश थी। हालाँकि मुस्लिम लीग और काँग्रेस दोनों को स्थान देने के लिए उसने प्रान्तों को अच्छी–ख़ासी स्वायत्तता दे रखी थी जिससे मुसलमान बहुमत वाले क्षेत्र स्वायत्तता का लाभ उठा पाये। मिशन द्वारा दिये गये प्रस्ताव बिरला और दूसरे व्यावसायिक नेताओं की आर्थिक योजनाओं के नज़रिये से पूर्णतया असन्तोषजनक थे। मिशन ने अनिवार्य रूप से न्यूनतम शक्तियों वाले एक कमज़ोर केन्द्र की परिकल्पना की थी। जैसा कि 'ईस्टर्न इकोनॉमिस्ट' ने लिखा था कि मिशन द्वारा प्रस्तावित एक कमज़ोर केन्द्र एक आधुनिक राज्य की न्यूनतम कार्रवाइयों तक को अंजाम देने में भी सक्षम नहीं होगा, और ज़्यादा बड़ी बात यह कि उसका कोई आर्थिक आधार नहीं होगा। प्रान्तों की स्वायत्तता 'भारत की आर्थिक एकता को पूरा दम लगाकर समाप्त कर देगी, योजना का काम करना लगभग असम्भव हो जायेगा, इकाइयों में परस्पर एक पक्का आर्थिक भ्रम खड़ा होगा और आम आदमी के लिए जीवन स्तर में किसी वाज़िब तरक़्क़ी की उम्मीदों के परखच्चे उड़ जायेंगे।'[78] एक 'घेराबद्ध' केन्द्र, जैसा कि लीग ने प्रस्तावित किया और जैसा कैबिनेट मिशन ने अपनी योजना में समाविष्ट किया, बिरला और उनके व्यावसायिक साथियों के लिए काफ़ी घबराहट पैदा करने वाला मामला था। वह बहुत अच्छी तरह से जानते थे कि एक कमज़ोर केन्द्र का मतलब होगा 'इधर के कुछ वर्षों में तैयार की जा रही सभी आर्थिक योजनाओं का पूरी तौर पर पुनर्अंकन और हर समूह के उपलब्ध संसाधनों में एक गम्भीर कटौती की शुरुआत।' साथ ही इसका मतलब होता था कि 'कोई अखिल भारतीय योजना बनाना सम्भव नहीं और बल्कि आर्थिक नीतियों को लागू करने में संविधान विकेन्द्रीकरण को पलट भी सकता है।'[79] सौभाग्यवश बड़े व्यवसायियों के लिए मिशन असफल रहा। हालाँकि बिरला इस बात को समझ चुके थे कि अंग्रेज़ अविलम्ब भारतीय हाथों में सत्ता सौंपने को लेकर पूरी तरह गम्भीर हैं, और कि भले ही मिशन असफल हो चुका है पर इसने 'जनसामान्य को यह समझ दी है कि वे खुले दिल से लेबर पार्टी की सरकार की नेकनीयती को क़बूल करें और इससे पूरा माहौल ही बदल गया है।' उन्होंने तीन सदस्यीय मिशन के एक सदस्य सर स्टेफोर्ड क्रिप्स को बताया कि इसकी 'सबसे बड़ी उपलब्धि यह रही कि इसने विश्वास और मित्रता का एक वातावरण तैयार किया है।'[80]

इसी बीच साम्प्रदायिक हालात तेज़ी से बिगड़ने लगे और अगस्त 1946 में कलकत्ता में 'भीषण नरसंहार' हुआ जिसने पूरे महानगर को कई दिनों तक चली हिंसा ने पंगु बना दिया। अनुमानतः 4,000 लोग मारे गये और 10,000 लोग घायल हुए।[81] इस पैमाने की साम्प्रदायिक हिंसा ने पूर्वी भारत के बड़े व्यवसाय को हिला कर रख दिया था, और बिरला इससे बहुत खफ़ा थे।[82] उन्होंने बंगाल के गवर्नर सर फ्रेडरिक बरोस से सामान्य स्थिति की बहाली के लिए सभी ज़रूरी क़दम उठाने की प्रार्थना की : 'सेना गली–कूचों में जाये और लूटी गयी सम्पत्तियों को वापस कराने में मदद करे, दुकानें खुली रखी जायें–ख़ासकर खाने–पीने की चीज़ों के स्टाल, और लोगों को राजी किया जाये कि वे काम पर जायें और सामान्य ढंग से अपने कामकाज करें।'[83] उनकी राय में लीग के साथ समझौते की जो किंचित सम्भावना बची भी थी उसे कलकत्ता नरसंहार ने समाप्त कर दिया। इसने यह तय कर दिया कि

दोनों समुदायों के बीच अब सामान्य रिश्ते नहीं हो सकते। उन्होंने देखा कि साम्प्रदायिक राजनीति ने रोज़मर्रा की ज़िन्दगी में क़ायम सद्भावनापूर्ण रिश्ते पर असर डालना शुरू कर दिया है। कटुता और उग्रता आम आदमी की दैनन्दिन गतिविधियों में दिख रहे हैं। उन्हें डर हुआ कि ऐसे माहौल में शहरों की सभी आर्थिक गतिविधियाँ ठप्प न पड़ जायें। बिरला देख रहे थे कि हड़तालों और साम्प्रदायिक उपद्रवों का असर औद्योगिक उत्पादन पर पड़ रहा है। उन्होंने सर स्टेफोर्ड क्रिप्स से कहा कि यह और भी भयानक हो सकता है यदि 'कामगार और खेतिहर में कठिन मेहनत और ज़्यादा उत्पादन की रुचि ही ख़त्म हो जाये। और जो भी वह आधे दिल से पैदा कर रहा था अब साम्प्रदायिक उत्पातों से प्रभावित हो रहा है।'[84] बंगाल की बिगड़ती स्थिति से वह ख़ासकर काफ़ी उद्विग्न थे जहाँ औद्योगिक हड़ताल और साम्प्रदायिक दंगे दोनों प्रकार के संकट मँडरा रहे थे। वहाँ की घटनाओं को देखने के बाद उन्हें यह विश्वास हो गया था कि बंगाल अब व्यवसाय और उद्योग दोनों के लिए ही सुरक्षित स्थान नहीं रह गया है, क्योंकि '48 प्रतिशत विध्वंसक बुद्धि वाले हिन्दुओं और 52 प्रतिशत उन्मादी मुसलमानों के साथ यह बड़े पैमाने के उद्योग के लिए कोई मददगार जगह नहीं रह गयी है।'[85]

बिरला कलकत्ता से बाहर निकलना चाह रहे थे और अपनी दूरदृष्टि से उन्होंने 1930 के दशक के उत्तरार्ध और 1940 के दशक के पूर्वार्ध में अपने कामकाज के विविधीकरण की योजना बनायी। और उन्हें या तो ग्वालियर क्षेत्र या बॉम्बे क्षेत्र में स्थानान्तरित करने का मन बनाया। बिरला ब्रदर्स के मुख्यालय के अलावा बंगाल में बिरला परिवार की बड़ी परिसम्पत्तियों में मात्र एक जूट मिल और टेक्सटाइल मशीनरी कम्पनी (टैक्समैको) थी।[86] वह महसूस करने लगे थे कि निस्सन्देह बंगाली हिन्दू किसी भी रूप में मारवाड़ी व्यवसाय के प्रति ग़ैर–दोस्ताना है, और चूँकि मारवाड़ी लोग सम्पत्तिशाली हैं लिहाज़ा साम्प्रदायिक आगजनी के सबसे आसान शिकार भी, ख़ासकर तब जब उनके अपने हिन्दू भाई भी किसी ख़ास मित्रभाव में न हों।[87] बाद में थोड़ी राहत महसूस करते हुए एक व्यावसायिक सहयोगी से उन्होंने कहा, 'उनके पास कलकत्ता में कुल मिलाकर सिर्फ़ दो हज़ार क्लर्क हैं।'[88]

उसके बाद जल्द ही अक्टूबर 1946 में मुस्लिम लीग केन्द्र की अन्तरिम सरकार में शामिल होने के लिए राजी हो गयी–बिरला ने इस कार्रवाई को 'ज़िद की मनोदशा में' हुआ फ़ैसला बताया। क्रिप्स को लिखे एक पत्र में उन्होंने दो सम्भावित परिदृश्यों की परिकल्पना की थी। पहले परिदृश्य में लीग भीतर से समस्याएँ खड़ी करेगी। दूसरे में उनका अन्दाज़ा था कि दैनन्दिन के प्रशासनिक अनुभव तथ्य और धारणा की बेहतर सलाहियत की ओर लेकर जायेंगे।[89] लीग के अन्तरिम सरकार में शामिल होते ही पूर्वी बंगाल के बहुत से इलाक़ों में दंगे भड़क उठे। हिंसा के और बढ़ने की अफ़वाहें सुनकर बिरला ने निजी रूप से बंगाल के प्रमुख हुसैन सुहरावर्दी और गवर्नर से संयुक्त कार्रवाई करने और आगे और उपद्रव न होने देने की अपील की।[90] अक्टूबर 1946 में जब गाँधी साम्प्रदायिक दंगों के एक मुख्य घटनास्थल नोआखाली का दौरा करने पहुँचे तो बिरला ने महात्मा के लिए हरसम्भव संसाधन जुटाने की कोशिश की जिससे उनका शान्ति अभियान सफल हो। जब बिरला को पता चला कि साम्प्रदायिक दंगे के पीड़ितों को राहत के लिए धन और दूसरी अनिवार्य जीवनरक्षक सामग्री की आवश्यकता है तो उन्होंने सभी साथी मिल–मालिकों को पत्र लिखकर

युवा जूट व्यवसायी के रूप में

पटेल और मनी बेन के साथ

नेहरू की पिलानी–यात्रा के साथ

बिरला मन्दिर में अस्पृश्यों (अछूतों) के लिए मन्दिर–द्वार खुलने के अवसर पर महात्मा गाँधी के साथ

बसन्त कुमार और सरला के साथ किसी तीर्थ–स्थान पर

जी.डी. बिरला

'पूरी तौर पर तबाह' बुनकरों की दयनीय दशा के बारे में बताया क्योंकि उनके करघे साम्प्रदायिक आगजनी में जला दिये गये हैं। उन्होंने उनसे कहा कि गाँधी को सूत की ज़रूरत है, और उन्होंने मिल–मालिकों की ओर से 200 बण्डल सूत बुनकरों को भेंट में देने का प्रस्ताव किया जिसकी क़ीमत लगभग 80,000 रुपये थी।[91] बिरला को उम्मीद थी कि इस साम्प्रदायिक दंगे के बाद अन्ततः काँग्रेस नेतृत्व जिन्ना के बँटवारे की माँग को मान लेगी। उन्होंने क्रिप्स को लिखा कि 'शायद यह परस्पर ख़ूनख़राबा, जो पहले ही हज़ारों लोगों की जान ले चुका है, हमें इस उद्देश्य की व्यर्थता का अहसास कराये।'[92] यह वक़्त था जब बंगाल काँग्रेस को शान्ति और व्यवस्था बनाने के लिए काम करना था। वह चाहते थे कि काँग्रेस के लोग स्वयंसेवकों का एक नेशनल गार्ड गठित करने की पहलक़दमी हाथ में लें जो कुछ नहीं तो हिन्दू बहुल क्षेत्रों में ही जान–माल की सुरक्षा करे।[93]

हालाँकि साम्प्रदायिक कटुता के चलते अप्रत्याशित ढंग से बड़े व्यवसायियों का हित संकट में पड़ गया था, पर अन्तरिम सरकार में मुस्लिम लीग के दाख़िल होते ही वित्त जैसा महत्त्वपूर्ण विभाग लियाकत अली ख़ान को दिया गया। वित्त मन्त्री के रूप में लियाकत अली ने बजट प्रस्ताव तैयार किये जिन्हें मार्च 1947 में सेंट्रल लेजिस्लेटिव असेम्बली में पेश किया गया। बजट में मुनाफ़ों पर एक व्यावसायिक कर और पूँजीगत प्राप्तियों पर क्रमवर्धी कर (ग्रेजुएटेड टैक्स) लगाये गये थे।[94] बिरला ने महसूस किया कि लीग ने बहुत सोच–समझकर औद्योगिक विकास का गला दबाने का यह प्रयास किया है। उन्होंने आरोप लगाया कि लियाकत अली ने बजट इस प्रकार से तैयार किया है कि 'अधिकांश हिन्दू उद्योग दम तोड़ दें।'[95] उन्होंने बड़े व्यवसायियों की ओर से बजट के किये जा रहे विरोध की अगुवाई की। व्यवसायियों का विरोध इतना तीव्र था कि सभी स्टॉक एक्सचेंज विरोध में बन्द रहे। बजट प्रस्ताव पर रोक लगवाने के बिरला के प्रयासों में सहयोग देने के लिए टाटा और ठाकुरदास जैसे महत्त्वपूर्ण व्यवसायी तुरन्त दिल्ली पहुँच गये। यह अभियान इतना कारगर रहा कि लियाकत अली को अपने कई कर प्रस्ताव रद्द करने के लिए बाध्य होना पड़ा और इसके लिए बिरला को व्यापक रूप से श्रेय दिया गया।[96]

हालाँकि बिरला और बड़े व्यवसाय के उनके साथी लियाकत अली की बन्दूक़ का रुख़ मोड़ने में कामयाब ज़रूर रहे लेकिन कुल मिलाकर अन्तरिम सरकार की बाबत उनका अनुभव काफ़ी निराशाजनक था। सरकार के आर्थिक प्रदर्शन को उन्होंने ख़राब ही माना। 'ईस्टर्न इकोनॉमिस्ट' ने मुस्लिम लीग को दोषी ठहराया कि वित्त और वाणिज्य जैसे अहम विभागों पर इसके नियन्त्रण के चलते मुस्लिम लीग आर्थिक क्षेत्र में ख़ुद को स्वतन्त्र नीति नियामक निकाय के रूप में जता रही है। मन्त्रालय के भीतर की असहमतियाँ आर्थिक भ्रम की ओर ले गयीं जिसने सरकारी नीतियों को प्रभावित किया। बिरला इस बात को लेकर काफ़ी निराश थे कि काँग्रेसियों सहित मन्त्री लोग अर्थव्यवस्था की अनदेखी कर रहे हैं। उनके मुताबिक़ मन्त्रालय के पास 'इन सब मामलों पर ध्यान देने के लिए न सुकून था, न फ़ुरसत और न ही समय।' इस बात के लिए काँग्रेसी मन्त्री भी उतने ही ज़िम्मेदार थे क्योंकि उनके पास भी आर्थिक मुद्दों के लिए समय नहीं था। उन्होंने शिकायत की कि साम्प्रदायिक मुद्दा 'जिन्ना और मुस्लिम लीग को लेकर मनोग्रस्त हो गया है', और काँग्रेसी मन्त्रालय ऐसे मुद्दों पर जिनमें अर्थव्यवस्था का मामला सामने होता है 'अवमानना में कहीं और देखने लगते हैं।'[97]

अन्तरिम सरकार के रवैये और नीतियों से आगे अर्थव्यवस्था अब जनजीवन के झगड़ों और साम्प्रदायिक असंगतियों के दबाव में चक्कर खा रही थी। 'ईस्टर्न इकोनॉमिस्ट' ने खेद जताया कि जनजीवन की कलह ने पूरी अर्थव्यवस्था को फिरौती पर ले लिया है। 1946 के ज़्यादातर समय में कलकत्ता में व्यवसाय पूरी तरह ठप्प पड़ चुका था और बॉम्बे की व्यावसायिक परिस्थितियाँ भी साम्प्रदायिक अशान्ति के कारण अस्त–व्यस्त थीं। प्रान्तीय सरकारें क़ानून व्यवस्था को बनाये रखने में इस क़दर व्यस्त थीं कि अर्थव्यवस्था पर क्या ध्यान देतीं। इन सब तनावों और दबावों ने एक बार फिर बड़े व्यवसाय जगत को मजबूर किया कि वह साम्प्रदायिक गतिरोध का तुरन्त और टिकाऊ हल निकाले। काँग्रेस जिस तरह स्थितियों को निबाह रही थी उससे बिरला सन्तुष्ट नहीं थे। हड़तालों का जो सैलाब उमड़ रहा था उससे पता चलता था कि कम्युनिस्ट अपना स्वतन्त्र राजनीतिक आधार बनाने में जुटे हैं। कलकत्ता में हड़ताल का आह्वान बिना काँग्रेस के सहयोग के भी सफल हो सकता था। वह भविष्य के बारे में निर्णय तक पहुँचने में काँग्रेस के धीमेपन से निराश थे। साम्प्रदायिक समस्या को सुलझाने की धीमी गति और उसी क्रम में अर्थव्यवस्था पर दिखने शुरू हुए इसके असर से उन्हें अब चिढ़ होने लगी थी। अपने एक ख़ास दोस्त से उन्होंने कहा कि 'कुछ समझ नहीं आ रहा कि हमारी आज़ादी में कोई रुचि है भी या महज़ झगड़ा करने, अपने नम्बर बढ़ाने और लोगों को उत्तेजित बनाये रखने में ही हम खुश हैं।'[98]

बिरला ने अब बँटवारे के आर्थिक तात्पर्यों को विश्लेषित करने का काम ख़ुद अपने हाथ में लिया। अप्रैल 1947 में 'ईस्टर्न इकोनॉमिस्ट' ने बँटवारे की अर्थव्यवस्था पर केन्द्रित अध्ययनों की एक पूरी श्रृंखला ही प्रकाशित की। इसमें बँटवारे को प्राकृतिक संसाधनों के विभाजन, बजटीय आबंटनों, उद्योगों के वितरण और कृषि की परिस्थिति के अर्थ में देखा गया था। उसने विशेष रूप से कहा कि प्रान्त के दुष्कर आकार और परस्पर शत्रुताओं से और ज़्यादा दूभर हो गये इसके जटिल राज्यतन्त्र को देखते हुए बंगाल का विभाजन एक प्रशासनिक आवश्यकता थी। उसने निष्कर्ष निकाला कि आर्थिक ताक़त के लिहाज़ से भारतीय बंगाल फ़ायदे में रहेगा।[99] पंजाब में हालाँकि तस्वीर थोड़ी अलग थी। 'ईस्टर्न इकोनॉमिस्ट' का निष्कर्ष था कि पूर्वी पंजाब की तुलना में 'मुस्लिम पंजाब' को अधिक उपजाऊ ज़मीन मिलेगी[100] पर औद्योगिक परिसम्पत्तियों के मामले में 'हिन्दू भारत' ज़्यादा फ़ायदे में रहेगा।[101] कुल राजस्व, सुरक्षा बजट, औद्योगिक क्षमता और कृषि उत्पादन को लेकर किये अध्ययन में 'ईस्टर्न इकोनॉमिस्ट' का निष्कर्ष था कि भारत और पाकिस्तान के आर्थिक संसाधनों में भारी अन्तर रहने वाला है। इसकी भविष्यवाणी थी कि पाकिस्तान को एक विकास–सक्षम आर्थिक इकाई बनने में कम–से–कम एक दशक का समय लगेगा और तब तक 'भारतीय संघ के साथ परस्पर लाभकारी शर्तों पर सहकार के अलावा कोई चारा नहीं है।'[102] दो महीने बाद जून 1947 में बिरला द्वारा किये गये एक अध्ययन 'बेसिक फैक्ट्स रिलेटिंग टु हिन्दुस्तान एंड पाकिस्तान' में इस समस्या का पुनः अनुसन्धान किया गया।[103] बिरला ने पहले अपने विचारों को छपवाकर निजी तौर पर बँटवाया और जब उन्हें प्रभावशाली हलकों का समर्थन मिला तो उन्होंने अपनी छानबीन को 'ईस्टर्न इकोनॉमिस्ट' में भी छपवाया।[104] अध्ययन की भूमिका में उन्होंने बेबाक़ी के साथ बयान दिया कि 'हिन्दू भारत' पाकिस्तान से मज़बूत रहेगा, लेकिन उन्होंने माना कि पाकिस्तान भी ताक़तवर और समृद्ध हो सकता है।

उन्होंने दोनों राज्यों के बीच एक ऊँची आर्थिक संवृद्धि दर के लिए आर्थिक मेलजोल की वकालत की और निष्कर्ष निकाला कि 'यह दोनों ही हिस्सों के फ़ायदे में होगा कि सहकार की कोशिशें इस क्रम में की जायें कि समूचा भारत उच्च आर्थिक समृद्धि, ताक़त और प्रतिष्ठा हासिल करने में सक्षम हो सके।' जो चीज़ बिरला की इस चौपतिया (पैम्फ्लेट) को मोदी और मथाई के पूर्ववर्ती अध्ययन से अलग करती थी वह यह कि कलकत्ता को विवाद का सम्भावित मुद्दा भी नहीं माना गया था। इस मामले में अलग था कि दोनों ने कलकत्ता के विषय को लेकर होने वाले मतभेदों की चर्चा नहीं की थी, यह मान लिया गया था कि शहर भारतीय बंगाल का हिस्सा रहेगा। बिरला की राय यह थी कि कलकत्ता के बग़ैर भी पाकिस्तान आर्थिक रूप से साध्य है।[105]

बिरला ने 1945 और 1948 के बीच बँटवारे की बाबत विचारों को आकार देने और उन्हें काँग्रेस के उच्च नेतृत्व के बीच स्पष्ट करने में महत्त्वपूर्ण भूमिका निभाई थी। सुमित सरकार और मार्कोविट्स दोनों इतिहासकारों ने माना है कि काँग्रेसी नेतृत्व द्वारा बँटवारे को स्वीकार करने के लिए गये निर्णय के पीछे व्यावसायिक दबावों की कम महत्त्वपूर्ण भूमिका नहीं रही।[106] इस बात के भी पर्याप्त प्रमाण हैं जो बताते हैं कि निर्णय लेने की प्रक्रिया में बिरला की महत्त्वपूर्ण भूमिका रही थी। इन वर्षों में गाँधी के बजाय ये पटेल थे जो काँग्रेस को चला रहे थे, और इसमें कोई आश्चर्य नहीं कि बापू से क़रीबी सम्पर्क होते हुए भी बिरला काम के समय सरदार पटेल की ओर ही देखते थे। सामान्य तौर पर बिरला आर्थिक मामलों में काँग्रेस नेतृत्व को सलाह देने में महत्त्वपूर्ण भूमिका निभाते आये थे। वास्तव में इन वर्षों के दौरान काँग्रेस आलाकमान आर्थिक क्षेत्र में दिशा प्राप्त करने के लिए बिरला पर ज़्यादा–से–ज़्यादा भरोसा करने लगा था।[107] उनके केन्द्रीयता को आज़ादी के बाद भारत और पाकिस्तान के बीच परिसम्पत्तियों और दायित्वों का बँटवारा करने की उन्हें दी गयी ज़िम्मेदारी में भी देखा जा सकता है।[108]

विध्वंस का दौर

देश का बँटवारा भयानक अशान्ति और हिंसा के साथ हुआ। साम्प्रदायिक दंगों में पाँच से दस लाख के बीच लोगों की मौत हुई और पौने दो करोड़ से अधिक लोग विस्थापित हो गये।[109] जैसे रक्तपात के बीच देश का बँटवारा हुआ और बड़े पैमाने पर लोग बेघरबार हुए वैसे में बिरला ने अपने ऊपर यह ज़िम्मेदारी ली कि वे नवनिर्मित भारत सरकार को राजी करेंगे कि वह अर्थव्यवस्था को सबसे ज़्यादा महत्त्व दे। पंजाब के होलोकॉस्ट (बड़े पैमाने पर हुई हत्याएँ) से उन्हें बहुत बुरे आर्थिक अनुभव हुए।[110] वह यह भी चाहते थे कि सरकार ख़तरे के स्तर पर जा पहुँची खाद्य–स्थिति को लेकर ऐसी आपात् योजना बनाये जो जन वितरण प्रणाली को उस तरह ध्वस्त होने से बचाये जैसा कि बंगाल में कुछ वर्ष पहले हुआ था। शरणार्थियों की आयी बाढ़ और तबाही के स्तर को देखने के बाद उन्हें लगने लगा था कि 'जैसे सारा संसार ग़लत पटरी पर चला गया है।'[111] बहुत ज़्यादा निराशा महसूस करते हुए उन्होंने अपना दुख प्रकट किया कि 'अगर हम स्थिति का मुक़ाबला नहीं करेंगे तो भारत का विनाश हो चुका होगा।'[112] उन्होंने ख़ुद को शरणार्थियों के पुनर्वास कार्य में झोंक दिया। उनका मानना था कि जो लोग विस्थापित हुए हैं उन्हें तुरन्त रोज़गार दिया जाना ज़रूरी है।

रोज़गार की कमी से 'कड़ुवाहट बढ़ेगी और लोग प्रतिक्रिया करने को उत्तेजित होंगे।' उन्होंने अपने काफ़ी संसाधन नवनिर्मित राहत और पुनर्वास मन्त्रालय और राहत कार्य में लगी अन्य एजेंसियों को वितरण के लिए दिये।[113] उनके कर्मचारी सरकार के लिए अवैतनिक रूप में काम कर रहे थे और उनकी कम्पनियों ने पश्चिमी पंजाब से विस्थापितों को सुरक्षित निकालकर लाने और बाद में उन्हें यहाँ–वहाँ पहुँचाने के लिए अपने मोटर वाहन दिये थे।[114] उनकी हवाई सेवा, भारत एयरवेज़, की उड़ानें पाकिस्तान से आने वालों को ला रही थीं, और उनकी मिलों ने आटे और कपड़े जैसी ज़रूरी सामग्रियाँ अस्थायी रूप से बने शरणार्थी–कैम्पों में पहुँचायीं।[115] उन्होंने अपने अन्य धर्मार्थ कार्यों की रक़म को भी राहत कार्यों में ही लगा दिया। यूपी के काँग्रेसी नेता के.एन. काटजू से उन्होंने कहा कि 'सारी ऊर्जा और हर उपलब्ध धनराशि अब सिर्फ़ शरणार्थी समस्या में जा रही है। सतह पर सब कुछ बहुत शान्त दिख रहा है पर आपको अन्दाज़ा नहीं है कि कितना बड़ा तनाव मौजूद है और कितना बड़ा आने वाला है।'[116] बिरला की सलाह और वित्तीय मदद से लाभान्वित होने वाली कई राहत संस्थाओं में एक यूनाइटेड काउंसिल फॉर रिलीफ़ एंड वेलफेयर भी थी। उन्हें काउंसिल में शामिल होने का न्यौता उसकी अध्यक्षा लेडी एडविना माउंटबेटन की ओर से भेजा गया था।[117] काउंसिल का मुख्यालय दिल्ली के गवर्नमेंट हाउस में था और इसने बड़ी तादाद में राहत संस्थाओं के काम का संयोजन किया। बिरला ने काउंसिल की कार्यकारिणी समिति में काफ़ी जुटकर कार्य किया और इसकी वित्तीय उपसमिति के एक अहम सदस्य हो गये।[118]

बिरला की वित्तीय और तकनीकी विशेषज्ञता की दरकार राहत और पुनर्वास मन्त्रालय को भी थी। उन्होंने मन्त्रालय को सलाह दी कि वह आर्थिक पुनर्वास की दीर्घावधि योजना बनाये। उन्होंने मशविरा दिया कि एक आर्थिक जनगणना कराई जानी चाहिए ताकि उन इलाक़ों का पता लग सके जहाँ विस्थापन के कारण उद्योगों के लिए मज़दूरों की किल्लत होने वाली है। राहत और पुनर्वास मन्त्रालय के सचिव से चर्चा में उन्होंने कहा कि 'हमें कुशल कर्मचारियों की भारी कमी महसूस हो रही है' और सुझाव दिया कि आने वाले शरणार्थियों को देश भर की औद्योगिक इकाइयों में खपाया जा सकता है। ग़ैर–कुशल मज़दूरों के रोज़गार के लिए पन–बिजली योजनाओं जैसे सार्वजनिक कार्य शुरू किये जा सकते हैं। बिरला का सुझाव था कि 'पूँजीगत ख़र्चों की जाँच होनी चाहिए और उन्हें अविलम्ब शुरू करना चाहिए।'[119] शरणार्थियों की समस्या सुलझाने के लिए उन्होंने पूर्णतया नवीन दृष्टिकोण प्रस्तुत किया। उन्होंने समझ लिया था कि इस वक़्त की सबसे बड़ी ज़रूरत राहत कार्य हैं, पर उनका ज़ोर जिस बात पर था उसकी ज़रूरत मूलतः दीर्घावधि के लिए थी, वह था शरणार्थियों का आर्थिक पुनर्वास। इस लक्ष्य के लिए उन्होंने कठिन श्रम किया और कभी भी अपना चारित्रिक आशावाद नहीं खोया। उन्होंने लिखा, 'आइए हम आस्थापूर्वक काम करें और बाक़ी को भगवान के हाथों में छोड़ दें।'[120]

व्यावसायिक मोर्चे पर भी लगता है बिरला बन्धुओं ने संकट का सामना करने की तैयारी अधिकांश व्यवसायियों की तुलना में ज़्यादा अच्छे से कर रखी थी।[121] उथल–पुथल की आशंका को देखते हुए उन्होंने पहले से ही दंगा आशंकित क्षेत्रों में स्थित व्यवसायों की हिफ़ाज़त के रास्ते निकाल लिए थे। उदाहरण के लिए कलकत्ता स्थित अपनी टेक्सटाइल

मशीनरी कम्पनी की मशीनरी और संयन्त्र उन्होंने पहले ही अप्रैल 1947 में ग्वालियर भिजवा दिये थे। हालाँकि फिर भी दो क्षेत्र थे जहाँ उनकी स्थिति विशेष रूप से नाज़ुक थी : एक, पंजाब और सिन्ध के मुस्लिम बहुल इलाक़ों में उनके यूनाइटेड कॉमर्शियल बैंक का कामकाज, और दूसरी, लाहौर के निकट ओकारा में विशाल सतलुज कॉटन मिल। बँटवारे के महीनों पहले ही तैयारी करते हुए पंजाब और सिन्ध की बैंक शाखाओं से 80 प्रतिशत नक़दी सम्पत्ति सुरक्षित स्थानों पर भेज दी गयी थी। इस प्रकार बैंक अपनी चल सम्पत्ति का बड़ा हिस्सा बचाने में कामयाब हो गया।[122] नयी स्थिति से निपटने के लिए बैंक की क्रेडिट पॉलिसी में भी कई बदलाव किये गये। दंगे और नागरिक बलवे के मामलों में बीमे की योजना लागू होने तक सभी नये ऋणों पर रोक लगा दी गयी। जहाँ पैसे पहले ही दिये जा चुके थे वहाँ बैंक ने अब दंगा और नागरिक बलवा जोख़िम लागू करने का आग्रह किया।[123] एक नीतिगत निर्णय यह भी लिया गया कि 'जब तक बाज़ार की स्थितियाँ अनुकूल नहीं होतीं' तब तक बैंक के शेयरों का कारोबार बन्द रखा जायेगा।[124] इस प्रकार की व्यवस्था करते हुए बैंक की चल सम्पत्ति तो बचा ली गयी लेकिन उसकी कई इमारतों को दंगों में नहीं बचाया जा सका। इसके गोदाम लूट लिए गये और कई जगहों पर इसके कर्मचारी भाग खड़े हुए। ख़ाली कराई गयी सम्पत्तियों का कस्टोडियन बैंक को मदद की थोड़ी ही राहत पहुँचा सका। बिरला ने अपने बैंक और दूसरे भारतीय बैंकों का मुद्दा पाकिस्तान के सर्वोच्च अधिकारियों के सामने उठाया। उन्होंने स्थानीय और ज़िला स्तरीय अधिकारियों के ख़िलाफ़ दंगे और लूट में मिलीभगत की शिकायत दर्ज की और चाहते थे कि यह मामला सर्वोच्च स्तर तक ले जाया जाये जिससे भारतीय बैंकों को उनके नुक़सान का हर्ज़ाना दिया जा सके।[125]

बिरला की जिस एकमात्र सम्पत्ति को बँटवारे के दंगों में बड़ा नुक़सान हुआ था वह थी लाहौर के ओकारा स्थित सतलुज कॉटन मिल। 1947 में मिल की कुल पूँजी तीन करोड़ रुपये थी जिसमें दो करोड़ रुपये के स्टॉक थे और एक करोड़ रुपये संयन्त्र और उपकरणों में निवेशित थे। इसमें लगभग 4,000 कर्मचारी काम करते थे। ओकारा में मुसीबतों का दौर अगस्त 1947 में शुरू हुआ जब अमृतसर से बड़ी संख्या में मुसलमान शरणार्थी वहाँ पहुँचने शुरू हुए। दंगे भड़क उठे और तमाम हिन्दू परिवार ओकारा छोड़कर भागने लगे। घटना से सावधान बिरला ने पूर्वी पंजाब के गवर्नर से प्रार्थना की कि वह भाग रहे परिवारों की सम्पत्ति की सुरक्षा के लिए सेना तैनात करें और उनकी सुरक्षित निकासी की समुचित व्यवस्था करें। साथ ही उन्होंने अपनी मिल की सुरक्षा के लिए भी सेना तैनात करने का आग्रह किया। उनकी माँग थी कि पंजाब सीमा बल की तैनाती की जाये।[126] हालाँकि मिल लूट ली गयी और उस पर लायलपुर के एक 'शेख' के प्रतिनिधियों ने क़ब्ज़ा कर लिया। इन लोगों ने मिल के क्वार्टरों को क़ब्ज़े में ले लिया, जबकि फ़ैक्टरी को पाकिस्तान सरकार ने अपने नियन्त्रण में लेकर मूलतः पूर्वी पंजाब के एक उद्यमी घोलन फरीद लतीफ को सौंप दिया। बिरला ने यह मामला सर्वोच्च अधिकारियों के सामने उठाया और पटेल और नेहरू से मिलकर निवेदन किया कि वे इस विषय में पाकिस्तान के प्रधानमन्त्री लियाकत अली ख़ान से बात करें। वह चाहते थे कि मिल को सैन्य सुरक्षा मुहैया करायी जाये ताकि उसे दोबारा शुरू किया जा सके।[127] पाकिस्तान में भारतीय राजदूत श्री प्रकासा ने भी मिल की सुरक्षा को लेकर अपनी ओर से कुछ बाक़ी नहीं रखा और निजी तौर पर वित्त मन्त्री से मिलकर इस विषय की चर्चा की।

श्री प्रकासा ने पाकिस्तान के वाणिज्य मन्त्री चुन्द्रीगर को बिरला की ओर से यह आश्वासन दिया कि मिल अब 'पूरी तौर पर मुस्लिम श्रमिकों को ही रखेगी।'[128] हालाँकि मिल दोबारा शुरू हो गयी थी मगर हालात तनावपूर्ण ही बने रहे। मिल के कर्मचारियों को धमकी भरे पत्र मिलते रहे और बिरला को लियाकत अली ख़ान से कहना पड़ा कि वह स्थानीय अधिकारियों से बात करें। पाकिस्तानी अधिकारियों के साथ मिल को लेकर हुए अनुभव ने बिरला में दो नवस्वतन्त्र राष्ट्रों में आर्थिक सहकार के अहम मुद्दे को लेकर एक हताशा पैदा कर दी थी। उन्होंने लियाकत अली ख़ान से कहा कि 'दोनों देशों के पास करने को इतने काम हैं कि असल बात को तय न करके लड़ाई में लगे रहना एक बेवकूफ़ी होगी।'[129]

बँटवारे का आर्थिक लेखाजोखा

जिस हिसाब से सब घटित हुआ, बँटवारा हुआ और पाकिस्तान का निर्माण हुआ उससे बिरला अवाक् थे। उनकी सबसे बड़ी आशा रही थी कि दोनों देश आर्थिक और सुरक्षा मामलों में काफ़ी कुछ उसी तरह का आपसी सहयोग करें जैसे आज का यूरोपीय आर्थिक समुदाय कर रहा है।[130] लेकिन वह आशा बँटवारे के दौरान की रंजिश और मारकाट में फड़फड़ाकर रह गयी। फिर भी उन्होंने और उनके व्यावसायिक साथियों ने शुरू में विभाजन को लेकर जो बातें रखी थीं उनकी अमिट छाप बँटवारे के परिणामों में थी। इसे इस तथ्य में देखा जा सकता है कि भारत के बड़े व्यवसाय को बँटवारे से हुआ कुल नुक़सान तुलनात्मक रूप से कम था। कलकत्ता के भारत में बने रहने से व्यवसाय का कम ही नुक़सान हुआ। कुल आर्थिक दृष्टि से भारत के बड़े व्यवसाय को एक अलग प्रकार का लाभ हुआ। यह बात आँकड़ों से और स्पष्ट हो जाती है। अविभाजित भारत के कुल उद्योगों के 90.4 प्रतिशत से अधिक उद्योग भारत के साथ ही बने रहे। 1945 में भारत में कुल 14,677 औद्योगिक संस्थान थे जिसमें से 13,263 या 90.4 प्रतिशत भारत में बने रहे जबकि पाकिस्तान को 1414 या 9.6 प्रतिशत मिले। कुल औद्योगिक रोज़गार 3,141,774 में से भारत का हिस्सा 2,935,729 या 93.5 प्रतिशत रहा, जबकि पाकिस्तान के खाते में 206,045 या 6.5 प्रतिशत गया।[131] बँटवारे के पहले की कुल संयुक्त–स्टॉक कम्पनियाँ जिनकी संख्या 22,674 थीं अपनी कुल संयुक्त निवेशित पूँजी 56,953 लाख रुपये के साथ भारत में ही बनी रहीं जबकि 2867 कम्पनियाँ जिनकी कुल निवेशित पूँजी 1596 लाख रुपये थी पाकिस्तान के खाते में गयीं। बुनियादी ढाँचे के मामले में भी एक बार फिर भारत का पलड़ा भारी रहा। मसलन विद्युत उत्पादन में कुल काम कर रहे संयन्त्रों की किलोवाट–क्षमता का 94.7 प्रतिशत भारत के खाते में गया जबकि पाकिस्तान के हिस्से में 5.3 प्रतिशत (4.8 प्रतिशत पश्चिमी पाकिस्तान को और 0.5 प्रतिशत पूर्वी पाकिस्तान को) आया।[132] परिवहन के मामले में अविभाजित भारत में कुल रेल रास्ता 41,141 मील था जिसमें से 34,157 मील भारत में रहा और 6981 मील पाकिस्तान में गया। इंजनों और वैगनों के मामले में 7248 लोकोमोटिव भारत में रहे जबकि पाकिस्तान को 1339 मिले। इसी प्रकार भारत को 20,166 कोच वाहन और 2,10,799 माल वाहन मिले, जबकि पाकिस्तान का हिस्सा क्रमशः 4281 और 40,221 रहा।[133]

उद्योग जगत के कई ख़ास क्षेत्रों में भी इसी तर्ज़ के दोहराव देखने को मिले। टेक्सटाइल के कुल व्यावसायिक प्रतिष्ठानों में से 1656 भारत में रहे और 46 पाकिस्तान के खाते में गये।

इंजीनियरिंग संस्थानों के मामलों में 1734 भारत में रहे जबकि 278 पाकिस्तान को मिले। कुल रसायन संस्थानों में 1009 भारत में रहे और 56 पाकिस्तान के हिस्से में गये। अविभाजित भारत की कुल 108 जूट मिलों में से पाकिस्तान में कोई भी नहीं गयी, 394 कॉटन मिलों में से 380 भारत में ही रहीं और पाँच प्रतिशत से भी कम पाकिस्तान को गयीं, सिल्क बनाने वाली 280 मिलों में से 274 भारत में रहीं, 166 चीनी मिलों में सिर्फ़ 10 पाकिस्तान को मिलीं, 25 सीमेंट फ़ैक्टरियों में से 19 भारत में रहीं; 175 काँच फ़ैक्टरियों में से अधिकांश भारत में रहीं, अविभाजित भारत की सभी 49 पेपर मिलें भारत में ही रहीं, और ऐसा ही 18 आयरन और स्टील मिलों के साथ भी रहा, 38 माचिस फ़ैक्टरियाँ भारत में ही रहीं जबकि 8 पाकिस्तान को मिलीं, भारी रसायन की 38 फ़ैक्टरियाँ भारत में रहीं और दो पाकिस्तान को मिलीं, 28 पेंट फ़ैक्टरियाँ भारत में रहीं जबकि पाकिस्तान के हिस्से में चार गयीं, 93 रबड़ फ़ैक्टरियाँ भारत में ही रहीं जबकि पाकिस्तान का हिस्सा 21 का रहा, भारी इंजीनियरिंग की 30 फ़ैक्टरियाँ भारत में रहीं जबकि पाकिस्तान के हिस्से में चार गयीं। कुछ क्षेत्रों में तो यह अन्तर ख़ासतौर पर ध्यान खींचने वाला था, जैसे कि आटोमोबाइल उद्योग, जिसमें भारत की निर्माण क्षमता 36,854 आटोमोबाइल प्रतिवर्ष की थी जबकि पाकिस्तान की कोई क्षमता ही नहीं थी।[134]

हालाँकि कुछ अस्थायी अड़चनें थीं। कलकत्ता के जूट उद्योग ने देखा कि इसकी कच्चे माल की आपूर्ति ख़तरे में है, क्योंकि 70 प्रतिशत कच्चे जूट का उत्पादन पूर्वी पाकिस्तान में होता था। लेकिन भारतीय उद्योगपतियों को आश्वासन दिया गया कि उन्हें आपूर्ति जारी रहेगी और भारत पूर्वी पाकिस्तान के कच्चे जूट का मुख्य ख़रीददार बना रहेगा। साथ ही जूट रोपण भारतीय बंगाल में भी हो सकता था। किसी भी तौर पर 1940 के दशक तक जूट कमोबेश एक ढलता हुआ उद्योग था। कुल मिलाकर बिरला को यह आत्मविश्वास था कि भारत को ठोस रूप से तीव्र पूँजीवादी विकास के रास्ते पर रखने के लिए आवश्यक बुनियादी संसाधन देश के पास हैं। और उन्होंने भविष्य की ओर काफ़ी उम्मीद से देखा।

सन्दर्भ एवं टिप्पणियाँ

1. बिरला से रेगीनाल्ड क्लार्क को, 14 जनवरी 1935, बिरला पेपर्स, फ़ाइल नम्बर 5।
2. बिरला द्वारा '17 अक्टूबर 1927 को मालवीय जी के साथ बातचीत के नोट्स, बनारस', बिरला पेपर्स, सीरीज़ वेरी–वेरी इम्पोर्टेंट कोरेस्पोंडेंस, फ़ाइल नम्बर 10।
3. साम्प्रदायिक प्रश्न पर उनके शुरुआती विचार पंजाब यूनियनिस्ट पार्टी के लीडर फ़ज़ल–ए–हुसैन के विचारों से बहुत मिलते–जुलते थे। 1930 के दशक में फ़ज़ल–ए–हुसैन भी सीमाओं का पुनर्नियोजन और भारत के भीतर ही 'एक मुस्लिम इंडिया' का पृथक् अस्तित्व चाहते थे। ब्योरों के लिए देखें, अज़ीज़ हुसैन, *फ़ज़ल–ए–हुसैन : अ पोलिटिकल बायोग्राफ़ी* (बॉम्बे, 1946), पृ. 248–9।
4. आयशा जलाल, *द सोल स्पोक्समैन जिन्ना, द मुस्लिम लीग एंड द डिमांड फॉर पाकिस्तान* (कैम्ब्रिज, 1985)। साम्प्रदायिक प्रश्न की पृष्ठभूमि के लिए देखें, उमा कौड़ा, *मुस्लिम्स एंड इंडियन नेशनलिज़्म, द इमर्जेंस ऑफ़ द डिमांड फॉर इंडियाज पार्टीशन 1928–40* (नयी दिल्ली, 1977), प्रभा दीक्षित, *कम्युनलिज़्म : अ स्ट्रगल फॉर पावर* (नयी दिल्ली, 1974)। साथ ही देखें, के.के. अज़ीज़, *द मेकिंग ऑफ़ पाकिस्तान : अ स्टडी इन नेशनलिज़्म* (लन्दन, 1967) और हेक्टर बोलिथो, *जिन्ना : क्रिएटर ऑफ़ पाकिस्तान* (लन्दन, 1954)।

5. बिरला से सी. राजगोपालाचारी को, 24 जनवरी 1936, बिरला पेपर्स, सीरीज़ II, फ़ाइल नम्बर एच–10।
6. बिरला से महादेव देसाई को, 11 जनवरी 1938, उद्धृत, जी.डी. बिरला, *बापू : अ यूनीक एसोसिएशन*, वॉल्यूम III, पृ. 142–4।
7. वे इस बात के लिए आश्वस्त थे कि 'यही वो समय था जब लक्ष्यपूर्ति की पूरी प्रक्रिया को तीव्र किया जाना चाहिए, चाहे हमें कुछ शॉर्टकट अपनाने और समझौते करने पड़ें', उद्धृत, बिरला के निजी नोट्स, शीर्षक 'बापू के लिए प्रश्न', एन.डी., बिरला पेपर्स, सीरीज़ मिसलेनियस, फ़ाइल नम्बर 130।
8. बिरला से सी. राजगोपालाचारी को, 12 अक्टूबर 1938, बिरला पेपर्स, सीरीज़ II, फ़ाइल नम्बर आर–8।
9. हम नेहरू रिपोर्ट और गोलमेज सम्मेलन में उनकी शिरकत के बारे में देख चुके हैं।
10. 'द प्रेजेंट इम्पासे', वायसराय के सचिव को बिरला के द्वारा दिया गया नोट, एन.डी., बिरला पेपर्स, सीरीज़ मिसलेनियस, फ़ाइल नम्बर 130। इस खण्ड में उद्धृत बिरला के निजी नोट्स में से कई पर तारीख़ नहीं है, वे 1930 के दशक के आख़िर में उनके द्वारा लिखे गये प्रतीत होते हैं।
11. वायसराय के साथ साक्षात्कार, 11 नवम्बर 1939, बिरला पेपर्स, फ़ाइल नम्बर 38। बिरला ने अपने नोट्स में लिखा : 'मैंने पूरी स्पष्टता से उनको कहा कि पूरी दुनिया में भारत ही एकमात्र हिन्दू देश है, और जब अंग्रेज़ इसकी प्राचीन सभ्यता और परम्पराओं की बात करते हैं तो उनका मतलब कुछ और नहीं बल्कि हिन्दू सभ्यता ही होता है...मैं इस बात को स्वीकार करने के लिए तैयार नहीं था कि 25 प्रतिशत आबादी हमारी प्रगति पर रोक लगाये। हम उनकी सन्तुष्टि का भी यथेष्ट ध्यान रखेंगे, लेकिन हम उन्हें बहुसंख्यकों के बराबर दर्जा नहीं दे सकते जो वे माँग रहे हैं।' इसी तरह 1938 में उन्होंने आर्थर मूर को लिखा : 'हिन्दू जिस बात को स्वीकार नहीं कर सकते वह मुसलमानों का ये दावा है कि उन्हें भी बहुसंख्यक समुदाय के रूप में मान्यता दी जाये। वे अल्प संख्या में हैं इसे स्वीकार कर लिया जाना चाहिए। प्रजातन्त्र में प्रायः बहुसंख्यक ही वर्चस्व रखता है...वो जो चाहते हैं वो सिर्फ़ यह वर्चस्व ही है।' बिरला की ओर से आर्थर मूर को, 13 दिसम्बर 1938, बिरला पेपर्स, सीरीज़ फ़ारेन कोरेस्पोंडेंस।
12. जी.डी. बिरला, 'माई एनलिसिस ऑफ़ द सिचुएशन', एन.डी., बिरला पेपर्स, सीरीज़ मिसलेनियस, फ़ाइल नम्बर 127।
13. जी.डी. बिरला, 'द प्रेजेंट इम्पासे', बिरला पेपर्स, सीरीज़ मिसलेनियस, फ़ाइल नम्बर 130।
14. *वही*।
15. *वही*।
16. जी.डी. बिरला, 'नोट्स आफ्टर मीटिंग महात्मा गाँधी', एन.डी., बिरला पेपर्स, सीरीज़ मिसलेनियस, फ़ाइल नम्बर 127। साथ ही देखें, बिरला, 'माई एनलिसिस ऑफ़ द सिचुएशन', एन.डी., बिरला पेपर्स, सीरीज़ मिसलेनियस, फ़ाइल नम्बर 127। दिसम्बर 1939 में क्रिप्स के साथ स्थिति की चर्चा करते हुए बिरला ने उन्हें कहा कि प्रान्तीय कैबिनेट में 1937 में ग़ैर–काँग्रेसी मुसलमानों को बाहर रखकर काँग्रेस ने सम्भवतः एक ग़लती की थी, जिसने मुसलमानों को अध्यादेश को वीटो करने की शक्ति की माँग करने के लिए कारण दिया। उन्होंने कहा कि अब वो एक ही हल देखते हैं : हिन्दू और मुसलमान दो राष्ट्रों में अलग हो जायें, 'ज़िलों का सीमांकन करके आबादी का समुचित पुनःर्स्थापन, जिसके बाद एक ढीला–ढाला संघ बनाया जाये जिसके पास न्यूनतम आवश्यक शक्तियाँ हों।' आर.जे. मूर, *चर्चिल, क्रिप्स एंड इंडिया, 1939–1945* (न्यूयॉर्क, 1979), पृ. 11–12।
17. जी.डी. बिरला, 'द प्रेजेंट इम्पासे', बिरला पेपर्स, सीरीज़ मिसलेनियस, फ़ाइल नम्बर 130।
18. इस समर्थन ने मुस्लिम नेताओं को इस बात के लिए प्रोत्साहित कर दिया कि या तो वे 'वास्तविक बहुसंख्यक की स्थिति पा सकते हैं या संवैधानिक विकास पर रोक लगा सकते हैं।' जी.डी. बिरला, 'द प्रेजेंट इम्पासे', बिरला पेपर्स, सीरीज़ मिसलेनियस, फ़ाइल नम्बर 130।

19. बिरला की ओर से सर जॉर्ज शुस्टर को, 4 मार्च 1940, बिरला पेपर्स, फ़ाइल नम्बर 38।
20. राजकोट में कॉंग्रेस की शिरकत के विश्लेषण के लिए देखें, जे.आर. वुड, 'इंडियन नेशनलिज़्म इन द प्रिंस्ली कांटेक्स्ट : द राजकोट सत्याग्रह ऑफ़ 1938–39', उद्धृत, आर. जेफरी (सम्पा.), *पीपुल, प्रिंसेस एंड पैरामाउंट पावर : सोसायटी एंड पॉलिटिक्स इन द इंडियन प्रिंस्ली स्टेट्स* (दिल्ली, 1977)।
21. *वही*। टी.टी. कृष्णामाचारी के साथ बात करते हुए उन्होंने बताया कि कैसे कुछ रियासतें लीग की मदद कर रही हैं और ये इंगित किया कि सिकन्दर हयात के संसदीय सचिव चेम्बर ऑफ़ प्रिंसेस के भी सचिव थे, देखिए, उनकी बातचीत पर बिरला के नोट्स, उद्धृत, बिरला पेपर्स, सीरीज़ मिसलेनियस, फ़ाइल नम्बर 127।
22. जी.डी. बिरला, 'द प्रेजेंट इम्पासे', बिरला पेपर्स, सीरीज़ मिसलेनियस, फ़ाइल नम्बर 127। साथ ही देखें, बिरला की ओर से सर जॉर्ज शुस्टर को, 4 मार्च 1940, बिरला पेपर्स, फ़ाइल नम्बर 38।
23. बिरला की ओर से हेलीफैक्स को, 2 मई 1940, बिरला पेपर्स, फ़ाइल नम्बर 38।
24. बिरला, 'टॉक विद महात्मा जी ऑन 26 मार्च 1940', बिरला पेपर्स, सीरीज़ मिसलेनियस, फ़ाइल नम्बर 130।
25. बिरला की ओर से हिक्स को, 1 मई 1940, बिरला पेपर्स, फ़ाइल नम्बर 38।
26. इस प्राधिकरण की प्रकृति या संरचना की व्याख्या उन्होंने नहीं की, देखिए, 'द प्रेजेंट इम्पासे', बिरला पेपर्स, सीरीज़ मिसलेनियस, फ़ाइल नम्बर 127।
27. बिरला के नोट्स, एन.डी., बिरला पेपर्स, सीरीज़ मिसलेनियस, फ़ाइल नम्बर 127।
28. बिरला, 'टॉक विद महात्मा जी ऑन 26 मार्च 1940', बिरला पेपर्स, सीरीज़ मिसलेनियस, फ़ाइल नम्बर 130।
29. 'नोट्स ऑन मीटिंग विद महात्मा गाँधी', एन.डी., बिरला पेपर्स, सीरीज़ मिसलेनियस, फ़ाइल नम्बर 130।
30. बिरला, 'नोट्स ऑन टॉक विद गाँधीजी ऑन 26 मार्च 1940', बिरला पेपर्स, सीरीज़ मिसलेनियस, फ़ाइल नम्बर 130।
31. बिरला की ओर से ठाकुरदास को, 18 दिसम्बर 1940, बिरला पेपर्स, सीरीज़ II, फ़ाइल नम्बर टी–5। ठाकुरदास लीग के प्रमुख नेता लियाकत अली ख़ाँ के सम्पर्क में रहे प्रतीत होते हैं।
32. बिरला की ओर से महादेव देसाई को, 24 जून 1941, *बापू* वॉल्यूम IV, पृ. 199।
33. बिरला के नोट्स, गाँधीजी के साथ हुई बैठक पर बिरला के नोट्स, 25 दिसम्बर 1940, *बापू* वॉल्यूम IV, पृ. 185–7।
34. राजगोपालाचारी ने लीग और कॉंग्रेस के बीच आपसी समझ पैदा करने पर ज़ोर दिया ताकि भारत सरकार और रक्षा मामले में कॉंग्रेस की भागीदारी का रास्ता खुल सके। लीग का कुछ निश्चित क्षेत्रों के पृथक्करण के दावे को मानना और मुसलमानों के आत्मनिर्णय के अधिकार को उन्हें दे देना होगा। राजगोपालाचारी ने यह घोषणा की कि वे इसके विरुद्ध थे कि 'लोगों को भारतीय संघ के भीतर ही एक क्षेत्रीय इकाई में रहने के लिए उनकी घोषित और सुस्थापित इच्छा के विरुद्ध मजबूर किया जाये।' राजमोहन गाँधी, *द राजाजी स्टोरी* (बॉम्बे, 1984), पृ. 85।
35. इन दो व्यक्तियों के बीच अन्तरंग सम्बन्ध रहा था। बिरला ने उन्हें उस समय समर्थन दिया था जब 1937–39 में एक समय कॉंग्रेस के उनके साथियों ने मद्रास में उनके प्रीमियर रहने की अवधि को लेकर उनके साथ 'गरिमाहीन और अनुचित व्यवहार' किया था। उदाहरण के लिए देखें, बिरला की ओर से राजगोपालाचारी को, 25 नवम्बर 1937, बिरला पेपर्स, सीरीज़ वेरी–वेरी इम्पोर्टेंट कोरेस्पोंडेंस, फ़ाइल नम्बर 11।
36. बिरला की ओर से ठाकुरदास को, 8 नवम्बर 1941, बिरला पेपर्स, सीरीज़ 2, फ़ाइल नम्बर टी–5।
37. बिरला की ओर से गाँधी को, 28 फ़रवरी 1942, *बापू* वॉल्यूम IV, पृ. 283–4।

38. उदाहरण के लिए उन्होंने अप्रत्यक्ष स्रोतों से पता किया कि 'जिन्ना प्रस्ताव के प्रति तनिक शंकालु थे... लेकिन वे इस फ़ॉर्मूले के प्रति पूरी तरह विरोध में नहीं थे।' उन्होंने बड़ी ख़ुशी से राजगोपालाचारी को बताया कि इंग्लैंड में उदारपन्थी भी उनकी योजना के पक्ष में थे और उन्होंने ये टिप्पणी के.एम.मुंशी जैसे प्रमुख काँग्रेसी से की, बिरला की ओर से के.एम. मुंशी को, 6 मार्च 1942, बिरला पेपर्स, सीरीज़ 2, फ़ाइल नम्बर एम–13।

39. बिरला की ओर से ठाकुरदास को, 10 नवम्बर 1942, बिरला पेपर्स, सीरीज़ II, फ़ाइल नम्बर टी–5। नवम्बर 1942 में बिरला ने लॉर्ड वैजवुड को लिखा : 'राजगोपालाचारी वर्तमान गतिरोध का हल निकालने के लिए बहुत कड़े प्रयास कर रहे हैं। मैं उनकी सहायता कर रहा हूँ। वे इंग्लैंड जाना चाहते हैं लेकिन क्या आपको लगता है इससे कोई फ़ायदा होगा? यदि प्रधानमन्त्री सहानुभूति और दृढ़ता से गम्भीरतापूर्वक इस मसले को तवज्जो देते हैं तो मेरे विचार से समस्या सुलझ सकती है। मैंने उन्हें सलाह दी कि जब तक सत्तासीन लोग उन्हें प्रोत्साहन न दें वे न जायें।' बिरला की ओर से लॉर्ड वैजवुड को, 14 नवम्बर 1942, बिरला पेपर्स, सीरीज़ फॉरेन कोरेस्पोंडेंस, फ़ाइल नम्बर डब्ल्यू–22।

40. बाद में *ईस्टर्न इकोनॉमिस्ट* ने राजगोपालाचारी के साथ सहानुभूति जताते हुए कहा कि राजगोपालाचारी ऐसे काँग्रेसी नेता थे 'जिन्होंने काँग्रेस प्रवक्ता की अपनी सुअर्जित भूमिका के त्याग का ख़तरा उठाकर भी जिन्ना को समझने के अथक प्रयास किये।' उसने आगे लिखा कि बातचीत की इन कोशिशों के दौरान जिन्ना एक ऐसे शख़्स के रूप में उभरे हैं जिनकी किसी भी सौदेबाज़ी में कोई रुचि नहीं है और उन्होंने यह स्पष्ट कर दिया था कि वह 'पाकिस्तान के अपने प्रस्ताव को पूर्ण रूप से स्वीकृत करवाना चाहते हैं, जिसके स्वरूप को वे अपनी सुविधा और अपनी पार्टी की समय–समय पर सामने आने वाली राजनीतिक परिस्थितियों के मुताबिक़ भविष्य में तय करेंगे।' *ईस्टर्न इकोनॉमिस्ट,* 14 अप्रैल 1944।

41. उनकी बातचीत के दौरान लियाकत अली ने यह दावा किया था कि काँग्रेस के मुस्लिम भी बँटवारा चाहते थे जिस कारण बिरला ने महादेव देसाई को लिखा कि 'साथ ही हमें यह नहीं भूलना चाहिए कि हरेक मुस्लिम अब यही चाहता है।' बिरला की ओर से महादेव देसाई को, 14 जुलाई 1942, *बापू,* वॉल्यूम IV, पृ. 315–7।

42. गाँधी की ओर से बिरला को, 16 जुलाई 1942, *वही,* पृ. 318–20।

43. बिरला की ओर से पद्मपत सिंघानिया को, 25 सितम्बर 1942, बिरला पेपर्स, सीरीज़ II, फ़ाइल नम्बर एस–20ए। इन बातचीतों के सही–सही स्वभाव के बारे में ब्योरे उपलब्ध दिखायी नहीं पड़ते। जिन्ना ने बाद में नेहरू के सामने यह दावा किया कि बिरला पाकिस्तान के पक्ष में थे। देखिये बिरला की ओर से नेहरू को, 3 जून 1947, बिरला पेपर्स, सीरीज़ II, फ़ाइल नम्बर एन–4।

44. बिरला के नोट्स, एन.डी., बिरला पेपर्स, सीरीज़ मिसलेनियस, फ़ाइल नम्बर 124।

45. *ईस्टर्न इकोनॉमिस्ट,* 29 सितम्बर 1944।

46. बिरला द्वारा लिखा नोट, एन.डी., लेकिन सम्भवतः कैबिनेट मिशन के समक्ष लिखा गया, बिरला पेपर्स, सीरीज़ मिसलेनियस, फ़ाइल नम्बर 124।

47. बिरला की ओर से बद्रीदास गोयनका को, 10 जनवरी 1946, बिरला पेपर्स, सीरीज़ II, फ़ाइल नम्बर जी–1।

48. शिमला सम्मलेन ने एक ऐसी भारतीय सुरक्षा–परिषद् बनाये जाने का प्रस्ताव रखा जिसमें वाइसराय और कमांडर–इन–चीफ़ के अलावा शेष सभी भारतीय हों। लेकिन यह प्रस्ताव गिर गया जब जिन्ना ने यह माँग की कि सभी मुस्लिम सदस्यों को चुनने का अधिकार केवल लीग के पास हो और परिषद् के अन्दर वे सभी फ़ैसले जिन पर मुस्लिम सदस्यों को एतराज़ हो, को स्वीकृत किये जाने के लिए दो–तिहाई बहुमत ज़रूरी हो। ब्योरों के लिए देखें, अनीता इन्दर सिंह, *द ओरिजिन्स ऑफ़ पार्टीशन,* पृ. 118–24।

49. बिरला की ओर से पटेल को, 14 सितम्बर 1945, बिरला पेपर्स, सीरीज़ II, फ़ाइल नम्बर पी–7। 1945–46 में बिरला ने जवाहर पर्स फंड, 1946 के चुनाव और काँग्रेस केन्द्रीय संसदीय बोर्ड आदि कई उद्देश्यों के लिए धन संग्रहित करने में पटेल की मदद की थी। यह धन संग्रह पटेल के कहने पर ही किया गया था जो काँग्रेस के प्रमुख धन संग्राहक थे। 1946 के चुनाव में बिरला को 'कलकत्ता कोटा' की ज़िम्मेदारी दी गयी थी जबकि उनके भाई रामेश्वर दास बॉम्बे में पटेल के ख़ास लोगों में से एक थे। बिरला ने मारवाड़ी समुदाय में अपने मज़बूत सम्पर्कों का इस्तेमाल करके रुइया, पोद्दार, जालान, सेकसरिया और सोमानी घरानों के साथ–साथ बरार के महत्त्वपूर्ण नेता बृजलाल बियानी की मदद हासिल की। उन्होंने पटेल को सलाह भी दी कि राशि–संग्रह अभियान का सबसे अच्छा तरीक़ा यह है कि बजाय प्रान्तीय नेताओं को इसमें लगाने के इसे राष्ट्रीय स्तर पर केन्द्रित किया जाये। बिरला की ओर से पटेल को, 17 अक्टूबर 1945, बिरला पेपर्स, सीरीज़ II, फ़ाइल नम्बर पी–7।
50. रामकृष्ण डालमिया, *सम नोट्स एंड रेमिनिस्संस* (कुछ नोट्स और संस्मरण), पृ. 11।
51. बिरला की ओर से राजगोपालाचारी को, 12 नवम्बर 1946, बिरला पेपर्स, सीरीज़ II, फ़ाइल नम्बर आर–5।
52. उदाहरण के लिए देखें, बिरला द्वारा नियन्त्रित यूनाइटेड कॉमर्शियल बैंक लिमिटेड की चौथी वार्षिक सभा में 18 अप्रैल 1947 को दिया गया उनका भाषण, उद्धृत, *ईस्टर्न इकोनॉमिस्ट*, 25 अप्रैल 1947।
53. बिरला की ओर से महादेव देसाई को, 11 जनवरी 1938, जी.डी. बिरला, *बापू : अ यूनीक एसोसिएशन*, वॉल्यूम III, पृ. 142–4।
54. यह विचार प्रारम्भिक रूप में सबसे पहले क्लॉड मर्कोविट्स ने अपने परिपत्र 'बिज़नेसमैन एंड द पार्टीशन ऑफ़ इंडिया' (मिमियोग्राफ़ी द्वारा तैयार) में सुझाया था। परिपत्र आईआईएम, अहमदाबाद में मार्च 1989 को प्रस्तुत किया गया।
55. *ईस्टर्न इकोनॉमिस्ट*।
56. मुस्लिम लीग की नीतियों ने बड़े व्यापार जगत की शंकाओं की पुष्टि कर दी। उदाहरण के लिए 1943 के अन्त में मुस्लिम लीग के पाँच प्रान्तों के प्रमुख दिल्ली और लाहौर में अपने प्रान्तों की आर्थिक समस्याओं पर चर्चा करने के लिए मिले। उनके बहुमत का यह विचार था कि उन्हें अपने प्रान्तों के लिए एक 'साझा आर्थिक नीति विकसित' करनी चाहिए। इस तरह की नीतियाँ बड़े व्यापार द्वारा समर्थित केन्द्रीयकृत राज्य योजना के सिद्धान्त के मूल पर चोट करने वाली थीं। सम्मेलन के बारे में देखें, *ईस्टर्न इकोनॉमिस्ट*, 17 दिसम्बर 1943।
57. बिरला ने 1934 के शुरू में ही केन्द्र की भूमिका के बारे में उल्लेख किया था जब उन्होंने कहा था कि 'हम अपनी स्थिति तब तक नहीं सुधार सकते जब तक कि हम सामूहिक क़दम उठाने का निर्णय नहीं लेते जो सुविचारित हो, सुनियोजित हो, समन्वय की एक योजना के हिस्से के तौर पर लागू किया जाये जिसे सफल करने के लिए उसके पास आवश्यक अधिकार हों। इसलिए सरकारी 'हस्तक्षेप आवश्यक हो जाता है।' जी.डी. बिरला, 'अ प्ली फॉर प्लानिंग', उद्धृत, *अ पाथ टु प्रॉस्पैरिटी* (1950)।
58. *ईस्टर्न इकोनॉमिस्ट* ने 1943 के मध्य में योजना के मूलभूत महत्त्व को रेखांकित करने के लिए बॉम्बे प्लान प्रकाशित होने से कुछ महीने पहले सात लेखों की एक श्रृंखला प्रकाशित की थी। उन्होंने इस बात पर बल दिया था कि राज्य द्वारा योजना बनाकर चलना अत्यन्त आवश्यक था क्योंकि 'निजी पूँजीवाद लोगों की ज़रूरतों को पूरा करने में असफल रहा है और सारी प्रशासनिक अक्षमताओं के बावजूद नियोजित अर्थव्यवस्था आर्थिक प्रगति को अधिक ऊँची दर पर ले जा सकेगी क्योंकि उसमें निजी पूँजीवाद की तुलना में कहीं अधिक तीव्र गति से पूँजी निर्माण हो सकेगा' आगे उन्होंने इस बात पर बल दिया कि 'राज्य का सारा प्रशासनिक तन्त्र प्रजातान्त्रिक नियन्त्रण में रहेगा' और 'निजी उद्यम' केन्द्र के अनुसार 'सम्पूर्ण समन्वय के मुताबिक़ निर्धारित सीमाओं में रहकर काम करेंगे।' देखिये 'द स्टेट एंड द प्राइवेट सेक्टर', 13 अगस्त 1943, *ईस्टर्न इकोनॉमिस्ट*, योजना पर लेखों के लिए देखें 2 जुलाई से 13 अगस्त 1943 तक के अंक।

59. शोधकर्ता आदित्य मुखर्जी और राघवेन्द्र चट्टोपाध्याय ने इसे सर्वथा स्पष्टता से दिखाया। देखें, आदित्य मुखर्जी, 'इंडियन कैपिटलिस्ट क्लास एंड द पब्लिक सेक्टर', *इकोनॉमिक एंड पोलिटिकल वीकली*, वॉल्यूम II, नम्बर 3 (17 जनवरी 1976), पृ. 67–73, और 'इंडियन कैपिटलिस्ट क्लास एंड काँग्रेस ऑन प्लानिंग एंड पब्लिक सेक्टर, 1930–47', उद्धृत, के.एन. पणिक्कर (सम्पा.), *नेशनल एंड लेफ्ट मूवमेंट्स इन इंडिया* (नयी दिल्ली,1980), पृ. 45–79। आर.चट्टोपाध्याय, 'एटीट्यूड ऑफ़ इंडियन बिज़नेस टुवर्ड्स इकोनॉमिक प्लानिंग, 1930–1956' (मिमियोग्राफ़ी से तैयार), इंडियन इंस्टीट्यूट ऑफ़ मैनेजमेंट (अहमदाबाद) में 'बिज़नेस एंड पॉलिटिक्स इन इंडिया : अ हिस्टोरिकल पर्सपेक्टिव' विषय पर 29–31 मार्च 1989 को हुए सेमिनार में प्रस्तुत लेख।
60. जे.आर.डी. टाटा याद करते हैं कि यह दिसम्बर 1942 में बिरला की ही पहलक़दमी थी जो बॉम्बे प्लान के लेखकों को एक साथ ले आयी थी। आर.एम. लाला, *बियॉन्ड द ब्लू स्काई : अ लाइफ ऑफ़ आर.जे.डी. टाटा* (नयी दिल्ली, 1992)। बिरला और ठाकुरदास ने टाटा से सम्पर्क किया था और सभी व्यवसायी पहली बार टाटा संस के मुख्यालय बॉम्बे हाउस में मिले थे। उपस्थितों में बिरला, ठाकुरदास और टाटा के अलावा लाला श्रीराम, ए.डी. श्रॉफ, कस्तूरभाई लालभाई, आर्देशिर दलाल और जॉन मथाई शामिल थे। योजना का प्रारूप तैयार करने के लिए एक 'अनौपचारिक कमिटी' बनायी गयी थी और टाटा समूह ने सचिवालयी सहायता और अपने सांख्यकीय विभाग का सहयोग दिया था। पृष्ठभूमि के बारे में बताने वाले कई पर्चे जॉन मथाई ने तैयार किये थे जो तब टाटा संस में काम करते थे। जिन लोगों ने मथाई की मदद की उनमें बिरला के एक कर्मचारी और *ईस्टर्न इकोनॉमिक* के सम्पादक पी.एस. लोकनाथन थे। आर. चट्टोपाध्याय, 'एटीट्यूड ऑफ़ इंडियन बिज़नेस टुवर्ड्स इकोनॉमिक प्लानिंग, 1930–1956' (मिमियोग्राफ़ी से तैयार), इंडियन इंस्टीट्यूट ऑफ़ मैनेजमेंट (अहमदाबाद) में 'बिज़नेस एंड पॉलिटिक्स इन इंडिया : अ हिस्टोरिकल पर्सपेक्टिव' विषय पर 29–31 मार्च 1989 को हुए सेमिनार में प्रस्तुत लेख।
61. जी.डी. बिरला, पुरुषोत्तमदास ठाकुरदास, जे.आर.डी. टाटा और अन्य। *अ प्लान फॉर इकोनॉमिक डेवलपमेंट ऑफ़ इंडिया*, भाग I और II (बॉम्बे, 1944 और 1945)। साथ ही देखें, *ईस्टर्न इकोनॉमिस्ट*, 28 जनवरी 1944।
62. बिरला ने फिक्की के 1944 के वार्षिक सत्र में दिये भाषण में योजना के विस्तृत स्वरूप के बारे में बताया। उन्होंने यहाँ घोषित किया कि योजना का उद्देश्य था कि 'इस देश में लोगों को भोजन, कपड़ा, आवास, शिक्षा, स्वास्थ्य और अन्य सामाजिक मामलों में कम–से–कम न्यूनतम की प्राप्ति सुनिश्चित होनी चाहिए कि उन्हें प्रति व्यक्ति लगभग 2888 कैलोरी का सन्तुलित भोजन मिले, प्रति व्यक्ति 30 गज़ कपड़ा मिले और प्रति व्यक्ति 100 वर्ग गज़ की सलीके की रिहाइश मिले, डिस्पेंसरियों, अस्पतालों... स्वच्छ जल और साफ़–सफ़ाई की व्यवस्थाओं के रूप में चिकित्सकीय सुविधाओं के वाज़िब प्रावधानों के ज़रिये बेहतर स्वास्थ्य की गारंटी मिले, पर्याप्त शिक्षा और निश्चित अवकाश मिले। हमारा अनुमान है कि यदि वर्तमान आय, जो कि प्रति व्यक्ति लगभग 65 रुपये है, को बढ़ाकर क़रीब 130 रुपये ले जाया जाये तो वह इन सब ज़रूरतों को पूरा करने के लिए पर्याप्त होगी।' जी.डी. बिरला, 'द प्लान एक्सप्लेन्ड', *ईस्टर्न इकोनॉमिस्ट*, 10 मार्च 1944।
63. इसने कृषि उत्पादन बढ़ाने के लिए जोत–क्षेत्रों का आकार बढ़ाने और विभिन्न फ़सलों की रोपाई की भूमि को पुनर्व्यवस्थित करने का सुझाव दिया। इसने सहकारी कृषि शुरू करने का भी सुझाव दिया, जिसे भले ही किसी हद तक बाध्यकारी बनाकर ही क्यों न लागू करना पड़े।
64. साथ–साथ उपभोक्ता सामानों के उद्योग भी विकसित करने चाहिए थे। लघु और कुटीर उद्योग को भी बढ़ावा दिया जाना चाहिए था ताकि दोनों 'भारी और हल्के उद्योग एक सन्तुलित तरह से आगे बढ़ें।'
65. उदाहरण के लिए राज्य को प्रमुख उद्योगों और जनसेवाओं को नियन्त्रित करना था और आर्थिक प्रक्रियाओं पर समग्र नियन्त्रण करना था। योजना को तैयार करने वाले, यद्यपि, यह चिह्नित करने में

सावधान थे कि प्रमुख उद्योगों में भी निजी पूँजी अगर आना चाहती थी तो उसके निवेश की इजाज़त थी, बशर्ते राज्य उन क्षेत्रों में ख़ुद के स्वामित्व का अनिच्छुक हो। देखें, आर. चट्टोपाध्याय, 'एटीट्यूड ऑफ़ बिग बिज़नेस टुवर्ड्स इकोनॉमिक प्लानिंग'। बॉम्बे प्लान और अन्य ग़ैर–आधिकारिक योजनाओं, जैसे कि एम.एन. राय द्वारा अग्रसरित 'पीपुल्स प्लान' और एस.एन. अग्रवाल के 'गाँधियन प्लान' के एक अध्ययन के लिए देखें, ए.एच. हैन्सन, *द प्रोसेस ऑफ़ प्लानिंग : अ स्टडी ऑफ़ इंडियाज फाइव ईयर प्लान्स 1950–1964*। (लन्दन, 1966), पृ. 41–4। बॉम्बे प्लान को लोकप्रिय बनाने के लिए मीनू मसानी ने इसका *पिक्चर ऑफ़ अ प्लान* (बॉम्बे, 1945) शीर्षक लघु संस्करण प्रकाशित किया। बॉम्बे प्लान पर यह भी देखें, पी.ए. वाडिया और के.टी. मर्चेंट, *द बॉम्बे प्लान : अ क्रिटिसिज़्म* (बॉम्बे, 1945)। साथ ही देखें, द्विजेन्द्र त्रिपाठी, 'कॉंग्रेस एंड द इंडियन इंडस्ट्रियलिस्ट्स (1885–1947)', (मिमियोग्राफ़ी से तैयार), आईआईएम– अहमदाबाद के सेमिनार में प्रस्तुत किया गया पर्चा, 1989।

66. 'बिज़नेसमेन इन कॉन्फ्रेंस', *ईस्टर्न इकोनॉमिस्ट*, 10 मार्च 1944।
67. बॉम्बे प्लान पर जब केन्द्रीय लेजिस्लेटिव असेम्बली में चर्चा हुई तो मुस्लिम लीग के कई सदस्यों ने केन्द्र की शक्तियों को लेकर प्लान के बुनियादी अनुमान पर आपत्ति जताई। जियाउद्दीन ख़ान ने सारे देश के आर्थिक मामले प्रस्तावित राष्ट्रीय सरकार के अधीन ले आये जाने को आधार बनाकर उसके ख़िलाफ़ एक प्रस्ताव पेश किया। मोहम्मद नौमान ने घोषणा की कि 'हम मुसलमानों के प्रतिनिधि इसकी सबसे ख़ास बात कि यह एक एकल केन्द्रीय सरकार की बात करती है का विरोध करते हैं।' शैख फ़ज़्ल–ए–हक़ पिराचा ने भी कहा कि एक एकल राष्ट्रीय सरकार स्वीकार्य नहीं होगी, और कि युद्ध के बाद मुस्लिम–बहुल प्रान्त आर्थिक क्षेत्र में स्वायत्तता पर ज़ोर देंगे। मनोरंजन झा, *रोल ऑफ़ सेंट्रल लेजिस्लेटिव इन द फ्रीडम स्ट्रगल*, पृ. 278–9।
68. भारत के विभाजन के आर्थिक परिणामों के बिल्कुल शुरुआती अध्ययनों में एक 1943 के मध्य में कोलम्बिया यूनिवर्सिटी के चार्ल्स एच. बेहरे ने किया था। बेहरे के मुताबिक़ ज़्यादातर कोयला, लोहा, मिश्रित धातु और अन्य औद्योगिक कच्चा माल भारत के पास आयेगा जबकि तेल भण्डार पाकिस्तान को मिलेंगे। उन्होंने कहा कि पाकिस्तान को अपना अस्तित्व बचाने के लिए भारत के संसाधनों की एक 'सम्पूरित व्यापार' व्यवस्था के तहत बेतरह ज़रूरत होगी। उनका निष्कर्ष था कि इसके बिना 'बंगाल औद्योगिक रूप से मर जायेगा।' द *ईस्टर्न इकोनॉमिस्ट*, 24 सितम्बर 1943। समकालीन प्रेक्षकों में आर. कूपलैंड इस समस्या की ओर ध्यान देने वाले शुरुआती लोगों में एक थे। देखें आर. कूपलैंड, *द फ्यूचर ऑफ़ इंडिया : रिपोर्ट ऑन द कांस्टीट्यूशनल प्रॉब्लम इन इंडिया*, भाग III (ऑक्सफ़ोर्ड, 1943) में 'नोट ऑन द फाइनेंशियल प्रॉस्पेक्ट्स ऑफ़ पाकिस्तान (परिशिष्ट IV)।'
69. एच.एम. मोदी और जे. मथाई, *अ मेमोरेंडम ऑन द इकोनॉमिक एंड फाइनेंशियल आस्पेक्ट्स ऑफ़ पाकिस्तान*, (बॉम्बे, 1945)। मोदी और मथाई ने सबसे पहले 1944 में अपने निष्कर्ष संवैधानिक सुधारों के लिए लिए बनी सप्रू कमेटी में जमा किये (बाद में सितम्बर 1945 में उन्होंने अपने निष्कर्षों को स्वतन्त्र रूप से प्रकाशित करवाया)। मोदी, मथाई और एन.आर. सरकार सप्रू कमेटी की आर्थिक उपसमिति में थे। जहाँ एक ओर सप्रू की अध्यक्षता वाली मुख्य कमेटी ने भारत के विभाजन के ख़िलाफ़ अपनी रिपोर्ट दी, वहीं मोदी और मथाई इस अनुशंसा से असहमत थे और उन्होंने आपत्ति का एक नोट दिया। उन्होंने कहा कि 'यदि भारत की राजनीतिक एकता को पहले से माने बैठी एक योजना मुस्लिम समुदाय को क़बूल नहीं थी और यदि आने वाले चुनावों के परिणाम सामान्यतः मुस्लिम लीग की स्थिति का समर्थन करने वाले थे तो राजनीतिक गतिरोध को ख़त्म करने के साधन के तौर पर विभाजन को ख़ारिज नहीं किया जाना चाहिए।' उन्होंने स्पष्ट घोषित किया कि समय की प्राथमिकताएँ ऐसी थीं कि साम्प्रदायिक गतिरोध को तुरन्त दूर किया जाना चाहिए। उन्होंने अपने असहमति–पत्र में लिखा कि 'चीज़ें आज जहाँ पर हैं वहाँ हमारी राजनीतिक समस्याओं के निराकरण में देरी मंजूर नहीं की जा सकती। अहम नतीजे लाने वाले और तत्काल ध्यान दिये जाने लायक मुद्दे, जो भारत के भविष्य को स्थायी रूप से प्रभावित कर सकते हैं, हमारा मुँह जोह रहे हैं, और सबसे महत्त्वपूर्ण यह है कि

वर्तमान राजनीतिक गतिरोध को और जारी रहने देना नहीं चाहिए और राजनीतिक मामलों की दिशा बग़ैर और देर किये भारतीय नेताओं के हाथ में होनी चाहिए जिन पर देश का भरोसा है।' उन्होंने विभाजन का सुझाव मुस्लिम इलाक़ों के ज़िलावार बँटवारे के ज़रिये मुस्लिम बहुल प्रान्तों में समीपस्थ समूह बनाने के आधार पर दिया था। उन्होंने दो नये राज्यों के मध्य अर्थव्यवस्था और सुरक्षा के विषयों पर सहयोग की भी वकालत की। इसके लिए उन्होंने एक अन्तर–सरकारी परिषद् बनाने का प्रस्ताव दिया। *कांस्टीट्यूशन प्रोपोज़ल्स ऑफ़ द सप्रू कमेटी* (बॉम्बे, 1946), पृ. 343–5। एक अन्य नोट, जिसे मोदी ने अकेले ही तैयार किया था, में उन्होंने बेबाक़ी से घोषित किया कि 'मैं पाकिस्तान की माँग की उपेक्षा किये जाने के पक्ष में नहीं हूँ। अगर हम भारत की राजनीतिक समस्या को लेकर यथार्थवादी हैं तो हम पिछले दो या तीन वर्षों की घटनाओं को भुला नहीं सकते।' देखें, मानकेकर, *होमी मोदी*, पृ. 201। सप्रू कमेटी की आर्थिक उपसमिति के तीसरे सदस्य एन.आर. सरकार मोदी और मथाई की अनुशंसाओं से असहमत थे। सरकार ने घोषित किया कि मोदी और मथाई द्वारा प्रस्तावित प्रान्तवार और विशेषतः ज़िलावार दोनों ही तरह का विभाजन पाकिस्तान के लिए काफ़ी पूर्वाग्रही होगा। उन्होंने बहस की कि पाकिस्तान के पास अविभाजित भारत की केवल 5 प्रतिशत खनिज सम्पदा ही होगी, और यहाँ तक कि तेल, जिसे लेकर माना जा रहा है कि पाकिस्तान फ़ायदे में रहेगा, की भी इसके पास पर्याप्त आपूर्ति नहीं होगी। उन्होंने दावा किया कि भारत का विभाजन देशों, जो कि 'लगभग अविच्छिन्न ढंग से बँधे और अन्तर्निर्भर' थे, की आर्थिक अन्तर्निर्भरता के कारण नुक़सानदेह होगा। यह दिखाते हुए कि ज़िलावार विभाजन पाकिस्तान को आर्थिक रूप से व्यवहार्य नहीं बना देगा, सरकार ने निष्कर्षतः माना कि पाकिस्तान आर्थिक या वित्तीय किसी भी रूप में एक व्यावहारिक प्रस्ताव नहीं था। सरकार के विचारों के लिए देखें, *सप्रू कमिटी इन कांस्टीट्यूशनल रिफॉर्म्स*, परिशिष्ट III, साथ ही देखें, के.एन.चौधरी, 'इकोनॉमिक प्रॉब्लम्स ऑफ़ इंडियन इंडिपेंडेंस', उद्धृत, सी.एच. फिलिप्स और एम.डी. वेनराइट (सम्पा.), *द पार्टीशन ऑफ़ इंडिया, पॉलिसिस एंड पर्सपेक्टिव्स, 1935–1947* (लन्दन, 1970)।

70. पाकिस्तान की सम्भावना का अध्ययन उन्होंने निम्नांकित आधारों पर किया (क) उसके बजट की स्थिति, यानी सरकारी आय और ख़र्चा, (ख) वहाँ के लोगों का जीवन स्तर यानी आर्थिक स्थिति, और अन्त में (ग) इसकी रक्षा–आवश्यकताएँ। इन तीनों आधारों का अध्ययन प्रान्तीय विभाजन के परिदृश्य को देखकर और समीपस्थ ज़िलों के विभाजन के आधार पर किया गया। इस अध्ययन ने स्पष्ट रूप से कहा कि पाकिस्तान के पूर्वी और पश्चिमी दोनों क्षेत्र अपना प्रान्तीय प्रशासन चलाने में सक्षम रहेंगे और अपने युद्धपूर्व जीवन–स्तर को भी बनाये रख सकेंगे, लेकिन अपनी रक्षा–आवश्यकताओं के लिए उनके पास पर्याप्त आय नहीं होगी, न ही भविष्य में बड़े पैमाने के औद्योगिक विकास के लिए उसके पास संसाधन होंगे। लेकिन ये बाधाएँ भारत के साथ रक्षा और आर्थिक मामलों में सहकार से दूर की जा सकेंगी। मोदी और मथाई ने ये निष्कर्ष निकाले : पहला, कि (रक्षा क्षेत्र को छोड़कर) प्रान्तीय और केन्द्रीय ख़र्च के मामले में पाकिस्तान के दोनों हिस्से ज़िले या प्रान्त के आधार पर चल पायेंगे। दूसरा, यदि प्रान्त के आधार पर बनाया जाये तो खाद्योत्पादन, औद्योगिक रोज़गार, व्यापार, जीवन–स्तर के पैमानों पर पाकिस्तान भारत की तुलना में बेहतर ही रहेगा। लेकिन यदि ज़िले के आधार पर पाकिस्तान बनाया जाये तो खाद्योत्पादन के मामले में पाकिस्तान भारत के बराबर ही रहेगा, पर अन्य मामलों में नहीं। तीसरा, भविष्य में पाकिस्तान (चाहे किसी भी आधार पर उसका गठन किया जाये) का आर्थिक विकास भारत के साथ आर्थिक सहकार और मुक्त व्यापारिक आदान–प्रदान पर निर्भर करेगा।

71. कूपलैंड का भी ये विश्वास था कि 'कलकत्ता समेत उत्तरपूर्व भारत पाकिस्तान के साथ एक सन्तुलित अर्थव्यवस्था में प्रभावी भागीदारी बनाये रखेगा, जबकि कलकत्ता को छोड़कर सारा उत्तरपूर्व भारत क़रीब–क़रीब कृषि–प्रधान हिस्सा ही रहेगा जिसके पास महज़ चटगाँव का एक छोटा–सा बन्दरगाह ही होगा।' आर. कूपलैंड, *रिपोर्ट ऑन द कांस्टीट्यूशनल प्रॉब्लम इन इंडिया*, भाग III, पृ. 95–6।

72. बिरला की ओर से एस.एन. सिन्हा को, 12 अगस्त 1946, बिरला पेपर्स, सीरीज़ मिसलेनियस, फ़ाइल नम्बर 119–ए। *ईस्टर्न इकोनॉमिस्ट* ने नेहरू के नेतृत्व में गठित अन्तरिम सरकार की प्रशंसा यह

कहकर की कि 'ये एक समरूप मन्त्रिमण्डल है जिसमें किसी भी पैमाने से भारत के कुछ सबसे बेहतरीन लोग शामिल किये गये हैं जो अपनी योग्यता और ईमानदारी से देश के प्रशासन के लिए अच्छा काम कर सकेंगे।' *ईस्टर्न इकोनॉमिस्ट,* 3 जनवरी 1947।

73. एक विस्तृत नोट में बिरला ने देश के सामने उपस्थित सबसे बड़ी आर्थिक समस्याओं की पहचान की और मन्त्रियों को उनको हल करने के सुझाव दिये। उनकी दृष्टि में सबसे विकराल समस्या खाद्य उत्पादन की थी। वह चाहते थे कि सरकार 5 वर्ष के भीतर ही खाद्य उत्पादन को 30 प्रतिशत बढ़ाने का लक्ष्य रखे। वह अन्य उपभोक्ता वस्तुएँ, जैसे कपड़ा और अन्य ज़रूरी चीज़ें, भी प्राथमिकता पर रखना चाहते थे। बिरला के अनुसार इसका हल उत्पादन–वृद्धि ही था। बिरला ने इस बात पर ज़ोर दिया कि यदि सरकार 'अपने निश्चय में पक्की हो, उसके पास योग्यता और निपुणता हो तथा हर ओर से सहयोग ले पाने की क्षमता हो और इस तरह अपनी लोकप्रियता और ईमानदारी के आधार पर अपने प्रशासन के स्थायित्व और नैरन्तर्य को बनाये रखे, और उससे भी बड़ी बात कि वह बाहरी और आन्तरिक शान्ति बनाये रखे तब वह 15 वर्षों के अन्दर ही एक नये भारत का निर्माण कर पायेगी जो स्वस्थ, सुशिक्षित, स्वच्छ, सुन्दर और समृद्ध होगा।' देखिए, बिरला का नोट अन्तरिम सरकार को, उद्धृत, 'इकोनॉमिक प्रॉब्लम्स बिफोर द इंटरिम गवर्नमेंट', *ईस्टर्न इकोनॉमिस्ट,* 6 सितम्बर 1946।
74. बिरला की ओर से देवदास गाँधी को, 31 जुलाई 1946, बिरला पेपर्स, सीरीज़ मिसलेनियस, फ़ाइल नम्बर 119–ए।
75. बिरला की ओर से क्रिप्स को, 27 जून 1946, बिरला पेपर्स, सीरीज़ फॉरेन कोरेस्पोंडेंस, फ़ाइल नम्बर सी–3। कैबिनेट मिशन पर ब्योरों के लिए देखें, आर.के. पर्ती, 'कैबिनेट मिशन', उद्धृत, बी.एन. पाण्डे (सम्पा.) *अ सेंटेनरी हिस्ट्री ऑफ़ द इंडियन नेशनल काँग्रेस* (1885–1985), वॉल्यूम III (नयी दिल्ली, 1985), पृ. 640–82।
76. बिरला द्वारा लिखा गया नोट, जिस पर तारीख़ नहीं है लेकिन स्पष्ट रूप से वह कैबिनेट मिशन को सम्बोधित है, बिरला पेपर्स, सीरीज़ मिसलेनियस, फ़ाइल नम्बर 130। इस नोट में बिरला साम्प्रदायिक समस्या हल करने में ब्रिटेन के असफल रहने पर संयुक्त राष्ट्र संघ की मध्यस्थता की वकालत करते हैं।
77. बिरला की ओर से क्रिप्स को, 6 जून 1946, बिरला पेपर्स, सीरीज़ फॉरेन कोरेस्पोंडेंस, फ़ाइल नम्बर सी–3। *ईस्टर्न इकोनॉमिस्ट* ने कैबिनेट मिशन के साथ बातचीत में जिन्ना के हठ की खुले रूप से निन्दा की, 'मिस्टर जिन्ना ये कल्पना कर रहे हैं कि वे 1707 में हैं और औरंगज़ेब को उसकी क़ब्र से उठने के लिए आवाज़ दे रहे हैं कि वह सिर्फ़ अपने हाथ हिलाकर अपने महान पतन के बाद के ऐतिहासिक कलंक को पोंछ दे और मुग़ल साम्राज्य के महान शासनकाल को उस बिन्दु से फिर से शुरू करे जहाँ नियति ने उसे अपने उस ध्येय में रोक दिया था कि वह सभी हिन्दुओं को हिन्द महासागर में डुबो दे।' उसने लिखा और काँग्रेस के नेतृत्व से कहा कि वह इस 'भभकी में न आये', *ईस्टर्न इकोनॉमिस्ट,* 3 मई 1946।
78. *ईस्टर्न इकोनॉमिस्ट,* 31 मई 1946।
79. *ईस्टर्न इकोनॉमिस्ट,* 17 मई 1946। *ईस्टर्न इकोनॉमिस्ट* ने अपने पाठकों के लिए कैबिनेट मिशन योजना के गूढ़ अभिप्रायों का विश्लेषण किया। केन्द्र को प्रान्तों पर आवश्यक चीज़ों के लिए निर्भर रहना पड़ेगा, जैसे वित्तीय सहायता, सीमा शुल्क आय आदि, और ऐसे राज्य के लिए बहुत समय तक अपने को बनाये रखना मुश्किल होगा क्योंकि उसकी इकाइयाँ उसके लिए मुश्किलें पैदा करनेवाली हो सकती हैं। भारत सरकार अधिनियम 1935 की संघीय और समवर्ती विधायी सूचियों का अध्ययन करते हुए, जिन पर पत्र के मुताबिक़ राज्य और उसकी इकाइयों के बीच का शक्ति–विभाजन निर्भर होगा, उसने घोषित किया कि प्रान्तीय इकाइयों को मुद्रा, सिक्के, वैध मुद्रा, सार्वजनिक ऋण, जनगणना, आयात–निर्यात, सीमा शुल्क, चुंगी, बीमा, उत्पाद शुल्क, आय, फ़ैक्टरियाँ, श्रम–विवाद आदि क्षेत्रों में अधिकार देने का अर्थ होगा कि भारत एक आर्थिक इकाई नहीं रहेगा। यह अर्थव्यवस्था के लिए अत्यन्त

हानिकारक होगा। उदाहरण के लिए उसका तर्क था कि केन्द्र के अधिकार क्षेत्र से मुद्रा को हटा देने का अर्थ होगा कि क़ीमतों का कोई साझा ढाँचा नहीं रहेगा और क़ीमतों के तीखे उतार–चढ़ाव को रोकना सम्भव नहीं होगा। इसके अलावा मुद्राओं की विविधता 'इतनी सारी आर्थिक सम्प्रभु संस्थाओं को जन्म देगी जिनके बीच साझा मौद्रिक लक्ष्यों पर बातचीत आर्थिक क्षेत्र के बाहर चली जायेगी।' इतना ही नहीं हर प्रान्त बैंकिंग, बीमा और कम्पनी सम्बन्धी क़ानून बनायेगा, जो पूँजी और अन्य उत्पादक संसाधनों के एक इकाई से दूसरी इकाई तक मुक्त आवागमन को सीमित कर देगा जिसका होना आर्थिक विकास के लिए परम आवश्यक होता है। पत्र ने घोषणा की कि सीमा शुल्क और अन्य कर इकाइयों के अधीन होने से देश के आर्थिक विकास की 'दिशा और गति भटक जायेंगे।' *ईस्टर्न इकोनॉमिस्ट* ने यह घोषणा की कि जो आर्थिक बिखराव मिशन के प्रस्तावों को स्वीकृत कर लेने पर आयेगा वह 'देश की आर्थिक एकता और शक्ति पर एक कुठाराघात होगा' और वह देश को 'जानबूझकर एक विपरीत पतनशील दिशा में तोड़ देगा।' देखें, 'द कैबिनेट प्रोपोजल्स II : "द इकोनॉमिक आस्पेक्ट" ', *ईस्टर्न इकोनॉमिस्ट*, 31 मई 1946, साथ ही देखें 'इंडिया 1946, पॉलिटिकल सर्वे 7', उद्धृत, *ईस्टर्न इकोनॉमिस्ट*, 3 जनवरी 1947।

80. बिरला की ओर से क्रिप्स को, 12 दिसम्बर 1946, बिरला पेपर्स, सीरीज़ फॉरेन कोरेस्पोंडेंस, फ़ाइल नम्बर सी–3।
81. सुरंजनदास, *कम्युनल रॉयट्स इन बंगाल, 1905–1947* (दिल्ली, 1991), पृ. 171। साथ ही देखें, बेगम शाइस्ता सुहरावर्दी इकरामुल्लाह, *हुसैन शहीद सुहरावर्दी, अ बायोग्राफ़ी* (कराची, 1991), पृ. 54–7।
82. *ईस्टर्न इकोनॉमिस्ट* ने केन्द्रीय सरकार से ये माँग की कि सुहरावर्दी की सरकार को तुरन्त बर्ख़ास्त करके बंगाल में गवर्नर का शासन लगा दिया जाये। उसके विचार में सुहरावर्दी और उसके मन्त्रियों को न केवल उनके पद से हटा दिया जाये 'बल्कि उन पर लोगों की हत्या और हिंसा भड़काने के आरोप में मुक़दमा चलाया जाये।' इसने काँग्रेस से कहा कि वो जिन्ना की इस माँग को स्वीकार कर ले कि अन्तरिम सरकार में वे ही मुस्लिम मन्त्रियों को नामित करें। उसने तर्क दिया कि 'एक बार साम्प्रदायिक आधार पर सरकार में अल्पसंख्यकों को लेने के सिद्धान्त को स्वीकार कर लेने के बाद इस अधिकार का कोई अर्थ नहीं रह जाता कि अल्पसंख्यकों से पूछे बग़ैर काँग्रेस किसी मुस्लिम को नामित कर सके।' *ईस्टर्न इकोनॉमिस्ट*, 23 अगस्त 1946।
83. बिरला की ओर से बंगाल के गवर्नर को, 18 अगस्त 1946, बिरला पेपर्स, सीरीज़ II, फ़ाइल नम्बर बी–11। *ईस्टर्न इकोनॉमिस्ट* ने 'समस्याग्रस्त प्रान्त' की अधिकतर बीमारियों के लिए वहाँ के मन्त्रिमण्डल को ज़िम्मेदार ठहराया। विशेषकर क़ानून और व्यवस्था के पूरी तरह ध्वस्त हो जाने के लिए। देखें, *ईस्टर्न इकोनॉमिस्ट*, 18 अक्टूबर 1946।
84. बिरला की ओर से क्रिप्स को, 2 नवम्बर 1946, बिरला पेपर्स, सीरीज़ फॉरेन कोरेस्पोंडेंस, फ़ाइल नम्बर सी–3।
85. बिरला की ओर से एल.पी. मिश्रा को, 26 मई 1946, बिरला पेपर्स, सीरीज़ फॉरेन कोरेस्पोंडेंस, फ़ाइल नम्बर सी–3।
86. बिरला की ओर से एल.पी. मिश्रा को, 26 मई 1946, बिरला पेपर्स, सीरीज़ फॉरेन कोरेस्पोंडेंस, फ़ाइल नम्बर सी–3।
87. बिरला की ओर से चटर्जी को, 2 मार्च 1947, बिरला पेपर्स, सीरीज़ II, फ़ाइल नम्बर सी–1।
88. बिरला की ओर से एल.पी. मिश्रा को, 26 मई 1946, बिरला पेपर्स, सीरीज़ फॉरेन कोरेस्पोंडेंस, फ़ाइल नम्बर सी–3।
89. बिरला की ओर से क्रिप्स को, 21 अक्टूबर 1946, बिरला पेपर्स, सीरीज़ फॉरेन कोरेस्पोंडेंस, फ़ाइल नम्बर सी–3।
90. बिरला की ओर से बरोज को, 15 नवम्बर 1946 और बिरला की ओर से सुहरावर्दी को, 15 नवम्बर 1946, बिरला पेपर्स, सीरीज़ 2, फ़ाइल नम्बर बी–10। साम्प्रदायिक तनाव के विवरणों के लिए देखें,

सुरंजनदास, कम्युनल रॉयट्स इन बंगाल, 1905–1947, पृ. 192–206। साथ ही देखें, बेगम शाइस्ता सुहरावर्दी इकरामुल्लाह, *हुसैन शहीद सुहरावर्दी, अ बायोग्राफ़ी*।

91. बिरला की ओर से कृष्णराज एम.डी. ठाकरसे को, नवम्बर 1946, बिरला पेपर्स, सीरीज़ II, फ़ाइल नम्बर के–14।

92. बिरला की ओर से क्रिप्स को, 9 नवम्बर 1946, बिरला पेपर्स, सीरीज़ फॉरेन कोरेस्पोंडेंस, फ़ाइल नम्बर सी–3।

93. बिरला की ओर से पटेल को, 12 नवम्बर 1946, बिरला पेपर्स, सीरीज़ II, फ़ाइल नम्बर पी–7। 1940 के पूरे दशक के दौरान हिन्दुओं की आत्मरक्षा बिरला की मुख्य चिन्ताओं में से एक थी। उन्होंने हमेशा इस ज़रूरत पर बल दिया कि हिन्दू अपनी शक्ति बढ़ाएँ ताकि 'किसी भी आपात् स्थिति' में वे अपनी रक्षा और अपने अधिकारों की रक्षा के लिए लड़ सकें। वे चाहते थे कि हिन्दू 'अपनी शक्ति और आत्मविश्वास को बढ़ाकर अपने हितों की रक्षा कर सकें', बिरला की ओर से सी. परमेश्वरन को, 10 अक्टूबर 1946, बिरला पेपर्स, सीरीज़ II, फ़ाइल नम्बर पी–6। वे चाहते थे कि हिन्दू 'आत्मनिर्भर बनें' और 'उनको इस बात का विश्वास था कि हिन्दू अपनी रक्षा करने में सक्षम हैं, भले ही पूरा मुस्लिम समुदाय उनके ख़िलाफ़ खड़ा हो जाये', बिरला की ओर से सी. परमेश्वरन को, 5 अक्टूबर 1946, *वही*। हिन्दुओं की आत्मरक्षा के विचार को बिरला का समर्थन उनके द्वारा हिन्दू अर्धसैनिक स्कूल–द भोंसले मिलिट्री स्कूल को निरन्तर दी जाने वाली मदद से पता चलता है। ये स्कूल 1937 में स्थापित हो गया था जिसका उद्देश्य हिन्दू लड़कों को शारीरिक और सैन्य प्रशिक्षण देना था, और इसके प्रमुख संरक्षक ग्वालियर के महाराजा थे। इस स्कूल के प्रमुख हिन्दू महासभा के नेता बी.एस. मुंजे थे जो छात्रों को गुरिल्ला रणनीतियों और विकसित सैन्य कौशल के प्रशिक्षण देते थे। 1940 के पूरे दशक के दौरान स्कूल को बिरला परिवार से मिली नियमित सहायता का लाभ मिला। जुगलकिशोर बिरला स्कूल को एक मासिक चन्दा देते थे। 1947 में मुंजे ने जुगलकिशोर बिरला के प्रति इन शब्दों में सम्मान व्यक्त किया : 'वे एक व्यक्ति उस एक परिवार से हैं जिसे बिरला परिवार के नाम से जाना जाता है जो पैसा कमाने में उतना ही प्रसिद्ध है जितना इस पैसे को लोगों के लिए ख़र्च करने में, हालाँकि जुगलकिशोर जी बिरला के दान–पुण्य क़रीब–क़रीब पूरे हिन्दू हित में ही लगाये जाते हैं।' मुंजे की ओर से बिरला को, 28 फ़रवरी 1947, फ़ाइल नम्बर एम–21, सीरीज़ II। 1944 में बिरला एजुकेशन ट्रस्ट ने इस स्कूल का अधिग्रहण करने पर भी विचार किया था। 1944 के मध्य में बिरला और मुंजे के बीच इस सम्भावित अधिग्रहण पर चर्चा भी हुई थी। उपलब्ध प्रमाणों से पता चलता है कि इस चर्चा के नतीजे में स्कूल के प्रबन्धन में कोई बदलाव नहीं हुआ। देखें, मुंजे की ओर से ग्वालियर के महाराज सिन्धिया को, 13 जून 1944, *वही*, साथ ही बिरला की ओर से मुंजे को, 21 जुलाई 1944, *वही*। साथ ही देखें 'प्रपोज्ड चेंजेस इन द मेमोरेंडम ऑफ़ एसोसिएशन एंड फंडामेंटल रूल्स ऑफ़ द सेंट्रल हिन्दू मिलिट्री एजुकेशन सोसायटी' एन.डी., बिरला पेपर्स, सीरीज़ इम्पोर्टेंट कोरेस्पोंडेंस, फ़ाइल नम्बर 13–एम। यद्यपि अन्ततः बिरला एजुकेशन ट्रस्ट ने स्कूल का अधिग्रहण नहीं किया लेकिन स्कूल को मदद देते रहे। उदाहरण के लिए, सितम्बर 1946 में बिरला ने मुंजे को 10,000 रुपये स्कूल के लिए दिये। बिरला की ओर से मुंजे को, 16 सितम्बर 1946, *वही*। बिरला ने अन्तरिम सरकार के काँग्रेसी सदस्यों से भी स्कूल की मदद में एक सरकारी अनुदान देने के लिए कहा, ताकि वह अपनी वित्तीय मुश्किलों से उबर सके। 'चिन्ता न करिए आपका स्कूल बन्द नहीं होगा', उन्होंने मुंजे को आश्वासन दिया। मुंजे की ओर से बिरला को, 16 दिसम्बर 1945, *वही*। साथ ही मुंजे की ओर से बिरला को, 22 दिसम्बर 1946, बिरला पेपर्स, सीरीज़ II, फ़ाइल नम्बर एम–21। उन्होंने स्कूल द्वारा हथियारों के लाइसेंस और अभ्यास के लिए केन्द्र सरकार को दिये गये आवेदन को भी आगे बढ़ाया। मुंजे को ये आशंका थी कि मुस्लिम मन्त्री, जैसे लियाकत अली और आज़ाद, उनके इस आवेदन के ख़िलाफ़ हो सकते हैं लेकिन उन्होंने बिरला को लिखा कि 'पर मुझे आपकी योग्यता और काँग्रेसियों, ख़ासकर मौलाना आज़ाद, के विचार को बदलने की क्षमता में पूरा विश्वास है।' मुंजे की ओर से बिरला को, 6 जनवरी 1947, *वही*। जनवरी 1947 में उन्होंने अस्त्रों के लाइसेंस

का सवाल पुनः गृह मन्त्री पटेल के सामने उठाया। बिरला की ओर से मुंजे को, 8 जनवरी 1947, *वही*। अप्रैल 1947 में उन्होंने मुंजे को यह आश्वासन दिया कि गृह मन्त्री 'आपके आवेदन पर सहानुभूतिपूर्वक विचार कर रहे हैं।' बिरला की ओर से मुंजे को, 15 अप्रैल 1947, *वही*। उन्होंने लगातार इस माँग के लिए दबाव बनाये रखा जब तक कि साल के अन्त में मुंजे को लाइसेंस नहीं मिल गया।

94. बजट ने व्यापारिक गतिविधियों पर नये कर प्रस्तावित किये और कर चोरी के आरोपों की जाँच करने के लिए एक आयोग की नियुक्ति का सुझाव दिया। साथ-साथ जिसका कार्य राजस्व वसूली की विधियाँ तलाशना भी हो। बजट में सबसे अहम प्रस्ताव एक लाख रुपये से अधिक व्यापारिक लाभ पर 25 प्रतिशत का विशेष आयकर लगाना था। इसके अलावा एक पूँजीवृद्धि कर भी था जो 5000 रुपये प्रतिवर्ष होने वाले पूँजी स्थानान्तरण पर लगाया गया था, और कॉरपोरेशन टैक्स रुपये के 1.6 से बढ़ाकर 1.8 कर दिया गया। चाय पर निर्यात शुल्क बढ़ाया जाना था और सुपर टैक्सों के ढाँचे को इस तरह बदला गया कि ऊँचे स्लैब पर देनदारी बढ़ जाये।

95. *ईस्टर्न इकोनॉमिस्ट* ने बजट की आलोचना यह कहकर की कि वह 'बचत और निवेश करने वाले वर्ग' पर एक हमला था और उस वर्ग की उस भूमिका की उपेक्षा कर रहा था जो वे एक मुक्त-उद्यम अर्थव्यवस्था में निभाते हैं। उसने लियाकत अली की एक ऐसे बजट को लाने के लिए आलोचना की जो राजनीतिक अस्थिरता के दौर में सामाजिक न्याय लाने की कोशिश कर रहा था, जबकि आम आदमी को यह नहीं पता कि अगले साल उसकी निष्ठा किस सरकार की ओर होगी। उसने लियाकत अली पर सस्ती लोकप्रियता अर्जित करने, तथ्यों की तकनीकी तौर पर जाँच न करने, और 'अमरता की ख़्वाहिश' में अपनी 'विचारधारा और कृत्य को नाटकीय' बनाने की कोशिश करने के आरोप लगाये। देखें, 'सेकेंड थॉट्स ऑन द बजट', उद्धृत, 14 मार्च 1947। रिज़र्व बैंक ऑफ़ इंडिया के केन्द्रीय बोर्ड के निदेशकों की रिपोर्ट ने भी 'अपने ही उद्देश्य के ख़िलाफ़ जाने और उत्पादक लक्ष्यों के लिए पूँजी निर्माण में बाधक बनने के लिए बजट की आलोचना की।' *कैपिटल*, 7 अगस्त 1947।

96. 17 और 18 मार्च 1947 के वेवेल के जर्नल में दर्ज प्रविष्टि से भी इसकी पुष्टि होती है। देखें, पी. मून (सम्पा.), *वेवेल द वायसराय्स जर्नल* (लन्दन, 1973), पृ. 429-30। अन्तरिम सरकार के बजट पर व्यापार जगत की प्रतिक्रियाओं के ब्योरे के लिए देखें, आर.चट्टोपाध्याय, 'लियाकत अली'ज बजट ऑफ़ 1947-48, द ट्रिस्ट विद डेस्टिनी', उद्धृत, सोशल साइंटिस्ट (181-2), वॉल्यूम 16, नम्बर 6-7 (1988), साथ ही देखें, क्लॉड मार्कोविट्स, 'काँग्रेस पॉलिसी टुवर्ड्स बिज़नेस इन द प्रीइंडिपेंडेंस एरा', उद्धृत, आर. सीसन और एस. वोलपर्ट (सम्पा.), *काँग्रेस एंड इंडियन नेशनलिज़्म : द प्रीइंडिपेंडेंस फेज* (कैलिफ़ोर्निया, 1988)।

97. बिरला की ओर से देवदास गाँधी को, 31 जुलाई 1946, बिरला पेपर्स, सीरीज़ मिसलेनियस, फ़ाइल नम्बर 119-1।

98. बिरला की ओर से देवदास गाँधी को, 31 जुलाई 1946, बिरला पेपर्स, सीरीज़ मिसलेनियस, फ़ाइल नम्बर 119-ए।

99. उसने घोषित किया कि 'विभाजन द्वारा बेहतर प्रशासन तुरन्त सुनिश्चित किया जायेगा और अलग-अलग प्रान्तों में, उदाहरण के लिए, कृषि व उद्योग के दरम्यान ज़्यादा सन्तुलन बनाया जायेगा।' *ईस्टर्न इकोनॉमिस्ट* में 'बंगाल डिवाइडेड', 25 अप्रैल 1947 और 27 जून 1947।

100. उत्तर पश्चिम सीमान्त प्रान्त (एनडब्ल्यूएफपी) के कुल 2.109 मिलियन एकड़ बुवाई क्षेत्र में से मोटे तौर पर 1.025 मिलियन एकड़ सिंचित था, सिन्ध के कुल 5.14 मिलियन एकड़ बुवाई क्षेत्र में से 4.446 सिंचित था; और मुस्लिम पंजाब में सिंचित क्षेत्र लगभग 12 मिलियन एकड़ से कम था।

101. 1942 के औद्योगिक आँकड़ों के एक विश्लेषण के आधार पर *ईस्टर्न इकोनॉमिक्स* ने निम्नांकित तस्वीर प्रस्तुत की। इसने भविष्यवाणी की कि भारत के पास पाकिस्तान की 15 की तुलना में 857 कॉटन मिलें होंगी, पाकिस्तान के पास एक भी नहीं की तुलना में 11 जूट मिलें होंगी, सभी 13 चीनी मिलें होंगी, 36 इस्पात मिलें होंगी, सभी 19 काग़ज़ मिलें होंगी, पाकिस्तान में जाने वाली 8 की तुलना में 57 सीमेंट फ़ैक्टरियाँ और पाकिस्तान की 5 की तुलना में 112 शीशे की फ़ैक्टरियाँ होंगी।

102. *ईस्टर्न इकोनॉमिस्ट*, 25 अप्रैल 1947 और 27 जून 1947।

103. जी.डी. बिरला, बेसिक फैक्ट्स रिलेटिंग टु इंडिया एंड पाकिस्तान (भारत और पाकिस्तान से जुड़े बुनियादी तथ्य), *ईस्टर्न इकोनॉमिस्ट*, पैम्फ्लेट नम्बर 5 (नयी दिल्ली, 1947)।

104. बिरला के पर्चे (पैम्फ्लेट) को समझना कठिन था क्योंकि इसमें मुख्यतः भारत और पाकिस्तान की आबादी, क्षेत्र, कृषि संसाधनों, पनबिजली क्षमता, औद्योगिक वितरण, खनिज स्रोत, संचार, साक्षरता, कराधान के आँकड़े थे। इसमें दो प्रान्तों, पंजाब और बंगाल, के कुछ ख़ास आँकड़े भी थे। प्रायः सरकारी प्रकाशनों से उठाये गये आँकड़ों से दिखाया गया था कि 'हिन्दू भारत' के पास 'ज़्यादा आबादी, ज़्यादा क्षेत्र और ज़्यादा संसाधन होंगे और वह कई मायनों में लघु भारत से ज़्यादा ताक़तवर होगा।' आँकड़े दिखाते थे कि सिवाय कच्चे जूट और पनबिजली स्रोतों के भारत पाकिस्तान की तुलना में काफ़ी ज़्यादा फ़ायदे में होगा।

105. *कैपिटल* ने टिप्पणी की कि 'यह समझ पाना कठिन था कि क्या श्री बिरला भारत को पुनः आश्वस्त करना चाह रहे हैं या पाकिस्तान को चेतावनी देना चाह रहे हैं। सम्भवतः यह किंचित दोनों ही है, और श्री बिरला ज़्यादातर व्यवसायियों की तरह देश की आर्थिक एकता को बनाये रखने के लिए व्यग्र हैं, भले ही राजनीतिक विभाजन कुछ भी हो।' *कैपिटल*, 11 जून 1947।

106. सुमित सरकार, 'पॉपुलर मूवमेंट्स एंड नेशनल लीडरशिप, 1945–47', उद्धृत, *इकोनॉमिक एंड पॉलिटिकल वीकली*, वॉल्यूम 17, नम्बर 14–16 (वार्षिक संख्या, 1982), पृ. 667–89। क्लॉड मार्कोविट्स, 'बिज़नेसमेन एंड द पार्टीशन ऑफ़ इंडिया', प्रपत्र आईआईएमए की व्यावसायिक इतिहास (IV) की सेमिनार शृंखला में प्रस्तुत किया गया, 'बिज़नेस एंड पॉलिटिक्स इन इंडिया : अ हिस्टोरिकल पर्सपेक्टिव', 29–31 मार्च 1989।

107. कलकत्ता के व्यवसायी और जिन्ना को धन मुहैया कराने वाले हसन इस्पहानी, जो 1947 में अमेरिका में पाकिस्तान के पहले राजदूत बने, लिखते हैं कि बिरला को 'काँग्रेस हाईकमान एक बड़ा आर्थिक और वित्तीय विशेषज्ञ मानता था। ऐसे मामलों में उनके विचार काँग्रेस नेताओं की निगाह में लगभग क़ानून का दर्जा लिए होते थे।' सी.एच. फिलिप्स और एम.डी.वेनराइट (सम्पा.), *द पार्टीशन ऑफ़ इंडिया, पॉलिटिक्स एंड पर्सपेक्टिव्स, 1935–1947*, में एम.ए.एच. इस्पहानी, 'फैक्टर्स लीडिंग टु द पार्टीशन ऑफ़ ब्रिटिश इंडिया' पृ. 331–59। एक मुस्लिम व्यवसायी के नज़रिये के लिए देखें, एम.ए.एच. इस्पहानी, *कायदे आजम जिन्ना एज आई निउ हिम* (कराची, 1966)।

108. दो राष्ट्रों के बीच संसाधनों और देनदारियों के बँटवारे को लेकर भारतीय सरकार को अनौपचारिक सलाहें देने की बिरला की अहम भूमिका एच.एम. पटेल के साथ उनके जुलाई–अगस्त 1947 के पत्राचार से स्पष्ट होती है। एच.एम. पटेल तब बँटवारे को अंजाम देने के लिए बनायी गयी विभाजन परिषद् की संचालन समिति में भारत के प्रतिनिधि थे। यह पत्राचार बिरला पेपर्स में उपलब्ध है, सीरीज़ II, फ़ाइल नम्बर पी–9 और पी–10। पाकिस्तान के प्रतिनिधि चौधरी मोहम्मद अली थे, जिनकी विभाजन परिषद की कार्यवाहियों का लेखा–जोखा उनकी *द इमर्जेंस ऑफ़ पाकिस्तान* (लन्दन, 1967), विशेषकर अध्याय 9, में उपलब्ध है। विवरण के लिए देखें, आयशा जलाल, *द स्टेट ऑफ़ मार्शल रूल : द ओरिजिन ऑफ़ पाकिस्तान्स पॉलिटिकल इकोनॉमी ऑफ़ डिफेन्स* (कैम्ब्रिज, 1990)।

109. देखें ताई योंग तान और ज्ञानेश कुदेसिया, *द आफ्टरमाथ ऑफ़ पार्टीशन इन साउथ एशिया* (लन्दन, राउटलेज, 2000)।

110. जैसा कि बिरला ने जी. स्टीन को 2 सितम्बर 1947 को लिखा : 'लोग शायद बहुत जल्द ही समझ जायेंगे कि यदि यह लम्बे समय तक चला तो पूरी अर्थव्यवस्था ध्वस्त हो जायेगी। भारत में स्तर बहुत नीचा होने के कारण लोग तकलीफ़ को बहुत ज़्यादा महसूस नहीं करते जब तक कि भोजन और कपड़ा उपलब्ध हो, पर अब इन चीज़ों की भी किल्लत शुरू हो गयी है।' बिरला पेपर्स, सीरीज़ फॉरेन कोरेस्पोंडेंस, फ़ाइल नम्बर 43–एस।

111. बिरला की ओर से जे.के. एंडरसन को, 5 अक्टूबर 1947, बिरला पेपर्स, सीरीज़ फॉरेन कोरेस्पोंडेंस, फ़ाइल नम्बर 24–ए–I।

112. बिरला की ओर से के.एन. काटजू को, 29 सितम्बर 1947, बिरला पेपर्स, सीरीज़ II, फ़ाइल नम्बर के–2।
113. एस.के. कृपलानी, सचिव, राहत और पुनर्वास मन्त्रालय की ओर से बिरला को, 11 और 16 अक्टूबर 1947, बिरला पेपर्स, सीरीज़ II, फ़ाइल नम्बर के–16।
114. जी.बी. पन्त की ओर से बिरला को, 19 सितम्बर 1947, बिरला पेपर्स, सीरीज़ II, फ़ाइल नम्बर पी–3, साथ ही एस.के. कृपलानी की ओर से बिरला को, 4 अक्टूबर 1947, बिरला पेपर्स, सीरीज़ II, फ़ाइल नम्बर के–16।
115. के.बी. लाल की ओर से बिरला को, 18 सितम्बर 1947, बिरला पेपर्स, सीरीज़ II, फ़ाइल नम्बर एल–12।
116. बिरला की ओर से के.एन. काटजू को, 29 सितम्बर 1947, बिरला पेपर्स, सीरीज़ II, फ़ाइल नम्बर के–2।
117. बिरला की ओर से लेडी माउंटबेटन को, 18 सितम्बर 1947, और उनका जवाब, 19 सितम्बर 1947, बिरला पेपर्स, सीरीज़ II, एम–26।
118. इस पद पर उन्होंने इन लोगों के साथ काम किया : लाला श्रीराम, राजकुमारी अमृत कौर, स्वास्थ्य मन्त्री, के.सी. नियोगी, शरणार्थी मन्त्री, हन्ना सेन, अध्यक्ष, आल इंडिया वुमेन्स कॉन्फ्रेंस, सुचेता कृपलानी, प्रमुख काँग्रेस नेत्री, और कई अहम सामाजिक कार्यकर्ता। 'राहत और कल्याण की संयुक्त परिषद् की कार्यकारिणी की बैठकों की कार्यवाही के मिनट्स', सितम्बर 1947 से मार्च 1948, उद्धृत, बिरला पेपर्स, सीरीज़ II, एम–26।
119. बिरला की ओर से एस.के. कृपलानी को, 8 नवम्बर 1947, बिरला पेपर्स, सीरीज़ II, फ़ाइल नम्बर के–16।
120. बिरला की ओर से श्री प्रकासा को, 5 अक्टूबर 1947, बिरला पेपर्स, सीरीज़ II, फ़ाइल नम्बर एस–24।
121. बड़े व्यवसायी विभाजन को लेकर बेचैन थे और उन्होंने इसके लिए पहले ही तैयारियाँ शुरू कर दी थीं क्योंकि बँटवारे की कार्यवाहियों के महीनों में देखे गये पूँजी के पलायन से यह स्पष्ट था। पंजाब से ख़ासकर पूँजी के पलायन की ख़बरें ज़्यादा थीं। मई 1947 तक कम–से–कम तीन प्रमुख बैंक और बीमा कम्पनियाँ अपने मुख्यालय लाहौर से बाहर ले जाने की योजना बना रहे थे। मई तक कुल मिलाकर 250 करोड़ की पूँजी के पलायन हो जाने का अनुमान था। एक 50 करोड़ की कार्यशील पूँजी वाले बैंक के भी बाहर जाने की ख़बर थी। हालाँकि हमारे पास बाहर जा रहे बैंकों और अन्य कम्पनियों के नाम नहीं हैं, पर ये सबूत हैं कि कई कम्पनियों ने खुद को बाहर कर लिया था। *ईस्टर्न इकोनॉमिस्ट*, 16 मई 1947।
122. बिरला की ओर से जे.के. एंडरसन को, 5 अक्टूबर 1947, बिरला पेपर्स, सीरीज़ फॉरेन कोरेस्पोंडेंस, फ़ाइल नम्बर 24–ए–I।
123. आर.एस. सरैया की ओर से बिरला को, 10 अप्रैल 1947, बिरला पेपर्स, सीरीज़ II, फ़ाइल नम्बर एस–2।
124. *वही*।
125. बिरला की ओर से आर.के. षण्मुगम चेट्टी को, 24 दिसम्बर 1947, बिरला पेपर्स, सीरीज़ II, फ़ाइल नम्बर एस–12।
126. बिरला की ओर से चन्दूलाल त्रिवेदी को तार, 22 अगस्त 1947, साथ ही तार, 23 अगस्त 1947, बिरला पेपर्स, सीरीज़ I, फ़ाइल नम्बर टी–15।
127. बिरला की ओर से श्री प्रकासा को, 21 सितम्बर 1947, बिरला पेपर्स, सीरीज़ II, फ़ाइल नम्बर एस–24।
128. श्री प्रकासा की ओर से चुन्द्रीगर को, 4 अक्टूबर 1947 और श्री प्रकासा की ओर से बिरला को, 18 सितम्बर 1947, बिरला पेपर्स, सीरीज़ II, फ़ाइल नम्बर एस–24। मिल के अधिकारियों का एक प्रतिनिधिमण्डल पाकिस्तान के प्रधानमन्त्री, पश्चिमी पंजाब के प्रमुख और स्थानीय नवाब से मसले को हल करने के लिए मिलने गया।
129. बिरला की ओर से लियाकत अली को, 27 नवम्बर 1947, बिरला पेपर्स, सीरीज़ इम्पोर्टेंट कोरेस्पोंडेंस, फ़ाइल नम्बर पी–2।

130. व्यावसायिक नेताओं और नीति–निर्माताओं द्वारा सहकारिता के आग्रह अगस्त 1947 तक भी किये जाते रहे। जून 1947 में एम.पी. बिरला ने भारतीय जूट मिल संघ के अपने अध्यक्षीय भाषण में जूट उद्योग में सहकारिता की वकालत की। विवरणों के लिए देखें, *कैपिटल,* 11 जून 1947। बड़े व्यवसाय की ओर से निरन्तर आर्थिक सहकार की ज़रूरत पर ज़ोर डाला गया। उदाहरण के लिए भारतीय चेम्बर ऑफ़ कॉमर्स के अध्यक्ष ड्राइवर ने जुलाई 1947 में आने वाली स्वतन्त्रता को एक 'बिखरी हुई, असुरक्षित और दो या और ज़्यादा में खंडित एक स्वराज' का मिलना बताया और सहयोग की दरख़ास्त की, *कैपिटल,* 24 जुलाई 1947। रिज़र्व बैंक ऑफ़ इंडिया (आरबीआई) के सेंट्रल बोर्ड ऑफ़ डायरेक्टर्स की रिपोर्ट ने भी आर्थिक सहकार की सलाह दी। आरबीआई के चेयरमैन सर चिन्तामणि देशमुख ने दो स्वतन्त्र राष्ट्रों के बीच आर्थिक एकता धारण करने पर ज़ोर दिया। उन्होंने कहा कि 'राजनीतिक विभाजन के बावजूद भारत की आर्थिक एकता को आपसी समझौते के ज़रिये क़ायम रखने के प्रयासों को आख़िरी सम्भाव्य हद तक कम नहीं होने देना चाहिए। भारत और पाकिस्तान, जो हमेशा क़ायम रहने वाली भौगोलिक और आर्थिक इकाई के राजनीतिक अंग हैं, उस चीज़ के साथ दगाबाज़ी करना बर्दाश्त नहीं कर सकते जिसे दुनिया पीड़ादायी अनुभव के बाद तलाश रही है कि शान्ति की तरह ही समृद्धि अविभाज्य है।' *कैपिटल,* 7 अगस्त 1947। ऐसी ही भावनाएँ *कैपिटल* द्वारा भी व्यक्त की गयीं, जिसने लिखा 'आर्थिक विभाजन दो कमज़ोर हिस्से पैदा करेगा जबकि एक कहीं ज़्यादा मज़बूत पहले से वजूद में है। दोनों को इसलिए वित्तीय समस्याओं का सामना करना पड़ सकता है। व्यापार–शेष बिगड़ जायेगा जो और भी समस्याओं को जन्म देगा। सीमा शुल्क की बाधाएँ, मुद्रा परिवर्तन और दूसरे सिरदर्द दोनों तरफ़ के प्रशासकों की योग्यता का इम्तहान लेंगे। इनमें से ऐसी कोई समस्या नहीं है जिसे सुलझाया न जा सके लेकिन जब तक उनको हल किया जायेगा तब तक वर्तमान व्यवस्था को काफ़ी हानि पहुँच चुकी होगी जिसे आसानी से टाला जा सकता है। यह एक ऐसी समस्या है जिसे दोनों स्वतन्त्र राष्ट्रों को उच्च प्राथमिकता देनी होगी क्योंकि जहाँ तक भविष्य को लेकर अनिश्चितता का सवाल है आर्थिक गिरावट चलती रहेगी।' *कैपिटल,* 7 अगस्त 1947।

131. सी.एन. वकील, *इकोनॉमिक कंसीक्वेन्सेस ऑफ़ डिवाइडेड इंडिया, अ स्टडी ऑफ़ द इकोनॉमी ऑफ़ इंडिया एंड पाकिस्तान* (बॉम्बे, 1950), पृ. 247।

132. विभिन्न प्रकार के ऊर्जा उत्पादन की इकाइयाँ ये थीं : भाप ऊर्जा का 95.3 प्रतिशत भारत को और 4.7 प्रतिशत पाकिस्तान को, तेल में 75.8 प्रतिशत भारत को और 24.2 प्रतिशत पाकिस्तान को, पनबिजली क्षमता का 98.1 प्रतिशत भारत को और 1.9 प्रतिशत पाकिस्तान को, *वही,* पृ. 225।

133. *वही,* पृ. 309–40 और पृ. 402–5।

134. पश्चिमी पाकिस्तान और पूर्वी पाकिस्तान (बाद में बांग्लादेश) के बीच आर्थिक संसाधनों में भारी अन्तर था। आगे के ब्योरों के लिए देखें, एन. अहमद, *एन इकोनॉमिक ज्योग्राफ़ी ऑफ़ ईस्ट पाकिस्तान* (लन्दन, 1956), और ए. तैयब, *पाकिस्तान : अ पॉलिटिकल ज्योग्राफ़ी* (लन्दन, 1966)। स्वतन्त्रता के पश्चात भारत, पाकिस्तान और बांग्लादेश के बीच क्षेत्रीय असन्तुलन और असमानता के लिए और अधिक शोध करने की आवश्यकता है। डी.ए. लो ने अपनी पुस्तक *द पॉलिटिकल इनहेरिटेंस ऑफ़ पाकिस्तान* (लन्दन, 1991) की भूमिका में तीन राज्यों की राजनीतिक व्यवस्था के अन्तर को रेखांकित किया है।

अध्याय 10

महात्मा की मेज़बानी

15 अगस्त 1947 को राजधानी दिल्ली के सबसे ज़्यादा प्रसारित अख़बार 'हिन्दुस्तान टाइम्स' के पहले पन्ने पर मध्यरात्रि में हुए उस समारोह की तस्वीर और ख़बरें छपी थीं जिसमें जवाहरलाल नेहरू ने एक स्वतन्त्र राष्ट्र के जन्म की सूचना देते हुए अपना प्रसिद्ध वक्तव्य 'भाग्य के साथ भेंट' (Tryst with Destiny) दिया था। इसी में एक छोटी ख़बर यह भी थी कि किस तरह गाँधी स्वतन्त्रता की घोषणा के समय चुपचाप कलकत्ता के नज़दीक एक मुस्लिम बहुल क्षेत्र में हैं। इसी पृष्ठ पर बिरला का हस्ताक्षरित एक लेख भी छपा था। इसका शीर्षक था–'आगे के कार्य'। यह उनका स्वतन्त्रता दिवस सन्देश था। उनका यथातथ्य लहजा नेहरू के उल्लास से ठीक उलट था। बिरला ने लिखा था कि राष्ट्रराज्य अन्ततः सिर्फ़ एक साधन हो सकता है। स्वराज का खुद में कोई अर्थ नहीं, यह रामराज्य की ओर भी ले जा सकता है या पतनशील रावण–राज्य की ओर भी। राष्ट्र निर्माण को लेकर एक नया प्रयोग शुरू हुआ है और इसकी सफलता नाज़ुक रूप से राजनीतिक नेतृत्व के इस व्यावहारिक रवैये पर निर्भर करती है कि वह नये राज्य की चुनौतियों का सामना शान्ति, शिक्षा और स्वास्थ्य को सुनिश्चित करके और पिछड़ी–दरिद्र धरती का आर्थिक कायाकल्प करके करे।[1]

बिरला और अन्य कई लोगों को स्वतन्त्रता दिवस पर राजधानी में गाँधी की अनुपस्थिति काफ़ी खली। हालाँकि सिर्फ़ तीन सप्ताह बाद कुछ ऐसी परिस्थितियाँ बनीं कि गाँधी को दिल्ली में अपने सबसे लम्बे प्रवास पर आना पड़ा। सितम्बर के शुरू में दंगाग्रस्त पंजाब की ओर जाते हुए वे दिल्ली में रुके। शहर के बाहर स्थित शाहदरा स्टेशऩ पर सरदार पटेल और काँग्रेस की महत्त्वपूर्ण सदस्य राजकुमारी अमृत कौर ने उनसे भेंट की, जिनके पास भीषण ख़बरें थीं। इन्होंने गाँधी को बताया कि दिल्ली में बड़े पैमाने पर साम्प्रदायिक दंगे हुए हैं। पुरानी दिल्ली में हत्याओं का मंज़र है और शहर के कई हिस्सों में आग भी भड़की हुई हैं। हरिजन क्वार्टरों में, जहाँ वे अक्सर रुका करते थे, पश्चिमी पंजाब से आये हिन्दू और सिख शरणार्थी भरे हुए हैं। गृह मन्त्री पटेल गाँधी की सुरक्षा को लेकर बेहद चिन्तित थे और उन्होंने उनके अपने 'दिल्ली के घर' बिरला हाउस में रुकने पर ज़ोर दिया।

बिरला हाउस में गाँधी

बिरला परिवार ने अपने मेहमान और उनके संगी–साथियों के रुकने की अच्छी तैयारी की थी। उनके रुकने की व्यवस्था को लेकर व्यापक इन्तज़ाम किये गये। परिवार के सदस्य घर की दूसरी मंज़िल पर रहने के लिए आ गये थे ताकि पूरी पहली मंज़िल मेहमान इस्तेमाल कर सकें। गाँधी के सहयोगी बृजकृष्ण, दो सचिवों–प्यारेलाल और शिवबालक बिसेन, उनकी निजी चिकित्सक सुशीला नायर और उनकी दो भतीजियों आभा और मनु के लिए कमरे तैयार थे। दूसरी क़रीबी सहयोगी मीराबेन पहले से ही पहली मंज़िल पर रह रही थीं। वे बिरला हाउस में अगस्त माह से ही रह रही थीं जब अपने हृदय की जाँच कराने के लिए दिल्ली आयी थीं।[2] कुछ अतिरिक्त कमरों की भी व्यवस्था अप्रत्याशित मेहमानों के लिए की गयी थी जिन्हें गाँधी अपने साथ रहने के लिए आमन्त्रित कर सकते थे।

एक छोटा–सा कमरा स्वागत कक्ष के रूप में बना दिया गया था जो गाँधी से मिलने–जुलने वालों के लिए था। गाँधी के लिए एक विशाल कक्ष था जो उनकी सुरुचि के हिसाब से व्यवस्थित कर दिया गया था, जब भी वे बिरला हाउस में रुकते थे इसी में रहते थे। लगभग 25 गुणा 16 फ़ीट के इस कमरे से सारे फ़र्नीचर हटा दिये गये थे और उसका स्थान चटाई और दरी ने ले लिया था। एक कोने में खाना पकाने का स्टोव रखा गया था और दूसरे में दो इलेक्ट्रिक हीटरों की व्यवस्था ठण्ड के मौसम के लिए थी। कमरा एक बरामदे की ओर खुलता था जहाँ एक चारपाई रखी गयी थी कि गाँधी अगर चाहें तो बाहर सो सकें। पास में ही मेहमानों के लिए बेंत की कुर्सियाँ रखी गयी थीं। बगीचे में जाने के लिए गाँधी को सिर्फ़ कमरे से बाहर पोर्च में निकलना भर होता था जहाँ गुलाब के क़तारबद्ध पौधे लगे थे और उसके बाद लाल बलुए पत्थर का रास्ता बना हुआ था।[3]

इस प्रकार पूरी घरेलू व्यवस्था चुस्त–दुरुस्त कर दी गयी थी। शहर के किसी हिस्से में कर्फ़्यू लगने और थोक सब्ज़ी मण्डी में साम्प्रदायिक घटना घटने का मतलब होता था सब्जी और फलों की किल्लत, और वैकल्पिक व्यवस्था की तलाश कर ली गयी थी। बिरला की एक सफ़ेद पैकर्ड कार सदैव गाँधी के लिए तैयार रहती थी। घरेलू कर्मचारियों को आने वाले दिनों में महात्माजी की सेवा के लिए उनकी अलग–अलग ज़िम्मेदारियाँ बता दी गयी थीं। गाँधी की शाम की प्रार्थना प्रायः बगीचे में होती थी। बगीचे में सिलेटी पत्थरों से एक मण्डप खड़ा किया गया था जहाँ लगभग 20 लोग बैठ सकते थे। इसके ऊपर गद्दियों और तकियों से ढँका लकड़ी का एक प्लेटफ़ॉर्म रख दिया गया था जिसपर गाँधी और उनके सहयोगियों के बैठने की व्यवस्था थी। लाउडस्पीकर लगा दिये गये थे, ध्वनि विस्तारक उपकरण अपनी जगहों पर दुरुस्त थे, बिजली मुहैया थी, जनता के बैठने की व्यवस्था तय कर दी गयी थी और इसके इन्तज़ामात कर दिये गये थे कि आल इंडिया रेडियो के ज़रिये गाँधी की प्रार्थना के भाषण पूरे राष्ट्र में प्रसारित हो सकें।

9 सितम्बर 1947 को गाँधी के आगमन के बाद बिरला के घर का वातावरण पूरी तरह बदल गया। विशाल गेट, जो पहले सिर्फ़ परिवारजनों के लिए खोले जाते थे अब जनता के लिए खोल दिये गये थे, और जिसे भी गाँधी से मिलने की इच्छा होती थी वह अन्दर आ सकता था। मुलाक़ातियों की बाढ़ सी आ गयी थी। अजनबी लोग महात्मा के दर्शन के लिए

आते थे–शरणार्थी उन्हें अपना दुखड़ा सुनाते थे; मार–काट से डरे पुराने शहर के मुसलमान मदद माँगते थे; ट्रेड यूनियनों और महिला संगठनों के प्रतिनिधिमण्डल अपनी दरख़्वास्तें देने आते थे; देशी और विदेशी पत्रकार साक्षात्कार के लिए आते थे; कैबिनेट के सदस्य सलाह माँगने और राज्य के महत्त्वपूर्ण मामलों पर चर्चा के लिए आते थे। अक्सर मिलने आने वालों में लॉर्ड माउंटबेटन, पटेल, नेहरू और आज़ाद परामर्श और ज्वलन्त राजनीतिक मामलों पर चर्चा के लिए आते थे।

दिन विशेष की शुरुआत बिरला हाउस में भोर में ही हो जाती थी। गाँधी प्रातः 3.30 पर उठते थे। 3.45 पर उनके कमरे के ठीक बाहर बरामदे में प्रार्थना होती थी जिसमें घर के सभी सदस्य शामिल होते थे। उसके पश्चात मालिश, अख़बार वाचन, और फिर या तो अपने कमरे में या फिर बाहर के बगीचे में गाँधी का नाश्ता होता था। मुलाक़ातियों को बिरला हाउस में 5.30 से आने की इजाज़त थी जब गाँधी नाश्ते पर अपनी बैठकें शुरू करते, और बगीचे में 8 बजे तक उनकी सैर के दौरान तक मुलाक़ातें जारी रहतीं।[4] बिरला परिवार द्वारा बनायी गयीं उनके रहने की आरामदेह व्यवस्थाएँ स्पष्ट ही, जैसा कि गाँधी का मानना था, उनकी एकनिष्ठ श्रद्धा थी।[5] उन्हें लगता था कि राजधानी में वे जहाँ भी रुके हैं बिरला के ही मेहमान रहे हैं : चाहे वह हरिजन क्वार्टर हो या फिर उनका निवास।

बिरला की स्वयं की सुबह की धार्मिक दिनचर्या को देखते हुए जिसमें वे कई हिन्दू धर्मग्रन्थों का पाठ करते थे, हैरानी नहीं कि उनसे सुबह की प्रार्थना अक्सर छूट जाती थी। हाँ, वे इस बात का ध्यान ज़रूर रखते थे कि गाँधी के शहर के दौरे पर निकलने के पूर्व दर्शन कर लिए जायें। जब वे बिरला की सफ़ेद कार पर बैठकर निकलते थे तो परिवारजनों को उनकी सुरक्षा की चिन्ता रहती थी और वे मौन ही मौन में उनकी सकुशल वापसी के लिए प्रार्थना करते थे।[6] बीते हफ़्तों में दिल्ली में बड़े पैमाने पर दंगे हुए थे। शहर में पाकिस्तान में चले गये हिस्सों से आने वाले हिन्दू और सिख शरणार्थियों की बाढ़ आ गयी थी, और उन मुसलमानों की जिन्होंने अपने घर दंगों में खो दिये थे। शहर के स्कूलों, कॉलेजों, सैनिक बैरकों, धर्मशालाओं, मन्दिरों, रेलवे प्लेटफ़ार्मों और यहाँ तक कि फुटपाथों पर भी शरणार्थियों का जमावड़ा हो गया था। गाँधी शरणार्थियों के बीच जाकर उनसे बातचीत में शान्ति बनाये रखने, ग़ुस्से पर क़ाबू रखने और ईश्वर पर विश्वास बनाये रखने की सलाह देते थे। दोपहर में घर लौटने पर थोड़ी झपकी लेते थे और फिर मिलने वालों का दौर शुरू हो जाता था। बैठकें या तो उनके कमरे में या बाहर खुले में होती थीं। औसतन गाँधी प्रतिदिन 40 लोगों से मिलते थे।

शाम को जब बगीचे में गाँधी की प्रार्थना सभा होती थी तो बिरला हाउस का पूरा माहौल धार्मिक हो उठता था। इसमें शामिल होने वालों की संख्या सौ के भीतर (कर्फ़्यू के दिन और सोमवार को जब गाँधीजी मौन रखते थे) से लेकर छह सौ तक अलग–अलग रहा करती थी और शहर के हालात पर निर्भर करती थी। जब सभी दर्शक–श्रोता ज़मीन पर अपना स्थान ग्रहण कर लेते तो एक सहायक गुरबचन सिंह महात्मा के लिए रास्ता बनाते थे। तब गाँधी अपनी दो भतीजियों के साथ बगीचे के रास्ते की ओर आते, और सजी हुई मेहराब के नीचे पड़ी चटाई पर अपना स्थान ग्रहण करते। उसके पश्चात कुरान, गीता, बाइबिल, गुरु ग्रन्थ साहिब और गाँधी को इन मुश्किल दिनों में काफ़ी राहत देने वाली रामधुन से पूरा वातावरण गूँजने लगता।

प्रार्थना समाप्त होने के बाद गाँधी दर्शनार्थियों से लगभग 15 मिनट तक बातचीत करते थे और उनकी बातों का प्रसारण राष्ट्र भर में होता था।

अधिकांश शामों को बिरला बड़ी तादाद में बैठे लोगों के बीच चुपचाप जाकर बैठ जाते थे। शहर में जो नफ़रत का माहौल फैला हुआ था उसको लेकर उन्हें अपने मेहमान की सुरक्षा की चिन्ता थी। इसके लिए वे एक रिवॉल्वर अपनी बेल्ट के नीचे छिपाकर रखते थे और गाँधी के पास जाने वाले लोगों पर सन्देहपूर्वक निगाह रखते थे।[7] गाँधी के भाषणों में खाद्यान्न पर से नियन्त्रण हटाने, सरकार की कार्यशैली, कश्मीर में तनाव और शरणार्थियों के पुनर्वासन की चुनौतियों समेत तमाम मुद्दे शामिल रहा करते थे। हालाँकि वे सबसे ज़्यादा साम्प्रदायिक स्थितियों और शान्ति और प्रेम की बहाली पर बोलते थे। इस बात के तमाम साक्ष्य हैं कि ये महीने गाँधी के लिए काफ़ी तनाव भरे रहे थे। अपने लम्बे राजनीतिक जीवन में उन्होंने जो काम किया था, उससे बहुत कुछ टूटता हुआ लग रहा था : उन्होंने लगातार देश के बँटवारे का विरोध किया था और जिस स्तर की उथलपुथल ने उन्हें घेर लिया था उससे वे पूरी तरह किंकर्तव्यविमूढ़ हो गये थे। जिस प्रकार की हिंसा उन्होंने देखी उसने उन्हें 'कुछ नहीं बस हृदय की पीड़ा' का अहसास कराया।[8] शरणार्थियों की दुर्दशा उन्हें निरन्तर व्यथित किये हुए थी। रात में जब उनके कमरे की विशाल छत पर बरसात की धीमी–धीमी बूँदें पड़ती थीं तो उन्हें उन हज़ारों शरणार्थियों की स्थिति के विषय में सोच बेहद तकलीफ़ होती थी जो शहर भर में खुले कैम्पों में बिना किसी छत के रात गुज़ार रहे थे। जब वे कर्फ़्यूग्रस्त क्षेत्रों से गुज़र रहे थे तब दिल्ली उन्हें 'मुर्दों का शहर' लग रहा था। दिन–प्रतिदिन वे शरणार्थी शिविरों में जाते थे और उन लोगों से मिलते थे जो भय, ग़ुस्से और कष्टकारक स्थितियों में जी रहे थे। सारे शहर में राहत शिविर लगाये गये थे : हुमायूँ का मक़बरा, ईदगाह, पुराना क़िला, दरियागंज, जामिया मिलिया, चाँदनी चौक का दीवान हॉल, किंग्सवे और अन्य बहुत–सी जगहें। दिल्ली का प्रसिद्ध लक्ष्मीनारायण मन्दिर (बिरला मन्दिर के नाम से विख्यात) भी शरणार्थी कैम्प का रूप ले चुका था। दिन भर में उन्होंने हज़ारों लोगों से बातचीत की और उनसे इस पागलपन को रोकने का अनुरोध किया।

वे मुस्लिमों से कहते थे कि वे अपने घरों में बने रहें भले ही उन्हें 'उनके हिन्दू पड़ोसियों द्वारा जान ले लेने की हद तक सताया क्यों न जाये।'[9] वे इस तर्क को कतई स्वीकार नहीं करते थे कि मुसलमानों को भारत छोड़कर पाकिस्तान चले जाना चाहिए। वे अल्पसंख्यकों को सब कुछ भूलने और माफ़ करने की सलाह दे रहे थे। यहाँ तक कि उन्होंने हिन्दू शरणार्थियों से भी कहा कि एक दिन वे अपने घर पाकिस्तान लौट सकेंगे। उन्होंने यह भी कहा कि वे मुसलमानों द्वारा ख़ाली की गयी सम्पत्ति पर नज़र न गड़ाएँ, बल्कि 'उनके सिर पर फैले आकाश की छतरी' के नीचे पसरी ज़मीन से ही सन्तोष करें।[10] यह बहुसंख्यकों की ज़िम्मेदारी है कि वे विनती करें, पश्चात्ताप करें और सुधार करें। गाँधी की मुलाक़ात अक्सर ऐसी उन्मादी भीड़ों से हुई जिन्होंने उन्हें अंगार भरी आँखों से देखा और जिन्हें जड़ों से उखड़ने और हिंसा झेलने के ख़ुद के अनुभवों के कारण उनकी सलाह अविश्वसनीय प्रतीत होती थी। एक बार जब वे पुराने क़िले में मुस्लिम शरणार्थी कैम्प में गये तो भीड़ अचानक उग्र हो उठी थी और लोगों को ज़बरदस्ती बिठाना पड़ा कि वे उनकी बातों को सुनें।[11] एक बार जब वे उत्तर पश्चिमी सीमान्त प्रान्त के बन्नू नामक स्थान पर हिन्दू शरणार्थियों

से मिलने गये तो उनमें से एक व्यक्ति ने उनसे कहा कि उनकी वजह से काफ़ी नुक़सान हुआ है और अब वे 'रुकें और चुपचाप यहाँ से ग़ायब हो जायें।'[12] एक अवसर पर उनकी मुलाक़ात हरिजन कॉलोनी में राष्ट्रीय स्वयंसेवक संघ (आरएसएस) के 500 सदस्यों से हुई जिनमें से कई ने प्रचण्डतापूर्वक 'मुसलमानों का रक्षक' होने के लिए उनका विरोध किया। गाँधी ने उनसे निवेदन किया कि वे सहिष्णुता दिखाएँ और कहा कि अगर हिन्दू यह समझते हैं कि सिर्फ़ बहुसंख्यकों को ही भारत में रहने का अधिकार है तो ऐसा करके वे 'हिन्दुत्व की हत्या' कर देंगे।[13] आरएसएस के नेता एम.एस. गोलवलकर ने गाँधी से बिरला हाउस में मुलाक़ात की और उन्हें विश्वास दिलाया कि उनके हाथ पाक–साफ़ हैं।

इन हफ़्तों में गाँधी जितने कैम्पों में सम्भव हुआ, गये। लेकिन उसके बावजूद हिंसा जारी रही। राजधानी में लगभग 137 मस्जिदों को नुक़सान पहुँचा। इनमें से कुछ को मन्दिरों का रूप दे दिया गया और उनमें मूर्तियाँ स्थापित कर दी गयीं। एक दिन बिरला हाउस में जब एक मुसलमान ने कुरान की फटी हुई कॉपी उनके सामने रखी और रोते हुए बिना कुछ कहे चला गया तो गाँधी बहुत दुखी हुए। वे जैसा दिख रहा था 'स्वजन हत्या के ज़रिये भारत का खँडहर में बदलना' और ताक़त के बल पर तमाम मुसलमानों को भारत से निकाले जाना नहीं चाहते थे। वे इन महीनों में लगातार यही प्रार्थना करते आ रहे थे 'कि भगवान, मेरी वसुन्धरा पर कोई विपदा आये उससे पहले ही मुझे उठा ले।'[14] इस समय जो संकट और त्रासदी मची हुई थी उससे वह काफ़ी आहत महसूस कर रहे थे और उनका हृदय पीड़ा से भर उठा था।

ऐसे माहौल में किसी पूर्वाभास की तरह गाँधी का अठहत्तरवाँ जन्मदिन बिरला हाउस में मनाने का फ़ैसला किया गया। इस दिन तमाम महत्त्वपूर्ण हस्तियाँ : कैबिनेट के सदस्य, विदेशी दूतावासों के प्रतिनिधि और लेडी माउंटबेटन और तमाम अन्य लोग उनसे मिलने के लिए आये। फूलों का अम्बार लग गया, पूरे देश से आर्थिक दान आये और देशभर से आने वाले पत्रों और टेलीग्रामों की तो बाढ़ ही आयी हुई थी। गाँधी अक्सर कहा करते थे कि उनकी इच्छा 125 वर्ष तक जीने की है लेकिन अब इतने अन्धकारयुक्त और नफ़रत के माहौल में उनमें वैसी इच्छा नहीं बची थी। उन्हें ये शुभेच्छाएँ 'उचित' नहीं लग रही थीं: 'क्या अब इन्हें शोक–सन्देश कहना ज़्यादा सही नहीं होगा?' उन्होंने पूछा।[15] गाँधी को लगता था कि उनकी आवाज़ अकेली है और कोई इसे सुनना नहीं चाहता। बदहाल स्थिति को देखते हुए गाँधी को त्योहार मनाने का कोई औचित्य दिखायी नहीं दिया। और कुछ ही हफ़्ते बाद उन्होंने घोषणा की कि जब तक पाकिस्तान जा चुके मुसलमान बिना डर के वापस भारत न लाये जा सकें तब तक दीपावली का त्योहार नहीं मनाया जाना चाहिए।[16] गाँधी की भावनाओं का सम्मान करते हुए बिरला हाउस दीपावली की रात अँधेरे में रखा गया।[17]

मज़े की बात यह है कि बिरला हाउस में ही गाँधी ने अपना आख़िरी अभियान तय किया था कि स्वतन्त्र भारत में मुसलमानों को सुरक्षित स्थान मिले और पाकिस्तान के साथ बँटवारे का सही हल निकाला जाये।[18] जैसा कि हम देख चुके हैं कि बिरला हमेशा से ही साम्प्रदायिक समस्या के हल के लिए की जाने वाली बातचीत को व्यर्थ मानते रहे थे और इधर के महीनों में वे गाँधी के विचारों से पूरी तरह असहमत हो उठे थे। बिरला मानते थे कि साम्प्रदायिक समस्या दुःसाध्य है और इसका एकमात्र हल देश का बँटवारा है।

साम्प्रदायिक समस्या के विषय में उन्होंने अपने विचार छुपाये नहीं थे और गाँधी इस बात को अच्छी तरह जानते थे। अपनी आदत के मुताबिक़ उन्होंने इन हफ़्तों में गाँधी के साथ हुई अपनी बातचीत में यह स्वीकार किया कि वे इस मामले में गाँधी की शिक्षा के बिल्कुल विपरीत सोचते हैं। उन्होंने गाँधी से कहा कि पाकिस्तान की हिन्दू आबादी के प्रति नीतियों को देखने के बाद उनका विश्वास मुसलमानों से पूरी तरह उठ गया है।

गाँधी के साथ गुज़ारे इन महीनों के दौरान साम्प्रदायिक स्थिति को लेकर उनके मतभेद बढ़ गये थे। 12 जनवरी 1948 को गाँधी ने घोषणा की कि जब तक राजधानी से साम्प्रदायिक घृणा का वातावरण समाप्त नहीं हो जाता तब तक वे आमरण अनशन पर बैठेंगे। उन्होंने घोषणा की कि 'मेरा यह सबसे बड़ा अनशन इस आशा से हो रहा है कि देश के सभी धर्मों के लोगों के दिलों में शान्ति भावना का उदय हो।' हालाँकि इस अनशन का उद्देश्य साम्प्रदायिक सद्भाव का माहौल तैयार करने से कहीं ज़्यादा था। गाँधी नयी सरकार की ग़लतियों के विरोध में भी यह उपवास कर रहे थे। भारत सरकार ने पटेल की ज़िद के कारण पाकिस्तान को दिये जाने वाले 5500 लाख रुपयों के भुगतान पर रोक लगा दी थी। बँटवारे के बाद वित्तीय निबटान के तहत यह पाकिस्तान को दी जाने वाली बकाया राशि का हिस्सा था। पटेल का तर्क था कि अक्टूबर 1947 में कश्मीर को लेकर दोनों देशों के बीच भड़के युद्ध के कारण भुगतान को अगर रोका न जाये तो कम–से–कम स्थगित तो किया ही जाना चाहिए। गाँधी भुगतान न देने की बात को अनैतिक और असमर्थनीय कार्य मानते थे। 13 जनवरी 1948 को उन्होंने दोपहर से अपना अनशन शुरू किया। पटेल के साथ बिरला के क़रीबी रिश्तों को देखते हुए इस बात पर आश्चर्य नहीं होना चाहिए कि उन्होंने भी पाकिस्तान को भुगतान राशि देने का विरोध किया था। बिरला इस बात से पूरी तरह सहमत थे कि पैसा रोक देना चाहिए क्योंकि उससे पाकिस्तान भारत के विरुद्ध हथियार ख़रीदेगा। एक लम्बी चर्चा में बिरला ने गाँधी को समझाने की कोशिश की कि पैसे के हस्तान्तरण से क्या दुष्प्रभाव होंगे।[19]

गाँधी की अनिश्चितकालीन हड़ताल की घोषणा ने बिरला को संशय में डाल दिया था। उनके निकट सहयोगियों में कोई भी उनके दिमाग़ को पढ़ सकने और उस पर कोई प्रभाव डालकर उनके निर्णय को बदलवा पाने की स्थिति में नहीं था। बिरला इन पूरी घटनाओं के इस बदलाव से दुखी और निराश थे। वे पूरी स्थिति से व्यथित थे और अपने को भयंकर पसोपेश की दशा में पा रहे थे। गाँधी जिन कारणों से अनशन पर बैठे थे उनका उन्होंने विरोध किया था और यह बात स्पष्ट तौर पर उनसे कह दी थी। बावजूद इसके अनशन उनके घर पर चल रहा था और वे अपने को असहाय पा रहे थे : गाँधी को मनाने की उनकी सारी कोशिशें बेकार गयी थीं। मेज़बान के तौर पर वे गाँधी को ठीक से रखने की ज़िम्मेदारी महसूस कर रहे थे और उनके स्वास्थ्य की नाज़ुक दशा को लेकर थोड़ा डरे हुए थे। गाँधी के शरीर को वश में करने और स्वयं के शुद्धीकरण के तर्क ताकि वे हालात से जूझने के लिए ताक़त हासिल कर सकें, बिरला की समझ के बिल्कुल परे था। उनका तर्क था कि जिस आन्तरिक शुद्धता की प्राप्ति की कोशिश गाँधी कर रहे हैं वह तभी सम्भव है जब शरीर स्वस्थ हो और इस कारण यह ज़रूरी है कि वे अनशन तोड़ दें। गाँधी के निर्णय से कई लोग घबराये हुए थे। सरदार पटेल तो इतना परेशान थे कि वे शहर छोड़कर बॉम्बे

चले गये और बिरला के मालाबार हिल स्थित निवास में ठहर गये। बिरला भी उनके साथ ही जाना चाहते थे लेकिन उनके सामने नैतिक दुविधा थी–एक तरफ़ मेज़बान की ज़िम्मेदारी और दूसरी ओर सरदार के साथ उनकी मित्रता। जब उन्होंने अपना संकट महात्मा को बताया तो उन्होंने उन्हें राजी किया कि वे पटेल के पास बॉम्बे जायें। गाँधी की ज़िद थी कि 'उनकी पटेल के साथ उपस्थिति दिल्ली में रुकने से बेहतर रहेगी।' बॉम्बे रवाना होने के पूर्व बिरला ने एक और प्रयास गाँधी से अनशन तुड़वाने के लिए किया। उन्होंने हिन्दू पुराख्यानों से नचिकेता और यम की कहानी सुनाई और पूछा–'जब नचिकेता ने यम के द्वार पर व्रत किया था तो वे भी घबरा उठे थे। मैं कैसे न उद्विग्न होऊँ और पश्चात्ताप करूँ जब मेरे घर में एक महात्मा उपवास पर बैठे हैं?'[20] बिरला का तर्क था कि 'यम भगवान होकर भी घबराये हुए थे कि कहीं द्वार पर ब्राह्मण नचिकेता के व्रत करने से दैवी ग़ुस्से का प्रकोप न झेलना पड़े। तो मैं एक साधारण मर्त्य मनुष्य फिर यह पाप अपने सिर पर क्यों ओढ़ूँ!' गाँधी ने मज़ाकिया ढंग से प्रतिवाद किया कि वे नचिकेता की तरह ब्राह्मण नहीं हैं; तब बिरला का जवाब था कि वो उससे अधिक 'महाब्राह्मण' हैं।[21] फिर बिरला ने सावित्री की कथा सुनाई जिसने उसके पति के प्राण लेने आये यमराज से पुत्र–प्राप्ति का वरदान माँगा था और गाँधी से वैसा ही वरदान माँगकर उपवास तोड़ने के लिए कहा। बिरला के तमाम प्रयासों के बावजूद गाँधी अटल रहे और अपना उपवास शुरू कर दिया।

गाँधी के आमरण अनशन ने जब दूसरे दिन में प्रवेश किया था तो बिरला हाउस में एक निराशा का माहौल छाया हुआ था। गाँधी इतने कमज़ोर हो चुके थे कि बगीचे तक पहुँच पाने में असमर्थ थे और एक रेडियो माइक्रोफ़ोन उनके बिस्तर पर लगाना पड़ा ताकि वे राष्ट्र के नाम अपना प्रार्थना सन्देश भेज सकें। उत्सुक दर्शनार्थी जोड़े में पंक्तिबद्ध होकर बगीचे से होते हुए गाँधी को देखने जा रहे थे जो अपने कमरे के बाहर बरामदे में चारपाई पर लेटे हुए थे। हज़ारों की संख्या में लोग बिरला के घर पर टूट पड़े थे जो जनता के लिए दिन–रात खुला हुआ था : कोई पैदल, कोई साइकिल से, ट्रकों में भरकर और रॉल्स रॉयस में। प्रतिदिन बिरला हाउस आने वाले लोगों की कोई गिनती न थी, फिर भी यह संख्या हज़ारों में थी। पाँचवें रोज़, पुराने शहर के उर्दू पार्क में हुई सिर्फ़ एक अकेली सभा से पाँच हज़ार लोग साइकिल पर और पाँच हज़ार पैदल गाँधी के दर्शन को आये। रेलवे कर्मचारी यूनियनों, पोस्ट एंड टेलीग्राफ़ कर्मचारियों, सरकारी प्रेस कर्मचारियों और महिलाओं के जत्थे बिरला हाउस की ओर आ रहे थे। 'लाइफ' की संवाददाता मार्गरेट बर्क–व्हाइट, जो उन महीनों में वहाँ नियमित जाती थीं, याद करती हैं कि 'बड़ा ही रोमांचक नज़ारा था। जत्थे के जत्थे अपने–अपने रंगीन बैनरों के साथ बिरला हाउस के गेट के भीतर प्रवेश करते थे और लॉन, फूलों की क्यारियों और मार्बल के पत्थर वाले चौड़े बरामदे में भर जाते थे।[22]

गेट के बाहर भी वातावरण वैसा ही उत्तेजक था। अबुबर्क रोड पर गलियों में ट्रकों के क़ाफ़िले लाइन से खड़े दिखते। कुछ पर 'गाँधीजी का जीवन हमसे अधिक क़ीमती है'[23] नुमा घोषणाएँ करते हुए बैनर लगे होते। 'हिन्दू–मुस्लिम भाई–भाई', 'महात्मा गाँधी की जय' के उद्घोषों और उनके स्वास्थ्य को लेकर की जा रही प्रार्थनाओं से आकाश गूँज उठता था। कभी–कभार 'महात्मा गाँधी मुर्दाबाद', 'हमें ख़ून के बदले ख़ून चाहिए', 'जो मरना चाहता है उसे मार दो' और 'मार दो' जैसे विद्वेषपूर्ण नारे भी सुनने में आ जाते थे।

गेट के सामने कई नाटकीय दृश्य भी दिखायी दिये। एक रात विद्वेषपूर्ण नारा सुनने पर नेहरू कूदकर अपनी कार से बाहर आये और पूरे समूह के सामने चीखकर बोले कि आगे नारा लगाने से पहले उन्हें उनकी जान लेनी होगी। एक अन्य रात गाँधी को चाहने वाले लोगों की भीड़ को देख नेहरू गेट से लगे सीमेंट के खम्भे पर चढ़ गये और उन्हें सम्बोधित किया। जैसा कि अनुमान था संसद नरम पड़ी और उसने पाकिस्तान को भुगतान करने पर अपनी सहमति दे दी। दिल्ली के नागरिकों पर भी गाँधी की अपील का असर हुआ। उपवास के छठे दिन भारी संख्या में राजनेता और विभिन्न समुदायों के नेता शहर में शान्ति की बहाली को लेकर एक साझा कार्यक्रम लेकर उपस्थित हुए। राहत और जश्न के बीच सन्तरे के एक गिलास जूस के साथ गाँधी अब उपवास तोड़ने को राजी हुए। ख़ुशी के तौर पर बिरला परिवार ने कमरे में जमा सौ के क़रीब लोगों में सन्तरे और केले बाँटे।

बिरला हाउस में हत्या

उपवास–समाप्ति से जो राहत महसूस की गयी थी वह क्षणिक ही साबित हुई। सिर्फ़ दो दिनों बाद ही बिरला हाउस की शान्ति उस समय भंग हुई जब गाँधी की शाम की प्रार्थना सभा के दौरान उनसे कुछ ही फ़ीट दूर पर एक बम धमाका हुआ। हालाँकि इसमें कोई घायल नहीं हुआ पर बगीचे की दीवार का एक बड़ा हिस्सा टुकड़ों में बिखर गया। सुरक्षा के इन्तज़ाम तुरन्त मज़बूत कर दिये गये। अब सुरक्षाकर्मियों में एक सब इंस्पेक्टर, एक सहायक इंस्पेक्टर, छह कांस्टेबल, तीन सादे लिबास में पुलिसकर्मी, एक ग़ैर–कमीशंड अधिकारी और 20 अन्य पुलिसकर्मियों की ड्यूटी लगायी गयी। लेकिन यह सारे एहतियाती उपक्रम बेकार गये, क्योंकि कुछ ही दिनों बाद शुक्रवार 30 जनवरी 1948 को शाम पाँच बजकर सात मिनट पर जब गाँधी सायंकालीन प्रार्थना के लिए बिरला हाउस के बगीचे से जा रहे थे तभी नाथूराम गोडसे ने उनकी हत्या कर दी। गोडसे और उसके षड्यन्त्रकारी साथियों को बगीचे के विषय में पूरी जानकारी थी। इनमें से कुछ दस दिन पहले 20 जनवरी की सुबह वहाँ हो आये थे।[24] वे बिरला हाउस में पिछवाड़े के एक छोटे फाटक के रास्ते से आये थे जो नौकरों के लिए बने क्वार्टरों से होता हुआ प्रार्थना स्थल तक आता था। यहाँ तक कि उन्होंने इस जगह की तस्वीरें भी उतारी थीं। (देखें, बिरला हाउस का नक़्शा)

जैसे ही हत्या की ख़बर उस शाम फैली पूरा शहर बिरला हाउस की ओर उमड़ पड़ा। महत्त्वपूर्ण लोग कमरों में थे, जबकि बाक़ी लोग बगीचों और बरामदों में थे। बिरला हाउस के बाहर खड़ी भीड़ यह जानने को उत्तेजित थी कि यह कैसे घटित हुआ और मुजरिम कौन है। लोगों की भीड़ बाहर बढ़ते ही नेहरू गेट से लगे सीमेंट के खम्भे पर चढ़ गये और घोषणा की : 'महात्मा जी नहीं रहे।' बिरला उस शाम घर पर नहीं थे। वे उस रोज़ सुबह जल्दी पिलानी के लिए निकल गये थे, जहाँ उन्हें एक तैयार हुए शैक्षणिक परिसर में एक मन्त्री के दौरे पर उनके साथ होना था। वे उस सुबह गाँधी के जागने से पूर्व ही निकल चुके थे लिहाज़ा उनसे उनकी भेंट नहीं हुई थी। यह दुखद समाचार उन्हें गाँधी की हत्या के 45 मिनट बाद प्राप्त हुआ, लेकिन तब तक दिल्ली लौट सकने के लिहाज़ से काफ़ी शाम हो चुकी थी। बेचैनी भरी रात, जिसमें उन्होंने गाँधी को सपने में देखा, के बाद अगली सुबह भोर में अपने निजी विमान से दिल्ली वापस लौटे। उन्होंने दुर्गाप्रसाद मंडेलिया को भी,

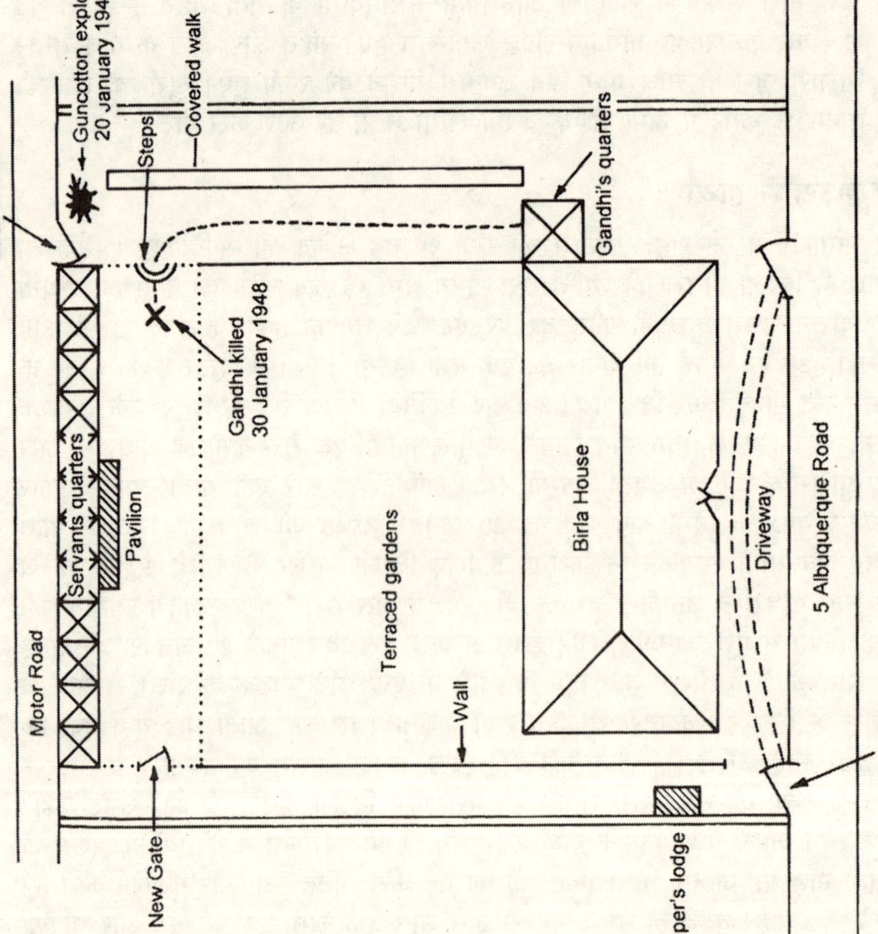

बिरला हाउस का नक्शा, दिल्ली

जो ग्वालियर में थे, दिल्ली आने के लिए कहा। जब वे लौटे तो बिरला हाउस के सामने हज़ारों की तादाद में लोग महात्मा जी को श्रद्धांजलि देने पहुँचे हुए थे। हत्यारे के गोली मारने से गाँधी जहाँ गिरे थे उस स्थान पर एक दीपक जल रहा था। दाहसंस्कार 11 बजे होना था जिसके लिए ज़ोरदार व्यवस्था की जा रही थी। कमरे की खिड़की के पिछले हिस्से में, जहाँ गाँधी का शव रखा हुआ था, शोकाकुलों की लम्बी क़तार लगी हुई थी। बिरला को अन्तिम दर्शन के लिए बगल के दरवाज़े से जाना पड़ा। गीता के श्लोकों का पाठ चल रहा था और उन्होंने देखा गाँधी वहाँ लेटे हुए थे, उनका सीना खुला था। गोलियों के निशान साफ़ तौर पर दिखायी दे रहे थे। हालाँकि चेहरे के भावों ने उनका ध्यान खींचा : बिरला को करुणा और क्षमा के सिवा वहाँ कुछ दिखायी नहीं दिया : एक दृश्य जिसे वे कभी भूल नहीं सके।

बिरला हाउस से यमुना नदी तक चली छह मील लम्बी शवयात्रा में अनुमानतः 15 लाख लोग शामिल हुए। हज़ारों की तादाद में लोग गाँधी के पसन्दीदा भजन गा रहे थे और उनके नाम की जय–जयकार कर रहे थे। गाँधी का पार्थिव शरीर एक तोपगाड़ी पर रखा हुआ था और उसके चारों ओर नेहरू, पटेल, बलदेव सिंह, कृपलानी, राजेन्द्र प्रसाद और देवदास गाँधी जैसे प्रमुख नेता विराजमान थे। दुर्भाग्यवश इसमें बिरला के लिए कोई जगह नहीं थी। वे कुछ दूर तक तो उस गाड़ी के पीछे–पीछे चले, लेकिन फिर भारी भीड़ ने उन्हें किनारे कर दिया। वे अपने वीरान हुए घर में वापस लौट आये और पूरी घटना का आँखों देखा हाल आल इंडिया रेडियो पर सुनते रहे।

इसमें कुछ भी अनपेक्षित नहीं था कि गाँधी की हत्या में हुई सुरक्षा–चूकों को लेकर तुरन्त ही आरोपों का दौर शुरू हो गया। सारा ठीकरा पटेल पर फोड़ा गया जो न सिर्फ़ उप प्रधानमन्त्री थे बल्कि गृह मन्त्री भी थे और लिहाज़ा सुरक्षा व्यवस्था के लिए सीधे ज़िम्मेदार थे। जयप्रकाश नारायण और राममनोहर लोहिया जैसे समाजवादी नेताओं ने तुरन्त सरकार पर लापरवाही का आरोप लगाया। फ़रवरी 1948 में मामला सेंट्रल असेम्बली में उठाया गया।[25] इस तरह के आरोप लगते ही बिरला तुरन्त ही पटेल के बचाव के लिए उठ खड़े हुए। उन्होंने घोषणा की कि गाँधी के मेज़बान के रूप में वे उनके बढ़ाये गये सुरक्षा इन्तज़ामों के आलोचक रहे थे क्योंकि उन्हें कभी भरोसा नहीं था कि कोई गाँधी पर हमले का साहस भी करेगा। एक रेडियो प्रसारण में उन्होंने स्वीकार किया कि उन्होंने निजी तौर पर सुरक्षा इन्तज़ाम बढ़ाये जाने का विरोध किया था क्योंकि उनका दृढ़ विश्वास था कि 'सुरक्षा उपायों से बहुत फ़ायदा नहीं होगा...जब तक कि भगवान ही आदेश न दे दे।'[26] सुरक्षा बढ़ाया जाना गाँधी को भी पसन्द नहीं था, जिन्होंने प्रार्थना के लिए जमा होने वाले लोगों की तलाशी का विरोध किया था, क्योंकि उनका मानना था कि उनका जीवन ईश्वर के हाथ में है। गाँधी का शिष्य होने के नाते उन्होंने कहा कि वे इस तर्क को पूरी तरह स्वीकार करते हैं। हत्या के सप्ताह भर पूर्व 21 जनवरी 1947 को उन्होंने गाँधी से नयी व्यवस्थाओं की चर्चा की थी। गाँधी ने उनसे कहा था कि वे केवल पटेल और नेहरू की भावनाओं की तसल्ली के लिए यह नयी व्यवस्था स्वीकार कर रहे हैं, और पुलिस को हटा देने से उस बोझ का वज़न और बढ़ जायेगा जिसे वे पहले से ही ढो रहे हैं। बिरला ने सुरक्षा इन्तज़ामात की चर्चा पटेल से भी की थी जिन्होंने अपनी आपत्तियों में बिरला को डपटा था कि 'यह आपका विभाग नहीं है, हम इस तरह का कोई जोख़िम नहीं ले सकते।'[27]

जैसे ही पटेल ने सेंट्रल असेम्बली में आधिकारिक लापरवाही के लगाये गये आरोपों के जवाब दिये, बिरला की 'ईस्टर्न इकोनॉमिस्ट' ने वैचारिक दिशा का प्रश्न उठा दिया, जिसका अर्थ था 'बेमतलब की बातों पर झगड़ा कर रहे हैं जबकि सरकार कुछ भी कर सकी होती तो गाँधी को बचा लिया जाता।' इसने टिप्पणी की :

> कितने लोग इस बात से इनकार कर पायेंगे कि उनका एक आकर्षक जीवन था, जिसकी हिफ़ाज़त के लिए साधारण मानवीय एहतियात ज़रूरी नहीं थीं? और अगर कोई यह बात स्वीकार भी कर लेता है कि गाँधी को सुरक्षा की ज़रूरत थी तो एक और मुश्किल गाँधी को इस बात के लिए राजी करने की थी कि उनके दर्शनार्थियों की जाँच ज़रूरी है। गाँधीजी अपने सहकार्यकर्ताओं के प्रति पूरी गहनता से विश्वसनीय थे। लेकिन सरदार पटेल भी इस बाधा को लाँघ नहीं पाये। सरकार को चुनाव करना था कि वे उनकी इच्छाओं का सम्मान करे या इस तरह बन्दिशों से उनकी घेराबन्दी कर दे जो उन्हें अपनी स्वतन्त्रता पर लगाम के रूप में महसूस हों। और सरकार इन्सानियत से गिरी हुई रही होती अगर दोनों विकल्पों के सामने होने पर यह पहले वाले विकल्प के चुनाव में नाकाम रही होती।

गाँधी की हत्या के पश्चात सरकार ने कट्टर साम्प्रदायिक संगठनों के विरुद्ध व्यापक अभियान शुरू किया। 1948 में फ़रवरी माह के शुरू में उसने अतिवादी अर्धसैनिक हिन्दू संगठन आरएसएस पर प्रतिबन्ध लगा दिया और हिन्दू महासभा के 25,000 सदस्यों और समर्थकों को गिरफ़्तार कर लिया। गाँधी की हत्या को लेकर दो तरह की व्याख्याएँ थीं। नेहरू इस हत्या में अतिवादी दक्षिणपन्थी हिन्दू संगठनों की बड़ी साज़िश देख रहे थे और मानते थे कि इसमें आरएसएस और हिन्दू महासभा का हाथ हो सकता है। दूसरी ओर पटेल मानते थे कि यह हत्या किसी बड़ी साज़िश के तहत नहीं की गयी है बल्कि चन्द ही लोगों ने इसे अंजाम दिया है। इस तरह के मतभेदों की गूँज ख़ुद बिरला के अपने परिवार में देखी जा सकती थी। इसमें महासभा की भूमिका को लेकर भी काफ़ी चर्चा हो रही थी जिसे जुगलकिशोर ने सालों साल काफ़ी उदारता से संरक्षण दिया था। बाद में बड़े पैमाने पर हुई गिरफ़्तारियों में महासभा और इसके सहयोगी निकायों के बहुतेरे कार्यकर्ता और नेता भी सलाखों के पीछे डाल दिये गये। इनमें हिन्दू धर्म के प्रचार के लिए निकलने वाले 'कल्याण' साप्ताहिक के संस्थापक हनुमान प्रसाद पोद्दार और पत्रिका के कार्यवाहक सम्पादक जय दयाल गोयनका को भी गिरफ़्तार किया गया। दोनों ही मारवाड़ी थे और बिरला परिवार के क़रीबी भी रहे थे, पोद्दार तो 1914 के रोड्डा षड्यन्त्र मामले में बिरला के साथ सह-अभियुक्त भी रह चुके थे। जुगलकिशोर ने बिरला के ऊपर दबाव डाला कि वे दोनों के मामले में मध्यस्थता करें। बिरला को निजी तौर पर उनके प्रति कोई ख़ास सहानुभूति नहीं थी, ख़ासकर पोद्दार को लेकर। हिन्दू महासभा की भूमिका के वे आलोचक थे, विशेष रूप से उसके काँग्रेस-विरोध को लेकर जो महासभा 1940 के दशक के उत्तरार्ध से लगातार करती आ रही थी। उन्हें 'कोई सन्देह नहीं था...कि इन लोगों ने काँग्रेस और गाँधी के विरुद्ध ज़हर फैलाया है और "कल्याण" में लिखे गये वाक्य हत्या के उकसावे वाले विश्लेषण के ज़िम्मेदार हैं।' उन्होंने पत्रिका के ताज़ा अंक देखे थे और मानते थे कि इस तरह का लेखन 'काँग्रेस और गाँधीजी को बदनाम करने' की मंशाओं से प्रेरित है। पोद्दार और गोयनका और महासभा के नेता

उनके मुताबिक़ 'मूर्ख लोग थे, और लिहाज़ा इन्हें नहीं मालूम था कि किन्हीं भी हालात में वे काँग्रेसी नेताओं का स्थान नहीं ले सकते जिन्होंने कितने ही त्याग किये हैं और आज़ादी की लड़ाई लड़ी है।' जब साथी मारवाड़ी व्यवसायी सर बद्रीदास गोयनका ने पोद्दार और गोयनका की ओर से मामले में दलीलें दीं तो बिरला ने कठोर शब्दों में कहा : 'मुझे समझ नहीं आता कि आप क्यों उन्हें सनातन धर्म का प्रचारक मानते हैं, वे तो किसी शैतान धर्म का प्रचार करते रहे हैं।' ख़ुद के बड़े भाई की ओर से काफ़ी दबाव दिये जाने के बावजूद बिरला ने मामले में दखल देने से इनकार कर दिया।[28]

महात्मा का स्मारक

बिरला का गाँधी के साथ बहुत अलग तरह का जुड़ाव रहा था जिसे देखते हुए वे उनके परिवार और ख़ास सहयोगियों को लेकर कुछ करना अपनी ज़िम्मेदारी समझते थे। गाँधी की दो पोतियों मनु और आभा को लेकर उन्हें विशेष चिन्ता थी। गाँधी का अन्तिम संस्कार हो जाने के बाद बिरला ने इनके भविष्य की चर्चा के लिए देवदास और कनु गाँधी को बुलाया : पता चला कि मनु वापस अपने पिता के पास जाना चाहती है जबकि आभा अभी भी अपने भविष्य पर मनन कर रही हैं। फिर उनका ध्यान उनके सहयोगियों पर गया। प्यारेलाल और सुशीला नायर का उन्हें विशेष ध्यान रहता था। उन्होंने जैसा वे चाहें वैसी सहायता का आश्वासन उन्हें दिया और सुशीला नायर को तो बिना रक़म लिखा एक चेक ही दे दिया।[29] इसके अलावा जुलाई 1948 में उन्होंने उनके निजी ख़र्चों के लिए 5000 की शुरुआती रक़म से एक संयुक्त खाता खुलवाया।[30]

इस बीच गाँधी की विरासत को स्थायी बनाये रखने के जो सरकारी या ग़ैर–सरकारी प्रयास किये जा रहे थे बिरला उनमें पूरे हृदय से जुड़े। वे सुनिश्चित करना चाहते थे कि गाँधी का जीवन, ख़ासकर उसका आख़िरी दौर, आने वाली पीढ़ियों के लिए सुरक्षित कर लिया जाये। प्यारेलाल ने अपनी विशेष स्थिति के चलते स्वयं के अधीन जीवनी–लेखन की एक परियोजना में रुचि दिखायी जिसमें गाँधी के जीवन के विभिन्न चरणों के ब्योरे दर्ज किये जायें। गाँधी की मृत्यु के तुरन्त बाद प्यारेलाल को सबसे बड़ी चिन्ता इस बात को सुनिश्चित करने को लेकर थी कि उनकी जानकारी में गाँधी के जीवन से जुड़े जो भी दस्तावेज़, पत्र, नोट और दूसरी सामग्रियाँ हैं उन्हें एक जगह सँभाल कर अगली पीढ़ियों के लिए सुरक्षित कर लिया जाये। वे यह भी चाहते थे कि गाँधी से जुड़े महत्त्वपूर्ण लोगों के संस्मरण की रिकॉर्डिंग करायी जाये। ज़ाहिर है इस तरह के अग्रणी और बड़े कार्य को अपनी महत्त्वाकांक्षी प्रकृति में संस्थागत सहयोग की आवश्यकता थी। जहाँ सरकारी प्रयास, जिन्हें बाद में नवजीवन ट्रस्ट, गाँधी वाङ्मय परियोजना और गाँधी स्मारक निधि में बाँट दिया गया, को नतीजे देने में वक़्त लगा वहीं प्यारेलाल अपनी योजना पर काम शुरू करने के लिए अधीर दिख रहे थे। बिरला को प्यारेलाल के जीवनी वाले काम में दम दिखाई दिया और वे उत्साहपूर्वक उसमें सहयोग देने को राजी हो गये। उन्होंने प्यारेलाल को आश्वस्त किया कि उनके इस काम के लिए आवश्यक किसी भी तरह का संसाधन अब उनकी ज़िम्मेदारी है। उन्होंने उनसे यह भी कहा कि एक परिवार के सदस्य की तरह वे जो भी चाहें उनसे माँग सकते हैं।[31] एक वाहन प्यारेलाल के लिए रख छोड़ा गया, चीज़ों को व्यवस्थित करने और

अनुवाद कार्य में उन्हें बिरला के ख़ुद के स्टाफ की सेवाएँ मुहैया करायी गयीं और उनके निजी ख़र्चों के लिए प्रावधान भी कर दिये गये। यह सहयोग उन्हें 1950 तक मिलता रहा जिससे प्यारेलाल महत्त्वपूर्ण शोध और लेखन कार्य कर पाये।[32] बिरला चल रहे लेखन की प्रगति में बराबर क़रीबी रुचि लेते रहे और 'महात्मा गाँधी, द लास्ट फेज़'[33] के मसौदे पर टिप्पणी भी लिखी। प्यारेलाल ने अपने हितकर्ता के सहयोग की क़द्र में उनसे कहा : 'मैं ऐसे किसी को नहीं जानता जिस पर मैं उससे ज़्यादा भरोसा कर सकता जितना आप पर करता हूँ–न सिर्फ़ भौतिक मदद के लिए बल्कि व्यावहारिक सलाह के लिए भी।'[34] बिरला का सहयोग अगले कुछ और सालों तक के लिए बढ़ा दिया गया और प्यारेलाल अपने काम में अहम प्रगति कर पाये।[35]

इस बीच गाँधी की स्मृति को अविरत रखने के सरकारी प्रयासों में भी तेज़ी आ गयी और बिरला अपरिहार्य रूप से इसमें क़रीबी रूप से शामिल हुए। 1948 के मध्य में पटेल और नेहरू ने गाँधी स्मारक निधि में सहयोग इकट्ठा करने के लिए प्रमुख उद्योगपतियों की एक बैठक बुलाई। यह फंड उगाही अभियान रणनीतिक तौर पर मसूरी में बिरला निवास से शुरू किया गया जहाँ पटेल हृदयाघात के बाद स्वास्थ्य–लाभ कर रहे थे।[36] देश भर की मशहूर व्यावसायिक हस्तियों और अलग–अलग व्यावसायिक परिच्छेदों का प्रतिनिधित्व करने वाले उद्योग जगत के शीर्ष लोगों को बिरला ने आमन्त्रित किया था और नेहरू और पटेल ने निजी तौर पर बुलाया था कि वे गाँधी की राष्ट्रीय याद में कुछ सहयोग दें। इस बैठक में व्यावसायिक समुदाय की ओर से पाँच करोड़ रुपये दिये जाने का निर्णय लिया गया। इस बृहद् लक्ष्य को प्राप्त करने के लिए एक औद्योगिक कमेटी का गठन किया गया जिसका अध्यक्ष कस्तूरभाई लालभाई को और उपाध्यक्ष बिरला को बनाया गया।[37] बिरला ने अपने व्यावसायिक सहयोगियों से निवेदन किया कि वे राष्ट्रपिता की विरासत की निरन्तरता को बनाये रखने में उदारता दिखाएँ : 'जहाँ तक उद्योग जगत की गरिमा और प्रतिष्ठा का ताल्लुक है यह धन–संग्रह एक परीक्षण का मुद्दा बनने जा रहा है। और हम सबको इसमें मदद और कोशिश करनी चाहिए।'[38] बिरला और लालभाई तुरन्त ही काम पर जुट गये और एक विस्तृत रणनीति तैयार की। दिल्ली के फिक्की मुख्यालय में एक कार्यालय बनाया गया और बिरला के एक शीर्षस्थ कर्मचारी मुरलीधर डालमिया उसके कर्ता–धर्ता नियुक्त किये गये। हर उद्योग से ली जाने वाली ध्येय–राशि निर्धारित कर दी गयी। यहाँ तक पहुँचने के लिए लालभाई और बिरला ने अलग–अलग उद्योगों के मुनाफ़ा आँकड़ों का विश्लेषण किया। फिर उद्योगानुसार दायित्व नियत किया गया।[39] इस प्रकार तय हुए दायित्व–निर्धारण थे– कॉटन टेक्सटाइल उद्योग से 250 लाख रुपये, जूट से 50 लाख रुपये, कोयले से 25 लाख रुपये, बंगाल और असम के चाय बागानों से 25 लाख और दक्षिण भारत के चाय बागानों से 7 लाख रुपये, चीनी उद्योग से 50 लाख रुपये, क़ाग़ज उद्योग से 8 लाख रुपये, इस्पात से 25 लाख रुपये और सीमेंट और ऊन उद्योगों से 10–10 लाख रुपये।[40] शेष उद्योगों को 1945–46 या 1947–48 में से जिस वर्ष अधिक हो उस वर्ष के सकल लाभ का पाँच प्रतिशत देना था।[41] बिरला और लालभाई ने कुल लक्ष्य 638 लाख रुपये का रखा था जो मसूरी में तय की पाँच करोड़ की राशि से अधिक बैठता था।

उनका अलग क़दम था विभिन्न उत्पादन–क्षेत्रों के महत्त्वपूर्ण उद्योगपतियों (बिरला इन्हें 'नेता' कहते थे) को सहयोग के लिए समायोजित करना और धन–संग्रह की ज़िम्मेदारी उन्हें सौंपना। कस्तूरभाई लालभाई ने कॉटन उद्योग की ज़िम्मेदारी ली, जे.आर.डी. टाटा को स्टील, डी. नारंग को चीनी उद्योग, एम.पी. बिरला को जूट, ए.एल. कैमरून को कोयला, तुलसीदास किलाचन्द को बैंकिंग और ए.डी. श्रॉफ को बीमा क्षेत्र का भार सौंपा गया।[42] बिरला ने कुल ज़िम्मा सँभाला और स्वभाव के सर्वथा अनुरूप सोत्साहपूर्वक चन्दा उगाहने की मुहिम में जुट गये। उनके ध्यान की चीज़ों में कोई भी विवरण उनके लिए मामूली नहीं था। मसलन उन्होंने प्रत्येक पत्र पर हस्ताक्षर करने की ज़िद पकड़ ली–कभी–कभी एक दिन में तीन सौ से चार सौ तक।[43] उन्होंने रबर की मुहर के इस्तेमाल को इसलिए ख़ारिज कर दिया कि मुहर लगी चिट्ठी की कोई वकत नहीं होती।[44] सारे उत्तरवर्ती कार्यों को वे ख़ुद ही अंजाम देते। सभी स्मरण–पत्र (Reminder) वे ख़ुद लिखते और हर धन्यवाद वाले पत्र पर उनके हस्ताक्षर होते थे।[45] इस काम में वे इस क़दर डूबे हुए थे कि इन महीनों के दौरान उन्होंने अपने बिस्तर के क़रीब एक नोटपैड रखना शुरू कर दिया था ताकि रात में भी किसी उपयुक्त दानकर्ता का नाम ध्यान आने पर उसे संकेत में दर्ज कर सकें। सुबह वे नाम मुरलीधर डालमिया के सुपुर्द कर दिये जाते थे।[46] एक बार को चन्दा इकट्ठा होना शुरू होते ही बिरला नियमित उसकी प्रगति की समीक्षा करने लगे। रिपोर्टों को कुछ–कुछ समय बाद तालिकाबद्ध किया जाता था जिसमें सम्पर्क की गयी देश की प्रत्येक प्रमुख औद्योगिक इकाई द्वारा दिये गये सहयोग के स्तर को दर्शाया गया था। 'चूककर्ताओं' की पहचान की गयी और एक रणनीति बनायी गयी कि उन्हें दान के लिए राजी करने का बेहतरीन तरीक़ा क्या हो। कई 'नेता', जिन्हें पैसा जमा करने की ज़िम्मेदारी दी गयी थी, ने अपना लक्ष्य हासिल करने में दिक़्क़तें बतायीं।[47] चूककर्ताओं को लेकर कई रवैये आजमाये गये। अक्सर बिरला ने निजी अपीलें कीं, बिरला बन्धुओं ने पैसा निकालने के लिए निजी सम्पर्कों का इस्तेमाल किया, और आख़िरी हथियार के तौर पर पटेल के हस्तक्षेप की धमकी को भी तलब किया गया।[48]

उस वक़्त के आर्थिक हालात को देखते हुए बड़े व्यवसायियों से बड़ा दान हासिल करना आसान लक्ष्य साबित नहीं हुआ। व्यवसायी खाद्यान्न और नियन्त्रण की सरकारी नीतियों से नाराज़ थे। ऊपर से कइयों को निजी उद्यमों के भविष्य को लेकर आशंका थी। कुछ को यह बात विसंगतिपूर्ण लगी कि अब उनसे चन्दा माँगा जा रहा है जबकि सरकार ने उनकी माँगों को बेरुखी दिखाते हुए नकार दिया था। बिरला के पुराने मित्र और ख़ुद भी गाँधी के ज़बरदस्त समर्थक पुरुषोत्तमदास ठाकुरदास ने अपनी कुछ आपत्तियाँ खुलकर व्यक्त कीं :

> मुझे यह झूठ बोलना पसन्द नहीं है क्योंकि मुझे लगता है कि महात्माजी की मृत्यु के साथ जो अच्छी शिक्षाएँ उन्होंने दी थीं और जो उन्होंने नियन्त्रण नीति के मुतल्लिक़ भारत सरकार पर दबाव बनाने के लिए आजमाईं वे पूरी तरह समाप्त हो चुकी हैं और यह मेरे ख़याल से एक तरह का स्वाँग ही है कि जिन लोगों ने नियन्त्रणमुक्ति को लेकर उनकी ठोस सलाह को किनारे पर रख दिया वे उन्हीं पूँजीपतियों से मोटा पैसा पाने के लिए एक–दूसरे पर गिर–पड़ रहे हैं जिनमें काला बाज़ारिये भी शामिल हैं जो उन्हें महज़ इसलिए बहुत अच्छी रक़म देंगे क्योंकि उन्हें पता है कि इसका लाभ बाद में कैसे लिया जायेगा।[49]

बहरहाल इन भावनाओं पर ध्यान न देते हुए व्यवसायियों के बहुमत ने चन्दे में अपना योगदान दिया।[50] 1950 की शुरुआत तक जो लक्ष्य लालभाई और बिरला ने मसूरी में नेहरू और पटेल के साथ अपनी मीटिंग में रखा था वह पार हो गया।[51] 14 अप्रैल 1950 को बिरला ने पैसा जमा करने का काम बन्द कर दिया और गाँधी स्मारक निधि का आख़िरी चेक पटेल को भेज दिया।[52] कुल 5 करोड़ 27 लाख रुपये जमा हुए थे।[53]

एक अनूठा साथ

गाँधी के राष्ट्रीय स्मारक का काम पूरा हो पाने में बिरला की ऊर्जा और प्रतिबद्धता का मुख्य योगदान था। उन्होंने व्यवसाय जगत से अच्छी–ख़ासी रक़म गाँधी स्मारक निधि को दिलवाई थी। दूसरे क्षेत्रों से मिले सहयोग में कोई उत्साह नहीं था और उम्मीद से काफ़ी कम था, जबकि राष्ट्रीय स्तर के नेताओं ने अनुदान की अपील बार–बार की थी। इस प्रकार बिरला को यह सुनिश्चित होने का आन्तरिक सन्तोष था कि गाँधी स्मारक निधि एक मज़बूत वित्तीय आधार पर खड़ी है। इसमें कुछ भी अनपेक्षित नहीं था कि प्रधानमन्त्री ने उन्हें फंड का एक ट्रस्टी बनने के लिए आमन्त्रित किया।

गाँधी के राष्ट्रीय स्मारक का आधार सुरक्षित हो जाने से बिरला गाँधी के साथ ख़ुद के रहे सम्बन्धों के अतीत पर गर्व कर सकते थे। राष्ट्रीय और अन्तरराष्ट्रीय मीडिया में, ख़ासकर 1940 के दशक के दौरान, उन्हें ख़ूब प्रचार मिलता रहता था। मीडिया में उन्हें 'गाँधी का लखपति मेज़बान' कहा जाता था। एक ऐसा जुमला जो गाँधी से उनके गहरे और जटिल रिश्ते का अतिसरलीकरण कर देता था। उनका साथ 32 साल पुराना था और बिरला इसे आध्यात्मिक छवि में देखते थे। यह गाँधी की राजनीति नहीं बल्कि उनकी आन्तरिक धार्मिक तलाश थी जिसने उन्हें उनके क़रीब ला दिया था। हिन्दू मूल्यों से गहरा लगाव, जो दोनों में बचपन से ही था, उनके चरित्र का एक सामान्य तत्त्व था। दोनों की ही पारिवारिक पृष्ठभूमि वैष्णव थी और लालन–पालन गहरे धार्मिक वातावरण में हुआ था। यह बात उनके रोज़मर्रा के धार्मिक पूजा–पाठ में भी देखी जा सकती थी जिसका पालन वे अटूट रूप से जीवन भर करते आये थे। दोनों की 'रामनाम' में अखण्ड आस्था थी जहाँ से वे ज़्यादातर सम्पोषण हासिल करते थे।[54]

सबसे ऊपर, जिस चीज़ ने बिरला को गाँधी की तरफ़ सर्वाधिक आकर्षित किया वह 'कर्मयोगी' के आदर्श में उनका ख़ुद का विश्वास था। कर्मयोगी अर्थात वो जो बिना अहं, बिना गर्व, बिना लगाव और बिना पुरस्कार की आशा के अपने कर्तव्य के प्रति समर्पित है।[55] उनकी निगाह में मात्र दो लोग : गाँधी और बलदेव दास–कर्मयोगी के आदर्श को पूरा करते थे, जैसा कि वे ख़ुद बनने की अभिलाषा रखते थे। हालाँकि आध्यात्मिक तौर पर वे महात्माजी का गहराई से सम्मान करते थे मगर अन्य बहुतेरे मुद्दों पर वे उनसे असहमत हुआ करते थे। उनका रिश्ता तर्कहीन अन्धश्रद्धा वाला बिल्कुल नहीं था। बिरला ने गाँधी के बहुत से राजनीतिक विचारों का विरोध किया तो गाँधी ने भी कभी उनसे अन्धनिष्ठा की माँग नहीं की और उनके स्वतन्त्र विचारों की क़द्र की। ऐसे गहरे आध्यात्मिक सम्बन्ध को देखते हुए राजनीतिक प्रश्नों पर असहमति नगण्य प्रतीत होती थी और उनके रिश्ते की घनिष्ठता गाँधी के अन्तिम वर्षों में भी अपरिवर्तनीय बनी रही। पीछे मुड़कर देखते हुए बिरला ने स्वीकार

किया कि उनके जीवन पर सर्वाधिक प्रभाव उनके पिता के बाद अगर किसी का पड़ा तो वे गाँधी थे। इसलिए बिरला को गाँधी द्वारा किये जाने वाले कामों को बेहिचक सहयोग देने में एक सन्तोष की अनुभूति होती थी। ब्रिटिश ब्रॉडकास्टिंग कॉरपोरेशन (बीबीसी) को दिये गये उनके एक साक्षात्कार में इस बात की झलक देखी जा सकती है :

> आप देखेंगे, कुछ (उद्देश्यों) में मुझे विश्वास था और कुछ चीज़ों को मैं नहीं मानता था। मैंने उनसे कहा : 'श्रेष्ठता पर मत जाइए। मेरे अपने विचार हैं। लेकिन मैं आपकी मदद इसलिए करना चाहता हूँ क्योंकि अच्छे कामों में मेरा विश्वास है और अच्छे काम सिर्फ़ अच्छे लोग ही कर सकते हैं।' इसलिए मुझे उनकी सहायता करने में कभी कोई हिचक नहीं हुई और मैंने उनसे एक वादा किया था कि जो भी चीज़ उन्हें चाहिए होगी जहाँ तक पैसे की बात होगी और वह मेरे पहुँच की चीज़ होगी मैं कभी न नहीं बोलूँगा। और ईश्वर को धन्यवाद कि मुझे न कहने का अवसर कभी नहीं मिला। उन्होंने बहुत बार ख़र्च के छोटे–छोटे विवरणों वाले हिसाब मुझे देने की कोशिश की लेकिन मेरी रुचि उनमें नहीं थी।[56]

उनके शब्दों में यह 'एक अनूठा साथ' था जिसे उन्होंने जीवन भर सँजोया।

सन्दर्भ एवं टिप्पणियाँ

1. जी.डी. बिरला, 'द टास्क्स अहेड', उद्धृत, *हिन्दुस्तान टाइम्स*, नयी दिल्ली, 15 अगस्त 1947।
2. वे बिगड़े हुए मलेरिया से ग्रस्त होकर आयी थीं और बिरला परिवार के सदस्य उनकी सेवा कर रहे थे। मीराबेन, द *स्पिरिट्स पिलग्रिमेज* (न्यूयॉर्क, 1960), पृ. 284–5।
3. लुई फिशर, द *लाइफ ऑफ़ महात्मा गाँधी* (लन्दन, 1951), पृ. 513।
4. *वही*, पृ. 452।
5. एम.के. गाँधी, *दिल्ली डायरी, प्रेयर स्पीचेस 10–9–47 से 30–1–48* (अहमदाबाद, 1948), पृ. 3।
6. मीराबेन, द *स्पिरिट्स पिलग्रिमेज*, पृ. 287–8।
7. बिरला, *इन द शैडो ऑफ़ द महात्मा*, पृ. XVIII।
8. एम.के. गाँधी, *दिल्ली डायरी*, पृ. 57।
9. *वही*, पृ 28।
10. *वही*, पृ. 34।
11. *वही*, पृ. 10–12।
12. राजमोहन गाँधी, द *गुड बोटमैन : अ पोर्ट्रेट ऑफ़ गाँधी*, पृ. 433।
13. डी.जी. तेंदुलकर, *महात्मा : लाइफ ऑफ़ मोहनदास करमचन्द गाँधी* (बॉम्बे, 1954), पृ. 144।
14. उदाहरण के लिए देखें, एम.के. गाँधी, *दिल्ली डायरी*, पृ. 39।
15. *वही*, पृ. 56–7।
16. *वही*, पृ. 166।
17. उसी महीने में एक अप्रत्याशित मेहमान एक ब्रिटिश मिशनरी रिचर्ड सायमंड्स बिरला हाउस में आये, जिनसे गाँधी बंगाल में मिल चुके थे। सायमंड्स टायफाइड से गम्भीर रूप से पीड़ित अवस्था में थे और गाँधी ने उन्हें स्वास्थ्य लाभ के लिए बिरला हाउस में आमन्त्रित किया था।
18. बिरला हाउस में उनका निरन्तर आवास इन ज़रूरतों के हिसाब से ठीक था। मुसलमान वहाँ उनसे मिलने में सुरक्षित महसूस करते और कैबिनेट के सदस्यों के लिए उनसे वहाँ मिलना आसान था क्योंकि वे सब अधिकतर आसपास के इलाक़े में ही रहते थे।

19. बिरला की ओर से प्यारेलाल को, 23 जनवरी 1955, उद्धृत, बिरला पेपर्स, सीरीज़ I, फ़ाइल नम्बर पी–I, प्यारेलाल जी।
20. बिरला, *इन द शैडो ऑफ़ द महात्मा,* पृ. 325।
21. बिरला की ओर से प्यारेलाल को, 23 जनवरी 1955, उद्धृत, बिरला पेपर्स, सीरीज़ I, फ़ाइल नम्बर पी–I, प्यारेलाल जी।
22. बॉर्के व्हाइट, *हाफ वे टु फ्रीडम, अ रिपोर्ट ऑन द न्यू इंडिया* (न्यूयॉर्क, 1949), पृ. 54।
23. *वही,* पृ. 53।
24. हत्या की योजना के विवरणों के लिए देखें, मनोहर मुलगाँवकर, *द मैन हू किल्ड गाँधी* (दिल्ली, 1978)।
25. 5 फ़रवरी 1948 को पटेल ने असेम्बली के समक्ष स्पष्टीकरण दिया। उन्होंने कहा कि 20 जनवरी 1947 को बिरला हाउस में प्रार्थना सभा में हुए असफल बम हमले के बाद सुरक्षा बढ़ा दी गयी थी।
26. बिरला, *इन द शैडो ऑफ़ द महात्मा,* पृ. 325।
27. वाटसन, *टॉकिंग ऑफ़ गाँधीजी : फोर प्रोग्राम्स फॉर रेडियो, फर्स्ट ब्रॉडकास्ट फॉर द ब्रिटिश ब्रॉडकास्टिंग कॉरपोरेशन* (लन्दन, 1957), पृ. 121।
28. ये दो व्यक्ति न केवल पत्रिका के साथ गहराई से जुड़े थे बल्कि पोद्दार तो गोरखपुर में हिन्दू महासभा के संगठनकर्ता थे जिन्होंने एक कार्यशाला के लिए चन्दा इकट्ठा किया था जिसमें 6000–7000 के क़रीब लोग आये थे। इसमें विभाजन के दौरान तथाकथित मुस्लिम अत्याचारों पर चर्चा हुई थी।
29. लेकिन ऐसा लगता है कि उन्होंने उसे भुनाया नहीं। सुशीला नायर की ओर से बिरला को, 5 अप्रैल 1957, उद्धृत, सीरीज़ I, फ़ाइल नम्बर एन–16, डॉ. सुशीला नायर।
30. प्यारेलाल की ओर से बिरला को, 28 जनवरी 1951, और बिरला की ओर से प्यारेलाल को, 2 फ़रवरी 1951, उद्धृत, बिरला पेपर्स, सीरीज़ I, फ़ाइल नम्बर पी–1, प्यारेलाल जी।
31. प्यारेलाल की ओर से बिरला को, 9 जुलाई 1962, उद्धृत, बिरला पेपर्स, सीरीज़ I, फ़ाइल नम्बर पी–1, प्यारेलाल जी। उन्होंने अगाथा हैरिसन की भी मदद की जब वे इंग्लैंड में भारतीय छात्रों के लिए आर्यभवन का उपयोग करना चाहती थीं।
32. जीवनी लिखने में उनके सभी ख़र्चों के लिए नवजीवन प्रेस के बजट में प्रावधान किया गया था, लेकिन बिरला ने ज़ोर देकर कहा कि वे उनके सभी व्यक्तिगत ख़र्चों का भुगतान करेंगे। प्यारेलाल की ओर से बिरला को, 1 फ़रवरी 1951, उद्धृत, बिरला पेपर्स, सीरीज़ I, फ़ाइल नम्बर पी–1, प्यारेलाल जी। 1954 में उन्होंने उनकी जीप और घर की मरम्मत के लिए छोटी–छोटी रक़में भेजीं, बिरला की ओर से प्यारेलाल को, 22 अक्टूबर 1954, उद्धृत, बिरला पेपर्स, सीरीज़ I, फ़ाइल नम्बर पी–1, प्यारेलाल जी।
33. बिरला की ओर से प्यारेलाल को, 1 फ़रवरी 1955, प्यारेलाल की ओर से बिरला को, 18 नवम्बर 1955, प्यारेलाल की ओर से बिरला को, 1 नवम्बर 1956, उद्धृत, बिरला पेपर्स, सीरीज़ I, फ़ाइल नम्बर पी–1, प्यारेलाल जी। प्रायः उनके लेखन में बिरला की मदद असन्दिग्ध थी। सिर्फ़ एक मौक़े पर बिरला ने प्यारेलाल की मदद नहीं की जब वे गाँधी की आवाज़ के कई घण्टों के रेकॉर्डेड टेप चाहते थे जो आल इंडिया रेडियो के पास थे। रेडियो इसे एक विशेष मामला मानकर रेकॉर्डिंग उन्हें देने को तैयार हो गया था, निर्माता ने उन्हें एक टेपरेकॉर्डर दे दिया था और वाणिज्य और उद्योग मन्त्रालय ने उन्हें एक विशेष लाइसेंस भी जारी कर दिया था ताकि उन्हें रेकॉर्डिंग के 150 स्पूल मिल पायें जिनकी ज़रूरत उनके काम के लिए थी। सरकार के भारी व्यय–कर को देखते हुए बिरला ने महसूस किया कि उन्हें गाँधी स्मारक निधि से इसके लिए सहायता माँगनी चाहिए। इस काम की लागत 2500 रुपये आयी जिसे बिरला ने पूरी तरह वहन नहीं किया। प्यारेलाल की ओर से बिरला को, 24 जून 1957, उद्धृत, बिरला पेपर्स, सीरीज़ I, फ़ाइल नम्बर पी–1, प्यारेलाल जी; बिरला की ओर से प्यारेलाल को, 11 जुलाई 1957, उद्धृत, बिरला पेपर्स, सीरीज़ I, फ़ाइल नम्बर पी–1, प्यारेलाल जी।
34. प्यारेलाल की ओर से बिरला को, 9 जुलाई 1962, उद्धृत, बिरला पेपर्स, सीरीज़ I, फ़ाइल नम्बर पी–1, प्यारेलाल जी।

35. वे कनॉट प्लेस, नयी दिल्ली में अपने घर के पास ही एक कार्यालय की जगह चाहते थे जिसके लिए उन्होंने फिर बिरला से मदद माँगी। युद्ध के लिए जो इमारतें ली गयी थीं उन्हें ख़ाली करवाकर उनका क़ब्ज़ा उनके मालिकों को वापस दिया जा रहा था, लिहाज़ा प्यारेलाल जी को एक नया स्थान ढूँढ़ना था। प्यारेलाल की ओर से बिरला को, 27 जुलाई 1962, उद्धृत, बिरला पेपर्स, सीरीज़ I, फ़ाइल नम्बर पी–1, प्यारेलाल जी।
36. व्यापारिक समुदाय ने इतना जोश दिखाया कि मेहमानों की मूल सूची से कहीं अधिक लोग शिरकत करने आये। बिरला को अपने घर के अहाते में ही एक तम्बू में जाना पड़ा ताकि मेहमानों के लिए घर में जगह बनायी जा सके। देखें, बिरला के सचिव, आर.के. गुप्ता के संस्मरण, *ट्वेंटी फाइव ईयर्स विद श्री जी.डी. बिरला*।
37. बिरला की ओर से दातार सिंह को, 27 नवम्बर 1948, उद्धृत, बिरला पेपर्स, सीरीज़ I, फ़ाइल नम्बर डी–1, दातार सिंह, सर।
38. बिरला की ओर से के.डी. जालान को, 6 अगस्त 1948, उद्धृत, बिरला पेपर्स, सीरीज़ I, फ़ाइल नम्बर जे–8, जालान।
39. 1945–6 के लाभ के आधार पर कुल आय के 5 प्रतिशत को लेने का निर्णय लिया गया, 'बिरला ब्रदर्स लिमिटेड, बॉम्बे के दफ़्तर में 14 और 15 जून 1948 को गाँधी स्मारक निधि की औद्योगिक समिति की बैठक के ब्योरे', उद्धृत, बिरला पेपर्स, सीरीज़ मिसलेनियस, फ़ाइल नम्बर 1, गाँधी स्मारक निधि।
40. 'वृहस्पतिवार 8 जुलाई 1948 को नयी दिल्ली में गाँधी स्मारक निधि की औद्योगिक समिति की बैठक के ब्योरे', उद्धृत, बिरला पेपर्स, सीरीज़ मिसलेनियस, फ़ाइल नम्बर 1, गाँधी स्मारक निधि।
41. वही।
42. बिरला पेपर्स, सीरीज़ मिसलेनियस, फ़ाइल नम्बर 1, गाँधी स्मारक निधि।
43. आर.के. गुप्ता, *ट्वेंटी फाइव ईयर्स विद श्री जी.डी. बिरला*।
44. अपील औद्योगिक उपक्रम की सभी इकाइयों से की गयी थी और कम्पनी और मैनेजिंग एजेंटों के बीच भुगतान की जाने वाली रक़म का आबंटन इकाइयों पर छोड़ दिया गया था। 'वृहस्पतिवार 8 जुलाई 1948 को नयी दिल्ली में गाँधी स्मारक निधि की औद्योगिक समिति की बैठक के ब्योरे', उद्धृत, बिरला पेपर्स, सीरीज़ मिसलेनियस, फ़ाइल नम्बर 1, गाँधी स्मारक निधि।
45. आर.के. गुप्ता, *ट्वेंटी फाइव ईयर्स विद श्री जी.डी. बिरला*, पृ. 16।
46. *वही*।
47. ऐसा ही एक अवसर जून 1948 में आया जब वस्त्र–उद्योग की उपसमिति ने धन–संग्रह में आने वाली समस्याओं का सामना किया था और सदस्यों के 'उत्तम प्रयासों' के बावजूद वस्त्र उद्योग के प्रमुख नेता रामरतन गुप्ता को धन–संग्रह शुरू करने में अपनी अयोग्यता को क़बूल करना पड़ा। तब बिरला को मिल–मालिकों को मनाने के लिए आयोजित बैठक में बुलाया गया, 17 जून 1948, रामरतन ने बिरला को लिखा : 'मेरे सभी प्रयासों के बावजूद हम धन–संग्रह शुरू नहीं कर पाये। अपने सामान्य देय से अधिक कुछ भी देने का वस्त्र उद्योग ने विरोध किया। मैं सोच रहा हूँ कि आप से अगली बैठक में आने के लिए कहूँ ताकि आप मेरी मदद कर सकें।' बिरला पेपर्स, सीरीज़ I, फ़ाइल नम्बर जी–7, गुप्ता, रामरतन।
48. 5 जनवरी 1949 को बिरला ने रामरतन को लिखा : 'लेकिन तुम्हारी मेयर मिल ने अभी तक कोई दान नहीं भेजा है। कई अध्यक्षों ने उन इकाइयों की सूची भेजी जिन्होंने अब तक सरदार जी को कोई प्रतिक्रिया नहीं दी है, और जब उनके सामने मेयर मिल का नाम आया तो उन्होंने ये मामला बॉम्बे में मेरे भाई रामेश्वर दास को भेजा कि वे पता करें कि ऐसा क्यों हुआ।' सीरीज़ I, फ़ाइल नम्बर जी–7, गुप्ता, रामरतन। 11 फ़रवरी को मेयर मिल ने अपने देय का भुगतान कर दिया। बिरला ने अपना देय न चुकाने वालों को समझाने की कोशिश की, जैसा कि उन्होंने जालान को बताया : 'वास्तव में मैंने कंजूसी दिखा रहे कुछ खदान मालिकों से ये कह दिया कि यदि वे इच्छुक नहीं हैं तो मैं उनसे कोई

दान स्वीकार नहीं करूँगा। अन्ततः मुझे डर है कि जो भुगतान नहीं करेंगे उनसे सरकार सम्पर्क करेगी और ये कोई अच्छी बात नहीं है कि वे अपने ही संगठन को देने के बजाय सरकार को दें।' बिरला की ओर से के.डी. जालान को, 6 अगस्त 1948, उद्धृत, बिरला पेपर्स, सीरीज़ I, फ़ाइल नम्बर जे–8, जालान।

49. ठाकुरदास की ओर से बिरला को : 25 जून 1948, बिरला पेपर्स, सीरीज़ I, फ़ाइल नम्बर पी–11, पी. ठाकुरदास।

50. जब छह महीने बाद बिरला ने धन–संग्रह की समीक्षा की तो स्थिति बहुत उत्साहजनक थी। मद्रास की मिल्स ख़ासकर आगे आयी थीं और उन्होंने अपने कुल योगदान के 25 लाख रुपये में से 20 लाख रुपये पहले ही दे दिये थे। यूपी और मध्य भारत का योगदान भी अच्छा था। हालाँकि अहमदाबाद ने अब तक बड़ी रक़में नहीं दी थीं लेकिन लालभाई ने उनको ये आश्वासन दिया था कि 'ये रक़में एक तरह से समझिए कि बैंक ऑफ़ इंग्लैंड में जमा हैं।' वह प्रान्त जो अपने लक्ष्य से पीछे था वह था–बॉम्बे प्रेसीडेंसी, जिस पर कोष का 54 लाख रुपये देय था। केवल छह महीने में कुल 3,80,000 रुपये का धन–संग्रह हो गया था और बिरला को यह उम्मीद थी कि फ़रवरी 1949 तक साढ़े चार करोड़ रुपये के लक्ष्य तक पहुँचा जा सकेगा।

51. उदाहरण के लिए अपने 250 लाख के लक्ष्य में से कपड़ा उद्योग ने 215.36 लाख रुपये भेज दिये थे। जूट उद्योग ने 50 लाख की माँग में से 49.71 लाख का योगदान कर दिया था; कोयला उद्योग ने अपने 25 लाख की देय राशि में से 17.33 लाख रुपये भेज दिये थे; बंगाल और आसाम के चायबागानों ने अपने देय 25 लाख में से 18.06 लाख रुपये का योगदान कर दिया था, देश के दक्षिण के बागानों ने उनसे माँगे गये 7 लाख में से 4.14 लाख रुपये भेज दिये थे; इस्पात उद्योग ने अपने 25 लाख रुपये के लक्ष्य में से 20.87 लाख रुपये का भुगतान कर दिया था; यूपी और बिहार की चीनी मिलों ने 25 लाख में से 20.87 लाख रुपये दे दिये थे; दूसरी चीनी मिलों ने उन्हें दिये गये 25 लाख रुपये के लक्ष्य में से 20.06 लाख रुपये भेज दिये थे; बीमा कम्पनियों ने अपने 20 लाख के लक्ष्य में से 15.82 लाख रुपये दे दिये थे। औद्योगिक समिति ने पहले ही 523.19 लाख रुपये इकट्ठे कर लिए थे। 'इंडस्ट्रियल कमिटी ऑफ़ गाँधी मेमोरियल फंड, न्यू डेल्ही। कम्पेरिटिव पोजीशन एज ऑन 25 मार्च 1950', उद्धृत, बिरला पेपर्स, सीरीज़ मिसलेनियस, फ़ाइल नम्बर I, गाँधी स्मारक निधि।

52. बिरला की ओर से पटेल को, 4 अप्रैल 1950, उद्धृत, बिरला पेपर्स, सीरीज़ I, फ़ाइल नम्बर पी–7, पटेल, मनीबेन, दह्याभाई, आदि। मुरलीधर की ओर से जी.डी. बिरला को, 24 फ़रवरी 1950, उद्धृत, बिरला पेपर्स, सीरीज़ मिसलेनियस, फ़ाइल नम्बर I, गाँधी स्मारक निधि। सबसे अधिक योगदान बॉम्बे से आया, जिसने कुल 73 लाख रुपये दान किये। बिरला पेपर्स, सीरीज़ मिसलेनियस, गाँधी स्मारक निधि।

53. जहाँ बिरला गाँधी स्मारक निधि को उद्योगपतियों के मिले समर्थन पर गौरवान्वित महसूस कर रहे थे, वहीं जाने–माने उद्योगपति रामकृष्ण डालमिया, जिनके बॉम्बे से प्रकाशित प्रतिष्ठित अख़बार *टाइम्स ऑफ़ इंडिया* पर नियन्त्रणकारी अधिकार थे, ने मई के प्रारम्भ में अपने योगदान को 'सार्वजनिक रूप से स्वीकार किया।' डालमिया ने कहा कि 'अधिकतर व्यापारियों और उद्योगपतियों ने इसलिए दान नहीं किया कि वे दानशीलता से प्रेरित थे याकि उनमें सम्मान की सच्ची भावना थी...बल्कि इसलिए कि ये अधिकारियों द्वारा माँगे गये थे और उद्योगपतियों में से कई ये उम्मीद करते थे कि दान देने के बाद उनको (आयकर) जाँच आयोग के फेर में नहीं फँसाया जायेगा, या तो वे उससे बच सकेंगे अथवा उनका मामला शान्तिपूर्वक सुलझाया जायेगा।' बिरला और उनके साथी उद्योगपतियों में इस टिप्पणी के कारण एक तात्कालिक विरोध की प्रतिक्रिया हुई; उनके सारे प्रयास मानो निष्फल हुए। डालमिया के इस आरोप कि स्मारक निधि में दान अपने 'पापों को धोने' की आशा में किये गये थे के विरोध में कई बयान जारी किये गये और व्यापारिक नेताओं ने ये घोषणा की कि 'उनके दान बापू के प्रति सच्चे आदर और श्रद्धा की भावना से प्रेरित थे।' पटेल ने भी कठोर शब्दों में एक बयान जारी किया :

'उन्होंने कहा कि यदि किसी दानकर्ता ने इस विश्वास या ख़याल से दान किया है कि इससे वह आयकर जाँच के दायरे से बच सकेगा तो वह ऐसे किसी भी दान को काला धन ही मानेंगे।' क्लेयर एच. टिंबरलेक, अमेरिकन कौंसल जनरल की ओर से डिपार्टमेंट ऑफ़ स्टेट, 11 मई 1950 को, उद्धृत, यूएस स्टेट डिपार्टमेंट पेपर्स, रील–I, साथ ही बिरला पेपर्स, सीरीज़ I,, फ़ाइल नम्बर पी–7, पटेल, मनीबेन, दह्याभाई, आदि।

54. गाँधी की ही तरह बिरला ने भी चेतन रूप से अपने आपको एक धार्मिक खोज में लगा दिया था : अपने युवा दिनों में वे रामकृष्ण परमहंस के धार्मिक विचारों के प्रति आकर्षित रहे थे और तब उन्होंने 'गीता और उपनिषद् के रास्ते पर अडिग रहने का' निर्णय किया।

55. बिरला की ओर से सोहनलाल जी पचीसिया को, 13 अप्रैल 1956, उद्धृत, बिरला पेपर्स, सीरीज़ फॉरेन कोरेस्पोंडेंस, फ़ाइल नम्बर 87–पी।

56. फ्रांसिस वाटसन और हल्लम टेनीसन, *टॉकिंग ऑफ़ गाँधीजी*, पृ. 47।

अध्याय 11

परमोत्कर्ष : द्विकेन्द्रित सत्ता के वर्ष

स्वतन्त्रता प्राप्ति के बाद कुछ वर्षों तक बिरला अपने सार्वजनिक प्रभाव में चरम पर थे। यहाँ ध्यान देने वाली बात यह है कि आज़ाद भारत के पहले तीन वर्षों को कई विश्लेषक जवाहरलाल नेहरू और सरदार पटेल की द्विकेन्द्रित सत्ता के वर्ष मानते रहे हैं। तर्क तो यहाँ तक दिया जाता है कि सही मायने में 'नेहरू युग' की शुरुआत 1950 से हुई जब प्रधानमन्त्री को वास्तविक रूप में अपने लिए पूरे देश का राजनीतिक मंच मिला। पटेल के बहुत क़रीबी होने के कारण बिरला को असाधारण प्रतिष्ठा और प्रभाव हासिल थे। 1947 से 1950 के द्विकेन्द्रित सत्ता वाले वर्षों में वे नयी दिल्ली के सत्ता के गलियारों के शीर्ष खिलाड़ी और प्रभावशाली सार्वजनिक व्यक्तित्व के रूप में उभरे। उन्हें व्यापक रूप से पटेल का ख़ास और विश्वसनीय साथी माना जाता था। बल्कि मशहूर कूटनीतिज्ञ और पूर्व नौकरशाह सर गिरिजा शंकर वाजपेयी ने दिल्ली स्थित अमेरिकी राजदूत से टिप्पणी भी की थी कि बिरला पटेल गुट के पदेन सदस्य हैं, हालाँकि वे उन्हें उप–प्रधानमन्त्री के लिए एक 'अशुभ' छाया मानते थे।[1] इन दिनों बिरला का प्रभाव ज़बरदस्त रूप से बढ़ गया था और उनमें असीमित आत्मविश्वास आ गया था। ऐसा सिर्फ़ इसलिए नहीं था कि वे पटेल के बहुत ख़ास हैं बल्कि यह उनके भीतर के आशावाद की पुकार भी थी कि देश का भविष्य दो में से एक खेवनहार पटेल के हाथों में सुरक्षित है।

एक साझा दृष्टि

पीछे मुड़कर देखने पर यह कहा जा सकता है कि बिरला और पटेल के रिश्ते निजी और राजनीतिक दोनों तरह के थे। दोनों व्यक्ति कई मुद्दों पर एक–सी सोच रखते थे। जैसा कि हम देख चुके हैं वैचारिक आधार पर दोनों 1930 के मध्य से ही क़रीब थे। गाँधी के हितकर्ता और मेज़बान के रूप में बिरला काँग्रेस आलाकमान की आन्तरिक गतिविधियों पर हमेशा से नज़र रखते आये थे। उन्होंने नज़दीक से देखा था कि किस प्रकार पटेल और अन्य दक्षिणपन्थी काँग्रेसी नेता पूरी ताक़त से नेहरू द्वारा काँग्रेस को वामपन्थी दिशा में ले जाने के प्रयासों पर अंकुश लगाने को लेकर कार्यरत हैं। उनका ख़ुद का प्रयास था कि संगठन के भीतर जो लोग वामपन्थी 'नेहरू खेमे' से सम्बन्ध नहीं रखते उनके हाथ मज़बूत किये जायें, ख़ासकर पटेल के। पटेल द्वारा स्वतन्त्र उद्यमों की वकालत और अमीर भू–स्वामियों के ज़मीनी हितों

को उठाया जाना उन्हें स्वाभाविक ही बिरला का साथी बना देता था। स्वतन्त्र भारत को लेकर दोनों के दृष्टिकोण बिल्कुल समान थे : एक मज़बूत केन्द्र हो, एक ऐसी आर्थिक व्यवस्था हो जो स्वतन्त्र उद्यमों को बढ़ावा देती हो और सम्पत्तिशाली समूहों की ज़बरिया बेदखली का विरोध करती हो और एक ऐसा राज्य–तन्त्र हो जो समाज की क़ानून–व्यवस्था की ज़रूरतों से तालमेल बनाते हुए नागरिक अधिकारों को सुनिश्चित करे। दोनों का ही सैन्य शक्ति को मज़बूत करने में यक़ीन था और वे मानते थे कि अन्तरराष्ट्रीय परिदृश्य में पाश्चात्य देशों के मित्र के रूप में भारत का एक उचित स्थान हो जो शीतयुद्ध दौर की सर्वसत्तावादी साम्यवादी हुकूमत का विरोध करे।[2]

देश की आज़ादी और बँटवारे से पहले के तूफ़ानी और अनिश्चित वर्षों में बिरला और पटेल ने ख़ुद को एक ही राजनीतिक धरातल पर पाया। इसे ज़्यादा प्रभावी तरह से बँटवारे की समस्या को लेकर दोनों के समान दृष्टिकोण में देखा जा सकता है। जैसा कि हम देख चुके हैं, बिरला ने काफ़ी पहले ही बँटवारे की वकालत की थी। 1945 से 1947 के दरम्यान सत्ता के हस्तान्तरण को लेकर जो लम्बी वार्ता चली उसमें वे पटेल के विश्वसनीय लोगों में थे। आज़ादी के बाद के शुरुआती महीनों में सरकार के समक्ष भयंकर चुनौतियाँ आ गयी थीं। इनमें से कई समस्याओं पर बिरला और पटेल समान विचार रखते थे। मसलन अल्पसंख्यकों का मामला, जिसमें दोनों ही नेहरू से मतभेद रखते थे। नेहरू चाहते थे कि भारत में मुसलमानों के साथ समान व्यवहार किया जाये, जबकि पाकिस्तान में बड़े ही व्यवस्थित तरह से अल्पसंख्यकों को देश छोड़ने के लिए बाध्य किया जा रहा था। पाकिस्तान ने हिन्दुओं और सिखों के साथ जिस तरह का बर्ताव किया था उसे देखते हुए पटेल मुसलमानों को समान व्यवहार का दर्जा दिये जाने में हिचक रहे थे।[3] इसी तरह बिरला को शरणार्थियों की समस्या की जटिलताएँ मालूम थीं जिसे देखते हुए सितम्बर 1947 में लेडी एडविना माउंटबेटन ने उन्हें यूनाइटेड काउंसिल ऑफ़ रिलीफ़ एंड वेलफेयर की कार्यकारिणी और वित्तीय उपसमिति में शिरकत करने का प्रस्ताव दिया।[4] शरणार्थी समस्या को लेकर उनकी राय उनके इस पक्के विश्वास में निहित थी कि शरणार्थियों के पुनर्वास को किसी भी हालत में आर्थिक हालात से जुदा नहीं किया जा सकता। बँटवारे के चलते जो आर्थिक अवरोध उत्पन्न हुआ था उसके व्यापक प्रभाव दिख रहे थे : पाकिस्तान से शत्रुतापूर्ण रिश्तों के कारण व्यापारिक स्थिति बदतर हो गयी थी; निजी कम्पनियाँ निवेश के लिए अनिच्छुक दिख रही थीं; कच्चे माल का अभाव हो गया था; सामान्य कारोबार के रास्ते बाधित हो चुके थे और सबसे बुरा यह कि ज़बरदस्त ढंग से बेरोज़गारी फैल गयी थी। उनका मानना था कि बेरोज़गारी की समस्या शरणार्थियों के आने से और बढ़ी है तथा मध्यम वर्ग में इसको लेकर व्यापक असन्तोष पैदा हुआ है।[5] बिरला को इसका तत्काल एक ही उपाय दिखता था और वह था शरणार्थियों के लिए तुरन्त लाभ पहुँचाने वाले रोज़गार की व्यवस्था, जिससे ख़ैरात देने और शरणार्थी कैम्प चलाने में सरकार के भारी–भरकम व्यय में कटौती की जा सके। बिरला को भय था कि अगर शरणार्थियों को उत्पादन तन्त्र से नहीं जोड़ा गया तो वे देश के मुट्ठी भर संसाधनों पर बोझ बन जायेंगे।[6] वे शरणार्थियों के लिए 'धर्मार्थ भोजन' के विरोधी थे, और यह बात पटेल समेत कैबिनेट के अपने अन्य क़रीबी सदस्यों को बता चुके थे।[7]

इसके अलावा, बँटवारे के पश्चात बिरला और पटेल दोनों ही पाकिस्तान के प्रति वैसा रुख़ अपनाने के पक्ष में थे जिसे राजनीतिक प्रेक्षकों ने कठोर नीति माना है। उन्होंने देखा कि बंगाल के हालात, जिसे वे अपने व्यापारिक सम्पर्कों के कारण अच्छे से जानते थे, काफ़ी प्रतिकूल हो सकते थे। वह पूर्वी बंगाल से भारी विस्थापन देख रहे थे और उनके अनुसार स्थिति 'विस्फोटक' हो सकती थी। वह बंगाल की स्थिति के विषय में पटेल को नियमित जानकारी दे रहे थे, जो उन्हें उनकी फर्म बिरला ब्रदर्स और दूसरे मारवाड़ी साथियों द्वारा चलाये जा रहे राहत केन्द्रों के ज़रिये उन्हें प्राप्त हो रही थीं।[8] उन्होंने पटेल को यह विश्वास दिलाया कि हालात उससे कहीं ज़्यादा संजीदा हैं जितना कि सरकार क़बूल करने को तैयार है। उन्होंने भविष्यवाणी की कि अगर विस्थापितों का आना जारी रहा तो दोनों देशों के बीच सम्बन्धों में कड़ुवाहट आ सकती है।[9] अक्टूबर 1948 में बिरला ने यह मामला अपने पूर्व परिचित और पाकिस्तान के गवर्नर जनरल ख़्वाज़ा नज़ीमुद्दीन के सामने रखा। उन्होंने लिखा :

> राह चलता आदमी आज सरकार से पूछ रहा है : ऐसा क्यों है कि हिन्दू घबराकर पाकिस्तान से भाग रहे हैं, जबकि यहाँ के मुसलमानों को वहाँ क्यों नहीं भेजा जा रहा ताकि विस्थापित हिन्दुओं के लिए जगह बनायी जा सके? पाकिस्तान की प्रेस में कुछ भी कहा जा रहा हो लेकिन यह सच्चाई आपको भी मालूम है जिससे इनकार नहीं किया जा सकता कि यहाँ रह रहे 4 करोड़ मुसलमान यहाँ शान्ति और आज़ादी से घूम सकते हैं। न सिर्फ़ इतना, बल्कि जो मुसलमान भारत छोड़कर पाकिस्तान गये थे अब शान्ति और आराम से अपने घरों में रहने के लिए वापस आ रहे हैं। दूसरी ओर पूर्वी बंगाल से हिन्दू भागकर भारत आ रहे हैं। और जो सिन्धी और पंजाबी हिन्दू पाकिस्तान से विस्थापित होकर आये हैं उनका वापस लौटना असम्भव हो गया है।[10]

पटेल यह भी मान रहे थे कि अब उपयुक्त समय आ गया है जब भारत सरकार को पाकिस्तान से स्पष्ट कहना चाहिए कि अगर शरणार्थियों का आना जारी रहा तो हमें भी उतनी ही संख्या में भारत से मुसलमान भेजने के अलावा कोई विकल्प नहीं बचेगा।[11]

विदेशी सम्बन्धों के मामले में भी पटेल और बिरला एक समान दृष्टिकोण रखते थे। दोनों ही नेहरू की विदेश नीति को लेकर आशंकित थे, ख़ासकर उनके कम्युनिस्ट देशों के प्रति झुकाव को लेकर, और उनमें भी विशेष रूप से चीन के प्रति। उन्हें लगता था कि एशिया में भारत को कम्युनिस्ट ख़तरे का सामना करना पड़ेगा और इसके लिए भारत को अपना रुझान अमेरिका के प्रति बढ़ाना चाहिए।[12] बिरला मानते थे कि भारत को सामरिक और आर्थिक दोनों मामलों में पश्चिमी देशों के अनिवार्य समर्थन की ज़रूरत है। अगस्त 1947 में स्वतन्त्रता मिलने के एक सप्ताह पूर्व अमेरिका का रवैया जानने के लिए बिरला ने अमेरिकी राजदूत हेनरी ग्रेडी को पटेल और ख़ुद के साथ दोपहर के भोजन के लिए बिरला हाउस आमन्त्रित किया। बातचीत के दौरान बिरला ने भारत और अमेरिका के बीच आर्थिक सहयोग की बात उठायी। उन्होंने ग्रेडी से पूछा कि क्या अमेरिका अगले कुछ वर्षों के दौरान तीव्र औद्योगीकरण के मक़सद से आवश्यक देश क़े ढाँचागत विकास और बिजली और यान्त्रिकी के लिए भारत को 50 करोड़ डॉलर का पूँजीगत सामान प्रतिवर्ष मुहैया करवा सकता है। उन्हें इस बात का पक्का विश्वास था कि देश को इसके भुगतान के लिए ऋण की ज़रूरत नहीं पड़ेगी, बल्कि एक पर्याप्त अनुकूल व्यापार सन्तुलन के ज़रिये भुगतान किया जा सकेगा।[13]

बिरला के साथ पटेल के सम्बन्ध निजी और घरेलू स्तर पर लम्बे समय से रहे थे। उनका व्यक्तित्व और मिज़ाज भी लगभग समान ही था। वास्तविक और व्यावहारिक, बोलने में बेलाग और दोनों ही हर बात को दिल की बजाय दिमाग़ से सोचते थे। दोनों ही कार्यों में दृढ़ता, विचार की स्पष्टता, और कार्य के प्रति ज़बरदस्त समर्पण रखते थे। इधर के वर्षों में उनके परिवारों में भी एक घनिष्ठता बन गयी थी। बिरला पटेल की बेटी मणिबेन की काफ़ी इज़्ज़त करते थे और उन्हें परिवार के सदस्य के रूप में देखते थे।[14] पटेल का भी बिरला परिवार के सदस्यों के प्रति काफ़ी स्नेह था और वे उनके हितों का पूरा ख़याल रखते थे। 1946 के बाद जब पटेल ने बिरला हाउस से औसत दूरी पर स्थित 1 औरंगज़ेब रोड (नया नाम ए.पी.जे. अब्दुल कलाम मार्ग) पर आवास लिया तो दोनों प्रातः साथ ही टहलने जाते थे। पटेल बिरला परिवार के नियमित मेहमान भी थे और उनकी आवभगत लेने में किसी प्रकार का दिखावा नहीं करते थे। जब एक बार राजा जय ने उनसे पूछा कि काँग्रेस के नासिक सत्र के समय वे कहाँ रुकेंगे, तो उन्होंने तुरन्त जवाब दिया 'मैं दोस्त नहीं बदलता, मैं बिरला हाउस में ही रुकूँगा।'[15] जब गाँधी की हत्या के कुछ हफ़्तों बाद ही 1948 में उन्हें दिल का दौरा पड़ा तो बिरला ने उनके स्वास्थ्य लाभ के लिए अपने मसूरी के घर में पूरी व्यवस्था की। गाँधी की हत्या के बाद लापरवाही के जो आरोप पटेल के ऊपर लगे थे उसे लेकर बिरला उनके प्रति काफ़ी सुरक्षात्मक हो गये थे। गाँधी की हत्या को दोनों ही भारी क्षति मानते थे और अवचेतन रूप से शायद इस त्रासद घटना की ज़िम्मेदारी भी उठाये हुए थे।[16]

बिरला के लिए पटेल का दर्जा स्पष्टतः ही सबसे ऊँचा था। उन्हें वे काँग्रेस पार्टी के संगठक और परिणाम देने वाले व्यक्ति के रूप में एक श्रेष्ठ यथार्थवादी मानते थे। 1949 में लन्दन की ओवरसीज लीग में एक सम्भाषण में बिरला ने नये भारत के राजनीतिक नेतृत्व का खाका इस शक्ल में खींचा था : 'पण्डित नेहरू के पास एक दृष्टि, आकर्षण व्यक्तित्व और अतीत व वर्तमान का ज्ञान है। अन्तरराष्ट्रीय जगत में उनकी काफ़ी प्रतिष्ठा है। सरदार पटेल के पास मानव मनोविज्ञान की गहरी जानकारी है, संयोजन और कार्य करने की क्षमता है और ऐसा हृदय है जो लोगों को प्यार और सक्रियता से भर देता है।'[17]

द्विकेन्द्रित सत्ता की एक आवाज़

हालाँकि बिरला सार्वजनिक तौर पर भारत की सकारात्मक तस्वीर प्रस्तुत करते थे लेकिन राजनीतिक हलकों में यह बात साफ़ थी कि वह पटेल के आदमी हैं। पटेल के पास गृह मन्त्रालय, राज्य, सूचना और प्रसारण मन्त्रालय जैसे महत्त्वपूर्ण विभाग थे जिस कारण घरेलू मामलों में उनकी पकड़ काफ़ी मज़बूत थी। इसके अलावा काँग्रेस पार्टी के भीतर भी इनका ज़बरदस्त प्रभाव था। इन शुरुआती निर्माण–वर्षों में पटेल के कन्धों पर भारी ज़िम्मेदारियाँ होने से कभी–कभी संवेदनशील मामलों में वह बिरला की सलाह पर भरोसा करते थे। हालाँकि पटेल की आर्थिक नीति–निर्धारण में कोई सीधी ज़िम्मेदारी नहीं बनती थी फिर भी आर्थिक मसलों में बिरला उनके ग़ैर–आधिकारिक सलाहकार हुआ करते थे। इसका एक उदाहरण था कि बँटवारे के बाद भारत और पाकिस्तान के बीच वित्तीय निपटान की बातचीत में बिरला से मदद के लिए कहा गया। संसाधनों और देनदारियों का बँटवारा बहुत ही दिक़्क़ततलब साबित हुआ, क्योंकि दोनों देश हर छोटी–से–छोटी सम्पत्ति को लेकर विवाद करने लगते थे।

भारत के मुख्य प्रतिनिधि एच.एम. पटेल थे, जो कैबिनेट सचिव, स्टीयरिंग कमेटी के सदस्य और विभाजन समिति के सचिव थे। भारत का पक्ष रखना अन्तिम रूप से इन्हीं के हाथ में था।[18] बिरला ने लम्बी चली बातचीत में एच.एम. पटेल की काफ़ी मदद की और बराबर सलाह देते रहे। पटेल ने संसाधनों और देनदारियों का एक मोटा खाका उन्हें भेजा था जिसके आधार पर उन्हें समझौता होने की उम्मीद थी। बिरला ने इस लेखे–जोखे का बारीक़ी से अध्ययन किया और विशेषज्ञ समिति के सामने रखने के लिए एक संशोधित बैलेंस शीट तैयार की। उन्होंने बँटवारे को लेकर कुछ सिद्धान्त निर्धारित किये : पहला, अचल सम्पत्ति को यथावत रहने दिया जाये क्योंकि उनके स्थानान्तरण का मतलब होगा उनकी वास्तविक क़ीमत को घटा देना।[19] दूसरा, भारत गणराज्य पाकिस्तान क्षेत्र में स्थित 50 करोड़ रुपये को छोड़कर सारे सार्वजनिक ऋण की पूरी ज़िम्मेदारी लेगा।[20] तीसरा, सारे दायित्व स्थान के आधार पर तय किये जायेंगे।

इन सिद्धान्तों को तय करने में बिरला की मंशा थी कि भारत की देनदारी न्यूनतम रखी जाये और उसके जोख़िमों को कम–से–कम किया जाये। वो चाहते थे कि रिज़र्व बैंक और ख़ज़ाने के नगद शेष में से पाकिस्तान को महज़ 12 करोड़ रुपये कार्यशील पूँजी और 31 करोड़ रुपये विविध सम्पत्तियों के लिए भुगतान किया जाये।[21]

कोई आश्चर्य नहीं कि जवाब में पाकिस्तान के प्रतिनिधि चौधरी मोहम्मद अली ने तर्क दिया कि पाकिस्तान कुल वित्तीय ज़िम्मेदारियों का सिर्फ़ 7 प्रतिशत ही वहन करेगा और एक पूरी तरह बेतुकी माँग रखी कि सम्पत्तियों में उसे एक बड़ा हिस्सा मिलना चाहिए। अली चाहते थे कि इस तथ्य के मद्देनज़र कि पाकिस्तान की प्रति व्यक्ति आय भारत की तुलना में 32 प्रतिशत कम है और उस पर नया राज्यतन्त्र खड़ा करने की अतिरिक्त ज़िम्मेदारी है उसे एक भत्ता दिया जाये। इसे देखते हुए बिरला ने एच.एम. पटेल से कहा कि इसका मतलब तो यह होगा कि 'हिन्दुस्तान ज़िम्मेदारियाँ वहन करे और पाकिस्तान सम्पत्तियों में हिस्सा ले, जिसका वास्तविक अर्थ हुआ...हिन्दुओं की सम्पत्ति को कुर्क करके पाकिस्तान को तोहफ़ा देना।' इसलिए उनका कहना था कि वित्तीय बँटवारे को लेकर पाकिस्तान के तर्कों को बिना बहस के ख़ारिज कर देना चहिए।

सम्पत्ति के बँटवारे को लेकर दोनों पक्षों के बीच चला आ रहा गतिरोध नवम्बर 1947 में उस समय टूट सका जब चौधरी मोहम्मद अली और पाकिस्तान के वित्त मन्त्री गुलाम मोहम्मद अली की शिरकत वाला एक प्रतिनिधिमण्डल दिल्ली आया। बैठक पटेल के निवास पर हुई और बिरला सलाह के लिए क़रीब थे। उन्होंने दोनों पक्षों के मध्य आदान–प्रदान हुए दस्तावेज़ों की पड़ताल करके अपनी विस्तृत टिप्पणियाँ दिसम्बर 1947 में औपचारिक समझौते पर हस्ताक्षर होने से पहले एच.एम. पटेल को भेज दीं। हालाँकि अन्तिम समझौते से बिरला ख़ुश नहीं थे। उन्होंने नगद शेष में से पाकिस्तान को 17.5 प्रतिशत हिस्से को मान लेने, स्टर्लिंग शेष के विवादास्पद अंश को मान लेने, और राष्ट्रीय ऋण को समावेशित न करने पर सवाल उठाया।[22] बिरला ने एक सतर्क रवैये की सलाह दी। उन्हें नगद शेष में से पाकिस्तान को 75 करोड़ रुपये दिये जाने का समझौता अतिरिक्त उदारता मालूम दी। उन्होंने एच.एम. पटेल को सतर्क किया कि इन वित्तीय तरतीबों को बनाने में पूरे परिप्रेक्ष्य का ध्यान रखा जाना ज़रूरी है। अगर कश्मीर में हालात बिगड़ते हैं तो पैसे का लेनदेन

रोक देना चाहिए और सैन्य भण्डार का हस्तान्तरण नहीं किया जाना चाहिए क्योंकि इससे भारत को गम्भीर ख़तरा पैदा हो सकता है। इसके अलावा बिरला का यह भी कहना था कि सिर्फ़ वित्तीय हल न निकाला जाये बल्कि सम्पूर्ण समझौते की बातचीत की जाये। हिन्दुओं और सिखों द्वारा छोड़कर आयी सम्पत्तियों, उन छोड़े गये व्यवसायों और फ़ैक्टरियों जिन्हें पाकिस्तानी प्रशासन ने मुसलमानों के नाम कर दिया है जबकि उनके मालिक उन्हें चलाने के इच्छुक थे, और पाकिस्तान में ही छूट गयीं बैंक प्रतिभूतियों वग़ैरह के मामलों को भी समझौते के दायरे में लिया जाना चाहिए। भारतीय बैंकों को काम करने की इजाज़त दी जाये और ख़ाली कराये गये उद्यमों को सुरक्षा मुहैया कराई जाये। सर्वोपरि यह, कि बिरला मानते थे कि अगर युद्ध जारी रहता है तो किसी भी समझौते को न माना जाये। एच.एम. पटेल और चौधरी मोहम्मद अली के बीच हुए अन्तिम समझौते पर बिरला की रज़ामन्दी नहीं थी। हालाँकि वित्तीय समझौते को लेकर बिरला बहुत खुश नहीं थे मगर मुख्य सिद्धान्तों, जिनके आधार पर भारतीय प्रतिनिधियों ने अपना पक्ष प्रस्तुत किया, को पेश करने में उनकी भूमिका को कमतर करके नहीं देखा जा सकता। बैलेंस शीट में रखे उनके सिद्धान्तों से ही भारतीय प्रतिनिधियों को विशेषज्ञ समिति में सम्पत्तियों और दायित्वों पर तर्क रखने का आधार मिला।[23] सरदार पटेल और कॉंग्रेस के शीर्ष नेताओं ने बिरला के इस योगदान की काफ़ी प्रशंसा की।

ऐसा नहीं था कि बिरला की विशेषज्ञता का लाभ पटेल ने सिर्फ़ बँटवारे के वित्तीय समझौते के मामले में ही लिया हो। वह तमाम विषयों पर उनकी राय लिया करते थे। मसलन जुलाई 1948 में भारत सरकार की ओर से बिरला को यह पता लगाने के लिए कहा गया कि वह फ्रांस से यह जानकारी करें कि क्या वहाँ सचमुच सिंथेटिक पेट्रोल का उत्पादन होने जा रहा है। पटेल और बिरला ने भारत में तेल के भविष्य को लेकर विस्तृत चर्चाएँ की थीं और इस बात के प्रमाण हैं कि बिरला ने पटेल के कहने पर इस मामले में व्यवस्थित जाँच भी करवाई थी।[24] फिर फ़रवरी 1949 में उड़ीसा राज्य में औद्योगिक विकास की सम्भावनाओं पर भी बिरला ने अपनी रिपोर्ट दी थी।[25] अप्रैल 1949 में उन्होंने उद्योग नियन्त्रण बिल और इस्पात क्षेत्र पर सीमा शुल्क लगाये जाने के सम्बन्ध में चर्चा की थी। दिसम्बर 1949 में बिरला ने पटेल को कॉटन और जूट उद्योग की स्थिति से अवगत कराया और फ़रवरी 1950 में उन्होंने कोयला क्षेत्र पर नियन्त्रण को लेकर विचार–विमर्श किया। इन पूरे सालों के दौरान जूट एक ऐसा विषय था जिस पर उनकी जानकारी और पाकिस्तान के साथ वित्तीय निबटान में रही उनकी शिरकत को देखते हुए बिरला की सलाह की निरन्तर दरकार थी।[26] बिरला और उनके व्यवसाय सहयोगी जब भी विदेश जाते थे तो बिरला उस देश के आर्थिक हालात, ख़ासकर भारत से व्यापार की सम्भावनाओं, के ब्योरे पटेल को भेजते थे।[27] बिरला का मानना था कि आर्थिक विषयों को लेकर जितना ध्यान दिया जाना चाहिए उतना ध्यान नहीं दिया जाता है, इसलिए वह आर्थिक नीति को लेकर गम्भीर जानकारी देने का प्रयास करते थे ताकि कैबिनेट के महत्त्वपूर्ण सदस्य आर्थिक लक्ष्यों में रुचि दिखाएँ।[28]

बिरला पटेल को सिर्फ़ आर्थिक मामलों में ही नहीं बल्कि उनकी निजी रुचि वाले मामलों में भी सहयोग किया करते थे। पटेल की काफ़ी दिनों से इच्छा थी कि वह अपने गृह प्रदेश गुजरात में पूरी तरह ग्राम्य उन्नति को समर्पित एक योजना शुरू करें जो वहाँ के ग्रामीणों

के सामाजिक, सांस्कृतिक और शैक्षणिक स्तर में सुधार लाये। उनके मुताबिक़ योजना का कार्यान्वयन दो रूपों में होना चाहिए : आर्थिक और सामाजिक। जैसे जलापूर्ति, सफ़ाई व्यवस्था, कुटीर उद्योगों का विकास और शैक्षणिक विकास। जिस तरह का काम बिरला ने पिलानी में किया था उसी तरह तकनीकी शिक्षा के संस्थान पटेल गुजरात के लिए चाहते थे। बिरला ने उनकी आशा के अनुरूप बिरला विश्वकर्मा महाविद्यालय नामक एक इंजीनियरिंग कॉलेज की स्थापना 25 लाख रुपये की लागत से करवायी। इस इंजीनियरिंग कॉलेज का स्थापना दिवस जून 1948 को मनाया जाना था और लॉर्ड व लेडी माउंटबेटन इसके उद्घाटन समारोह में आने वाले थे।[29] इतने बड़े मेहमान के आगमन पर काफ़ी कुछ किया जाना शेष था। पटेल को तुरन्त बिरला की याद आयी और इस अवसर पर उपस्थित रहने का आग्रह करते हुए उन्होंने उन्हें लिखा कि 'एक ऐसे संस्थान जिससे आप काफ़ी अन्तरंग रूप से जुड़े हैं और जिस पर आपका ऋण भी है वहाँ आपकी उपस्थिति के निमित्त से मुझे निजी तौर पर यह विश्वास है कि सारी व्यवस्था सुचारु रूप से चलेंगी।'[30]

इसके अलावा उनकी सहायता का एक उदाहरण 1947 की दीपावली का है जब पटेल हिन्दुओं के सबसे पुराने तीर्थों में से एक बताये जाने वाले सौराष्ट्र के प्रसिद्ध सोमनाथ मन्दिर में दर्शन के लिए गये थे। किंवदन्ती के मुताबिक़ इस मन्दिर, जिसका ज़िक्र ऋग्वेद में भी होने की बात कही जाती है, में भगवान शिव की सबसे पुरानी मूर्तियों में से एक मूर्ति थी और उसका भगवान कृष्ण के जीवन से गहरा सम्बन्ध था। सन् 1063 में महमूद गजनवी ने इस मन्दिर पर आक्रमण किया था और बाद में हिन्दू राजाओं ने इसका जीर्णोद्धार कराया। तदनन्तर अलाउद्दीन खिलजी और मुग़ल सम्राट औरंगज़ेब समेत कई मुस्लिम शासकों ने इस पर आक्रमण किये। यह मन्दिर जहाँ हिन्दुओं के लिए एक तीर्थस्थल था वहीं हिन्दू–मुसलमानों के सदियों से चले आ रहे तनावपूर्ण रिश्तों की महत्त्वपूर्ण निशानी भी था। पटेल का यहाँ पहुँचना इसलिए भी महत्त्वपूर्ण था कि अभी चार दिन पहले ही 13 नवम्बर 1948 को मुस्लिम रियासत जूनागढ़ को भारतीय क्षेत्र में मिलाया गया था जिसमें यह मन्दिर स्थित था। पटेल के साथ इस यात्रा में महाराष्ट्र के प्रसिद्ध काँग्रेस नेता एन.वी. गाडगिल और नयी प्रान्तीय सरकार अर्ज़ी हुकूमत के सदस्य थे जिसके हथियारबन्द स्वयंसेवकों ने हाल ही में जूनागढ़ पर जुलूस निकाला था। उन्होंने मन्दिर–पुनर्निर्माण की लोकप्रिय माँग पर तुरन्त प्रतिक्रिया व्यक्त की। प्रत्यक्षदर्शियों द्वारा बतायी गयी बातों के मुताबिक़ उन्होंने समारोह स्थल पर ज़मीन पर कुछ समुद्री पानी डाला और प्रतिज्ञा ली कि मन्दिर का जीर्णोद्धार किया जायेगा। पटेल ने घोषणा की कि इसके लिए 'जूनागढ़ के ख़ज़ाने से एक पाई भी नहीं ली जायेगी', न ही भारत सरकार से, बल्कि सारा धन स्वैच्छिक चन्दे से इकट्ठा किया जायेगा। पटेल को मन्दिर निर्माण के लिए संकल्प करने की प्रेरणा कहाँ से मिली यह अस्पष्ट ही रहा। क्या इस जीर्ण–शीर्ण प्राचीन हिन्दू मन्दिर के निकट आने से उनके भीतर एक समर्पित हिन्दू के रूप में अफ़सोस की भावनाएँ जाग उठी थीं? या वह जूनागढ़ की रियासत के ख़िलाफ़ सरकारी कार्रवाई का औचित्य साबित करने के लिए बहुसंख्यक हिन्दुओं की भावनाओं को उभारकर जन समर्थन हासिल करने की कोशिश कर रहे थे? या फिर वह उग्र दक्षिणपन्थी राष्ट्रवादी हिन्दुओं को मन्दिर जीर्णोद्धार के एक अभियान के लिए तैयार करने की कोशिश कर रहे थे जिसे कथित तौर पर मुस्लिम शासकों ने नष्ट कर दिया था। इन सवालों का निश्चित जवाब शायद कभी नहीं मिल सकेगा।

पटेल ने एक बार को जब संकल्प ले लिया तो सवाल खड़ा हुआ कि काम के लिए पैसा कहाँ से आये। पश्चिमी भारत की एक प्रिंस्ली रियासत नवानगर के महत्त्वपूर्ण शासक जाम साहब ने खड़े के खड़े एक लाख रुपये दान में दे दिये, और यह घोषणा की गयी कि अर्ज़ी हुकूमत 51,000 रुपये देगी।[31] एक ट्रस्ट का गठन किया गया जिसमें जामनगर के जाम साहब, समुलदास गाँधी, के.एम. मुंशी, एन.वी. गाडगिल, डी.बी. रेगे और बी.एम. बिरला शामिल हुए।[32] पुनर्निर्माण की मुख्य ज़िम्मेदारी बिरला परिवार ने अपने ऊपर ले ली।[33] प्रसिद्ध वास्तुशास्त्री प्रभाशंकर सोमपुरा ने नये मन्दिर की रूपरेखा चालुक्य वास्तुकला की पद्धति से तैयार की जिसमें सात मंज़िला कैलाश महामेरु प्रासाद भी शामिल था।[34] इस 155 फ़ीट ऊँचे नये मन्दिर के निर्माण में लगभग तीन करोड़ रुपये की लागत आयी। दुर्भाग्य से पुनर्निर्माण का पहला चरण पूरा होने पर 11 मई 1951 को हुए अभिषेक समारोह को देखने के लिए पटेल जीवित न थे। समारोह राष्ट्रपति राजेन्द्र प्रसाद की उपस्थिति में सम्पन्न हुआ।[35]

इस द्विकेन्द्रित सत्ता के वर्षों में पटेल की उपलब्धियों से बिरला काफ़ी गौरवान्वित महसूस करते थे। प्रान्तीय रियासतों को नये राष्ट्र में शामिल करने में जिस सफल वास्तुकार की भूमिका पटेल ने निभाई थी उसे बिरला नये राष्ट्र की सबसे बड़ी जीत मानते थे। बिरला और दूसरे बड़े व्यावसायिक नेताओं ने पटेल की अधिग्रहण नीतियों का समर्थन किया, क्योंकि सभी मानते थे कि सीमा शुल्क, मुद्रा और दूसरे आर्थिक मामलों में पूरे देश को एकरूप होना चाहिए। ठाकुरदास को सूचित करते हुए उन्होंने लिखा था : 'सरदार पटेल ने राजाओं को एक पार्टी दी और मैंने देखा कि अपने नये शासकों के प्रति भी वे उतने ही आज्ञाकारी और विनम्र हैं जितने कि पुरानों के प्रति रहा करते थे....मैं आपको विश्वास दिलाता हूँ कि व्यवहार में ये रजवाड़े हमसे जुदा किन्हीं नीतियों पर नहीं जा रहे।'[36] जब हैदराबाद को भारतीय संघ में मिलाने की दुस्साध्य समस्या को निज़ाम के विरुद्ध 'पुलिस कार्रवाई' के ज़रिये पटेल ने सुलझाया तो बिरला को बहुत गर्व हुआ। 'ईश्वर को धन्यवाद कि आपने यह कार्य सम्पन्न किया। ईश्वर आपको देश के पुनर्निर्माण के लिए और शक्ति दे।'—ऐसा उन्होंने पटेल को भेजे अपने तार सन्देश में लिखा था।[37] साथ ही जिस प्रकार से पूर्व रजवाड़ों का विलय भारत में राज्यों के पुनर्गठन प्रक्रिया के तहत हो रहा था उससे बिरला सन्तुष्ट थे। अपने पैतृक क्षेत्र राजपूताना को लेकर वह विशेष प्रसन्न थे जो अब राजस्थान राज्य बन चुका था। उन्हें उम्मीद थी कि यह नया ढाँचा प्रभावकारी और लोकतान्त्रिक रहेगा। हालाँकि उन्हें इस बात का अहसास था कि रजवाड़ों को प्रतिनिधित्व दिया जाना चाहिए क्योंकि उनकी ताक़त की अनदेखी नहीं की जा सकती।[38] बिरला चाहते थे कि पटेल ने रजवाड़ों को मिलाकर जो एकीकरण का महत्त्वपूर्ण कार्य किया है उसका ज़ोरदार प्रचार किया जाये। उन्होंने पटेल से निवेदन किया कि वह रजवाड़ों के अधिग्रहण की सफलता का प्रसारण रेडियो द्वारा पूरे देश में करें।[39] इसी तरह संवैधानिक सभा की कार्यवाही में भी पटेल के योगदान की प्रशंसा बिरला ने की। अल्पसंख्यकों के लिए अलग से निर्वाचक मण्डल को ख़त्म करने के लिए सर्वसहमति बनाने में पटेल ने जो सफलता हासिल की उसे बिरला ने एक अन्य चमत्कार माना।[40] 'आप एक के बाद एक समस्या सुलझाते चले जा रहे हैं। राज्यों का एकीकरण,

हैदराबाद, आरएसएस, कम्युनिज़्म, क़ानून और व्यवस्था और अब साम्प्रदायिक प्रतिनिधित्व का अन्त।' 'लेकिन कश्मीर का क्या? और हमारी अर्थव्यवस्था का?' उन्होंने पूछा था।[41]

पटेल के दूत

1949 की गर्मियों में बिरला ने इंग्लैंड और अमेरिका की उच्च स्तरीय यात्रा की, जहाँ व्यवसायियों और राजनेताओं से भारत के सामने पेश समस्याओं पर उनकी बृहत् चर्चा हुई। हालाँकि उनकी यह यात्रा पूरी तरह व्यक्तिगत थी मगर इन दोनों ही देशों में जिस तरह उनका स्वागत किया गया उससे उनकी प्रतिष्ठा का अन्दाज़ा लगता है। ब्रिटेन में उनका स्वागत विंस्टन चर्चिल, कंज़र्वेटिव पार्टी के नेता एन्थोनी एडन और राज्य सुरक्षा सचिव ए.वी. एलेक्ज़ेंडर ने किया। इन चर्चाओं में बिरला का ज़ोर था कि भारत को इस समय 'मज़बूत सेना और व्यापक औद्योगीकरण' की ज़रूरत है और इन दोनों मामलों में ब्रिटेन सहायता कर सकता है। बिरला की विशेष रूप से विस्तृत और फलदायी चर्चा ए.वी. एलेक्ज़ेंडर के साथ रही। उन्होंने ज़ोर देकर कहा कि भारत को बड़े पैमाने पर सैन्य उपकरण आपूर्ति किये जाने की ज़रूरत है जबकि पाकिस्तान को नहीं। 'वास्तव में' उन्होंने भविष्यवाणी की थी कि 'एक दिन भारत को अपनी सीमा सुरक्षा की व्यवस्था स्वयं करनी पड़ेगी।' बिरला ने एलेक्ज़ेंडर से शिकायत की कि भारत को सैन्य उपकरण पर्याप्त मात्रा में नहीं मिल रहे हैं। सुरक्षा सचिव ने उनसे वादा किया कि जो भी इस दिशा में हो सकेगा वह करेंगे और पटेल को सन्देश दिया कि 'अगर कोई परेशानी हो रही है तो वह परिस्थितियों के कारण हो रही है न कि जानबूझकर।'[42]

वाशिंगटन में उन्होंने वाणिज्य सचिव चार्ल्स साव्यर और रक्षा सचिव लुइस ए. जॉनसन के अलावा तमाम राज्य अधिकारियों से मुलाक़ात की। हालाँकि कैपिटल हिल पर उनके कई साक्षात्कार वाशिंगटन डी.सी. के इंडियन मिशन की अनुमति के बग़ैर ही तय हो गये थे जिसके लिए उन्हें एक 'विनम्र झिड़की' भी सुननी पड़ी जो उन्होंने माना कि औचित्यपूर्ण थी।[43] इन बातचीतों में एक बार फिर उन्होंने भारत को वित्तीय और आर्थिक सहायता दिये जाने का मुद्दा उठाया। सुरक्षा सचिव ने काफ़ी गर्मजोशी दिखायी और बिरला से काफ़ी आग्रह किया कि वह आगे की बातचीत के लिए पुनः नेहरू के साथ वाशिंगटन आयें जिन्होंने हाल ही में अमेरिका यात्रा का एक निमन्त्रण स्वीकार किया था। अपने तईं ऋण लेने की सम्भावना बढ़ाने पर, बिरला ने इसे साम्यवाद पर भारत की नीति से क़रीबी तौर पर जुड़ा माना। बिरला ने यह अन्दाज़ा लगाया कि अमेरिका में यह एक पक्की धारणा बनी हुई है कि चीन के लाल रंग में रँगने के साथ ही भारत ही एकमात्र देश बचा है जो एशिया में कम्युनिज़्म के फैलाव को रोक सकता है। उन्होंने पटेल से कहा, 'अगर हम अमेरिका की इस भावना का लाभ उठा सकें तो यह सम्भव है कि आर्थिक प्रशासन योजना (इकोनॉमिक एडमिनिस्ट्रेशन, ईए) के अधीन भारत भी एक तोहफ़ा हासिल कर सके, हालाँकि मैं ख़ुद तोहफ़ा पसन्द नहीं करता।'[44]

8 जुलाई 1948 की सुबह को व्हाइट हाउस में राष्ट्रपति हैरी ट्रूमैन ने बिरला का स्वागत किया। उनके साथ वरिष्ठ काँग्रेस नेता और पटेल के क़रीबी समर्थक एस.के. पाटिल भी थे

जो उन दिनों बॉम्बे के मेयर थे। बिरला को ट्रूमैन 'बहुत अच्छे मूड में' मालूम दिये। उन्होंने ट्रूमैन से यह जानने की कोशिश की कि क्या भारत को चार–सूत्रीय योजना के तहत सहायता मिल सकती है।[45] हालाँकि ट्रूमैन इस पर उन्हें उत्साह में तो दिखे, पर बिरला ने इस विषय पर चर्चा को ज़्यादा आगे नहीं बढ़ाया, क्योंकि उनकी हस्ती उन्हें महज़ एक कामचलाऊ मुखिया जैसी ही लगी।

पटेल के दूत के रूप में ब्रिटिश और अमेरिकी नेताओं को बिरला का स्पष्ट सन्देश था : भारत को औद्योगीकरण के लिए आर्थिक और तकनीकी सहायता की ज़रूरत है; साथ ही कश्मीर को लेकर पाकिस्तान के साथ चल रही सैन्य झड़पों के मद्देनज़र देश को हथियारों की ज़रूरत है। जब बिरला अमेरिका में थे तो उन्होंने आर्थिक सहायता की सम्भावनाएँ तलाशने के लिए विश्व बैंक के अध्यक्ष, आयात–निर्यात (एक्जिम) बैंक के अधिकारियों तथा कई व्यवसायियों से मुलाक़ात की। उन्हें विश्वास था कि भारत को 100 मिलियन डॉलर तक का ऋण विश्व बैंक से प्राप्त हो जायेगा और एक्जिम बैंक के समक्ष पेश की गयी कुछ ख़ास परियोजनाओं को अच्छा समर्थन हासिल होगा।[46] फिर भी बड़े पैमाने के निजी पूँजी निवेश की सम्भावनाएँ आती प्रतीत नहीं हुईं। बिरला को इससे कोई हैरानी नहीं हुई जो शहर में लोगों की सोच को समझ सकते थे जिन्हें (लोगों से) 'निश्चय ही हमारे श्रम क़ानून, ऊँची कर दरें और अनुशासन नापसन्द हैं', जैसा कि उन्होंने बाद में पटेल से कहा।

हफ़्तों बाहर रहने के दौरान उनका ध्यान बराबर पटेल के स्वास्थ्य पर लगा हुआ था। वह पटेल के सचिव विद्याशंकर और अपने ख़ुद के परिवार के सदस्यों से पटेल की स्वास्थ्य सम्बन्धी नियमित जानकारी टेलीफ़ोन पर लेते रहे थे। मार्च 1948 में पटेल को पड़े हार्ट अटैक के बाद से ही बिरला उनके स्वास्थ्य को लेकर चिन्तित रहते थे।[47] उसके बाद से ही उन्होंने उप–प्रधानमन्त्री पर दबाव डाला कि वह एयरफोर्स के विमान से सफ़र न करें और उनके लिए एक निजी डकोटा विमान के आयात की व्यवस्था की। व्यवस्था करने का दबाव डाला गया क्योंकि बिरला से कहा गया था कि पटेल के हृदय की स्थिति को देखते हुए चिकित्सकीय दृष्टि से यह काफ़ी बेहतर रहेगा।[48] हालाँकि उनके स्वास्थ्य को लेकर चिन्ताएँ और बढ़ गयी थीं और हाल के कुछ हफ़्तों में हृदय के साथ–साथ उनकी आँतें भी सुचारु रूप से काम नहीं कर रही थीं। बिरला अपने इंग्लैंड दौरे के समय कुछ एक्स–रे और मेडिकल के पेपर भी ले गये थे जिससे वहाँ पटेल के स्वास्थ्य के विषय में विशेषज्ञों की सलाह ली जा सके।[49] अपने प्रवास के दौरान बिरला ने स्वास्थ्य सम्बन्धी इन मशविरों पर काफ़ी समय ख़र्च किया और बल्कि और ज़्यादा ब्योरे उन्हें भेजने के लिए कहा।

बिरला और पटेल समर्थक

1949 की गर्मियों में जब बिरला भारत लौटे तो पाया कि सत्ता के दोनों केन्द्रों के बीच दूरी काफ़ी बढ़ चुकी है। दोनों लोग पिछले दो वर्षों में कई मुद्दों, जैसे कि : बँटवारे के बाद भारत में मुस्लिम अल्पसंख्यकों की स्थिति, हिन्दू कोड बिल, गणतन्त्र के पहले राष्ट्रपति का चुनाव, रजवाड़ों के प्रिवीपर्स का मामला और यहाँ तक कि प्रशासन के रोज़–ब–रोज़ के मामलों में बुनियादी रूप से एक–दूसरे से असहमत थे। कई अवसरों पर पटेल ने नेहरू की बात मान ली थी लेकिन लगता था कि अब दोनों के मतभेद पूरी तरह स्पष्ट हो चुके थे और

1950 में तो पूरी पार्टी में यह बात खुलकर सामने आ गयी। मौक़ा था नये काँग्रेस अध्यक्ष के चुनाव का। पुरुषोत्तमदास टण्डन पटेल के उम्मीदवार थे जिन्हें पार्टी के दक्षिणपन्थियों का समर्थन था और जिन्हें उनके हिन्दूवादी रुझानों के लिए जाना जाता था। टण्डन दो साल पहले भी चुनाव लड़ चुके थे मगर असफल रहे थे और उनके अभियान का ख़र्च किसी और ने नहीं बल्कि बिरला ने उठाया था।[50] 1948 का प्रचार अभियान तो एक मायने में बड़े शक्ति प्रदर्शन की शुरुआत भर था जिसका पूर्ण स्वरूप 1950 में स्पष्ट हुआ।[51] प्रतिद्वन्द्वी उम्मीदवार इस बार जे.बी. कृपलानी थे जिन्हें नेहरू खेमे का समझा जाता था और सेकुलर आदर्शों को मानने वाला भी। टण्डन–कृपलानी का चुनाव जल्द ही नेहरू–पटेल के मुक़ाबले में परिवर्तित हो गया और हर काँग्रेस कार्यकर्ता यह बात जानता था।[52] पटेल ने खुले तौर पर टण्डन का प्रचार किया और पार्टी में उनके प्रभाव को देखते हुए परिणाम को लेकर कोई आश्चर्य नहीं था।[53] हार–जीत का अन्तर बहुत कम होने के बावजूद टण्डन की विजय हुई : टण्डन को 1306 मत, कृपलानी को 1092 और एक तीसरे उम्मीदवार को 202 वोट मिले थे।

हालाँकि पटेल गुट के इस शक्ति प्रदर्शन के कुछ ही महीनों बाद राजनीति के पूरे समीकरण बदल गये। 15 दिसम्बर 1950 की सुबह 9 बजकर 37 मिनट पर पटेल का बिरला के बॉम्बे स्थित मालाबार हिल निवास में निधन हो गया। पटेल के बेटे दह्याभाई, पुत्री मणिबेन और बिरला परिवार के सदस्य वहाँ उपस्थित थे। बिरला का निवास एक बार फिर चर्चा का केन्द्र बन गया और कई को जनवरी 1948 का वह दिन याद आ गया जब उनका दिल्ली आवास गाँधी की हत्या के बाद पूरे विश्व की उत्सुकता का केन्द्र बन चुका था। एक बार फिर निधन के समय बिरला घर पर नहीं थे और ख़बर सुनते ही शहर की ओर रवाना हुए। तब तक भीड़ पुलिस के बैरीकेड तोड़ती हुई अहाते में घुस आयी थी, कोई गेट पार कर रहा था और कोई बगीचे की दीवार पर चढ़ा हुआ था जबकि कई गुना लोग सरदार को श्रद्धांजलि देने के लिए घर के आसपास खड़े थे। काँग्रेस के दिग्गजों में नेहरू, प्रसाद और टण्डन ख़बर मिलते ही हवाई मार्ग से बॉम्बे आ चुके थे और उन्हें भीड़ में से बलपूर्वक जगह बनाते हुए घर में प्रवेश कराया गया। भीतर पूरा घर शोकाकुलों से भरा था। एक कमरे में बॉम्बे सरकार के लोग शान्त खड़े थे, दूसरे में सैन्यबलों के प्रतिनिधि सैनिक खड़े थे और अन्य कमरे में परिवार की महिलाएँ और अन्य पारिवारिक मित्र खड़े थे। बाहर के बरामदे में सरदार का शरीर बगीचे की ओर एक झुके प्लेटफ़ॉर्म पर फूलों से सजाकर रखा गया था, और उनके सिर के दोनों ओर भगवद्गीता की खुली प्रति रखी हुई थी। वहीं नीचे, चन्द सीढ़ी उतरकर एक तोपगाड़ी उन्हें बॉम्बे की सड़कों पर उनकी अन्तिम यात्रा के लिए ले जाने के लिए खड़ी थी। शाम पाँच बजे अन्तिम यात्रा शुरू हुई। जैसे ही पटेल का शरीर बिरला हाउस के फाटक से बाहर लाया गया तो घर के बाहर और भीतर इतनी भीड़ थी कि कन्धा देने वालों को तोपगाड़ी तक पहुँचने देने के लिए लोगों को पीछे धकेलना पड़ा। एक प्रत्यक्षदर्शी के अनुसार 'फिर, एक बार और भीड़ का धक्का अन्दर की ओर आया, कुछ क्षण के लिए उपद्रव और कोलाहल की बनी हुई तस्वीर यथावत स्थिर हो गयी। एक मध्ययुगीन दृश्य–विस्तार में हास्य, दुख, कुण्ठा और भ्रम की स्थितियाँ बराबर मात्रा में थीं।' भीड़ बिरला हाउस और उसके चारों ओर अनियन्त्रित हो गयी थी। नेहरू ने 'रुखाई, सख़्ती और बेरहमी' पूर्वक पटेल की देह को घेरे खड़ी भीड़ में से अपने लिए रास्ता

बनाया और 'उद्धत होकर एवं शीघ्रतापूर्वक' सैनिकों को आदेश दिया कि वे तुरन्त तोपगाड़ी आगे बढ़ायें। तोपगाड़ी के पीछे सिलेटी रंग की खुली जीप में नेहरू, टण्डन, मणिबेन और दूसरे काँग्रेसी नेता बैठे हुए थे। इसके पीछे कारों का लम्बा क़ाफ़िला था जिसमें बिरला परिवार के सदस्य, पटेल के क़रीबी, परिषदीय निकायों के सदस्य, अधिकारीगण बैठे थे और उनके पीछे बॉम्बे की पैदल चल रही जनता थी। जैसे ही जुलूस धीरे–धीरे सड़कों पर आगे बढ़ा अफरातफरी बढ़ती हुई प्रतीत हुई। नेहरू जल्द ही जीप से उतर गये और भीड़ को चीरते हुए सीधे तोपगाड़ी चालक के पास पहुँचे और गाड़ी की रफ़्तार बढ़ाने के लिए कहा।[54]

उस रोज़ की घटनाएँ बिरला के जीवन में एक बड़ा बदलाव लेकर आयीं। पटेल की मौत का अर्थ था कि राजधानी के राजनीतिक गलियारों में बिरला का प्रभाव अब पहले जैसा नहीं रह जायेगा। हालाँकि राजेन्द्र प्रसाद, राजाजी और जी.बी. पन्त जैसे प्रभावशाली नेताओं के साथ उनके क़रीबी सम्बन्ध थे मगर उनका राजनीतिक प्रभाव प्रायः पटेल की संगत के कारण ही था। बिरला काँग्रेस के भीतर 'पटेल समर्थकों' और नेहरू के बीच के शक्ति–समीकरण को बदलते हुए देख रहे थे। प्रधानमन्त्री जल्द–से–जल्द काँग्रेस पार्टी पर अपना वर्चस्व बनाने को उत्सुक थे। पार्टी में गुटबन्दी बढ़ने लगी। नेहरू ने कार्यसमिति और केन्द्रीय चुनाव समिति के पुनर्गठन का दबाव बनाना शुरू कर दिया। उनका यह प्रयास पटेल की मृत्यु के कुछ महीनों बाद तक असफल रहा क्योंकि पुराने पटेल समर्थक, जो दक्षिणपन्थी थे, इसका विरोध कर रहे थे और उनकी अगुवाई कर रहे थे पुरुषोत्तमदास टण्डन। फिर नेहरू और टण्डन के बीच खुलेआम हुए पत्राचार के बाद अगस्त 1951 में नेहरू ने कार्यसमिति और केन्द्रीय चुनाव समिति से इस्तीफ़ा देकर अपना दबाव बना लिया। वह कार्यसमिति में पूर्ण बदलाव से कम पर राजी नहीं हुए। गतिरोध क़ायम रहने से कार्यसमिति के सभी बचे हुए सदस्यों ने भी इस्तीफ़ा दे दिया और बाध्य होकर टण्डन को भी इस्तीफ़ा देना पड़ा जिससे नेहरू का रास्ता साफ़ हुआ और वे अध्यक्ष बने। इन संकट के क्षणों में पटेल समर्थकों ने बिरला की ओर रुख़ किया ख़ासकर टण्डन ने। उन्होंने बिरला को फ़ोन किया कि वह आने वाले संसदीय चुनावों में राजस्थान से अपनी उम्मीदवारी की घोषणा कर दें। बिरला को काँग्रेस में 'पटेलवादियों' का भाग्य साफ़ दिखाई दे रहा था और उन्होंने बड़ी सफ़ाई से अपने को इस जमावड़े से अलग कर लिया। उन्होंने टण्डन से साफ़ कह दिया कि राजस्थान में काँग्रेस के टिकट पर या निर्दलीय चुनाव लड़ने और आसानी से जीतने में उन्हें कोई शक नहीं है लेकिन यह सब करने का कोई मायने–मतलब नहीं है। उनकी आवाज़ नक़्क़ारखाने में तूती की आवाज़ बनकर रह जायेगी बशर्ते काँग्रेस का उच्च नेतृत्व उनका समर्थन न करे। अकेले तईं संसद में जाना बिना किसी फ़ायदे के सिर्फ़ उनका समय और सेहत ही खायेगा।[55] उन्होंने स्वीकार किया कि उन्हें टण्डन के प्रस्तावों पर अमल का कोई भविष्य नहीं दिखा जब तक कि पण्डितजी के निर्देश न हों। इस प्रकार बिरला ने टण्डन और दक्षिणपन्थी खेमे से बिना निजी सम्बन्ध बिगाड़े बड़ी सफ़ाई से किनारा कर लिया। वह पुराने क्षत्रपों से भी निजी तौर पर जुड़े रहे मगर वहीं उन्होंने नये लोगों के साथ सम्पर्क बनाने में काफ़ी मेहनत की जो अब सरकार और पार्टी पर नियन्त्रण रखे हुए थे।

आधुनिक भारत के 'पेरिक्लीज' का स्मारक

हालाँकि बिरला ने नेहरू के ख़िलाफ़ 'पटेलवादियों' के संघर्ष में साथ देने से इनकार कर दिया था मगर उन्हें लगता था कि पटेल की स्मृति को जीवित रखना उनकी ज़िम्मेदारी है और इसके लिए एक शानदार स्मारक का निर्माण ज़रूरी है। पटेल के कई और सहयोगियों की तरह उन्हें भी लगता था कि काँग्रेस नेतृत्व या सरकार इस दिशा में कुछ नहीं कर रही है। बिरला ने पटेल का शानदार स्मारक बनाने के लिए संसाधन जुटाने की ज़िम्मेदारी अपने हाथों में ले ली। जब इस आशय का प्रस्ताव नेहरू के समक्ष रखा गया तो उनका रवैया हतोत्साहित करने वाला ही था। लेकिन अन्त में पटेल समर्थकों ने कार्यसमिति में स्मारक के लिए एक करोड़ रुपये एकत्र करने का प्रस्ताव (एस.के. पाटिल इसके प्रस्तावक थे) पारित करा लिया। इस निर्णय को लागू किये जाने के मद्देनज़र नेहरू ने अपने संसद कार्यालय में 8 मई 1951 को उद्योगपतियों की एक बैठक बुलवाई। इस बैठक में निर्णय लिया गया कि पटेल का एक स्मारक बनाने के लिए 50 लाख रुपये इकट्ठा किये जायें जिसका इस्तेमाल देश भर में ग्रामीण क्षेत्रों की तरक़्क़ी के लिए हो, जिसमें कुओं का निर्माण, स्कूल की इमारतों का निर्माण, गाँवों में सड़कें बनाने आदि के काम किये जायें। उद्योगपतियों की एक समिति बनायी गयी और बिरला को उसका अध्यक्ष चुना गया, जो कि सिर्फ़ तीन वर्ष पूर्व गाँधी स्मारक निधि के लिए धन जमा करने में उनकी सफल भूमिका को देखते हुए स्वाभाविक ही था।[56]

बिरला ने अपने स्वभाव के मुताबिक़ पूरे उत्साह के साथ धन इकट्ठा करने में अपने को झोंक दिया। इस बार उनका कार्य काफ़ी आसान था। उन्होंने अपने उन सभी सहयोगियों को इस कार्य में लगा दिया जिन्होंने गाँधी स्मारक निधि में सहयोग किया था और उन्हें अलग–अलग उद्योगों से धन इकट्ठा करने की ज़िम्मेदारी सौंप दी।[57] बिरला ने अपने पास सिर्फ़ मुख्य ज़िम्मेदारी रखी : उन्होंने सभी उद्योगों का लक्ष्य निर्धारित कर दिया और समय–समय पर उसकी समीक्षा कर लेते थे। पहले की तरह शिकायतों से भी निबटना था और काफ़ी उप–कार्य भी थे जो कि इस क़िस्म की मुहिम में अपरिहार्य होते हैं।

जहाँ कॉरपोरेट से धन–संग्रह का बिरला की कमेटी को दिया गया लक्ष्य रिकॉर्ड समय में पूरा कर लिया गया, वहीं काँग्रेस पार्टी द्वारा जमा किये गये धन की हक़ीक़त लक्ष्य से कोसों पीछे थी।[58] फिर, यह भी सवाल था कि पटेल के सम्मान में इस धन का उपयोग किस प्रकार किया जाये। कमेटी के अध्यक्ष के रूप में नेहरू का सुझाव था कि पटेल का यथोचित सम्मान तभी माना जायेगा जब गाँवों में कुएँ खुदवाये जायें और ग्रामीण पुनर्निर्माण की योजनाएँ शुरू की जायें। उनका मानना था कि पटेल मूल रूप से एक कृषक थे और उनको इससे अच्छी श्रद्धांजलि और नहीं हो सकती। लेकिन सरदार के समर्थक इस सुझाव को बेतुका मानते हुए बिफर पड़े। उनका तर्क था कि 'यह कोई राष्ट्रीय स्मारक नहीं होगा। कुएँ ख़ुदवाना और सड़कें बनवाना यह सब तो सरकार की सामान्य ज़िम्मेदारी है।'[59] उनका मानना था कि कम–से–कम राजधानी की किसी महत्त्वपूर्ण जगह पर उनकी मूर्ति लगाई जानी चाहिए। उन्हें हतप्रभ करते हुए नयी दिल्ली के सचिवालय भवन के सामने विजय चौक के नज़दीक यह प्रतिमा स्थापित करने का उनका सुझाव ख़ारिज कर दिया गया।

पटेल समर्थकों को लगने लगा कि अब मजबूरन उन्हें पटेल की स्मृति को लेकर हो रहे अन्याय के ख़िलाफ़ लड़ना होगा और निर्णय लिया गया कि पटेल की विरासत को यथोचित तरह से सम्मानित करने का कार्य अपने हाथ में लिया जाये। बुत के लिए सही जगह की तलाश में काँग्रेस कार्यसमिति के सदस्यों पर नये सिरे से दबाव बनाया गया और इस बार सहमति बन गयी। तब भी नेहरू की अध्यक्षता वाले सरदार पटेल मेमोरियल फंड से पैसे नहीं आये। लिहाज़ा एस.के. पाटिल की पहल पर निष्ठावान पटेल समर्थकों ने दस लाख रुपयों का चन्दा जमा किया और अन्ततः उनकी एक प्रतिमा नयी दिल्ली के संसद मार्ग पर स्थापित की गयी जिस जगह को बाद में पटेल चौक के नाम से जाना जाने लगा।[60]

इस तरह के अनुभवों से बिरला को यह पक्का विश्वास हो गया कि सरदार का उचित तरह से सम्मान नहीं किया जा रहा है। 1953 में बिरला परिवार द्वारा संचालित श्री कृष्णार्पण चैरिटी ट्रस्ट ने वी.पी. मेनन को 4,000 रुपये दिये कि वह राज्यों के एकीकरण को लेकर एक पुस्तक लिखें।[61] फिर कुछ वर्षों बाद पटेल के क़रीबी रहे मोरारजी देसाई के साथ विचार–विमर्श कर बिरला ने लन्दन में रह रहे पत्रकार डी.वी. तहमनकर को पटेल की जीवनी लिखने का कार्य सौंपा। तहमनकर पुणे से निकलने वाले दैनिक 'केसरी' और 'डेक्कन हेराल्ड' के लिए काम कर चुके थे। उन्हें इस कार्य के लिए बिरला ने 1,500 पाउंड दिये।[62] इसके अलावा बाक़ी के ख़र्च का भुगतान तहमनकर को उनके ट्रस्ट से दिया जाने वाला था।[63] एक बार को पैसे का भुगतान होते ही बिरला पाण्डुलिपि देखने को व्यग्र थे। तहमनकर के सही समय पर काम करके न देने से दोनों के बीच रिश्तों में खटास आ गयी। तहमनकर ने कहा, 'आप क्या समझते हैं कि जीवनी लिखना मशीन में सिक्का डालकर मिठाई निकालने की तरह है?' उन्होंने विलम्ब के लिए पटेल के निकट सहयोगियों के असहयोग को ज़िम्मेदार ठहराया और आरोप लगाया कि यहाँ तक कि बिरला ने भी पटेल के साथ अपने सम्बन्धों के विषय में इंटरव्यू देने से इनकार किया और रुखाईपूर्वक उन्हें मोरारजी देसाई से मिलने के लिए कहा।[64] सच्चाई यह थी कि तहमनकर की किताब पटेल पर पहला बड़ा जीवनीपरक काम होने वाली थी और इस लिहाज़ से इसके प्रकाशन को लेकर बिरला की अधीरता को समझा जा सकता है। दूसरे पटेल भक्तों की तरह बिरला शायद यह सुनिश्चित करने को लेकर चिन्तित थे कि जीवनी प्रशंसात्मक हो और पटेल की उपलब्धियों का सार्वजनिक कीर्तिगान न हो पाने की क्षतिपूर्ति की जा सके।

जब यह बहुप्रतीक्षित जीवनी आख़िरकार 1970 में बाहर आयी तो तहमनकर इस हस्ती में थे कि उन्होंने लॉर्ड माउंटबेटन को इसकी भूमिका लिखने के लिए राजी कर लिया और पुस्तक का प्रकाशन लन्दन के एक प्रतिष्ठित प्रकाशक जॉर्ज एलेन एंड उनविन ने किया। बिरला के साथ पिछले तनावों को दरकिनार करते हुए तहमनकर ने उनकी उदार वित्तीय मदद पर आभार प्रकट किया और यहाँ तक कि पुस्तक समर्पित भी उन्हीं को की : 'सरदार पटेल के साथ उनकी जीवन भर की मित्रता और स्वतन्त्रता आन्दोलन में उनके अविस्मरणीय योगदान के लिए।'[65] जीवनी में पटेल का चित्रण उसी रूप में किया गया था जैसा तहमनकर के मानदेय–दाता चाहते थे। तहमनकर ने पटेल के जीवन की मुख्य घटनाओं को काफ़ी सहानुभूतिपूर्वक उकेरते हुए उन्हें भावी पीढ़ी के लिए दर्ज किया था। 'पटेल, आज़ाद और नेहरू' नामक एक विस्तृत अध्याय में उन्होंने देश के नेताओं का मूल्यांकन किया था और

पटेल को भारतीय इतिहास का 'पेरिक्लीज' बताया था। उन्होंने उन्हें आज़ादी पूर्व के काँग्रेस आन्दोलन को संगठन के रूप में अनुशासित करने और इस तरह उसे स्थिरता देने वाला बताया, जिन्होंने समाजवादी मतभेद के बावजूद उसमें एकता रखी और नये राष्ट्र को स्थिरता, एकता और ताक़त देने में आधारभूत भूमिका अदा की। तहमनकर ने मौलाना आज़ाद की पुस्तक 'इंडिया विंस फ्रीडम' में पटेल का क़द छोटा करते हुए उनके ख़िलाफ़ लगाये गये कई आरोपों का विस्तृत खण्डन भी किया। मौलाना आज़ाद ने अन्य बातों के अलावा इसमें उन पर बँटवारे का मुख्य वास्तुकार होने का आरोप भी लगाया था। अध्याय का बड़ा हिस्सा दो सत्ताकेन्द्रों की तुलना को समर्पित था। पटेल का चित्रण एक अद्भुत दूरदर्शी दिमाग़ वाले और संगठनात्मक शक्ति के धनी व्यक्ति के रूप में किया गया था जबकि नेहरू को लोकप्रिय जननेता बताया गया था। पटेल को एक व्यावहारिक, चीज़ों को तुरन्त पकड़ने वाला, तुरन्त निर्णय लेने वाला, आदमी को पहचानने वाला, कार्य–सम्पादन में निष्णात और महान संगठनात्मक योग्यता वाला बताया गया था। वहीं नेहरू का वर्णन एक गरिमापूर्ण व्यक्तित्व, व्यापक ज्ञान रखने वाले, लेकिन भावनाओं में आसानी से बह जाने वाले, चरित्र के अध्ययन में कमज़ोर, ग़लतियों से अनभिज्ञ, मित्रों से दुर्व्यवहार करने वाले और चापलूसी–पसन्द व्यक्ति के रूप में किया गया था।

तहमनकर ने देश के सामने पेश कुछ समस्याओं की विशेष रूप से चर्चा की : जैसे कि कश्मीर मुद्दा और चीन के साथ तनावपूर्ण रिश्ते, जिन पर पटेल ने सही सलाह प्रस्तावित की थी और नेहरू को चेतावनी दी थी पर नेहरू ने उन पर ध्यान देने की कोई ज़रूरत नहीं समझी। तहमनकर के मुताबिक़ नेहरू की भयंकर भूलों के ये महज़ दो उदाहरण थे। इसके अलावा नेहरू का वर्णन एक ऐसे व्यक्ति के रूप में किया गया था जो निर्णय लेने में संकोची, आत्म–संशयी और निर्णायक कार्रवाइयों में हिचक से भरे रहते थे। तहमनकर ने समस्याओं को सुलझा पाने में नेहरू की नाक़ाबिलियत और अनिर्णय में रहने की उनकी आदत के लिए उनके अज्ञेयवादी दर्शन को ज़िम्मेदार ठहराया था। उन्होंने लिखा था कि 'अज्ञेयवादी एक क़िस्म के सिज़ोफ्रेनिया के शिकार मालूम देते हैं। उनके विचारों, अनुभूतियों और कार्यों में भारी अन्तर बना रहता है।' तहमनकर ने पटेल समर्थकों की नाराज़गी का मसला भी उठाया जो कि सरदार का स्मारक बनने में पेश आयी कमियों के कारण पैदा हुआ था। तहमनकर ने पाया कि 'भारत में बमुश्किल ही कोई गाँव या शहर होगा जहाँ एक "महात्मा गाँधी रोड" या "जवाहरलाल नेहरू पार्क" न हो, आप कहीं भी जायें दोनों व्यक्तियों की विशाल तस्वीरें और प्रतिमाएँ दृश्य में काबिज़ मिल जायेंगी।' जीवनी के प्रकाशन के बाद बिरला को काफ़ी सन्तोष मिला कि वह अन्ततः अपने तईं यह सुनिश्चित कर पाये कि पटेल की छवि उनकी उपलब्धियों की रोशनी में भावी पीढ़ी के सामने प्रस्तुत हो सके।

सन्दर्भ एवं टिप्पणियाँ

1. हावर्ड डोनोवन की ओर से सेक्रेटरी ऑफ़ स्टेट (वाशिंगटन) को, 13 अगस्त 1947, भारत पर अमेरिका के ख़ुफ़िया विभाग की शोध रपटें, रील–14।
2. पटेल के विचारों के लिए देखें, राजमोहन गाँधी, *पटेल, अ लाइफ* (अहमदाबाद); साथ ही देखें, रानी धवन शंकरदास, *वल्लभभाई पटेल, पावर एंड ऑर्गेनाइजेशन इन इंडियन पॉलिटिक्स* (नयी दिल्ली, 1988)।

3. पटेल ने जयपुर में काँग्रेस पार्टी के 1948 के सत्र में अपने विचारों को सार्वजनिक किया। उन्होंने कहा कि पाकिस्तान चाहे तो सभी शरणार्थियों को वापस ले ले और उन्हें वहाँ बसा ले या पश्चिम बंगाल की सीमा से लगे पर्याप्त क्षेत्र को छोड़ दे।
4. बिरला की ओर से लेडी माउंटबेटन को, 18 सितम्बर 1947, और एडविना माउंटबेटन की ओर से बिरला को, 19 सितम्बर 1947, बिरला पेपर्स, सीरीज II, फ़ाइल नम्बर एम–26, माउंटबेटन, लेडी। हालाँकि बिरला परिषद् के अधिक सक्रिय सदस्य नहीं थे, पर उन्होंने अपने संसाधनों से परिषद् की मदद की। बिरला की ओर से यूनाइटेड काउंसिल ऑफ़ रिलीफ़ एंड वेलफेयर के संयुक्त सचिव बी.एन. बनर्जी को, 22 नवम्बर 1947, बिरला पेपर्स, सीरीज़ II, फ़ाइल नम्बर एम–26, माउंटबेटन, लेडी।
5. उन्होंने महसूस किया कि ये सब 'साम्यवाद को यहाँ तक कि सम्प्रदायवाद को जन्म दे रहा है' और इसका तुरन्त सामना करने की ज़रूरत है। ये विचार इस अवधि में बड़ी संख्या में लिखे गये संग्रहित पत्रों से लिए गये हैं। उदाहरण के लिए देखें, पी. ठाकुरदास को लिखा पत्र, 2 मार्च 1950, बिरला पेपर्स, सीरीज़ I, फ़ाइल नम्बर पी–11, पी. ठाकुरदास, सर।
6. बिरला की ओर से आर.के. षण्मुगम चेट्टी को, 23 फ़रवरी 1948, बिरला पेपर्स, सीरीज़ I, फ़ाइल नम्बर एस–11, षण्मुगम चेट्टी।
7. उनका मानना था कि सरकार की ज़िम्मेदारी जल्द ही समाप्त होनी चाहिए, खैरात बन्द होनी चाहिए और शरणार्थियों को रोज़गार देकर उन्हें उत्पादक बनाया जाना चाहिए। बिरला की ओर से षण्मुगम चेट्टी को, 23 फ़रवरी 1948, बिरला पेपर्स, सीरीज़ I, फ़ाइल नम्बर एस–11, षण्मुगम चेट्टी।
8. उन्होंने अनुमान लगाया कि 1950 के प्रारम्भ में हर रोज़ 10,000 विस्थापित पश्चिम बंगाल में प्रवेश कर रहे थे और केवल 2000 पाकिस्तान जा रहे थे।
9. साथ ही देखें, बिरला की ओर से विद्याशंकर को, 9 अप्रैल 1950। लन्दन *इकोनॉमिस्ट* के सम्पादक गूल्ड–एडम्स के साथ हुई बैठक में बिरला ने कहा कि 'युद्ध को टालने का सबसे अच्छा तरीक़ा असली युद्ध का डर होता है।' उन्होंने कहा कि ऐसा नहीं कि भारत युद्ध को ही हल मानता है, लेकिन जिस तरह से स्थितियाँ सामने आ रही हैं उसमें हो सकता है कि पाकिस्तान 'अन्ततः युद्ध को न्योता दे।'
10. बिरला की ओर से नज़ीमुद्दीन ख़्वाज़ा को, 18 अक्टूबर 1948, बिरला पेपर्स, सीरीज़ I, फ़ाइल नम्बर एन–6, नज़ीमुद्दीन ख़्वाज़ा।
11. राजमोहन गाँधी, *पटेल,* पृ. 497।
12. बिरला ने ये मानना शुरू कर दिया था कि 'नेहरू ने बहुत सारे देशों को अपने विरुद्ध कर लिया था बिना कोई दोस्त बनाये', बी.आर. नन्दा, *जवाहरलाल नेहरू : रिबेल एंड स्टेट्समैन* (दिल्ली, 1995), पृ. 229।
13. ग्रेडी ने बिरला को एक घमण्डी, स्वार्थी इन्सान पाया, जिसका प्रभाव नयी सरकार पर अच्छा नहीं हो सकता। बड़प्पन के उनके भ्रम मिस्टर जिन्ना से कम नहीं हैं, ग्रेडी की ओर से लॉय डब्ल्यू. हैंडरसन, 9 अगस्त 1947, भारत पर अमेरिका के ख़ुफ़िया विभाग की शोध रपटें, रील–9।
14. बिरला, 'मनीबेन', एन.डी., एन.पी., बिरला पेपर्स, सीरीज़ मिसलेनियस, फ़ाइल नम्बर 123, नोट्स और भाषण।
15. राजमोहन गाँधी, *पटेल,* पृ. 526।
16. जब आधिकारिक सुरक्षा एजेंसियों पर लापरवाही के आरोप लगे तो बिरला ने आगे बढ़कर उनका बचाव किया और सार्वजनिक रूप से इल्जाम अपने ऊपर लेते हुए कहा कि उन्होंने स्वयं ही अपने घर पर सुरक्षाकर्मियों की संख्या बढ़ाने का विरोध किया था।
17. 3 अगस्त 1949 को सर कैनथ मीलिंग की अध्यक्षता में ओवरसीज हाउस में ओवरसीज लीग के साथ हुई संयुक्त बैठक में दिया भाषण।

18. बॉम्बे के व्यापारी ए.डी. श्रॉफ के साथ फिक्की के प्रतिनिधि के रूप में बिरला की औपचारिक शिरकत शुरू हुई, लेकिन एच.एम. पटेल के सलाहकार के रूप में उनकी अनौपचारिक भूमिका ज़्यादा अहम थी।
19. इस सिद्धान्त के अनुसार सभी सम्पत्तियों का 20 प्रतिशत पाकिस्तान को जाना था, डाक और तार विभाग का 15 प्रतिशत, शहरी उड्डयन का 25 प्रतिशत, सिविल निर्माण कार्यों का 20 प्रतिशत, आदि। रक्षा क्षेत्र के लिए उन्होंने पाकिस्तान को 33.1 प्रतिशत दिया जबकि रक्षा भण्डार के लिए केवल 10 प्रतिशत। बड़ी सम्पत्तियाँ, जैसे नासिक सिक्योरिटी प्रिंटिंग प्रेस और ब्रेटनवुड्स एग्रीमेंट में अविभाजित भारत का योगदान पूरा भारत को ही जायेगा।
20. इस तरह भारत को सार्वजनिक ऋण का पूरा उत्तरदायित्व लेना चाहिए और पाकिस्तान को ऋण में अपने अंश का भुगतान करना चाहिए–जिसमें पाकिस्तान सरकार की ज़िम्मेदारी व्यक्तिगत प्रतिभूति धारकों के प्रति न होकर भारत सरकार के प्रति होगी।
21. नगद शेष के प्रश्न पर उन्होंने तर्क दिया कि 4,000 मिलियन रुपये के आँकड़े (जिसका आकलन नगद शेष की कुल क़ीमत के आधार पर किया गया) का अनुमान वास्तविकता से कहीं अधिक था क्योंकि मुद्रास्फीति को हिसाब में नहीं लिया गया था, इसलिए उसको काफ़ी कम करने की ज़रूरत थी। उनके विचार में कोई काल्पनिक मद नहीं रखी जा सकती थी।
22. चौधरी मोहम्मद अली, *द इमर्जेंस ऑफ़ पाकिस्तान* (न्यूयॉर्क, 1967), पृ. 180–3।
23. भारतीय प्रतिनिधियों ने जिन तीन सिद्धान्तों को आगे रखा, वे थे कि, सभी अचल सम्पत्तियाँ जैसी और जहाँ हैं वहीं रहें, जबकि पाकिस्तान के प्रतिनिधि सभी सम्पत्तियों पर संयुक्त नियन्त्रण चाहते थे; भारतीय प्रतिनिधि चाहते थे कि भारतीय संघ सार्वजनिक ऋण की पूरी ज़िम्मेदारी ले जबकि पाकिस्तानी प्रतिनिधि संयुक्त उत्तरदायित्व चाहते थे और उन्होंने भारत के नगद शेष के 4,000 मिलियन रुपये के आँकड़े को यह कहकर रद्द कर दिया कि यह वास्तविकता से कहीं अधिक अनुमानित था। अधिक ब्योरों के लिए देखें, जलाल, आयशा, *द स्टेट ऑफ़ मार्शल रूल। द ओरिजिन्स ऑफ़ पाकिस्तान्स पॉलिटिकल इकोनॉमी ऑफ़ डिफेन्स* (कैम्ब्रिज, 1990), पृ. 32–7।
24. बिरला की ओर से ठाकुरदास को, 25 जुलाई 1948, और ठाकुरदास की ओर से बिरला को, 10 जुलाई 1948, बिरला पेपर्स, सीरीज़ I, फ़ाइल नम्बर पी–11, पी. ठाकुरदास।
25. वी. शंकर की ओर से बिरला को, 20 फ़रवरी 1949, बिरला पेपर्स, सीरीज़ I, फ़ाइल नम्बर पी–7, पटेल, मनीबेन, दह्याभाई, आदि।
26. बिरला की ओर से वी. शंकर को, 27 सितम्बर 1950, बिरला पेपर्स, सीरीज़ I, फ़ाइल नम्बर पी–7, पटेल, मनीबेन, दह्याभाई, आदि।
27. उदाहरण के लिए उन्होंने देश की 'आर्थिक दशा' पर तथा इंडोनेशिया और बर्मा के साथ व्यापार की सम्भावनाओं पर सुझाव दिये।
28. जैसा कि उन्होंने पटेल से कहा : 'मैं नहीं जानता कि मैं तुम्हें उन मसलों के लिए क्यों तंग करूँ जो अंशतः विदेश मन्त्रालय और अंशतः खाद्य मन्त्रालय से सम्बन्धित हैं। लेकिन चूँकि कोई भी इन पत्रों को पढ़ने की परवाह नहीं करेगा...मैं इन्हें आपकी सूचना के लिए आपको भेज रहा हूँ', बिरला की ओर से वी. शंकर को, 18 मार्च 1950, बिरला पेपर्स, सीरीज़ I, फ़ाइल नम्बर पी–7, पटेल, मनीबेन, दह्याभाई, आदि।
29. कॉलेज के बारे में विवरणों के लिए देखें, जैसलीन हैनेसी, *इंडियन डेमोक्रेसी एंड एजुकेशन, अ स्टडी ऑफ़ द वर्क ऑफ़ द बिरला एजुकेशन ट्रस्ट* (कलकत्ता, 1955), पृ. 304–5।
30. पटेल की ओर से बिरला को, 6 जून 1948, बिरला पेपर्स, सीरीज़ I, फ़ाइल नम्बर पी–7, पटेल, मनीबेन, दह्याभाई, आदि।
31. राजमोहन गाँधी, *पटेल*, पृ. 437–9।
32. ट्रस्ट न केवल मन्दिर के पुनरुद्धार के लिए बल्कि सोमनाथ परिसर और उसमें स्थित अन्य मन्दिरों के रखरखाव और *पूजा विधियों* के लिए भी उत्तरदायी था। बिरला परिवार में बी.एम. बिरला और उनके पुत्र गंगा प्रसाद बिरला इसके न्यासी सदस्य रहे।

33. टैक्नेट, *बी.एम. बिरला,* पृ. 65–6।

34. बाद में सोमपुरा के पौत्र चन्द्रकान्त पाठक बिरला द्वारा ग्वालियर, नागदा, कल्याण तथा रेणुकूट में उनके हिन्दुस्तान एल्युमिनियम प्लांट में बनवाये मन्दिरों के वास्तुकार रहे। 1984 में विश्व हिन्दू परिषद् ने पाठक से अयोध्या के मन्दिर निर्माण को अपने हाथ में लेने के लिए कहा।

35. पुनर्निर्माण के काम का पहला चरण गर्भगृह में था, दूसरा चरण मई 1965 में पूरा हुआ और तीसरा चरण 1979 में तब शुरू हुआ जब मोरारजी देसाई प्रधानमन्त्री और सोमनाथ ट्रस्ट के अध्यक्ष थे। इसका उद्घाटन राष्ट्रपति शंकरदयाल शर्मा ने 2 दिसम्बर 1995 में किया।

36. बिरला की ओर से पुरुषोत्तमदास ठाकुरदास को, 5 अगस्त 1947, ठाकुरदास पेपर्स, NMML, फ़ाइल नम्बर 384।

37. बिरला की ओर से पटेल को, 17 सितम्बर 1948, बिरला पेपर्स, सीरीज़ वेरी–वेरी इम्पोर्टेंट कोरेस्पोंडेंस, फ़ाइल नम्बर 5, ग्रॉसवेनोर हाउस, लन्दन, 1945–9।

38. बिरला की ओर से शंकरजी को किया गया तार, 17 जनवरी 1949, बिरला पेपर्स, सीरीज़ वेरी–वेरी इम्पोर्टेंट कोरेस्पोंडेंस, फ़ाइल नम्बर 5, ग्रॉसवेनोर हाउस, लन्दन, 1945–9।

39. बिरला की ओर से पटेल को, 17 सितम्बर 1948, बिरला पेपर्स, सीरीज़ वेरी–वेरी इम्पोर्टेंट कोरेस्पोंडेंस, फ़ाइल नम्बर 5, ग्रॉसवेनोर हाउस, लन्दन, 1945–9। उनकी ओर से नवम्बर 1950 में बिरला ने मिरांडा हाउस की डिबेटिंग सोसायटी को अन्तर महाविद्यालयी वाद–विवाद प्रतियोगिता के लिए चाँदी की एक ट्रॉफी इस शर्त पर उपहार में दी कि इसे पटेल के नाम पर दिया जायेगा। वेदा ठाकुरदास की ओर से बिरला को, 28–30 नवम्बर 1950 और 1 दिसम्बर 1950, बिरला पेपर्स, सीरीज़ वेरी–वेरी इम्पोर्टेंट कोरेस्पोंडेंस फ़ाइल नम्बर 47–टी, 1950–5।

40. बिरला की ओर से पटेल को, 1 जून 1949, बिरला पेपर्स, सीरीज़ वेरी वेरी इम्पोर्टेंट कोरेस्पोंडेंस, फ़ाइल नम्बर 5, ग्रॉसवेनोर हाउस, लन्दन, 1945–9।

41. बिरला की ओर से पटेल को, 9 जून 1949, बिरला पेपर्स, सीरीज़ वेरी–वेरी इम्पोर्टेंट कोरेस्पोंडेंस, फ़ाइल नम्बर 5, ग्रॉसवेनोर हाउस, लन्दन, 1945–9।

42. अलेक्ज़ेंडर ने उनसे कहा कि सैन्य आपूर्ति के लिए माँगें न मात्र पश्चिमी यूरोप से आयीं, बल्कि इराक और जॉर्डन के पार से भी, और उन्हें पूरा करना आसान नहीं था, ख़ासकर जब क्रिप्स (राजकोष प्रमुख के रूप में) ने श्रमशक्ति को हथियार उत्पादन में जाने की इजाज़त नहीं दी थी।

43. बिरला की ओर से वी. पटेल को, 9 जून 1949, बिरला पेपर्स, सीरीज़ वेरी–वेरी इम्पोर्टेंट कोरेस्पोंडेंस, फ़ाइल नम्बर 5, ग्रॉसवेनोर हाउस, लन्दन, 1945–9।

44. बिरला की ओर से वी. पटेल को, 9 जून 1949, बिरला पेपर्स, सीरीज़ वेरी वेरी इम्पोर्टेंट कोरेस्पोंडेंस, फ़ाइल नम्बर 5, ग्रॉसवेनोर हाउस, लन्दन, 1945–9। स्टेट डिपार्टमेंट के अधिकारियों से अपनी चर्चा में बिरला को एक 'हल्का लेकिन स्पष्ट सुराग' मिला कि जब तक कश्मीर मुद्दा हल नहीं हो जाता तब तक भारत को विश्व बैंक से कोई मदद नहीं मिलेगी। हालाँकि उन्होंने अधिकारियों को घाटी की स्थिति पर भारतीय नज़रिया समझाने की जीतोड़ कोशिश की, पर वे यह धारणा लेकर लौटे कि स्टेट डिपार्टमेंट के अधिकारियों की इस विषय पर पाकिस्तान के साथ एक पक्की सहानुभूति है।

45. बिरला की ओर से वी. पटेल को, 9 जून 1949 और 21 मई 1949 को, बिरला पेपर्स, सीरीज़ वेरी–वेरी इम्पोर्टेंट कोरेस्पोंडेंस, फ़ाइल नम्बर 5, ग्रॉसवेनोर हाउस, लन्दन, 1945–9।

46. बिरला की ओर से वी. पटेल को, 9 जून 1949, बिरला पेपर्स, सीरीज़ वेरी–वेरी इम्पोर्टेंट कोरेस्पोंडेंस, फ़ाइल नम्बर 5, ग्रॉसवेनोर हाउस, लन्दन, 1945–9।

47. बिरला की ओर से ठाकुरदास को, 18 मार्च 1948, बिरला पेपर्स, सीरीज़ I, फ़ाइल नम्बर पी–11, पी. ठाकुरदास।

48. बड़े आकार के बावजूद विमान में सिर्फ़ छह लोगों के ही बैठने की जगह थी, क्योंकि ज़्यादातर जगह दबाव बनाने के लिए आवश्यक उपकरणों ने घेर रखी थीं। बिरला की ओर से राजकुमारी अमृत कौर को, 11 जनवरी 1952, बिरला पेपर्स, सीरीज़ I, फ़ाइल नम्बर ए–5, राजकुमारी अमृत कौर।

49. विद्याशंकर की ओर से बिरला को, 4 जुलाई 1949 और बिरला की ओर से विद्याशंकर को, 11 जुलाई 1949, बिरला पेपर्स, सीरीज़ वेरी–वेरी इम्पोर्टेंट कोरेस्पोंडेंस, फ़ाइल नम्बर 5, ग्रॉसवेनोर हाउस, लन्दन, 1945–9। साथ ही, बिरला की ओर से पटेल को, 13 जून 1949, बिरला पेपर्स, सीरीज़ I, फ़ाइल नम्बर पी–7, पटेल, मनीबेन, दह्याभाई, आदि।
50. कोचानेक, *द काँग्रेस पार्टी ऑफ़ इंडिया : द डायनेमिक्स ऑफ़ वन पार्टी डेमोक्रेसी* (प्रिंसेटोन, 1968), पृ. 21।
51. *वही,* पृ. 23।
52. राजमोहन गाँधी, *पटेल,* पृ. 523–5।
53. नेहरू ने अपना असन्तोष नहीं छिपाया और धमकी दी कि वे नयी कार्यसमिति में शामिल नहीं होंगे।
54. लेस्ली ए. स्क्वीयर्स की ओर से डिपार्टमेंट ऑफ़ स्टेट को, 22 दिसम्बर 1950, भारत के बारे में अमेरिकी स्टेट डिपार्टमेंट की गोपनीय फ़ाइलें, आन्तरिक मामले, 1950–4, रील–2।
55. बिरला की ओर से पुरुषोत्तमदास टण्डन को, 12 सितम्बर 1951, बिरला पेपर्स, सीरीज़ I, फ़ाइल नम्बर टी–12, टण्डन, पुरुषोत्तम।
56. ख़र्चों के प्रबन्धन और देखरेख के लिए नेहरू की अध्यक्षता में एक केन्द्रीय समिति बनायी गयी। समिति के अन्य सदस्य थे बी.सी. रॉय, मोरारजी देसाई, के.एन. काटजू, कस्तूरभाई लालभाई, पुरुषोत्तमदास टण्डन, ए.एन. सिन्हा और बिरला। बिरला की ओर से आर.सी. जल्ल, 8 जून 1952, बिरला पेपर्स, सीरीज़ मिसलेनियस, फ़ाइल नम्बर 43, सरदार पटेल मेमोरियल फंड।
57. बिरला की ओर से वालचन्द हीराचन्द और अन्य को, 18 मई 1951, बिरला पेपर्स, सीरीज़ मिसलेनियस, फ़ाइल नम्बर 46, सरदार पटेल मेमोरियल फंड।
58. एस.के. पाटिल, *माई ईयर्स विद काँग्रेस* (बॉम्बे, 1991), पृ. 56–57।
59. एस.के. पाटिल, पृ. 57।
60. *वही,* पृ. 56–7।
61. बिरला की ओर से वी.पी. मेनन को, 7 मई 1953 को, बिरला पेपर्स, सीरीज़ I, फ़ाइल नम्बर एम–10।
62. मोरारजी देसाई की ओर से बिरला को, 12 जून 1959, बिरला पेपर्स, सीरीज़ I, फ़ाइल नम्बर डी–4, देसाई, मोरारजी।
63. बिरला की ओर से मोरारजी देसाई को, 26 फ़रवरी 1959, बिरला पेपर्स, सीरीज़ I, फ़ाइल नम्बर डी–4, देसाई, मोरारजी।
64. उन्होंने लिखे गये अध्याय बिरला को प्रतिक्रिया के लिए भेजे पर वे अपठ ही रहे और तहमनकर के मुताबिक़ उन पर कोई प्रतिक्रिया नहीं की गयी। तहमनकर की ओर से बिरला को, 31 जनवरी 1963, बिरला पेपर्स, सीरीज़ I, फ़ाइल नम्बर टी–18, तहमनकर।
65. देखें, डी.वी. तहमनकर, *सरदार पटेल,* (लन्दन, 1970)।

अध्याय 12

नेहरूकालीन भारत का संक्रान्ति काल

पटेल के निधन के बाद नेहरू काँग्रेस के निर्विवाद नेता बनकर उभरे और नेहरू युग की पूरी तरह शुरुआत हुई। ऐसे में बिरला को अपना सार्वजनिक जीवन नये ढंग से व्यवस्थित करना पड़ा। हालाँकि वह नेहरू को दो दशकों से जानते थे मगर प्रधानमन्त्री को बिरला ने हमेशा अलग–थलग और उत्साहहीन पाया। गर्मजोशी की इस कमी के कई कारण हो सकते थे। शुरू करें तो उनके साथ बौद्धिक उपयुक्तता की एक कमी दिखायी देती थी : बिरला की 'परम्परावादी' भारतीय परिवेश के साथ एक रूढ़िवादी पृष्ठभूमि और हिन्दुत्व से उनका गहरा नाता नेहरू की पाश्चात्य ढंग से हुई परवरिश, सेकुलर दृष्टिकोण और समाजवादी सहानुभूतियों के बिल्कुल उलट था। यहाँ तक कि अगर दोनों व्यक्ति आमने–सामने भी होते थे तो बातचीत के लिए उनके पास कुछ ख़ास नहीं होता था। एक ऐसा अवसर जुलाई 1946 में तब आया था जब वह अपने पिता से मिलने बनारस जा रहे थे, तभी उनकी कार इलाहाबाद से 15 मील पहले ख़राब हो गयी और वह नेहरू के आवास आनन्द भवन के लिए एक इक्का लेने को बाध्य हुए। नेहरू ने उनकी ख़ूब आवभगत की और तुरन्त ही अपने अप्रत्याशित मेहमान के स्नान व भोजन की व्यवस्था की। लगभग दो घण्टे उन्होंने साथ गुज़ारे मगर कोई महत्त्वपूर्ण बात उनके बीच नहीं हुई। बिरला ने पटेल को बताया : 'जैसा कि उनका अभ्यास है वह बहुत अच्छी और ख़ुशनुमा तरह से पेश आये, मगर बातचीत में उन्होंने कोई रुचि नहीं दिखायी।'[1] नेहरू के विषय में लोगों की धारणा थी कि वह नौकरशाहों और पाश्चात्य ढंग के प्रबुद्ध वर्ग के लोगों के बीच अपने को सहज पाते हैं, 'जो एक ही तरह के स्कूलों में पढ़े हैं और उन्हीं की तरह की अंग्रेज़ी बोलते हैं' और इसकी तुलना पारम्परिक व्यवसायी के साथ कैसे हो सकती है।[2] उसके बाद 1920 के दशक से ही बिरला के सांस्कृतिक हिन्दू राष्ट्रवाद से गहरे जुड़ाव और मालवीय के साथ घनिष्ठ सम्पर्कों को भुलाया नहीं जा सकता। जैसा कि पहले देखा गया कि 1922 में जब मालवीय की स्वतन्त्र काँग्रेस पार्टी के हाथों स्वराज्य पार्टी को चुनावों में करारी शिकस्त मिली थी तो मोतीलाल नेहरू ने आरोप लगाया था कि 'बिरला के पैसों' से काँग्रेस पर क़ब्ज़ा जमाने की कोशिश की जा रही है।[3] आगे पटेल के साथ बिरला के क़रीबी सम्बन्धों के कारण मामला और उलझ गया।

नये शासन की अनिश्चितताएँ

1947 के बाद बिरला का नेहरू से रिश्ता दो और मामलों को लेकर तनावपूर्ण हो गया था। पहला मामला था नयी दिल्ली के बिरला हाउस को गाँधी का राष्ट्रीय स्मारक बनाने को लेकर हुआ विवाद। मई 1948 में नेहरू ने पहली बार बिरला को लिखा कि काँग्रेस पार्टी के भीतर और संविधान सभा में 'ज़ोरदार और अनवरत आलोड़न' है कि बिरला हाउस को एक राष्ट्रीय स्मारक बना दिया जाये। नेहरू का सुझाव था कि घर को बिरला परिवार अपने पास ही रखे लेकिन जिस बगीचे में गाँधी की हत्या की गयी थी उसे सरकार के सुपुर्द कर दिया जाना चाहिए तथा वह स्थान जहाँ गाँधी गिरे थे वहाँ एक छोटा स्तम्भ स्मृति के तौर पर बना दिया जाना चाहिए।[4] बिरला ने इस प्रकार के किसी भी सुझाव का ज़बरदस्त विरोध किया। उन्होंने नेहरू को जवाब दिया कि उनका दिल्ली का घर 'स्मृतियों और संस्मरणों का एक भण्डार रहा है, जो मेरे लिए एक किताब की तरह है। मैं इसमें गहरे उतरकर याद करता हूँ...एक अतीत जिसने मेरे भंगुर शरीर के हर रेशे और मेरे दिमाग़ के हर तन्तु को बनाया है।'[5] मकान के अधिग्रहण पर मुआवज़ा दिये जाने की बात ने बिरला को ग़ुस्से से भर दिया। उन्होंने नेहरू को लिखा कि उस व्यक्ति के लिए 'इससे बढ़कर कोई और अपमान नहीं हो सकता जिसने 32 वर्षों तक उस महापुरुष की सेवा की हो और तब उसे सलाह दी जाये कि उसके लिए रहे इसके मानी को घृणित मुनाफ़े में आँका जा सकता है।' घर का कुछ हिस्सा देने और सम्पत्ति को विभाजित कर देने से कोई समाधान नहीं निकलता था। बिरला के मुताबिक़ यह उसी तरह की बात थी कि 'कोई किसी से उसके बच्चे के दो टुकड़े करने को कहे और एक टुकड़ा देकर दूसरा अपने पास रख ले।'

एक बड़ी तादाद में महत्त्वपूर्ण लोग बिरला के पक्ष में खड़े हो गये और उनके दावे का समर्थन करने लगे। इनमें गाँधी के प्रमुख सहयोगी रहे विनोबा भावे और किशोर मशरूवाला भी थे। यहाँ तक कि उन्होंने राजेन्द्र प्रसाद से भी निवेदन किया कि संविधान सभा के अध्यक्ष की हैसियत से वे सदन के काँग्रेस सदस्यों को एक पत्र वितरित करवाएँ जिसमें उनसे बिरला हाउस के अधिग्रहण की माँग को छोड़ देने के लिए कहा जाये।[6] यह सहसा नहीं था कि बिरला को सबसे ज़बरदस्त समर्थन पटेल की तरफ़ से मिला, जिन्होंने इस प्रस्ताव को नैतिक रूप से ग़लत बताया और काँग्रेस सदस्यों की भर्त्सना की कि उन्होंने इसे ख़ारिज क्यों नहीं किया। उन्होंने नेहरू से कहा कि 'अगर हमने अपनी राय सार्वजनिक रूप से लोगों के बीच रखने की हिम्मत की होती तो इस प्रकार की हवा कतई न बनती।' उनका कहना था कि गाँधी स्वयं इस तरह के विचार के लिए राजी न हुए होते। किसी की सम्पत्ति बिना उसकी इच्छा के लेकर उस पर स्मारक का निर्माण कराना 'उनकी आत्मा को सबसे ज़्यादा दुखी करेगा और सर्वाधिक पीड़ा पहुँचायेगा।' पटेल ने क़बूल किया कि बिरला से उनके नज़दीकी रिश्ते को देखते हुए खुलेआम उनके पक्ष में बोलना उनके लिए निजी तौर पर मुश्किल खड़ी करेगा। हालाँकि उन्होंने आशा जताई कि मामले पर पुनर्विचार के लिए वे नेहरू को राजी कर लेंगे।[7] नेहरू को सख़्त भाषा में लिखे एक पत्र में उन्होंने कहा कि यह प्रस्ताव 'घनश्याम दास और बापू दोनों की भावनाओं के प्रति घोर हिंसात्मक है।' उन्होंने कहा कि बिरला पर मकान देने के लिए दबाव डालना ग़लत है। काँग्रेस के सहयोगियों से उन्होंने कहा कि सही तरीक़ा था कि लोगों को और पार्टी को सही नेतृत्व दिया जाये, न कि दबाव के चलते समर्पण कर दिया जाये।[8]

हालाँकि स्मारक को लेकर चला आन्दोलन क़ाबू में नहीं आ सका और इसे ख़त्म करने का दबाव बना रहा। बिरला ने प्रस्ताव दिया कि वह सरकार को घर उपहार में देने के लिए तैयार हैं बशर्ते इसे प्रधानमन्त्री का आवास बनाया जाये।[9] हालाँकि नेहरू ने 'निजी और सार्वजनिक कारणों से' यह प्रस्ताव ठुकरा दिया। घर का एक हिस्सा दिये जाने की माँग नेहरू को सर्वाधिक तर्कपूर्ण लग रही थी जिससे बगीचे के उस हिस्से तक पहुँचने में दर्शनार्थियों को सुभीता हो जाता। उनकी राय में इसके लिए कोई औपचारिक विभाजन या जगह को अलग–थलग करने या किसी क़ानूनी बदलाव में जाने की आवश्यकता भी नहीं पड़ेगी। तीन महीने बाद बिरला इस बात के लिए राजी हो गये कि जो लोग महात्मा को श्रद्धासुमन अर्पित करना चाहते हैं वे उनके घर के बगीचे में प्रवेश कर सकते हैं और सारा विवाद शान्त हो गया।[10] प्रत्येक वर्ष 30 जनवरी को जब देश भर में गाँधी की पुण्यतिथि मनाई जाती थी तो नेहरू, राजेन्द्र प्रसाद सरीखे पुराने काँग्रेसियों समेत क़रीब 20–30 लोग प्रातः बिरला हाउस में एकत्र हो जाते थे। कुछ देर सब शान्त बैठते थे और महात्मा को लेकर अपनी स्मृतियों में खो जाते थे। बाद में उनमें से बुजुर्ग लोग गाँधी के पसन्दीदा भजन गाते थे। बिरला ने भावनात्मक तर्क के आधार पर अपना घर देने में जो अनिच्छा जताई थी नेहरू उससे ख़ुश नहीं थे, और इसके बावजूद वे निश्चित घण्टों के लिए बगीचा खोलने को राजी हो गये थे। इस विवाद के चलते प्रधानमन्त्री के साथ उनके रिश्ते ख़राब हो गये थे।

एक अन्य मामला जिसे लेकर उनके सम्बन्ध तनावपूर्ण हुए थे वह था नेहरू सरकार के पहले कैबिनेट संकट में बिरला की शिरकत। यह बिल्कुल अप्रत्याशित तरह से हुआ। 1947 में कई व्यावसायिक घरानों द्वारा आयकर चोरी के आरोपों पर एक जाँच के आदेश दिये गये थे। इन फर्मों के विरुद्ध मामलों की छानबीन के लिए एक जाँच आयोग नियुक्त किया गया था। लेकिन चार व्यावसायिक घरानों : बिरला ब्रदर्स, वालचन्द हीराचन्द, कस्तूरभाई लालभाई और अलगप्पा चेट्टी के ख़िलाफ़ मामलों को वित्त मन्त्री आर.के. षण्मुगम चेट्टी ने अपने विवेकाधिकार का प्रयोग करते हुए वापस ले लिया। हालाँकि वित्त मन्त्री के पास मामले वापस ले सकने की विवेकाधिकार शक्तियाँ थीं, पर मुद्दा इसलिए जटिल हो गया कि यह विवादास्पद निर्णय ठीक ऐसे वक़्त पर लिया गया था जब संसद अभियोजन मामलों को वापिस लेने के सरकार के अधिकार में कटौती पर विचार कर रही थी। जब चेट्टी की कार्रवाई का मामला जून 1948 में प्रकाश में आया तो यह मुद्दा केन्द्रीय कैबिनेट के सामने भी उठा। चेट्टी उस समय स्टर्लिंग–सन्तुलनों पर बातचीत के सिलसिले में लन्दन में थे और उनकी जगह कार्यवाहक वित्त मन्त्री का कार्यभार के.सी. नियोगी सँभाले हुए थे। चेट्टी ने मामले वापस लेने के बचाव में तर्क दिया कि यह निर्णय असेम्बली में विधेयक लाये जाने से पहले का है, पर वास्तविक आदेश उसके बाद पारित किया गया। पर कैबिनेट ने यही निर्णय लिया कि बिना आयोग की जानकारी के कोई मामला वापस नहीं लिया जाना चाहिए था।[11] नेहरू ने चेट्टी की कार्रवाई को एक बड़ी भूल माना और महसूस किया कि सरकार की कार्यशैली में हरेक के लिए यह संकल्प प्रदर्शित होना चाहिए कि 'हम अपने सार्वजनिक जीवन में ऊँचे मानकों का पालन करें।' चेट्टी की स्थिति अब डाँवाडोल होने लगी थी। वह एकपक्षीय राजनीति का निशाना बन गये थे। सदन के जिन सोलह काँग्रेसी और विरोधी पक्ष के सदस्यों ने शुरुआत में ही उनकी नियुक्ति को नापसन्द किया था वे बाँहें चढ़ाकर

जाँचकर्ता की मुद्रा में आ गये थे। एक अख़बार के मुताबिक़ 'वे किसी भी सूरत में चेट्टी को उनके पद पर बने रहने की इजाज़त देने को तैयार नहीं थे।'[12] जबकि नेहरू का विचार था कि लोगों को जनहित के लिए 'कभी–कभी नुक़सान' उठाना पड़ता है।[13] अपने व्यावसायिक मित्रों की मदद के लिए राजनीतिक सत्ता के दुरुपयोग के आरोपों के बीच चेट्टी ने इस्तीफ़ा दे दिया। उनका इस्तीफ़ा बहुत ही बेमौक़ा था। वह एक ओर तो गिरते आर्थिक हालात को सुधारने की दिशा में प्रयासरत थे वहीं दूसरी ओर जल्द ही रिज़र्व बैंक और बैंकिंग बिल पर दो महत्त्वपूर्ण विधेयक वह इसी संसदीय सत्र में लाने वाले थे जिसमें उन्हें इस्तीफ़ा देना पड़ा। इस बात की ज़ोरदार अफ़वाह थी कि चेट्टी द्वारा मामलों को वापस लिए जाने के पीछे बिरला का हाथ था। व्यावसायिक दायरों में इस ख़बर को लीक कराने और आयोग के अध्यक्ष अम्बेडकर को सूचना देने का इल्ज़ाम पद्मपत सिंघानिया पर लगाया गया। सिंघानिया, कथित रूप से, बिरला के मामलों को वापस लिए जाने के कारण दुर्भावना से भर उठे थे क्योंकि उनके ख़ुद के आयकर के मामले आयोग में लम्बित ही बने रहे।[14]

दैनिक 'स्टेट्समैन' ने इस इस्तीफ़े को 'बड़े व्यवसाय के प्रति सरकार के पक्षपात और कमज़ोरी की बाबत काँग्रेस पार्टी की नाराज़गी के नतीजे' के तौर पर देखा।[15] वित्त मन्त्रालय में बैठे अधिकारियों ने निजी बातचीत में इशारा किया कि उन्होंने चेट्टी को मामले वापस लेने के ख़िलाफ़ सलाह दी थी। मन्त्रालय में तत्कालीन संयुक्त सचिव बी.के. नेहरू के मुताबिक़ इसमें कोई सन्देह नहीं कि केस–वापसी 'बिरला के निहित स्वार्थों की ओर से पड़े दबाव का सीधा नतीजा' थी।[16] इस प्रकार नेहरू द्वारा अपनी कैबिनेट बनाये जाने के ठीक एक वर्ष बाद, 16 अगस्त 1948 को, उनके पहले वित्त मन्त्री को ग़लत कृत्य और शर्मनाक रवैये के आरोपों के बीच इस्तीफ़ा देना पड़ा। इसके अलावा यह अफ़वाह व्यापक रूप से फैली कि नेहरू सरकार के पहले मन्त्रिमण्डल के संकट के उत्तरदायी बिरला हैं।

इस पृष्ठभूमि को देखते हुए कोई हैरानी नहीं कि दिसम्बर 1950 में पटेल के निधन के बाद बिरला बहुत ज़्यादा परेशान हो उठे थे। बिरला को लगा कि नेहरू से स्पष्ट बातचीत की ज़रूरत है, और पटेल की मृत्यु के तुरन्त बाद उन्होंने उनसे मिलने की इच्छा ज़ाहिर की। मुलाक़ात में उन्होंने कहा कि 'हालाँकि यह सच था कि बिरला परिवार पटेल जी के काफ़ी क़रीब रहा, लेकिन पण्डित जी को आहत करने की बात कभी सोची भी नहीं गयी।'[17] उन्होंने कहा, 'अगर आप कभी भी देश के लिए मुझसे कुछ करवाना चाहते हैं तो बस मुझे इसकी जानकारी भर दे दें।'

एक 'राष्ट्र–निर्माता' की साख

बदली राजनीतिक परिस्थितियों और नेहरू के साथ अपने गहरे मतभेदों को देखते हुए बिरला को लगा कि अब एक सार्वजनिक व्यक्ति के रूप में अपनी साख बढ़ाने की ज़रूरत है। तेज़ी से बदलते राजनीतिक माहौल में उनकी चिन्ता ख़ुद के लिए एक सार्वजनिक भूमिका की तलाश करना थी। वे देख सकते थे कि एक धनी उद्योगपति के रूप में उनकी सामर्थ्य सार्वजनिक मामलों में उन्हें पर्याप्त पहचान नहीं दिला सकेगी, ख़ासकर तब जब नेहरू की समाजवादी तुकबन्दी ने व्यवसायियों को बचाव की स्थिति में डाल दिया हो।

ऐसे में अब वह अपनी राष्ट्रवादी पहचान पर ज़ोर देने की ओर मुड़े—एक ऐसा बुज़ुर्ग जिसने स्वतन्त्रता संघर्ष में विश्वसनीय और रचनात्मक भूमिका निभाई थी और अब राष्ट्र—निर्माण के उद्यम को आगे ले जाने में पूरे दमखम से जुटा है।

1950 में उन्होंने 570 पृष्ठों की एक पुस्तक 'पाथ टु प्रॉस्पैरिटी' का प्रकाशन कराया जिसका सम्पादन 'हिन्दुस्तान टाइम्स' के एक सम्पादक पारसनाथ सिन्हा ने किया था। इस पुस्तक में 1927 के सेंट्रल लेजिस्लेटिव असेम्बली के दिनों से आर्थिक मामलों पर दिये गये उनके भाषण और लेख संकलित थे। पुस्तक की भूमिका भारत सरकार के पूर्व वित्त सदस्य, ब्रिटिश वार कैबिनेट के सदस्य और बिरला के पुराने मित्र सर जॉर्ज शूस्टर ने लिखी थी। इसमें अहम मुद्दों, जैसे कि मुद्रा के प्रश्न, भारतीय उद्योग की सुरक्षा, आर्थिक योजना की ज़रूरत, श्रमिक कल्याण से जुड़े मामले और युद्ध के बाद के पुनर्निर्माण पर बिरला के निजी विचार शामिल थे। यह बिरला को एक श्रेष्ठ आर्थिक राष्ट्रवादी के रूप में चित्रित करती थी।[18] हालाँकि पुस्तक ने बिरला को हमेशा से अंग्रेज़ी राज की आर्थिक नीतियों के कट्टर आलोचक के रूप में दिखाया, पर उनकी राष्ट्रवादी साख को स्थापित करने के लिए अभी काफ़ी कुछ किये जाने की ज़रूरत थी।

नतीजतन बिरला ने अपने संस्मरण लिखने का निर्णय लिया। वह उस 'शिक्षक' के साथ अपनी निकटता को दर्ज करना चाहते थे जिसने उनके दावे के मुताबिक़ उन्हें 'एक पिता द्वारा सन्तान को दी जाने वाली' मोहब्बत दी।[19] नवम्बर 1953 में अभी 59 वर्ष की कमोबेश युवा उम्र में उन्होंने अपनी आत्मकथा 'इन द शैडो ऑफ़ द महात्मा' का प्रकाशन करवाया जिसमें गाँधी के साथ उनके पत्राचार के विस्तृत अंश शामिल थे।[20] तत्कालीन राष्ट्रपति राजेन्द्र प्रसाद ने इसकी भूमिका लिखी। उन्होंने लेखक को 'उन कुछ में से एक' बताया 'जो गाँधी के एक बच्चे की तरह हो गये थे और जिनमें उनकी शिक्षाओं के बीज को एक बखूबी तैयार खेत मिला और उनके सन्देश को एक तत्पर प्रतिक्रिया।' उन्होंने गर्मजोशी से बिरला के साथ अपने लम्बे और घनिष्ठ साथ की सुध ली कि वह 'एक ऐसे मित्र रहे हैं जो स्वतन्त्रता संघर्ष के दिनों से ही हमारे साथ खड़े रहे हैं और जब भी ज़रूरत हुई उन्होंने मदद की है।'

बिरला के संस्मरणों में पिलानी में बिताये उनके बचपन का एक संक्षिप्त वृत्तान्त और एक अध्याय लाला लाजपत राय के साथ उनके प्रारम्भिक राजनीतिक जुड़ाव को लेकर था। इसके बाद उसमें गाँधी के सहयोग और राष्ट्रवादी आन्दोलन के लिए पिछले तीन दशकों के दौरान किये गये अच्छे और बड़े कामों पर रोशनी डाली गयी थी। गाँधी के साथ उनके पत्राचार में से ऐसे पत्रों को शामिल किया गया था कि जिनसे बिरला की 'राष्ट्रपिता' से घनिष्ठता का पता चलता था और साथ ही यह भी स्पष्ट होता था कि उन्होंने काँग्रेस को कितना लाभ पहुँचाया था। 300 पृष्ठों की सामग्री में उन्होंने अपनी इच्छित छवि बनाने की कोशिश की थी : एक ऐसा व्यक्ति जो हमेशा 'महात्मा की छत्रछाया में' खड़ा रहा है।

किताब में शामिल पहला पत्र मई 1924 को लिखा गया था। इसमें माहेश्वरी—कोलवार विवाद के दौरान 'जाति—बहिष्कृत' बिरला 'बापू' की सलाह माँगते दिखते हैं। उसके बाद ध्यानपूर्वक चुने गये इन पत्रों में दोनों व्यक्तियों के बीच रिश्ते की निजी रागात्मकता को दर्शाया गया है और 'प्रायः पिता की पुत्र के प्रति पारिवारिक अनुरक्ति के तौर पर' चित्रित किया गया है। उन्होंने हर जगह ख़ुद को हमेशा और बेहिचक महात्मा की आर्थिक ज़रूरतें पूरा करते हुए दिखाया।

वहीं किताब का बड़ा हिस्सा 1930 के दशक में बिरला के उन प्रयासों को समर्पित था जो उन्होंने ब्रिटिश नेताओं और अधिकारियों तथा गाँधी के बीच निजी सम्बन्ध बनाने के लिए किये थे। गाँधी के दूत के रूप में ख़ुद को चित्रित करते हुए बिरला ने ब्रिटेन और भारत में हुई बैठकों के विस्तृत ब्योरे शामिल किये थे जिससे पता चलता था कि वह गाँधी के समस्त कार्य करने के लिए किस प्रकार कृतसंकल्पित थे। अलग–अलग अध्यायों में 'आपसी सन्देह को दूर करने और एक आपसी समझ पर पहुँचने' की उनकी कोशिशों पर रोशनी डाली गयी थी। उदाहरण के लिए 1932 में दूसरे सविनय अवज्ञा आन्दोलन की शुरुआत के ठीक कुछ दिन पूर्व उन्होंने इंडिया फ्रेंचाइस कमेटी पर अपना प्रभाव डालते हुए 'गाँधीजी के लिए एक व्यावहारिक जीत हासिल करने' की कोशिश की, और 1935 के गवर्नमेंट ऑफ़ इंडिया एक्ट के समय, जब उन्होंने 'भारतीय पक्ष रखने की एक कोशिश' की थी और गाँधी और अंग्रेज़ों के बीच निजी सम्पर्क स्थापित करने के लिए कठिन प्रयास किये थे। बाद में और प्रकरण थे जो गाँधी के दूत के रूप में बिरला की शिरकत एक अलग तौर पर दिखाते थे : मतभेदों का दूर होना जिसके फलस्वरूप काँग्रेस ने अन्ततः 1937 में असेम्बली में दाख़िल होना मंजूर किया, 'नये मन्त्रियों की समस्याओं' को सुलझाने में मदद करना, 1939 में काँग्रेसी मन्त्रियों के इस्तीफ़े से पैदा हुए गतिरोध में हस्तक्षेप करना, और राजकोट का मामला। यहाँ गाँधी के साथ उनका पत्राचार निजी मुद्दों और हमेशा की तरह गाँधी की धन सम्बन्धी माँगों के इर्दगिर्द ही था, जबकि ब्रिटिश अधिकारियों के साथ हुए पत्र–व्यवहार में बिरला स्वतन्त्रता की निश्चित तिथि घोषित करने के लिए ज़ोर देते हुए दिखते हैं। इन पूरे अध्यायों में बिरला ख़ुद द्वारा अदा की गयी उस आधारभूत भूमिका को दिखाने के इच्छुक रहे हैं जो अपने निजी सम्पर्कों से उन्होंने 1930 के दशक में निभाई। इसने 'लोगों को एक–दूसरे की नेकनीयती को समझने की सलाहियत दी और परस्पर शंकाओं को दूर किया।'[21] फिर उन्होंने 1940 के दशक से और अधिक तत्परता से मुठभेड़ की।

पुस्तक के अध्यायों में गुणवत्ता लाने वाले बिरला के सार्वजनिक जीवन के अन्य पहलू हैं : हरिजन सेवक संघ में उनकी शिरकत, गाँधी की पत्रिका 'हरिजन' को सहयोग, पिलानी के अपने ख़ास प्रोजेक्ट में उनकी शैक्षणिक लोकसेवा, और 1940 में लिनलिथगो के साथ पैदा हुई ग़लतफ़हमी जब उन पर काँग्रेस के आन्दोलन को धन मुहैया कराने के सन्देह किये गये थे। पुस्तक 'स्वतन्त्रता के बाद' नामक अध्याय पर समाप्त होती है जिसमें पटेल के साथ सम्बन्धों का ज़िक्र है जिन्होंने उनके पत्राचार में 'अब बापू की जगह ले ली थी।'[22]

'इन द शैडो ऑफ़ द महात्मा' पूरी तरह से निजी संस्मरण का रूप नहीं ले पायी जैसा कि इसके शीर्षक से इंगित होता है। अपने ख़ुद के निजी जीवन के विवरण काफ़ी मेहनत करके हटा दिये गये थे : भूमिका में एक हल्के उल्लेख के अलावा पूरी पुस्तक में परिवार का उल्लेख कहीं नहीं था। उनके निजी और आन्तरिक जीवन को पूरी तरह छोड़ दिया गया था और उनके व्यावसायिक प्रसंगों का कहीं कोई ज़िक्र नहीं था। मारवाड़ी समुदाय में उनकी स्थिति, मालवीय के साथ नज़दीकी सम्बन्ध जिसने उन्हें सार्वजनिक जीवन में प्रवेश कराने में महत्त्वपूर्ण भूमिका अदा की थी, हिन्दुत्व के लक्ष्यों में उनकी रुचि, उनके लोकसेवी कार्य और व्यापारिक और राजनीतिक दायरों में विभिन्न सार्वजनिक गतिविधियों का मुश्किल से ही कोई उल्लेख था। गाँधी के साथ उनकी आर्थिक मसलों पर, श्रम और ट्रस्टीशिप पर,

हिन्दू–मुस्लिम समस्या पर, काँग्रेस की राजनीति पर रही असहमतियों को कमतर कर दिया गया था। गाँधी के कई आन्दोलनों से बिरला के अलग रहने के तथ्य भी बाहर ही रखे गये थे। किताब बिरला को सिर्फ़ गाँधी के आख्यान के सन्दर्भ में पेश करती थी, जिसमें उनके घनिष्ठ निजी सम्बन्धों और महात्मा को समर्थन के उदाहरणों को उद्घाटित किया गया था।

एक बार को पुस्तक प्रकाशित होने पर बिरला ने इसका प्रचार भारत और विदेश दोनों जगह कराने की कोशिश की। मानार्थ प्रतियाँ सभी प्रभावशाली राजनीतिक मित्रों और दुनिया भर में प्रेस के परिचितों को भेजी गयीं। विदेशी प्रेस में जिन अख़बारों से सम्बद्ध पत्रकारों को प्रतियाँ भिजवाई गयीं वे थे–'टाइम्स लिटरेरी सप्लीमेंट', 'न्यू स्टेट्समैन', 'इकोनॉमिस्ट', 'न्यूयॉर्क टाइम्स', 'न्यूज़वीक', 'फॉर्च्यून मैगज़ीन' और 'वाशिंगटन पोस्ट'।[23] राष्ट्रीय आन्दोलन के विषय में एक शुरुआती भारतीय विवरण होने से पुस्तक हाथोंहाथ ली गयी और बिरला उसकी समीक्षाओं से भी काफ़ी ख़ुश थे। अपने पुराने मित्र अगाथा हैरिसन को उन्होंने लिखा, 'सभी महत्त्वपूर्ण अख़बार यहाँ हैं, सिवाय एक या दो को छोड़कर सभी ने काफ़ी प्रशंसात्मक समीक्षाएँ लिखी हैं।'[24] जब पुस्तक लन्दन में बिक्री के लिए रखी गयी तो और भी समीक्षाएँ छपीं और ब्रिटिश प्रेस ने भी उसका स्वागत किया।[25] इसी प्रकार देश के भीतर मिली प्रतिक्रिया भी ख़ुश करने वाली थी। दुर्भाग्यवश यह पता नहीं चल सका कि अपनी राष्ट्रवादी साख से बिरला नेहरू को किस हद तक प्रभावित कर पाये।

हालाँकि भारत के सार्वजनिक जीवन में उनके भविष्य को लेकर यह अनिश्चितताओं से भरा संक्रमण काल था मगर बिरला के परिवार और निजी जीवन में काफ़ी सन्तोष और ख़ुशहाली थी। उनके सबसे बड़े पौत्र सुदर्शन कुमार किशोर उम्र से जवानी में क़दम रखने वाले थे और 1944 में जन्मे सबसे छोटे आदित्य कम उम्र में ही अपने जौहर दिखाने लगे थे। हालाँकि बिरला अपने ख़ुद के बच्चों के साथ अधिक समय व्यतीत नहीं कर पाये थे पर पोते–पोतियों के साथ उनका समय काफ़ी आनन्द से गुज़र रहा था। ख़ासकर आदित्य से उनका विशेष लगाव था। गर्मियों के दिन उन्हीं के साथ पहाड़ों या लन्दन और स्विट्ज़रलैंड के ज़ुग में बीतते थे जहाँ अब उनके अपने पारिवारिक मकान हो चुके थे। विमान डीसी 10 द्वारा यात्रा की एक दिनचर्या बन गयी थी, जिसे बिरला ज़्यादा इस्तेमाल करते थे। इससे उन्हें अपनी विभिन्न मिलों और देशभर में अपने कार्यालयों के दौरे के लिए एक गतिशीलता हासिल हुई।

सन्दर्भ एवं टिप्पणियाँ

1. बिरला की ओर से पटेल को, 3 जुलाई 1946, बिरला पेपर्स, सीरीज़ I, फ़ाइल नम्बर पी–7, पटेल, मनीबेन, दह्याभाई, आदि।
2. आई.जी. पटेल, 'फ्री एंटरप्राइज इन नेहरू एरा', उद्धृत, डी. त्रिपाठी (सम्पा.), *स्टेट एंड बिज़नेस इन इंडिया, अ हिस्टोरिकल पर्सपेक्टिव*, पृ. 351।
3. देखें, मोतीलाल नेहरू की ओर से जवाहरलाल नेहरू को, उद्धृत, जे. नेहरू, *अ बंच ऑफ़ ओल्ड लेटर्स*, पृ. 52।
4. नेहरू की ओर से बिरला को, 7 मई 1948, बिरला पेपर्स, फ़ाइल : कोई नाम नहीं।
5. बिरला की ओर से नेहरू को, 12 मई 1948, बिरला पेपर्स, फ़ाइल : कोई नाम नहीं। साथ ही देखें, वाल्मीकि चौधरी (सम्पा.), *डॉ. राजेन्द्र प्रसाद, कोरेस्पोंडेंस एंड सिलेक्ट डॉक्यूमेंट्स*, वॉल्यूम 9 (नयी दिल्ली, 1987), पृ. 68–70।

6. प्रसाद ने बाद में ये दावा किया कि वह पत्र भेजना भूल गये थे, देखें, पटेल की ओर से नेहरू को, 13 मई 1948, बिरला पेपर्स, फ़ाइल : कोई नाम नहीं।
7. पटेल की ओर से नेहरू को, 13 मई 1948, साथ ही देखें, वाल्मीकि चौधरी (सम्पा.), *डॉ. राजेन्द्र प्रसाद, कोरेस्पोंडेंस एंड सिलेक्ट डॉक्यूमेंट्स*, वॉल्यूम 9 (नयी दिल्ली, 1987), पृ. 70–71।
8. पटेल की ओर से राजेन्द्र प्रसाद को, 14 मई 1948, वही, पृ. 66।
9. उन्होंने पहले यह सलाह पटेल को दी जिन्होंने उन्हें नेहरू के इस निर्णय की सूचना दी कि वे पूर्व कमांडर इन चीफ़ के आवास में रहेंगे, बिरला की ओर से नेहरू को, 1 जून 1948।
10. लेकिन घर छोड़ देने के लिए दबाव क़ायम रहा और अनेक राजनेता इस माँग को उठाते रहे कि उस घर को एक राष्ट्रीय स्मारक में बदल दिया जाये, जैसा कि आगे के अध्याय दिखाएँगे।
11. नेहरू की ओर से वरदाचार्यार को, 25 जून 1948, उद्धृत, एस. गोपाल (सम्पा.), *सिलेक्टड वर्क्स ऑफ़ जवाहरलाल नेहरू, सेकेंड सीरीज़*, वॉल्यूम–6, पृ. 396–7। अपवंचन की रक़म अनुमानतः 1,800,000,000 थी, भारत पर अमेरिका के ख़ुफ़िया विभाग की शोध रपटें।
12. संसद के सामने अपना पक्ष रखते हुए शेट्टी ने अच्छी तरह अपना बचाव किया और कई लोगों ने यह महसूस किया कि यदि ऐसा उन्होंने पहले कर दिया होता तो वे कैबिनेट में बने रहते। ब्योरों के लिए देखें, एम. ब्रेचर, *नेहरू : अ पॉलिटिकल बायोग्राफ़ी* (लन्दन, 1959)।
13. नेहरू की ओर से आर.के. षण्मुगम चेट्टी को, 16 अगस्त 1948, बिरला पेपर्स, फ़ाइल–कोई नाम नहीं, देखें, असेम्बली में दिया गया नेहरू का बयान और नेहरू की ओर से प्रान्तों के प्रमुखों को, 1 सितम्बर 1948, उद्धृत, एस. गोपाल (सम्पा.), *सिलेक्टेड वर्क्स ऑफ़ जवाहरलाल नेहरू, सेकेंड सीरीज़*, वॉल्यूम 7, पृ. 551–4 और पृ. 360–5।
14. रॉबर्ट बी. स्ट्रीपर, सेक्रेटरी ऑफ़ स्टेट के अमेरिकन कौंसल जनरल, 23 अगस्त 1948, उद्धृत, भारत पर अमेरिका के ख़ुफ़िया विभाग की शोध रपटें, रील–14।
15. भारत पर अमेरिका के ख़ुफ़िया विभाग की शोध रपटें।
16. वही।
17. बी.के. बिरला, *अ रेयर लीगेसी*, पृ. 223–4।
18. पारसनाथ सिन्हा (सम्पा.), *द पाथ टु प्रॉस्पैरिटी* (1950) में जॉर्ज शूस्टर की भूमिका।
19. 1950 के मध्य में उन्होंने गाँधी के साथ अपने पत्राचार के सभी अधिकार नवजीवन प्रेस से ख़रीद लिए। बिरला की ओर से पी.डी. हिम्मतसिंहका को, 19 जुलाई 1950, बिरला पेपर्स, सीरीज़ I, फ़ाइल नम्बर एच–3, पी.डी. हिम्मतसिंहका और बिरला की ओर से लॉर्ड हेलीफैक्स को, 2 सितम्बर 1952, बिरला पेपर्स, सीरीज़ फॉरेन कोरेस्पोंडेंस, फ़ाइल नम्बर एच–56, 1951–5।
20. जी.डी. बिरला, *इन द शैडो ऑफ़ द महात्मा : अ पर्सनल मेमॉयर* (ओरिएंट लांगमैन, 1953)।
21. बिरला की ओर से लॉर्ड हेलीफैक्स को, 2 सितम्बर 1952, बिरला पेपर्स, सीरीज़ फॉरेन कोरेस्पोंडेंस, फ़ाइल नम्बर एच–56,1951–5।
22. बिरला की ओर से लॉर्ड हेलीफैक्स को, 2 सितम्बर 1952, बिरला पेपर्स, सीरीज़ फॉरेन कोरेस्पोंडेंस, फ़ाइल नम्बर एच–56,1951–5। किताब के बड़े हिस्से में जो बात बिरला बार–बार याद करते हैं और जिसे उन्होंने नेहरू के प्रधानमन्त्रित्व के दौरान नहीं पाया वह थी एक 'निजी आत्मीयता'।
23. *न्यूयॉर्क टाइम्स* के ओ. एडलर, *न्यूज़वीक* के मैलकॉम मुइर और हैरी एफ़. कर्न, *फॉर्च्यून* पत्रिका के रॉल्फ डी. पेन जूनियर, *लाइफ* के जॉन जैसप, *न्यूयॉर्क टाइम्स* के आर्थस शुल्जबर्जर, *वाशिंगटन पोस्ट* के फर्डिनेंड कुन्ह। बिरला की ओर से हर्जबर्ग को, 16 फ़रवरी 1954, बिरला पेपर्स, सीरीज़ फॉरेन कोरेस्पोंडेंस, फ़ाइल नम्बर एच–56,1951–5।
24. बिरला की ओर से अगाथा हैरिसन को, 2 अप्रैल 1954, बिरला पेपर्स, सीरीज़ फॉरेन कोरेस्पोंडेंस, फ़ाइल नम्बर एच–56,1951–5।
25. द *टाइम्स लिटरेरी सप्लीमेंट* ने किताब के लिए बिरला की प्रशंसा की।

अध्याय 13

समाजवाद : नेहरू शैली में

प्रधानमन्त्री के साथ अपने निजी मतभेदों के अलावा भारत में बड़े व्यवसाय को लेकर बिरला की शंका काफ़ी बढ़ती जा रही थी जहाँ अब सब कुछ नेहरू के वर्चस्व में था। बतौर व्यवसायी उनके डर पूरी तरह नाजायज़ नहीं थे। 1930 के दशक के शुरुआती दिनों से नेहरू अपने समाजवादी रुझानों के लिए मशहूर हो गये थे– न तो उन्होंने अपने उग्र वामपन्थी विचारों को छुपाया और न ही मूलभूत आर्थिक सुधारों के प्रति अपने झुकाव को। 1936 में ट्रेड यूनियनों और किसान संघों को काँग्रेस से सम्बद्ध करने के प्रस्ताव के ज़रिये उसे वामपन्थ की ओर मोड़ने की उनकी कोशिशों ने न केवल बिरला और व्यवसाय जगत के नेताओं बल्कि काँग्रेस पार्टी के समूचे दक्षिणपन्थी तत्त्वों के भी कान खड़े कर दिये थे।[1] फिर 1940 के दशक में भी नेहरू के आर्थिक विचारों में परिवर्तन के कोई लक्षण नहीं थे, और नेहरू के पण्डिताऊ समाजवाद के इसी भावबोध ने बिरला को उनके प्रति हिचक से भर दिया।

मगर जब जनवरी 1944 में बिरला और उनके साथी व्यवसायियों द्वारा तैयार प्रसिद्ध 'बॉम्बे प्लान' पर ग़ौर किया जाये तो उनकी शंकाएँ किसी हद तक विडम्बनात्मक थीं। उस वक़्त राष्ट्र के आर्थिक पुनर्निर्माण की एक ज़ोरदार योजना के रूप में इसकी व्यापक प्रशंसा हुई थी जिसमें आज़ाद भारत में निजी उद्यम की एक प्रमुख भूमिका की कल्पना की गयी थी। बिरला और उनके सह–लेखक आशावादी रहे थे कि निजी क्षेत्र राष्ट्र–निर्माण में बराबर का हिस्सेदार होगा, और ग़रीबी व आर्थिक पिछड़ेपन की समस्याओं पर सरकार के साथ तेज़ गति से मिलजुलकर काम करने में निजी उद्यम की अच्छी–ख़ासी भूमिका होगी। हाल के अतीत में ऐसे बुलन्द आशावाद को देखते हुए यह विडम्बना की बात थी कि बिरला और अन्य व्यावसायिक नेता अब उत्तर–औपनिवेशिक दौर की एक राष्ट्रीय सरकार में शंकाग्रस्त हो रहे थे।

बड़े व्यावसायिक नेताओं की तर्ज़ पर नेहरू भी योजनाबद्ध आर्थिक विकास को लेकर कृतसंकल्प थे। हालाँकि योजना की उनकी अवधारणा व्यवसायियों के दृष्टिकोण से काफ़ी जुदा थी, क्योंकि इसमें समाजवादी विचारधारा के पूर्ण रोज़गार, बराबरी और जनकल्याण पर ज़ोर था। उनका स्वघोषित लक्ष्य देश में समाजवादी वातावरण का निर्माण करना था। नेहरूवादी दृष्टिकोण में 'आर्थिक स्वतन्त्रता और जनसामान्य का उत्थान, आय और सम्पत्ति की असमानताओं और आर्थिक केन्द्रीकरण में कमी...सार्वजनिक क्षेत्र का विस्तार और निजी

क्षेत्र का नियमितीकरण, और पूर्ण रोज़गार तथा स्थानीय न्याय के लिए योजना के इस्तेमाल' की बात थी।[2] हालाँकि नेहरू का इस बात में कोई यक़ीन नहीं था कि राज्य का स्वामित्व इसके अपने ही फ़ायदे के लिए हो, न ही उनके वर्चस्ववाद में निजी उद्यमिता के पर कतरने की कोई मंशा थी, पर उनका मानना था कि निजी पूँजी पर नियन्त्रण और उसका नियमितीकरण ज़रूरी है और राज्य की यह वैधानिक और महती भूमिका बनती है कि वह आर्थिक संसाधनों का उचित बँटवारा तय करे।

अनिश्चय और आशंका

इस तरह के तगड़े मतभेदों और वैचारिक कट्टरता के दौर में स्वतन्त्रता के पहले तीन वर्ष व्यवसाय के लिए अनिश्चितता, भय और आशंका के रहे। स्वतन्त्रता के कुछ महीनों तक नेहरू सरकार का ध्यान आर्थिक प्रश्नों पर थोड़ा धीमा ही रहा क्योंकि सरकार संविधान सभा के मुबाहसों के निबटान के अलावा शरणार्थी राहत और पुनर्वास कार्यों, रजवाड़ों के एकीकरण, कश्मीर को लेकर पनपे विवाद आदि में पूरी तरह पैबस्त थी। हालाँकि आर्थिक नीति निर्धारण को लेकर जो संकेत मिल रहे थे उस पर वामपन्थी छाप झलकती दिख रही थी। मसलन जनवरी 1948 में जब सत्तारूढ़ पार्टी के तौर पर काँग्रेस की आर्थिक कार्यक्रम समिति की रिपोर्ट प्रकाशित हुई तो यह उसके द्वारा अपने आर्थिक नज़रिये की रूपरेखा बनाने की दिशा में उठाया गया पहला क़दम था।[3] रिपोर्ट में कहा गया था कि जन–उपयोग वाले और मुख्य उद्योगों का राष्ट्रीयकरण करना, एकाधिकारशाली उपक्रमों को सार्वजनिक क्षेत्र के अधीन लाना और प्रबन्धन–एजेंसी की व्यवस्था को जल्द समाप्त करना पार्टी के घोषित लक्ष्य हैं। इसके अलावा इसने यह अनुशंसा की थी कि मौजूदा उद्योगों के लिए निजी से सार्वजनिक स्वामित्व में सम्पत्ति–हस्तान्तरण की प्रक्रिया पाँच सालों की अवधि में शुरू होनी चाहिए। हैरानी नहीं कि ऐसे प्रस्तावों पर बड़े व्यापारियों के कान खड़े हो गये। बॉम्बे के व्यवसायी होमी मोदी ने इसे बिना शक एक धमाके की संज्ञा दी और बिरला से निवेदन किया कि वह राजधानी में अपने ज़बरदस्त प्रभावों के दम पर इसे आधिकारिक नीति के रूप में लागू होने से रोकें।[4] मोदी ने इसे आने वाले दिनों की एक राष्ट्रव्यापी आपदा बताया और उनका मानना था कि इस आर्थिक सोच से पूरा आर्थिक ढाँचा चरमरा सकता है।[5] बिरला भी इन प्रस्तावों से क्षुब्ध थे और अब देख सकते थे कि नेहरू की समाजवादी तुकबन्दी किन हदों तक जा सकती थी। उनके लिए कमेटी की संस्तुतियाँ और भी परेशान करने वाली थीं क्योंकि इनको लेकर हुए विचार–विमर्श में नेहरू अध्यक्ष की भूमिका में रहे थे। उन्हें भय था कि यह रिपोर्ट जो 'मामले की ज़रूरतों से काफ़ी परे' गयी है 'भविष्य की आर्थिक और औद्योगिक नीति पर...शायद ज़ोरदार असर डालेगी।'[6] बिरला और मोदी ने मिलकर फिक्की की ओर से इन प्रस्तावों का एक तीखा खण्डन तैयार किया। उनकी राय में सही रवैया अपनाने में नाकामी के कारण कमेटी की सभी संस्तुतियाँ सर्वनाश लाने वाली थीं। 'नतीजतन ये संस्तुतियाँ सिर्फ़ नये उद्योग–धन्धों और उपक्रमों में घबराहट का माहौल बनायेंगी।'[7]

हालाँकि बिरला का भय उस समय थोड़ा कम हुआ जब अप्रैल 1948 में भारत सरकार ने अपनी औद्योगिक नीति के प्रस्ताव की घोषणा की, जिसने पहली बार राष्ट्रीय अर्थव्यवस्था के लिए एक नीतिगत खाका निर्धारित किया। इसमें घोषणा की गयी थी कि सम्पत्तियों

का सार्वजनिक स्वामित्व सिर्फ़ तीन उद्योगों–शस्त्र, परमाणु ऊर्जा और रेलवे के लिए है। छह अन्य उद्योगों– कोयला, लौह अयस्क और इस्पात, हवाई जहाज़ निर्माण, जहाज़ निर्माण, टेलीग्राफ़ और टेलीफ़ोन सामग्री और खनिज में भी नये उपक्रम स्थापित करने के अधिकार सरकार ने पूर्णतया अपने पास रखे। हालाँकि इन क्षेत्रों में पहले से कार्यरत कम्पनियों को सरकारी नियन्त्रण से मुक्त रहने दिया गया और राष्ट्रीयकरण के ज़रिये होने वाली सम्पत्ति के पुनर्वितरण को कम–से–कम दस वर्षों के लिए टाल दिया गया।[8] इसके अलावा महत्त्वपूर्ण बात थी कि नयी आधिकारिक नीति में काँग्रेस पार्टी की आर्थिक कार्यक्रम समिति के अतिवाद से पूरी तौर पर पल्ला झाड़ लिया गया था। इस प्रकार बिरला को यह औद्योगिक नीति प्रस्ताव सर्वथा सन्तोषजनक लगा। इस बात को लेकर पुनः आश्वस्त किया गया था कि 'सरकार ने पक्की तौर पर निर्णय लिया है कि उसे निजी क्षेत्र की ज़रूरत है।' राष्ट्रीयकरण कम–से–कम फ़िलहाल के लिए टल गया था, बिरला ने यूपी के मुखिया जी.बी. पन्त से इस बात का सन्तोष जताया।[9]

हालाँकि औद्योगिक नीति प्रस्ताव में दिये गये व्यापक दिशा–निर्देशों को पुनर्सुनिश्चित किया गया था पर बिरला राजनीतिक माहौल को विषाक्त मानने के कारण निजी उद्यम के भविष्य को लेकर अभी भी चिन्तित थे। उन्होंने जी.बी. पन्त से दुख प्रकट किया कि 'अंग्रेज़ चले गये और रजवाड़े और ज़मींदार नेपथ्य में हैं। अपनी घृणा के लिए एक लक्ष्य की आदी काँग्रेस के पास अब सिर्फ़ एक लक्ष्य है और वह है पूँजीपति।' उन्हें आश्चर्य हो रहा था कि उद्योग मन्त्री एस.पी. मुखर्जी, जिन्हें व्यवसायियों का हिमायती माना जाता था, भी वामपन्थी तत्त्वों के साथ हैं और अक्सर चेम्बर्स ऑफ़ कॉमर्स की बैठकों में उपेक्षापूर्ण ढंग से वक्तव्य देने लगे हैं। कुछ अन्य मन्त्री, जैसे एन.वी. गाडगिल, को ज़रा–सा मौक़ा मिलते ही वह व्यवसायियों के लिए अपशब्द कहते। सर्वाधिक 'असुधार्य' शायद श्रम मन्त्री जगजीवन राम थे, वह जनता को यह याद दिलाने से कभी चूकते नहीं थे कि उद्योगों का वक़्त अब महज़ चन्द और सालों का रह गया है।[10] बिरला के मुताबिक़ सिर्फ़ एक मन्त्री व्यवसायियों के प्रति सहानुभूति रखते थे और वह थे वित्त मन्त्री जॉन मथाई। हालाँकि उन्हें आर्थिक हालात के विषय में अच्छी जानकारी थी मगर वह उतने प्रभावशाली नहीं सिद्ध हो पा रहे थे, क्योंकि उनके पास पेशेवर राजनेता का समर्थन–आधार नहीं था।[11]

इन वर्षों में बिरला की सारी उम्मीदें पटेल पर टिकी थीं जो उनके मुताबिक़ व्यवसायियों और सरकार को नज़दीक लाने के लिए जो भी कर सकते थे कर रहे थे। बल्कि पटेल ने कैबिनेट से सरकार, व्यापार जगत और शिक्षा क्षेत्र के प्रतिनिधियों को लेकर एक ऐसी कमेटी बनाने का आग्रह किया था जो देश के लिए आर्थिक योजना तैयार करे। सार्वजनिक घोषणाओं में उपप्रधानमन्त्री ने बार–बार बड़े व्यवसायियों को इस बात के लिए आश्वस्त किया कि निजी कम्पनियाँ अर्थव्यवस्था का अटूट हिस्सा सदैव बनी रहने वाली हैं। उन्होंने राष्ट्रीयकरण को लेकर व्यवसायियों के भय को दूर करने के लिए स्पष्ट किया कि यह बात सरकारी एजेंडे में नहीं है और अगर कोई नेता यह बात करता है तो वह अपनी नेतागिरी चमकाना चाहता है।[12] पटेल के आश्वासन मददगार ज़रूर थे पर वे सरकार के विपरीत दिशा में इशारा करते प्रस्तावों के ख़िलाफ़ बहुत दूर तक नहीं गये।[13] बिरला को लगता था कि इससे बहुत नुक़सान हुआ है और व्यवसायियों का आत्मविश्वास घटता जा रहा है।

उन्होंने पटेल से निवेदन किया कि वह कलकत्ता और बॉम्बे जैसे व्यावसायिक केन्द्रों से नज़दीकी सम्पर्क बनाये रखें। उन्होंने पटेल से अनुरोध किया कि वर्ष में कम–से–कम एक बार कलकत्ता और दो बार बॉम्बे ज़रूर जायें।[14] उन्होंने गर्वपूर्वक पटेल को आश्वस्त किया कि सरकार से अपने असन्तोष के बावजूद व्यवसायी उनके प्रति पूर्ण सम्मान रखते थे क्योंकि उन्होंने आर्थिक नीति में बेहतरी की उम्मीद बनाये रखी थी।[15]

अपने ख़ास रूप में ऐसे कई मुद्दे थे जिनको लेकर व्यापार जगत में असन्तोष था। ऐसा ही एक मुद्दा जो काफ़ी समय से चला आ रहा था वो था–युद्धकालीन मूल्य नियन्त्रण का जारी रहना। नियन्त्रण को लेकर सरकार और व्यापारियों के मध्य 1940 के दशक के शुरू से ही मतभेद चला आ रहा था जब खाद्यान्न, शक्कर, कपास और कपड़े जैसी ज़रूरत की अनिवार्य वस्तुओं पर इसे लागू किया गया था। स्वतन्त्रता के पश्चात गाँधी ने भी नियन्त्रण हटाने के पक्ष में अपना वक्तव्य दिया और सार्वजनिक तौर पर सरकारी एजेंसियों को इसे लागू करने के लिए फटकारा। नतीजतन दिसम्बर 1947 में शक्कर और खाद्यान्न पर से और बाद में कपड़े पर से भी नियन्त्रण हटा लिया गया। हालाँकि इससे खाद्यान्न और अन्य उपभोक्ता सामग्रियों के थोक मूल्य हद से अधिक बढ़ गये और लिहाज़ा छह महीने के भीतर 1948 में नियन्त्रण को फिर से लागू करना पड़ा। इससे व्यवसायियों में नये सिरे से रोष उत्पन्न हो गया। बिरला लम्बे अर्से से नियन्त्रण के विरोध में थे। उनका मानना था कि मूल्य वृद्धि का मुख्य कारण ज़रूरी सामानों का अभाव है और लिहाज़ा ज़रूरत इस बात की है कि उत्पादन बढ़ाया जाये। उनका विचार था कि अगर सरकार उत्पादन बढ़ाने की दिशा में क़दम उठाती है तो अभाव और अनुत्पादक सट्टा अपने आप बन्द हो जायेंगे। उन्होंने नयी राष्ट्रीय सरकार से निवेदन किया कि वह निवेश के लिए उपयुक्त माहौल तैयार करे और अनिवार्य उपभोक्ता वस्तुओं के मूल्य नियन्त्रण और राशनिंग को समाप्त करे।[16]

लम्बे समय से असन्तोष का कारण रहा एक अन्य मुद्दा था उच्च कर–ढाँचा, जिसका खमियाज़ा व्यवसायियों को भुगतना पड़ रहा था। हालाँकि कर की ऊँची दरें प्रथम विश्व युद्ध के बाद से ही चली आ रही थीं, लेकिन बड़े व्यापार के लिए इसमें नाटकीय वृद्धि फ़रवरी 1947 में लियाकत अली के बजट के समय हुई जब करों का बोझ बढ़ाने के साथ–साथ एक नया व्यापार मुनाफ़ा कर लगाकर घेरा और भी बढ़ा दिया। इसके बाद 1948 में व्यवसायी उस समय एक बार फिर चौकन्ने हुए जब सरकार का प्रस्ताव आया कि निजी कम्पनियाँ अपने मुनाफ़े में से दिये जाने वाले लाभांश का अनुपात बढ़ायें, न कि उसे सुरक्षित राशि के रूप में अपने पास ही रखे रखें। इसके अलावा वे कम्पनियाँ जिनके 51 प्रतिशत से कम वोटिंग शेयर सार्वजनिक हाथों में हैं उनका मूल्यांकन व्यक्तिगत संगठन के रूप में किया जायेगा और उन पर कॉरपोरेशनों से अधिक दरें लागू होंगी।[17]

हालाँकि बिरला और उनके साथियों के लिए चिन्ता का ज़्यादा बड़ा विषय अप्रैल 1949 में सेंट्रल असेम्बली में पेश किया गया औद्योगिक (विकास और नियन्त्रण) विधेयक था। विधेयक औद्योगिक लाइसेंसिंग और निजी कम्पनियों पर नियन्त्रण की एक व्यापक व्यवस्था की शुरुआत की एक उद्‌घोषणा था। उद्योग इस हद तक बढ़े हुए सरकारी नियमन और नियन्त्रण का हिस्सा बनने वाले थे कि इसके ज़रिये सरकार कम्पनी के प्रबन्धन तक पर क़ब्ज़ा कर सकती थी। इसके अलावा यह विधेयक औद्योगिक लाइसेंसिंग के मुद्दे नौकरशाही

के अधीन ले आने वाला था, और वर्तमान में चल रहे उद्योगों का सरकार के यहाँ पंजीयन कराना और हर नये निर्माण या विस्तार के लिए लाइसेंस लेना ज़रूरी कर दिया गया था। बिरला का मानना था कि विधेयक के माध्यम से उद्योगों पर सरकारी अनुशासन थोपने की शुरुआत और नियन्त्रण बढ़ाने की तैयारी की जा रही है।[18] अगर यह बिल क़ानून का रूप ले लेता है तो सारी औद्योगिक शुरुआतों को दुरूह लाइसेंसिंग प्रक्रियाओं से गुज़रना होगा और व्यवसाय सरकारी एजेंसियों के अन्तहीन नियमों में उलझ जायेगा। उन्होंने वित्त मन्त्री जॉन मथाई से शिकायत की कि : 'मालूम देता है कि हम व्यवसायी अतीत के अपने सारे अनुभव सहित अपनी कला को भूल चुके हैं। अब सचिवालय से आदेश आयेगा कि कैसे उत्पादन करना है, कब उत्पादन करना है, क्या उत्पादन करना है और कहाँ पर उत्पादन करना है।' बिरला नौकरशाही को दिये गये व्यापक अधिकारों–औद्योगिक लाइसेंस देना, उद्योगों की जाँच करना और उत्पादों की आपूर्ति, वितरण और मूल्य का निर्धारण करना–से काफ़ी बौखला गये थे। उनका मानना था कि इतनी व्यापक शक्तियों का ज़रूर दुरुपयोग होगा।[19] बिरला के मुताबिक़ यह विधेयक 'हर समय तुम्हारे सिर पर धमकी देती लटकी डेमोक्लीज की तलवार की तरह है कि सरकार तुमसे कभी भी तुम्हारे किये गये काम को हड़प सकती है, चूँकि उसकी राय में तुम अपना काम ठीक से नहीं कर रहे हो।[20] इस तरह के क़दम से निवेशकों के बीच तीव्र प्रतिक्रिया स्वाभाविक थी और बिरला आश्वस्त थे इसमें व्यापक संशोधन करना ही पड़ेगा।[21]

1949 के मध्य के दौरान बिरला सशंकित रहे कि सरकार द्वारा उठाये जा रहे क़दम लोगों में भरोसे का संकट पैदा कर रहे हैं। मुद्रा बाज़ार तंगी में था और बॉम्बे स्टॉक एक्सचेंज से चौंकाने वाली ख़बरों का मतलब होता था कि बाज़ार की स्थिति ठीक नहीं है। बिरला ने मथाई को सचेत किया कि अगर संकट का इलाज शुरू में ही नहीं कर लिया गया तो इसके फैलने पर स्थिति अनियन्त्रित हो सकती है।[22] इससे ज़्यादा गम्भीर समस्या यह थी कि प्रमुख उद्योगों के उत्पादन में गिरावट आ गयी थी। आर्थिक हालात पर बिरला ने स्वयं द्वारा तैयार एक नोट में गम्भीर समस्याओं की ओर इशारा किया था।[23] इस गिरावट के लिए सरकार के 'कुप्रबन्धित उत्पादन नियन्त्रण, सरकार का ज़रूरत से ज़्यादा हस्तक्षेप... और व्यवसायियों के बीच हताशा के अहसास'[24] को ज़िम्मेदार ठहराया गया गया। इसके अलावा कपास–व्यवसाय भी संकट में था जिससे मिलों में तालाबन्दी का ख़तरा पैदा हो गया था। चीनी और वनस्पति उद्योग पाकिस्तान के साथ शत्रुतापूर्ण रिश्तों के कारण प्रभावित हो रहे थे। जूट के ऊपर पहले से ही तगड़ी मार पड़ चुकी थी क्योंकि देश के बँटवारे ने इसके आपूर्ति–क्षेत्र पर बुरा असर डाला था।[25] बिरला ने चेताया कि अर्थव्यवस्था की ऐसी आपराधिक अनदेखी नयी सरकार की सारी उपलब्धियों पर पानी फेर देगी, सारे ढाँचों को ध्वस्त कर देगी और 'आज़ादी की भुरभुरी नींव' को हिला देगी।[26]

सिर्फ़ औद्योगिक (नियन्त्रण एवं नियमन) विधेयक ही चिन्ता का कारण नहीं था बल्कि आर्थिक योजना के विचार को लेकर जो अनिश्चितता दिख रही थी उससे भी चिन्ताएँ बढ़ने लगी थीं। स्वतन्त्रता के शुरुआती दिनों में जिस तरह 'आवाज़ों का शोर' आर्थिक नीति पर घोषणाएँ कर रहा था उससे आशंकाएँ पैदा हुई थीं और बिरला का आरोप था कि 'दुविधा की प्रवृत्ति' निवेश और उत्पादन में रोड़े अटका रही है।[27] मार्च 1950 में बनाया

गया छह सदस्यीय योजना आयोग भी बिरला और उनके व्यवसायी साथियों को आश्वस्त नहीं कर पाया। इसने प्रायः नेहरू के 'समाजवादी आदर्शों पर चलने वाले, बाज़ार पर शक करने वाले, व्यवसाय के प्रति शंकालु और संसाधनों के बँटवारे में राज्य की भूमिका पर ठोस यक़ीन रखने वाले' एक बौद्धिक–नैतिक विशिष्ट वर्ग के उठान का मार्ग कई तरह से प्रशस्त किया।[28] योजना–प्रक्रिया में केन्द्रीय भूमिका निभाने आये इस प्रकार के वामपन्थी रुझान वाले बुद्धिजीवी उन लोगों में नहीं थे कि उनका नेतृत्व व्यावसायिक दायरों में कोई आत्मविश्वास पैदा कर पाता।

हालाँकि 'अलग–अलग योजना की काफ़ी कुछ अस्त–व्यस्त स्थिति' को पहली पंचवर्षीय योजना की रूपरेखा के प्रकाशन ने थोड़ा–बहुत आकार दिया, पर योजना के प्रस्तावों को लेकर ज़्यादातर अनिश्चितता और आशंका बनी रही।[29] फिक्की के प्रमुख प्रवक्ता के रूप में बिरला ने योजना आयोग के समक्ष व्यवसायियों का पक्ष रखा।[30] उनका मानना था कि योजना को लेकर जो परिकल्पना मसौदे में प्रस्तुत की गयी है वो अपने उद्देश्य को हासिल कर पाने में अक्षम रहेगी, और भविष्यवाणी की कि 'हम पाँच साल बाद अफ़सोस करेंगे कि बस हमसे छूट गयी।'[31] बिरला के मुताबिक़ सरकारी नीतियों के स्वभाव में शामिल अनिश्चितता ने औद्योगिक निगमों की कार्यक्षमता को अवरुद्ध करके गाड़ी को पटरी पर रोक दिया है। फिर भी बिरला ने माना कि सरकार की नीतियाँ न तो धुर वामपन्थी थीं और न अत्यधिक दक्षिणपन्थी। इसके बावजूद गल्तियाँ हुईं जो उनके मुताबिक़ 'नये मन्त्रियों के आर्थिक अज्ञान और... सत्ता की पूर्वधारणा के उबाल के कारण थीं।'[32]

कॉरपोरेट लॉबिंग : नये आकाओं की सरपरस्ती

बिरला का मानना था कि यही वक़्त है कि निजी उपक्रमों की राह की चुनौतियों का सामना करने के लिए बड़े व्यवसायी एकजुट होकर आवाज़ बुलन्द करें और सरकार में प्रभावशाली तरह से अपना गुट बनायें। इसकी ज़रूरत आज़ादी के बाद बदली सत्ता संरचना को देखते हुए महसूस की गयी। व्यवसाय को अब नये और प्रभावशाली रास्ते तलाशने की ज़रूरत थी। बिरला इस बात को समझ गये थे कि दलबन्दी (लॉबिंग) की ज़रूरतें बदल चुकी हैं और व्यापार जगत को अपने दावे की मज़बूती के लिए यह दिखाना होगा कि वे देश के आर्थिक भविष्य के एक हिस्सेदार हैं। बिरला ने कस्तूरभाई लालभाई से कहा कि साथ ही इस कठिन वक़्त में ख़ुद को बचाये रखने के लिए यह भी ज़रूरी होगा कि व्यापार जगत एक स्वर में बोले और एकता बनाये रखे। इसके अलावा यह भी ज़रूरी था कि दोस्ताना मेल–मुलाक़ातों के ज़रिये, मन्त्रियों को अभ्यावेदन भेजकर और प्रधानमन्त्री से मिलने के लिए प्रतिनिधिमण्डलों का बन्दोबस्त करके शीर्ष राजनेताओं और नीति–निर्माताओं पर प्रभाव डाला जाये। साथ–साथ यह भी ज़रूरी था कि व्यापार जगत द्वारा समाज के लिए किये गये योगदानों को सामने लाकर उसकी छवि को निखारा जाये और हर मुहैया मौक़े पर अपना नज़रिया लोगों के बीच रखा जाये।

इस मामले में फिक्की की भूमिका महत्त्वपूर्ण थी। इसे राजनीतिक पालाबन्दी (लॉबिंग) का एक ज़्यादा कारगर औज़ार बनने के लिए ज़्यादा सक्रिय होने की ज़रूरत थी। बिरला का मानना था कि फ़ेडरेशन को और अधिक प्रभावशाली संगठन बनाये जाने की ज़रूरत है

जिसमें सरकार के किसी भी क़दम पर तत्परता से प्रतिक्रिया देने की सलाहियत हो। उसकी सांगठनिक पुनर्संरचना शुरू करने की ज़िम्मेदारी उन्होंने अपने कन्धों पर ले ली।[33] हाल के वर्षों में फ़ेडरेशन बड़े व्यवसायियों की घटती सक्रियता से पीड़ित रहा था, और उसी क्रम में आर्थिक दिक़्क़तों से भी।[34] फ़रवरी 1949 में बिरला ने एक नये सांगठनिक ढाँचे का प्रस्ताव रखा जिसमें मुख्य समिति की मदद के लिए 22 नयी उप–समितियाँ बनायी गयी थीं। इन निकायों को जूट, कपास, चीनी और स्टील आदि अलग–अलग क्षेत्रों के हितों की नुमाइन्दगी करनी थी जबकि अन्य को कर–प्रबन्धन, श्रमिक कल्याण और औद्योगिक क़ानून जैसे तकनीकी मामले देखने थे। इन उप–समितियों का मक़सद सरकार और उद्योग जगत के बीच सम्पर्क निर्माण करना, उन्हें प्रभावित करने वाले मामलों में पहलक़दमी लेना, और जब जहाँ जैसी ज़रूरत पड़े वहाँ मन्त्रियों और सरकारी अधिकारियों से सीधे सम्पर्क स्थापित करना था। बिरला ने अपने प्रस्ताव की चर्चा फ़ेडरेशन के मुख्य सदस्यों, अध्यक्ष तुलसीदास किलाचन्द और संस्थापक सदस्यों पुरुषोत्तमदास ठाकुरदास और कस्तूरभाई लालभाई से की। हालाँकि किलाचन्द और लालभाई ने उनके प्रस्ताव को मंजूरी दे दी मगर ठाकुरदास बहुत उत्साही नहीं दिखे। उनका मानना था कि प्रस्तावित 22 उप–समितियों पर दस बड़ी फ़र्मों का वर्चस्व रहेगा और इससे संगठन के भीतर और अधिक कलह बढ़ेगी।[35]

ठाकुरदास के जवाब से निराश हुए बिरला ने लालभाई को चेतावनी देते हुए कहा कि अगर वह भी 'कोई उत्साह नहीं दिखाते तो अगले चुनावों से मैं भी फ़ेडरेशन से बाहर ही रहूँगा।' उनकी धमकी का असर हुआ और प्रस्ताव स्वीकृत हो गया। फ़ेडरेशन के तत्कालीन कार्यवाहक सचिव जी.एल. बंसल को निर्देश हुआ कि वे सदस्य–निकायों में वितरण के लिए एक औपचारिक योजना तैयार करें और फिक्की ने इस नये ढाँचे को 1949 के उत्तरार्ध में स्वीकार कर लिया।[36] बिरला ने आगे चलकर प्रभावशाली व्यवसायियों को इस बात के लिए राजी कर लिया कि वे इसके कार्यों में और अधिक सक्रियता दिखाएँ।[37] अपनी तरफ़ से उन्होंने 'वादा किया कि वह बिना सदस्य हुए भी हर बैठक में हिस्सा लेंगे।'[38] अन्य समस्या जिसे बिरला ने पहचाना वह धन की समस्या थी। इससे निबटने के लिए 1951 में एसोसिएट सदस्य की एक नयी श्रेणी बनायी गयी। इस श्रेणी के अन्तर्गत फ़र्में सीधे फ़ेडरेशन में शामिल हो सकती थीं–बजाय कि व्यापार चेम्बर्स के ज़रिये अभ्यावेदन पर निर्भर रहने के। 1951 से पहले तक सिर्फ़ चेम्बर्स ऑफ़ कॉमर्स या व्यापार संघ ही फिक्की के सीधे सदस्य हो सकते थे। आगे के वर्षों में सदस्यता की यह नयी श्रेणी फ़ेडरेशन के राजस्व का एक ख़ासा महत्त्वपूर्ण ज़रिया बन गयी।[39] फ़ेडरेशन को एक ज़्यादा सक्रिय भूमिका के लायक बनाने के लिए उसके सचिवालय का विस्तार किया गया और महानिदेशक का एक नया पद सृजित किया गया जिस पर किसी ऐसे व्यक्ति की नियुक्ति की जानी थी जो 'भारत सरकार के सर्वोच्च अधिकारियों से सम्पर्क कर सके और व्यापार और उद्योग जगत का पक्ष रख सके।'[40] फ़ेडरेशन द्वारा ख़ुद के लिए परिकल्पित इस नयी भूमिका के मुताबिक़ उसने नयी दिल्ली के फ़िरोज़शाह रोड पर अपनी एक भव्य नयी इमारत पर काम शुरू किया जहाँ बढ़े हुए सचिवालय को काम शुरू करना था।[41]

एक और क्षेत्र जहाँ बड़े व्यवसाय को संगठित होने की ज़रूरत थी वह थी प्रचार व्यवस्था। बिरला व्यवसाय जगत के नज़रिये को प्रेस के ज़रिये दूरदराज की बृहत्तर आबादी

तक पहुँचाने की ज़रूरत को समझते थे। जहाँ एक ओर उन्होंने अपने ख़ुद के अख़बारों–'हिन्दुस्तान टाइम्स' और 'ईस्टर्न इकोनॉमिस्ट' में व्यवसाय जगत का पक्ष रखवाना सुनिश्चित किया, वहीं यह तर्क भी रखा कि निजी उद्यमों के प्रति सहानुभूति रखने वाले अख़बारों को मज़बूत करने की ज़रूरत है। मसलन 1950 में उन्होंने 'उद्योग जगत के विचारों की बड़ी समर्थक' बॉम्बे से निकलने वाली पत्रिका 'भारत' का मामला उठाया। उन्होंने अपने व्यावसायिक साथियों को राजी किया कि वे बुरी तरह आर्थिक संकट से गुज़र रही इस पत्रिका को अपना सहयोग दें।[42] इसके अलावा बिरला ने सांसदों और राज्य के विधायकों को निजी क्षेत्र के दृष्टिकोण से प्रभावित करने की ज़रूरत पर भी ज़ोर दिया। अप्रैल 1950 में फिक्की की ओर से सांसदों के लिए एक औद्योगिक टूर (भ्रमण) का आयोजन किया गया ताकि 'उन्हें भारत की औद्योगिक अर्थव्यवस्था में निजी उपक्रमों की भूमिका का साक्षात् ज्ञान हो सके।'[43] इस विस्तृत यात्रा में 34 सांसदों ने हिस्सा लिया जिसमें उन्हें दिल्ली, ग्वालियर, मिठाओर, बॉम्बे, वालचन्दनगर, कोचीन, बैंगलूरु, विशाखापत्तनम, जमशेदपुर और कलकत्ता के कारख़ाने दिखाये गये। टूर कामयाब साबित हो इसके लिए बिरला ने निजी तौर पर रुचि दिखायी–भ्रमण स्थलों में छह मिलें उनकी भी थीं और हर जगह वे स्वयं निजी रूप से सांसदों की अगवानी के लिए उपस्थित थे।[44] इस भ्रमण की सफलता का अन्दाज़ इसी बात से लगाया जा सकता है कि इसमें शामिल एक सांसद पंजाबराव देशमुख ने सार्वजनिक तौर पर स्वीकार किया कि 'कई तरह की अड़चनों से जूझते हुए निजी क्षेत्र ने जो उपलब्धियाँ हासिल की हैं उनकी तारीफ़ की जानी चाहिए।' उन्होंने फिक्की अध्यक्ष से कहा कि वह प्रत्येक सांसद को एक संक्षिप्त वक्तव्य भेजें जिसमें निजी क्षेत्र द्वारा झेली जाने वाली परेशानियाँ और इनसे निबटने में सरकार क्या मदद कर सकती है वे अपेक्षाएँ भी दर्ज हों।[45] फिक्की को उम्मीद हुई कि इस तरह के टूर नियमित तौर पर किये जा सकते हैं। हालाँकि वैसा नहीं हुआ क्योंकि रिपोर्टों के मुताबिक़ नेहरू इस टूर के बारे में पता चलने पर काफ़ी खफ़ा हो गये थे।[46]

बिरला के उत्साहवर्धन से फिक्की ने अब सरकारी नीतियों की आलोचना को व्यवस्थित ढंग से प्रचारित करने का काम अपने हाथ में लिया। उसने कई तरह के मुद्दों, जैसे कि नियन्त्रण, राज्य व्यापार के प्रस्ताव और आयकर से जुड़े मसलों पर मन्त्रियों को विरोध–पत्र भेजे। एक सर्वाधिक महत्त्वपूर्ण सवाल जो सामने आया वो इंडस्ट्रियल (विकास और नियन्त्रण) बिल का था। बिरला ने फ़ेडरेशन की ओर से बिल का विरोध किये जाने की योजना बनायी। इसके नेतृत्व के लिए एक विशेष उप–समिति बनायी गयी और उद्योग और वाणिज्य मन्त्री एच.के. मेहताब से मुलाक़ात के लिए एक प्रतिनिधिमण्डल भेजा गया। फिक्की ने बिल को लेकर तीखा शुबहा जताते हुए ऐलान किया कि सरकारी अधिकारियों को बड़े पैमाने पर दिये गये विवेकाधिकार कतई गवारा नहीं किये जा सकते। बिरला ने वित्त मन्त्री और उद्योग और वाणिज्य मन्त्री के समक्ष हुई फ़ेडरेशन की पेशियों की एक–एक जानकारी पटेल को दी।[47]

नेहरू शैली के समाजवाद की सीमाएँ

हालाँकि पटेल इसके तुरन्त बाद ही दिवंगत हो गये पर फिक्की की ओर से अनवरत किये गये प्रयासों का फल 1951 में औद्योगिक (विकास और नियन्त्रण) विधेयक के लागू

होने पर मिला। इसमें बहुतेरे परिवर्तन किये गये थे। इसका नाम भी बदलकर औद्योगिक (विकास एवं नियमन) क़ानून कर दिया गया था, 'नियन्त्रित उद्योग' शब्द का स्थान अब 'विनियमित उद्योग' ने ले लिया था। अधिकारियों की लाइसेंस के नियन्त्रण और परिवर्तन की शक्तियों में कटौती की गयी थी। ऐसे मामले जिनमें प्रबन्धन का अधिग्रहण अधिकारियों द्वारा ज़रूरी माना जाये उनमें पाँच साल की एक सीमा निर्धारित कर दी गयी थी। उत्पादन, कच्चे माल और मूल्य–निर्धारण पर लगी नियमन की बन्दिशों को भी हटा लिया गया था।[48] कुल मिलाकर यह बात व्यापक स्तर पर क़बूल की गयी कि अन्तिमतः बनाया गया क़ानून विधेयक में प्रस्तावित किये गये उग्र नियन्त्रण अनुदेशों से सर्वथा भिन्न था।

साथ ही इस बात के भी उत्साहवर्धक संकेत थे कि बड़े व्यवसायियों की पालाबन्दी ने अच्छे परिणाम दिये हैं। यह बात दिसम्बर 1952 में पहली पंचवर्षीय योजना के अन्तिम ड्राफ्ट को मंजूरी मिलने में सामने आयी। इसकी यथार्थवादी सम्भावनाएँ और दर्शायी गयीं चेतावनियाँ बिरला और उनके साथियों के लिए काफ़ी राहतकारी थीं। योजना में निजी उपक्रमों की बड़ी भूमिका तय की गयी थी–3500 करोड़ रुपये के कुल निवेश में से 2000 करोड़ रुपये सार्वजनिक क्षेत्र और 1500 करोड़ रुपये निजी क्षेत्र के लिए तय किये गये थे। कुछ प्रोजेक्ट पूरी तौर पर राज्य के लिए निर्धारित थे, कुछ अन्य राज्य और निजी क्षेत्र दोनों के लिए थे और जबकि कुछ अन्य पूरी तरह निजी क्षेत्र के लिए रख छोड़े गये थे। बिरला के मुताबिक़ इस प्रकार निजी क्षेत्र के लिए व्यापक मैदान छोड़ दिया गया था।[49] इसके अलावा उनके विचार में ये व्यवस्थाएँ 'आख़िरकार बहुत कठोर नहीं' थीं। बिरला ने अपने व्यवसायी साथियों को आश्वस्त किया कि ये सारी बातें इस बात का संकेत हैं कि निजी उद्यमों का भविष्य, कम–से–कम, पहली पंचवर्षीय योजना तक के लिए सुरक्षित है।[50] उन्होंने योजना को लेकर अपना सन्तोष कुछ–कुछ इस प्रकार व्यक्त किया :

> मुझे खुशी है कि सरकार ने अपने कार्यक्षेत्र को बुनियादी और सार्वजनिक चरित्र के कुछ आर्थिक कार्यक्रम हाथ में लेने तक सीमित रखा है... सिवाय बुनियादी और जन–कार्यों, कृषि, सिंचाई और यातायात को अपने अधीन रखने के इसने आर्थिक उपक्रम के समूचे मैदान को निजी क्षेत्र के लिए छोड़ दिया है। और यह एक सही काम है जो उन्होंने किया है।

कुछ अन्य स्वागत योग्य संकेत भी देखने को मिले। बिरला 1948 में भारतीय औद्योगिक वित्त निगम (आईएफसीआई) और 1954 में राज्य वित्त निगम व बाद में राष्ट्रीय औद्योगिक विकास निगम (एनआईडीसी) के गठन से काफ़ी उत्साहित थे। 1953–54 में विश्व बैंक की अनुशंसा पर बिरला और प्रतिष्ठित उद्योगपतियों रामास्वामी मुदलियार और ए.डी. श्रॉफ को एक परिचालन समिति में सहयोजित सदस्य के तौर पर शामिल किया गया, मक़सद था निजी क्षेत्र की इकाइयों के विकास, विस्तार और आधुनिकीकरण के लिए वैश्विक बैंक की स्थापना पर चर्चा। परिणामस्वरूप 1955 में इंडस्ट्रियल क्रेडिट एंड इन्वेस्टमेंट कॉरपोरेशन ऑफ़ इंडिया (आईसीआईसीआई) की स्थापना की गयी। इन वित्तीय संस्थानों का उद्देश्य था मध्यम और लम्बी समयावधि के ऋणों का बड़े उद्योगों तक विस्तार करना, जोख़िम को समझने वाली सहयोगी संस्था के रूप में कार्य करना और निजी उद्यमियों को पूँजी, तकनीक, तजरबा और विदेशी सहभागिता हासिल करने में सहायता देना।[51] ये अब एक स्पष्ट संकेत थे

कि सरकार औद्योगिक विकास में निजी उपक्रमों की भूमिका चाहती है। साथ ही करों को लेकर भी काफ़ी सुधार किये गये। 1949–50 में पूँजी लाभ कर और 1950–51 में व्यवसाय लाभ कर समाप्त कर दिये गये और व्यक्तिगत आयकर, सुपर टैक्स और कॉरपोरेट टैक्स में भी कटौती की गयी। इन सारी बातों से बिरला की थोड़ी उम्मीद जगी।

हालाँकि नेहरूवादी अर्थशास्त्र के अपरिहार्य तत्त्व–औद्योगिक लाइसेंसिंग, निजी उपक्रमों का नियमन और केन्द्रीय योजना–1951 तक (सरदार पटेल के गम्भीर प्रभाव के बग़ैर) यथावत थे पर बिरला अब पहले की तरह निराश नहीं थे। स्वतन्त्रता के पश्चात शुरुआती दिनों में जिस तरह की घबराहट उनके भीतर थी वह अब सरकार द्वारा ठोस नीतियाँ लागू किये जाने से शान्त हो चुकी थी। उन्हें एक मूल्यवान पाठ सीखने को मिला जिसने उन्हें नेहरू सरकार के, ख़ासकर आर्थिक क्षेत्र के, कामकाज को समझने की एक अन्तर्दृष्टि दी। उन्होंने पाया कि नेहरू की आर्थिक योजना चर्चा और बहस से बनने वाली एक लोकतान्त्रिक प्रक्रिया का हिस्सा थी जिसमें विभिन्न विचारधाराओं और नज़रियों की बातें सुनी जाती थीं और अलग–अलग हित समूह बातचीत के ज़रिये समझौते पर पहुँचते थे। चर्चा और तफ्तीश की प्रक्रिया से गुज़रकर अतिवादी प्रकृति के प्रस्ताव भी नरम पड़ जाते थे। औद्योगिक (विकास एवं नियमन) क़ानून जब तीन वर्ष की गहन चर्चा से गुज़रकर लागू हुआ तो इस प्रक्रिया को देखते हुए उद्योग मन्त्री एच.के. मेहताब को कहना पड़ा कि यह संसद का 'सबसे प्राचीन विधेयक' बन गया था और इसका अन्तिम रूप व्यवसाय जगत को सर्वथा स्वीकार्य था।[52] पहली पंचवर्षीय योजना की कहानी भी इससे मिलती–जुलती थी। योजना के प्रारूप को सार्वजनिक बहस, जाँच और आलोचना की ऐसी ही प्रक्रिया से गुज़रना पड़ा था। विभिन्न राज्यों और केन्द्र में महीनों तक चली चर्चा के बाद जुलाई 1952 को मसौदे की रूपरेखा प्रकाशित हो पायी थी। उसके बाद पुनः इसे लम्बी जाँच और आलोचना प्रक्रिया से गुज़रना पड़ा तब जाकर अन्तिम प्रारूप दिसम्बर 1952 में सामने आ सका।

बिरला को इससे महत्त्वपूर्ण सबक सीखने को मिला कि एक लोकतान्त्रिक ढाँचे में व्यवसाय की पूर्णतः अनदेखी नहीं की जा सकती। साथ ही उनकी समझ में यह बात भी आ गयी कि लोकतान्त्रिक प्रक्रिया का मतलब है मन्थर गति से चलने वाली एक मशीन जिसमें चीज़ों को 'आगे बढ़ाने के लिए काफ़ी शोरोगुल करना पड़ता है।'[53] इससे कॉरपोरेट पालाबन्दी (लॉबिंग) के प्रति उनका विश्वास फिर से पक्का हो गया, क्योंकि उन्हें बोध हुआ कि बड़े व्यवसाय को अपनी हिफ़ाज़त के लिए निजी और व्यावसायिक दोनों स्तरों पर प्रभावशाली राजनेताओं को अवश्य ही अपने पक्ष में ध्रुवीकृत करना चाहिए। हालाँकि व्यापार जगत के लिए नियन्त्रण और नियमन की नयी व्यवस्था का मतलब था विलम्ब और दिल्ली में जनसम्पर्क अधिकारी को बनाये रखना और उस पर ख़र्च करना, पर व्यावसायिक विस्तार के लिए राष्ट्रीयकरण की धमकी का आज़ादी के शुरुआती सालों वाला जोख़िम अब नहीं रह गया था।

इसके अलावा बिरला के सामने यह स्पष्ट हो गया था कि नेहरू आख़िरकार कोई समाजवादी क्रान्ति करने नहीं जा रहे, न ही थोक में राष्ट्रीयकरण की कोई योजना लागू करने। शुरू की राजनीतिक जुमलेबाज़ी में पायी जाने वाली सार्वजनिक और निजी क्षेत्र के द्वन्द्व की चर्चा अब कम हो गयी थी। उन्होंने राष्ट्रपति राजेन्द्र प्रसाद से कहा, 'यह काफ़ी दिलासा देने वाली बात है' कि सार्वजनिक क्षेत्र को 'निजी क्षेत्र के एक मित्र और सहयोगी'

की तरह देखा जा रहा है, और 'अगर वर्तमान वातावरण जारी रहा तो 6 या 8 महीनों के भीतर हर तरफ़ एक चाल बनती दिखेगी।'[54] राजनीतिक पर्यवेक्षक खुले तौर पर प्रधानमन्त्री के सिद्धान्त और व्यवहार के दिलचस्प द्वैध को लेकर चर्चा करने लगे थे क्योंकि कोई भी नहीं जानता था कि आख़िर नेहरू के समाजवाद का मतलब क्या है। बिरला की 'ईस्टर्न इकोनॉमिस्ट' ने इसे एक ऐसी स्थिति बताया जिस पर 'एक ओर कड़ा नियन्त्रण है तो दूसरी ओर पूर्ण अनियन्त्रण, निजी उद्यम पर बन्दिशें भी हैं और निजी उद्यम का सहयोग भी और बढ़ता राष्ट्रीयकरण भी है और घटता राष्ट्रीयकरण भी।'[55]

महालनोबिस मॉडल और लोकप्रियतावाद का आश्रय

जिस अदम्य आशावाद का मज़ा बड़े उद्यमी 1950 के मध्य तक लेते आये थे उसे करारा झटका तब लगा जब 1956 के आम चुनाव नज़दीक आने लगे। 1954 के उत्तरार्ध से नेहरू ने बड़े पैमाने पर वामपन्थी घोषणाएँ करनी शुरू कर दीं, जो कि जनवरी 1955 में अवाडी में हुए सालाना सत्र में काँग्रेस द्वारा अपनाये गये 'समाज के समाजवादी ढाँचे' के घोषित लक्ष्य की बानगी थी। इसने 'खोखले आदर्शवाद' के एक और प्रवाह का उद्घाटन कर दिया।[56] उनका पहला उद्देश्य संविधान की धारा 31 में संशोधन करना था जिसके अन्तर्गत राज्य द्वारा सम्पत्ति के अधिग्रहण पर दिया जाने वाला मुआवज़ा विवेकाधीन और ग़ैर–न्यायसंगत हो जाता। ऐसा होने से सम्पत्ति के बुनियादी अधिकार पर ही प्रश्नचिह्न लग जाता।[57]

इस परिप्रेक्ष्य में यह एक नयी वामपन्थी तुकबन्दी सामने आयी कि भारतीय सांख्यिकी संस्थान के पी.सी. महालनोबिस द्वारा योजना के लिए एक नया प्रारूप पेश किया गया। महालनोबिस जल्द ही नेहरू के विश्वसनीय आर्थिक सलाहकार बन गये। हाल के वर्षों में उनका प्रभाव योजना आयोग में काफ़ी बढ़ गया था। उनका मानना था कि दूसरी योजना में मशीन निर्माण में बड़े निवेश को अधिक बढ़ावा दिया जाना चाहिए और बड़े पूँजीगत माल उद्योग का निर्माण किया जाना चाहिए ताकि द्वितीयक उद्योगों को विस्तार के लिए आधार मिल सके। साथ ही कुटीर उद्योगों का अधिकाधिक विकेन्द्रीकरण किया जाये जिससे रोज़गार के अवसर बढ़ें। महालनोबिस की योजना से व्यापार जगत में असन्तोष का एक और दौर शुरू हो गया। फिक्की की सालाना बैठक में होमी मोदी ने सरकार को चेतावनी दी कि वह कोई ऐसा क़दम न उठाये जिसका अर्थ हो कि 'हमें एम्बुलेंस में लादकर ले जाना पड़ेगा।' कई व्यावसायिक नेता, ख़ासकर बॉम्बे वाले, सरकार की नीतियों में आये बदलाव को लेकर व्याकुल होने लगे थे। 'मुद्दा सामने आते ही त्वरित कार्रवाई' के मक़सद के लिए ध्रुवीकरण और पालाबन्दी की ज़रूरत हाल में उन्हें छोटे और प्रबन्धन में आसान संगठन 'काउंसिल ऑफ़ इंडस्ट्रीज' में एक साथ ले आयी थी। इसकी कमेटी में छह बड़े व्यवसायी नेता थे– जे.आर.डी. टाटा, लाला श्रीराम, रामास्वामी मुदलियार, डीएम खटाऊ, कस्तूरभाई लालभाई, और ज़ाहिर है बिरला। काउंसिल का उद्देश्य उद्योग से सम्बन्धित बातों को प्रामाणिक और ज़ोरदार तरह से सरकार और जनता के सामने रखना था।[58] इस प्रकार व्यापार जगत ने नयी नीति के दिशानिर्देशों को लेकर प्रतिक्रिया देने की अच्छी तैयारी कर ली थी। बिरला हालाँकि सरकार के 'लापरवाह' रवैये के आलोचक थे पर उनमें कोई व्याकुलता नहीं थी।[59] उनके पिछले कुछ वर्षों के अनुभव ने उन्हें दिखाया था कि समीक्षा और बहस की लम्बी–चौड़ी प्रक्रिया,

जो कि अटलनीय रूप से होनी ही थी, योजना के उनके द्वारा मंजूर किये जाने वाले अन्तिम प्रारूप प्रस्ताव में काफ़ी कुछ बदल देगी।

लिहाज़ा बिरला नयी योजना के प्रारूप को लेकर अनावश्यक रूप से परेशान नहीं थे। जब व्यवसाय जगत के घबराये हुए नेताओं ने उनसे प्रधानमन्त्री से मिलने जा रहे प्रतिनिधिमण्डल का नेतृत्व करने के लिए कहा तो उन्होंने सावधान किया कि मुलाक़ात के दौरान वे अनावश्यक प्रतिक्रिया से बचें और स्थितियों को स्पष्ट होने दें। नेहरू से घबराते हुए मिलने का उनके लिए कोई मायने–मतलब नहीं था। वर्षों की राजनीतिक पालाबन्दी करते हुए उन्होंने सीखा था कि शीर्ष नेताओं से सफल बैठक करने के लिए क्या आवश्यक तत्त्व होते हैं। शुरुआत में वाणिज्य, उद्योग और वित्त मन्त्रियों को मानसिक रूप से 'तैयार' करना ज़रूरी था।[60] इसके लिए ज़रूरी था कि मन्त्रियों के साथ अनौपचारिक चर्चा की जाये जिसमें व्यवसायियों से जुड़े ख़ास मुद्दे उठाये जा सकते थे, जबकि इस बात पर ज़ोर देना होता था कि निजी क्षेत्र कैसे मुकम्मल अर्थों में योजना के लक्ष्य को आगे ले जा सकता है। बिरला का मानना था कि अगर एक प्रतिनिधिमण्डल बिना तैयारी के नेहरू के पास ले जाया गया तो इससे वित्त मन्त्री की त्यौरियाँ चढ़ सकती हैं।[61] इससे फ़ायदा कम नुक़सान ज़्यादा होगा।[62] जब उद्योग जगत के नेताओं को यह भरोसा हो जाये कि वित्त, वाणिज्य और उद्योग मन्त्रियों की कृपा उन पर है तब आठ से दस लोगों का एक छोटा प्रतिनिधिमण्डल प्रधानमन्त्री से मुलाक़ात के लिए सम्पर्क कर सकता है।

बिरला ने अपनी इस 'तकनीक' की उपयोगिता का प्रदर्शन भी किया। 1955 में उन्होंने महत्त्वपूर्ण मन्त्रियों, विशेषकर टी.टी. कृष्णामाचारी और मोरारजी देसाई, को पत्र लिखे जिनमें उन्होंने प्रारूप–प्रस्तावों की आलोचना की। मार्च 1955 में बजट सत्र के तुरन्त बाद वह और कस्तूरभाई लालभाई नेहरू से मिले और बजट प्रस्तावों की विशेष दिक़्क़तों का मामला उठाया।[63] बैठक में बी.सी. रॉय, मोरारजी देसाई, जी.बी. पन्त और मौलाना आज़ाद भी उपस्थित थे।[64] उन्होंने और लालभाई ने नेहरू को बताया कि उन्हें उनके समाजवादी आधार पर समाज का निर्माण करने को लेकर कोई विरोध नहीं है और यह कि वे उनके हाल के उस बयान का विशेष रूप से स्वागत करते हैं जिसमें उन्होंने निजी और सार्वजनिक क्षेत्रों को राष्ट्रीय अर्थव्यवस्था के दो अंग बताया था। उनकी समस्या, उनका कहना था कि नीतियों के कारण रोज़मर्रा के कामकाज पर पड़ने वाले असर की है। उनकी मंशा थी कि एक ऐसा अनौपचारिक तन्त्र बने जो समीक्षा करने के साथ ही समस्याएँ सामने आने पर उन्हें ठीक भी करे, सरकार और उद्यमियों के बीच अधिक अनौपचारिक बातचीत हो और नेहरू और व्यावसायिक नेताओं के बीच अधिक–से–अधिक अनौपचारिक बैठकें हों। निजी और सरकारी क्षेत्र के बीच सहकार की कमी नेहरू के आर्थिक विकास के सपने को अवरुद्ध कर देगी। बिरला और लालभाई के साथ हुई बातचीत में नेहरू इस सिद्धान्त पर सहमत हो गये कि सरकारी अधिकारियों और व्यवसायियों की संयुक्त बैठक हों। साथ ही बिरला ने यह प्रस्ताव भी दिया कि कैबिनेट की एक तदर्थ समिति बनायी जाये जो व्यावसायिक नेताओं से मिल सके।[65]

15 जनवरी 1956 को बिरला ने नेहरू से मिलने गये एक और प्रतिनिधिमण्डल का नेतृत्व किया। इस बैठक में जी.बी. पन्त भी थे। इस अवसर पर व्यावसायिक नेताओं ने दूसरी

पंचवर्षीय योजना के प्रारूप का ज़ोरदार विरोध किया। उन्होंने 4800 करोड़ रुपये की कुल योजना के आकार को लेकर और साथ ही निजी क्षेत्र से की गयी ख़र्च की अपेक्षा को लेकर सवाल उठाये। उनका मानना था कि इस तरह का लक्ष्य 'पूरी तरह देश के संसाधनों से परे' है और इसे टैक्स बढ़ाकर, उपभोग पर तीखा नियन्त्रण बढ़ाकर और 'घाटे को सुरक्षा–अंशों से बहुत ज़्यादा परे रखकर' ही लागू किया जा सकता है।[66] उनके मुताबिक़ महालनोबिस योजना ने ज़्यादा प्रतिस्पर्धी और पारंगत निजी क्षेत्र की तुलना में सार्वजनिक क्षेत्र का पक्ष लेते हुए दक्षता और प्रदर्शन के मूलभूत मानदण्डों की अनदेखी की थी।[67] इसके अलावा उनका आग्रह था कि देश की बढ़ती विदेशी मुद्रा की ज़रूरतों को भी कमतर करके नहीं देखना चाहिए।[68] उन्होंने उन सम्भावित समस्याओं की ओर भी ध्यान दिलाया, जिन्हें योजना–प्रारूप उजागर कर सकता है, जैसे कपड़े जैसी आवश्यक वस्तुओं की कमी, परिवहन बाधाएँ, सुस्त नौकरशाही तन्त्र। बिरला ने ज़ोर देकर कहा कि निजी क्षेत्र अगले पाँच वर्षों में 1000 करोड़ रुपये तक का निवेश कर सकता है और यह पूँजी उगाह सकता है, बशर्ते सरकार उस पर राजकोषीय लक्ष्य न थोपे जो इनके पूँजी उगाही के स्रोतों को सुखा देंगे। उसके लिए अब तक न आजमाये गये स्रोतों के ज़रिये, या कॉरपोरेशनों से कमाये गये लाभों को वापस वहीं लगाकर किया जा सकता है।[69]

बिरला अपनी आलोचना को सार्वजनिक मंच पर भी ले गये, जहाँ उन्होंने घोषणा की कि महालनोबिस की योजना का प्रारूप बहुत ज़्यादा अव्यावहारिक मालूम दे रहा था। उनका तर्क था कि एक बख़ूबी समेकित अर्थव्यवस्था में बड़े, मध्यम और छोटे, सभी स्तर के क्षेत्रों के लिए एक जगह ज़रूर होनी चाहिए जहाँ सब एक–दूसरे का सहयोग करें। जहाँ छोटे स्तर के क्षेत्र काफ़ी रोज़गार पैदा करते हैं वहीं बड़े पैमाने के उद्योगों द्वारा पैदा किये गये सम्बद्ध रोज़गारों के कुल प्रभाव की भी अनदेखी नहीं की जा सकती। उनका मानना था कि फ़ैक्टरी उत्पादन पर प्रतिबन्ध लगाने से उपभोक्ता वस्तुओं का ज़बरदस्त अभाव हो जायेगा और इससे मुद्रास्फीति तीव्र होगी। नियन्त्रित उपभोग और ऊँची टैक्स दर का रास्ता चुनने के परिणाम काफ़ी विनाशकारी होंगे।[70] 'ईस्टर्न इकोनॉमिस्ट' ने महालनोबिस को 'आर्थिक संगठन की समझ से पूरी तरह अनभिज्ञ एक सांख्यिकीविद्' बताकर उनकी भर्त्सना की। इसने उनके योजना प्रारूप को एक 'सैद्धान्तिक कीर्तन' बताया 'जिसे यदि लागू किया गया तो वो एक ही बार में भारत के औद्योगीकरण के भविष्य को ख़तरे में डाल देगा।'[71]

महालनोबिस मॉडल की ऐसी निरन्तर आलोचना को देखते हुए कोई आश्चर्य नहीं कि बिरला और अन्य उद्योगपति दूसरी योजना को लेकर असन्तुष्ट थे। बिरला ने अपने एक भाषण में इसे 'यथार्थ की उपेक्षा करने वाली और हमारी उम्मीदों को ग़लत आकलन और ग़लत भावनात्मक दृष्टि पर आधारित' करनेवाली होने के कारण सीधे ख़तरनाक कहा। ऊँची रोज़गार दर का लक्ष्य न रखकर उत्पादन बढ़ाने को प्राथमिकता दी जानी चाहिए। उन्होंने सरकार से अनुरोध किया कि वह 'हमें पीछे ले जा सकने वाले विचारों से खेलना' बन्द करे।[72] उनकी राय में तुरन्त ध्यान दिये जाने लायक समस्याएँ दूसरी थीं। वे थीं–आन्तरिक संसाधनों का अभाव, विदेशी मुद्रा की कमी, तकनीकी विशेषज्ञों की कमी, और सबसे ऊपर 'काहिल और लकीर का फ़क़ीर' नौकरशाही–तन्त्र।[73] बिरला की सबसे बड़ी चिन्ता बड़े ऋण प्राप्त करने की थी क्योंकि योजना का कार्यान्वयन बिना अच्छी मात्रा में विदेशी मुद्रा के असम्भव था।

उन्होंने चेतावनी दी कि अगर सावधानी से क़दम नहीं उठाये गये तो योजना के लिए आवश्यक भारी–भरकम आयात से विदेशी मुद्रा का संकट पैदा हो सकता है। पूरे 1955–56 के दौरान वह बार–बार टी.टी. कृष्णामाचारी और अपने क़रीबी अन्य कैबिनेट मन्त्रियों को चेताते रहे कि जल्द ही अर्थव्यवस्था संकट के कगार पर होगी जिससे सारे समीकरण बिगड़ सकते हैं।[74] उन्होंने उनसे आग्रह किया कि वे मामले को गम्भीरता से लें और इस कठोर यथार्थ का मुक़ाबला करें।[75] अगस्त 1955 में नेहरू को लिखे एक पत्र में बिरला ने आर्थिक सफलता के मार्ग में पाँच बाधाएँ गिनायीं : विदेशी मुद्रा का अभाव, तकनीकी विशेषज्ञों का अभाव (विशेषकर सार्वजनिक उपक्रमों में जहाँ प्रबन्धकीय कौशल का अभाव था), शहरों को कच्चे माल का प्रवाह आसान बनाये रखने और तैयार माल को दूरदराज तक पहुँचाने में पेश आने वाली परिवहन की दिक़्क़तें, जीवन स्तर में वृद्धि करने हेतु बड़े, मध्यम और लघु स्तर के उद्योगों में आवश्यक सन्तुलन की कमी, और उनका 'सबसे बड़ा भय'–सरकारी तन्त्र।[76]

हालाँकि बिरला द्वितीय पंचवर्षीय योजना के अन्तिम रूप को लेकर ख़ुश नहीं थे मगर योजना–प्रारूप में किये गये बहुतेरे परिवर्तनों को वे देख सकते थे। सबसे महत्त्वपूर्ण था कि सार्वजनिक उपक्रमों को आबंटित राशि में 210 करोड़ रुपये की कमी की गयी थी और उद्योग और खनन के सार्वजनिक परिव्यय में तगड़ी कटौती की गयी थी जबकि यातायात और संचार में लगभग 400 करोड़ रुपये की वृद्धि की गयी थी। कई आश्वस्त करने वाले संकेत भी थे। निजी क्षेत्र के लिए शुभ सूचना 30 अप्रैल 1956 के औद्योगिक नीति प्रस्ताव के रूप में आयी। हालाँकि इसमें भी यह बात दोहराई गयी थी कि औद्योगिक नीति का लक्ष्य 'समाजवादी समाज का लक्ष्य' प्राप्त करना है और नये औद्योगिक उपक्रमों की मुख्य ज़िम्मेदारी राज्य ही ग्रहण करेगा, पर साथ ही यह आश्वासन भी दिया गया था कि निजी उपक्रमों के भी 'विकास और विस्तार के अवसर' उसमें होंगे।[77] बड़े उद्योगों ने औद्योगिक नीति प्रस्ताव का स्वागत किया क्योंकि इसमें निजी क्षेत्र के लिए पर्याप्त सम्भावनाएँ थीं।[78] उनके लिए नया औद्योगिक प्रस्ताव कई मायनों में ज़्यादा उत्साहवर्धक था और 1948 के औद्योगिक नीति प्रस्ताव की तुलना में कम अवरोधपूर्ण प्रतीत होता था। बिरला के 'ईस्टर्न इकोनॉमिस्ट' ने इसे 'तनी हुई रस्सी पर चलने की सैद्धान्तिकता का एक ज़ोरदार अंश' घोषित किया : 'ऐसा कुछ भी नहीं है जो समाजवाद में निजी उद्यम को आतंकित करे। वहीं दूसरी ओर इस मिश्रण में ऐसा कुछ नहीं है जो सार्वजनिक क्षेत्र को ऐसा कोई काम करने में सक्षम बनाता हो जिसके लिए अन्यथा यह अयोग्य था।'

राजनीति की कटाई–छँटाई

नेहरू के कार्यकाल के प्रथम दस वर्षों में लिए गये निर्णयों के अनुभवों से बिरला यह समझ गये थे कि निजी क्षेत्र का ढाँचा महज़ आर्थिक विवेक का ही परिणाम नहीं था बल्कि अन्ततः राजनीतिक समझ ने भी इसे आकार दिया था। जैसा कि हमने देखा, अपने लेखन और वक्तव्यों में उन्होंने सरकारी नीतियों की एक व्यवस्थित आलोचना विकसित की थी। शीर्ष नेतृत्व के साथ बैठकों और प्रतिनिधिमण्डलों के ज़रिये निजी सम्पर्क को प्रोत्साहित करके उन्होंने सुनिश्चित किया कि बड़े व्यवसाय का नज़रिया असरदार तरह से सम्प्रेषित हो सके। फिर भी ये सब चीज़ें स्वतन्त्र उद्यम के अपनी बात कह पाने के लिहाज़ से पर्याप्त नहीं थीं।

बिरला यह भली भाँति जानते थे कि यह राजनीतिक कतरब्योंत है जो आर्थिक निर्णयों को आकार देती है। भारतीय राजनीति की जो जटिलताएँ और अनिश्चितताएँ उन्होंने पिछले तीन दशकों में क़रीब से देखी थीं उससे वह इस नतीजे पर पहुँचे कि राजनीतिक प्रक्रिया में ज़्यादा तत्परता के साथ जुड़ने की ज़रूरत है। उन्होंने महसूस किया कि सत्तारूढ़ दल के राजनीतिक तन्त्र के साथ सम्बन्ध मज़बूत करना समझदारी थी, और ऐसा करने का एक रास्ता था कि चुनावी प्रक्रिया की कॉरपोरेट फंडिंग करायी जाये। हालाँकि काँग्रेस को वित्तीय मदद प्रदान करने के अन्य मौक़े भी हो सकते थे, जैसे कि राष्ट्रीय सत्रों के वक़्त राहत कार्यों और पार्टी के लिए समर्थन और चन्दे की अपील करना, पर वास्तव में सबसे बड़े फंड–उगाही अभियान राष्ट्रीय चुनावों के मौक़े पर ही शुरू किये गये।

पार्टी को राष्ट्रीय और प्रान्तीय चुनाव अभियानों के दौरान देशभर में अपने जटिल और सावधानी से तैयार किये गये 'वोट बैंकों' का समर्थन हासिल करने के लिए विशाल रक़म की ज़रूरत होती थी। पार्टी कार्यकर्ताओं को साथ बनाये रखने और प्रचार के दौरान, ख़ासकर यात्रा और छपाई, के बड़े ख़र्चों के लिए बड़ी धनराशि चाहिए थी। ऐसे समय में संसद और विधान सभा सदस्यों पर बकाया सदस्यता शुल्क और लेवी (नियत चन्दा) आदि जैसे परम्परागत स्रोतों को दान, थैली और चन्दा उगाही अभियान जैसे अनुपूरक रास्तों की ज़रूरत पड़ती थी।[79]

आज़ादी के बाद पहले आम चुनाव 1952 में हुए, जिसमें काँग्रेस को 17.3 करोड़ मतदाताओं के पास जाना था। उसने राष्ट्रीय और प्रान्तीय स्तर पर 4000 से अधिक उम्मीदवार खड़े किये थे।[80] 1946 के चुनावों में फंड उगाही के अपने अनुभवों के लिहाज़ से बिरला ने इन चुनावों को सत्ताधारी दल के नेताओं से अपने सम्पर्कों को एकजुट करने के अवसर के तौर पर देखा, और ख़ुद को प्रधानमन्त्री का समर्थक दिखाकर साख बढ़ाने के एक अवसर के तौर पर भी। मार्च 1951 में बिरला ने नेहरू के पास एक सन्देश भेजा जिसमें आने वाले चुनावों के लिए रक़म उगाही में मदद की पेशकश की गयी थी। प्रान्तीय काँग्रेसी नेता पहले ही दान–अभियान शुरू कर चुके थे, और बिरला का अनुमान था कि केन्द्रीय नेतृत्व भी जल्दी ही इस अभियान में जुटेगा।[81] बिरला ने नेहरू को आश्वस्त कर कहा कि वह 'चुनाव के सम्बन्ध में उनके आदेश' की प्रतीक्षा कर रहे थे और 'एक उचित सीमा तक वित्तीय मदद करने के लिए तैयार थे।'[82] हालाँकि जब बिरला ने नेहरू को मदद माँगने के लिए आगे बढ़ते नहीं देखा तो उन्होंने केन्द्रीय नेतृत्व की चुनाव अभियान तैयारी से अपने को अलग कर लिया। हालाँकि नेहरू ने अप्रत्यक्ष तौर पर उन्हें मना कर दिया था मगर जल्द ही दिसम्बर 1951 में महाराष्ट्र काँग्रेस के प्रमुख नेता एन.वी. गाडगिल ने बिरला से मुलाक़ात की और पार्टी के चुनाव फंड के लिए चन्दा माँगा। बिरला ने गाडगिल से कहा कि नेहरू को आठ महीने पूर्व चन्दा माँगने से हिचकिचाना नहीं चाहिए था, पर उन्होंने तुरन्त ही 50,000 रुपये नेहरू को भेजे।[83] सबूतों के मुताबिक़ 1952 के चुनावों में यह शायद उनका एकमात्र बड़ा व्यक्तिगत सहयोग था।

पहले आम चुनावों में काँग्रेस की लोकप्रियता और आत्मविश्वास को देखते हुए फंड उगाही का कोई बड़ा अभियान नहीं चलाया गया। हालाँकि चुनाव के ख़र्चे बहुत क़िस्म के थे मगर पार्टी की लोकप्रियता इतनी अधिक थी कि उसके संसदीय उम्मीदवार को 5,000

रुपये से अधिक ख़र्च करने की आवश्यकता नहीं पड़ी, जबकि चुनाव आयोग की वैधानिक सीमा 25,000 रुपये ख़र्च करने की थी।[84] केन्द्रीय चुनाव का अधिकतर ख़र्च एक पुराने चुनाव कोष से ही पूरा हो गया जिसमें 1946 में पटेल द्वारा इकट्ठा की गयी रक़म बची पड़ी थी। 1952 में कोष की उगाही सिर्फ़ प्रान्तीय काँग्रेस कमेटियों के ख़र्चों हेतु की गयी।[85] काँग्रेस 'आज़ादी की पार्टी' वाली अपनी भूमिका की याद से और नेहरू के व्यक्तित्व के कारण लोकप्रियता के घोड़े पर सवार थी और आसानी से सफल रही। उसे संसद में सीटों का ज़बरदस्त बहुमत मिला जबकि चार राज्यों को छोड़ बाक़ी सभी राज्यों में उसने आवश्यक बहुमत की सरकार बनायी।[86]

हालाँकि 1957 में हुए आम चुनावों तक स्थितियाँ नाटकीय तरह से बदल चुकी थीं। हालाँकि काँग्रेस के अलावा सिर्फ़ तीन ही अखिल भारतीय स्तर की पार्टियाँ थीं–प्रजा सोशलिस्ट पार्टी, भारतीय जनसंघ और भारतीय कम्युनिस्ट पार्टी (सीपीआई)–लेकिन बड़ी तादाद में क्षेत्रीय पार्टियाँ भी शक्तिशाली होकर उभरी थीं, जैसे कि उड़ीसा में गणतन्त्र परिषद्, तमिलनाडु में द्रविड़ मुन्नैत्र कझकम और पंजाब में अकाली दल। साथ ही सीपीआई एक बड़ी ताक़त के रूप में सामने आयी थी जिसने हाल ही में केरल के राज्य चुनावों में फतह हासिल की थी। काँग्रेस की लम्बे समय से चली आ रही लोकप्रिय छवि अब धुँधली पड़नी शुरू हो गयी थी और विरोधी दलों के शक्तिशाली होने का मतलब था कि चुनावी अभियान पिछले चुनावों से अलग होंगे। काँग्रेस को अब प्रभावशाली ढंग से चुनाव प्रचार करने की ज़रूरत महसूस होने लगी थी और इसके लिए मोटी रक़म की ज़रूरत थी। टी.टी. कृष्णामाचारी ने अब बिरला को पार्टी के कोष इकट्ठा करने के अभियान में शामिल कर लिया और हर स्तर पर उनकी मदद ली गयी। 1955 में टी.टी. कृष्णामाचारी उन्हें मोरारजी देसाई से मिलवाने ले गये जो उस समय काँग्रेस के कोषाध्यक्ष हुआ करते थे, जिन्होंने उन्हें बताया कि यह नेहरू की इच्छा थी कि :

बिरला आने वाले चुनाव के लिए 'धनराशि जमा करने की ज़िम्मेदारी लें।'[87] उसके पश्चात चन्दा इकट्ठा करने की पूरी ज़िम्मेदारी देसाई, कृष्णामाचारी और बिरला की तिकड़ी के अधीन आ गयी।

देसाई ने चन्दा अभियान की शुरुआत दो व्यावसायिक महानगरों कलकत्ता और बॉम्बे में 15 से 20 प्रमुख उद्योगपतियों की एक बैठक बुला कर की। उन्होंने उद्यमियों से स्पष्ट कहा कि वह उनके समर्थन के लिए चन्दा माँग रहे हैं। अपने चिरपरिचित कड़क अन्दाज़ में देसाई ने उनसे साफ़ कहा कि वह व्यवसायियों से निजी तौर पर सम्पर्क नहीं करेंगे और जो यहाँ उपस्थित हैं वे अपनी स्वयं की पहलक़दमी से उन लोगों की सूची बना दें जो सहयोग देना चाहते हैं, साथ ही यह भी लिखकर बता दें कि वे कितनी रक़म देंगे। कई व्यवसायियों ने सीधे–सीधे मदद का वादा किया। दूसरों ने जैसे जे.आर.डी. टाटा ने देसाई को सूचित किया कि उन्हें राजनीतिक चन्दा देने के लिए उच्च न्यायालय की अनुमति लेनी होगी ताकि उनकी कम्पनी की चन्दा देने से सम्बन्धित धाराओं में संशोधन किया जा सके।[88] आरम्भिक अपील करने के बाद मोरारजी देसाई दृश्य से बिल्कुल ग़ायब हो गये और बाक़ी की ज़िम्मेदारी बिरला और कृष्णामाचारी पर छोड़ दी। दोनों ने उद्योगपतियों के साथ बॉम्बे के ताज होटल और कलकत्ता क्लब और कलकत्ता के ग्रेट ईस्टर्न होटल में कई बैठकें कीं

(कभी–कभी इनमें बंगाल के मुख्यमन्त्री बी.सी. रॉय भी शामिल रहते थे।)।[89] इन बैठकों में चन्दे की तिथि और ब्योरा तय किया जाता था। यह भी स्पष्ट कर दिया जाता था कि यह चन्दा सिर्फ़ केन्द्रीय कोष के लिए है और प्रान्तीय काँग्रेस कमेटियों के लिए अलग से उगाही की जायेगी। चेक पार्टी अध्यक्ष नेहरू और कोषाध्यक्ष देसाई के नाम पर बनते थे और खाता बिरला के यूनाइटेड कॉमर्शियल बैंक में था। चेक देसाई, बी.सी. रॉय, कृष्णामाचारी या बिरला में से किसी के पास भी भेजे जा सकते थे। कई उद्योगपति चाहते थे कि उनके चन्दे का एक हिस्सा केन्द्रीय फंड और बाक़ी का हिस्सा प्रान्तीय कोषों को दिया जाये।[90] उनकी यह बात मान ली गयी क्योंकि कोष का संवितरण नेहरू के विशेषाधिकार में था जो राज्यों द्वारा कम चन्दा जमा होने पर उन्हें इसमें से रक़म दे सकते थे।[91]

उद्योगपतियों से इन मुलाक़ातों, जिन्होंने उन्हें हक़ीक़त को परखने का मौक़ा दिया, के बाद बिरला ने अन्दाज़ा लगाया कि कुल लगभग 1 करोड़ 92 लाख रुपये जमा हो सकते हैं। उन्होंने प्रान्त–आधारित आकलन भी किये। सबसे ज़्यादा 65 लाख रुपये बॉम्बे से और उसके बाद 32 लाख रुपये कलकत्ता से आने की उम्मीद थी। 10 लाख रुपये के छोटे चन्दे दिल्ली और मद्रास–कोयम्बटूर (संयुक्त) से आने का वादा था। हालाँकि इसमें कोई हैरानी की बात नहीं थी पर बिरला अहमदाबाद द्वारा किये गये महज़ 15 लाख रुपये के वादे से बहुत निराश हुए। एक और 40 लाख रुपये की रक़म का वादा यूरोपीय व्यवसायियों ने किया था जो सारे मिलाकर एक अकेली श्रेणी बने हुए थे।[92]

इन लक्ष्यों को प्राप्त करने के लिए बिरला ने अपने भाइयों रामेश्वर दास और ब्रजमोहन को साथ किया और के.एम.डी. ठाकरसे और कस्तूरभाई लालभाई जैसे उद्योगपति मित्रों की मदद ली। रामेश्वर दास और ठाकरसे को बॉम्बे से उगाही की ज़िम्मेदारी सौंपी गयी जबकि लालभाई ने अहमदाबाद में सहयोग किया। बिरला ब्रजमोहन के सहयोग से कलकत्ता में धन–संग्रह का काम देखने लगे। तथापि उद्योगपतियों से रक़म वसूली की कुल ज़िम्मेदारी बिरला के अकेले कन्धों पर थी। जून 1955 तक अखिल भारतीय काँग्रेस कमेटी की कुल जमा रक़म 10,59,708 रुपये में से 74,05,00 रुपये अकेले बिरला की कम्पनियों से आये थे।[93] कुल मिलाकर बिरला समूह ने 20 लाख रुपये का चन्दा देने का वायदा किया था। इसके अलावा बिरला ने काँग्रेस के त्रावणकोर, कोचीन और केरल के चुनाव अभियानों में 1955–56 के दौरान अच्छी रक़म दी थी।[94] बिरला के फंड उगाही के हुनर को देखते हुए कलकत्ता की वसूली ने जल्द ही बाक़ी शहरों की वसूली को पीछे छोड़ दिया।

बिरला के लिए राजनीतिक चन्दा वसूली नानारूपी और व्यस्तता देने वाली साबित हुई। निजी उद्यमियों से धन राशियाँ तय की गयीं, निश्चित समय के भीतर रक़म हासिल की गयी, निरन्तर तकाजे भेजे गये और अक्सर प्रान्तीय नेताओं द्वारा करार की गयी रक़म से ज़्यादा की माँग, या व्यवसायियों पर चन्दे की रक़म बढ़ाने के लिए डाले गये दबाव आदि समस्याओं को सुलझाने के लिए दखल करना पड़ा। इस तरह की समस्याओं से निपटने में बिरला का वह पुराना अनुभव काम में आता था जो गाँधी और सरदार पटेल स्मृति कोषों के लिए काम करने के दौरान उन्हें प्राप्त हुआ था। वह जानते थे कि प्रान्तीय काँग्रेस कमेटियों के साथ किसी तरह का समझौता होना ज़रूरी है ताकि केन्द्र की माँग के साथ उनका संघर्ष न हो।[95] उदाहरण के तौर पर कलकत्ता के मारवाड़ी उद्योगपति मँगतूराम जयपुरिया से उत्तर

प्रदेश के सी.बी. गुप्ता और सम्पूर्णानन्द के साथ ही बी.सी. रॉय ने भी चन्दे की माँग की।[96] व्यवसायी काँग्रेस की सख़्त माँगों की अक्सर शिकायतें किया करते थे। बिरला को इनसे सहानुभूतिपूर्वक निपटना पड़ता था और यह भी पक्का करना होता था कि वसूली–अभियान में कहीं कोई कमी न रह जाये।[97]

धन–संग्रह के काम की कठिन प्रकृति के बावजूद बिरला सभी बातों को निजी तौर पर देखते थे। चन्दे की सम्पूर्ण रक़म का जो लेखा–जोखा उनके स्टाफ कर्मचारियों ने रखा होता उसकी स्वयं बारीक़ी से जाँच करते थे, तैयार किये गये मासिक आकलन और सभी परिवर्तनों की निजी तौर पर समीक्षा करते थे। साथ ही चन्दा–वसूली को लेकर लम्बा पत्राचार ख़ुद उन्हीं के द्वारा सम्पन्न होता था।[98] उनके तकाजा–पत्रों की शब्दावली चन्दा देने वाले के अनुरूप होती थी और बिरला दान देने वाले की उदारता की प्रशंसा करने का वह पूरा ध्यान रखते थे।[99] सारे लेखे–जोखे को बेहद सावधानी से दर्ज किया और सँभाला जाता था, और फिर काँग्रेस कोषाध्यक्ष देसाई के सुपुर्द कर दिया जाता था, जिसे नेहरू को दिखाने की ज़िम्मेदारी उनकी होती थी।[100]

चन्दा उगाही अभियान के तेज़ी पकड़ने से काँग्रेस पार्टी को बड़े चन्दे प्राप्त होने लगे। सबसे बड़ा चन्दा टाटा और बिरला समूहों से आया, दोनों ने 20–20 लाख रुपये दिये। दूसरे बड़ी धनराशि देने वालों में उद्योगपति ए.एन. मफतलाल, एस.पी. जैन, लाला श्रीराम और जी.एल. बांगड़ थे, जिनमें से हरेक ने 4 से 6 लाख रुपये के बीच दिये थे। व्यवसाय जगत से मिली सकारात्मक प्रतिक्रिया ने बिरला को अपना लक्ष्य पा लेने को लेकर आशावान बनाया। फ़रवरी 1957 तक केन्द्रीय पार्टी फंड में 97.50 लाख रुपये थे और बिरला को अभी भी 30 लाख रुपये और आने की उम्मीद थी। चन्दा आने का क्रम चुनाव सम्पन्न होने के बाद तक चलता रहा और 20 लाख रुपये बाद में आये। हालाँकि कुल उगाही एक करोड़ 20 लाख से ज़्यादा थी, पर बिरला के सारे प्रयासों के बावजूद यह एक करोड़ 91.50 लाख रुपये के लक्ष्य तक नहीं पहुँच पायी।[101]

एक ओर जहाँ सत्तारूढ़ पार्टी को सहयोग मिल रहा था और लोग राजनीतिक प्रक्रिया में सहयोग देने के लिए तैयार थे, वहीं व्यावसायिक दायरों में इस बात को लेकर भी काफ़ी चिन्ता थी कि बड़े व्यवसाय की ओर से राजनीतिक दलों को दिये जा रहे चन्दे में पारदर्शिता होनी चाहिए। उनका तर्क था कि कॉरपोरेट और कम्पनी लॉ (क़ानून) के प्रारूप में संशोधन होना चाहिए जिससे कम्पनियाँ क़ानूनन चन्दा दे सकें और इसे अपने बहीखातों और सालाना लेखे–जोखे में दर्ज कर सकें। इससे एक स्तर तक की पारदर्शिता पक्की हो सकेगी। कई कम्पनियों ने अपने 'मेमोरेंडा ऑफ़ एसोसिएशन' में संशोधन की अपील करते हुए यह सवाल उठाया। संशोधन चाह रही कम्पनियों ने इतने प्रार्थना–पत्र दाख़िल किये कि कलकत्ता और बॉम्बे हाई कोर्ट के जजों ने इस पर चिन्ता ज़ाहिर की। उन्हें डर था कि व्यावसायिक और औद्योगिक घरानों द्वारा दिया जा रहा चन्दा भारत के नये–नये लोकतन्त्र को प्रभावित कर सकता है। उदाहरण के तौर पर कलकत्ता हाई कोर्ट के जज ने विधायिका को अनुशंसा भेजी थी कि वह 'प्रजातन्त्र और प्रशासन को शुद्ध और निष्कलंक रखे' और 'बात के ज़्यादा बिगड़ने से पहले ही ख़तरे और खुराफ़ातों की स्थिति पर नियन्त्रण करे।'[102] बॉम्बे हाई कोर्ट ने टाटा स्टील से कहा कि वह प्रमुख राजनीतिक पार्टियों को उसके द्वारा दिये गये

चन्दे के पूरे परिपत्र हर वित्तीय वर्ष के अन्त में दो प्रमुख अख़बारों में प्रकाशित करवाये। और कलकत्ता हाई कोर्ट ने टाटा की ही अन्य कम्पनी टिस्को को आदेश दिया कि वह अपने खातों में नियमनिष्ठ होकर राजनीतिक पार्टियों को दिये चन्दे का ब्योरा दर्ज करे और कोर्ट के पास अगले छह वर्ष बाद फिर हाज़िर हों।[103] जहाँ पुरानी कम्पनियाँ अपने 'मेरोरेंडा ऑफ़ एसोसिएशन' को संशोधित कर रही थीं, वहीं नयी कम्पनियों ने बड़ी संख्या में अपने 'मेमोरेंडा' में कुछ ऐसे नियम जोड़ दिये जिससे राजनीतिक पार्टियों को चन्दा दिये जाने की अनुमति मिलती थी। ये सभी समस्याएँ उन कोशिशों को दिखाती हैं जो नये बन रहे लोकतन्त्र में आकार ले रही नयी राजनीतिक व्यवस्था से नाता बैठाने के लिए व्यवसाय जगत कर रहा था।

प्रजातन्त्र हमारा सबसे बढ़िया बीमा है

बिरला के अनुभवों ने दिखाया कि नेहरू का समाजवाद सम्पूर्ण नहीं था। आज़ादी के पहले दशक में उन्हें कथनी और करनी के फ़र्क़ के ऐसे कई उदाहरण देखने को मिले जिनमें शीर्ष नेतृत्व द्वारा की गयी मूलभूत घोषणाओं और बाहर आयी वास्तविक नीतियों में काफ़ी अन्तर था। ये नीतियाँ काफ़ी यथार्थपरक थीं और इनमें देश के सामने उपस्थित जटिल और बहुआयामी प्रकृति की आर्थिक समस्याओं का संज्ञान लिया गया था। मसलन काँग्रेस की जिस आर्थिक कार्यक्रम समिति की रिपोर्ट को भविष्य का तथाकथित आर्थिक ब्लूप्रिंट माना गया वह कभी भी पूर्ण रूप से लागू नहीं हुई। ऐसा ही सरकार और पार्टी की बहुतेरी घोषणाओं के विषय में भी था : पंचवर्षीय योजनाएँ तब बदली गयीं जब उनके मसौदों ने औपचारिक योजना का रूप ले लिया था। इनमें विरोधाभासी संकेत इतने अधिक थे कि बिरला के 'ईस्टर्न इकोनॉमिस्ट' ने सरकार की आर्थिक नीति को 'डॉ. जैकिल एंड मि. हाइड' नुमा बताया। इसके अलावा नीतियों के नतीजों और उनके लागू होने के दरम्यान भी बहुत बड़ा अन्तर था। और व्यवसायी भी धीरे–धीरे उन नीतियों को धता बताने की कला जान गये जिससे उनको नुक़सान पहुँचता था। बिरला ने यह भी देखा कि जिस तरह की बृहद् लोकतान्त्रिक प्रक्रिया में आर्थिक नीति तैयार की जा रही है उसमें बड़े उद्योगपतियों के विचारों की पूरी तरह से अनदेखी करना असम्भव है। विविध वैचारिक समूहों के बीच जो सुना गया उसमें उद्यमियों और वाणिज्यिक चेम्बरों के पास अपनी बात कहने के प्रचुर मौक़े थे। जैसा कि उन्होंने 1955 में महालनोबिस प्रारूप की घोषणा के तुरन्त बाद अपने व्यावसायिक सहयोगी को लिखा था :

> मैं आशावादी विचार रखता हूँ। क्योंकि मुझे लोगों के तीव्र सहज ज्ञान पर पूरा भरोसा है... उदाहरण के लिए महालनोबिस और कई वामपन्थी अर्थशास्त्रियों द्वारा तैयार की मसौदा योजना की तब तक शायद ही कोई चर्चा थी जब तक कि तमाम हलकों से उसके ख़िलाफ़ प्रतिक्रिया नहीं शुरू हो गयी। जैसा कि मैं विदेशों के अपने दोस्तों से अक्सर कहता हूँ, प्रजातन्त्र हमारा सर्वश्रेष्ठ बीमा है। इसमें.... बड़ी मात्रा में 'शब्द बहेंगे', पर अन्ततः पानी को ही उसका पीछा करना चाहिए। इसलिए 'शब्दों' की क़ीमत तभी तक है जब तक वे मददगार योगदान करते हैं।[104]

लोकतान्त्रिक प्रक्रिया के उनके कुल अनुभवों ने उनके इस विश्वास को बढ़ाया कि निजी उद्यमों का भविष्य पूरी तरह सुरक्षित है और कि उनकी आवाज़ कभी खो नहीं सकती।

सन्दर्भ एवं टिप्पणियाँ

1. इस विषय पर देखें, डी.ए. लो, *ब्रिटेन एंड इंडियन नेशनलिज़्म–द इम्प्रिंट ऑफ़ एम्बीग्युटी, 1929–1942* (कैम्ब्रिज, 1997), अध्याय 6 और बिपिन चन्द्रा, जवाहरलाल नेहरू एंड द कैपिटलिस्ट क्लास, 1936, *इकोनॉमिक एंड पॉलिटिकल वीकली,* वॉल्यूम X, नम्बर 33–5, स्पेशल नम्बर–अगस्त 1975।
2. वी.के.आर.वी. राव, 'नेहरूज इकोनॉमिक विजन', शीला दीक्षित, के.नटवर सिंह, आदि (सम्पा.), *जवाहरलाल नेहरू सेंटेनरी वॉल्यूम* (दिल्ली, 1989), पृ. 506–13। साथ ही देखें, सुखमय चक्रवर्ती, 'द नेहरू लीगेसी इन प्लानिंग', *वही,* पृ. 116–22।
3. द इकोनॉमिक प्रोग्राम कमेटी में थे–नेहरू (सभापति), मौलाना आज़ाद, जे.सी. कुमारप्पा, एन.जी. रंगा, जॉन मथाई, शंकरराव देव, गुलज़ारीलाल नन्दा और जयप्रकाश नारायण।
4. मोदी इस बात के लिए चिन्तित थे कि अखिल भारतीय काँग्रेस कमेटी द्वारा रिपोर्ट को मंजूर किये जाने से पहले ही बिरला हस्तक्षेप करें।
5. होमी मोदी की ओर से बिरला को, 28 जनवरी 1948, बिरला पेपर्स, सीरीज़ I, फ़ाइल नम्बर एम–19, मोदी, सर होमी और रूसी।
6. हालाँकि बिरला ये उम्मीद कर रहे थे कि निजी क्षेत्र पर कुछ नियन्त्रण लगाये जायेंगे लेकिन जिस तरह से रिपोर्ट सामने आयी उन्होंने उसकी कल्पना नहीं की थी। फिर भी वो ये जानते थे कि ये विधेयक इस अर्थ में 'दो बुराइयों में से छोटी बुराई' था कि उद्योग को नियन्त्रित करने की शक्तियाँ राज्यों को देने के बजाय केन्द्र को दी गयी थीं। देखें, 3 अगस्त 1949 को सर केनेथ मीलिंग की अध्यक्षता में ओवरसीज हाउस में हुई ओवरसीज लीग की संयुक्त सभा में बिरला का भाषण, 'द इकोनॉमिक कंडीशन ऑफ़ इंडिया', द *एशियाटिक रिव्यू,* वॉल्यूम XLV, नम्बर 164, अक्टूबर 1949।
7. दिसम्बर 1947 में उद्योगों के सम्मेलन में सरकार ने जो आश्वासन दिये थे उनके मद्देनज़र ये रिपोर्ट व्यापार जगत को निराशाजनक लगी जिसमें ये घोषणा की गयी थी कि सरकार मालिकों और श्रमिकों के प्रतिनिधियों को मिलाकर एक ऐसा तन्त्र बनायेगी जो अर्थव्यवस्था के मामलों का अध्ययन करेगा। फिक्की ने शिकायत की कि नयी संस्तुतियाँ वास्तविक अर्थों में 'उद्योगों के सम्मेलन में पारित किये गये प्रस्तावों... में पलीता लगा रही थीं।' होमी मोदी द्वारा एस.पी. मुखर्जी को भेजा गया तार, एन.डी., बिरला पेपर्स, सीरीज़ I, फ़ाइल नम्बर एम–19, मोदी, एच.पी. और होमी।
8. इसने घोषणा की कि 'शेष औद्योगिक क्षेत्र सामान्यतः निजी उद्यम के लिए खुला छोड़ दिया जायेगा' और कहा कि 'निजी उद्यम यदि ठीक तरह से निर्देशित और नियमित हों तो वे एक महत्त्वपूर्ण भूमिका निभा सकते हैं।'
9. बिरला की ओर से जी.बी. पन्त को, 15 अक्टूबर 1948, बिरला पेपर्स, सीरीज़ I, फ़ाइल नम्बर पी–10, पन्त, जी.बी.।
10. वही।
11. बिरला की ओर से पुरुषोत्तमदास ठाकुरदास को, बिरला पेपर्स, सीरीज़ I, फ़ाइल नम्बर पी–11, ठाकुरदास, पी.।
12. फ़रवरी 1949 में पटेल ने घोषणा की–'मैं ये दावा करता हूँ कि इस सरकार के पास न क्षमता है न साधन कि आज किसी भी उद्योग का राष्ट्रीयकरण कर सके' और दिसम्बर 1949 में उन्होंने व्यापारियों को यह कहकर आश्वासन दिया कि 'मैं यह कह सकता हूँ कि यदि कोई राष्ट्रीयकरण की बात करता है तो वह केवल नेतृत्व की ख़ातिर कर रहा है।' देखें, एम. किदरों, *फॉरेन इन्वेस्टमेंट्स इन इंडिया* (लन्दन, 1965), पृ. 86–7।
13. बिरला ने यह शिकायत एस.पी. मुखर्जी से की, देखें, बिरला पेपर्स, सीरीज़ II, फ़ाइल नमबर एम–30, मुखर्जी।
14. बिरला की ओर से वी. पटेल को, 26 अप्रैल 1949, बिरला पेपर्स, सीरीज़ I, फ़ाइल नम्बर पी–7, पटेल, मनीबेन, सह्याभाई, आदि।

15. बिरला की ओर से वी. शंकर को, 5 अगस्त 1950, बिरला पेपर्स, सीरीज़ I, फ़ाइल नम्बर पी–7, पटेल मनीबेन, दह्याभाई, आदि।

16. 1940 के दशक के शुरू में एक सार्वजनिक बहस में प्रसिद्ध अर्थशास्त्री सी.एन. वकील और बिरला ने उत्पादन बढ़ाने, घाटे के बजट और मुद्रा–आपूर्ति को बढ़ाने के पक्ष में तर्क दिये थे। उन्होंने एक मौद्रिक तर्क आगे रखते हुए कहा था कि क़ीमत–वृद्धि को मुद्रा–आपूर्ति की वृद्धि से नहीं जोड़ा जाना चाहिए, बल्कि उसका कारण उत्पादन में आयी कमी को ठहराया जा सकता है। बिरला ने एक 'रिफ्लेशनरी' नीति की वकालत करते हुए मुद्रा और ऋण की मात्रा को बढ़ाने के लिए कहा। उनके विचार में मुद्रा–आपूर्ति का बड़ा अंश मुद्रा–प्रवाह से बाहर चला गया था और मुद्रा की आपूर्ति बढ़ाकर इस समस्या को हल किये जाने की ज़रूरत थी। बिरला का मानना था कि सरकारी बन्दिशें एक संकट की ओर ले जा रही हैं और उन्होंने यह पूर्वानुमान किया कि 20 लाख व्यापारी वितरण में आये गतिरोध के कारण असफल हो जायेंगे।

17. बिरला ने वल्लभभाई पटेल को लिखा कि 'समस्या को और भी बढ़ाने के लिए ज़िम्मेदार हैं आयकर विभाग की वर्तमान आतंकी तकनीकें जिन्हें आयकरदाताओं और अधिकारियों के बीच परस्पर सहयोग में बदलना चाहिए।' बिरला, 'इकोनॉमिक कंडीशन', एन.डी., बिरला पेपर्स, सीरीज़ वेरी–वेरी इम्पोर्टेंट कोरेस्पोंडेंस, फ़ाइल नम्बर 5, ग्रॉसवेनर हाउस, लन्दन, 1945–9। 1950 में फिक्की अध्यक्ष तुलसीदास किलाचन्द और बिरला ने आयकर अधिकारियों के उत्पीड़क तरीक़ों के 'प्रमाण' इकट्ठे करने शुरू कर दिये।

18. बिरला, नोट्स, 'इंडस्ट्रियल को–ऑपरेशन बिटवीन इंडिया एंड अमेरिका', 11 नवम्बर 1949, बिरला पेपर्स, सीरीज़ मिसलेनियस, फ़ाइल नम्बर 124, नोट्स एंड स्पीचेस।

19. बिरला की ओर से वी. पटेल को, 29 अप्रैल 1949, बिरला पेपर्स, सीरीज़ I, फ़ाइल नम्बर पी–7, पटेल, मनीबेन, दह्याभाई, आदि।

20. बिरला, नोट्स, 'इंडस्ट्रियल को–ऑपरेशन बिटवीन इंडिया एंड अमेरिका', 11 नवम्बर 1949, बिरला पेपर्स, सीरीज़ मिसलेनियस, फ़ाइल नम्बर 124, नोट्स एंड स्पीचेस।

21. जैसा कि उन्होंने जॉन मथाई को बताया–'आप ये नहीं कर सकते कि पहले आप एक आदमी की टाँगें बाँध दें और फिर उसको कहें कि दौड़। तो ये जो टाँगों के चारों तरफ़ लगी गाँठें हैं अगर उन्हें खोला ना भी जाये तो कम–से–कम ढीला ज़रूर किया जाना चाहिए।'

22. जी.डी. बिरला की ओर से मथाई को, 27 अप्रैल 1948, बिरला पेपर्स, सीरीज़ I, फ़ाइल नम्बर एम–16, डॉक्टर मथाई।

23. बिरला के अनुमान के अनुसार कपड़ा मिलें जो प्रतिवर्ष 50,000 लाख गज़ कपड़े का उत्पादन कर सकती थीं मात्र 40,000 लाख गज़ उत्पादित कर रही थीं, सीमेंट उद्योग जिसके पास 25 लाख टन उत्पादन क्षमता थी मात्र 17 लाख टन और इस्पात जिसका उत्पादन 13 लाख टन हो सकता था उससे कहीं कम कर पा रहा है।

24. बिरला ने पटेल को भेजे अपने एक नोट में देश की आर्थिक दशा पर चिन्ता व्यक्त की। बिरला, 'इकोनॉमिक कंडीशन', एन.डी., बिरला पेपर्स, सीरीज़ वेरी–वेरी इम्पोर्टेंट कोरेस्पोंडेंस, ग्रॉसवेनर हाउस, लन्दन, 1945–9।

25. कपास और जूट की आपूर्ति के लिए बिरला ने पाकिस्तान के साथ वस्तु विनिमय व्यापार की वकालत की। अपनी ही पहल पर पहले उन्होंने 1948 के अन्त में पाकिस्तान के वित्त मन्त्री गुलाम मोहम्मद से और उसके बाद जी. फ़ारुख और इस्पहानी से बात की जिसमें दोनों देशों के बीच व्यापार की परिस्थितियों पर चर्चा की गयी। बिरला ने तर्क दिया कि विनिमय की समस्याओं के बावजूद व्यापार शुरू होना चाहिए। उनका मानना था कि पाकिस्तान को अनधिकारिक विनिमय पर नियन्त्रण बढ़ाना चाहिए। बिरला की ओर से वी. शंकर को, 21 जनवरी 1950 और 28 सितम्बर 1950, बिरला पेपर्स, सीरीज़ I, फ़ाइल नम्बर पी–7, पटेल, मनीबेन, दह्याभाई, आदि।

26. अगस्त 1949 में लन्दन में ओवरसीज लीग को सम्बोधित करते हुए बिरला ने ये प्रश्न किया–'आर्थिक स्थिति को सुधारे बिना भारत साम्यवाद से कब तक मुक्त रह पायेगा?' ऐसी नीतियों की आवश्यकता है कि देशी और विदेशी दोनों निवेशों को प्रोत्साहन मिले और निजी पूँजी को लेकर सरकार के रवैये में बदलाव आये। 'भारत सरकार को इस बात का अहसास होना चाहिए कि वो निवेशक के ऊपर डेमोक्लीज की तलवार नहीं लटका सकते।' बिरला के द्वारा नोट, एन.डी.। उन्होंने कहा कि 'सरकार की ओर से उत्पादन और वितरण के हर क़दम पर हस्तक्षेप और बन्धनों ने मुद्रा बाज़ार को जकड़ दिया है। नियन्त्रण का अर्थ ये नहीं है कि सैकड़ों निषेध जारी कर सारी पहलक़दमियों और प्रोत्साहन पर रोक लगा दी जाये, जैसा कि भारत में हुआ है, बल्कि उनका अर्थ उत्पादन को एक सकारात्मक प्रोत्साहन और इसके लिए सभी वर्गों को सहयोग के लिए आमन्त्रित करना होना चाहिए।' सरकारी नीतियाँ व्यापार के लिए सारी पहलक़दमियों को ख़त्म कर रही थीं और बिरला इस बात को पूरी तरह मानते थे कि 'जब तक ये रुकावटें और हस्तक्षेप जारी रहेगा तब तक व्यापार के बढ़ने की कोई सम्भावना नहीं है।' उन्होंने 'उन्नति के मार्ग की बाधाओं के लिए मुख्यतः सरकारी हस्तक्षेप को ज़िम्मेदार ठहराया।' बिरला की ओर से एच.के. मेहताब को, 29 मई 1950, बिरला पेपर्स, सीरीज़ II, फ़ाइल नम्बर एम–37, मेहताब, एच.के.।
27. 'इस मुकाम पर मैं सिर्फ़ यह चाहता हूँ कि वह अपनी नीति की घोषणा कर दे। अगर उनकी यह इच्छा है कि आने वाले कुछ सालों में वे निजी उद्यम पर भरोसा करने वाले हैं तो उन्हें यह कह देना चाहिए, लेकिन इसकी बजाय अगर उनकी इच्छा यह है कि वे स्वयं अपने उद्योग शुरू करेंगे और उनका प्रबन्धन अपनी एजेंसियों के माध्यम से करेंगे तो उन्हें इसकी घोषणा कर देनी चाहिए। मैं सिर्फ़ इतना कह सकता हूँ कि सन्देह का वातावरण उत्पादन को रोक रहा है, और जब मैं यह कहता हूँ तो यह मेरी खामख़याली नहीं है, बल्कि मैं बता रहा हूँ कि यह आज हर व्यापारी के दिल की बात है।' बिरला की ओर से फिक्की को, 1947, उद्धृत, किदरों, *फॉरेन इन्वेस्टमेंट इन इंडिया*, पृ. 84।
28. खिलनानी, *द आइडिया ऑफ़ इंडिया*, पृ. 81–6।
29. फिक्की, *रजत जयन्ती स्मारिका*, 1927–51, पृ. 177।
30. '14 मई 1952 को सुबह 10 बजे फिक्की के अधिकारियों की योजना आयोग के साथ हुई बैठक के रिकॉर्ड का सार', बिरला पेपर्स, सीरीज़ इम्पोर्टेंट, फ़ाइल नम्बर 44–पी, 1950–5, साथ ही देखें, जी.डी. बिरला का 'कॉन्फिडेंशियल नोट', 16 मई 1952, बिरला पेपर्स, सीरीज़ इम्पोर्टेंट, फ़ाइल नम्बर 113, मिसलेनियस, 1952।
31. बिरला का नोट, कोई शीर्षक नहीं, एन.डी., बिरला पेपर्स, सीरीज़ इम्पोर्टेंट, फ़ाइल नम्बर 113, मिसलेनियस, 1952।
32. बिरला, 'द इकोनॉमिक कंडीशन ऑफ़ इंडिया', द *एशियाटिक रिव्यू*, वॉल्यूम XLV, नम्बर 164, अक्टूबर 1949।
33. उन्होंने यह अनुमान लगाना शुरू किया कि फिक्की को अपने मासिक ख़र्च के लिए और नयी जगह स्थानान्तरित होने के लिए कितना धन चाहिए होगा।
34. 'हालात बद से बदतर हो रहे हैं....कोई वित्तीय साधन नहीं हैं। कोई भुगतान नहीं करता, कोई किसी भी तरह की रुचि नहीं दिखाता और हरेक का मनोबल गिर रहा है', बिरला ने लालभाई से ये शिकायत की, 8 फ़रवरी 1949, बिरला पेपर्स, सीरीज़ I, फ़ाइल नम्बर के–9, कस्तूरभाई लालभाई।
35. फिक्की के पुनर्संगठन के लिए यह बिरला द्वारा तैयार की गयी दूसरी योजना थी। पहले प्रस्ताव के जो विवरण उन्होंने पेश किये थे वे अज्ञात हैं; हम इतना जानते हैं कि उस प्रस्ताव को अनौपचारिक रूप से अलग–अलग सदस्य संगठनों से जुड़े अग्रणी उद्योगपतियों को पढ़वाया गया था। कलकत्ता और उत्तर भारत की संस्थाओं ने उनके विचारों का पूरे दिल से समर्थन किया था लेकिन बॉम्बे और अहमदाबाद की सदस्य संस्थाओं ने उनके द्वारा सुझाये गये परिवर्तनों के प्रति अनिच्छा दिखायी थी, और इस तरह उस योजना को छोड़ दिया गया था।

36. योजना को 1949 के अन्त में और 1950 की शुरुआत में लागू किया गया जिसके बाद इसकी जगह सलाहकार समितियाँ ले आयी गयी थीं। तुलसीदास किलाचन्द, 'रिऑर्गेनाइजिंग द फ़ेडरेशन', फिक्की, *सिल्वर जुबली सोवेनियर* (रजत जयन्ती स्मारिका), 1927–51, पृ. 227–30।

37. वे चाहते थे कि कस्तूरभाई लालभाई अधिक रुचि लें और बिरला के समझाने पर 1949–50 में उनकी अनिच्छा के बावूजद लालभाई को समिति के सहयोगी सदस्य के रूप में लाया गया।

38. बिरला की ओर से के. लालभाई को, 9 मार्च 1949, बिरला पेपर्स, सीरीज़ I, फ़ाइल नम्बर के–9, कस्तूरभाई लालभाई।

39. कोचानेक के अनुसार यह अन्ततः फ़ेडरेशन में बिरला समूह को वर्चस्व की स्थिति में ले आया। विवरणों के लिए देखें, कोचानेक, *बिज़नेस एंड पॉलिटिक्स इन इंडिया*, पृ. 170–85।

40. तुलसीदास किलाचन्द, 'रिऑर्गेनाइजिंग द फ़ेडरेशन', फिक्की, *सिल्वर जुबली सोवेनियर* (रजत जयन्ती स्मारिका), 1927–51, पृ. 227।

41. फिक्की के अधिकारियों ने बिरला से कहा कि वे फिक्की की इमारत के लिए नयी दिल्ली प्रशासन से एक प्लॉट हासिल करने के लिए मुख्य आयुक्त शंकर प्रसाद के साथ–साथ पटेल व गाडगिल से बात करें, जी.एल. बंसल, सचिव (फिक्की) की ओर से अध्यक्ष (फिक्की) को, 22 मार्च 1950, बिरला पेपर्स, सीरीज़ I, फ़ाइल नम्बर टी–3, किलाचन्द तुलसीदास। नयी इमारत की नींव का पत्थर राजेन्द्र प्रसाद द्वारा 2 अप्रैल 1951 को रखा गया। फिक्की को मज़बूत बनाने के साथ–साथ बिरला और अन्य प्रमुख व्यापारिक नेताओं ने नये दबाव समूह बना लिए। 1950 में भारतीय उद्योग और व्यापार संघ की स्थापना बॉम्बे में की गयी। बिरला, हीराचन्द, किलाचन्द, रुईया और खटाऊ के संरक्षण में इसका प्राथमिक कार्य आर्थिक शोध करना था। इसने एक मासिक जर्नल *इकोनॉमिक ट्रेंड्स* शुरू किया।

42. बिरला के कहने पर विज्ञापनों और अन्य माध्यमों से अख़बार की सहायता के लिए कई व्यापारी आगे आये। शुरू में उन्होंने एक साल के लिए 25 हज़ार रुपये प्रतिमाह देने की बात की। जिन्होंने सहायता दी उनमें थे–जे.आर.डी. टाटा, कस्तूरभाई लालभाई, तुलसीदास किलाचन्द, अम्बालाल साराभाई और उनके साथ कई व्यापार संगठन, जैसे वनस्पति संघ, जे.आर.डी. टाटा की ओर से तुलसीदास किलाचन्द को, 30 मई 1950, बिरला पेपर्स, सीरीज़ I, तुलसीदास किलाचन्द की ओर से बिरला को, 29 मई 1950, बिरला पेपर्स, सीरीज़ I, फ़ाइल नम्बर टी 3, तुलसीदास किलाचन्द। पत्र का स्वामित्व हिन्दुस्तान नामक कम्पनी के पास था जिसका प्रबन्धन 'अखिल भारत' करता था जिसकी पूँजी क़रीब 32 लाख थी। बॉम्बे के कई महत्त्वपूर्ण व्यापारी कम्पनी के बड़े अंशधारक थे, बिरला की ओर से अम्बालाल साराभाई को, 29 जून 1950, बिरला पेपर्स, सीरीज़ I, फ़ाइल नम्बर ए–4, अम्बालाल साराभाई।

43. तुलसीदास किलाचन्द, 'रिऑर्गेनाइजिंग द फ़ेडरेशन', फिक्की, *सिल्वर जुबली सोवेनियर* (रजत जयन्ती स्मारिका), 1927–51, पृ. 230।

44. वे बिरला की जिन फ़ैक्टरियों में गये वे थीं–जियाजी राव कॉटन मिल्स, ग्वालियर; टेक्सटाइल मशीनरी कॉरपोरेशन, ग्वालियर; बिरला होजरी, ग्वालियर; हिन्द साइकिल्स, बॉम्बे; हिन्दुस्तान मोटर्स, कलकत्ता; और टेक्सटाइल मशीनरी कॉरपोरेशन, कलकत्ता। इन यात्राओं पर हुए ख़र्च को मिलों ने वहन किया; कुल ख़र्च अनुमानतः 75,000–80,000 आया, बिरला मिलों ने मिलकर कुल व्यय में 20,000 रुपये अपने हिस्से के रूप में दिये, तुलसीदास किलाचन्द की ओर से बिरला को, 6 मई 1950, बिरला पेपर्स, सीरीज़ I, फ़ाइल नम्बर टी–3, किलाचन्द तुलसीदास।

45. तुलसीदास किलाचन्द की ओर से बिरला को, 6 मई 1950, बिरला पेपर्स, सीरीज़ I, फ़ाइल नम्बर टी–3, किलाचन्द तुलसीदास; साथ ही देखें, तुलसीदास किलाचन्द, 'रिऑर्गेनाइजिंग द फ़ेडरेशन', फिक्की, *सिल्वर जुबली सोवेनियर* (रजत जयन्ती स्मारिका), 1927–51, पृ. 230। अपने जवाब में फिक्की ने एक छोटी पुस्तिका निकाली, 'इम्पैडिमेंट्स इन द वे ऑफ़ इन्क्रीजिंग इंडस्ट्रियल प्रोडक्शन', देखें, *वही*, पृ. 174।

46. कोचानेक, *बिज़नेस एंड पॉलिटिक्स इन इंडिया*, पृ. 241।

47. बिरला की ओर से वी. शंकर को, 20 मार्च 1949 और 11 जून 1950, बिरला पेपर्स, सीरीज़ I, फ़ाइल नम्बर पी–7, पटेल मनीबेन, दह्याभाई, आदि। बिरला ने अपने अमेरिकी व्यापारी सहयोगियों को यह आश्वासन दिया कि वे विधेयक को संशोधित करवाने के लिए अपनी ओर से पूरा प्रयास कर रहे हैं और यह भी कि सरदार एक 'बहुत ही व्यावहारिक व्यक्ति' हैं और वे आर्थिक नीति में सुधार की आशा उनसे कर सकते हैं।

48. एम. किदरों, *फॉरेन इन्वेस्टमेंट्स इन इंडिया* (लन्दन, 1965), पृ. 241।

49. 'जिसकी सीमाएँ' उनके मुताबिक़ 'केवल उस पूँजी पर विचार करके तय की गयी थीं, जिसे वह कमांड कर सकता था।'

50. जैसा कि बी.एम. बिरला ने फिक्की की बैठक में कहा–'आज जो सबसे क़ीमती उपहार योजना आयोग ने इस देश, ख़ासकर औद्योगिक और व्यापारिक समुदाय, को दिया है वो इस बात को मान्यता दिया जाना है कि आने वाले दिनों में उन्हें बड़ी और ज़रूरी भूमिका निभानी है, कि यहाँ निजी क्षेत्र जैसी कोई चीज़ है, कि उसे कुछ निश्चित काम दिये गये हैं जिन्हें उसे पूरा करना है, कि सम्पूर्ण रूप से देश की अर्थव्यवस्था के लिए यह ज़रूरी है कि यह उस शै जिसे सार्वजनिक क्षेत्र कहा जाता है के साथ मिलकर भी अपनी भूमिका निभाये, वेंकटसुबैया, *एंटरप्राइज एंड इकोनॉमिक चेंज*, पृ. 100।

51. विवरणों के लिए देखें, भारत सरकार, *रिपोर्ट ऑफ़ द इंडस्ट्रियल लाइसेंसिंग पॉलिसी इन्क्वायरी कमेटी*, परिशिष्ट, वॉल्यूम IV।

52. के.एम. चेनॉय, इंडस्ट्रियल पॉलिसी एंड बिग बिज़नेस इन इंडिया (अप्रकाशित पीएच.डी. शोध, जे.एन.यू., 1983), पृ. 320–1। बिरला की *ईस्टर्न इकोनॉमिस्ट* ने सन्तोष के साथ घोषित किया कि 'जो उद्योग (विकास एवं नियन्त्रण) विधेयक 1949 में औद्योगिक नीति का एक बड़ा कारक माना गया था उसे 1951 में उसके विलम्बित क्रियान्वयन और पिछले साल हुए संशोधन के बाद भी कभी पूरी तरह लागू नहीं किया गया। अभी भी क़ानून प्रदर्शन के तौर पर ही है–सिवाय पंजीकरण, लाइसेंसिंग और विकास परिषदों की स्थापना जैसे कुछ ज़्यादा दस्तूरी और कम आपत्तियों वाली धाराओं से जुड़े कामकाज के।' *ईस्टर्न इकोनॉमिस्ट*, 13 अगस्त 1954।

53. बिरला, 'द इकोनॉमिक कंडीशंस ऑफ़ इंडिया', *एशियाटिक रिव्यू*, वॉल्यूम XLV, नम्बर 164।

54. बिरला की ओर से राजेन्द्र प्रसाद को, 2 अगस्त 1954।

55. जैसा कि *ईस्टर्न इकोनॉमिस्ट* ने इसे 1954 के एक सम्पादकीय में पेश किया–'इस प्रकार काँग्रेस पार्टी ने "निजी उद्यम जिसमें भी एक बड़ी सम्भावना है" का पक्ष लिया और अब भी मंगलवार को राष्ट्रीय विकास परिषद् को दिये प्रधानमन्त्री के भाषण के लिहाज़ से लक्ष्य पक्की तौर पर "समाज का एक समाजवादी ढाँचा" बनाना ही है। इसके लिए भारत सरकार बड़े पैमाने के उद्योगों का विकास कर रही है, पर एक स्यापा निरन्तर ये है कि ज़ोर लघु उद्योगों पर होना चाहिए।'

56. *ईस्टर्न इकोनॉमिस्ट* के मुताबिक़ हमेशा की तरह अब भी इसके बाद तरह–तरह के अन्तर्विरोधपूर्ण बयान दिये गये। एक हफ़्ते में जहाँ केन्द्रीय श्रम मन्त्री खण्डूभाई देसाई ने एक क़िस्म के समाजवादी ढाँचे के बारे में बताया वहीं केन्द्रीय राजस्व और नागरिक व्यय मन्त्री शाह ने इसे दूसरी तरह से बताया और फिर से निजी क्षेत्र को आश्वस्त किया। *ईस्टर्न इकोनॉमिस्ट*, 28 जनवरी 1955।

57. इस पर सबसे पहले नेहरू द्वारा दिसम्बर 1954 में ध्यान दिया गया था।

58. बिरला की ओर से होमी मोदी को, 18 जनवरी 1954, होमी मोदी की ओर से बिरला को, 31 मार्च 1954, बिरला पेपर्स, सीरीज़ I, फ़ाइल नम्बर एम–19, मोदी, सर होमी और रूसी। साथ ही देखें, *ईस्टर्न इकोनॉमिस्ट*, 30 अप्रैल 1954। दिसम्बर 1953 में 'औद्योगिक हितों से टकराव की स्थिति' पर चर्चा करने और 'एक कार्ययोजना बनाने' के लिए होमी मोदी की पहल पर बॉम्बे में प्रमुख उद्योगपतियों का एक सम्मेलन बुलाया गया। मोदी को यह ज़रूरी लगा कि 'निजी क्षेत्र पर चौतरफ़ा बढ़ रहे ख़तरों से उसे बचाने के लिए' व्यापार जगत शीघ्रता से एकजुट हो। हालाँकि बिरला सम्मेलन में उपस्थित

नहीं हुए पर उन्होंने मोदी को अपने 'पूरे समर्थन' का वादा किया और अपना एक प्रतिनिधि वहाँ भेजा। उन्होंने टाटा के साथ सम्मेलन के आयोजन में हुए ख़र्च में अपना हिस्सा देना भी मंजूर किया। व्यापार जगत ने महसूस किया कि 'सरकार के विभिन्न विधायी और प्रशासनिक क़ानूनों के मद्देनज़र सारा बोझा उद्योग जगत पर डाला जा रहा है, सरकार के क़ानूनों के ज़रिये उद्योगों के कामकाज में दखलन्दाज़ी की जा रही है, औद्योगिक और श्रम अदालतों की स्थापना की जा रही है और इस तरह से निजी क्षेत्र के कामकाज को अपंग बनाया जा रहा था, लिहाज़ा व्यापारिक नेताओं ने महसूस किया कि 'उद्योग जगत के नज़रिये की एक ठोस और ज़ोरदार प्रस्तुति सरकार और लोगों तक जाने की ज़रूरत है।' नतीजतन यह निर्णय लिया गया कि एक औद्योगिक हित परिषद् स्थापित की जाये और तत्काल बिरला, जे.आर.डी. टाटा, लाला श्रीराम, रामास्वामी मुदलियार, डी.एम. खटाऊ और कस्तूरभाई लालभाई को लेकर 'कोई समस्या आने पर त्वरित कार्रवाई सुनिश्चित करने की दृष्टि से' एक छोटी कमेटी गठित की जाये।

59. *ईस्टर्न इकोनॉमिस्ट* ने टिप्पणी की कि 'किसी को उस दृढ़ता को ख़ारिज करने की ज़रूरत नहीं है जिससे कार्रवाई को अंजाम दिया गया या न ही अब यह कहने की ज़रूरत है कि इस मनःस्थिति में काँग्रेस नेताओं का भौंकना उनके काटने से भी बुरा है।'
60. अहम यह था कि सभी मन्त्रियों का दिमाग़...पहले से तैयार (हो) और एक सहानुभूतिपूर्ण वातावरण बनाया जाये, क्योंकि बग़ैर इसके 'कुछ हासिल नहीं होगा।'
61. बिरला का नोट, बिरला पेपर्स में कोई शीर्षक नहीं, सीरीज़ I, नम्बर सी–27, सीलोन हाई कमिश्नर (श्रीलंका के उच्चायुक्त)।
62. बिरला की ओर से बाबूभाई एम. चेनॉय को, 27 दिसम्बर 1957, बिरला पेपर्स, सीरीज़ I, फ़ाइल नम्बर सी–27, सीलोन हाई कमिश्नर। बिरला ने व्यापारियों के विचारों पर मन्त्रियों की प्रतिक्रिया पर राय जानने के लिए दिल्ली का एक दौरा करने का निर्णय किया और चिनॉय से कहा कि तब तक 'चीज़ों को टाले रखें।'
63. 1955–56 के बजट में कई करों में इज़ाफ़ा और संशोधन किया गया, बिज़नेस एक्जीक्यूटिवों के वेतन पर विशेष लेवी लगायी गयी, नये और बढ़े हुए उत्पाद शुल्क लगाये गये, कुटीर उद्योग को प्राथमिकता आधारित दरें दी गयीं और 20,000 रुपये से अधिक पर निजी टैक्स बढ़ाये गये। बिरला ने कहा कि बजट में कुछ भी सकारात्मक नहीं था, 'वे ख़र्चों पर लगाम लगाना चाह रहे थे और इस प्रक्रिया में उन्होंने उत्पादन पर भी नकेल कस दी।' *ईस्टर्न इकोनॉमिस्ट*, 5 मार्च 1955।
64. उन्होंने यह सलाह दी कि कैबिनेट मन्त्री, जैसे मौलाना आज़ाद, वित्त मन्त्री जी.बी. पन्त, वाणिज्य और उद्योग मन्त्री बी.सी. रॉय और मोरारजी देसाई व काँग्रेस अध्यक्ष समिति का हिस्सा हो सकते हैं। इनके अतिरिक्त योजना आयोग से एक सदस्य को इन बैठकों में निमन्त्रित किया जाये और बैठक हर तिमाही रखी जाये। ऐसा लगता है कि नेहरू ने बिरला और लालभाई को आश्वस्त किया कि अहम मुद्दों पर चर्चा के लिए वे और जे.आर.डी. टाटा सरीखे अन्य व्यापारी उनसे या उनके मन्त्रियों से जब चाहे तब मिल सकते हैं। नेहरू की ओर से बिरला को, 3 अप्रैल 1955, बिरला पेपर्स, सीरीज़ I, फ़ाइल नम्बर एन 24, नेहरू, जवाहरलाल और इन्दिरा गाँधी।
65. बैठक से लौटने के बाद बिरला ने क़रीबी व्यापारिक मित्रों को भेजने के लिए एक पेज का नोट लिखा जिसमें उन्होंने सलाह दी कि प्रस्तावित कैबिनेट कमेटी को लेकर क्या रुख़ हो, जी.डी. बिरला, नोट, एन.डी., कोई शीर्षक नहीं, बिरला पेपर्स, सीरीज़ इम्पोर्टेंट, फ़ाइल नम्बर 158, मिसलेनियस, 1955–6। यदि एक कैबिनेट कमेटी "तदर्थ" रूप से गठित कर ली जाये तो व्यापार जगत के सामने खड़ी समस्याओं के हल ढूँढ़े जा सकते हैं। उन्होंने कहा कि कलकत्ता और बॉम्बे के व्यापारी बी.सी. रॉय और मोरारजी देसाई से मिल सकते हैं जिनके ज़रिये प्रधानमन्त्री के सामने उन मुद्दों को रखा जा सकेगा। अधिक अहम मसलों पर रॉय, देसाई या सम्बन्धित मन्त्रियों को नोट भेजे जा सकते हैं जिन्हें वे प्रधानमन्त्री के समक्ष या ज़रूरी हो तो कमेटी के समक्ष रख सकते हैं।

इसके अतिरिक्त समय–समय पर तदर्थ कमेटी के साथ बैठकें रखी जानी चाहिए। बिरला ने इस बात पर ज़ोर दिया कि चर्चाएँ अनौपचारिक हों और 'कमेटी की उपयोगिता इस बात में हो कि वह विवेकशील ढंग से बड़े फलक पर सोचते हुए तुरत फ़ैसला ले सके। इस तरह तंग नज़रिये का ख़तरा ख़त्म हो जायेगा।' लेकिन कमेटी गठित करने के इस प्रस्ताव से कुछ भी नहीं हुआ और नेहरू के साथ उन वर्षों में हुई मुलाक़ातों में यह प्रस्ताव बार–बार उठाया जाता रहा।

66. बिरला, 'एजेंडा फॉर डिस्कशन विद द प्राइम मिनिस्टर' (दो पेज का नोट जिसमें बिरला, कस्तूरभाई लालभाई और एच.पी. मोदी द्वारा चर्चा के लिए सुझाये गये बिन्दु हैं), एन.डी., बिरला पेपर्स, सीरीज़ इम्पोर्टेंट, फ़ाइल नम्बर 158, मिसलेनियस, 1955–6।

67. यद्यपि इस बात की सूचना उपलब्ध नहीं है कि बैठक में बिरला के साथ कौन से उद्योगपति गये थे लेकिन ऐसा लगता है कि वे मुम्बई और कलकत्ता दोनों जगहों से थे। मोदी चाहते थे कि प्रधानमन्त्री के साथ मथाई आयोग की इस संस्तुति पर चर्चा हो कि निजी आय पर एक सीमा लगाई जाये। उन्होंने बिरला को बताया कि हाल में योजना आयोग ने अर्थशास्त्रियों के एक पैनल के सामने यह माँग रखी कि सकल आय की अधिकतम सीमा 20,000 रुपये रखी जाये, और इसे पहले सार्वजनिक क्षेत्र में फिर निजी क्षेत्र में भी लागू किया जाये। देखें, होमी मोदी की ओर से जी.डी. बिरला को, 27 दिसम्बर 1955, बिरला पेपर्स, सीरीज़ I, फ़ाइल नम्बर एम–19, मोदी, सर एच.पी. और रूसी। ये नहीं मालूम कि नेहरू के साथ मुलाक़ात में इस पर चर्चा हुई या नहीं।

68. बिरला, 'एजेंडा फॉर डिस्कशन विद द प्राइम मिनिस्टर' (दो पेज का नोट जिसमें बिरला, कस्तूरभाई लालभाई और एच.पी. मोदी द्वारा चर्चा के लिए सुझाये गये बिन्दु हैं), एन.डी., बिरला पेपर्स, सीरीज़ इम्पोर्टेंट, फ़ाइल नम्बर 158, मिसलेनियस, 1955–6। व्यापार मण्डल द्वारा योजना की समीक्षा को बाद में फिक्की ने अपने एक प्रकाशन में सार रूप में रखा।

69. बिरला की ओर से पन्त को, 20 मार्च 1956., बिरला पेपर्स, सीरीज़ फॉरेन कोरेस्पोंडेंस, फ़ाइल नम्बर 87–पी, 1955–6, साथ ही देखें बिरला पेपर्स, फ़ाइल नम्बर पी 10, जी.बी. पन्त।

70. बिरला की ओर से मोरारजी देसाई को, 27 जून 1955., बिरला पेपर्स, सीरीज़ I, फ़ाइल नम्बर डी–4, देसाई, मोरारजी।

71. महालनोबिस की योजना के स्वरूप को लेकर फिक्की ने अपने प्रत्युत्तर में यह तर्क दिया कि सार्वजनिक क्षेत्र को प्राथमिकता देने में योजनाकारों ने मूलभूत आर्थिक पैमाने को नज़रअन्दाज़ किया है। उन्होंने कहा कि टैक्स की ऊँची दरें निजी क्षेत्र में पहल को हतोत्साहित करेंगी और लघु व कुटीर उद्योगों को वरीयता देने से उपभोक्ता वस्तुओं की भारी किल्लत होगी। उन्होंने यह चेतावनी दी कि पूरी योजना मुद्रास्फीति और ऊँची क़ीमतों के कारण धराशायी हो जायेगी। यद्यपि उन्होंने मूल और भारी उद्योगों के लिए बड़ी धनराशि के निर्धारण पर सहमति जताई लेकिन अन्य सभी बिन्दुओं पर योजना का विरोध किया। उन्होंने कहा कि सार्वजनिक क्षेत्र का दायरा सामाजिक पूँजी के निर्माण और संरक्षण पर केन्द्रित होना चाहिए। फ्रेंसीन फ्रेंकल, *इंडियाज पॉलिटिकल इकोनॉमी, 1947–1977 : द ग्रेजुअल रिवोल्यूशन* (प्रिंस्टन, 1978), पृ. 129।

72. उन्होंने कुटीर उद्योगों को वरीयता देने के लिए कारख़ानों में होने वाले उत्पादन पर लगाये प्रतिबन्धों की तुलना एक ऐसी योजना से की जिसमें रेल को बैलगाड़ी से खिंचवाया जाये।

73. बिरला की ओर से यूको बैंक को, 28 मार्च 1956, *ईस्टर्न इकोनॉमिस्ट* में प्रकाशित रिपोर्ट, 30 मार्च 1956। बिरला की दृष्टि में पहली समस्या विदेशी मुद्रा थी। प्रथम योजना के मुक़ाबले इस योजना में औद्योगीकरण पर ज़्यादा ज़ोर होने से पूँजीगत वस्तुओं के आयात की आवश्यकता भी अधिक थी। यातायात की सुविधाओं को बढ़ाने के साथ बाहर के कुशल कर्मियों की नियुक्ति के लिए भी विदेशी मुद्रा की आवश्यकताएँ इतनी बढ़ जायेंगी कि वो एक 'गम्भीर सिरदर्द' बन जायेगी। बिरला के अनुमान के अनुसार पाँच वर्ष के भीतर विदेशी मुद्रा की आवश्यकता 1500 करोड़ रुपये थी। इस आवश्यकता को पूरा करने के लिए कोई रास्ता निकालना ज़रूरी था। एक रास्ता यह था कि बड़े

क़र्ज़ लिए जायें–सम्भवतः अमेरिका से। पैसा उधार लेने के अलावा विदेशी मुद्रा पाने के अन्य तरीक़े बिरला ने अपने एक लेख में लिखे जो *हिन्दुस्तान टाइम्स* में अक्टूबर 1955 में छपा। अच्छे इस्पात के बड़ी मात्रा में उत्पादन से रेलवे और भारी इंजीनियरिंग उद्योगों की माँग के लिए विदेशी आयात पर निर्भरता कम होगी। लेकिन उपकरणों के आयात की ज़रूरत बनी रहेगी क्योंकि अर्थव्यवस्था अभी विकसित होने के दौर में थी। विदेशी मुद्रा की माँग को पूरा करने का एक रास्ता यह हो सकता था कि अगले दस से पन्द्रह साल तक विदेशी ऋण–संस्थाओं पर निर्भर रहा जाये। बिरला के विचार में इसका पूरा लाभ लिया जाना चाहिए और इसमें कोई समस्या भी नहीं आनी चाहिए क्योंकि अधिकतर देश ख़रीदारी के लिए ऋण की सुविधा देने को तैयार थे। विदेशी मुद्रा बढ़ाने से विदेशी मुद्रा भण्डार की समस्या भी हल हो जायेगी। बिरला ने रेखांकित किया कि अमेरिका, जापान और ऑस्ट्रेलिया जैसे औद्योगिक देशों ने भी विदेशी निवेश से लाभ लिया है। समस्या को हल करने के लिए एक उपाय निर्यात को बढ़ाना और भारतीय रुपये की स्थिति को स्थिर रखना भी हो सकता था। कपड़ा, जूट और चाय के पारम्परिक निर्यात के साथ इंजीनियरिंग वस्तुओं के निर्यात को भी बढ़ाना चाहिए और नये बाज़ारों को तलाशना चाहिए। जी.डी. बिरला, 'फॉरेन एक्सचेंज फॉर सेकेंड प्लान', *हिन्दुस्तान टाइम्स*, 29 अक्टूबर 1955, बाद में यह लेख *न्यूयॉर्क टाइम्स* में पुनःप्रकाशित हुआ। लेख का मसौदा मौजूद है, बिरला पेपर्स, सीरीज़ मिसलेनियस, फ़ाइल नम्बर 123, नोट्स एंड स्पीचेस।

74. बिरला की ओर से टी.टी. कृष्णामाचारी को, 20 अगस्त 1956, बिरला पेपर्स, सीरीज़ फॉरेन कोरेस्पोंडेंस, फ़ाइल नम्बर 82–के, 1955–6।

75. बिरला की ओर से जी.बी. पन्त को, 20 अगस्त 1956., बिरला पेपर्स, सीरीज़ फॉरेन कोरेस्पोंडेंस, फ़ाइल नम्बर 87–पी, 1955–6।

76. इसमें कोई शक नहीं था कि कुटीर उद्योग बहुत रोज़गार पैदा करने की क्षमता रखते थे लेकिन योजना का अहम लक्ष्य एक करोड़ नौकरियाँ पैदा करना मात्र नहीं था बल्कि लोगों के जीवन स्तर को ऊँचा करना भी था। इसे बड़ी पूँजी से ही पूरा किया जा सकता था। बिरला ने नेहरू को लिखा–'लेकिन अगर हमारे पास केवल रोज़गार हों लेकिन पूँजी में कोई महत्त्वपूर्ण वृद्धि न हो तो जीवन स्तर में 25 प्रतिशत की वृद्धि एक सपना ही बनकर रह जायेगी।' उन्होंने उत्पादकों और प्रशासकों के बीच सहभागिता में कमी की बात भी की और वे 'लगामें' जो प्रशासन उत्पादन पर लगाता है उससे एक 'ट्रैफ़िक जाम' पैदा हो जाता है। ज़रूरत इस बात की थी कि सारा प्रशासनिक तन्त्र, वित्तीय संस्थाएँ, जैसे रिज़र्व बैंक, स्टेट बैंक और अन्य वित्तीय कॉरपोरेशन एक साझा लक्ष्य की ओर क़दम मिलाकर काम करें। बिरला की ओर से नेहरू को, 25 अगस्त 1955, बिरला पेपर्स, सीरीज़ I, फ़ाइल नम्बर एन–24, नेहरू, जवाहरलाल और इन्दिरा गाँधी।

77. निजी क्षेत्र के लिए आरक्षित उद्योगों की संख्या 6 से बढ़ाकर 17 कर दी गयी। इनमें शामिल थे सभी बुनियादी और सामरिक उद्योग, जनोपयोगी सुविधा, और वे उद्योग जिनमें बड़े निवेश की आवश्यकता थी। इन्हें अनुसूची 'ए' में रखा गया। दूसरी श्रेणी अनुसूची 'बी' थी जिसमें 12 अनिवार्य उद्योग थे जो सार्वजनिक क्षेत्र के लिए छोड़ दिये गये थे, लेकिन 'निजी क्षेत्र को यह मौक़ा दिया गया था कि वह अपने दम पर या राज्य के साथ मिलकर इन उद्योगों में काम कर सके।' पर इसमें एक शर्त जोड़ दी गयी थी कि 'निजी उद्यमों से यह अपेक्षा होगी कि वे राज्य के प्रयत्नों में योगदान करेंगे। समवर्ती सूची में शामिल थे–मशीनी उपकरण, एल्युमिनियम, ज़रूरी दवाइयाँ, मूल रसायन, समुद्र व सड़क परिवहन। बाक़ी सभी उद्योग निजी क्षेत्र के लिए छोड़ दिये गये थे। वर्तमान निजी औद्योगिक प्रतिष्ठानों को ये गारंटी दी गयी थी कि उनका राष्ट्रीयकरण नहीं किया जायेगा, निजी पूँजी राज्य के लिए आरक्षित उद्योगों में प्रवेश कर सकेगी और सरकारी और निजी संयुक्त उपक्रमों को आरक्षित क्षेत्र के नाम पर शुरू किया जा सकेगा।' इस प्रस्ताव के अध्ययन के लिए देखें, आई.जी. पटेल, 'फ्री एंटरप्राइज इन द नेहरू एरा', उद्धृत, आई.जी. पटेल, *एस्सेस इन इकोनॉमिक पॉलिसी एंड इकोनॉमिक ग्रोथ* (लन्दन, 1986), पृ. 165–81।

78. उद्योग जगत को इस आधार पर तीन श्रेणियों में वर्गीकृत करते हुए कि 'राज्य हरेक हिस्से में क्या भूमिका निभायेगा इसने यह शर्त जोड़ी कि ये तीनों श्रेणियाँ एक–दूसरे में प्रवेश कर सकेंगी, क्योंकि एक कठोर विभाजन उस उद्देश्य को निष्फल कर देगा जिसके लिए इनका प्रावधान किया गया है।' इस तरह इस वर्गीकरण ने उस श्रेणी को समाप्त कर दिया जिस पर केन्द्र सरकार का पूरा एकाधिकार था।
79. देखें, सोमजी, ए.एच. और गीता, 'इंडिया', *द जर्नल ऑफ़ पॉलिटिक्स*, 1963, वॉल्यूम–25, पृ. 686–737।
80. वे दल जो चुनाव लड़ रहे थे उनकी कुल संख्या 59 थी, इसके अलावा निर्दलीय उम्मीदवार भी थे। अखिल भारतीय दलों में थे कॉंग्रेस, द केएमपीपी, द सोशलिस्ट पार्टी, द कम्युनिस्ट पार्टी और जनसंघ।
81. बिरला की ओर से एन.वी. गाडगिल को, 30 दिसम्बर 1951, बिरला पेपर्स, सीरीज़ I, फ़ाइल नम्बर जी–9, गाडगिल, एन.वी.।
82. नेहरू की ओर से वी.के. कृष्ण मेनन को, 30 नवम्बर 1951, एस. गोपाल (सम्पा.), *सिलेक्टेड वर्क्स ऑफ़ जवाहरलाल नेहरू, सेकेंड सीरीज़*, वॉल्यूम–17, पृ. 497।
83. बिरला की ओर से एन.वी. गाडगिल को, 30 दिसम्बर 1951, बिरला पेपर्स, सीरीज़ I, फ़ाइल नम्बर जी–9, गाडगिल, एन.वी.। चुनावों के अध्ययन के लिए देखें, नॉर्मन डी. पामर, *इलेक्शंस एंड पॉलिटिकल डेवलपमेंट द साउथ एशियन एक्सपीरिएंस* (नॉर्थ कैरोलीना, 1975)।
84. देखें, एस.के. पाटिल, *माई ईयर्स विद कॉंग्रेस*, पृ. 130।
85. नेहरू की ओर से वी.के. कृष्ण मेनन को, 30 नवम्बर 1951, एस. गोपाल (सम्पा.), *सिलेक्टेड वर्क्स ऑफ़ जवाहरलाल नेहरू*, सेकेंड सीरीज़, वॉल्यूम–17, पृ. 497।
86. केवल त्रिपुरा में ही कम्युनिस्टों के हाथों इसकी हार हुई।
87. मोरारजी देसाई, *द स्टोरी ऑफ़ माई लाइफ*, वॉल्यूम II, पृ. 88।
88. *वही*।
89. एम.एल. दहानुकर की ओर से बिरला को, 13 फ़रवरी 1957, बिरला पेपर्स, सीरीज़ I, फ़ाइल नम्बर डी–2, दहानुकर, एम.एल.। साथ ही देखें, एच.डी. मूँदड़ा, 5 जनवरी 1956, बिरला पेपर्स, सीरीज़ I, फ़ाइल नम्बर 52, मूँदड़ा, हरिदास।
90. बिरला की ओर से के.सी. थापर को, 24 जुलाई 1956, बिरला पेपर्स, सीरीज़ I, फ़ाइल नम्बर टी–1, थापर, के.सी.।
91. मोरारजी देसाई, *द स्टोरी ऑफ़ माई लाइफ*, वॉल्यूम II, पृ. 89।
92. बिरला, 'समरी', 11 दिसम्बर 1956, बिरला पेपर्स, सीरीज़ मिसलेनियस, फ़ाइल नम्बर 116, डोनेशंस।
93. बिरला की ओर से देसाई को, 25 जून 1955, बिरला पेपर्स, सीरीज़ I, फ़ाइल नम्बर डी–4, देसाई, मोरारजी।
94. दिसम्बर 1955 में उन्होंने त्रावणकोर, कोचीन को 50,000 रुपये भेजे और 1956 में उन्होंने एक और एक लाख रुपये दो अलग किस्तों में 'केरल में कॉंग्रेस के काम' के लिए दिये। के.पी. माधव नैयर की ओर से बिरला को, 1 नवम्बर 1956, और बिरला की ओर से के.पी. माधव नैयर को, 12 दिसम्बर 1955 और माधव नैयर की ओर से बिरला को, 26 जून 1956, बिरला पेपर्स, सीरीज़ I, फ़ाइल नम्बर ए–17, एआईसीसी।
95. बिरला ने कृष्णामाचारी को राजी किया कि वे समस्या की चर्चा पन्त के साथ करें जो यूपी और बिहार में अपने प्रभाव से ज़ोर लगा सकेंगे। इस मामले में कोई निर्णय नहीं लिया गया प्रतीत होता है और चन्दा इकट्ठा करने के महीनों में परस्पर टकराती माँगों की समस्या सामने आती रही।
96. एस. जयपुरिया की ओर से बिरला को, 11 फ़रवरी 1956, बिरला की ओर से मँगतूराम जयपुरिया को, 28 जुलाई 1956, बिरला पेपर्स, सीरीज़ I, फ़ाइल नम्बर जे 5, जयपुरिया, एम.आर.।
97. बिरला की ओर से के.सी. थापर को, 2 अगस्त 1956, थापर की ओर से बिरला को, 7 फ़रवरी 1957, और बिरला की ओर से थापर को, 19 फ़रवरी 1957, प्रान्तीय नेताओं की बढ़ी हुई माँगों और व्यापारियों

के 'उत्पीड़न' की शिकायतें चुनाव समाप्त होने के काफ़ी समय बाद तक आती रहीं और बिरला को उनसे जूझना पड़ा। परमानन्द केजरीवाल की ओर से बिरला को, 20 मार्च 1958, बिरला पेपर्स, सीरीज़ इम्पोर्टेंट, फ़ाइल नम्बर 64–के।

98. उदाहरण के लिए देखें, बिरला की ओर से कान्तिलाल निहालचन्द को, 6 फ़रवरी 1957, काँग्रेस के लिए देय 17,500 की रक़म भेजने के लिए लिखा गया पत्र, बिरला की ओर से एम.एल. कनोई, 20 जनवरी 1956, बिरला पेपर्स, सीरीज़ इम्पोर्टेंट, फ़ाइल नम्बर 64–के।
99. बिरला की ओर से एम.एल. दहानुकर को, 25 फ़रवरी 1957, बिरला पेपर्स, सीरीज़ I, फ़ाइल नम्बर डी–2, दहानुकर, एम.एल.।
100. देखें, एस.के. पाटिल, *माई ईयर्स विद काँग्रेस*, पृ. 130–1।
101. मोरारजी देसाई, *द स्टोरी ऑफ़ माई लाइफ*, वॉल्यूम II, पृ. 89। देसाई कहते हैं कि लक्ष्य 1 करोड़ 20 लाख था लेकिन बिरला ने इसका अनुमान 1 करोड़ साढ़े 91 लाख लगाया था।
102. जस्टिस पी.बी. मुखर्जी, कलकत्ता हाई कोर्ट ने घोषणा की कि 'पैसे की शक्ति में ख़रीदने के ख़तरों को देखते हुए यह बहुत ग़लत होगा कि इस तरह के भुगतानों में किसी भी तरह की गोपनीयता को बढ़ावा दिया जाये।'
103. 'द वीक्स नोट्स' और 'कम्पनी कंट्रीब्यूशंस टु पार्टी कॉफर्स', *ईस्टर्न इकोनॉमिस्ट*, 12 जुलाई 1957।
104. बिरला की ओर से फ्रांसिस वाटसन को, 5 जुलाई 1955, बिरला पेपर्स, सीरीज़ फॉरेन कोरेस्पोंडेंस, फ़ाइल नम्बर डब्ल्यू–94, 1955–6।

अध्याय 14

नेहरू के भारत में उद्योगों का भविष्य

यह एक विसंगति ही कही जायेगी कि आज़ादी के पहले दशक में जब नेहरू की राजकीय उपक्रम और समाजवाद की तुकबन्दी ज़ोरों पर थी उसी दौर में बिरला का व्यावसायिक साम्राज्य तेज़ी से फैला। आज़ादी के समय उनकी पारम्परिक व्यावसायिक ताक़त जूट, टैक्सटाइल, बैंकिंग और प्रकाशन के क्षेत्र में थी। बाद में उन्होंने बीमा, टैक्सटाइल मशीनरी, आटोमोबाइल, साइकिल और प्लास्टिक क्षेत्र में भी प्रवेश किया। आज़ादी के बाद का दशक काफ़ी महत्त्वपूर्ण सिद्ध हुआ क्योंकि इसमें अर्थव्यवस्था के इंजीनियरिंग, चाय, केमिकल्स, सीमेंट, अलौह धातुओं, शीशा, एल्युमिनियम, जहाज़रानी और उड्डयन जैसे कई बुनियादी क्षेत्रों का विस्तार हुआ।

आइए देखते हैं कि इस व्यवसाय–विस्तार की दिशा क्या थी ताकि इसमें निहित रणनीतिक नज़रिये को समझा जा सके। 1947 में मिली आज़ादी सिर्फ़ सत्ता के हस्तान्तरण तक सीमित नहीं थी बल्कि इसमें भारतीय अर्थव्यवस्था पर क़ब्ज़े की प्रकृति के अहम बदलाव भी शामिल थे। यूरोपीय प्रबन्धन एजेंसियों की वापसी और पूँजी के बहिर्गमन ने अधिग्रहण के असाधारण अवसर खोल दिये।[1] कलकत्ता यूरोपीय पूँजी का गढ़ माना जाता था। यहाँ का सबसे प्रमुख भारतीय व्यावसायिक घराना होने के चलते बिरला परिवार मौक़ों का लाभ लेने के लिहाज़ से ख़ासतौर पर एक बेहतर स्थिति में था। विशेष रूप से जूट के क्षेत्र में उनकी ताक़त ने उन्हें ये हैसियत दी कि वे बैली जूट, रामेश्वरा जूट और सूरा जूट जैसी कई जूट कम्पनियों का अधिग्रहण कर पाये। इस स्थिति ने बिरला समूह को चाय के क्षेत्र में प्रवेश दिलाया जिस पर तब तक यूरोपीय लोगों का एकाधिकार रहा आया था। बिरला ने कई चायबागान अधिगृहीत किये जिन्हें फिर एक ही फर्म जयश्री टी इंडस्ट्रीज के अधीन एकीकृत कर दिया गया। फिर और भी अधिग्रहण बिरला समूह की कम्पनियों में जुड़े : सेंचुरी स्पिनिंग एंड वीविंग, सिरपुर पेपर, हैदराबाद एस्बेस्टोस (हैदराबाद आल्विन) और सौराष्ट्र की श्री दिग्विजय वूलेन मिल्स। आज़ादी और बँटवारे के बाद तो अधिग्रहण करने और नये क़ब्ज़े लेने की बाढ़ ही आ गयी।

पुरानी कम्पनियों को विस्तार दिया गया। जैसे कि टैक्सटाइल फर्मों की क्षमता व्यापक रूप से बढ़ायी गयी। इनमें से कई ने तकनीकी रूप से आधुनिक नये क्षेत्रों का रुख़ किया। मसलन केशोराम रेयान और स्टील ट्यूब के क्षेत्र में दाख़िल हुई। बिरला जूट ने सीमेंट और

केमिकल्स के क्षेत्र में विस्तार लिया। इसी प्रकार ग्वालियर की जियाजीराव कॉटन मिल्स ने केमिकल्स में पदार्पण किया। कई पुरानी फर्में नयी तकनीक के अधिग्रहण के ज़रिये अपनी प्रतिस्पर्धा–भावना और बाज़ार में हिस्सेदारी बढ़ाने में समर्थ हुईं। जैसे कि हिन्दुस्तान मोटर्स ने ब्रिटिश उद्योगपति लॉर्ड न्यूफ़ील्ड के साथ विश्वविख्यात मौरिस माइनर के निर्माण का करार किया। इसने वाहन को ताक़त देने वाले नये वी–8 इंजन के उत्पादन के लिए आवश्यक लोहे की ढलाई, उसे रूप देने और उपकरणों के उत्पादन में स्वयं–सक्षमता हासिल कर ली।[2]

इसके बाद इन वर्षों में दिखी असाधारण तरक़्क़ी के पीछे का बल बिरला घराने की नयी पीढ़ी द्वारा ली गयी पहलक़दमियों से आया। जैसा कि हम देख चुके हैं कि 1940 के दशक के शुरू में ही तीनों बिरला बन्धुओं के सभी पुत्र पारिवारिक व्यवसाय में दाख़िल हो चुके थे। उनके कई नये उपक्रम जो युद्धकालीन विलम्बों और यन्त्रों और संयन्त्रों के अभाव में रुके पड़े थे वे आज़ादी के बाद फलीभूत होने लगे। मसलन कृष्ण कुमार द्वारा परिचालित इंडिया स्टीमशिप कम्पनी ने अपनी जहाज़ सेवाएँ शुरू कर दीं। बसन्त द्वारा शुरू की गयी भारत एयरवेज़ ने आज़ादी के छह हफ़्ते बाद अपनी उद्घाटन–उड़ान भरी।[3] इस प्रकार जहाज़रानी और उड्डयन के दो बुनियादी क्षेत्रों में बिरला की उपस्थिति स्थापित हुई।

मुख़्तलिफ़ क्षेत्रों में नयी पहलक़दमियाँ बिरला के उस रणनीतिक नज़रिये को दिखाती थीं जिसमें उपभोक्ता उत्पादों और बुनियादी उद्योग की हीनतर तकनीक से दूर जाने की कोशिश थी। यह बात उनके स्टेपल फाइबर (प्राकृतिक रेशा) के क्षेत्र में प्रवेश से पता चलती है। 1949 में बिरला ने अमेरिका की कई स्टेपल फाइबर निर्माता कम्पनियों का दौरा किया और उसकी इकाई स्थापित करने की मंशा लेकर लौटे। उन्होंने इस महत्त्वाकांक्षी योजना का प्रारम्भिक खाका 2.5 करोड़ रुपये का तैयार किया जिसमें बाद में 4 करोड़ रुपये निवेश किये जाने थे। उन्होंने ग्वालियर, त्रावणकोर और मैसूर के महाराजाओं को इसमें निवेश करने के लिए प्रेरित किया।[4] जब ग्वालियर के महाराजा राजी हुए तो उन्होंने मध्य प्रदेश के नागदा में स्टेपल फाइबर उत्पादन की इकाई लगाई और उसे ग्वालियर रेयान सिल्क मैन्युफैक्चरिंग (वीविंग) कम्पनी लिमिटेड (एमपी)[5] का एक हिस्सा बना दिया। साथ ही इस क्षेत्र में हो रहे तकनीकी विकास पर उन्होंने अपनी नज़र बराबर बनाये रखी।[6]

इसी प्रकार उनकी रुचि रेयान पल्प (लुगदी) के प्रति बढ़ी। चूँकि इसके उत्पादन में कच्चे माल के रूप में इस्तेमाल होने वाले देवदार की बड़ी आपूर्ति भारत के पास नहीं थी, लिहाज़ा उन्होंने यूकेलिप्टस और गन्ने को लेकर प्रयोग किया। उन्होंने मैसूर में 15,000 एकड़ खेती की ज़मीन ली और अमेरिका और यूरोप के उत्पादकों से तकनीकी सहयोग। उनकी कोशिशें आख़िरकार 1950 के उत्तरार्ध में तब सफल हुईं जब सेंचुरी ने अच्छी–ख़ासी उत्पादन क्षमता के साथ एक रेयान लुगदी इकाई स्थापित की।[7]

लम्बे समय से बिरला की निगाह मोटे मुनाफ़े वाले स्टील उद्योग पर थी, जो अब तक टाटा के क़ब्ज़े में रहा आया था। उनकी महत्त्वाकांक्षा एक इस्पात संयन्त्र लगाने की रही थी क्योंकि उन्हें उम्मीद थी कि आज़ादी के बाद इस उद्योग में तेज़ी से विस्तार होगा। इसकी पुष्टि योजना आयोग की एक रिपोर्ट से भी होती थी जिसमें लोहे की भारी किल्लत का अनुमान किया गया था। यह किल्लत इस हद तक होनी थी कि रेलवे की पटरियों को

बदलने तक पर इसका असर पड़ना सम्भावित था।[8] बिरला इससे इतने साहस में आ गये कि शुरुआत में कच्चे लोहे का संयन्त्र लगाने की एक विस्तृत योजना उन्होंने तैयार कर ली। इस संयन्त्र को बाद में बाकायदे एक मिल में तब्दील हो जाना था जब वे अपनी उम्मीद के मुताबिक़ आख़िरकार स्टील के मशीनरी सामान उत्पादित करने की क्षमता विकसित कर लेते। 1951 में बिरला ने जब अपनी योजना पर काम करना शुरू किया तो बंगाल के मुख्यमन्त्री विधानचन्द्र राय ने उन्हें सलाह दी कि उन्हें अपना संयन्त्र दुर्गापुर में लगाना चाहिए जहाँ पश्चिम बंगाल सरकार का कोक–ओवन (कोयला परिशोधन) और गैस उत्पादन संयन्त्र लगना प्रस्तावित है। बिरला की स्टील मिल को इन सुविधाओं का लाभ मिल सकता है।[9]

राय से प्रोत्साहन मिलने पर बिरला ने भारत सरकार से इस बारे में पता किया। उन्हें पता चला कि इसके लिए लाइसेंस प्राप्त करना होगा। हालाँकि सरकार एक ऐसे वक़्त पर इस्पात को निजी क्षेत्र के लिए खोलने को लेकर अनिश्चय की स्थिति में मालूम दी जब वह ख़ुद ही सार्वजनिक क्षेत्र में विदेशी भागीदारी से एक इस्पात उपक्रम लगाने पर विचार कर रही थी। बिरला ने कोशिश की कि उनकी परियोजना को अनौपचारिक मंजूरी ही मिल जाये ताकि वह उसे आगे बढ़ा सकें। उन्होंने इस सन्दर्भ में उद्योग मन्त्री एच.के. मेहताब से बातचीत की जिन्होंने इन शुरुआती चरणों में उन्हें प्रोजेक्ट को आगे बढ़ाने के लिए प्रोत्साहित किया।[10] इसी प्रकार टी.टी. कृष्णामाचारी को भी उम्मीद थी कि प्रोजेक्ट मंजूर कर लिया जायेगा। अन्य नेता जिन्हें उन्होंने अपनी योजना की प्रगति के बारे में नियमित सूचना देकर तस्वीर में बनाये रखा, वे थे जी.एल. नन्दा और जी.बी. पन्त। सभी ओर से प्रोत्साहन मिलने पर बिरला ढाई लाख टन कच्चे लोहे और दस लाख टन इस्पात की सालाना उत्पादन क्षमता वाली विस्तृत योजना बनाने के लिए आगे बढ़े। वित्तीय और तकनीकी सहायता के लिए उन्होंने और ब्रजमोहन ने ब्रिटिश कम्पनियों के साथ बातचीत शुरू की।[11] वे लाइसेंसिंग कमेटी की मंजूरी हासिल करने में भी कामयाब रहे, और 50 करोड़ रुपये की अधिकृत पूँजी के साथ एक कम्पनी, दुर्गापुर आयरन एंड स्टील कम्पनी का पंजीयन करा लिया गया।[12]

इस प्रकार, 1954 की शरद ऋतु तक चीज़ें पूरी तरह इत्मीनान से चलती दिखीं जब तक कि योजना आयोग ने पश्चिम बंगाल सरकार के कोक–ओवन प्रोजेक्ट का प्रस्ताव ख़ारिज नहीं कर दिया।[13] इसके तुरन्त बाद जब नेहरू अपनी चीन यात्रा से वापस लौटे तो उन्होंने ख़ुद ही बिरला के प्रस्ताव को मन्त्रिमण्डल की एक बैठक में इस आधार पर ख़ारिज कर दिया कि यह प्रस्ताव 1948 के औद्योगिक नीति प्रस्ताव के विरोध में जाता था जिसमें कहा गया था कि भविष्य में इस्पात क्षेत्र में जो भी विकास होगा वह सार्वजनिक क्षेत्र के लिए होगा। इस बात को लेकर बिरला काफ़ी ग़ुस्से से भर गये। उनका कहना था कि 1948 के औद्योगिक नीति प्रस्ताव की व्याख्या इतने कट्टर और कल्पनाहीन ढंग से नहीं की जानी चाहिए। वह तो महज़ देश 'सेवा' की कोशिश कर रहे थे और उन्होंने 'गम्भीर सिरदर्द और जोख़िम भरा व्यवसाय' हाथ में इसलिए लिया ताकि 'देश को ठोस योगदान' किया जा सके। उसके बावजूद सरकार ने उनका प्रस्ताव ख़ारिज कर दिया।[14] उन्होंने टी.टी. कृष्णामाचारी से विरोध व्यक्त करते हुए कहा कि यह वो नहीं है जिसे कुल मिलाकर नेहरू के समाज

का समाजवादी ढाँचा मान लिया जाता है। उनके लिए तो इसका मतलब 'जीवन जीने का अच्छा तरीक़ा है, यानी उपभोक्ता वस्तुओं की अधिक खपत हो, बेहतर स्वास्थ्य हो, अधिक घर हों और जितना हो सके उतना आगे हों।' इस लक्ष्य को सिर्फ़ तेज़ औद्योगीकरण से हासिल किया जा सकता था, और जो भी इसे आगे बढ़ाता हो उसकी पीठ थपथपाई जानी चाहिए, न कि उसे रोका जाये।

टी.टी. कृष्णामाचारी अपने में कुपित थे। जब उनके ऊपर बड़े उद्यमियों, ख़ासकर बिरला, के प्रति नरम होने का आरोप लगा तो बताते हैं कि उन्होंने पलटकर जवाब दिया कि वह सिर्फ़ अपना काम कर रहे थे : 'आप एक जेलर से यह नहीं कह सकते कि वह एक क़ैदी से बात न करे।'[15] कृष्णामाचारी ने नेहरू से अपना विरोध ज़ाहिर किया कि प्रस्ताव ख़ारिज किया जाना सरकारी नीति के लिहाज़ से ग़ैरमुनासिब था जिसने योजनाबद्ध विकास के लक्ष्य को पूरा करने के लिए काफ़ी हद तक निजी उद्यम पर भरोसा जताया है। 1954 के उत्तरार्ध में जब कृष्णामाचारी ने केन्द्रीय मन्त्रिमण्डल से इस्तीफ़ा दिया तो यह मुद्दा प्रत्यक्षतः इस्तीफ़ा देने के प्रमुख कारणों में से एक था। दूसरा कारण उनकी यह माँग थी कि उत्पादन मन्त्रालय को ख़त्म कर दिया जाये।[16] हालाँकि नेहरू ने एक समझौते का रास्ता निकालकर कृष्णामाचारी को वापस बुला लिया। उन्हें शान्त करने के लिए उन्होंने लोहे और इस्पात का कार्यभार उन्हें ही सौंप दिया और उत्पादन मन्त्रालय को इस धारणा के तहत बनाये रखा कि इसका ताल्लुक सिर्फ़ सार्वजनिक क्षेत्र से होगा जबकि निजी क्षेत्र को वाणिज्य और उद्योग मन्त्रालय देखेगा।[17] व्यावसायिक हलकों में इस बात की चर्चा काफ़ी तेज़ थी कि बिरला ने अगर कम नियन्त्रण की माँग की होती और 51–49 के मालिकाने पर सरकार के साथ राजी हो गये होते तो उनका इस्पात–प्रस्ताव सम्भवतः मंजूर कर लिया गया होता।[18] 1955 में बिरला ने टी.टी. कृष्णामाचारी के साथ मिलकर प्रोजेक्ट शुरू करने की एक आख़िरी कोशिश उस समय की जब जे.आर.डी. टाटा के टिस्को को उसकी क्षमता दूनी करने की अनुमति दी गयी थी। हालाँकि उनकी कोशिशों का कोई नतीजा नहीं निकला और 1958 में दुर्गापुर में इकाई स्थापित करने के लिए उनके द्वारा बनायी कम्पनी को ख़त्म कर देना पड़ा।[19]

एक अन्य चुनौतीपूर्ण क्षेत्र जिसे बिरला ने 1950 के दशक के मध्य में खँगालना शुरू किया वह एल्युमिनियम का था। भारत में बाक्साइट और कोयले के बड़े भण्डार को देखते हुए यह एक आकर्षक प्रतिज्ञप्ति थी। हालाँकि उन्हें पता था कि इस तरह के महत्त्वाकांक्षी उपक्रम की सफलता के लिए विदेशी तकनीकी सहयोग की आवश्यकता पड़ेगी क्योंकि भारत की विशेषज्ञता इस क्षेत्र में नगण्य है। कोई भी योजना बनाने से पहले बिरला ने वित्त मन्त्री से उनका 'अनौपचारिक आशीर्वाद' लिया और मनुभाई शाह और टी.टी. कृष्णामाचारी से 'आगे बढ़ो' की हरी झंडी दिखवाई।[20] उनके रद्द किये गये इस्पात–प्रस्ताव के अनुभव ने उन्हें काफ़ी सतर्क बना दिया था। उनकी मंशा थी कि योजना में अपना कोई भी धन और समय लगाने से पहले जितना हो सके उतने अधिक से अधिक प्रभावशाली मन्त्रियों से स्पष्ट मंजूरी ले ली जाये। उसके बाद उन्होंने प्राथमिक काम शुरू किये, जैसे कि समझौतों की शर्तों का खाका बनाना, विदेशी मुद्रा में ऋण की सम्भावनाओं को खँगालना और उत्पादन के विवरणों का लेखा–जोखा तैयार करना। बिरला इस प्रोजेक्ट को लेकर इतने उत्साहित थे कि उन्होंने इसकी छोटी–से–छोटी बातों की योजना स्वयं तैयार की। 1957 में भागीदारों की तलाश

में उन्होंने अमेरिका की यात्रा की और विश्व बैंक के अध्यक्ष जॉर्ज वुड्स की मध्यस्थता की मार्फत अमेरिकी उद्योगपति एडगर कैज़र से सम्पर्क बनाये जो बहुतेरी कम्पनियों के स्वामित्व वाले और धातु–क्षेत्र में सुविख्यात कैज़र कॉरपोरेशन समूह के मालिक थे।[21]

कैज़र बिरला की स्पष्ट योजना से काफ़ी प्रभावित हुए। 16 दिसम्बर 1957 को उनके बीच करार पर हस्ताक्षर हुए जिसकी सार्वजनिक घोषणा अक्टूबर 1958 में जाकर की गयी। शर्तों के मुताबिक़ कैज़र एल्युमिनियम एंड केमिकल कॉरपोरेशन को पूँजीगत ढाँचे में भागीदार होना था और तकनीकी सेवाएँ उपलब्ध करानी थीं।[22] कैज़र ने 20,000 टन के संयन्त्र की अनुशंसा की जिसकी अनुमानित लागत 15 करोड़ रुपये थी। इस समझौते के पूर्व किये गये एक बाज़ार–अध्ययन में एल्युमिनियम में अच्छी–ख़ासी सम्भावना बतायी गयी थी।[23] चूँकि संयन्त्र और उपकरणों की अधिकांश ख़रीद विदेशी आपूर्तिकर्ताओं द्वारा होनी थी लिहाज़ा बिरला ने तय किया कि आधी पूँजी भी वह विदेश से ही उगाहेंगे। यह तय हुआ था कि कैज़र कॉरपोरेशन कम्पनी में 26 प्रतिशत का हिस्सेदार होगा, बिरला के पास 25 प्रतिशत शेयर होंगे और 49 प्रतिशत की उगाही सार्वजनिक तौर पर की जायेगी। बिरला ने आयात–निर्यात बैंक से भी बातचीत चलाई जिसने लम्बी अवधि का ऋण देने का वादा किया।[24] एक बार को तकनीकी और वित्तीय व्यवस्थाएँ दुरुस्त हो जाने के बाद सवाल आया कि कारख़ाना लगाना कहाँ है। जब उत्तर प्रदेश में काँग्रेस के एक सर्वाधिक महत्त्वपूर्ण नेता और बाद में मुख्यमन्त्री बने सी.बी. गुप्ता ने उनके सामने अपने राज्य में बन रहे रिहन्द बाँध के बगल में इकाई लगाने का सुझाव रखा तो बिरला उछल पड़े। गुप्ता बाँध की बिजली–उत्पादन क्षमता का पूरा उपयोग सुनिश्चित करने की फ़िक्र में थे और उन्हें यक़ीन था कि बिरला के उपक्रम की 48,000 किलोवाट की अनुमानित ज़रूरत इस स्थिति में सहायक होगी।[25] बिरला अपनी ओर से बन्धक बिजली (कैप्टिव पावर) की आपूर्ति को लेकर आश्वस्त थे। इस प्रकार रिहन्द के पास इकाई स्थापित करने का फ़ैसला लिया गया और यूपी सरकार के साथ बिजली की आपूर्ति के एक समझौते पर हस्ताक्षर हुए।[26] हालाँकि इस करार को लेकर थोड़ा जनविरोध हुआ क्योंकि रिहन्द योजना अधिकतर राज्य के नलकूपों (ट्यूबवेलों) और नदी के पंपिंग स्टेशनों को ऊर्जा आपूर्ति के लिए बनायी गयी थी।[27] करार में 1.99 पैसे प्रति यूनिट की दर से बिजली आपूर्ति की शर्त रखी गयी थी जिसमें 16 वर्षों बाद 10 प्रतिशत की वृद्धि का प्रावधान था और इसे 25 वर्षों तक लागू रखा जाना था।[28] बिरला ने मध्य प्रदेश सरकार के साथ भी खनन के एक पट्टे पर हस्ताक्षर किये। हिन्दुस्तान एल्युमिनियम कॉरपोरेशन लि. (हिंडाल्को) नाम की नयी कम्पनी 18 महीने के रेकार्ड समय में बनकर तैयार हुई और एक संयन्त्र के साथ अक्टूबर 1962 में इसमें व्यावसायिक उत्पादन शुरू हो गया। संयन्त्र की उत्पादन क्षमता सालाना 20,000 टन की थी।[29] दुर्भाग्यवश यूपी सरकार के साथ हुआ करार उस समय विवादों में आ गया जब कम्पनी ने अपनी उत्पादन क्षमता पहले 40,000 टन और बाद में बढ़ाकर 60,000 टन करनी चाही। इस माँग को पूरा करने में असमर्थ यूपी के अधिकारियों ने हिंडाल्को से कहा कि वे अपना ख़ुद का कैप्टिव पावर प्लांट (कारख़ाने को बिजली देने के लिए बनाया गया बिजलीघर) स्थापित करें। बिरला ने तब रेणुसागर ऊर्जा संयन्त्र की स्थापना की जिसमें हर टर्बो जनरेटर 67.5 मेगावाट क्षमता का था। यह कैप्टिव ऊर्जा सुविधा स्थापना की अग्रणी शुरुआत थी।

1950 के दशक में बिरला का उर्वरकों के क्षेत्र में प्रवेश करना आज़ादी के पश्चात व्यवसाय में उनके रणनीतिक दृष्टिकोण का एक और उदाहरण पेश करता है। उच्च तकनीक के साथ बुनियादी उद्योगों में दाख़िल होने की उनकी अटूट कोशिशों को अमोनियम सल्फेट, यूरिया और अन्य नाइट्रोजन आधारित उत्पादों के शुरू किये गये उत्पादन में देखा जा सकता है। इन सबकी कृषि क्षेत्र का रंगढंग बदलने के लिए तीव्र आवश्यकता थी जहाँ भूमि सुधार शुरू हो चुका था। जॉर्ज वुड्स ने एक बार फिर उन्हें प्रेरित किया। उन्होंने क़रीब 20 करोड़ रुपये के प्रस्तावित निवेश वाली एक महत्त्वाकांक्षी योजना तैयार की जिसका आधा धन विदेशी मुद्रा में उगाहा जाना था। बिरला ने अमेरिका और जर्मनी के व्यवसायियों से सम्पर्क करके इसमें भागीदारी के लिए कहा।[30] ये योजनाएँ 1960 के दशक में बहुत बाद में जाकर ही लाभकारी हो सकीं जब गोवा में यूरिया और अमोनिया के उत्पादन के लिए ज़ुआरी एग्रो केमिकल्स की स्थापना हुई।

बिरला विविधीकरण को लेकर इतने उत्साहित और आश्वस्त थे कि जब 1957 में कम्युनिस्ट नेता ई.एम.एस. नम्बूदरीपाद ने उन्हें केरल में उद्योग लगाने के लिए आमन्त्रित किया तो वह ज़रा भी नहीं हिचके, जबकि वहाँ सत्ता वामपन्थियों के हाथ में थी। विचारधारा की दूरियों के बावजूद बिरला और नम्बूदरीपाद में राज्य की औद्योगिक आवश्यकताओं को लेकर चर्चा हुई। बिरला ने प्रतिदिन सौ टन की उत्पादन–क्षमता वाला एक रेयान लुगदी संयन्त्र स्थापित करने का प्रस्ताव रखा। बिरला यह बताकर कि उनकी मिल से एक लाख रुपये की विदेशी मुद्रा की बचत होगी, लाइसेंस हासिल करने में सफल हुए। वह यह बताने में कामयाब रहे कि इकाई तैयार करने और मशीनें लाने में जो ख़र्च आयेगा उसकी भरपाई भरपूर विदेशी मुद्रा बचाकर कर ली जायेगी और लागत एक वर्ष के भीतर निकाल ली जायेगी।[31] जब उनके कुछ व्यावसायिक मित्रों ने एक कम्युनिस्ट शासित प्रदेश में निवेश को लेकर उनके निर्णय पर सवाल उठाया तो बिरला ने उनकी आशंकाओं को दरकिनार करते हुए उत्तर दिया कि 'यह केरलवासियों और हमारे दोनों के भले में है... अगर आज वहाँ कम्युनिस्टों का शासन है तो इसका यह अर्थ नहीं कि वह हमेशा ही रहेगा।'[32] इस प्रकार बिल्कुल नयी तकनीकी से सुसज्जित ग्रेसिम इंडस्ट्रीज की स्थापना हुई जिसमें बाँस और अन्य सख़्त लकड़ियों से बनायी जाने वाली रेयान के दर्जे की लुगदी का उत्पादन कोझीकोड ज़िले के मावूर नामक स्थान पर किया जाने लगा।

इस प्रकार कुल मिलाकर आज़ादी के बाद बनायी गयी विस्तार योजना बिरला समूह को नयी ऊँचाइयों पर ले जाने में सफल रही, जो कि सम्पत्ति, टर्नओवर और मुनाफ़े के मामले में टाटा समूह के बाद दूसरे नम्बर पर था। हालाँकि इस दौरान तीन धक्के भी समूह को लगे। पहला अगस्त 1953 में नागरिक उड्डयन क्षेत्र के राष्ट्रीयकरण के वक़्त, जब नाममात्र का मुआवज़े देकर बिरला की भारत एयरवेज का राष्ट्रीयकरण किया गया। बाद में कम्पनी का नाम बदलकर भारत कॉमर्स एंड इंडस्ट्री लि. कर दिया गया और यह कॉटन स्पिनिंग के काम में चली गयी।[33] दूसरा झटका दुर्गापुर स्टील प्लांट के प्रकरण को लेकर था, और तीसरा 1956 में तब जब जीवन बीमा का राष्ट्रीयकरण किया गया।

बिरला समूह ने 'लाइसेंस राज' में क्रियाशील रहने के तरीके ढूँढ़ लिए थे। अन्य व्यावसायिक घरानों की तरह उन्होंने भी औद्योगिक लाइसेंसिंग की व्यवस्था में लाभकारी

तरह से काम करने की कला में महारत हासिल कर ली थी, जिसके अन्तर्गत कई–कई आवेदन किये जाते थे और ठेके हासिल करने के लिए पूर्व में ही प्रयास करने पड़ते थे। समूह की अलग–अलग फर्मों के नाम से दरख़्वास्तें दी जाती थीं और जब लाइसेंस प्राप्त हो जाता था तो मात्र किसी एक फर्म पर लागू होता था। इस तरह के आवेदन बाक़ी सम्भावित उद्यमियों के लाइसेंस लेने की क्षमता में 'रोड़े अटकाते।'[34] लाइसेंस और परमिट राज ने व्यवसायियों और नौकरशाहों के बीच भ्रष्टाचार में भी काफ़ी इज़ाफ़ा किया था।[35] दूसरों की तरह बिरला बन्धुओं को भी उद्योग और वाणिज्य मन्त्रालयों के सन्दर्भित विभागों में सम्पर्क रखने वाले आदमियों पर निर्भर रहना होता था जो आवेदनों की प्रगति को सुचारु बनाये रखते थे। अन्ततः नयी दिल्ली के ओहदेदारों से निजी ताल्लुकात सिस्टम से काम निकालने में कारगर सिद्ध हुए थे।

मुड़कर देखें तो नेहरू के शासन के वर्षों में बिरला परिवार के व्यवसाय में काफ़ी विस्तार हुआ। योजनाबद्ध आर्थिक विकास की समाजवादी तुकबन्दियों के बावजूद बिरला का व्यापार–साम्राज्य निरन्तर फलता–फूलता रहा। इसकी वजह थी बिरला का रणनीतिक नज़रिया जिसमें उन्हें अपने भाइयों और नयी पीढ़ी से भरपूर सहयोग मिला। स्वतन्त्रता के पूर्व बिरला समूह के हिस्से की पूँजी 24.8 करोड़ रुपये थी जो 1958 में बढ़कर 68.6 करोड़ रुपये तक पहुँच चुकी थी। उनकी पब्लिक कम्पनियों के सकल पूँजी स्टाक का बही–मूल्य इन वर्षों के दौरान दुगने से भी ज़्यादा (1951 में 65.26 करोड़ से 1958 में 152.14 करोड़) हो गया था और उनके द्वारा नियन्त्रित निजी कम्पनियों की संख्या 1951 में 61 के मुक़ाबले 1958 में बढ़कर 105 हो गयी थी।[36] 1958 तक टाटा–बिरला ग्रुप संयुक्त रूप से निजी कॉरपोरेट क्षेत्र की भौतिक सम्पत्ति के क़रीब पाँचवें हिस्से के मालिक थे।

सन्दर्भ एवं टिप्पणियाँ

1. इन विषयों पर एक विचार–विमर्श के लिए देखें, अन्ना मारिया मिश्रा, *बिज़नेस, रेस एंड पॉलिटिक्स इन ब्रिटिश इंडिया, 1850–1960* (ऑक्सफोर्ड, क्लेरेंडॉन प्रेस, 1999)।
2. जून 1954 में जारी इसकी सालाना रिपोर्ट में इसने कुल जमा शेष 4,54,000 रुपये दिखाया। इसने कार के 'बॉडी पार्ट्स' का उत्पादन भी शुरू कर दिया। जे. वेस्ली एडम्स की ओर से सेक्रेटरी ऑफ़ स्टेट, 'वीकली रिपोर्ट, जुलाई 29, 1954', उद्धृत, सीआईए पेपर्स, रील–23।
3. कम्पनी के ब्योरों के लिए देखें, *ईस्टर्न इकोनॉमिस्ट,* 16 जनवरी 1953।
4. बिरला की ओर से महाराजा त्रावणकोर को, 26 मई 1950, बिरला पेपर्स, सीरीज़ I, फ़ाइल नम्बर टी–6, त्रावणकोर महाराजा।
5. *मॉडर्न इंडिया, हेरिटेज एंड अचीवमेंट,* जी.डी. बिरला, अस्सीवाँ जन्मदिवस स्मृति ग्रन्थ (पिलानी, 1977)।
6. बिरला की ओर से टी.टी. कृष्णामाचारी को, 7 अप्रैल 1956, बिरला पेपर्स, सीरीज़ फॉरेन कोरेस्पोंडेंस, फ़ाइल नम्बर के–82, 1955–8।
7. बिरला की ओर से टी.टी. कृष्णामाचारी को, 7 अप्रैल 1956, बिरला पेपर्स, सीरीज़ फॉरेन कोरेस्पोंडेंस, फ़ाइल नम्बर के–82, 1955–8। बिरला की ओर से एस्कॉट रीड को, 25 नवम्बर 1955, बिरला पेपर्स, सीरीज़ I, फ़ाइल नम्बर सी–18, कनाडा के उच्चायुक्त व व्यापार कमिश्नर।
8. बिरला की ओर से टी.टी. कृष्णामाचारी को, 4 अगस्त 1954, बिरला पेपर्स, साथ ही देखें, बिरला की ओर से टी.टी. कृष्णामाचारी को, 31 जुलाई 1954, बिरला पेपर्स, सीरीज़ I, फ़ाइल नम्बर के–13, टी. टी. कृष्णामाचारी।

9. बिरला की ओर से टी.टी. कृष्णामाचारी को, 4 अगस्त 1954, बिरला पेपर्स, सीरीज़ I, फ़ाइल नम्बर के–13, टी.टी. कृष्णामाचारी।

10. बिरला की ओर से जी.एल. नन्दा को, 10 अक्टूबर 1951, बिरला पेपर्स, सीरीज़ I, फ़ाइल नम्बर एल–11, नन्दा, जी.एल.।

11. यूके की अपनी यात्रा के दौरान बिरला 'बोर्ड ऑफ़ ट्रेड' और 'कॉमनवेल्थ रिलेशंस' के ख़ज़ाना–सदस्यों से मिले, बिरला की ओर से टी.टी. कृष्णामाचारी को, 31 जुलाई 1954, बिरला पेपर्स, सीरीज़ I, साथ ही देखें, फ़्रेडरिक पी. बार्टलेट की ओर से सेक्रेटरी ऑफ़ स्टेट को, वीकली रिपोर्ट, 30 सितम्बर 1954 और 14 अक्टूबर 1954, उद्धृत, सीआईए पेपर्स।

12. *द इकोनॉमिस्ट* (लन्दन), 4 दिसम्बर 1954, पृ. 815।

13. 'आल अबाउट दुर्गापुर', उद्धृत, *द इकोनॉमिक वीकली,* 4 दिसम्बर 1954।

14. बिरला की ओर से टी.टी. कृष्णामाचारी को, 25 जुलाई 1955, बिरला पेपर्स, सीरीज़ I, फ़ाइल नम्बर के–13, टी.टी. कृष्णामाचारी।

15. गीता पिरामल, *बिज़नेस महाराजाज,* पृ. 126।

16. *द इकोनॉमिस्ट* (लन्दन), 4 दिसम्बर 1954, पृ. 815। साथ ही इस प्रकरण के ब्योरों के लिए देखें, एम. ब्रेचर, *जवाहरलाल नेहरू, अ पॉलिटिकल बायोग्राफ़ी,* पृ. 455–6।

17. साथ ही देखें, एम. ब्रेचर, *जवाहरलाल नेहरू, अ पॉलिटिकल बायोग्राफ़ी,* पृ. 455–6।

18. 'आल अबाउट दुर्गापुर', उद्धृत, *द इकोनॉमिक वीकली,* 4 दिसम्बर 1954।

19. बिरला की ओर से टी.टी. कृष्णामाचारी को, 24 जुलाई 1955, बिरला पेपर्स, सीरीज़ I, फ़ाइल नम्बर के–13, टी.टी. कृष्णामाचारी।

20. बिरला की ओर से मनुभाई शाह को, 17 अगस्त 1956, बिरला पेपर्स, फॉरेन कोरेस्पोंडेंस, एस–90, 1955–6।

21. भारत के साथ अपने लम्बे जुड़ाव के कारण वुड्स बिरला और भारत के कई व्यापारियों से परिचित थे। वे सबसे पहले 1952 में टाटा आयरन एंड स्टील तथा द स्टील कम्पनी ऑफ़ बंगाल के एकीकरण के लिए सलाहकार के रूप में भारत में पश्चिम बंगाल में आये थे। 1954 में वे इंडस्ट्रियल क्रेडिट एंड इन्वेस्टमेंट कॉरपोरेशन ऑफ़ इंडिया की मदद करने के लिए दोबारा लौटे।

22. बिरला की ओर से जॉर्ज वुड्स को, 9 फ़रवरी 1958, बिरला पेपर्स, सीरीज़ फॉरेन कोरेस्पोंडेंस, फ़ाइल नम्बर डब्ल्यू–137–एस, 1958–60।

23. बिरला की ओर से मनुभाई शाह को, 11 अगस्त 1958, बिरला पेपर्स, फॉरेन कोरेस्पोंडेंस, फ़ाइल नम्बर 137–7–एस, 1958–60।

24. बिरला की ओर से जॉर्ज वुड्स को, 9 फ़रवरी 1958, बिरला पेपर्स, फॉरेन कोरेस्पोंडेंस, फ़ाइल नम्बर डबल्यू–116, 1956–58।

25. गीता पिरामल, *बिज़नेस महाराजाज,* पृ. 129।

26. बिरला की ओर से सम्पूर्णानन्द जी को, 13 अगस्त 1958, बिरला पेपर्स, फॉरेन कोरेस्पोंडेंस, फ़ाइल नम्बर एस–137, 1958–60, बिरला की ओर से जी.बी. पन्त को, 13 अगस्त 1958, बिरला पेपर्स, फॉरेन कोरेस्पोंडेंस, फ़ाइल नम्बर पी–135, 1959–60, जी.बी. पन्त की ओर से बिरला को, 2 सितम्बर 1958 और बिरला की ओर से जी.बी. पन्त को, 8 सितम्बर 1958, बिरला पेपर्स, फॉरेन कोरेस्पोंडेंस, फ़ाइल नम्बर पी–135, 1959–60।

27. किदरों, *फॉरेन इन्वेस्टमेंट इन इंडिया* (लन्दन, ऑक्सफोर्ड यूनिवर्सिटी प्रेस, 1965), पृ. 147।

28. गीता पिरामल, *बिज़नेस महाराजाज,* पृ. 130–1।

29. *वही*।

30. बिरला की ओर से जॉर्ज वुड्स को, 9 फ़रवरी 1958, बिरला पेपर्स, फॉरेन कोरेस्पोंडेंस, फ़ाइल नम्बर डब्ल्यू–116, 1956–58।
31. बिरला की ओर से एस. रंगनाथन को, आईसीएस, 20 अगस्त 1958, बिरला पेपर्स, फॉरेन कोरेस्पोंडेंस, फ़ाइल नम्बर एस–137, 1958–60।
32. गीता पिरामल, *बिज़नेस महाराजाज*, पृ. 91।
33. बी.के. बिरला, *अ रेयर लीगेसी*, पृ. 58।
34. फ्रेंकल, फ्रेंसीन, *इंडियाज पॉलिटिकल इकोनॉमी, 1947–1977 : द ग्रेजुअल रिवोल्यूशन* (प्रिंस्टन यूनिवर्सिटी प्रेस, 1978), पृ. 335।
35. टॉमलिंसन बी.आर., *द पॉलिटिकल इकोनॉमी ऑफ़ द राज, 1914–1947 : द इकॉनॉमिक्स ऑफ़ डिकॉलोनाइजेशन इन इंडिया* (लन्दन, मैकमिलन, 1979), पृ. 185।
36. आर.के. हज़ारी, *द स्ट्रक्चर ऑफ़ द कॉरपोरेट प्राइवेट सेक्टर : अ स्टडी ऑफ़ कंसेंट्रेशन, ओनरशिप एंड कंट्रोल* (बॉम्बे, एशिया पब्लिशिंग हाउस, 1966)।

अध्याय 15

सुधारों का शास्त्री युग

27 मई 1964 को जवाहरलाल नेहरू का निधन 20वीं सदी के भारतीय इतिहास के एक युग का अन्त था। नेहरू का उत्तराधिकारी कौन होगा और नया नेता देश को किस दिशा में लेकर जायेगा इस बाबत अटकलों का बाज़ार गर्म था। जब नेहरू के उत्तराधिकारी के रूप में शास्त्री का नाम सामने आया तो बिरला बहुत ख़ुश हुए। शास्त्री और उनके कई एक जैसे जुड़ाव थे, जिन्होंने एक विलक्षण संयोग के तौर पर शुरुआती उम्र में उनके कैरियर को आकार दिया था। शास्त्री काशी विद्यापीठ से स्नातक थे (जो आगे चलकर बीएचयू के रूप में विकसित हुआ जिसके बनने में बिरला बन्धु सबसे बड़े दानदाता रहे थे) और उनके नाम के आगे जो शास्त्री लगा था वह 1925 में इसी संस्थान से प्राप्त डिग्री के कारण जुड़ा था। इसके अलावा नये प्रधानमन्त्री को सार्वजनिक जीवन में कोई और नहीं बल्कि लाला लाजपत राय और उनकी 'सर्वेंट्स ऑफ़ द पीपुल्स सोसायटी' लेकर आये थे। जैसी कि पहले चर्चा की जा चुकी है लाजपत राय ने इस संस्था की स्थापना भविष्य के नेताओं का कैडर खड़ा करने के लिए की थी और इसके काम के लिए वह बिरला से वित्तीय सहयोग माँगने गये थे। सोसायटी का शुभारम्भ 1921 में गाँधीजी द्वारा लाहौर में किया गया था और यह 'एक जीवन क्रम' के रूप में स्थापित की गयी थी। इसमें उन्हीं युवकों को शामिल किया जाता था जो देश की जनता की सेवा करने में अपना पूरा जीवन समर्पित करने के लिए कृतसंकल्प होते थे। शास्त्री को सोसायटी में लाने वाले और समर्पण का संकल्प दिलाने वाले इलाहाबाद के प्रसिद्ध काँग्रेसी नेता पुरुषोत्तमदास टण्डन थे।[1] सोसायटी के सदस्यों ने स्वयंसेवकों का एक प्रतिबद्ध समुदाय बनाया था जिनका चयन स्वयं लाजपत राय करते थे। ये कम–से–कम 20 वर्षों तक सेवा करने का संकल्प लेते थे और सोसायटी के कड़े नियमों और अनुशासन से बँधने का इकरार करते थे।[2]

इस सघन रूप से बने राजनीतिक समूह में 1920 के दशक में भी बिरला परिवार को व्यापक रूप से एक मूल्यवान संरक्षक माना जाता था जिनका समर्थन सोसायटी के उद्देश्य को सफल बनाने में महत्त्वपूर्ण था। शास्त्री को सोसायटी की ओर से पहला काम अछूतोद्धार का सौंपा गया था। यह एक अस्पृश्यता विरोधी अभियान था जिसकी शुरुआत लाजपत राय ने पंजाब और यूपी में की थी। इस अभियान को इसलिए हाथ में लिया गया क्योंकि किसी और ने नहीं बल्कि जुगलकिशोर ने इसके लिए सोसायटी को प्रतिमाह 5,000 रुपये देने

की ज़िम्मेदारी हाथ में ली थी।[3] इस प्रकार यह कहा जा सकता है कि जिस समय शास्त्री सार्वजनिक मामलों में अपना पैर जमाने में जुटे थे तब तक बिरला परिवार पहले ही अपनी संरक्षक की भूमिका में स्थापित हो चुका था। बहरहाल, वे एक ही राजनीतिक दुनिया से ताल्लुक रखते थे और दोनों ही महत्त्वपूर्ण राजनेताओं, लाजपत राय और पुरुषोत्तमदास टण्डन, के साथ निजी घनिष्ठताओं में रहे थे।[4] जैसे ही शास्त्री प्रधानमन्त्री बने वैसे ही दोनों व्यक्तियों के लिए अपने समान संरक्षक को एक साथ उपहार देने का मौक़ा आ गया। शास्त्री ने बिरला को लाजपत राय की जन्मशती के जश्न के लिए बनी कमेटी में शामिल किया। बिरला को 'सर्वेंट्स ऑफ़ द पीपुल्स सोसायटी' का ट्रस्टी बनने के लिए भी आमन्त्रित किया गया, जिसके हाल ही में शास्त्री अध्यक्ष बने थे। और बिरला जल्द ही पूरे दिल से शताब्दी कमेटी के काम को सफल बनाने में जुट गये।[5]

इतने लम्बे सान्निध्य को देखते हुए बिरला की शास्त्री से निजी तौर पर अच्छी जमती थी। उनका मानना था कि नये प्रधानमन्त्री के पास 'ग़ज़ब की सहज बुद्धि' है जबकि कोई समाजवादी भ्रम नहीं है। वह एक दूरदर्शी नेता थे जिनसे उम्मीद की जा सकती थी कि देश की समस्याओं को सुलझाने के लिए वह एक व्यावहारिक रवैया अपनाएँगे। बिरला ख़ुद भी उम्मीदज़दा थे कि राजनीतिक नेतृत्व में परिवर्तन से एक ऐसा माहौल तैयार होगा जो निजी उद्यमिता के लिए नेहरू युग की बेड़ियों को तोड़कर आर्थिक विकास में एक अर्थपूर्ण और सीधी भूमिका निभाने के लिहाज़ से हितकारी होगा।

शास्त्री के बनाये मन्त्रिमण्डल ने एक बार फिर बिरला की उम्मीदों को बढ़ाया। पहले के वामपन्थियों वी.के. कृष्ण मेनन और के.डी. मालवीय को छोड़ दिया गया था। उद्योगपतियों के प्रति नरम रुख़ रखने वाले टी.टी. कृष्णामाचारी को वित्त विभाग का मुखिया एक बार फिर बनाया गया था, सी. सुब्रमण्यम को कृषि मन्त्रालय और अशोक मेहता को योजना का प्रभारी बनाया गया था। ये तीनों प्रभावशाली मन्त्री अब आर्थिक नीति तैयार करने के लिए उत्तरदायी थे। उन्हें लाइसेंस और नियन्त्रण प्रथा पर भरोसा नहीं था और बाज़ार पर भरोसा रखने की वकालत करते थे। हालाँकि कुछ मन्त्रियों, जैसे गुलज़ारी लाल नन्दा और वाई.बी. चव्हाण को वामपन्थी झुकाव वाला माना जाता था, पर विचारधारात्मक रूप से प्रतिबद्ध वामपन्थी की छवि उनकी नहीं थी। इस तरह के मन्त्रिमण्डल को लेकर बिरला को उम्मीद थी कि अब बहुत से बड़े नेता निजी उद्यम के पक्ष में खुलकर बोलने की स्थिति में होंगे जो नेहरू के समय में अपने को असहज पाते थे। इसके अलावा मन्त्रिमण्डल के बाहर भी तमाम ऐसे राजनेता थे जिनका इस नयी व्यवस्था में प्रभाव था और जिन्हें बिरला का मित्र कहा जा सकता था। इनमें एस.के. पाटिल, जिनसे उनका घनिष्ठ अपनापा रहा था, बहुत ज़्यादा शक्तिशाली थे जिन्होंने गुजरात और महाराष्ट्र के सांसदों को शास्त्री के पक्ष में लाने में महत्त्वपूर्ण भूमिका निभाई थी। उन्हें निजी क्षेत्र के पक्ष में खुलकर और स्पष्टता से बोलने वाले व्यक्ति के रूप में देखा जाता था।[6] बहुत से क्षेत्रीय काँग्रेस प्रमुखों के साथ भी बिरला के घनिष्ठ निजी रिश्ते थे, जैसे कि यूपी के चन्द्रभान गुप्ता और पश्चिम बंगाल के अतुल्य घोष। बिरला के आशावाद का एक अन्य आधार यह था कि नये प्रधानमन्त्री आर्थिक नीति पर मशविरे के लिए लोक सेवकों पर निर्भर थे। शास्त्री ने आर्थिक मामलों पर विशेष सलाह के लिए एल.के. झा को अपना प्रमुख निजी सचिव बनाया।[7] शास्त्री के कैबिनेट सचिव धरम वीरा

एक सम्मानित लोक सेवक थे और ख़ुद भी एक व्यावसायिक परिवार से ताल्लुक रखते थे। बिरला के सम्बन्ध दोनों के साथ अच्छे थे और झा के साथ 1940 के दशक के शुरू से ही उनकी अच्छी निकटता रही थी।[8]

नयी व्यवस्था से उम्मीदें

हर तरफ़ परिवर्तन के संकेत मिल रहे थे। बिरला को महसूस हुआ कि देश को नयी आर्थिक दिशा देने का यह उपयुक्त समय है और आज़ादी के 17 वर्षों बाद तक यहाँ जो भ्रम और दुविधा की स्थिति बनी हुई है उससे इसे बाहर निकाला जाना चाहिए। बिरला विचारों से सराबोर थे कि क्या–क्या किया जा सकता है। बिना माँगे सलाह देना उनके स्वभाव में नहीं था, और लेखन में तो यह बात बिल्कुल ही नहीं थी। फिर भी वह वास्तविक बदलाव की सम्भावना से इतने उत्साहित थे कि आर्थिक क्षेत्र में नीति परिवर्तन के अपने विचारों को उन्होंने नये प्रधानमन्त्री के लिए 16 पृष्ठों के एक नोट में क्रमबद्ध कर दिया।

> क्या हम बहुत रूढ़िवादी हो गये हैं–सिर्फ़ कल्पनाओं के पीछे दौड़ने वाले और अपने उद्देश्यों और उन्हें पाने के तरीक़ों को लेकर हममें बहुत कम व्यावहारिकता रह गयी है?... दुर्भाग्यवश हम कभी भी विचार की जटिल सैद्धान्तिक पद्धतियों से अपना पिंड नहीं छुड़ा सके। हम उत्पादन बढ़ाने के पीछे नहीं भाग रहे बल्कि जनता को राजनीतिक नारे देने में लगे हैं। सभी मानते हैं कि उत्पादन ही धुरी है, निर्धनता को समाप्त करने की कुंजी है। लेकिन हमने अपनी बहुत कम ऊर्जा, विचार और प्रयास उत्पादन बढ़ाने को लेकर ख़र्च किये हैं। हमने हमेशा समाजवाद, नियन्त्रण और अनुशासन पर ज़ोर दिया है और यह सब हमने जनता का ध्यान अपनी असफलताओं से हटाने के लिए किया है और उत्पादन को बाधित करने की हरसम्भव कोशिश की है जिसकी आर्थिक दशा सुधारने में सबसे ज़्यादा अहमियत थी...
>
> अगर इन तथाकथित पूँजीवादी देशों ने स्वतन्त्र उद्यम की व्यवस्था अपनाकर बेहतर नतीजे दिये हैं और रूस जैसे तथाकथित समाजवादी देशों की तुलना में अधिक कार्यकुशलता, अधिक सम्पन्नता और वहाँ से बेहतर जीवन स्तर प्रदान किया है तो हमारे लिए कौन–सा मॉडल अनुकरण के लिए बेहतर होगा? क्या हमें इन सफल देशों के हिसाब से नहीं चलना चाहिए और उनकी पद्धतियों का अनुसरण ही नहीं करना चाहिए, बजाय कि अवाडी और भुवनेश्वर का ढोल पीटना चाहिए... यह स्पष्ट है कि समाजवाद, नियन्त्रित अर्थव्यवस्था और योजनाबद्धता का कोई फल इन तथाकथित समाजवादी देशों में हमें नहीं मिला है...
>
> ...हम सादगी की बात करते हैं जो हमें अभावों की ओर ले जाती है। कम उपभोग कम उत्पादन और अति ग़रीबी को जन्म देता है। इस सोच को अब उलट देना चाहिए। आदमी की अच्छाइयों का मूल्यांकन इस आधार पर नहीं होना चाहिए कि उसने कितने कष्ट झेले बल्कि इस आधार पर होना चाहिए कि उसने ज़्यादा चीज़ें बनाने में कितना योगदान दिया। अगर इस ख़तरनाक मनोविज्ञान को बदलना है तो सबसे पहले योजना आयोग में बदलाव लाना होगा जो अपनी नीतियों में इस प्रकार के बदलाव करे जिससे उपभोक्ता वस्तुओं की बहुतायत हो। योजना आयोग नकारात्मक तत्त्वों का आयोग है। यह 'करो' के बजाय 'न करो' की वकालत करता है।

> उनके पास लोगों को कुछ करने से रोकने वाला हज़ारों असलहा है, पर एक भी ऐसी सकारात्मक नीति नहीं है जिससे उत्पादन बढ़ाया जा सके... अगर हमने एक सकारात्मक दृष्टिकोण नहीं अपनाया और सादगी की नीति को उपभोग और उत्पादन बढ़ाने की नीति से नहीं बदला और नकारात्मकता की नीति की जगह सक्रियता की सकारात्मक नीति नहीं लाये, 'नहीं' की नीति को 'हाँ' की नीति में तब्दील नहीं किया तो भारत अन्धकार के गर्त में होगा।[9]

हालाँकि शास्त्री ने इस पत्र का क्या उत्तर दिया यह जानकारी नहीं है, लेकिन बिरला को इस बात का सन्तोष ज़रूर था कि उन्होंने अपने विचार स्पष्ट और बेबाक ढंग से उच्च नेतृत्व के पास पहुँचा दिये हैं—एक ऐसा काम जो कोई व्यवसायी नेहरू के वक़्त में करने की हिम्मत नहीं कर सका था। यहाँ तक कि नेहरू के काफ़ी क़रीबी रहे जे.आर.डी. टाटा भी उन्हें अर्थव्यवस्था को लेकर कोई गम्भीर सलाह देने की नहीं सोच सके। टाटा ने बाद में याद किया कि 'जब भी मैं नेहरू से अर्थव्यवस्था को लेकर कोई गम्भीर बात करने की कोशिश करता था तब वह खिड़की से बाहर झाँकने लगते थे या बगीचे में मौजूद पांडा को देखने के लिए कहते थे।'[10] अब ऐसा लग रहा था कि बदलावों को लाने वाली बयार बहने लगी है जिसकी वकालत बिरला और निजी उद्यमिता के हिमायती लम्बे समय से करते चले आ रहे थे। उस समय जो आर्थिक स्थितियाँ थीं उनसे भी सुधारों को काफ़ी बल मिलता था। आर्थिक नियोजन का जो आशावाद पहले दशक में छाया हुआ था वह समाप्त हो चला था।[11] देश के समक्ष विषम आर्थिक चुनौतियाँ मौजूद थीं : कृषि में जड़ता आ गयी थी, औद्योगिक विकास सुस्त रफ़्तार पर था, विदेशी मुद्रा भंडार अपने निम्नतम स्तर पर पहुँच चुका था, बेरोज़गारी तेज़ी से फैल रही थी और उपभोक्ता वस्तुओं की तंगी के चलते कालाबाज़ारी ज़ोरों पर थी। विभिन्न हलकों से जो रिपोर्टें और सलाहें उन्हें मिल रही थीं उससे शास्त्री 'तथ्यों को अपने निरे रूप में' देख सकते थे।

सत्ता में आने के तीन माह के भीतर ही शास्त्री ने कुछ कठोर क़दम उठाने के संकेत दिये जिससे लगता था कि चीज़ें साफ़ तौर पर नेहरूवादी ढाँचे से हटकर होने वाली हैं। 1964 की गर्मियों में स्वयं नियन्त्रणों की समीक्षा का निर्णय लेकर शास्त्री ने इसकी शुरुआत की : गृह मन्त्री जी.एल. नन्दा ने फिक्की को आश्वस्त किया कि परिवर्तन आने वाले हैं और यहाँ तक कि उससे अनुशंसाएँ तक भेजने के लिए कह दिया। अगस्त 1965 में शास्त्री ने संसद में घोषणा की कि नियन्त्रणों पर पुनर्विचार किया जायेगा। इसके तहत लोहे और सीमेंट के विशेष क्षेत्रों को नियन्त्रण मुक्त कर दिया गया।[12] उन उद्योगों में जहाँ नियन्त्रण की कोई उपयोगिता नहीं दिखायी देती थी उसे भी नियन्त्रण मुक्त किया जाना था और व्यावसायिक हलकों में यह बात अब बाकायदे जानकारी में आ चुकी थी कि सरकार 'नियन्त्रण मुक्ति' के लिए अब और 'उम्मीदवारों' की तलाश में है। इसके अलावा उच्चतम स्तर पर सार्वजनिक क्षेत्र की स्थिति को लेकर भी सवाल उठे। शास्त्री ने सार्वजनिक क्षेत्र की उन सभी बड़ी योजनाओं, जिन पर अभी तक काम शुरू नहीं हुआ था, की समीक्षा किये जाने के आदेश दे डाले। वित्त मन्त्री और योजना आयोग को निर्देश हुआ कि वह उन योजनाओं की नये सिरे से समीक्षा करें जिनके लिए धन आबंटित कर दिया गया है। फिर फ्रेंसाइन फ्रैंकल द्वारा बारीक़ी से विश्लेषित किये गये उपायों की एक श्रृंखला में शास्त्री ने नीतिगत निर्णय

लेने का अधिकार योजना आयोग से मन्त्रालयों के हाथों में और केन्द्र से राज्यों के हाथों में देने की कोशिश कर आर्थिक विकेन्द्रीकरण का प्रयास किया। नेहरू के अधीन रही योजना आयोग की मज़बूत पकड़ उस वक़्त ज़बरदस्त तरह से घट गयी जब फ़रवरी 1965 में राष्ट्रीय योजना परिषद् का गठन किया गया। यह एक सत्रह सदस्यीय निकाय था जिसमें उद्योगपति, वैज्ञानिक, अर्थशास्त्री, ट्रेड यूनियन कार्यकर्ता और ग्रामीण कार्यकर्ता शामिल थे। परिषद्, जिसे कई लोगों द्वारा योजना आयोग का प्रतिद्वन्द्वी माना गया, का काम नीतिगत मामलों में सरकार को सलाह देना और विकासोन्मुख प्राथमिकताओं को देखना था।

साथ–साथ आने वाली चौथी पंचवर्षीय योजना को लेकर ज़ोरदार बहस छिड़ गयी : उसके आकार, उद्योग और कृषि के मध्य संसाधनों के विभाजन और निवेश राशि के निजी और सार्वजनिक क्षेत्रों में बँटवारे को लेकर। कैबिनेट मन्त्री अब खुलेआम औद्योगिक नीति प्रस्ताव जैसी पुरानी नीतियों की तर्कसंगतता पर सवाल उठाने लगे और एल.के. झा जैसे प्रभावशाली नौकरशाहों ने निजी क्षेत्र को ज़्यादा बड़ी भूमिका दिये जाने के पक्ष में खुलकर बोलना शुरू कर दिया।[13] झा ने तो यहाँ तक कह डाला कि प्रधानमन्त्री ख़ुद ऐसा मानते हैं कि 'योजना के साथ कुछ गड़बड़ ज़रूर है जो इससे आम आदमी को इतना कम लाभ हुआ।'

आर्थिक विकास में विदेशी पूँजी क्या भूमिका निभा सकती है इसे क़बूल करने की एक मंशा दिख रही थी और संयुक्त उपक्रमों पर पाबन्दियों में कुछ ढिलाई दिये जाने की भी चर्चा थी। यह बात बिरला को उस समय और स्पष्ट हो गयी जब उन्होंने फ़रवरी 1965 में फिक्की की मेज़बानी में दिल्ली में आयोजित इंटरनेशनल चेम्बर ऑफ़ कॉमर्स की 20वीं काँग्रेस में हिस्सा लिया।[14] सम्मेलन का उद्‌घाटन प्रधानमन्त्री ने किया। उन्होंने 'विनिमय और तकनीकी जानकारी के लिए औद्योगिक पूँजी की आवश्यकता और उपलब्धता के अन्तर को भरने' में विदेशी पूँजी की भूमिका का ज़िक्र किया। विदेशी निवेशकों की चिन्ताओं के सन्दर्भ में उन्होंने कहा कि वे भारत जैसे विकासशील देश की सीमाओं को समझने की कोशिश करें। जवाब में इंटरनेशनल चेम्बर ऑफ़ कॉमर्स ने अपनी प्रतिक्रिया में इस बात पर ज़ोर दिया कि अगर सरकार अधिक विदेशी निवेश चाहती है तो उसे 'राज्यवाद' को कम करने पर विचार करना होगा और एक ज़्यादा उदार कर–व्यवस्था बनानी होगी जो निजी बचतों या कॉरपोरेट संचय के ज़रिये पूँजी–निर्माण को बढ़ावा दे।[15] इस आयोजन से व्यावसायिक हलकों में यह उम्मीद बँधी कि निजी विदेशी निवेश को बढ़ावा दिया जायेगा जिसका लाभ घरेलू निजी उद्योगों को मिलेगा।

हालाँकि आशाएँ तो काफ़ी बढ़ी–चढ़ी थीं लेकिन बड़े व्यवसायी यह देखने को व्यग्र थे कि नीतियों में किस तरह के वास्तविक परिवर्तन किये जाते हैं। कृष्णामाचारी का पहला बजट वादे के मुताबिक़ प्रतीत हो रहा था : वह देख सके थे कि 'कॉरपोरेट सेक्टर में इस वक़्त की पहली ज़रूरत भरोसे का संचार करने की है।'[16] बिरला ने कहा कि वह अन्ततः निर्यात और उत्पादन उन्मुख बजट से बहुत ख़ुश हैं। उनका विचार था कि निर्यातकों और निर्यातोन्मुख उत्पादकों को कर–मुक्त सुविधाएँ देकर कृष्णामाचारी ने 'वाकई बहुत अच्छा क़दम' उठाया है। इसके अलावा कई मूलभूत उपभोक्ता सामानों पर से उत्पाद शुल्क हटा लिया गया था, कर–राहतें बड़ी तादाद में उद्योगों तक बढ़ा दी गयी थीं, और निजी करों की दरें हर स्तर के व्यक्तियों के लिए घटा दी गयी थीं। करदाताओं के लिए अनिवार्य जमा

योजना से सम्बद्ध कई महत्त्वपूर्ण छूटें भी दी गयी थीं। बिरला के विचार में कुल मिलाकर बजट एक नया मनोविज्ञान और एक नयी उम्मीद पैदा कर रहा था। वित्त मन्त्री को बधाई देते हुए उन्होंने कहा 'आपने लोगों के दिलों में ख़ुशियाँ भर दी हैं।'[17]

हालाँकि चेम्बर्स ऑफ़ कॉमर्स और स्टॉक एक्सचेंज की प्रतिक्रिया बजट के समर्थन में नहीं थी, जिसका कारण बिरला ने उनकी अयथार्थवादी अपेक्षाओं को बताया। उन्होंने दृढ़तापूर्वक कृष्णामाचारी का बचाव किया, जिन्हें 'भीड़ भरे रास्ते से गाड़ी निकालनी थी और हदों में रहकर काम करना था' और लिहाज़ा वह इससे अच्छा कुछ नहीं कर सकते थे। बिरला ने वित्त मन्त्री को उनके शानदार प्रयास के लिए बधाई दी, हालाँकि वह बजटीय प्रावधानों की उससे कहीं ज़्यादा 'उदार' व्याख्या की उम्मीद रखे हुए थे।[18]

सरकार और उद्योग के बीच पुल की भूमिका

फिर भी काफ़ी समय तक बिरला के उद्योगपति साथी परिवर्तन की पीड़ादायी धीमी रफ़्तार से तनावग्रस्त बने रहे। कइयों को उम्मीद थी कि शास्त्री के सत्ता में आने से भारी उलटफेर हो जायेगा और नेहरू की कंट्रोल की नीतियाँ रातोंरात ग़ायब हो जायेंगी। इसके अलावा उन्हें उम्मीद थी कि कम–से–कम नया उद्योग लगाने के लिए लाइसेंस के उनके आवेदन तो तुरन्त मंजूर कर ही लिए जायेंगे। यह उम्मीद कुछ इसलिए भी पैदा हुई थी कि 1958 और 1961 के बीच जब शास्त्री वाणिज्य और उद्योग मन्त्री थे तो उन्होंने बड़ी तादाद में उद्योग लगाने के लाइसेंस दिये थे और कई विदेशी और तकनीकी समझौतों को मंजूर किया था।[19] तो भी औद्योगिक अपेक्षाओं और कार्यालयी प्रदर्शन में तालमेल न बैठ पाने के कारण दोनों के बीच मतभेद उपज गये थे। यह मोहभंग 1962 के युद्ध के बाद बड़े उद्योगपतियों द्वारा अनुभूत कुण्ठाओं के इकट्ठा हो जाने से शायद ज़्यादा स्पष्ट हुआ। राष्ट्रीय संकट की उस घड़ी में उद्योगपतियों ने दृढ़तापूर्वक नेहरू का साथ दिया था। वे धन और राष्ट्रीय सुरक्षा के सामानों के साथ नेहरू के पीछे खड़े रहे और उचित ही उन्हें यह उम्मीद जगी कि इससे उन्हें देश के आर्थिक भविष्य में शिरकत के लिए वैधानिक हिस्सेदार की मान्यता मिलेगी। हालाँकि युद्ध के बाद अनिवार्य रूप से पेश आयीं आर्थिक कठिनाइयों के प्रबन्धन की नीति तय करने में व्यवसाय जगत की निरन्तर अनदेखी की जाती रही।

उद्योग जगत के नेता 1965 में हुए फिक्की के सालाना सत्र में जब नये प्रधानमन्त्री का भाषण सुनने के लिए इकट्ठा हुए तो इन लम्बी चली आ रही हताशाओं का शायद उनपर काफ़ी असर था। अपने अध्यक्षीय भाषण में के.पी. गोयनका ने आर्थिक सुधारों में चल रही सुस्ती और कामकाज में गहरी होती धुन्ध को लेकर व्यवसायियों की ओर से असन्तोष व्यक्त किया। उन्होंने आर्थिक सुधारों की सुस्पष्ट कार्यसूची का एक खाका पेश किया जिसमें उत्पादन और निवेश आधारित एक टैक्स ढाँचे, चौथी पंचवर्षीय योजना को लेकर एक यथार्थवादी रवैये, और सरकार की खाद्य नीति में एक मूलभूत परिवर्तन की बात को शामिल किया गया था। अपने आक्रामक जवाब में शास्त्री ने व्यवसाय जगत पर धुन्ध फैलाने की तोहमत लगायी और सरकार को अनाज के मामले में व्यापारियों की ओर से अगस्त 1964 में पेश आयी उन दिक़्क़तों का हवाला दिया जब व्यापारियों ने राज्यवादी खाद्य नीति के विरोध में अपना 'वीटो' लगा दिया था और संचित स्टॉक को निकालने की उनकी विनती को ख़ारिज कर दिया था।[20]

शास्त्री को खाद्यान्न को लेकर एक विषम स्थिति का सामना करना पड़ा था। खाद्यान्न की तंगी का ख़तरा उत्पन्न हो गया था। सट्टाखोरी और जमाखोरी तेज़ी से बढ़ गयी थी और सार्वजनिक वितरण प्रणाली पूरी तरह नाकाम हो चुकी थी। मूलभूत चीज़ों के दामों पर क़ाबू रखना असम्भव साबित हो गया था। शास्त्री ने जब व्यवसायियों पर धुन्ध फैलाने और 'व्यावसायिक समुदाय को उचित सलाह' देकर अपनी भूमिका का निबाह न करने का आरोप लगाया तब उनके जेहन में शायद यही बातें घूम रही थीं। हालाँकि फिक्की ने अपने प्रस्ताव में अपनी बात पर अडिग रहते हुए खाद्यान्न की विषम परिस्थिति के लिए सरकार को उत्तरदायी ठहराया। प्रस्ताव में बढ़ती हुई क़ीमतों के लिए सरकारी नीतियों को ज़िम्मेदार बताते हुए कहा गया था कि वे कम उत्पादकता और उत्पादन, अपर्याप्त और ख़राब ढंग के आयात, क़ीमतों, प्राप्ति, यातायात और वितरण पर थोपे गये नियन्त्रण, और कृषि कार्यक्रमों को दीर्घसूत्री ढंग से लागू करने की समस्याओं का सामना करने में असफल रहीं। इसने सरकार पर आरोप लगाया कि वह अपनी ख़ुद की असफलता को छिपाने के लिए बलि का बकरा ढूँढ़ रही है और ग़लत ढंग से 'व्यापारियों को बदनाम करने और समाज के एक ख़ास तबके के लोगों की छवि बिगाड़ने का प्रयास कर रही है।'[21]

यह तूतू–मैंमैं फिक्की के सालाना सत्र में सामान्यतः दिखने वाले पारम्परिक मेलमिलाप के बरअक्स एक बुरा अनुभव थी। इस सत्र को प्रधानमन्त्री द्वारा सम्बोधित किये जाने का दस्तूर चला आ रहा था। जिस तरह से कार्रवाई सम्पन्न हुई उससे बिरला बहुत असन्तुष्ट थे।[22] उन्होंने फिक्की के औपचारिक सत्र से परे अनौपचारिक ढंग से प्रधानमन्त्री और औद्योगिक नेताओं के बीच तनावों को कम करने की कोशिश की। उन्होंने अपने निकट सहयोगियों को इस बात के लिए मनाने की कोशिश की कि भले ही तनाव हो लेकिन अभी उम्मीदें बची हैं।[23] यहाँ एक नयी नीति को दिशा देने का अच्छा अवसर था जिसका लाभ औद्योगिक नेताओं को उठाना चाहिए था। उद्योग को लेकर उच्च नेतृत्व के मन में जो पुराना वैचारिक विद्वेष रहा करता था वह अब नहीं था। व्यापार जगत के लिए यह एक अनूठा अवसर था कि वह अपने मातहत–स्तर से ऊपर उठे और नेताओं के साथ रचनात्मक सम्बन्ध बनाकर अपनी वैधता को पुनर्स्थापित करे। क्योंकि ये नेता ख़ुद भी अतीत से मुक्त होने को बेताब दिख रहे थे। मदद मिलने के बहुतेरे संकेत थे : नन्दा और कृष्णामाचारी दोनों ही 'रचनात्मक मूड में थे'[24] कृष्णामाचारी ने तो यहाँ तक प्रस्ताव दे डाला था कि उद्योगपति आर्थिक नीति पर चर्चा के लिए एक अनौपचारिक विचार–विमर्श समूह का निर्माण करें।[25] वित्त मन्त्री ने स्वीकार किया था कि बुनियादी ज़रूरत उत्पादन बढ़ाने की है। बिरला का विचार था कि यह सोच ही पचास प्रतिशत समस्या का समाधान कर देती है।[26] बिरला ने अपने सहयोगियों जे.आर.डी. टाटा और एस.एल. किर्लोस्कर से इसका लाभ उठाने के लिए कहा।[27]

भले ही बिरला व्यवसाय जगत के अपने दोस्तों को इस बात के लिए आश्वस्त किया करते थे कि आर्थिक नीतियों में सुधार आया है पर वह ख़ुद ही यह महसूस करने लगे थे कि अभी काफ़ी इलाज किये जाने की ज़रूरत है। उनका मानना था कि शास्त्री–प्रशासन ने अर्थव्यवस्था को पटरी पर लाने वाले इस बड़े काम को अभी तो शुरू भर किया है। जैसा कि उन्होंने कृष्णामाचारी से कहा भी : 'अभी कई ढीले किनारों को कसना है और काफ़ी कूड़े–कचरे की सफ़ाई करनी है। लेकिन आशा बलवती है कि यह काम कर लिया जायेगा।'[28]

शास्त्री प्रशासन 1965 के मध्य तक एक ओर तो आर्थिक बदहाली की स्थिति से निपटने में जुटा था तो दूसरी ओर पाकिस्तान के साथ ज़बरदस्त संघर्ष भी जारी था। ऐसे में बिरला आर्थिक मोर्चे पर और ठोस क़दम उठाये जाने को लेकर व्यग्र थे। उन्होंने कृष्णामाचारी से शिकायती लहज़े में कहा कि 'आप मज़बूत ढंग से प्रयास नहीं कर रहे हैं' और उनसे कुछ ज़्यादा ऊर्जावान कार्रवाइयों की गुज़ारिश की। सबसे अधिक आवश्यकता उत्पादन बढ़ाने की, आयात को घटाने के लिए कठिन मेहनत करने की और विभिन्न मन्त्रालयों में मौजूद उनके साथियों तथा उद्योग जगत के नेताओं के मध्य परस्पर सामंजस्य बिठाने की थी। उन्होंने उनसे उद्योगपतियों का सम्मेलन बुलाने और निजी करिश्मे का इस्तेमाल करने का आग्रह किया।[29] उन्होंने कृष्णामाचारी को चेताया कि 'अगर मौजूदा हालात नहीं सुधरे तो मुझे डर है कि इससे आपका नाम ख़राब होगा।'[30]

'एड टु इंडिया' मिशन

एक तत्त्व जो बिरला द्वारा अपेक्षित बदलाव लाने में अहम भूमिका निभा सकता था वह था शास्त्री प्रशासन पर बाहरी दबाव बनाना। अन्तरराष्ट्रीय दायरों में देश के उथले आर्थिक प्रदर्शन को लेकर चिन्ताएँ बढ़ रही थीं और विकास के मॉडल के तौर पर भारत की साख का ह्रास हो रहा था। 1960 के दशक में विश्व बैंक और अन्तरराष्ट्रीय मुद्रा कोष (आईएमएफ) भारत की अर्थव्यवस्था के 'कुप्रबन्धन' को लेकर चिन्तित हो रहे थे। विश्व बैंक द्वारा प्रायोजित बहुतेरी रिपोर्टों और अग्रणी अन्तरराष्ट्रीय अर्थशास्त्रियों की राय में बार–बार यह दिखाया गया था कि समष्टिगत आर्थिक नीतियों में एक मूलभूत परिवर्तन की ज़रूरत है।[31] उनका प्रभाव भारत में आसन्न खाद्य संकट को देखते हुए काफ़ी बढ़ गया था जिसे 1965 में पड़े सूखे ने और भीषण बना दिया था। इससे भारतीय नेताओं को तत्काल अन्तरराष्ट्रीय अनुदान संस्थाओं और अमेरिकी प्रशासन से सहायता माँगने के लिए विवश होना पड़ा।

आर्थिक रंगभूमि के सिद्धहस्त खिलाड़ी होने के कारण बिरला को यह भलीभाँति मालूम था कि देश को आर्थिक सहायता की सख़्त ज़रूरत है। 1950 के दशक के उत्तरार्ध से ही विदेशी सहायता के फ़ायदों को प्रतिपादित करने वाले शख़्स के रूप में उन्हें भरोसा था कि वह दिल्ली में बैठे शीर्ष नेताओं के बीच और उसी तरह वाशिंगटन और न्यूयॉर्क की सम्भावित अनुदान–दाता एजेंसियों के बीच सहमति बनाने में एक कारगर भूमिका निभा सकते हैं। विश्व बैंक के जॉर्ज वुड्स के साथ उनके क़रीबी रिश्ते थे और 1958 में विश्व बैंक के तत्कालीन अध्यक्ष यूजीन ब्लैक के सहयोग से बनी 'एड इंडिया कंसोरटियम' के काम में उन्होंने सक्रिय रुचि दिखायी थी।[32] अप्रैल 1965 में बिरला न्यूयॉर्क और वाशिंगटन गये। उनकी यह यात्रा बिल्कुल सही समय पर हुई क्योंकि विश्व बैंक की एक विशेषज्ञ टीम जल्द ही जॉर्ज वुड्स को एक शोधपरक रिपोर्ट सौंपने वाली थी जिसमें दिये आधारों पर ही आगे अनुदान की शर्तों पर चर्चा होनी थी।[33] बिरला का मुख्य उद्देश्य वुड्स से मुलाक़ात करना था और उन्होंने उनके साथ कई बैठकें कीं। हर बैठक के बाद वह उसकी विस्तृत रिपोर्टें कृष्णामाचारी और एल.के. झा को भेजते थे। बिरला को वुड्स काफ़ी सहयोगी और सहृदय प्रवृत्ति के लगे। हालाँकि वुड्स ने भारत के आर्थिक हालात को लेकर गहरा असन्तोष व्यक्त किया और एक वित्तीय संस्थान के रूप में बैंक की चिन्ताओं को बेबाक़ी से सामने रखा।

ये व्यापक और निरन्तर नियन्त्रण की व्यापकता से सम्बन्धित थीं, जबकि एक ग्रामीण क्षेत्र में उत्पादन के लिए प्रोत्साहन और निवेश की आवश्यकता है और परिवार नियोजन के प्रयास जो न्यूनतम प्रभाव डाल रहे थे।[34] अपने विशेष सन्दर्भों में मुख्य चिन्ता चौथी पंचवर्षीय योजना से सम्बन्धित थी : इसके आर्थिक अनुमानों की गणना में यथार्थवादी होने की ज़रूरत, 'आत्मसन्तोष और बहुत ज़्यादा लालफ़ीताशाही', और कुल मिलाकर धीमे परिणाम और सुस्त प्रगति।[35]

बिरला ने आईएमएफ के प्रबन्ध निदेशक पियरे पॉल श्विट्ज़र के साथ भी कई महत्त्वपूर्ण बैठकें कीं। ये चर्चाएँ भी भारत को और अधिक सहायता राशि मुहैया कराने के मुद्दे के आसपास ही थीं।[36] श्विट्ज़र का मानना था कि मुख्य रूप से तीन समस्याओं पर ध्यान दिये जाने की ज़रूरत है : मूल्यरेखा पर नियन्त्रण रखना, कृषि में बढ़ोतरी और उत्पादन में विस्तार के लिए प्रोत्साहन दिया जाना और भुगतानों का स्थिर सन्तुलन बनाकर रखना।[37] बिरला इस बात पर सहमत थे कि जब तक पुरानी आर्थिक नीतियों की गल्तियों को दुरुस्त नहीं किया जाता, आगामी सहायता नहीं मिलेगी। वह अपनी बैठकों की पूरी जानकारी कृष्णामाचारी को देते रहे। इन बैठकों में बिरला से भारत और पाकिस्तान के बीच बढ़ते तनावों, जो उस साल बाद में पूर्ण युद्ध में तब्दील हो गये, को लेकर भी सवाल किये जाते थे। जॉर्ज वुड्स ने तो दोनों देशों की 'बेवकूफ़ियों' पर टिप्पणी भी की और ऐसे वक़्त में जब दो देश अपनी ऊर्जा और समय एक–दूसरे से युद्ध लड़ने पर ख़र्च कर रहे हों तब सहायता दिये जाने को लेकर विश्व बैंक के विवेक पर 'अपने तात्कालिक सन्देह भी व्यक्त' किये।[38] बिरला इस बात को लेकर बहुत सावधान थे कि इस मुद्दे पर टिप्पणी न की जाये और कृष्णामाचारी को आश्वस्त करते हुए उन्होंने लिखा कि 'जैसा कि मैं पहले कह चुका हूँ मैंने कोई टिप्पणी नहीं की। वैसा करना मेरे तईं एक धृष्टता होती जब तक मैं किसी और का नहीं बल्कि स्वयं का ही प्रतिनिधि हूँ।'[39]

बिरला के भारत लौटने के तुरन्त बाद ही सितम्बर 1965 में सीमा की झड़पों ने एक पूरे युद्ध का रूप ले लिया।[40] बिरला, जो उस समय दिल्ली में थे, तुरन्त वाशिंगटन के लिए रवाना हो गये ताकि वह अपना प्रयास नये सिरे से कर सकें और सहायता प्राप्त करने का मामला संकट में न पड़ जाये। उन्होंने तुरन्त अधिकारियों और प्रेस के साथ सम्पर्क स्थापित किया और अपना पैसा और समय ख़र्च करके कैपिटल हिल के प्रभावशाली दोस्तों और परिचितों के साथ बैठकें कीं। उन्होंने जॉर्ज वुड्स और यूएस स्टेट डिपार्टमेंट के आर्थिक मामलों के उप–सचिव अंथोनी सोलोमन के साथ विस्तृत चर्चाएँ कीं। साथ ही उन्होंने प्रख्यात स्तम्भ लेखकों वाल्टर लिपमैन, एवरैल हरीमैन और जोसेफ़ क्राफ़्ट से भी भेंट की।[41] दिल्ली में बैठे अपने कर्मचारियों को उन्होंने निर्देश दे रखा था कि वह उन्हें युद्ध की ताज़ा ख़बरों के लिए एक या दो टैलेक्स रोज़ भेजें। अपनी ओर से वह स्वयं की बैठकों की विस्तृत जानकारी एल.के. झा के पास प्रधानमन्त्री के लिए भेजते थे। इन रिपोर्टों में वह वाशिंगटन में भारत समर्थक और पाकिस्तान समर्थक समूहों द्वारा की जा रही सिरखपाऊ लॉबिंग के बारे में बताते थे। उन्होंने पाया कि यहाँ के सभी अधिकारियों के बीच पाकिस्तान की छवि एक आक्रामक देश की है और यह बढ़ती ही जा रही है। हालाँकि उन्होंने यह भी स्पष्ट रूप से माना कि कश्मीर के प्रश्न पर यहाँ भारत के पक्ष में बहुत कम सहानुभूति है। उनकी सलाह थी कि भारत को अमेरिकी सहानुभूति का लाभ उठाना चाहिए और मौक़े का

इस्तेमाल करते हुए 'कश्मीर मामले पर हमारा पक्ष समझाना चाहिए।'[42] उन्होंने शास्त्री का उत्साहवर्धन करते हुए उन्हें युक्तिपूर्ण, विचारशील और व्यावहारिक बने रहने की सलाह दी। साथ ही उन्होंने भारतीय नेतृत्व से यह आग्रह भी किया कि वे अपनी अधिकतम कूटनीतिक दक्षता का उपयोग करते हुए 'दिखाएँ कि हम अड़ियल नहीं हैं।'[43] इन हफ़्तों के दौरान वह बराबर इस बात पर नज़र रखे हुए थे कि कैपिटल हिल की हवा का रुख़ क्या है। मसलन 16 सितम्बर 1965 को उन्होंने प्रधानमन्त्री कार्यालय को टेलेक्स भेजा कि 'पिछले 24 घण्टों से अमेरिका ज़बरदस्त दबाव बनाये हुए है कि अयूब बिना शर्त का युद्ध विराम स्वीकार करें।'[44]

इन तनाव भरे हफ़्तों में बिरला की चिन्ता इस बात को लेकर थी कि भारत को मिलने वाली विदेशी सहायता में कटौती न होने पाये, पर इस नतीजे को वह रोक नहीं सके। जैसे ही युद्ध शुरू हुआ अमेरिका ने युद्ध–सहायता बन्द कर दी, और अमेरिकी अन्तरराष्ट्रीय सहायता एजेंसी (USAID) ने घोषणा की कि दोनों देशों को भविष्य में मिलने वाली आर्थिक सहायता पर विचार स्थगित किया जाता है। हालाँकि उन्होंने आधिकारिक चिन्ताओं को लेकर यह जता दिया था कि सहायता रोके जाने का भारतीयों पर असर नहीं पड़ेगा।[45] सौभाग्यवश भारत और पाकिस्तान के बीच लड़ाई जल्द ही रुक गयी। युद्ध विराम की ख़बर सुनकर बिरला काफ़ी ख़ुश हुए और शास्त्री को टैलेक्स भेजा 'ईश्वर बड़ा कृपालु है।' युद्ध उनके लिए महज़ एक अस्थायी झटका था जिससे उनका भारत को सहायता दिलाने का प्रयास थोड़ा बाधित हुआ था और उनका यह विश्वास बराबर बना रहा कि शास्त्री और अमेरिकी राष्ट्रपति के बीच होने वाली वार्ता के बाद वाशिंगटन बढ़ी हुई सहायता का प्रस्ताव देगा।[46]

जैसी कि बिरला को अपेक्षा थी युद्ध के कारण आये ठहराव के बाद भारत के उच्चाधिकारियों और अर्थशास्त्रियों (एस. भूतलिंगम, आई.जी. पटेल, एल.के. झा और वी.के. रामास्वामी आदि) और विश्व बैंक के अधिकारियों (बेल और डी लाट्रे) के बीच मशविरों का नया दौर शुरू हुआ। उन्होंने बढ़ी हुई सहायता राशि के बँटवारे के ब्योरे तय किये और अन्य कई मुद्दों को लेकर चर्चा की, जैसे कि आयात को नियन्त्रणमुक्त करना और उच्च स्तरीय सहायता को आकर्षित करने के लिए कृषि व औद्योगिक नीतियों में सम्भावित बदलाव करना।[47] जब भारत के बड़े नीति–निर्माता विश्व बैंक की शर्तें और उससे जुड़ी मुद्रा अवमूल्यन की संरतुति मानने को लगभग तैयार हो गये तो रास्ते में सिर्फ़ एक ही बाधा बची–वित्त मन्त्री एम. कृष्णामाचारी का विरोध, जो अवमूल्यन को अपनी निजी हार के रूप में देख रहे थे। अपने सलाहकारों से सहमत होते हुए और यह जानते हुए कि विश्व बैंक की शर्तें मानने के अलावा कोई चारा नहीं है, शास्त्री ने ताशकंद यात्रा के पूर्व कृष्णामाचारी पर एक छोटे भ्रष्टाचार के बहाने से उन्हें पदमुक्त कर दिया।[48] फिर मुद्रा के सिद्धान्ततः अवमूल्यन का निर्णय 1965 के अन्त में अनौपचारिक रूप से आईएमएफ को बता दिया गया।[49]

नया भविष्य

बिरला जानते थे कि निजी बातचीत के आधार पर लिए गये निर्णयों को लागू तभी किया जायेगा जब शास्त्री वाशिंगटन की यात्रा पर आयेंगे। तब सहायता का नवीनीकरण और उससे जुड़े आर्थिक सुधार महज़ एक वक़्त की बात भर होंगे। वह इस तरह की बैठक के

नतीजे को लेकर ख़ासतौर पर काफ़ी आशान्वित थे क्योंकि वुड्स ने टिप्पणी की थी कि अमेरिकी राष्ट्रपति जॉनसन 'टैक्सास के रहने वाले अनपढ़–गँवार हैं, लिहाज़ा जब भी वह कोई बेतुका क़दम उठाते हैं तो उन्हें उनकी पृष्ठभूमि के आधार पर माफ़ किया जा सकता है।' इस बयान से बिरला काफ़ी आशान्वित हो गये थे और उन्होंने सोचा कि उनकी 'तुलना सरदार पटेल से की जा सकती है।' बिरला ने पता लगाया कि अमेरिकी नीति–निर्माता शास्त्री के बारे में एक 'चतुर, दृढ़, ईमानदार और विनम्र' व्यक्ति की ऊँची राय रखते हैं। इस प्रकार उन्होंने मान लिया था कि दोनों नेताओं के बीच सफल बातचीत का अच्छा आधार तैयार किया जा चुका है।[50] हालाँकि वह फ़िक्रमन्द थे कि बातचीत की कामयाबी के लिहाज़ से कोई नुक्ता छूटा न रह जाये। उन्होंने 'हिन्दुस्तान टाइम्स' के सम्पादक एस. मुलगाँवकर को अमेरिकी सम्पादकों से मिलने भेजा जिससे प्रधानमन्त्री की यात्रा के पूर्व अच्छा प्रचार हो सके। उत्सुकतावश कि 'राष्ट्रपति के साथ प्रधानमन्त्री के दौरे की सफलता को सुनिश्चित करने के लिए वह क्या कुछ कर सकते हैं' उन्होंने ख़ुद नवम्बर में वाशिंगटन जाने की योजना बनायी और लक्ष्य के मुताबिक़ उन लोगों से मुलाक़ात करने की ठानी जो इस यात्रा को सफल बनाने में महत्त्वपूर्ण भूमिका निभाने वाले थे। राष्ट्रपति के विशेष सहायक रॉबर्ट कोमर और रक्षा विभाग के उप सचिव के साथ उनकी बैठकें पहले से तय की जा चुकी थीं। उन्होंने 'न्यूयॉर्क टाइम्स' अख़बार में भारत के विषय में विशेष विज्ञापन–परिशिष्ट निकलवाने का भी निर्णय लिया जिसे शास्त्री की यात्रा के समय ही छापा जाना था। उन्होंने व्यक्तिगत रूप से 'हिन्दुस्तान टाइम्स' और 'ईस्टर्न इकोनॉमिस्ट' के शीर्ष सम्पादकीय स्टाफ को इस मुद्दे पर काम करने के निर्देश दिये। उन्होंने स्वयं एक आलेख 'न्यू डेस्टिनी' शीर्षक से लिखा। इस लेख में उन्होंने शास्त्री सरकार की उपलब्धियों की प्रशंसा की थी। उन्होंने लिखा, युद्ध अन्ततः कोई त्रुटिहीन आशीर्वाद नहीं था। देश का पूरा माहौल अब पूरी तरह बदल चुका है और यह लगभग एक जागृति की तरह है। उनके मुताबिक़, देश में बने उत्साहवर्धक माहौल में शास्त्री को तमाम समस्याओं जैसे चौथी योजना में धन के बँटवारे को लेकर अन्तरराज्यीय संघर्ष, भाषा को लेकर विवाद और एक ज़्यादा समरूप पंजाब की माँग का सामना करना पड़ा जो तुरन्त क़ाबू में की गयीं। शास्त्री के नेतृत्व में देश 'एक आत्मविश्वास, एकता, राजनीतिक स्थिरता, एक नये भाग्य की चेतना और कुछ नया कर गुज़रने की मंशा लेकर उभरा है।' 'भारत का भविष्य इस अनुभव के बाद वही नहीं रहने वाला है' उन्होंने आत्मविश्वास के साथ घोषणा की।

ठीक इसी समय बिरला ने इस नये भारत के लिए बढ़ी हुई सहायता का मामला उठाया और वादा किया कि 'इसे दोबारा उठाये जाने के कारण इसके ज़्यादा फलदायी और बेहतर तरह से इस्तेमाल का ज़्यादा अच्छा मौक़ा है।'[51] सहायता रुकने से एक 'नयी सोच' ने जन्म लिया क्योंकि इसने दिखाया कि भारत कितना आसान शिकार है। इसने खाद्य उत्पादन और बढ़े हुए उत्पादन की समस्याओं को अनावश्यक निर्यात और निर्यात वृद्धि में बदलकर दूर करने का एक त्वरित संकल्प भी जताया। कितने ही संकेत थे जिनसे आर्थिक समस्याओं पर बिल्कुल नयी ढंग की सोचों का पता चलता था। यहाँ तक कि नियन्त्रण और नौकरशाही के कारण होने वाली देरी की ओर भी ध्यान दिया गया। शास्त्री 'आर्थिक सोच में ज़्यादा व्यावहारिक आग्रह' लिए हुए थे।[52]

बिरला अभी इस लेख को प्रेस में भेजने ही वाले थे कि जनवरी 1966 में ताशकन्द में भारत–पाकिस्तान शान्ति समझौते पर हस्ताक्षर करने के कुछ ही घण्टों बाद शास्त्री के अप्रत्याशित निधन से पूरा राजनीतिक परिदृश्य ही बदल गया। बिरला इस ख़बर से पूरी तरह सन्न रह गये थे। उनका निधन बिरला के लिए एक व्यक्तिगत क्षति थी। उन्हें पता था कि आर्थिक नीतियों को लेकर जो बुनियादी परिवर्तन होने की सम्भावना बनी थी वह अमूल्य अवसर हाथ से निकल चुका है। विशेषकर विदेशी सहायता प्राप्त करने का जो अथक प्रयास उनकी ओर से किया जा रहा था वह अब थम सा गया लगता था जो बहुत ही निराशापूर्ण था। सबसे ज़्यादा निराशा इस बात को लेकर थी कि शास्त्री ने आर्थिक सुधारों को लेकर जो दृढ़ इच्छाशक्ति दिखायी थी उस प्रक्रिया पर विराम लग गया था। बिरला यह बात साफ़तौर पर देख सकते थे कि बहुमूल्य अवसर हाथ से जा चुका है। यह अभी भी अनुमान लगाने का विषय है कि भारत में आर्थिक सुधारों की जो प्रक्रिया काफ़ी विलम्ब से 1991 में शुरू की गयी वह अगर 1960 के मध्य में राजनीतिक नेतृत्व ने शुरू कर दी होती, जैसा कि बिरला का स्वप्न था, तो आज देश का आर्थिक भविष्य क्या होता।

सन्दर्भ एवं टिप्पणियाँ

1. शास्त्री सोसायटी में 1 अप्रैल 1927 में आये और पहले उन्हें काम सीखने के लिए रखा गया। 1928 में उन्होंने अपना 'प्रशिक्षण' कार्य शुरू किया और 1932 में उन्हें आजीवन सदस्य के रूप में पक्का किया गया। देखें, *सेवेंटी ईयर्स, सर्वेंट्स ऑफ़ द पीपुल सोसायटी, 1981–1992* (नयी दिल्ली, 1992), पृ. 40।
2. *कांस्टीट्यूशन, सर्वेंट्स ऑफ़ द पीपुल सोसायटी* (नयी दिल्ली, एन.डी.)।
3. जुगलकिशोर के समर्थन के लिए देखें, फ़िरोजचन्द, *लाजपत राय : लाइफ एंड वर्क* (नयी दिल्ली, 1978), पृ. 435।
4. कुछ वर्षों के अन्तराल में शास्त्री न केवल बिरला बल्कि परिवार की युवा पीढ़ी के भी क़रीब आ गये। वे उनको ऐसे कामों में शामिल कर लेते थे जिन्हें वे बहुत महत्त्वपूर्ण समझते थे। उदाहरण के लिए 1961 में जब वे वाणिज्य और उद्योग मन्त्री थे उन्होंने कृष्ण कुमार से विश्वायतन योगाश्रम ट्रस्ट का ट्रस्टी बनने के लिए कहा जिसे धीरेन्द्र ब्रह्मचारी ने स्थापित किया था और वे स्वयं भी उसके एक ट्रस्टी थे। शास्त्री ने कृष्ण कुमार को ट्रस्ट के काम में शामिल किया और बाद में उन्हें इसका चेयरमैन बनने का न्यौता दिया जिसे कृष्ण कुमार ने अस्वीकार कर दिया। विवरणों के लिए देखें, *के.के. बिरला, इन्दिरा गाँधी : रेमिनिसेंसेस* (नयी दिल्ली), पृ. 8–14।
5. चन्दे के बड़े केन्द्र थे दिल्ली, बॉम्बे, कलकत्ता और कानपुर। जैसा कि पिछले अवसरों पर होता था चन्दे की कुल ज़िम्मेदारी बिरला ने अपने पास रखी, लेकिन ब्रजमोहन और रामेश्वर दास दोनों से बॉम्बे और कलकत्ता केन्द्रों की सहायता करने के लिए कहा, जबकि वे स्वयं दिल्ली और कानपुर के चन्दा–जमा के संयोजक रहे। साथ ही अपने नज़दीकी व्यापारियों, मसलन श्रेयांस प्रसाद जैन, को सहायता के लिए साथ ले लिया। कोष के साथ अपने व्यक्तिगत जुड़ाव के कारण बिरला ने यह सुनिश्चित किया कि उनका समूह सबसे बड़ा दानकर्ता हो जिसने 4,50,000 रुपये की बड़ी रक़म दान की। 'लाजपत राय सेंटेनरी कमिटी', 14 अप्रैल 1965, उद्धृत, बिरला पेपर्स, सीरीज़ मिसलेनियस, फ़ाइल नम्बर 66, लाजपत राय सेंटेनरी सेलिब्रेशंस।
6. *ईस्टर्न इकोनॉमिस्ट* की दिसम्बर 1964 की रिपोर्ट के मुताबिक़ पाटिल ने सरकार की आर्थिक नीति पर खुले रूप में सवाल उठाये : 'उदाहरण के लिए अभी हाल में श्री एस.के. पाटिल को यह ज़रूरी लगा कि सरकार की पवित्र गाय यानी काँग्रेसी समाजवाद के आलोचना से परे माने जा रहे औद्योगिक

नीति प्रस्ताव के विवादास्पद गुणों की जाँच की जाये। रूढ़िवादी और शुद्धतावादी अगर चाहें तो ये सवाल उठा सकते हैं कि एक कैबिनेट मन्त्री को सरकार की आधारभूत नीति पर ही सवाल उठाने का क्या अधिकार है, जबकि एक यथार्थवादी प्रतिक्रिया यही होगी कि सरकार की मुख्य नीतियाँ इतनी बाधक और व्यर्थ साबित हो रही हैं कि स्वयं सरकार के ही एक सदस्य को उनके विरुद्ध सार्वजनिक रूप से बोलना पड़ रहा है।' देखें, 'वी आर नॉट इम्प्रेस्ड', *ईस्टर्न इकोनॉमिस्ट*, 11 दिसम्बर 1964।

7. अर्थव्यवस्था पर झा के विचारों के लिए देखें, एल.के. झा, *इंडियाज इकोनॉमिक डेवलपमेंट* (नयी दिल्ली, 1991)।
8. बिरला की झा से नज़दीकी रही थी। पहले जब वे 1940 के दशक में कलकत्ता में नियुक्त थे और 1950 के दशक में जब वे वाणिज्य और उद्योग सचिव थे। बिरला बन्धु अक्सर अपने व्यापार के व्यक्तिगत मसलों के साथ–साथ आर्थिक नीति के बड़े प्रश्नों पर भी उनसे विचार–विमर्श करते थे।
9. बिरला के नोट्स, बिरला पेपर्स, सीरीज़ मिसलेनियस, फ़ाइल नम्बर 120, नोट्स और भाषण।
10. आर.एम. लाला, *द जॉय ऑफ़ अचीवमेंट, कन्वर्सेशन विद जे.आर.डी. टाटा* (नयी दिल्ली, 1995), पृ. 99।
11. पी.एन. धर, *इन्दिरा गाँधी, द इमरजेंसी एंड इंडियन डेमोक्रेसी* (नयी दिल्ली, 1999), पृ. 68।
12. कोचानेक, *बिज़नेस एंड पॉलिटिक्स इन इंडिया*, पृ. 190 और पृ. 253–5।
13. इन पहलक़दमियों के लिए देखें, *फ्रेंसीन फ्रेंकल, इंडियाज पॉलिटिकल इकोनॉमी, 1947–77। द ग्रेजुअल रिवोल्यूशन*, 'वी आर नॉट इम्प्रेस्ड', *ईस्टर्न इकोनॉमिस्ट*, 11 दिसम्बर 1964।
14. सम्मेलन का विषय था 'वर्ल्ड प्रोग्रेस : पार्टनरशिप'। इस आयोजन का सरोकार था–देश के विकास के लिए पूँजी और विदेशी निजी निवेश।
15. *ईस्टर्न इकोनॉमिस्ट*, 19 फ़रवरी 1965।
16. बिरला ने अपने व्यापारी साथियों को बताया कि आख़िरकार एक वित्त मन्त्री निजी क्षेत्र की इस पुरानी माँग पर सहमत हो गये हैं कि 'संसाधनों को भीतर और बाहर दोनों ओर से बढ़ाना पड़ेगा। इसलिए यह आवश्यक है कि वर्तमान कम्पनियाँ अपने मुनाफे का बड़ा हिस्सा पुनर्निवेशित करें और अन्तःकॉरपोरेट निवेश पर हतोत्साह को कम किया जाये।'
17. कृष्णामाचारी के कार्यकाल के लिए देखें, आर. तिरुमलाई, *टी.टी.के., द डायनेमिक इन्नोवेटर*। पिछले बजटों के अध्ययन के लिए देखें, इंडियन मर्चेंट्स चेम्बर, इकोनॉमिक रिसर्च एंड ट्रेनिंग फाउंडेशन, यूनियन बजट्स, *अ फैक्चुअल स्टडी ऑफ़ फाइनांसेस ऑफ़ गवर्नमेंट ऑफ़ इंडिया* (बॉम्बे, एन.डी.)।
18. बिरला की ओर से टी.टी. कृष्णामाचारी को, 28 फ़रवरी 1965, बिरला पेपर्स, सीरीज़ इम्पोर्टेंट, फ़ाइल नम्बर के–91, 1963–6।
19. यह माना जाता था कि 1961 के पहले नौ महीनों में जो नयी कम्पनियाँ शुरू हुईं उनकी संख्या 1252 थी और मन्त्रालय की ओर से एक बड़ी संख्या में तकनीकी और विदेशी संयुक्त उपक्रम स्वीकृत किये गये थे। शास्त्री ने तब ये स्पष्ट कर दिया था कि निजी पूँजी के लिए विस्तार के मार्ग खुले हैं और सरकार तभी उत्पादन के लिए आगे बढ़ेगी जब उसके लिए ज़रूरी निवेश बहुत बड़ा या इतना जटिल हो कि वह निजी क्षेत्र के लिए सम्भव न हो पा रहा हो या 'सरकार को निजी क्षेत्र के मुक़ाबले बेहतर शर्तों पर निवेश मुहैया हो।' देखें, मानकेकर, *लालबहादुर : अ पॉलिटिकल बायोग्राफ़ी* (बॉम्बे, 1964)। साथ ही देखें, किदरों, *फॉरेन इन्वेस्टमेंट इन इंडिया*, पृ. 148।
20. व्यापारियों ने सफलतापूर्वक ख़रीद पर सरकारी एकाधिकार और राशन व्यवस्था के ख़िलाफ़ लड़ाई जीत ली थी। केन्द्र को राशन व्यवस्था और चावल क्षेत्र पर रियायतें देने पर राजी होना पड़ा था और इस तरह नवम्बर 1964 में लागू की गयी अनाज नीति पहले के मुक़ाबले काफ़ी आसान थी।
21. देखें, वेंकटसुबैया, *एंटरप्राइज एंड इकोनॉमिक चेंज*, पृ. 125–6। साथ ही देखें, *ईस्टर्न इकोनॉमिस्ट*, 26 मार्च 1965।
22. विवरणों के लिए देखें, *ईस्टर्न इकोनॉमिस्ट*, 26 मार्च 1965। *ईस्टर्न इकोनॉमिस्ट* ने बिरला की आलोचना को ही परिलक्षित किया जब उसने गोयनका के भाषण को सरकार और उसके सभी कामों का

'एक स्थूल और बेस्वाद विरोध बताया। एक अप्रिय चिड़चिड़ेपन और भोंडी उग्रता के बीच झूलते हुए उस भाषण में न कोई नियन्त्रण था न शालीनता। विषयवस्तु में जो गड़बड़ी थी वो उसकी प्रस्तुति की शैली से कम नहीं हुई। भाषण बहुत ही ख़राब तरह से लिखा गया था जिसमें घिसीपिटी बातों की भरमार थी, ऊपर से कहावतों और व्याकरण की ग़लतियाँ भी भरपूर थीं।'

23. बिरला ने फिक्की में व्यापारिक नेताओं के बीच निजी हस्तक्षेप करके बजट की औपचारिक आलोचना के तीखे स्वर को कम करवाया। बिरला कभी भी आर्थिक नीति के प्रति अपने असन्तोष को सार्वजनिक करने में विश्वास नहीं रखते थे, क्योंकि उनका मानना था कि औपचारिक रूप से कठोर रुख़ लेने से कुछ भी हासिल नहीं होता। अपनी इस नीति पर चलते हुए उन्होंने फिक्की की कमिटी के सदस्यों के बीच हस्तक्षेप किया और बजट पर एक सख़्त प्रस्ताव के स्वर को हल्का करवाने में काफ़ी हद तक सफल हुए। मूल प्रारूप में कहे गये वाक्य 'फ़ेडरेशन बजट के प्रति अपनी निराशा व्यक्त किये बग़ैर नहीं रह सकती' को बदलकर लिखा गया कि 'फ़ेडरेशन ये देखकर ख़ुश है कि टैक्स के ढाँचे को आसान बनाने की दिशा में एक स्वागत योग्य रुझान दिखायी दे रहा है।' इस तरह 'एक हल्के कथन' को अपनाया गया जिसने आगामी सुधारों के लिए प्रार्थना की और दी गयी रियायतों की 'न्यायोचित प्रशंसा' की। दोनों प्रस्तावों के लिए देखें, *ईस्टर्न इकोनॉमिस्ट*, 26 मार्च 1965।
24. बिरला की ओर से एच.वी.आर. आयंगर को, 14 अप्रैल 1965, बिरला पेपर्स, सीरीज़ इम्पोर्टेंट, फ़ाइल नम्बर 89–I, 1964–7।
25. एच.वी.आर. आयंगर की ओर से बिरला को, 9 अप्रैल 1965, बिरला पेपर्स, सीरीज़ इम्पोर्टेंट, फ़ाइल नम्बर 89–I, 1964–7।
26. दिसम्बर 1964 में प्रमुख उद्योगपतियों, नये प्रधानमन्त्री और साथ ही कृष्णामाचारी और उद्योग मन्त्री गुलज़ारीलाल नन्दा के साथ आयोजित बैठक में बिरला ने साफ़–साफ़ दिख रहे बदले माहौल को लेकर उन्हें समझाने की कोशिश की। इस बैठक में मोटे तौर पर यह सहमति बन गयी थी कि उत्पादन बढ़ना चाहिए और क़ीमतें स्थिर रहनी चाहिए। बिरला ने उन दो बाधाओं की ओर सबका ध्यान आकर्षित किया जो उनके विचार में मुख्य थीं–पूँजी निर्माण और प्रौद्योगिकी। बिरला की ओर से टी.टी. कृष्णामाचारी को, 4 जनवरी 1965, बिरला पेपर्स, सीरीज़ इम्पोर्टेंट, फ़ाइल नम्बर के–91, 1963–6। मुलाक़ात के बाद उन्होंने कृष्णामाचारी को लिखा–'मैं आशा करता हूँ कि आप जोश, समझ और सबके सहयोग के साथ देश को सही रास्ते पर आगे बढ़ाएँगे।' इस पत्राचार के लिए देखें, टी.टी. कृष्णामाचारी की ओर से बिरला को, 13 जनवरी 1965 और बिरला की ओर से टी.टी. कृष्णामाचारी को, 17 जनवरी 1965, बिरला पेपर्स, सीरीज़ इम्पोर्टेंट, फ़ाइल नम्बर के–91, 1963–6
27. एच.वी.आर. आयंगर की ओर से बिरला को, 12 अप्रैल 1965, बिरला की ओर से एच.वी.आर. आयंगर को, 14 अप्रैल 1965, बिरला पेपर्स, सीरीज़ इम्पोर्टेंट, फ़ाइल नम्बर 89–I, 1964–7।
28. बिरला की ओर से टी.टी. कृष्णागाचारी को, 28 फ़रवरी 1965, बिरला पेपर्स, सीरीज़ इम्पोर्टेंट, फ़ाइल नम्बर के–91, 1963–6।
29. इसमें कोई सन्देह नहीं कि कुल मिलाकर माहौल में सुधार था, लेकिन उन्होंने शिकायत की कि प्रधानमन्त्री या कृष्णामाचारी द्वारा कोई सकारात्मक और उत्साहपूर्ण नीति अपनायी नहीं जा रही थी। उन्होंने कहा कि अब समय आ गया है कि वित्त मन्त्री निजी क्षेत्र की परियोजनाओं को आगे बढ़ाने के लिए एक 'व्यक्तिगत' और 'नैतिक' रुचि दिखाएँ, अन्यथा 'ये कारवाँ आगे नहीं बढ़ेगा।' बिरला की ओर से टी.टी. कृष्णामाचारी को, 10 दिसम्बर 1964, बिरला पेपर्स, सीरीज़ इम्पोर्टेंट, फ़ाइल नम्बर 91–के, 1963–6।
30. बिरला की ओर से टी.टी. कृष्णामाचारी को, 15 जून 1965, बिरला पेपर्स, सीरीज़ इम्पोर्टेंट, फ़ाइल नम्बर 91–के, 1963–6।
31. 1960 में माइकल होपमैन के नेतृत्व में विश्व बैंक की एक टीम भारत के आर्थिक विकास की स्थिति और रणनीति का आकलन करने के लिए आयी, उसके बाद विश्व बैंक के अध्यक्ष जॉर्ज वुड्स ने बर्नार्ड बेल के निर्देशन में भारत की आर्थिक नीति की एक विस्तृत समीक्षा करवायी। अर्थशास्त्रियों में दिल्ली

स्कूल ऑफ़ इकॉनॉमिक्स के जगदीश भगवती और जॉन पी. लुईस आर्थिक नीति की समस्याओं की ओर संकेत कर रहे थे। उदाहरण के लिए देखें, जॉन पी. लुईस, *क्वाइट क्राइसिस इन इंडिया* (1962)।

32. भारत में वुड की भूमिका के लिए देखें, रॉबर्ट डब्ल्यू. ओलिवर, *जॉर्ज वुड्स एंड द वर्ल्ड बैंक* (लन्दन, 1995), पृ. 127–51, साथ ही देखें, बाची जे. करकरिया, *डेयर टु ड्रीम–अ लाइफ ऑफ़ एम.एस. ओबराय* (नयी दिल्ली, 1993), पृ. 116।
33. इस आधार पर आगे की चर्चाएँ एक ओर भारतीय मन्त्री दूसरी ओर विश्व बैंक के साथ होनी थीं। उसके बाद टीम को भारत वापस भेजने का कार्यक्रम बनाया गया था।
34. बिरला की ओर से टी.टी. कृष्णामाचारी को, 9 मई 1965, बिरला पेपर्स, सीरीज़ इम्पोर्टेंट, फ़ाइल नम्बर 91–के, 1963–6।
35. वुड्स के अनुसार कई सरकारें जिनकी वित्तीय मामलों में भागीदारी थी उनका मानना था कि योजना की चर्चा पहले उनके साथ की जानी चाहिए, लेकिन इस मामले में वे अडिग थे कि योजना को तैयार करना भारत सरकार का काम था और सहायता संघ (consortium) का काम सिर्फ़ यह देखना था कि वह यथार्थपूर्ण हो और लागू हो।
36. बिरला की ओर से टी.टी. कृष्णामाचारी को, 1 मई 1965, बिरला पेपर्स, सीरीज़ इम्पोर्टेंट, फ़ाइल नम्बर 91–के, 1963–6। साथ ही देखें, बिरला, 'नोट', बिरला पेपर्स, सीरीज़ मिसलेनियस, फ़ाइल नम्बर 164, नोट्स और भाषण।
37. उन्होंने बिरला से कहा कि क़ीमतें स्थिर रखी जा सकती हैं यदि कृषि उत्पादन को बढ़ाया जाये 'जिसे उर्वरकों के इस्तेमाल और सिंचित क्षेत्र बढ़ाकर हासिल किया जा सकता है', औद्योगिक उत्पादन की समस्याओं को अर्थव्यवस्था की बहुत अधिक हो गयी जकड़नों को दूर करके हल किया जा सकता है और विदेशी भुगतान सन्तुलन की समस्याओं को 'विदेशी पूँजी और निवेश' लाकर हल किया जा सकता है। बिरला, 'नोट' 18 मई 1965, बिरला पेपर्स, सीरीज़ मिसलेनियस, फ़ाइल नम्बर 164, नोट्स और भाषण।
38. उन्होंने नयी दिल्ली में अपने सम्पर्कों को बताया कि बिरला से हुई चर्चाओं में एक बात स्पष्ट हो गयी : 'अगर हम पाकिस्तान पर हमला करते हैं, चाहे पूर्वी बंगाल में या पंजाब में, हम ग़लत ही समझे जायेंगे। अभी तक हमारे पक्ष की प्रशंसा हुई है। हमलावर पाकिस्तान रहा है...लेकिन यदि हम हमला करते हैं तो उनके अनुसार पाकिस्तान को अमेरिकी हथियार इस्तेमाल करने का औचित्य मिल जायेगा।' वुड्स का सोचना था कि कश्मीर के मसले को फ़िलहाल 'ठंडे बस्ते' में रख दिया जाना चाहिए।
39. बिरला की ओर से टी.टी. कृष्णामाचारी को, 9 मई 1965, बिरला पेपर्स, सीरीज़ इम्पोर्टेंट, फ़ाइल नम्बर 91–के, 1963–6।
40. अपनी मुलाक़ातों से उत्साहित होकर दिल्ली लौटने पर बिरला ने राजनीतिक नेतृत्व को समझाने का भरसक प्रयास किया कि उन्हें अपनी विदेश नीति के झुकावों को बदलना चाहिए। उन्होंने कृष्णामाचारी को लिखा कि रूस पर अत्यधिक निर्भर होना एक 'भूल' होगी, 'वे धीरे–धीरे हमसे दूर हो रहे हैं जिसका अहसास शायद नहीं किया जा रहा है' उन्होंने 'चीन या कच्छ के बारे में एक शब्द नहीं कहा है', सिर्फ़ दो देशों से अपने मतभेदों को शान्तिपूर्ण ढंग से हल करने के लिए कहा है। बिरला का ये पक्का विचार था कि 'हमें रूसी मदद को बढ़ा–चढ़ाकर और अमेरिका की मदद को कम करके नहीं देखना चाहिए।' बिरला की ओर से एच.वी.आर. आयंगर को, 25 मई 1965, बिरला पेपर्स, सीरीज़ इम्पोर्टेंट, फ़ाइल नम्बर 89–I, 1964–7।
41. वे अपनी मुलाक़ातों की दैनिक रिपोर्ट क़रीब–क़रीब रोज़ शास्त्री और एल.के. झा को भेजते थे।
42. बिरला (टैलेक्स) की ओर से सक्सेना को, 13 सितम्बर 1965, बिरला पेपर्स, फ़ाइल नम्बर 106, विदेश से प्रधानमन्त्री को पत्र, आदि, 1965।
43. ये कहना कि कहीं कोई कश्मीर समस्या नहीं है अमेरिका में लोगों को 'अयथार्थपूर्ण मालूम देता है' और उन्होंने देश में नेताओं से कहा कि पाकिस्तान से बातचीत से इनकार करना हमारा एक 'अड़ियल'

रुख़ दिखायेगा, और ऐसा नहीं करना चाहिए। बिरला की ओर से सक्सेना को (टैलेक्स), 18 सितम्बर 1965, बिरला पेपर्स, फ़ाइल नम्बर 106, विदेश से प्रधानमन्त्री को पत्र, 1965।

44. बिरला ने मध्य सितम्बर में बताया कि 'फ़ोन पर अमेरिकी राष्ट्रपति से सहयोग का वादा करके अयूब ख़ान ने अंशतः अपनी स्थिति को फिर से बहाल कर लिया था।' बिरला की ओर से सक्सेना को, टैलेक्स, 16 सितम्बर 1965, बिरला पेपर्स, फ़ाइल नम्बर 106, विदेश से प्रधानमन्त्री आदि को पत्र, 1965।
45. 'वे बहुत ज़्यादा संवेदनशील लोग हैं। वे सदियों से ग़रीबी में रहे हैं। अगर वैसा होता है तो वे भुखमरी की हालत और निचले दर्जे के जीवन के लिए तैयार होंगे...उनसे केवल भावुक तरह से बात करके ही कुछ पाया जा सकता है।'
46. उन्होंने सलाह दी कि शास्त्री संयुक्त राष्ट्र की बैठक में शामिल हों। 25 सितम्बर 1965 को भेजे एक टैलेक्स में बिरला ने लिखा–'सबसे बड़ा नुक़सान है सहायता का, जो हमारे या हमारे पड़ोसी के लिए दोबारा शुरू नहीं की जायेगी जब तक निजी मुलाक़ातें न हो जायें। बाद के सुरक्षा परिषद् प्रस्ताव के प्रावधान, ख़ासकर राजनीतिक समझौता, सहायता की राह में नहीं आयेंगे। यह बाद वाला मोलभाव दीर्घकालिक प्रक्रिया होगी जिसमें वर्षों लगेंगे। पर आर्थिक सहायता सहित कई चीज़ें निजी बैठकें होने तक रुकी रहेंगी। काँग्रेस यहाँ अच्छी–ख़ासी मुसीबत में है। तत्काल बैठक की ज़रूरत पूरी तरह समझी जानी चाहिए ताकि एक माहौल बनाया जा सके। क्यों न शास्त्री जी संयुक्त राष्ट्र की मीटिंग में शिरकत करें जिसके कि अतीत में काफ़ी उदाहरण हैं।'
47. देखें, बी.एच. डेविड डेनून, *डिवैल्यूएशन अंडर प्रेशर–इंडिया, इंडोनेशिया एंड घाना* (एमआईटी, 1986), पृ. 63–5।
48. टी.टी. कृष्णामाचारी ने अपने बेटे के जुर्म की कहानियों का खण्डन किया और शास्त्री से उसे अभियोगों से मुक्त करने के लिए कहा। शास्त्री ने बग़ैर जाँच के वैसा करने से इनकार कर दिया, और उसके बजाय कृष्णामाचारी को सुप्रीम कोर्ट के एक न्यायाधीश द्वारा एक जाँच का विकल्प दिया जिस दौरान कृष्णामाचारी को अपने पद से इस्तीफ़ा देना होगा। कोई आश्चर्य नहीं कि कृष्णामाचारी ने इसे अपना अपमान माना और इस उम्मीद के साथ इस्तीफ़ा दे दिया कि शास्त्री उसे स्वीकार नहीं करेंगे। पर शास्त्री ने इसे स्वीकार कर लिया और जल्द ही उसके बाद उनकी जगह सचिन चौधरी को नियुक्त कर दिया।
49. आई.जी. पटेल, 'द लैंडस्केप ऑफ़ इकॉनॉमिक्स', उद्धृत, *द इंडियन इकोनॉमिक जर्नल*, खण्ड–45, नम्बर 1, पृ. 19–35।
50. जी. वुड्स के साथ मीटिंग पर बिरला का नोट, 9 मई 1965, बिरला पेपर्स, सीरीज़ मिसलेनियस, फ़ाइल नम्बर 164, नोट्स एंड स्पीचेस।
51. उन्होंने अमेरिका के इस तर्क का विरोध किया कि मदद तभी पुनः जारी की जायेगी जब भारत पाकिस्तान के साथ शान्तिपूर्ण सम्बन्ध स्थापित कर लेगा। उन्होंने पूछा–'क्या इंग्लैंड से दूसरे युद्ध के मध्य में यह कहा जा सकता था कि वह दुनिया से सहानुभूति की गुहार करने से पहले हिटलर के साथ शान्ति स्थापित करे?' उन्होंने दावा किया कि 'भारत इस बात से आहत महसूस कर रहा है कि अमेरिका ने इस बात को नज़रअन्दाज़ किया कि भारत हमेशा ही शान्ति चाहता रहा है और मदद उस समय बन्द कर दी गयी जब उसकी सबसे अधिक आवश्यकता थी।'
52. बिरला, 'न्यू डेस्टिनी', उस लेख का पाठ जो *न्यूयॉर्क टाइम्स* में 20 मार्च 1966 को प्रकाशित हुआ था। इसका प्रारूप शास्त्री की मृत्यु से पहले तैयार किया गया था और बिरला ने इसे बाद में दोबारा लिखा। आख़िर में 20 मार्च को यह 'द सर्च फॉर अ न्यू डेस्टिनी' शीर्षक से छपा। बिरला पेपर्स, सीरीज़ मिसलेनियस, फ़ाइल नम्बर 162, नोट्स एंड स्पीचेस। साथ ही देखें, *न्यूयॉर्क टाइम्स*, 20 मार्च 1966।

अध्याय 16

नयी राजनीति से दूरी

शास्त्री के निधन के कुछ घण्टों के भीतर ही उनके उत्तराधिकारी के चुनाव को लेकर काँग्रेस पार्टी में गुटीय संघर्ष शुरू हो गया। पार्टी नेतृत्व जब मोरारजी देसाई और इन्दिरा गाँधी को लेकर रस्साकशी में था, बिरला इस संघर्ष में किंचित अप्रत्याशित ढंग से शामिल हुए। इन्दिरा गाँधी ने पार्टी स्तर पर समर्थन जुटाने के लिए कृष्ण कुमार के माध्यम से बिरला परिवार का सहयोग माँगा।[1] इन्दिरा गाँधी निजी रूप से बिरला परिवार को काफ़ी सालों से जानती थीं। वह पहली बार 1950 के दशक की शुरुआत में अपने पिता के साथ पिलानी गयी थीं, उसके बाद धीरे–धीरे परिवार से उनका सम्पर्क बढ़ता गया। कृष्ण कुमार के साथ उनकी ज़्यादा घनिष्ठता थी जिन्हें उन्होंने 1960 के दशक की शुरुआत में विश्वायतन योगाश्रम ट्रस्ट के लिए चन्दा जुटाने में मदद के लिए साथ लिया था। वह इस ट्रस्ट की संरक्षक थीं। इस ट्रस्ट की स्थापना योगगुरु धीरेन्द्र ब्रह्मचारी ने की थी जिन्हें उनका ख़ास क़रीबी माना जाता था।[2] कृष्ण कुमार को इसका एक ट्रस्टी बनाया गया था और सितम्बर 1961 में इन्दिरा गाँधी कलकत्ता के प्रमुख उद्योगपतियों से मुलाक़ात के लिए वहाँ स्थित बिरला आवास गयी थीं। पार्टी के भीतर राजनीतिक समर्थन की अनिश्चितता को देखते हुए उन्होंने 'मित्र काँग्रेसी सांसदों' की मदद के लिए अब बिरलाओं की ओर देखा। इन्दिरा गाँधी को पार्टी का नेतृत्व मिलने की सम्भावना से कृष्ण कुमार और बिरला दोनों ही उत्साहित हुए– कृष्ण कुमार इसलिए कि इससे ख़ुद उनके अपने लिए एक राजनीतिक कैरियर की दबी हुई उम्मीद को दम मिलता था, और बिरला इसलिए कि उन्हें 'मोरारजी भाई का शिक्षाप्रद रवैया और उपदेशात्मक बर्ताव बर्दाश्त नहीं होते थे', और वह इस पक्ष में थे कि सत्ता अनुभवहीन इन्दिरा गाँधी को दे दी जाये।[3]

बिरला की देसाई के प्रति चिढ़ काफ़ी कुछ नेहरू के मन्त्रिमण्डल में वित्त मन्त्री रहते उनके अनर्थकारी कार्यकाल से शुरू हुई थी। बहुत से उद्योगपति हालाँकि देसाई के क़रीब थे मगर वे उन्हें एक कल्पनाहीन व्यक्ति मानते थे। ये मतभेद 1963 के बजट को लेकर और गहरे हो गये थे जिसमें कम्पनियों के मुनाफ़े के ऊपर ज़बरदस्त मुनाफ़ा–कर लगाकर कराधान का बोझ बहुत बढ़ा दिया गया था।[4] औद्योगिक समुदाय की ओर से लाठी भाँजते हुए बिरला ने देसाई पर आज़ादी के बाद का सबसे घटिया बजट पेश करने का आरोप लगाया और उसकी तुलना 'लियाकत अली के बजट से की जिसमें सिर्फ़ एक अपवाद है

कि आपकी दरें उनसे अधिक हैं।'[5] उन्होंने देसाई पर आरोप लगाया कि वह उत्पादन को ख़त्म करने की कोशिश कर रहे हैं और अपने राजनीतिक स्वार्थों के कारण निजी क्षेत्र का गला घोंट रहे हैं।[6] कई उद्योगपतियों को लगा कि मोरारजी 'जिन सरणियों में सोच रहे हैं वे भारत की आर्थिक तरक़्क़ी की जटिल समस्या को समझने के लिए बहुत ही सरलीकृत है।'[7] इन्दिरा गाँधी को वरीयता देने का एक अन्य कारण शायद बिरला का सिंडिकेट के विवेक में एक अन्तर्भूत विश्वास होना था। बिरला ने देखा कि इन्दिरा गाँधी को समर्थन से, जो नेहरू की बेटी होने के नाते एक स्वाभाविक दावेदार थीं, काँग्रेस आने वाले चुनावों में एक बार फिर एक अच्छी सार्वजनिक छवि उकेर सकती है। इसके अलावा उनके जैसी एक अनुभवहीन नेता सर्वसम्मति को तवज्जो देंगी और अलग–अलग हलकों के प्रभावों को लेकर प्रतिसंवेदी हो सकती हैं। उन्होंने उत्तराधिकार के इस नाटक में नज़दीक से रुचि ली और उनका रुख़ सिंडिकेट के अन्दरूनी दायरे के समीकरणों को दिखा रहा था।[8]

अपूर्ण कार्यसूची

पूरी हवा मोरारजी के विरोध में हो जाने के कारण इन्दिरा गाँधी के हाथ में नेतृत्व की बागडोर आनी तय थी। कार्यसमिति के चुनाव में उन्हें देसाई के 169 के मुक़ाबले 355 वोटों की ज़बरदस्त सफलता मिली। इस ख़बर से बिरला को बहुत ख़ुशी हुई और उन्होंने तुरन्त बिना समय गँवाये नयी प्रधानमन्त्री से अपनी भावनाओं का इज़हार किया :

> आपका सर्वाधिक प्रेरक प्रसारण सन्देश मैंने बहुत उत्साह से सुना और उसके लिए मैं आपको बधाई देता हूँ। ईश्वर आपको उन विचारों और संवेदनाओं को क्रियान्वित करने की ताक़त दे जो आपने राष्ट्र से कही हैं। मुझे कोई शक नहीं है कि आपको हर ओर से सहयोग प्राप्त होगा। मेरी जैसी भी सेवा की ज़रूरत आप समझें वह सदैव आपके लिए हाज़िर है।[9]

उन्होंने उनसे निजी तौर पर मिल कर भी अपनी 'शुभकामनाएँ' दीं। इन्दिरा गाँधी ने गर्मजोशी से जवाब दिया :

> मुझे खेद है कि मैं आपके विनम्र बधाई–पत्र और शुभकामनाओं का पहले जवाब न दे सकी...आप भारतीय व्यावसायिक समुदाय के एक वरिष्ठ प्रवक्ता हैं, आपकी सलाह मेरे लिए हमेशा अमूल्य रहेगी।[10]

जैसे ही इन्दिरा गाँधी ने प्रधानमन्त्री कार्यालय का कार्यभार सँभाला बिरला को लगा कि बढ़ाये गये अन्तरराष्ट्रीय अनुदान को हासिल करने के छूटे पड़े काम को पूरा किया जाना चाहिए। जैसा कि देखा जा चुका है कि इस क्षेत्र में उन्हें शास्त्री के शासनकाल में अच्छी सफलता मिल रही थी पर उनके प्रधानमन्त्रित्व काल के अन्तिम दौर के अप्रत्याशित हालात के कारण प्राप्तियाँ अधर में रह गयी थीं। अपने अपूर्ण एजेंडे को पूरा करने के लिए उत्सुक बिरला ने अब नये सिरे से प्रयास शुरू किये। जैसे ही नयी दिल्ली में राजनीतिक हालात कुछ स्थिर होते दिखे बिरला ने मार्च 1966 में वाशिंगटन के लिए उड़ान भरी। यह बिल्कुल सटीक समय था क्योंकि इसी माह के अन्त में ख़ुद इन्दिरा गाँधी की भी अमेरिकी यात्रा तय थी। वाशिंगटन में बिरला उन 'सभी अहम लोगों से

मिले जिनका महत्त्व था' और जो राजनीतिक और व्हाइट हाउस के दायरे में 'राष्ट्रपति के ख़ास थे।'[11] राष्ट्रपति के विशेष सलाहकार डीन रस्क के साथ उनकी मुलाक़ात काफ़ी महत्त्वपूर्ण रही क्योंकि रस्क ने उन्हें राष्ट्रपति की चिन्ताओं और उन ख़ास मुद्दों के बारे में बताया जिन पर इन्दिरा गाँधी की आनेवाली यात्रा में चर्चा की उम्मीद थी। उन्होंने विश्व बैंक के अधिकारियों, जैसे कि जॉर्ज वुड्स, से भी नये सिरे से सम्पर्क स्थापित किये। इन सभी बैठकों में बिरला का दोटूक सन्देश था–भले ही राजनीतिक सत्ता बदल गयी हो, पर दानदाता एजेंसियों की शर्तों को मंजूर करने की एक प्रतिबद्धता अपनी जगह पर है जिस पर शास्त्री सरकार ने अपनी सहमति दी थी। अपनी बैठकों में उन्होंने हमेशा इस बात पर ज़ोर दिया कि इन्दिरा गाँधी के नेतृत्व में काफ़ी मज़बूती है और अस्थिरता का कोई सवाल ही पैदा नहीं होता, और व्हाइट हाउस को भारी मदद देकर उनके प्रति अपना समर्थन प्रदर्शित करना चाहिए।[12]

लगातार दो सप्ताह तक ज़ोरदार बैठकों का दौर पूरा करके बिरला पेरिस रवाना हो गये जहाँ उनकी मुलाक़ात इन्दिरा गाँधी के साथ तय थी जो अपनी वाशिंगटन यात्रा के मध्य में वहाँ रुकने वाली थीं। उनके साथ हुई लम्बी बैठक में उन्होंने उन्हें कैपिटल हिल में हुई उनकी बातचीतों का विस्तृत ब्योरा दिया। उन्होंने उन्हें 'वाशिंगटन की काफ़ी सहानुभूति' और वहाँ के उत्साहवर्धक मिज़ाज़ के बारे में बताया।[13] उन्होंने उनसे आग्रह किया कि वह चार बातों पर आगे बढ़कर आश्वासन दें : खाद्यान्न और उर्वरक उत्पादन, परिवार नियोजन के विषय में गम्भीरता, पाकिस्तान के साथ सम्बन्ध–सुधार और आर्थिक उदारीकरण। अमेरिकी स्थितियाँ और विश्व बैंक के प्रस्ताव 'सन्तुलित थे' और उन पर 'समानुभूति के साथ' ज़ोर देना चाहिए।[14] हालाँकि बिरला प्रधानमन्त्री की वाशिंगटन यात्रा के दौरान वहाँ उपस्थित नहीं थे पर उन्होंने 'न्यूयॉर्क टाइम्स' में विज्ञापन का परिशिष्ट छपवाकर ठण्डे बस्ते में पड़ी अपनी प्रतिबद्धताएँ सार्वजनिक कीं। विज्ञापन इन्दिरा गाँधी की यात्रा के साथ छपा था। 'इंडिया–टुडे एंड टुमारो' शीर्षक परिशिष्ट में युवा प्रधानमन्त्री की तस्वीर प्रमुखता से उनके सन्देश के साथ छापी गयी थी। 'हिन्दुस्तान टाइम्स' और 'ईस्टर्न इकोनॉमिस्ट' के सम्पादकीय विभाग ने सावधानीपूर्वक भारत और 'भारत–अमेरिकी सम्बन्धों का भविष्य' को उकेरते हुए एक छवि बनायी थी।[15] बिरला ने अपना लेख स्वयं सम्पादित किया, जिसका शीर्षक बदले परिप्रेक्ष्य में अब 'इन सर्च ऑफ़ अ न्यू डेस्टिनी' कर दिया गया था। उन्होंने अमेरिकी सहायता का मामला मज़बूत ढंग से उठाया जिसके ज़्यादा 'उत्पादकीय और प्रभावपूर्ण इस्तेमाल का एक अच्छा मौक़ा' था क्योंकि देश में 'नये चिन्तन' का प्रादुर्भाव हुआ था।[16]

जैसा कि जगज़ाहिर है इन्दिरा गाँधी की अमेरिका यात्रा प्रत्यक्षतः काफ़ी सफल रही थी। जल्द ही उनकी राष्ट्रपति लिंडन जॉनसन के साथ घनिष्ठता हो गयी और बड़ी तादाद में लम्बित पड़े मामलों को लेकर सहमतियों पर पहुँचा जा सका। वह मुद्रा अवमूल्यन पर सहमत हुईं, जिससे भारतीय उद्योग–ख़ासकर उर्वरक उत्पादन में–अमेरिकी सहयोग को बढ़ावा मिल सके और उद्योग जगत पर से राज्य का नियन्त्रण कम किया जा सके।[17] बदले में जॉनसन ने 30 लाख टन से अधिक खाद्यान्न और 90 करोड़ डॉलर की सहायता देने का वादा किया और विश्व बैंक भारत की ज़रूरतों को लेकर ज़्यादा तत्परता दिखाने पर राजी हुआ। बिरला प्रधानमन्त्री की यात्रा के बारे में अपने अमेरिकी सम्पर्कों से जानकारी ले रहे थे।

जब उन्हें पता चला कि जॉनसन ने इन्दिरा गाँधी की तारीफ़ की है और यात्रा सफल रही है तो उन्होंने प्रधानमन्त्री को लिखा :

> आपकी सफल यात्रा के लिए बधाई और ढेर सारी शुभकामनाएँ! मुझे अपने वाशिंगटन के मित्रों से ज्ञात हुआ कि राष्ट्रपति आपके साथ बातचीत से काफ़ी ख़ुश थे और आपके बर्ताव ने भी उन पर काफ़ी असर छोड़ा। मुझे उम्मीद है कि अब हम मदद को लेकर अपनी योजनाओं को अन्तिम रूप देने के क्रम में मामले में आगे बढ़ेंगे।[18]

कुल मिलाकर पूरी यात्रा ठीक उसी प्रकार सम्पन्न हुई प्रतीत होती थी जैसी बिरला ने उम्मीद की थी। वह इन्दिरा गाँधी की राष्ट्रपति जॉनसन के साथ गर्मजोशी भरी मुलाक़ात को अपने प्रयासों की सफलता के रूप में देख रहे थे। यह वो काम था जिसके लिए बिरला शास्त्री के कार्यकाल से ही वाशिंगटन की अपनी कई यात्राओं के दौरान सक्रिय रहा करते थे। वो यात्राएँ जो मुख्य रूप से इन्हीं उद्देश्यों को प्राप्त करने के लिए की गयी थीं।[19]

आने वाले महीनों में बिरला को और भी तमाम उत्साहजनक समाचार सुनने को मिले। इन्दिरा गाँधी के मन्त्रिमण्डल के महत्त्वपूर्ण सदस्य असोका मेहता को प्रधानमन्त्री के दौरे के बाद उसके नतीजे जानने और यह देखने के लिए वाशिंगटन भेजा गया कि अन्तरराष्ट्रीय दानकर्ता अवमूल्यन और नियन्त्रण–मुक्ति के एवज़ में ठीक–ठीक क्या तजवीज़ करने वाले हैं। बिरला को यह जानकर सन्तोष हुआ कि असोका मेहता और जॉर्ज वुड्स की बैठक ज़्यादातर आशा के अनुरूप गयी थी : वुड्स ने सहायता का स्तर बढ़ाने का वादा किया था और मेहता ने वचन दिया कि भारत सरकार आयात नियन्त्रण की जगह सीमा शुल्क लायेगी, औद्योगिक लाइसेंसिंग की प्रक्रिया को सरल बनायेगी और सार्वजनिक क्षेत्र में कोई नये वादे नहीं करेगी जब तक सम्भावित रिटर्न दर निजी क्षेत्र के बराबर नहीं होती।[20] उन्हें आईएमएफ के साथ चर्चा के बाद रुपये के अवमूल्यन पर सहमत होने के लिए भी जाना जाता है। उत्साहित बिरला ने असोका मेहता को लिखा था :

> वाशिंगटन में आपकी सफलता के लिए बधाई और दोहरी बधाई कि आपने कम्युनिस्टों और उनके समर्थकों की अच्छी ख़बर ली!! उन्होंने और उनके प्रेस ने इस दौरान देशभर में यह फैलाकर रखा कि आप ख़ाली हाथ लौटे हैं और अमेरिका ज़बानी सहानुभूति व्यक्त करने के अलावा कोई मदद करने नहीं जा रहा। अब जब उन्हें पता चल चुका है कि सहायता सर्वाधिक अच्छे ढंग से आ रही है तो वे काफ़ी निराश हैं। उन्हें तब बहुत सन्तोष मिलता अगर सहायता नहीं आयी होती और उत्पादन गिरा होता, बेरोज़गारी बढ़ी होती, कोई खाद्यान्न नहीं आता और भुखमरी फैली होती। उन्हें तब काफ़ी प्रसन्नता होती जब हर तरफ़ असन्तोष होता। वे देश में अव्यवस्था चाहते हैं। मुझे आश्चर्य होता है कि काँग्रेसी ये सब झूठ क्यों झेल रहे हैं। अगर वे भी आपके तौर–तरीक़ों पर आ जायें तो कम्युनिस्ट और उनके समर्थक पूरी तरह शान्त हो जायेंगे। मुझे उम्मीद है कि यह किया जायेगा।[21]

5 जून की रात को आल इंडिया रेडियो ने यह घोषणा की कि रुपया 35 प्रतिशत अवमूल्यित कर दिया गया है–एक ख़बर जिसने पूरे देश को चौंका दिया पर बिरला जिसका काफ़ी पूर्वानुमान के साथ इन्तज़ार कर रहे थे।[22] उन्होंने सरकारी घोषणा अगले दिन सुबह बोस्टन में सुनी जहाँ वे अभी–अभी लम्बे समय से टलते आ रहे प्रोस्टेट के ऑपरेशन से गुज़रे थे।

रिट्ज़ कार्ल्टन होटल के अपने कमरे में स्वास्थ्य लाभ कर रहे बिरला भारत में घट रही घटनाओं के बारे में परिवार और दोस्तों से पत्राचार के ज़रिये या उन्हें नियमित मिल जाने वाले भारतीय अख़बारों से जानकारी लिया करते थे।

अवमूल्यन की देशभर में व्यापक आलोचना हुई। काँग्रेस संसदीय दल के असन्तुष्टों ने इस आलोचना को हमले में बदल दिया। वरिष्ठ नेताओं ने भी इसका विरोध किया क्योंकि उन्हें डर था कि बढ़ी हुई आयात लागत के मुद्रास्फीति में पेश आने वाले असर आने वाले चुनावों में सत्तारूढ़ काँग्रेस की सम्भावनाओं को कम करेंगे।[23] एक ऐतिहासिक निर्णय के तहत काँग्रेस कार्यसमिति ने अवमूल्यन पर सरकार के निर्णय को ख़ारिज करते हुए एक प्रस्ताव पास किया। अवमूल्यन को लेकर काँग्रेसी घेरों के भीतर के असन्तोष और इन्दिरा गाँधी पर बढ़ रहे हमलों ने बिरला को बहुत निराश किया। काँग्रेस के शीर्ष नेताओं के रवैये से उन्हें झटका लगा, उनमें से कोई भी प्रधानमन्त्री के समर्थन में आगे नहीं आया। लन्दन के अपने ग्रोसवेनर हाउस के घर से सत्यनारायण सिन्हा को लिखते हुए उन्होंने पार्टी के अन्दरूनी राजनीतिक रवैयों से अपनी मायूसी व्यक्त की :

> मैं भारतीय अख़बारों को पढ़ रहा था और मैं बहुत निराश हूँ कि इन्दिराजी को पार्टी से पूरा समर्थन नहीं मिल रहा। इससे उनके हाथ कमज़ोर होंगे और विपक्ष की स्थिति मज़बूत होगी। कार्यसमिति में समर्थक मौन हैं और विरोधियों को खुलकर खेलने का पूरा मौक़ा मिल गया है। संसदीय दल ने अच्छी ज़िम्मेदारी दिखायी। पर मुझे यह सुनकर अफ़सोस हुआ कि टाँटिया ने कहा कि वह बहुत शर्मिन्दा हैं और अमेरिका से दबाव में कोई सहायता लेने के बजाय भूखों मरना अधिक अच्छा समझते हैं। भूख की चर्चा करना बहादुरी का काम है। लेकिन न वह भूखे मरेंगे न मैं। भुखमरी तो ग़रीबों पर आयेगी। लिहाज़ा उनके जैसे व्यक्ति द्वारा भूख की बात करने का कोई फ़ायदा नहीं। उन्होंने अप्रत्यक्ष रूप से विरोधियों की मदद भी की है। देश पागल हो गया लगता है जो इस सच्चाई को नहीं समझ रहा कि चुनाव से पहले सबको एकजुट हो जाना चाहिए।
>
> अगले चुनाव में आपको ऐसे लोगों को चुनना होगा जो अधिक विश्वसनीय और ज़िम्मेदार हों। सी.डी. पाण्डे में हिम्मत थी कि खुलकर सामने आये। मुझे नहीं मालूम कि राजा पन्त क्या कर रहे हैं। अगला चुनाव आप सबके लिए काफ़ी कठिन रहने वाला है। लेकिन कोई भी इसे मानने को तैयार नहीं दिखता। चर्चा है कि ऐसा दिख रहा है कि अगले चुनाव में सचिन चौधुरी इस्तीफ़ा दे देंगे और अगले चुनावों में टी. टी.के. की वापसी होगी। शायद कामराज अपने रास्ते पर हैं। लेकिन आप यह बेहतर जानते हैं कि चीज़ें किस तरह आकार ले रही हैं।[24]

बात उस समय और बिगड़ गयी जब अति वामपन्थियों से लेकर धुर दक्षिणपन्थियों तक सारा विपक्ष अवमूल्यन को अमेरिका के हाथों बिक जाना बताने लगा। वामपन्थी दायरों में अवमूल्यन को राष्ट्रीय अपमान के एक चरम क़दम के रूप में देखा गया।[25] यहाँ तक कि दक्षिणपन्थी स्वतन्त्र पार्टी, जिसमें अभिजात वर्ग के लोगों और व्यवसायियों का बाहुल्य था, ने उदारीकरण के समर्थन के बावजूद तर्क दिया कि अवमूल्यन अतीत की घटिया आर्थिक नीतियों का परिणाम है। सिर्फ़ बड़े उद्योगपतियों का समूह खुलकर अवमूल्यन के समर्थन में आया।

कॉरपोरेट तबके सीधे उनके समर्थन में थे। फ़ेडरेशन ने इन्दिरा गाँधी के समर्थन में प्रमुख अख़बारों में विज्ञापन की एक शृंखला प्रायोजित की।[26] फिक्की के तत्कालीन अध्यक्ष लक्ष्मीनिवास ने अवमूल्यन के समर्थन में एक रेडियो भाषण दिया और कहा कि जो निर्यात शुल्क लगाये गये थे वे इस क़दम की दिशा में आगे बढ़ रहे थे।[27] फिक्की वास्तव में इसे अर्थव्यवस्था के उदारीकरण के लिए उठाया गया सिर्फ़ पहला क़दम मान रही थी और इसके अनुकरण में उसे नीतियों में बड़े सुधार की उम्मीद थी। चूँकि बिरला उस समय देश में नहीं थे लिहाज़ा उन्होंने ख़ुद कोई सार्वजनिक बयान नहीं दिया लेकिन रामेश्वर दास ने यह कहकर उनकी ओर से समर्थन की घोषणा की कि वित्त मन्त्री ने 'वर्तमान परिस्थितियों में सही चीज़' की है।[28]

राजनीति से बनायी दूरी

इन महीनों में बिरला इन्दिरा गाँधी से मुलाक़ात के सही क्षण की तलाश करते रहे ताकि उन्हें अपना समर्थन पेश कर सकें और रिश्तों को थोड़ा नज़दीकी रंगत दे सकें। हालाँकि प्रधानमन्त्री के साथ मुलाक़ात आसान नहीं थी और बहुत कम ही ऐसे अवसर थे जब वह उनसे आसानी से मिल सकते थे। वह उनसे, जैसा कि हमेशा होता था, उनके जन्मदिन पर मिलते थे, महत्त्वपूर्ण अवसरों पर फूल भिजवाते थे और प्रधानमन्त्री कार्यालय की सार्वजनिक अपीलों पर उदारतापूर्वक अपना फ़र्ज़ अदा करते थे।[29] उनके शासन के शुरुआती दौर में बिरला को लगा था कि वह शायद एक ग़ैर–आधिकारिक सलाहकार की भूमिका को जारी रख सकते हैं जैसा कि उन्होंने शास्त्री के शासनकाल में किया, लेकिन अवमूल्यन के बाद के परिदृश्य में चीज़ें बहुत तेज़ी से बदल गयी थीं। रिश्तों में नज़दीकी ला पाना मुश्किल साबित हुआ और उनका तनाव निरन्तर बढ़ता गया। बिरला को इस सबसे कम ही फ़र्क़ पड़ता था, लेकिन इन्दिरा गाँधी के बदलते राजनीतिक हालात और उनके गहरे निजी पूर्वाग्रहों से फ़र्क़ पड़ता था।

एक बड़ा मुद्दा जिसने उनके सम्बन्धों पर असर डाला वह था इन्दिरा गाँधी की अमेरिका यात्रा का यूँ ही निकल जाना और अमेरिकी सहायता के ठोस रूप लेने में मिली नाकामी। एक तरफ़ जहाँ देश के भीतर इन्दिरा गाँधी की अवमूल्यन को लेकर दो टूक आलोचना हो रही थी, वहीं अनुदान देने वालों, ख़ासकर जॉनसन प्रशासन, ने भी उन्हें नीचा दिखाया। ग़ैर–उपक्रमीय सहायता कभी कार्यान्वित नहीं हो सकी और यहाँ तक कि खाद्यान्न सहायता भी अपमानजनक तरीक़े से दी गयी। ऊपर से और बुरा यह हुआ कि जब अवमूल्यन के बाद देश को मदद की सख़्त ज़रूरत थी तभी लगातार ख़राब मानसून ने अपना रंग दिखा दिया। एक 'गर्वीली और देशभक्त' इन्दिरा गाँधी को इससे गहरा धक्का पहुँचा और पूरा प्रकरण उनकी मानसिक स्थिति पर गहरा प्रभाव छोड़ गया। उन्होंने इसे अपना व्यक्तिगत अपमान माना। अमेरिकी प्रशासन के रवैये ने उन्हें चिढ़ा दिया था और अनुदान को लेकर हुए दुर्भाग्यपूर्ण अनुभवों ने न सिर्फ़ उनकी आने वाली आर्थिक नीतियों को ठस बनाया बल्कि इससे उनके सलाहकारों के साथ उनके रिश्ते भी बिगड़ गये। जब इन्दिरा गाँधी अपने पहले गम्भीर राजनीतिक संकट का सामना कर रही थीं तो उन सभी लोगों के साथ उनके रिश्ते, जो अब उन्हें ग़लत प्रतीत होते रास्ते पर ले गये थे, को एक नाटकीय परिवर्तन से होकर गुज़रना पड़ा।

उन्होंने अपने कई पूर्व सलाहकारों पर शक करना शुरू कर दिया : सी. सुब्रमण्यम और असोका मेहता दोनों को उनके अविश्वास की चोट सहनी पड़ी, पर वे जल्दी ही उससे उबर गये।[30] जैसे ही इन पूर्व सलाहकारों में उनका विश्वास कम हुआ वैसे ही बिरला के साथ उनके रिश्ते भी तनावपूर्ण होने लगे, क्योंकि उन्हें 1950 के दशक से ही 'भारत सहायता' लॉबी के सर्वाधिक प्रमुख नायक के रूप में देखा जा रहा था।

इसके अलावा बिरला से उनके रिश्ते ख़राब होने की वजह यह थी कि अवमूल्यन के बाद के महीनों में सिंडिकेट नेताओं ने उन्हें काफ़ी परेशानियाँ दी थीं। राजनीतिक दायरों में बिरला को तमाम सिंडिकेट–नेताओं, ख़ासकर एस.के. पाटिल, का क़रीबी माना जाता था। पाटिल ने बड़े उद्योगपतियों से अपने सम्बन्धों को कभी छुपाया नहीं था। पाटिल लम्बे समय से इन्दिरा गाँधी के विरोधी रहे थे और पहली बार 1966 में उन्होंने इन्दिरा गाँधी की प्रधानमन्त्री पद की उम्मीदवारी का विरोध किया था। चूँकि इन्दिरा गाँधी ने अब ख़ुद को पुराने नेताओं से दूर कर लिया था, सो उन्होंने बिरला को भी उन्हीं में शामिल कर लिया था और पक्का कर लिया था कि दूरी बनी रहे।

बड़े व्यापार जगत पर उनके फितरतन अविश्वास ने चीज़ों को और ख़राब कर दिया। यह चीज़ उन्हें उनके पिता से विरासत में मिली थी। व्यवसायियों के प्रति उनकी अवहेलना अक्सर उनके ऐसे बयानों में भी दिख जाती थी : 'हमारे निजी उद्यम निजी ज़्यादा उद्यम कम हैं।' व्यवसाय के प्रति उनका ग़ैर–दोस्ताना रवैया उनके सत्ता सँभालने के ठीक बाद तब मुश्किल से ही छुप सका जब फिक्की ने उन्हें अपने 38वें सालाना सत्र का उद्घाटन करने के लिए आमन्त्रित किया। पहले तो वह इस बिना पर आने में आनाकानी करती रहीं कि प्रधानमन्त्री द्वारा इसका उद्घाटन एक कर्मकाण्ड से अधिक कुछ नहीं है और उन्हें 'कर्मकाण्डों पर ज़्यादा भरोसा नहीं है।' आख़िरकार जब उन्हें आने के लिए राजी कर लिया गया तो उन्होंने फ़ेडरेशन को समय से पीछे चल रहा एक 'वृद्ध' संगठन बताया।[31] उन्होंने यह कहकर ख़ुद को पुराने औद्योगिक नेतृत्व से दूर रखने का सचेत प्रयास किया कि वह नयी पीढ़ी से चर्चा करना ज़्यादा पसन्द करती हैं।[32] औद्योगिक जगत से उनके रिश्ते अगले साल उस समय और ख़राब हो गये जब उन्होंने सीधे–सीधे फिक्की के सत्र में हिस्सा लेने से इनकार कर दिया और उद्योगपति '20 वर्ष पुरानी परम्परा' के टूटने का रोना लेकर बैठे रह गये।

शीर्ष नेतृत्व के साथ बढ़ रहे तनावों को कम करने के लिए बिरला कुछ ख़ास कर पाने में असमर्थ थे। उनके प्रति शीर्ष नेतृत्व के रवैये और नयी हुकूमत की कार्यप्रणाली ने उन्हें अनधिकारिक सलाहकार की स्व–अर्जित भूमिका से बाहर आने के लिए बाध्य किया। मार्च 1966 में की गयी अमेरिका यात्रा उनकी इस भूमिका का अन्तिम अभियान साबित हुई। इस बीच व्यावसायिक हलकों में भी उन्हें अपनी आवाज़ अकेली लगने लगी जहाँ उन्हें सत्ता के क़रीबी के रूप में देखा जाता था।

एक अकेली आवाज़ : बिरला, बड़ा व्यवसाय जगत और 1967 के चुनाव

साल के अन्त में राष्ट्र में आम चुनाव होने वाले थे। अनुदान देने वालों से धोखा खा चुकीं और पुराने काँग्रेसियों से चल रहे संघर्ष को लेकर असुरक्षित इन्दिरा ने यह मानना शुरू कर दिया था कि उनका अस्तित्व वामपन्थी झुकाव वाली राजनीति की ओर वापसी और थोड़ा

उग्र तेवरों को फिर से बहाल करने से ही बना रह सकता है।[33] उनका बदला राजनीतिक रुख़, जो निस्सन्देह उनके आर्थिक एजेंडे पर भी असर डालने वाला था, अवमूल्यन के एक महीने बाद जुलाई 1966 में सामने आ गया जब उन्होंने रूसी प्रमुख ब्रेझनेव के साथ 'एशिया में अमेरिकी बमबारी' की भर्त्सना करते हुए संयुक्त विज्ञप्ति जारी की। अवमूल्यन के अनुभवों ने उन नीतियों को तय कर दिया था जिन्हें उन्होंने भविष्य में प्रोत्साहित किया। आर्थिक निर्मितियों में एक बदलाव आया और संवृद्धि उन्मुख आर्थिक नीतियों से हाथ खींचकर अर्थव्यवस्था का रुख़ अब ज़्यादा लोकप्रियतावादी रवैये के साथ वामपन्थी दिशा में किया जाने लगा। विदेशी ताक़तों के हाथों अपमान न झेलने के अपने दृढ़ संकल्प के चलते उन्होंने खाद्य के क्षेत्र में आत्मनिर्भरता को एक राष्ट्रीय लक्ष्य बना दिया और हरित क्रान्ति लाने के लिए जो भी कर सकती थीं वह सब किया। हालाँकि यह सराहनीय था लेकिन इसका एक बिल्कुल उलट दूसरा पहलू भी था : औद्योगिक मोर्चे पर वह व्यापक नियन्त्रण व्यवस्थाओं की ओर लौट गयीं। जैसे ही वह बायें मुड़ीं, पार्टी ने निजी क्षेत्र के बैंकों के राष्ट्रीयकरण की बात करना शुरू कर दिया और आर्थिक शक्ति के चन्द व्यापारिक घरानों में सिमट जाने के ख़तरों को लेकर चेतावनी दे डाली। साथ ही कई तरह की उपभोक्ता वस्तुओं में राज्य–व्यापार के ज़रिये सरकारी नियन्त्रण बढ़ा दिया गया।

व्यावसायिक समुदाय का एक प्रभावशाली तबका आर्थिक हालात को लेकर अपना धैर्य खोने लगा था। न सिर्फ़ वर्षों के दौरान उनकी हताशा इकट्ठी हो गयी थी, बल्कि वे साफ़–साफ़ देख सकते थे कि अवमूल्यन कोई भी अपेक्षित आर्थिक परिवर्तन लाने नहीं जा रहा है। सही है कि 48 उद्योगों को नियन्त्रण से आंशिक मुक्ति दी गयी थी लेकिन यह साफ़ हो गया था कि इन्दिरा गाँधी का झुकाव दो कारणों से वामपन्थ की ओर हो रहा है। पहला, वह इसे अपना वर्चस्व स्थापित करने के एक तरीक़े के रूप में देखती थीं ताकि विरोधियों को पटखनी दे सकें, दूसरे खाद्यान्न की हालत और ख़राब होने का डर था। उद्योग जगत ने हालात से निबटने की कार्रवाई का काफ़ी इन्तज़ार किया था और अवमूल्यन के बाद उसे 'नयी आज़ादी' मिलने की अपेक्षा थी। उनका मानना था कि आयात को लेकर सीमित उदारीकरण पर्याप्त नहीं है और अवमूल्यन उनकी ज़्यादातर हताशा के लिए 'कोई टॉनिक साबित नहीं हो सका।'[34]

ऐसे वातावरण में औद्योगिक नेताओं ने महसूस किया कि उन्हें राजनीतिक प्रक्रिया में एक ज़्यादा सक्रिय भूमिका निभाने की ज़रूरत है, बजाय कि अपने हितों की हिफ़ाज़त के लिए वे महज़ सत्तारूढ़ काँग्रेस के दक्षिणपन्थी नेतृत्व पर निर्भर करते रहें। यही वो रणनीति थी जिसे बड़ा व्यापार जगत 1930 के दशक से निरन्तर बिरला के निर्देशन में अमल करता रहा था, और अब इसे आक्रामक ढंग से चुनौती दी जा रही थी। निजी व्यावसायिक दायरों में बिरला के सहयोगियों का आरोप था कि नेहरू के शासनकाल में जिस अवमानना के साथ उद्योगपतियों से बर्ताव किया जाता था वह 'समय बढ़ने के साथ–साथ बजाय घटने के और बढ़ी है।' औद्योगिक नेता अपने दोयम दर्जे के स्तर को लेकर बौखलाने लगे थे और इन्दिरा गाँधी पर उन्होंने 'निजी क्षेत्र को समाप्त करने की कोशिश' करने का आरोप लगाया। इस बात को फ़ेडरेशन के प्रति इन्दिरा गाँधी के रवैये और फिर पार्टी के चुनावी घोषणापत्र के मसौदे से भी बल मिला।[35] कुण्ठाएँ, जिन्होंने व्यवसाय जगत को लील रखा था,

फिक्की कार्यकारिणी समिति की सितम्बर 1966 में हुई एक बैठक में बाहर आ गयीं। कमेटी हालाँकि चौथी पंचवर्षीय योजना पर चर्चा के लिए इकट्ठा हुई थी मगर इसका सारा समय काँग्रेस के चुनावी घोषणापत्र के मसौदे ने ले लिया। सरकार पर व्यवसाय जगत से पूरी तरह अवहेलनापूर्ण व्यवहार करने के आरोप लगाये गये। 1966 के चुनावी घोषणापत्र की तुलना 1956 और 1961 के घोषणापत्रों से की गयी और सदस्यों ने व्यवसाय जगत के प्रति बर्ताव के बड़े फ़र्क़ पर टिप्पणियाँ कीं। उनका आरोप था कि काँग्रेस पार्टी ने अपने नये घोषणापत्र में निजी क्षेत्र का ज़िक्र तक करने की ज़रूरत नहीं समझी है। उन्होंने कहा कि यह चीज़ सिर्फ़ निजी क्षेत्र की बदतर स्थिति को दिखाती है। औद्योगिक नेताओं की शिकायत थी कि बेदखली 'निजी क्षेत्र को महत्त्वहीन बनाकर फिर से अवनति के रास्ते पर पटक देने का एक सोचा–समझा क़दम थी।' अगर इसमें कोई संशोधन नहीं किया गया तो उन्हें नेताओं को चेतावनी देने की ज़रूरत होगी कि वे 'काँग्रेस पार्टी से...समर्थन वापसी' पर भी विचार कर सकते हैं। फिक्की के वरिष्ठ सदस्यों ने सत्ताधारी पार्टी द्वारा 'हल्के में लिए जाने का एक गहरा अहसास' व्यक्त किया, जिस पर करेला वो भी नीम चढ़ा वाली बात यह थी कि सत्ताधारी पार्टी को पूरा आत्मविश्वास था कि अपनी सभी 'असहमतियों और असन्तोषों के बावजूद औद्योगिक और व्यापारिक समुदाय और बड़ा व्यापार जगत उसे चुनाव में विजय दिलाने के लिए धन मुहैया कराने जा रहा है।'[36] फिक्की के भीतर और निजी व्यावसायिक हलकों में दोनों जगह पहली बार यह खुली चर्चा थी कि काँग्रेस पार्टी से समर्थन वापस लिया जाये। जैसे–जैसे 1967 के चुनाव नज़दीक आये बिरला के बहुत से व्यावसायिक साथी उन्हें चीख़–चीख़कर चुनौती देने लगे और यहाँ तक कि उनकी रणनीति को लेकर दोष लगाने लगे कि जिसके कारण आज उद्योग जगत की स्थिति चमचागिरी करने से ज़्यादा कुछ नहीं रह गयी है।

बड़े उद्योगपतियों को नया राजनीतिक विकल्प दक्षिणपन्थी स्वतन्त्र पार्टी में दिखने लगा था जो राजाजी के व्यक्तित्व के आधार पर चल रही थी।[37] डंके की चोट पर दक्षिणपन्थी इस पार्टी के प्रति उद्योग जगत का आकर्षण स्वाभाविक था : इसके घोषणापत्र में न्यूनतम नियन्त्रण के साथ उद्योगों को सुरक्षा देने का वादा किया गया था, पूँजीगत वस्तु उद्योग के सन्तुलित विकास की बात की गयी थी और औद्योगीकरण में सार्वजनिक क्षेत्र की न्यूनतम भूमिका के साथ–साथ सोवियत शैली की योजना से तौबा की गयी थी।[38] पार्टी को ख़ासकर बॉम्बे के उद्योगपतियों का समर्थन हासिल था और 1962 के संसदीय चुनावों में जे.आर.डी. टाटा और धर्मासे खटाऊ जैसे प्रभावशाली उद्योगपतियों ने इसकी वित्तीय मदद की थी।

दूसरे औद्योगिक नेताओं की तरह बिरला का भी विश्वास काँग्रेस पार्टी को लेकर उठ चला था। पिछले कई महीनों से वह सरकारी नीतियों से अपने असन्तोष को छिपा पाने में मुश्किल महसूस कर रहे थे, और कई सार्वजनिक मंचों पर सत्तारूढ़ दल की मौखिक आलोचना कर चुके थे। जैसे कि फ़रवरी 1965 में इंडियन मर्चेंट्स चेम्बर को सम्बोधित करते हुए उन्होंने दावा किया कि सभी सरकारी योजनाएँ सिर्फ़ कागज़ों तक सीमित रही हैं, लोकतान्त्रिक समाज का उसका नारा पुराना पड़ चुका है, राजनेता 'आर्थिक मामलों को लेकर बेख़बर हैं', और कि देश में जो गड़बड़ियाँ फैली हैं उनका दोष ज़्यादातर सरकार

की आर्थिक नीतियों को दिया जा सकता है। उन्होंने अपने व्यवसायी साथियों से कहा कि सही समय वह था जब उद्योगपतियों और सरकार के बीच संवाद होता था, और उन्होंने व्यावसायिक समुदाय से आग्रह किया कि वे ऐसे क़दम उठायें 'जिनसे सरकार कार्रवाई करने को बाध्य हो जाये।'[39] कुछ सप्ताह बाद 2 अप्रैल 1965 को, जब बिरला उस मारवाड़ी रिलीफ़ सोसायटी के स्वर्ण जयन्ती समारोह की अध्यक्षता कर रहे थे जिसकी बड़ा बाज़ार में शुरुआत के वक़्त वह और जुगलकिशोर ख़ासे सक्रिय रहे थे, तो साथी मारवाड़ी व्यवसायियों द्वारा सामना की जा रही समस्याओं का ज़िक्र आने पर वह अपनी भावनाओं पर नियन्त्रण नहीं रख सके। उन्होंने चेतावनी देते हुए कहा कि 'सरकार समझ जाये कि अगर वह व्यवसायियों की "पगड़ी" उछालेगी तो जल्द ही वह समय भी आयेगा जब नेताओं के सिर की गाँधी टोपियाँ जनता उछाल कर फेंक देगी।'[40] इसी प्रकार इंजीनियरिंग एसोसिएशन ऑफ़ इंडिया को सम्बोधित करते हुए उन्होंने कहा :

> आप इस सरकार पर कैसे निर्भर रह सकते हैं? इस वक़्त अगर आप दिल्ली जायें तो पायेंगे कि हर कोई टिकट के पीछे भाग रहा है। उनके पास समय कहाँ है कि वे आपकी समस्याओं के बारे में सोचें? उन्हें आपका बही खाता निकालने का समय नहीं है। उन्हें तो अपना बही खाता पेश करना है।

उन्होंने घोषणा की कि देश की अर्थव्यवस्था ध्वस्त हो चुकी है और 'दिल्ली में पूरा ढाँचा और प्रशासन भौचक्का है। दिल्ली को लकवा मार चुका है।' उनके मुताबिक़ इस सब के लिए ख़राब योजना, घटिया राजकोषीय नीति, वैसी ही मौद्रिक नीति और नौकरशाही की ज़बरदस्त सख़्ती और हस्तक्षेप ज़िम्मेदार हैं। बिरला ने इतनी स्पष्टता आज तक नहीं दिखायी थी कि उन्होंने योजनाओं को बेवकूफ़ी भरा और योजनाकारों को बचकाना बताया, जिससे योजना एक ख़तरनाक चीज़ बन गयी है और चौथी योजना एक पागलपन है जिसे प्रायः चुनाव को देखते हुए तैयार किया गया है।[41]

ऐसी दो टूक सार्वजनिक आलोचना बिरला के स्वभाव से सर्वथा उलट थी। उन्हें वर्षों से जानने वाले दोस्त और सहयोगी इस साफ़गोई से अचम्भे में पड़ गये, और कई ने तो उनके नये और निर्भीक रवैये को लेकर उन्हें बधाई तक दे डाली। जे.आर.डी. टाटा ने लिखा : 'मैं यह देखकर ख़ुश हूँ कि अब आप सरकार की आर्थिक नीति की सार्वजनिक सकारात्मक आलोचना रो हिचक नहीं रहे हैं और इसके लिए मैं आपको बधाई देता हूँ।'[42] निजी तौर पर तो बिरला व्यवसाय जगत के प्रति सरकार के सन्देहपूर्ण रवैये को लेकर और भी खुले तौर पर शंकालु थे। उनका कहना था कि 'अब तो प्रधानमन्त्री भी इससे नहीं बची हैं।'[43]

बिरला द्वारा की गयी इस नयी सार्वजनिक आलोचना से उत्साहित उनके कई व्यावसायिक मित्रों ने उनसे सम्पर्क किया कि इन्दिरा गाँधी के राजनीतिक नेतृत्व के साथ किस प्रकार से निपटा जाये। सितम्बर 1966 में फिक्की की कार्यकारिणी समिति की बैठक के तुरन्त बाद बॉम्बे के उद्योगपति वीरेन जे. शाह (मुकुन्द स्टील) ने बिरला से आग्रह किया कि वह काँग्रेस पार्टी के ख़िलाफ़ खुलकर और निडर होकर बोलें।[44] आर्थिक नीतियों की आलोचना करने और 'चीज़ों को सही रखने के लिए लोकतान्त्रिक तरीक़े अपनाने' की ज़रूरत को भी स्वीकार करने के बावजूद बिरला ने काँग्रेस पार्टी से नाता टूटने की किसी भी सम्भावना से इनकार कर दिया। उन्होंने अपनी बात स्पष्ट करते हुए शाह को लिखा :

जहाँ तक मेरा सवाल है तो मेरी निष्ठा अभी भी काँग्रेस के साथ है, हालाँकि मुझे पता है कि वहाँ कुछ गोलमाल है। लेकिन किसी को इतने उतावलेपन से पार्टी नहीं बदलनी चाहिए। इसके बजाय मैं तो पार्टी में सुधार की कोशिश करूँगा। हो सकता है कि मैं असफल रहूँ।[45]

बिरला का समर्थन पाने को उत्सुक शाह डटे रहे। कुछ दिनों बाद उन्होंने स्वतन्त्र पार्टी के चुनाव घोषणापत्र का मसौदा उनकी राय जानने के लिए उनके पास भेजा। बिरला ने एक बार फिर इन राजनीतिक चालों में फँसने से इनकार कर दिया और संक्षेप में जवाब दिया : 'आपका चुनाव घोषणापत्र अच्छा है और मैं इन विचारों से सहमत हूँ।'[46] चुनावों की शाम उन्होंने सार्वजनिक तौर पर क़बूल किया कि वह 'काँग्रेसियों के साथ विवाहित' हैं। अपने व्यवसायी साथियों से उन्होंने कहा कि उनकी तमाम ग़लतियों के बावजूद वह उनसे नाता तोड़ने के इच्छुक नहीं हैं।

असन्तुष्टों के साथ जाने से बिरला का इनकार उनके स्वभाव और भारतीय राजनीति की उनकी कुल समझ के पूरी तरह अनुरूप ही था। जैसा कि हमने देखा कि वह काफ़ी पहले ही भारतीय राजनीतिक परिप्रेक्ष्य में केन्द्रवादी पार्टियों की महत्ता को समझ चुके थे। उनका मानना था कि रजवाड़ों और व्यावसायिक हितों के मुख्य संयोजन वाली स्वतन्त्र पार्टी जैसी एक पार्टी सियासी मंज़र में कोई खरोंच तक नहीं छोड़ सकती। एक छोटे समूह का प्रतिनिधित्व करने वाली पार्टी को वह व्यावहारिक विकल्प के रूप में नहीं देखते थे। उनके 'ईस्टर्न इकोनॉमिस्ट' ने बिरला के तर्कों को सम्पुटित करते हुए लिखा कि स्वतन्त्र पार्टी में 'मारक प्रवृत्ति का अभाव है जो राजनीतिक पुरअसरी के लिए बहुत ज़रूरी होती है।' इसने सलाह दी कि मसानी और उनके पार्टी–सहयोगी 'बेहतर होगा कि पहले अपनी पार्टी के राजनीतिक प्रारूप की कामचलाऊ विषयवस्तु को मज़बूत करने के बारे में गम्भीरता से सोचें उसके बाद ही उन उद्योगपतियों पर तिरस्कारपूर्ण ढंग से उँगली उठाने की कोशिश करें जो आज के राजनीतिक ख़तरे के ख़िलाफ़ ख़ुद के लिए शायद एक बीमा योजना की सुरक्षा को नामंजूर कर देने के इच्छुक होंगे।'[47] बिरला की नज़र में स्वतन्त्र पार्टी में काँग्रेस के विकल्प वाली कोई बात नहीं थी और इसलिए उसका समर्थन करने का कोई अर्थ नहीं था। कुछ ऐसी ही बात उन्होंने इंडियन चेम्बर ऑफ़ कॉमर्स में साथी व्यवसायियों से कही :

आप चाहें तो काँग्रेस को तोड़ दें–लेकिन इससे कोई मदद नहीं मिलने वाली। आप इस सरकार को बदलकर कम्युनिस्ट सरकार ले आयेंगे और वही सबसे पहले होंगे जो आपका गला काटेंगे। वह ग़लती न करें... यह एक स्व–हित का सवाल है।[48]

यह देखते हुए कि उन्होंने वास्तविक रूप में किसी विरोधी विकल्प का अभाव देख लिया है उन्हें यक़ीन था कि सरकार की स्थिरता में खलल डालने की सलाह उचित नहीं होगी। उन्होंने इंडियन मर्चेंट्स चेम्बर को चेतावनी दी कि वह कम्युनिस्टों के हाथ में न खेले। यह कम्युनिस्टों का खेल है कि वे इस उम्मीद में इस सरकार को परेशान करें कि वे ख़ुद एक विकल्प हो सकते हैं, और आप समझ सकते हैं कि वह विकल्प क्या होगा। यह बहुत ही घटिया होगा।[49]

जहाँ एक ओर उन्होंने काँग्रेस पार्टी से अलग होने से इनकार कर दिया वहीं वह यह भी चाहते थे कि उसका नेतृत्व यह महसूस करे कि पार्टी अपराजेय नहीं है।

वह पार्टी की ओर से विनम्रता चाहते थे, चाहते थे कि उसे यह इलहाम हो कि उसने कैसी भूलें की हैं और चुनावों में उसके 'अचल आत्मविश्वास' को थोड़ा झटका लगे। वह चाहते थे कि पार्टी की वापसी सिर्फ़ बहुत ज़्यादा घटे हुए बहुमत के साथ ही हो। अपने ज़्यादातर व्यावसायिक साथियों की तरह उन्होंने महसूस किया कि यही सही समय है जब काँग्रेस को एक सबक सीखने की ज़रूरत है।[50] उन्हें उम्मीद थी कि एक बार को इलेक्शन पूरे होते ही इससे पार्टी के भीतर 'काफ़ी खुली चर्चा' होगी और यह चीज़ पार्टी को इस यथार्थबोध की तरफ़ ले जायेगी कि 'यदि वे अपनी स्थिति दुरुस्त नहीं करते हैं' तो 'उनके लिए अगले किसी भी इलेक्शन के रूबरू होना नामुमकिन हो जायेगा। मेरी आशा है कि ख़ुद अपने फ़ायदे के लिए वे तर्क को ज़्यादा तवज्जो देंगे'–ऐसा बिरला ने जे.आर.डी. टाटा से कहा।[51] जैसे ही उद्योग जगत के महत्त्वपूर्ण तबकों ने अपना ज़्यादातर समर्थन दक्षिणपन्थी स्वतन्त्र पार्टी को दिया बिरला ने सचेत रहने की निजी सलाह दे दी। वह लगातार इस बात का प्रचार करते रहे कि काँग्रेस का कमज़ोर पड़ना महज़ एक रिक्तता पैदा करेगा जिसका लाभ सिर्फ़ कम्युनिस्टों को मिलेगा।[52]

जहाँ बॉम्बे के अपने मित्रों के दबावों को झेलने में बिरला को कोई ख़ास परेशानी नहीं हुई वहीं उन्हें घर में ज़्यादा कठिन स्थिति का सामना करना पड़ा। परिवार के कई सदस्य स्वतन्त्र पार्टी के पक्ष में हो गये थे और खुलकर विरोधी पक्ष का समर्थन करने का मन बना लिया था। बिरला के ऊपर पटरी बदलने के लिए दोनों भाइयों और परिवार के युवा सदस्यों का दबाव था। ब्रजमोहन शुरू में ही स्वतन्त्र पार्टी के फलसफ़े में दीक्षित हो गये थे और 1962 से ही उसे धन मुहैया कराने वाले प्रमुख लोगों में से एक थे। आने वाले चुनावों के लिए भी वह पहले ही डी.एन. पटोदिया, एस.के. टपारिया और एन.के. सोमानी जैसे उम्मीदवारों सहित बड़ी तादाद में इसके उम्मीदवारों को आर्थिक मदद का वादा कर चुके थे।[53] उधर बॉम्बे में भी रामेश्वर दास महानगर के उद्योगपतियों के साथ थे और खुलकर स्वतन्त्र पार्टी के पक्ष में थे। उन्होंने फिक्की कार्यकारिणी की सितम्बर 1966 में हुई बैठक के तुरन्त बाद वीरेन शाह को अपने समर्थन का वादा कर दिया। अब जुगलकिशोर ही बचे थे जो उम्र के नौवें दशक में थे और सामान्यतः अपने को राजनीतिक मामलों से अलग ही रखते थे। युवा पीढ़ी में माधव प्रसाद स्वतन्त्र पार्टी को समर्थन देने पर सहमत हो चुके थे और कृष्ण कुमार ने भी विरोधी दल से सहानुभूति रखना शुरू कर दिया था। लक्ष्मीनिवास, जो उस साल फिक्की के अध्यक्ष थे, इसी नाते काँग्रेस को लेकर दोहरा रुख़ रखे हुए थे, क्योंकि बड़ी तादाद में प्रमुख फिक्की नेता विपक्ष के उम्मीदवार के तौर पर चुनाव में खड़े थे। बिरला ने जब भी घर पर होने वाली चर्चाओं में परिवार के लोगों को काँग्रेस से अलग होने की व्यर्थता समझाने की कोशिश की तो उन्होंने ख़ुद की आवाज़ को ज़्यादा–से–ज़्यादा अकेला पड़ता पाया। उनकी तमाम चेतावनियों के बाद भी बिरला के लिए यह असम्भव हो गया कि वह अपने घर और व्यावसायिक मित्रों के दायरे में उठे ज्वार को रोक पायें।

जैसे ही चुनाव नज़दीक आया वैसे ही अतुल्य घोष, सी.बी. गुप्ता और एस.के. पाटिल जैसे बिरला के पुराने काँग्रेसी सहयोगी एक बार फिर 'केन्द्र के चुनाव कोष के लिए चन्दा' माँगने उनके पास आये। बिरला को शीर्ष नेतृत्व के साथ बातचीत के पुल बनाने का यह अच्छा अवसर मालूम दिया। इस उम्मीद में कि काँग्रेस आलाकमान चन्दा उगाही में उन्हें साथ लेगा,

बिरला अपने व्यावसायिक मित्रों की थाह लेने में जुट गये। यह अकस्मात नहीं था कि उन्होंने पाया कि उनमें से कई लोग यह दाँव खेलने को तैयार हैं और विरोधी दल के साथ–साथ काँग्रेस को भी सहायता देने के लिए सहर्ष राजी हैं। दिसम्बर 1966 में उन्होंने इन्दिरा गाँधी को अपना समर्थन प्रस्तावित किया और संकेत दिया कि उनके और जे.आर.डी. टाटा जैसे व्यवसायी :

> सभी अपनी ओर से कुछ करने के लिए उत्सुक हैं। लेकिन सवाल यह है कि हम अपनी सहायता किसके पास भेजें। अतीत में जब मैंने इस तरह की राशि इकट्ठी की थी तो मैंने पैसा प्रधानमन्त्री को भेज दिया था। मेरा ख़याल है कि इस बार भी यही ठीक रहेगा कि चेक ए.आई.सी.सी. के नाम पर देय हों और उन्हें प्रधानमन्त्री के पास भेजा जाये। अगर आप कृपया मुझे दिशा निर्देश देती हैं तो हम तुरन्त कार्रवाई शुरू कर देंगे।[54]

जब उन्हें प्रधानमन्त्री कार्यालय से पत्र का कोई सकारात्मक जवाब नहीं मिला तो बिरला ने फ़ैसला किया कि वह अपने व्यावसायिक साथियों से चन्दा जमा करने की कोई ज़िम्मेदारी ख़ुद पर नहीं लेंगे और सिर्फ़ अपना निजी सहयोग ही देंगे। जनवरी 1967 में उन्होंने अपनी पहली 2,50,000 रुपये की किस्त अपनी सेंचुरी मिल के खाते से इस वादे के साथ इन्दिरा गाँधी को भेजी कि वह समय–समय पर और भी रक़म भेजेंगे।[55] बाद में सी.बी. गुप्ता के ज़रिये केन्द्रीय कोष के लिए उन्होंने 3,00,000 रुपये का और फिर अन्य 2,00,000 रुपये का योगदान किया। 1,00,000 रुपये का एक चेक मंडेलिया द्वारा अलग से केन्द्रीय कोष को एस.के. पाटिल की मार्फ़त भेजा गया।[56] शहर और ज़िला काँग्रेस कमेटियों को अलग से चन्दा दिया गया। सबसे बड़ी रक़म गुप्ता के चुनाव क्षेत्र लखनऊ शहर को दी गयी।[57]

झुँझनू में चुनाव प्रचार

हालाँकि बिरला ने अपने व्यावसायिक सहयोगियों की विरोधी पक्ष के सहयोग की अपील को ख़ारिज कर दिया लेकिन वह चुनावों से अपने आपको पूरी तरह अलग नहीं रख पाये। उन्हें प्रकारान्तर से तब चुनाव में शामिल होना पड़ा जब उनके नज़दीकी रिश्तेदार राधाकृष्ण बिरला स्वतन्त्र पार्टी के उम्मीदवार के रूप में झुँझुनू चुनाव क्षेत्र से चुनावी मुक़ाबले के लिए खड़े हो गये।[58] राधाकृष्ण के बिरला परिवार से पीढ़ियों पुराने सम्बन्ध थे–वह पिलानी में पड़ोसी थे और राधाकृष्ण का ख़ुद का पूरा कैरियर बिरला की विभिन्न कम्पनियों में बीता था। ऐसे क़रीबी पारिवारिक सम्बन्ध को देखते हुए बिरला को राधाकृष्ण के चुनाव अभियान से अपने को अलग रख पाना काफ़ी मुश्किल लगा। चुनाव में उनकी रुचि का एक कहीं ज़्यादा बाध्यकारी कारण शायद यह भी रहा हो कि वह राधाकृष्ण के चुनाव क्षेत्र में पड़ने वाले अपने पैतृक गाँव पिलानी की तरक़्क़ी चाहते थे। बिरला ने चुनाव अभियान की रणनीति बनाने और संसाधन मुहैया कराने की पूरी ज़िम्मेदारी अपने ऊपर ले ली।

राधाकृष्ण के चुनाव अभियान से उन्हें ख़ुद के 43 वर्ष पूर्व 1924 में लड़े चुनाव की स्मृति ताज़ा हो उठी। बिरला ने तब सफल चुनाव प्रचार के ज़मीनी नियम लाजपत राय और मालवीय से सीखे थे और उन्होंने उन्हें राधाकृष्ण के चुनाव अभियान में लागू किया।

उन्होंने शुरुआत दो पृष्ठ का नोट तैयार करने से की कि अभियान को कैसे आगे बढ़ना चाहिए। बिरला की मिलों से कम–से–कम सौ विश्वसनीय कर्मचारी सावधानीपूर्वक चुने गये जिन्हें क्षेत्र के 5,00,000 ठोस मतदाताओं के बीच प्रचार करना था। शुरुआत में 100 वाहनों का प्रावधान किया गया।[59] फिर मतदाता सूची 100 हिस्सों में बाँटकर प्रत्येक विश्वसनीय कर्मचारी को सम्पर्क के लिए दी गयी। उन्हें निर्देश दिया गया कि घर–घर जाकर 5,000 मतदाताओं के बीच प्रचार करें और हर मतदाता से निजी तौर पर सम्पर्क करें। बिरला की राय से मतदाता से मिलने के बाद जो समर्थन में थे उनके नाम के आगे 'हरा निशान' और जो विरोध में थे उनके नाम के आगे 'लाल निशान' लगाने के लिए कहा गया जिन्हें शायद एक बार और मनाने की ज़रूरत होगी। चुनाव के ख़र्चे का लेखा–जोखा रखने के लिए बिरला ने विस्तृत प्रक्रिया तैयार की थी।[60] अख़बारों से सम्पर्क करने की एक रणनीति बनायी गयी–ख़ासकर स्थानीय अख़बारों से, जिन्हें बिरला क्षेत्र के लिए अधिक प्रभावशाली मानते थे।

राधाकृष्ण का अभियान योजना के अनुरूप शुरू हुआ। मुख्य व्यक्ति को तलाशने में कोई दिक़्क़तें नहीं आयी थीं क्योंकि बिरला के 18,000 से अधिक कर्मचारी ज़िलेभर में फैले हुए थे। इसके अलावा बिरला घराने की साख के कारण मददगार आसानी से मिल जाते थे : कई लोग इस उम्मीद में तत्परता से मदद को आते थे कि शायद उन्हें बिरला समूह में कोई काम मिल जायेगा। बिरला का नाम ही राधाकृष्ण के अभियान का मुख्य आधार–मंच और ज़िले पर उनकी पकड़ का ज़रिया बन चुका था।[61] ऐसी अफ़वाहें भी फैल गयीं कि इलाक़े में बिजली बिरला द्वारा सरकारी ख़ज़ाने में दिये 15 करोड़ रुपयों के योगदान का परिणाम है। मतदाताओं से कहा जा रहा था कि अगर वे राधाकृष्ण को वोट देंगे तो क्षेत्र में समृद्धि आयेगी क्योंकि बिरला परिवार यहाँ अपना औद्योगिक उपक्रम लगायेगा। राधाकृष्ण के चुनावी घोषणापत्र में कहा गया था कि 'आप सभी जानते हैं कि बिरला परिवार ने इस दिशा में क्या किया है और आगे भी करते रहेंगे।'[62] अभियान काफ़ी कुछ बिरला के 1924 के अपने अभियान जैसा ही था। राधाकृष्ण ने अपने हिन्दू कामों के सबूत पेश किये और अपने प्रायः हिन्दू चुनाव क्षेत्र में गोवंश को लेकर भावनात्मक अपील की। जातिगत समीकरण भी खेल में सामने आये। बिरला की सलाह पर महत्त्वपूर्ण जाट नेता, नाराज़ काँग्रेसी और फ़िलहाल नवनिर्मित जनता पार्टी के मुखिया कुम्भाराम आर्य को विशाल स्थानीय जाट आबादी पर असर डालने के लिए अभियान में उतारा गया। महत्त्वपूर्ण राजनीतिक नेताओं जैसे कि ग्वालियर की राजमाता, नवलगढ़ के रावल मदनसिंह समेत बिरला के प्रमुख लोगों में डी.पी. मंडेलिया, जो स्थानीय रूप से प्रभावशाली थे, को भी प्रचार में उतारा गया। बिरला के अपने अभियान की याद दिलाने वाले आर्यसमाज के कुछ प्रवचनकर्ताओं को भी अभियान में शामिल किया गया।[63] यह अकस्मात नहीं था कि अभियान एक बहुत ज़बरदस्त स्तर पर पहुँच गया था। वामपन्थी काँग्रेसियों ने आरोप लगाया कि बिरलाओं ने राधाकृष्ण के चुनाव में 70 लाख रुपये से ज़्यादा ख़र्च किये हैं।[64] अभियान का कार्य कोई आसान नहीं था। नौ अन्य उम्मीदवार भी मुक़ाबले में थे–इनमें सबसे प्रभावशाली एक साथी मारवाड़ी आर.आर. मोरारका थे, जिनका एक स्थानीय परिवार से ताल्लुक था और सांसद के रूप में एक बड़ी हस्ती रह चुके थे और 1952 से काँग्रेस उम्मीदवार के रूप में क्षेत्र का प्रतिनिधित्व कर रहे थे।[65] अन्य उम्मीदवारों में कम्युनिस्ट पार्टी के एक किसान नेता घासीराम के अलावा सात निर्दलीय थे।

बिरला की बारीक़ी से बनायी गयी योजना और पूरे बिरला कुनबे से मिले समर्थन ने राधाकृष्ण की जीत तय कर दी थी। इसने बिरला की इस महत्त्वाकांक्षा को भी दिखाया कि कैसे वह अपने गृह ज़िले पिलानी की राजनीति से क़रीब से जुड़े रहना चाहते हैं। वह ख़ुद को एक संरक्षक के रूप में देखते थे और यहाँ के निवासियों को उन्होंने आश्वस्त किया कि 'जहाँ तक चुनाव क्षेत्र की देखभाल करने की बात है तो उसमें किसी भी प्रकार की अनदेखी नहीं की जायेगी।'[66]

इस बीच बढ़ती महँगाई, खाद्यान्नों के अभाव, बिहार में सूखे जैसी स्थिति और व्याप्त जन आक्रोश के साथ अनिश्चितता और कुण्ठा के माहौल में राष्ट्रीय चुनाव हो रहे थे।[67] हालाँकि जैसी बिरला को उम्मीद थी, काँग्रेस घटे हुए संसदीय समर्थन के बावजूद फिर सत्ता में लौट आयी। उसे लोकसभा की कुल 520 सीटों में से 283 सीटें प्राप्त हुई थीं। जो बुरा हुआ वो यह कि एस.के. पाटिल, अतुल्य घोष और कामराज जैसे पुराने दिग्गज चुनाव हार गये थे। जैसा कि उनके 'ईस्टर्न इकोनॉमिस्ट' ने लिखा : 'काँग्रेस की प्रतिष्ठा उसकी सत्ता से अधिक मानी गयी है।'[68] स्वतन्त्र पार्टी को संसद में अच्छी–ख़ासी 44 सीटें प्राप्त हुईं। राजनीतिक हलकों में यह बात बज़ाहिर थी कि विपक्षी पार्टियों, जैसे कि स्वतन्त्र पार्टी, को पहली बार बड़े उद्योगपतियों से उदारतापूर्वक चन्दा मिला है और व्यवसाय जगत के चन्दे पर से काँग्रेस का एकाधिकार टूट चुका है। यहाँ तक कि इन्दिरा गाँधी ने लक्ष्मीनिवास से शिकायत की कि व्यवसाय जगत के समर्थन ने उनकी पार्टी की राजनीतिक अस्थिरता में काफ़ी योगदान दिया है।[69]

राजनीतिक प्रतिघात

चुनाव के बाद कुल मिलाकर जो तस्वीर उभरकर सामने आयी वो एक बड़ी राजनीतिक अनिश्चितता को दिखाती थी और 1967 के चुनाव परिणाम निजी तौर पर बिरला और उनके व्यावसायिक साथियों के लिए गम्भीर साबित हुए। काँग्रेस को लगे सनसनीखेज चुनावी झटके से पार्टी में अन्तःकलह का नया दौर शुरू हो गया। इन्दिरा गाँधी अपनी निजी सत्ता स्थापित करने के लिए चिन्तित थीं और सिंडिकेट से अलग होना चाहती थीं। उसकी कठपुतली बनकर रहना उन्हें गवारा नहीं था। एक तरीक़ा था कि वह आर्थिक नीति को एक अधिक लोकलुभावन रंगत दें, और उन्होंने आक्रामक ढंग से वामपन्थ की ओर झुकना शुरू कर दिया। उन्होंने अमेरिका के मुतल्लिक़ अपनी पहले की स्थिति से भी दूरी बनानी शुरू कर दी। विदेशी निवेश के प्रति और विश्व बैंक समर्थित उर्वरक उपक्रमों में भागीदारी को लेकर सरकार का रवैया नकारात्मक हो चला। असोका मेहता के विदेशी निवेशकों और भारतीय कम्पनियों के बीच संयुक्त उपक्रमों के प्रस्ताव इन्दिरा गाँधी के आदेश पर 'एक–एक करके धराशायी होते गये' और इसका अन्त आख़िरकार अगस्त 1968 में मेहता के इस्तीफ़े में हुआ।[70]

साथ ही उन्होंने उग्रपन्थियों के एक समूह 'काँग्रेस फोरम फॉर सोशलिस्ट एक्शन' को प्रोत्साहित करना शुरू कर दिया, और ख़ासकर 'युवा तुर्कों' को, जो पार्टी को फिर से पुराने समाजवादी ढर्रे पर लाने के लिए कृतसंकल्प थे। उन्होंने फिर से पार्टी के वामपन्थी जुड़ाव का आह्वान किया और पुराने ग़ैरभरोसेमन्द नेताओं से छुटकारे की बात की। युवा तुर्कों ने ख़ासकर सिंडिकेट को दिये जा रहे व्यवसाय जगत के समर्थन पर नाराज़गी जतायी और बड़े उद्योगपतियों और दक्षिणपन्थी काँग्रेसियों की मिलीभगत को उजागर करने की मंशा जतायी।

उन्होंने शीर्ष औद्योगिक–घरानों की आर्थिक ताक़त पर लगाम लगाने की लिए एकाधिकार विरोधी विधेयक के ज़रिये सख़्त कार्रवाई की माँग की और निजी क्षेत्र के बैंकों के राष्ट्रीयकरण जैसी कई अन्य माँगें भी कीं।[71]

अपनी स्थिति को मज़बूत करने के लिए इन्दिरा गाँधी ने आर्थिक नीति को अपनी पार्टी को लोकप्रिय बनाने और ख़ुद के वर्चस्व पर मोहर लगाने के लिए एक सक्रिय औज़ार की तरह इस्तेमाल किया। इस रणनीति के तहत कई जाँच आयोग बनाये गये जिनके निष्कर्षों को व्यवसाय जगत के ख़िलाफ़ नीतियाँ बनाने में एक आधार की तरह इस्तेमाल किया गया। इस तरह उनकी वामपन्थी छवि को बढ़ावा दिया गया और काँग्रेस के भीतर दक्षिणपन्थी सिंडिकेट को अलग–थलग किया गया। एकाधिकार जाँच आयोग का काम, जिसने अपनी रिपोर्ट दिसम्बर 1965 में दाख़िल की, आसान साबित हुआ। हालाँकि इस आयोग की नियुक्ति उन्होंने नहीं की थी, पर इन्दिरा गाँधी ने इसे अपने राजनीतिक फ़ायदे के लिए इस्तेमाल किया। आयोग को 'आर्थिक शक्ति के निजी हाथों में एकत्रीकरण की हदों और प्रभावों, और आर्थिक गतिविधियों में एकाधिकारवादी और निषेधकारी दस्तूरों के प्राधान्य' की जाँच करनी थी 'और जनहित के रक्षार्थ ज़रूरी विधायी या अन्य उपायों की बाबत सुझाव देने थे।'[72] इसने 20 व्यावसायिक समूहों को बड़े औद्योगिक समूहों के तौर पर चिह्नित किया। जहाँ इसने माना कि शुद्ध एकाधिकार का लगभग कोई वजूद नहीं है वहीं यह चेतावनी भी दी कि एकाधिकारवादी व्यापारिक चलन आम लोगों के हितों के लिए निश्चय ही नुक़सानदेह हैं क्योंकि उनसे वस्तुओं और सेवाओं की लागत बढ़ जाती है और बड़े व्यवसाय को मोटा मुनाफ़ा होता है। इसकी सबसे महत्त्वपूर्ण खोज यह थी कि बैंक ऋण के इस्तेमाल में सबसे बड़ा फ़ायदा निजी क्षेत्र के बड़े और मँझोले उद्यमों ने उठाया है जिनका औद्योगिक लाइसेंसिंग पर एकाधिकार रहा है–चाहे यह नये उद्योग के विस्तार के लिए रहा हो चाहे मौजूद क्षमता को बढ़ाने के लिए।[73] बिरला घराने की ओर संकेत करते हुए आयोग ने दावा किया कि वे वित्तीय संस्थानों द्वारा बाँटे गये ऋणों में एक बड़ा हिस्सा हथियाते रहे हैं। कुल वित्तीय मदद का 56 प्रतिशत हिस्सा जहाँ बड़े औद्योगिक समूहों के पास गया था वहीं इसमें से एक चौथाई अकेले बिरला समूह को मिला था। इससे पता चलता था कि सरकारी वित्तीय संस्थानों द्वारा दिये गये आसान दीर्घावधि ऋणों का सर्वाधिक लाभ बिरला बन्धुओं ने लिया है।

बिरला ने अपनी ओर से इन्दिरा गाँधी से निजी सम्बन्ध बरकरार रखने की निरन्तर कोशिश की मगर उन्होंने हमेशा पाया कि वह उनकी अनदेखी कर रही हैं। 1968 के शुरू में उनके बड़े बेटे राजीव गाँधी क़े विवाह के मौक़े पर उन्होंने उन्हें चाँदी का एक टी–सेट और ट्रे उपहार में भेजा। इन्दिरा गाँधी ने कुछ दिन बाद एक संक्षिप्त नोट के साथ उसे वापस भेज दिया, जिसमें उन्होंने कहा : 'जब आपका प्रतिनिधि राजीव के लिए उपहार लेकर आया तो मैंने उनसे कहा कि मैं आपकी भावनाओं से अभिभूत हुई हूँ, मगर जैसा कि कार्ड में लिखा था कि मैं कोई उपहार स्वीकार नहीं करूँगी। लिहाज़ा आपके उपहार को भी रखना उचित नहीं होगा। मैंने कोई काम जल्दबाज़ी में या बिना आपको बताये करना ठीक नहीं समझा। दूसरे दिन एल.के. झा की यहाँ मौजूदगी में मुझे उनसे बात करने का मौक़ा मिला। वह मेरे विचार से सहमत थे और उन्होंने सलाह दी कि मैं यह टी–सेट और ट्रे आपको लौटा दूँ। मुझे विश्वास है कि आप बात को समझेंगे।'[74]

एकाधिकार जाँच आयोग की रिपोर्ट आने के तुरन्त बाद औद्योगिक लाइसेंसिंग नीति समिति बनी जिसने अपनी रिपोर्ट 1969 में सौंपी। सुबिमल दत्त की अध्यक्षता वाली इस कमेटी का निष्कर्ष था कि औद्योगिक लाइसेंसिंग सिस्टम 1956 के औद्योगिक नीति प्रस्ताव के उद्देश्यों को लागू कर पाने में नाकाम रहा है और इससे सम्पदा और आर्थिक शक्ति के केन्द्रीकरण को बल मिला है। कमेटी को ऐसे प्रमाण मिले कि लाइसेंसिंग नीति के कारण आय और सम्पत्ति की असमानताएँ बढ़ी हैं और एकाधिकारनुमा स्थितियाँ पैदा हुई हैं। इसने निष्कर्ष निकाला कि वित्तीय संस्थानों की औद्योगिक लाइसेंसिंग और ऋण नीतियों ने बड़े औद्योगिक समूहों की तरक़्क़ी में मदद की है, लिहाज़ा इसने एक पूरी तरह नयी लाइसेंसिंग नीति की अनुशंसा की।[75] बड़े औद्योगिक समूहों की बुरी तरह आलोचना करते हुए कमेटी ने कहा कि ये लोग अनीति पर चलते हैं, जैसे, एक ही चीज़ के लिए अलग–अलग नामों से कई–कई आवेदन डलवाना और क्षमता से अधिक पूर्व–ख़रीदी करना। एकत्रीकरण के ख़िलाफ़ समिति ने संयुक्त क्षेत्र (Joint Sector) की अनुशंसा करते हुए उसे नीति का मुख्य अवयव बनाया।[76] उसने 20 बड़े औद्योगिक समूहों के कुछ निश्चित औद्योगिक क्षेत्रों में प्रवेश को निषिद्ध करने का प्रस्ताव दिया, जिसका अर्थ था लाइसेंसिंग की बाध्यताओं से मुक्ति।

बिरला और उनके व्यावसायिक दायरे के साथी इस सबको सिर्फ़ आर्थिक नीति में बदलाव भर नहीं बल्कि एक निजी और भ्रष्ट हमला भी मान रहे थे। युवा तुर्कों ने इन निष्कर्षों को संसदीय कार्यवाहियों में तथाकथित एकाधिकार समूहों, ख़ासकर बिरला, के ख़िलाफ़ सख़्त हमले शुरू करने में इस्तेमाल किया। इन पूरे विवादों के दौरान एक मुद्दा जो सामने आया वह बैंकिंग उद्योग के ढाँचे को लेकर था। युवा तुर्कों ने इस बात को लेकर एक मज़बूत अभियान ही चला दिया कि बड़े बैंकों की ऋण नीतियाँ एकीकृत सामाजिक विकास को बढ़ावा देने वाली होनी चाहिए।[77] जैसे–जैसे इन्दिरा गाँधी की दिक़्क़तें सिंडिकेट के साथ बढ़ीं और वित्त मन्त्री और प्रतिद्वन्द्वी मोरारजी देसाई के साथ उनके सम्बन्ध तनावपूर्ण होते गये वैसे–वैसे यह मामला राजनीतिक रूप से गर्माता गया।[78] हालाँकि देसाई बैंकिंग सेवा पर कठोर नियन्त्रण की बात को स्वीकार करते थे मगर पूरी तरह राष्ट्रीयकरण के विरोधी थे।[79] इन्दिरा गाँधी ने अब बैंकों के राष्ट्रीयकरण के मुद्दे को देसाई पर हमले का साधन बना लिया था।[80] 19 जुलाई 1969 को बिल्कुल गोपनीय ढंग से एक अकस्मात कार्रवाई करते हुए उन्होंने 14 शीर्ष बैंकों का राष्ट्रीयकरण कर दिया।[81]

इस क़दम का सीधा असर बिरला के व्यावसायिक साम्राज्य पर पड़ने वाला था क्योंकि इसमें उनके यूनाइटेड कॉमर्शियल बैंक (यूको बैंक) का अधिग्रहण भी किया जाना था, जो देश के पाँच सबसे बड़े बैंकों में से एक था। 1942 में स्थापित यूको बैंक की ख़ुद बिरला ने निजी तौर पर देखभाल थी। यह वैसा एक मुख्य केन्द्र था जहाँ दैनिक आधार पर बिरला की सैकड़ों कम्पनियों का जटिल लेनदेन किया जाता था। वित्तीय संस्थान के रूप में यूको बैंक का एक अच्छा स्तर था। देशभर में 314 शाखाओं के अलावा देश से बाहर लन्दन, मलेशिया, सिंगापुर और हांगकांग आदि में भी उसकी आठ शाखाएँ थीं। 1968 में बैंक से 14,399.91 लाख रुपये का ऋण दिया गया था और कुल 21,794.35 लाख रुपये इसमें जमा थे।[82] अचानक उठाये गये इस क़दम से व्यवसायी बिल्कुल बौखला गये।[83] बिरला इस लोकप्रियतावाद और साथ में नत्थी नारेबाज़ी से हिल गये थे।

काँग्रेस के दक्षिणपन्थियों में इन्दिरा गाँधी के विरोध की नाक़ाबिलियत देखकर वह निराश थे। उनके 'ईस्टर्न इकोनॉमिस्ट' ने 'नरक में ग़ुस्सा नहीं होता' शीर्षक एक लेख में प्रधानमन्त्री को 'एक नफ़रत करती स्त्री' के रूप में दिखाया था जिनकी कार्रवाइयाँ बहुत व्यक्तिगत और 'बहुत निजी क़िस्म की सुचारु' थीं, और जिन्होंने 'देश को अपने चाँदनी तले बनाये हुए जंगल' में भेज दिया। इसने राष्ट्रीयकरण को 'राजनीतिक उन्नति की एक सामान्य कार्रवाई' बताया जो 'निस्सन्देह इन्दिरा गाँधी और बाक़ी के आलाकमान के बीच मतभेदों का नतीजा थी।'[84]

बैंकों के राष्ट्रीयकरण के साथ ही बड़े व्यवसाय पर प्रहार की नीति शुरू कर दी गयी। इन्दिरा गाँधी का कहना था 'अभी यह देश की सामान्य जनता और स्वार्थी तत्त्वों के बीच एक कड़े संघर्ष की शुरुआत भर है।'[85] इन्दिरा गाँधी संरक्षित आयोगों और प्रेस द्वारा बिरलाओं को विशेष रूप से बार–बार आलोचना का शिकार बनाया जा रहा था। अर्थशास्त्री आर.के. हज़ारी द्वारा प्रकाशित लेखों की एक श्रृंखला में उन्होंने दिखाया था कि कैसे लाइसेंसिंग के आवेदन–पत्रों की मंजूरी का लाभ बाक़ी लोगों की तुलना में बड़े और मध्यम आकार वाली कम्पनियों को अधिक अनुपात में मिला है। उन्होंने सिद्ध किया था कि बिरला जैसे प्रभावशाली औद्योगिक घरानों ने औद्योगिक लाइसेंसिंग की व्यवस्था का इस्तेमाल करके देश की औद्योगिक क्षमता में से ग़ैरआनुपातिक बड़ा हिस्सा मारा है। उन्होंने यह भी दिखाया कि कैसे बड़े घराने अलग–अलग उद्योगों पर परस्पर निदेशकत्व के ज़रिये नियन्त्रण बनाते हैं और कैसे लाइसेंस उन्हें लाभ पहुँचाते हैं। इसी तर्क को कम्पनी विधि विभाग के बी. दत्त और आगे ले गये जिन्होंने आँकड़े प्रस्तुत करके यह साबित किया कि 20 बड़े औद्योगिक घरानों की परिसम्पत्तियाँ सिर्फ़ चार वर्षों में 54 फ़ीसदी बढ़ गयी हैं। बिरला घराने का अकेले का आँकड़ा निकालते हुए दत्त ने उनकी परिसम्पत्ति में 1963–64 और 1967–68 के बीच 96.6 प्रतिशत की वृद्धि दिखायी।

बड़े उद्योगपतियों और उनमें भी विशेष रूप से बिरला की कठोर आलोचना का राजनीतिक लाभ इन्दिरा गाँधी को मिला। आयोगों ने एकाधिकार–विरोधी विधेयक का खाका तैयार कर दिया था जिसे वह उद्योगपतियों के ख़िलाफ़ आजमाने का मन बना चुकी थीं। 1969 में उन्होंने एकाधिकार एवं अवरोधक व्यवहार अधिनियम (मोनोपोलीज एंड रिस्ट्रिक्टेड ट्रेड प्रेक्टिसेस एक्ट, एमआरटीपी) लागू कर दिया। बड़े समूहों के लिए एमआरटीपी का मतलब था निवेश का ज़्यादा सख़्त दौर, और परस्पर निदेशकत्व पर लाइसेंसिंग और नियन्त्रण की नकेल और चुस्त करना। एक निश्चित परिसम्पत्ति–आधार के बाद सभी कम्पनियों पर उद्योग जगत के लगभग सभी विभागों में प्रवेश करने पर रोक लगा दी गयी थी, और यहाँ तक कि चल रही इकाई के विस्तार के लिए सरकार से आवश्यक इजाज़त भी 'मामला–दर–मामला' विधि से ली जानी थी।

उद्योगपतियों पर इन्दिरा गाँधी के हमले अटूट जारी रहे। 1969 में उन्होंने मैनेजिंग एजेंसियों का ख़ात्मा कर दिया।[86] बिरला घराने की दोनों मैनेजिंग एजेंसियाँ–बिरला ब्रदर्स (जिसकी स्थापना 1919 में हुई थी) और बिरला ट्रस्ट जिनकी वकत 300 मिलियन पाउंड आँकी गयी थी और जो बिरला उद्योग समूह की संवृद्धि में अग्रणी थीं तथा 200 से अधिक कम्पनियों को नियन्त्रित करती थीं उन्हें रद्द कर दिया गया।[87] आने वाले वर्षों में बड़े उद्योग घरानों को निशाना बनाते हुए औद्योगिक नीति में व्यापक रद्दोबदल किये गये।

बड़े औद्योगिक समूहों, जिनका 35 करोड़ रुपये से ज़्यादा की पूँजी पर नियन्त्रण था, को तरह–तरह के नीति–नियमों से लगभग पूरी तरह बाँध दिया गया। इसके बाद विदेशी विनिमय को नियन्त्रित करने वाले नियमनों पर लगाम कसी गयी। विदेशी विनिमय नियमन क़ानून (फॉरेन एक्सचेंज रेग्युलेशन एक्ट, फेरा) लागू कर विदेशी कम्पनियों को बाध्य किया गया कि वे अपनी हिस्सेदारी घटाकर 40 प्रतिशत पर लायें। इन सभी नियमों के बाद फिर राजस्व क़ानून थे जिनके तहत उच्चतम आय श्रेणियों को, उपहारों और सम्पदा करों को और ऊँची श्रेणी की सम्पत्ति पर लगने वाले शुल्क की एक लेवी को ऊँची टैक्स दरों के तहत लाया गया। कर–क़ानूनों ने उन कम्पनियों के साथ भेदभाव किया था जिनके महज़ चन्द ही हिस्सेदार थे और जिनमें अन्तर–कॉरपोरेट निवेश किया गया था।

आर्थिक नीति के राजनीतिकरण के साथ ही, जिसने व्यापारिक हितों पर असर डाला, बिरला के व्यापार–साम्राज्य पर निजी हमले भी किये गये। हालाँकि कई औद्योगिक घराने युवा तुर्कों के निशाने पर थे मगर बिरला घराने पर उनकी ख़ास नज़र थी। 1967 के दौरान तब काँग्रेस के युवा उग्रपन्थी नेता, राज्यसभा सदस्य और युवा तुर्क चन्द्रशेखर ने इन्दिरा गाँधी को श्रृंखलाबद्ध ढंग से ज्ञापन दिये जिन्हें बाद में संसद के दोनों सदनों में पटल पर पेश किया गया। प्रधानमन्त्री को सम्बोधित करते हुए चन्द्रशेखर ने बिरलाओं पर व्यापक आरोप लगाये। उनका कहना था कि :

> बिरला बन्धुओं पर जाली हिस्सेदारियों के मुद्दे से लेकर काल्पनिक व्यक्तियों को रोज़गार में दर्शाने तक कई तरह के आरोप हैं। वे लम्बे समय से जनता को योजनाबद्ध धोखा देते रहे हैं और राजस्व प्राधिकरणों को कई तरह से चूना लगाते रहे हैं... इन्होंने लोगों की परेशानियों, पीड़ाओं, भुखमरी और दुर्दशा की क़ीमत पर अकूत सम्पत्ति खड़ी की है... व्यवस्थित ढंग से करों की चोरी और जनता को ठग कर खड़े किये गये औद्योगिक साम्राज्यों के पास वजूद में बने रहने का न तो कोई हक है और न ही कोई तर्क।

चन्द्रशेखर का दावा था कि उनके पास बिरला समूह में बड़े पैमाने पर व्याप्त भ्रष्ट कार्य–प्रणाली और कर–चोरी के सबूत हैं जिन्हें वह दिखा सकते हैं। कई कम्पनियों का नाम लेते हुए उन्होंने उन अनियमितताओं को दिखाया जो पूँजीगत राजस्वों के घपले की ओर संकेत करती थीं। उनका आरोप था कि कम्पनियों ने आयात–शुल्क के जो दावे वसूले वे वास्तविकता से बहुत अधिक थे। इसके अलावा कम्पनियों ने ज़रूरत न होने पर भी ऋण लिए और जहाँ बिरला का एकाधिकार था वहाँ मनमाने ढंग से दाम बढ़ा लिए। उन्होंने आरोप लगाया कि इन लोगों ने जानबूझकर स्टॉक के माल की क़ीमतें कम कीं और कर–दायित्व कम करने के लिए अन्य तरीक़ों से लाभ को ग़लत ढंग से पेश किया। उनका दावा था कि हैदराबाद ऐसबेस्टस सीमेंट प्रोडक्ट्स लि. जैसी फर्मों ने बिना औद्योगिक लाइसेंस प्राप्त किये ही अपनी क्षमता का विस्तार कर लिया। उन्होंने दिखाया कि कैसे मज़बूत प्रतिद्वन्द्वी को बाहर करने के लिए लाइसेंस का नाजायज़ तरह से इस्तेमाल किया गया।[88] इन तमाम आरोपों के अलावा चन्द्रशेखर ने उन पर एकाउंट बुकों में घपला करने तथा उत्पाद शुल्क और आयकर भुगतान में गड़बड़ी करने के आरोप लगाये। चन्द्रशेखर ने सरकार पर आरोप लगाया कि वह इन गड़बड़ियों को नज़रअन्दाज़ कर बिरला समूह का पक्ष ले रही है,

उन्हें गुजरात और आन्ध्र प्रदेश जैसे राज्यों में कम्पनियाँ दे रही है और जब भी सरकार के पास शेयरों के हस्तान्तरण के प्रस्ताव आते हैं वह उन्हें ही प्राथमिकता देती है। चन्द्रशेखर ने यह दावा भी किया कि बिरला कई उच्च पदस्थ सरकारी अफ़सरों को सरकारी दफ़्तरों में फ़ाइलें इधर से उधर करने के लिए सम्पर्क सूत्र के तौर पर अलग से तनख़्वाह देते हैं। उनका कहना था कि बिरला का यूको बैंक 'बिरला बन्धुओं की असल गुफा' है जहाँ 'भ्रष्टाचार के सारे दो नम्बरी कारोबार की योजना बनायी जाती है और मन्त्रालयों को रिश्वत देकर सौदेबाज़ी की जाती है।'[89] चन्द्रशेखर ने प्रधानमन्त्री को चुनौती दी कि वह सारा मामला अपने हाथों में लें।

> बिरला लोग अपने व्यापक प्रभाव के चलते इन सब गतिविधियों में बेखटके बड़े पैमाने पर संलग्न रहे हैं। इससे देश में यह छवि बनी है कि उनका कुछ बिगड़ नहीं सकता। लिहाज़ा यह ज़रूरी हो जाता है कि इस उन्मुक्तता को तोड़ा जाये और इस छवि को समाप्त किया जाये। ऐसी स्थितियों में उनके अनन्त अपराधों पर एक ज़ोरदार हमला ज़रूरी है...हमारे राजनीतिक जीवन के इस बहुत ही अहम और मुश्किल मोड़ पर आपके पास कई बड़े उत्तरदायित्व पूरे करने को हैं। मुझे इस बात का पूरा अहसास है कि आप लोगों के ऊपर काम के कितने दबाव हैं। मैं आप लोगों की चिन्ताओं को और नहीं बढ़ाता अगर मुझे यह आश्वस्ति न होती कि वह निर्णायक मौक़ा आ गया है कि थोड़ा जोख़िम लेकर ऐसे लोगों से निपटने के लिए कहा जाता है जिन्हें न तो सामाजिक मूल्यों की कोई क़द्र है और न मानवीय गरिमा का कोई सम्मान।[90]

बड़े ही जज़्बाती लहजे में उन्होंने घोषणा की कि 'हमारे सामाजिक और राजनीतिक जीवन के बहुत ही मूलभूत को तबाह करने वाले इस रवैये को सहन नहीं किया जा सकता' और उन्होंने 'विवियन बोस आयोग की तर्ज़ पर एक विशेष बनाये गये आयोग से उनके मामलों की विस्तृत जाँच' की माँग की।

इन आरोपों ने पूरे संसद में तूफ़ान ला दिया।[91] ये आरोप इतने बड़े थे कि राष्ट्रपति फख़रुद्दीन अली अहमद को दो या तीन बार इस मामले को कैबिनेट में उठाना पड़ा। बताया जाता है कि प्रधानमन्त्री ने तत्कालीन उपप्रधानमन्त्री मोरारजी देसाई से मामले की चर्चा की और उन्होंने बिरला घराने की व्यापक जाँच के आदेश दिये।[92] दिसम्बर 1968 में चन्द्रशेखर ने भारतीय कम्युनिस्ट पार्टी (सी.पी.आई.) के साथ मिलकर संसद में दोबारा मामले को उठाते हुए मोरारजी देसाई के ऊपर आरोप लगाया कि वित्त मन्त्री के रूप में वह बिरला का पक्ष ले रहे हैं और उनके ख़िलाफ़ जाँच में रुकावट डाल रहे हैं।[93] ये सारा कुछ इन्दिरा गाँधी के बृहत्तर राजनीतिक एजेंडे के मुताबिक़ था जिसमें देसाई और सिंडिकेट के नेताओं पर आक्रमण किया जाना था। कोई आश्चर्य नहीं कि उन्होंने अपने डिप्टी के बचाव में आने से इनकार कर दिया और ज़बरदस्त आरोपों—प्रत्यारोपों के बीच तटस्थ बने रहना पसन्द किया। एक ओर तो वह अपने गुटीय उद्देश्यों की पूर्ति के लिए इन आरोपों की अनदेखी करती रहीं वहीं बिरला समूह को लेकर सवाल उठना जारी रहे। समाजवादी ट्रेड यूनियन नेता जॉर्ज फर्नांडीज़ ने बिरलाओं को उद्योग जगत में घुस आये सटोरिये बताया और आरोप लगाया कि 'गाँधीजी से बिरला के सान्निध्य' ने बिरला को 'ज़बरदस्त आर्थिक और राजनीतिक बल दिया,

जिससे सत्ता के सूत्रों के साथ षड्यन्त्र किये गये।'[94] इस सबके नतीजे में 1970 में सरकारिया आयोग का गठन किया गया जिसे बिरलाओं की सम्पत्ति और बिक्री में इज़ाफ़ा करने वाले कथित कदाचार की जाँच करनी थी। यह जाँच आठ वर्षों बाद कुछ भी प्रमाण न मिलने के कारण जॉर्ज फर्नांडीज़ द्वारा बन्द करा दी गयी, जिस पर 7 करोड़ रुपये का ख़र्च आया था।[95]

बिरला समूह और बड़े उद्योगों पर हमले में जैसे ही कम्युनिस्ट शामिल हुए वैसे ही पश्चिम बंगाल में सी.पी.आई. के बहुत से कार्यकर्ताओं ने मारवाड़ियों को बाहरी और निहित स्वार्थों में लिप्त बताकर अपने हमलों का निशाना बनाया। कलकत्ता में हड़तालों और व्यापार समूहों के ख़िलाफ़ प्रदर्शन ज़्यादा तादाद में होने लगे। बदले की भावना के तहत उठाया गया एक मामला था दिल्ली स्थित बिरला हाउस से जुड़ा विवाद।[96] 1969 के उत्तरार्ध में कम्युनिस्ट नेता शशिभूषण ने बिरला हाउस को लेकर एक अनिश्चितकालीन उपवास शुरू कर दिया। फिर सी.पी.आई. नेता एस.ए. डाँगे ने घोषणा कर दी कि 1 अक्टूबर 1970 को 'एकाधिकार विरोधी–बिरला विरोधी दिवस' के रूप में मनाया जायेगा। इस दिन बिरला की कम्पनियों के मैनेजरों के घेराव और प्रदर्शन होने तय हुए। डाँगे ने बिरला को चुनौती दी कि अगर उनका दिल्ली का निवास छह माह के भीतर जनता के सुपुर्द नहीं किया गया तो दिल्ली का कामगार वर्ग उस पर क़ब्ज़ा कर लेगा।

बिरला की रणनीति थी कि बिल्कुल मौन रहते हुए तत्पर रहना है और यथासम्भव उत्तेजना से बचना है।[97] हालाँकि उन्होंने 'ईस्टर्न इकोनॉमिस्ट' को कभी–कभार उनकी बिना पर बोलने का हक दे रखा था। उसने डाँगे की चुनौती को 'उत्पीड़न की राजनीति की समग्र अभिव्यक्ति' की संज्ञा दी। 1950 में बिरला द्वारा नेहरू से बिरला हाउस लेने का दबाव न बनाने की बाबत की गयी भावनात्मक अपील की याद ताज़ा कराते हुए 'ईस्टर्न इकोनॉमिस्ट' ने लिखा था कि यह मकान 'एक ऐसी जगह है जहाँ नियमित तौर पर लोग रह रहे हैं, जिस कारण न सिर्फ़ उनका इससे गहरा जुड़ाव है बल्कि मालिकान के लिए इसके पवित्र मायने भी हैं।'[98] युवा तुर्कों और कम्युनिस्टों की मेहरबानी से पुराना विवाद एक बार फिर ज़िन्दा हो गया।

'बिरला हाउस' को छोड़ना

कोई सन्देह नहीं कि जो बिरला जीवनभर यत्नपूर्वक ख़ुद को सार्वजनिक चर्चाओं से दूर बनाये रहे उन्हें इस क़िस्म के प्रचार से काफ़ी सदमा पहुँचा। संसद में लगे आरोप और बिरला हाउस को लेकर चल रहे प्रदर्शन इन्दिरा गाँधी के वर्चस्व वाली नयी राजनीति के लहजे की पूर्वसूचना थे। उन्हें मालूम था कि वह उनके औद्योगिक साम्राज्य पर अविचल हमले बोलकर राजनीतिक लाभ प्राप्त कर रही हैं। नयी शैली की राजनीति से मायूसी के बाद उन्हें अपने लिए अब सिर्फ़ एक ही रास्ता दिखायी दिया कि वह सार्वजनिक दायरे से ख़ुद को बेदखल कर लें। उन्होंने महसूस किया कि लोगों की निगाह से बचने का एक ही तरीक़ा है कि वह अपना घर दान में दे दें। इससे पहले जब यह मामला उठाया गया था तो उन्होंने बगीचे का एक हिस्सा जनता के लिए खुला रखकर समाधान निकाल लिया था। इसी हिस्से में वह जगह थी जहाँ गाँधी की हत्या की गयी थी। उन्हें इस बात से बहुत दुख

हुआ कि यह विवाद दोबारा शुरू कर दिया गया। चूँकि कम्युनिस्टों का दबाव बना हुआ था, व्यथित बिरला मकान का एक बड़ा हिस्सा देने को राजी हो गये। एक शान्त समारोह में 2 अक्टूबर 1971 को बिरला हाउस के एक हिस्से को गाँधी सदन नाम देकर राष्ट्रपति वी. वी. गिरि ने उसे राष्ट्र को समर्पित कर दिया। उम्रदराज हो चुके बिरला ख़ुद शीघ्रता से वसन्त विहार में एक किराये के मकान में रहने चले गये, जबकि बिरला हाउस से कुछ ही किलोमीटर दूर अमृता शेरगिल मार्ग पर उनके नये मकान के निर्माण का कार्य शुरू हो चुका था। इस घर को पारिवारिक नाम न देकर 'मंगलम्' कहा गया।

इस बीच दुर्भाग्यपूर्ण घटनाओं से क्षुब्ध और उत्तेजित कृष्ण कुमार ने 1971 के संसदीय चुनाव में स्वतन्त्र विपक्षी उम्मीदवार के रूप में खड़े होने का निर्णय लिया। 1967 की ही तरह इस निर्णय के औचित्य पर काफ़ी चर्चा हुई और बिरला की राय यह थी कि खुले तौर पर सत्ताधारी पार्टी का विरोध निरर्थक होगा। हालाँकि वह इन्दिरा गाँधी के शासनकाल से परिजनों के मोहभंग में शामिल हुए, पर उन्होंने देख लिया था कि विपक्षी उम्मीदवार काँग्रेस के क्षेत्रीय समर्थन में ज़्यादा सेंध नहीं लगा पायेंगे। उन्होंने हमेशा केन्द्रवादी दलों के साथ काम करने के महत्त्व पर ज़ोर दिया था, बशर्ते उनकी वामपन्थी जुमलेबाज़ी से परहेज़ बरता जाये। उनका मानना था कि सिर्फ़ काँग्रेस जैसी केन्द्रवादी पार्टियाँ ही कम्युनिस्टों को दहाने पर रख सकती हैं। यह एक आजमाई हुई रणनीति थी जिसका अनुशीलन उद्योग जगत स्वतन्त्रता–पूर्व समय से ही करता आया था।[99] उन्होंने अपने बेटे के निर्णय पर एतराज़ सिर्फ़ राजनीतिक वजह से ही नहीं जताया था। उनका यह भी मानना था कि उनकी पहली प्रतिबद्धता औद्योगिक साम्राज्य का विस्तार करने की रहनी चाहिए और राजनीतिक संलग्नता नम्बर दो पर होनी चाहिए–वैसा ही जैसा उन्होंने ख़ुद अपने युवा दिनों में किया था। लेकिन बिरला के कहे को एक कान से सुनकर दूसरे से निकालते हुए कृष्ण कुमार उनकी बातों से मुतमइन नहीं हो सके। उनके निर्णय का समर्थन ब्रजमोहन और परिवार की युवा पीढ़ी कर रही थी। अपने निर्णय में दृढ़ कृष्ण कुमार पिता की मंशा की अवहेलना करते हुए चुनाव में खड़े हो गये। बताते हैं कि इस वाक़ये से उद्विग्न बिरला ने दो सप्ताह तक अपने बेटे से बात नहीं की।

इन हालात में जल्द ही बिरला ने सार्वजनिक गतिविधियों से किनारा कर लिया। राजनीतिक मामलों से अलग होने के क्रम में उन्हें अपनी आध्यात्मिक जीवन–दृष्टि से मदद मिलती रही। हमेशा की तरह भगवद्गीता से उन्हें सान्त्वना और दिशा मिलती थी। तीर्थयात्राओं पर जाना उन्हें अपार सन्तोष देता था। 1969 और 1972 के बीच बिरला ने हिन्दुओं में सर्वाधिक पवित्र माने जाने वाले चार धामों की यात्रा की। इन तीर्थयात्राओं में बसन्त कुमार और उनकी पत्नी सरला उनके साथ थे। उन्होंने शुरुआत भगवान विष्णु के धाम बद्रीनाथ से की जो हिन्दू तीर्थाटन की सर्वाधिक पवित्र जगहों में से एक है। मन्दिर के 3,000 मीटर से ज़्यादा की ऊँचाई वाले रास्ते को गढ़वाल के पहाड़ों का एक सबसे दुर्गम सफ़र माना जाता है। बिरला और उनके साथी तीर्थयात्री इस सफ़र को आसानी से पार कर गये। उत्साहित बिरला ने फिर केदारनाथ की यात्रा का निर्णय लिया, जहाँ भगवान शिव के 12 'ज्योतिर्लिंगों' में से एक स्थापित है। पौराणिक कथाओं के मुताबिक़ कुरुक्षेत्र के युद्ध के बाद पाण्डवों ने अपने पापों से मुक्ति के लिए इसकी स्थापना की थी।

गढ़वाल के पहाड़ों में 3,584 मीटर की ऊँचाई पर स्थित केदारनाथ की चढ़ाई का मतलब है 5,000 फ़ीट का सफ़र। बिरला और उनके परिजनों ने गौरीकुण्ड से अपनी यात्रा शुरू की और एक ही दिन में 16 किलोमीटर की चढ़ाई की। उसके बाद गंगा नदी के उद्गम स्थल गंगोत्री और यमुना नदी के उद्गम स्थल यमुनोत्री की तीर्थयात्राएँ की गयीं। पौराणिक कथाओं के अनुसार यमुना सूर्य पुत्री हैं और मृत्यु के देवता यम की जुड़वाँ बहन हैं, और यहाँ ली गयी डुबकी मोक्ष की प्राप्ति को निश्चित करती है। यमुनोत्री की यात्रा ने उन्हें सर्वाधिक आध्यात्मिक सन्तोष दिया। उन्हें उन किंवदन्तियों और महाकाव्यों का ध्यान आया जिनका सम्बन्ध इन पवित्र जगहों से है। उन्हें अक्सर गाँधी का ध्यान आता था और उनके साथ हिन्दुत्व पर हुई चर्चाएँ याद हो आती थीं। उन्हें जन्म और पुनर्जन्म पर एक ख़ास दिलचस्प चर्चा याद हो आयी जिसमें गाँधी ने उन्हें सलाह दी थी कि वह अप्रासंगिक दार्शनिक सवालों पर सोचने के बजाय अपना कर्तव्य करें और अपने कर्मों को सम्पन्न करें। अपनी तीर्थयात्राओं के दौरान उन्होंने जो सुन्दर भौगोलिक दृश्य देखे वे मानो उनके लिए भगवान की एक झलक थे।[100]

सन्दर्भ एवं टिप्पणियाँ

1. विवरणों के लिए देखें, कृष्ण कुमार बिरला, *इन्दिरा गाँधी रेमिनिसेस* (नयी दिल्ली, एन.डी.)।
2. ट्रस्ट के साथ इन्दिरा गाँधी के जुड़ाव के ब्योरे उपलब्ध नहीं हैं। देखें, इन्दर मल्होत्रा, *इन्दिरा गाँधी, अ पर्सनल एंड पॉलिटिकल बायोग्राफ़ी* (लन्दन, 1989), पृ. 187–9।
3. *वही*, पृ. 20–1।
4. 1963 का बजट 1962 के चीन–युद्ध की पृष्ठभूमि में प्रस्तुत किया गया था जिसमें रक्षा व्यय में पिछले साल के 395 करोड़ से 868 करोड़ की एक बड़ी वृद्धि कर दी गयी थी। बड़े पैमाने पर टैक्स लगाये गये थे जो कुल 280 करोड़ रुपये के थे। जिन चीज़ों पर टैक्स लगाये गये थे उनमें शेयर्स और प्रत्यक्ष करों पर सरचार्ज 4 से 10 प्रतिशत बढ़ाया गया था। विवरणों के लिए देखें, मोरारजी देसाई, *द स्टोरी ऑफ़ माई लाइफ* (नयी दिल्ली, 1979), वॉल्यूम 2, पृ. 206–14।
5. बिरला की ओर से मोरारजी देसाई को, 2 मार्च 1963, बिरला पेपर्स, इम्पोर्टेंट फ़ाइल्स, सीरीज़ I, फ़ाइल नम्बर जे–11, एल.के. झा। बिरला को वित्त मन्त्री के साथ बात बढ़ाना क़रीब–क़रीब असम्भव लगा जिस कारण उन्होंने एल.के. झा से अपील की कि वे हस्तक्षेप करें और देसाई ने जिस स्थिति को बिगाड़ दिया था उसे और बिगड़ने से रोकें। बिरला ने झा से कहा कि 'वित्त मन्त्री के अनुमानों में लोगों का विश्वास ख़त्म हो रहा है। ख़ासकर मोरारजी भाई के नेतृत्व में ऐसा होना और भी बुरा है...इस बजट के बाद तो किसी के लिए भी उद्योगों की प्रगति की आशा करना व्यर्थ होगा।' बिरला की ओर से एल.के. झा को, 3 मार्च 1963, बिरला पेपर्स, इम्पोर्टेंट फ़ाइल्स, सीरीज़ I, फ़ाइल नम्बर जे–11, एल.के. झा।
6. बिरला ने एक तर्कपूर्ण पत्र वित्त मन्त्री को लिखा, जिसकी प्रतियाँ क़रीबी व्यापारी मित्रों और एल.के. झा को भेजी गयीं।
7. उनमें से कई के लिए 'नेहरू और टी.टी.के. के मूल सिद्धान्त मोरारजी देसाई के खोखले सामान्यीकरणों से अधिक उपयोगी थे', वेंकटसुबैया, *एंटरप्राइज एंड इकोनॉमिक चेंज*, पृ. 110।
8. 19 जनवरी यानी वह तारीख़ जब नये नेता का चुनाव होना था जैसे–जैसे क़रीब आती गयी बिरला ये देख पा रहे थे कि नये नेता के रूप में चुने जाने के लिए मोरारजी देसाई कड़ा 'संघर्ष' कर रहे थे जबकि उनके सफल होने की कोई उम्मीद नहीं थी। उन्होंने अपने विदेशी मित्रों से कहा कि अगला प्रधानमन्त्री इन्दिरा गाँधी होंगी। बिरला की ओर से लुईस एस. एन्सबरी को, 17 जनवरी 1966, बिरला पेपर्स, सीरीज़ फ़ॉरेन कोरेस्पोंडेंस, फ़ाइल नम्बर 144–ए, 1960–6।

9. बिरला की ओर से इन्दिरा गाँधी को, 27 जनवरी 1966, *नेहरू फैमिली एंड घनश्याम दास बिरला*, पृ. 154।

10. इन्दिरा गाँधी की ओर से बिरला को, 11 फ़रवरी 1966, *नेहरू फैमिली एंड घनश्याम दास बिरला*, पृ. 154।

11. जिनके साथ उन्होंने बैठकें कीं वे थे ह्यूबर्ट हम्फ्री, उपराष्ट्रपति, जैक जे. वैलन्ती, राष्ट्रपति के विशेष सलाहकार, रॉबर्ट क्रोमर, राष्ट्रीय सुरक्षा मामलों के लिए राष्ट्रपति के विशेष सहायक, डीन रस्क, सेक्रेटरी ऑफ़ स्टेट, आर्थर डीन, राष्ट्रपति के ग़ैरआधिकारिक सलाहकार, जॉर्ज वुड्स, राजदूत आर्थर गोल्डबर्ग, टॉमस मान, आर्थिक मामलों के लिए राज्य के अवर सचिव और बाल्टीमोर 'सन' के फिलिप पॉटर जो 'राष्ट्रपति के विश्वस्त क़रीबी माने जाते थे।' मुख्य चर्चा भारत को आर्थिक मदद के विषय पर थी। बिरला ने पाया कि माहौल में भारत के प्रति पूरी सहानुभूति है और पाकिस्तान के साथ युद्ध के कारण उसका दर्जा अचानक ऊँचा हो गया था और ऐसा लगता था कि माहौल में भारत को 'ताक़तवर और प्रभावशाली' देखने की इच्छा थी, और जापान के साथ भारत को एशिया में स्थायित्व लाने वाली शक्ति के रूप में देखा जा रहा था। फिर भी उनका विश्वास था कि अमेरिकी राष्ट्रपति को इस बात के लिए आश्वस्त किया जाये कि 'हम अपने इरादों में गम्भीर हैं और उन्हें पूरा करने के लिए कटिबद्ध हैं।' आर्थर डीन ने बिरला को बताया कि प्रेसिडेंट जॉनसन के लिए सर्वाधिक अहम बिन्दु थे–'खाद्य', 'खाद', 'परिवार नियोजन' और 'अच्छी अर्थव्यवस्था।'

12. बिरला, नोट, तारीख़ 16–3–1966 जैक जे. वैलन्ती के साथ हुई बातचीत के बारे में, 22–3–66 बातचीत के सारांश, नोट, 14–3–66 लॉयड कटलर और आर्थर डीन के साथ हुई बातचीत पर, नोट, 18–3–66 डीन रस्क के साथ हुई बातचीत पर, नोट, 15–3–66 जॉर्ज वुड्स के साथ बातचीत पर, नोट, 19–3–66 आर्थर गोल्डबर्ग और फ्रीमैन के साथ बातचीत पर, नोट, 21–3–66 आर्थर गोल्डबर्ग के साथ बातचीत पर, नोट, 21–3–66 रॉबर्ट कोमर के साथ बातचीत पर, नोट, 21–3–66 टॉमस मान के साथ बातचीत पर, नोट, 21–3–66 विलियम गॉड के साथ बातचीत पर, नोट, 15–3–66 फिलिप पॉटर के साथ बातचीत पर, नोट, 17–3–66 जॉर्ज वुड्स के साथ बातचीत पर। बिरला पेपर्स, सीरीज़ मिसलेनियस, फ़ाइल नम्बर 164, नोट्स और भाषण।

13. बिरला की ओर से चेस्टर बाउल्स को, 20 अप्रैल 1966, बिरला पेपर्स, सीरीज़ इम्पोर्टेंट, फ़ाइल नम्बर 81–बी, 1965–7।

14. उनकी मुलाक़ातों के विवरणों के लिए देखें, बिरला की ओर से पी.सी. भट्टाचार्य को, 16 मार्च 1966, बिरला पेपर्स, सीरीज़ इम्पोर्टेंट, फ़ाइल नम्बर 81–बी, 1965–7।

15. इन विषयों पर भी लेख लिखे गये : 'भारत और उसके लोगों के बारे में मूल तथ्य', 'भारत आर्थिक रूप से आगे बढ़ रहा है', अमेरिका के सुप्रसिद्ध व्यापारी और बिरला के एल्युमिनियम प्रोजेक्ट में सहयोगी एडगर कैसर द्वारा लिखित एक लघु लेख, जी.एल. मेहता द्वारा 'कृषि', 'धर्मनिरपेक्ष लोकतन्त्र और अल्पसंख्यक', 'आबादी की समस्या', 'समृद्धि और कल्याण के लिए शिक्षा की केन्द्रीय भूमिका', 'भारत में निवेश के अवसर' पर लिखित लेख, और *ईस्टर्न इकोनॉमिस्ट* के सम्पादक वी. बालासुब्रमण्यम द्वारा लिखित 'औद्योगिक ढाँचे का विकास।'

16. अपने लेख में उन्होंने कहा कि 'भारत अमेरिका के इस तर्क को समझता है कि गेहूँ की खेपें हमेशा नहीं भेजी जा सकतीं', और ये कि भारत आत्मनिर्भर होने के प्रयास कर रहा है और सहायता की आवश्यकता इसलिए है कि हम 'अपने पाँव पर खड़े होने की क्षमता पैदा कर सकें।' उन्होंने दावा किया कि नेतृत्व 'आर्थिक चिन्तन को अधिक व्यावहारिक बनाने के प्रयास कर रहा है, जैसा कि सरकारी नियन्त्रण और नौकरशाही द्वारा की जाने वाली देरी पर उनकी नज़र के उदाहरण से प्रमाणित होता है।'

17. न्यूयॉर्क में अमेरिकी व्यापारियों की एक सभा को सम्बोधित करते हुए उन्होंने यह वादा किया कि विदेशी निवेशकों के साथ 'पूरी तरह राष्ट्रीय निवेशकों के समान ही व्यवहार किया जायेगा।'

वे इस अमेरिकी प्रस्ताव पर भी सहमत हो गयीं कि पीएल 480 के अन्तर्गत भेजी गयीं गेहूँ की खेपों से रुपये में जो राशि अमेरिका ने जमा कर ली थी उसे एक भारतीय–अमेरिकी शिक्षा न्यास की स्थापना करने में लगाया जाये। विवरणों के लिए देखें, इन्दर मल्होत्रा, *इन्दिरा गाँधी, अ पर्सनल एंड पॉलिटिकल बायोग्राफ़ी* (लन्दन, 1989)।

18. बिरला की ओर से इन्दिरा गाँधी को, 2 अप्रैल 1966, घनश्याम दास बिरला एंड नेहरू फ़ैमिली, पृ. 156।
19. अवमूल्यन और उसके प्रभाव पर हुई बहसों के लिए देखें, जयन्ती घोष, 'लिबरलाइजेशन डिबेट', टेरेन्स जे. बायर्स (सम्पा.), *द इंडियन इकोनॉमी–मेजर डिबेट्स सिंस इंडिपेंडेंस,* (दिल्ली, 1998), पृ. 295–334।
20. विवरणों के लिए देखें, डेविड बी.एच. डेनून, *डिवैल्यूएशन अंडर प्रेशर : इंडिया, इंडोनेशिया एंड घाना* (मैसाचुएट्स, 1986), पृ. 25–85। साथ ही देखें, रॉबर्ट डब्ल्यू. *ओलिवर, जॉर्ज वुड्स एंड द वर्ल्ड बैंक* (बोल्डर, 1995), पृ. 140–3।
21. बिरला की ओर से असोका मेहता को, 14 मई 1966, बिरला पेपर्स, सीरीज़ इम्पोर्टेंट, फ़ाइल नम्बर 94–एम, 1966–7।
22. निस्सन्देह कई कारणों से आर्थिक नीति में परिवर्तन की वकालत की जा रही थी और कई सलाहकार सरकार को अवमूल्यन को स्वीकार करने की सलाह दे रहे थे। 1962 और 1965 के युद्ध के दौरान सेना पर हुए अतिरिक्त ख़र्चे के कारण विदेशी मुद्रा की समस्या बढ़ गयी थी। 1965 में पड़े सूखे के कारण खाद्य के लिए अतिरिक्त विदेशी मुद्रा की आवश्यकता भी पैदा हो गयी थी जिससे विदेशी मुद्रा भण्डार में कमी आ गयी थी।
23. उनमें से कुछ, ख़ासकर कामराज, ख़ुद को अँधेरे में रखे जाने को लेकर खिन्न थे और उन्होंने बिना किसी की सलाह लिए काम करने की शैली के विरुद्ध बदले की कार्रवाई की। देखें, इन्दर मल्होत्रा, *इन्दिरा गाँधी, अ पर्सनल एंड पॉलिटिकल बायोग्राफ़ी*।
24. बिरला की ओर से एस.एन. सिन्हा को, 27 जुलाई 1966, बिरला पेपर्स, सीरीज़ इम्पोर्टेंट, फ़ाइल नम्बर 100–एस, 1966–7, सत्यनारायण सिन्हा।
25. जून 1966 की बैठक में कम्युनिस्ट पार्टी ऑफ़ इंडिया की राष्ट्रीय परिषद् ने माँग की कि 'इन्दिरा गाँधी के नेतृत्व में चल रही केन्द्रीय सरकार तुरन्त इस्तीफ़ा दे क्योंकि वह देश के भरोसे के लिए पूरी तरह अयोग्य साबित हुई है और इस कारण उसने देश के शीर्ष पर रहने का नैतिक और राजनीतिक अधिकार खो दिया है।' फ़्रेंसाइन फ़्रैंकल, *इंडियाज पॉलिटिकल इकोनॉमी,* पृ. 392।
26. देखें, डेविड बी.एच. डेनून, *डिवैल्यूएशन अंडर प्रेशर : इंडिया, इंडोनेशिया एंड घाना,* पृ. 25–85।
27. एल.एन. बिरला, जो तब फिक्की के अध्यक्ष थे, के विचारों के लिए देखें उनका लेख, 'मेक डिवैल्यूएशन वर्क', *ईस्टर्न इकोनॉमिस्ट,* 15 जुलाई 1966। फिक्की ने ये दृष्टिकोण लिया कि अवमूल्यन पिछले 15 सालों की आर्थिक और वित्तीय नीतियों की असफलता को स्वीकार करना था और इसलिए नीतियों में एक 'बड़ा बदलाव' आवश्यक था। उनके अनुसार अवमूल्यन अपने उद्देश्य में असफल हो जायेगा यदि अर्थव्यवस्था को लालफ़ीताशाही और नियन्त्रणों से मुक्त नहीं किया गया।
28. बिरला सेंचुरी स्पिनिंग एंड मैन्युफैक्चरिंग कम्पनी की 10 जून 1966 की 68वीं सालाना बैठक में अध्यक्ष के रूप में रामेश्वर दास ने इसका स्वागत किया। उन्होंने दावा किया कि 'वे भी अवमूल्यन की वकालत करते रहे थे', लेकिन उन्होंने कहा कि 'मात्र अवमूल्यन से हमारी समस्याएँ हल नहीं होंगी। इसे प्रभावी बनाने के लिए इसके साथ दूसरे क़दम भी उठाने पड़ेंगे। अर्थव्यवस्था को नियन्त्रणों से मुक्त होना चाहिए और उत्पादन को प्रोत्साहित किया जाना चाहिए। व्यक्तिगत और कॉरपोरेट दोनों तरह के करों का स्तर भी नीचे लाया जाना चाहिए। जब तक ये नहीं होगा अवमूल्यन अपने आप में कोई चमत्कार पैदा नहीं करेगा।' उन्हें ये अवश्य लगा था कि 'वर्तमान परिस्थितियों में वित्त मन्त्री ने सही काम किया है।' उनके विचार में 'अवमूल्यन एक व्यावहारिक और विवेकपूर्ण उपाय था जो निर्यात को प्रोत्साहित और आयात को हतोत्साहित करेगा और विदेशों से आने वाली बड़ी मदद और निजी निवेश के लिए रास्ता खोल देगा।' उनके भाषण के पाठ के लिए देखें, *ईस्टर्न इकोनॉमिस्ट,* 17 जून 1966।

29. उदाहरण के लिए 1968 में वे उनके जन्मदिन पर उनसे मिलने गये। देखें, जाजू, *जी.डी. बिरला, अ बायोग्राफ़ी*, पृ. 160। साथ ही देखें, बिरला की ओर से इन्दिरा गाँधी को, 19 नवम्बर 1966, उद्धृत, *नेहरू फैमिली एंड घनश्याम दास बिरला*, पृ. 157।
30. बाद में एल.के. झा रिज़र्व बैंक के गवर्नर बन गये।
31. उन्होंने शिकायत की कि हालाँकि पुरानी पीढ़ी का 'अनुभव हमेशा उपयोगी होगा' लेकिन युवा पीढ़ी ने अपनी भूमिका नहीं निभाई है और उन्होंने उनसे अपील की कि वे एक रचनात्मक पहल करें। इन्दिरा गाँधी ने ये घोषणा की कि वे 'युवा पीढ़ी के साथ जुड़ी रहेंगी।' अब मुड़कर देखने पर ऐसा लगता है कि इसके पीछे उनकी मंशा काँग्रेस पार्टी में अपनी उपस्थिति को आगे करना था जहाँ अभी तक पुराने लोग हावी थे।
32. उन्होंने आर्थिक प्रश्नों पर युवतर उद्योगपतियों के साथ चर्चा करने के लिए एक गोलमेज सम्मेलन आयोजित करने की मंशा व्यक्त की। इन्दिरा गाँधी के भाषण और सत्र के विवरणों के लिए देखें, *ईस्टर्न इकोनॉमिस्ट*, 18 मार्च 1966। अपने वादे के अनुसार दो महीने बाद उन्होंने एक दो दिन का गोलमेज सम्मेलन आयोजित किया जिसमें फिक्की को भी निमन्त्रित किया गया। उनके उद्‌घाटन भाषण से संकेत लेकर फिक्की ने नयी और उभरती पीढ़ी के उन लोगों को सम्मेलन में भेजा जिन्होंने अभी कॉरपोरेट दुनिया के व्यापारिक या राजनीतिक क्षेत्र में कोई पहचान नहीं बनायी थी, जैसे कृष्ण कुमार बिरला, चरतराम, अरविन्द मफतलाल, मदनमोहन मंगलदास, गौतम साराभाई और केशव महिन्द्रा।
33. इन्दर मल्होत्रा, *इन्दिरा गाँधी, अ पर्सनल एंड पॉलिटिकल बायोग्राफ़ी*, पृ. 100।
34. इसी विचार को व्यक्त करते हुए *ईस्टर्न इकोनॉमिस्ट* ने लिखा कि ये 'बहुत देर से और बहुत कम' हुआ है। एक अग्रलेख में उसने घोषणा की कि 'अवमूल्यन के परिणामस्वरूप जिन क़दमों को उठाये जाने का इन्तज़ार था वे बहुत झिझक के साथ सामने आये हैं...जैसे–जैसे वक़्त बीत रहा है उद्योग जगत की हताशा बढ़ रही है। राजधानी में नौकरशाही सुस्त अजगरी तरह से चल रही है...फ़ाइलें एक मन्त्रालय से दूसरे मन्त्रालय में घूमती प्रतीत होती हैं...', देखें, *ईस्टर्न इकोनॉमिस्ट*, 19 अगस्त 1966। 30 सितम्बर को पत्र ने पूछा कि 'आर्थिक क्षितिज पर राजनीतिक अनिश्चितता के बादल क्यों घिरे हैं? इसका जवाब ये नहीं है कि प्रत्यक्षतः काँग्रेस की सत्ता में वापसी में कोई सन्देह है, बल्कि इसलिए कि आर्थिक नीति के मामले में पार्टी की मंशा साफ़ नहीं है। जहाँ तक देश के आर्थिक विकास का प्रश्न है तो अभी चल रही अनिश्चितता का आरोप सत्तासीन पार्टी के नकारात्मक और अवरोधक रवैये को जाता है।' देखें, 'वेटिंग फॉर 1967', *ईस्टर्न इकोनॉमिस्ट*, 30 सितम्बर 1966।
35. व्यापार जगत के कई नेताओं ने उम्मीद की थी कि 'ड्राफ्ट इलेक्शन मेनिफेस्टो' में आर्थिक मुद्दों को रखा जायेगा।
36. वीरेन जे. शाह की ओर से बिरला को, 31 अक्टूबर 1966, बिरला पेपर्स, सीरीज़ इम्पोर्टेंट, फ़ाइल नम्बर 100–एस, 1966–7। कई नेताओं ने ये महसूस किया कि पुरानी रणनीतियों को त्यागना पड़ेगा और 'अब समय आ गया है जब मज़बूती से मोलभाव करना....शायद ज़रूरी हो।' फिक्की कार्यकारिणी में ये विचार चल रहा था कि उनकी नीतियाँ लागू होने के लिहाज़ से नाकाम रही थीं क्योंकि 'हम एक राजनीतिक शून्य में अपनी आर्थिक नीति का प्रचार करने की कोशिश करते रहे हैं।' वे इस बात के लिए कटिबद्ध थे कि वे एक 'प्रजातान्त्रिक विपक्ष का समर्थन मज़बूती से करें।' रामकृष्ण बजाज की ओर से बिरला को, 24 सितम्बर 1966, बिरला पेपर्स, सीरीज़ इम्पोर्टेंट, फ़ाइल नम्बर 81–बी, 1965–7।
37. देखें, राजमोहन गाँधी, *राजाजी : अ लाइफ* (पेंग्विन, 1997)। जैसा कि सब जानते हैं कि बॉम्बे व्यापार जगत ने पार्टी के गठन में एक अहम भूमिका निभाई थी।
38. देखें, एच.एल. एर्डमैन, *द स्वतन्त्र पार्टी एंड इंडियन कंजर्वेटिविज़्म* (कैम्ब्रिज, 1967)।
39. उनका कहना था कि जिस तरह इसकी अनेक व्याख्याएँ की गयीं वह ऐसा ही था जैसे कि '*गीता* के अनेक *भाष्य* हैं जिनकी व्याख्या सैकड़ों तरह से की जा सकती थी। 25 फ़रवरी 1966 को इंडियन मर्चेंट्स चेम्बर की 58वीं वार्षिक बैठक में बिरला का भाषण, बिरला पेपर्स, सीरीज़ मिसलेनियस, फ़ाइल नम्बर 120, नोट्स और भाषण।

40. एस.पी. श्रीवास्तव (सम्पा.), *ग्रेटनेस पर्सोनीफाइड, वैश्यार्षि जी.डी. बिरला* (कलकत्ता, एन.डी.), पृ. 235–6।
41. उन्होंने पहली तीन योजनाओं की सफलता का बड़ा श्रेय निजी क्षेत्र को दिया जिसके उत्पादन के आँकड़े इतने ऊपर गये थे कि उसने सूचकांक को बदल दिया था। चौथी योजना के बारे में वे पक्के तौर पर नहीं कह सकते थे कि उसे लागू भी किया गया था जिसके बारे में योजनाकारों ने ये महसूस करना शुरू कर दिया था कि वे 'एक ऐसी नाव में बैठे हैं जिसमें छेद है और जो डूब जायेगी।' बिरला, 2 जनवरी 1967 को इंजीनियरिंग एसोसिएशन ऑफ़ इंडिया के 24वें वार्षिक सत्र के उद्घाटन में दिया गया भाषण, बिरला पेपर्स, सीरीज़ मिसलेनियस, फ़ाइल नम्बर 120, नोट्स और भाषण।
42. जे.आर.डी. टाटा की ओर से बिरला को, 3 फ़रवरी 1967, बिरला पेपर्स, सीरीज़ इम्पोर्टेंट, फ़ाइल नम्बर 101–टी, 1966–7।
43. बिरला की ओर से नवाब छतारी अहमद सईद को 7 जून 1967, बिरला पेपर्स, सीरीज़ इम्पोर्टेंट, फ़ाइल नम्बर 91–एन, 1966–7।
44. शाह स्वयं बॉम्बे के उद्योगपति मनु अमरसे और बड़ौदा के उद्योगपति पाशाभाई पटेल, जो सरदार पटेल के रिश्तेदार थे, के साथ स्वतन्त्र पार्टी के टिकट पर खड़े थे।
45. बिरला की ओर से वीरेन जे. शाह को, 5 नवम्बर 1966 और बिरला की ओर से वीरेन जे. शाह को, 13 नवम्बर 1966, बिरला पेपर्स, सीरीज़ इम्पोर्टेंट, फ़ाइल नम्बर 100–एस, 1966–7।
46. वीरेन जे. शाह की ओर से बिरला को, 26 नवम्बर 1966, और बिरला की ओर से शाह को, 27 नवम्बर 1966, बिरला पेपर्स, सीरीज़ इम्पोर्टेंट, फ़ाइल नम्बर 100–एस, 1966–7।
47. देखें, 'द मूविंग फिंगर राइट्स', *ईस्टर्न इकोनॉमिस्ट*, 12 सितम्बर 1969।
48. बिरला, *गवर्नमेंट एंड बिज़नेस*, पृ. 8–9।
49. 25 फ़रवरी 1966 को इंडियन मर्चेंट्स चेम्बर की 58वीं सालाना आम बैठक में भाषण, मुद्रित, *इंडियन मर्चेंट्स चेम्बर* (बॉम्बे, 1966)।
50. बिरला, 2 जनवरी 1967 को इंजीनियरिंग एसोसिएशन ऑफ़ इंडिया के 24वें वार्षिक सत्र के उद्घाटन में दिया गया भाषण, बिरला पेपर्स, सीरीज़ मिसलेनियस, फ़ाइल नम्बर 120, नोट्स और भाषण।
51. बिरला की ओर से जे.आर.डी. टाटा को, 13 फ़रवरी 1967, बिरला पेपर्स, सीरीज़ इम्पोर्टेंट, फ़ाइल नम्बर 100–एस, 1966–7।
52. *ईस्टर्न इकोनॉमिस्ट* ने *स्टेट्समैन* के इन्दर मल्होत्रा जैसे पत्रकारों पर हमला किया जिन्होंने अपने स्तम्भ में काँग्रेस विरोधी एक संयुक्त मोर्चा खड़ा करने में विपक्ष की नाकामी के बारे में कहा कि 'इससे देश का कोई भला नहीं हो पा रहा है।' उनके मुताबिक़–'एक काँग्रेस विरोधी गठजोड़ जिसमें कई तरह के चुनावी समीकरणों के आधार पर इतने भिन्न राजनीतिक समूह शामिल हों, जैसे कम्युनिस्ट (चाहे वाम या दक्षिण), स्वतन्त्र, जनसंघ, डीएमके, मुस्लिम लीग, मेरे विचार से कोई प्रजातान्त्रिक विवेक की बात नहीं होगी चाहे यह मोर्चा केन्द्र और राज्यों में काँग्रेस सरकारों के वर्चस्व में सेंध लगाने में कामयाब भी हो जाये।' देखें, द मूविंग फिंगर राइट्स, *ईस्टर्न इकोनॉमिस्ट*, 2 दिसम्बर 1966।
53. टैक्नेट, *बी.एम. बिरला*, पृ. 90–1।
54. बिरला की ओर से इन्दिरा गाँधी को, 28 दिसम्बर 1966, बिरला पेपर्स, सीरीज़ मिसलेनियस, फ़ाइल नम्बर 68, डोनेशन टु काँग्रेस इलेक्शन फंड, 1967।
55. बिरला की ओर से इन्दिरा गाँधी को, 2 जनवरी 1967 और 'कंट्रीब्यूशन सेंट टु काँग्रेस इलेक्शन फंड' ('काँग्रेस के चुनावी चन्दे के लिए भेजा गया योगदान'), बिरला पेपर्स, सीरीज़ मिसलेनियस, फ़ाइल नम्बर 68, डोनेशन टु काँग्रेस इलेक्शन फंड, 1967।
56. देखें, बिरला पेपर्स, 'कंट्रीब्यूशन सेंट टु काँग्रेस इलेक्शन फंड' ('काँग्रेस के चुनावी चन्दे के लिए भेजा गया योगदान'), बिरला पेपर्स, सीरीज़ मिसलेनियस, फ़ाइल नम्बर 68, डोनेशन टु काँग्रेस इलेक्शन फंड, 1967।

57. व्यक्तिगत स्तर पर उन्होंने पार्टी में पुराने मित्रों का समर्थन किया, जैसे सुशीला नैयर और बाबूराव पटेल, बिरला की ओर से बाबूराव पटेल को, 2 फ़रवरी 1967, बिरला पेपर्स, सीरीज़ इम्पोर्टेंट, फ़ाइल नम्बर पी, 1966–7।

58. राधाकृष्ण दिग्विजय वूलेन मिल्स और सौराष्ट्र केमिकल्स, पोरबन्दर के साथ काम कर चुके थे, देखें, आर.के. बिरला, *भूली बातें याद करूँ*, प्रकाशित, हर्षवर्धन बिरला (एन.डी., अमृतसर, पंजाब)। राधाकृष्ण को स्वतन्त्र पार्टी की ओर से टिकट दिया गया था और उसके बदले वे अपने ज़िले के पार्टी के विधायकी के उम्मीदवारों की आर्थिक सहायता करने के लिए तैयार हो गये थे। वे स्वतन्त्र पार्टी के टिकट पर एक आज़ाद उम्मीदवार के रूप में खड़े हुए।

59. चुनाव प्रचार इतना ज़ोरदार था कि स्थानीय व्यापारियों को यह डर हुआ कि उस क्षेत्र में भविष्य के चुनावों में इससे धन का व्यय बढ़ जायेगा। *स्टेट्समैन*, 5 फ़रवरी 1967।

60. उन्होंने ये निर्देश जारी किये कि सभी खातों को बारीक़ विवरणों के साथ रखा जाये, उन मिल अधिकारियों के वेतन, जो प्रचार में शामिल थे, का भुगतान मिल द्वारा ही किया जाये, वाहन मिल की सम्पत्ति होगी, ख़र्चों का एक विस्तृत बजट रखा जायेगा और बिरला मिलें अपने इलाक़ों में 'अपनी बोर्ड मीटिंग में एक प्रस्ताव पास करेंगी कि ये उनके ही हित में है कि एक ऐसे व्यक्ति को समर्थन और बढ़ावा दिया जाये जो व्यापार जगत के पक्ष में हो और जिसके लिए हमारे पास न्यायोचित आधार हो कि उसे ड्राइवर, ईंधन और अन्य ख़र्चों के साथ वाहन क्यों भेजा जा रहा है।'

61. इस अभियान में बिरला की शिरकत का सबको पता था। उनके सत्ताधारी काँग्रेस पार्टी के साथ क़रीबी सम्बन्ध ने राष्ट्रीय प्रेस में इन अफ़वाहों को जन्म दे दिया कि स्वयं प्रधानमन्त्री ने राधाकृष्ण को गुप्त रूप से चुनाव लड़ने के लिए कहा था ताकि काँग्रेस के उम्मीदवार आर.आर. मोरारका (जन लेखा समिति के अध्यक्ष) को बाहर रखा जा सके। ये अफ़वाहें इतनी मज़बूत थीं कि स्वयं इन्दिरा गाँधी को हस्तक्षेप करने के लिए मजबूर होना पड़ा। उन्होंने कहा कि 'वे इस दुष्प्रचार पर आश्चर्यचकित हैं...कि एक अग्रणी व्यापार घराने ने श्री मोरारका के ख़िलाफ़ एक उम्मीदवार खड़ा करने का फ़ैसला लिया है क्योंकि श्रीमती गाँधी नहीं चाहतीं कि जन लेखा समिति के अध्यक्ष इस क्षेत्र से खड़े हो सकें।' देखें, *टाइम्स ऑफ़ इंडिया*, 10 नवम्बर 1966, साथ ही अभियान के विवरणों के लिए देखें 'इलेक्शनियरिंग इन बेसिक टर्म्स', *द स्टेट्समैन*, 5 फ़रवरी 1967।

62. *हिन्दुस्तान टाइम्स*, 17 फ़रवरी 1967।

63. नोट, 16 नवम्बर 1966, बिरला पेपर्स, सीरीज़ मिसलेनियस, फ़ाइल नम्बर 164, नोट्स और भाषण।

64. चन्द्रशेखर, *अ पीप इंटू बिरला हाउस* (नयी दिल्ली, 1969), पृ. 44–5।

65. कलकत्ता के मारवाड़ी साथी और राज्यसभा सांसद रामकुमार भुवालका ने बिरला को ये सूचित किया कि कलकत्ता के मारवाड़ी समुदाय ने : 'सभी की आँखें इस बार राजस्थान के चुनाव पर लगी हैं जिसकी चर्चा पूरे शहर में है जबकि चुनाव अभियान ने यहाँ पूरी रफ़्तार नहीं पकड़ी है।' रामकुमार भुवालका की ओर से बिरला को, 6 फ़रवरी 1967, बिरला पेपर्स, सीरीज़ इम्पोर्टेंट, फ़ाइल नम्बर 81–बी, 1965–7।

66. बिरला की ओर से नवलगढ़ के रावल मदनसिंह को, 28 फ़रवरी 1967, बिरला पेपर्स, सीरीज़ इम्पोर्टेंट, फ़ाइल नम्बर 100–एस, 1966–7।

67. नॉर्मन डी. पामर, 'इंडियाज फोर्थ जनरल इलेक्शंस', *एशियन सर्वे*, 7 मई 1967, पृ. 277।

68. जैसा कि *ईस्टर्न इकोनॉमिस्ट* ने इसको रखा : 'इसमें कोई सन्देह नहीं हो सकता कि अब पूरे राजनीतिक परिदृश्य में परिवर्तन की जो लहर बह रही है वह कुल मिलाकर देश के लिए अच्छी ही होगी और इसमें ये भी जोड़ते चलें कि वह काँग्रेस के लिए भी अच्छी होगी...यह सिद्ध करके कि बैलेट बॉक्स की मदद से सत्ता में बैठे लोगों को बदला जा सकता है चौथे आम चुनाव का फ़ैसला हमारी राजनीति के लिए एक सुकून, संजीदगी और स्थिरता लेकर आयेगा।' देखें, 'द पीपुल हैव स्पोकन', *ईस्टर्न इकोनॉमिस्ट*, 24 फ़रवरी 1967।

69. लक्ष्मीनिवास ने यह दावा किया कि आर्थिक असन्तोष ही सत्ताधारी दल की हार का कारण था। उन्होंने कहा कि ऊँची क़ीमतें, दण्डात्मक टैक्स और वस्तुओं की किल्लत के साथ–साथ भ्रष्टाचार और निकम्मेपन के कारण चारों तरफ़ असन्तोष फैल गया था। उन्होंने लिखा : 'ये कभी न भूलने वाला सबक है कि लोगों की समस्याओं को नज़रअन्दाज़ करके या कम करके नहीं देखना चाहिए। किसी भी अन्य क्षेत्र की तरह आर्थिक क्षेत्र में भी देश 'एक दिखावे से दूसरे दिखावे' की नीति पर चलकर सफलता नहीं पा सकता....इसलिए यदि अर्थव्यवस्था को सुधारना है और टूटने नहीं देना है तो नीति में कई परिवर्तन करने होंगे। इससे बेहतर शुरुआत और नहीं हो सकती कि उन बाधाओं को भूसे की तरह उड़ा दिया जाये जो देश की अर्थव्यवस्था का मार्ग अवरुद्ध कर रही हैं। नये उपायों में ज़ोर इस बात पर होना चाहिए कि हर तरफ़ अधिक उत्पादन हो। राज्य और केन्द्र दोनों ही जगह अधिकारियों को ज़्यादा प्रयोग करने और विचारधारा–आधारित नीतियों से बचना चाहिए, साथ ही अतिआडम्बर और अति आत्मसन्तोष से भी।' विवरणों के लिए देखें, 'इकोनॉमिक डिस्ट्रेस एंड द इलेक्शन', *ईस्टर्न इकोनॉमिस्ट*, 24 मार्च 1967।
70. फ्रेंसीन फ्रेंकल, *इंडियाज पॉलिटिकल इकोनॉमी*, पृ. 393।
71. इसकी नियुक्ति मई 1964 में की जा चुकी थी।
72. सुप्रीम कोर्ट के न्यायाधीश के.सी. दासगुप्ता के सभापतित्व में पैनल में थे जी.आर. राजगोपाल (लीगल ड्राफ्ट्समैन), के.आर.पी. आयंगर (टैरिफ कमीशन के भूतपूर्व सभापति), आर.सी. दत्त (कम्पनी लॉ बोर्ड के अध्यक्ष) और आई.जी. पटेल (भारत सरकार के प्रमुख आर्थिक सलाहकार)।
73. आयोग ने आर्थिक शक्ति के केन्द्रीकरण का अध्ययन किया और यह नतीजा निकाला कि इससे 'देश की आर्थिक स्थिति को सुधारने में मदद मिली थी।' लेकिन उसने यह महसूस किया कि 'सरकार से स्वतन्त्र किसी इकाई को निरन्तर इस पर नज़र रखनी चाहिए कि बड़े व्यापार घराने अपनी शक्ति का दुरुपयोग न करें।' इसने उन कारणों का भी अध्ययन किया जिससे इस केन्द्रीकरण में वृद्धि हुई थी और उन उपायों को सुझाया जिनसे इस केन्द्रीकरण पर नज़र रखी जा सकती है। पैनल में बहुमत की संस्तुतियों से आर.सी. दत्त ने असहमति व्यक्त की। उन्होंने यह महसूस किया कि रिपोर्ट में केन्द्रीकरण के नुक़सानदेह प्रभावों को कम करके आँका गया है। रिपोर्ट की समीक्षा के लिए देखें, आर.के. हज़ारी, 'द ग्रेट एस्केप। कंसेंट्रेशन गुड, मोनोपोली जस्टिफाएबल', *द इकोनॉमिक वीकली*, 18 दिसम्बर 1965, पृ. 1843–8।
74. इन्दिरा गाँधी की ओर से बिरला को, 11 मार्च 1968, बिरला पेपर्स, सीरीज़ वेरी–वेरी इम्पोर्टेंट कोरेस्पोंडेंस, फ़ाइल नम्बर 14, इन्दिरा गाँधी, 1966–8।
75. विभिन्न आयोगों पर विवरण के लिए देखें, एन.के. सेनगुप्ता, *गवर्नमेंट एंड बिज़नेस* (नयी दिल्ली, 1987), पृ. 111–23।
76. विवरणों के लिए देखें, एन.के. सेनगुप्ता, *गवर्नमेंट एंड बिज़नेस*, पृ. 58–9।
77. यह कोई नया विचार नहीं था–सबसे पहले इस पर 1948 में नेहरू मन्त्रिमण्डल में चर्चा हुई थी, और फिर 1960 के दशक की शुरुआत में कामराज ने इसे उठाया। हालाँकि राष्ट्रीयकरण को तब तक ज़रूरी नहीं माना गया जब तक कि यह महसूस नहीं कर लिया गया कि रिज़र्व बैंक अनुसूचित बैंकों का नियमन कर सकता है।
78. देसाई के विचारों के लिए देखें उनकी *द स्टोरी ऑफ़ माई लाइफ़*, खण्ड–2, पृ. 264–70।
79. उन्होंने बैंकिंग के सामाजिक नियन्त्रण का पक्ष लिया था जो क़ानूनी तौर पर 1 फ़रवरी 1969 को लागू हुआ था। इसका अर्थ था निजी स्वामित्व वाले बैंकों की जमा योजनाओं और अन्य कामों पर नज़र रखने के लिए निगरानी समितियों की नियुक्ति। इसका उद्देश्य था बैंक प्रबन्धन पर उद्योगपतियों के वर्चस्व को कम करना। बिरला का यूको बैंक भी इसके अधीन था और इसके निदेशक मण्डल का पुनर्गठन किया गया।

80. जैसा कि इन्दिरा गाँधी ने खुद माना कि ये काँग्रेस में उनके विरोधी थे जिनके कारण उन्हें इस हद तक जाना पड़ा। उन्होंने एक मित्र को लिखा, 'उन्होंने मुझे एक ऐसी जगह ले जाकर छोड़ दिया जहाँ मेरे पास कोई और विकल्प नहीं था।' विवरणों के लिए देखें, इन्दर मल्होत्रा, *इन्दिरा गाँधी, अ पर्सनल एंड पॉलिटिकल बायोग्राफ़ी,* पृ. 120।

81. जिन बैंकों के पास 50 करोड़ से ज़्यादा की जमाराशि थी उन्हें राष्ट्रीयकृत किया गया। बिरला का यूको बैंक 13 अन्य व्यावसायिक बैंकों के साथ सूचीबद्ध हुआ। बिरला की अपने बैंक में गहरी रुचि रही थी और वे इसके चेयरमैन थे जिस कारण यह पाँच सबसे बड़े बैंकों में शुमार हुआ। यूको सेंट्रल बैंक और पंजाब नेशनल बैंक के बाद तीसरे नम्बर पर था। अन्य बड़े बैंक थे बैंक ऑफ़ इंडिया और बैंक ऑफ़ बड़ौदा। अन्य बैंकों की तरह इसका भी तेज़ी से फैलाव 1951 के बाद से हुआ, जब पंचवर्षीय योजनाओं की शुरुआत के साथ बैंकिंग की उन्नति की नीति भी लागू हुई जिसका लक्ष्य था 'भौगोलिक रूप से बड़ा और क्रियाकलापों में बहुविध एक वित्तीय ढाँचा बनाना।' देखें, एम. नरसिम्हन, 'द इंडियन फाइनेंशियल सिस्टम', फिक्की, *इंडियन बिज़नेस थ्रू द एजेज,* पृ. 199।

82. देखें, बिरला इंस्टीट्यूट ऑफ़ साइंटिफ़िक रिसर्च की *बैंक्स सिंस नेशनलाइजेशन* (नयी दिल्ली, 1981), पृ. 7–11।

83. प्रमुख व्यवसायियों में कई ने ज़ोरदार ढंग से राष्ट्रीयकरण की भर्त्सना की। जे.आर.डी. टाटा ने सरकार में 'ग़ैरउदार और तानाशाह प्रवृत्तियों' की निन्दा की। उदाहरण के लिए देखें, *ईस्टर्न इकोनॉमिस्ट,* 8 अगस्त।

84. *ईस्टर्न इकोनॉमिस्ट,* 25 जुलाई 1969। जल्द ही बीमा और कोयला उद्योगों का भी राष्ट्रीयकरण किया गया।

85. रॉबर्ट एल. हार्डग्रेव जूनियर, 'द काँग्रेस इन इंडिया : क्राइसिस एंड स्प्लिट', *एशियन सर्वे,* मार्च 1970, खण्ड X, नम्बर 3, पृ. 256–62।

86. ये कॉरपोरेट–संगठन के रूप थे जहाँ एक नियन्त्रक कम्पनी बड़ी संख्या में ऐसे उद्यमों के इक्विटी और प्रशासन को नियन्त्रित करती थी जो उससे असम्बद्ध भी हो सकते थे।

87. देखें, रॉस, *द एमिसरी,* पृ. 198।

88. बिरला के सर्वाधिक प्रतिष्ठित संयन्त्र, जैसे कि हिंडाल्को, पर आरोप था कि वह वास्तविक से कम दरों पर बिजली इस्तेमाल करता है और अन्य, मसलन हिन्दुस्तान मोटर्स 'हर क़िस्म के कदाचार' जैसे कि ज़्यादा की बिलिंग, आयात लाइसेंस में हेरफेर और अनधिकृत सामानों के आयात में लिप्त है।

89. देखें, चन्द्रशेखर, *अ पीप इंटू बिरला हाउस* (नयी दिल्ली, 1969)।

90. चन्द्रशेखर की ओर से इन्दिरा गाँधी को, 5 जुलाई 1967, *अ पीप इंटू बिरला हाउस*।

91. शशि भूषण, एम.पी., चन्द्रशेखर, *अ पीप इंटू बिरला हाउस* में भूमिका।

92. मोरारजी देसाई, *द स्टोरी ऑफ़ माई लाइफ,* खण्ड–II, पृ. 297–9।

93. *वही*।

94. गीता पिरामल, *बिज़नेस लीजेंड्स,* पृ. 120।

95. *वही,* पृ. 121।

96. परिवार ने इस सबके दौरान खुद को पर्दे के पीछे ही रखा और कोई सार्वजनिक राय व्यक्त नहीं की, सिवाय बी.एम. बिरला के जिन्होंने प्रदर्शनकारियों के एक समूह से एक बार उन्हें यह बताने के लिए बात की कि वे ग़लत जगह दाँव लगा रहे हैं। घटना पर प्रतिक्रिया व्यक्त करते हुए *ईस्टर्न इकोनॉमिस्ट* ने कहा, 'इससे यह पता चलता है कि व्यवसायियों का गतिशील आर्थिक विस्तार में एक स्पष्ट दाँव है, जबकि राजनेताओं का भी उतना ही बज़ाहिर हिस्सा एक पिछड़े–मन्दगामी आर्थिक विकास में हो सकता है जिनसे व्यापक क्षोभ पैदा होते हैं जो राजनीतिक दोहन के लिए लाभकर होते हैं। बेशक यह वैसे असन्तुलित समयों जिसमें हम रह रहे हैं के लिए पूरी तरह उपयुक्त है कि जो रोज़गार के ख़िलाफ़ विरोध करने का दावा कर रहे हैं उन्हें अपना विरोध उद्योगपतियों

(जिन्हें राजनेताओं द्वारा ये बताया जाता है कि वे अपनी व्यापार गतिविधियों को नहीं बढ़ा सकते) के ख़िलाफ़ निर्देशित कर देना चाहिए बजाय कि मन्त्रियों और नौकरशाहों के जो हमारे उद्योग और वाणिज्य के कुछ ज़्यादा उद्यमशील और कुशल क्षेत्रों की तरक़्क़ी को बचाये रखने को लेकर प्रतिबद्ध प्रतीत होते हैं।' देखें, 'द मूविंग फिंगर राइट्स', *ईस्टर्न इकोनॉमिस्ट*, 4 दिसम्बर 1970।

97. बिरला समूह की ओर से अकेली प्रतिक्रिया डी.पी. मंडेलिया ने व्यक्त की जो तब बिरला ब्रदर्स के मुख्य कार्यकारी थे, उन्होंने चन्द्रशेखर और अन्यों द्वारा संसद में लगाये कुछ आरोपों का जवाब दिया था। देखें, 'कम्पनी अफेयर्स' में 'एन एक्स्प्लेनेशन', *ईस्टर्न इकोनॉमिस्ट*, 25 अगस्त 1967।
98. देखें मुख्य लेख, 'द पॉलिटिक्स ऑफ़ पर्सीक्यूशन', *ईस्टर्न इकोनॉमिस्ट*, 12 जून 1970।
99. 1971 के मध्यावधि चुनाव में बड़ी संख्या में उद्योगपति खड़े हुए, जैसे कि नवल टाटा, पीलू मोदी और रामनाथ गोयनका।
100. उनकी तीर्थयात्रा के विवरणों के लिए देखें, बिरला, *यमुनोत्री* (एन.डी., एन.पी.)।

अध्याय 17

गोधूलि के वर्ष

इन्दिरा गाँधी के सत्ता में आने से राजनीति ने जो शक्ल ली उसकी निराशा में बिरला सार्वजनिक जीवन से तेज़ी से दूर होते गये। हालाँकि यह आसान साबित नहीं हुआ। सक्रिय जीवन की गहमागहमी को वे मिस कर रहे थे और सत्ता के गलियारों से अलग–थलग होने को क़बूल करना आसान नहीं था। कम्युनिस्टों और सत्ताधारी काँग्रेस के भीतर से युवा तुर्कों के हमले उन पर 1970 के दशक के दौरान, और यहाँ तक कि 1980 के दशक की शुरुआती सालों में भी जारी थे। ये हमले व्यक्तिगत तौर पर भी थे और उनके व्यावसायिक साम्राज्य पर भी। मसलन पश्चिम बंगाल के कम्युनिस्ट मुख्यमन्त्री ज्योति बसु ने उनके 81वें जन्मदिन की शाम खुलेआम ये कहते हुए उन पर हमला किया कि 'बिरला लोगों की सभी गतिविधियाँ व्यक्तिगत फ़ायदे के लिए हैं। यहाँ तक कि बिरला द्वारा बनायी गयीं शैक्षिक और धार्मिक ट्रस्टें भी महज़ टैक्स बचाने के लिए स्थापित की गयी थीं। मुनाफ़ा बिरला लोगों का प्राथमिक उद्देश्य है। वे किसी ऐसी चीज़ को छुएँगे भी नहीं जिसमें मुनाफा न हो।'[1] ऐसे–ग़ैरदोस्ताना माहौल में बिरला ने तय किया कि आम लोगों की निगाह से जितना मुमकिन हो उतना दूर रहा जाये। वो इस बात से सन्तुष्ट थे कि उनके पुत्र कृष्ण कुमार की राजनीतिक मामलों में रुचि बढ़ रही है, फिर भी वे इस विषय को लेकर अक्सर फ़िक्रमन्द रहते थे। हालाँकि कृष्ण कुमार ने इन्दिरा गाँधी और उनके छोटे पुत्र संजय से घनिष्ठता क़ायम कर ली थी। यहाँ तक कि 1970 के शुरू में उन्होंने संजय की उस वक़्त वित्तीय मदद भी की जब वो अपना आटोमोबाइल उपक्रम मारुति स्थापित कर रहे थे।

बिरला की सार्वजनिक गतिविधियाँ चेम्बर ऑफ़ कॉमर्स के किसी यदा–कदा सम्बोधन, या प्रेस को बमुश्किल दिये किसी इंटरव्यू, या बिरला–परिवार द्वारा चलाये जा रहे पिलानी अथवा कलकत्ता के कला मन्दिर संस्थानों के समारोहों के भाषणों में सीमित हो गयी थीं। हालाँकि उनका 80वाँ जन्मदिन प्रशंसकों की बड़ी तादाद के बीच मनाया गया। अभिनन्दन ग्रन्थ समिति गठित करने के निर्णय के साथ ही जश्न आयोजित करने की ज़िम्मेदारी बिट्स पिलानी के निदेशक सी.आर. मित्रा ने ली। अभिनन्दन ग्रन्थ समिति में ज़्यादातर पिलानी के शैक्षिक संस्थानों से जुड़े महत्त्वपूर्ण लोग और संकाय सदस्य थे। उनके उद्यम का नतीजा था 944 पृष्ठों का एक ग्रन्थ जिसका शीर्षक था 'मॉडर्न इंडिया, हेरिटेज एंड एचीवमेंट'। इसके पहले खण्ड में जानी–मानी हस्तियों, सचमुच के "हू'स हू": धार्मिक दिग्गज, राष्ट्रपति, उपराष्ट्रपति,

राज्यपाल, केन्द्रीय मन्त्री और अन्य उच्च पदस्थ लोगों के अभिनन्दन सन्देश थे। इसके बाद कृतज्ञता–निवेदन और संस्मरणों का विस्तृत खण्ड था। कुछ ने 'जी.डी. बिरला : शख़्सियत', कुछ ने 'जी.डी. बिरला और शिक्षा', तो कुछ अन्य ने 'जी.डी. बिरला और उद्योग' की चर्चा की थी। ग्रन्थ के दूसरे भाग में 'आधुनिक भारत : विरासत और उपलब्धियाँ' विषय को खँगाला गया था। इसमें विरासत, राज्यतन्त्र, आर्थिक विकास, गाँधीवादी विचारधारा, शिक्षा, साहित्य और कलाओं पर लेख थे। प्रत्येक खण्ड में कुछ सामान्य निबन्धों के साथ–साथ ऐसे लेख शामिल थे जिनमें आधुनिक भारत के निर्माताओं में से एक के तौर पर बिरला की भूमिका की प्रमुखता से चर्चा थी। चित्रों के अलावा ग्रन्थ में एक वाइनिल ऑडियो डिस्क भी रखी गयी थी जिसमें एक ओर भारतीय शास्त्रीय संगीत की प्रतिष्ठित गायिका एम.एस. सुब्बुलक्ष्मी का गाया आदि शंकराचार्य लिखित एक प्रार्थना स्तोत्र 'पिबा रे रामरसम' था, और दूसरी तरफ़ अगस्त 1964 में बिट्स के उद्घाटन पर दिया गया बिरला का भाषण।[2]

यह आख़िरी मौक़ा था जब बिरला का जन्मदिन इतने विस्तृत सार्वजनिक ढंग से मनाया गया। उस वर्ष के बाद से यह परिवार के सदस्यों और कुछेक ख़ास सहयोगियों के साथ सादगीपूर्ण तरह से चुपचाप मनाया जाने लगा। पिछली सदी के आख़िरी दशक के आसपास इसे दिल्ली के लक्ष्मीनारायण मन्दिर में भजन और प्रार्थनाएँ गाकर मनाया जाने लगा था, क्योंकि उनका जन्मदिन संयोग से 'रामनवमी' के रोज़ ही पड़ता है। जानेमाने धर्माचार्य पण्डित रामकिंकर ने रामायण पर प्रवचनों की एक पूरी श्रृंखला की जिसमें बिरला परिवार के सदस्यों ने शिरकत की।

सार्वजनिक संलग्नताओं से मुक्त होने का उनका एक और क़दम था 1970 में 'हिन्दुस्तान टाइम्स' के अध्यक्ष पद से इस्तीफ़ा–एक पद जिस पर वे 1946 में मालवीय जी की मृत्यु के बाद से थे। नियन्त्रण हाथ में लेने से 40 साल तक बिरला ने अख़बार में गहरी दिलचस्पी ली थी। उनकी रुचि ऊपर के प्रबन्धन स्टाफ और सम्पादकों की नियुक्ति तक बढ़ गयी थी, जिनमें पत्रकारिता की दुनिया के पोथान जोसेफ़, देवदास गाँधी, दुर्गादास और एस. मुलगाँवकर जैसे दिग्गज शामिल थे। अध्यक्ष पद से उनके हटने के बाद यह ज़िम्मेदारी उनके पुत्र कृष्ण कुमार ने सँभाली।

भले ही बिरला ने सार्वजनिक जीवन से ख़ुद को सेवानिवृत्त घोषित कर दिया था, पर अपने व्यावसायिक साम्राज्य के मामलों में वे समय लगाते थे। हालाँकि उनकी भूमिका बहुत स्पष्ट हो चुकी थी। जैसा कि हमने देखा अगली दो पीढ़ियाँ तब तक बिज़नेस की अलग–अलग शाखाओं की ज़िम्मेदारी सँभाल चुकी थीं। बेटे, भतीजे और पोते बिरला या ब्रजमोहन के पास सलाह के लिए आते थे, पर उनके कम्पनियाँ चलाने में कोई दखलन्दाज़ी न के बराबर थी। बिज़नेस को लेकर बिरला की दिलचस्पी दो क्षेत्रों तक सीमित हो गयी थी। पहली, उन कम्पनियों की परफॉर्मेंस देखना जो उनके दायरे में आयी थीं, और दूसरी, उनके पोते आदित्य की मुख्य भूमिका वाले व्यवसाय के विदेशों में विस्तार पर निगाह रखना। ग्वालियर रेयान, हिंडाल्को और मयूर सीमेंट वे कम्पनियाँ थीं जिनमें बिरला का दिलचस्पी लेना जारी रहा। ये उनके पसन्दीदा उपक्रम रहे थे और वे उन्हें निजी तौर पर चलाना जारी रखे हुए थे। इस जुड़ाव का मतलब था सालाना इनकी फ़ैक्टरियों के दो या तीन चक्कर, जैसा कि उनके सभी उपक्रमों में हमेशा से होता आया था। ये दौरे हवाई मार्ग द्वारा उनके डकोटा

डीसी–3 विमान पर होते थे जिसे वे पिछले 25 सालों से इस्तेमाल कर रहे थे। इस तरह वे हवाई यात्रा के अपने पुराने जज़्बे में मुब्तिला थे। इन दौरों के दौरान वे प्रबन्धकीय और प्रशासकीय मसलों को देखते और प्रबन्धकों और कर्मचारियों के साथ सम्पर्क को तरोताज़ा करते। उनका आग्रह था कि हर कम्पनी के दैनिक उत्पादन परिणामों पर नज़र रखी जाये ताकि प्रगति का सही मूल्यांकन किया जा सके। जहाँ एक ओर उन्होंने पूरा नियन्त्रण बनाये रखा था वहीं परिवार के युवा सदस्यों को उन्होंने तेज़ी से शरीक भी किया।[3] लिहाज़ा आदित्य हिंडाल्को और ग्वालियर रेयान में मदद कर रहे थे और सुदर्शन कुमार वही काम मैसूर सीमेंट में कर रहे थे।[4]

हिंडाल्को और ग्वालियर रेयान के प्रबन्धन में आदित्य के सहयोग को उन्होंने नज़दीक से देखा, जिससे उनकी क़ाबिलियत में उनका विश्वास और बढ़ता गया। प्रतिष्ठित मैसाचुएट्स इंस्टीट्यूट ऑफ़ टेक्नोलॉजी के इंजीनियरिंग ग्रेजुएट आदित्य ने बिज़नेस को नये–अछूते क्षेत्रों में ले जाने की योग्यता दिखायी। जब उन्होंने विदेशों में व्यापार के विस्तार में रुचि दिखायी तो बिरला ने उनके हौसले को हर ज़रूरी समर्थन दिया। सन् 1970 तक अहम समुद्र पार व्यापारिक हित महज़ अफ्रीका में रहे आये थे। ये थे 1959 में इथियोपिया में स्थापित एक टेक्सटाइल मिल और 1964 में ब्रजमोहन द्वारा नाइजीरिया में स्थापित एक इंजीनियरिंग यूनिट।[5] आदित्य दक्षिण–पूर्व एशिया में बढ़ना चाहते थे। ऐसे समय में जब सत्ताधारी राजनीतिक नेतृत्व का झुकाव 'एकाधिकारी गृहों' की तरक़्क़ी पर लगाम लगाने का था, दक्षिण–पूर्व एशियाई देशों ने एक बिल्कुल उलट स्थिति मुहैया करायी, क्योंकि वे अपनी अर्थव्यवस्थाओं को खोल रहे थे और विदेशी पूँजी को आकर्षित कर रहे थे। अपने पितामह के प्रोत्साहन से आदित्य ने सन् 1969 में 1200 तकुओं की क्षमता के साथ थाईलैंड में इंडो–थाई सिंथेटिक्स लिमिटेड उपक्रम की स्थापना की। फिर उन्होंने उसी देश में 24 टन क्षमता की रेयान मैन्युफैक्चरिंग यूनिट लगायी। उसके बाद उनकी ज़्यादातर ऊर्जा दक्षिण–पूर्व एशिया में बिरला के व्यापार के विस्तार पर केन्द्रित हो गयी। उन्होंने फिलीपीन्स में टेक्सटाइल्स के दो संयुक्त उपक्रम लगाये और फिर अपने व्यापार को मलेशिया और इंडोनेशिया में विस्तारित किया।[6] चूँकि भारत में निवेश के लिए माहौल ज़्यादा बन्धनकारी हो गया था, बिरला ने विदेशों में विस्तार की इस कार्ययोजना को खुले दिल से समर्थन दिया। उदाहरण के लिए 1978 में जब ग्वालियर रेयान के विस्कोस फाइबर प्लांट की क्षमता को बढ़ाने का काम 18 महीने तक रुका रहा, आदित्य ने निर्णय लिया कि बेहतर होगा कि इस तरह की इकाई ग्वालियर के बजाय थाईलैंड में क़ायम की जाये।

दिसम्बर 1976 में बिरला ख़ुद कई दक्षिण–पूर्व एशियाई देशों के दौरे पर गये। वे ख़ासतौर पर फिलीपीन्स की एक अहम यात्रा पर गये जहाँ फिलीपीन्स में भारतीय चेम्बर ऑफ़ कॉमर्स की पच्चीसवीं सालगिरह के मौक़े पर उन्हें अतिविशिष्ट अतिथि के तौर पर आमन्त्रित किया गया था। उस देश में बिरला के व्यावसायिक उपक्रम इतने सफल रहे थे कि वे राष्ट्रपति के निजी मेहमान थे और राष्ट्रपति के महल मालाकैनंग में ठहरे थे।[7] राष्ट्रपति फर्डिनेंड मार्कोस ने चमकदार शब्दों में बिरला के व्यावसायिक नज़रिये की तारीफ़ की : "हम फिलीपीन्स में मिस्टर बिरला को विशाल क़द और दृष्टिकोण वाले व्यक्ति, एशिया के एक स्तम्भ और एक महान देश के ग़ैरआधिकारिक राजदूत और राजनेता के रूप में देखते हैं।"

भले ही उन्होंने आदित्य की मुख्य भूमिका वाले समुद्रपार के विस्तार में गहरी रुचि ली, बिरला इस बारे में पूरी तरह सचेत थे कि वे अब महज़ एक सीमित भूमिका ही निभा सकते हैं। उनके मनीला दौरे में जब प्रेस ने उनसे उनकी भविष्य की योजनाओं के बारे में पूछा तो उन्होंने जवाबी प्रश्न किया, "82 की उम्र में एक व्यक्ति की क्या योजना हो सकती है?"[8] उन्हें दिखने लगा था कि 'जो भी ध्येय मेरे लिए निर्धारित था वह लगभग पूरा हो गया है। अब मुझे अपनी वृद्धावस्था के बाक़ी वर्ष विवेकशीलता और गहरी समझ के साथ जीना सीखना चाहिए।'

स्वीकृति का एक रास्ता था कि ख़ुद को धार्मिक मूलग्रन्थों के आख्यानों और शिक्षाओं का पुनःस्मरण कराया जाये। बिरला ने ख़ुद को महाभारत के अर्जुन के समान स्थिति में पाया, जिसे कुरुक्षेत्र के युद्ध में विजय के बाद एक रात पराजित शिविर में बिना किसी द्वेष के गुज़ारनी थी। ठीक उसी तरह जैसे अर्जुन ने विजय में साथ निभाने वाले अपने रथ से उतरकर अपने समस्त अस्त्रों समेत उसे जला दिया था। अर्जुन आश्चर्य में था जब तक कि कृष्ण ने इसकी व्याख्या नहीं की : 'अर्जुन, जीवन में तुम्हारा ध्येय पूरा हो गया। तुम्हें इसे समझ लेना चाहिए।'[9]

बावजूद इसके कि इन धार्मिक शिक्षाओं और मुबाहसों में उन्हें सुकून मिला, बिरला अकेला महसूस कर रहे थे, यहाँ तक कि खिन्न भी। उनके बड़े भाई–बहन नहीं रहे थे–जुगलकिशोर 1967 में नहीं रहे थे और रामेश्वर दास 1973 में गुज़र चुके थे। उद्विग्न बिरला ने तब रामेश्वर दास की स्मृति में उत्तर प्रदेश के पहाड़ों में जमनोत्री की 4421 मीटर की ऊँचाई पर एक दुष्कर तीर्थयात्रा की थी।[10] युवा पीढ़ी अपने–अपने बिज़नेस और परिवारों में व्यस्त थी। अपने पुत्रों में बिरला बसन्त कुमार और उनकी पत्नी सरला के ज़्यादा नज़दीक रहे जिनके साथ बाद की उम्र का अधिकतर समय उन्होंने गुज़ारा। इसका एक कारण शायद यह था कि बसन्त कुमार ने अपनी माँ को बहुत कम उम्र में ही खो दिया था और यह चीज़ उन्हें एक विशेष जुड़ाव की ओर ले गयी। परिवार के सदस्यों ने ध्यान दिया कि उन वर्षों में बिरला की 'मानसिक बनावट काफ़ी बदल गयी थी।' वे बहुत भावुक हो गये थे और महादेवी को याद करते थे। अपने बच्चों को आश्चर्य में डालते हुए बिरला महादेवी और उनके साथ बीते समय के बारे में खुलकर बोले। बच्चों ने एक बदले हुए पिता को देखा जो अन्ततः अपने सर्वाधिक अन्तरंग विचारों की उनके साथ चर्चा करने को इच्छुक थे और उनसे बराबरी के स्तर पर बर्ताव करते थे। अन्य व्यक्ति जिन्हें बिरला याद करते थे वे गाँधी थे और वह अक्सर महात्मा के साथ उनके गहरे साथ को स्मृत करते थे। कुल मिलाकर बिरला के स्वभाव में एक स्पष्ट परिवर्तन आया था। बसन्त कुमार ने पाया कि उनके पिता में "गुस्सा और गर्व...पूरी तरह ग़ायब हो गये थे। उनमें हरेक के प्रति सद्भावना थी, वे प्यार से बात करते थे और इसे सभी की ख़ुशी और प्रसन्नता के रूप में देखते थे।"[11]

बिरला को जिस चीज़ ने सहारा दिया वो यह आध्यात्मिक भावना थी कि भगवान आसपास ही है। उन्होंने पिछले 40 साल से नियमित भगवद्गीता का पाठ किया था और इसकी शिक्षाओं को लेकर चिन्तनशील हुए थे। वे आत्म–बोध, आत्म–मुक्ति और आत्म के ब्रह्मांडीय आत्मा में विलय के विचारों में ध्यानमग्न रहते थे। बल्कि दिसम्बर 1977 के बाद ये अहसास और प्रभावी हो गये जब बॉम्बे में आदित्य के यहाँ एक दौरे में उन्हें एक गम्भीर हार्ट अटैक पड़ा। बसन्त कुमार और सरला ने उनकी देखभाल की और साथ ही साथ ब्रजमोहन

ने भी जो उन चिन्ताजनक हफ़्तों में बॉम्बे में ही रहे। ऐसे व्यक्ति के लिए जिसकी ज़्यादातर ज़िन्दगी शानदार सेहत में आनन्द के साथ गुज़री हो यह एक चिन्ताजनक झटका था।

हार्ट अटैक के बाद बिरला ने गम्भीरतापूर्वक उत्तराधिकार के प्रश्न और पारिवारिक सम्पत्ति के सम्भावित बँटवारे पर सोचना शुरू किया। ज़्यादातर व्यवसाय पहले से ही बिरला और उनके भाइयों की प्रायः योजना के मुताबिक़ युवा पीढ़ी के अधीन था। पितामहों, बिरला और ब्रजमोहन, के सिवाय किसी का किसी की कम्पनी में कोई दखल नहीं था। हालाँकि विभाजन की लकीरें धुँधली ही थीं और कम्पनियाँ एक बड़े ग्रुप के हिस्से के तौर पर, जिसके एकीकरण की मज़बूती में बिरला को कारक के तौर पर देखा जाता था, क़ायम थीं। उत्तराधिकार योजना पर वास्तव में कार्य करने की ज़रूरत, जिसमें पूरे एम्पायर का विभाजन भी शामिल था, को स्वीकार करना बिरला के लिए आसान नहीं था। विभाजन पारिवारिक एकता के बुनियादी सिद्धान्त को नकारता था जिसका तीनों बिरला भाइयों ने अपने पूरे सक्रिय कार्मिक जीवन में अनुपालन किया था और इसे अगली पीढ़ी के मस्तिष्क में अच्छी तरह बैठा देने का प्रयत्न किया था। यह परिवार की एकता और ताक़त और साथ ही साथ इसका सामुदायिक नेटवर्क था जिसने ग्रुप को एक साथ रखा था। औपचारिक बँटवारे ने इसे नकार दिया। ऐसे अन्य पारिवारिक व्यवसायों के बँटवारे के लिए राजी होना परिवार की एक कमज़ोरी और इससे समुदाय में उसकी प्रतिष्ठा पर पड़ने वाले असर को क़बूल करना था।[12] फिर भी बिरला ने यह जान लिया था कि उनके और उनके भाइयों द्वारा निभाया गया परस्पर सौहार्द युवा पीढ़ी तक संचरित नहीं हो पाया है। एक इंटरव्यू में उन्होंने कहा, "मेरी पीढ़ी के लोगों की तुलना में युवा पीढ़ी के लोगों को सद्भाव में काम करने में मुश्किल होती है।" परिवार के विभिन्न सदस्यों द्वारा बनायी गयी कम्पनियों ने अक्सर बाज़ार में ख़ुद को प्रतियोगिता करते पाया। दो बिरला–बन्धुओं द्वारा चालित ऐसे उपक्रमों का ऐसा एक उदाहरण–यूनिवर्सल इलेक्ट्रिक एंड इलेक्ट्रॉनिक कंस्ट्रक्शन एंड इक्विपमेंट (ईसीई) कम्पनी–का था, जिसने बाज़ार में इलेक्ट्रिक मीटर के क्षेत्र में युद्ध किया। बिरला के सबसे बड़े पड़पोते सुदर्शन कुमार से जब रिश्ते के भाइयों में प्रतिद्वन्द्विता के सवाल पूछे गये तो उन्होंने इसके पक्ष में कहा, "ये वो परस्पर प्रतिद्वन्द्विता ही है जो हमारी ताक़त रह चुकी है। हर कम्पनी को ख़ुद अपने ही पैरों पर खड़े होना है।"[13] यह बेबाक शैली बिरला भाइयों द्वारा आत्मसात किये गये पारिवारिक मूल्यों के विपरीत खड़ी थी। बिरला जानते थे कि युवा पीढ़ी को एक साथ रखने के लिए दायित्व के क्षेत्रों पर और ज़्यादा ठोसपन से काम करना होगा।

हालाँकि ब्योरे मिल पाने असम्भव हैं, पर बिरला द्वारा किया गया पहला बँटवारा 1977 में उन्हें पड़े हार्ट अटैक के बाद किया गया था। यह इस सिद्धान्त पर आधारित था कि चल रही स्थितियों को ही जारी रखा जाये और 'वास्तविक नियन्त्रण रेखा' एक कम्पनी चला रहे व्यक्ति में ही सन्निहित मान ली जाये। सिद्धान्त को मोटे तौर पर सामने रखना तो आसान था, इसे लागू करना बहुत बड़ी चुनौती और जटिल क़वायद थी। 200 कम्पनियों पर सीधे और 70 कम्पनियों पर परोक्ष नियन्त्रण दाँव पर था। बिरला के नियन्त्रण में न सिर्फ़ देश की सबसे बड़ी जूट मिलें थीं, बल्कि वे देश का 45 फ़ीसदी एल्युमिनियम भी उत्पादित करते थे, उनके पास सबसे बड़े चायबागान थे, दूसरी सबसे बड़ी पेपर मिल थी, सबसे बड़ी कार बनाने की इकाई थी और वे देश की तीन फ़ीसदी चीनी उत्पादित करते थे।

उनके व्यवसाय क़रीब एक दर्जन देशों में फैले हुए थे। फिर बड़े शैक्षिक और धर्मार्थ ट्रस्टें, अस्पताल, क़रीब 40 मन्दिर, धर्मशालाएँ और एकताराघर थे।[14]

बिरला ने इस बारे में काफ़ी संकेत दे दिये थे कि सीधे उनके अधीन रही कम्पनियों का नेतृत्व कौन करेगा। आदित्य ग्वालियर रेयान और हिंडाल्को के उत्तराधिकारी थे जबकि सुदर्शन कुमार को मैसूर केमिकल्स मिलनी थी। चाहे बिरला ने ब्रजमोहन से मशविरा किया और युवा पीढ़ी की इस बँटवारे के सिद्धान्त पर किस तरह की प्रतिक्रिया थी यह अज्ञात है। हालाँकि जितना ज्ञात है वह ये कि ये व्यवस्थाएँ पूरी तरह सन्तोषजनक नहीं हो सकीं। एक बड़ी परेशानी अन्तर–कॉरपोरेट निवेशों के उलझे हुए ढाँचे को लेकर थी जो व्यापार–साम्राज्य के माध्यम से चलाया गया था। उदाहरण के लिए बसन्त कुमार, जो उस वक़्त 1400 करोड़ के उपक्रम सेंचुरी टेक्सटाइल्स के उत्तराधिकारी थे, के पास इसके बहुमत शेयर का नियन्त्रण नहीं था। परिवार का सेंचुरी पर नियन्त्रण इसके 36.4 स्टॉक पर स्वामित्व के कारण आया (जो 4040 मिलियन डॉलर से अधिक था) जो कि पिलानी इन्वेस्टमेंट्स फर्म के पास था। पिलानी इन्वेस्टमेंट्स बिरला बन्धुओं ने संयुक्त रूप से 8 करोड़ रुपये की आधार इक्विटी पर स्थापित की थी और वह विकसित होकर 800 करोड़ रुपये की कम्पनी बन गयी थी।[15] सेंचुरी ने बदले में बड़ी मात्रा में अन्य कम्पनियों, जैसे कि कृष्ण कुमार नियन्त्रित ज़ुआरी एग्रो केमिकल्स, के शेयर अपने नियन्त्रण में रखे। सेंचुरी के पास भी आदित्य द्वारा चलाई जा रही ग्वालियर रेयान और सुदर्शन कुमार को दी गयी मैसूर सीमेंट के शेयरों का स्वामित्व था। क्रॉस होल्डिंग शुरुआती विस्तार के घनिष्ठ बुने स्वभाव के कारण थी जिसे बिरला भाइयों ने एक ऐसे परिप्रेक्ष्य में बनाये रखा था जिसमें बँटवारे की कोई परिकल्पना ही नहीं थी। अन्य कारण यह था कि कम्पनियाँ जब नये उपक्रम शुरू करतीं तो वे वित्त के लिए सह–कम्पनी की ओर रुख़ कर सकती हैं, और लिहाज़ा परिवार क़रीबी नियन्त्रण बनाये रख सकता है। इस तरह कम्पनियों का नियन्त्रण शेयर–स्वामित्व से जुड़ा नहीं था जिसने एक साफ़–सुथरे बँटवारे को बेहद जटिल बना दिया था।[16]

ये पेचीदा क्रॉस होल्डिंग ढाँचे एक सौहार्दपूर्ण समझौते के ख़िलाफ़ थे। यद्यपि बिरला अपने अन्तिम वर्षों में बँटवारे के सिद्धान्त पर काम कर चुके प्रतीत होते हैं, पर विवरण लिहाज़ा धुँधले ही बने रहे। शायद यह बँटवारे को लेकर विघ्नकारी असन्तोष और ऐसी स्थिति को सँभाल न पाने के एक अहसास का डर था जिसकी वजह से बिरला ने इन वर्षों में कलकत्ता में ज़्यादा समय गुज़ारना ठीक नहीं समझा जहाँ ज़्यादातर परिवार रहता था।[17]

ये उनके आध्यात्मिक रुझान थे जिन्होंने उन्हें पारिवारिक झमेलों से दूर एक रास्ता तलाशने के लिए प्रेरित किया। बिरला पूरी तरह सचेत थे कि उनकी उम्र के आठवें दशक में ज़िन्दगी उतार पर थी। 1977 के बाद उन्होंने बिरला एकेडमी (जिसे 1962 में बसन्त कुमार और सरला ने स्थापित किया था) और संगीत कला मन्दिर में छह अलग–अलग अवसरों पर मुख्यतः आध्यात्मिक विषयों पर सम्भाषण दिये। अपने एक सम्भाषण में वे कहते हैं :

> जब तुम आदि शंकर के आश्रम में आते हो तो तुम हर जगह ब्रह्म को देखते हो, ध्यान के माध्यम से तुम उदात्त हो गये हो–आत्मा और परमात्मा के बीच का पार्थक्य समाप्त हो गया है। मात्र विशुद्ध समर्पण ही बचा है–आराध्य, आराधक और आराधना एकमेक हो गये हैं।[18]

1978 में बिरला ने अपने धार्मिक विचार 'कृष्णम् वन्दे जगत्गुरु'[19] शीर्षक पुस्तक में प्रकाशित कराये। इसमें कृष्ण और भगवद्गीता के उपदेशों पर विचार किया गया है। उन्होंने उनके एक प्रिय विषय, राम के जीवन, पर भी काम शुरू किया, और जितनी भी सामग्री इकट्ठी कर सकते थे इकट्ठी करनी शुरू की। बसन्त कुमार याद करते हैं कि "स्वामी अखण्डानन्दजी सरस्वती से उनका गहरा सान्निध्य हो गया था और जब भी कोई दार्शनिक समस्या या प्रश्न उनमें उठते तो या तो वे निजी तौर पर उसकी व्याख्या करते या उन्हें फ़ोन करके या किसी को भेजकर उनसे इसका निराकरण करवाते।"[20]

1978 में उन्होंने गाँधी से अपने पत्राचार को चार खण्डों के एक संग्रह 'बापू : अ यूनीक एसोसिएशन' में प्रकाशित कराया। इसका प्राक्कथन गाँधी के कुछेक जीवित अन्तरंग सहयोगियों में से एक काका कालेलकर ने लिखा था। बिरला के मुताबिक़ इस संग्रह को छपवाने के पीछे उद्देश्य लोगों की यह मदद करना था कि वे बापू के ह्रदय को जान सकें। पूर्वकथन में यह लिखते वक़्त उन्होंने स्वयं की शारीरिक और मानसिक कमज़ोरी को नहीं छिपाया :

यम के सैनिकों के त्रुटिहीन मानक
उम्र से धुँधली होती आँखों के आगे आते हैं
और बीमारियों से जूझने में हारता हुआ युद्ध
यह मानसिक चौखटा दिन प्रतिदिन डूबता जाता है।[21]

इन अन्तिम वर्षों में जिस चीज़ ने उन्हें सहारा दिया वो उनका गहरा बोध था कि एक ईश्वरीय प्रयोजन और आदर्श उनके जीवन में अस्तित्व रखता है। बिरला एक सन्तुष्टि का भाव महसूस करते थे जो उनमें धार्मिक आस्था से आयी थी। जनवरी 1982 में उनके एकमात्र जीवित भाई ब्रजमोहन भी नहीं रहे। परिवार में उनकी पीढ़ी के अकेले जीवित सदस्य के चले जाने से बिरला और ज़्यादा अनासक्त हो गये। वे पवित्र केदारनाथ की तीर्थयात्रा पर गये। 1983 की गर्मियाँ, जैसा कि वे अक्सर करते थे, उन्होंने स्विट्ज़रलैंड में जाकर पारिवारिक घर में बितायीं। मई का महीना वहाँ बिताने के बाद वे लन्दन चले गये जहाँ वे मध्य लन्दन के अपने पार्क टावर अपार्टमेंट में ठहरे। 11 जून 1983 की सुबह बिरला अपने दो बिज़नेस सहयोगियों, मैसूर सीमेंट के अध्यक्ष नन्दलाल हमीरवासिया और ग्वालियर रेयान के उपाध्यक्ष सुशील कुमार साबु, के साथ सुबह की सैर पर गये। जैसे ही उन्होंने पिकाडली सर्कस से निकलकर रीजेंट स्ट्रीट में प्रवेश किया, बिरला ने असहज महसूस किया। वे जल्दी से एक टैक्सी में चढ़े और अपने अपार्टमेंट का रुख़ किया। जैसे ही उन्होंने अपार्टमेंट के ब्लॉक में प्रवेश किया बिरला का निढाल शरीर एक सोफ़े पर गिर गया और थोड़ी ही देर में उन्होंने अपनी आख़िरी साँस ली।

पूरे भारत और विदेशों में यह ख़बर सुनकर लोगों को झटका लगा। अगले 24 घण्टे में लगभग पूरा परिवार लन्दन आ गया। 13 जून 1983 को उनकी इच्छाओं का सम्मान करते हुए गोल्डन ग्रीन क्रेमिटोरियम में शाम के 4.45 बजे उनका दाह संस्कार किया गया। श्रद्धांजलि देने के लिए 300 लोग वहाँ थे। उनका अन्तिम संस्कार पारम्परिक सनातन धर्म की रीतियों के अनुसार भारतीय विद्या भवन के पण्डित मथूर कृष्णामूर्ति द्वारा किया गया। मन्त्र पढ़े गये और 'भगवद्गीता' के अठारहवें अध्याय के अंशों का वाचन किया गया। ये वो पवित्र अंश थे जिनका वे अपने बचपन से ही पाठ करते आये थे।

परिवार और मित्रों ने भजन 'रघुपति राघव राजाराम' गाया : वह भजन जिसे महात्मा गाँधी ने लोकप्रिय बनाया था। उनकी अस्थियाँ भारत लायी गयीं और यहाँ लोगों की श्रद्धांजलि के लिए बॉम्बे, दिल्ली, पिलानी और कलकत्ता ले जायी गयीं। इसके बाद हरिद्वार और गंगोत्री में उन्हें गंगा में प्रवाहित कर दिया गया।

सन्दर्भ एवं टिप्पणियाँ

1. बसु ने कहा कि : 'बिरला जैसे लोगों का गाँधी और सरदार पटेल जैसे नेताओं से जुड़ना एक निवेश था। वे नेता बिरला से अपनी सरलता में जुड़े।' देखें, दिलीप ठाकोर, 'अ लीजेंड इन द लाइफटाइम', उद्धृत, *बिज़नेस वर्ल्ड*, 30 मार्च–12 अप्रैल 1981।
2. *मॉडर्न इंडिया, हेरिटेज एंड अचीवमेंट, श्री घनश्याम दास बिरला एटीथ बर्थडे कॉमेमोरेशन वॉल्यूम* (श्री घनश्याम दास बिरला के अस्सीवें जन्मोत्सव ग्रन्थ समिति, पिलानी), एन.डी.।
3. मिन्हाज मर्चेंट, *आदित्य विक्रम बिरला : अ बायोग्राफ़ी* (नयी दिल्ली, 1977), पृ. 142।
4. टी.एन. नाइनन और बी.एम. बिरला, *अ ग्रेट विजनरी* (नयी दिल्ली, 1996)।
5. बी.एम. टैक्नेट, पृ. 50–1।
6. मिन्हाज़ मर्चेंट, *आदित्य विक्रम बिरला : अ बायोग्राफ़ी* (नयी दिल्ली, 1977), पृ. 130 और 144–8।
7. अनाम, *अ पिलर ऑफ़ एशिया* (एन.डी.,एन.पी.)।
8. 'इन्वेस्टमेंट : बिरलाज एक्सपेंशन', अनाम, *अ पिलर ऑफ़ एशिया* (एन.डी., एन.पी.)।
9. रामानुजन, *जी.डी. बिरला*, पृ. 130।
10. रामानुजन, *जी.डी. बिरला*, पृ. 55–65।
11. बी.के. बिरला, *अ रेयर लीगेसी*, पृ. 233।
12. सुदीप दत्ता, *फैमिली बिज़नेस*, पृ. 115।
13. टी.एन. नाइनन, 'एम्पायर इन ट्रांसिशन', *इंडिया टुडे*, 15 जुलाई 1983।
14. *वही*।
15. सुदीप दत्ता, *फैमिली बिज़नेस*, पृ. 141।
16. टी.एन. नाइनन, 'एम्पायर इन ट्रांसिशन', *इंडिया टुडे*, 15 जुलाई 1983।
17. *वही*।
18. बी.के. बिरला, *अ रेयर लीगेसी*, पृ. 225।
19. जी.डी. बिरला, *कृष्णम् वन्दे जगत्गुरु* (एन.डी., एन.पी.)।
20. बी.के. बिरला, *अ रेयर लीगेसी*, पृ. 228।
21. जी.डी. बिरला, *बापू : अ यूनीक एसोसिएशन* (बॉम्बे, 1977), पृ. xii।

विरासतें

रेडियो और टेलीविज़न से बिरला के निधन की ख़बर फैलते ही दुनिया भर से श्रद्धांजलियों का ताँता लग गया। भारत और विदेशों की बहुत–सी अहम शख़्सियतों ने अपनी शोक संवेदना व्यक्त की। भारत के तत्कालीन राष्ट्रपति ज्ञानी जैल सिंह ने लन्दन में बिरला परिवार को फ़ोन किया, प्रधानमन्त्री इन्दिरा गाँधी, जो उस वक़्त कोपेनहेगेन में थीं, ने प्रेस से कहा कि देश ने एक अनुभवी वरिष्ठ को खो दिया है जिनकी कमी सार्वजनिक जीवन में खलती रहेगी। यू.के. में ब्रिटेन की उस वक़्त की प्रधानमन्त्री मारग्रेट थैचर ने बिरला को 'भारत का एक सर्वाधिक प्रतिष्ठित बेटा' कहा। पूर्व ब्रिटिश प्रधानमन्त्रियों हेराल्ड मेकमिलन और जेम्स कैलाघन और सार्वजनिक जीवन के लॉर्ड लिस्टोवाल और लॉर्ड फ़ेनर बॉकवे जैसे बहुत–से अन्य जाने–माने लोगों ने भी अपनी शोक संवेदनाएँ व्यक्त कीं।[1] चेम्बर्स ऑफ़ कॉमर्स और ऐसी संस्थाएँ जिनसे बिरला जुड़े रहे थे, में सम्मान के तौर पर छुट्टी कर दी गयी।[2] उद्योग जगत के शीर्ष लोगों ने बिरला के साथ अपनी घनिष्ठता को याद किया। मुम्बई के व्यवसायी रामकृष्ण बजाज ने बिरला के निधन को भारतीय इतिहास में 'अग्रणी उद्यमिता के स्वर्णयुग' के अन्त के रूप में देखा। उन्होंने उन्हें एक 'महान कर्मयोगी' बताया जिसने बग़ैर किसी पुरस्कार की आकांक्षा के अपने नज़रिये को मूर्तरूप देने का संघर्ष किया।[3]

शोक सन्देशों और श्रद्धांजलियों में बिरला के लम्बे जीवन के कई पक्षों का ज़िक्र था। उदाहरण के लिए बॉम्बे से निकलने वाली 'कॉमर्स' ने भारत के आर्थिक परिदृश्य पर उनके दबदबे को 'सात दशकों से अधिक समय तक एक वास्तविक दबंगई' के रूप में रेखांकित किया।[4] 'इकोनॉमिक टाइम्स', 'फाइनेंशियल एक्सप्रेस' और अन्य अख़बारों ने बिरला की भूमिका का बिज़नेस की दुनिया के 'एक गाइड, मुख्य नेता, और ठोस प्रवक्ता' के रूप में उल्लेख किया। 'इकोनॉमिक टाइम्स' ने लिखा, 'पिछली आधी सदी में भारतीय उद्योग की आधी कहानी बिरला और उनकी उपलब्धियों की कहानी है।'[5] 'बिज़नेस इंडिया' ने बिरला की भारतीय उद्योग के पिता के रूप में तारीफ़ की।[6] कॉमर्स ने उन्हें 'आधुनिक औद्योगिक भारत का एक निर्माता' और 'भारत की आर्थिक स्वतन्त्रता का चमकदार प्रतीक' घोषित किया।[7] लन्दन के 'द टाइम्स' ने उन्हें 'भारत के एक सर्वाधिक प्रभावशाली व्यवसायी जिन्होंने गाँधी के भारतीय आज़ादी के लिए किये आन्दोलन को धन मुहैया कराने में भूमिका अदा की' के तौर पर उनकी चर्चा की।[8] 'टाइम्स ऑफ़ इंडिया' ने उन्हें 'भारतीय उद्योग के अगुवाओं में से एक,

भारत के सबसे धनी परिवारों में से एक के पितृपुरुष, धार्मिक और सांस्कृतिक गतिविधियों और शिक्षा एवं मन्दिरों का संरक्षक' कहा।[9] उसने उन्हें न सिर्फ़ भारतीय पूँजीवाद के एक निर्माणकर्ता के रूप में बल्कि एक सूक्ष्म राजनीतिक समझ वाली एक अहम राजनीतिक शख़्सियत के तौर पर एक साथ एक बड़े नज़रिये वाला और व्यावहारिक इन्सान कहा।[10] तमाम श्रद्धांजलियों में सर्वाधिक मुकम्मल शायद 'संडे' पत्रिका की कवर स्टोरी में ईयान जैक का यह घोषित करना था—'द किंग इज़ डेड।'[11]

पुनरावलोकन के तौर पर यह कहा जा सकता है कि शायद बिरला की सर्वाधिक अहम विरासत पिछली सदी के तीसरे दशक में शुरू की गयीं उनकी वे अडिग कोशिशें थीं जो उन्होंने आधुनिक भारत में निजी उद्यम की एक स्वीकृत भूमिका को स्थापित करने के लिए कीं। 1920 के दशक से लेकर 1950 तक के मध्य कम—से—कम चार दशकों के दौरान बड़े व्यवसाय के एक प्रभावशाली प्रवक्ता और प्रधान रणनीतिकार के तौर पर बिरला ने एक मुख्य भूमिका निभाई। औपनिवेशिक दौर में विदेशी पूँजी के ख़िलाफ़ उनकी ज़बरदस्त लड़ाई, दूसरे दशक के बाद भारतीय उद्योगों में एकता बढ़ाने की उनकी सफल कोशिशें, चेम्बर्स ऑफ़ कॉमर्स स्थापित करने में उनकी कोशिशें, काँग्रेस के सांगठनिक घेरों के भीतर दक्षिणपन्थी एकता क़ायम करने के उनके प्रयास, और 1930 और 1940 के दौरान बृहत्तर राष्ट्रवादी राजनीति में संवैधानिक दृष्टिकोण का प्रचार करने के उनके प्रयत्न—इन सभी ने भारत में निजी उद्यमिता के एक अहम स्वर को सुनिश्चित करने में एक किरदार अदा किया। 1947 में जब भारत आज़ाद हुआ तो स्वतन्त्र देश में निजी उद्यमों की एक आधारभूत भूमिका सहित तीव्र औद्योगीकरण के रास्ते पर एक मज़बूत केन्द्र के बिरला के नज़रिये को काफ़ी हद तक माना गया। आज़ाद 'हिन्दुस्तान' जो कि पूँजीवादी भी हो, का यह नज़रिया सबसे बेहतर शायद उनके स्वामित्व वाले दो अख़बारों के नामों—'हिन्दुस्तान टाइम्स' और 'ईस्टर्न इकॉनॉमिक्स'—में लक्षित किया जा सकता है। एक अर्थ में 1947 में स्थापित किया गया आधुनिक भारतीय राष्ट्र महात्मा गाँधी या जवाहरलाल नेहरू की तुलना में बिरला की आज़ाद भारत की परिकल्पना के ज़्यादा नज़दीक था।

हालाँकि आज़ादी के बाद के वर्षों में इस परिकल्पना को जवाहरलाल नेहरू और बाद में इन्दिरा गाँधी के प्रधानमन्त्रित्व के दौरान किसी क़दर चुनौती मिली, पर इसे कभी ख़ारिज नहीं किया जा सका। साठ के दशक के शुरुआती वर्षों तक बिरला ब्रिटिश राज के दौरान कबूल की गयी निजी उद्यमिता के हितरक्षक की भूमिका निभाते रहे और उनकी सलाह कॉरपोरेट दायरे में सम्मान के साथ सुनी जाती रही। उनकी स्थायी फ़िक्र थी कि आज़ाद भारत में आर्थिक नीतियाँ निजी उद्यमों को लाभ पहुँचाने वाले रास्ते पर बनी रहें। नेहरू से उनके उदासीन रिश्ते के बावजूद उन्होंने काँग्रेस के प्रान्तीय बड़े नेताओं से नज़दीकी सम्पर्क बनाये रखे। 1957 में नेहरू की समाजवादी लच्छेदारी के शीर्ष दिनों में उन्हें देश के शीर्ष सम्मानों में से एक पद्मविभूषण दिया गया था। इन सालों में बहुत—से व्यवसायियों ने उन्हें पेश आने वाले प्रतिबन्धात्मक क़ानूनों और राष्ट्रीयकरण की निरन्तर आशंकाओं के कारण नेहरू के आर्थिक दर्शन में भरोसे का एक संकट दिखाया। इन्हीं वजहों से काँग्रेस के कई पारम्परिक समर्थक स्वतन्त्र पार्टी जैसे खुलेआम दक्षिणपन्थी विकल्पों के पक्ष में डगमगाते हुए दिखे। लेकिन बिरला ने अपने व्यावसायिक साथियों को चेताया कि दक्षिणपन्थी ताक़तों

को उनका समर्थन महज़ कम्युनिस्टों को लाभ पहुँचाएगा, और यह कि उनके पास काँग्रेस जैसी केन्द्रीकृत पार्टियों के साथ काम करने के अलावा कोई और विकल्प नहीं है। इसी तरह उन्होंने एक लचीली और व्यापक कार्य–प्रणाली की वकालत की जिसमें केरल और पश्चिम बंगाल में अच्छी सफलताएँ अर्जित कर रहे कम्युनिस्टों सहित भिन्न राजनीतिक हितों को जगह मिल सके। उदाहरण के लिए 1957 में जब केरल में एक कम्युनिस्ट सरकार सत्ता में आयी तो वे राज्य में निवेश करने वाले पहले व्यवसायी थे। इसी तरह सोवियत प्रमुख ख़ुश्चेव के साथ एक बैठक में उन्होंने सोवियत संघ में फ़ैक्टरियाँ लगाने का प्रस्ताव दिया। उन्होंने भारतीय वामपन्थ की दुविधाओं और सीमाओं को बहुत अच्छी तरह समझ लिया था, और उनके साथ समायोजन और सामंजस्य की नीति की वकालत की। बावजूद इसके कि व्यापार की भूमिका को चुनौती दी गयी थी और वह एक दोयम राजनीतिक दर्जे में था, बिरला और अन्य व्यापारिक नेताओं की कुशाग्र राजनीतिक समझ ने न सिर्फ़ नेहरू के समाजवादी दौर और इन्दिरा गाँधी के प्रधानमन्त्रित्व के अशान्त वर्षों में ख़ुद के बने रहने को मुमकिन बनाया, बल्कि यह सुनिश्चित किया कि राजनीतिक हालात के पक्ष में होते ही वे एक अहम खिलाड़ी के रूप में पुनः उभर सकें। यह चीज़ सर्वाधिक प्रत्यक्ष लालबहादुर शास्त्री के राज में थी जब व्यापार एक बार फिर एक प्रभावशाली स्वर और एक ताक़तवर आपसी हित वाले समूह के तौर पर उभरा। 1980 में जब राजीव गाँधी भारत के प्रधानमन्त्री बने तो उन्होंने एक क्रम में आर्थिक सुधार शुरू किये जिनकी बिरला दशकों से वकालत करते रहे थे। उसके बाद 1991 में पी.वी. नरसिंह राव ने बाज़ार आधारित अर्थव्यवस्था की ओर एक निर्णायक बदलाव को चिह्नित करने वाले और सरकार के न्यूनतम नियन्त्रण वाले नाटकीय आर्थिक सुधारों की शुरुआत की। इन सुधारों के साथ भारत के राजनीतिक नेतृत्व ने संकेत दिया कि मुल्क अपनी अर्थव्यवस्था अवसरों के दोहन के लिए खोल देगा जो इसे एक वैश्विक आर्थिक महाशक्ति के रूप में उभरने में सक्षम बनायेगा। निजी उद्यम नये सुधारों का लाभ उठाने के लिए बहुत बढ़िया स्थिति में था। आख़िर बिरला के नज़रिये को देश के राजनीतिक नेतृत्व ने गले लगा लिया था।

बिरला का निजी उद्यम की आधारभूत भूमिका वाले पूँजीवादी भारत का नज़रिया 1947 से भारत के लिए उपयुक्त रास्ता रहा है या नहीं यह विषय बहस के लिए खुला है। उन्हें भारत के आर्थिक पिछड़ेपन की समस्या के निराकरण के लिए निजी उद्यम और 'पूँजीवाद की मुक्तिदाता ताक़त' पर लगभग सौहार्दपूर्ण भरोसा था।[12] यद्यपि भारत जैसे ग़रीब देश के विकास के लिए पूँजीवादी विकल्प की प्रासंगिकता के बारे में मतान्तर हो सकता है, पर बिरला के भरोसे की संजीदगी के बारे में कोई सन्देह नहीं किया जा सकता। उनके विचारों के प्रतिपादन में सिर्फ़ मुनाफ़ा ही लक्ष्य नहीं था, बल्कि उनका दृष्टिकोण भारत को एक आर्थिक रूप से ताक़तवर औद्योगीकृत राष्ट्र के रूप में देखने का था।

फिर भी कई सीमाएँ थीं। मसलन, बिरला विकास के वैकल्पिक रास्ते के आँखें मूँदे मुरीद थे। पूँजीवाद में उनकी आस्था उन्हें इस विचार की ओर ले गयी कि बृहत्–औद्योगीकरण लोगों के जीवन की उन्नति की रामबाण औषधि है, और उन्होंने ख़ुद की भूमिका को निजी उद्यमिता के नायक के रूप में देखा। उन्होंने सम्पत्ति के पुनर्वितरण को निजी उद्यम अथवा राज्य के एक दायित्व की तरह नहीं देखा। उनके विचार में उद्योग–विस्तार राष्ट्र की आर्थिक

बेहतरी का रास्ता था और इसमें होने वाला 'रिसाव' स्वाभाविक परिणाम के तौर पर फ़ायदे देगा। लेकिन यह आरोप फिर भी लगेगा कि धन के पुनर्वितरण के सवाल में बिरला की कोई रुचि नहीं थी। यह एक विडम्बना ही है कि इस बारे में बिरला ने 1947 के बाद के परिप्रेक्ष्य में ख़ुद को एक सीमित भूमिका में ही देखा, जबकि महात्मा गाँधी अपने 'ट्रस्टीशिप' के सिद्धान्त, जिसमें पूँजी के स्वामी इसे जनहित के लिए इस्तेमाल करेंगे, के रक्षक के रूप में उनकी सराहना कर चुके थे।

उद्यमिता के चैम्पियन के रूप में अपनी भूमिका के अलावा बिरला की सर्वाधिक अहम विरासत शिक्षा के क्षेत्र में किये धर्मार्थ कार्यों में है, जिसे उन्होंने और उनके भाइयों ने राजस्थान में साकार किया। शिक्षा को बिरला का समर्थन 1920 के दशक में मदनमोहन मालवीय की प्रेरणा के तहत बिरला एजुकेशन ट्रस्ट को दिये दान से शुरू हुआ। शेखावाटी क्षेत्र में मुख्यतया प्राथमिक शिक्षा के लिए प्रतिबद्ध संस्थाओं को बड़ी तादाद में संरक्षण दिया गया।[13] 1940 तक दो से भी कम दशकों में बिरला एजुकेशन ट्रस्ट ने कम–से–कम 400 प्राथमिक विद्यालय, एक लड़कियों का स्कूल, एक माध्यमिक कला महाविद्यालय और एक इंजीनियरिंग कॉलेज चलाये।

फिर 1950 और 1960 के दशकों में उच्च तकनीकी शिक्षा उनके जनहितार्थ कार्यों की सूची में ख़ास हुई। जानी–मानी सेंट्रल इलेक्ट्रॉनिक्स रिसर्च इंस्टीट्यूट उनके द्वारा समर्थित संस्थाओं में थी। उन्होंने पिलानी में बिरला म्यूज़ियम ऑफ़ इंडस्ट्री एंड टेक्नोलॉजी को मंजूरी दी और शिक्षण की उच्चतर संस्थाओं को मुक्तहस्त मदद दी।[14] साथ ही पिलानी में बिरला इंस्टीट्यूट ऑफ़ टेक्नोलॉजी एंड साइंस (बिट्स) की स्थापना की, जिसकी परिकल्पना 'निजी तौर पर सम्पन्न और स्वतन्त्र भारत की मैसाचुएट्स इंस्टीट्यूट ऑफ़ टेक्नोलॉजी (मिट)' के तौर पर की गयी थी और जिसे राष्ट्रीय महत्त्व की एक संस्था के तौर पर देखा गया था। इसके शुरुआती वर्षों की योजना में बिट्स का मिट से गठबन्धन था। यह अपने पहले बैच में जुलाई 1964 में गया। बाद के सालों में बिट्स का विकास होता गया और उसकी तुलना जानी–मानी इंडियन इंस्टीट्यूट्स ऑफ़ टेक्नोलॉजी (आईआईटी) से की जाने लगी जिनकी स्थापना कानपुर, बॉम्बे, दिल्ली, खड़गपुर और मद्रास में की गयी थी।[15] एक शैक्षणिक केन्द्र के रूप में पिलानी ने नये राष्ट्र को बिरला के योगदानों के बारे में बताया। पिलानी के ज़रिये उन्होंने ख़ुद को नेहरू की विज्ञान, टेक्नोलॉजी और आधुनिकता पर ज़ोर देने वाली राष्ट्र निर्माण परियोजना का एक होने वाला उत्साही भागीदार दिखाया।[16]

बिरला की शैक्षणिक समाजसेवा, ख़ासकर राजस्थान में प्राथमिक शिक्षा को उनका समर्थन, के समतुल्य उदाहरण देश में कम ही हैं। 1980 के दशक तक बिरला एजुकेशन ट्रस्ट ने 1147.11 लाख रुपये की परिसम्पत्तियों के साथ देश का सबसे बड़े निजी शैक्षिक प्रतिष्ठान होने का दावा किया।[17] एक उनींदा पड़ा रेगिस्तानी गाँव 10,000 छात्रों वाले एक प्रमुख विश्वविद्यालयी नगर में तब्दील हो चुका था।

बिरला और उनके भाइयों की सर्वाधिक दृश्यमान विरासत सम्भवतः भारत भर में उनके द्वारा बनाये गये मन्दिर हैं। इनमें से बहुतेरे उत्कृष्ट वास्तुशिल्प के नमूने के तौर पर खड़े हैं और आम बोलचाल में बिरला मन्दिर के रूप में जाने जाते हैं। मन्दिर बनाने की प्रेरणा जुगलकिशोर से आयी, लेकिन उनके साथ अन्य भाइयों की सहमति हमेशा ही होती थी।

हालाँकि ऐसा कोई सबूत नहीं है कि बिरला ने मन्दिर निर्माण के मामलों के निर्णयों में कभी सक्रिय सहभाग लिया हो, पर उनकी आवश्यकता में उनका विश्वास था। जैसा कि उन्होंने स्वयं माना है कि परिवार के मन्दिर निर्माण उद्यमों के पीछे 'एक तरह की धार्मिक मनोवृत्ति के प्रसार' की इच्छा थी।[18] उनके देहान्त के समय तक परिवार के पास भारत के लगभग सभी प्रमुख शहरों में 40 से अधिक बड़े मन्दिर थे, साथ–ही–साथ धर्मशालाएँ और बहुतेरी धार्मिक संस्थाएँ और जगहें भी।

बिरला की पारिवारिक विरासतें किसी तौर पर मिली–जुली और सफल और असफल दोनों ही रूपों में चिह्नित रही हैं। उनकी बड़ी सफलता थी पारिवारिक व्यवसाय के लिए अगली पीढ़ी को तैयार करना। बड़े साम्राज्य को बनाने वाली कम्पनियों के मुखिया के लिए न सिर्फ़ उनके बेटे और भतीजे चुने और तैयार किये गये बल्कि अगली पीढ़ी के पोते और पड़पोते भी उनके जीवनकाल में ही व्यापार साम्राज्य की बागडोर थामने के लिए प्रशिक्षित हो गये थे। जैसा कि हमने देखा बिरला ने व्यापार में युवा पीढ़ी का शिक्षण, प्रशिक्षण और भरती बड़ी ही सतर्क योजना बनाकर की थी। वैसा ही उम्र में आने पर नाती–पोतों के साथ किया गया। इस तरह बिरला पारिवारिक बिज़नेस एम्पायर की निरन्तर तरक़्क़ी को लेकर आश्वस्त थे। उनके देहान्त पर दैनन्दिन प्रबन्धन में कहीं कोई संकट नहीं था और परिवार के सदस्य अतीत में जिन कम्पनियों को नियन्त्रित कर रहे थे उनका प्रबन्धन देखते रहे।

जहाँ यह एक बड़ी उपलब्धि थी, वहीं बिरला समूचे परिवार के भीतर सम्पत्तियों का एक सौहार्दपूर्ण बँटवारा सुनिश्चित करने में असफल रहे। व्यक्तिगत स्वामित्व की क़ानूनी लकीरें धुँधली थीं और उत्तराधिकार के सिद्धान्त का बिरला द्वारा खींचा गया खाका आख़िरकार व्यवहार में कारगर साबित नहीं हुआ। 'नियन्त्रण की वास्तविक रेखा' का सिद्धान्त किसी भी वारिस को सन्तुष्ट नहीं कर सका। आरोप लगा कि इस (सिद्धान्त) ने सर्वाधिक लाभ बसन्त कुमार और उनके बेटे आदित्य, जिनके पास संयुक्त रूप से सबसे ज़्यादा मुनाफ़ा कमाने वाली 23 कम्पनियों में से 16 का नियन्त्रण आया, को पहुँचाया है; जिन कम्पनियों की कुल अनुमानित परिसम्पत्ति 930 करोड़ रुपये और टर्नओवर 1300 करोड़ रुपये था। असन्तोष बिरला के आख़िरी सालों में भी खदबदाता रहा था; जियाजीराव कॉटन का नियन्त्रण आदित्य के बजाय सुदर्शन कुमार को दिया जाना उनकी न्यायोचित होने की कोशिश वाली आख़िरी कुछ कार्रवाइयों में से एक थी।[19]

'नियन्त्रण की वास्तविक रेखा' का सिद्धान्त अन्ततः बहुत उलझ गया क्योंकि यह क़ानूनी नियन्त्रण को व्यक्तिगत रूप से सुनिश्चित नहीं कर सका। ऐसा परस्पर स्वामित्व और आपस में सम्बद्ध करने वाले निदेशकत्व के संजाल के कारण हुआ, जिसने बिरला की अलग–अलग फर्मों को जोड़ा हुआ था और जिसे सुलझाना असम्भव साबित हुआ। बिरला के प्रभुत्वशाली व्यक्तित्व और नैतिक बल की अनुपस्थिति में उत्तराधिकारी अपने पैतृक हिस्से पर व्यक्तिगत रूप से पूर्ण नियन्त्रण चाहते थे। शेयरों का परस्पर स्वामित्व और आपस में सम्बद्ध करने वाले निदेशकत्व का जटिल ढाँचा इसलिए बना क्योंकि पारिवारिक व्यापार औपनिवेशिक प्रबन्धन एजेंसी व्यवस्था की क़ानूनी नियमावली में आगे बढ़ा था, जो कि 1947 के बाद भी जारी था और जिस पर आधारित एमआरटीपी और फेरा जैसे प्रतिबन्धात्मक नियन्त्रण थोपे गये थे।

क़ानूनी नियन्त्रण का हल निकालने की असफलता ने परिवार में कलह पैदा की। जैसे ही बिरला गुज़रे विवाद सतह पर आ गये। यह स्पष्ट था कि बिज़नेस के मालिकाने को सुलझाने का सिर्फ़ एक ही रास्ता था कि हिस्सेदारियाँ बेची जायें या परस्पर उन्हें ख़रीदा जाये, जिसमें से दोनों में पूँजीगत लाभ कर और अन्य लीगल जटिलताओं को शामिल किया जायेगा। कृष्ण कुमार इससे पेश आने वाली समस्याओं को देख सकते थे। उन्होंने टिप्पणी की–'यह आसान नहीं है भले ही कोई इसके पक्ष में हो, और मेरे ख़याल से यह होने नहीं जा रहा।' आख़िरकार तीन साल बाद विवाद को ख़त्म करने की कोशिशें की गयीं जब 15 अगस्त 1986 को पूरा कुनबा अपने–अपने दावे जताने और कोई रास्ता ढूँढ़ने के लिए मिला। अगले चार महीने तक बहुतेरी निर्णयहीन बैठकें हुईं। 'हर कोई असन्तुष्ट, बेचैन और खिन्न था।' और उनमें बहस, तकरार और बैर थे। ज़्यादातर इकाइयों के मालिकाने के सवाल को सुलझने की बातचीत में क़रीब एक साल लग गया, पर अभी सेंचुरी स्पिनिंग (ग्रुप की एक सर्वाधिक मुनाफ़े वाली कम्पनी) और पिलानी इन्वेस्टमेंट्स (जो मुख्य प्रोमोटोर और बिरला की कई कम्पनियों के लिए निवेश का स्रोत रही थी) थीं जिनका मालिकाना 1990 तक अनसुलझा ही बना हुआ था।[20] बावजूद इसके कि बिरला ने एक बिज़नेस खड़ा किया था जो टाटा की प्रतिद्विन्द्विता में था, एक उचित बँटवारा सुनिश्चित करने में उनकी नाकामी ग्रुप को अगली पीढ़ी में ही टूटने की ओर ले गयी।

बिज़नेस की दुनिया के अपने भीतर भी विरासत मिली–जुली रही। हालाँकि इसमें कोई सन्देह नहीं है कि बिरला की उपलब्धियाँ कई क्षेत्रों में पथ प्रवर्तक थीं, मसलन जूट उद्योग में यूरोपियन एकाधिकार को ख़त्म करना, 1960 के दशक में जब व्यापार देश के भीतर दमनात्मक क़ानूनों का सामना कर रहा था तब उसका समुद्रपारीय विस्तार करके एक सच्ची भारतीय बहुराष्ट्रीय मौजूदगी को जन्म देना, कॉरपोरेट मूल्यों के सन्दर्भ में बिरला ग्रुप निरन्तर रूढ़िवादिता को थामे रहा और कॉरपोरेट संचालन के क्षेत्र में बदलाव से विमुख रहा। उदाहरण के लिए बिरला–बिज़नेस के भीतर प्रबन्धन की शैली में कौटुम्बिक बन्धुत्व और वफ़ादारी हमेशा पर्याय बने रहे। यह बात पूरी तरह अविवादित थी कि शीर्ष प्रबन्धकीय पद मारवाड़ियों के पास होंगे और वो भी सिर्फ़ उनके जो बिरला कुनबे के घनिष्ठ हों। इससे उनकी कई फर्मों के प्रबन्धन को पेशेवराना होने में देरी हुई।

इसके अलावा यह आरोप भी लगाया जा चुका है कि बिरला ग्रुप में मुनाफ़े की चिन्ता ज़रूरत से ज़्यादा थी। साथ ही बिरला कम्पनियों की एक ख्याति उपभोक्ता के प्रति अन्यमनस्क रहने की भी रही थी। इसके अलावा विस्तार को लेकर ग्रुप ज़्यादा जोख़िम वाले क्षेत्रों से बचता रहा और कम जोख़िम वाले क्षेत्रों को प्राथमिकता दी। लिहाज़ा ग्रुप को इन्फ्रास्ट्रक्चर और उपभोक्ता सामान दोनों क्षेत्रों से बाहर रखा गया और 'कमतर जोख़िम, मध्यवर्ती बिज़नेस जैसे कि टेक्सटाइल्स, जूट, सिंथेटिक्स, इंजीनियरिंग और पूँजीगत सामान' को वरीयता दी गयी।[21] विश्लेषकों के मुताबिक़ बिरला–बिज़नेस एम्पायर के इन तौर–तरीक़ों का प्रतीक उनकी एम्बेसेडर कार में देखा जा सकता है, जो कि देश में बड़े पैमाने पर उत्पादित की गयी पहली कार थी और 1950 और 1970 के मध्य जिसे 'दि इंडियन वार हॉर्स' कहलाने का रुतबा मिला। इसके पहले मॉडल, जो कि लॉर्ड न्यूफ़ील्ड द्वारा लोकप्रिय बनाये गये प्रसिद्ध मोरिस प्रोटोटाइप पर आधारित था, के उत्पादन से लेकर बिरला की एम्बेसेडर ने

अपने बुनियादी उत्पाद ब्योरों में कोई बदलाव नहीं देखा। इसका किंचित कटु वर्णन इस तौर पर किया गया कि 'एक भैंसागाड़ी की सूक्ष्मता का स्टीयरिंग तन्त्र, पेटू शेख की तरह गैस पिया, और किसी पियक्कड़ की तरह झटका खाया।'[22]

फिर भी जब कोई बिरला की उपलब्धियों के स्तर को ध्यान में रखता है तो ये आलोचनाएँ गौण दिखती हैं। उनका एक ऐसा जीवन था जिसे बीसवीं सदी की कुछ सर्वाधिक अहम घटनाओं ने आकार दिया। जैसा कि उन्होंने ख़ुद कहा, वे विक्टोरियन युग में पैदा हुए थे और परमाणु युग में भारत को प्रगति करते देखते हुए जिये। निश्चित ही उन्हें व्यापार में उत्कृष्ट नेतृत्व के लिए, राजनीतिक दूरन्देशी के लिए, उनके बहुविध जनहितार्थ कार्यों के लिए, और इन सबसे ऊपर, भारत को लेकर उनके नज़रिये के लिए, जिसकी बाबत उन्होंने बिना थके काम किया, उन्हें बीसवीं सदी के महानतम भारतीयों में से एक माना जाना चाहिए।

सन्दर्भ एवं टिप्पणियाँ

1. *भवन्स जर्नल*, वॉल्यूम–29, नम्बर 24, 16–31 जुलाई (भारतीय विद्या भवन, बॉम्बे), 1983।
2. उदाहरण के लिए बिरला के निधन पर एक सभा लन्दन में भारतीय विद्या भवन के यूके केन्द्र में हुई; बॉम्बे में हुई एक शोकसभा में प्रमुख व्यवसायियों, मोरारजी देसाई जैसे राजनेताओं और नाना पालखीवाला जैसे जाने–माने लोगों ने शिरकत की।
3. *द इकोनॉमिक टाइम्स*, बॉम्बे, 26 जून 1983।
4. *कॉमर्स*, 25 जून 1983।
5. *द इकोनॉमिक टाइम्स*, 14 जून 1983। द फाइनेंशियल एक्सप्रेस ने बिरला को एक 'बड़े नज़रिये वाला व्यक्ति कहा जिन्होंने निरन्तर और बिना थके अपनी परम्परा और संस्कृति से गहरे तौर पर जुड़े एक आधुनिक भारत के निर्माण के लिए संघर्ष किया।' *फाइनेंशियल एक्सप्रेस*, 14 जून 1983।
6. *द बिज़नेस इंडिया*, 20 जून–3 जुलाई 1983।
7. *कॉमर्स*, बॉम्बे, 25 जून 1983।
8. *द टाइम्स*, लन्दन, 13 जून 1983।
9. *द टाइम्स ऑफ़ इंडिया*, नयी दिल्ली, 12 जून 1983।
10. *द टाइम्स ऑफ़ इंडिया*, बॉम्बे, 14 जून 1983।
11. बिरला के क़रीबी व्यापारिक साथियों ने उनके साथ अपने निजी ताल्लुकात को याद किया। डी.पी. मंडेलिया ने उन्हें 'उच्चकोटि का महारथी मूर्तिकार' कहा, जिन्होंने व्यावसायिक जगत के रास्तों में 'युवाओं को गढ़ा'।
12. ईयान जैक, 'द किंग इज़ डेड', *संडे*, 26 जून–2 जुलाई 1983।
13. संस्थाएँ जिन्हें बिरला ने सहयोग दिया ज़्यादातर प्राथमिक विद्यालय थे, क्योंकि ट्रस्ट का बुनियादी सिद्धान्त था–'उच्च शिक्षा कुछ को और प्रारम्भिक शिक्षा बहुतों को।' *द बिरला एजुकेशन ट्रस्ट एंड इट्स इंस्टीट्यूशंस* (पिलानी, 1944), पृ. 5–6।
14. उदाहरण के लिए दिल्ली विश्वविद्यालय के हिन्दू कॉलेज ने दस हज़ार रुपये प्राप्त किये; पश्चिम बंगाल के मुख्यमन्त्री को एक कृषि महाविद्यालय और राज्य में हॉस्टल के लिए 14,00,000 रुपये दान दिये गये, और अन्ततः सर्वाधिक महत्त्वपूर्ण दान नेहरू के भारत के उभरते बौद्धिक शक्तिकेन्द्र–दिल्ली स्कूल ऑफ़ इकॉनॉमिक्स को था, जिसने एक नयी इमारत के लिए 6 लाख रुपये हासिल किये। बिरला के नाम वाली काँसे की बड़ी पट्टिका इमारत के द्वार पर लगायी गयी। यह विसंगति ही थी कि इमारत को अध्यापकों या छात्रों द्वारा लगभग कभी भी बिरला भवन नहीं कहा गया जबकि इसके ठीक विपरीत लेडी रतन टाटा द्वारा लाइब्रेरी को दिये गये 1 लाख रुपये के दान के कारण इसे हमेशा रतन टाटा लाइब्रेरी कहा गया। एक अर्थ में इससे दिल्ली के बौद्धिक दायरे में दोनों दानकर्ताओं को

लेकर भिन्न क़िस्म की दृष्टियों का पता चलता है। उन दिनों स्कूल के प्रोफ़ेसर रहे एम.एन. श्रीनिवास याद करते हैं, 'लगता है दिल्ली स्कूल में मेरे रहने के दौरान संज्ञा "बिरला भवन" के इस्तेमाल को लेकर एक अनकही वर्जना रही थी। मैंने एक बार भी नहीं सुना कि किसी ने इसके लिए यह नाम कहा हो।' एम.एन. श्रीनिवास, 'सोशलॉजी इन देल्ही', उद्धृत, धर्म कुमार और डी. मुकर्जी (सम्पा), *देल्ही स्कूल, रिफ्लेक्शंस ऑन द देल्ही स्कूल ऑफ़ इकॉनॉमिक्स* (दिल्ली, 1995), पृ. 39। उस दौरान स्कूल के एक अन्य प्रोफ़ेसर रहे पी.एन. धर याद करते हैं : 'वास्तव में यही धारणा बनती है कि किसी को भी, यहाँ तक कि अध्यापकों को भी, कभी पट्टिका का ख़याल नहीं आया। मुझे अक्सर स्कूल के दो मुख्य दानकर्ताओं के प्रति आम रवैये की इस भिन्नता से हैरानी हुई है।' पी.एन. धर, 'अर्ली ईयर्स', *वही*, पृ. 18–19।

15. बिरला पेपर्स, सीरीज़ बिट्स (बीआईटीएस), फ़ाइल नम्बर 12।
16. बिरला पेपर्स, सीरीज़ बिट्स (बीआईटीएस), फ़ाइल नम्बर 12। जवाहरलाल नेहरू के साथ बिट्स को लेकर पत्राचार।
17. *मॉडर्न इंडिया, हेरिटेज एंड अचीवमेंट* (श्री घनश्याम दास बिरला के अस्सीवें जन्मोत्सव की ग्रन्थ समिति, पिलानी, 1977), पृ. 305। साथ ही देखें, बी.के. बिरला, *अ रेयर लीगेसी*, पृ. 224।
18. बोरके व्हाइट, *हाफवे टु फ्रीडम* (एशिया पब्लिशिंग हाउस, बॉम्बे, 1950), पृ. 71।
19. ईयान जैक, 'द किंग इज़ डेड', *संडे*, 26 जून–2 जुलाई 1983।
20. बी.के. बिरला, *अ रेयर लीगेसी*, पृ. 72–4।
21. गीता पिरामल, *बिज़नेस महाराजाज़*, पृ. 142।
22. शशि थरूर, *इंडिया फ्रॉम मिडनाइट टु मिलेनियम* (देल्ही, पेंग्विन, 1999), पृ. 162–3।

Bibliography

Private Papers

G.D. Birla Papers, New Delhi and Calcutta, In private custody of the Birla family

Churchill College Archives Centre, Cambridge

Papers of Sir P.J. Grigg

India Office Library and Records, London

Earl of Halifax (then Lord Irwin), Mss. Eur. C. 152

Linlithgow Papers, Mss. Eur. 125

Zerland Papers, Mss. Eur. D. 609

Nehru Memorial Museum and Library, New Delhi

All India Congress Committee Papers

Brijlal Biyani Papers

B.S. Moonje Papers

Hiralal Shastri Papers

H.P. Mody Papers

Jamnalal Bajaj Papers

Jawaharlal Nehru Papers

Kasturbhai Lalbhai Papers

K.M. Munshi Papers

M.S. Aney Papers

Purshotamdas Thakurdas Papers

Walchand Hirachand Papers

National Archives of India, New Delhi

Rajendra Prasad Papers

Centre of South Asian Studies, Cambridge

Benthall Papers

Central Library, National University of Singapore

U.S. State Department Confidential Papers of India (microfilm)

FICCI Records Room and Library, New Delhi

Proceedings of the Executive Committee, 1927–65 (annual).

Correspondence and Relevant Documents for the year, 1927–66 (annual).
Proceedings of the Annual Meetings, 1927–66 (annual).
Representation Submitted to the Viceroy by the Committee of the Federation on the Present Political Situation in India in 1930 (Delhi, 1930).
A Statement on behalf of the Federation of Indian Chambers of Commerce and industry in reply to the circular letter dated the 27th July 1929 issued by the Associated Chambers of Commerce of India and Ceylon to influence opinion in England against India's right to adapt her economic policy to her own needs, 1929.
Proceedings of the Third Annual Meeting held on 14, 15 and 16 February, 1930 relating to the resolutions on : Exchange Ratio and Gold Standard and Sale of Silver (FICCI, 1930).
Report of the Representatives of the Federation on the Round Table Conference 1932 (Bombay, 1932).
Note on the Ottawa Scheme of Preferences (Delhi, 1936).
Federation of Indian Chambers of Commerce and Industry Silver Souvenir 1927–1951 (New Delhi, 1952).
Men of FICCI (New Delhi, 1966).
Five Decades of Progress (New Delhi, 1976).

Official Publications

Report of the Indian Industrial Commission, 1916-18, Cmd 51.
Report of the Indian Fiscal Commission 1921-2 and Minute of Dissent, Cmd 1764.
Minutes of the Evidence Recorded by the Indian Fiscal Commission, Vol. II (Calcutta, 1923).
International Labour Conference, Geneva 1927, Record of Proceedings.
Report of Sedition Committee 1918 (Calcutta, 1918).
Central Legislative Assembly Debates (LAD) Annual Volumes 1926–31.
Bengal Legislative Council Debates, 1920–2.

Unofficial Publications

Constitutional Proposals of the Sapru Committee (Bombay, 1946).
Economist Intelligence Unit *India to 1900 How Far Will Reform Go?* EIU Economic Prospects Series Special Report No. 1054 (London, 1988).
History of the Reserve Bank of India 1935–57 (Bombay, 1970).
Indian Chamber of Commerce, Calcutta, *Diamond Jubilee 1925–1985*, Commemorative Volume.
Indian Chamber of Commerce, Calcutta, *Silver Jubilee Souvenir*, 1925–1950.
Indian Merchants' Chamber 50 Years 1907–50 (Bombay, 1958).
Indian Year Book and Who's Who 1941–2 (Bombay, 1942).
Report of the Indian Chamber of Commerce, Calcutta, annual 1927–30.

Report of the Marwari Association, Calcutta, 1920–5.
Tata Sons Ltd., *Statistical Outline of India 1989–90* (Bombay, 1990).
The Indian Annual Register, N. Mitra (ed.), Calcutta, annual, 1927–35.
The Investors' Indian Yearbook, Calcutta, 1927–47.

Newspapers and Periodicals

Birla Park Annual, Calcutta, yearly, 1928.
Capital, Calcutta, weekly, 1927–47.
Commerce, Bombay, weekly, 1920–30.
Eastern Economist, New Delhi, weekly, 1943–69.
*Empire (*later *New Empire)* evening daily, Calcutta, 1920.
Friend, London, weekly, 1938.
Hindustan Times, New Delhi, daily, 1927–50.
Maheshwari Bandhu, Calcutta, weekly, 1926–31.
Maheshwari, Calcutta, weekly, 1925.
Shri Marwari Agarwal, monthly, 1923–32.
Tyagbhumi, monthly, 1928.

Writings of G.D. Birla

'Ham Paradhin Kyon Hai?', *Tyagbhumi,* 1928.
'Quo Vadis', *Birla Park Annual*, L.N. Birla (ed.) (Calcutta, 1928).
The Present Depression and Monetary Reform (Calcutta, 1931).
Indian Prosperity (New Delhi, 1934).
Bapu (New Delhi, 1940).
Bikhre Vichar (Delhi, 1941). Also in Birla, G.D., *Bikhre Vicharon ki Bharoti* (New Delhi, Sasta Sahitya Mandal Prakashan, 1978).
India's Sterling Balances (New Delhi, 1943).
India's War Finance (New Delhi, 1943).
Rupiye Ki Kahani (New Delhi, 1943). Also in *Bikhre Vicharon ki Bharoti* (New Delhi, Sasta Sahitya Mandal Prakashan, 1978).
Inflation or Scarcity? (n.p., 1943).
Birla, Thakurdas, Tata, *et al.*, *A Plan for Economic Development of India* (Bombay, 1944).
Indian Currency in Retrospect (Kitabistan, Allahabad, 1944).
'War Finance under National Government', *Eastern Economist*, 14 April 1944.
Kardar Se Sahujar (New Delhi, 1945).
Basic facts Relating to India and Pakistan, *Eastern Economist Pamphlets 5* (New Delhi, Eastern Economist, 1947).
Lecture at Joint Meeting with the Overseas League, 3 August 1949, *The Asiatic Review*, Vol. XLV, No. 164. (London, October 1949).
Roop Aur Swaroop (New Delhi, Sasta Sahitya Mandal Prakashan, 1950).

Path to Prosperity, A Collection of Speeches and Writings of G.D. Birla (Allahabad, 1950).
In the Shadow of the Mahatma : A Personal Memoir (Bombay, Orient Longman, 1953).
Kuchh Dekha Kuchh Suna (New Delhi, 1962).
Dhruvopakhyaan (New Delhi, 1960).
A Question of Madness, Inaugural address at the 48th Annual Meeting of the Indian Chamber of Commerce, 18 April 1974 (Calcutta, Indian Chamber of Commerce, 1974).
Bapu : A Unique Association, Vols. I-IV, (Bombay, 1977).
Bikhre Vicharon Ki Bharoti (New Delhi, Sasta Sahitya Mandal Prakashan).
Krishnam Vande Jagatguru (Bombay, 1979).
Jamunotri (n.d., n.p.).
Towards Swadeshi (Bombay, Bharatiya Vidya Bhavan, 1980).
'Bhagwan Ki Dharohar', *Jivan Sahitya*, Vol. 44, No. 7, July 1983.
'Gandhiji Ka Pratham Darshan', *Jeevan Sahitya*.
Shri Jamanalalji (n.d., n. p.). Also in Birla, G.D., *Bikhre Vicharon ki Bharoti* (New Delhi, Sasta Sahitya Mandal Prakashan, 1978).
Ve Din (n.d., n.p.). Also in Birla G.D., *Bikhre Vicharon Ki Bharoti* (New Delhi, Sasta Sahitya Mandal Prakashan, 1978).
A Bridge of Words: Selected Correspondence of G.D. Birla (Calcutta, G.D. Birla Memorial Foundation, 1994).

Published Collections of Source Material

Chopra, P.N. (ed.), *Towards Freedom : January-December 1937* (New Delhi, 1985).
Choudhary Valmiki (ed.), *Dr Rajendra Prasad : Correspondence and Select Documents*, Vol. III, January-July 1939 (New Delhi, Allied Publishers 1984).
Das Durga (ed.), *Sardar Patel's Correspondence, 1945-50*, Vols 1-X (Ahmedabad, Navjivan Publishing House, 1971-4).
Nehru Family and Ghanshyamdas Birla (New Delhi, Vision Books, 1986).
Speeches and Writings of Pandit Madan Mohan Malaviya (n.d. n.p.).
The Collected Works of Mahatma Gandhi (Ahmedabad, Navajivan Press, 1958–84).
Mansergh, Nicolas (ed.), *The Transfer of Power: Constitutional Relations Between Britain and India 1942–47*, Vols. 1-4 (London, Her Majesty's Stationery Offices, 1970–83).
Gopal, S. (ed.), *Selected Works of Jawaharlal Nehru*, Vols. 1-5 (New Delhi, Orient Longman 1972–82).

Unpublished Dissertations

Chenoy, Kamal A. Mitra, 'Industrial Policy and Big Business in India: A Case Study of FICCI, 1947–1966', unpublished PhD thesis, Jawaharlal Nehru University, 1983.

Kaviraj, Sudipto, 'The Ideological Origins of the Split in the Indian Communist Movement', unpublished PhD thesis, Jawaharlal Nehru University, 1979.

Secondary Sources

Anon., *A Pillar of Asia* (n.d., n.p.).

——, *Basantlal Morarka Smriti Granth* (Calcutta, n.d.).

Anon., *Bhagirath Kanoria Smriti Granth* (Calcutta, n.d.).

——, *Birla Bandhuon Ki Desh Seva* (n.n., n.d., n.p.).

——, *Padma Vibushan Dr. Ghanshyamdasji Birla Ek Jivan Jhanki* (Pilani, 1983).

——, *Rashtrasevak Shri Hanumanbaksh Kanoi Abhinandan Granth* (Dibrugarh, Kanoi Abhinandan Samiti 1969).

——, *Sitaram Seksaria Smriti Ka* (Calcutta, 1950).

Adarkar, B.N., 'The Ottawa Pact' in Radhakamal Mukherjee (ed.), *Economic Problems of Modern India*, Vol. 11 (London, 1939).

Ahmed, N., *An Economic Geography of East Pakistan* (London, Oxford University Press, 1956).

Ali, Chowdhury Mohammed, *The Emergence of Pakistan* (London, Columbia University Press, 1967).

Alter, Joseph S., *The Wrestler's Body : Identity and Ideology in North India* (California, University of California Press, 1992).

Amar Chitra Katha, *G.D. Birla*, Illustrated Series.

Aziz, K.K., *The Making of Pakistan: A Study in Nationalism* (London, Chatto & Windus, 1967).

Bagchi, A.K., *Private Investment in India 1900–39* (Cambridge, Cambridge University Press 1972).

——, 'Reflections on Patterns of Regional Growth in India during the Period of British Rule', *Bengal Past and Present,* XCV, (I), 180, 1976.

Bajaj, *Hindustan Sugar Mills Golden Jubilee 1932–82,* Pamphlet (Bombay, Hindustan Sugar Mills, 1982).

Bajaj, Kamalnayan, *Kakaji, Bapu, Vinoba* (Delhi, n.d.).

Bajaj, Ramkrishna (ed.), *Rachnatmak Rajneeti* (New Delhi, 1965).

——, *Patravyayahor*, Vol. VII, Correspondence With Social Reformers and Businessmen.

Bakshi, S.R., *Swaraj Party and the Indian National Congress* (New Delhi, 1985).

Barua, Rishi Gemini Kaushik, *Mai Apni Marwari jati (Samaj) Ko Pyar Karta Hun*, Vols I–VIII (Calcutta, 1970).

——, *Raja Baldeodas Birla* (Calcutta, Gemini Prakashan, n.d.).

——, *Shri Surajmal Jalan Madhumangal Shri* (Calcutta, n.d.).

Basu, S.K., *Industrial Finance in India* (Calcutta, 1939).

Bayly, C.A., *Indian Society and the Making of the British Empire* (Cambridge, Cambridge University Press, 1988).

——, *Local Roots of Indian Politics Allahabad 1880–1920* (Oxford, Oxford University Press, 1975).
——, 'Indian Merchants in a "Traditional" Setting. Benaras, 1780–1830' in C.J. Dewey, and A.G. (eds), *The Imperial Impact : Studies in the Economic History of Africa and India* (London, Athlone Press for the Institute of Commonwealth Studies, 1979).
——, 'Patrons and Politics in Northern India' in *Modern Asian Studies*, Vol. VII, No. 3 (1973).
——, 'The Age of Hiatus : The North Indian Economy and Society, 1830–50' in Asiya Siddiqi (ed.), *Trade and Finance in Colonial India 1750–1860* (Delhi, Oxford University Press 1995).
Behn, Mira, *The Spirit's Pilgrimage* (London, Coward-McCann, 1960).
Beloff, Max, 'The Political Blind Spot of Economists', *Government and Opposition*, Vol. 10, No. 1 (1975).
Berry, Mary Elisabeth, 'Introduction' to 'Giving in Asia : A Symposium', *Journal of Asian Studies*, Vol. 46, No. 2 (1987).
Bhandari S.R., *Agarwal Jati Ka Itihas* (Bhanpura, 1937).
——, *Maheshwari Jati Ka Itihas* (Bhanpura, Maheshwari History Office 1940).
——, *Oswal Jati Ka Itihas* (Bhanpura, 1934).
Bharat Ram, *Reminiscences and Reflections* (New Delhi, Vikas Publishing, 1990).
Bharatiya Vidya Bhavan, *Special Issue on G.D. Birla*, Vol. 29, No. 24 (16–31 July 1983).
Bhattacharya, S., 'Cotton Mills and Spinning Wheels : Swadeshi and the Indian Capitalist Class, 1920–22', *Economic and Political Weekly*, Vol. XI, No. 47 (1976).
Bhatia, S., *Social Change and Politics in Punjab 1898–1970* (New Delhi, 1987).
Birla, B.K., *A Rare Legacy. Memoirs of B.K. Birla* (Bombay, 1994).
Birla, Krishna Kumar, *Indira Gandhi Reminiscences* (New Delhi, n.d.).
Birla, L.N. and P.P. Pillai, *India and the ILO* (n.p., 1946).
Birla, Radhakrishan, *Bhuli Baaten Yaad Karon* (Harshwardhan Birla, Amritsar, n.d.).
Birla Education Trust, *The Birla Education Trust and Its Institutions* (Pilani, Birla Education Trust, 1944).
——, *The Birla Education Trust Golden Jubilee Volume* (Pilani, Birla Education Trust, 1951).
Birla Education Trust, *The Changing Face of Pilani. Diamond Jubilee of the Birla Education Trust, 1907–1967* (Pilani, Birla Education Trust, 1961).
Birla Institute of Scientific Research, *Banks Since Nationalisation* (New Delhi, Allied Publishers, 1981).
Birla, Sarala, *Amhad Ki Jhankaren* (Calcutta, S.S. Printers, n.d.).
Bolitho, Hector, *Jinnah : Creator of Pakistan* (London, J. Murray, 1954).
Bourke-White, Margaret, *Halfway to Freedom* (New York, Simon and Schustir, 1949).
Brecher, Michael, *Nehru : A Political Biography* (Delhi, Oxford University Press 1966).

—, *Succession in India. A Study in Decision-Making* (West Port, Connecticut, Greenwood, 1976).

Bridge, Carl, *Holding India to the Empire* (London, Envoy Press, 1986).

Broomfield, J.H., *Elite Conflict in a Plural Society; Twentieth Century Bengal* (Berkeley, University of California Press, 1968).

Brown, Judith M., *Gandhi and Civil Disobedience. The Mahatma in Indian Politics 1929–34* (Cambridge, Cambridge University Press, 1977).

—, *Gandhi : Prisoner of Hope* (London, Yale University Press, 1989).

—, *Gandhi's Rise to Power. Indian Politics 1915–1922* (Cambridge, Cambridge University Press, 1972).

—, *Modern India : The Origins of an Asian Democracy* (Oxford, Oxford University Press, 1985).

Buchanan, D.H., *The Development of Capitalist Enterprise in India* (New York, Macmillan, 1934).

Burman, Debajyoti, *The Mystery of Birla House* (Calcutta, Jugabari Sahitya Chakra, 1950).

—, *T.T.K. and Birla House* (Calcutta, 1957).

Byres, Terence J. (ed.), *The Indian Economy. Major Debates since Independence* (Delhi, Oxford University Press, 1998).

Chablani, H.I., *Studies in Indian Currency and Exchange* (Bombay, 1931).

Chakrabarti, Atulnanda, *The Mahatma and His Men : G.D. Birla* (Calcutta, 1970).

Chand, Feroz, *Lajpat Rai : Life and Work* (New Delhi, 1978).

Chandavarkar, Anand, *Keynes and India : A Study in Economics and Biography* (London, Macmillan, 1989).

Chandavarkar, R., 'Workers Politics and the Mill Districts of Bombay between the Wars', *Modern Asian Studies*, Vol. 15, No. 3 (1981).

—, *The Origins of Industrial Capitalism in India : Business Strategies and the Working Classes in Bombay, 1900–1940* (Cambridge, Cambridge University Press, 1994).

Imperial Power and Popular Politics : Class, Resistance and the State in India 1850–1950 (New York, 1998).

Chandra, Bipan, 'Jawaharlal Nehru and the Capitalist Class in 1936' in *Economic and Political Weekly*, Vol. X, Nos. 33–35 (1975).

—, (ed.), *The Indian Left Critical Appraisals* (New Delhi, Vikas Publishing, 1983).

—, et al., *India's Struggle for Independence* (New Delhi, Viking, 1988).

—, 'The Indian Capitalist Class and Imperialism before 1947' in Bipan Chandra (ed.), *Colonialism and Nationalism in India* (New Delhi, 1979).

—, *Communalism in Modern India* (New Delhi, Vani Educational Books, 1983).

Chatterjee, B., 'Business and Politics in the 1930s, Lancashire and the Making of the Indo-British Trade Agreement, 1939', *Modern Asian Studies*, Vol. 15, No. 3 (1981).

—, *Trade, Tariffs and Empire : Lancashire and British Policy in India 1919-1939* (Delhi, Oxford University Press, 1922).

Chatterji, Joya, *Bengal Divided: Hindu Communalism and Partition, 1932–1947* (Cambridge, Cambridge University Press, 1994).

Chattopadhyaya, R., Attitude of Big Business Towards Economic Planning, 1930–1956, paper presented at the seminar on 'Business and Politics in India: A Historical Perspective' at the Indian Institute of Management, Ahmedabad, March 1989 (mimeograph).

Chattopadhyaya, R., 'Liaquat Ali's Budget of 1947-8, The Tryst with Destiny', *Social Scientist* (1812), Vol. 16, No. 6–7 (1988).

Chaudhury, K.N., 'Economic Problems of Indian Independence' in C.H. Philips and M.D. Wainright (eds), *The Partition of India Policies and Perspectives 1935–1947* (London, Allen and Unwin, 1970).

Cheong, W.E., *Mandarins and Merchants, Jardine Matheson & Co., China Agency of the Early 19th Century* (London, 1979).

Chinoy, Sultan, *Pioneering in Indian Business* (Bombay, Asia Publishing House, 1962).

Chowdhury, S. (ed.), *Calcutta. The Living City*, Vol. II (Calcutta, Oxford University Press, 1990).

Chowdhury, Ram Narayan, *Bapu As I Saw Him* (Ahmedabad, Navjivan Press, 1958).

Cooper, Ilay, *Rajasthan : The Guide to Painted Towns of Shekhawati and Churu* (Churu, 1988).

Coupland, R., *The Future of India: Report on the Constitutional Problem in India*, Part III (Oxford, Oxford University Press, 1943).

Daga, Rampratap, 'Vartman Andolan Par Spasht Vichar', in *Maheshwari Bandhu*, 21 February 1926.

Dagli, Vadilal, 'A Maker of Modern Industrial India', *Commerce*, 25 June 1983.

Dalmia, Ramkrishna, *A Short Sketch of the Beginning of my Life and a Guide to Bliss* (New Delhi, 1962).

—, *Some Notes and Reminiscences* (Bombay, 1948).

Dalmia, Vasudha and Heinrich von Stietencron (eds), *Representing Hinduism, The Construction of Religious Traditions and National Identity* (New Delhi, Sage Publications, 1995).

Dantawala, M.L., *A Hundred Years of Indian Cotton* (Bombay, 1948).

Dar, S.L. and S. Somaskandan, *History of the Benaras Hindu University* (Banaras, 1966).

Daruwala, Rusi J., *The Bombay Chamber Story* (Bombay, 1986).

Das, Durga, *India from Curzon to Nehru and After* (London, Rupa & Co., 1969).

Das, Gurcharan, *India Unbound* (New York, A.A. Knopf, 2001).

Das, N., *Industrial Enterprise in India* (London, 1938).

Das, Suranjan, *Communal Riots in Bengal 1905–1947* (Delhi, Oxford University Press, 1991).

Datta, Kali Kinkar, *Rajendra Prasad* (New Delhi, 1970).

Denoon, Davi B.H., *Devaluation Under Pressure : India, Indonesia and Ghana* (Cambridge, MA, MIT Press, 1986).

Desai, A.V., 'Origins of Parsi Enterprise', *IESHR*, Vol. V, No. 4 (1968).

Desai, Morarji, *The Story of My Life*; Vol. 1& 2 (New Delhi, Macmillan, New York, 1979).

Dewey, C.J., 'The Government of India's "New Industrial Policy", 1900-25: Formation and Failure' in K. N. Chaudhuri and C.J. Dewey, (eds), *Economy and Society; Essay in Indian Economic and Social History* (New Delhi, 1979).

—, 'The End of Imperialism of Free Trade. The Eclipse of the Lancashire Lobby and the Concession of Fiscal Autonomy to India in C.J. Dewey and A.G. Hopkins, (eds), *The Imperial Impact. Studies in the Economic History of Africa and India* (London, 1979).

Dhanki, P.N., *Indira Gandhi, the 'Emergency' and Indian Democracy* (New Delhi, Oxford University Press, 1999).

Dhyani, S.N. *International Labour Organisation and India : In pursuit of Social Justice* (New Delhi, 1977).

Dikshit, Sheila, K. Natwar Singh, et al. (eds), *Jawaharlal Nehru Centenary Volume* (Delhi, Oxford University Press).

Dixit, Prabha, *Communalism : A Struggle for Power* (New Delhi, 1974).

Dobbin, Christine, *Urban Leadership in Western India. Politics and Communities in Bombay City, 1840–1885* (Oxford, Oxford University Press, 1972).

—, *Asian Entrepreneurial Minorities: Cojoint Communities in the Making of the World Economy, 1570–1940* (Surrey, Curzon Press, 1996).

Drummond, I.M., *British Economic Policy and the Empire 1919-1939* (London, Allen & Unwin, 1972).

Dutt, R.P., *India Today* (Bombay, 1949).

Dutta, Sudipto, *Family Business in India* (New Delhi, Sage Publications, 1997).

Eck, Diana L., *Banaras : The City of Light* (Princeton, A.A. Knopt, 1984).

Erdman, Howard, L, *Political Attitudes of India Industry. A Case Study of the Baroda Business Elite*, Institute of Commonwealth Studies Papers, No. 14, (London, 1971).

—, *The Swatantra Party and Indian Conservatism* (Cambridge, Cambridge University Press, 1967).

Evenson, Norma, *The Indian Metropolis; A View Towards the West* (Yale, Yale University Press, 1989).

Fox, Richard, 'Pariah Capitalism and Traditional Merchants' in Milton Singer (ed.), *Entrepreneurship and Modernization of Occupational Cultures in South Asia* (Duke, 1973).

Frank, Katherine, *Indira : The Life of Indira Nehru Gandhi* (London : Harper Collins, 2001).

Frankel, R. Francine, *India's Political Economy, 1947–1977 : The Gradual Revolution* (Princeton, Princeton University Press, 1978).
Fischer, Louis, *The Life of Mahatma Gandhi* (London, J. Cape, 1951).
Fukazawa, H., 'The Cotton Mill Industry', V.B. Singh (ed.), *Economic History of India 1857-1956* (Bombay, 1965).
Gadgil, D.R., *Origins of the Indian Business Class* (Poona, 1951).
——, *The Industrial Evolution of India in Recent Times* (Delhi, Oxford University Press, 1971).
Gallagher, J., G. Johnson and A. Seal, *Locality, Province and Notion. Essays on Indian Politics, 1870–1940* (Cambridge, Cambridge University Press, 1970).
Gandhi, M.K., *Delhi Diary* (Ahmedabad, Navajivan, 1948).
Gandhi, Rajmohan, *Rajaji : A Life* (Delhi, Penguin, 1997).
——, *Patel : A Life* (Ahmedabad, Navajivan, 1990).
——, *The Good Boatman : A Portrait of Gandhi* (New Delhi, Viking, 1995).
Giri, V.V., *My life and Times*, Vol. 1 (Madras, 1976).
Goenka, B.D., *Mere Sansmaran* (Calcutta, n.d.).
Gopal, S., *Jawaharlal Nehru : A Biography*, Vol. I, 1889–1947 (London, 1975), Vol. II, 1947–1956 (London, 1979), Vol. III, 1956–1964 (London, Harvard University Press, 1983).
Gopal, S, *Radhakrishnan : A Biography* (Delhi, Oxford University Press, 1989).
Gordon, A.D.D., *Businessmen and Politics. Rising Nationalism and a Modernising Economy in Bombay 1933–1978* (New Delhi, Manohar, 1978).
Gordon, Leonard A., *Bengal : The Nationalist Movement 1876–1940* (New York, Columbia University Press, 1974).
Gordon, Richard, 'The Hindu Mahasabha and the Indian National Congress, 1915 to 1926' in *Modern Asian Studies*, Vol. 9, No. 2 (1975).
Goswami, Onkar, 'Collaboration and Conflict. European and Indian Capitalists and the Jute Economy of Bengal 1919–39', *Indian Economic and Social History Review*, Vol. XIX, No. 2, 1982.
——, 'Then Came the Marwaris : Some Aspects of the Changes in the Pattern of Industrial Control in Eastern India', *Indian Economic and Social History Review*, Vol. 22, No. 3 (1985).
Graham, Bruce, *Hindu Nationalism and Indian Politics : The Origins and Development of the Bharatiya Jana Sangh* (Cambridge, Cambridge University Press, 1990).
Greenough, Paul, *Prosperity and Misery in Modern Bengal : The Famine of 1943-44* (New York, Oxford University Press, 1982).
Guha, Ramchandra, *Savaging the Civilized. Elwin Verrier, His Tribals and India* (Delhi, Oxford University Press, 1999).
Gupta, Fatehchand, *Marwari Gaurav* (Delhi, 1960).
Gupta, G.P., *The Reserve Bank of India and Monetary Management* (Bombay, Asia Publishing House, 1962).

Gupta, Moti Lal, *Braj : The Centrum of Indian Culture* (Delhi, Agam Kala Prakashan, 1982).

Gupta, Rajkumar, *Twenty-Five Years with Shri G.D. Birla* (n.d., n.p.).

Gupta, S.L., *Pandit Madan Mohan Malaviya : A Socio-Political Study* (Allahabad, 1978).

Hanson, A.H., *The Process of Planning : A Study of India's Five Year Plans 1950–64* (London, Issued under the auspices of the Royal Institute of International Affairs by Oxford University Press, 1966).

Hardgrave Jr., Robert L., 'The Congress in India—Crisis and Split' in *Asian Survey*, March 1970, Vol. X, No. 3, pp. 256–62.

Hardiman, David, *Feeding the Bania : Peasants and Usurers in Western India* (New Delhi, Oxford University Press, 1996).

Harris, F.R., *Jamsetji Nuserwanji Tata. A Chronicle of his Life* (Bombay, Blackie, 1958).

Hasan, Mushirul (ed.), *Communal and Pan Islamic Trends in Colonial India* (New Delhi, Manohar, 1985).

Haynes, Douglas E., *Rhetoric and Ritual in Colonial India : The Shaping of a Public Culture in Surat city 1850–1928* (Berkeley, University of California Press, 1991).

——, 'From Tribute to Philanthropy. The Politics of Gift Giving in a Western Indian city' in *Journal of Asian Studies*, Vol. 46, No. 2, May 1987, pp. 339-60.

Hindustan Times Press, *Hindustan Times Contempt Case* (New Delhi, Hindustan Times Press, n.d.).

Husain, Aziz, *Fazl-i-Husain: A Political Biography* (Bombay, Longmans, Green, 1946).

Hazari, R.K., *The Corporate Private Sector : Concentration, Ownership and Control* (Bombay, Asia Publishing House).

——, *The Structure of the Corporate Private Sector : A Study of Concentration, Ownership and Control* (Bombay, 1966).

——, 'The Great Escape. Concentration good, monopoly justifiable', *The Economic Weekly*, 18 December 1965, pp. 1843–48.

Hennessy, Josselyn, *India Democracy and Education : A Study of the work of the Birla Education Trust* (Calcutta, Orient Longman, 1955).

Ikramullah, Begum Shaista Suhrawardy, *Huseyn Shaheed Suhrawardy : A Biography* (Karachi, 1992).

Ispahani, M.A.H., *Quaid-e-Azam Jinnah As I Knew Him* (Karachi, 1966).

Ispahani, M.A.H., 'Factors Leading to the Partition of British India', C.H. Philips and M.D. Wainright (eds), *The Partition of India Policies and Perspectives 1935–1947* (London, Allen & Unwin, 1970).

Jack, lan, 'The King is Dead', *Sunday*, Calcutta, 26 June-2 July 1983.

Jackson, Stanley, *The Sassoons. Portrait of a Dynasty* (London, 1989).

Jaffrelot, Christopher, *The Hindu Nationalist Movement in India* (Delhi, Viking, 1993).

Jain, L.C., *Indian Economy During the War* (Lahore, 1944).
——, *Indigenous Banking in India* (London, Macmillan, 1929).
Jain, Yashpal, *Jivan Sahitya G.D. Birla Smriti Ank* (Delhi, Sasta Sahitya Mandal Prakashan, 1983).
Jaju, Ram Niwas, *G.D. Birla : A Biography* (New Delhi, Vikas, 1986).
Jalal, Ayesha, *The Sole Spokesman : Jinnah, the Muslim League and the Demand for Pakistan* (Cambridge, Cambridge University Press, 1985).
——, *The State of Martial Law, the Origins of Pakistan's Political Economy of Defence* (Cambridge, Cambridge University Press, 1990).
Jalan, Nandkishore, *Shri Ishwardas Jalan Abhinandan Granth* (Calcutta, 1977).
Jha, L.K., *India's Economic Development* (New Delhi, Har-Anand Publications in association with Vikas Publishing House,1991).
Jha, Manoranjan, *Role of Central Legislature in the Freedom Struggle* (New Delhi, 1972).
Jha, Prem Shankar (ed.), *History in the Making. 75 Years of the Hindustan Times* (New Delhi, The Hindustan Times, 2000).
Jones, Kenneth, *Arya Dharma Hindu Consciousness in 19th Century Punjab* (California, University of California Press, 1976).
Jordens, J.T.F., *Swami Shraddhanand: His Life and Causes* (Delhi, Oxford University Press, 1981).
Joshi, Arun, *Shri Ram. A Study in Entrepreneurship and Business Management* (Delhi, 1975).
Juneja, M.M., *G.D. Birla. Life and Legacy* (Delhi, Modern Publishers, 1999).
——, *The Mahatma and the Millionaire* (Hissar, Modern Publishers, 1993).
Kalelkar, Kaka (ed.), *To A Gandhian Capitalist* (Bangalore, U.S. Mohan Rao, 1951).
Kannamgara, A.P., 'Indian Millowners and Indian Nationalism Before 1914', *Past and Present*, 40, 1968.
Karkaria, Bachi J., *Dare to Dream : A Life of M.S. Oberoi* (New Delhi, Penguin, 1993).
Karnik, V.B., *The Indian Trade Unions. A Survey* (Bombay, Manaktalas, 1966).
Kaura, Uma, *Muslims and Indian Nationalism: The Emergence of the Demand for India's Partition 1928–40* (New Delhi, 1977).
Kedia, Bhimsen, *Bharat Mein Marwari Samaj* (Calcutta, 1947).
Kerr, J.C., *Political Trouble in India 1907-77* (Calcutta, 1917).
Khanolkar, G.D., *Walchand Hirachand : Man, His Times and Achievements* (Bombay, 1969).
Khilnani, Sunil, *The Idea of India* (London, Hamish Hamilton, 1997).
Kidron, Michael, *Foreign Investments in India* (London, Oxford University Press, 1965).
Kling, B., 'Origins of the Managing Agency System in India', *Journal of Asian Studies*, Vol. XXVI, No. 1, 1966.

Kochanek, Stanley R., *Business and Politics in India* (Berkeley, University of California Press, 1974).

——, *The Congress Party of India: the Dynamics of One-Party Democracy* (Princeton, Princeton University Press, 1968).

Krishna, G., 'The Development of the Indian National Congress as a Mass Organisation', *Journal of Asian Studies*, Vol. XXV, No. 3, 1966.

Kudaisya, G., 'Foreshadowing "Quit India" : The Congress in Uttar Pradesh 1939-1941' in Neera Chandoke (ed.), *Mapping Histories. Essays presented to Ravinder Kumar* (Delhi, Tulika, 2000).

Kulkarni, V.A., *Family of Patriots : The Bajaj family* (Bombay, 1951).

Kulke, E., *The Parsees in India, A Minority as Agent of Social Change* (Bombay, Vikas Publishing House, 1974).

Kumar, R. (ed.), *Essays on Gandhian Politics. The Rowlatt Satyagraha of 1919* (Oxford, Oxford University Press, 1971).

Lamb, Helen B., 'The Indian Merchant' in M. Singer (ed.), *Traditional India, Structure and Change* (Philadelphia, American Folklore Society, 1959).

La Motte, Ellen N., *The Opium Monopoly* (New York, Macmillan, 1920).

Lala, R.M., *Beyond the Lost Blue Mountain : A Life of J.R.D. Tata* (New Delhi, Viking, 1992).

——, *The Joy of Achievement. Conversations with J.R.D. Tata* (New Delhi, Penguin, 1995).

Levkovsky, A.I., *Capitalism in India. Basic Trends in its Development* (Bombay, 1966).

Lewis, John P., *Quiet Crisis in India* (1962).

Lipton, Michael and John Firn, *The Erosion of a Relationship: India and Britain since 1960* (London, Oxford University Press for the Royal Institute of International Affairs, 1975).

Lokanathan, P.S., *Industrial organisation in India* (London, Allen & Unwin, 1935).

Low, D.A., *Rearguard Action : Britain and India : Selected Essays* (New Delhi, Sterling Publishers, 1996).

——, *Britain and Indian Nationalism, The Imprint of Ambiguity 1929–1942* (Cambridge, Cambridge University Press, 1997).

——, 'Peasants and Political Power : Asia, Africa and the Pacific', The Australian National University, 1980, University Lectures (mimeographed).

——, 'The Forgotten Bania Merchant Communities and the Indian National Congress' in D.A. Low (ed.), *Indian National Congress Centenary Hindsights* (Oxford, Oxford University Press, 1988).

——, 'Introduction' to D.A. Low (ed.), *The Political Inheritance of Pakistan* (London, Macmillan, 1990).

——, (ed.), *Congress and the Raj: Facets of the Indian Struggle* (London, Heinemann, 1977).

——, 'Peace With Conflict: The Gandhi-Emerson Talks, March-August 1931' in D.A. Low, *The Imprint of Ambiguity : India and Britain in the 1930s* (forthcoming).
Lubbock, Basil, *The Opium Clippers* (Glasgow, Brown, Son & Ferguson, 1933).
Ludden, David (ed.), *Making India Hindu: Religion, Community and the Politics of Democracy in India* (Delhi, Oxford University Press, 1996).
McPherson, Kenneth, *The Muslim Microcosm, Calcutta 1918 to 1935* (Wiesbaden, Steiner, 1974).
Mahindra, K.C., *Sir Rajendranath Mukherjee* (Calcutta, 1933).
Malhotra, Inder, *Indira Gandhi : A Personal and Political Biography* (London, Hodder & Stoughton, 1989).
Mandelia, D.P., *G.D. Birla : A Superb Master Sculptor* (n.d.; n.p.).
——, *Financial Aspects of Pakistan* (Bombay 1945).
Manekar, D.R., *Lal Bahadur : A Political Biography* (Bombay, Popular Prakashan, 1964).
Malgaonkar, Manohar, *The Men who killed Gandhi* (Delhi, Macmillan, 1978).
Markovits, Claude, *Indian business and nationalist politics, 1931–1939 : the indigenous capitalist class and the rise of the Congress Party* (Cambridge, Cambridge University Press, 1985).
——, *The global world of Indian merchants, 1750–1947: traders of Sind from Bukhara to Panama* (Cambridge, Cambridge University Press, 2000).
Merchant Minhaz, *Aditya Vikram Birla : A Biography* (New Delhi, Penguin, 1977).
Misra, Anna Maria, *Business, Race and Politics in British India, 1850–1960* (Oxford, Clarendon Press, 1999).
Moggridge, D.E., *British Monetary Policy, 1924–31* (Cambridge, 1972).
Molesworth, G.N., *Curfew on Olympus* (London, Asia Publishing House, 1965).
Moon, P. (ed.), *Wavell, The Viceroy's Journal* (London, Oxford University Press, 1973).
Moore, R.J., *Churchill, Cripps and India, 1939–1945* (New York, Clarendon Press, 1979).
——, *The Crisis of Indian Unity, 1917–1940* (Oxford, Clarendon Press, 1974).
Moraes, Frank, *Sir Purshotamdas Thakurdas* (Bombay, 1957).
Morris, D., *The Emergence of an Industrial Labour Force in India : Study of the Bombay Cotton Mills, 1854–1954* (Berkeley, University of California Press, 1965).
——, 'The Growth of Large-Scale Industry to 1947', D. Kumar (ed.), *The Cambridge Economic History of India*, Volume 2: c. 1757-c. 1970 (Cambridge, Cambridge University Press, 1983).
Mukherjee, A., 'The Indian Capitalist Class Aspects of its Politics 1920–1947' in S. Bhattacharya and R. Thapar (ed.), *Situating Indian History* (New Delhi, Oxford University Press, 1985).
——, 'The Rupee Question, 1926–28 Rupee-Sterling Ratio and the Gold Standard' in *Studies in History*, 5, 1 n.s. (1989).

——, 'Indian Capitalist Class and the Public Sector' in *Economic and Political Weekly*, Vol. 2, No. 3, 1976.

——, 'Indian Capitalist Class and Congress on Planning and Public Sector, 1930–47' in K.N. Panikkar (ed.), *National and Left Movements in India* (New Delhi, Vikas Publishing, 1980).

——, 'The Indian Capitalist Class and Foreign Capital, 1927-47', *Studies in History*, I (D, 1979).

Nanda, B.R., *Gokhale : The Indian Moderates and the British Raj* (Princeton, Princeton University Press, 1977).

——, *Jawaharlal Nehru : Rebel and Statesman* (Delhi, Oxford University Press, 1995).

——, *In Gandhi's Footsteps : The Life and Times of Jamnalal Bajaj* (New Delhi, Oxford University Press, 1990).

——, *Mahatma Gandhi, A Biography* (London, G. Allen & Unwin, 1958).

——, *The Nehrus* (London, G. Allen & Unwin, 1962).

——, 'The Swarajist Interlude', B.N. Pandey (ed.), *A Centenary History of the Indian National Congress*, Vols I–III (New Delhi, Vikas Publishing, 1985).

Nath, Kedar (ed.), *Shreysadhak Jamnalal Bajaj* (Delhi, 1968).

Nehru, Jawaharlal, *A Bunch of Old Letters written mostly to Jawaharlal Nehru and some written by him* (New York , Asia Publishing House, 1958).

Nevatia, Radhakrishna (ed.), *Bara Bazaar Ke Karyakarta Sansmaran Avam Abhinandan* (Calcutta, Bara Bazaar Kumarsabha Pustakalya, 1982).

——, *Shri Ramdev Chokhany* (Calcutta, n.d.).

Nevatia, Ramkrishna, *Rajnaitak Kshetra Mein Marwari Samaj Ki Ahutiyan* (Calcutta, Akhil Bharatiya Marwari Sammelan, 1948).

Nigam, R.K., *Managing Agencies in India* (New Delhi, 1957).

Oliver, Robert W., *George Woods and the World Bank* (London, Boulder, 1995).

Ostergaard, G. and M. Currell, *Gentle Anarchists* (Oxford, 1971).

Owen, David Edward, *British Opium Policy in China and India* (Yale, Yale University Press, 1934).

Palmer, Norman D., *Elections and Political Development, The South Asian Experience* (North Carolina, 1975).

——, 'India's Fourth General Elections' in *Asian Survey, 7* (May 1967).

Parekh, Kishore et.al, *Words to Remember* (n.d., n.p.).

Pandey, B.N. (ed.) *A Centenary History of the Indian National Congress*, Vol. III (New Delhi, Vikas Publishing, 1985).

Pandey, Gyanendra, *The Construction of Communalism in North India* (New Delhi, Oxford University Press, 1990).

Pandey, Sukhdeo, *Mere Pilani Ke Sansmaran* (Pilani, Hindi Bhavan, Samvat 2029).

Papanek, H., 'Pakistan's Big Businessmen : Muslim Separatism, Enterpreneurship and Partial Modernisation', in Mary B. Rose (ed.), *Family Business* (Aldershot, E. Elgar, 1995).

Parvate, T.V., *Jamnalal Bajaj* (Ahmedabad, 1962).

Patel, I.G., *Essays in Economic Policy and Economic Growth* (Basingstoke, Macmillan, 1986).

Patel, Maniben Vallabhbhai, 'Shri Ghanshyamdas Birla' in *Words to Remember* (n.d., n.p.).

Patil, S.K., *My Years with Congress* (Bombay, Prachure Prakashan Mandir, 1991).

Patodia, Rameshwar Prasad, *Anandilal Poddar Smriti Pushpa* (Calcutta, n.p., n.d.).

Pavlov, V.I., *The Indian Capitalist Class* (Delhi, 1964).

Payne Robert, *The life and death of Mahatma Gandhi* (London, Bodley Head, 1969).

Perti, R.K., 'Cabinet Mission', in B.N. Pandey (ed.), *A Centenary History of the Indian National Congress*, Vol. III (New Delhi, Vikas Publishing, 1985).

Piramal, Gita, *Business Maharajas*, p. 126 (New Delhi, Viking, 1996).

——, *Business Legends* (New Delhi, Viking, 1998).

Poddar, A., *A Short Life Sketch of Seth Anandilal Poddar* (Calcutta, n.d.).

Puri, Nina, *Political Elite and Society in the Punjab* (Delhi, 1985).

Qanungo, Bhupen, 'The Quit India Movement, 1942' in B.N. Pandey (ed.), *A Centenary History of the Indian National Congress*, Vol. III (New Delhi, Vikas Publishing, 1985).

Rai, Satya M., *Legislative Politics and Freedom Struggle in Punjab 1897–1947* (New Delhi, 1984).

Ramanujam, K.S., 'The Passing Away of a Titan', *Commerce*, 25 June 1983.

Rao, P. Chentsal, *B.M. Birla : His Deeds and Dreams* (New Delhi, 1983).

Rao, V.K.R.V., *War and the Indian Economy* (Delhi, 1943).

Ray, Rajat K., *Industrialization in India, 1914–1947 Growth and Conflict in the Private Corporate Sector* (Delhi, Oxford University Press, 1982).

——, *Social Conflict and Political Unrest in Bengal 1875-1922* (Delhi, Oxford University Press, 1984).

——, *Urban Roots of Indian Nationalism* (New Delhi, Vikas Publishing, 1979).

——, ' "The Bazaar" : Changing Structural characteristics of the indigenous section of the Indian economy before and after the Great Depression' in *Indian Economic and Social History Review*, Vol. 25, No. 3 (1988).

Reeves, P.D., B.D. Graham, J.M. Goodman (eds), *A Handbook of Elections in Uttar Pradesh, 1920–57* (New Delhi, Oxford University Press, 1975).

Relief Co-ordination Committee, *Relief Organisations Fight Bengal Famine* (Calcutta, Relief Co-ordination Committee, 1943).

Renford, Raymond K., *The Non-Official British in India Till 1920* (New Delhi, Oxford University Press, 1987).

Ross, Alan, *The Emissary G.D. Birla, Gandhi and Independence* (London, Collins Harvill, 1986).

Rothermund, D., *An Economic History of India* (London, Croom Helm, 1988).
——, *India in the Great Depression 1929–36* (New Delhi, 1992).

Rudner, David West, *Caste and Capitalism in Colonial India, The Nattukottai Chettiars* (Berkeley, University of California Press, 1994).

Rungta, R.S., *The Rise of Business Corporations in India and their development during 1857–1900* (London, 1965).

Sabade, B.R. and M.V. Namjoshi, *Chamber of Commerce and Trade Associations in India* (Poona, 1977).

Sarkar, J., 'The Beginnings in Calcutta' in *Economic Times*, 26 June 1983.

Sarkar, N.R., 'My Days in the Federation' in *FICCI Silver Jubilee Souvenir 1927–1957* (New Delhi, FICCI, 1951).

Sarkar, S.C., 'G.D. Birla, Industrialisation and Culture', *Commerce*, 25 June 1983.

Sarkar, Sumit, *Swadeshi Movement in Bengal, 1903–8* (New Delhi, People's Publishing House, 1973).

——, 'The Logic of Gandhian Nationalism : Civil Disobedience and the Gandhi-Irwin Pact (1930–31)' in *Indian Historical Review*, Vol. III, No. 1, July 1976.

——, *Modern India, 1885–1947* (Delhi, Macmillan, 1983).

Schomer, Karine, Joan L. Erdman et al. (eds), *The idea of Rajasthan. Explorations in Regional Identity* Vol. I & II (Delhi, Manohar, 1994).

Seksaria, Sitaram, *Beeta Yug Nai Yad* (Sasta Sahitya Mandal, n.p., 1970).

Sen, S.K., *Studies in Economic Policy and Development of India, 1848–1939* (Calcutta, Progressive Publishers, 1972).

——, *The House of Tatas* (Calcutta, 1975).

Sengupta, N.K., *Government and Business* (New Delhi, Vikas Publishing, 1987).

Servants of the People Society, *Constitution* (New Delhi, Lajpat Bhawan, n.d.).

——, *70 Years. Report 1981–1992* (New Delhi, Lajpat Bhawan, 1992).

Shah, K.T. (ed.), *Report of the National Planning Committee* (Bombay, 1949).

Shah, Kantilal, *Thakkar Bapa* (New Delhi, 1955).

Shankar, V., *My Reminiscences of Sardar Patel*, Vol. I and II (Delhi, Macmillan, 1974).

Shankardass, Rani Dhawan, *Vallabhai Patel, Power and Organisation in Indian Politics* (New Delhi, 1988).

Sharma, Daryao Prasad, *Deshbhakt Udyog Pravartak Ghanshyamdas Birla Sansmaranatmak Jivanvjit* (Delhi, Keshav Kumar Sharma, 1978).

Sharma, G.D., 'The Marwaris Economic Foundations of an Indian Capitalist Class' in Dwijendra Tripathi (ed.), *Business Communities of India : A Historical Perspective* (New Delhi, Manohar, 1984).

Sharma, K.L., 'Changing aspects of merchants, markets, moneylending and migration : reflections based on field notes from a village in Rajasthan' in Philippe Cadène, Denis Vidal (eds), *Webs of trade: dynamics of business communities in Western India* (New Delhi, 1997).

Sharma, R.C. (ed.), *Modern India. Heritage and Achievement. Shri Ghanshyamdas Birla. Eightieth Birthday Commemoration Volume* (Pilani, Eightieth Birthday Commemoration Volume Committee, 1977).

Sharma, Udayvir, *Shekhawati Ka Itihas* (Lakshmangarh, 1980).

Sharma, Vishembar Prasad, *Maheshwari Jan-Jagriti Darshan* (Nagpur, 1956).

Shastri, D.D. (ed.), *Ek Bindu Ek Sindhu* (Mathura, 1948).

Shekhar, Chandra, *A Peep into Birla House* (New Delhi, Shashi Bhushan, MP, 1969).

Shenoy, B.R., 'The Rupee-Sterling Ratio and the Exports of Gold' in Radha Kamal Mukherjee and H.L. Dey (ed.), *Economic Problems of Modern India* (London, 1941).

Shirokov, G.K., *Industrialisation in India* (Moscow, 1973).

Shrivastava, S.P. (ed.), *Greatness Personified. Vaishyarshi G.D. Birla* (Calcutta, Birla Academy of Art and Culture, n.d.).

Siddiqi, Asiya (ed.), *Trade and Finance in Colonial India 1750–1860* (Delhi, Oxford University Press, 1995).

Singh, Anita Inder, *The Origins of the Partition of India* (New Delhi, Oxford University Press, 1986).

Singh, Mohan, *Shekhawati Main Swatantra Andolan Ka Itihas* (Jhunjhunun, Ravindra Prakashan, 1990).

Singh, Mohinder, 'The Congress and Nationalist Sikh Politics', in B.N. Pandey (ed.), *A Centenary History of the Indian National Congress* (New Delhi, Vikas Publishing, 1985).

Singhi, Bhawarmal (ed.), *Padam Bhushan Shri Sitaram Seksaria Abhinandan Granth* (Calcutta, 1974).

Sinha, N.K., *The Economic History of Bengal*, Vol. III (Calcutta, K.L. Mukhopadhyay, 1965).

Sinha, S.L.N., *The History of the Reserve Bank of India, 1935–57* (Bombay, 1970).

Shraddhanjali Swaragiya Jugalkishore Birla (n.n., 1974, Sanskriti Sansthan, Pilani).

Somejee, A.H. & G., 'India' in *The Journal of Politics*, 1963, Vol. 25, pp. 686–737.

Srinivas, M.N., Sociology in Delhi' in Dharma Kumar and D. Mukherjee (eds), *Delhi School. Reflections on the Delhi School of Economics* (Delhi, Oxford University Press, 1995).

Srivastava, B.K. and Venkatramani, *The Quit India Movement : The American Response* (New Delhi, Vikas Publishing, 1979).

Srivastava, C.P., *Lal Bahadur Shastri : a life of truth in politics* (Delhi, Oxford University Press, 1996).

Subramanayam, M., *Why Cripps Failed* (New Delhi, The Hindustan Times Press, 1943).

Sullivan, R.J.F., *One Hundred Years of Bombay, History of the Bombay Chamber of Commerce 1836-1936* (Bombay, The Times of India Press, 1937).

Sundaram, V.A. (ed.), *Benaras Hindu University 1905-35* (Banaras, 1936).

Tahmankar, D.V., *Sardar Patel* (London, Allen & Unwin, 1970).

Taknet, D.K., *Industrial Enterprenuership among Shekhawati Marwaris* (Jaipur, Manohar, 1986).

——, *Marwari Samaj* (Jaipur, 1989).

——, *B.M. Birla. A Great Visionary* (New Delhi, Indus, 1996).

Tan, Tai Yong and Gyanesh Kudaisya, *The Aftermath of Partition in South Asia* (London, Routledge, 2000).

Tantia, Rameshwar, *Kuchh Apni Kuchh Jagki* (Calcutta, 1967).

——, *Kuchh Ghatnain, Kuchh Sansmaran* (Calcutta, 1969).

Tayyeb, A., *Pakistan : A Political Geography* (London, Oxford University Press, 1966).

Tendulkar, D.G., *Mahatma : A Life of Mahatma Gandhi*, Vol. 11 (New Delhi, Publications Division of the Government of India, 1951-54).

——, *Mahatma : Life of Mohandas Karamchand Gandhi* (Bombay, 1954).

Thakore, Dilip, 'A Legend in his Lifetime' in *Business India*, 30 March–12 April 1981.

——, 'G.D. Birla : A Patriarch Passes Away', *Business World*, 20 June-3 July 1983.

The Birla Education Trust and its Institutions (Pilani, Birla Education Trust, 1944).

The House of Birla—1862–1962 A Centenary Souvenir (n.d., n.p.).

The Imperial Gazetteer of India, Vol. VIII (Oxford, Clarendon Press, 1908).

Tharoor, Shashi, *India From Midnight to Millenium* (London, Arcade Publications, 1997).

Timberg, Thomas A., *The Marwaris From Traders to Industrialists* (New Delhi, Vikas Publishing, 1978).

——, 'Hiatus and Incubator : Indigenous Trade and Traders, 1837–1857' in Asiya Siddiqi (ed.), *Trade and Finance in Colonial India. 1750-1860* (Delhi, Oxford University Press, 1995).

——, 'A North Indian Firm as seen through its Business Records, 1860-1914 Tarachand Ghanshyamdas, A Great Marwari Firm', *Indian Economic and Social History Review*, Vol. 8, No. 3 (1971).

——, 'Three types of the Marwari Firm', *Indian Economic and Social History Review*, Vol. 10, January 1973.

Tinker, Hugh, *The Ordeal of Love : C.F. Andrews and India* (New Delhi, Oxford University Press, 1979).

Tirumalai, R., *T.T.K. The Dynamic Innovator* (Madras, TT. Maps & Publications Private Ltd., 1988).

Todd, Col., *Annals and Antiquities of Rajasthan or the Central and Rajpoot States of India*, 3 Volumes, (London, Oxford University Press, 1920).

Tomlinson, B.R., *The Political Economy of the Raj 1974-47 The Economics of Decolonization in India* (London, Macmillan, 1979).

——, 'India and the British Empire, 1880-1935', *Indian Economic and Social History Review*, Vol. 11, No. 4, 1975.

——, 'Foreign Private Investment in India, 1920–1950', *Modern Asian Studies*, Vol. 12, No. 4, 1978.
——, 'Britain and the Indian Currency Crisis 1930–1932', *Economic History Review*, Vol. II, No. 1, 1979.
——, 'Colonial Firms and the decline of Colonialism in Eastern India 1914–1947', *Modern Asian Studies*, Vol. 15, No. 3, 1981.
——, *The Economy of Modern India, 1860–1970* (Cambridge, Cambridge University Press, 1993).
Tripathi, Dwijendra, 'Indian Entrepreneurship in Historical Perspective : A Reinterpretation', *Economic and Political Weekly*, 29 May 1971.
——, (ed.), *State and Business in India : A Historical Perspective* (New Delhi, Manohar, 1987).
——, 'Congress and the Indian Industrialists (1885–1947)' in Indian Institute of Management, Ahmedabad (IIMA), Seminar Series in Business History (IV), 'Business and Politics in India'.
——, *Business Communities of India : A Historical Perspective* (New Delhi, Manohar, 1984).
——, The Dynamics of a Tradition. Kasturbhai Lalbhai and his Entrepreneurship (Delhi, Manohar, 1981).
——, 'The Congress and the Industrial Question 1919–35' in B.N. Pande (ed.), *A Centenary History of the Indian National Congress, 1885–1985*, Vol. 11 (New Delhi, Vikas Publishing, 1985).
——, and Markand Mehta, *Business Houses in Western India : A Study in Entrepreneurial Response, 1850– 1957* (London, 1989).
——, (ed.), *Business and Politics in India, A Historical Perspective* (Delhi, Manohar, 1991).
Tyabji, Nasir, *Industrialization and Innovation : the Indian Experience* (New Delhi, Sage Publications, 2000).
——, *The Small Industries Policy in India* (Calcutta, Oxford University Press, 1989).
Tyson, G.W., *The Bengal Chamber of Commerce and Industry 1853–1953, A Centenary Survey* (Calcutta, Published for the Bengal Chamber of Commerce and Industry by D.A. Lakin at The Statesman, 1953).
Upadhyaya, Haribhau, *Shreyarthi Jamnalalji* (New Delhi, 1951).
Vakil, C.N., *Economic Consequences of Divided India : A Study of the Economy of India and Pakistan* (Bombay, Vora & Co. Publishers, 1950).
Venkatsubbiah, H., *Enterprise and Economic Change. 50 Years of FICCI* (New Delhi, FICCI, 1977).
Vicziany, Marika, 'Bombay merchants and structural changes in the export community 1850 to 1880', in Asiya Siddiqi (ed.), *Trade and Finance in Colonial India 1750-1860* (Delhi, Oxford University Press, 1995).
Vidyalankar, Satyaketu, *Agrawal Jati Ka Pracheen Itihas* (New Delhi, 1938).

Visharad, Vishambar Prasad Sharma, *Swargiya Ramkrishnaji Mohta Jiwan Charitra Aur Sansmaran* (Calcutta, 1941).

Voight, J., *India In the Second World War* (New Delhi, Arnold-Heinemann, 1987).

Wade, Robert, *Governing the Market, Economic Theory and the Role of Government in East Asian Industrialisation* (Princeton, Princeton University Press, 1990).

Watson, Francis and Hallam Tennyson, *Talking of Gandhiji: four programmes for radio, first broadcast for the British Broadcasting Corporation* (Calcutta, Orient Longman, 1957).

Wolpert, Stanley, *Jinnah of Pakistan* (Oxford, Oxford University Press, 1984).

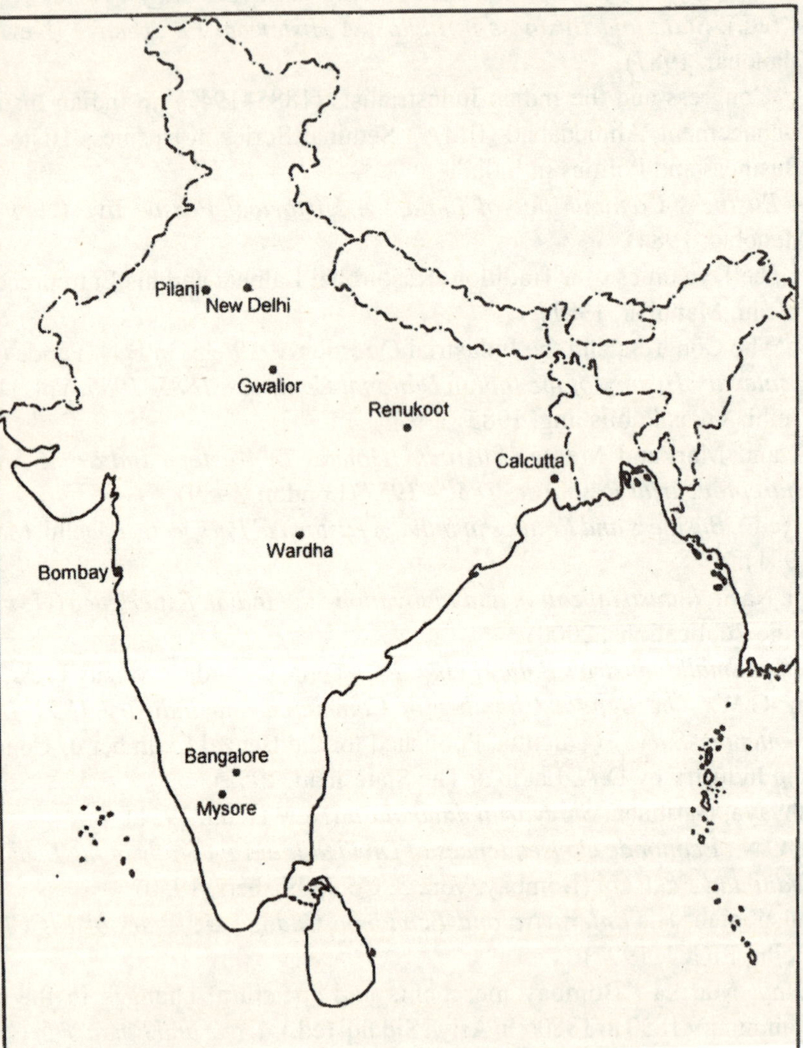

भारतीय उपमहाद्वीप के मानचित्र में बिरला के महत्त्वपूर्ण जीवन–स्थलों का अंकन।

पुस्तक में वर्णित व्यक्तियों का संक्षिप्त जीवन विवरण

अली, चौधरी मुहम्मद (1905–80) : पाकिस्तान सरकार के प्रधान सचिव, बाद में पाकिस्तान के वित्त मन्त्री और प्रधानमन्त्री।

बजाज, जमनालाल (1889–1942) : कपास और चीनी के एक मारवाड़ी व्यापारी। उद्योगपति और राष्ट्रवादी। कई मारवाड़ी संगठनों के संस्थापक और महात्मा गाँधी के अत्यन्त क़रीबी सहयोगी। भारतीय राष्ट्रीय कॉंग्रेस के कोषाध्यक्ष (1920–42)।

बैंथल, सर एडवर्ड चार्ल्स (1893–1961) : कलकत्ता में एक ब्रिटिश व्यवसायी। चेयरमैन, बर्ड एंड कम्पनी। गवर्नर, इम्पीरियल बैंक ऑफ़ इंडिया (1928–30)। अध्यक्ष, भारतीय वाणिज्य मण्डल (The Association Chamber of Commerce of India) 1932। सदस्य, गवर्नर–जनरल की कार्यकारी समिति, 1942–60।

भरतिया, शोभना (जन्म 1956) : जी.डी. बिरला की पोती व कृष्ण कुमार और मनोरमा देवी की सुपुत्री। 1973 में श्यामसुन्दर भरतिया के साथ विवाह–सूत्र में बँधीं। कार्यकारी निदेशिका, हिन्दुस्तान टाइम्स।

बिरला, आदित्य (1943–95) : जी.डी. बिरला के पोते। बसन्त कुमार और सरला के सुपुत्र। शिक्षा, मैसाचुसेट्स इंस्टीट्यूट ऑफ़ टेक्नॉलॉजी। 1965 में राजश्री से विवाह। जी.डी. बिरला द्वारा हिन्दुस्तान एल्युमिनियम और ग्रासिम इंडस्ट्रीज में नियुक्ति। व्यवसाय को विदेशों में विस्तार देने का श्रेय इन्हीं को जाता है।

बिरला, अनसूया (जन्म 1923) : जी.डी. बिरला और महादेवी की सुपुत्री। 1941 में नरेन्द्र सिंह टापरिया से विवाह।

बिरला, अशोक वर्धन (1939–90) : गजानन और गोपी देवी के सुपुत्र। बसन्त कुमार द्वारा व्यापार में प्रशिक्षित। 1958 में सुनन्दा के साथ विवाह। 1990 में हवाई दुर्घटना में मृत्यु।

बिरला, बलदेव दास (1863–1956) जी.डी. बिरला के पिता। चुरू (राजस्थान) निवासी योगेश्वरी देवी से विवाह। 'बलदेव दास शिवनारायण' नामक फर्म की स्थापना। व्यापारी व समाजसेवी।

बिरला, बसन्त कुमार (जन्म 1921) : जी.डी. बिरला और महादेवी के सुपुत्र व व्यवसाय में ब्रजमोहन द्वारा प्रशिक्षित। 1942 में सरला बियानी के साथ विवाह। टेक्सटाइल, रेयान, सीमेंट और टेलिकॉम के क्षेत्रों में विशेष रुचि। समाजसेवी और कला संरक्षक।

बिरला, भगवानी देवी : जी.डी. बिरला की बहन। राजगढ़ के कृष्णगोपाल मेहरा के साथ विवाह।

बिरला, ब्रजमोहन (1904–82) : जी.डी. बिरला के छोटे भाई। टापरिया परिवार की रुकमणी देवी के साथ विवाह। व्यवसाय में बलदेव दास द्वारा प्रशिक्षित। बिरला ब्रदर्स के बम्बई स्थित व्यवसाय का नेतृत्व। भारतीय चीनी मिल संघ और भारतीय पेपर मिल संघ के संस्थापक–अध्यक्ष। भारतीय वाणिज्य मण्डल (Indian Chamber of Commerce) के अध्यक्ष, 1936–44। अध्यक्ष, भारतीय वाणिज्य एवं उद्योग महासंघ (Federation of Indian Chambers of Commerce and Industries – FICCI), 1954।

बिरला, चन्द्रकान्त (जन्म 1955) : गंगा प्रसाद और निर्मला देवी के सुपुत्र। व्यवसाय में ब्रजमोहन द्वारा प्रशिक्षित। हिन्दुस्तान मोटर्स, हैदराबाद ऐस्बेस्टस, ओरिएंट सीमेंट तथा कई अन्य फर्मों के अध्यक्ष।

बिरला, चन्द्रकला (जन्म 1914) : जी.डी. बिरला की सुपुत्री। 1931 में जलपाईगुड़ी के बंशीधर डागा के साथ विवाह।

बिरला, दुर्गादेवी : चिरावा (राजस्थान) के महादेव सोमानी की सुपुत्री। 1906 में जी.डी. बिरला से विवाह तथा वर्ष 1910 में निधन।

बिरला, गजानन (1910–61) : रामेश्वर दास के बड़े सुपुत्र। 1929 में जबलपुर के मालपानी परिवार की गोपी देवी के साथ विवाह। उसके पश्चात 1946 में सुमित्रा देवी के साथ विवाह। बाद में पारिवारिक व्यवसाय से बेदखल।

बिरला, गंगा प्रसाद (1922) : ब्रजमोहन और रुकमणी देवी के इकलौते सुपुत्र। बिरला परिवार में पहले स्नातक व्यक्ति। व्यापार में ब्रजमोहन द्वारा प्रशिक्षित। 1945 में झावर निवासी विमला देवी से विवाह तथा उसके पश्चात 1952 में निर्मला देवी डागा से विवाह। सिरपुर पेपर मिल, सिरसिल्क ऐस्बेस्टस सीमेंट जैसे कई उद्योगों की शुरुआत की। केन्या तथा नाइजीरिया में विदेशी उद्यमों की स्थापना।

बिरला, जयश्री (जन्म 1951) : बसन्त कुमार और सरला की सुपुत्री। 1969 में प्रकाश मोहता से विवाह। उपाध्यक्ष, बिरला एकेडमी ऑफ़ आर्ट एंड कल्चर, कलकत्ता।

बिरला, जुगलकिशोर (1883–1966) : जी.डी. बिरला के ज्येष्ठ सुपुत्र। बियानी परिवार की जवाहरी देवी से विवाह। समाज सेवा के लिए व्यवसाय से समयपूर्व निवृत्ति।

बिरला, कृष्ण कुमार (जन्म 1918) : जी.डी. बिरला और महादेवी के दूसरे सुपुत्र तथा व्यवसाय में ब्रजमोहन द्वारा प्रशिक्षित। 1941 में मनोरमा देवी से विवाह। 1984 और 1990 में राज्यसभा के सदस्य चुने गये।

बिरला, कुमार मंगलम (जन्म 1967) : आदित्य और राजश्री के सुपुत्र। लन्दन बिज़नेस स्कूल में शिक्षा पायी। व्यवसाय में आदित्य बिरला द्वारा प्रशिक्षित। 1989 में नीरजा केसलीबाल से विवाह। 1995 में आदित्य बिरला समूह की कम्पनियों के उत्तराधिकारी बने। सदस्य, प्रधानमन्त्री व्यापार एवं उद्योग सलाहकार परिषद् 1998।

बिरला, लक्ष्मीनिवास (1909–94) : जी.डी. बिरला और दुर्गादेवी के सुपुत्र। किशनगढ़ के दीवान की सुपुत्री सुशीला देवी से विवाह। व्यवसाय में जी.डी. बिरला और ब्रजमोहन द्वारा प्रशिक्षित। जुगलकिशोर द्वारा उन्हें पुत्र के रूप में गोद लिया गया। फिक्की के अध्यक्ष। लेखक और समाजसेवी।

बिरला, माधव प्रसाद (1918–90) : रामेश्वर दास और गुलाब देवी के सुपुत्र। व्यवसाय में जी.डी. बिरला द्वारा प्रशिक्षित। सुमित्रा मोहता से विवाह। उसके पश्चात 1943 में सुशीला टापरिया (प्रियंवदा) से विवाह। अध्यक्ष, भारतीय जूट मिल संघ, 1947।

बिरला, महादेवी : प्रेमसुख दास करवा की सुपुत्री। 1926 में जी.डी. बिरला की पहली पत्नी के निधन के पश्चात जी.डी. बिरला से विवाह।

बिरला, मंजुश्री (जन्म 1957) : बसन्त कुमार और सरला की सुपुत्री। 1975 में शैलेश खेतान से विवाह। शिक्षा के क्षेत्र में और समाजसेवा के कार्य में सक्रिय तथा कला संरक्षिका।

बिरला, प्रियंवदा : स्वर्गीय माधव प्रसाद की पत्नी। एम.पी. बिरला उद्योग समूह की अध्यक्षा।

बिरला, राधाकृष्ण (जन्म 1913) : पिलानी (राजस्थान) के निवासी जो बहुत छोटी उम्र में बिरला कॉटन मिल्स, दिल्ली से जुड़ गये। कई बिरला कम्पनियों में प्रबन्धक के रूप में अपनी सेवाएँ दीं। बाद में स्वतन्त्र रूप से अपने व्यवसाय की शुरुआत की जिसमें उनकी मुख्य रुचि ऊन उद्योग में थी। 1967 में लोकसभा के सदस्य निर्वाचित।

बिरला, राजश्री (जन्म 1947) : बिरला परिवार की पहली स्नातक बहू। 1965 में आदित्य बिरला से विवाह। समाज सेविका।

बिरला, रामेश्वर दास (1892–1973) : जी.डी. बिरला के बड़े भ्राता। पारिवारिक व्यवसाय में बलदेव दास द्वारा प्रशिक्षित। मूँदड़ा परिवार की गुलाब देवी से विवाह और उसके पश्चात 1925 में शारदा देवी झावर से विवाह किया। परिवार का बम्बई का व्यवसाय देखते रहे।

बिरला, सरला (जन्म 1923) : बेरार (हैदराबाद का एक प्रान्त) के प्रसिद्ध राष्ट्रवादी नेता बृजलाल बियानी और सावित्री देवी की सुपुत्री। फर्ग्यूसन कॉलेज में शिक्षित। जमनालाल बजाज और महात्मा गाँधी ने इनका बिरला परिवार से परिचय करवाया। 1942 में गाँधी आश्रम में बसन्त कुमार से विवाह। जी.डी. बिरला को उनके संस्मरण और पत्र व्यवहार प्रकाशित करवाने में मदद की। एक कला संरक्षिका और शिक्षा के क्षेत्र में समाज सेविका।

बिरला, शान्ति (जन्म 1924) : जी.डी. बिरला और महादेवी की सबसे छोटी सन्तान। 1941 में कृष्णगोपाल माहेश्वरी से विवाह।

बिरला, शिवनारायण (1840–1955) : जी.डी. बिरला के दादा। राजस्थान से किसी दूसरे स्थान पर जाकर बसने वाले परिवार के पहले सदस्य थे। वह चाँदी, सोने, कपास और अफ़ीम के एक बड़े व्यवसायी थे।

बिरला, सिद्धार्थ (जन्म 1957) : सुदर्शन कुमार और सुमंगला के सुपुत्र। 1977 में अनुश्री माहेश्वरी के साथ परिणय–सूत्र में बँधे।

बिरला, सुदर्शन कुमार (जन्म 1934) : लक्ष्मीनिवास और सुशीला देवी के सुपुत्र। 1955 में सुमंगला झावर के साथ विवाह। अध्यक्ष, फिक्की 1990।

बिरला, यशोवर्धन (जन्म 1967) : अशोक वर्धन और सुनन्दा के सुपुत्र।

बियानी, बृजलाल (1896–1968) : मध्य प्रान्त के एक प्रसिद्ध काँग्रेस नेता। माहेश्वरी जाति के एक व्यवसायी। मध्य प्रान्त और बेरार विधान मण्डल के सदस्य, 1926–29। सदस्य, राज्य परिषद् 1937। अध्यक्ष, अखिल भारतीय मारवाड़ी महासंघ, 1947। संसद सदस्य, 1952। वित्त मन्त्री, मध्य प्रदेश। संस्थापक, बेरार वाणिज्य मण्डल।

चन्द्रशेखर : एक समाजवादी नेता। 1960 के दशक में काँग्रेस के युवा तुर्कों में से एक। अध्यक्ष, जनता पार्टी, 1977। भारत के प्रधानमन्त्री, 1990–91।

चेट्टी, षण्मुगम आर.के. : 1947 से 1948 में अपना त्यागपत्र देने तक स्वतन्त्र भारत के प्रथम वित्त मन्त्री।

चर्चिल, सर विंस्टन (1874–1965) : ब्रिटेन के वित्त मन्त्री (चांसलर ऑफ़ द एक्सचेकर), 1924–29। ब्रिटेन के प्रधानमन्त्री, 1940–45 और 1951–1955।

क्रिप्स, सर रिचर्ड स्टेफोर्ड (1889–1952) : ब्रिटिश राजनेता जो 1942 में भारत में वैधानिक प्रस्ताव लेकर गये। 1946 में कैबिनेट मिशन के सदस्य। चांसलर ऑफ़ द एक्सचेकर, 1947–50।

डालमिया, रामकृष्ण (1893) : पंजाब से बनिया जाति के एक व्यवसायी, सटोरिये और उद्योगपति। उनकी रुचि के क्षेत्र थे सीमेंट, चीनी, काग़ज़ व रासायनिक पदार्थ। 'टाइम्स ऑफ़ इंडिया' पर भी उनका नियन्त्रण रहा।

डालमिया, मुरलीधर : शेखावाटी (राजस्थान) से आनेवाले एक मारवाड़ी व्यवसायी जो बहुत छोटी उम्र में ही बिरला परिवार के व्यवसाय से जुड़ गये। उसके पश्चात बिरला जूट मिल के कार्यकारी अध्यक्ष नियुक्त हुए। बिरला समूह के सबसे महत्त्वपूर्ण सदस्यों में से एक जिन्हें बसन्त कुमार को पारिवारिक व्यवसाय में लाने का श्रेय जाता है।

देसाई, भूलाभाई (1877–1946) : बम्बई उच्च न्यायालय के विख्यात अधिवक्ता और राष्ट्रवादी नेता। गुजरात से केन्द्रीय विधान सभा के सदस्य, 1934–39।

देसाई, महादेव (1892–1942) : महात्मा गाँधी के सचिव।

देसाई, मोरारजी (1896–1995) : बम्बई के एक राष्ट्रवादी नेता। बम्बई के मुख्यमन्त्री, 1946–52। वाणिज्य एवं उद्योग मन्त्री, भारत सरकार, 1956–58। कोषाध्यक्ष, अखिल भारतीय काँग्रेस समिति, 1950–58। उप–प्रधानमन्त्री और वित्त मन्त्री, 1967–69। प्रधानमन्त्री, 1977–79।

देशमुख, सी.डी. (1896–1982) : भारतीय रिज़र्व बैंक के गवर्नर, 1943–49। वित्त मन्त्री, 1950–56। अध्यक्ष, विश्वविद्यालय अनुदान आयोग, 1956–61।

फर्नांडीज़, जॉर्ज (1930–2019) : संयुक्त सोशलिस्ट पार्टी के संस्थापक। केन्द्रीय कैबिनेट मन्त्री, 1977–79, 1989–90। 1994 से समता पार्टी के अध्यक्ष। रक्षा मन्त्री, 1998।

गाँधी, देवदास (1900–62) : महात्मा गाँधी के सुपुत्र। अध्यक्ष, ऑल इंडिया न्यूज़पेपर एडिटर्स कॉन्फ्रेंस, 1947–48। प्रबन्ध सम्पादक, 'हिन्दुस्तान टाइम्स', 1937–57।

गाँधी, इन्दिरा (1917–84) : जवाहरलाल नेहरू और कमला नेहरू की इकलौती सन्तान। सूचना और प्रसारण मन्त्री, 1964–66। भारत की प्रधानमन्त्री, 1966–77 और 1980–84।

गाँधी, एम.के. (1869–1948) : गुजरात की बनिया जाति से सम्बद्ध। बैरिस्टर जो दक्षिण अफ्रीका में भारतीयों के अधिकारों के लिए लड़े। 1915 में भारत वापस लौट आये और अहिंसा के सिद्धान्तों का पालन करके ब्रिटिश शासन का विरोध किया। 1948 में एक कट्टरपन्थी हिन्दू द्वारा गोली मार कर उनकी हत्या कर दी गयी।

घोष, अतुल्य (1904–86) : बंगाल के एक काँग्रेसी नेता जो पार्टी के लिए धन जुटाने के अपने कौशल के लिए विख्यात थे। 'सिंडिकेट' के एक प्रसिद्ध सदस्य।

गोयनका, राय बद्रीदास (1883–1973) : एक मारवाड़ी व्यापारी, बैंकर और उद्योगपति जिनके जूट, बीमा और निवेश पसन्दीदा क्षेत्र थे। अध्यक्ष, मारवाड़ी संघ, 1928–30। सदस्य, बंगाल विधान परिषद्, 1923–35। कलकत्ता के शेरिफ, 1932–33। निदेशक, भारतीय रिज़र्व बैंक, 1935–41। अध्यक्ष, फिक्की, 1945–46।

ग्रेडी, हेनरी (1882–1957) : अमरीकी राष्ट्रपति एफ.डी. रूज़वेल्ट के प्रमुख व्यापार वार्ताकार। भारत के साथ व्यापार अभियान के प्रमुख, 1942। भारत में अमरीकी राजदूत, 1947–48।

गुप्ता, सी.बी. (1902–80) : उत्तर प्रदेश के काँग्रेसी नेता। मुख्यमन्त्री, उत्तर प्रदेश, 1960–63, 1967।

गुरु, हनुमान (1901–99) : चिरावा गाँव, झुँझनू, राजस्थान के निवासी। भारत के एक महान पहलवान। उन्होंने 1925 में बिरला मिल में अखाड़े की स्थापना की। 1983 में भारत सरकार द्वारा पद्मश्री पुरस्कार तथा 1991 में द्रोणाचार्य पुरस्कार से सम्मानित।

हक़, फ़ज़लुल (1873–1962) : एक अधिवक्ता। सदस्य, बंगाल विकास परिषद्, 1913–20। अध्यक्ष, मुस्लिम लीग, 1916–21। बंगाल के मुख्यमन्त्री, 1937–43।

हिम्मतसिंहका, पी.डी. (1889–1993) : कलकत्ता के विख्यात मारवाड़ी और जी.डी. बिरला के क़रीबी साथी। सॉलिसिटर। कलकत्ता में कई मारवाड़ी संगठनों के संस्थापक। 1927 और 1948 के मध्य तीन बार बंगाल विधान परिषद् के सदस्य चुने गये। कोषाध्यक्ष, काँग्रेस संसदीय पार्टी, 1949–51। सदस्य, राज्यसभा, 1956–62 तथा सदस्य, लोकसभा, 1962–67।

हीराचन्द, वालचन्द (1883–1953) : शोलापुर के दिगम्बर जैन व्यवसायी, एक व्यापारी, साहूकार और उद्योगपति। मुख्य रुचि भवन निर्माण, चीनी, शिपिंग में। अध्यक्ष, इंडियन मर्चेंट्स चेम्बर, 1927। अध्यक्ष, फिक्की, 1933।

होरे, सर सैम्युअल (1880–1959) : कंज़र्वेटिव, ब्रिटिश एम.पी., 1910–44। भारत में ब्रिटिश राज्य सचिव, 1931–35। विदेश सचिव, 1935। गृह सचिव, 1937–39। लॉर्ड प्रिवी सील, 1939–40।

इरविन, लॉर्ड (1881–1959) : उपनिवेशी देशों में उपसचिव, 1921–22। भारत के वायसराय, 1926–31। विदेश सचिव, 1938–40। वाशिंगटन में ब्रिटिश राजदूत, 1941–46।

इस्माइल, सर मिर्ज़ा : प्रधानमन्त्री, जयपुर, 1942।

इस्पाहनी, एम.ए.एच. (1902–81) : कलकत्ता के व्यवसायी व मुस्लिम लीग की कार्यसमिति के सदस्य। अमरीका में पाकिस्तान के राजदूत, 1947–52। लन्दन में पाकिस्तान के हाई कमीशन, 1952–54। पाकिस्तान के उद्योग एवं वाणिज्य मन्त्री, 1954–55।

जालान, ईश्वर दास (1895–1979) : एक मारवाड़ी अधिवक्ता। स्पीकर, पश्चिम बंगाल विधान सभा, 1947। सदस्य, बंगाल विधान सभा, 1938–58।

झा, लक्ष्मी कान्त (1913–1988) : भारतीय लोक सेवा के सदस्य। प्रधानमन्त्री के सचिव, 1964–67। भारतीय रिज़र्व बैंक के गवर्नर, 1967–70।

जिन्ना, मुहम्मद अली (1876–1948) : अखिल भारतीय मुस्लिम लीग के अध्यक्ष, 1934–48। 1940 से पाकिस्तान के लिए चले आन्दोलन के एक नेता। पाकिस्तान के पहले गवर्नर जनरल, 1947–48।

कामराज, के. (1903–75) : मद्रास के एक काँग्रेसी नेता। तमिलनाडु के मुख्यमन्त्री, 1954–63। भारतीय राष्ट्रीय काँग्रेस के अध्यक्ष, 1963–67। 'सिंडिकेट' के एक प्रमुख सदस्य।

खेतान, देवी प्रसाद : प्रथम मारवाड़ी अटॉर्नी। महाप्रबन्धक, बिरला ब्रदर्स, 1911 से। अध्यक्ष, मारवाड़ी संघ, 1921। बंगाल विधान सभा के सदस्य, 1922–26। भारतीय वाणिज्य मण्डल के अध्यक्ष, 1930। अध्यक्ष, फिक्की, 1936।

ख़ान, लियाकत अली (1895–1951) : 1936 से मुस्लिम लीग के महासचिव। अन्तरिम सरकार के एक सदस्य, 1946–47। 1947 से 1951 तक पाकिस्तान के प्रधानमन्त्री।

खेमका, सीताराम : बीकानेर के एक मारवाड़ी जो 1918 में बिरला ब्रदर्स लिमिटेड से जुड़े। उसके पश्चात उन्होंने कपड़ा व्यवसाय में बिरला फर्मों का नेतृत्व किया। बसन्त कुमार को पारिवारिक व्यवसाय में लाने में मदद की।

कृपलानी, जे.बी. (1899–1979) : अध्यक्ष, भारतीय राष्ट्रीय काँग्रेस, 1946–47। सदस्य, संविधान सभा और भारतीय संसद। उसके पश्चात विपक्षी नेता के रूप में सक्रिय।

कृष्णमाचारी, टी.टी. (1899–1964) : मद्रास के एक व्यवसायी जो 1942 में काँग्रेस में शामिल हुए। लोकसभा के लिए निर्वाचित और केन्द्रीय मन्त्री, 1952–65।

लालभाई, कस्तूरभाई (1894–1980) : एक जैन व्यवसायी जिनकी मुख्य रुचि कपास और वस्त्र उद्योग में थी। अध्यक्ष, अहमदाबाद मिल्स एसोसिएशन, 1936–37। अध्यक्ष, फिक्की, 1934–35।

लिनलिथगो, लॉर्ड (1887–1952) : भारतीय कृषि के सम्बन्ध में बने रॉयल कमीशन के अध्यक्ष, 1926–28। भारतीय संविधान संशोधन पर बनी संयुक्त चयन समिति के अध्यक्ष, 1933। भारत के वायसराय, 1936–43।

लोकनाथन, पी.एस. (1894–1972) : मद्रास विश्वविद्यालय में अर्थशास्त्र के प्रोफ़ेसर। संयुक्त राष्ट्र एशिया एवं सुदूर पूर्व आर्थिक आयोग (United nations Economic Commission for Asia & Far East–ECAFE) के कार्यकारी सचिव, 1947–56। सम्पादक, 'ईस्टर्न इकोनॉमिक्स'।

महालनोबिस, प्रशान्त चन्द्रा (1893–1972) : वैज्ञानिक एवं सांख्यिकीविद्। सदस्य, योजना आयोग, 1955–67।

मालवीय, मदन मोहन (1861–1946) : भारतीय राष्ट्रीय काँग्रेस के अध्यक्ष, 1909 और 1918। काँग्रेस स्वतन्त्र दल के संस्थापक तथा बनारस हिन्दू विश्वविद्यालय के संस्थापक।

मालवीय, के.डी. (1904–1981) : उत्तर प्रदेश के एक काँग्रेसी नेता। केन्द्रीय मन्त्री, 1957–63 और 1973–77।

मंडेलिया, दुर्गाप्रसाद (जन्म 1907) : पिलानी, राजस्थान के एक मारवाड़ी। बिरला जूट मिल्स के साथ एक क्लर्क के रूप में जुड़े। उसके पश्चात विभिन्न कम्पनियों जैसे सेंचुरी मिल्स, जियाजीराव कॉटन मिल्स, ग्रासिम, सिम्को और हिंडालको आदि में एक महत्त्वपूर्ण भूमिका निभायी। 50 वर्षों से भी अधिक तक जी.डी. बिरला के विश्वासपात्र सहयोगी रहे।

मथाई, जॉन (1886–1959) : मद्रास विश्वविद्यालय में अर्थशास्त्र के प्रोफ़ेसर, 1920–25। सदस्य, मद्रास विधान परिषद् 1922–25। महानिदेशक, वाणिज्यिक आसूचना और सांख्यिकी, (Director General of Commercial Intelligence and Statistics), 1935–40। उसके पश्चात टाटा सन्स लिमिटेड के निदेशक। रेलवे व परिवहन मन्त्री, 1947–48। वित्त मन्त्री, 1948–50। जून 1950 में भारत सरकार के मन्त्रिपद से त्यागपत्र देकर टाटा सन्स के साथ जुड़ गये।

मेहता, असोका (जन्म 1911) : काँग्रेस सोशलिस्ट पार्टी के संस्थापक–अध्यक्ष। सदस्य, नेशनल इग्ज़ीक्यूटिव ऑफ़ पार्टी, 1934–48, 1950 और 1960 के दशक में प्रजा सोशलिस्ट पार्टी के नेता। योजना आयोग के उपाध्यक्ष। केन्द्रीय योजना मन्त्री। केन्द्रीय मन्त्री, योजना, पेट्रोलियम और रसायन और समाज कल्याण, 1967।

मेहता, जी.एल. (1900–74) : एक व्यवसायी। अध्यक्ष, फिक्की, 1942–43। अध्यक्ष, इंडियन टैरिफ बोर्ड, 1947–50। सदस्य, योजना आयोग, 1950–52। अमरीका और मैक्सिको में भारत के राजदूत, 1952–58।

मित्र, सी.आर. : बिरला प्रौद्योगिकी एवं विज्ञान संस्थान (Birla Institute of Technology and Science–BITS) पिलानी, राजस्थान के प्रथम निदेशक।

मोदी, सर होमी (1881–1969) : एक पारसी अधिवक्ता। अध्यक्ष, बम्बई मिल मालिक संघ, 1927 और 1929–34। अध्यक्ष, इंडियन मर्चेंट्स चेम्बर, 1928। सदस्य, विधान सभा 1929–43। बम्बई के गवर्नर, 1947। एसोसिएटेड सीमेंट कम्पनी और सेंट्रल बैंक ऑफ़ इंडिया के निदेशक।

मोहता, रामकृष्ण : विख्यात व्यापारी और समाजसेवी। 1900 के दशक से बड़ा बाज़ार में बिरला ब्रदर्स के निकट सहयोगी।

मोरारका, बसन्त लाल : कलकत्ता के एक मारवाड़ी व्यवसायी और 1900 के दशक से बिरला बन्धुओं के निकट सहयोगी। सचिव, बड़ा बाज़ार, काँग्रेस समिति, 1920। अध्यक्ष, अखिल भारतीय अग्रवाल महासभा, 1926। बाद में पश्चिम बंगाल के राजनेता बने।

माउंटबेटन, लेडी इरविन (1901–60) : भारत के वायसराय लॉर्ड माउंटबेटन की पत्नी।

माउंटबेटन, विस्काउंट, लुईस (1900–79) : भारत के वायसराय, मार्च–अगस्त 1947। 1947 में बर्मा के अर्ल माउंटबेटन की उपाधि से विभूषित किये गये। 1956 में नौसेना बेड़े के एडमिरल नियुक्त हुए।

मुंशी, के.एम. (1891–1971) : एक अधिवक्ता व बम्बई के एक काँग्रेसी नेता। 1938 में भारतीय विद्या भवन की स्थापना की। बम्बई के गृह मन्त्री, 1937–39। बाद में केन्द्रीय कृषि एवं खाद्य मन्त्री नियुक्त। उसके पश्चात स्वतन्त्र पार्टी के एक महत्त्वपूर्ण सदस्य बने।

नम्बूदरीपाद, ई.एम.एस. (1909–98) : एक समाजवादी नेता व भारतीय कम्युनिस्ट पार्टी के महासचिव। केरल के मुख्यमन्त्री, 1957–59। भारतीय कम्युनिस्ट पार्टी (मार्क्सवादी) के महासचिव, 1977–92।

नन्दा, गुलज़ारी लाल (1898–1998) : केन्द्रीय मन्त्री, 1951–66। कार्यकारी प्रधानमन्त्री, 1964 और 1966।

नारायण, जयप्रकाश (1902–79) : काँग्रेस सोशलिस्ट पार्टी के संस्थापकों में से एक, 1934। काँग्रेस की कार्यकारी समिति के सदस्य, 1936। 1947 के पश्चात सोशलिस्ट पार्टी के एक प्रमुख सदस्य।

नायर, सुशीला (1914–2001) : महात्मा गाँधी की निजी चिकित्सक।

निज़ामुद्दीन, ख़्वाजा (1894–1973) : बंगाल के मुस्लिम लीग के एक नेता। पूर्वी पाकिस्तान के प्रधानमन्त्री, 1947। उसके बाद पाकिस्तान के गवर्नर जनरल नियुक्त किये गये।

नेहरू, जवाहर लाल (1889–1964) : इलाहाबाद के एक अधिवक्ता और भारतीय राष्ट्रवादी आन्दोलन के एक विख्यात नेता। भारतीय राष्ट्रीय कांग्रेस के अध्यक्ष, 1929–30, 1936, 1937 और 1946। भारत के प्रथम प्रधानमन्त्री, 1947–64।

नेहरू, मोतीलाल (1861–1931) : इलाहाबाद के एक प्रसिद्ध अधिवक्ता। भारतीय राष्ट्रीय काँग्रेस के अध्यक्ष, 1919 और 1928। उन्होंने काँग्रेस से अलग होकर स्वराज्य पार्टी की स्थापना की और केन्द्रीय विधान सभा में इसके नेता चुने गये, 1924–26।

नियोगी, के.सी. (1888–1977) : केन्द्रीय विधान सभा के एक सदस्य, 1921–34 और 1942–47। केन्द्रीय वाणिज्य मन्त्री, 1948–50।

पाण्डे, सुखदेव (1893–) : उत्तर प्रदेश के एक ब्राह्मण परिवार से। 1918 से बनारस हिन्दू विश्वविद्यालय में सहायक प्रोफ़ेसर। 17 वर्ष तक बिरला कॉलेज, पिलानी, राजस्थान के प्रिंसिपल के पद पर नियुक्त। बिरला एजुकेशनल ट्रस्ट के सचिव।

पन्त, जी.बी. (1887–1961) : उत्तर प्रदेश काँग्रेस के एक अग्रणी नेता। उत्तर प्रदेश के मुख्यमन्त्री, 1937–39, और 1946–55। केन्द्रीय गृह मन्त्री, 1955–61।

पटेल, वल्लभभाई (1875–1950) : गुजरात के एक काँग्रेसी नेता। भारतीय राष्ट्रीय काँग्रेस के अध्यक्ष, 1931। 1946–47 में अन्तरिम सरकार के सदस्य। भारत के उप प्रधानमन्त्री व गृह मन्त्री। सूचना एवं प्रसारण मन्त्री, 1947–50।

पाटिल, एस.के. (1898–1981) : पत्रकार और महाराष्ट्र काँग्रेस के नेता। 17 वर्ष तक बम्बई नगर निगम के सदस्य रहे। चार बार संसद सदस्य निर्वाचित हुए। उन्हें काँग्रेस पार्टी के लिए धन जुटाने के उनके कौशल के लिए जाना जाता था। 'सिंडिकेट' के एक सदस्य रहे।

पोद्दार, आनन्दी लाल (1874–1940) : एक मारवाड़ी व्यवसायी और उद्योगपति जिनकी रुचि के क्षेत्र थे कपास और सिल्क। काँग्रेस की राजनीति में शामिल। कलकत्ता के मेयर, 1944–45।

पोद्दार, हनुमान प्रसाद (1892–1971) : मारवाड़ी समुदाय से सम्बद्ध। 1916 में रोड्डा केस के मामले में जमनालाल बजाज के साथ राजद्रोह करने के आरोप में गिरफ़्तार कर लिए गये। उन्होंने 1921 में अखिल भारतीय मारवाड़ी अग्रवाल सभा की स्थापना की। गीता प्रेस, गोरखपुर के संस्थापक। उन्होंने हिन्दुत्व का प्रचार करने के लिए एक हिन्दी मासिक पत्रिका 'कल्याण' निकाली।

प्रसाद, राजेन्द्र (1884–1963) : बिहार के एक अधिवक्ता व नेता। भारतीय राष्ट्रीय काँग्रेस के अध्यक्ष, 1934,1939 और 1947–48। भारत की संविधान सभा के अध्यक्ष, 1946–49। भारत के राष्ट्रपति, 1950–56।

प्यारे लाल (1899–1982) : महात्मा गाँधी के जीवन के अन्तिम वर्षों में उनके सचिव।

राय, लाला लाजपत (1865–1928) : पंजाब के एक अधिवक्ता। भारतीय राष्ट्रीय काँग्रेस के प्रारम्भिक काल के एक प्रमुख नेता। उत्तर भारत में आर्य समाज के एक प्रमुख प्रचारक। मदन मोहन मालवीय के साथ मिलकर स्वतन्त्र काँग्रेस पार्टी की स्थापना की तथा डी.ए.वी. शिक्षा संस्थानों की नींव रखी।

राजगोपालाचारी, चक्रवर्ती (1878–1972) : मद्रास के एक अधिवक्ता व राजनेता। मद्रास के मुख्यमन्त्री, 1937–39। 1946–47 में भारत की अन्तरिम सरकार के सदस्य रहे। पश्चिम बंगाल के गवर्नर, 1947–48। स्वतन्त्र भारत के गवर्नर जनरल, 1948–50।

राय, बिधानचन्द्र (1882–1962) : चिकित्सक। पश्चिम बंगाल के मुख्यमन्त्री, 1948–62।

साबू, ताराचन्द : पिलानी, राजस्थान के मारवाड़ी समुदाय से। बड़ी छोटी आयु में बिरला परिवार के व्यवसाय से जुड़ गये। उसके पश्चात बिरला समूह के एक प्रमुख सदस्य रहे। पिलानी में साबू कॉमर्शियल कॉलेज के संरक्षक।

साहनी, जे.एन. : 'हिन्दुस्तान टाइम्स' के सम्पादक, 1926–30।

संथानम, एल. (जन्म 1895) : मद्रास के एक अधिवक्ता। विधान सभा के सदस्य, 1937–42। 'हिन्दुस्तान टाइम्स' के संयुक्त सम्पादक, 1943–48।

साराभाई, अम्बालाल (जन्म 1890) : अहमदाबाद के मिल मालिक जिनकी विशेष रुचि टेक्सटाइल में थी। महात्मा गाँधी के निकट सहयोगी।

सरकार, नलिनी रंजन (1888–1953) : अध्यक्ष, फिक्की, 1935। कलकत्ता के मेयर, 1934–35। सदस्य, गवर्नर जनरल की कार्यकारी परिषद्, 1941–42।

सावरकर, वी.डी. (1883–1966) : अध्यक्ष, अखिल भारतीय हिन्दू महासभा, 1937–44। हिन्दुत्व के विचारक।

श्वाइत्ज़र, पियेर पॉल (1912–1994) : प्रबन्ध निदेशक, अन्तरराष्ट्रीय मुद्रा कोष, 1963–73।

शास्त्री, लाल बहादुर (1904–66) : उत्तर प्रदेश के काँग्रेसी नेता। केन्द्रीय मन्त्री, 1952–64। प्रधानमन्त्री, 1964–66।

श्रीराम, लाला (1884–1962) : अग्रवाल समुदाय के पंजाबी व्यवसायी जिनकी मुख्य रुचि कपास में रही। अध्यक्ष, फिक्की, 1930। 1935 से रिज़र्व बैंक ऑफ़ इंडिया के बोर्ड के सदस्य। समाजसेवी।

श्रॉफ, ए.डी. (1899–1965) : पारसी स्टॉक ब्रोकर, उद्योगपति और वित्त विशेषज्ञ व टाटा समूह की कई कम्पनियों के निदेशक। उपाध्यक्ष, इंडियन मर्चेंट्स चेम्बर। ब्रेटन वुड्स सम्मेलन में एक ग़ैर–आधिकारिक प्रतिनिधि, 1944। फ्री एंटरप्राइज़ फोरम के संस्थापक, 1956।

सिंघानिया, लाला पदमपत सर (1905–79) : कानपुर के कपास के एक मारवाड़ी व्यवसायी। अध्यक्ष, फिक्की, 1935।

सिन्हा, पारसनाथ : लक्ष्मीनिवास बिरला के ट्यूटर। 'हिन्दुस्तान टाइम्स' के प्रबन्ध सम्पादक।

श्री प्रकासा (1890–1971) : भारतीय राष्ट्रीय काँग्रेस के सचिव, 1927 और 1931। उसके पश्चात पाकिस्तान में भारत के हाई कमिश्नर। केन्द्रीय मन्त्री। असम, मद्रास और महाराष्ट्र के गवर्नर।

सुब्रमण्यम, सी. (1910) : इस्पात एवं भारी उद्योग मन्त्री, 1962–63 तथा खाद्य एवं कृषि मन्त्री, 1964–67। सामुदायिक विकास एवं सहयोग मन्त्री, 1966–67।

टण्डन, पुरुषोत्तम दास (1892–1962) : इलाहाबाद के एक काँग्रेसी नेता। उत्तर प्रदेश विधान सभा के स्पीकर, 1937–39 और 1946–50। 1950 तक भारतीय राष्ट्रीय कांग्रेस के अध्यक्ष। बाद में नेहरू से मतभेदों के कारण त्यागपत्र दे दिया।

टाटा, जे.आर.डी. (1904–1993) : एक पारसी उद्योगपति और समाजसेवी। टाटा परिवार के प्रमुख। असहयोग विरोधी लीग के एक सदस्य, 1919। 1944 की बम्बई योजना पर हस्ताक्षर करनेवालों में से एक। संयुक्त राष्ट्र की आम सभा में भारतीय प्रतिनिधि के रूप में नियुक्त, 1948। फ्रांस सरकार द्वारा उन्हें 1954 में वहाँ का सर्वोच्च नागरिक पुरस्कार, लीजन ऑफ़ द ऑनर प्रदान किया गया। 1991 में भारत के सर्वोच्च नागरिक सम्मान 'भारत रत्न' से सम्मानित। 1992 में उन्हें संयुक्त राष्ट्र जनसंख्या पुरस्कार प्रदान किया गया।

ठक्कर, ए.वी. बापा (1869–1951) : एक गाँधीवादी नेता तथा हरिजन सेवक संघ के महासचिव।

ठाकुरदास, पुरुषोत्तम दास (1879–1961) : 'कपोल बनिया' जाति के गुजराती। बम्बई के कपास व्यवसायी और समाजसेवी। उपाध्यक्ष, इंडियन मर्चेंट्स चेम्बर, 1907। सदस्य, केन्द्रीय विधान सभा। अध्यक्ष, भारतीय वाणिज्य एवं उद्योग महासंघ (फिक्की), 1927–28। भारत–ब्रिटिश व्यापार वार्ता के लिए भारत सरकार के अनधिकारिक सलाहकार, 1936–38। जी.डी. बिरला के निकट व्यवसाय सहयोगी। 1944 की बम्बई योजना पर हस्ताक्षर करनेवालों में से एक।

वुड्स, जॉर्ज डोनाल्ड (1901–82) : विश्व बैंक के अध्यक्ष, 1963–68।

जेटलैंड, द्वितीय मार्क्विज़ (1876–1961) : बंगाल के गवर्नर, 1917–22। भारत में ब्रिटिश राज्य सचिव, 1935–40।

अनुक्रमणिका

आ

इ

ई

उ

ए

ख

ग

घ

च

छ

ज

झ

ट

ड

त

थ

द

ध

न

प

फ

ब

म

ल

व

श

स

सम्पादक परिचय

संगम पाण्डेय पिछले क़रीब 35 वर्षों से लेखन व पत्रकारिता में सक्रिय। *दैनिक भास्कर, जनसत्ता, हंस, इंडिया टुडे* (वार्षिकी), *स्टार न्यूज़* आदि में सम्पादकीय डेस्क पर काम के अलावा नियमित स्वतन्त्र लेखन भी। *जनसत्ता* में डेढ़ दशक तक नाट्य समीक्षा का स्तम्भ लिखा। एक पुस्तक *नाटक के भीतर* प्रकाशित। राष्ट्रीय नाट्य विद्यालय की पत्रिका *रंग–प्रसंग* के एक अंक का अतिथि सम्पादन। भारत रंग महोत्सव सहित देश के कई नाट्य समारोहों और चयन समितियों में शिरकत। इतिहास और दार्शनिक अवधारणाओं को समझने में विशेष रुचि। शुरू में मार्क्सवादी राजनीति से जुड़ाव रहा।